PREMIERE PRO CS5

PREMIERE PRO CS5

누구나 도전할 수 있는
스마트한 동영상 편집
프리미어 프로 CS5

김성욱(lifeanddream@nate.com)
이 책의 저자 김성욱님은 컴퓨터 프로그래머의 선두 주자로
「C학습마당」, 「푸른초장」, 「솔로몬」 등 각종 데이터베이스 프로그램 제작과
멀티미디어 타이틀을 개발하였으며, 현재 나우미디어에서
영상제작 및 멀티미디어 관련 서적 집필에 전념하고 있습니다.

주요 저서
「프리미어 6」
「프리미어 6.5」
「프리미어 프로」
「프리미어 예제 38선」
「프리미어 프로 2.0 그대로 따라하기」
「프리미어 프로 플러그인 응용과 활용」
「프리미어 프로 CS4 그대로 따라하기」
「에프터 이펙트 5.5」
「베가스 5.0」
「베가스 7 그대로 따라하기」
「베가스 프로 9.0e 그대로 따라하기」
「사운드 포지 9」
「스위시 맥스 그대로 따라하기 외 다수」
「갤럭시S 기본부터 활용, 정복하기」
「내 손안의 신세계 아이폰4」

초판인쇄일 _ 2011년 5월 27일
초판발행일 _ 2011년 6월 3일
초판 2쇄 발행일 _ 2012년 2월 20일

저　　자 _ 김성욱
본문편집 _ 김광택
표지디자인 _ 안홍준
영업마케팅 _ 김남권, 황대일, 서지영

발 행 인 _ 박정모
발 행 처 _ 도서출판 혜지원
등록번호 _ 제9-295호
주　　소 _ (130-844)서울시 동대문구 장안1동 420-3호
전　　화 _ 영업부 02)2212-1227, 2213-1227 | **팩스** _ 02)2247-1227
홈페이지 _ http://www.hyejiwon.co.kr
ISBN _ 978-89-8379-688-2
정　　가 _ 28,000원

김성욱 지음

헤지원

Preface _머리말

새 술은 새 부대에!

개인의 취미인 게임 동영상부터 과제 제출을 위한 UCC 제작까지, 동영상 편집은 이제 전문가의 영역이 아닌 일반 유저들에게도 필수적으로 필요한 능력이 되었습니다.

가장 많은 사용자들이 이용하고 있는 대표적인 영상 편집 소프트웨어인 프리미어는 프리미어 프로 CS5에 이르면서 쾌적한 환경의 윈도우 비스타/윈도우7 64bit 버전 전용으로 변모했을 뿐 아니라 강력한 머큐리 재생 엔진이 장착됨으로써 막힘 없는 영상 편집 작업을 즐길 수 있게 되었습니다. 기존의 영상 작업이 오래된 승용차로 2차선 국도를 달리는 것이었다면 프리미어 프로 CS5는 최신 스포츠카로 고속도로를 달리는 것에 비유할 수 있습니다.

본서는 다소 방대하고 어려운 기능을 포함하고 있는 프리미어에 대한 책이지만, 전문적인 기술을 알고자 하는 유저 외에 일반 유저들도 쉽게 접근하여 배울 수 있도록 기초부터 차례차례 설명하였습니다.

아이디어와 상상력을 거침없이 무한 발산할 수 있는 영상 편집 도구-프리미어 프로 CS5의 정복을 위해 다음과 같은 요소들을 담았습니다.

■ 모든 내용을 체계적으로 수록하였습니다.

단순히 메뉴나 기능을 설명한 것이 아니라 작업의 순서나 기능의 난이도에 따라 프리미어 프로 CS5의 전반적인 내용을 체계적으로 설명하였습니다.

■ 영상 편집 관련 용어도 함께 설명하였습니다.

프리미어 프로 CS5의 기능과 함께 필수적으로 이해해야 할 영상 편집의 다양한 용어와 지식에 대해서도 꼼꼼하게 설명하고 있습니다.

■ 실무 능력을 키울 수 있는 다양한 예제를 수록하였습니다.

프리미어 프로 CS5의 모든 부분을 학습한 후, 실전 영상 제작을 위한 다양한 예제를 다루고 있습니다. 예제를 익히고 나면 더욱 화려하고 독특한 자신만의 영상을 제작할 수 있게 될 것입니다.

■ 메뉴와 환경 설정 옵션, 용어 등을 별도로 정리하였습니다.

작업의 순서나 기능별로 설명된 본문과 예제 외에, 프리미어 프로 CS5의 모든 메뉴와 환경 설정 옵션을 정리해 설명함으로써 작업 중 꼭 필요한 부분만을 빠르게 참고할 수 있도록 하였습니다.

다소 늦은 원고에도 아낌없이 성원해주신 혜지원 가족 여러분과 정성스럽게 편집해주신 김광택님께 진심 어린 감사를 드립니다. 아무쪼록 독자 여러분의 귀한 시간과 함께할 수 있기를 기원합니다.

저자 김성욱 (lifeanddream@nate.com)

Preview _ 이 책의 구성

Part

파트별 제목과 배울 내용 및 각 챕터별 목록을 소개 합니다.

Chapter

주제에 따른 주요 항목으로 구분되며 프리미어 프로 CS5의 다양한 기능들을 소 개합니다.

본문 제목

각 챕터의 제목으로 차근차근 따라할 수 있도록 하였습니다.

따라하기

단계마다 필요한 화면을 자세히 설명하는 곳으로 예제의 진행 순서를 파악할 수 있 습니다.

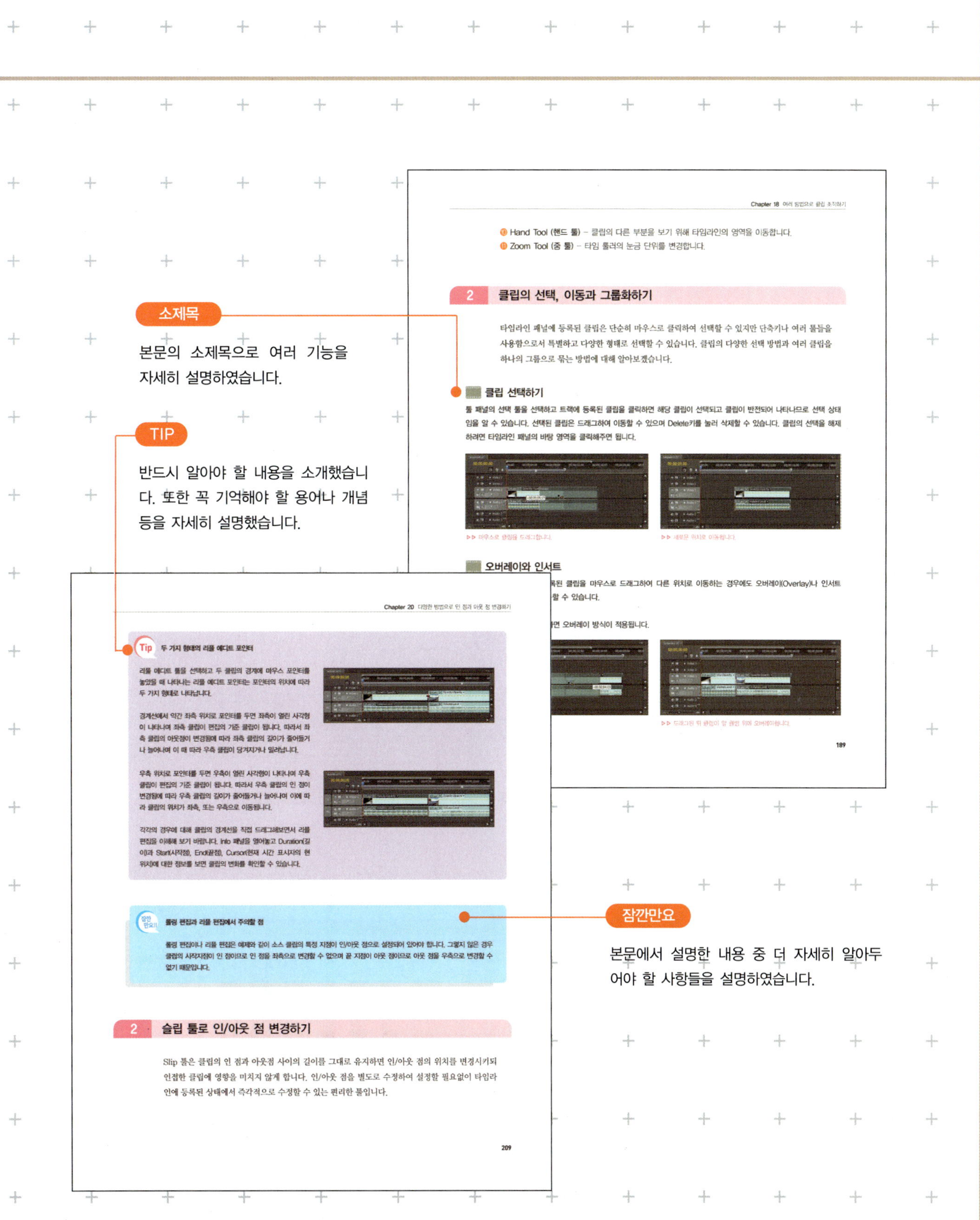

소제목

본문의 소제목으로 여러 기능을 자세히 설명하였습니다.

TIP

반드시 알아야 할 내용을 소개했습니다. 또한 꼭 기억해야 할 용어나 개념 등을 자세히 설명했습니다.

잠깐만요

본문에서 설명한 내용 중 더 자세히 알아두어야 할 사항들을 설명하였습니다.

DVD Contents _ 부록 DVD 구성

본서에 사용되는 데이터는 DVD로 제공됩니다. 따라서 DVD 롬 드라이브가 장착된 컴퓨터에서 열 수 있습니다.

● PremierePro CS5 폴더

프리미어 프로 CS5의 트라이얼 버전(시험판)이 수록되어 있습니다. 폴더 내의 "Set-up.exe" 파일을 더블 클릭하면 설치됩니다. 64bit 윈도우에서만 설치, 사용할 수 있으며 트라이얼 버전은 정식 버전과 거의 동일한 기능을 가지고 있으나 30일간만 사용할 수 있으며 이후에는 재설치해도 더 이상 사용할 수 없습니다.

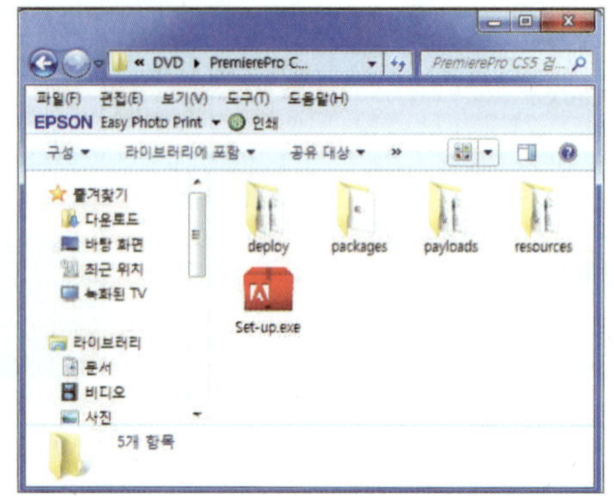

● Util 폴더

- **QuickTimeIntaller769.exe**

  퀵타임 플레이어 7.6.9 한글판입니다. 프리미어 프로 CS5에서 퀵타임 포맷의 파일 지원을 위해 설치해야 합니다.
- **Zcodec64_20110111.exe**

  Z통합 코덱 64비트용입니다. 원하는 코덱만 선택해서 설치할 수 있으며 인코딩용 코덱도 포함되어 있습니다.

● Source 폴더

본서의 예제에 사용되는 이미지, 동영상, 오디오 파일이 수록되어 있습니다.

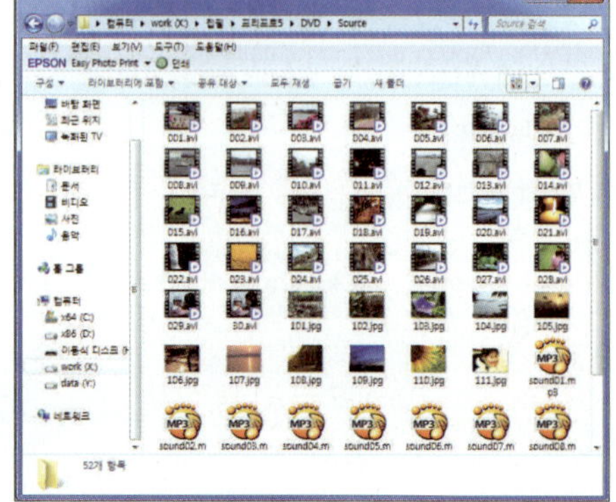

Images 폴더

본서의 특정 예제에 사용되는 이미지 파일이 수록되어 있습니다.

Example 폴더

본서의 예제 결과로 생성된 동영상 파일이 수록되어 있습니다.

etc 폴더

예제 작업에 필요한 매트 이미지, 타이틀 파일 등이 수록되어 있습니다.

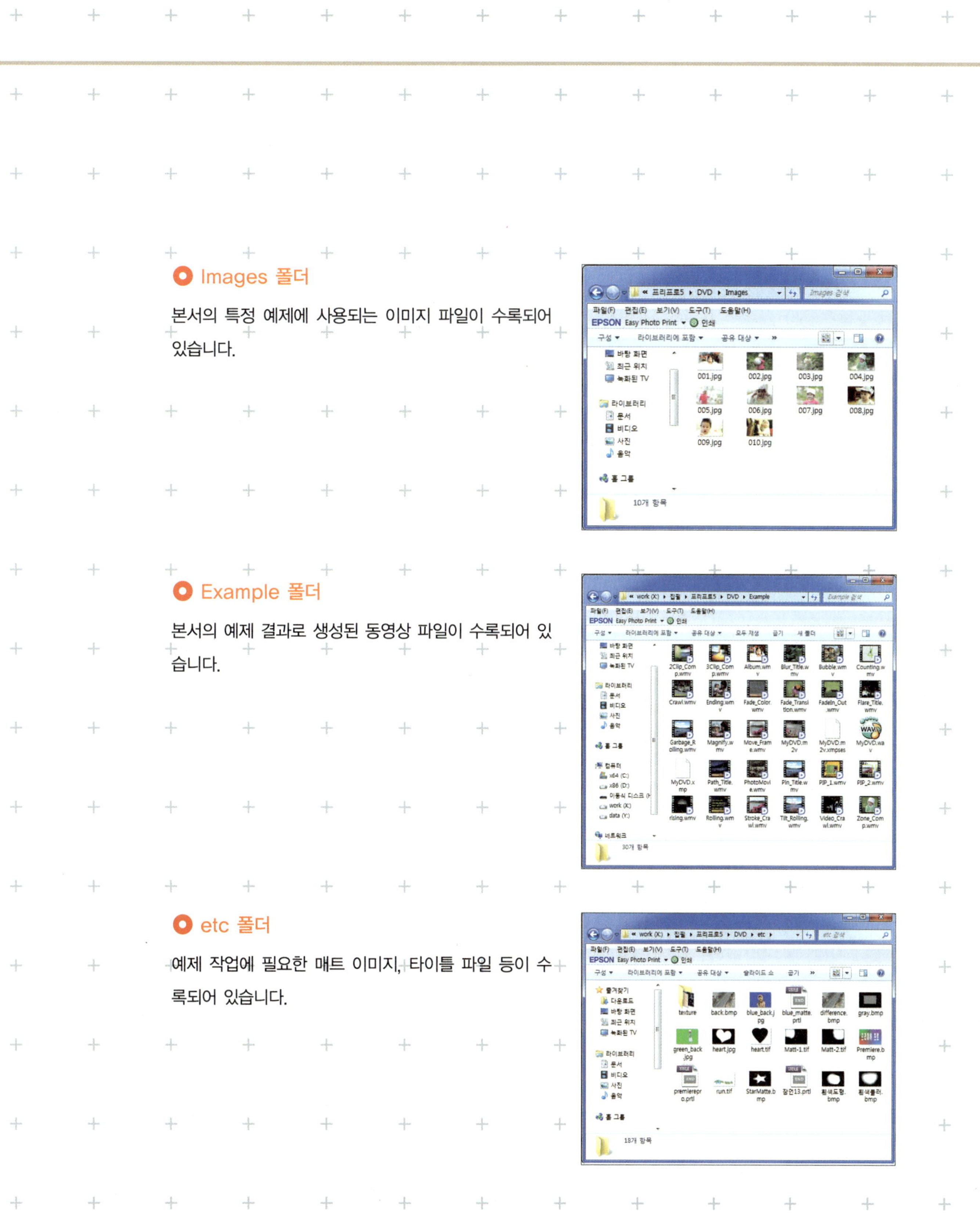

Part 4 다양한 포맷의 파일 생성하기

부록

PREMIERE PRO CS5

P · A · R · T

01

프리미어 프로 CS5 시작하기

프리미어 프로 CS5를 통한 영상 편집을 시작하기 전에 필수적으로 이해해야 할 영상 관련 용어 및 코덱에 대해 학습한 다음, 프리미어 프로 CS5의 설치와 기본적인 편집 과정에 이어서 전반적인 작업 과정과 다양한 프리뷰 방식에 대해서도 살펴보겠습니다.

Chapter 01
여러 가지 영상 포맷과 코덱 익히기

프리미어 프로 CS5를 통한 영상 편집을 위해서는 먼저 영상에 대한 기본적인 이해가 필요합니다. 먼저 다양한 형태의 영상 포맷과 코덱이라고 부르는 영상의 압축 방식에 대해 알아보도록 하겠습니다.

1 영상이란?

연속된 동작을 갖는 여러 그림이 빠르게 전환되면 마치 움직이는 것처럼 보이게 됩니다. 연속된 장면을 이루고 있는 여러 장의 그림이 모여서 하나의 영상을 구성하는데, 이처럼 영상을 구성하고 있는 그림 하나하나를 프레임(Frame)이라고 부릅니다. 사람의 눈을 통해 자연스러운 느낌을 갖게 하려면 초당 25~30장의 속도로 연속되는 동작을 보이는 그림이 나타나야 합니다.

다음 그림은 모두 동일해 보이지만 1/30초 단위로 변화되고 있는 다른 그림입니다. 따라서 이렇게 미세하게 변화되는 그림을 순서대로 1초에 30장 정도로 빠르게 연속으로 나타나게 하면 마치 움직이는 것처럼 보이게 됩니다.

2 다양한 영상 포맷 알아보기

캠코더나 디지털 카메라 등, 영상 촬영기기로 촬영한 영상은 용도에 따라 특정 부분을 잘라내거나, 여러 영상을 이어붙이는 등의 다양한 편집 작업을 거치거나 특별한 효과를 적용한 후, 어떤 기기나 용도로 재생할 것인가에 따라 여러 포맷을 선택해 저장합니다. 각 포맷에 따라 화질이나 용량 등이 다르므로 목적에 따라 적절한 포맷을 선택하여 저장하는 것이 중요합니다.

AVI

AVI는 Audio Video Interleaved의 약자로 오디오와 비디오 데이터가 내부적으로 번갈아 기록된다는 의미를 갖고 있습니다. 윈도우즈에 포함되는 미디어 플레이어를 비롯하여 모든 동영상 플레이어에서 기본적으로 지원되는 대표적인 동영상 포맷입니다.

▶▶ 윈도우즈 미디어 플레이어에서의 AVI 파일 재생

MPEG

영상과 오디오 압축에 관한 표준을 위한 국제 표준기구 (Moving Picture Experts Group)에서 제정한 형식으로서 압축의 대상이 되는 영상을 균등하게 16×16의 블록으로 구분하고 각 블록의 위치를 인식시킨 후에 다음 영상에서 움직임이 있는 블록만을 다시 저장함으로서 압축된 영상의 크기를 획기적으로 줄이는 방식을 사용하고 있습니다. 1992년에 MPEG-1 규격이 처음 제정되어 발표되었으며 현재 MPEG-7 규격까지 발표되었습니다. MPEG는 압축된 영상 포맷이므로 실시간으로 압축을 해제해가면서 재생하려면 엠펙 보드 (MPEG Board)라고 불리는 별도의 하드웨어를 장착해야만 했으나 현재는 CPU 사양이 높으므로 소프트웨어적으로 충분히 재생합니다. MPEG 포맷은 MPG, 또는 MPEG 등의 확장자를 가지고 있습니다.

▶▶ 다음 팟플레이어에서의 MPEG 파일 재생

■ MPEG 포맷 비교

	MPEG-1	MPEG-2	MPEG-4	MPEG-7
응용분야	디지털 저장매체	방송, 통신	방송, 통신	디지털 라이브러리
전송량	1.5Mbps	2~45Mbps	64Kbps 이상	
해상도(가로X세로)	360X240	720X480 1920X1080	720X480 1920X1080	720X480 1920X1080
특징	저해상도로 CD-ROM 전송속도인 1.2Mbit/sec(150KByte)의 전송률을 갖습니다.	MPEG-1의 화질을 개선하여 만든 고해상도 포맷으로 디지털 방송이나 DVD 영상에 사용됩니다.	웹과 같은 저전송률 환경에서 사용할 수 있도록 고압축, 저노이즈 기술을 포함하고 있습니다.	콘텐츠 검색을 위해 필요한 기술 제공

Tip MPEG2 포맷은 DVD의 소스로 사용

MPEG2 포맷은 대중적인 영상 매체로 많이 사용되고 있는 DVD(Digital Video Disk)의 소스로 사용되고 있습니다. DVD는 CD와 같은 크기에 CD 용량의 7배에 달하는 4.7GB의 용량을 저장할 수 있어 720X480 해상도의 고화질을 갖는 MPEG2 포맷의 영상을 장시간 수록할 수 있기 때문입니다. 프리미어 프로 CS5에서는 작업한 영상을 곧바로 MPEG2 포맷으로 인코딩(변환)할 수 있으며 Adobe Encore CS5를 통해 DVD 디스크로 레코딩할 수 있습니다.

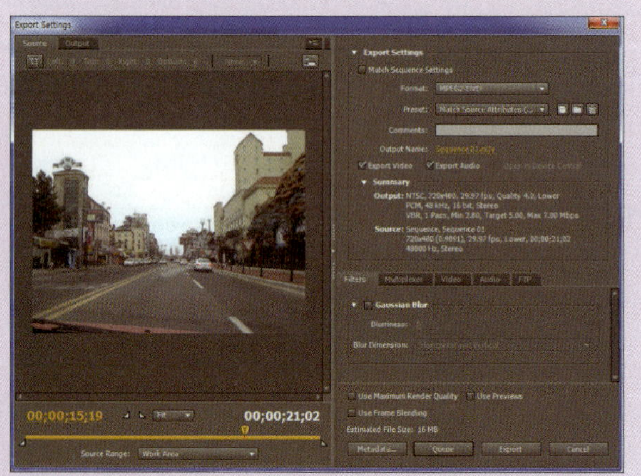

▶▶ 프리미어 프로 CS5의 Export Settings를 통한 MPEG2-DVD 옵션

WMV

Windows Media Video의 약자로, 파일 전체를 다운로드한 후 재생하는 방식이 아니라 실시간으로 재생되는 부분의 전송과 재생이 동시에 이루어지는 형식입니다. 따라서 인터넷 방송이나 인터넷 동영상 강좌 등에 주로 사용됩니다. 고압축된 동영상 포맷이므로 파일 크기가 작음에도 불구하고 상당한 화질을 보여주며 윈도우즈 미디어 인코더나 프리미어 프로 CS5 등에서 생성할 수 있습니다.

▶▶ 프리미어 프로 CS5의 WMV 인코딩용 프리셋

 RM

ASF나 WMV와 같이 스트리밍을 지원하는 동영상 포맷입니다. Windows Media Video(WMV) 포맷의 기세에 밀려 최근엔 거의 사용되지 않습니다. RM 포맷의 동영상은 리얼 플레이어로 재생할 수 있으며 리얼 프로듀서라는 전용 인코딩 툴로 생성할 수 있습니다.

> **Tip** WMV와 ASF의 관계
>
> 마이크로소프트사의 스트리밍 동영상은 ASF(Advanced Streaming Format)라는 포맷으로 시작하였으나 보다 좋은 효율을 가진 코덱(Codec)을 사용하여 인코딩되는 WMV 파일로 발전되었습니다. 오디오 파일은 WMA 포맷으로 생성되며 이렇게 생성된 파일은 윈도우즈 미디어 플레이어나 곰 오디오와 같은 오디오 재생 프로그램을 통해 재생할 수 있습니다. WMA 포맷의 오디오 파일은 압축률이 좋기 때문에 동일한 음질을 기준으로 MP3 포맷에 비해 파일용량이 작다는 장점을 가지고 있습니다.

MOV

본래 매킨토시에서 사용되던 동영상 포맷으로서 퀵타임 무비라고 부르며 PC에서는 퀵타임 플레이어(QuickTime Player)를 통해 재생할 수 있습니다. 비교적 높은 압축률과 좋은 화질을 보여줍니다. 역시 프리미어 프로 CS5에서도 생성할 수 있는 포맷입니다.

▷▷ 퀵타임 플레이어에서의 퀵타임 무비(MOV) 재생

MKV

가장 최근에 등장한 포맷으로서 영상과 오디오, 자막 등을 하나의 파일로 포함시킬 수 있습니다. 본래 MKV 확장자를 갖는 파일은 비디오 파일만을 의미하며 오디오 포맷은 MKA, 자막은 MKS 등으로 존재하지만 DVD처럼 하나의 MKV 파일 안에 이들 모두를 포함시킬 수 있으며 챕터를 구성할 수도 있습니다. 일반적으로 편집을 위한 것이라기보다는 최종 배포용으로 사용되며 다음 팟인코더 등을 사용하여 간단히 인코딩할 수 있습니다.

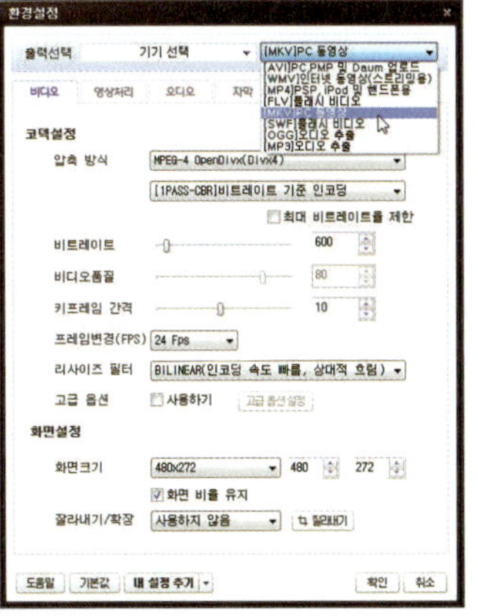

▷▷ 다음 팟인코더의 출력 선택 메뉴에서 MKV 선택

인터넷 등을 통해 MKV 포맷의 고화질 영상이 유포되고 있는 것을 보고 무조건 MKV가 화질이 좋은 것이라고 생각할 수 있습니다. 하지만 그러한 MKV 영상 대부분이 고해상도를 가지고 있고 화질을 우선시하여 생성된 것이어서 좋은 화질을 보여주는 것일 뿐, MKV라는 것도 영상이나 오디오를 담는 하나의 컨테이너에 불과하므로 MKV라는 이유만으로 AVI보다 화질이 좋다고 볼 수는 없습니다. 영상의 화질은 뒤에서 설명하게 될 코덱에 의해 결정됩니다.

FLV

어도비(Adobe)의 플래시 비디오(Flash Video) 포맷입니다. flv 확장자를 가지고 있으며 적은 용량으로도 비교적 높은 화질을 보여주므로 유튜브(YouTube)를 비롯한 수많은 동영상 공유 사이트에서 사용하고 있습니다. 일반적인 저장이나 보관용보다는 온라인을 통한 영상 재생에 주로 사용됩니다.

▷▷ 유튜브에서의 FLV 영상 재생

MP4

MPEG-4의 Part14로 규정된 파일 포맷으로 흔히 MP4 파일이라고 부릅니다. mp4라는 확장자를 가지고 있으며 높은 압축률로 인해 저용량의 파일을 만들 수 있으므로 일부 캠코더를 비롯하여 디지털 카메라, 휴대폰 등의 여러 모바일 기기에서 사용하고 있는 포맷입니다. 휴대폰의 'k3g'나 'skm' 등의 동영상도 MP4 포맷입니다.

3　코덱(CODEC)이란?

코덱(CODEC)은 Compression-Decompression의 약자로서 영상의 압축 방식을 의미합니다. 전혀 압축되지 않은 영상, 즉 아무런 코덱도 사용하지 않고 저장된 비압축 영상 데이터는 방대한 용량을 갖습니다. 320X240의 낮은 해상도를 갖는 영상이라 하더라도 초당 5MB 정도의 크기를 차지하므로 장시간의 재생 시간을 갖는 영상이라면 감당하기 어려운 크기가 될 수밖에 없어 비효율적입니다. 따라서 제작, 편집된 영상은 사용 용도에 따라 화질과 용량을 감안해서 적절한 코덱을 사용하여 생성해주어야 합니다.

몇 가지 기본 코덱은 윈도우즈와 함께 설치되며 특정 멀티미디어 플레이어와 함께 설치되기도 합니다. 또한 프리미어 CS5 설치 시에도 파일 생성을 위한 여러 코덱이 설치됩니다. 그 외 필요한 코덱은 사용자가 추가로 설치하여 사용하면 됩니다.

4 주요 코덱의 특징 알아보기

CD롬을 통해 영상이 보급되던 초기에는 Cinepak이나 Indeo 등의 코덱이 많이 사용되었지만, 현재는 고사양 시스템과 고화질 영상의 보급으로 인해 화질과 프레임 수, 해상도 등이 향상된 DivX, XviD, H.264 등의 코덱이 주로 사용됩니다.

DV 코덱

디지털 캠코더에 사용되는 코덱으로서 IEEE 1394 카드를 통해 컴퓨터로 전송됩니다. 5:1의 압축률을 가지고 있으며 SD 방송 영상과 유사한 화질을 갖습니다.

MJPEG

정지 이미지 포맷인 JPEG를 동영상 형태로 만든 코덱으로서 일부 아날로그용 편집 보드나 디지털 카메라에서 촬영되는 동영상에 많이 사용되었습니다. 화질은 좋은 편이나 일반적인 코덱에 비해 파일의 용량이 크다는 단점을 가지고 있습니다.

Cinepak

초창기 윈도우즈에 기본적으로 포함되어 있는 코덱으로서 인코딩 속도는 느린 편이나 용량에 비해 좋은 화질을 얻을 수 있어 한 때 CD롬 타이틀에 많이 사용되었습니다. 코덱 내장형 플레이어가 등장하기 전까지는 다른 컴퓨터에서도 별도로 코덱을 설치하지 않아도 된다는 범용성으로 인해 빈번하게 사용되었으나 고사양 시스템의 보급과 고화질 영상이 범람하는 현시대에는 효용성이 없어 사장된 상태입니다.

Intel Indeo

CD롬 재생용 24비트 비디오 압축을 위해 사용되었던 코덱입니다. Cinepak과 함께 비교적 많이 사용되었지만 역시 현재에는 거의 사용되지 않습니다. 비교적 높은 압축률과 다소 나은 화질을 보여주며 인코딩 시간도 Cinepak보다 빠른 편입니다.

DivX

작은 용량에도 불구하고 DVD급의 화질을 보여주기 때문에 인기가 높은 코덱 중의 하나입니다. 장시간 재생이 필요한 영상을 인터넷 등을 통해 배포할 때 많이 사용되며 용량 대비 화질이 좋은 편에 속합니다.

DivX는 MS사의 MPEG4 코덱을 모태로 하고 있습니다. MPEG4 코덱은 슬로모션, 패스트 모션, 화질 등에 따라 V1, V2, V3의 세 가지가 있는데 MS사에서는 이 코덱을 이용하여 AVI 포맷으로의 인코딩이나 재생 기능을 막아버리고 실시간 재생의 스트림(Stream) 포맷인 ASF만 재생할 수 있도록 하였기 때문에 이것을 크랙(Crack)하여 DivX라는 이름의 코덱이 등장하게 되었습니다.

XviD

DivX 코덱이 버전업되면서 상용 버전이 등장한 것에 반발하여 등장한 코덱으로서 DivX과 마찬가지로 MPEG4를 기반으로 하고 있습니다. DivX 코덱에 비해 리소스를 조금 더 차지하지만 DivX과 비슷한 용량을 차지하면서도 다소 나은 화질을 보여주는 것으로 알려져 있어 많이 사용되는 코덱 중의 하나로 자리잡고 있습니다.

H.264

디지털 TV 영상을 비롯하여 고해상도의 HD 영상이 보편화되면서 파일의 용량이 더욱 커지게 됨에 따라 등장한 높은 압축률을 갖는 코덱으로 MPEG-4 Part 10, 또는 간단히 AVC(Advanced Video Coding)라고도 부릅니다. 실제로 HDTV 수신카드에서 캡처한 1920X1080의 고해상도 TP 파일이 1/4 정도의 용량으로 압축되어도 원본과 유사한 화질을 보여줍니다. 다만 H.264 코덱을 사용한 영상은, 재생할 때 CPU 리소스를 많이 차지하므로 최소한 펜티엄 IV 3.0G 이상이나 듀얼 코어 이상의 CPU가 장착된 시스템에서 원활히 재생할 수 있습니다.

또한, NVIDIA GeForce 8000 시리즈(8800은 제외), GeForce 9000 시리즈, ATI HD2000 시리즈(2900XT 제외), HD3000, HD4000 시리즈부터는 H.264 코덱에 대한 가속을 지원하므로 이러한 그래픽 카드를 장착하면 그만큼 CPU의 부담을 줄일 수 있어 다소 낮은 등급의 CPU가 장착된 시스템에서도 무리없이 재생할 수 있습니다. 따라서 아주 구형 그래픽 카드만 아니라면 그래픽 카드 차원에서의 가속을 지원받을 수 있는 것입니다.

▶▶ ASUS 지포스 9600GT Black Pearl 레볼루션 512MB

▶▶ 이엠텍 SAPPHIRE 라데온 HD 3850 Blue 512MB

한번 저장된 영상도 다른 포맷이나 코덱을 사용하여 변환할 수 있습니다. 단순히 변환 작업이 목적이라면 굳이 동영상 편집 프로그램을 사용할 필요가 없습니다. 동영상 변환만을 위한 다양한 프로그램이 공개로 배포되고 있기 때문입니다. 대표적으로 많이 사용되고 있는 프로그램으로는 "다음 팟인코더"를 비롯하여 "바닥", "Show", "Umile 인코더", "엔젤 인코더" 등이 있으며 "네이버"나 "다음"과 같은 포털 사이트를 통해 쉽게 검색하여 다운로드할 수 있습니다. 또한 프리미어 프로 CS5와 함께 설치되는 Adobe Media Encoder CS5를 사용할 수도 있습니다.

5 이 영상에 어떠한 코덱이 사용되었을까?

동영상 편집을 위해 입수한 특정 동영상에 어떠한 코덱이 사용되었는지 알고 싶은 경우가 있습니다. 코덱 확인을 위한 별도의 프로그램 없이도 거의 대부분의 동영상 플레이어를 통해 간단히 살펴볼 수 있습니다. "다음 팟플레이어"의 경우를 예로 들어보겠습니다.

01 다음 팟플레이어를 통해 영상을 재생하고 마우스 우측 버튼을 클릭하여 팝업 메뉴에서 [재생 정보]를 선택합니다.

02 비디오 정보〉디코더에 비디오에 사용된 코덱이, 오디오 정보〉디코더에 오디오에 사용된 코덱이 표시됩니다. "avc"라고 표시되는 것으로 보아 H.264 코덱이 사용된 영상임을 알 수 있습니다. 하단에는 보다 자세한 정보를 알려주고 있습니다.

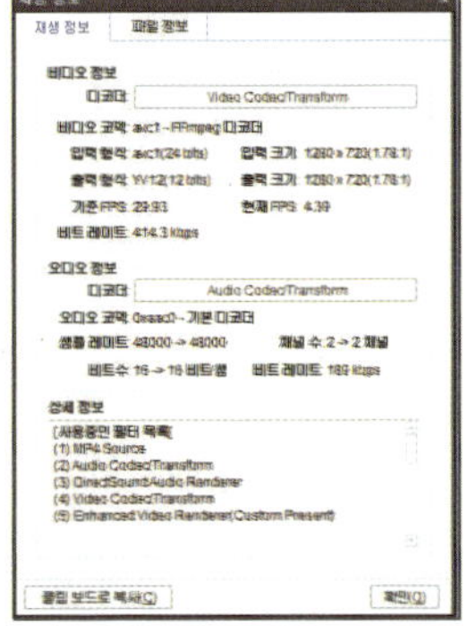

Chapter 02

프리미어 프로 CS5의 주요 기능 살펴보기

프리미어 프로 CS5는 프리미어가 '프로'라는 이름을 달고 출시된 여섯 번째 버전(1.5 버전이 있었기 때문에)으로서 64Bit 운영체제하에서 작동하는 64Bit 전용 프로그램이므로 더욱 쾌적한 편집 환경을 제공합니다. 기능적으로는 전작인 CS4와 크게 달라지지는 않았지만 편집의 효율과 쾌적함은 64Bit 환경답게 많은 차이를 보여줍니다. 영상 편집 프로그램으로서 최고의 자리를 변함없이 고수하고 있는 프리미어 프로 CS5의 주요 기능을 살펴보도록 하겠습니다.

다양한 패널과 함께 편리한 인터페이스로 구성되어 있습니다.

전통적인 어도비 스타일의 친숙한 인터페이스로 편안하게 작업할 수 있도록 하고 있습니다. 각 패널은 자유롭게 원하는 위치로 이동시킬 수 있으며 하나의 그룹으로 묶거나 독립된 윈도우(Floting)로 분리시킬 수도 있습니다. 특정 패널의 크기를 변경하면 이와 인접한 다른 패널은 자동으로 크기가 변경되어 효율적으로 작업 공간을 사용할 수 있습니다.

▶▶ 패널 조작을 위한 메뉴

다양한 미디어 파일과 기기를 지원합니다.

DV, HDV 등의 영상 포맷을 비롯하여 Sony XDCAM, XDCAM EX, Panasonic P2 등의 포맷을 지원하며 AVI 영상은 물론, FLV, F4V, MPEG2, QuickTime, Windows Media, AIFF, JPEG, PNG, PSD, TIFF까지 다양한 미디어 포맷을 지원하기 때문에 별도의 변환 프로그램을 사용할 필요없이 곧바로 불러와 편집 작업에 활용할 수 있습니다. 또한 일부 DSLR 카메라의 비디오도 기본적으로 편집할 수 있으며 다양한 프리셋을 통해 빠르게 원하는 편집 환경을 구축할 수 있습니다.

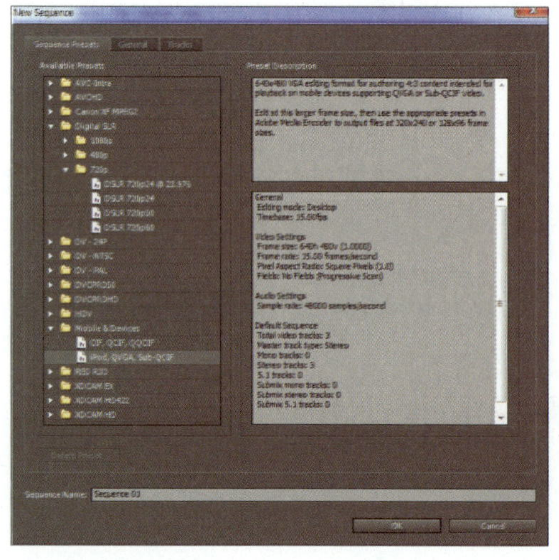

▶▶ DSLR이나 모바일 기기를 위한 프리셋

Adobe Mercury 재생 엔진과 GPU 가속으로 빠른 편집 환경을 지원합니다.

64Bit 환경에서 Adobe Mercury 재생 엔진과 GPU 가속을 통해 HD 편집도 SD처럼 원활하게 편집할 수 있으며 다양한 효과를 렌더링 필요없이 실시간으로 부드럽게 확인할 수 있습니다. 아울러 상당수의 이펙트에 GPU 가속을 지원하며 별도 목록으로 살펴볼 수도 있습니다.

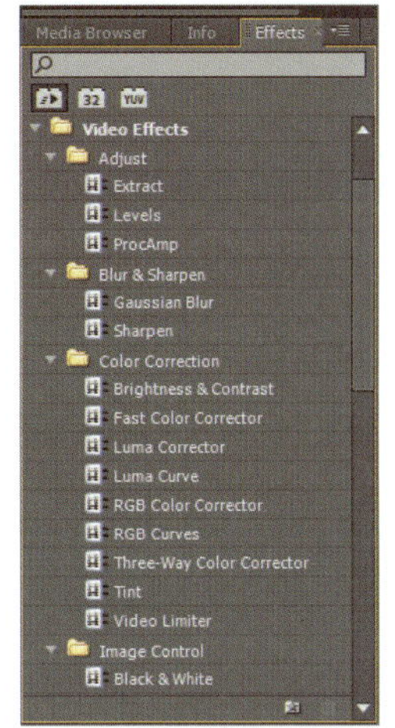

▷▷ GPU 가속을 사용하는 이펙트들

RapidFind 검색창을 통해 빠르게 검색할 수 있습니다.

프로젝트 패널이나 이펙트 패널에 RapidFind라고 부르는 검색창이 추가되어 해당 패널에 존재하는 클립이나 효과 등을 신속하게 검색할 수 있습니다.

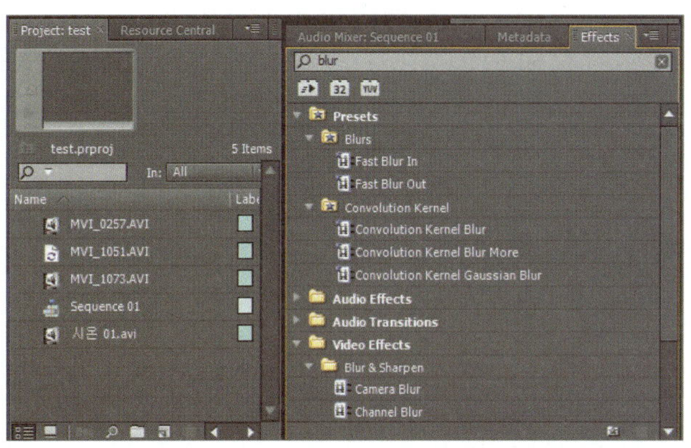

▷▷ 프로젝트 패널과 이펙트 패널의 RapidFind 검색창

신속하게 클립을 교체할 수 있으며 특정 시퀀스만 불러올 수 있습니다.

프로젝트 패널에 존재하는 클립을 빠르게 다른 클립으로 교체할 수 있습니다. 이때, 해당 클립이 프로젝트에 사용되었다면 함께 교체됩니다. 또한 다른 프로젝트에서 원하는 특정 시퀀스만을 현재 프로젝트로 불러와 결합할 수 있습니다.

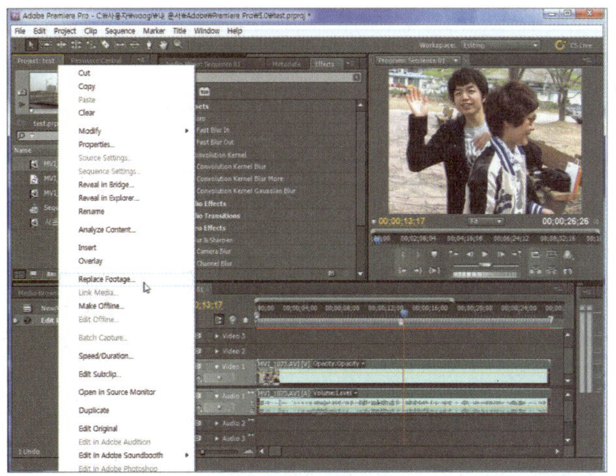

▷▷ 프로젝트의 클립을 간단하게 교체할 수 있습니다.

오디오 파형을 채널별로 확대하거나 축소해 볼 수 있습니다.

소스 모니터를 통하여 오디오 클립의 각 패널에 대한 파형을 각각 다르게 확대하거나 축소해 볼 수 있습니다. 또한 오디오 클립을 보다 정확하게 탐색할 수 있으며 스크럽할 수도 있습니다.

▶▶ 소스 모니터에서 채널별로 파형을 조절할 수 있습니다.

키프레임을 편리하게 스냅할 수 있습니다.

이펙트 컨트롤 패널에서 키프레임을 드래그하면 세로로 스냅라인이 나타나 현재 시간 표시자나 다른 키프레임에 손쉽게 스냅할 수 있습니다.

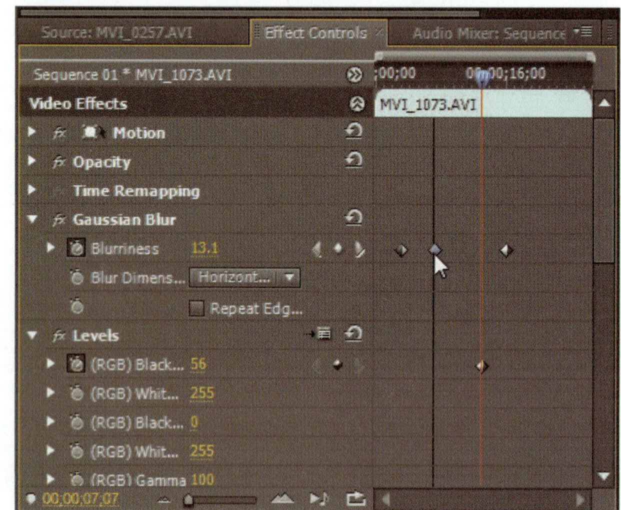

타임라인의 줌 레벨을 간편하게 전환할 수 있습니다.

타임라인에서 클립을 작업할 때, "\(₩)"키를 누르면 전체 클립이 나타나는 전체 뷰 상태로 전환되고 다시 "\(₩)"키를 누르면 현재 줌 레벨 상태로 되돌아옵니다. 간편하게 클립의 전체 상태와 현재 편집 상태 사이를 전환할 수 있습니다.

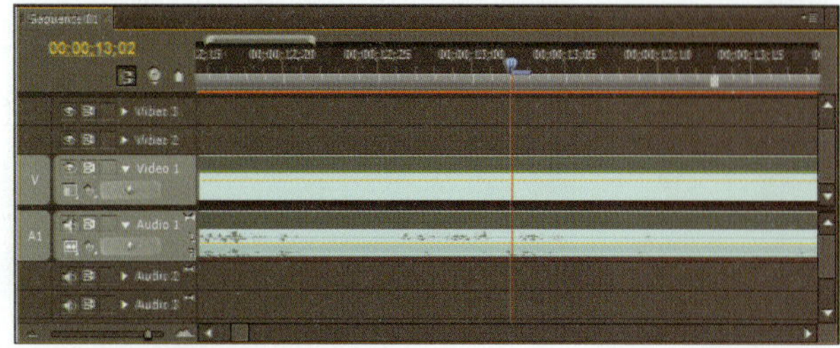

▶▶ 세부 편집 상태의 줌 레벨

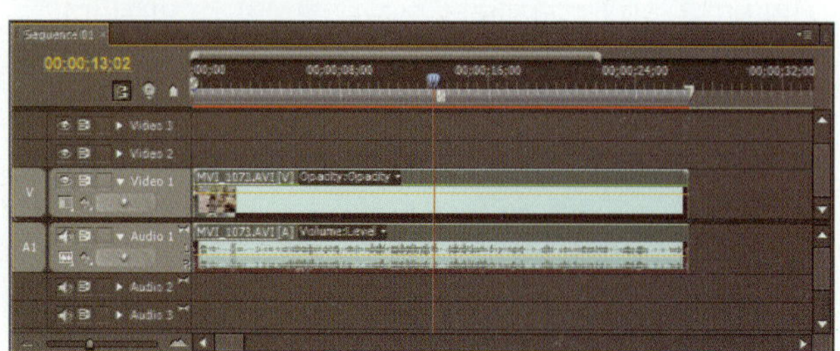

▶▶ 전체 뷰 상태의 줌 레벨

간단하게 선택된 클립의 모든 이펙트를 제거할 수 있습니다.

Remove Effects를 선택하면 현재 선택된 모든 클립에 적용된 모든 이펙트를 간단하게 제거할 수 있습니다.

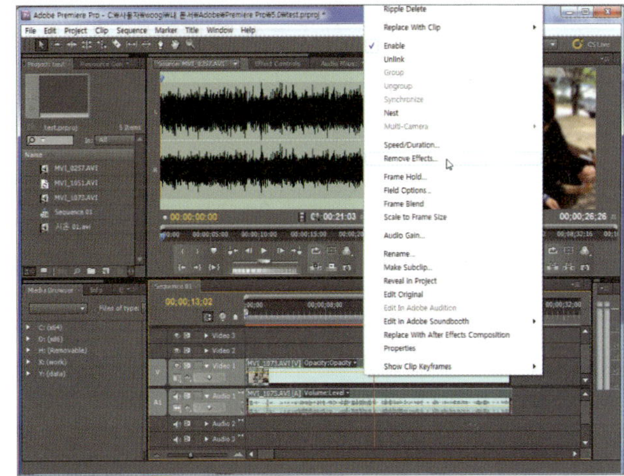

여러 클립에 대하여 한꺼번에 이펙트나 트랜지션을 적용할 수 있습니다.

동일한 이펙트를 여러 클립에 적용할 경우, 한 번에 하나의 클립에 대해서만 적용할 수 있었던 불편이 프리미어 프로 CS4부터 해소되었습니다. CS4와 CS5에서는 선택된 클립에 한꺼번에 적용할 수 있습니다. 또한 디폴트 트랜지션도 여러 클립에 대해 동시에 적용할 수 있으며 클립의 속도나 지속 시간 등도 동시에 조절할 수 있게 바뀌게 되어 많은 클립으로 작업할 때의 작업 시간을 대폭 줄일 수 있습니다.

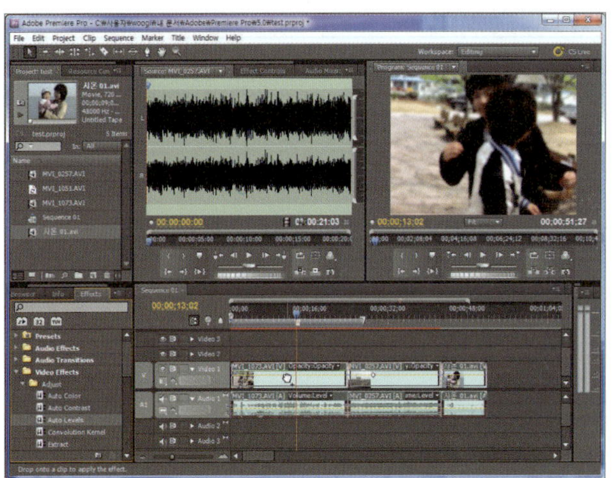

▷▷ 선택된 클립에 이펙트를 한꺼번에 적용할 수 있습니다.

더욱 상세하게 시간 정보가 표시됩니다.

Info 패널의 위에는 클립의 정보가, 아래에는 시퀀스에 대한 정보가 각각 세분화되어 표시됩니다. 또한, 타임라인에서 클립을 드래그하면 클립의 인 점과 아웃 점이 실시간으로 Info 패널의 상단에, 현재 시간 표시자의 시간 정보는 하단에 표시됩니다.

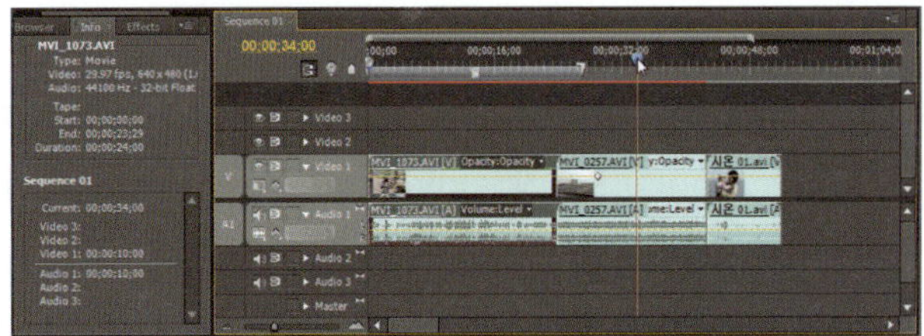

다양한 옵션으로 PSD 파일을 가져올 수 있습니다.

포토샵의 PSD 파일에서 각 레이어의 내용을 파악하고 원하는 레이어만을 가져올 수 있으며 비디오가 포함된 파일의 경우 렌더링 없이 가져올 수 있습니다. 또한 포토샵의 블렌딩 모드가 적용된 레이어도 적용 상태 그대로 프리미어 프로 CS5로 불러올 수 있습니다.

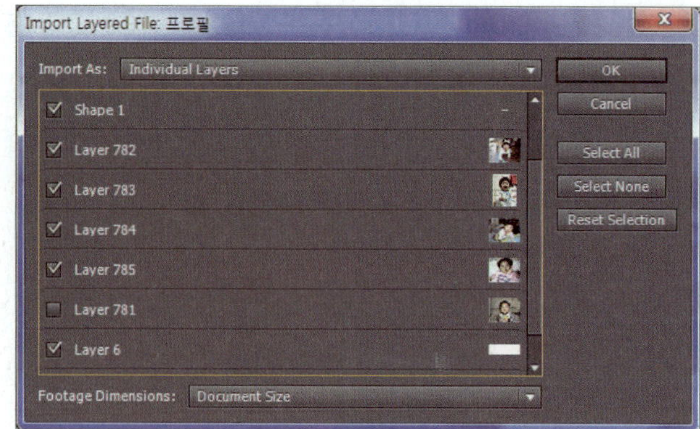

▶▶ PSD 파일에서 원하는 레이어만 불러올 수 있습니다.

클립의 구간별로 다른 속도를 지정할 수 있습니다.

Time Remapping 속성의 그래프를 드래그하여 간단히 클립의 속도를 자유자재로 변경할 수 있습니다. 클립의 특정 구간 속도를 변경하기 위해 클립을 잘라야만 했던 불편이 사라졌습니다.

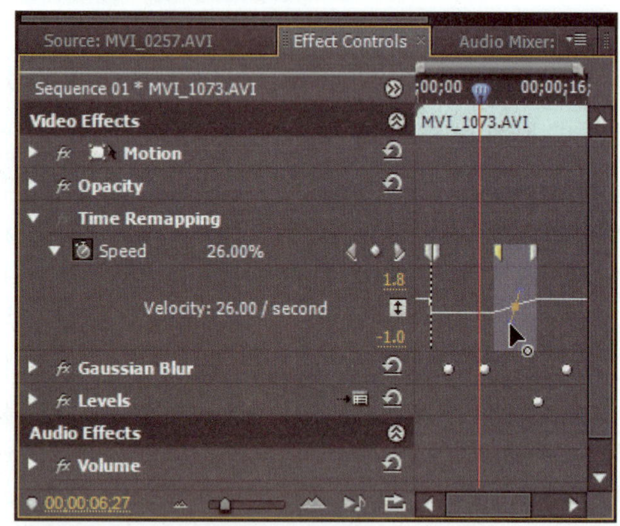

다양한 포맷과 코덱을 사용하여 출력할 수 있습니다.

작업을 마친 영상은 원하는 코덱을 적용한 AVI 포맷은 물론, 웹이나 모바일 기기에 많이 사용되는 어도비 플래시 비디오(*.flv) 파일이나 Windows Media(wmv), MPEG1, MPEG2, 퀵타임 등의 파일로 생성할 수 있으며 고화질 영상에 많이 사용되는 H.264 코덱의 MP4 영상으로도 출력할 수 있습니다.

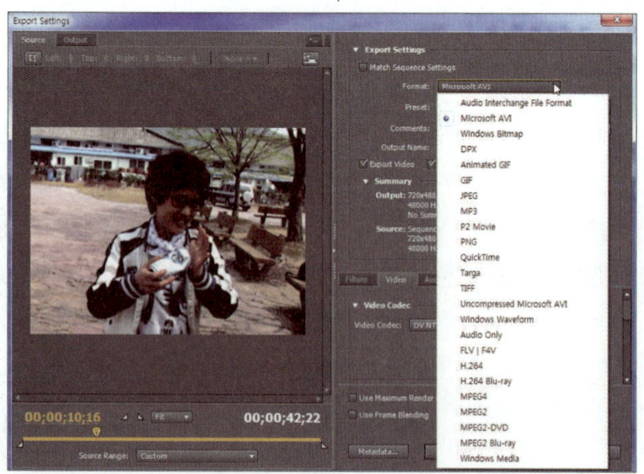

▶▶ FLV에서 H.264까지 다양한 포맷으로 출력할 수 있습니다.

백그라운드에서 배치 인코딩을 할 수 있습니다.

독립적으로 실행되는 Adobe Media Encoder CS5를 사용하면 여러 파일을 목록에 추가하여 일괄적으로 인코딩할 수 있으므로 시간을 절약할 수 있습니다. 아울러 백그라운드로도 실행되므로 인코딩 중에 다른 작업도 가능합니다.

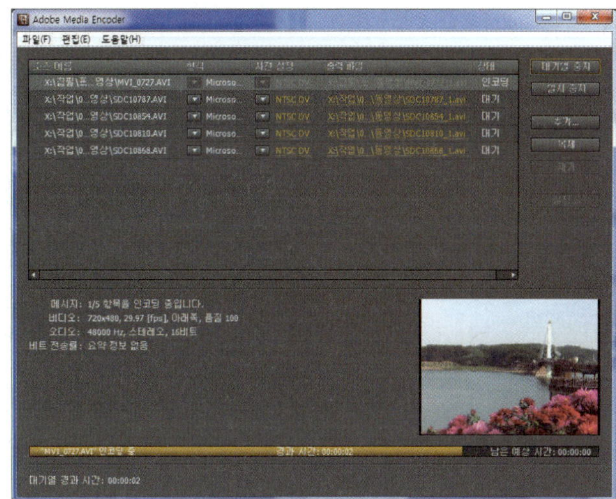

▷▷ 어도비 미디어 인코딩에서의 배치 인코딩

Adobe Encore CS5를 통해 DVD나 블루레이 디스크를 제작할 수 있습니다.

정식 제품에 포함된 Adobe Encore CS5를 통해 프리미어 프로 CS5의 프로젝트를 곧바로 챕터별 메뉴로 구성되는 대화형 DVD로 제작하거나 블루레이 디스크로 제작할 수 있습니다.

▷▷ Adobe Encore CS5에서의 DVD 작업

Chapter 03

시스템 사양 확인과
프리미어 프로 CS5 설치하기

프리미어 프로 CS5의 설치와 실행을 위한 시스템 사양을 알아본 다음, 설치 과정을 살펴보도록 하겠습니다. 프리미어 프로 CS5는 동영상 편집 프로그램이므로 비교적 높은 시스템 사양을 요구합니다. 특히 이번 버전은 오직 64Bit 윈도우에서만 구동되므로 32Bit 사용자라면 윈도우부터 새로 설치해야 합니다.

1. 프리미어 프로 CS5의 설치 및 실행을 위한 사양

프리미어 프로 CS5를 사용하기 위해서는 다음과 같은 부분이 필요합니다. DVD-ROM 드라이브나 IEEE 1394 카드, 5.1 채널 시스템 등은 이들을 사용하는 작업을 하지 않는다면 굳이 준비하지 않아도 됩니다.

- **운영체제** : 마이크로소프트 윈도우 Vista Home, Premium, Business, Ultimate, Enterprise(서비스 팩1)과 윈도우7 - 모두 64bit용
- **CPU** : 인텔 코어듀오 이상, AMD Phenom Ⅱ 이상 (64비트 지원 필요)
- **RAM** : 2GB. 그러나 원활한 작업을 위해 4GB 이상 권장
- **HDD** : 7200 RPM
- **디스플레이** : OpenGL 2.0 호환 그래픽 카드가 장착된 1280×900 이상의 해상도
- **그래픽 카드** : 가속을 위한 Adobe 인증 그래픽 카드
- **사운드 카드** : Microsoft Windows Driver나 ASIO 호환
- **DVD-ROM 드라이브** (DVD 레코딩을 위한 DVD 레코더)
- DV 및 HDV 영상 캡처를 위한 OHCI 호환 IEEE 1394 인터페이스 카드
- 다중 채널 오디오 작업을 위한 서라운드 스피커 시스템(5.1 채널)
- 퀵타임 기능을 위한 QuickTime 7.6.2 이상 설치
- 온라인 서비스 이용을 위한 인터넷 연결

2 프리미어 프로 CS5 설치하기

프리미어 프로 CS5의 설치와 실행 과정을 살펴보겠습니다. 아직 정식 제품을 준비하지 못한 독자는
시험 버전을 설치함으로서 프리미어 프로 CS5의 기능을 살펴보거나 학습할 수 있습니다. 시험 버전
은 일부 기능이 제한되어 있으며 30일간만 사용할 수 있습니다.

01 컴퓨터의 DVD-ROM 드라이브에 부록 DVD를 삽입하고 [PremierePro CS5] 폴더에 있는 'Set-up.exe' 파일을 더블 클릭합니다.

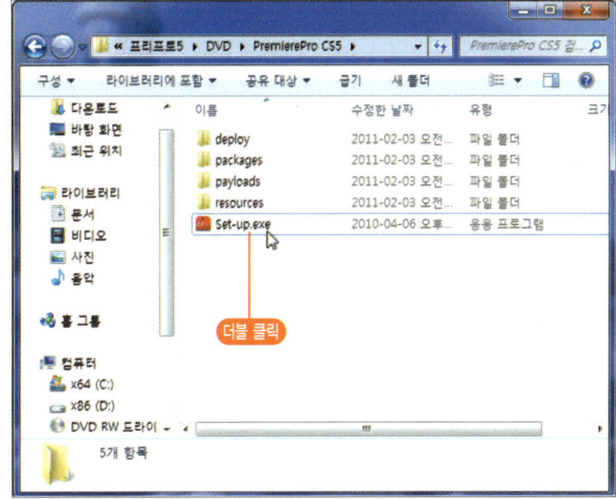

02 설치 프로그램을 초기화하는 중이라고 창이 나타납니다. 잠시 기다리도록 합니다.

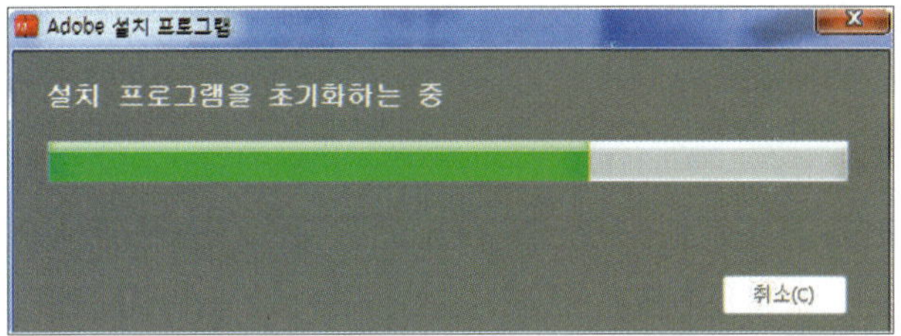

03 설치 프로그램이 시작되면 먼저 사용권 계약서가 나타납니다. [동의함] 버튼을 클릭합니다.

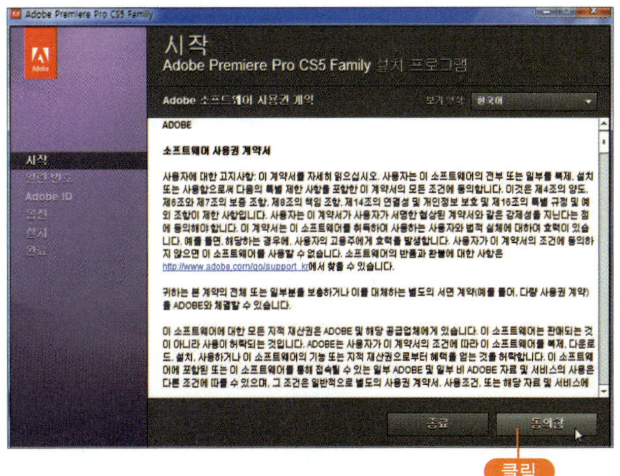

04 일련번호 입력 화면으로 진행됩니다. 트라이얼 버전으로 설치할 것이므로 아래에 있는 "이 제품을 시험판 버전으로 설치합니다"에 체크하고 언어 선택 메뉴에서 [English]를 선택한 다음 [다음] 버튼을 클릭합니다.

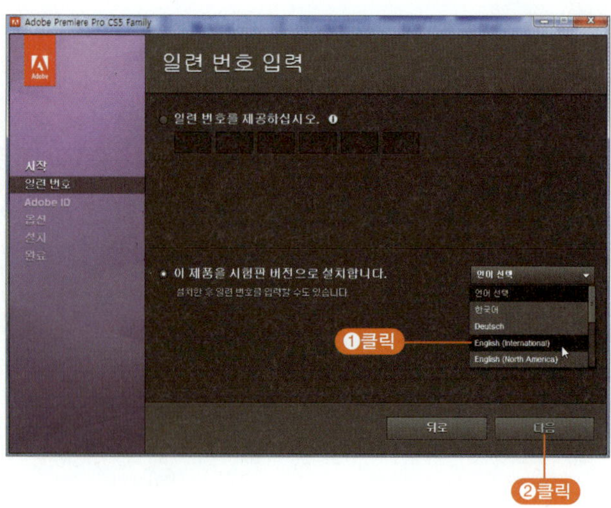

언어를 한국어로 선택하면 안 되나요?

프리미어 프로 CS5는 한국어 버전으로 사용할 수도 있습니다. 하지만 한글 버전의 경우, 메뉴나 기타 용어들이 오히려 낯설고 부자연스럽게 느껴지므로 영어 버전으로 설치하는 것을 권장합니다. 본서에도 영문 버전을 기준으로 설명하고 있습니다.

05 이어서 설치 옵션 화면이 나타납니다. 설치되는 용량이 총 3.2G라고 표시됩니다. [위치] 항목 우측의 폴더 버튼을 클릭하면 설치될 위치를 변경할 수 있습니다. 트라이얼 버전에서는 특별히 손댈 것이 없으므로 곧바로 [설치] 버튼을 클릭합니다.

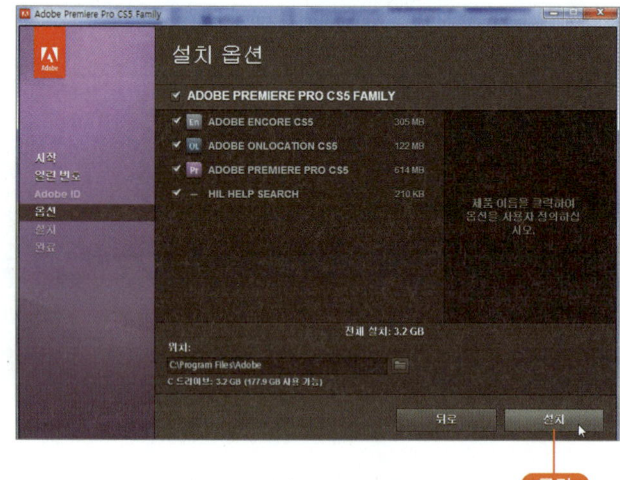

06 설치가 진행됩니다. 파일의 용량이 큰 만큼 설치에 제법 많은 시간이 소요되므로 차분히 기다리도록 합니다. [취소] 버튼을 클릭하면 설치를 중단할 수 있습니다.

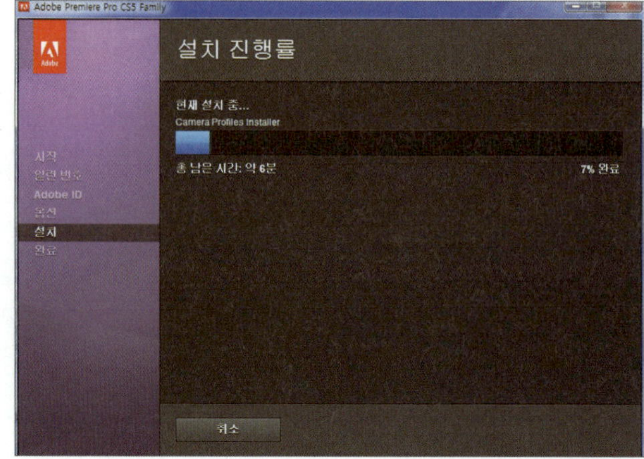

07 설치가 완료되면 다음과 같은 화면이 나타납니다. [완료] 버튼을 클릭하여 모든 설치 과정을 마치도록 합니다.

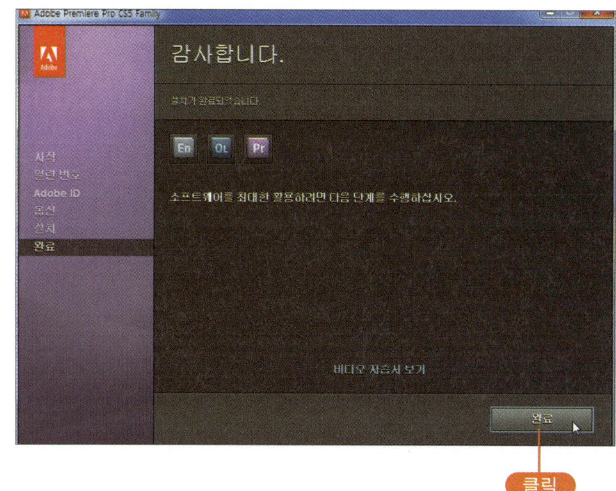

트라이얼 버전의 제한 사항

트라이얼 버전, 즉 시험판은 프로그램의 기능을 확인하거나 학습할 수 있도록 일정 기간 동안만 사용이 허락된 버전을 가리키며 프리미어 프로 CS5 시험 버전의 경우 30일간만 사용할 수 있습니다. 사용 기간이 만료되면 더이상 실행되지 않으며 정식 제품이나 시리얼 번호를 구매해야 합니다. 사용 기간 만료된 후에는 삭제 후 다시 설치해도 더이상 실행되지 않습니다.

또한 프리미어 프로 CS5 시험 버전은 프로그램 상의 기능은 정식 버전과 동일하나 코덱의 라이선스로 인해 AVC-Intra, AVCHD, Canon XF, HDV 및 XDCAM 등의 포맷과 DSLR 영상의 시퀀스 프리셋을 제공하지 않으며 MPEG-2, MPEG-2 DVD, MPEG-2 Blu-ray 등의 포맷으로 출력할 수도 없습니다. 아울러 함께 설치되는 Adobe Encore CS5도 실행되지 않습니다.

프리미어 프로 CS 정식 제품을 구매하고 시리얼 번호를 입력하면 간단한 업데이트를 통해 이러한 제한이 해제되어 모든 기능을 사용할 수 있습니다.

Adobe Creative Suite 5

Adobe Creative Suite 5는 여러 프로그램을 하나의 패키지 형태로 판매하고 있으며 포함된 프로그램의 종류에 따라 여러 제품으로 나뉩니다. 프리미어 프로 CS5는 Production Premium과 Master Collection에만 포함되어 있으며 이 두 제품에 포함된 프로그램은 다음과 같습니다.

	Production Premium	Master Collection
InDesign CS5		●
Photoshop CS5 Extended	●	●
Illustrator CS5	●	●
Acrobat9 Pro		●
Flash Catalyst CS5	●	●

Flash Professional CS5	●	
Flash Builder 4 Standard		●
Dreamweaver CS5		●
Fireworks CS5		●
Contribute CS5		●
Adobe Premiere Pro CS5	●	●
After Effects CS5	●	●
Soundbooth CS5	●	●
Adobe OnLocation CS5	●	●
Encore CS5	●	●
Bridge CS5	●	●
Device Central CS5	●	●
Dynamic Link	●	●
Integrates with CS Live online services	●	●

Chapter 04

프리미어 프로 CS5의 기본 편집 따라하기

설치를 마쳤으므로 프리미어 CS5를 실행하고 간단한 편집 예제를 따라 해보면서 프리미어 프로 CS5 에서의 작업 과정을 이해해보도록 하겠습니다. 프리미어 프로 CS5를 통하여 다양하고 독특한 효과를 구현할 수 있지만 가장 기본적이면서도 중요한 것은 "편집"입니다. 소스 클립에서 원하는 특정 부분만 을 취하여 새로운 파일로 생성하는 과정을 익혀보겠습니다.

1 프리미어 프로 CS5 실행하기

프리미어 프로 CS5의 설치 작업을 마쳤으므로 이제 쾌적하고 효율적인 영상 편집의 세계로의 진입 을 위해 프로그램을 실행해볼 차례입니다.

01 윈도우즈의 [시작] 버튼을 클릭하고 [모든 프로그램]–[Adobe]–[Adobe Premiere Pro CS5]를 선 택합니다. 트라이얼 버전을 설치했다면 사용 가능한 잔여 일수가 표시됩니다. 이 화면은 최초 한 번만 나타납니다. Continue Trial 버튼을 클릭합니다.

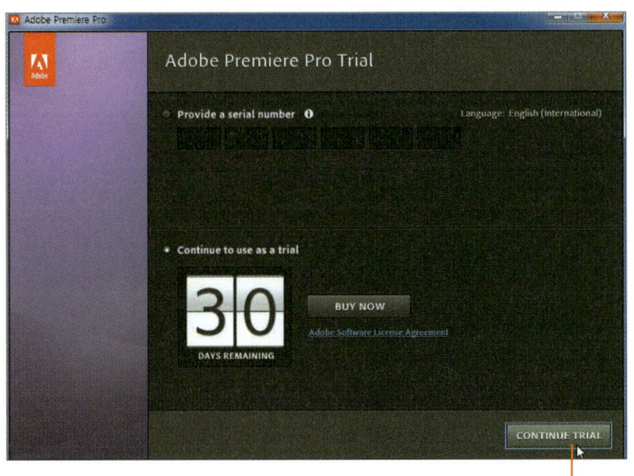

Tip 바로 가기 아이콘 만들기

프리미어 프로 CS5는 자동으로 바탕 화면에 바로 가기 아이콘을 만들지 않으므로 사용자가 직접 만들어주어야 합니다.

윈도우즈의 [시작] 버튼을 클릭하고 [모든 프로그램]–[Adobe Premiere Pro CS5] 메뉴 위에서 마우스 우측 버튼을 클릭하여 팝업 메뉴가 나타나면 [보내기]–[바탕 화면에 바로 가기 만들기]를 선택합니다.

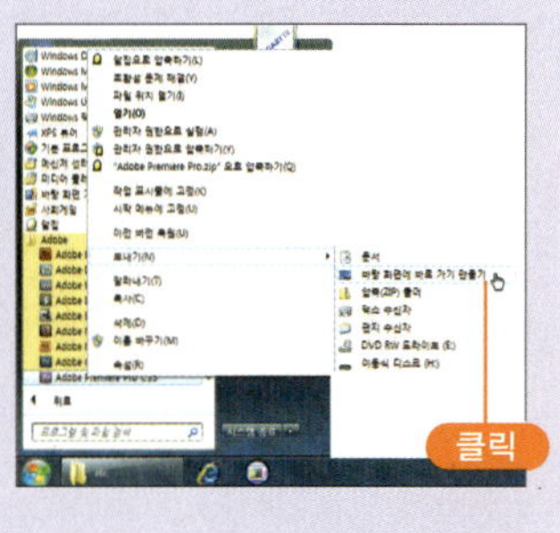

그림과 같이 바탕 화면에 바로 가기 아이콘이 만들어지므로 더블 클릭만으로 프리미어 프로 CS5를 실행할 수 있습니다.

02 어도비 아이디 로그인 화면이 나타납니다. ID에 해당하는 이메일과 패스워드를 입력하여 로그인 할 수 있으며 Create An Adobe ID 버튼을 클릭하여 아이디를 만들 수 있습니다. 이 단계를 건너뛰려면 [Skip This Step] 버튼을 클릭합니다.

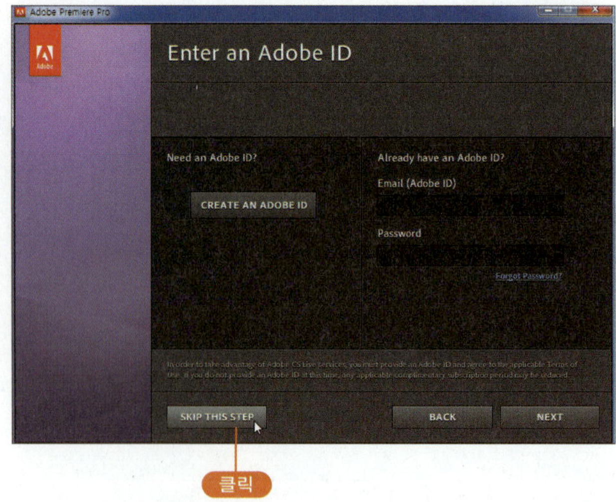

03 프리미어 프로 CS5의 로고 화면이 나타나면서 프로그램의 실행에 필요한 파일들을 읽어들이게 됩니다.

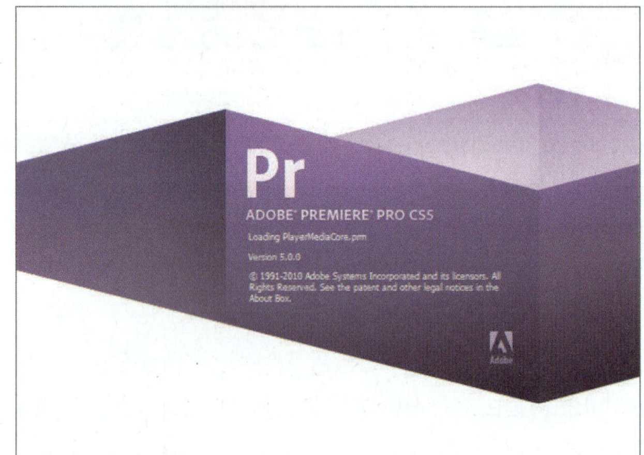

04 프로그램의 로딩이 완료되면 프로젝트 선택화면이 나타납니다. 처음 프리미어 프로 CS5를 시작하는 것이므로 [New Project] 아이콘을 클릭합니다.

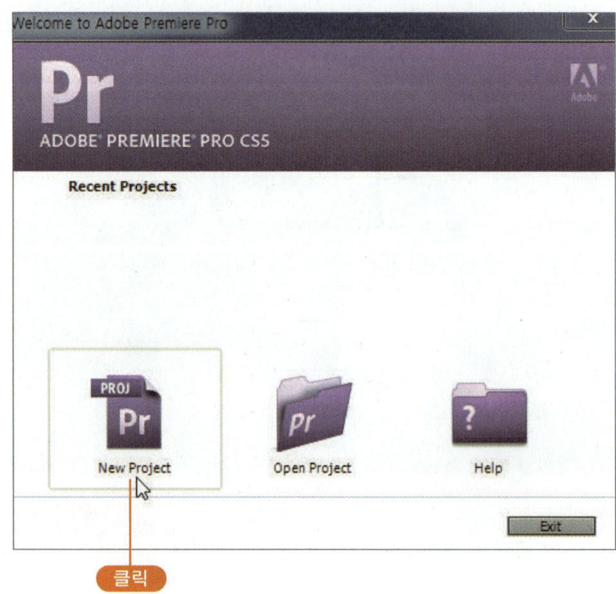

05 새 프로젝트의 기본 설정을 위한 New Project 대화상자가 나타납니다. 기본 설정 값 그대로 두고 [Name]에 "내작업"이라고 입력한 다음 [OK] 버튼을 클릭합니다.

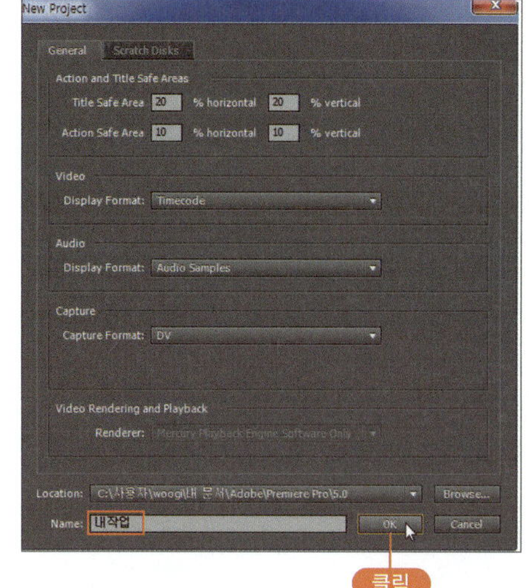

06 시퀀스 설정을 위한 New Sequence 대화상자가 나타납니다. Available Presets에는 미리 설정되어 있는 프로젝트 설정 값, 즉 프리셋 목록이 나타나 있는데 디지털 캠코더로 전송된 DV 포맷의 영상 편집 작업을 하려면 DV-NTSC에 있는 프리셋 목록 중에서 캠코더에서 촬영한 상태와 동일한 것을 선택합니다. 즉, 표준 화면 비율(720X480)과 48kHz 음성으로 촬영한 영상에 대한 작업을 하려면 Standard 48kHz를 선택하고 OK 버튼을 클릭합니다.

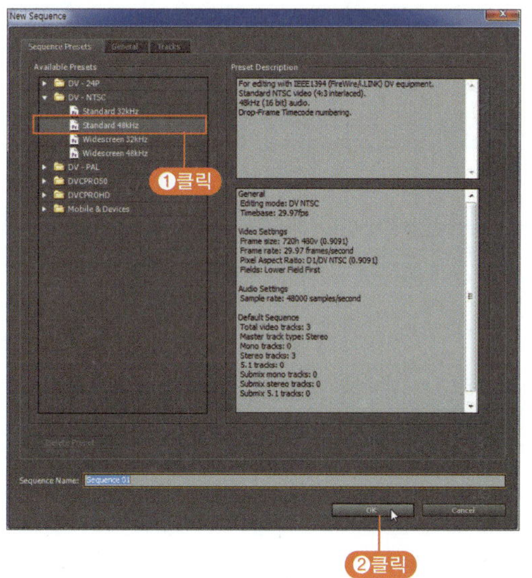

07 드디어 프리미어 프로 CS5의 메인 화면이 위용을 드러냅니다. 아직 프로그램을 실행하고 첫 화면만 보고 있는 상태지만 이제 나만의 영상 세계를 위한 준비가 완료되었습니다.

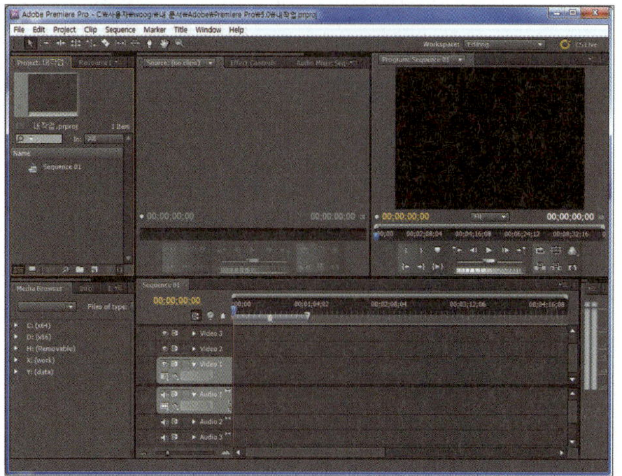

▶▶ 프리미어 프로 CS5의 메인 화면

Tip 프로젝트란 무엇이며 저장되는 위치는?

프로젝트(Project)란 하나의 작업 단위를 의미하며 "prproj"라는 확장자를 갖는 파일로 저장할 수 있습니다. 프로젝트 파일은 오직 작업에 대한 정보를 저장하고 있을 뿐 작업에 사용된 여러 미디어 파일이나 작업 결과로 생성된 파일을 포함하여 저장하는 것은 아닙니다. 프리미어 프로 CS5에서는 프리미어 프로 CS5에서 저장한 프로젝트 파일뿐 아니라 구 버전의 프리미어 프로젝트 파일인 "ppj" 파일도 불러올 수 있습니다.

또한 프로젝트는 기본적으로 [사용자\사용자 이름\내 문서\Adobe\Premiere Pro\5.0] 폴더에 저장되며 작업에 사용되는 임시 파일들도 이 폴더 아래에 생성됩니다. 프로젝트의 저장 위치를 변경하려면 앞에서 보았던 New Project 대화상자에서 Location 항목의 Browse 버튼을 클릭합니다. [폴더 찾아보기] 대화상자가 나타나 원하는 폴더를 지정할 수 있습니다.

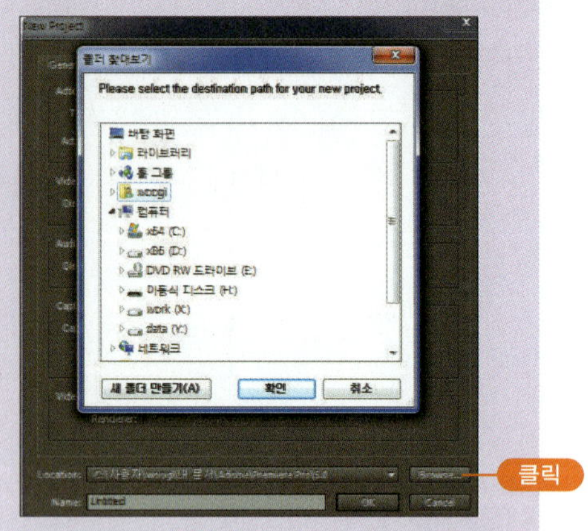

▶▶ Browse 버튼으로 프로젝트가 저장 폴더를 변경할 수 있습니다.

---

2 기본 편집 과정 이해를 위한 따라하기

간단한 컷 편집을 한 후 새로운 영상 파일로 출력해보면서 프리미어 프로 CS5의 작업 과정을 이해해보도록 하겠습니다. 기초 편집 작업 과정을 살펴보기 위한 것이므로 아직 다양한 효과나 타이틀 작업 등은 다루지 않습니다.

01 앞에서 실행하여 나타났던 프리미어 프로 CS5의 메인 화면 상태에서 계속합니다. 예제에 사용될 클립을 불러오기 위하여 메뉴에서 [File〉Import]를 선택합니다.

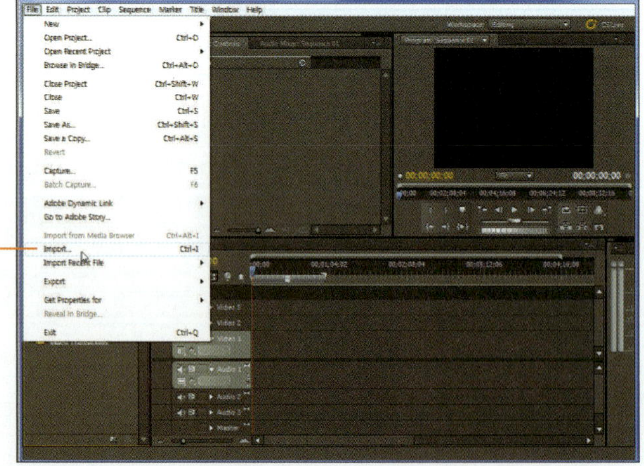

02 Import 대화상자가 나타납니다. 부록 DVD의 [Source] 폴더에서 "013.avi" 파일을 선택하고 [열기] 버튼을 클릭합니다.

잠깐만요!! 부록 DVD의 파일은 하드디스크에 복사하여 사용하세요.

부록 DVD의 [Source] 폴더에 있는 파일들은 예제의 소스로 사용되는 파일들입니다. DVD롬 드라이버를 통해 읽는 경우, 속도도 떨어지며 DVD가 항상 삽입되어 있어야 하는 등의 불편이 따르므로 하드디스크에 적절한 폴더를 만들어 복사해두고 사용하는 것이 좋습니다.

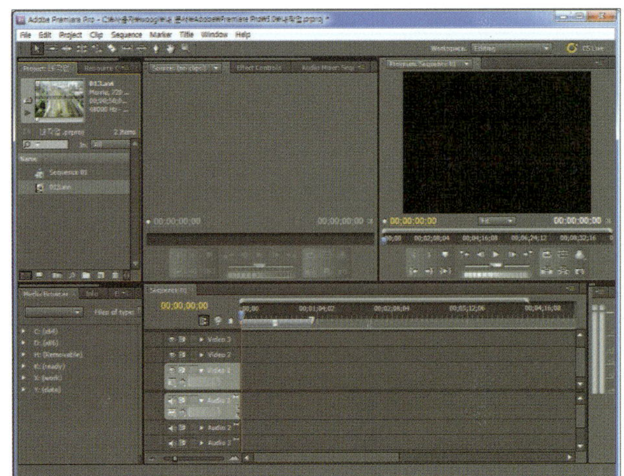

03 프로젝트 패널이라고 부르는 좌측 상단의 패널에 선택했던 파일이 등록되어 나타나는 것을 볼 수 있습니다.

04 프로젝트 패널에 등록된 파일, 즉 클립을 편집하려면 타임라인 패널에 등록해야 합니다. 프로젝트 패널에서 "013.avi" 클립을 타임라인 패널의 Video 1 트랙 가장 좌측, 즉 시작점으로 드래그합니다.

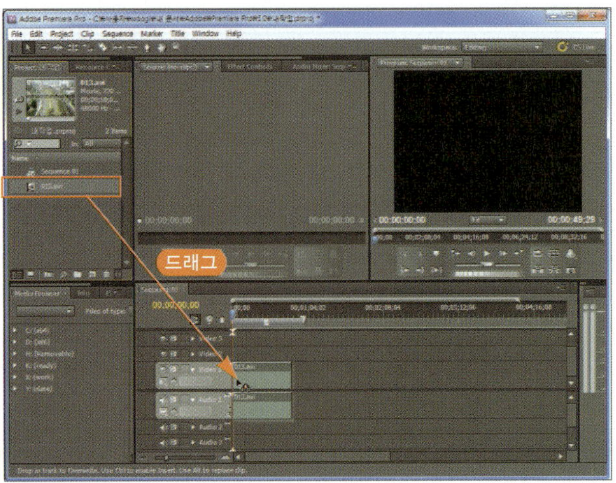

Tip 간편하게 파일 불러오기

01 프로젝트 패널의 바탕 영역을 마우스로 더블 클릭합니다. File〉Import를 선택한 것과 동일하게 하면 Import 대화상자가 나타나 파일을 선택할 수 있습니다.

02 Import 대화상자에서 특정 폴더를 선택하고 Import Folder 버튼을 클릭하면 선택한 폴더에 저장된 모든 파일을 한꺼번에 불러올 수 있습니다.

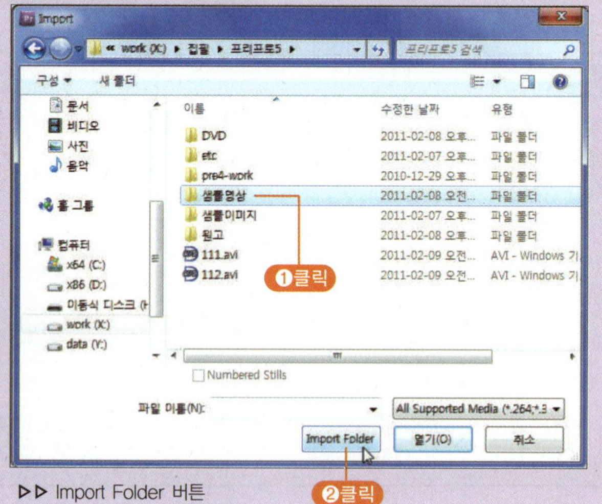

▶▶ Import Folder 버튼

03 Import Folder 버튼을 클릭한 경우, 프로젝트 패널에는 일종의 폴더 형식이라고 볼 수 있는 Bin이 선택한 폴더와 동일한 이름으로 나타납니다. Bin 앞의 삼각형 아이콘을 클릭하면 원래 폴더에 있던 모든 파일들이 Bin 안에 그대로 포함되어 있는 것을 볼 수 있습니다.

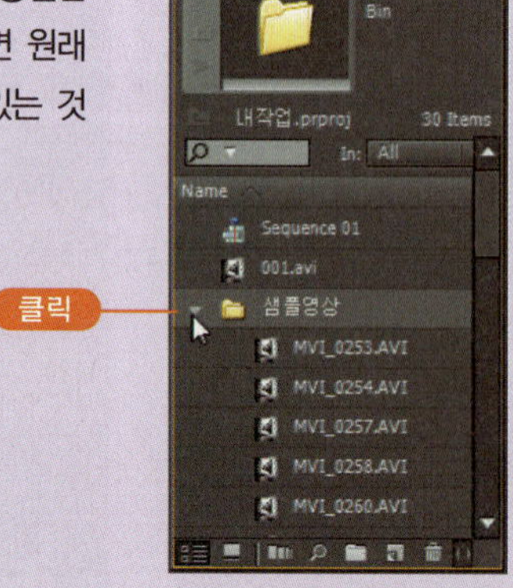

▶▶ 폴더는 Bin으로 등록됩니다.

05 마우스 버튼을 놓으면 타임라인 패널에 클립이 등록됩니다. 또한, 우측 상단의 프로그램 모니터에 해당 클립의 영상이 나타나는 것을 볼 수 있습니다.

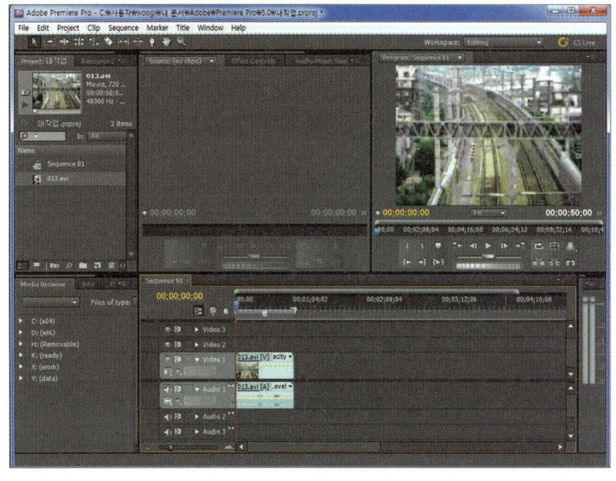

> ### Tip 클립과 트랙
>
> 클립(Clip)은 프리미어의 작업에 사용되는 하나의 데이터를 의미합니다. 즉, 작업을 위하여 불러온 파일을 클립이라고 부르며, 비디오 파일, 오디오 파일, 이미지 파일과 프리미어 프로에서 만든 타이틀, 포토샵의 PSD 파일 등이 클립이 될 수 있습니다.
>
> 트랙(Track)은 편집을 위하여 클립들을 배치해놓는 곳으로서 타임라인 패널에 위치하고 있으며 시간의 흐름에 따른 클립의 상태를 표시해줍니다. 트랙의 이름은 트랙의 좌측에 나타나 있습니다.
>
> 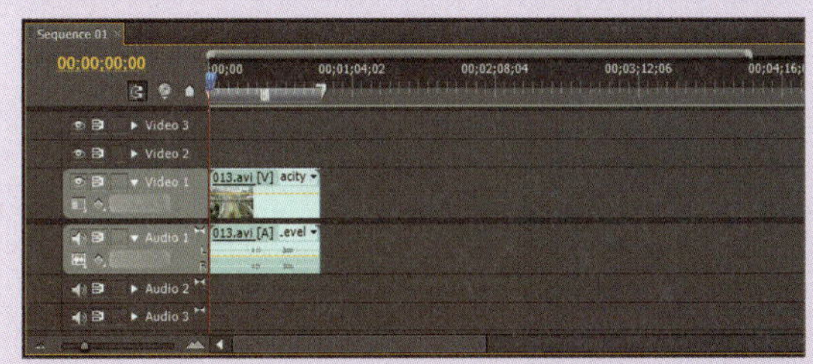
>
> ▶▶ 클립과 트랙

06 현재 등록된 클립은 50초의 재생 시간을 갖는데 비해 시간 단위를 가리키는 타임라인 패널의 눈금 간격은 크기 때문에 클립이 자세히 보이지 않아 편집하기 불편합니다. 따라서 눈금을 작은 단위로 조절해줄 필요가 있습니다. 타임라인 패널의 좌측 하단에 있는 줌 슬라이더를 우측으로 드래그합니다. 타임라인의 눈금 단위가 작아져 클립이 길게 나타납니다. 이것은 클립의 길이가 길게 표시되는 것일 뿐, 실제 클립의 길이가 변하는 것은 아닙니다.

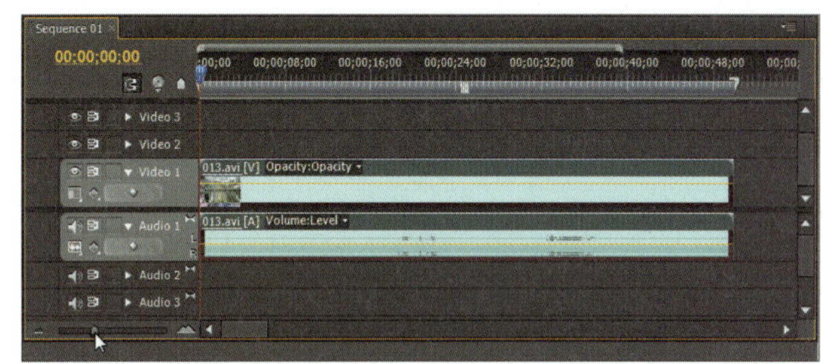

07 가장 기본적인 편집 작업 중 하나로서, 클립의 뒷부분과 앞부분을 제거해보도록 하겠습니다. 타임라인의 비디오 트랙(Video 1)에 등록된 비디오 클립의 우측 끝 부분에 마우스를 가져갑니다. 마우스 포인터가 로 바뀌어 나타납니다. 이것은 트림 포인터(Trim Pointer)라고 합니다.

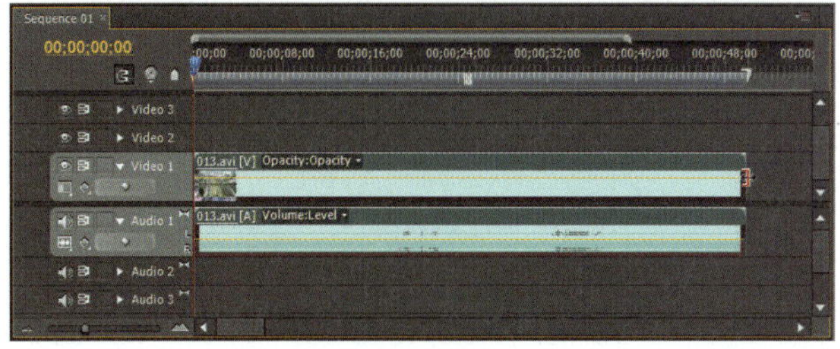

Tip 트림 포인터가 보이지 않는다면?

◉ 메인 화면 위쪽의 메인 메뉴 바로 아래에는 타임라인에 놓인 클립을 다루기 위한 여러 도구들이 툴 패널 안에 자리하고 있습니다. 아직 다른 툴을 선택한 적이 없으므로 기본적으로 가장 왼쪽에 있는 화살표 모양의 [선택] 툴이 선택되어 있을 것입니다. 하지만 실수로 다른 툴이 선택되어 있다면 트림 포인터가 나타나지 않으므로 [선택] 툴이 제대로 선택되어 있는지 확인합니다.

▷▷ 선택 툴

◉ 타임라인에 등록된 클립의 중앙에는 가로로 노란색의 라인이 나타나 있습니다. 이것은 비디오 클립의 경우, 클립의 불투명도를 조절하는 불투명도(Opacity) 핸들이라고 하는 것으로 이 부분에 마우스를 가져가면 트림 포인터가 나타나지 않으므로 라인의 약간 위나 아래에 마우스 포인터를 둡니다.

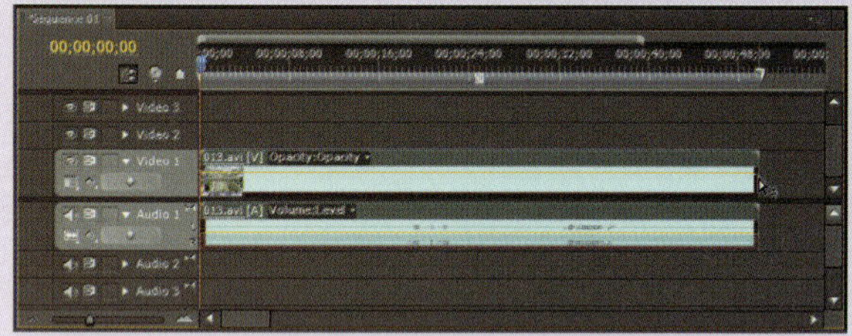

▷▷ 불투명도 핸들 위에 마우스 포인터를 둔 경우

08 트림 포인터가 나타난 상태에서 마우스 버튼을 클릭하고 좌측으로 천천히 드래그합니다. 작업화면 상단 우측의 프로그램 모니터는 현재 드래그하고 있는 지점에 대한 영상이 표시되고 아래에는 영상의 시작점, 끝점의 시간 지점이 표시됩니다. 드래그하다가 프로그램 모니터 아래 우측의 시간이 "00:00:41:25"이라고 표시되는 지점에서 마우스 버튼을 놓습니다.

09 드래그한 만큼 클립의 뒷부분이 잘라져 나가고 현재 클립의 길이는 41초 25프레임으로 변경됩니다.

10 마찬가지 방법으로 클립의 앞부분도 잘라내겠습니다. 클립의 시작부분에 마우스 포인터를 두어 트림 포인터가 나타나면 클릭한 후, 우측으로 드래그하다가 프로그램 모니터 아래 좌측의 시간이 +00:00:06:15라고 표시되는 지점에서 마우스 버튼을 놓습니다. 역시 비슷한 시간 지점에서 마우스 버튼을 놓아도 좋습니다.

> **잠깐만요!!** 프레임 단위로 정확히 원하는 지점이 나타나도록 하려면 타임라인의 눈금 단위가 더욱 작게 나타나도록 해야 합니다. 이번 예제는 단순히 편집을 위한 연습이므로 비슷한 시간이 표시될 때 마우스 버튼을 놓아도 좋습니다.

11 드래그한 만큼 클립의 앞부분이 잘려나간 것을 볼 수 있습니다. 이렇듯 간단히 드래그함으로서 불필요하다고 생각되는 클립의 앞부분과 뒷부분을 잘라낼 수 있습니다.

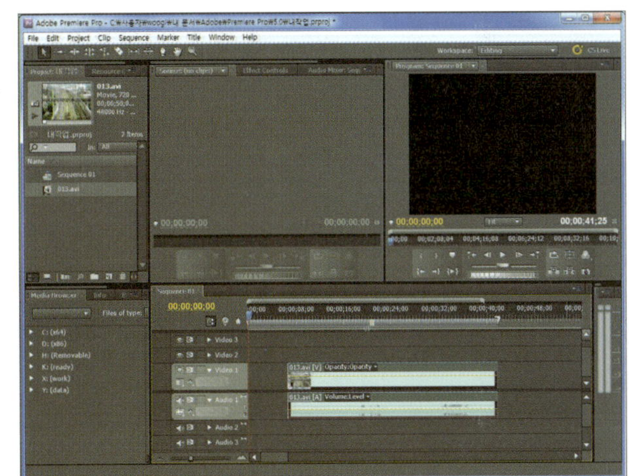

12 클립의 앞부분이 잘라짐으로 인하여 그 자리가 공백 상태로 나타나므로 클립의 내부를 클릭하고 좌측 끝, 즉 시작점으로 드래그하여 이동시켜 줍니다.

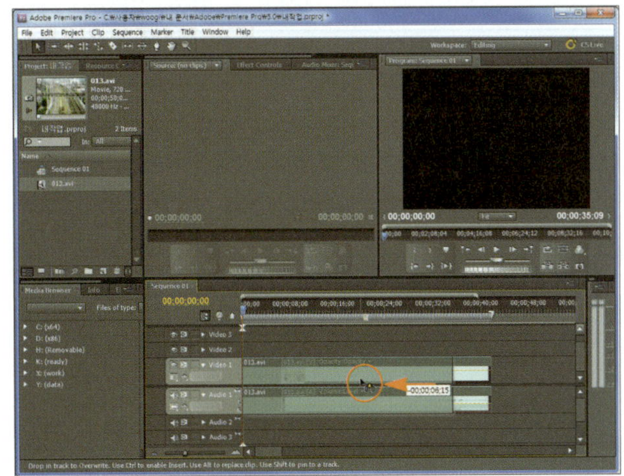

13 간단하지만 편집을 마쳤으므로 이것을 새로운 영상 파일로 저장하기 위하여 File>Export>Media를 선택합니다.

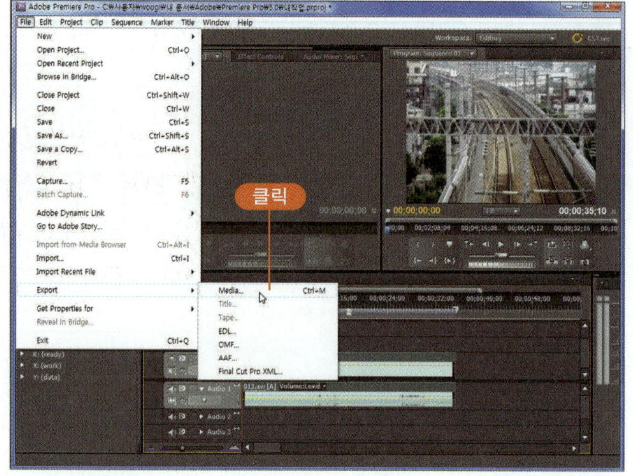

14 Export Settings 대화상자가 나타납니다. 좌측에는 프리뷰 창이, 우측에는 여러 옵션들이 나타납니다. 생성될 파일에 대한 여러 포맷이나 옵션을 선택할 수 있지만 앞으로 학습할 것이므로 여기에서는 가장 위에 있는 Match Sequence Settings 옵션만 선택합니다. 이 옵션은 생성될 파일의 모든 옵션을 현재 프로젝트의 설정값과 동일하게 적용합니다.

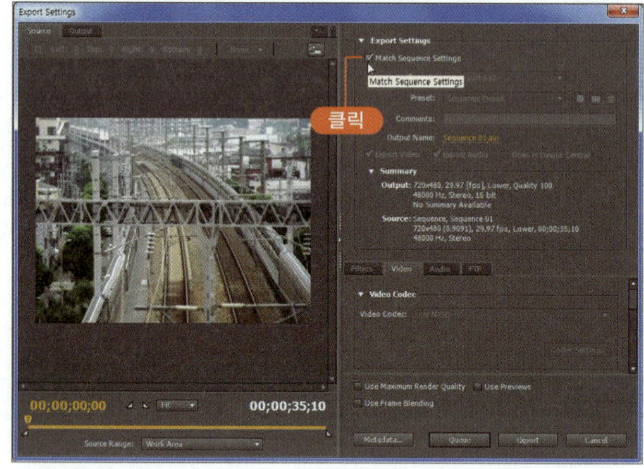

15 Output Name 우측의 파일 경로 부분을 클릭하여 Save As 대화상자가 나타나면 하드디스크 드라이브의 적절한 폴더를 선택하고 파일 이름에 "첫편집.avi"를 입력한 후 [저장] 버튼을 클릭합니다.

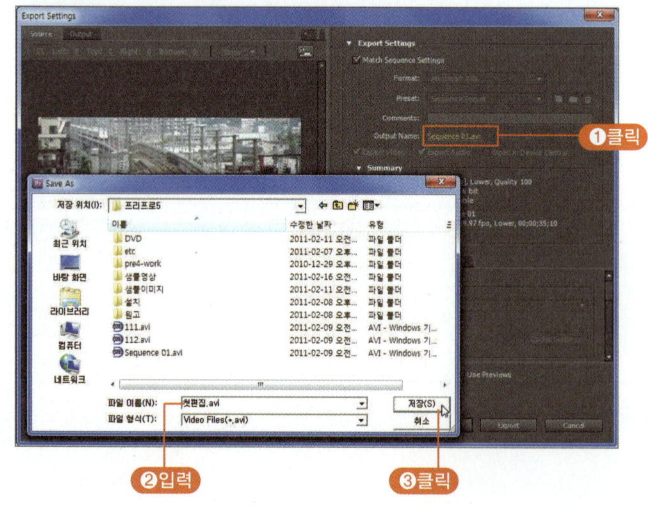

16 지정된 파일 이름으로 바뀌어 나타납니다. 아래에 있는 [Export] 버튼을 클릭합니다.

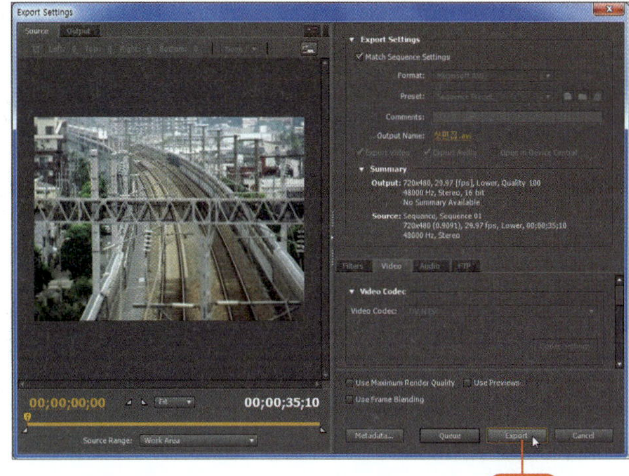

17 렌더링이 진행됩니다. 완료되면 자동으로 Export Settings 대화상자가 닫히게 됩니다.

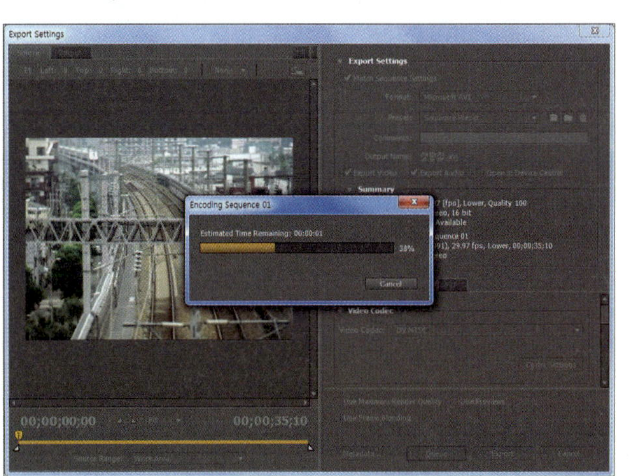

Tip 인코딩과 렌더링

인코딩(Encoding)이란 특정 포맷의 파일을 다른 포맷의 파일로 변환하는 것을, 렌더링(Rendering)이란 지정된 옵션에 의해 컴퓨터가 복잡한 연산을 수행하는 것을 의미합니다. 하지만 이 두 용어를 특별한 구분 없이 사용하기도 합니다. 프리미어 프로 CS5에서는 Export 버튼을 클릭하여 Export Settings 대화상자가 열린 상태에서 곧바로 렌더링할 수도 있으며 Queue 버튼을 클릭하여 어도비 미디어 인코더의 대기 목록으로 추가한 다음, 다른 파일과 함께 일괄적으로 렌더링할 수도 있도록 변화되었습니다.

18 앞에서 Export Settings 대화상자의 Output Name에서 지정했던 폴더를 열어 새로 생성된 파일을 더블 클릭하여 제대로 재생되는지 확인합니다. 이어서 프리미어 프로에서의 작업을 저장하기 위해 File〉Save를 선택합니다.

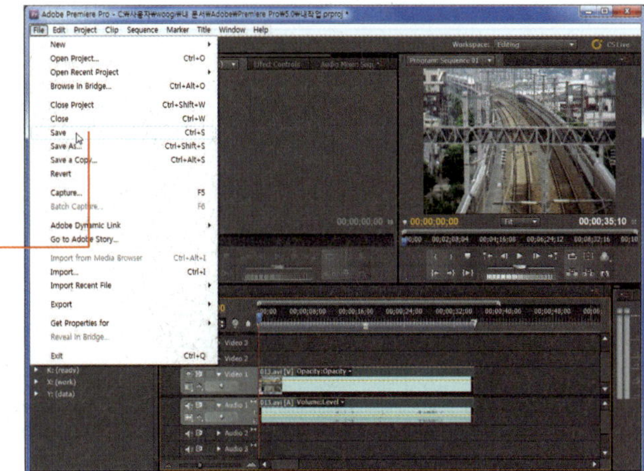

19 프로젝트의 이름이나 저장 경로를 변경하여 저장하려면 File〉Save As를 선택합니다. Save Project 대화상자가 나타나면 저장하려는 폴더로 이동하고 프로젝트의 이름을 적절히 변경한 후, [저장] 버튼을 클릭합니다.

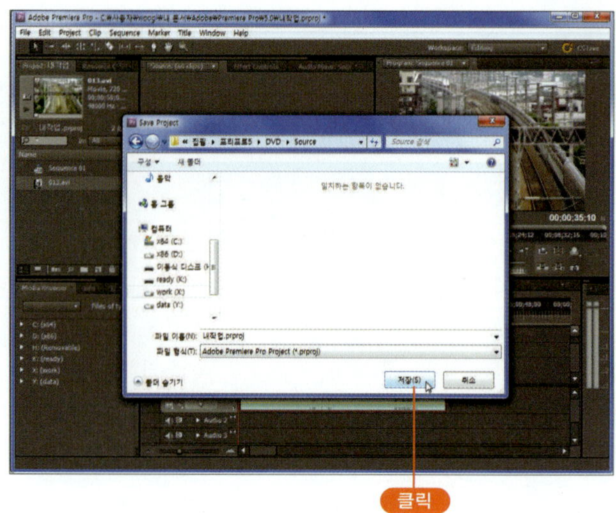

프로젝트를 저장했는데 영상은 보이지 않습니다.

File〉Save(또는 File〉Save As)를 통해 프로젝트를 저장했는데 작업한 영상은 포함되어 있지 않다는 질문을 종종 받습니다. 프로젝트 파일(*.prproj)은 어디까지나 작업의 내용만을 담고 있습니다. 따라서 작업 결과로 새로운 영상을 생성하려면 File〉Export〉Media를 사용해야 합니다.

---

3 클립의 일부분을 잘라내기

앞에서는 클립의 앞과 뒷부분만을 잘라내었지만 원치 않는 부분이 있는 클립의 중간 부분을 제거하고자 하는 경우도 있을 것입니다. 이 경우에는 툴 패널에 있는 Razor 툴을 사용합니다. 이 툴은 클립을 자르는 역할을 하므로 [면도날 툴]이라고도 부릅니다.

01 새 프로젝트를 시작하기 위하여 File〉New〉Project를 선택합니다.

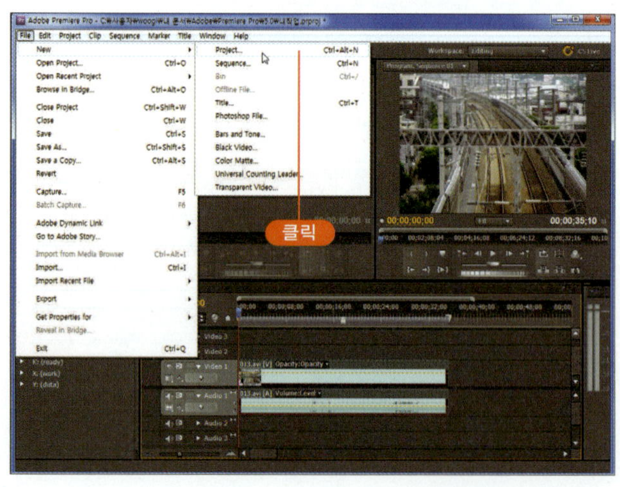

Tip 새 프로젝트를 시작하는데 대화상자가 나타난다면?

현재 프로젝트를 저장하지 않았기 때문입니다. 저장하려면 Yes를, 그렇지 않으면 No를 선택합니다.

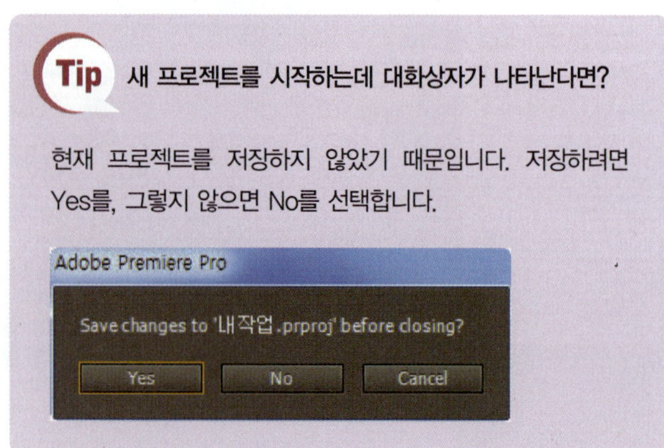

02 New Project 대화상자가 나타납니다. Name에 새로운 프로젝트 이름으로 "자르기"를 입력하고 OK 버튼을 클릭합니다.

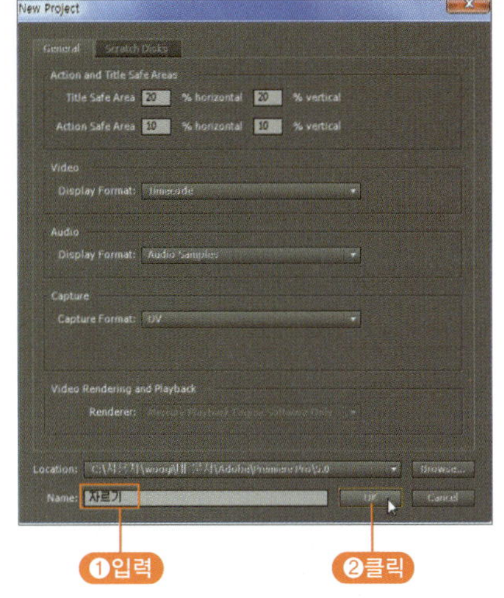

03 New Sequence 대화상자가 나타나면 기본값 그대로 두고 OK 버튼을 클릭합니다. 새로운 프로젝트가 시작되면 프로젝트 패널의 바탕 영역을 더블 클릭하여 Import 대화상자를 열고 부록 DVD의 [Source] 폴더에서 "013.avi" 파일을 선택한 후, [열기] 버튼을 클릭합니다. 앞에서 사용했던 것과 동일한 파일입니다.

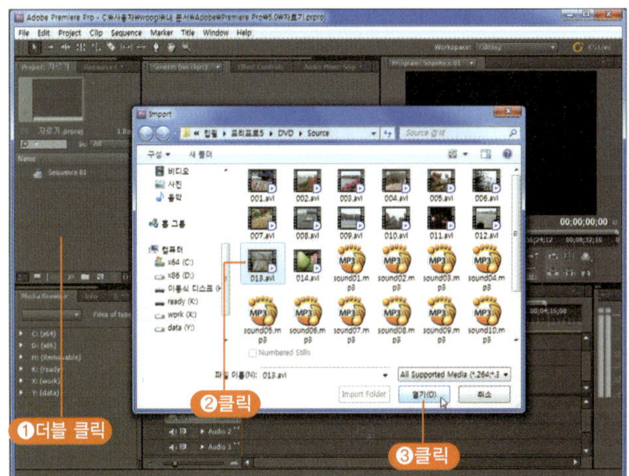

04 프로젝트 패널에 등록된 클립을 타임라인 패널의 Video 1 트랙으로 드래그한 후, 앞의 예제에서 했던 것처럼 줌 슬라이더를 우측으로 드래그하여 클립이 길게 나타나도록 합니다.

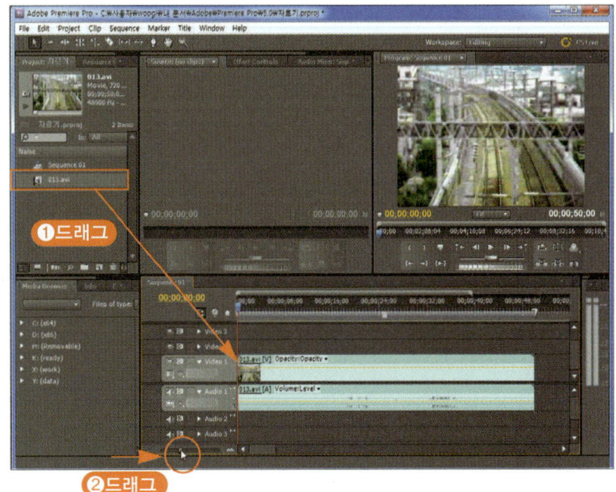

05 메인 메뉴 바로 아래에 있는 툴 패널에서 면도날 모양을 하고 있는 Razor 툴을 선택합니다.

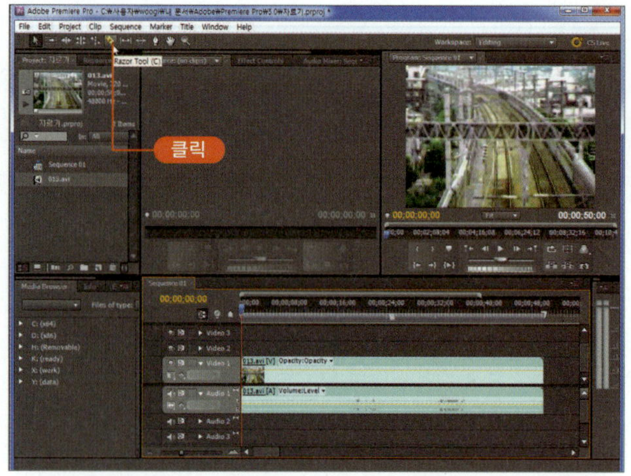

06 타임라인 패널의 위쪽에는 타임룰러라고 부르는 눈금들이 있으며 이 위에는 파란색의 현재 시간 표시자(Current Time Indicator)가 나타나 있습니다. 기본적으로 타임라인의 시작점에 위치하고 있는데 이것을 우측으로 천천히 드래그합니다. 현재 시간 표시자가 가리키고 있는 지점에 대한 영상이 프로그램 모니터에 나타납니다. 프로그램 모니터의 좌측 아래에 00;00;22;19라고 표시되는 지점, 즉 22초 19프레임 지점에서 마우스 버튼을 놓습니다. 연습 예제이므로 정확한 지점이 아닌, 비슷한 위치라도 좋습니다.

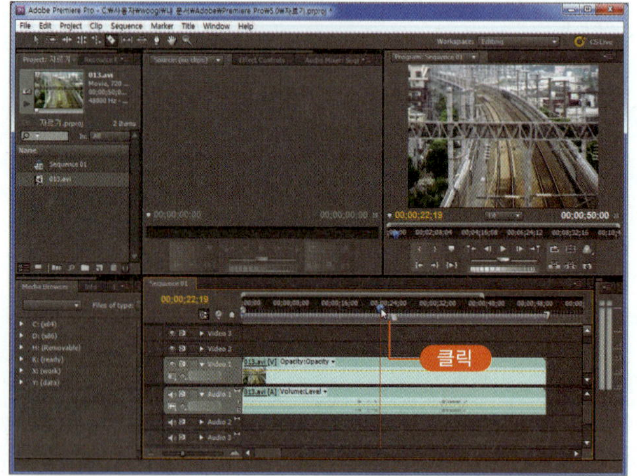

07 마우스를 타임라인에 등록된 클립 위로 가져갑니다. 마우스 포인터가 면도날 모양으로 나타납니다. 현재 시간 표시자가 가리키는 빨간색 선인 에디트 라인의 위치에서 클릭합니다.

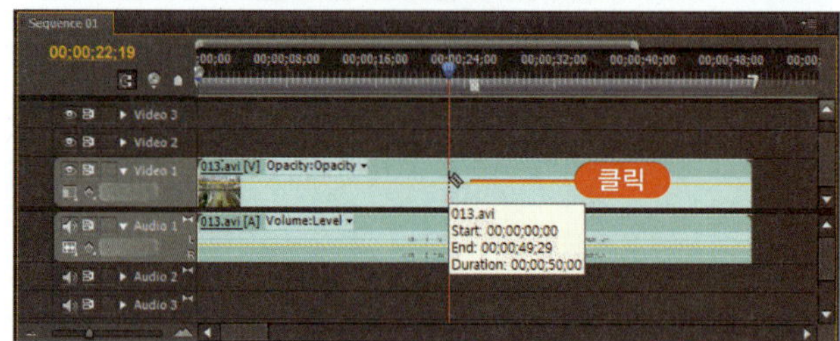

08 클릭한 지점에서 클립이 잘라집니다. 다시 현재 시간 표시자를 우측으로 드래그하여 프로그램 모니터에 좌측 하단의 시간 표시가 00;00;32;00라고 표시되는 지점, 즉 32초 지점에서 마우스 버튼을 놓고 타임라인에 등록된 클립의 빨간색 에디트 라인 위를 클릭합니다.

09 다시 클립이 잘라져 분할됩니다. 처음 자른 지점은 열차가 사라진 직후 지점이며, 두 번째 자른 지점은 다음 열차가 나타나기 바로 전 지점입니다. 이로서 클립이 모두 3개로 분할되었습니다. 툴 패널에서 Selection 툴, 즉 선택 툴을 클릭합니다.

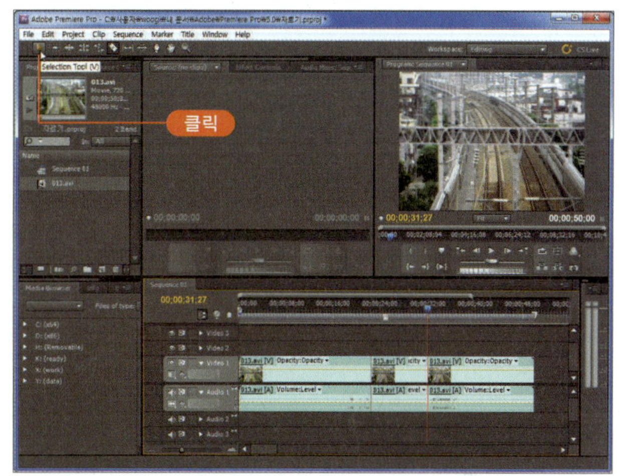

10 타임라인에 분할된 3개의 클립 중에서 가운데 클립을 클릭하여 선택한 다음 키보드의 Delete 키를 누릅니다.

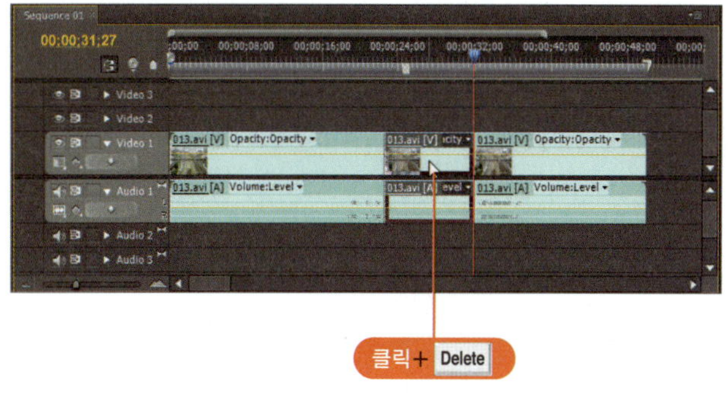

11 가운데 클립이 제거되며 제거된 자리는 공백 (Ripple)으로 남게 됩니다. 뒤에 있는 클립을 앞에 있는 클립의 뒤로 드래그하여 둘이 나란히 위치하도록 붙여 줍니다.

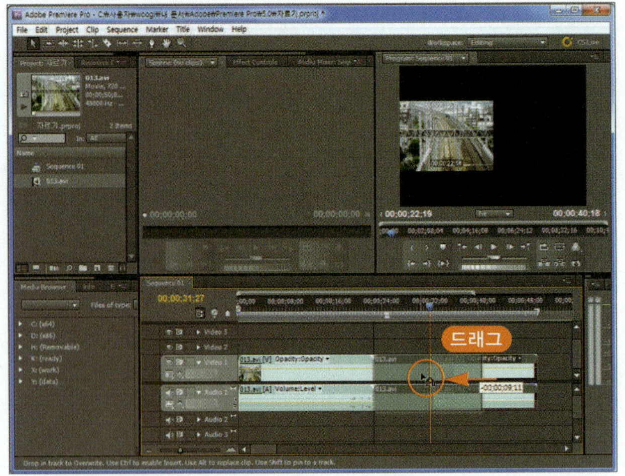

12 프로젝트 패널의 바탕 영역을 더블 클릭하여 Import 대화상자를 열고 부록 DVD의 [Source] 폴더에서 "014.avi" 파일을 선택한 다음, [열기] 버튼을 클릭합니다.

13 프로젝트 패널에 새로 등록된 "014.avi" 클립을 타임라인 패널에 등록되어 있는 클립의 뒤로 드래그합니다.

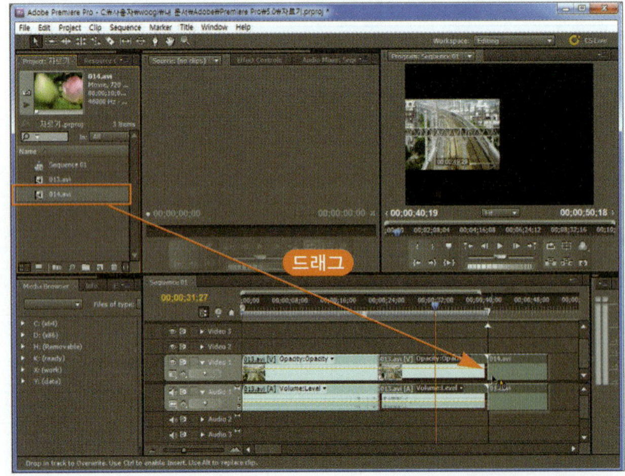

14 새로운 클립이 추가로 등록됩니다. 이러한 식으로 클립의 특정 부분을 자르거나 다른 클립을 이어 붙여 새로운 하나의 영상으로 만들게 됩니다. 파일로 생성하려면 앞에서 다루어 보았던 대로 [File〉Export〉Media] 메뉴를 사용해야 합니다.

> **Tip** 선형 편집과 비선형 편집
>
> 선형 편집은 Linear Editing(리니어 에디팅)이라고 하며 테이프와 여러 대의 녹화기를 사용하여 필요한 부분을 편집하는 방식을 가리킵니다. 이러한 방식은 테이프에 기록된 내용의 순서에 의해 순차적으로 편집이 이루어지는데 고가의 장비가 필요하여 일반 사용자가 쉽게 접근할 수 없습니다.
>
> Non Linear Editing(넌 리니어 에디팅)이라고 부르는 비선형 편집은 컴퓨터와 소프트웨어를 사용하여 편집하는 방식으로서 하드디스크에 저장된 영상을 사용하므로 원하는 위치의 데이터를 자유롭게 찾아 편집할 수 있어 비교적 쉽게 사용할 수 있으며 선형 편집에 비해 저렴한 비용으로 장비를 구축할 수 있다는 장점을 가지고 있습니다.

Chapter 05

프리미어 프로 CS5의 워크플로우

앞에서 프리미어 프로를 통한 단순한 편집 예를 따라 해보았지만 실제로 원하는 결과를 얻기 위해서는 단순히 클립을 자르고 붙이는 것 외에도 다양한 작업을 하게 됩니다. 프리미어 프로를 통한 영상 편집에 대한 이해를 높이기 위해 작업의 전체적인 흐름(워크플로우:Workflow)을 살펴보겠습니다.

1 프로젝트의 시작

이미 다루어보았듯이 New Project 대화상자와 New Sequence 대화상자를 통해 원하는 프로젝트의 포맷과 프리셋을 선택하여 프로젝트를 시작하는 것이 가장 첫 번째 과정입니다. 이미 프리미어 프로 내에서 다른 프로젝트에 대한 작업을 하고 있다면 File>New Project를 선택하여 새로운 프로젝트를 시작할 수 있습니다.

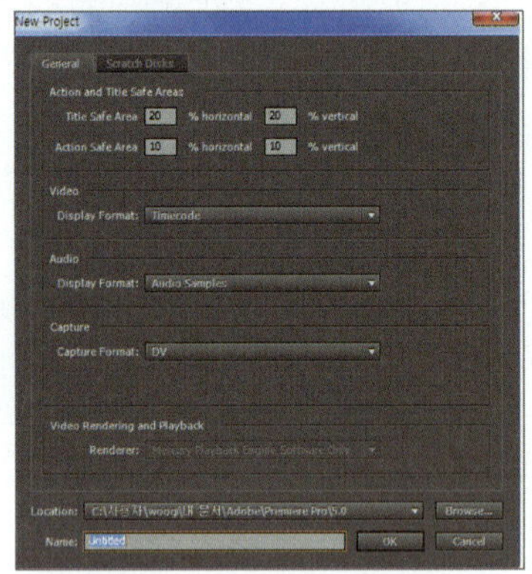

▶▶ 프로젝트 시작하기

2 소스 클립 등록하기

프로젝트를 시작했다면 작업에 사용할 클립들을 불러와 등록할 차례입니다. 디지털 캠코더로부터 캡처하거나 각종 영상 촬영기기에 삽입된 메모리 카드, 또는 하드디스크로부터 저장되어 있는 파일을 불러올 수 있습니다. 프리미어 프로에서 캡처하거나 불러온 파일들은 프로젝트 패널의 목록에 등록됩니다.

▶▶ 등록된 소스 클립들

3   편집하기

프로젝트 패널의 파일들은 타임라인 패널의 트랙에
등록하여 불필요한 부분을 자르거나 붙여 넣는 등의
편집 작업을 할 수 있습니다. 실질적으로 가장 많은
시간이 할애되는 작업이 될 것입니다.

▷▷ 타임라인 패널에서의 편집 작업

4   트랜지션/이펙트 적용하기

편집을 마쳤다면 각 클립 사이의 장면이 전환될 때
나타나는 트랜지션과 다양한 이펙트를 적용하게 되
며 각 클립을 합성하거나 모션을 통해 클립에 애니메
이션을 적용할 수 있습니다. 보다 세련되고 독특한
영상을 만들기 위한 작업입니다.

▷▷ 클립 사이에 트랜지션 적용하기

5   오디오 작업하기

영상 작업과 함께 오디오 트랙의 클립에도 다양한
이펙트와 믹싱 작업을 할 수 있습니다. 오디오 믹서
를 통해 오디오 클립에 대한 다양한 작업을 하거나
비디오 클립을 재생하면서 내레이션을 녹음할 수도
있습니다.

▷▷ 오디오 믹서

6　타이틀 작업하기

영상에 필요한 자막, 즉 타이틀(Title)은 프리미어 프로 CS5에 포함된 타이틀러(Titler)를 통해 만들 수 있으며 미리 준비되어 있는 타이틀 템플릿을 사용할 수도 있습니다. 타이틀러에서 작성하여 저장한 타이틀은 자동으로 프로젝트 패널에 등록되며 타임라인 패널의 트랙에 등록하여 사용할 수 있습니다.

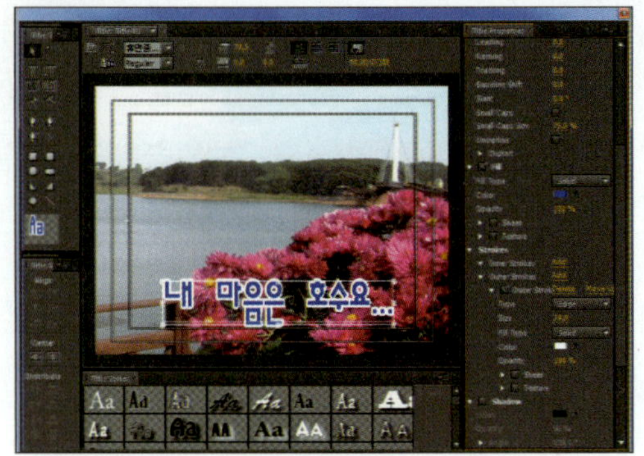
▶▶ 타이틀러에서의 타이틀 작업

7　새로운 파일로 출력하기

원하는 작업을 마쳤다면 작업에 대한 결과물을 얻어야겠죠? 프리미어 프로 CS5에서는 AVI, MPEG를 비롯하여 윈도우 미디어 포맷인 WMV, 플래시 비디오 등, 다양한 포맷의 파일을 원하는 코덱을 적용하여 출력할 수도 있으며 블루레이 디스크, 또는 캠코더의 테이프에 녹화할 수도 있습니다. 또한 정식 버전 사용자라면 생성된 파일을 가지고 Adobe Encore CS5를 통해 메뉴나 챕터로 구성되는 대화형 DVD를 제작할 수 있습니다.

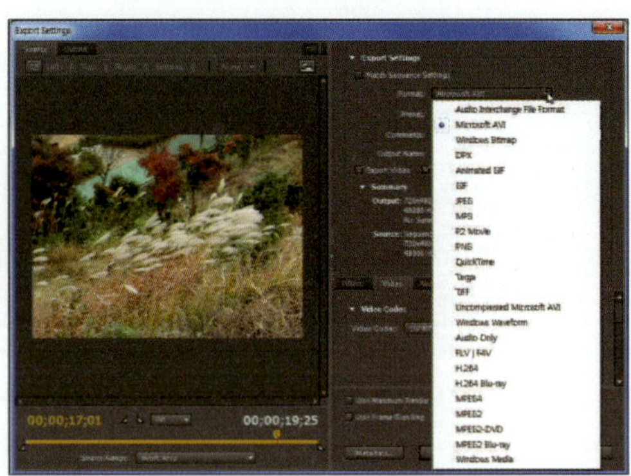
▶▶ 다양한 포맷으로 출력하기

Chapter 06
어떻게 나타날까? 다양한 방법으로 프리뷰하기

편집부터 여러 효과의 적용, 합성 등 동영상 작업은 여러 과정을 필요로 하며 현재까지의 작업 결과가 어떻게 나타나는지 수시로 파악할 필요가 있습니다. 최종 파일로 생성하기 전, 작업 중인 영상의 상태를 미리 보는 것을 프리뷰(Preview)라고 하며 프리뷰 화면은 프로그램 모니터에 나타납니다.

1 스크럽으로 프리뷰하기

타임라인 패널의 위쪽에 위치하고 있는 역삼각형 모양의 현재 시간 표시자를 드래그하는 것을 스크럽(Scrub)라고 하는데, 스크럽하면 현재 시간 표시자가 지나가고 있는 부분의 영상이 실시간으로 프로그램 모니터에 나타납니다.

▶▶ 스크럽으로 프리뷰

2 에디트 라인으로 프리뷰하기

현재 시간 표시자는 타임룰러 위에 존재하면서 클립의 현재 시간 지점을 가리키는데, 현재 시간 표시자와 연결되어 아래쪽으로 나타나는 빨간 선은 현재 시간 표시자가 가리고 있는 클립의 특정 지점을 알기 쉽게 나타내주는 것으로 에디트 라인(Edit line)이라고 부릅니다. 클립이 등록되어 있지 않는 트랙 위의 에디트 라인을 드래그해도 현재 타임라인의 결과를 프리뷰할 수 있습니다. 현재 시간 표시자나 에디트 라인은 함께 움직이기 때문에 본서에서는 특별한 경우가 아니라면 두 용어를 구별하지 않고 사용합니다.

▶▶ 에디트 라인 드래그로 프리뷰

3 Spacebar 키로 프리뷰하기

Spacebar 를 누르면 현재 시간 표시자가 위치하고 있는 지점부터 프리뷰가 시작됩니다. 스크럽은 드래그하는 속도를 마음대로 조절할 수 있으므로 특정 부분을 천천히, 또는 빠르게 살펴보는 데 유용하지만 Spacebar 를 누르면 클립의 정상 속도로 프리뷰되므로 최종 결과를 그대로 확인하는 데 유용합니다. Spacebar 로 프리뷰할 때도 클립에 적용된 모든 효과들이 그대로 나타납니다.

Spacebar 를 눌러 클립이 재생되는 도중, 다시 Spacebar 를 누르면 재생이 일시 정지되며 현재 시간 표시자는 최종 재생된 지점에 위치합니다.

4 렌더 프리뷰하기

클립의 용량이 크거나 다양하고 복잡한 효과가 적용된 경우에는 시스템의 사양에 따라 프리뷰 화면이 심하게 끊기거나 화질이 나빠 보일 수 있습니다. 이 경우에는 일단 클립을 렌더링한 후에 프리뷰가 시작되는 렌더(Render) 프리뷰 방식을 사용하는 것이 좋습니다. 렌더링 시간이 소요되기는 하지만 실제 출력 결과와 동일한 상태로 정확히 프리뷰할 수 있기 때문입니다.

렌더 프리뷰는 편집 결과를 렌더링하여 임시파일을 생성하고 이것을 재생하는 방식이며 사용자가 지정한 영역만을 렌더링할 수도 있어 특정 부분만을 정확하게 프리뷰하는 데 유용합니다.

01 렌더 프리뷰를 위해 Sequence〉Render Effects in Work Area를 선택하거나 Enter 키를 누릅니다.

> **Tip** 렌더링을 위한 두 메뉴의 차이점
>
> Sequence〉Render Effects in Work Area는 작업 영역 내에서 이펙트가 적용된 구간만을 렌더링하며 Sequence〉Render Entire Work Area는 작업 영역 전체 구간을 렌더링합니다. 일반적으로 이펙트가 적용된 구간만 렌더링해도 자연스럽게 프리뷰를 수행할 수 있습니다. 이펙트가 적용되지 않은 구간은 특별히 시스템 사양이 낮지 않은 한, 렌더링하지 않아도 부드럽게 프리뷰되기 때문입니다.

02 다음과 같이 렌더링이 진행되며 렌더링이 완료되면 작업 영역에 대한 프리뷰가 시작됩니다. 이펙트를 적용하지 않았거나 적은 양의 클립만 사용하는 간단한 프로젝트라면 렌더링이 순간적으로 이루어지므로 렌더링 과정이 나타나지 않을 수도 있습니다.

잠깐만요!! 렌더링이 완료되었는데 자동으로 프리뷰가 시작되지 않는다면?

Edit>Preferences>General을 선택하여 환경 설정 대화상자를 열고 Play work area after rendering previews 옵션이 선택되어 있는지 확인합니다. 이 옵션이 선택되어 있지 않으면 렌더링 후에 Space Bar를 눌러야 프리뷰가 시작됩니다.

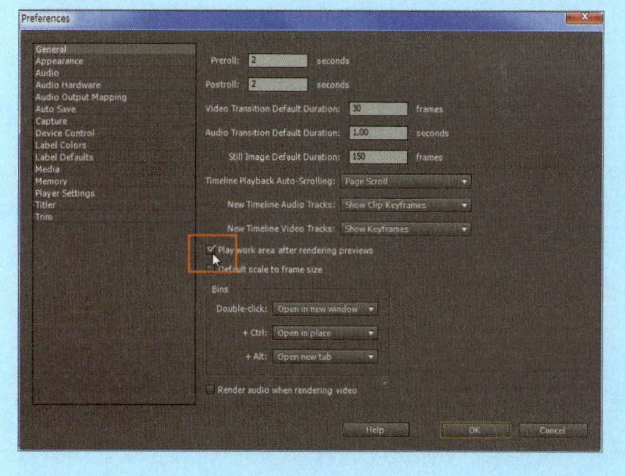

03 클립에 특별한 효과를 적용하면 작업 영역 바 아래가 빨간색으로 표시되는데 렌더링이 완료되면 빨간색이 녹색으로 바뀌어 렌더링된 구간임을 알려줍니다.

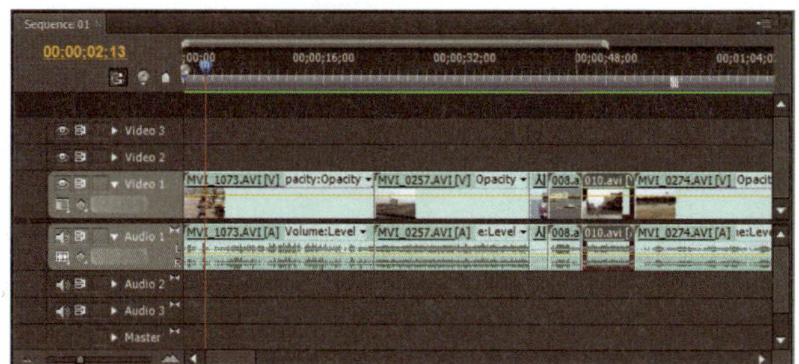

▶▶ 렌더링 이전

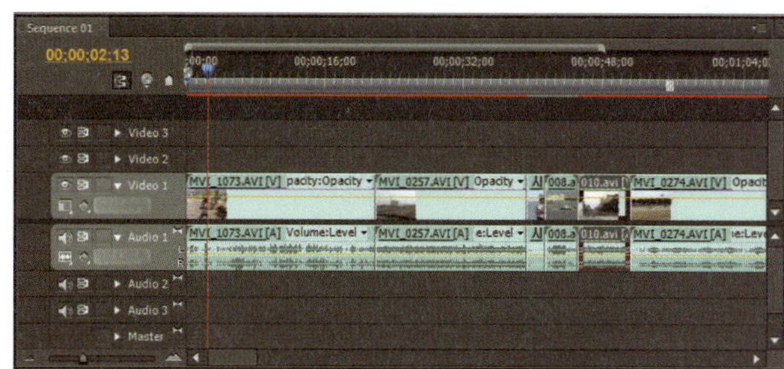

▶▶ 렌더링 이후

> **Tip** 작업 영역 바와 작업 영역
>
> 작업 영역은 기본적으로 타임라인 패널에 등록된 전체 클립의 길
> 이로 지정되어 있으나 사용자가 임의로 지정할 수도 있습니다.
> 타임라인 패널의 타임룰러(Time Ruler) 아래에 있는 회색 막대가
> 작업 영역 바(Work Area Bar)로서 이것이 가리키고 있는 구간
> 이 작업 영역입니다. 클립의 전체 구간이 아닌, 작업 영역만을 렌
> 더링하거나 파일로 생성할 수도 있습니다.

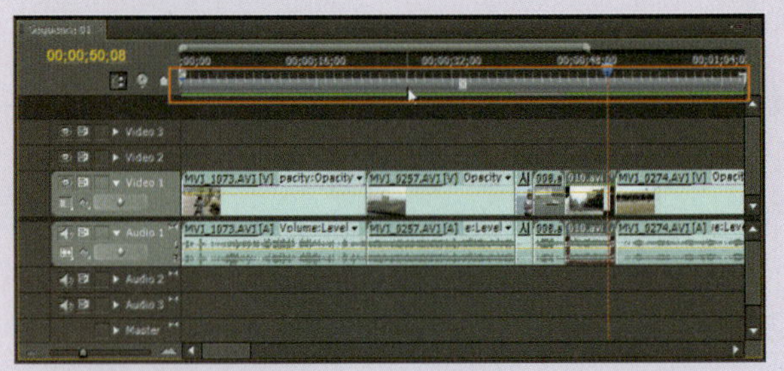

▷▷ 타임라인 패널의 작업 영역 바

04 렌더링된 임시 파일의 용량도 만만치 않으므로 편집 작업을 마치고 다시 프리뷰할 일이 없다고 판단된다면 삭제해주는 것이 좋습니다. Sequence〉Delete Render Files를 선택합니다.

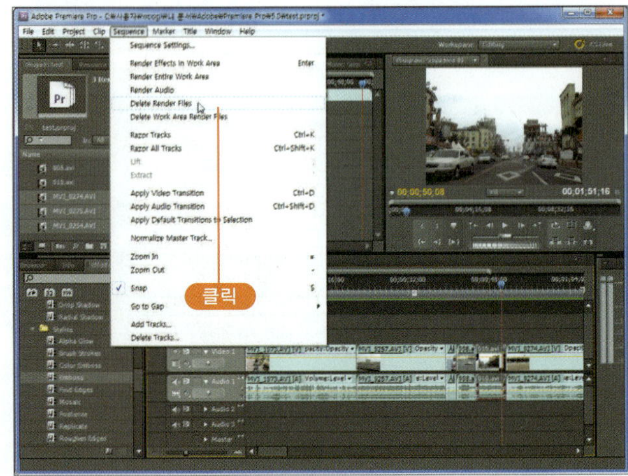

05 정말로 삭제할 것인가를 묻는 대화상자가 나타납니다. [OK] 버튼을 클릭합니다.

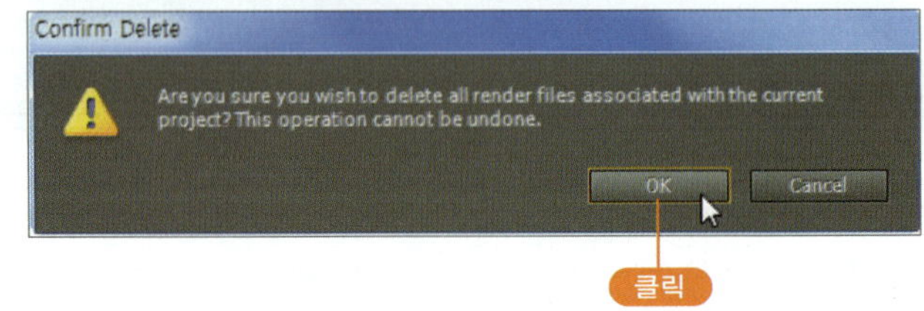

06 임시 파일이 삭제되면 렌더링 이전 상태로 돌아가므로 타임라인 패널의 작업 영역 바 아래의 녹색선도 다시 빨간색으로 바뀌어 나타납니다.

07 렌더링 후 생성된 임시 파일은 기본적으로 [사용자\내문서\Adobe\Premiere Pro\5.0\Adobe Premiere Pro Preview Files\프로젝트 이름.PRV] 폴더 안에 저장되며 프리미어 프로 CS5를 종료한 후에도 해당 폴더를 직접 열어서 삭제할 수 있습니다. 임시파일이 저장되는 폴더를 변경하려면 Project>Project Settings>Scratch Disks를 선택합니다.

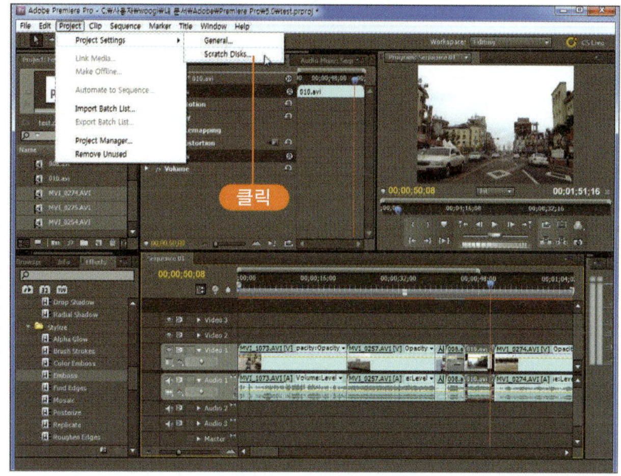

08 Project Settings 대화상자의 Scratch Disks 탭을 통해 작업에 사용되는 각 파일들이 저장되는 폴더들이 표시됩니다. 기본적으로 모든 폴더들이 프로젝트를 시작할 때 지정한 폴더, 즉 프로젝터와 동일한 폴더로 지정되어 있는 것을 볼 수 있습니다. 프리뷰에 사용될 임시 파일이 저장될 폴더를 변경하려면 Video Previews 항목의 Browse 버튼을 클릭합니다.

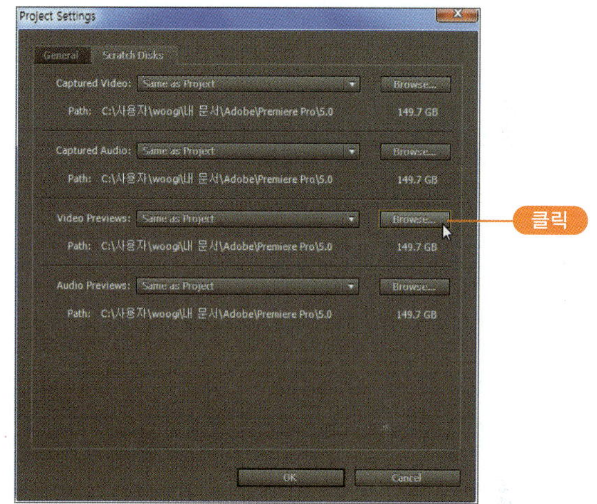

09 [폴더 찾아보기] 대화상자가 나타납니다. 적절한 폴더를 선택하고 [확인] 버튼을 클릭합니다. [새 폴더 만들기] 버튼을 클릭하여 새로운 폴더를 만들어 지정할 수도 있습니다. 시스템에 두 개 이상의 하드디스크가 설치되어 있다면 보다 빠르고 여유 공간이 많은 디스크에 존재하는 폴더를 지정해주는 것이 좋습니다.

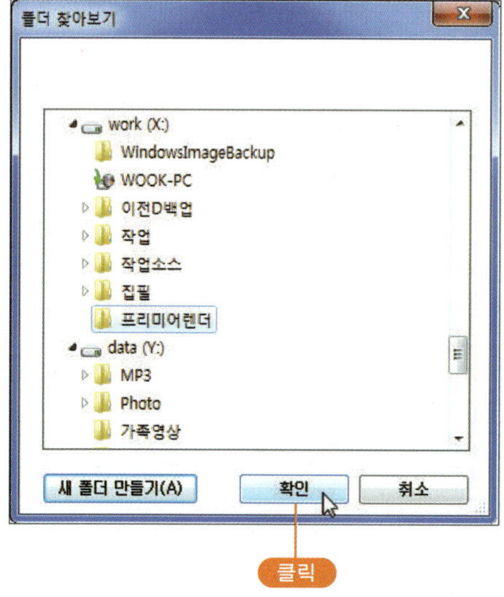

10 Project Settings 대화상자로 돌아와 Video Preview 항목을 보면 변경한 폴더가 지정되어 있는 것을 볼 수 있습니다. OK 버튼을 클릭하면 변경한 사항이 적용됩니다.

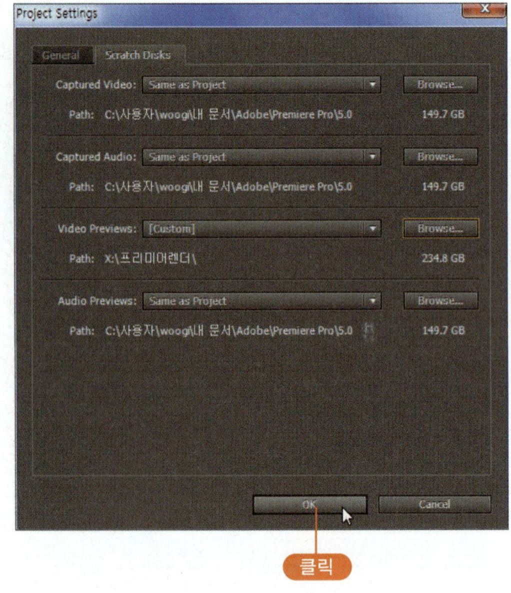

5 타임라인 패널의 스크롤 방식 선택하기

프리뷰가 진행되면서 현재 시간 표시자가 타임라인 패널의 가로 영역(너비)을 넘어가는 경우, 타임라인이 어떻게 스크롤되게 할 것인지를 선택할 수 있습니다.

Edit>Preferences>General을 선택하여 환경 설정 대화상자를 열고 Timeline Playback Auto-Scrolling 드롭다운 메뉴를 클릭하면 다음과 같이 3개의 메뉴가 나타나는 것을 볼 수 있습니다. 기본적으로 Page Scrolling이 선택되어 있으며 각 메뉴의 선택에 따라 타임라인 패널은 각각 다음과 같은 방식으로 스크롤합니다.

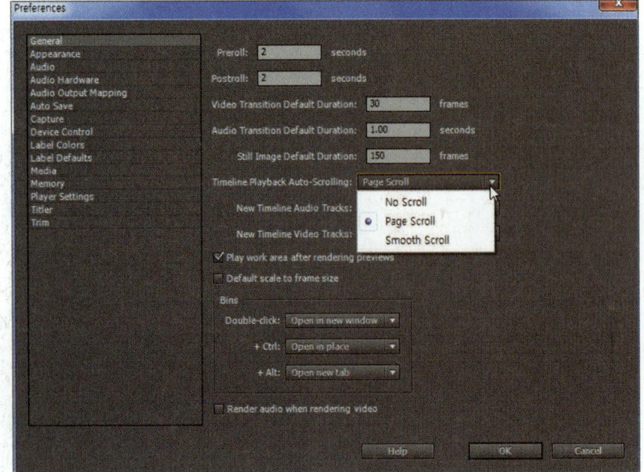

Non Scroll

클립이 재생되면서 현재 시간 표시자가 현재 보이는 타임라인 영역을 벗어나면 현재 시간 표시자는 타임라인의 오른쪽 끝에 머물게 되며 타임라인의 다음 영역은 보여주지 않습니다. 다시 Space Bar를 눌러 클립의 재생을 중지하면 그때서야 현재시간 표시자가 가리키고 있는 영역이 나타납니다.

▷▷ 타임라인 패널이 스크롤되지 않습니다.

Page Scroll

기본값으로서, 현재시간 표시자의 위치에 따라 타임라인이 자동으로 스크롤됩니다. 즉, 클립의 재생에 따라 현재 시간 표시자가 현재 영역을 벗어나면 타임라인은 즉시 다음 영역으로 이동하여 보여줍니다.

▷▷ 현재 시간 표시자가 가리키는 다음 영역으로 자동 스크롤됩니다.

Smooth Scroll

클립의 재생에 따라 현재 시간 표시자가 타임라인의 중앙에 오면 현재시간 표시자는 더이상 이동하지 않고, 그 대신 클립과 타임룰러가 스크롤됩니다. 즉, 현재 시간 표시자는 항상 타임라인 중앙에 나타난 상태에서 프리뷰됩니다.

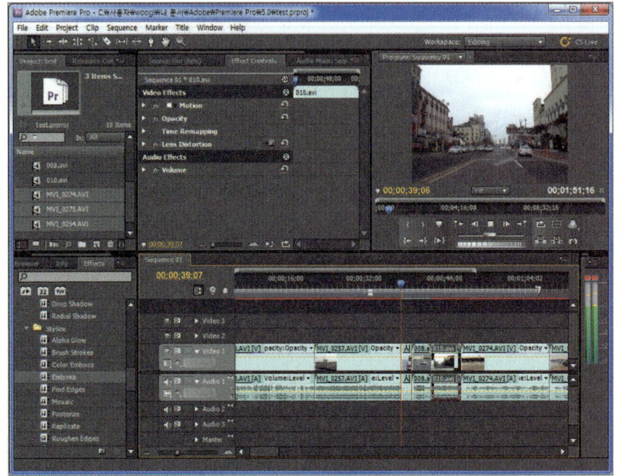

▷▷ 현재 시간 표시자가 중앙에 오면 클립과 눈금이 스크롤됩니다.

Chapter 07

강력한 렌더링을 위한 머큐리 엔진 사용하기

프리미어 CS5는 머큐리 재생 엔진을 통해 HD 편집 환경에서도 실시간에 가까운 부드러운 프리뷰와 빠른 렌더링이 가능합니다. 하지만 머큐리 엔진은 공식적으로 일부 그래픽 카드만 지원하며 약간의 수고를 가미하면 일반적인 그래픽 카드에서도 가능합니다.

1 머큐리 재생 엔진의 사용 여부 확인하기

머큐리(Mercury) 재생 엔진의 GPU(그래픽 처리장치) 가속을 지원받으려면 공식적으로 다음과 같은 그래픽 카드가 장착되어 있어야 합니다.

- GeForce GTX 285 (Windows 및 Mac OS)
- GeForce GTX 470 (Windows)
- Quadro 4000 (Windows)
- Quadro 5000 (Windows)
- Quadro 5000M (Windows)
- Quadro FX 3800 (Windows)
- Quadro FX 4800 (Windows 및 Mac OS)
- Quadro FX 5800 (Windows)
- Quadro CX

따라서 여기에 해당하는 그래픽 카드가 장착되어 있지 않다면 프로젝트를 시작할 때 나타나는 New Project 대화상자의 Video Rendering and Playback 항목에 있는 Renderer 옵션이 Mercury Playback Engine Software Only로 강제 지정되어 있는 것을 볼 수 있습니다. 즉, 하드웨어적으로 지원되지 않으므로 소프트웨어적으로만 사용할 수 있는 것입니다. 하드웨어적인 지원을 받지 못한다면 제 성능을 발휘할 수 없습니다.

또한, 작업 화면의 Effects 패널에서 Accelerated Effects 버튼을 클릭하면 머큐리 엔진의 가속을 지원하는 이펙트나 트랜지션만 목록에 나타나고 목록 우측에는 지원되는 기능이 표시되는데 가장 좌측의 Accelerated Effects 아이콘이 희미하게 나타나는 것을 볼 수 있습니다. 즉, 현재 지원되지 않는 상태라는 것을 의미합니다.

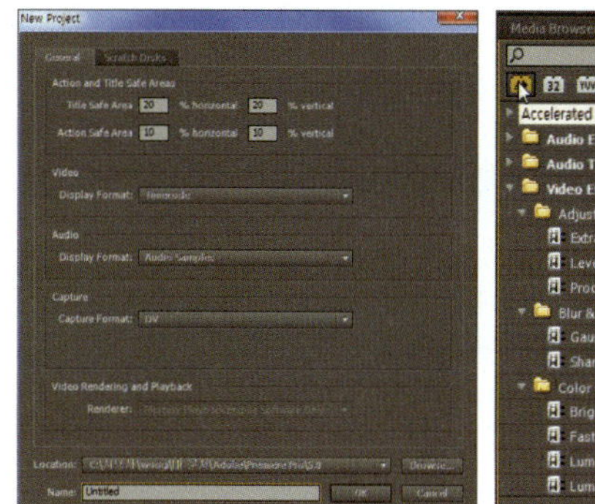
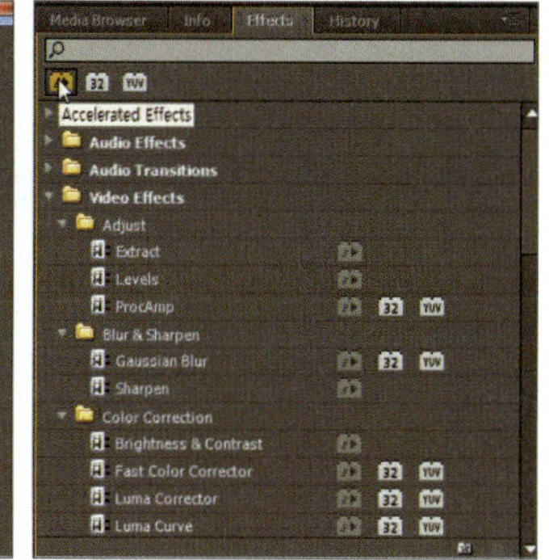

2 일반적인 GeForce 그래픽 카드에서 머큐리 엔진 사용하기

공식적인 지원 목록에는 없지만 NVIDIA사의 GeForce 8400, 8600, 9400, 9600 시리즈(GS, GT 불문), GT 240, GTS 250 및 기타 상위 기종에서도 약간의 절차를 통해 머큐리 엔진을 통한 GPU 가속을 사용할 수 있습니다. 단, VRAM(그래픽 카드에 장착된 램)이 896MB 이상이어야 하므로 사실상 1GB 램을 장착한 제품만 지원받을 수 있습니다. 당연한 얘기겠지만 상위 그래픽 카드일수록 머큐리 엔진을 통한 가속 성능도 좋아집니다. ATI 계열의 그래픽 카드는 기종에 관계없이 머큐리 엔진을 사용할 수 없습니다.

01 프리미어 프로 CS5가 실행 중이라면 종료합니다. 윈도우 탐색기를 통해 프리미어 프로 CS5가 설치된 폴더를 열고 "cuda_supportes_cards.txt" 파일을 일단 바탕 화면으로 드래그하여 이동시킵니다. 현재 폴더 내에서 파일을 수정하면 액세스가 거부될 수 있기 때문입니다.

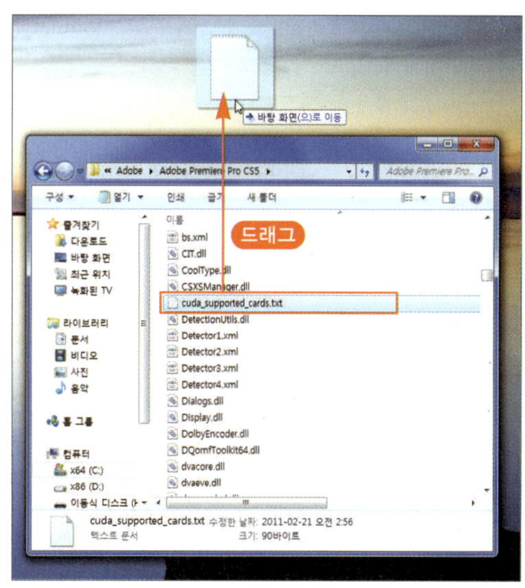

잠깐만요!! 프리미어 CS5가 설치된 기본 폴더는?

특별히 설치 폴더를 변경하지 않았다면 'C:\Program Files\Adobe\Adobe Premiere Pro CS5' 입니다. 다른 폴더에 설치했다면 해당 폴더를 열어야 합니다.

02 파일 이동을 위해 관리자 권한이 필요하다고 나타나면 [계속] 버튼을 클릭합니다.

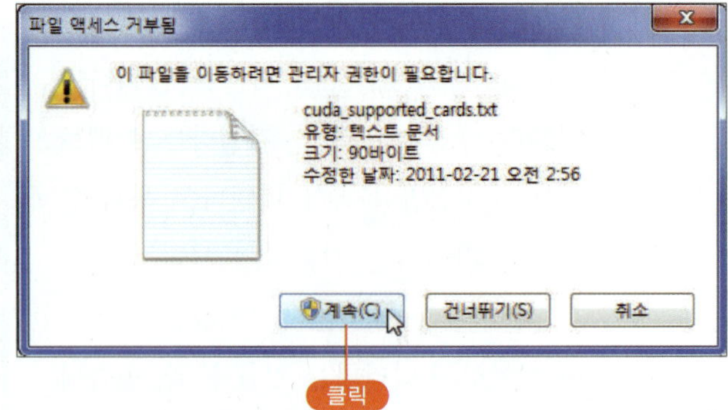

03 바탕 화면으로 이동된 "cuda_supportes_cards .txt" 파일을 더블 클릭하면 해당 파일이 메모장을 통해 열리게 됩니다. 목록에 자신의 그래픽 카드가 없는 것을 볼 수 있습니다. 자신의 그래픽 카드 이름을 정확하게 입력합니다. 그림에서는 'GeForce GT 240'을 입력하였습니다. 아직도 현역에서 쓸 만한 기종입니다.

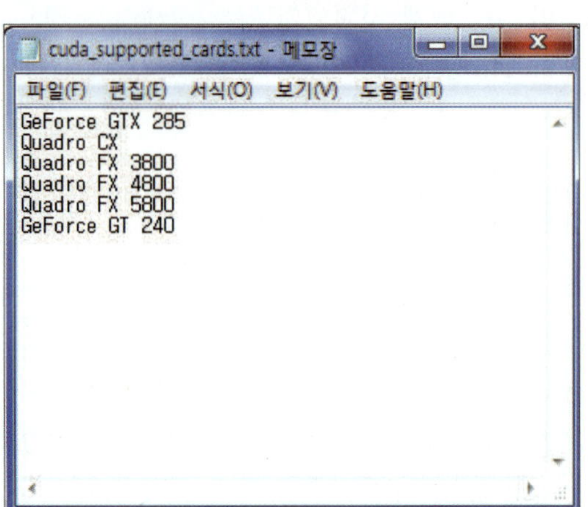

04 Ctrl + S 키를 눌러 변경된 내용을 저장하고 바탕 화면의 파일을 다시 프리미어 프로 CS5가 설치된 폴더로 드래그하여 액세스 거부 창이 나타나면 [계속] 버튼을 클릭합니다.

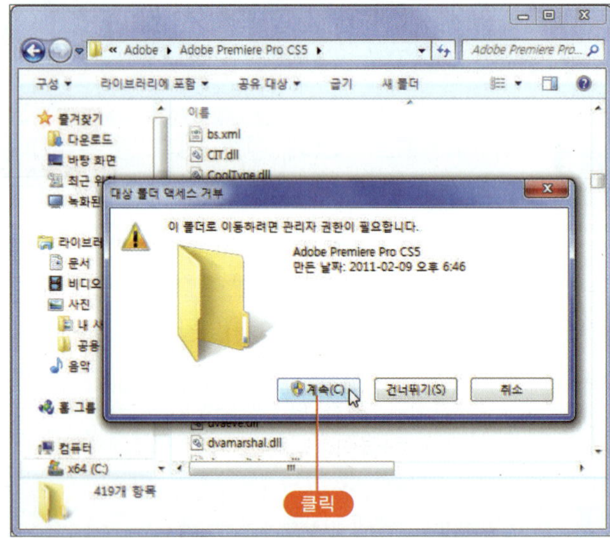

05 수정된 파일이 다시 원래의 위치로 이동됩니다. 윈도우의 바탕 화면에서 마우스 우측 버튼을 클릭하고 팝업 메뉴의 [NVIDIA 제어판]을 선택합니다.

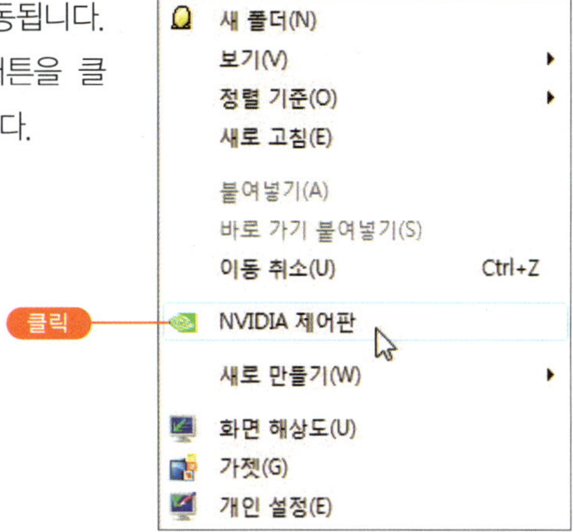

▷▷ 바탕화면에서 [NVIDIA 제어판] 선택

Tip 바탕화면의 팝업 메뉴에서 [NVIDA 제어판]이 나타나지 않는다면?

01 제어판을 열고 [보기 기준]에서 [큰 아이콘]이나 [작은 아이콘]을 클릭합니다.

02 [NVIDA 제어판] 아이콘을 클릭합니다.

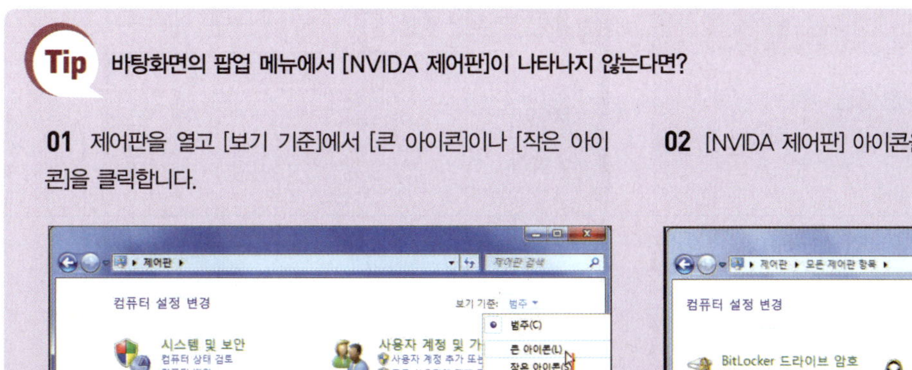

---

06 NVIDIA 제어판이 나타나면 좌측의 메뉴에서 [3D 설정 관리]를 선택하고 우측의 [프로그램 설정] 탭에서 [추가] 버튼을 클릭합니다.

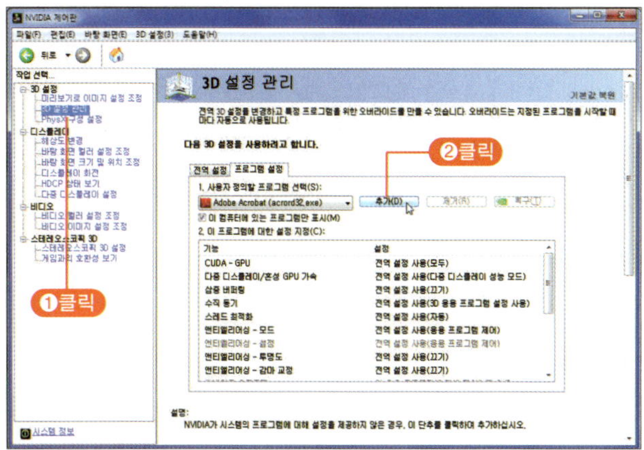

07 [열기] 대화상자가 나타나면 프리미어 프로 CS5
가 설치된 폴더(C:\Program Files\Adobe\Adobe
Premiere Pro CS5)에서 실행파일 "Adobe Premiere
Pro.exe"를 선택하고 [열기] 버튼을 클릭합니다.

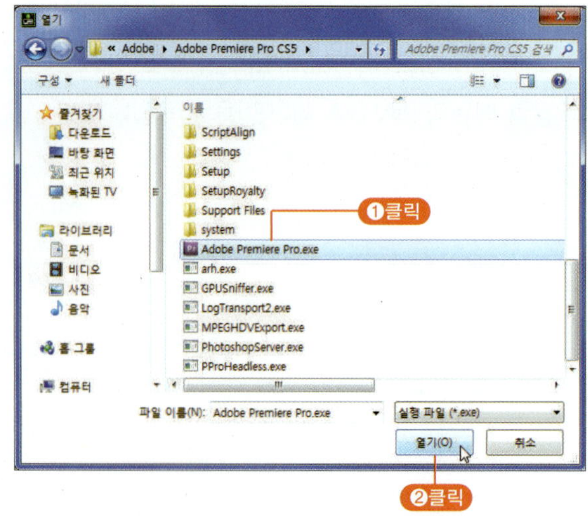

08 NVIDIA 제어판에 프리미어 프로가 등록됩니다.
아래의 기능 목록에서 [다중 디스플레이/혼성
GPU 가속]을 클릭한 다음 우측의 [설정] 메뉴를 열고 [호
환성 성능 모드]를 선택한 후, 아래에 있는 [적용] 버튼을
클릭하여 변경된 사항을 적용합니다.

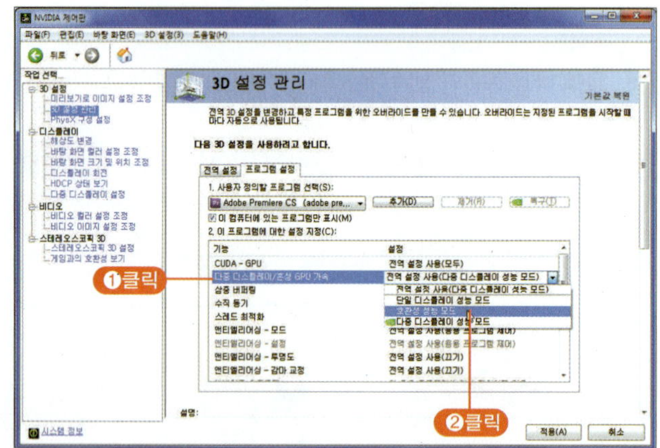

09 프리미어 프로 CS5를 실행하고 [New Project]
를 선택합니다. [New Project] 대화상자의
Video Rendering and Playback의 Render 옵션에
"Mercury Playback Engine GPU Acceleration"이 선
택되어 있는 것을 볼 수 있습니다. 성공적으로 적용된 것
입니다.

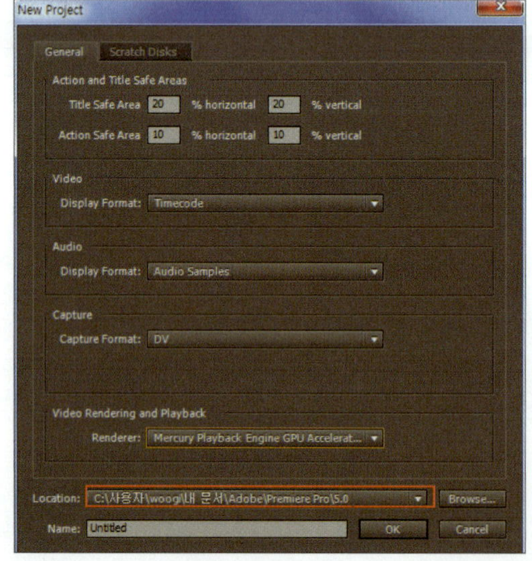

10 프로젝트를 시작하고 작업 화면이 나타나면 Effects 패널에서 Accelerated Effects 버튼을 클릭합니다. 이전과 달리 GPU 가속을 지원하는 효과 우측에 Accelerated Effects 아이콘이 활성화되어 표시되는 것을 볼 수 있습니다.

PREMIERE PRO CS5

Chapter 08

화면 구성 요소와 작업 공간 살펴보기

프리미어 프로 CS5의 작업 화면은 여러 구성 요소들로 이루어져 있으며 이들은 여러 형태로 배치할 수 있습니다. 구성 요소들의 기능과 기본적으로 메뉴를 통해 선택할 수 있는 작업 공간에 대해서 살펴 보겠습니다.

1 프리미어 프로 CS5의 화면 구성

프리미어 프로 CS5의 작업 화면은 다음과 같이 소스 클립의 관리와 편집, 프리뷰, 다양한 효과 적용을 위한 여러 패널들로 구성되어 있습니다.

▶▶ 프리미어 프로 CS5의 화면 구성

- **Tool 패널** – 타임라인 패널의 트랙에 놓인 클립을 편집할 때 사용하는 다양한 도구들을 가지고 있습니다.

- Project 패널 – 작업을 위해 불러온 클립의 목록이 나타납니다. 클립을 관리하거나 클립에 대한 상세한 정보를 볼 수도 있습니다.

- Source 모니터 – 클립을 타임라인에 등록하기 전에 자세히 프리뷰해보거나 클립의 특정 부분에 인 점(In Point)과 아웃 점(Out Point)을 설정하는 등의 편집할 수 있습니다.

- Effect Controls 패널 – 클립에 적용된 효과인 이펙트에 대해 다양한 속성을 설정합니다.

- Audio Mixer 패널 – 오디오 클립에 대한 다양한 속성을 설정합니다.

- Program 모니터 – 타임라인에 등록된 클립의 내용을 프리뷰하거나 일부 이펙트나 모션에 대한 설정에도 사용됩니다.

- Media Browser 패널 – 윈도우 탐색기처럼 트리구조를 통해 시스템의 모든 드라이브와 폴더를 보여줍니다. 폴더를 열어 나타나는 파일은 곧바로 프로젝트로 불러오거나 소스 모니터에 등록할 수 있습니다.

- Info 패널 – 현재 선택된 클립이나 시퀀스에 대한 다양한 정보를 보여줍니다.

- History 패널 – 작업 과정을 보여주며 작업 과정의 특정 지점으로 되돌아갈 수 있도록 합니다.

- Effects 패널 – 클립에 적용할 수 있는 각종 트랜지션과 이펙트 등의 효과 목록을 보여줍니다.

- Audio Master Meter 패널 – 오디오 클립이 재생될 때의 볼륨 값을 보여줍니다.

2 기본 작업 공간 살펴보기

작업 공간이란 워크스페이스(Work Space)라고 하며 각종 구성 요소가 작업 화면에 배치되어 있는 형태를 의미합니다. 미리 준비되어 있는 몇 가지 배치 형태, 즉 기본 작업 공간은 Windows〉Workspace의 하위 메뉴나 작업화면 상단의 툴 바에 있는 Workspace 메뉴를 통해 선택할 수 있습니다.

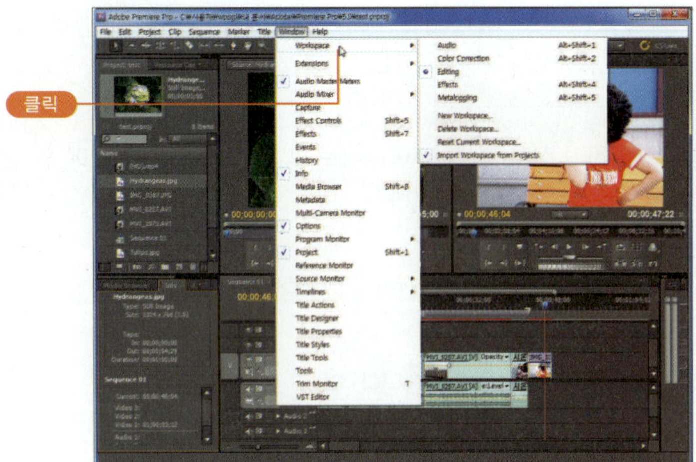

▷▷ 메인 메뉴를 통해 선택

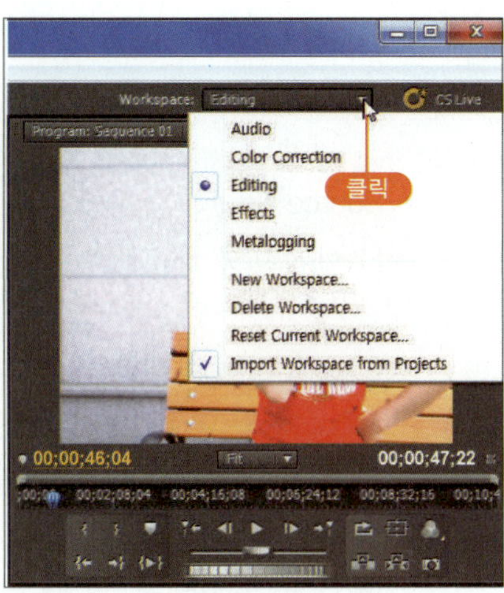

▷▷ 툴 바의 메뉴를 통해 선택

- Editing – 프리미어 프로 CS5를 실행하면 기본적으로 나타나는 작업 공간으로서 일반적인 편집에 적합하도록 각 패널들이 배치되어 있는 형태입니다.

- Audio – 오디오 클립의 작업을 위해 오디오 믹서가 크게 열려 있는 형태의 작업 공간입니다. 오디오 믹서를 통해 클립의 볼륨 값을 바로 볼 수 있기 때문에 별도로 존재하던 오디오 마스터 미터 패널은 나타나지 않습니다.

- Color Correction – 편리하게 클립의 색상을 보정할 수 있는 작업 공간으로서 Effect Controls 패널이 좌측에 크게 배치되어 있어 색상 보정을 위해 적용한 이펙트를 보다 편리하게 컨트롤할 수 있으며 Program 모니터 외에 Reference 모니터가 추가로 나타납니다. 이에 따라 프로젝트 패널을 비롯한 여러 패널들의 위치도 다소 바뀌어 나타납니다.

- Effects – 패널의 배치형태는 Editing 작업공간과 동일하나 이펙트와 관련된 작업을 빠르게 수행할 수 있도록 Effects 패널과 Effect Controls 패널이 열려져 있는 형태입니다.

- Metalogging – 클립의 세부 정보를 볼 수 있도록 Metadata 패널이 열리고, 프로젝트 패널이 최대한 가로로 길게 표시됨으로서 클립에 대한 여러 정보를 파악할 수 있으며 Media Browser 패널도 비교적 크게 나타나는 형태입니다.

Chapter 09

패널의 조작과 사용자 작업 공간 만들기

각 패널들은 드래그함으로서 위치나 크기를 자유롭게 변경할 수 있으며 독립된 형태의 플로팅 윈도우로 꺼내 놓을 수도 있습니다. 이렇게 임의로 구성한 작업 형태는 나만의 작업 공간으로 저장할 수 있으므로 언제든 간단히 메뉴를 통해 선택해 사용할 수 있습니다.

1 원하는 형태로 패널 조절하기

각 패널들은 사용자의 작업 취향이나 편의에 따라 하나의 그룹으로 묶거나 별도의 독립된 패널로 분리시킬 수 있으므로 원하는 형태로 메인화면을 구성할 수 있습니다.

01 Info 패널의 탭 부분을 클릭하고 프로젝트 패널 위로 드래그하여 파란색의 하이라이트 영역이 프로젝트 패널의 중앙에 나타나도록 합니다.

02 마우스 버튼을 놓으면 Info 패널이 프로젝트 패널과 프레임(Frame)이라고 부르는 하나의 그룹으로 묶여져 나타나게 됩니다. 여전히 각각의 패널에 대한 기능은 변함없이 사용할 수 있습니다.

03 이번에는 Info 패널의 탭 부분을 클릭하고 프로젝트 패널 아래쪽으로 드래그하여 그림과 같이 하이라이트 영역이 패널 그룹의 아래에 나타나도록 합니다.

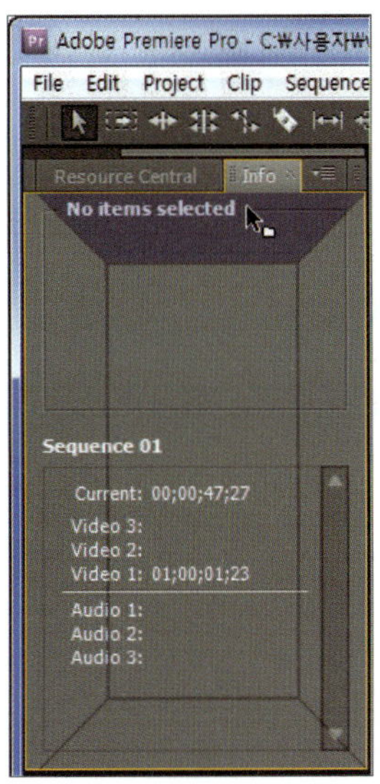

04 마우스 버튼을 놓으면 Info 패널이 프로젝트 패널 아래에 독립된 패널로 자리하게 됩니다. 이렇게 각 패널은 다른 패널 옆에 하나의 그룹으로 묶거나 독립된 패널로 분리시킬 수 있으므로 사용자의 편의에 따라 적절히 배치하여 사용하면 됩니다.

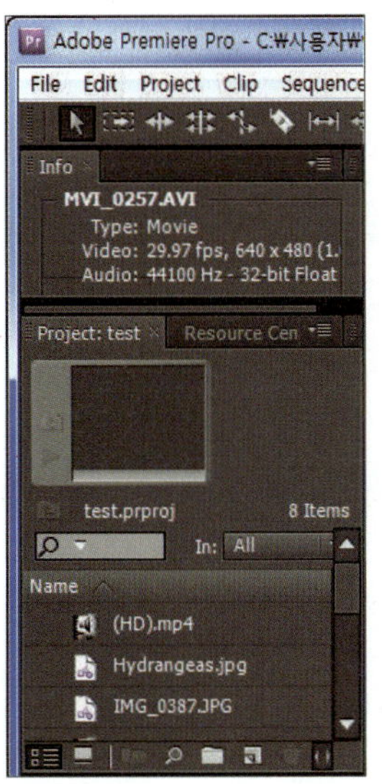

Tip 그룹 내의 다른 패널을 열어보려면?

프레임의 폭이 좁아서 그룹에 속한 다른 패널의 탭이 보이지 않는다면 그룹 위에 있는 스크롤 바를 드래그하여 다른 패널 탭을 볼 수 있습니다. 물론 탭을 클릭하면 해당 패널 내부를 볼 수 있습니다. 마우스의 휠을 돌리면 그룹 내의 다른 패널이 곧바로 열린 채로 나타나므로 더욱 편리합니다.

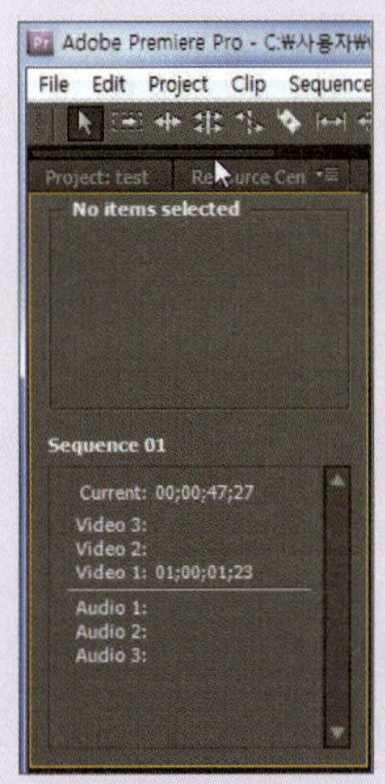

▶▶ 스크롤 바를 드래그하면 다른 패널이 나타납니다.

Tip 드롭 존

패널을 드래그할 때 나타나는 하이라이트 영역은 드롭 존(Drop Zone)이라고 하며 현재 드래그하는 패널이 어떤 상태로 이동될 것인지를 알려줍니다. 즉, 드롭 존이 다른 패널의 중앙에 나타나면 그 패널과 같은 그룹으로 묶이게 된다는 것을 의미하며 다른 패널의 아래나 위에 나타나면 해당 위치에 독립된 패널로 존재하게 될 것임을 의미합니다.

05 각 패널은 독립된 윈도우로 꺼내놓을 수도 있습니다. Ctrl 키를 누른 상태에서 프로젝트 패널의 탭 부분을 클릭하고 패널 밖으로 드래그하면 프로젝트 패널이 독립된 윈도우로 나타나게 됩니다. 타이틀 바나 경계선을 드래그하여 윈도우의 크기를 마음대로 조절할 수 있습니다.

> **Tip** 플로팅 윈도우(Floating Window)
>
> 이렇게 별도로 독립된 윈도우를 플로팅 윈도우라고 부르며 프리미어 프로 CS5가 전체 화면으로 실행되고 있는 상태가 아니라면 Ctrl 키를 누르지 않고 그냥 드래그하여 프리미어 프로 CS5의 작업화면 밖, 즉 윈도우의 바탕 화면으로 빼 놓을 수도 있습니다.
>
> 
>
> ▷▷ 윈도우의 바탕 화면으로 꺼내 놓은 패널

06 플로팅 윈도우로 존재하는 패널을 다시 패널 그룹이나, 작업화면 안에 고정되는 도킹 상태로 이동하려면 플로팅 윈도우의 탭 부분을 삽입하고자 하는 패널의 중앙이나 패널 주위로 드래그하여 드롭 존이 나타나도록 합니다.

07 드롭 존이 패널의 중앙에 나타나는 상태에서 마우스 버튼을 놓았다면 드래그한 패널은 해당 패널 그룹에 속하게 되며 드롭 존이 패널 주위에 나타나는 상태에서 마우스 버튼을 놓았다면 해당 위치에 독립된 패널로 자리하게 됩니다. 그룹 내에서 각 패널의 위치는 패널의 탭 부분을 드래그하여 바꿀 수 있습니다.

08 각 패널의 가로, 또는 세로 크기는 패널 사이의 구분선을 드래그하여 변경할 수 있습니다. 또한 셋 이상의 패널 그룹이 인접해있는 부분에 마우스를 두어 마우스 포인터가 십자 형태로 나타난 상태에서 드래그하면 패널의 가로와 세로 크기를 동시에 변경할 수 있습니다.

▶▶ 가로나 세로 크기 변경

▶▶ 가로와 세로 크기 동시 변경

Tip 패널 그룹 이동하기

패널 그룹 우측에 있는 그룹 그리퍼(Gripper)를 드래그하면 패널 그룹 전체를 원하는 위치로 이동시킬 수 있습니다. 패널 그룹을 이동할 때도 드롭 존이 나타나 어떻게 이동될 것인지 표시해 줍니다.

▶▶ 그룹 그리퍼를 드래그

▶▶ 패널 그룹이 이동됩니다.

2 옵션 메뉴로 패널 조작하기

패널의 옵션 메뉴를 사용하여 패널을 닫거나 패널을 플로팅 윈도우로 분리해 놓을 수 있습니다.

패널의 옵션 메뉴는 패널 우측 상단에 있는 삼각형 형태의 옵션 버튼을 클릭하면 나타납니다. 모든 패널이 동일한 조작 메뉴를 포함하고 있습니다.

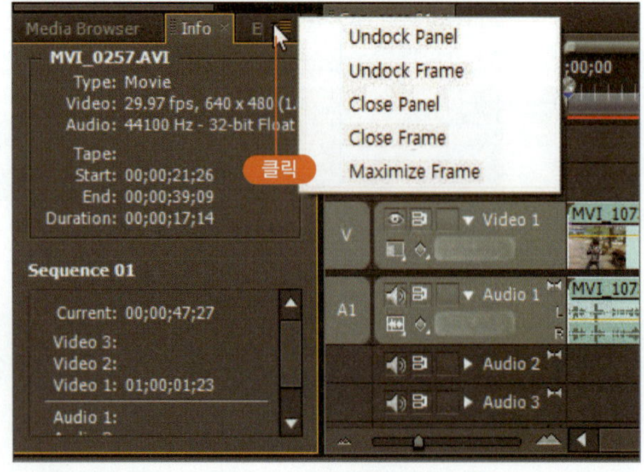

Undock Panel

현재 선택된 패널을 플로팅 윈도우로 전환합니다.

Undock Frame

현재 선택된 패널이 포함되어 있는 프레임(패널 그룹)을 플로팅 윈도우로 나타나게 합니다. 그룹에 포함된 모든 패널도 그대로 플로팅 윈도우 안에 존재합니다.

Close Panel

현재 선택된 패널을 닫습니다. 즉, 작업 화면에서 사라지게 합니다. 사라진 패널을 다시 나타나게 하려면 Windows 메뉴에서 나타나게 할 패널 이름을 선택하면 됩니다. 현재 나타나있는 패널 앞에는 체크 표시가 되어 있으며 나타나 있는 패널을 선택하면 해당 패널이 선택상태로 전환됩니다.

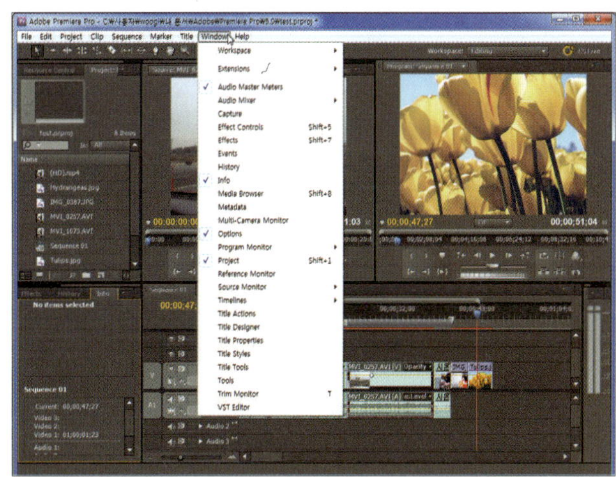

▶▶ Window 메뉴에 나타나는 모든 패널들

Close Frame

현재 선택된 패널이 포함되어 있는 프레임을 닫습니다. 따라서 같은 프레임 안에 있는 모든 패널들이 작업 화면에서 사라지게 됩니다.

Maximize Frame/Restore Frame Size

현재 선택된 프레임을 작업화면 내에 최대 크기로 나타나게 합니다. 최대화된 패널의 옵션 메뉴에는 Restore Frame Size 메뉴가 새로 나타나 원래의 상태로 되돌아갈 수 있도록 하고 있습니다.

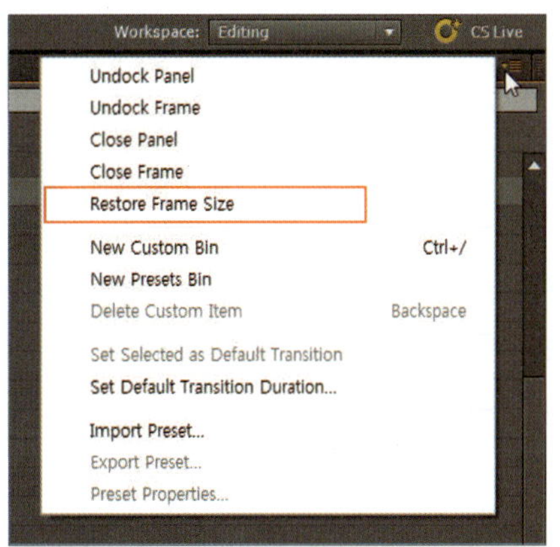

▶▶ 최대화된 프레임에서 나타나는 Restore Frame Size

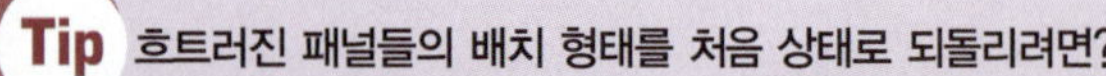

01 패널의 위치와 크기를 조절하다가 마음에 들지 않아 다시 처음 상태로 돌아가려면 Window>Workspace>Reset Current Workspace를 선택합니다.

02 [Reset Workspace] 대화상자가 나타납니다. Yes 버튼을 클릭하면 현재 선택되어 있는 작업 공간(Workspace)의 초기 상태로 깔끔하게 되돌아가게 됩니다.

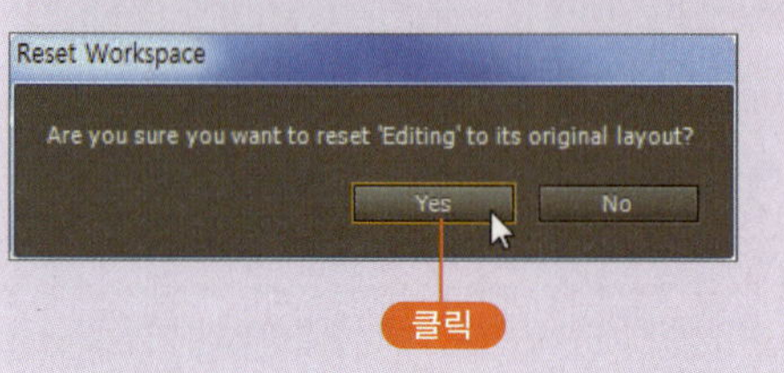

3 나만의 작업 공간 만들기

사용자가 자신의 취향에 맞게 구성한 작업 공간 형태는 메인 메뉴에 등록할 수 있어 언제든지 빠르게 선택하여 사용할 수 있습니다.

01 프리미어 CS5의 Editing 작업 공간은 기본적으로 툴 패널(Tools Pannel)이 메인 메뉴 바로 아래에 위치하고 있습니다. 툴 패널에는 타임라인의 클립을 다루는 데 사용되는 도구들이 존재하므로 이전 버전처럼 타임라인 패널 우측으로 옮겨 보았습니다. 현재의 작업 공간을 저장하기 위해 Window>Workspace>New Workspace를 선택합니다.

02 [New Workspace] 대화상자가 나타납니다. 현재의 작업 공간에 대해 알아보기 쉬운 이름을 입력하고 [OK] 버튼을 클릭합니다.

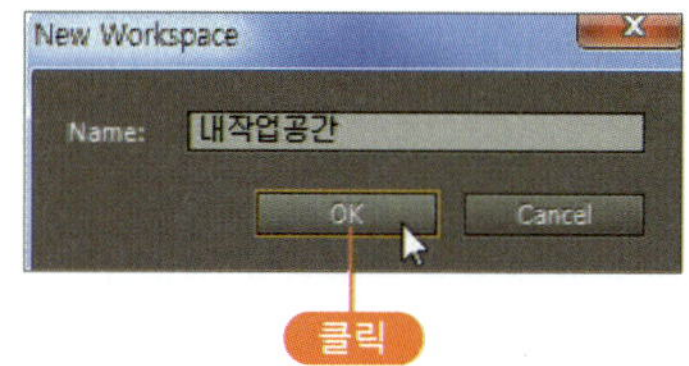

03 저장한 작업 공간은 Window〉Workspace 메뉴에 등록되므로 다른 작업 공간으로 작업하다가도 언제든지 자신이 만들어 놓은 작업 공간으로 빠르게 전환할 수 있습니다.

▷▷ 새로 추가된 작업 공간

04 사용자가 추가로 저장한 작업 공간을 메뉴에서 삭제하려면 먼저 Window〉Workspace 메뉴에서 다른 작업 공간을 선택한 다음, 다시 Window〉Workspace 〉Delete Workspace를 선택합니다. 현재 사용 중인 작업 공간은 삭제할 수 없기 때문에 일단 다른 작업 공간을 선택한 것입니다.

05 [Delete Workspace] 대화상자가 나타납니다. 삭제하고자 하는 사용자 작업 공간을 선택하고 OK 버튼을 클릭합니다. 다시 Window〉Workspace 메뉴를 열어보면 추가되었던 작업 공간이 메뉴에서 삭제된 것을 확인할 수 있을 것입니다.

 **Tip** 패널의 밝기 변경하기

프리미어 프로 CS5 패널의 바탕색은 짙은 회색을 하고 있는데 사용자가 원하는 대로 밝기를 조절할 수 있습니다.

01 Edit〉Preferences〉Appearance를 선택합니다.

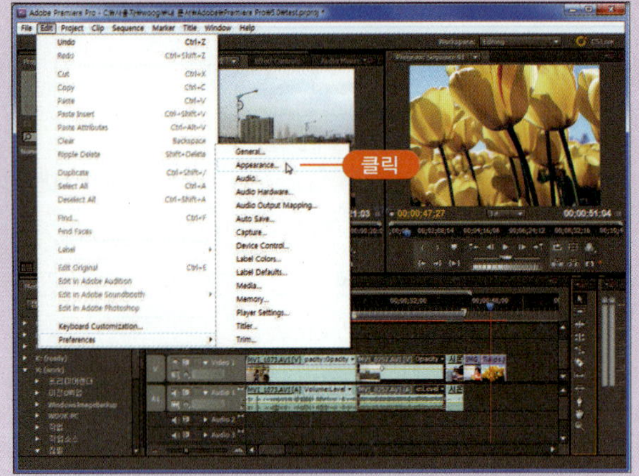

02 Preferences 대화상자, 즉 환경 설정 대화상자의 Appearance 항목이 나타납니다. 우측의 Brightness의 슬라이드를 좌측으로 드래그할수록 어둡게, 우측으로 드래그할수록 밝게 패널의 밝기가 실시간으로 변경되는 것을 볼 수 있습니다. 적절히 조절하고 OK 버튼을 클릭하면 현재 설정 값이 적용되며 Default 버튼을 클릭하면 원래의 기본 밝기로 되돌아갑니다.

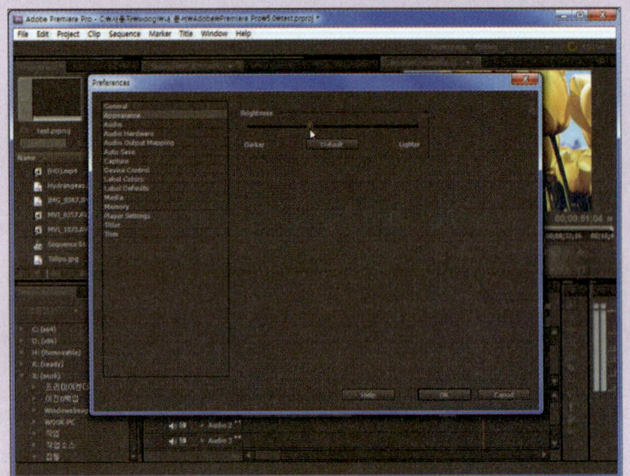

▶▶ 좌측으로 드래그 – 어두워진 패널들

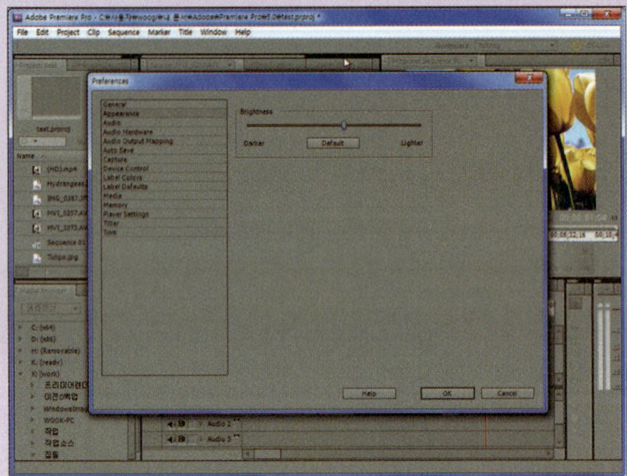

▶▶ 우측으로 드래그 – 밝아진 패널들

Chapter 10

프로젝트 설정과 각종 옵션 이해하기

프로젝트는 편집하고자 하는 소스 클립의 종류와 최종 출력될 결과에 적합한 옵션을 선택해야 하므로 다양한 옵션에 대한 정확한 이해가 필요합니다. 프로젝트 설정과 관련된 여러 옵션을 살펴보도록 하겠습니다. 여러 영상 관련 용어들도 많이 등장하므로 철저히 학습해 두어야 합니다.

1 New Project 대화상자

프리미어 프로 CS5를 처음 시작하면 이미 예제를 통해 보았던 것처럼 가장 먼저 새로운 프로젝트 시작을 위한 New Project 대화상자가 나타나 안전 영역과 포맷, 프로젝트가 저장될 폴더 등을 지정합니다.

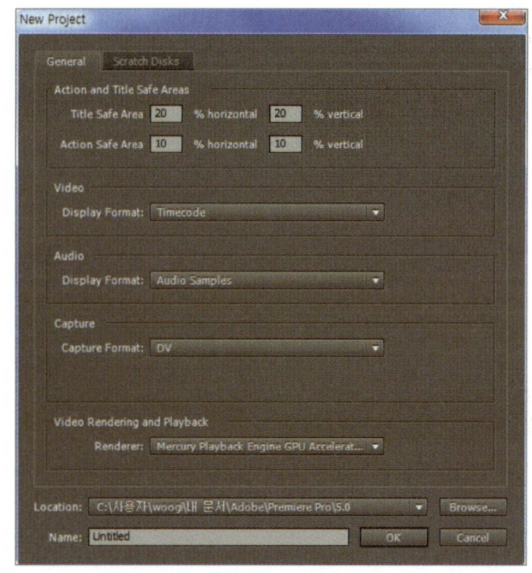

▷▷ New Project 대화상자의 General 탭

Action and Title Safe Areas

액션 안전 영역과 타이틀 안전 영역에 대해 각각 수평 크기와 수직 크기에 대한 퍼센트 값을 입력하여 지정합니다.

작업 중인 영상을 외부 아날로그 모니터로 출력하는 경우 가장자리 부분이 잘려나가게 되는데, 잘려나가지 않고 제대로 보이는 영역을 안전 영역(Safe Area)이라고 합니다. 액션 안전 영역은 영상이 안전하게 나타나는 영역을 의미하며 이보다 더 안쪽으로 타이틀 안전 영역을 설정하여 자막이 잘려나가는 현상을 방지합니다. 안전 영역은 어디까지나 외부 아날로그 디스플레이 장치로 화면을 출력했을 때를 고려한 것이므로 컴퓨터를 비롯한 디지털 디스플레이 장치에서만 재생될 영상에 대한 작업이라면 무시해도 관계없습니다.

안전 영역은 다음과 같이 프리미어 프로 CS5의 프로그램
모니터에 나타나게 할 수 있습니다. 바깥쪽 사각형이 액션
안전 영역이며 안쪽 사각형이 타이틀 안전 영역입니다.

▶▶ 프로그램 모니터에 표시되는 두 가지 안전 영역

Video – Display Format

편집 시 표시될 타임코드 형식을 선택합니다.

- Timecode : 일반적인 타임코드 형식으로 표시합니다.

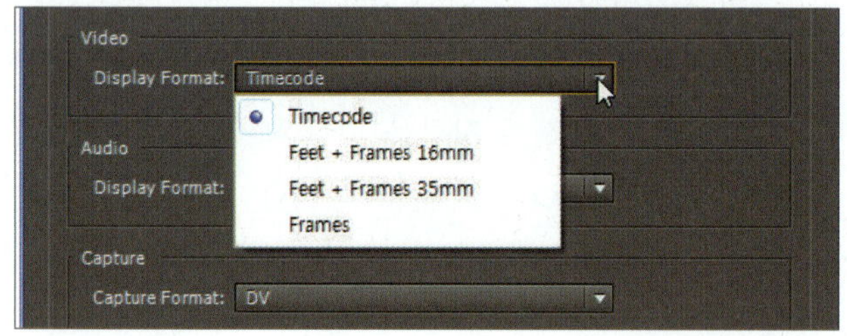

Tip 타임코드(Time Code)란?

타임코드란 동영상 편집 시의 컨트롤을 위하여 비디오 테이프나 방송 등에서 각 프레임을 정의하기 위한 방법 중 대표적인 것으로 타임라인 패널의 타임룰러(Time Ruler)를 비롯하여 클립의 위치를 표시하기 위한 여러 부분에서 사용되고 있습니다. 타임코드는 the Society of Motion and Television Engineers(영화와 텔레비전 기술자 협의회)에서 제정한 것이 표준으로 사용되고 있으며 약자를 따서 SMPTE 타임코드라고도 부릅니다. SMPTE 타임코드는 프레임의 위치를 시간:분:초:프레임의 형식으로 표기합니다. 예를 들어 "0:01:12:08"이라는 타임코드는 "0시간 1분 12초 8프레임" 위치라는 것을 의미합니다.

프리미어 프로에서 타임라인 패널의 눈금 단위를 확대하고 타임룰러를 살펴보면 눈금 하나의 단위가 1프레임으로 나타나고 29프레임 다음에 새로운 초 단위가 표시되는 것을 볼 수 있습니다. 이것은 타임코드를 초당 30프레임으로 설정한 경우입니다.

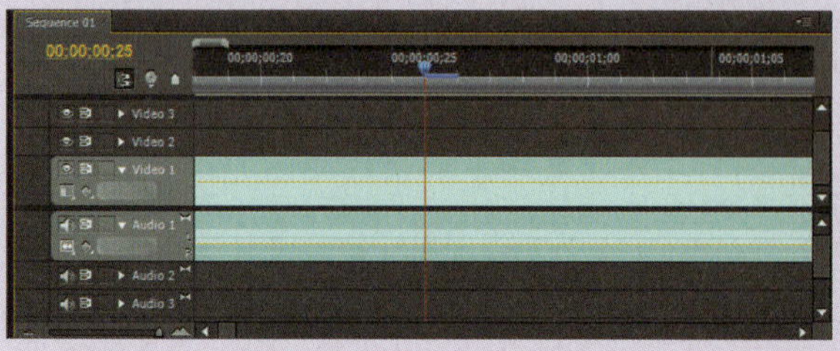

- Feet + Frames 16mm : 16mm 필름에서 사용하는 타임코드 형식으로 표시합니다. 풋(Foot)당 40프레임으로 이루어져 있으므로 39프레임 이후에 다음 Feet로 표시됩니다.

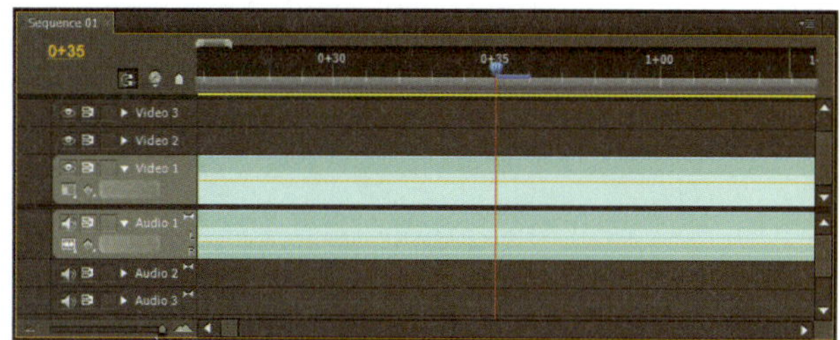

- Feet + Frames 35mm : 35mm 필름에서 사용하는 타임코드 형식으로 표시합니다. 풋(Foot)당 16프레임으로 이루어져 있으므로 15프레임 이후에 다음 Feet로 표시됩니다.

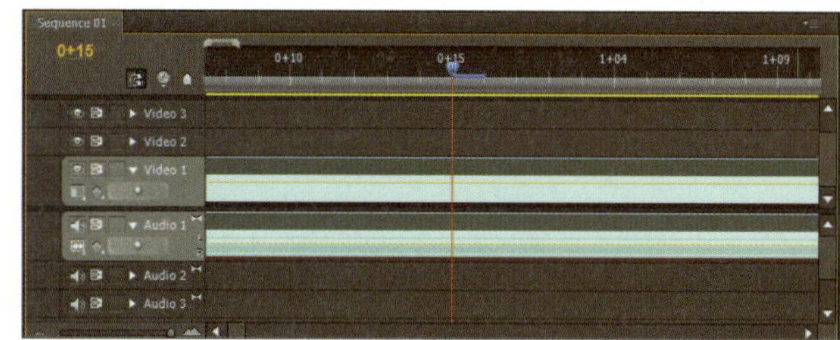

- Frames : 오직 프레임만으로 타임코드를 표시하는 형식입니다.

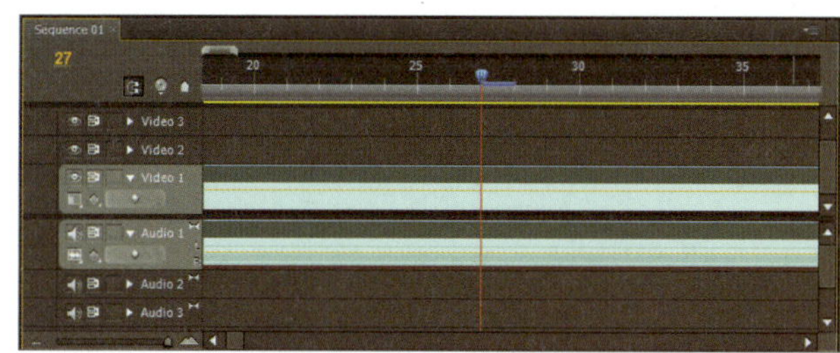

Audio - Display Format

타임라인 패널이나 소스 모니터, 프로그램 모니터의 옵션 메뉴에서 Show Audio Time Unit을 선택했을 때 오디오에 대한 타임코드 표시 형식을 선택합니다.

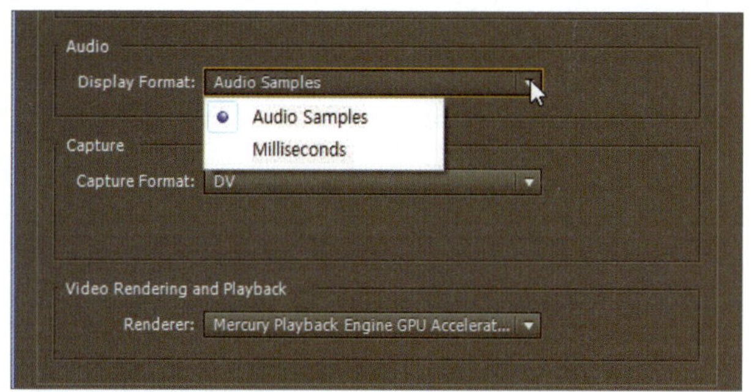

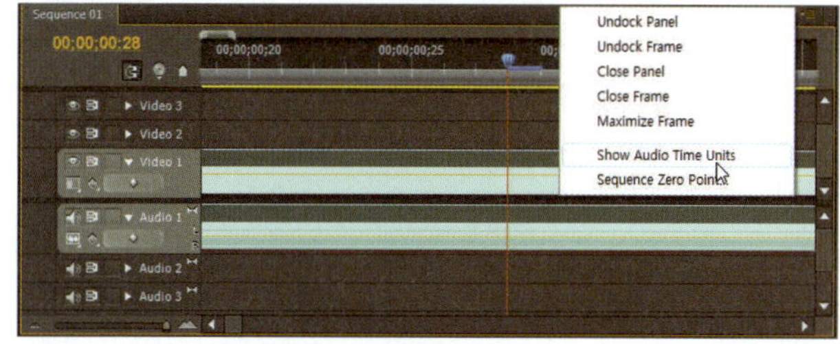

▷▷ 타임라인 패널 옵션 메뉴의 Show Audio Time Units

- Audio Samples : 오디오의 샘플링 수치로 타임코드를 표시합니다.

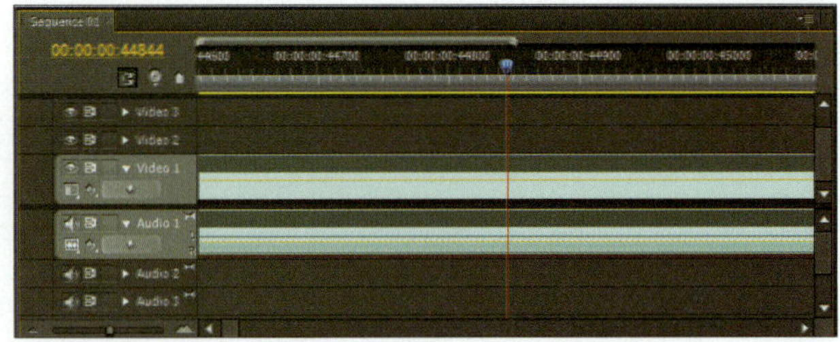

▷▷ Display Format – Audio Samples

- Milliseconds : 1/1000초 단위로 타임코드를 표시합니다.

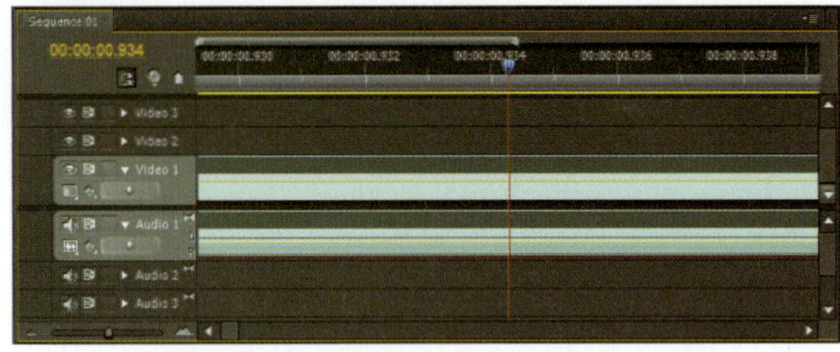

▷▷ Display Format – Milliseconds

Capture

캡처 타입을 선택합니다. DV나 HDV 중에서 선택할 수 있습니다.

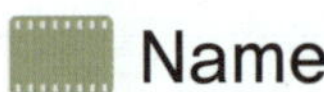
Location

프로젝트의 저장 경로를 표시합니다. 우측의 Browse 버튼을 클릭하여 경로를 변경할 수 있습니다.

Name

프로젝트의 이름을 입력합니다.

Tip 각 포맷의 해상도

DV 포맷은 720X480, HDV는 1280X720, 1920X1280의 해상도를 갖는 영상을 가리킵니다. 차후에 다루겠지만 영상은 주사 방식에 따라 인터레이스와 프로그레시브 방식으로 구분되며 해상도의 뒤에 인터레이스 방식은 "i"를, 프로그레시브 방식은 "p"를 붙여 표기합니다. 예를 들어, 720p 영상은 1280X720의 프로그레시브 영상을 의미합니다.

Tip New Project 대화상자의 Scratch Disks 탭

Scratch Disks 탭은 프로젝트에서 캡처한 파일이 저장될 경로나 프리뷰 파일이 저장될 경로를 지정할 수 있습니다. 이러한 옵션들은 프로젝트를 시작한 후, Project〉Project Settings〉Scratch Disks 메뉴를 통해서도 변경할 수 있습니다.

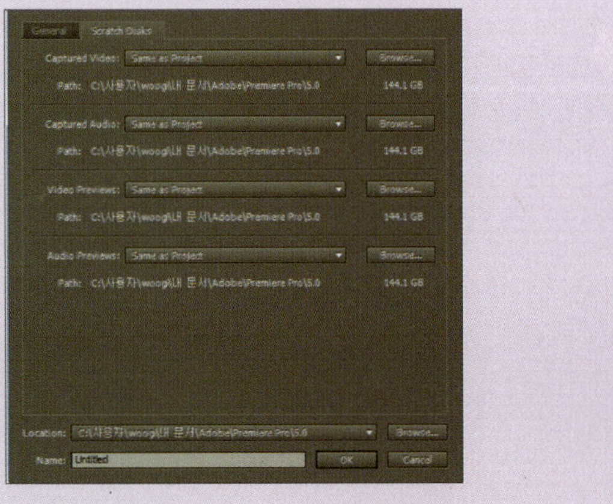

2 | New Sequence 대화상자

클립을 등록하여 편집할 수 있는 하나의 타임라인 단위를 시퀀스라고 부르며 하나의 프로젝트에는 여러 시퀀스를 포함할 수 있습니다. New Sequence 대화상자에는 이미 준비되어 있는 다양한 프리셋을 선택하거나 각 옵션을 사용자 임의대로 설정하여 새로운 프리셋으로 저장해 사용할 수도 있습니다.

1 Sequence Preset 탭

프로젝트에 대한 여러 옵션이 미리 설정되어 있는 프리셋 목록이 있는 곳입니다. 작업하고자 하는 영상의 포맷에 따라 적절한 프리셋을 선택합니다. 우측에는 현재 선택한 프리셋에 대한 설명이 나타납니다. 세부 옵션에 대해서는 General 탭에서 설명합니다.

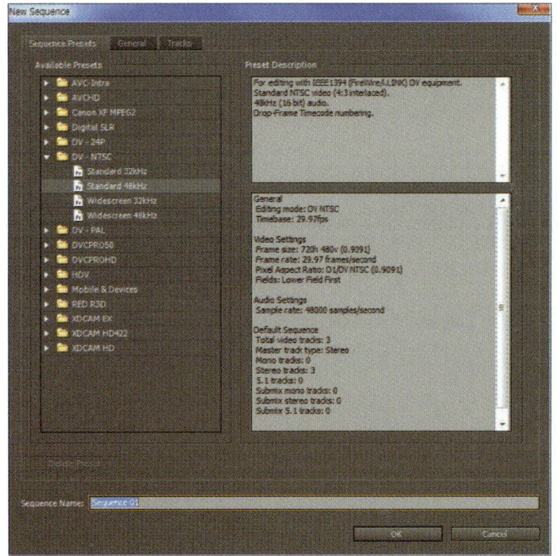

2 General 탭

프로젝트의 각 옵션을 사용자가 임의로 값을 지정하여 프로젝트를 시작할 수 있습니다. 임의로 지정한 설정 값은 새로운 프리셋으로 저장할 수도 있습니다.

Editing Mode

편집 모드를 선택합니다. Desktop, DV 계열, 또는 HDV 등
에서 선택할 수 있으며 선택한 모드에 따라 다른 옵션들은
미리 지정된 값들로 나타납니다. 일반적인 AVI 포맷의 동영
상을 편집하려는 경우에는 Desktop을, 디지털 캠코더로부
터 영상을 캡처하고 이것을 가지고 작업하는 경우에는 영상
의 해상도나 종류에 따라 DV 계열이나 HDV 계열을 선택합
니다.

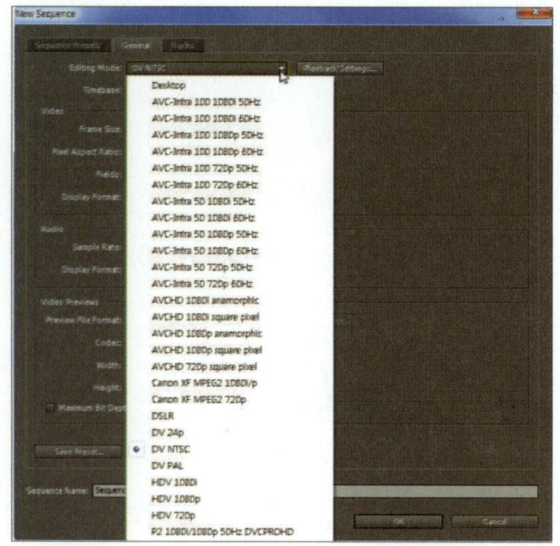

▷▷ Editing Mode 메뉴

Timebase

시간당 기본 단위인 Timebase를 선택합니다. Editing
Mode를 Desktop으로 선택한 경우, 메뉴를 열면 다음과 같
은 여러 값들을 선택할 수 있습니다.

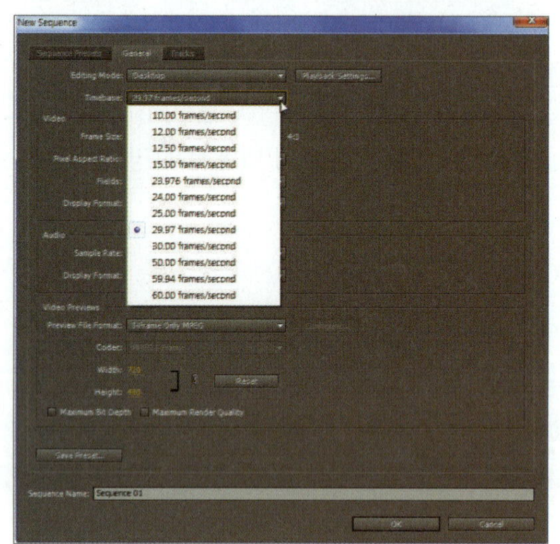

▷▷ Timebase 메뉴

각 메뉴 중, 주로 사용되는 동영상 유형은 다음과 같습니다.

- 24 frame/second – 일반적인 영화 필름의 형태로서 초당 24프레임을 갖습니다.

- 25 frame/second – 서유럽(프랑스 제외), 싱가포르, 말레이시아 등지의 방송시스템에서 사용하는 PAL(Phase
  Alternation Line) 방식에서 사용되며 초당 25프레임을 갖습니다.

- 29.97 frame/second – 우리나라를 비롯하여 미국, 캐나다, 일본, 멕시코 등지의 방송시스템에서 사용하는
  NTSC(National Television System Committe) 방식으로 초당 29.97프레임을 갖습니다. 근사치인 30프레임으로 보기도
  합니다.

- 30 frame/second – 일반적인 동영상 포맷 형태입니다.
- 59.94 frame/second – 29.97 frame의 프로그레시브 모드 포맷 형태입니다.
- 60 frame/second – 30 frames의 프로그레시브 모드 포맷 형태입니다.

Tip 타임 베이스(Timebase)란?

타임베이스는 프로젝트에서 사용되는 초당 프레임 비율을 가리킵니다. 따라서 타임 베이스를 어떻게 지정했느냐에 따라 타임라인에 초당 프레임 수가 다르게 표시됩니다.

Editing Mode를 DV Playback로 설정한 경우에는 초당 29.97의 타임 베이스만을 선택할 수 있지만 Desktop으로 설정한 경우에는 여러 타임 베이스를 선택할 수 있습니다.

오른쪽 그림을 자세히 보면 현재 시간 표시자가 가리키고 있는 00:00:00:24프레임 다음 눈금이 00:00:01:00인 것을 알 수 있습니다. 즉 초당 25프레임 타임 베이스로 편집하기 때문에 매초의 25프레임 째에서는 다음 초 단위로 넘어갑니다. 눈금은 1프레임 단위로 나타나고 있는 상태입니다.

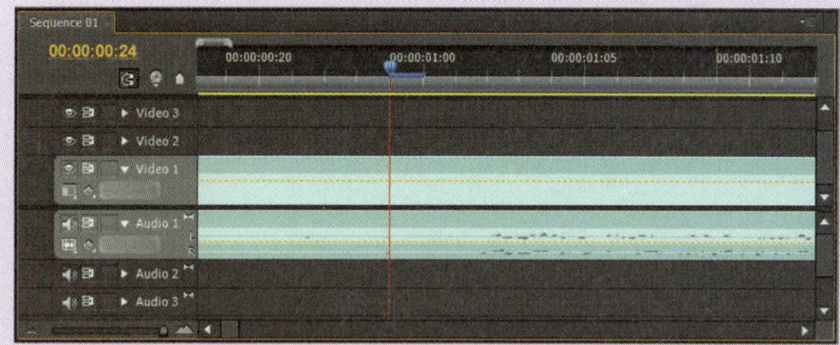

▷▷ 25.00 frame/second

이번에는 타임 베이스를 초당 30프레임으로 지정하고 프로젝트를 시작한 경우입니다. 현재 시간 표시자가 가리키고 있는 00:00:00:29 프레임 다음 눈금이 00:00:01:00으로 나타납니다. 즉, 29프레임 다음에 새로운 초 단위로 넘어가므로 초당 30프레임으로 표시되고 있다는 것을 알 수 있습니다. 이렇듯 타임 베이스는 편집 시의 프레임 비율을 설정하는 것이므로 소스 클립의 초당 프레임 수와 동일한 상태로 설정하여 작업해야 합니다.

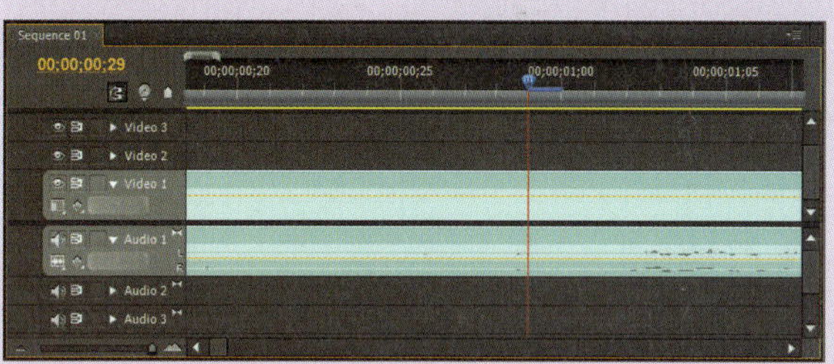

▷▷ 30.00 frame/second

Frame Size

영상의 크기를 결정합니다. 좌측에는 horizontal(수평) 크기를, 우측에는 vertical(수직) 크기를 입력합니다. 입력한 값에 따라 가로:세로의 비율(종횡비)이 우측에 표시됩니다. Editing Mode에 따라 지정된 프레임 사이즈가 나타나며 Desktop이나 DSLR을 선택한 경우에만 값을 변경할 수 있습니다.

Pixel Aspect Ratio

픽셀(Pixel), 즉 영상의 프레임을 이루고 있는 픽셀의 종횡비를 선택합니다. 옵션의 끝에 표기된 수치는 세로에 대한 가로 비율을 의미합니다.

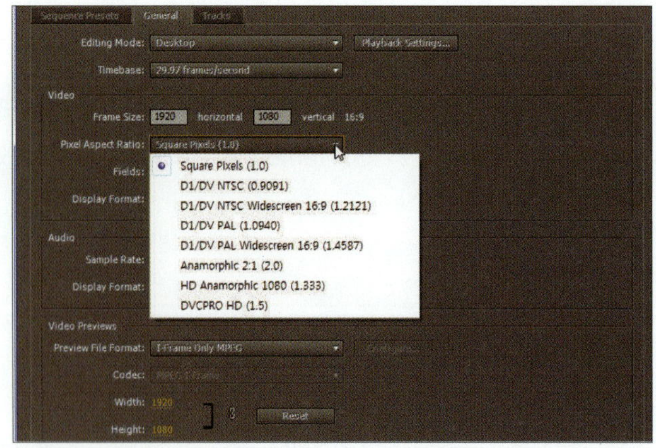

- **Square Pixels [1.0]** – 일반적으로 320X240이나 640X480 등의 크기를 가지고 있는 소스 클립으로 작업하는 경우에 사용하는 옵션으로 정사각형처럼 가로, 세로의 비율이 1.0입니다. 1920X1080이나 1280X720을 선택한 경우에도 자동으로 지정됩니다.

- **D1/DV NTSC [0.9]** – 720X480과 같이 디지털 캠코더에서 DV로 캡처한 클립을 가지고 작업하는 경우 사용하는 옵션입니다.

- **D1/DV NTSC Widescreen 16:9 [1.2121]** – 720X480의 클립을 16:9 와이드 방식의 영상으로 생성하거나 와이드 스크린 (16:9)으로 촬영한 영상을 편집할 때 사용하는 옵션입니다. 대부분의 디지털 캠코더는 16:9의 와이드 방식으로 촬영할 수 있는 옵션을 가지고 있습니다.

- **D1/DV PAL [1.0940]** – PAL 방식의 클립, 즉 720X576의 크기를 가지고 있는 소스 클립으로 작업하는 경우에 사용하는 옵션입니다.

- **D1/DV PAL Widescreen 16:9 [1.4587]** – PAL 방식으로 촬영한 720X576의 클립을 16:9 와이드 방식의 영상으로 생성하거나 PAL 방식의 와이드 스크린(16:9)으로 촬영한 영상을 편집할 때 사용하는 옵션입니다.

- **Anamorphic 2:1 [2.0]** – Anamorphic 필름 렌즈를 사용하여 촬영된 클립으로 작업하는 경우에 사용하는 옵션입니다.

- **HD Anamorphic 1080 (1.3333)** – 1440X1080이나 960X720으로 촬영된 클립으로 작업하는 경우에 사용하는 옵션입니다.

- **DVCPRO HD (1.5)** – 1280X1080으로 촬영된 클립을 16:9의 종횡비로 출력하고자 할 때 사용하는 옵션입니다.

Fields

인터레이스 방식의 영상을 어느 필드부터 렌더링할 것인지
선택합니다.

- No Fields(Progressive Scan) – 프로그레시브 방식으로 렌더링합니다.

- Upper Field First – Upper 필드부터 렌더링합니다.

- Lower Field First – Lower 필드부터 렌더링합니다.

Tip 인터레이스(Interlace)와 넌 인터레이스(Non-Interlace)

영상은 여러 프레임을 연속적으로 화면에 뿌려줌으로서 움직이는 것처럼 보이게 합니다. 인터레이스와 넌 인터레이스는 이렇게 화면에
뿌려주는 방식의 차이에 의해 붙여진 이름입니다.

인터레이스 방식은 비월주사 방식이라고도 부르며 하나의 프레임을 한 번에 화면에 뿌려주는 것이 아니라 두 번에 걸쳐 뿌려줍니다. 이
것은 일반 아날로그 TV 방송에서 사용되는 방식으로 제한된 대역폭을 하나의 채널로 송신해야 하기 때문에 480개의 수평 라인을 초당
30프레임으로 주사하되, 매 프레임에 대하여 한 번은 홀수 라인을, 또 한 번은 짝수 라인을 주사합니다.

▷▷ 첫 번째 필드 주사

▷▷ 두 번째 필드 주사

▷▷ 완성된 하나의 프레임

홀수, 또는 짝수 라인만을 주사하는 영역을 필드(Field)라고 부르며 최상위 주사선이 포함된 홀수 라인을 주사하는 필드를 Upper 필드,
이어서 나머지 라인을 주사하는 필드를 Lower 필드라고 부릅니다. 필드 옵션이 소스 영상과 다른 형식으로 지정될 경우 프리미어에서
편집할 때 깜박거리는 현상이나 심할 경우 재생이 멈추는 현상이 발생할 수도 있습니다. 아날로그 캡처 카드로 캡처한 동영상은 캡처
시의 설정에 따라 필드 옵션을 선택해주어야 하며 일반적으로 DV 프리셋은 Upper Field로 고정되어 있습니다.

넌 인터레이스 방식은 흔히 프로그레시브 스캔(Progressive) 방식이라고도 부르며 우리말로 점진적 스캔 방식이라고 표현하는 것으로
인터레이스 방식과 다르게 한 번에 하나의 프레임을 뿌려주는 방식입니다. 영화나 컴퓨터 모니터를 사용하는 영상은 특별히 대역폭에
대한 제약이 없으므로 한 번에 하나의 프레임을 주사하는 프로그레시브 스캔 방식을 사용합니다.

잠깐 만요!! **디지털 카메라로 촬영한 동영상으로 작업하는 경우**

DSLR로 촬영한 동영상은 Sequence Presets 탭의 프리셋 목록에서 원하는 것을 선택해 사용할 수 있습니다. 적합한 값이 프리셋에 없거나 일반 컴팩트 디지털 카메라로 촬영한 동영상이라면 General 탭의 Editing Mode에서 Desktop을 선택하고 Frame Size에서 촬영한 동영상의 크기를 직접 입력해주면 됩니다.

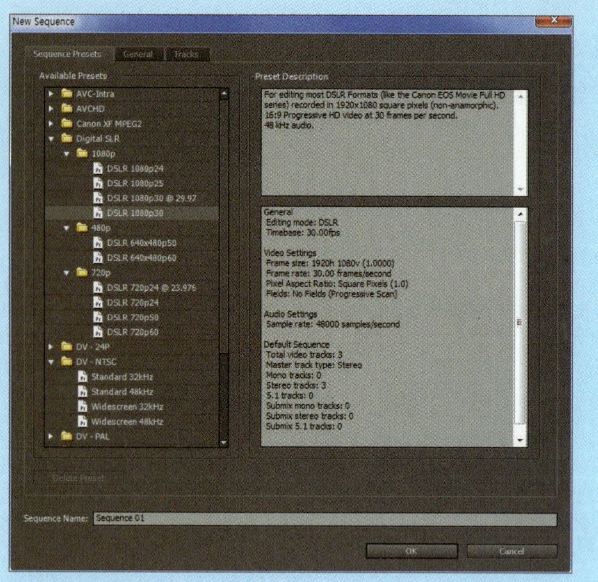

▷▷ DSLR을 위한 프리셋

Display Format

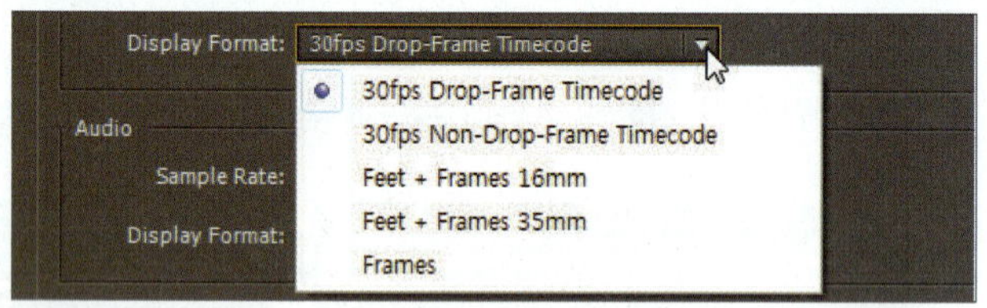

지정한 타임 베이스에 의해 타임라인 패널에서 표시될 형식을 선택합니다. DV NTSC를 비롯하여 일부 에디팅 모드에서는 Drop-Frame, Non-Drop-Frame 등의 옵션이 존재합니다.

▷▷ Editing Mode를 DV NTSV로 선택한 경우의 Display Format 메뉴

나머지 옵션은 앞에서 살펴보았으므로 위에 있는 두 옵션에 대해서만 살펴보겠습니다. 옵션의 이름이 비슷하지만 하나는 Drop-Frame(드롭 프레임), 또 하나는 Non-Drop-Frame(넌 드롭 프레임)이라는 차이점이 있습니다.

우리나라를 비롯하여 미국, 캐나다, 일본 등에서는 방송 시스템으로 NTSC(National Television System Committee) 방식을 사용하는데 이 방식은 초당 29.97프레임을 갖습니다. 하지만 일반적인 동영상 규격은 초당 30프레임을 갖고 있으므로 정확하게 초당 0.03프레임이라는 차이가 발생합니다. 극히 미세한 차이이기는 하지만 장시간의 영상을 편집하는 경우에는 프레임이 어긋나는 현상이 발생하게 됩니다. 따라서 이러한 프레임의 불일치를 방지하기 위하여 Drop-Frame 타임코드를 사용하는데 드롭 프레임 타임코드는 매 분마다 59.29프레임 다음을 '1:00:00'로 표시하지 않고 '1:00:02'로 표시합니다. 즉, 분당 처음 2개의 프레임을 사용하지 않습니다. 이러한 표기 방식은 실제로 해당 프레임을 드롭(제거)하는 것이 아니라 프레임의 숫자 표시만을 변경함으로서 초당 30프레임과 초당 29.97프레임의 차이에서 발생하는 오차를 방지합니다. 단, 이러한 표기 방식은 매 10분 째에는 적용되지 않습니다.

드롭 프레임 방식의 타임코드는 각 시간 단위를 세미콜론으로 구분하여 표시하며 NTSC 비디오 테이프로 출력하는 경우에 사용합니다.

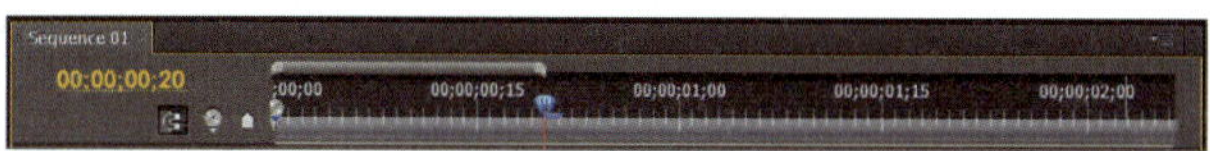

▶▶ 세미콜론으로 구분되는 30fps 드롭 프레임 타임코드

드롭 프레임과 달리 프레임을 드롭하지 않는 넌 드롭 프레임 타임코드는 각 시간 단위를 콜론으로 구분하여 표시합니다. 웹이나 CD-ROM 등, 컴퓨터 디스플레이로 출력하는 경우에 사용합니다.

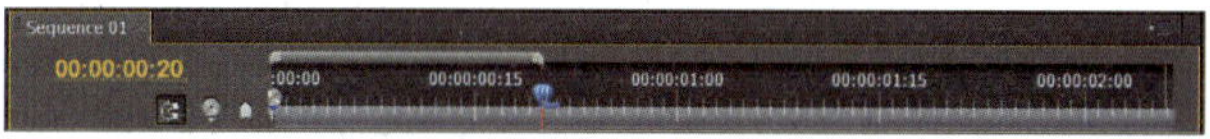

▶▶ 콜론으로 구분되는 30fps 넌 드롭 프레임 타임코드

Sample Rate

오디오의 샘플링 비율을 선택합니다. 높게 설정할수록 좋은 음질을 얻을 수 있지만 그만큼 더 많은 디스크 용량을 필요로 하게 됩니다.

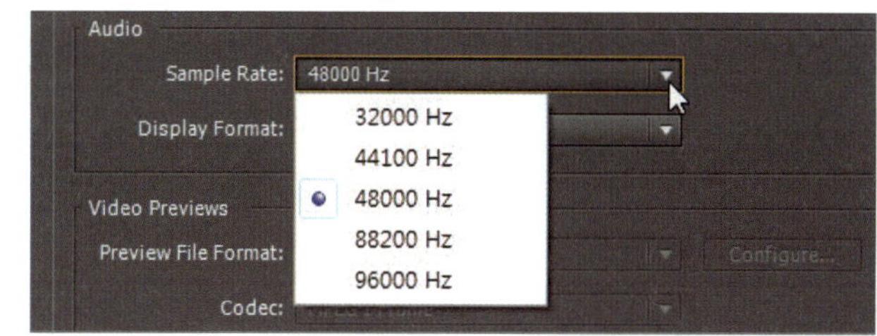

> **Tip** 오디오의 샘플링(Sampling)이란?
>
> 아날로그 형태의 소리를 디지털 방식으로 레코딩하는 것을 샘플링이라고 하며 1초당 샘플링되는 횟수를 샘플링 비율이라고 합니다. Sample Rate 메뉴에서 선택, 지정하는 것이 바로 이 샘플링 비율이며 단위로 Hz(헤르츠)를 사용합니다. 샘플링 비율이 1000Hz라고 하면 1초에 1,000번의 주기로 샘플링되는 것을 의미하며 이러한 샘플링 비율이 높아질수록 음질이 좋아지나 저장되는 파일의 용량은 커지게 됩니다. 샘플링 비율이 22,000Hz면 오디오 테이프의 음질, 44,000Hz라면 CD(Compact Disk) 수준의 음질을 갖습니다.
>
> 현재의 사운드 카드는 대부분 48,000Hz까지 샘플링이 가능하지만 무조건적으로 높은 샘플링 비율을 선호할 필요는 없습니다. 목적에 따라 용량을 고려하여 적절한 샘플링 비율과 Format을 선택해 사용하는 것이 바람직하기 때문입니다. 디지털 캠코더의 음성은 48,000Hz나 32,000Hz로 샘플링되며 캠코더 메뉴에서 선택할 수도 있습니다. 디지털 카메라는 대부분 48,000Hz나 32,000Hz로 샘플링됩니다.
>
> 또한 8bit 사운드는 원음을 2의 8승, 즉 256개로 분리하여 샘플링하며 16bit 사운드는 원음을 2의 16승인 65,536개로 분리하여 샘플링합니다. 따라서 당연히 음을 미세하게 분리하는 16bit 사운드의 음질이 좋습니다.

Preview File Format/Codec

프로젝트 내에서 영상을 프리뷰할 때의 포맷과 코덱을 선택합니다. Editing Mode에서 Desktop을 선택한 경우에만 코덱을 선택할 수 있으며 나머지 항목은 코덱이 지정되므로 선택할 수 없습니다.

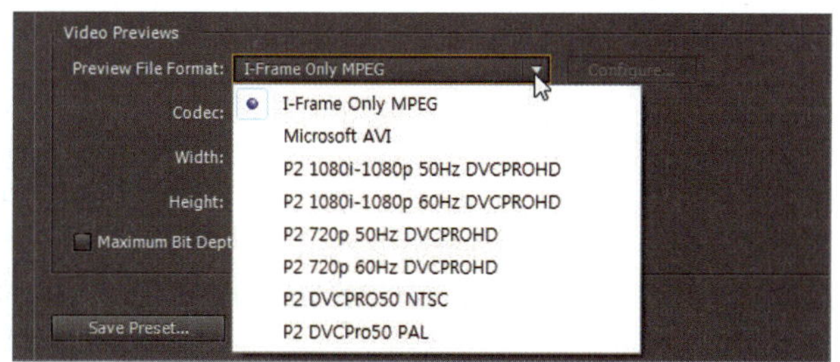

 Maximum Bit Depth

시퀀스의 영상에 포함할 색상 비트 값을 32비트 컬러까지 최대화합니다.

Maximum Render Quality

렌더링 품질을 최대화합니다. 보다 선명하게 프리뷰할 수 있으나 그만큼 시간과 RAM을 더 필요로 합니다.

Save Preset

General 탭에서 사용자가 설정한 상태를 프리셋으로 저장합니다. 저장한 프리셋은 Sequence Preset 탭의 메뉴에 등록됩니다.

Tip 클립의 재생 환경 설정하기

Editing Mode 우측의 Playback Settings 버튼을 클릭하면 작업 중 클립이 재생될 때의 환경을 설정할 수 있는 Playback Settings 대화상자가 나타납니다.

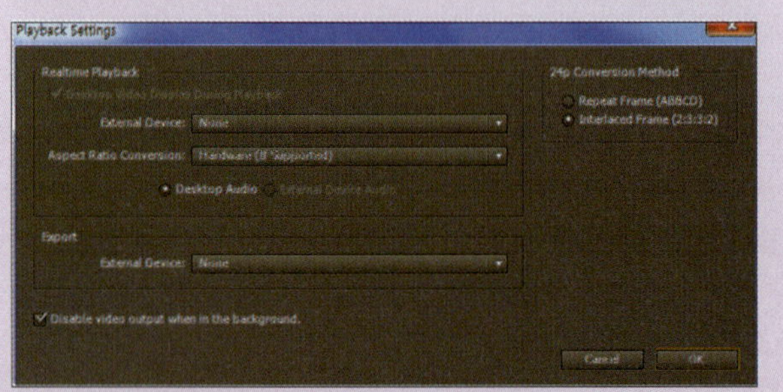

◉ **Realtime Playback**

• **Desktop Video Display During Playback** – 컴퓨터나 컴퓨터와 연결된 장치를 통해 비디오나 오디오를 프리뷰합니다.

• **External Device** – 컴퓨터와 연결된 외부 연결 장치를 선택합니다. 프로젝트 패널에서 클립을 재생하면 연결된 장치의 액정 화면을 통해서도 재생 화면이 나타나게 됩니다. None을 선택하면 외부 장치에서는 재생되지 않습니다.

• **Aspect Ratio Conversion** – 프리뷰할 때, 영상의 종횡비를 변환해야 하는 경우의 처리 방식을 선택합니다. Hardware(if supported)는 하드웨어가 지원한다면 하드웨어적으로, Software는 소프트웨어 방식으로 처리합니다.

• **Desktop Audio** – 프리뷰 시, 컴퓨터에서 오디오가 재생되도록 합니다.

• **External Device Audio** – 프리뷰 시, 연결된 외부 장치를 통해 오디오가 재생되도록 합니다.

◉ **Export**

• **External Device** – 외부로 출력할 연결 장치를 선택합니다. 작업 결과를 DV 캠코더처럼 외부기기로 출력하여 녹화하고자 할 때 적절한 장치를 선택해 주어야 합니다.

◉ **24p Conversion Method**

• **Repeat Frame(ABBCD)** – 영화 필름처럼 초당 24프레임으로 촬영한 영상을 초당 30프레임의 일반적인 영상으로 변환하는 것을

풀다운(Pulldown)이라고 하는데 Repeat Frame 옵션은 풀다운할 때 24프레임의 B프레임을 3~6 프레임까지 반복해서 삽입합니다.

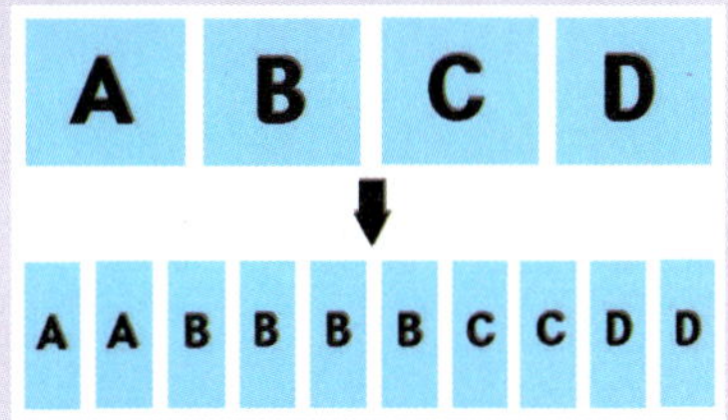

▷▷ Repeat Frame (ABBCD) 변환

- Interlaced Frame(2:3:3:2) – 풀다운할 때, 24프레임의 두 번째 프레임을 3~5프레임까지, 세 번째 프레임을 6~8프레임까지 사용합니다.

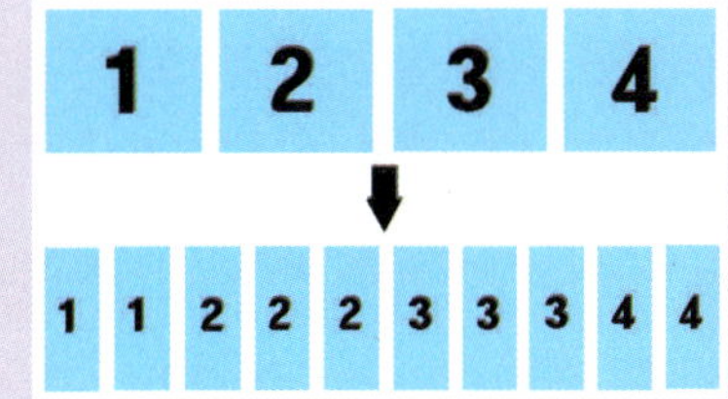

▷▷ Interlaced Frame (2:3:3:2) 변환

⊙ **Disable video output when Premiere Pro is in the background**

프리미어 프로 CS5가 백그라운드로 실행 중일 때는 재생되는 영상이 출력되지 않도록 합니다. 이렇게 함으로서 시스템 리소스를 절약할 수 있습니다.

③ Tracks 탭

시퀀스의 트랙과 관련된 옵션을 설정합니다. Video 옵션에는 비디오 트랙의 숫자를, Audio 옵션에는 오디오 트랙의 채널 수와 오디오 트랙의 숫자를 지정합니다. 물론 각 트랙은 작업 도중 필요한 만큼 추가하여 사용할 수 있습니다.

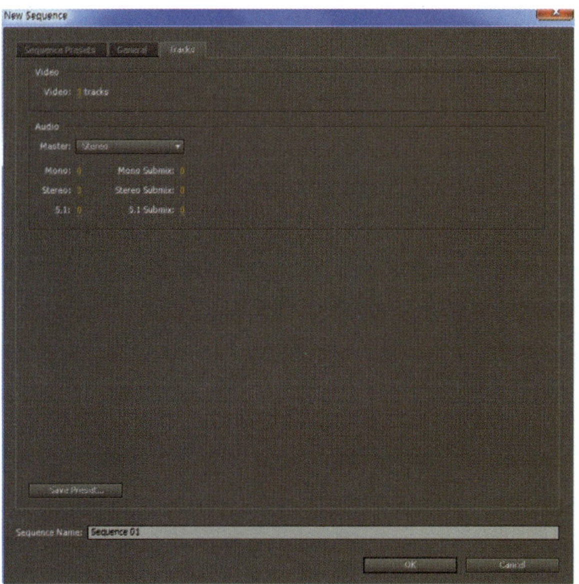

3 ## 사용자 프리셋 만들기

New Sequence 대화상자의 General 탭에서 사용자가 각종 옵션을 설정하면 이것을 저장하여 프리셋 목록에 추가할 수 있습니다. 따라서 프로젝트를 시작할 때 간단히 선택하여 사용할 수 있으므로 매번 원하는 값을 설정할 필요가 없습니다.

01 General 탭에서 옵션을 그림과 같이 설정하고 Save Preset 버튼을 클릭합니다. 이것은 640X480의 AVI 영상 작업을 위한 설정으로서 흔히 디지털 카메라로 촬영한 동영상을 편집하는 데 적합한 프로젝트입니다.

- **Editing Mode** : Desktop
- **Timebase** : 30.00 frames/second
- **Video**
- Frame Size : 640, 480
- Pixel Aspect Ratio : Square Pixels (1.0)
- Fields : No Field (Progressive Scan)
- Display Format : 30fps Timecode
- **Video Previews**
- Preview File Format : Microsoft AVI
- Codec : DV NTSC

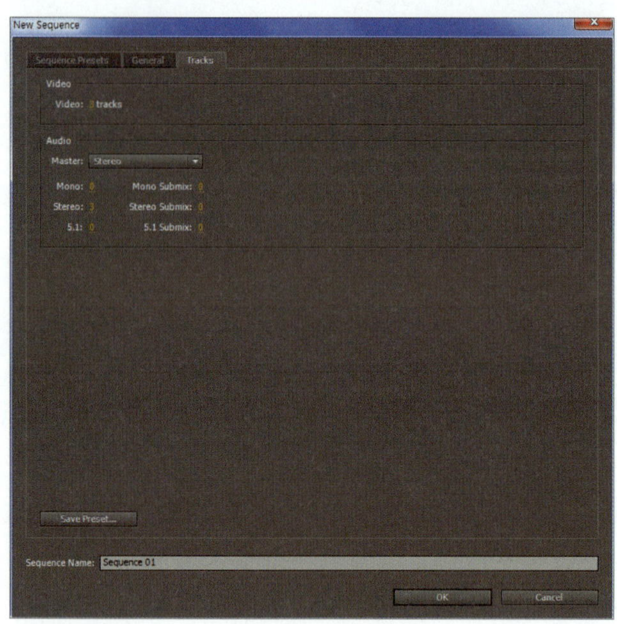

02 Save Settings 대화상자가 나타납니다. 새로운 프리셋의 이름과 간단한 설명을 입력하고 OK 버튼을 클릭합니다.

잠깐만요!! **프리셋 이름에 사용할 수 없는 문자**

프로젝트의 프리셋 이름에 'W', '/', '*', '?', '〈', '〉', 'I' 과 같은 문자는 사용할 수 없습니다.

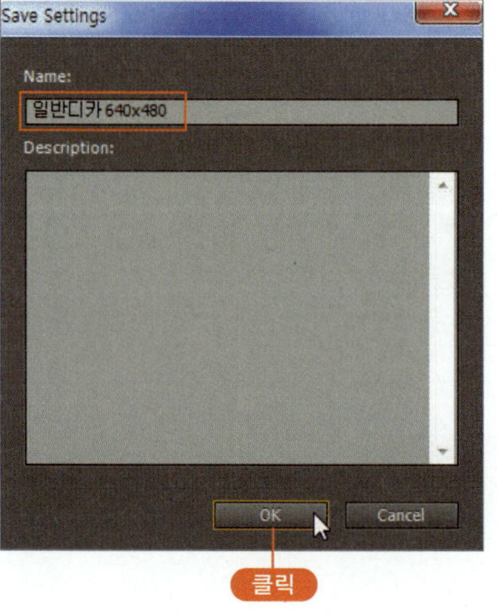

03 New Sequence 대화상자의 Sequence Presets 탭이 열리면서 좌측 아래의 Custom 탭에 새로 저장한 프리셋이 목록으로 추가된 것을 볼 수 있습니다. 아울러 우측에는 입력한 설명과 함께 설정 값이 표시됩니다. 프리셋에 등록되었으므로 프로젝트를 시작할 때 간단히 선택하여 사용할 수 있습니다. 프리셋을 선택하고 Delete Preset 버튼을 클릭하면 해당 프리셋이 삭제되어 목록에서 사라집니다.

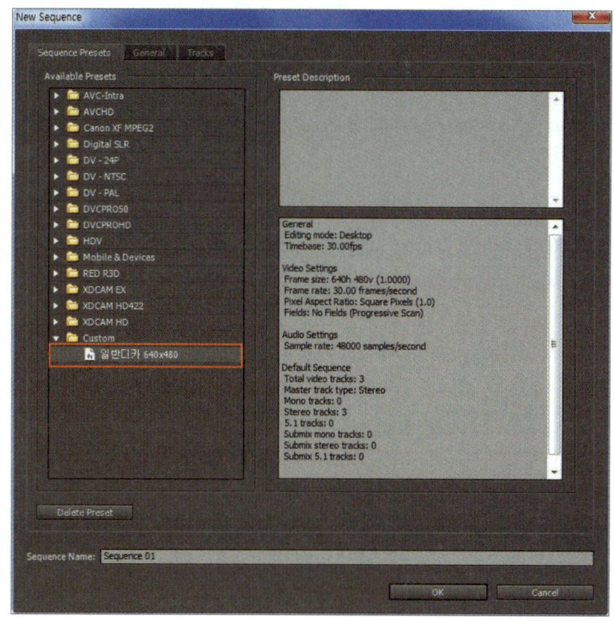

Tip **프리미어 프로 CS5을 시작할 때 최근 프로젝트 선택하기**

프리미어 프로 CS5를 실행하면 메인 화면이 나타나기 전에 다음과 같이 저장된 순서대로 프로젝트 목록이 나타나 프로젝트를 쉽게 선택할 수 있습니다. New Project 이미지를 클릭하면 New Project 대화상자가, Open Project 이미지를 클릭하면 저장된 프로젝트를 선택할 수 있는 Open Project 대화상자가 각각 나타납니다.

최근 저장된 프로젝트는 프리미어 프로 CS5의 메인화면에서 File〉Open Recent Project 메뉴를 통해 선택할 수도 있습니다.

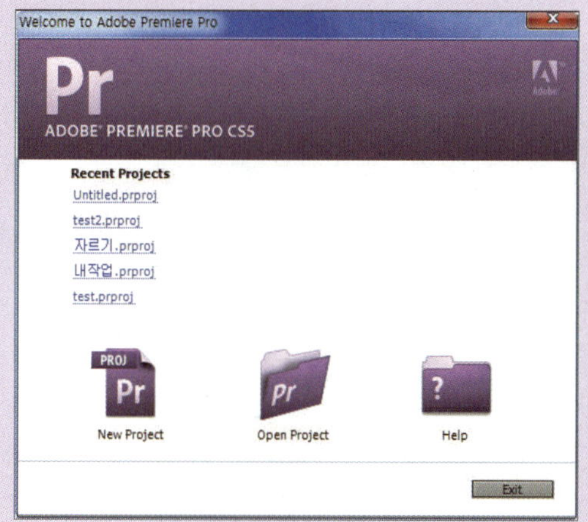

▶▶ 프리미어 프로 CS5를 실행할 때 나타나는 선택 화면

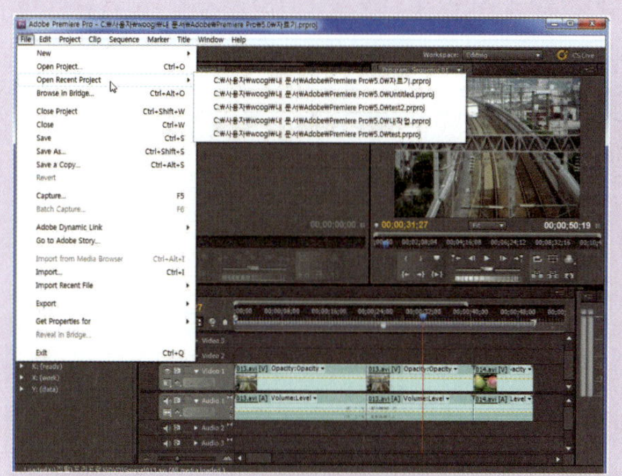

▶▶ 프리미어 프로 CS5의 최근 프로젝트 선택 메뉴

Chapter 11

디지털 캠코더의 영상 캡처하기

캡처(Capture)란 캠코더로 촬영한 영상이나 음성 등의 데이터를 PC로 전송하는 것을 의미합니다. 촬영한 데이터를 하드디스크나 메모리 카드가 아닌 6mm mini DV테이프에 기록하는 DV/HDV 캠코더의 경우 PC에서 데이터를 사용하기 위해서는 먼저 캡처라는 과정이 필요합니다.

1 캡처를 위해 설정하기

캡처를 위한 몇 가지 설정 사항을 살펴보겠습니다. 캡처 패널은 File〉Capture(단축키:F5)나 Window〉Capture를 선택하여 열 수 있습니다.

01 일반적으로 IEEE 1394 카드를 장착하면 윈도우 2000 이상의 운영체제에서는 자동으로 드라이버가 설치됩니다. IEEE 1394 케이블로 카드의 슬롯과 캠코더의 DV 단자를 연결하고 Project〉Project Settings〉General을 선택합니다.

02 Project Settings 대화상자가 나타납니다. Capture Format 메뉴를 열고 캡처 포맷을 선택합니다. DV 캠코더의 영상을 캡처하려면 DV를, HDV 캠코더에서 HDV로 녹화한 영상을 캡처하려면 HDV를 선택하고 OK 버튼을 클릭합니다.

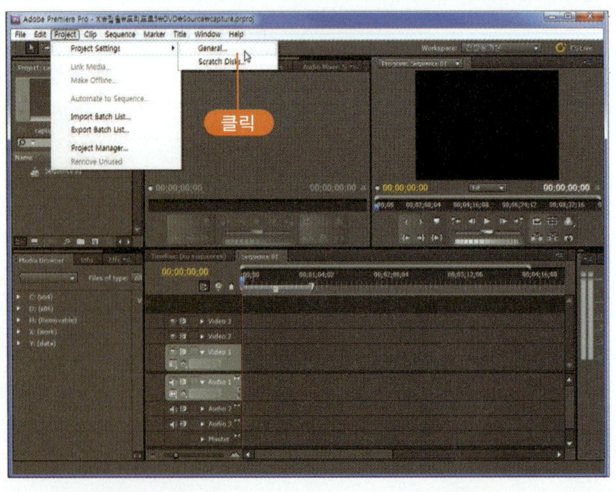

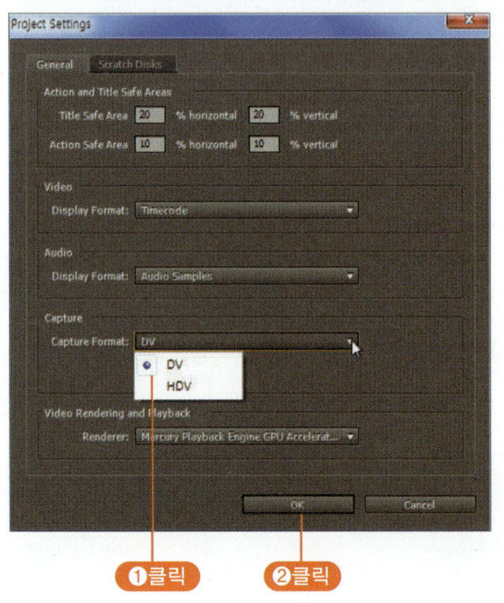

03 캠코더를 VCR 모드(재생 모드)로 전환한 후, 메뉴에서 File〉Capture를 선택하여 캡처 패널을 엽니다. 캡처 패널은 다음과 같은 요소들을 가지고 있습니다.

04 캡처 패널 우측 상단에 있는 Settings 탭을 클릭하면 Settings 옵션들이 나타납니다. Capture Locations 옵션들은 캡처된 파일이 저장될 폴더를 지정합니다. 기본적으로 프로젝트 파일과 동일한 폴더가 지정되어 있으나 Browse 버튼을 클릭하여 다른 폴더를 지정할 수 있습니다.

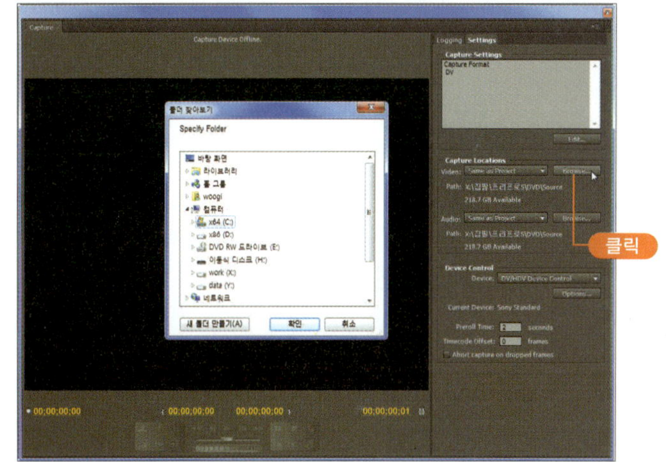

▷▷ Browse 버튼을 클릭하여 폴더 지정

05 Device Control 옵션들은 캡처 패널에서 캠코더를 제어하기 위한 설정 항목들을 가지고 있습니다. 현재 연결된 캠코더를 정확히 제어하기 위하여 Device 옵션의 Options 버튼을 클릭합니다.

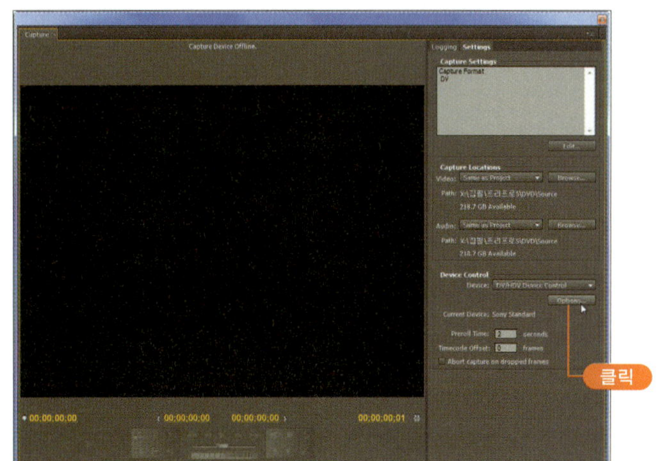

06 DV/HDV Device Control Settings 대화상자가 나타납니다. Device Brand에서는 컴퓨터와 연결된 캠코더의 제조사를, Device Type에서는 모델을 선택하고 OK 버튼을 클릭합니다. 현재 정상적으로 캠코더와 연결되어 있다면 Check Status 버튼 우측에 Online이라고 표시되어 있을 것입니다.

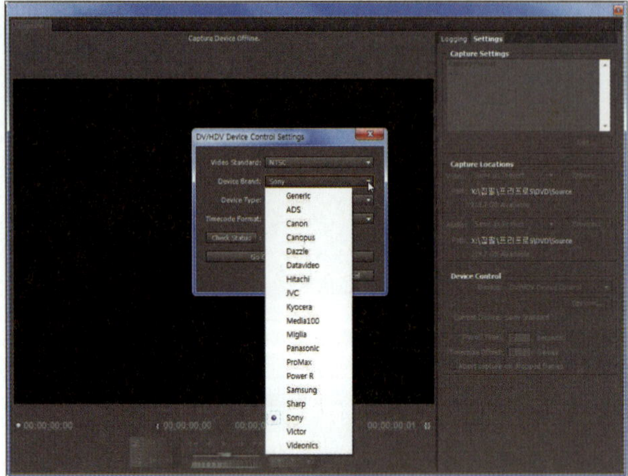

▷▷ Device Brand 목록에서 캠코더의 제조사를 선택

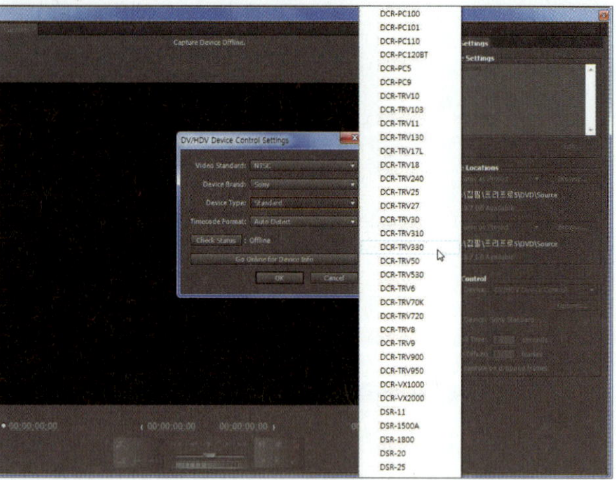

▷▷ Device Type 목록에서 캠코더의 모델명을 선택

잠깐만요!! 자신의 기종이 목록에 없다면?

기본적으로 Device Brand는 'Generic'으로, Device Type은 'Standard'로 설정되어 있으며 대부분의 경우 특별히 캠코더의 제조사와 모델명을 지정하지 않아도 정상적으로 캠코더를 인식, 제어할 수 있습니다. 만일 제대로 인식하지 않는다면 정확히 제조사와 모델명을 선택해보도록 합니다.

2 디지털 캠코더로부터 캡처하기

DV 캠코더에 삽입된 테이프의 영상을 보면서 원하는 부분을 수동으로 캡처해보도록 하겠습니다. 가장 기본적인 캡처방식입니다. 캡처 패널의 여러 컨트롤러에 대해서도 살펴보도록 할 것입니다.

01 캡처 패널 상단의 Logging 탭을 클릭하고 Setup〉Capture 옵션이 Audio and Video로 되어 있는지 확인합니다. Audio만 캡처하려면 옵션 메뉴를 열고 Audio를, Video만 캡처하려면 Video를 선택합니다. 물론 오디오와 비디오를 모두 캡처해도 편집을 통해 어느 한쪽을 제거할 수 있지만 캡처 단계에서 원하는 부분만 취할 수도 있습니다.

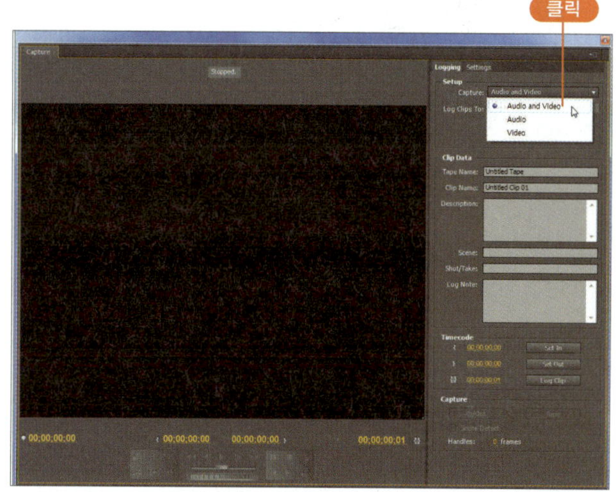

02 캡처 패널 하단에 위치하고 있는 여러 컨트롤 중에서 Play 버튼을 클릭합니다. 캠코더에 삽입되어 있는 테이프가 재생되면서 캡처 패널의 프리뷰 영역에 재생 화면이 나타납니다. 이때 캠코더의 액정 화면(LCD)에도 재생 화면이 함께 나타나게 됩니다.

03 원하는 지점이 나타나면 빨간색의 Record 버튼을 클릭합니다. 캡처가 시작됩니다.

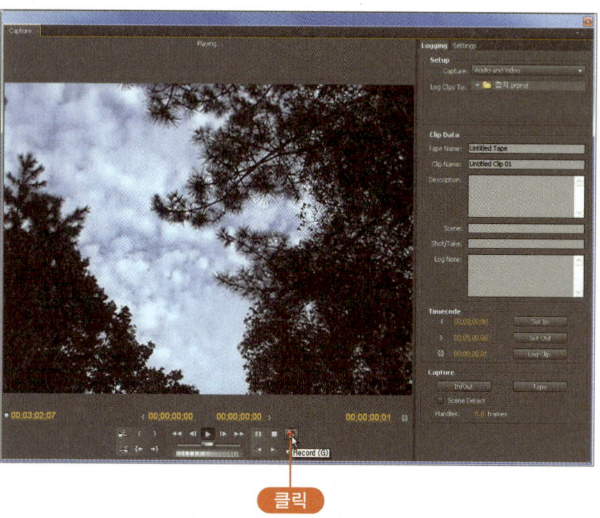

Tip 캡처 패널의 컨트롤

캡처 패널은 다음과 같은 여러 컨트롤과 표시 영역을 가지고 있습니다.

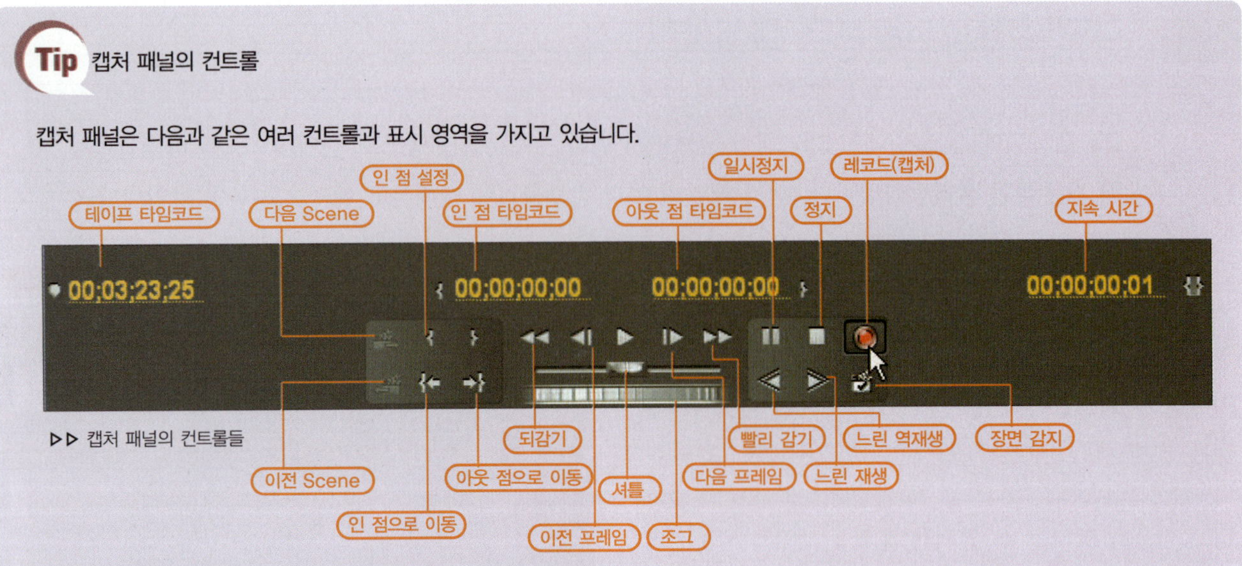

▶▶ 캡처 패널의 컨트롤들

이들 컨트롤을 통하여 캠코더의 재생과 관련된 기능을 직접 제어할 수 있습니다. 즉 재생을 비롯하여 정지, 빠른 전진, 빠른 후진이나 슬로우 재생, 역 슬로우 재생 등이 가능합니다. 캠코더나 VCR과 동일한 재생 관련 컨트롤을 모두 가지고 있다는 것을 알 수 있습니다.

가장 아래에 위치하고 있는 셔틀(Suttle)과 조그(Jog)는 모두 원하는 지점을 검색하는 데 유용한 도구로서 셔틀은 VCR의 조그셔틀과 같은 기능을 가지고 있어, 좌측으로 드래그하면 후진, 우측으로 드래그하면 전진하면서 재생됩니다. 셔틀은 가장자리 쪽으로 멀리 드래그 할수록 재생 속도가 빨라집니다. 조그는 1프레임씩 테이프를 재생해줌으로써 원하는 지점을 정밀하게 검색하는 데 사용합니다.

캠코더로 촬영할 때 촬영도중 [정지] 버튼을 눌러 테이프가 정지되는 지점을 기준으로 각 구간을 신(Scene)이라고 부르는데 가장 좌측에 있는 이전 장면(Next Scene)과 다음 장면(Previous Scene) 컨트롤은 각각 다음 신과 이전 신의 위치로 빠르게 이동시켜 줌으로서 보다 편리하게 원하는 위치를 찾을 수 있도록 합니다.

장면 감지(Scene Detect) 버튼을 클릭한 다음, Record 버튼을 클릭하여 캡처를 시작하면 자동으로 각 장면을 인식하여 장면 단위로 클립이 분할되어 캡처됩니다.

04 캡처를 마치려면 Esc 키를 누르거나 [정지] 버튼을 클릭합니다.

클릭

05 캡처된 클립을 저장하기 위한 Save Captured Clip 대화상자가 나타나면 캡처된 클립의 이름과 간단한 설명을 입력하고 OK 버튼을 클릭합니다. 계속 다른 부분을 캡처하려면 앞의 과정을 반복하며 캡처 작업을 종료하려면 캡처 패널을 닫습니다. 캡처된 클립은 자동으로 프로젝트 패널에 등록되어 나타납니다.

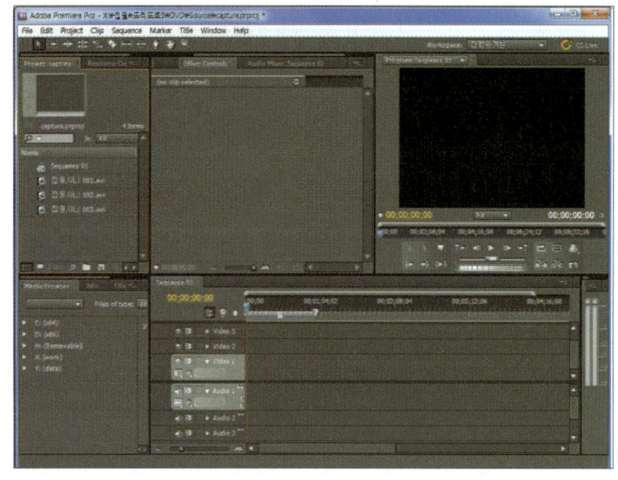

▶▶ 캡처된 클립은 자동으로 프로젝트 패널에 등록됩니다.

Tip 캡처 패널의 팝업 메뉴

캡처 패널의 프리뷰 영역 위에서 마우스 우측 버튼을 클릭하면 다음과 같은 팝업 메뉴가 나타나 신속하게 원하는 명령을 선택할 수 있습니다.

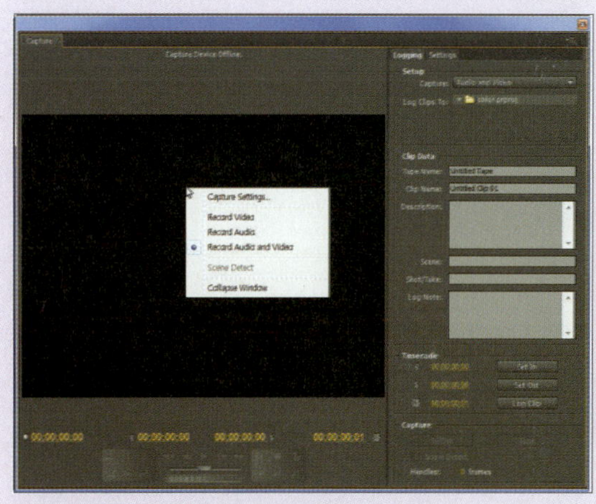

▶▶ 캡처 패널의 팝업 메뉴

- **Capture Settings** – Project Settings 대화상자의 Capture 항목과 같이 Capture 포맷을 선택합니다.

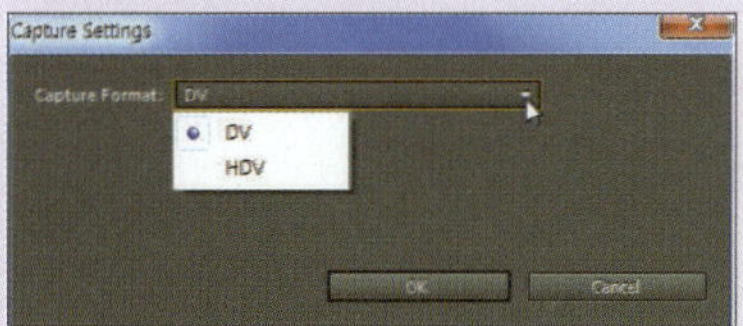

- **Record Video** – 연결된 DV 장치로부터 비디오만을 캡처합니다.
- **Record Audio** – 연결된 DV 장치로부터 오디오만을 캡처합니다.
- **Record Audio and Video** – 연결된 DV 장치로부터 오디오와 비디오를 모두 캡처합니다.
- **Scene Detect** – 자동으로 장면을 감지하여 장면별로 클립을 분할하여 캡처합니다.
- **Collapse Window** – 캡처 패널 우측의 옵션 탭을 사라지게 함으로써 프리뷰 영역이 크게 나타나도록 합니다. 이 상태에서 팝업 메뉴의 Expand Window를 선택하면 원래의 상태로 돌아올 수 있습니다.

3 배치 캡처하기

캡처할 영역의 시작 위치와 끝 위치, 즉 구간에 대한 목록을 만들어놓고 일괄적으로 캡처하는 방식을 배치 캡처(Batch Capture)라고 합니다. 구간에 대한 목록은 파일로 저장해 놓을 수도 있어 차후에 언제든 다시 해당 구간에 대한 영상을 캡처할 수 있습니다.

01 File〉Capture를 선택하여 캡처 패널을 다시 열고 Logging 탭의 Clip Data 옵션에 클립에 대한 정보를 입력합니다. Tape Name에는 현재 캠코더에 삽입된 테이프의 이름을, Clip Name에는 지정하고자 하는 구간에 대한 클립의 이름을 입력하고 나머지 입력란에는 적절히 클립을 식별할 수 있는 설명과 장면, 기타 정보 등을 입력합니다.

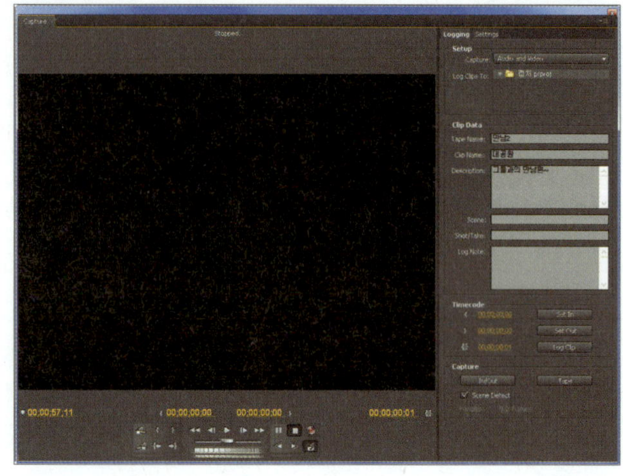

02 캡처 패널의 재생 관련 컨트롤을 사용하여 테이프를 재생합니다. 앞에서 보았던 셔틀과 같은 컨트롤러를 사용하면 원하는 지점을 편리하게 찾을 수 있을 것입니다. 원하는 지점이 나타나면 Timecode 옵션의 Set In 버튼을 클릭합니다. 현재 지점이 클립의 시작 지점으로 지정됩니다.

03 계속해서 클립을 재생하면서 캡처가 종료될 지점, 즉 클립의 끝으로 삼고자 하는 지점이 나타나면 Timecode 옵션의 Set Out 버튼을 클릭합니다.

04 시작 지점과 끝 지점이 지정되었습니다. Log Clip 버튼 좌측에는 현재 설정된 구간의 길이, 즉 재생 시간이 표시됩니다. Capture 옵션의 In/Out 버튼을 클릭하면 지정된 구간만을 곧바로 캡처할 수 있습니다. 하지만 일단, 각 구간의 목록을 만들고 이들을 한꺼번에 캡처하기 위하여 Timecode 옵션의 Log Clip 버튼을 클릭합니다.

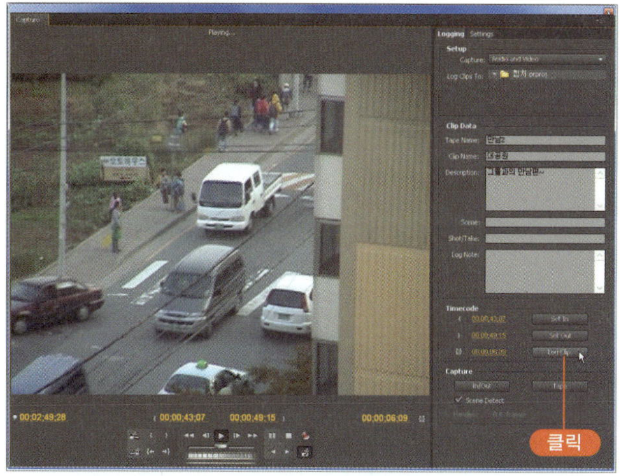

05 클립의 재생이 중단되고 Log Clip 대화상자가 나타납니다. 캡처될 클립의 파일명과 부가적인 설명 등을 입력하고 OK 버튼을 클릭하면 다시 클립의 재생이 계속됩니다. 앞에서의 방법, 즉 원하는 특정 구간의 시작 지점을 Set In 버튼으로, 끝 지점을 Set Out 버튼으로 각각 설정하고 Log Clip 버튼으로 파일명을 입력하는 등의 작업을 반복하여 캡처 구간을 지정한 다음, 캡처 패널을 닫습니다. 예제에서는 모두 5개의 캡처 목록을 작성하였습니다.

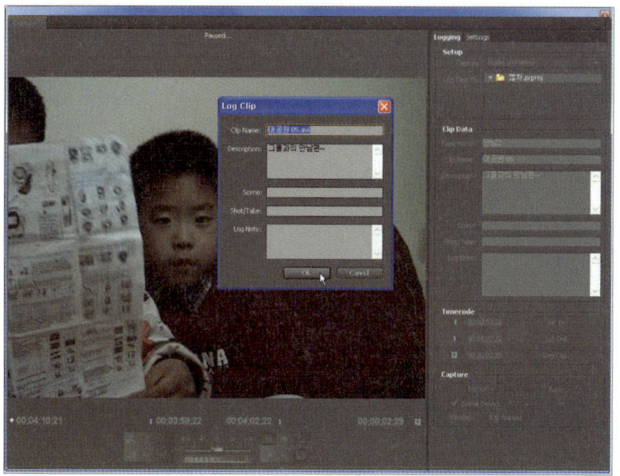

▷▷ 5번째의 클립 목록 작성

06 설정한 캡처 목록은 프로젝트 패널에 자동으로 등록됩니다. 프로젝트 패널을 가로로 키워보면 각 필드를 통해 시작 지점과 끝 지점의 시간, 재생시간, 비디오 및 오디오의 정보를 볼 수 있습니다.

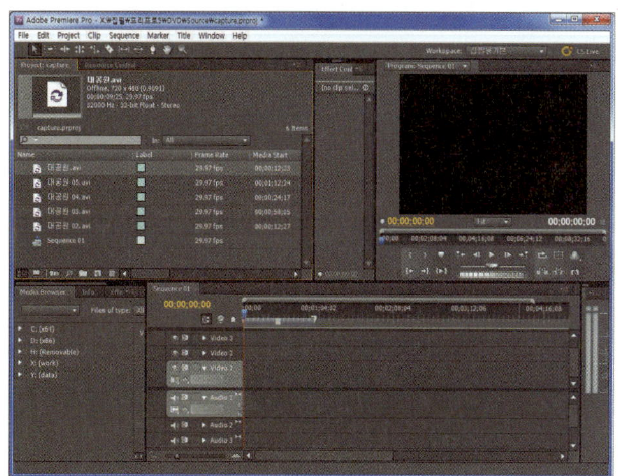

07 캡처하고자 하는 목록을 선택합니다. 일반적으로 파일을 선택할 때와 마찬가지로 **Ctrl** 키나 **Shift** 키를 누른 채로 여러 목록을 한꺼번에 선택할 수 있습니다. 예제에서는 5개의 목록을 모두 선택하였습니다. 선택한 캡처 목록에 지정되어 있는 구간을 캡처하기 위하여 File〉Batch Capture를 선택합니다.

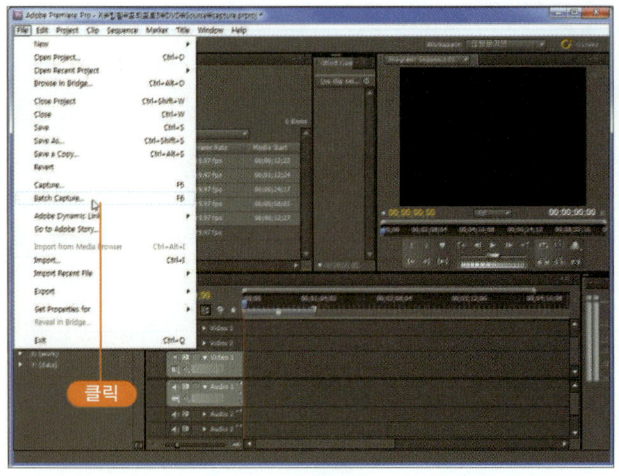

> **잠깐만요!!** 프로젝트 패널에서 클립의 이름 부분을 클릭하면 이름을 편집할 수 있는 상태로 전환되어 버리므로 해당 클립을 선택할 수 없습니다. 따라서 클립 이름 좌측의 아이콘 부분을 클릭하여 선택하도록 합니다. 또한 Batch Capture 메뉴를 사용하려면 프로젝트 패널이 활성화된 상태여야 합니다. 즉, 다른 패널이 선택되어 있는 상태에서는 이 메뉴를 사용할 수 없습니다.

08 Batch Capture 대화상자가 나타납니다. OK 버튼을 클릭합니다.

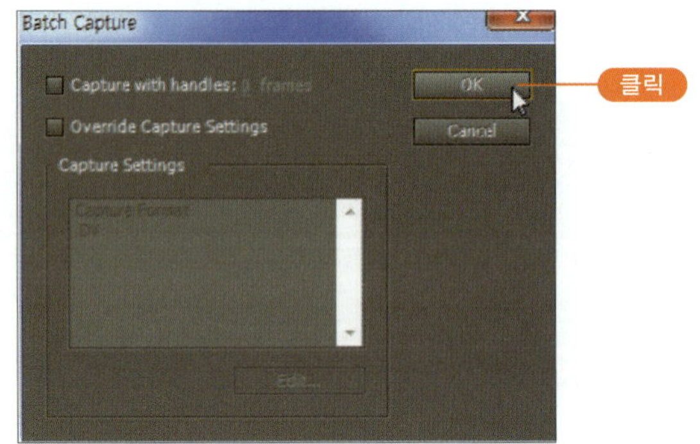

09 캡처 패널과 함께 Insert Tape 대화상자가 나타나면 배치 캡처 목록에서 지정한 테이프가 제대로 삽입되어 있는지 확인하고 [확인] 버튼을 클릭합니다. 목록에 지정된 각 구간을 찾아 캡처가 진행됩니다. 캠코더의 헤드가 각 지점을 찾는데 시간이 소요되므로 잠시 기다리면 캡처가 시작되는 것을 볼 수 있습니다.

10 캡처가 완료되면 테이프의 재생이 멈춰지며 캡처가 완료되었음을 알려줍니다. [확인] 버튼을 클릭하고 캡처 패널을 닫은 후 프로젝트 패널을 보면 배치 캡처 목록이 실제 클립으로 바뀌어 나타나는 것을 볼 수 있습니다.

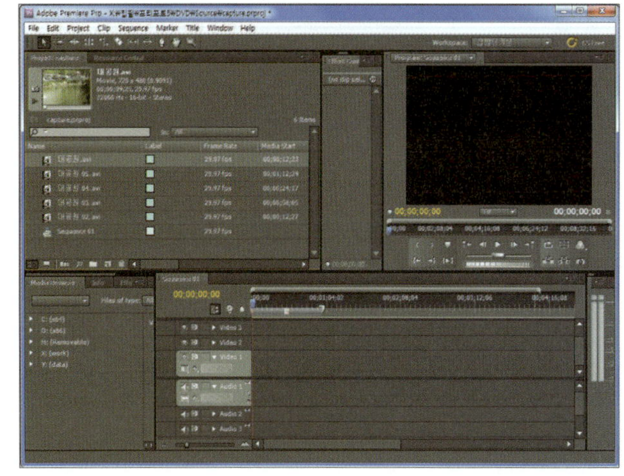

4 배치 캡처 목록을 저장하고 불러오기

프로젝트 패널에 등록된 캡처 목록은 별도의 파일로 저장할 수 있으며 다시 불러올 수도 있습니다.

01 프로젝트 패널에서 배치 캡처 목록(캡처된 실제 파일이 아닌)을 모두 선택하고 Project〉Export Batch List를 선택합니다.

02 [Export Batch List] 대화상자가 나타납니다. 원하는 경로와 파일 이름을 입력하고 [저장] 버튼을 클릭합니다. 배치 캡처 목록 파일은 자동으로 csv 확장자가 붙게 됩니다.

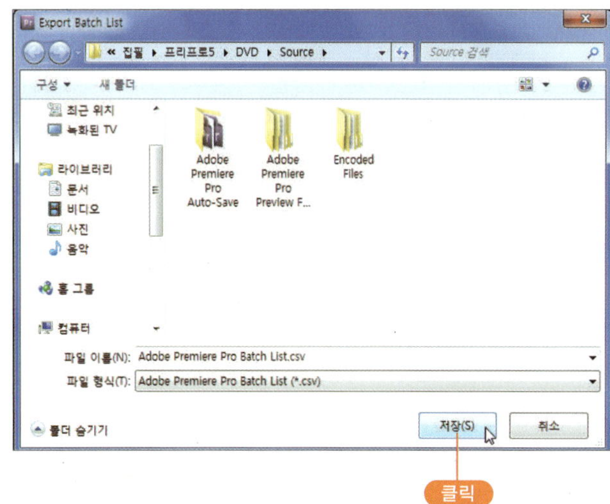

03 이렇게 저장된 배치 캡처 목록은 언제든 불러와 지정된 구간의 캡처를 수행할 수 있습니다. 프로젝트 패널의 배치 캡처 목록을 모두 선택하고 Delete 키를 눌러 삭제한 다음, Project〉Import Batch List를 선택합니다. Import Batch List 대화상자가 나타나면 저장해 둔 배치 캡처 목록 파일을 선택하고 [열기] 버튼을 클릭합니다.

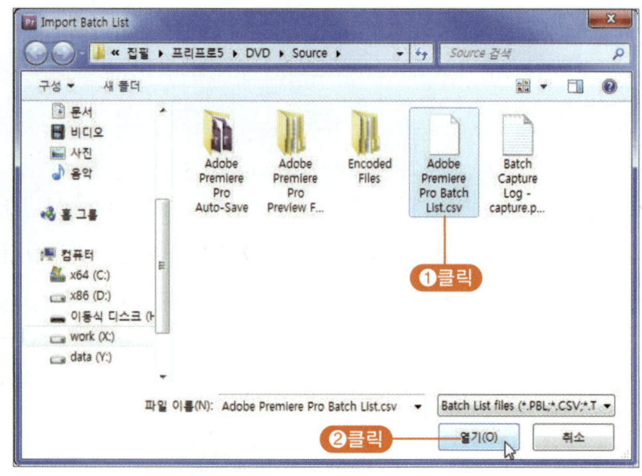

04 Batch List Settings 대화상자가 나타납니다. 클립의 정보가 이상이 없는지 확인하고 OK 버튼을 클릭합니다.

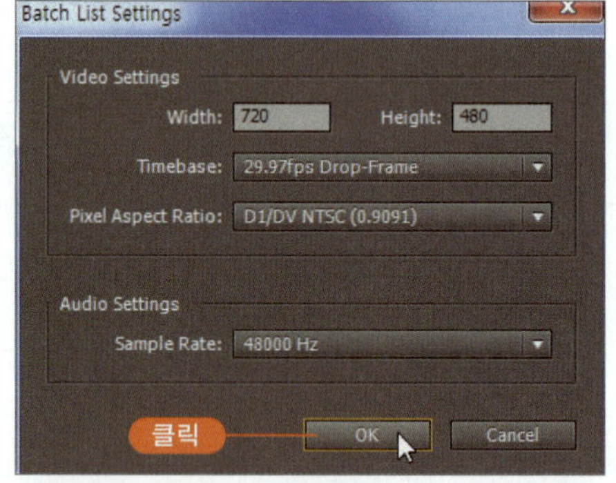

05 프로젝트 패널에 배치 캡처 목록 파일 이름과 동일한 Bin이 생성됩니다. Bin은 윈도우의 폴더와 같은 개념입니다. Bin 아이콘 좌측의 삼각형 아이콘을 클릭하면 Bin 안에 포함된 배치 캡처 목록을 볼 수 있습니다. 물론 앞에서 했던 것과 동일한 방식으로 배치 캡처 목록을 선택하여 캡처를 시작할 수 있습니다.

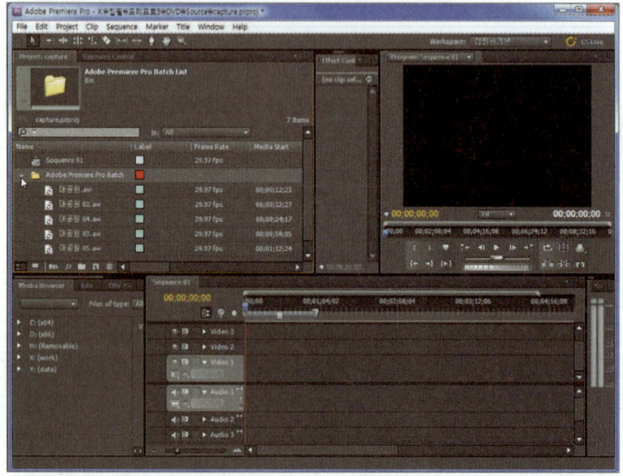

Tip 오프라인 파일과 편집

배치 캡처 목록과 같이 목록에 등록되어 있으나 실제로 사용할 수 없는 파일을 오프라인 (Offline) 파일이라고 부릅니다. 오프라인 파일도 실제 클립처럼 편집할 수 있으며 편집을 마친 다음, 배치 캡처를 통하여 실제 클립으로 바뀌어도 편집 결과는 그대로 적용됩니다.

01 프로젝트 패널에 등록된 배치 캡처 목록 중 하나를 선택하고 프로젝트 패널 위를 보면 Offline, 즉 오프라인 파일이라고 표시되어 있는 것을 볼 수 있습니다.

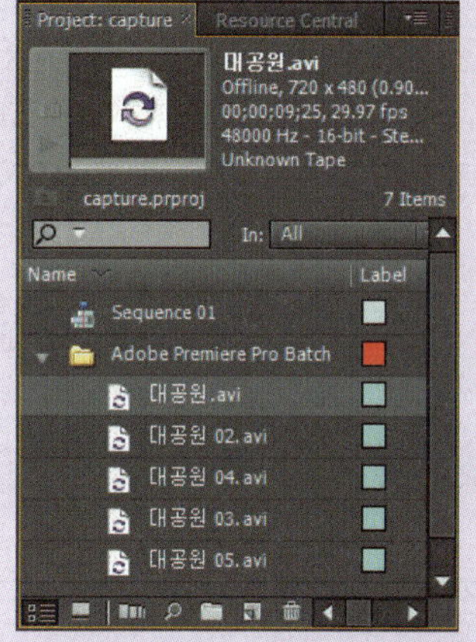

02 프로젝트 패널에 등록된 배치 캡처 목록 중 하나를 타임라인으로 드래그합니다. 실제 클립과 마찬가지로 타임라인의 트랙에 등록되며 프로그램 모니터에는 '미디어 오프라인' 이라는 문자가 표시됩니다. 오프라인 파일도 실제 클립과 마찬가지로 자유롭게 편집할 수 있습니다. 클립의 뒷부분을 좌측으로 드래그하여 잘라냅니다.

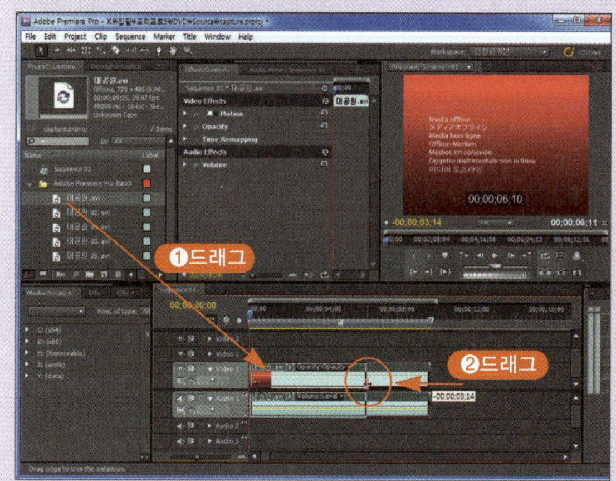

03 프로젝트 패널에서 타임라인 패널에 등록한 오프라인 파일을 선택하고 File〉Batch Capture를 선택하여 배치 캡처를 마치고 나면 해당 오프라인 파일이 실제 클립으로 바뀌어 나타납니다. 캡처는 배치 캡처 목록에서 지정된 구간 전체가 캡처되지만 타임라인의 클립은 앞에서 편집한 상태가 적용되어 지정된 구간만 나타나게 됩니다.

Chapter 12
클립의 등록과 다양한 표시 방법 익히기

프로젝트 패널은 프리미어 프로 CS5의 작업에 필요한 자원들이 등록되어 있는 곳입니다. 프로젝트 패널에 클립을 등록하는 여러 방법을 살펴보고 등록된 클립에 대한 정렬과 정보 보기, 이름을 비롯하여 표시형태 변경 및 검색 등에 대해서도 익혀보도록 합니다.

1 프로젝트에 클립 등록하기

이미 예제를 통하여 다루어보았듯이 프로젝트에 클립을 사용하려면 먼저 프로젝트 패널에 등록해야 합니다.

File〉Import 메뉴를 선택하거나 프로젝트 패널의 바탕 영역을 더블 클릭하여 Import 대화상자를 열고 원하는 클립을 선택하면 해당 클립을 프로젝트 패널로 불러올 수 있습니다.

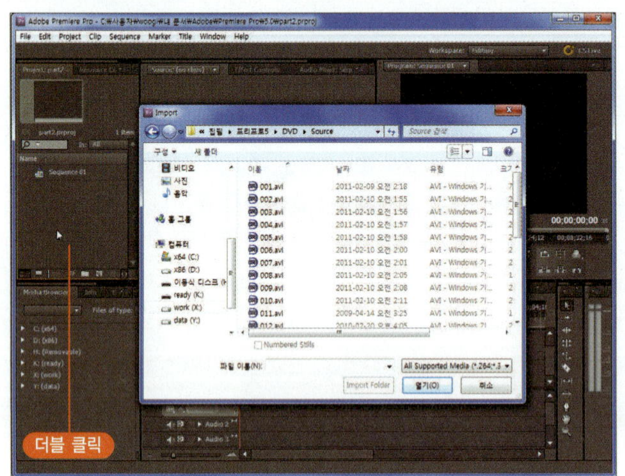

▶▶ 프로젝트 패널의 바탕 영역을 더블 클릭하고 파일 선택

Import 대화상자에서도 윈도우 탐색기나 기타 각종 응용 프로그램에서의 파일 선택할 때와 동일한 방법으로 여러 파일을 동시에 선택할 수 있습니다.

즉, 하나의 파일을 클릭한 후, **Shift** 키를 누른 상태에서 다른 파일을 클릭하면 첫 번째 클릭한 파일부터 두 번째 클릭한 파일 사이의 모든 파일이 한꺼번에 선택되며, **Ctrl** 키를 누른 상태에서는 클릭할 때마다 추가로 파일이 선택됩니다.

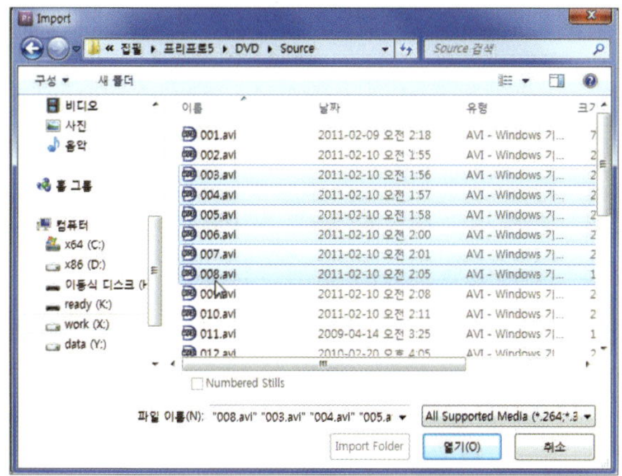

▷▷ **Shift** + 클릭 – 연속된 여러 개 클립이 선택됩니다.　　　▷▷ **Ctrl** + 클릭 – 클릭한 클립만 추가로 선택됩니다.

윈도우의 탐색기를 통해 클립을 등록할 수
도 있습니다. 윈도우 탐색기에서 클립을 프
로젝트 패널 안으로 드래그한 다음, 마우스
버튼을 놓으면 프로젝트 패널에 해당 클립
이 추가되는 것을 볼 수 있습니다.

▷▷ 윈도우 탐색기에서 드래그하여 클립을 등록

Tip 프리미어 프로 CS5에서 불러올 수 있는 포맷

프리미어 프로에서는 거의 대부분의 이미지, 동영상, 오디오 파일을 불러올 수 있으며 이전 버전의 프리미어 프로 및 프리미어 6.X대
버전의 프로젝트, 타이틀, 빈, 스토리보드 파일까지도 불러올 수 있습니다.

- AAF (*.aaf)
- AVI Movie (*.AVI)
- Adobe After Effects projects (*aepx)
- Adobe Illustrator File (*ai, *.eps)
- Adobe Premiere 6 Bins (*.plb)
- Adobe Premiere 6 Storyboards (*.psq)
- Adobe Premiere 6 Projects (*.ppj)

- Adobe Premiere Pro Projects (*.prproj)
- Adobe Sound Document (*.asnd)
- Adobe Title Designer (*.ptl, *.prtl)
- Bitmap (*.bmp, *.dib, *.rle)
- CMX3600 EDLs (*.edl)
- Cineon/DPX File (*.cin, *.dpx)
- CompuServe GIF (*.gif)

- DV Stream (*.dv)
- FLV (*.flv)
- Final Cut Pro XML (*.xml)
- Icon File (*.ico)
- JPEG (*.jpg, *.jpe, *.jfif, *.jfif)
- MP3 Audio (*.mp3, *.mpeg, *.mpg, *.mpa, *.mpe)
- MPEG Movie (*.264, *.3gp, *.aac, *.ac3, *.avc, *.f4v, *.M1v, *.m2a, *.m2p, *.m2t, *.m2ts, *.m2v, *.m4a, *.m4v, *.mov, *.mp2, *.mp4, *.mpa, *.mpg, *.mpe, .*mpeg, *.mpv, *.mts, *.vob)

- Macintosh Audio AIFF (*.aif, *.aiff)
- Macintosh PICT file (*.pct, *.pict)
- P2 Movie (*.mxf)
- Photoshop (*.psd)
- PNG File (*.png)
- QuickTime Movie (*.3g2, *.3gp, *.m4a, *.m4v, *.mov, *.mp4,)
- RED R3D Raw File (*.r3d)
- Shockwave flash object (*.swf)
- Windows Media File (*.wmv, *.wma, *.asf)

퀵타임 무비를 불러오려면

프리미어 프로 CS5에서 퀵타임 무비를 불러오려면 퀵타임 플레이어를 설치해야 합니다. 부록 DVD의 [Util] 폴더에 퀵타임 플레이어 7.6.9 버전이 "QuickTimeInstaller769.exe"라는 이름으로 수록되어 있으니 더블 클릭하여 설치하기 바랍니다.

2 클립의 표시 형태 바꾸기

프로젝트 패널에 등록된 클립들은 원하는 형태로 보거나 관리할 수 있습니다. 많은 클립이 등록되어 있다면 클립들을 잘 관리해야 작업의 효율성을 높일 수 있습니다.

프로젝트 패널에 등록된 클립의 목록은 List View와 Icon View 등, 두 가지 형태로 볼 수 있으며 다음과 같은 방법 중 하나를 사용하여 View 형태를 전환할 수 있습니다.

프로젝트 패널의 옵션 메뉴에서 선택

프로젝트 패널 우측 상단에 있는 삼각형 모양의 옵션 메뉴 버튼을 클릭하고 View〉List를 선택하면 클립의 목록이 List 형태로(기본값) 나타나며, View〉Icon을 선택하면 Icon 형태로 나타납니다.

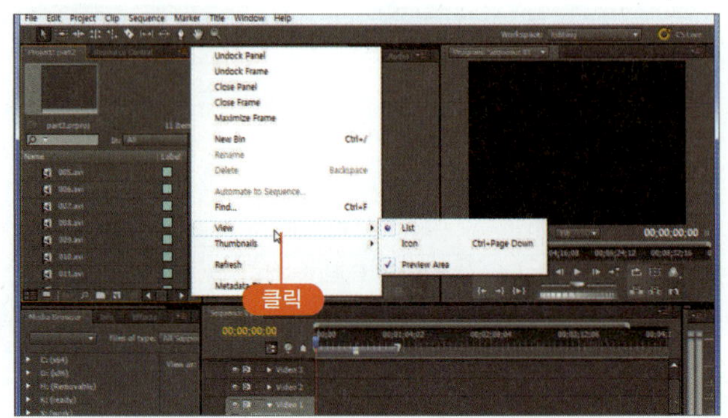

▶▶ 프로젝트 패널의 View 메뉴

프로젝트 패널의 도구 버튼을 클릭

프로젝트 패널의 하단의 버튼을 클릭하여 표시 형태를 선택할 수도 있습니다. List View는 클립의 이름과 클립의 종류를 의미하는 Label과 클립에 대한 각종 정보를 보여주는 필드들이 나타나며 Icon View는 클립을 썸네일 형태로 보여줌과 동시에 클립의 이름과 재생 시간 등도 표시해 줍니다.

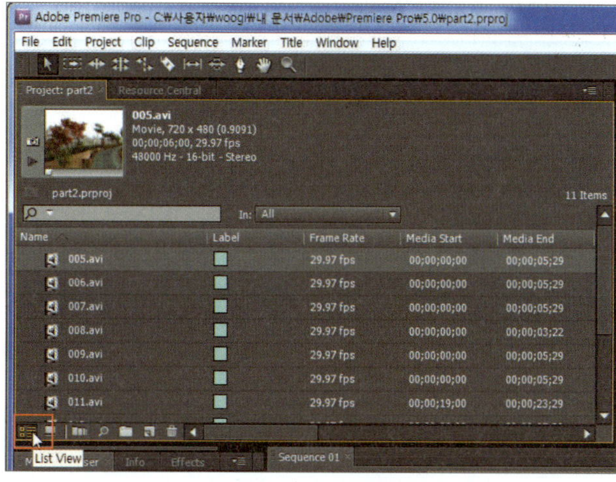

▶▷ List View

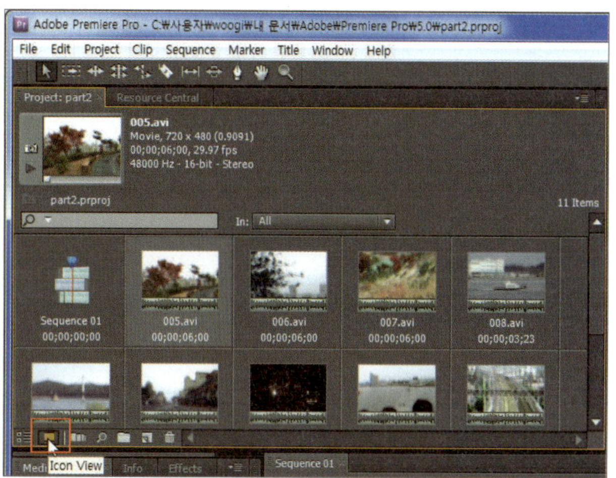

▶▷ Icon View

3 클립의 이름 변경하고 삭제하기

클립의 이름을 변경하려면 목록에 나타난 클립의 이름 부분을 클릭하여 편집 상태로 전환하고 원하는 이름을 입력한 다음, Enter 키를 누릅니다.

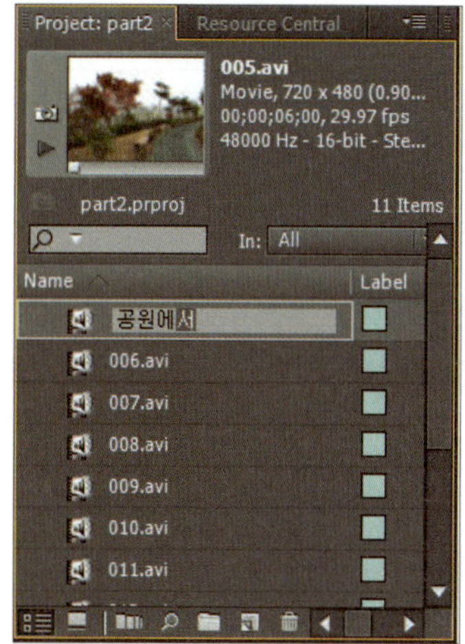

▶▷ 클립의 이름 변경

이렇게 변경된 이름은 실제 파일에는 영향을 미치지 않으며 오직 프리미어 프로 CS5의 프로젝트에만 적용됩니다. 의미 없는 파일 이름으로 인해 클립의 내용을 짐작하기 힘들 때는 이렇게 클립의 이름을 변경해주는 것이 좋습니다.

프로젝트 패널에 등록된 클립을 목록에서 삭제하려면 삭제하려는 클립을 마우스로 클릭하여 선택하고 Delete 키나 Back Space 키를 누르거나 Clear 버튼을 클릭합니다.

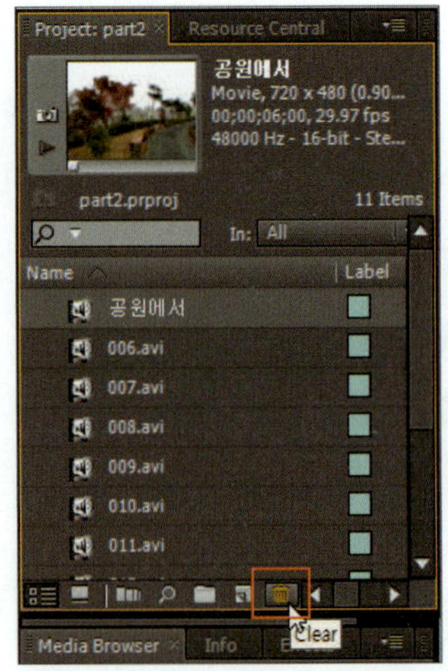

▷▷ 클립을 삭제하는 Clear 버튼

Tip 타임라인에 등록된 클립을 삭제하면?

이미 타임라인에 등록된 클립을 삭제하려고 하면 해당 클립이 시퀀스에서 참조하고 있는 클립이며, 삭제할 경우 해당 시퀀스의 클립도 삭제될 것임을 알려주는 경고 메시지가 나타납니다. 편집을 위해 타임라인에 등록한 파일을 실수로 삭제하는 것에 대한 확인 과정이라고 볼 수 있습니다. [Yes] 버튼을 클릭하면 프로젝트 패널과 타임라인에 등록된 해당 클립이 모두 삭제됩니다.

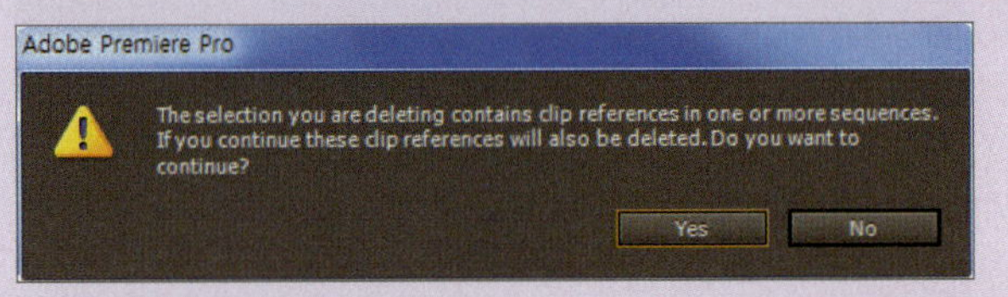

---

4 포스터 프레임 변경하기

프로젝트 패널 상단의 프리뷰 영역에 있는 썸네일(Thumbnail)은 클립의 첫 프레임을 보여주는 것으로 포스터 프레임(Poster Frame)이라고 부르며 클립의 내용을 파악할 수 있도록 합니다. 기본적으로 표시되는 첫 번째 프레임이 클립의 내용을 표시하는 데 적합하지 않다고 생각된다면 원하는 프레임을 포스트 프레임으로 지정할 수 있습니다.

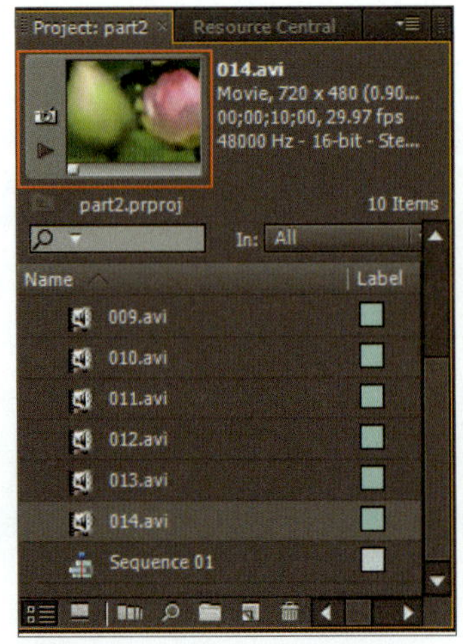

▷▷ 프로젝트 패널의 프리뷰 영역

프리뷰 영역은 재생 버튼을 클릭하여 클립을 재생하거나 하단의 슬라이더를 드래그하여 원하는 부분을 빠르게 탐색할 수 있습니다. 일종의 미니 플레이어라고 생각할 수 있습니다. 프리뷰 영역에서 클립을 재생하면 컴퓨터와 연결된 DV 장치의 액정 화면에도 클립이 재생되는 것을 볼 수 있습니다.

01 프로젝트에 등록된 클립 목록에서 포스터 프레임을 변경하려는 클립을 선택합니다.

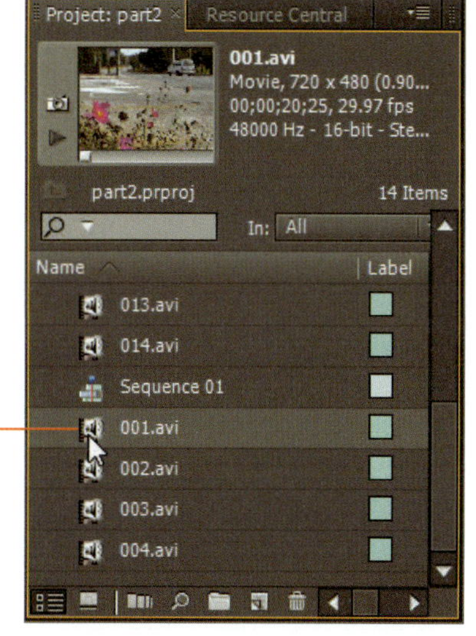

02 썸네일 아래의 슬라이더를 드래그하여 클립을 대표하고자 하는 프레임이 나타나도록 하고, 좌측에 있는 카메라 모양의 [포스터 프레임] 버튼을 클릭합니다.

03 다른 클립이나 다른 패널을 선택한 후, 다시 포스터 프레임을 변경한 클립을 선택합니다. 썸네일 아래의 슬라이더는 앞에서 지정했던 위치에 그대로 놓여 있으며 썸네일 이미지도 지정한 지점의 프레임으로 표시되고 있는 것을 볼 수 있습니다. 프로젝트 패널 아래에 있는 Icon View 버튼을 클릭합니다.

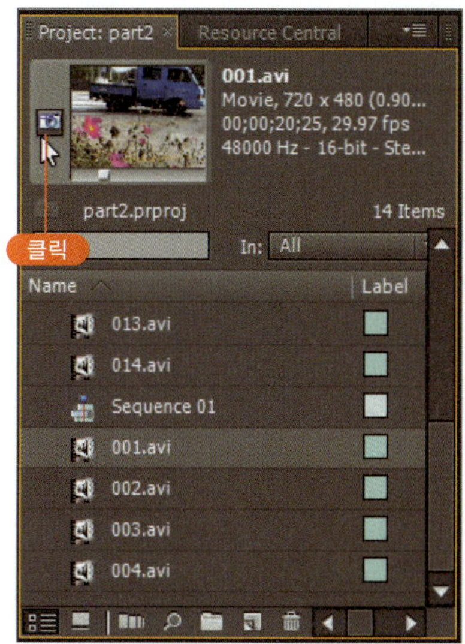

04 프로젝트 패널이 아이콘 뷰 형태로 나타납니다. 지정한 포스터 프레임이 클립의 아이콘에도 적용되어 나타나는 것을 볼 수 있습니다.

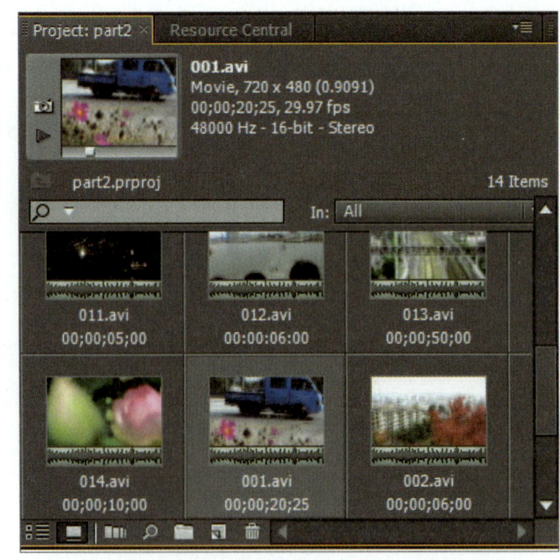

▷▷ Icon View의 클립 아이콘에 적용된 포스터 프레임

 **Tip** 클립의 상세 정보 보기

01 썸네일 우측에는 해당 클립의 간략한 정보가 나타나지만, 더욱 상세한 클립의 정보를 보려면 클립이나 프리뷰 영역 위에서 마우스 우측 버튼을 클릭하여 팝업 메뉴를 열고 Properties를 선택합니다.

02 속성 원도우를 통해 상단에는 해당 클립에 대한 상세한 정보를, 하단에는 초당 전송률 그래프를 보여줍니다.

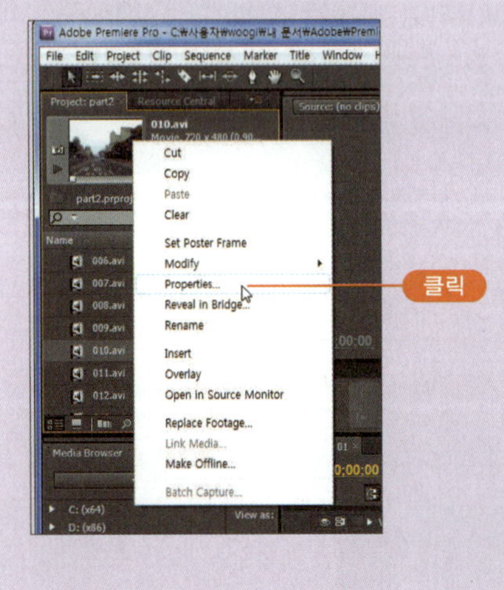

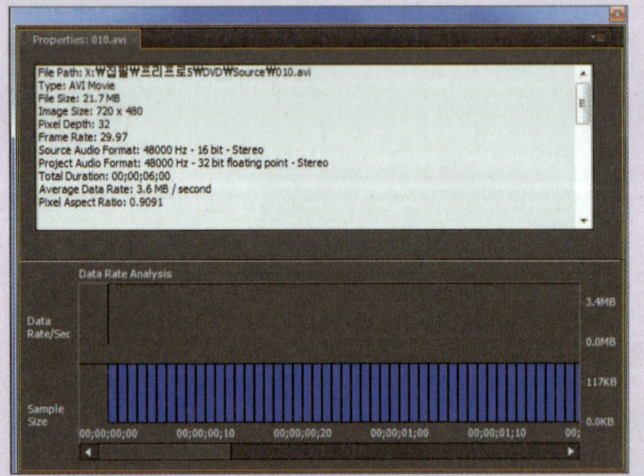

▷▷ 클립의 상세 정보를 보여 주는 속성 원도우

5 클립의 라벨 색상 바꾸기

프로젝트 패널에 추가된 클립은 그 종류에 따라 라벨의 색상이 다르므로 색상만 보고도 어떠한 성격의 클립인지를 쉽게 식별할 수 있으며 사용자가 임의로 색상을 변경할 수도 있습니다.

01 프로젝트 패널의 바탕 영역을 더블 클릭하여 Import 대화상자가 나타나면 부록 DVD의 [Source] 폴더에서 "014.avi"와 "101.jpg" 두 파일을 선택한 후, [열기] 버튼을 클릭합니다.

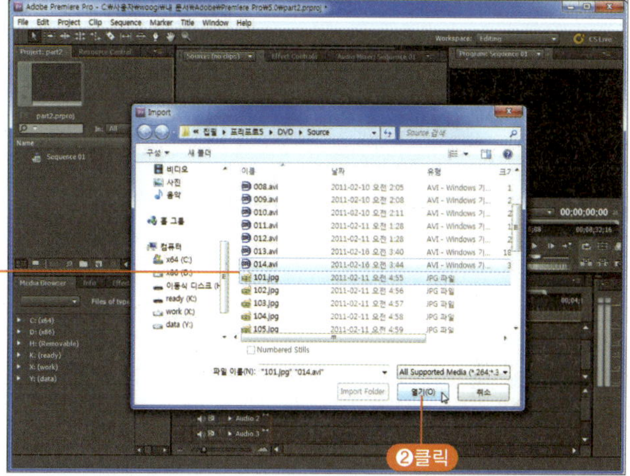

02 프로젝트 패널의 목록에 선택한 파일이 클립으로 등록되어 나타납니다. 프로젝트 패널을 우측으로 키워보면 클립의 정보가 표시되고 있는 컬럼들이 나타나는데 Label 컬럼을 보면 현재 불러온 두 클립의 색상이 다르게 나타납니다. 하나는 무비 클립이며, 또 하나는 이미지 클립이기 때문입니다.

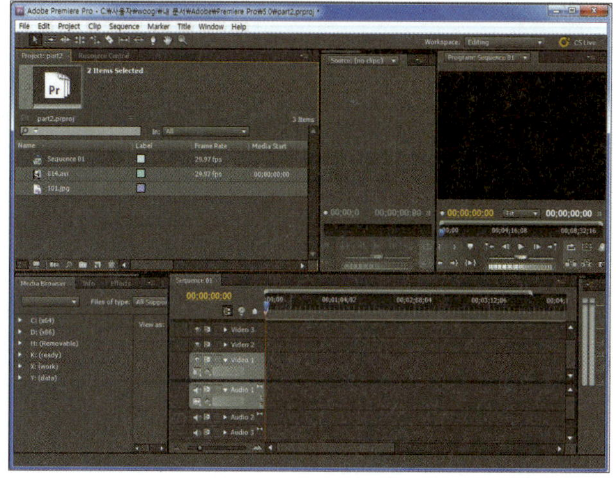

잠깐만요!! 무비 클립이란?

일반적으로 동영상 클립이라고 부르는 것들은 사실상 영상과 함께 오디오도 포함하고 있습니다. 편의상 '동영상'이라고 부르지만 비디오와 오디오가 함께 존재하므로 무비 클립(Movie Clip)이라고 부르는 것이 정확한 표현입니다.

03 클립의 종류에 따라 각각 다른 레이블 색상이 지정되어 있어 쉽게 식별할 수 있으며 이 색상은 사용자가 임의로 변경할 수도 있습니다. 클립 목록에서 "014.avi" 클립의 아이콘 부분을 클릭하여 선택하고 메뉴에서 Edit>Label>분홍색(Pink)을 선택합니다.

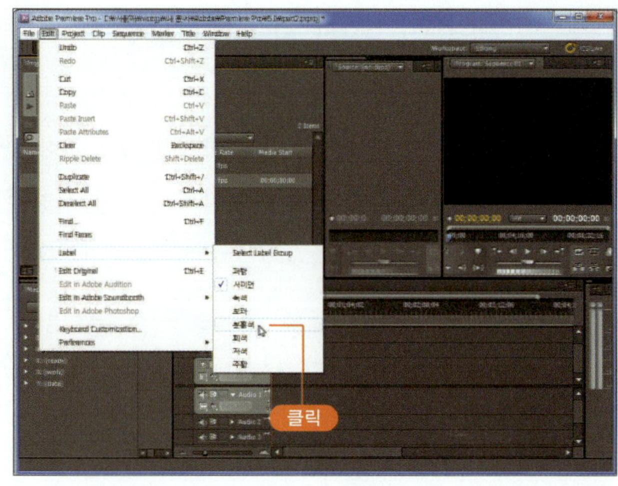

> **잠깐만요!!** 불러온 클립은 기본적으로 선택 상태로 나타납니다. 따라서 여러 개의 클립을 동시에 불러왔다면 클립들이 모두 선택되어 있는 상태이므로 일단 원하는 클립 하나만 클릭하여 선택해야 합니다.

04 선택되었던 클립의 라벨 색상이 분홍색으로 변경됩니다.

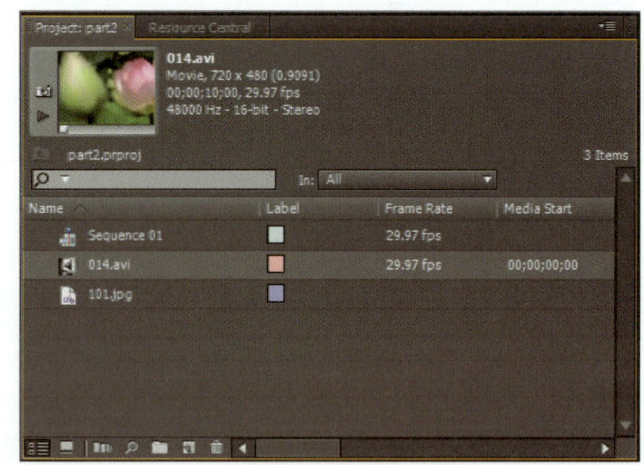

05 이러한 방법은 오직 현재 선택된 클립의 색상만 변경됩니다. 같은 종류의 avi 무비 클립 하나를 더 불러와 보면 라벨 색상이 여전히 기본적으로 지정된 색상으로 나타나는 것을 알 수 있습니다.
Edit>Preferences>Label Colors를 선택합니다.

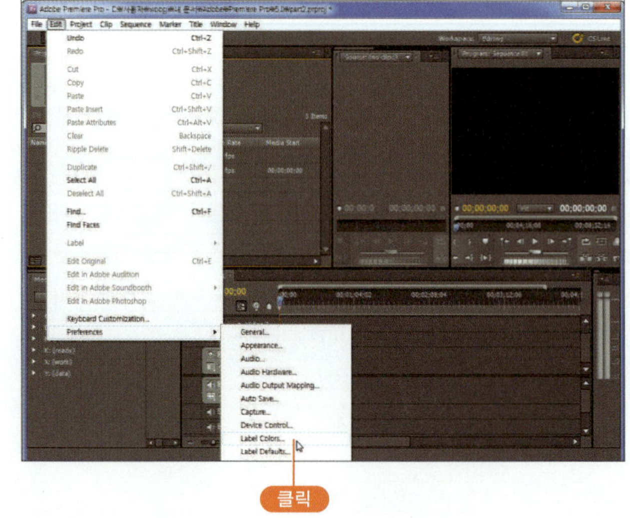

06 Preferences 대화상자의 Label Colors 항목이 나타납니다. 우측에는 여러 색상 이름과 그에 해당하는 색상이 표시됩니다. 가장 아래에 '주황(Orange)'라고 표시된 부분을 클릭하여 '빨간색'으로 수정한 다음, 우측의 색상 박스를 클릭합니다.

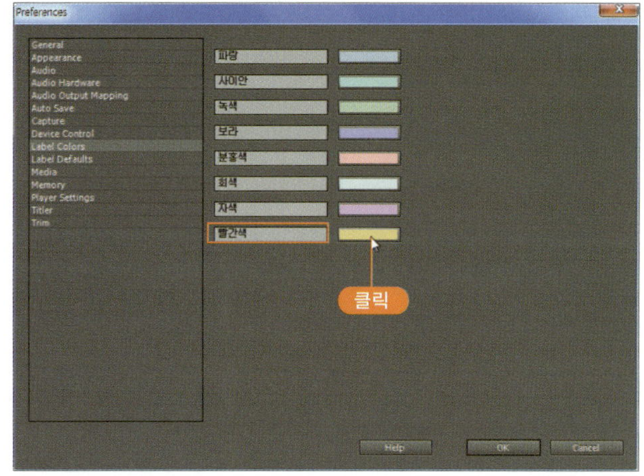

07 Color Picker 창이 나타납니다. 가운데의 색상 바와 좌측의 색상 영역에서 모두 빨간색을 클릭한 다음, OK 버튼을 클릭합니다.

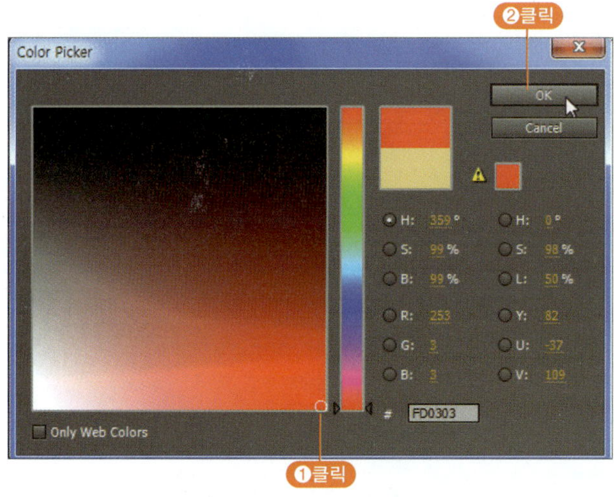

Tip R,G,B 값을 지정하여 정확한 빨간색 선택하기

색상바나 색상 영역을 클릭하면 정확하게 원하는 색상을 얻기 힘듭니다. 빨간색의 RGB 값은 255, 0, 0이므로 컬러 피커 창에서 R, G, B 옵션을 각각 선택하고 해당 값을 지정해 주면 순수한 빨간색을 지정할 수 있습니다.

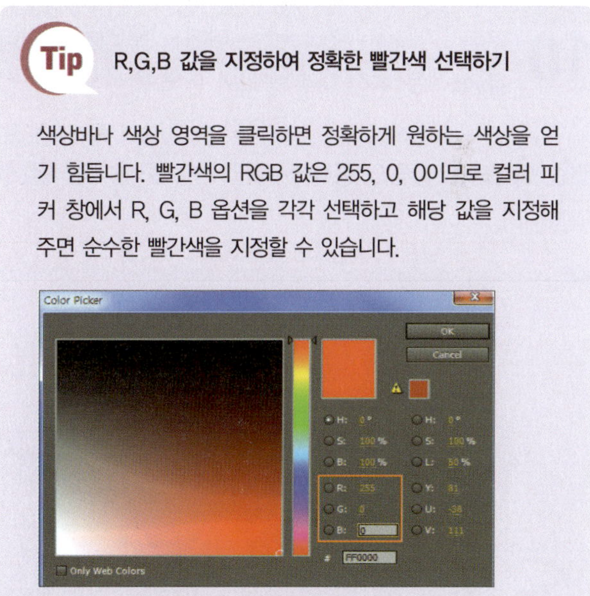

08 레이블로 사용할 새로운 색상이 지정되었습니다. Preference 대화상자의 좌측에서 Label Defaults 항목을 선택합니다.

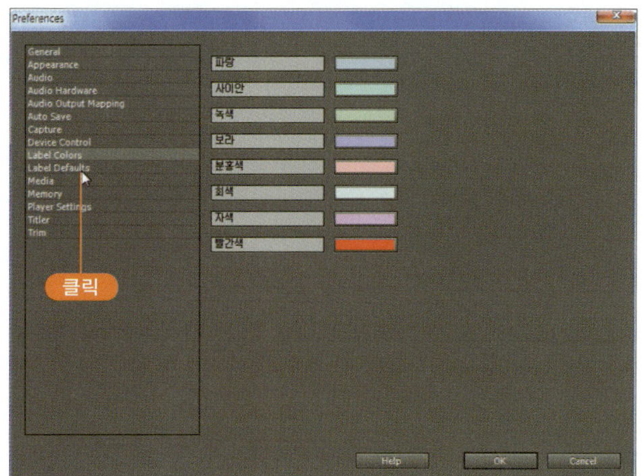

09 무비 클립의 기본 라벨 색상을 바꾸려면 Movie (audio and video) 항목의 드롭다운 메뉴를 열고 앞에서 만들어둔 '빨간색'을 선택한 다음, OK 버튼을 클릭합니다.

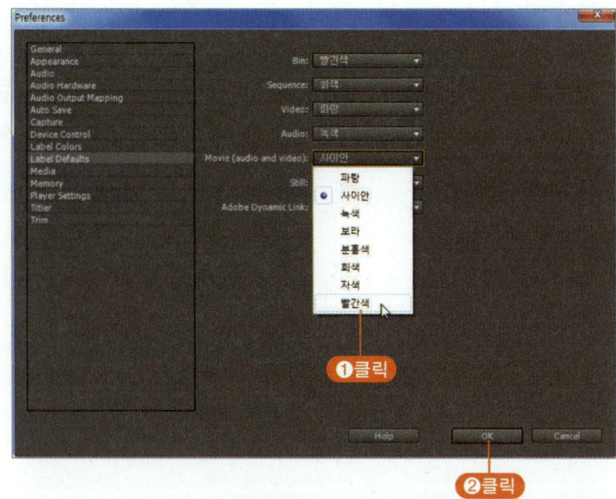

10 부록 DVD의 [Source] 폴더에서 무비클립 하나를 불러옵니다. 새로 불러와 등록되는 무비 클립은 이제 레이블 색상이 빨간색으로 나타나게 됩니다. 이러한 방식으로 클립의 종류별로 원하는 색상을 지정할 수 있습니다.

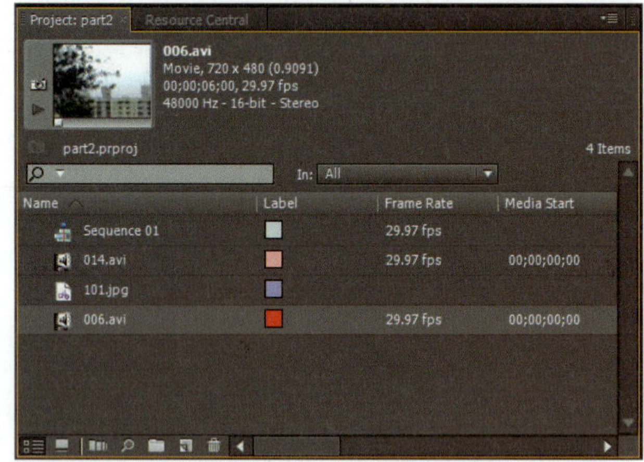

Tip 클립의 라벨 색상은 타임라인 패널의 트랙에도 적용됩니다.

타임라인 패널의 트랙에 등록된 클립은 기본적으로 프로젝트 패널에 나타난 클립의 라벨 색상과 동일한 색상으로 표시됩니다. 앞에서 무비 클립의 라벨 색상을 빨간색으로 변경하였으므로 이것을 타임라인 패널에 등록하면 동일하게 빨간색으로 나타나게 됩니다.

6   원하는 클립 검색하기

프로젝트 패널에 많은 클립이 등록되어 있는 경우 특정 클립을 빠르게 찾기 위해서 두 가지 방법을
사용할 수 있습니다.

빠른 검색 기능 사용하기

프로젝트 패널의 Rapid Find 검색창에 검색어를 입력하면 해당 검색어에 대한 조건과 일치하는 클립들만 목록에 나타납니다. 검색 조건은 기본적으로 Name으로 선택되어 있어 검색어와 일치하는 이름을 포함하고 있는 클립들이 별도의 목록을 통해 원하는 것을 선택할 수 있습니다. 전체 목록으로 돌아가려면 검색창 우측의 X 부분을 클릭하여 검색 조건을 삭제해주면 됩니다.

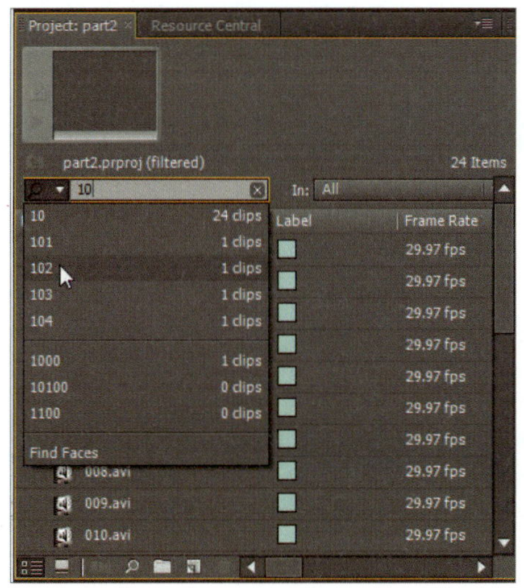

▶▶ 입력한 문자가 포함된 클립만 표시됩니다.

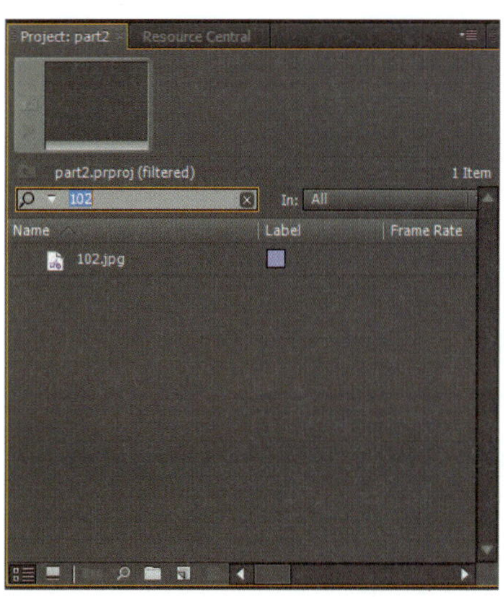

▶▶ 선택하면 해당 클립만 나타납니다.

검색 조건은 Find 입력란 우측의 In 메뉴를 클릭하여 변경
할 수 있습니다. 클립의 여러 정보를 검색 조건으로 선택할
수 있는데 각 정보에 대한 자세한 설명은 메타 데이터를 다
룰 때 설명합니다.

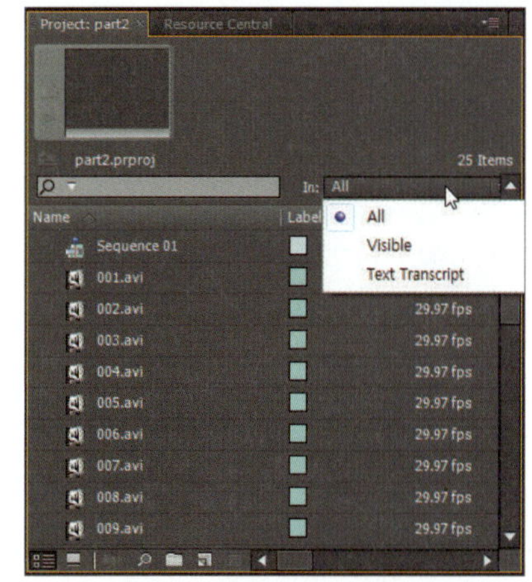

▶▶ In 메뉴 – 여러 검색 조건을 선택할 수 있습니다.

Find 대화상자를 사용합니다.

다양한 조건에 맞는 클립을 검색하려면 프로젝트 패널 하단에 있는 검색(Find) 버튼을 클릭합니다.

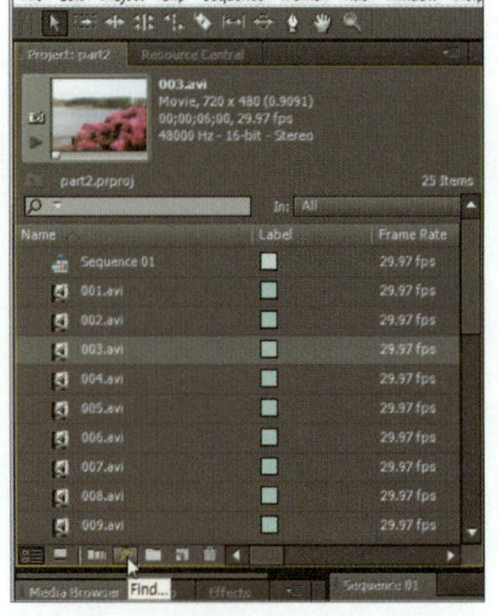

▷▷ Find 버튼

Find 대화상자가 나타납니다. Column 메뉴에서는 검색하고자 하는 대상 컬럼을 선택합니다. 기본적으로 클립의 이름을 대상으로 검색할 수 있도록 Name이 선택되어 있습니다. 가장 우측에 있는 입력란에 검색하고자 하는 단어를 입력하고 Find 버튼을 클릭하면 중앙의 Operator 메뉴에서 선택한 검색조건에 맞는 클립을 찾아 표시해줍니다.

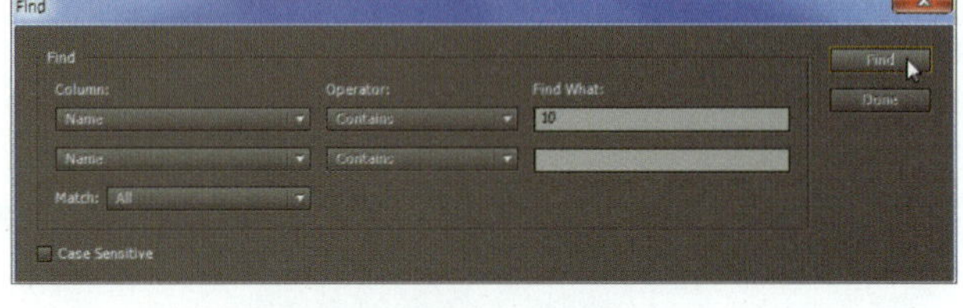

▷▷ Find 대화상자

Operator 메뉴를 클릭하면 다음과 같은 조건들이 나타납니다.

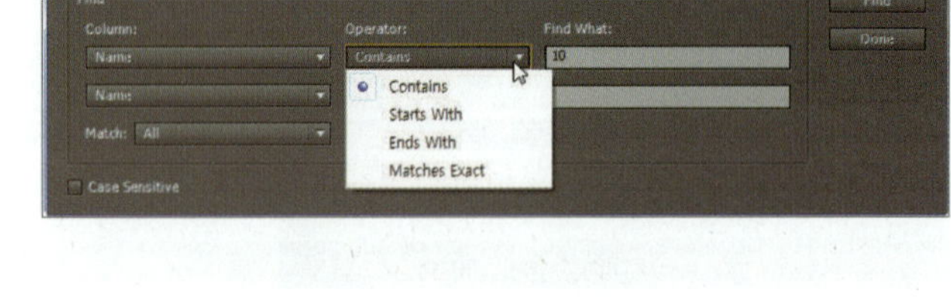

- Contains – 입력한 문자를 포함하고 있는 클립을 찾습니다.
- Start With – 입력한 문자와 첫 문자가 같은 클립을 찾습니다.
- Ends With – 입력한 문자와 마지막 문자가 같은 클립을 찾습니다.
- Matches Exact – 입력한 문자와 동일한 클립을 찾습니다.

Fine 대화상자는 두 개의 조건을 동시에 적용하여 검색할 수 있으며 하단의 Match 옵션에서 All을 선택하면 두 가지 조건에 모두 일치하는 클립을, Any를 선택하면 한쪽 조건이라도 해당되는 클립을 찾아줍니다. 주의할 점은 원시 파일의 확장자까지 클립의 이름으로 인식하므로 검색에 유의하여야 합니다.

프로젝트 패널에 조건에 맞는 여러 클립이 존재하는 경우에는 Find 버튼을 클릭할 때마다 조건에 맞는 다른 클립을 순서대로 찾아줍니다. Find 대화상자를 닫으려면 Done 버튼을 클릭합니다.

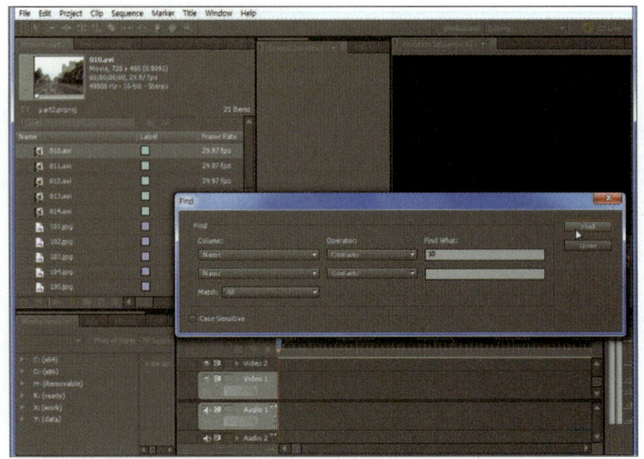

▷▷ 조건에 맞는 클립이 선택상태로 표시됩니다.

Chapter 13

컬럼과 Bin 다루기

프로젝트 패널은 여러 컬럼을 통해 클립에 대한 다양한 정보를 보여주며 컬럼은 사용자가 보고 싶은 정보에 따라 추가하거나 삭제할 수도 있습니다. 또한 클립은 폴더와 유사한 개념의 Bin이라는 단위로 구분해 등록할 수도 있습니다. 프로젝트 패널을 좀 더 고급스럽게 사용하기 위한 컬럼과 Bin에 대해 알아보겠습니다.

1 메타 데이터 컬럼의 추가와 삭제

프로젝트 패널의 우측 경계선을 드래그하여 폭을 키워보면 상당히 많은 컬럼이 나타나는 것을 볼 수 있습니다. 이곳을 통해 프로젝트 패널에 등록된 클립의 다양한 정보인 메타 데이터를 보여줍니다.

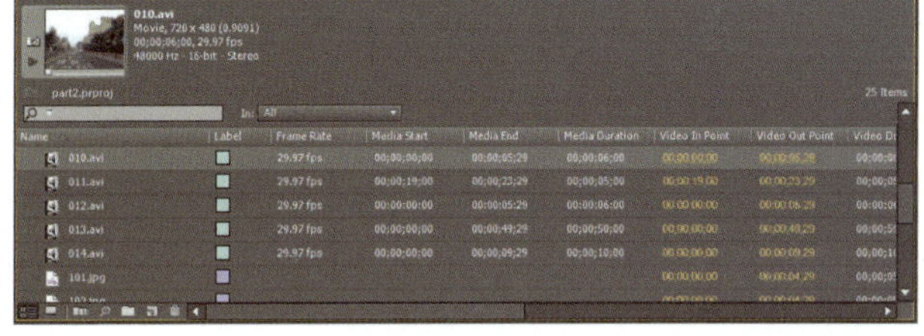

01 메타 데이터 항목에 대한 컬럼은 사용자가 추가하거나 편집할 수도 있습니다. 프로젝트 패널의 옵션 메뉴를 열고 Matadata Display를 선택합니다.

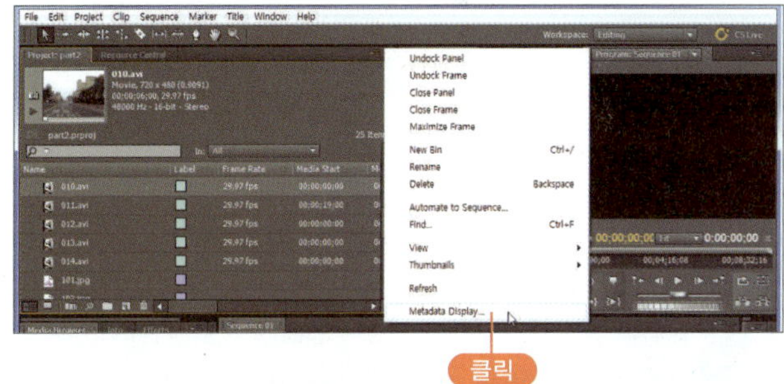

02 Metadata Display 대화상자가 나타납니다. 기본적으로 가장 위에 있는 Premiere Pro Project Metadata 항목에 체크되어 있어 프로젝트 패널의 컬럼을 통해 클립에 대한 해당 정보가 표시됩니다. 좌측에 있는 삼각형 모양의 확장 버튼을 클릭하면 컬럼에 표시될 메타 데이터를 선택할 수 있습니다. 새로운 메타 데이터 컬럼을 추가하기 위해 Add Property를 클릭합니다.

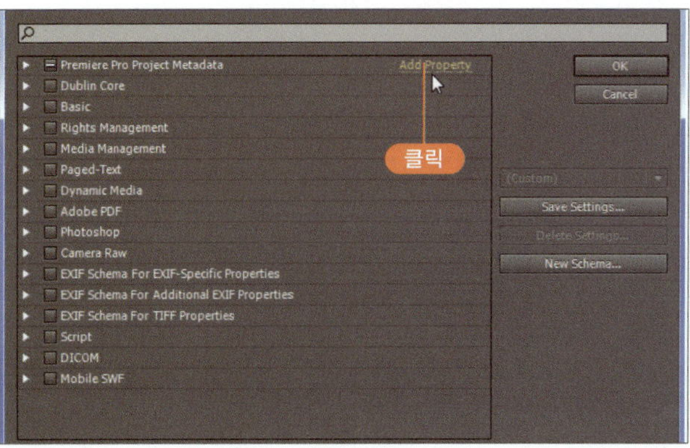

03 ADD Property 대화상자가 나타납니다. 새로 추가할 메타 데이터의 이름을 입력한 다음, 타입을 Text로 지정하고 OK 버튼을 클릭합니다.

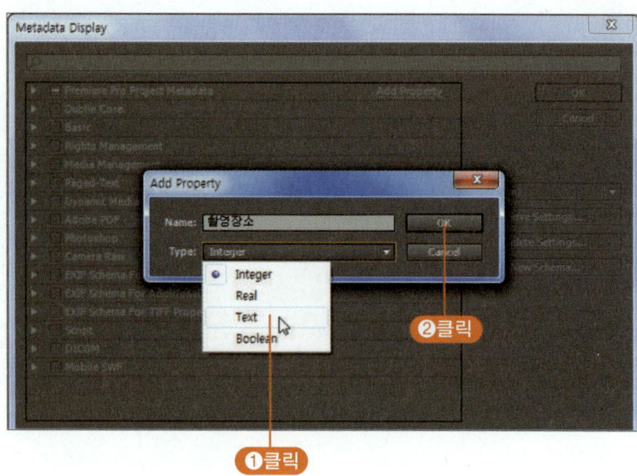

Tip 메타 데이터 타입

- **Integer** – 드래그하거나 더블 클릭으로 변경할 수 있는 정수 값을 표시합니다.
- **IReal** – 드래그하거나 더블 클릭으로 변경할 수 있는 분수 값을 표시합니다.
- **IText** – 문자를 입력할 수 있도록 합니다.
- **IBoolean** – [선택/비선택]을 표시할 수 있는 체크박스가 나타나게 합니다.

04 Premiere Pro Project Metadata 항목이 선택된 상태에서 추가했다면 좌측의 확장 버튼을 클릭합니다.

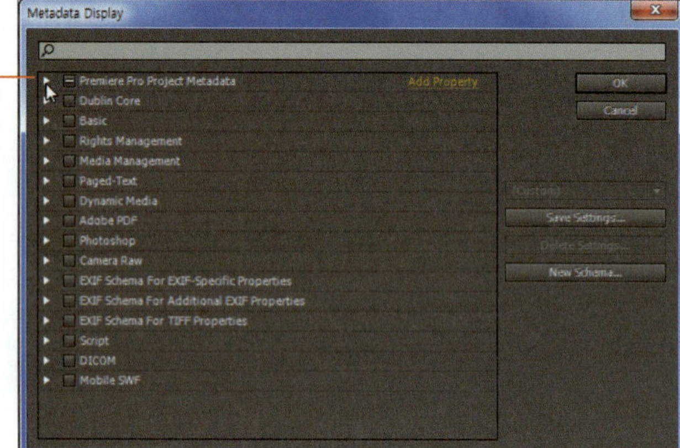

05 스크롤바를 아래로 내려보면 가장 아래에 새로 만든 컬럼이 추가되어 있는 것을 볼 수 있습니다. OK 버튼을 클릭합니다.

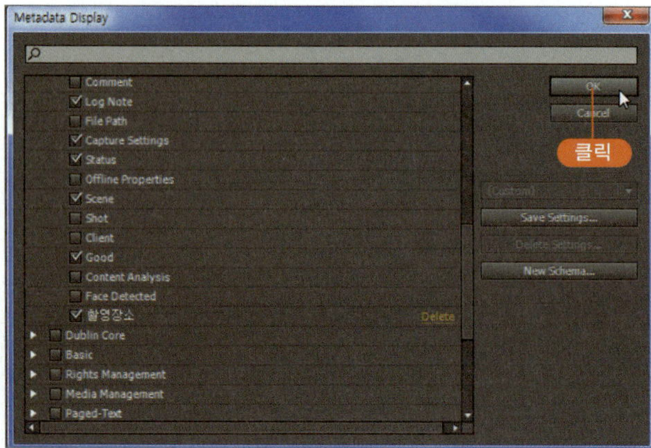

잠깐만요!! 사용자가 추가한 메타 데이터는 우측의 Delete를 클릭하여 삭제할 수 있습니다. 하지만 기본적으로 나타나 있는 항목은 삭제하거나 이름을 변경할 수 없습니다.

06 프로젝트 패널 아래의 스크롤바를 우측으로 드래 그하면 추가한 메타 데이터 컬럼을 볼 수 있습니 다. 클립에 대한 촬영 장소를 간단히 입력하고 **Enter** 키 를 누릅니다. 이런 식으로 컬럼을 추가하면 더욱 다양하 게 클립의 정보를 파악할 수 있습니다.

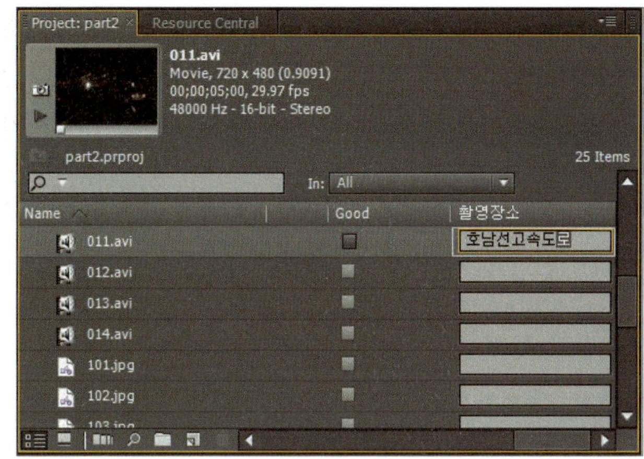

Tip 프로젝트 패널에 포함된 메타 데이터 컬럼이 표시하는 정보

컬럼 이름	표시하는 정보
Name	파일이름과 동일하게 클립의 이름을 표시합니다.
Label	클립의 종류별로 색상을 표시합니다.
Media Type	클립의 타입을 표시합니다. Movie, Audio, Still Image 등으로 표시됩니다.
Frame Rate	클립의 초당 전송률, 즉 프레임 비율을 표시합니다. 오디오 클립의 경우, 샘플링 비율이 표시됩니다.
Media Start	시작 지점의 타임코드를 표시합니다.
Media End	끝 지점의 타임코드를 표시합니다.
Media Duration	클립의 전체 재생시간, 즉 지속시간을 표시합니다.
Video In Point	비디오 클립의 인 점(In Point)을 표시합니다.
Video Out Point	비디오 클립의 아웃 점(Out Point)을 표시합니다.
Video Duration	비디오 클립의 인 점과 아웃점 사이의 길이인 지속시간을 표시합니다.
Audio In Point	오디오 클립의 인 점(In Point)을 표시합니다.
Audio Out Point	오디오 클립의 아웃 점(Out Point)을 표시합니다.
Audio Duration	오디오 클립의 인 점과 아웃 점 사이의 길이인 지속시간을 표시합니다.
Video Info	비디오 클립의 프레임 사이즈와 픽셀 종횡비 등을 표시합니다.
Audio Info	오디오 클립의 샘플링 비율(Sample Rate)과 비트 수(Bit Depth), 채널 등을 표시합니다.
Video Usage	비디오 클립이 타임라인의 트랙에 등록되어 사용되고 있는 횟수를 표시합니다.
Audio Usage	오디오 클립이 타임라인의 트랙에 등록되어 사용되고 있는 횟수를 표시합니다.
Tape Name	캡처할 때 입력한 테이프의 이름을 표시합니다.
Description	캡처할 때 입력한 클립의 간단한 설명을 표시합니다.
Comment	클립에 대한 주석을 표시합니다.
Log Note	캡처할 때 입력한 주석을 표시합니다.
File Path	클립이 파일로 저장되어 있는 경로를 표시합니다.
Capture Settings	클립의 캡처 세팅 유무를 표시합니다.
Status	온라인 클립인지 오프라인 클립인지를 표시합니다.
Scene	클립의 장면(Scene)에 대한 정보를 표시합니다.
Shot	캡처할 때 입력한 Shot 정보를 표시합니다.
Good	클립의 상태가 이상이 없는지를 클릭하여 체크 표시로 구분합니다.

2   새로운 Bin을 추가하고 관리하기

프로젝트 패널에서는 빈(Bin)을 만들 수 있습니다. Bin은 윈도우의 폴더와 같은 개념을 갖는 것으로 클립을 그 종류나 성격에 따라 구분해서 분류하고 관리하는 데 사용합니다.

01 새 프로젝트를 시작하고 File〉Import 메뉴를 선택하거나 프로젝트 패널의 바탕 영역을 더블 클릭하여 Import 대화상자를 열고 부록 DVD의 [Source] 폴더에서 몇 개의 무비 클립을 선택한 다음 [열기] 버튼을 클릭합니다.

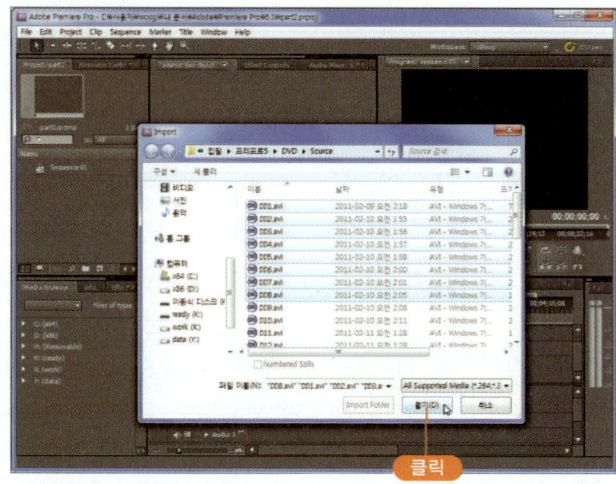

02 선택한 클립들이 프로젝트 패널에 등록됩니다. 프로젝트 패널의 바탕 영역을 마우스 우측 버튼으로 클릭하여 팝업 메뉴를 열고 New Bin을 선택하거나 하단에 있는 Bin 버튼을 클릭합니다.

03 새로운 Bin이 추가됩니다. Bin의 이름으로 "이미지"를 입력하고 **Enter** 키를 누릅니다.

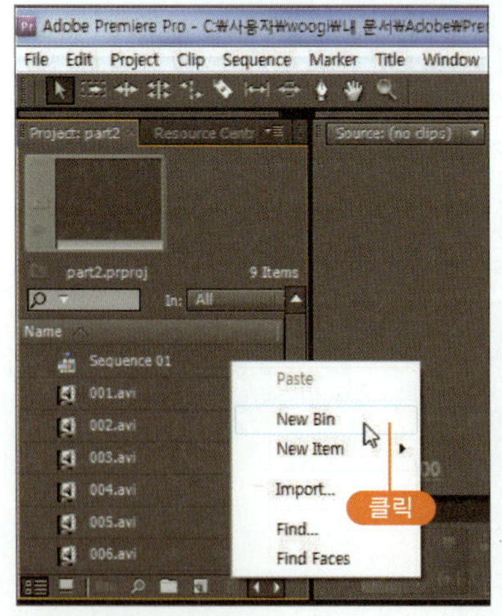

▷▷ 팝업 메뉴에서 New Bin을 선택

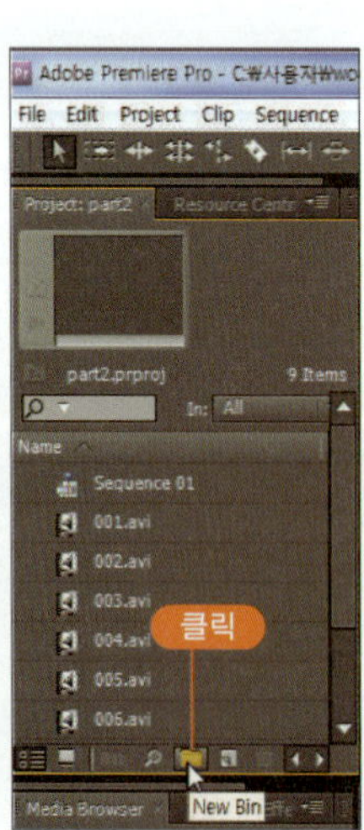

▷▷ Bin 버튼을 클릭

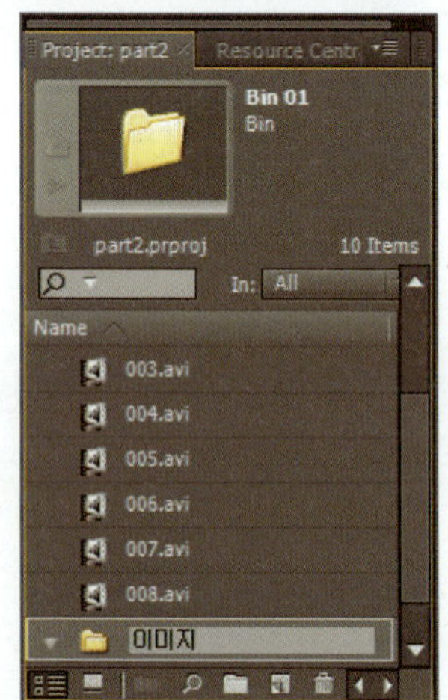

04 새로 추가된 "이미지" Bin의 좌측 아이콘 위에서 마우스 우측 버튼을 클릭하여 팝업 메뉴를 열고 Import를 선택합니다.

05 다시 Import 대화상자가 나타납니다. 이번에는 부록 DVD의 [Source] 폴더에서 몇 개의 이미지 파일을 선택한 다음, [열기] 버튼을 클릭합니다.

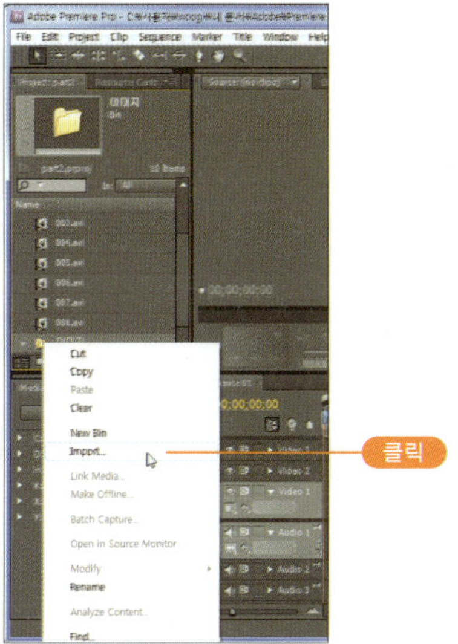

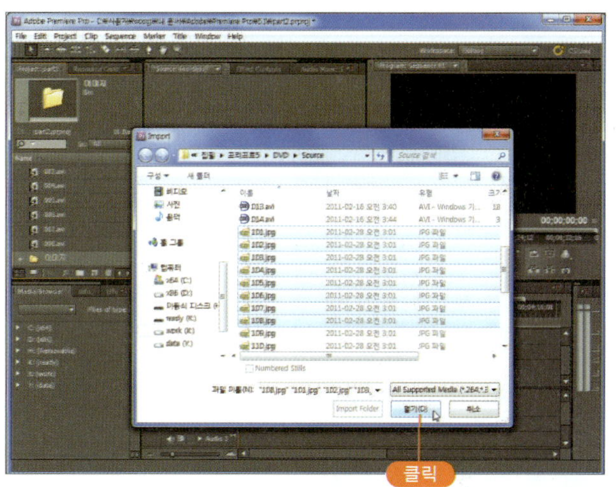

06 "이미지" Bin이 열리고, Bin 안에 불러온 클립이 등록되어 있는 것을 볼 수 있습니다.

07 윈도우의 폴더 안에는 또 다른 폴더를 만들 수 있는 것과 마찬가지로, Bin 안에도 또 다른 Bin을 만들 수 있습니다. "이미지" Bin 좌측의 아이콘 위에서 마우스 우측 버튼으로 클릭하고 팝업 메뉴가 나타나면 New Bin을 선택합니다.

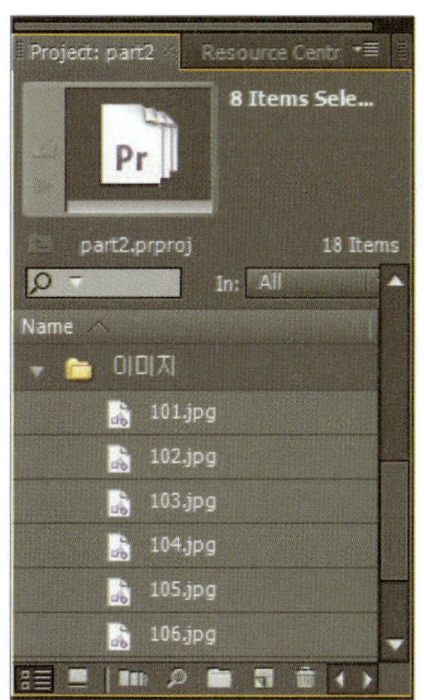

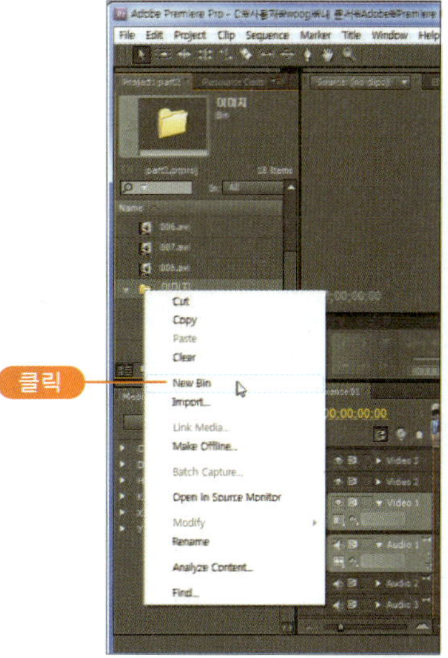

08 "이미지" Bin 안에 또 다른 Bin이 생성됩니다. Bin 이름을 "아이들"로 입력하고 **Enter** 키를 누릅니다.

09 앞에서 했던 것처럼 새로 생성된 하위 Bin에도 클립을 불러와 등록할 수 있으며 다른 Bin의 클립을 이동시킬 수 있습니다. 역시 윈도우의 폴더처럼 다룰 수 있기 때문입니다. "이미지" Bin에 있는 클립 하나를 "아이들" Bin으로 드래그합니다.

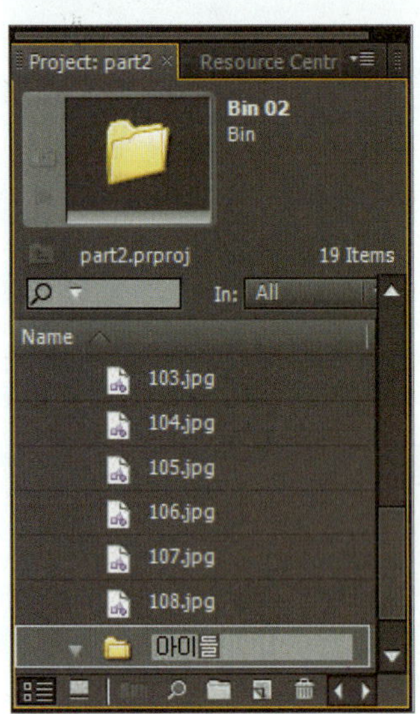

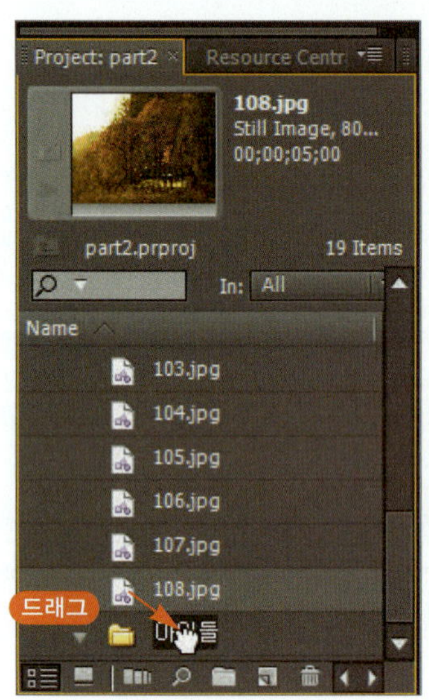

10 드래그한 클립이 "아이들" Bin 안으로 이동됩니다. "아이들" Bin 안에 이동된 클립을 다시 "이미지" Bin으로 드래그하여 이동시킬 수도 있습니다. Bin을 통째로 이동시켜 보겠습니다. "아이들" Bin 아이콘을 클릭하고 좌측으로 드래그합니다.

11 "이미지" Bin의 하위 Bin으로 존재하던 "아이들" Bin이 동일 계층의 Bin으로 자리하게 됩니다.

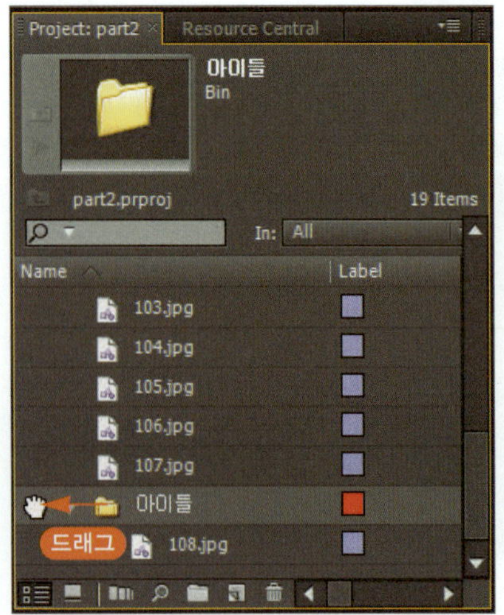

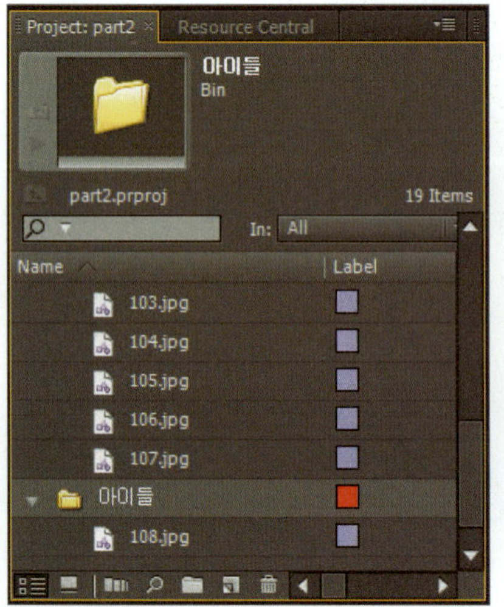

12 현재 펼쳐져 있는 "이미지" Bin 좌측에 있는 삼각형 모양의 확장 버튼을 클릭합니다.

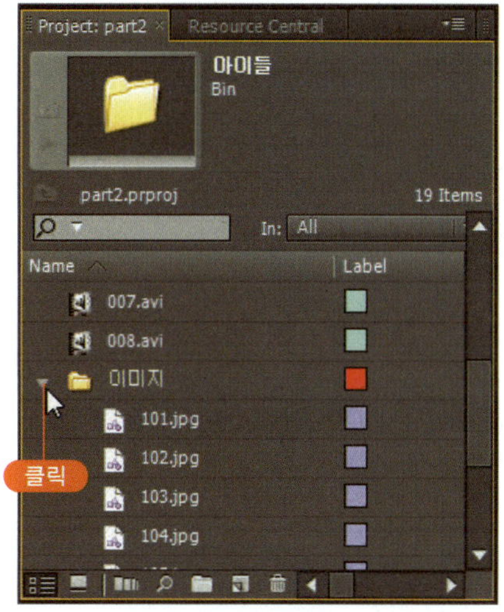

13 Bin이 닫힌 상태로 전환됩니다. 이처럼 Bin의 확장 버튼을 클릭하면 해당 Bin을 펼치거나 닫힌 상태로 전환할 수 있습니다.

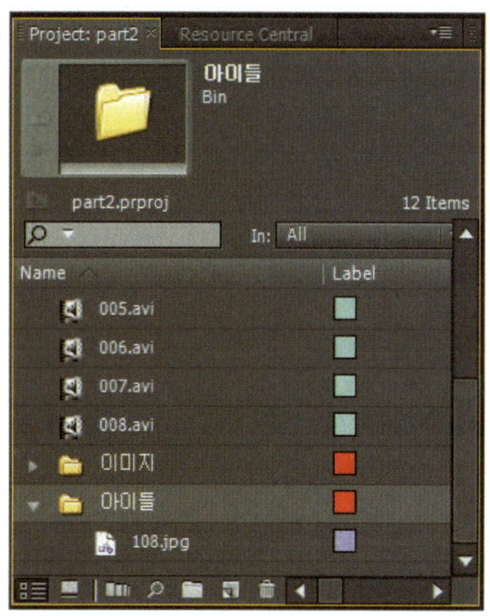

Tip Bin의 이름 변경과 삭제

Bin의 이름을 변경하려면 Bin의 이름 부분을 클릭하여 편집 상태로 전환하고 원하는 이름을 입력한 다음, Enter 키를 누릅니다.

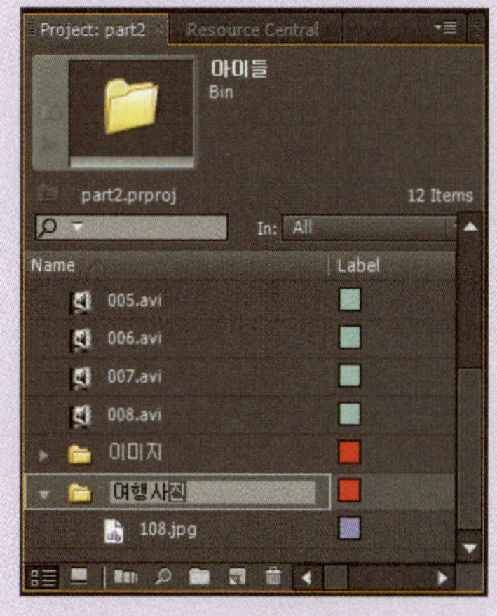

Bin도 일반적인 클립과 마찬가지로 Bin이 선택된 상태에서 Delete 키나 Back Space 키를 누르거나 휴지통 모양의 Clear 버튼을 클릭하여 삭제할 수 있습니다. 물론 Bin이 삭제되면 해당 Bin 안의 모든 클립 목록도 함께 사라지게 됩니다.

▶▶ Clear 버튼으로 Bin을 삭제할 수 있습니다.

14 특정 Bin의 아이콘 부분을 더블 클릭하면 해당 Bin이 열린 채로 또 하나의 프로젝트 패널이 플로팅 윈도우 형태로 나타납니다.

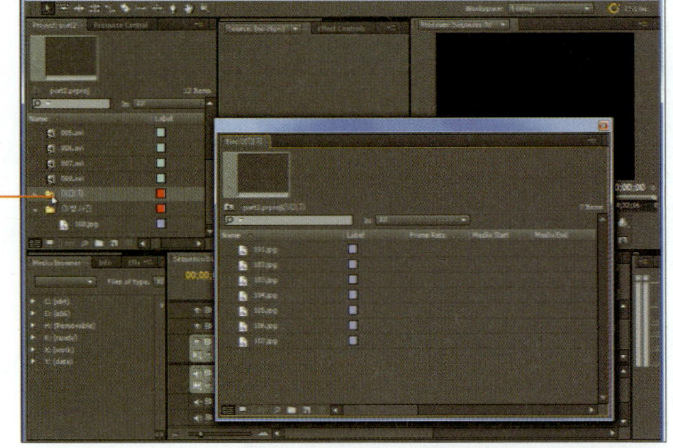

15 새로운 프로젝트 패널 목록에는 Bin 안의 클립만 나타납니다. 상위 Bin으로 돌아가려면 Rapid Find 창 위에 있는 아이콘을 클릭합니다. 현재 Bin보다 한 단계 상위 Bin으로 이동됩니다. 이러한 식으로 Bin 사이를 이동할 수 있으며 특정 Bin만 나타난 플로팅 윈도우 형태의 프로젝트 패널도 다른 패널처럼 하나의 그룹으로 묶을 수 있습니다.

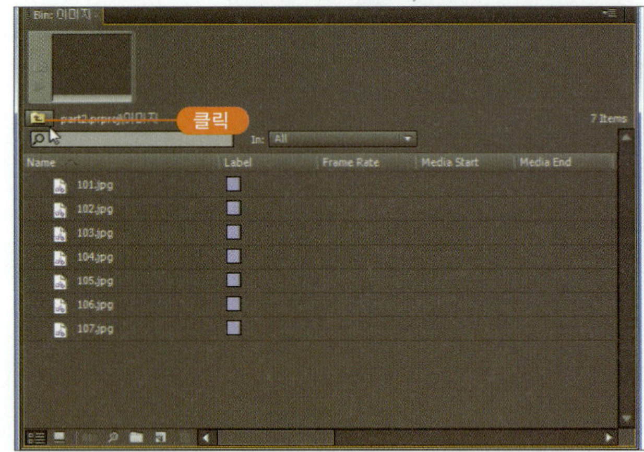

Tip Bin 관리를 위한 옵션 설정하기

Edit>Preferences>General을 선택하면 Preferences 대화상자의 General 옵션들이 나타나는데 Bins 항목에서는 프로젝트 패널에서 Bin을 더블 클릭했을 때의 옵션을 선택할 수 있습니다.

[Double-click]은 Bin을 더블 클릭했을 때, [+ Ctrl]은 **Ctrl** 키를 누른 채로 더블 클릭했을 때, [+ Alt]는 **Alt** 키를 누른 채로 더블 클릭했을 때의 옵션을 선택합니다. 모두 다음과 같은 동일한 옵션을 가지고 있습니다.

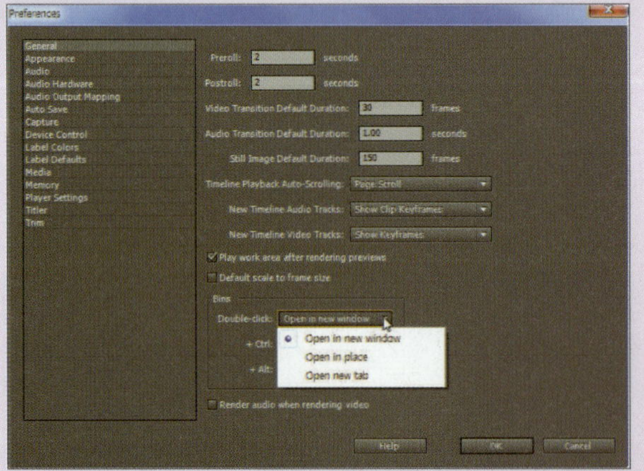

- **Open in new Window** – 앞에서 보았던 것처럼 Bin을 새로운 플로팅 윈도우의 형태로 엽니다.
- **Open in place** – 현재 프로젝트 패널에서 Bin이 열리도록 합니다.
- **Open new tab** – 현재 프로젝트 패널에 Bin이 새로운 탭의 형태로 추가되도록 합니다.

Chapter 14

인/아웃 점 설정과 클립의 일괄 등록

프로젝트 패널에 등록된 클립을 타임라인으로 드래그하면 클립의 전체 구간이 등록되지만 원하는 특정 구간을 미리 설정하여 해당 구간만을 등록할 수 있습니다. 또한 프로젝트 패널에 등록된 여러 클립은 Automate to Sequence 기능을 통해 한꺼번에 일괄적으로 타임라인 패널에 등록할 수 있습니다.

1 클립의 특정 구간만 타임라인에 등록하기

클립을 타임라인에 등록하면 앞, 뒤 부분은 물론 원하는 특정 부분을 잘라내는 등의 편집 작업을 할 수 있습니다. 하지만 미리 프로젝트 패널에서 불필요하다고 생각되는 특정 구간을 제거하고 타임라인에 등록할 수도 있습니다.

01 새 프로젝트를 시작하고 프로젝트 패널의 바탕 영역을 더블 클릭하고 Import 대화상자가 나타나면 부록 DVD의 [Source] 폴더에서 [004.avi] 클립을 선택한 후, [열기] 버튼을 클릭합니다.

02 프로젝트 패널에 등록된 클립의 좌측, 아이콘 부분을 클릭하고 타임라인 패널의 Video 1 트랙으로 드래그합니다. 프로젝트 패널의 프리뷰 영역에 표시되는 클립의 지속시간과 프로그램 모니터의 뷰 영역 아래 우측에 표시되는 클립의 지속 시간이 동일하게 10초로 나타나는 것을 볼 수 있습니다. 프로젝트 패널의 클립을 단순히 드래그하면 클립의 전체 구간이 등록되기 때문입니다.

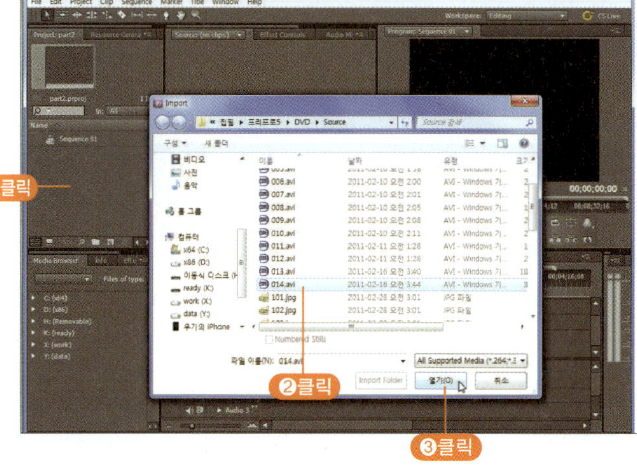

03 타임라인에 등록된 클립을 선택하고 **Delete** 키를 눌러 삭제합니다. 프로젝트 패널의 가로 크기를 늘리고 하단의 스크롤바를 드래그하여 Video Duration 메타 데이터를 보면 역시 지속시간을 확인할 수 있습니다. 클립이 선택된 상태에서 Video In Point 메타 데이터 값을 우측으로 드래그하여 타임코드를 00:00:02:00으로 변경합니다. 값을 클릭하여 직접 타임코드를 입력함으로서 변경할 수도 있습니다. 타임코드가 변경되면 해당 지점에 대한 프레임이 프리뷰 영역의 썸네일에 표시되므로 원하는 지점인지 확인할 수 있습니다.

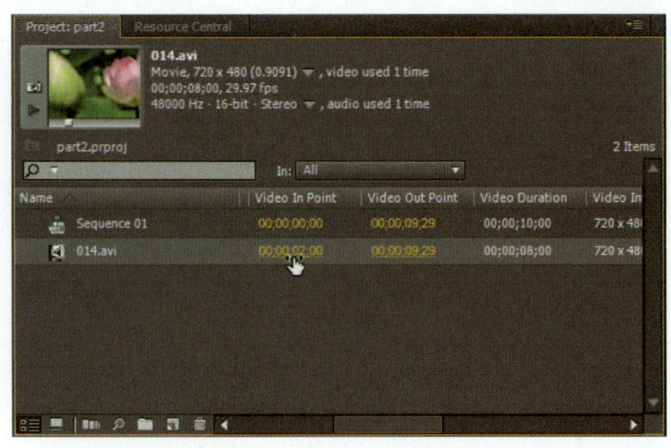

04 이번에는 Video Out Point의 타임코드를 좌측으로 드래그하여 00:00:04:00으로 변경합니다. 앞부분과 뒷부분의 타임코드를 변경해주었기 때문에 Video Duration에 표시되는 클립의 지속 시간도 바뀌어 나타나는 것을 볼 수 있습니다.

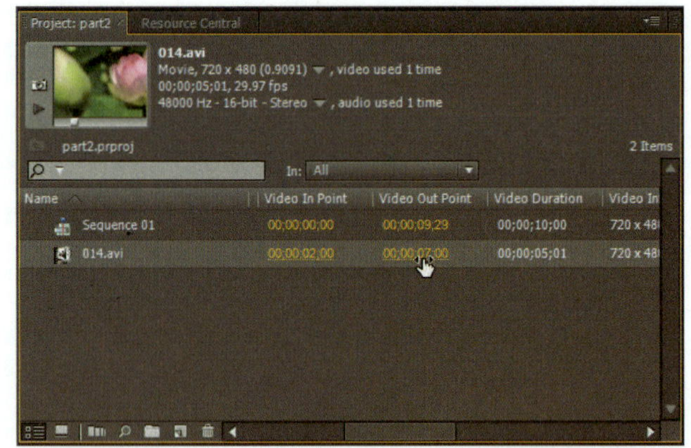

05 프로젝트 패널의 클립 목록에 있는 아이콘을 클릭하고 타임라인 패널의 Video 1 트랙, 시작 부분으로 드래그합니다.

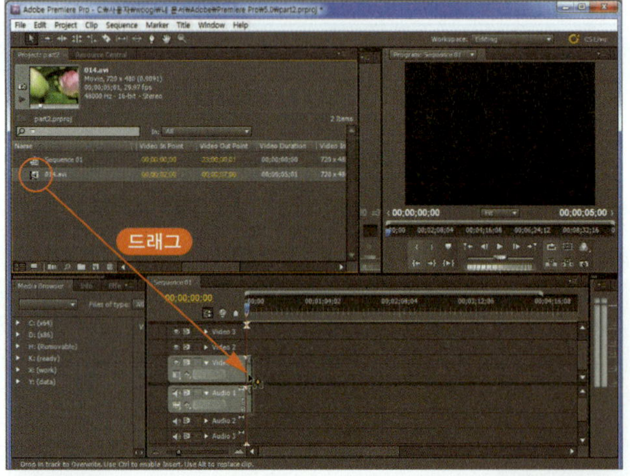

 **06** 지속시간이 짧은 클립이므로 정확한 길이를 알아보기 힘듭니다. 타임라인 패널의 줌 슬라이더를 우측으로 드래그하여 타임룰러의 눈금 단위가 작게 변경되면 클립의 길이를 자세히 볼 수 있습니다. 본래 클립의 지속시간은 10초였지만 In Point와 Out Point의 변경으로 인한 구간만 타임라인에 등록되는 것을 볼 수 있습니다.

Tip In Point 와 Out Point

In Point는 클립의 시작 지점을 가리키며 "인 점"이라고도 부릅니다. Out Point는 클립의 끝 지점을 가리키며 "아웃 점"이라고 합니다. 변경한 인 점과 아웃 점은 프리미어 프로 CS5의 작업 환경에서만 적용되는 것일 뿐, 원시 파일 자체에는 영향을 미치지 않습니다. 즉, 실제로 파일이 잘라지는 것은 아닙니다.

 **잠깐만요!!** 소스 모니터에서의 인/아웃 점 설정

인 점과 아웃 점은 프로젝트 패널보다 소스 모니터에서 설정하는 것이 더욱 편리합니다. 더욱 정밀하게 각 지점의 프레임을 보면서 설정할 수 있기 때문입니다. 이것은 소스 모니터를 다룰 때 상세히 설명합니다.

2 여러 클립을 지정한 순서대로 한꺼번에 등록하기

프로젝트 패널을 아이콘 뷰 형태로 전환하면 여러 클립들을 지정된 순서로 한꺼번에 모두 타임라인에 등록할 수 있습니다. 클립이 등록되는 순서나 겹치는 구간에 대한 시간 등도 지정할 수 있습니다.

01 새 프로젝트를 시작하고 File〉Import를 선택하거나 프로젝트 패널의 바탕 영역을 더블 클릭하여 Import 대화상자가 나타나면 부록 DVD의 [Source] 폴더에서 "001.avi~008.avi"까지의 8개 무비 파일을 선택한 다음, [열기] 버튼을 클릭합니다.

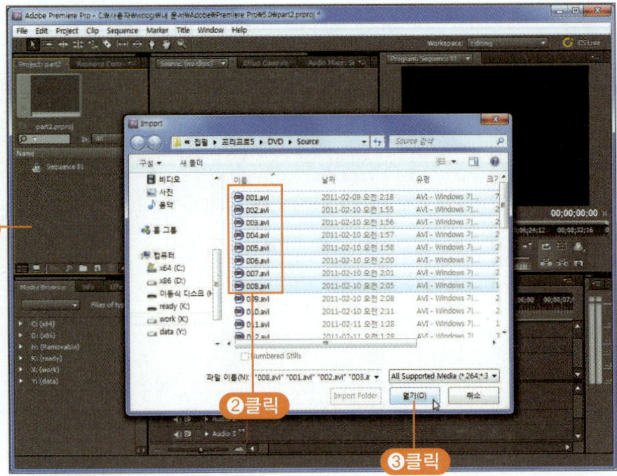

02 프로젝트 패널에 선택한 클립들이 나타납니다. 하단의 Icon View 버튼을 클릭합니다.

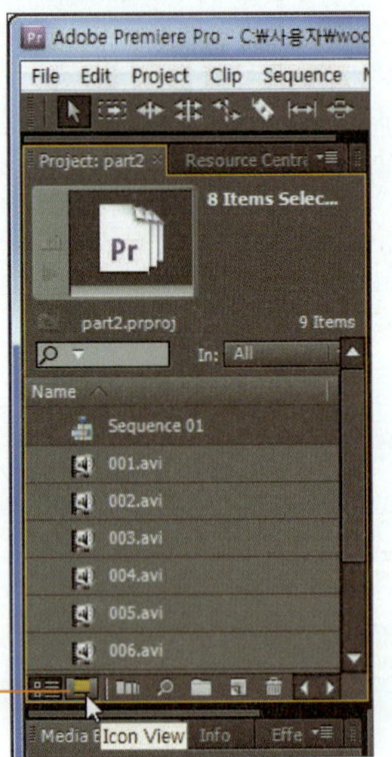

03 프로젝트 패널이 아이콘 뷰 형태로 전환됩니다. 아이콘 뷰에서는 여러 클립들의 순서를 정하여 장면 전환 효과인 트랜지션(Transition)이 적용된 채로 타임라인 패널에 한꺼번에 등록할 수 있습니다. 클립들이 잘 나타나도록 프로젝트 패널을 적절히 키워줍니다.

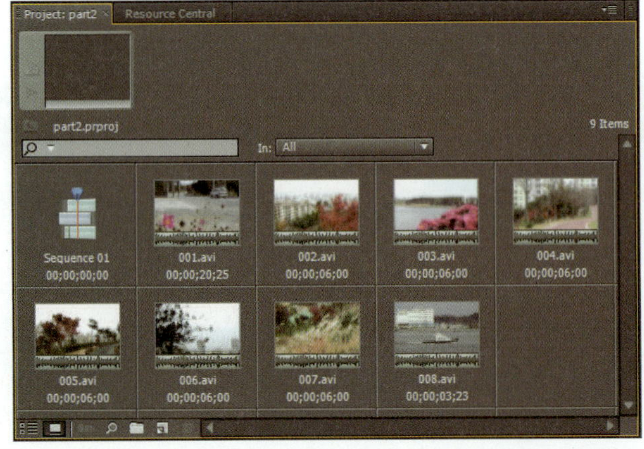

04 클립을 드래그하여 원하는 대로 클립의 순서를 변경합니다. 클립을 다른 클립 위로 드래그하면 기존의 클립 좌측에 세로 선이 나타나며 마우스 버튼을 놓을 경우 드래그한 클립이 이 위치에 놓이게 되고 기존 클립들은 한 칸씩 뒤로 밀려 배치됩니다.

05 일반적인 파일 선택방법과 마찬가지로 **Ctrl** 키나 **Shift** 키를 사용하여 타임라인에 등록하고자 하는 클립들을 선택한 후, 하단에 있는 Automate to Sequence 버튼을 클릭합니다.

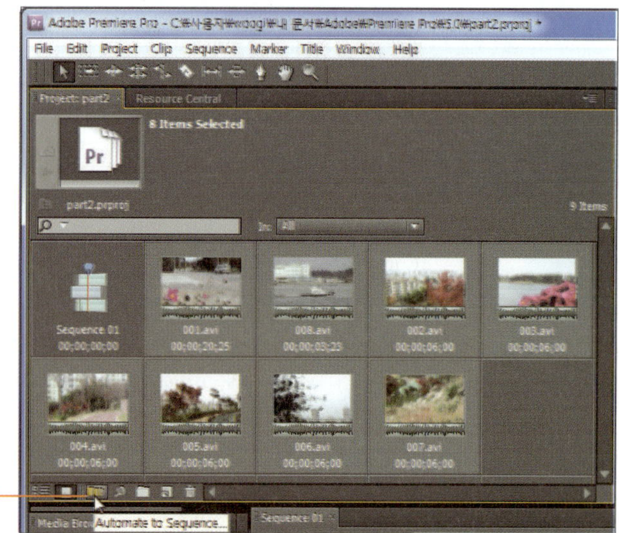

06 Automate to Sequences 대화상자가 나타납니다. 기본값 그대로 두고 OK 버튼을 클릭합니다.

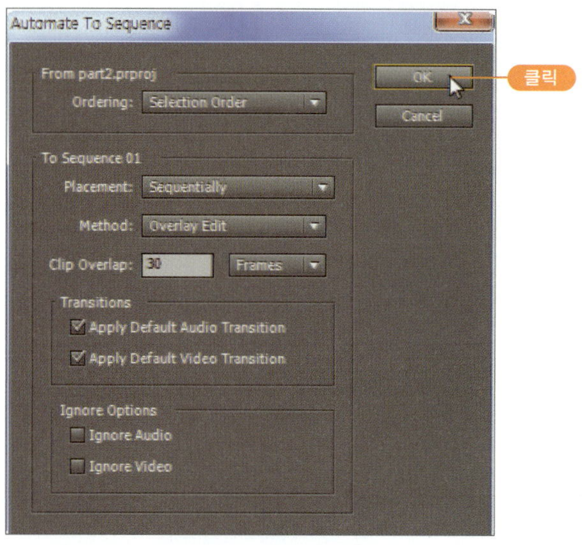

Tip Automate to Sequences 대화상자의 옵션들

⊙ Ordering

- Sort Order – 클립을, 프로젝트 패널의 목록에 나타난 순서대로 타임라인에 등록합니다.
- Selection Order – 클립을, 프로젝트 패널의 아이콘 뷰에서 선택한 순서, 즉 클릭한 순서대로 타임라인에 등록합니다.

⊙ Placement

- Sequentially – 클립을 순서대로 등록합니다.
- At Unnumbered Markers – 비 숫자로 지정된 마커 위치에 등록합니다.

⊙ Method

클립의 삽입 방식을 선택합니다. 타임라인 패널의 에디트 라인이 이미 등록되어 있는 클립에 위치했을 경우 각각 다른 결과가 나타나게 됩니다.

- Insert Edit – 새롭게 등록되는 클립의 삽입으로 인해 에디트 라인 이후의 기존 클립은 그만큼 뒤로 밀려나게 됩니다.
- Overlay Edit – 에디트 라인 이후의 기존 클립은 새롭게 등록되는 클립으로 대체됩니다. 따라서 기존 클립은 새로게 등록되는 클립의 구간만큼 나타나지 않습니다.

⊙ Clip Overlap

클립이 겹치는 길이를 프레임, 또는 초 단위로 지정합니다.

⊙ Transitions

- Apply Default Video Transition – 디폴트 비디오 트랜지션이 적용되도록 합니다.
- Apply Default Audio Transition – 디폴트 오디오 트랜지션이 적용되도록 합니다.

디폴트 트랜지션이란 기본적으로 적용되는 트랜지션을 가리키는 것으로 트랜지션에 대해 학습할 때 설명합니다.

⊙ Ignore Options

- Ignore Audio – 오디오 트랙을 등록하지 않습니다. 즉, 비디오 트랙만 등록됩니다.
- Ignore Video – 비디오 트랙을 등록하지 않습니다. 즉, 오디오 트랙만 등록됩니다.

07 선택된 클립들이 타임라인에 등록됩니다. 클립들이 자세히 보이지 않는다면 타임라인 패널 하단의 줌 슬라이더를 우측으로 드래그합니다. 각 클립은 1초 구간 동안 겹쳐 있게 되며 이 구간은 보라색 바탕 위에 사선이 표시되는 것을 볼 수 있습니다. 이것은 차후에 학습하게 될 장면효과, 즉 트랜지션이 적용되었음을 의미합니다.

> **Tip** 아이콘 뷰에서의 타임라인에 등록된 클립의 표시
>
> 프로젝트 패널의 아이콘 뷰에는 타임라인에 등록된 클립의 경우 아이콘 좌측 상단에 타임라인의 트랙에 등록되었다는 것을 표시 해줍니다. 즉, 필름 형태의 아이콘은 비디오 트랙에, 스피커 형태의 아이콘은 오디오 트랙에 등록되었다는 것을 의미합니다. 일반 적으로 무비 클립은 비디오와 오디오가 포함된 클립이므로 클립을 비디오 트랙에 드래그하면 오디오는 오디오 트랙에 함께 등록됩니다.

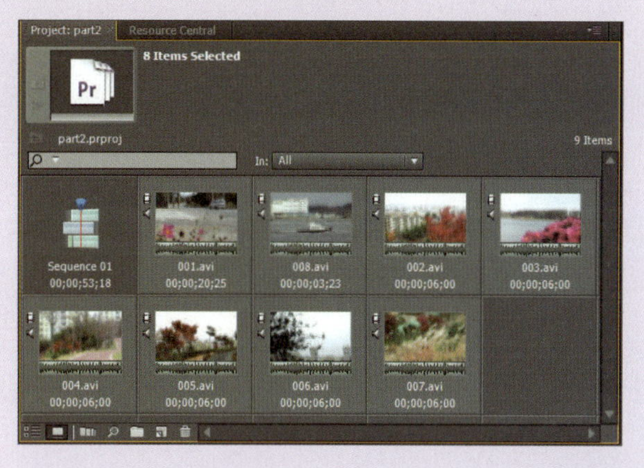

08 타임라인 패널이 선택된 상태에서 Space Bar를 누릅니다. 프로그램 모니터를 통해 현재 타임라인에 놓인 클립들이 순서대로 나타납니다. 아울러 다음 클립으로 넘어갈 때, 앞 클립이 점차 희미해지면서 사라지고 다음 클립이 밝게 나타나는 장면 전환 효과가 나타나는 것을 볼 수 있습니다.

Chapter 15

타임라인 패널 조작하기

타임라인 패널은 각종 소스 클립을 모아놓고 자르고, 붙이거나 각종 효과를 적용하는 등 동영상 편집의 핵심이 되는 곳으로 편집 작업에 있어서 가장 많이 사용되는 패널입니다. 타임라인 패널의 형태와 구성에 대해서 상세하게 살펴보도록 합니다.

1 타임라인 패널의 구성 요소

타임라인 패널에서 비디오 또는 오디오 클립이 놓이는 곳을 트랙(Track)이라고 하며 트랙에 놓인 클립을 대상으로 다양한 편집 작업을 하게 됩니다.

하나의 타임라인 단위는 시퀀스(Sequence)라고 부르며, 시퀀스는 기본적으로 3개의 비디오 트랙과 4개의 오디오 트랙이 존재합니다. Video 1, 2, 3트랙과 오디오 1, 2, 3트랙은 각각 비디오 클립과 오디오 클립을 등록시킬 수 있는 트랙이며 Master 트랙은 다른 오디오 트랙의 클립을 컨트롤하기 위한 트랙으로서 직접 클립을 등록할 수는 없습니다.

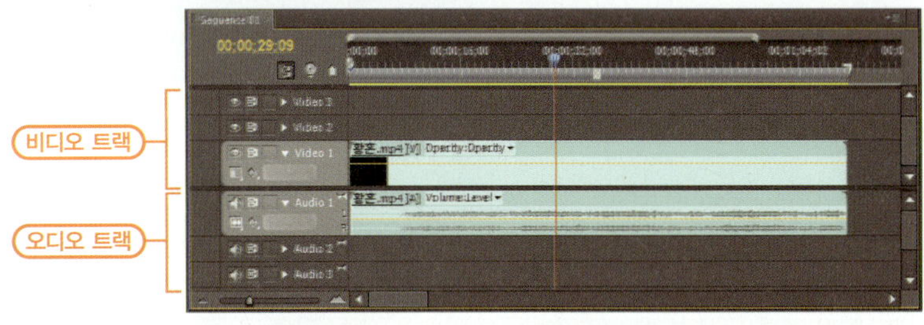

▷▷ 타임라인 패널

하나의 프로젝트에는 여러 개의 시퀀스가 존재할 수 있으며 각 시퀀스는 타임라인 패널 내에 탭의 형태로 분리되어 존재합니다. 각 시퀀스에 등록된 클립에 여러 효과를 적용하여 비교해보거나 하나의 시퀀스에 작업한 내용을 다른 시퀀스에 삽입함으로서 복잡한 효과를 구현하거나 큰 프로젝트를 수행할 때 효율적으로 작업할 수 있습니다.

2 타임라인 패널의 컨트롤들

타임라인 패널은 클립의 프레임을 이동하거나 여러 형태로 보기 위한 다양한 컨트롤을 가지고 있습니다.

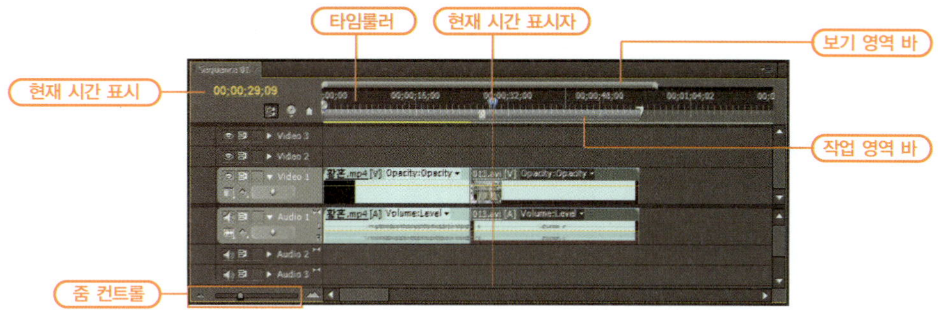

- **현재 시간 표시(Current Time Display)** – 현재 시간 표시자가 가리키고 있는 지점에 대한 시간(타임코드)을 표시합니다. 드래그하거나 값을 입력함으로써 현재 시간 표시자의 위치를 변경할 수도 있습니다.

- **타임룰러(Time Ruler)** – 가로 방향으로 타임코드가 표시됩니다. 타임코드는 프로젝트에서 설정한 Timebase와 Display Format 방식을 따르게 됩니다.

- **현재 시간 표시자(Current Time Indicator)** – 드래그함으로서 현재 시간 지점을 이동할 수 있으며 해당 지점에 대한 내용은 프로그램 모니터에 프리뷰됩니다.

- **보기 영역 바(Viewing Area Bar)** – 좌, 우측 끝 부분을 드래그하여 타임룰러의 단위를 변경하거나 중앙 부분을 드래그하여 타임라인 패널에 나타나는 프리뷰 영역을 변경합니다.

- **작업 영역 바(Work Area Bar)** – 프리뷰나 파일 생성을 위한 작업 영역을 지정합니다.

- **줌 컨트롤** – 타임 룰러의 눈금 단위를 변경하는 데 사용합니다. 줌 인, 줌 아웃 버튼과 줌 슬라이더로 구성되어 있습니다.

3 현재 시간 표시자 이동하기

현재 시간 표시자는 특정 지점에 대한 클립의 내용을 파악하는 데 사용되며 여러 방법을 사용하여 원하는 특정 지점으로 이동할 수 있습니다.

드래그로 이동하기

가장 일반적인 방법입니다. 클립이 없는 트랙 위에서는 빨간
색의 에디트 라인을 드래그하여 원하는 지점으로 이동할 수
도 있습니다.

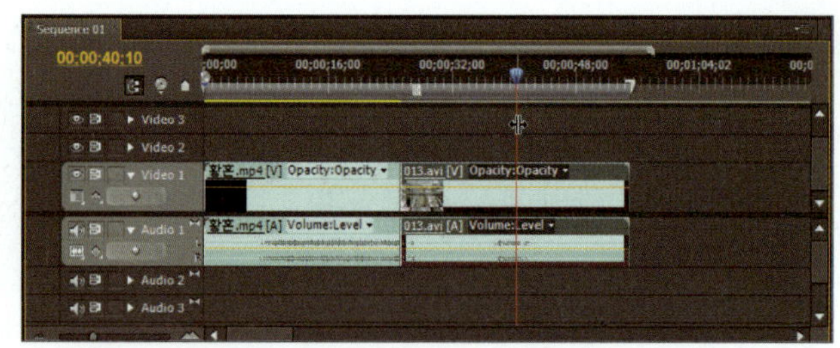

▷▷ 에디트 라인을 드래그

단축키로 이동하기

타임라인에 등록된 클립을 재생(프리뷰)하거나 현재 시간 표시자를 이동하기 위해서 다음과 같은 단축키를 사용할 수 있습니
다. 문자키와 함께 사용되는 경우, 반드시 키보드가 영문 모드인 상태에서 사용해야 합니다. 한글 모드에서는 동작하지 않습
니다.

기능	팝업키
재생/정지	Spacebar
재생, 고속 재생	L
역 재생, 고속 역 재생	J
느린 재생 (초당 8 프레임)	L + K
느린 역 재생 (초당 8프레임)	J + K
렌더 프리뷰	Enter
1프레임 다음 프레임으로 이동	우측 방향키 (→), K + L
1프레임 이전 프레임으로 이동	좌측 방향키 (←), K + J
5프레임 다음 프레임으로 이동	Shift + 우측 방향키 (→)
5프레임 이전 프레임으로 이동	Shift + 좌측 방향키 (←)
타임라인의 첫 프레임으로 이동	Home
타임라인에 등록된 클립의 마지막 프레임으로 이동	End
각 클립의 첫 프레임으로 이동	page up
각 클립의 마지막 프레임으로 이동	page down

J, K, L 등의 세 키는 순서대로 각각 역 재생, 정지, 재생의 기능을 가지고 있으며 복합적으로 사용하여 정 배속 재생/역 재
생, 고속 재생/역 재생, 느린 재생/역 재생 등, 다양하게 클립을 프리뷰할 수 있습니다.

▷▷ J, K, L의 기본 기능

- **J** – 클립이 정 배속으로 역 재생되며 반복해서 누를 때마다 2배의 속도로 빠르게 역 재생됩니다. 즉, 처음에 한번 누르면 1배속, 다시 한 번 누르면 1배속, 한 번 더 누르면 4배속의 순으로 역 재생됩니다.

- **K** – 클립의 재생을 중지합니다. **Spacebar** 키와 동일한 역할을 합니다.

- **L** – 클립이 정 배속으로 재생되며 반복해서 누를 때마다 2배의 속도로 빠르게 재생됩니다. 즉, **J** 키와 동일한 역할을 하되, 클립이 정방향으로 재생된다는 점만 다릅니다.

- **J**+**K** – **J** 키와 **K** 키를 함께 누르면 클립이 초당 8프레임의 느린 속도로 역 재생됩니다. 다른 팝업 키와 달리 누르고 떼면 안 되며, 계속 누르고 있어야 합니다.

- **L**+**K** – **L** 키와 **K** 키를 함께 누르면 클립이 초당 8프레임의 느린 속도로 재생됩니다. 역시 누르고 있는 동안에만 적용됩니다.

타임코드 표시 부분을 드래그합니다.

타임코드 표시 부분에 마우스를 가져가면 양쪽 화살표 모양의 포인터가 나타나며 좌측으로 드래그하면 이전 프레임 쪽으로, 우측으로 드래그하면 다음 프레임 쪽으로 타임코드가 변경됩니다. 타임코드 표시 부분은 현재 시간 표시자와 연동되기 때문에 드래그함에 따라 현재 시간 표시자도 실시간으로 함께 이동됩니다.

타임코드 표시 부분을 클릭하면 편집 상태로 전환되므로 직접 원하는 타임코드 값을 입력하여 변경할 수도 있습니다.

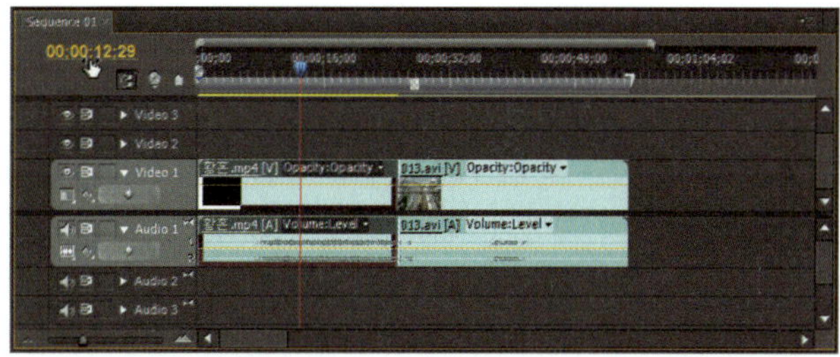

▶▶ 타임코드 위를 드래그

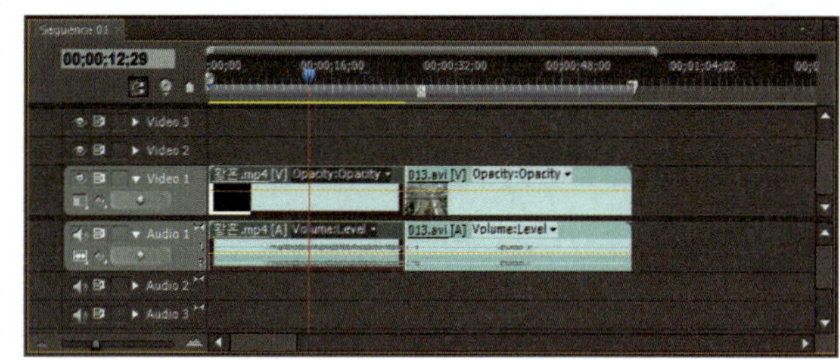

▶▶ 타임코드 값을 직접 입력

Tip 숫자만으로 타임코드 입력하기

타임코드를 입력할 때는 굳이 세미콜론 등을 사용한 타임코드 형식대로 입력하지 않고 숫자만 입력해도 됩니다. 예를 들어, 10초 12프레임을 지정하는 경우, 정확한 타임코드 형식은 "00;00;10;12"이지만 "1012"와 같이 뒷부분의 숫자만 입력하고 **Enter** 키를 누르면 자동으로 타임코드 형식으로 나타나게 됩니다.

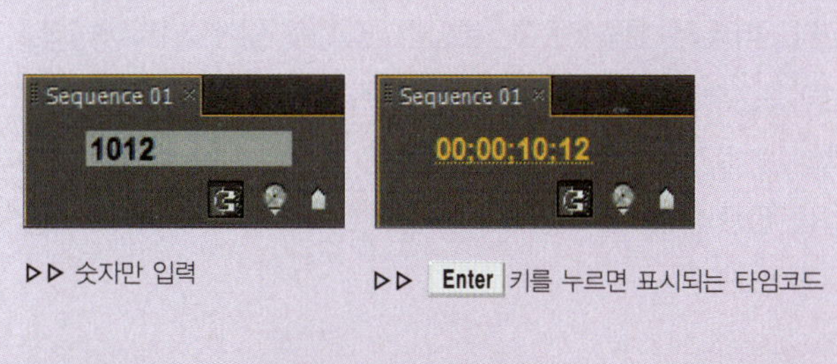

▶▶ 숫자만 입력

▶▶ **Enter** 키를 누르면 표시되는 타임코드

 **Tip** 타임코드 표시 형태 전환하기

Ctrl 키를 누른 채로 타임코드 표시 부분을 클릭할 때마다 타임코드가 Feet+Frames 16mm → Feet+Frames 35mm → Frames → Timecode의 순으로 표시되므로 간단히 원하는 형식의 타임코드로 바꾸어 볼 수 있습니다.

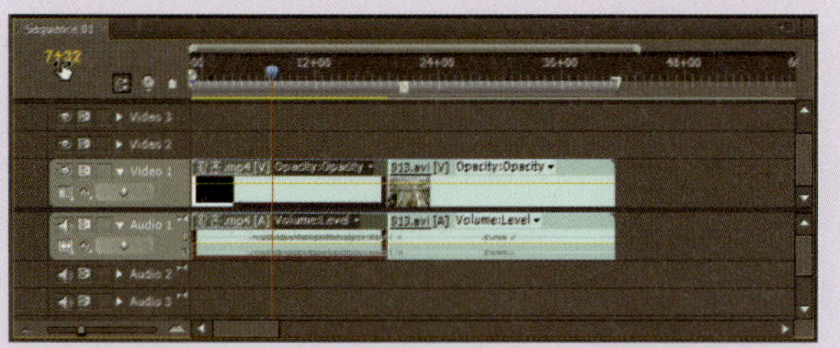

▶▶ **Ctrl** +클릭할 때마다 표시 형태가 전환됩니다.

4 타임룰러의 눈금 단위 변경하기

타임라인 패널 상단에 표시되고 있는 눈금은 시간 단위를 표시하는 것으로 타임 룰러(Time ruler)라고 부르며 눈금의 단위는 좌측 하단의 줌 슬라이더, 줌 인, 줌 아웃 버튼 등을 사용하거나 타임 룰러 바로 위에 있는 보기 영역 바(Viewing Area Bar)를 사용하여 변경할 수 있습니다.

지속시간이 긴 클립을 편집할 때 클립의 전체 영역을 빠르게 보기 위해서는 타임룰러의 눈금 단위를 크게 하는 것이 편리하지만 프레임 단위의 정밀한 편집을 위해서는 타임룰러의 눈금 단위를 작게 하는 것이 편리합니다. 따라서 상황에 따라 눈금의 단위를 수시로 변경해가며 작업할 필요가 있습니다.

부록 DVD의 [Source] 폴더에 있는 클립을 타임라인의 트랙에 등록하고 각 도구를 사용하여 직접 눈금 단위를 변경해보도록 합니다.

줌 버튼을 사용하여 단위 변경하기

Zoom Out 버튼은 타임룰러의 눈금 단위를 크게 바꾸어줍니다. 따라서 클릭할수록 클립의 길이는 짧게 나타납니다. 반대로, Zoom In 버튼은 눈금 단위를 작게 바꾸어 주므로 클립은 길게 나타나 보입니다. 물론 클립의 지속 시간은 변함이 없으며 눈금의 단위가 바뀌므로 다르게 나타나 보이는 것뿐입니다.

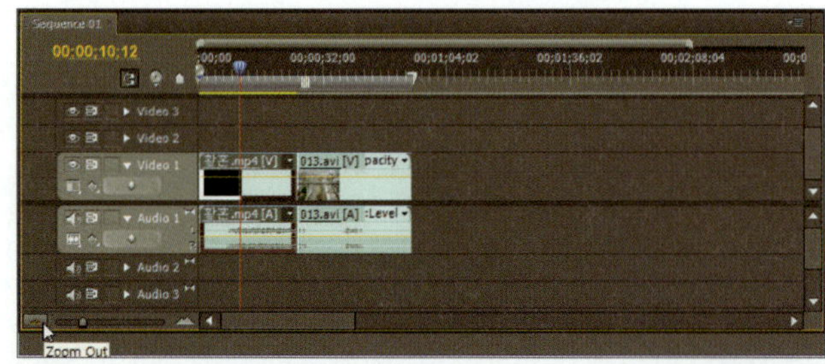

▶▶ Zoom Out 버튼 클릭 – 눈금의 단위가 커짐

Zoom Out, Zoom In 버튼 사이에 있는 Zoom Slider를 드래그하여 눈금 단위를 변경할 수도 있습니다. 좌측으로 드래그하면 큰 단위로, 우측으로 드래그하면 작은 단위로 타임룰러의 눈금 단위가 바뀌게 됩니다.

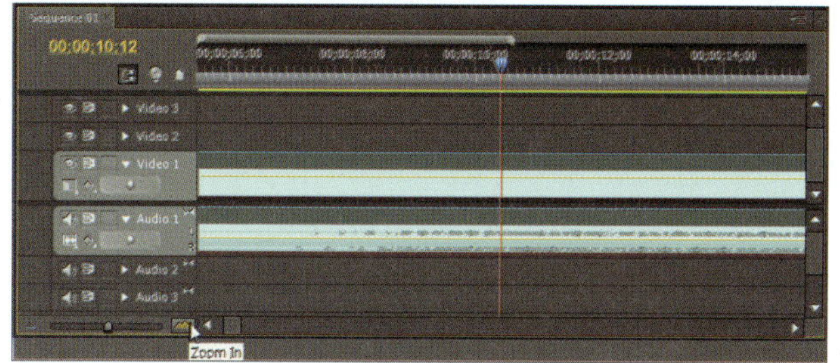

▷▷ Zoom In 버튼 클릭 – 눈금의 단위가 작아짐

줌 툴을 사용하여 단위 변경하기

메인 메뉴 바로 아래에 있는 툴 패널의 줌(Zoom) 툴로 타임룰러의 눈금 단위를 변경할 수도 있습니다. 줌 툴을 선택하고 타임라인 패널 내부를 클릭하면 타임룰러의 눈금 단위가 작아져 클립의 길게 표시되며 Alt 키를 누른 상태에서 타임라인 패널 내부를 클릭하면 타임룰러의 눈금 단위가 커져 클립이 짧게 표시됩니다.

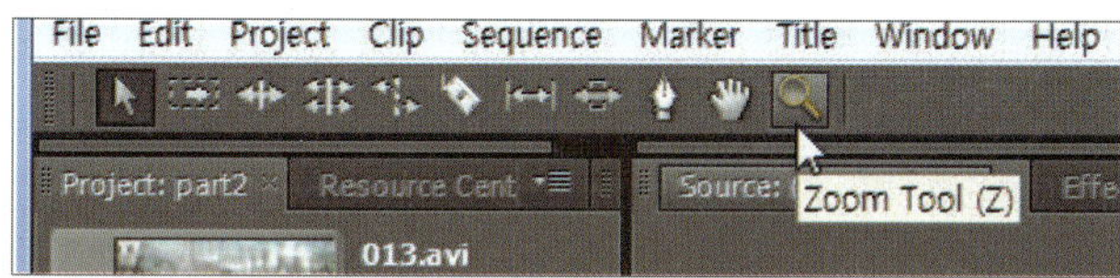

▷▷ 툴 패널에서 줌 툴을 선택

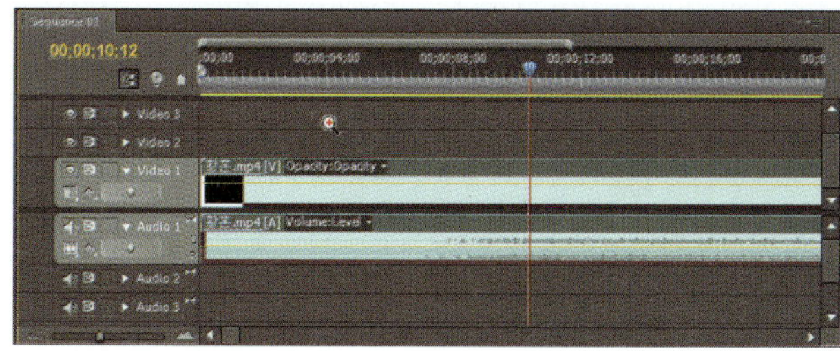

▷▷ 클릭 – 눈금의 단위가 커짐

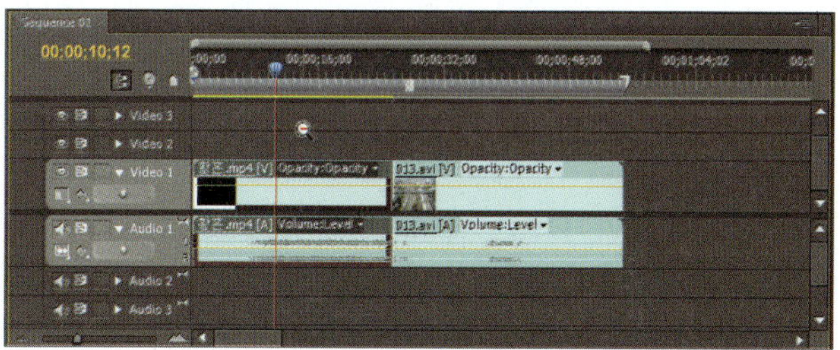

▷▷ Alt +클릭 – 눈금의 단위가 작아짐

보기 영역 바를 사용하여 단위 변경하기

타임룰러 위에 있는 보기 영역 바(Viewing Area Bar)로 타임룰러의 눈금 단위를 변경할 수도 있습니다. 보기 영역 바의 좌측 끝을 우측으로 드래그하거나 우측 끝을 좌측으로 드래그할수록 눈금의 단위가 작아지며, 좌측 끝을 좌측으로 드래그하거나 우측 끝을 우측으로 드래그할수록 눈금의 단위가 커지게 됩니다.

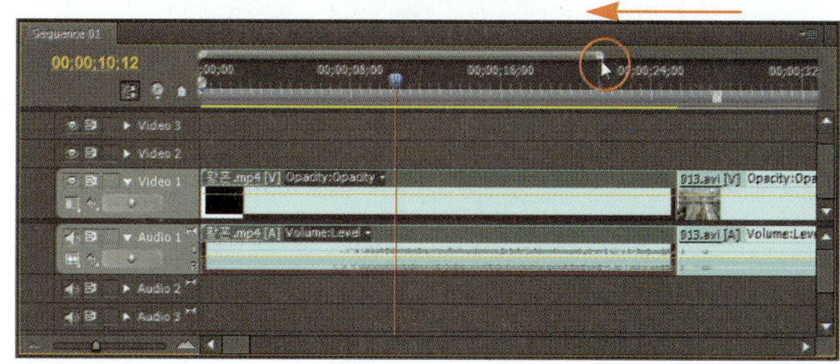

▷▷ 우측 끝을 좌측으로 드래그 – 눈금의 단위가 작아짐

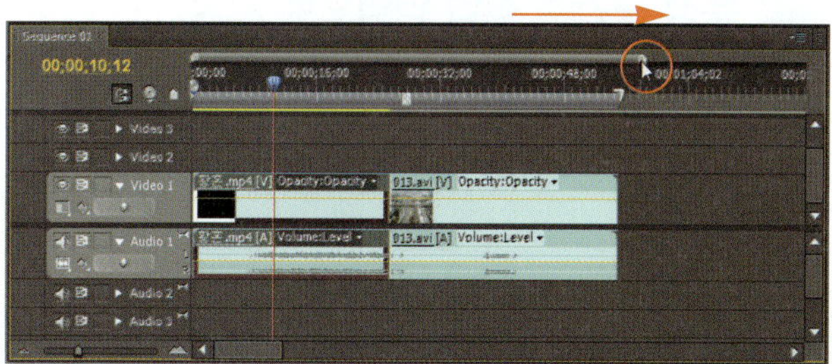

▷▷ 우측 끝을 우측으로 드래그 – 눈금의 단위가 커짐

Tip 타임라인 패널의 현재 영역 변경하기

타임라인 패널에 등록된 클립의 지속시간이 길거나 타임룰러의 눈금 간격이 작게 설정되어 타임라인 패널에 클립의 전체 영역이 보이지 않는 경우에는 보기 영역 바의 내부 영역(좌, 우 끝 부분이 아닌) 드래그하거나 타임라인 패널 하단의 스크롤바를 드래그함으로서 클립의 다른 영역으로 이동하여 원하는 영역을 볼 수 있습니다.

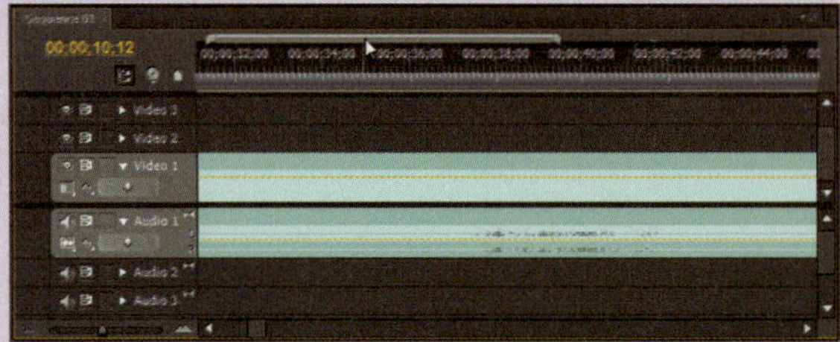

▶▶ 보기 영역 바를 드래그

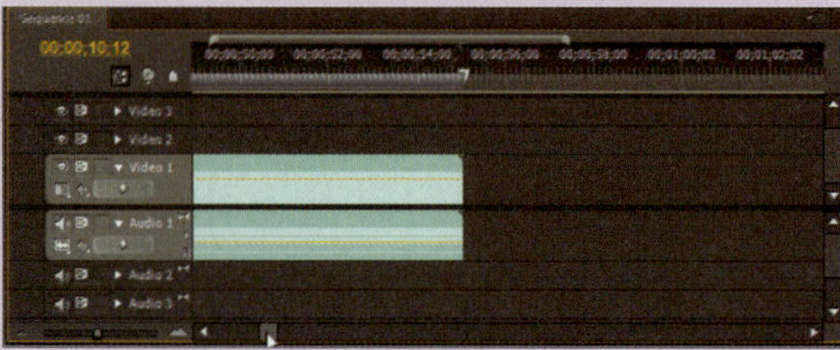

▶▶ 스크롤바를 드래그

5 작업 영역 설정하기

타임라인 바로 아래에 있는 막대는 작업 영역 바(Work Area Bar)라고 하며 작업 영역 바의 범위에 포함된 구간을 작업 영역이라고 합니다. 타임라인에 등록된 전체 클립 중에서 특정 구간만을 작업 영역으로 설정하여 이 구간만을 파일로 생성하거나 프리뷰할 수 있습니다.

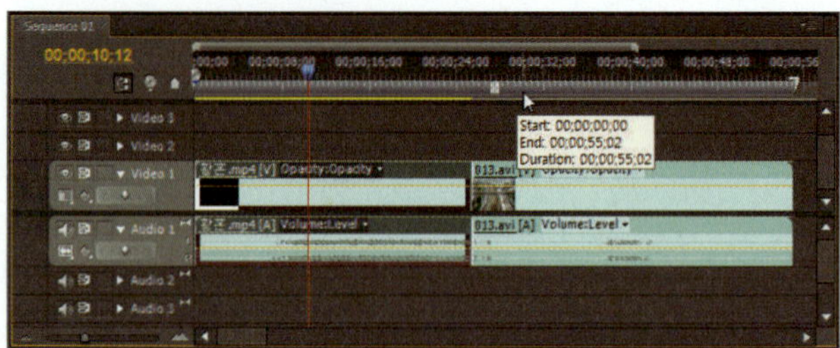

▶▶ 작업 영역 바

작업 영역 바는 기본적으로 타임라인에 등록된 클립의 전체 길이와 동일하게 설정되며 작업 영역 바를 조절함으로서 특정 구역만을 작업 영역으로 설정할 수 있습니다.

▦ 특정 구간을 작업 영역으로 지정하는 경우

작업 영역 바의 시작 지점이나 끝 지점을 클릭하고 드래그하면 작업 영역의 시작과 끝 지점이 변경됩니다.

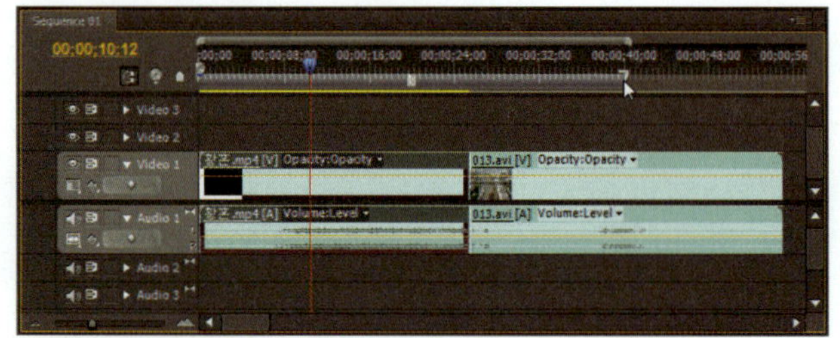

▶▶ 끝 지점을 드래그하여 작업 영역을 변경하는 경우

작업 영역 바의 중앙 부분에 마우스를 가져가 마우스 포인터가 손 모양으로 바뀌는 지점에서 클릭합니다. 이때 작업 영역바의 색상이 반전되며 이 상태에서 원하는 방향으로 드래그하면 작업 영역의 길이는 그대로 유지된 채 작업 영역만 이동할 수 있습니다. **Alt** 키를 누른 상태에서는 작업 영역 바의 아무 곳에나 마우스 포인터를 두어도 손 모양의 포인터가 나타나 클릭한 후 드래그함으로서 작업 영역을 이동할 수 있습니다.

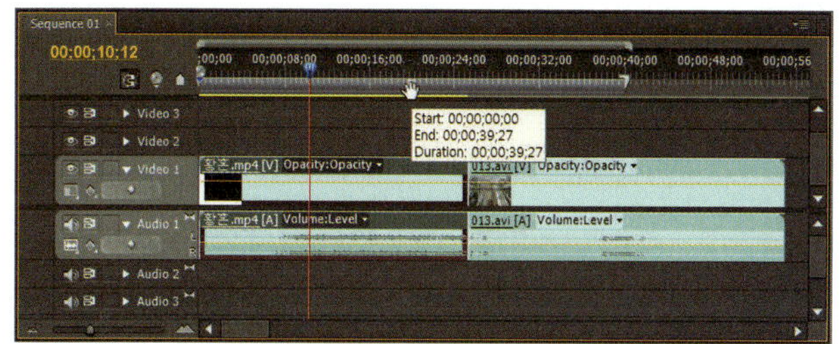

▷▷ 중앙 부분에 나타나는 손 모양의 마우스 포인터

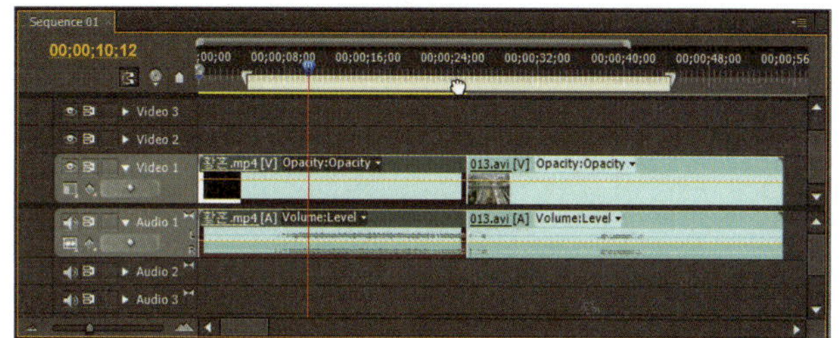

▷▷ 드래그하면 작업 영역 바가 반전된 상태로 이동

현재 타임라인의 영역만을 작업 영역으로 지정하는 경우

작업 영역 바를 더블 클릭하면 작업 영역 바의 길이가 타임라인에 나타나는 영역의 길이와 동일하게 변경됩니다. 단, 전체 클립의 길이가 타임라인의 길이보다 짧을 경우, 전체 클립의 길이로 작업 영역이 지정됩니다.

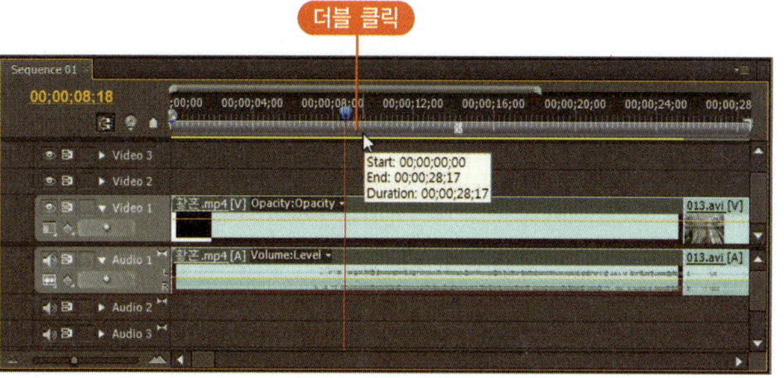

▷▷ 더블 클릭 - 현재 타임라인의 길이와 동일하게 지정

전체 클립 영역을 작업 영역으로 지정하는 경우

기본적으로 작업 영역 바는 타임라인에 등록된 전체 클립의 지속시간과 동일하게 지정되어 있지만 작업 도중 길이를 변경한 다음, 다시 전체 클립의 길이와 동일하게 변경하려면 **Alt** 키를 누른 상태에서 작업 영역 바를 더블 클릭합니다.

> **잠깐만요!!** 더블 클릭과 **Alt** +더블 클릭의 차이점
>
> • 더블 클릭 – 무조건 현재 보이는 타임라인 영역과 동일하게(전체 클립의 길이가 현재 보이는 타임라인 영역보다 작은 경우에는 전체 클립의 길이와 동일하게) 작업 영역이 지정됩니다.
>
> • **Alt** +더블 클릭 – 현재 보이는 타임라인 영역과 관계없이 무조건 전체 클립의 길이와 동일하게 작업 영역이 지정됩니다. 따라서 전체 클립이 현재 타임라인에 표시되는 영역을 넘어서는 경우, 타임라인 패널 하단의 스크롤바를 드래그하여 클립의 끝 지점을 보면 작업 영역이 이 지점까지 설정되어 있다는 것을 확인할 수 있습니다.

에디트 라인의 위치로 시작과 끝 지점을 변경하려면

현재 에디트 라인의 위치를 작업 영역의 시작 지점으로 지정하려면 " Alt + ["키를, 현재 에디트 라인를 작업 영역의 끝 지점으로 지정하려면 " Alt +] "키를 누릅니다.

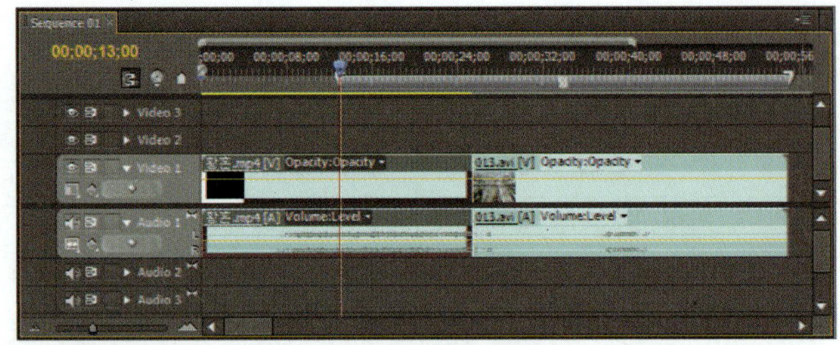

▷▷ Alt + [– 현재 에디트 라인 위치로 작업 영역의 시작 지점 지정

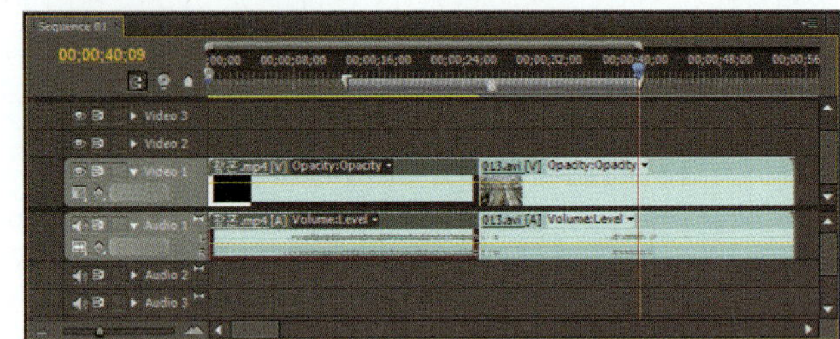

▷▷ Alt +] – 현재 에디트 라인 위치로 작업 영역의 끝 지점 지정

6 클립의 표시 형태와 트랙의 상태 변경하기

트랙에 등록된 클립의 표시 형태를 변경해보고 특정 트랙을 출력 대상에서 제외시키거나 편집할 수 없도록 잠그는 등, 상태를 변경해보도록 하겠습니다. 트랙의 상태는 트랙 헤더를 통해 빠르게 변경할 수 있습니다.

타임라인 패널의 Video 1 트랙에 두 개의 클립을 연속으로 등록하고 타임룰러의 눈금도 적절히 조절하여 클립이 잘 표시되도록 합니다. 클립이 트랙에 등록되면 기본적으로 클립의 이름과 함께 클립의 시작 부분에 첫 프레임의 모습이 표시되고 이후 부분은 클립 종류에 따라 프로젝트 패널에 표시되었던 레이블 색상으로 나타납니다. 오디오 트랙은 클립의 이름만 나타납니다.

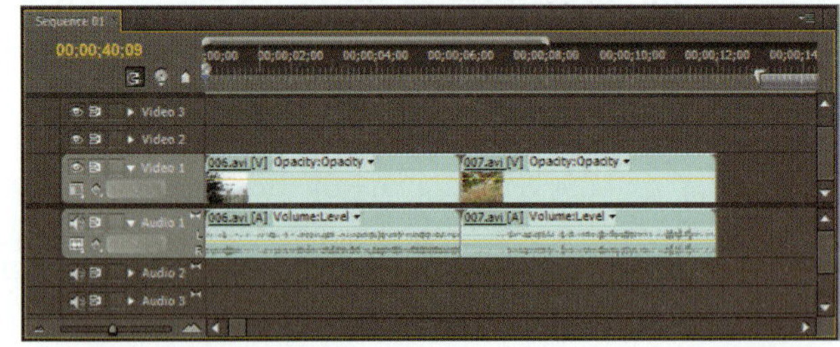

클립의 표시 형태 변경하기

01 클립이 등록된 비디오 트랙인 Video 1 트랙 좌측에서 Set Display Style 버튼을 클릭하여 여러 표시 형태 메뉴가 나타나면 Show Frames를 선택합니다.

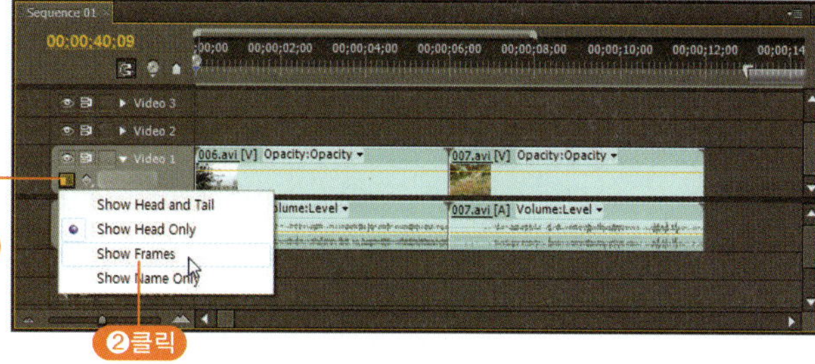

잠깐만요!! Set Display Style 버튼이 보이지 않는다면?

만약 다음 그림과 같이 Set Display Style 버튼이 보이지 않는다면 트랙이 축소 형태로 되어 있는 상태입니다. 트랙 이름 좌측에 삼각형 모양의 축소/확장 트랙(Collapse-Expand Track) 버튼을 클릭합니다.

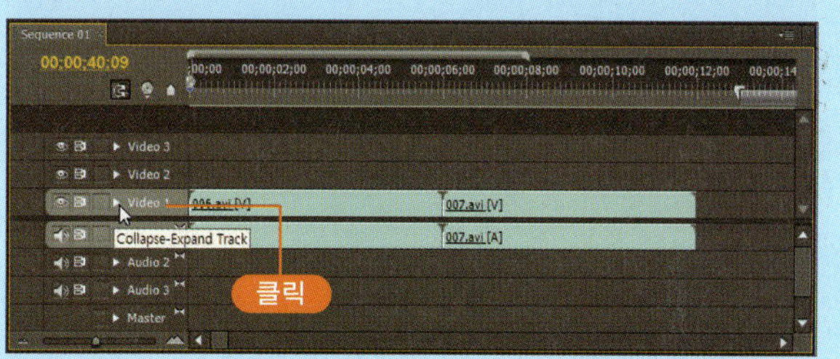

▷▷ 트랙이 축소된 상태 – 축소/확장 트랙 버튼을 클릭합니다.

트랙이 확장 형태로 전환되어 버튼들이 나타납니다. 기본적으로 Video 1 트랙과 Audio 1 트랙은 확장 형태로 나타나게 되지만 다른 트랙은 축소 형태로 나타나 있으므로 다른 트랙에서 이러한 버튼들을 사용하려면 트랙을 확장 형태로 변경해주어야 합니다.

02 클립의 각 프레임이 표시됩니다. 따라서 클립의 내용을 더 잘 파악할 수 있습니다. 다만 이 형태는, 사양이 낮은 시스템에서 용량이 큰 다수의 클립을 사용하는 큰 프로젝트를 수행할 때는 화면의 디스플레이 속도가 떨어질 수 있습니다.

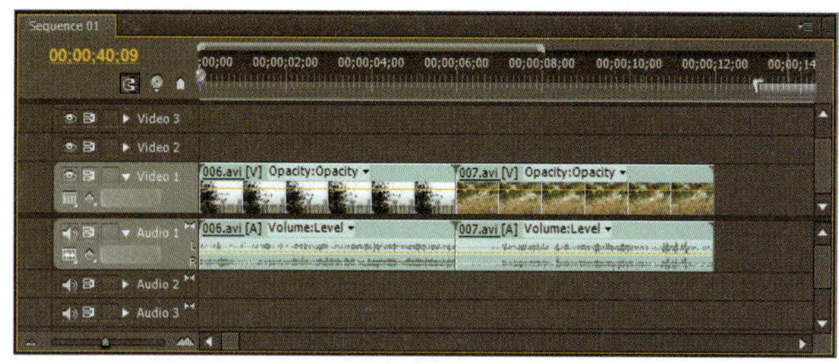

Tip Set Display Style

각 스타일에 의해 클립이 나타나는 형태는 다음과 같습니다.

◉ Show Head and Tail
– 클립의 첫 프레임과 마지막 프레임만을 보여줍니다.

◉ Show Head Only
– 기본값으로 클립의 첫 프레임만을 보여줍니다.

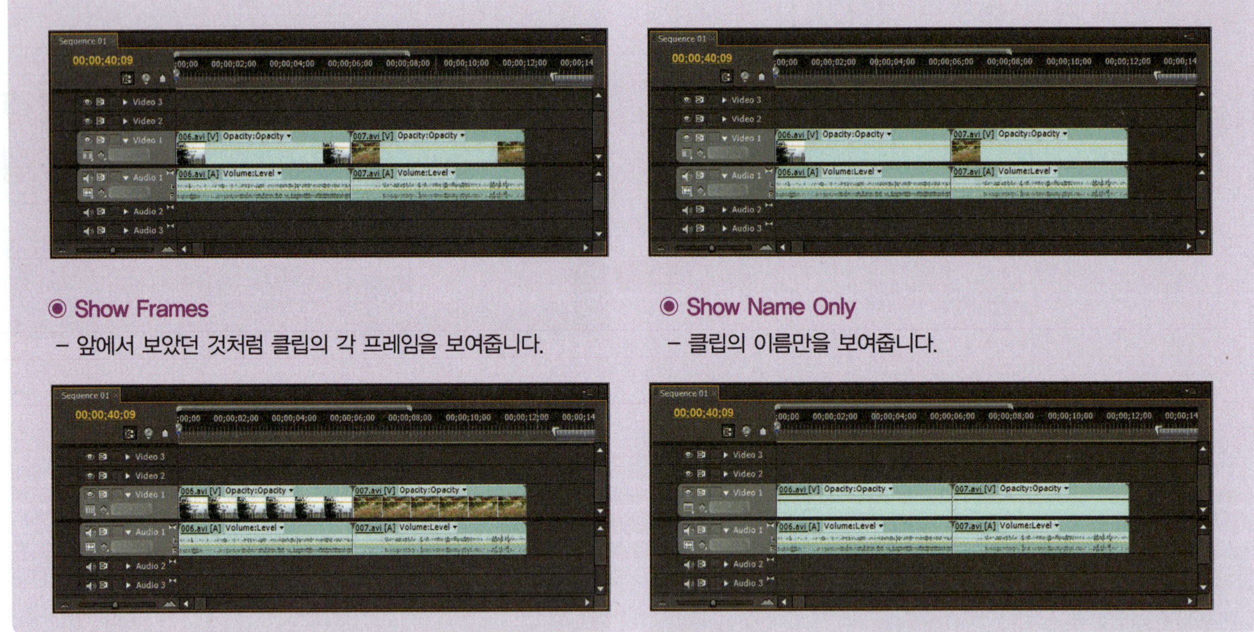

● **Show Frames**
– 앞에서 보았던 것처럼 클립의 각 프레임을 보여줍니다.

● **Show Name Only**
– 클립의 이름만을 보여줍니다.

03 오디오 트랙의 표시 형태도 변경할 수 있습니다. 오디오 클립이 등록되어 있는 Audio 1 트랙의 좌측에 있는 Set Display Style 버튼을 클릭하고 Show Name Only를 선택합니다.

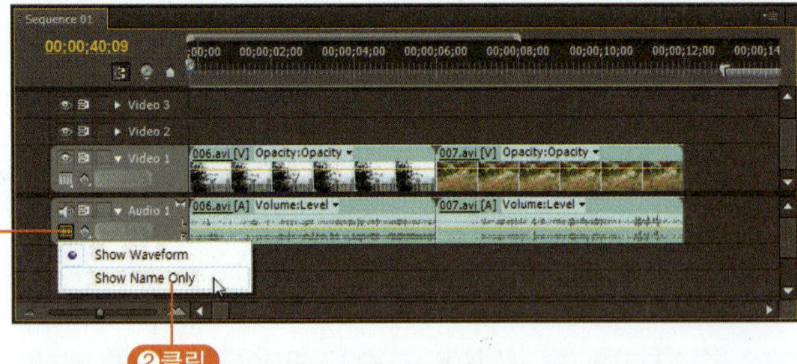

04 기본값은 Show Name Waveform으로서, 오디오 클립의 이름과 파형이 함께 표시되었지만 Show Name Only 선택하면 클립의 이름만 표시됩니다.

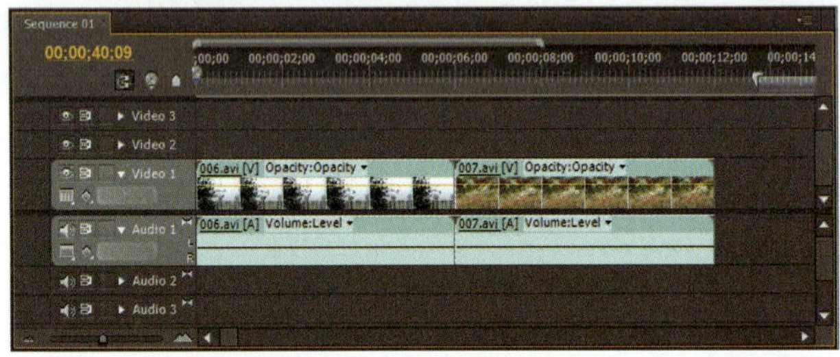

05 트랙에 등록된 클립의 프레임 크기를 변경할 수도 있습니다. 트랙 좌측에 이름이 표시되어 있는 부분에서 Video 1 트랙과 Video 2 트랙의 경계선을 위쪽으로 드래그합니다.

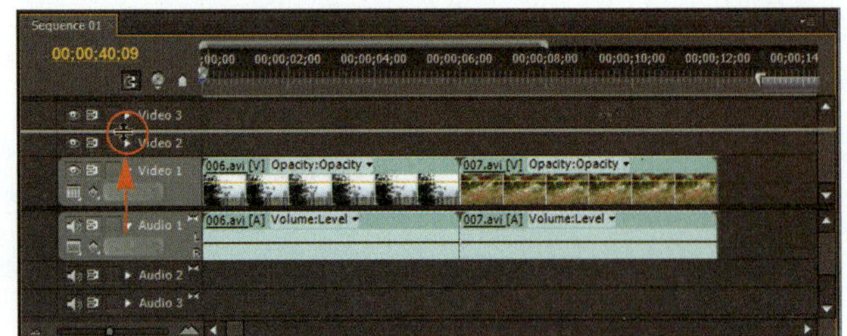

▷▷ 트랙의 경계선을 위쪽으로 드래그

06 트랙과 함께 클립의 프레임이 크게 나타나므로 클립의 내용을 보다 쉽게 파악할 수 있습니다. 단, 클립이 종횡비를 유지하면서 커지기 때문에 프레임 단위로 세밀하게 표시해주지는 못합니다.

Tip 트랙 헤더(Track Header)

트랙 이름과 여러 버튼, 아이콘 등이 나타나 있는 트랙의 좌측 부분은 "트랙 헤더"라고 부릅니다.

트랙의 출력 상태 변경하기

01 트랙 헤더의 위쪽을 보면 세 개의 버튼이 자리하고 있는데 가장 좌측에 있는 눈동자 모양의 Toggle Track Output 버튼을 클릭합니다.

02 눈동자 모양이 사라지며 프로그램 모니터에 현재 트랙에 등록된 클립이 보이지 않게 됩니다. 이 상태는 현재 트랙에 등록된 클립이 출력 대상에서 제외되는 것을 의미합니다. 여러 트랙에 클립을 등록하여 작업하는 경우, 특정 트랙의 클립이 출력되지 않은 상태에서 어떻게 나타나는지를 프리뷰하고자 할 때 사용합니다.

▷▷ 현재 트랙의 클립이 프로그램 모니터에 보이지 않습니다.

 **Tip** 한꺼번에 모든 트랙의 상태 변경하기

트랙 헤더 위쪽에 있는 세 개의 버튼은 단순히 클릭하면 해당 트랙의 버튼만 끄거나 켤 수 있으며 Shift 키를 누른 상태에서 클릭하면 전체 비디오 트랙이나 전체 오디오 트랙에 대하여 해당 버튼을 끄거나 켤 수 있습니다.

▶▶ Shift+클릭으로 전체 트랙의 버튼을 전환

트랙의 동기화 잠그기

Toggle Track Output 버튼 우측에 있는 Toggle Sync Lock 버튼은 특정 트랙에 놓인 클립이 다른 트랙에 놓인 클립을 동기화시킬 것인지의 유무를 설정합니다.

01 그림과 같이 Video 1 트랙에는 두 개의 클립을 나란히 등록하고 Video 2 트랙에는 Video 1 트랙의 두 번째 클립 중간 정도에 클립을 등록합니다.

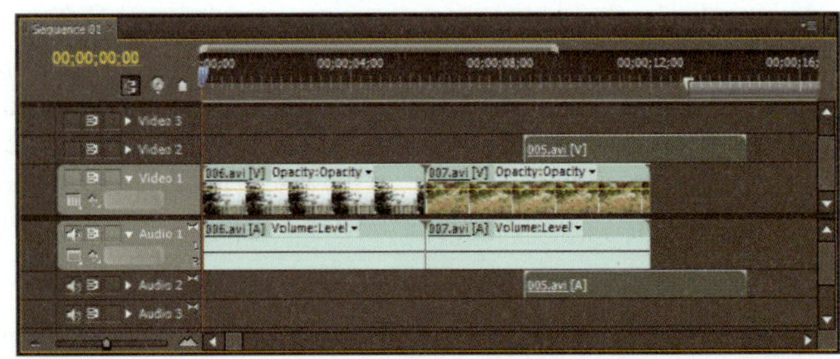

02 Video 1 트랙의 두 번째 클립을 우측으로 드래그하여 좌측의 클립과 약간의 공백이 생기도록 합니다. 공백은 리플(Ripple)이라고 부릅니다.

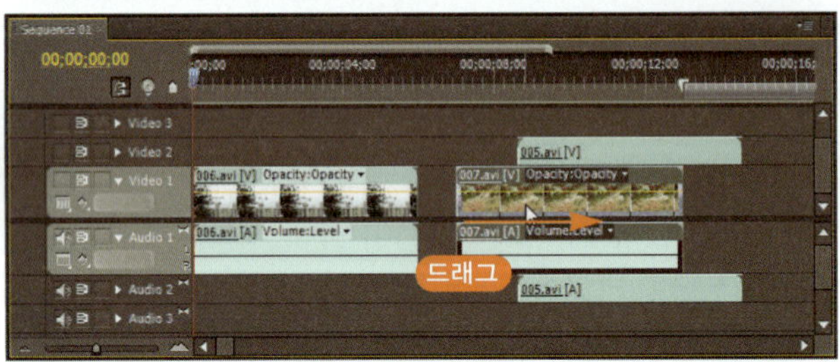

03 Video 1 트랙의 리플 영역 위에서 마우스 우측 버튼을 클릭하고 팝업 메뉴가 나타나면 Ripple Delete를 선택합니다.

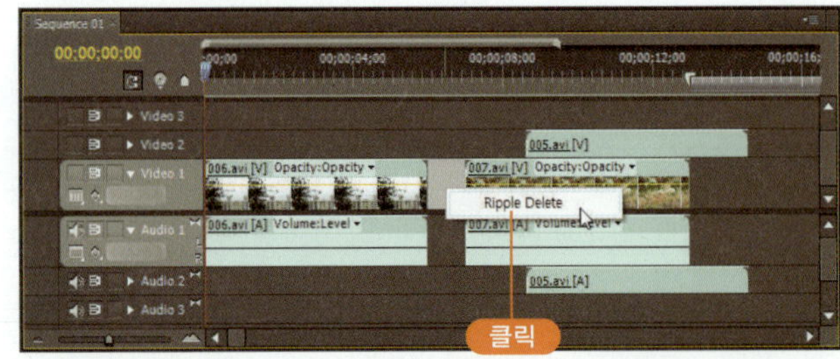

04 리플이 삭제됨에 따라 우측의 클립이 좌측의 클립과 붙게 됩니다. 아울러 Video 2 트랙의 클립도 동일한 길이로 함께 좌측으로 이동합니다. 이것은 Video 1 트랙의 Toggle Sync Lock 버튼이 켜져 있어 다른 트랙의 클립과 동기화되기 때문입니다.

05 Ctrl + Z 키를 눌러 작업을 취소하여 리플이 남아있는 상태로 되돌린 후, Video 2 트랙의 Toggle Sync Lock 버튼을 클릭합니다.

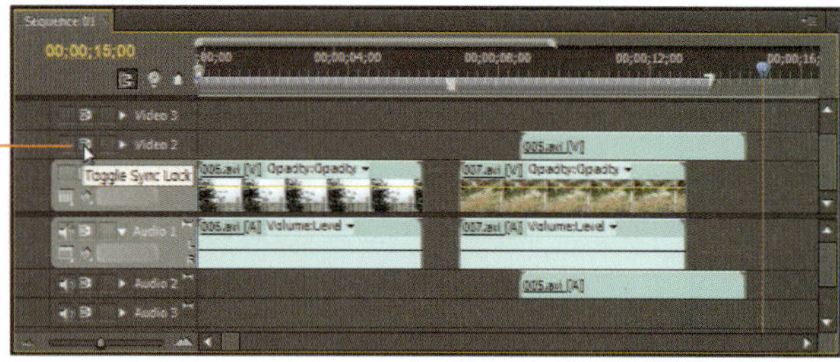

06 버튼이 해제 상태로 전환됩니다. 다시 Video 1 트랙의 리플 영역 위에서 마우스 우측 버튼을 클릭하고 Ripple Delete를 선택합니다.

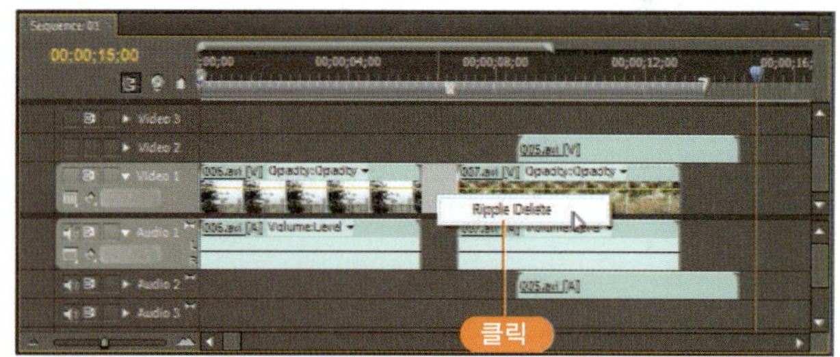

07 리플이 삭제되고 우측의 클립이 좌측으로 이동됩니다. 하지만 Video 2 트랙의 클립은 이전과 달리 이동되지 않고 제자리를 고수하고 있습니다. 이것은 Video 2 트랙의 Toggle Sync Lock 버튼이 꺼져 있어 다른 트랙의 클립과 동기화되지 않기 때문입니다. 클립의 좌측에는 리플 삭제로 인해 이동된 클립과의 거리가 표시됩니다.

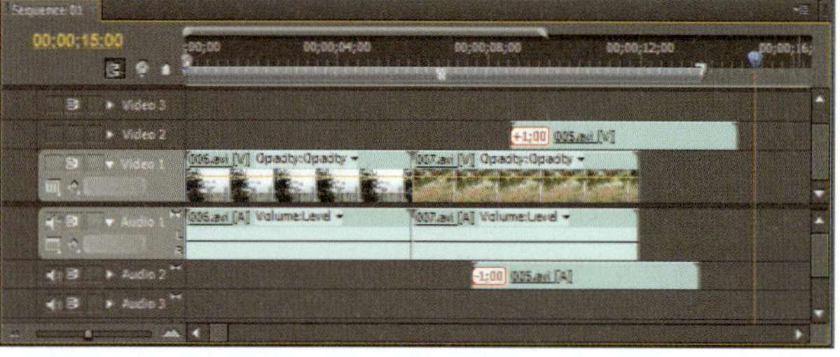

트랙 잠그기

트랙을 잠금 상태로 전환하여 해당 트랙의 모든 클립을 편집 불가능한 상태로 전환할 수도 있습니다.

01 Video 1 트랙 헤더에서 Toggle Track Lock 버튼을 클릭합니다.

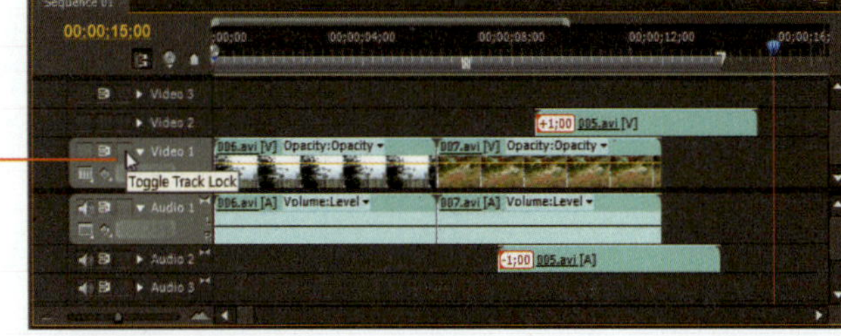

02 클릭했던 버튼 위에 자물쇠 모양이 나타남과 동시에 트랙에 등록된 클립 위에 사선이 표시됩니다. 트랙이 잠금 상태로 설정되었기 때문에 트랙에 놓인 클립을 편집할 수 없습니다. 따라서 마우스로 트랙에 등록된 클립을 드래그해도 이동되지 않으며 자를 수도 없고 삭제도 불가능합니다. 아울러 이 트랙에는 새로운 클립을 등록할 수도 없습니다. 작업 중 특정 트랙의 클립을 더 이상 편집할 필요가 없을 때 트랙을 잠금 상태로 전환해놓음으로써 실수로 편집되는 사태를 방지하는 데 사용합니다.

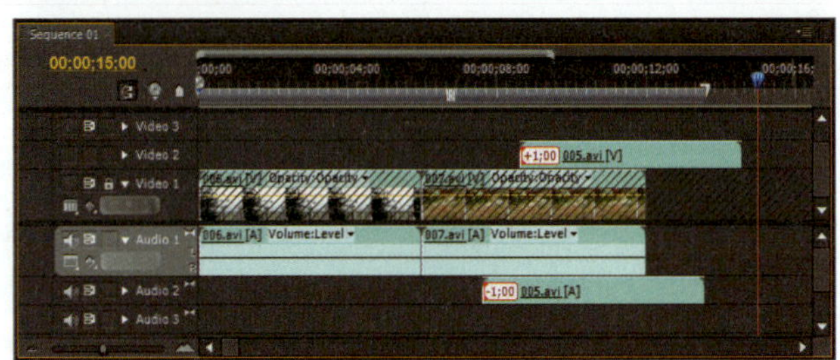

▶▶ 트랙 잠금 – 편집 불가능 상태

> **Tip** 토글 형식의 버튼들
>
> 토글(Toggle)은 꺼짐과 커짐이 반복되는 형태를 의미합니다. 따라서 Toggle Track Output이나 Toggle Sync Lock, Toggle Track Lock 등의 버튼은 마우스로 클릭할 때마다 해당 기능이 켜지거나 꺼지게 됩니다.

시작 지점 변경하기

길이가 긴 클립으로 작업할 때 전체 구간을 살펴보기 번거롭다면 타임라인의 시작 지점을 변경함으로써 특정 뒷부분을 편리하게 살펴볼 수 있습니다.

01 타임라인 패널의 우측 상단에서 삼각형 모양의 옵션 버튼을 클릭하여 타임라인 패널 메뉴가 나타나면 Sequence Zero Point를 선택합니다.

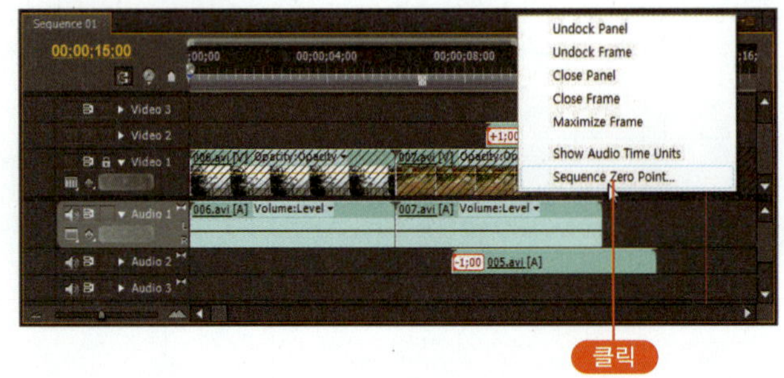

02 Sequence Zero Point 대화상자가 나타납니다. 제로 포인트는 타임룰러의 시작 눈금 지점을 의미합니다. 기본적으로 제로 포인트는 00:00:00:00부터 시작하지만 특정 지점부터 클립을 보고자 할 때 원하는 값을 지정해줄 수 있습니다. 대화상자에 표시되는 타임코드를 드래그하거나 클릭하여 원하는 제로 포인트 값을 지정하고 OK 버튼을 클릭합니다.

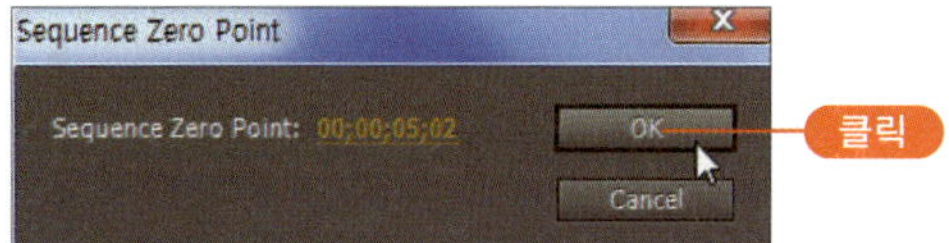

03 타임룰러의 가장 좌측 지점인 시작 지점의 눈금을 보면 새로 지정한 타임코드 값으로 변경되어 있는 것을 볼 수 있습니다. 클립의 지속시간이 긴 경우, 특정 지점부터 클립의 상태를 프리뷰하고자 할 때 유용합니다.

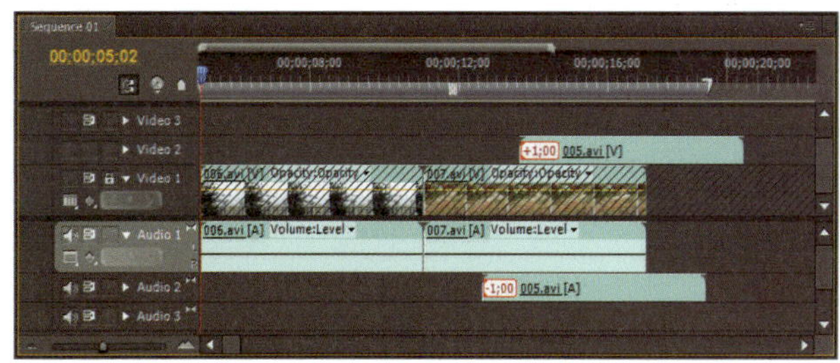

트랙 이름 변경하기

여러 트랙으로 작업하는 경우, 트랙에 등록되는 클립의 성격이나 적용하는 효과에 따라 트랙의 이름을 적절히 지정해 놓으면 트랙의 성격을 쉽게 식별할 수 있습니다.

01 트랙 헤더에서 트랙의 이름이 표시되어 있는 부분을 마우스 우측 버튼으로 클릭하고 팝업 메뉴가 나타나면 Rename을 선택합니다.

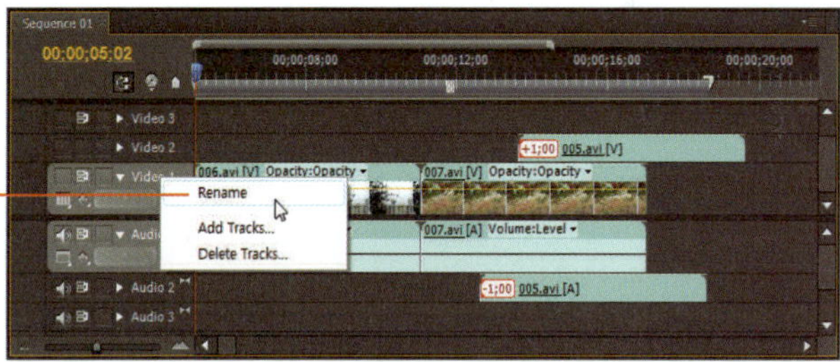

02 이름 부분이 편집 상태로 전환됩니다. 원하는 이름을 입력하고 **Enter** 키를 눌러 변경합니다.

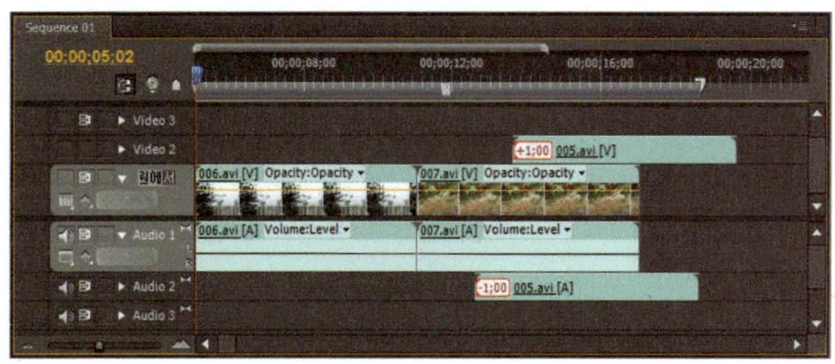

Tip 트랙 헤더의 폭 변경하기

트랙 헤더의 우측 경계선을 드래그하면 트랙 헤더의 폭을 변경할 수 있습니다. 따라서 트랙의 이름을 길게 입력함으로 인해 이름 전체가 모두 나타나지 않을 경우에는 트랙 헤더 경계선을 우측으로 드래그하여 폭을 키워주면 제대로 나타나게 될 것입니다.

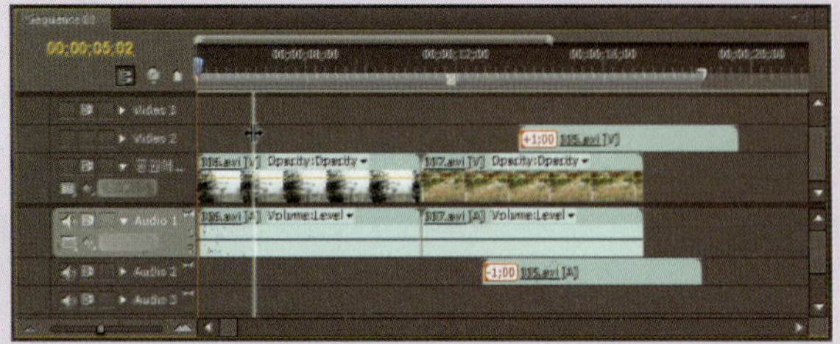

▷▷ 트랙 헤더 경계선을 우측으로 드래그

▷▷ 트랙 헤더의 폭이 변경됩니다

Chapter 16

소스 모니터와 프로그램 모니터 다루기

소스 모니터는 편집하고자 하는 클립의 내용을 미리 살펴보고 필요한 부분만을 취하여 타임라인 패널로 보낼 때 사용하며, 프로그램 모니터는 타임라인 패널에 등록되어 현재 편집 중인 클립의 상태를 보여주는 역할을 합니다. 이들 두 모니터는 작업에 사용되는 소스와 편집 결과를 면밀하게 모니터링함으로서 작업의 효율성을 높여줍니다.

1 소스 모니터와 프로그램 모니터의 구성 요소

소스 모니터의 프로그램 모니터를 구성하고 있는 각 요소를 살펴보겠습니다. 각 요소는 가급적, 마우스 포인터를 올려놓았을 때 팝업 형태로 나타나는 이름을 사용합니다. 한글 명칭을 사용할 경우 혼란스러울 수 있기 때문입니다.

소스 모니터와 프로그램 모니터

프로젝트 패널이나 이펙트 패널에 RapidFind라고 부르는 검색창이 추가되어 해당 패널에 존재하는 클립이나 효과 등을 신속하게 검색할 수 있습니다.

- **소스 뷰** – 소니 모니터에 등록된 클립을 보여줍니다.
- **클립 선택 메뉴** – 소스 모니터에 등록된 클립의 목록이 나타나며 원하는 클립을 선택하여 소스 뷰에 나타나도록 합니다.
- **소스 모니터 메뉴** – 소스 뷰에 나타나는 클립의 보는 형식과 화질 등을 선택합니다.

- **시퀀스 탭** – 타임라인 패널과 동일하게 각 시퀀스가 탭의 형태로 나타납니다.
- **프로그램 뷰** – 타임라인 패널에 등록된 클립을 보여줍니다.
- **프로그램 모니터 메뉴** – 프로그램 뷰에 나타나는 클립을 보는 형식과 화질 등을 선택합니다.
- **소스 모니터 컨트롤** – 소스 모니터에 등록된 클립의 재생, 인 점, 아웃 점 설정과 관련된 컨트롤들입니다.
- **프로그램 모니터 컨트롤** – 타임라인 패널에 등록된 클립의 재생, 인 점, 아웃 점 설정과 관련된 컨트롤들입니다.

소스 모니터 컨트롤

각 모니터에는 타임라인 패널처럼 타임룰러(Time Ruler)와 현재 시간 표시자(Current time indicator), 보기 영역 바 (Viewing area bar) 등이 존재하며 클립의 다양한 조작을 위한 컨트롤이 자리하고 있습니다.

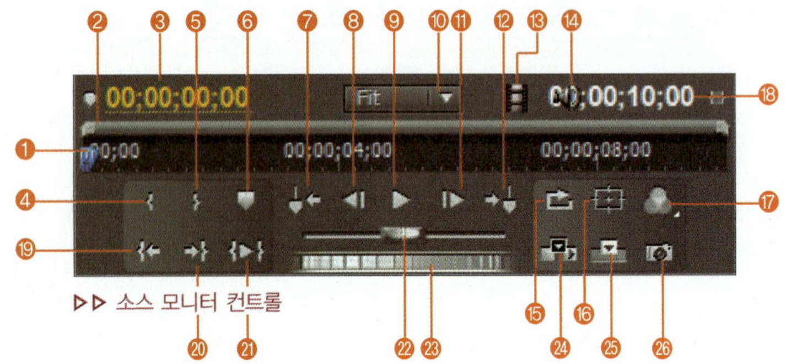

❶ **현재 시간 표시자** – 현재 클립의 위치를 가리킵니다.

❷ **보기 영역 바(Viewing Area bar)** – 타임룰러의 눈금 단위나 프리뷰 영역을 이동합니다.

❸ **현재 타임코드** – 현재 시간 표시자가 가리키고 있는 지점의 타임코드를 표시합니다.

❹ **Set In Point** – 현재 시간 표시자가 가리키고 있는 지점을 인 점으로 설정합니다.

❺ **Set Out Point** – 현재 시간 표시자가 가리키고 있는 지점을 아웃 점으로 설정합니다.

❻ **Set Unnumbered Marker** – 현재 시간 표시자가 가리키고 있는 지점에 비숫자 마커를 생성합니다.

❼ **Go To Previous Marker** – 이전 마커 지점으로 이동합니다.

❽ **Step Back** – 1 프레임 이전 프레임으로 이동합니다.

❾ **Play/Stop** – 클립을 재생/정지시킵니다.

❿ **View Zoom Level** – 소스 뷰에 나타나는 클립의 크기를 확대하거나 축소합니다.

⓫ **Step Forward** – 1 프레임 다음 프레임으로 이동합니다.

⓬ **Go To Next Marker** – 다음 마커 지점으로 이동합니다.

⓭ **Drag Video Only** – 버튼을 타임라인의 비디오 트랙으로 드래그하여 현재 클립의 비디오 부분만을 등록합니다.

⓮ **Drag Audio Only** – 버튼을 타임라인의 오디오 트랙으로 드래그하여 현재 클립의 오디오 부분만을 등록합니다.

⓯ **Loop** – 인 점과 아웃 점 구간을 반복하여 재생하도록 합니다. Loop 버튼은 단순히 반복 여부를 지정하는 것이므로 재생은 Play 버튼을 클릭해야 합니다.

⑯ **Safe Margins** – 소스 뷰에 안전 여백을 표시합니다.

⑰ **Output** – 색상 보정에 사용되는 표시 형태와 소스 뷰에 표시되는 클립의 화질 옵션 등을 선택합니다.

⑱ **지속시간** – 인 점과 아웃 점 사이의 지속 시간을 표시합니다. 인 점과 아웃 점이 설정되지 않은 경우 클립의 전체 구간에 대한 지속 시간이 표시됩니다.

⑲ **Go To In point** – 인 점 위치로 이동합니다.

⑳ **Go To Out point** – 아웃 점 위치로 이동합니다.

㉑ **Play In point to Out point** – 인 점과 아웃 점 사이의 구간을 재생합니다.

㉒ **Shuttle** – 드래그하여 프레임을 이동시킵니다. 정밀하게 특정 프레임을 찾는 데 사용합니다.

㉓ **Jog** – 드래그하여 프레임을 이동시킵니다. 양쪽으로 멀리 드래그할수록 프레임의 재생이 빨라집니다.

㉔ **Insert** – 인 점과 아웃 점으로 설정된 구간을 타임라인 패널의 현재 시간 표시자 지점에 삽입합니다.

㉕ **Overlay** – 인 점과 아웃 점으로 설정된 구간을 타임라인 패널의 현재 시간 표시자 지점에 오버레이(덮어씌움)합니다.

㉖ **Export Frame** – 현재 프레임을 이미지 파일로 저장합니다.

프로그램 모니터 컨트롤

프로그램 모니터의 컨트롤은 소스 모니터의 컨트롤과 동일한 것들이 많으므로 여기에서는 프로그램 모니터에만 존재하는 컨트롤만을 살펴봅니다.

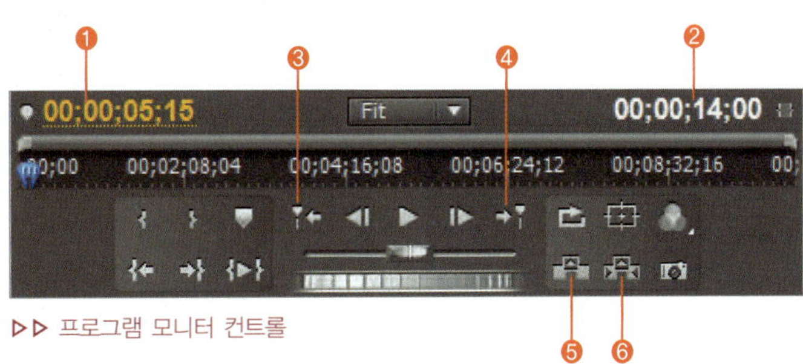

▷▷ 프로그램 모니터 컨트롤

❶ **현재 타임코드** – 타임라인 패널의 현재 시간 표시자가 가리키고 있는 지점의 타임코드를 표시합니다.

❷ **지속시간** – 타임라인 패널에 등록된 전체 클립의 지속 시간이나 인 점과 아웃 점 사이의 지속 시간을 표시합니다.

❸ **Go to Previous Edit Point** – 타임라인 패널에 여러 클립이 등록되어 있는 경우, 현재 시간 표시자를 이전 클립과의 경계 지점으로 이동시킵니다.

❹ **Go to Next Edit Point** – 타임라인 패널에 여러 클립이 등록되어 있는 경우, 현재 시간 표시자를 다음 클립과의 경계 지점으로 이동시킵니다.

❺ **Lift** – 인 점과 아웃 점으로 설정한 구간을 타임라인 패널에서 삭제하며 삭제된 구간은 공백으로 남습니다.

❻ **Extract** – 인 점과 아웃 점으로 설정한 구간을 타임라인 패널에서 삭제하며 삭제된 구간은 공백으로 남지 않습니다.

2 소스 모니터에 클립 등록하기

소스 모니터는 클립을 타임라인 패널에 등록하기 전에 미리 살펴보거나 인 점과 아웃 점을 지정하여
특정 구간만을 타임라인 패널에 등록하고자 할 때 사용합니다.

01 새 프로젝트를 시작하고 File〉Import를 선택하거
나 프로젝트 패널의 바탕 영역을 더블 클릭하여
Import 대화상자가 나타나면 부록 DVD의 [Source] 폴더
에 있는 5개의 AVI 무비 클립을 선택한 후, [열기] 버튼
을 클릭합니다.

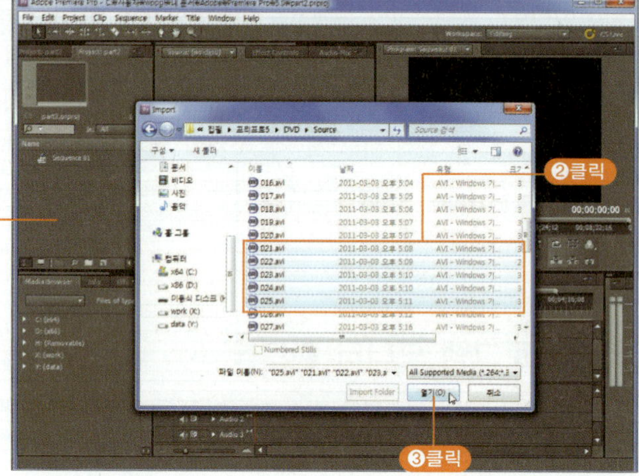

02 선택한 클립들이 프로젝트 패널에 등록되어 나타
납니다. 클립 중 하나를 더블 클릭합니다.

03 해당 클립이 소스 모니터에 등록되어 나타납니다.
클립 하나만을 소스 모니터에 등록할 때는 이렇
게 원하는 클립의 목록을 더블 클릭하는 것이 빠릅니다.
프로젝트 패널에 등록된 나머지 클립을 한꺼번에 선택하
고 이들을 소스 모니터로 드래그합니다.

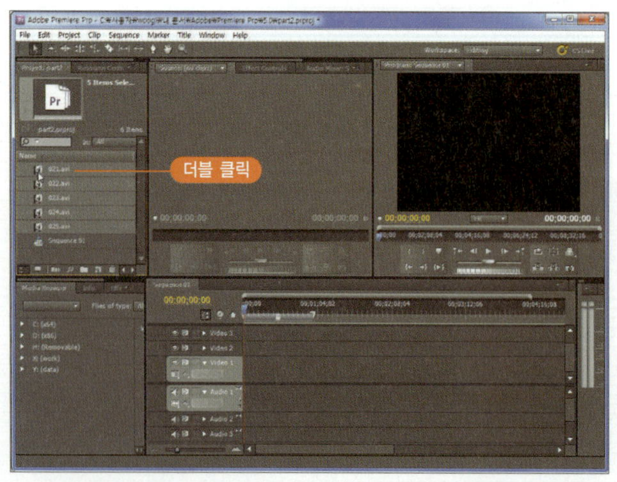

04 드래그한 클립들이 소스 모니터에 등록됩니다. 소스 모니터의 소스 뷰에는 기본적으로 프로젝트 패널에서 마지막에 드래그된 클립이 표시됩니다. 상단에 있는 클립 선택 메뉴 버튼을 클릭하면 현재 소스 모니터에 등록된 클립 목록들을 볼 수 있으며 목록 가장 아래에는 현재 소스 뷰를 통해 보여주는 클립이 선택 상태로 표시되고 있습니다.

05 클립 선택 메뉴에서 Close를 선택하면 현재 소스 모니터에 나타나고 있는 클립이 소스 뷰의 클립 선택 메뉴에서 제거되며 Close All을 선택하면 소스 모니터에 등록된 모든 클립이 메뉴에서 제거됩니다.

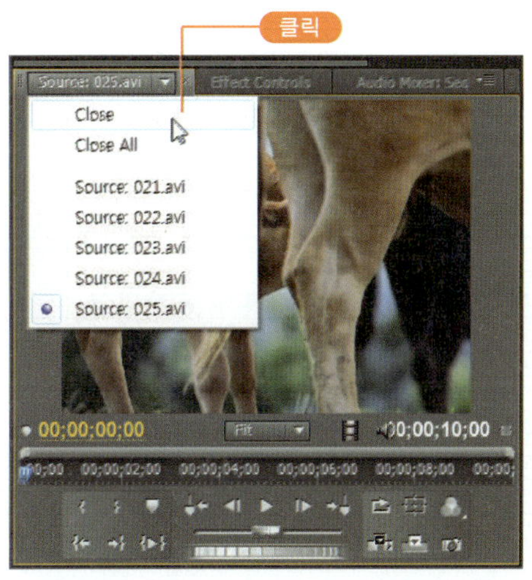

3 소스 모니터의 클립을 타임라인에 등록하기

소스 모니터에 등록된 클립은 클립의 전체 영역을 타임라인 패널의 트랙에 그대로 등록할 수 있을 뿐 아니라 인 점과 아웃 점을 설정하여 특정 구간만 등록할 수도 있습니다.

01 소스 모니터에 클립 하나를 등록한 후, 소스 모니터의 현재 시간 표시자를 2초 지점으로 이동하고 Set In Point 버튼을 클릭합니다.

02 현재 시간 지점에 인 점이 설정됩니다. 다시 현재 시간 표시자를 클립의 끝 지점으로부터 2초 정도 앞 지점에 두고 Set Out Point 버튼을 클릭합니다.

Tip 소스 모니터와 프로그램 모니터의 타임코드 표시

소스 모니터나 프로그램 모니터에는 모두 클립의 아래에 두 개의 타임코드 표시 부분이 있습니다. 두 모니터 모두 좌측의 타임코드는 현재 시간 표시자가 위치하고 있는 지점을 표시하며 우측의 타임코드는 소스 모니터의 경우, 인 점과 아웃 점 사이의 구간에 대한 지속 시간을 표시합니다. 따라서 인 점이나 아웃 점을 설정하면 우측의 타임코드가 다르게 나타나는 것을 볼 수 있습니다. 물론 인 점과 아웃 점을 설정하지 않았다면 전체 클립의 지속 시간이 표시됩니다. 프로그램 모니터의 경우에도 역시 인 점과 아웃 점 사이의 구간에 대한 지속시간을 표시해주며, 인 점과 아웃 점을 설정하지 않았다면 타임라인 패널에 등록된 전체 클립의 지속시간을 표시합니다.

03 소스 모니터의 소스 뷰 내부를 클릭하고 타임라인 패널의 Video 1A 트랙의 시작 지점으로 드래그합니다.

04 타임라인 패널의 타임룰러나 프로그램 모니터 우측의 타임코드를 보면 원래 클립의 전체 구간이 아닌, 인 점과 아웃 점 구간만 등록된 것을 알 수 있습니다. 인 점과 아웃 점을 별도로 설정하지 않고 드래그했다면 클립의 전체 구간이 등록되었을 것입니다.

Tip 비디오나 오디오만 등록하기

타임라인 패널에 등록된 무비 클립은 비디오와 오디오를 분리한 다음 한쪽만 삭제할 수도 있지만 미리 소스 모니터에서 한쪽만을 타임라인으로 보낼 수도 있습니다.

● **비디오만 등록하기**

소스 모니터의 Drag Video Only 버튼을 클릭하고 타임라인 패널의 비디오 트랙으로 드래그합니다. 무비 클립이지만 비디오만 등록됩니다.

● **오디오만 등록하기**

소스 모니터의 Drag Audio Only 버튼을 클릭하고 타임라인 패널의 오디오 트랙으로 드래그하면 무비 클립의 오디오만 등록됩니다.

4 Insert와 Overlay

타임라인 패널의 트랙에 클립이 등록되어 있는 상태에서 새로운 클립을 등록할 때는 인서트(Insert)와 오버레이(Overlay) 등의 방식을 사용할 수 있습니다. 직접 클립을 등록해보면서 두 방식의 차이를 살펴보도록 하겠습니다.

01 새 프로젝트를 시작하고 부록 DVD의 [Source] 폴더에서 "021.avi"와 "022.avi" 두 개의 클립을 불러온 후, 프로젝트 패널에 나타난 두 클립을 모두 소스 모니터로 드래그합니다.

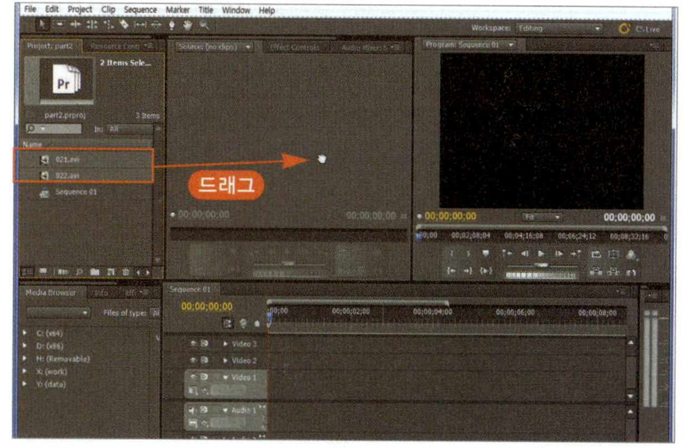

02 소스 모니터의 클립 선택 메뉴에서 "021.avi" 클립을 선택하여 소스 뷰에 나타나게 한 후, 소스 뷰를 클릭하고 타임라인 패널 Video 1 트랙의 시작 지점으로 드래그합니다.

03 소스 모니터의 클립 선택 메뉴에서 "022.avi"를 선택하고 이것을 앞에서 등록한 클립이 있는 타임라인 패널 Video 1 트랙의 6초 지점으로 드래그합니다. 프로그램 모니터의 좌측 타임코드 표시 부분에 현재 마우스 위치의 타임코드가 표시되므로 정확한 위치를 찾을 수 있습니다. 마우스 포인터 우측에는 아래쪽을 향하고 있는 화살표가 나타납니다.

> **잠깐만요!! 타임라인의 눈금 단위를 적절히 변경하세요**
>
> 예제에 사용하는 클립은 지속 시간이 짧아 타임라인에 잘 표시되지 않습니다. 특별한 언급이 없어도 타임라인 패널의 줌 버튼이나 줌 슬라이더로 눈금의 단위가 작게 나타나도록 하여 클립이 잘 나타날 수 있도록 조절하여 작업하기 바랍니다.

04 마우스 버튼을 놓으면 현재 위치인 4초 지점에 새로운 클립이 등록되는데, 이 자리에 먼저 등록되어 있던 이전 클립은 새로운 클립으로 대체됩니다. 즉, 해당 부분만큼 덮어 씌워지는 것입니다. 이러한 방식으로 클립이 삽입되는 것을 오버레이(Overlay)라고 합니다.

05 **Ctrl** + **Z** 키를 눌러 작업을 취소하고 이번에는 **Ctrl** 키를 누른 상태에서 소스 뷰의 클립을 타임라인 패널 Video 2 트랙의 4초 지점으로 드래그합니다. 마우스 포인터 우측의 화살표 방향이 우측을 향하고 있는 것을 볼 수 있습니다. 아울러 현재 마우스 포인터 지점을 기준으로 세로선이 나타나며 각 트랙에 삼각형 표시가 나타납니다.

06 마우스 버튼을 놓으면 앞에서 보았던 오버레이 방식과 다른 결과가 나타납니다. 즉, 드래그한 트랙에 새로운 클립이 삽입되고, 이 위치에 있던 클립은 새로운 클립의 길이만큼 뒤로 밀려나게 됩니다. 이러한 편집 방식은 인서트(Insert)라고 합니다. 이때, 다른 트랙의 클립도 새로 삽입된 클립의 길이만큼 뒤로 밀려 나가게 됩니다.

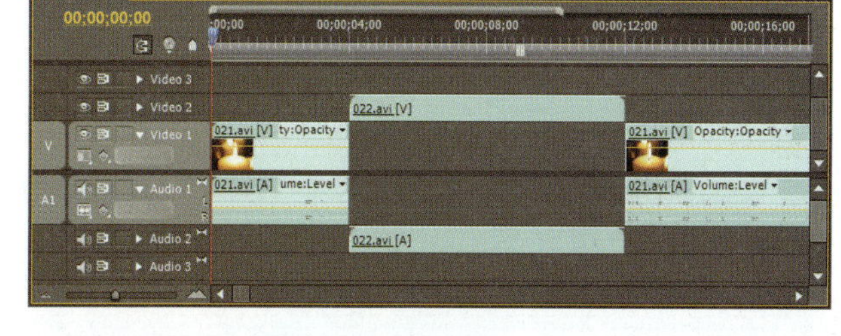

07 다시 **Ctrl** + **Z** 키를 눌러 작업을 취소합니다. 이번에는 **Ctrl** 키와 **Alt** 키를 모두 누른 채로 소스 뷰의 클립을 Video 2 트랙의 4초 지점으로 드래그합니다. 인서트 방식과 달리 마우스 포인터 우측에 화살표와 사선이 나타납니다.

08 마우스 버튼을 놓습니다. 새 클립이 현 위치에 삽입되고 이에 따라 이미 존재하던 클립은 그만큼 뒤로 밀려나는 인서트 편집이 이루어집니다. 하지만 앞에서와 달리 클립을 드래그한 트랙에만 인서트됩니다. 즉, 다른 트랙의 클립에는 아무런 영향을 미치지 않습니다.

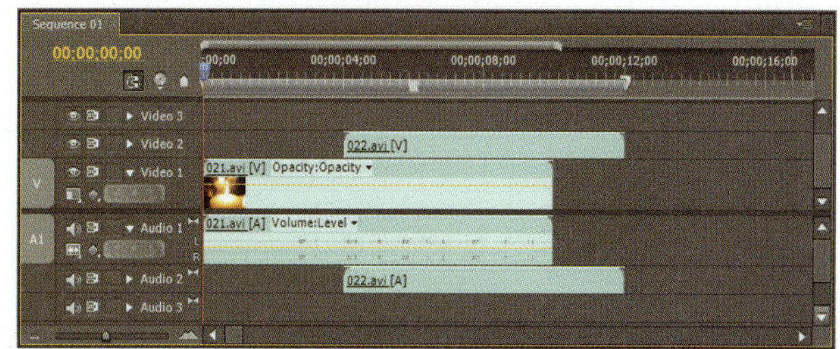

Tip **프로젝트 패널에서 타임라인으로 등록할 때의 Insert, Overlay**

프로젝트 패널에 등록된 클립도 타임라인 패널의 트랙으로 드래그할 때 앞에서 보았던 모든 방법이 적용됩니다. 즉, 곧바로 드래그하면 Overlay 편집이, **Ctrl**+드래그하면 모든 트랙에 인서트 편집이, **Ctrl** + **Alt** +드래그하면 대상 트랙에만 인서트 편집이 이루어집니다. 하지만 클립의 내용을 파악하고 특정 구간만을 지정하여 타임라인 패널에 등록하기 위해서는 소스 모니터를 이용하는 것이 바람직합니다.

09 소스 모니터의 하단 우측에 있는 Insert 버튼과 Overlay 버튼으로도 클립을 인서트와 오버레이 방식으로 삽입할 수 있습니다. 다시 **Ctrl**+ **Z** 키를 눌러 작업을 취소하고 타임라인 패널의 현재 시간 표시자를 4초 지점에 둔 다음, 소스 모니터의 Overlay 버튼을 클릭합니다.

10 소스 뷰의 클립이 현재 에디트 라인의 위치에 오버레이 방식으로 삽입됩니다. 아울러 새로운 클립의 삽입으로 인해 클립의 길이만큼 에디트 라인은 뒤로 이동합니다.

11 **Ctrl**+ **Z** 키를 눌러 오버레이 삽입을 취소하고 Insert 버튼을 클릭합니다.

12 소스 뷰의 클립이 현재 에디트 라인의 위치에 인서트 방식으로 삽입됩니다. 오버레이 때와 마찬가지로 에디트 라인은 삽입된 클립의 길이만큼 뒤로 이동합니다.

 **Tip 대상 트랙의 지정**

Insert나 Overlay 버튼을 클릭한 경우에는 트랙 헤더가 밝은 회색으로 나타나는 트랙을 대상으로 삽입이 이루어집니다. 이러한 트랙을 대상 트랙, 또는 타겟 트랙(Target Track)이라고 부릅니다. 대상 트랙으로 지정하려면 트랙 헤더 부분을 드래그하고 클릭해야 합니다.

하지만 소스 모니터에 클립이 등록된 상태에서는 대상 비디오 트랙에 "V"가, 대상 오디오 트랙에 "A1" 등의 표시가 트랙 헤더 좌측에 표시가 나타나며 이것을 드래그하여 옮겨주어야 대상 트랙으로 설정됩니다.

예를 들어, Video 2 트랙을 대상 트랙으로 지정하려면 Video 1 트랙의 헤더 부분 좌측의 "V" 표시를 Video 2 트랙으로 드래그하고 Video 2 트랙의 헤더 부분을 클릭하여 밝은 회색으로 나타나게 하면 됩니다.

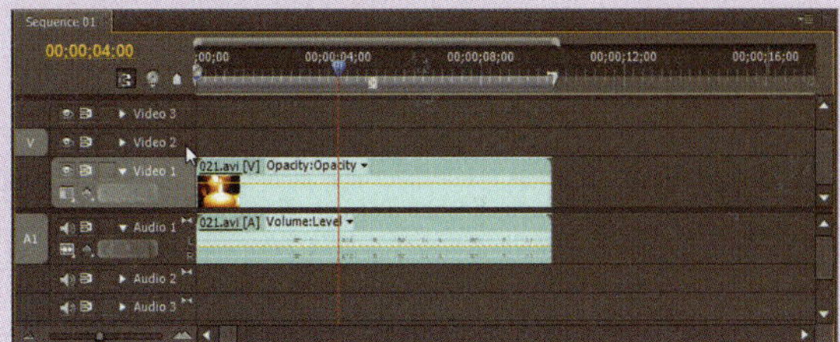

▶▶ "V" 표시를 드래그하고 트랙 헤더를 클릭

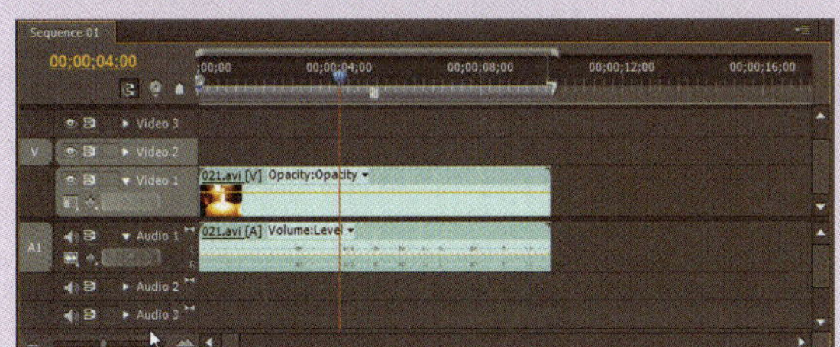

▶▶ 대상 트랙으로 지정된 Video 2 트랙

13 소스 모니터의 클립을 프로그램 모니터로 드래그해도 타임라인 패널의 트랙에 클립이 등록됩니다. 이때 클립은 소스 모니터의 오버레이 버튼을 클릭한 것처럼 현재 선택된 트랙의 에디트 라인 위치에 오버레이 방식으로 삽입됩니다.

▶▶ 소스 모니터의 클립을 프로그램 모니터로 드래그

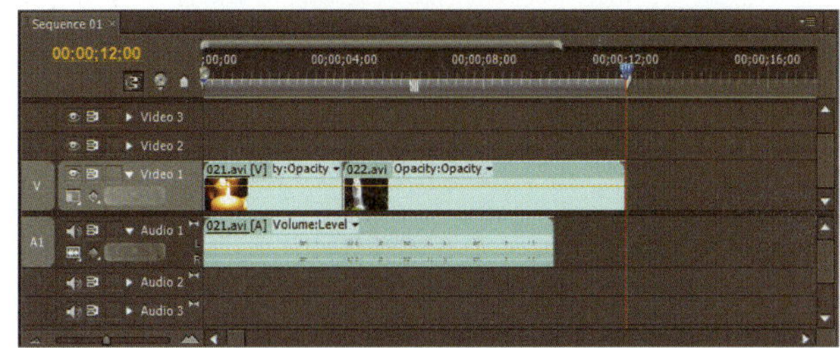

▶▶ 오버레이 방식으로 클립이 등록

5 | Lift와 Extract

프로그램 모니터도 소스 모니터와 마찬가지로 클립의 재생과 특정 지점의 검색을 위한 컨트롤들을 가지고 있으나 소스 모니터가 개개의 클립만을 보여주는 데 비하여 프로그램 모니터는 타임라인 패널의 트랙에 등록된 클립들의 전체 구간을 보여준다는 차이점을 가지고 있습니다. 따라서 인 점과 아웃 점도 각각의 클립이 아니라 트랙에 등록된 클립의 전체 구간에 대하여 설정하게 됩니다.

01 부록 DVD의 [Source] 폴더에 있는 "021.avi", "022.avi" 클립을 타임라인 패널의 Video 1 트랙에 이름순으로 나란히 등록합니다. 앞에서 사용했던 클립입니다.

02 프로그램 모니터에서 현재 시간 표시자를 3초 지점에 두고 Set In Point 버튼을 클릭한 후, 현재 시간 표시자를 15초 지점에 두고 Set Out Point 버튼을 클릭합니다. 각각 해당 지점을 인 점과 아웃 점으로 설정하는 것입니다. 지정한 인 점과 아웃 점은 타임라인 패널의 타임룰러에도 표시됩니다.

▶▶ 3초에서 Set In Point

▶▶ 15초에서 Set Out Point

 **프로그램 모니터에서 인 점과 아웃 점을 설정할 때**

타임라인에 등록된 클립의 길이는 짧은데 프로그램 모니터의 타임라인 눈금의 단위가 크면 원하는 지점을 인 점과 아웃 점으로 정확히 설정하기가 곤란합니다. 이럴 때는 방향키를 사용하여 프레임 단위로 조금씩 이동시키는 것이 좋습니다. 그렇지 않으면, 프로그램 모니터의 타임룰러 바로 위에 있는 보기 영역 바의 좌측 끝을 우측으로 드래그하거나 우측 끝을 좌측으로 드래그하여 눈금 단위를 작게 변경하고 작업하는 것이 좋습니다.

▶▶ 눈금 단위가 큼 – 특정 위치 찾기 곤란

▶▶ 눈금 단위가 작음 – 특정 위치 찾기 쉬움

03 프로그램 모니터의 Lift 버튼을 클릭합니다. 타임라인 패널의 트랙을 보면 다음과 같이 인 점과 아웃 점으로 설정한 부분이 잘려나가는 것을 볼 수 있습니다. 잘려나간 부분은 공백으로 남습니다.

04 **Ctrl** + **Z** 키를 눌러 타임라인의 클립을 이전 상태로 되돌린 다음, Extract 버튼을 클릭합니다.

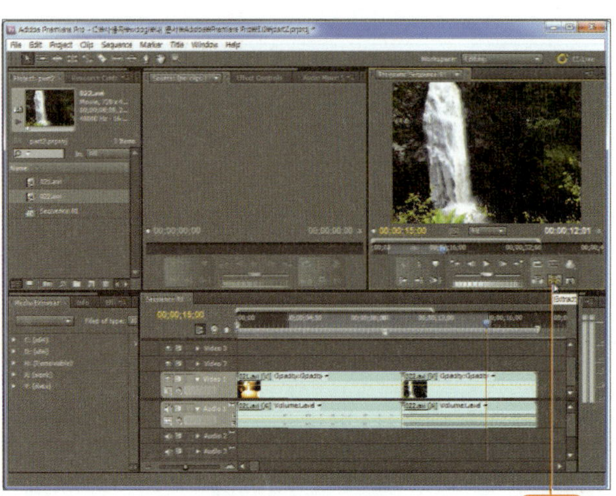

05 역시 인 점과 아웃 점으로 설정한 부분이 잘려나가되 이번에는 뒤쪽에 있는 클립이 앞으로 당겨져 공백이 사라지는 것을 볼 수 있습니다. 따라서 전체 클립의 지속시간도 줄어들게 됩니다.

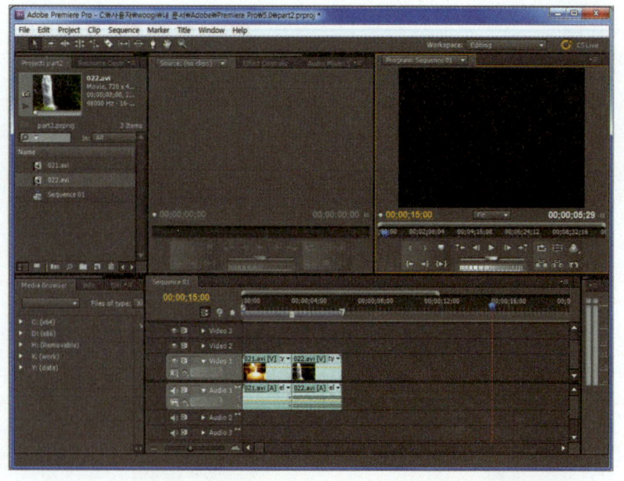

6 모니터 패널의 다양한 보기 옵션들

모니터 패널의 클립 표시 형태를 비롯하여 다양한 옵션을 가지고 있습니다. 소스 모니터와 프로그램 모니터는 동일한 옵션을 가지고 있으므로 프로그램 모니터의 경우를 살펴보겠습니다.

프레임 크기 조절하기

모니터 패널의 뷰는 실제 크기와 상관없이 프로젝트 설정에서 지정한 프레임 사이즈를 가리키며 Zoom Level 메뉴를 통해 등록된 클립을 축소, 또는 확대하여 볼 수 있습니다.

▶▶ Zoom Level 메뉴

기본적으로 Fit로 설정되어 있어 프로젝트 설정에서 지정한 프레임 사이즈와 동일한 클립에 대해서는 뷰의 크기에 꽉 차게 나타납니다. 예를 들어, 프로젝트 설정에서 Editing Mode를 DV Playback으로 설정하면, 프레임 사이즈는 720X480이 되므로 모니터 패널의 각 뷰 역시 720X480 크기를 의미하게 되며 DV 캠코더에서 캡처한 클립은 모니터 패널의 뷰에 꽉 차게 나타납니다.

Zoom Level 메뉴의 각 퍼센트(%) 값은 뷰의 크기에 대한 비율이 아니라 실제 클립에 대한 비율을 가리킵니다. 따라서 100%는 실제 클립의 크기로 나타납니다.

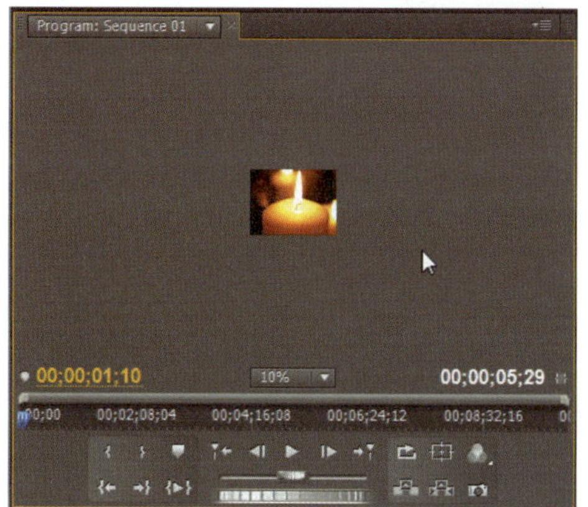

▷▷ View Zoom Level – 10%

▷▷ View Zoom Level – 25%

▷▷ View Zoom Level – 50%

▷▷ View Zoom Level – 100%

만약, 클립의 크기가 뷰의 크기보다 크게 나타나도록 하였다면 클립의 다른 부분을 살펴보기 위해 우측이나 아래에 있는 스크롤바를 드래그하거나 프로그램 모니터의 크기를 키워주어야 할 것입니다. 또는 **Ctrl** 키를 누른 채로 모니터 패널의 탭 좌측 부분을 드래그하여 플로팅 윈도우로 꺼내 놓고 윈도우의 크기를 키워주어야 할 것입니다.

▷▷ 플로팅 윈도우 상태에서 크게 변경한 프로그램 모니터

화질 선택하기

모니터 패널에 나타나는 클립의 화질은 Output 버튼을 클릭하고 Playback Resolution 메뉴를 통해 선택할 수 있습니다. 시스템 사양이 낮거나 클립에 많은 효과를 적용한 경우라면 프리뷰 속도가 떨어지게 되므로 낮은 옵션으로 선택하는 것이 좋습니다.

- Full – 클립의 모든 픽셀을 렌더링하여 최고 화질로 나타나게 합니다.
- 1/2 – 클립의 포함된 픽셀의 가로와 세로를 반씩, 총 1/4만을 렌더링합니다. 시스템이 사양이 낮아 렌더링 속도가 부담될 때 사용합니다.

▶▶ 화질 선택 메뉴

안전 여백 보기

Safe Margins 버튼을 클릭하거나 모니터 패널의 메뉴에서 Safe Margins를 선택하면 안전 여백을 나타나게 할 수 있습니다.

안전 여백은 타이틀 안전 영역(Title Safe Area)과 액션 안전 영역(Action Safe Area)이 있습니다.

바깥쪽에 표시되는 영역이 액션 안전 영역으로서 외부 아날로그 모니터로 출력될 때 나타나는 영역입니다. 따라서 일반 아날로그 기기로의 출력을 목적으로 작업하는 경우 이 영역을 넘는 부분은 잘려나가서 보이지 않게 되므로 액션 안전 영역을 감안하여 작업해야 합니다.

▶▶ 프로그램 모니터에 표시된 안전 여백

타이틀 안전 영역은 안쪽에 표시되는 영역으로서 역시 아날로그 출력 시 타이틀이 제대로 표시될 수 있는 영역을 가리키며 타이틀 작성에 사용하는 타이틀러에서도 타이틀 안전 영역이 표시됨으로써 외부 아날로그 출력에 대비해 타이틀 작성할 수 있도록 하고 있습니다.

Tip 소스 모니터와 프로그램 모니터 동기화

모니터 패널 메뉴를 보면 Gang Source and Program 항목이 있는데 이것을 선택하면 소스 모니터와 프로그램 모니터 중, 어느 한쪽에서 클립의 프레임을 이동시키면 다른 모니터의 클립도 동시에 이동됩니다. 이러한 동기화는 현재 시간 표시자, Jog, Shuttle slider, Step Back, Step Forward 버튼 등을 사용할 때만 적용되며 여타 다른 컨트롤 버튼을 사용하면 갱 버튼은 다시 고리가 끊어진 상태로 전환됩니다. 소스 클립과 편집된 클립을 프레임 단위로 재생해가면서 비교할 때 유용한 기능입니다.

01 소스 모니터와 프로그램 모니터의 현재 시간 표시자를 비교하고자 하는 위치에 위치시킵니다. 동일한 지점이 아니라 각각 다른 지점에 두는 것입니다.

02 프로그램 모니터 메뉴에서 Gang Source and Program을 선택합니다.

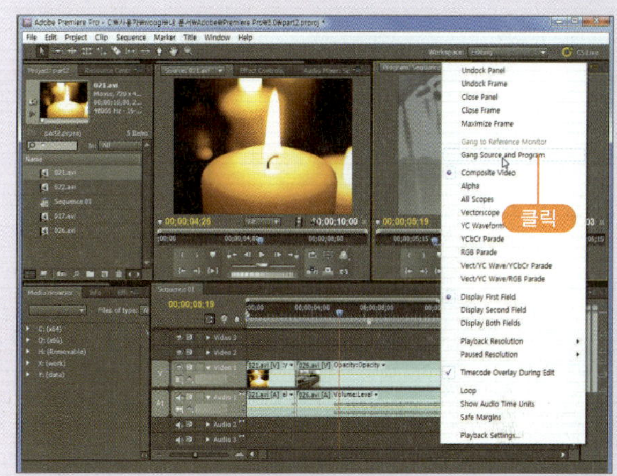

03 현재 시간 표시자 등의 컨트롤러를 사용하여 한쪽 모니터에서 프레임 위치를 변경하면 동일 거리만큼 다른 모니터의 클립도 함께 이동합니다. 다시 Gang Source and Program 메뉴를 선택하면 이러한 동기화 상태를 해제할 수 있습니다.

7 트림 모니터에서 편집하기

타임라인 패널의 트랙에 클립이 연속적으로 놓여 있는 경우, 인접한 두 클립의 프레임을 보면서 세밀하게 편집하려면 트림 모니터를 사용하는 것이 좋습니다. 트림 모니터는 Window>Trim Monitor 메뉴를 선택하여 열 수 있습니다.

01 소스 모니터에서 두 개의 클립을 모두 시작 지점으로부터 2초 지점을 인 점으로, 끝 지점으로부터 2초 지점을 아웃 점으로 설정하고 이들을 타임라인 패널에 연속해서 배치합니다.

▶▶ 인 점과 아웃점이 설정된 두 클립 배치

02 타임라인 패널에서 현재 시간 표시자를 두 클립의 경계 지점에 두고 Window>Trim Monitor를 선택하거나 단축키인 'T'를 누릅니다.

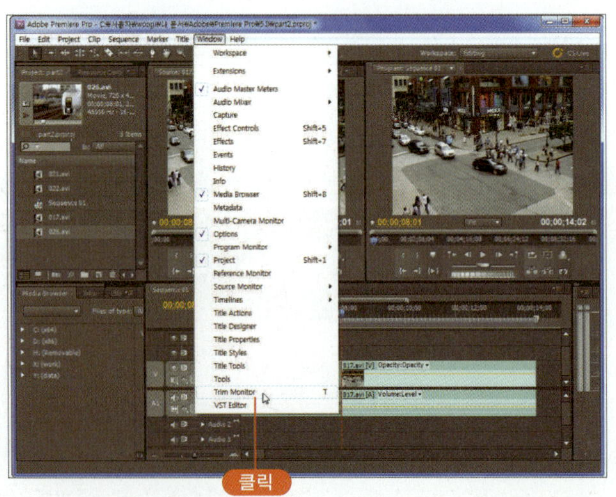

03 두 개의 뷰를 가지고 있는 트림 모니터가 나타납니다. 좌측 뷰는 앞쪽 클립의 아웃 점, 우측 뷰는 뒤쪽 클립의 인 점에 대한 프레임을 보여줍니다.

04 트림 모니터에서는 좌측 클립의 아웃 점이나 우측 클립의 인 점을 세밀하게 조절할 수 있습니다. 트림 모니터에 나타난 클립 위에 마우스를 놓으면 트림 포인터가 나타나며 트림 포인터를 좌/우측으로 드래그함으로서 인 점과 아웃 점을 변경할 수 있습니다. 좌측 클립의 아웃 점을 앞쪽으로 변경하려면 좌측 뷰 클립 위의 나타난 트림 포인터나 패널 하단 좌측에 있는 Jog Out Point를 좌측으로 드래그합니다.

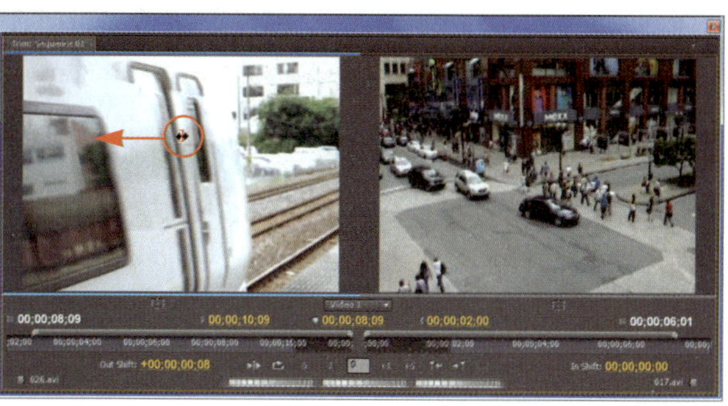

▶▶ 좌측 뷰를 드래그

05 우측 클립의 인 점을 뒤쪽으로 변경하려면 우측 뷰 클립 위의 트림 포인터나 패널 하단 우측에 있는 Jog In Point를 우측으로 드래그합니다.

▶▶ 우측 뷰를 드래그

06 변경된 인 점과 아웃 점은 타임라인 패널의 트랙에 곧바로 적용됩니다. 또한 두 뷰의 경계선을 드래그하거나 패널 하단 중앙에 있는 Jog Roll In and Out Points를 드래그하면 좌측 클립의 아웃 점과 우측 클립의 인 점이 동일한 간격으로 조절됩니다.

▶▶ 두 뷰의 경계선을 드래그

07 클립을 선택하고 하단의 숫자로 표시되는 버튼을 클릭하면 선택된 클립의 인 점과 아웃 점을 지정된 프레임 수만큼 변경할 수 있습니다. 즉, [−5] 버튼을 클릭하면 인 점, 또는 아웃 점이 이전 프레임으로 5프레임 이동되며 [+5] 버튼을 클릭하면 인 점이나 아웃 점이 다음 프레임으로 5프레임 이동됩니다.

▶▶ 지정된 값만큼 프레임이 이동합니다.

Tip Large Trim 값과 Play Edit 값 변경하기

◉ Large Trim 값 변경하기

인 점과 아웃 점을 변경할 수 있는 버튼 중, 1로 표시되는 버튼을 One Frame 버튼, 5로 표시되는 버튼을 Large Trim Offset 버튼이라고 하는데 Large Trim Offset 버튼을 클릭하여 이동되는 프레임 단위는 기본적으로 5로 지정되어 있지만 환경 설정 메뉴를 통해 이 값을 변경할 수 있습니다.

01 Edit〉Preferences〉Trim 메뉴를 선택합니다. Preferences 대화상자의 Trim 옵션들이 나타납니다. Large Trim Offset 옵션에서 원하는 프레임 수를 입력하고 OK 버튼을 클릭합니다.

02 트림 윈도우의 Large Trim Offset 버튼의 숫자가 지정한 프레임 수로 변경되어 나타납니다. 따라서 이 버튼을 클릭할 때마다 새로 지정한 프레임 수만큼 인 점, 또는 아웃 점이 변경됩니다.

◉ Play Edit 값 변경하기

Play Edit 버튼은 현재 시간 표시자가 놓여 있는 지점을 기준으로 앞, 뒤 일정 구간을 재생해주는데 이 구간의 크기도 Preferences 대화상자를 통해 변경할 수 있습니다.

Play Edit 버튼

Edit〉Preferences〉General을 선택하여 Preferences 대화상자의 General 옵션들을 엽니다. Preroll에는 현재 시간 표시자가 위치해 있는 지점을 기준으로 앞쪽의 시간을, Postroll에는 뒤쪽의 시간을 지정합니다. 단위는 초(Second)이며 기본값은 2초로 지정되어 있습니다.

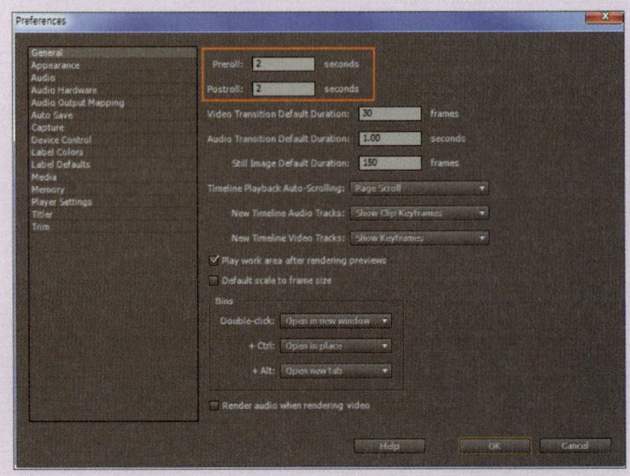

Chapter 17

기타 패널과 어도비 브리지 살펴보기

앞에서 살펴보지 못했던 Effects 패널, Effect Controls 패널, Info 패널, Media Browser 패널, History 패널 등 나머지 패널과 디바이스로부터 직접 영상을 녹화할 수 있는 Adobe OnLocation, 그리고 작업에 사용되는 다양한 멀티미디어 파일의 관리와 검색에 사용되는 Adobe Bridge에 대해서 살펴보도록 하겠습니다.

1 이펙트 패널

이펙트(Effects) 패널은 기본적으로 Info, History 패널과 그룹을 이루고 있으며 오디오 및 비디오 클립에 적용할 수 있는 여러 이펙트와 클립이 전환될 때의 효과, 즉 장면 전환효과인 트랜지션 아이템들을 가지고 있습니다.

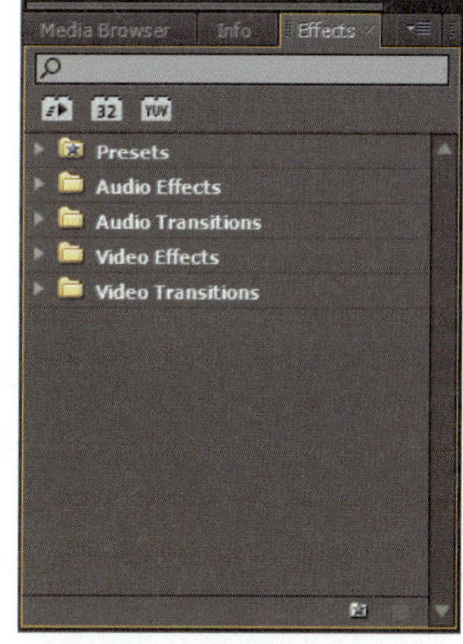

▷▷ 이펙트 패널

이펙트 패널은 기본적으로 Presets, Audio Effects, Audio Transitions, Video Effects, Video Transitions 등 폴더 형태의 5개의 Bin이 존재합니다. 각 Bin 앞에 있는 삼각형 모양의 확장 버튼을 클릭하면 Bin에 포함되어 있는 이펙트나 트랜지션 아이템 목록을 열 수 있습니다.

▷▷ 확장 버튼을 클릭하여 아이템 목록을 엽니다.

Video Effects

비디오 클립에 특정 효과를 적용할 수 있는 각종 비디오 이 펙트들을 포함하고 있습니다. 이펙트란 포토샵의 필터와 같 은 성격을 가지고 있는 것으로 타임라인 패널의 비디오 트랙 에 등록된 클립으로 드래그함으로써 적용합니다.

Audio Effects

오디오 클립에 특정 효과를 적용할 수 있는 각종 오디오 이 펙트들을 포함하고 있습니다. 비디오 이펙트와 마찬가지로 적용하고자 하는 타임라인 상의 클립으로 드래그함으로써 해당 효과를 적용합니다. 오디오 이펙트이므로 오디오 트랙 의 클립으로 드래그하여야 합니다.

▶▶ 비디오 클립으로 드래그

▶▶ 오디오 클립으로 드래그

Audio Transitions / Video Transitions

하나의 클립에서 다른 클립으로 재생될 때, 즉 장면이 전환될 때 적용하는 효과들을 포함하고 있습니다. 이러한 효과를 트랜 지션이라고 하는데 효과의 성격상 두 클립이 겹쳐져 있는 부분에 드래그하여 적용합니다. 페이드 인이나 페이드 아웃 효과를 나타내고자 할 때, 클립의 앞 또는 뒷부분에 적용하기도 합니다.

▶▶ 두 클립이 겹쳐진 부분에 트랜지션을 적용합니다.

▶▶ 해당 부분에 적용된 트랜지션이 표시됩니다.

3D Motion의 Spin 트랜지션을 적용했다면 트랜지션이 적용된 구간은 다음과 같은 모습으로 장면이 바뀌면서 재생됩니다.

2 이펙트 컨트롤 패널

이펙트 컨트롤(Effect Controls) 패널에서는 타임라인 패널의 클립에 적용된 이펙트나 트랜지션의 속성을 설정합니다. 클립의 불투명도나 움직임과 관련된 모션(Motion) 설정도 할 수 있습니다.

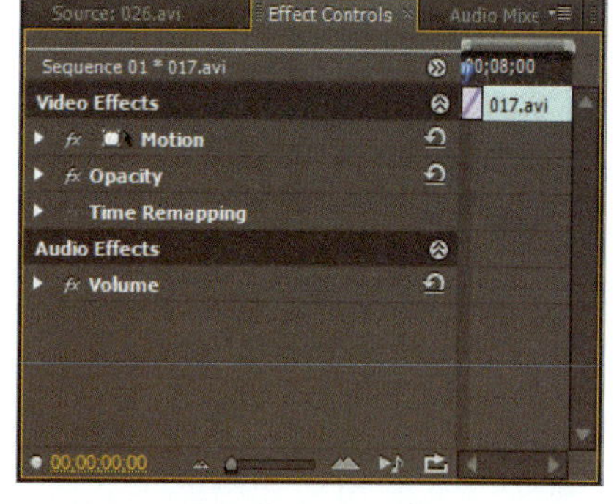

▶▶ 이펙트 컨트롤 패널의 기본 속성

이펙트 컨트롤 패널은 기본적으로 소스 모니터와 그룹을 이루고 있으며 타임라인 패널의 트랙에 등록된 클립을 선택하면 다음과 같이 Motion, Opacity, Audio Effects 등의 기본 속성들이 나타납니다.

타임라인 패널의 클립에 이펙트나 트랜지션을 적용하면 해당 효과에 대한 속성들이 나타납니다. 이펙트 패널에서 이펙트 하나를 타임라인 패널의 클립으로 드래그하여 이펙트를 적용하면 적용된 이펙트 목록이 이펙트 컨트롤 패널에 나타나며 좌측에 있는 삼각형 모양의 확장 버튼을 클릭하여 이펙트가 가지고 있는 속성들을 열 수 있습니다.

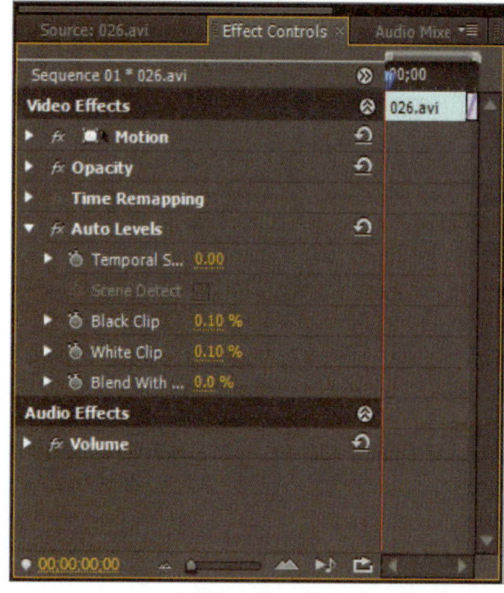

▶▶ Adjust>Auto Levels 이펙트의 속성

타임라인 패널의 클립에 트랜지션을 적용하고 해당 트랜지션을 클릭하여 선택하면 다음과 같이 트랜지션에 대한 여러 속성들이 나타납니다. 이펙트 컨트롤 패널의 실제 사용 예는 앞으로 이펙트와 트랜지션, 합성, 그리고 모션 등을 학습할 때 계속해서 다루게 될 것입니다. 클립의 컷 편집을 마치면 다양한 효과를 적용하기 위해 이펙트 컨트롤 패널에서 많은 시간을 보내게 됩니다.

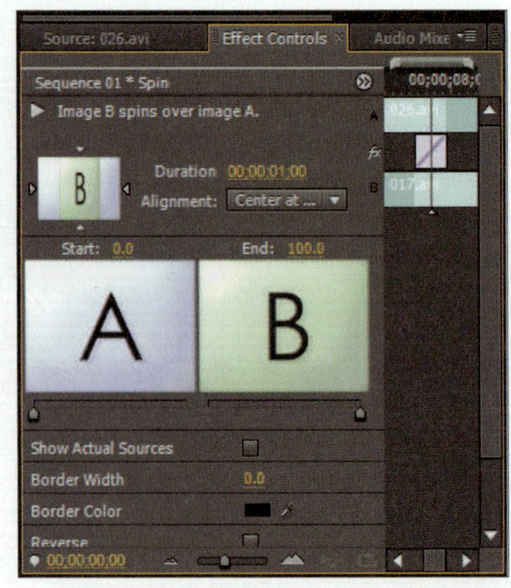

▶▶ Spin 트랜지션이 적용된 상태의 이펙트 컨트롤 패널

3 Media Browser 패널

윈도우의 탐색기처럼 시스템의 각 드라이브의 폴더와 파일들을 트리 구조로 보여주는 패널입니다. 좌측에서 폴더를 선택하면 해당 폴더에 있는 파일들이 우측에 나타나며 좌측과 우측의 경계 부분을 드래그하여 폴더 리스트 영역과 파일 리스트 영역의 폭을 변경할 수 있습니다.

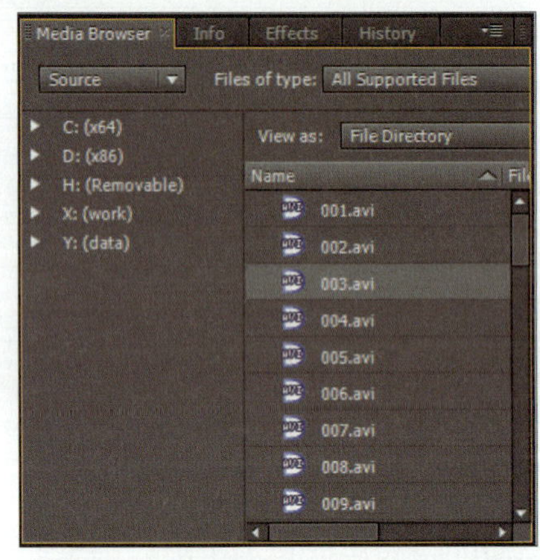

▶▶ Spin 트랜지션이 적용된 상태의 이펙트 컨트롤 패널

우측의 파일 리스트에서 파일을 마우스 우측 버튼으로 클릭하여 팝업 메뉴를 열고 Import를 선택하면 해당 파일을 프로젝트 패널에, Open in Source Monitor를 선택하면 소스 모니터에 등록할 수 있습니다.

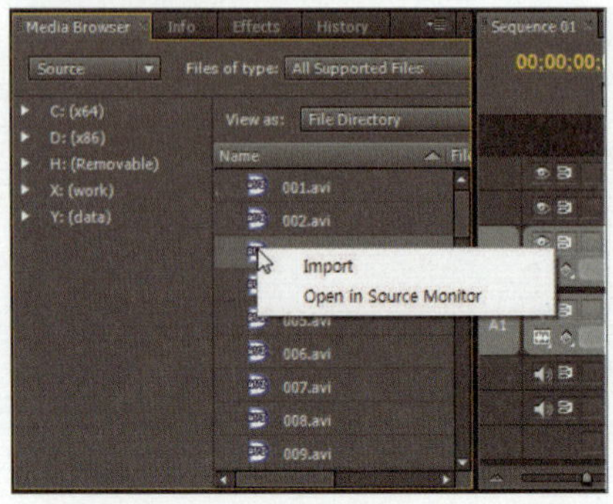

▶▶ 미디어 브라우저의 팝업 메뉴

파일 리스트에서 파일을 더블 클릭하면 해당 파일이 곧바로 소스 모니터에 등록됩니다.

4 Info 패널과 History 패널

Info 패널은 클립과 시퀀스에 대한 자세한 정보를 보여줍니다. 프로젝트 패널이나 타임라인 패널에 등록된 클립을 클릭하면 클립의 여러 정보와 현재 시퀀스에서 현재 시간 표시자의 위치 등을 표시해 줍니다.

Info 패널의 하단에는 현재 시간 표시자의 위치는 물론, 각 트랙별로 클립의 현재 지점에 대한 타임코드 등, 시퀀스의 정보를 더욱 상세하게 표시해주고 있습니다.

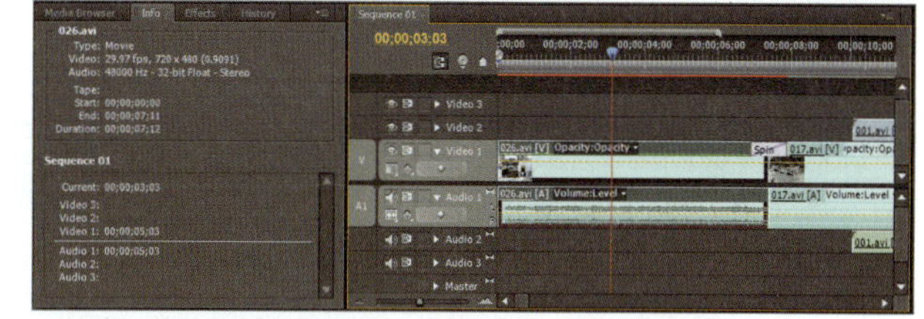

History 패널은 작업 과정을 순서대로 표시하며 목록 중 하나를 클릭하면 해당 작업 단계로 되돌아갈 수 있습니다. **Ctrl** + **Z** 키를 사용하여 바로 이전의 작업 단계로 되돌아갈 수도 있지만 History 패널을 사용하면 특정 작업 단계로 빠르게 되돌아갈 수 있다는 장점이 있습니다.

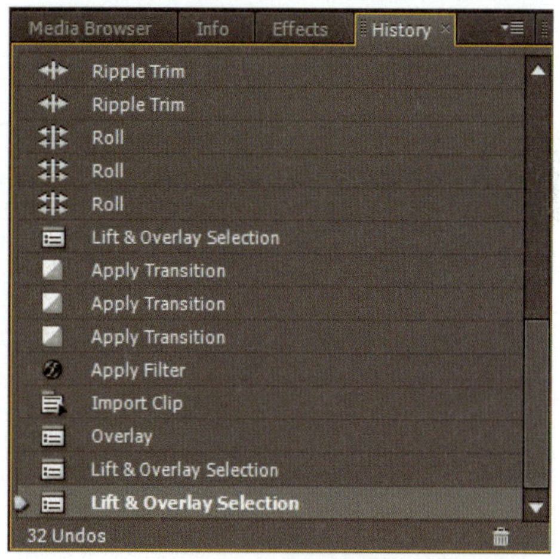

작업 과정 중 하나를 삭제하려면 삭제하고자 하는 항목을 마우스 우측 버튼으로 클릭하고 팝업 메뉴에서 Delete를 선택하거나 패널 하단에 있는 휴지통 모양의 Delete Redoable Actions 버튼을 클릭합니다. Delete Action 대화상자가 나타나면 OK 버튼을 클릭합니다.

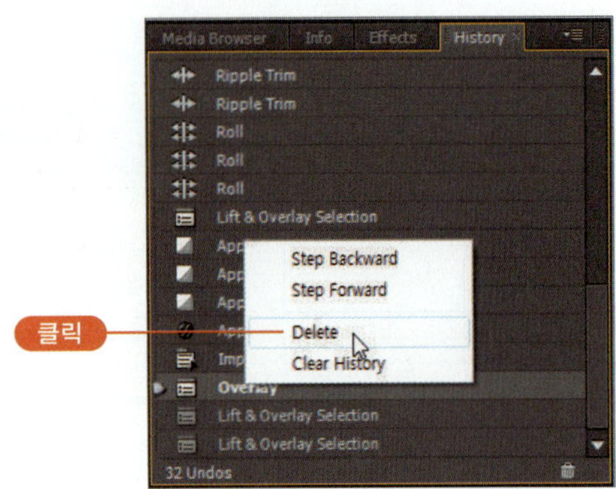

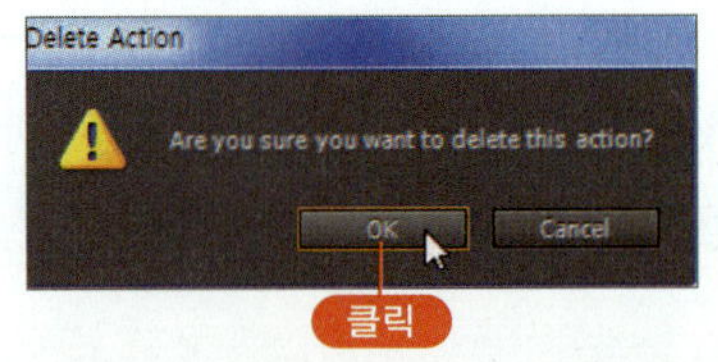

History 패널을 보면 선택한 단계와 해당 단계의 적용으로 가능했던 작업 단계가 작업 목록에서 사라진 것을 볼 수 있습니다. 한 번 삭제된 과정은 Ctrl + Z 키로도 되돌릴 수 없으므로 주의해야 합니다.

5 오디오 마스터 미터 패널

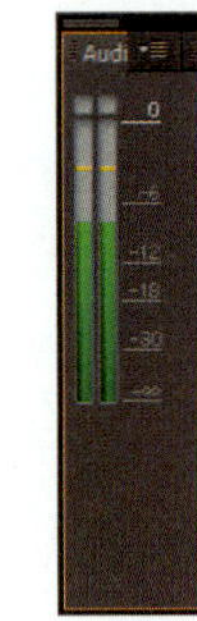

오디오 클립의 볼륨 레벨 상태를 보여줍니다. 오디오 믹서처럼 오디오 클립에 대해 다양한 설정은 불가능하며 작업 결과를 프리뷰할 때 오디오 클립의 볼륨 상태를 참고하는 정도로 사용됩니다. 오디오 클립의 볼륨이 너무 크면 상단의 클리핑 영역에 빨간색이 표시됩니다.

> **Tip 클리핑이란?**
>
> 클리핑(Clipping)이란 잘라져 나가는 것을 의미하는데 오디오에서 클리핑이란 레벨 값이 너무 높아 일부 영역이 잘라져 나가는 현상을 의미합니다. 따라서 클리핑 영역에 빨간색이 표시되면 오디오의 레벨을 줄여 주어야 합니다.

6 어도비 브리지 CS5

어도비 브리지(Adobe Bridge) CS5는 이미지나 영상, 오디오 파일 등 다양한 멀티미디어 파일의 목록을 보고 관리할 수 있는 프로그램입니다. 윈도우즈의 [시작] 버튼을 클릭하여 [모든 프로그램]-[Adobe Bridge CS5]를 선택하여 실행합니다. 어도비 마스터 컬렉션을 설치한 경우에는 [프로그램]-[Adobe Master Collection CS5]-[Adobe Bridge CS5]를 선택합니다.

▶▶ 어도비 브리지 CS5

미디어 파일을 클릭하면 우측의 미리보기 창을 통해 해당 파일을 재생할 수 있으며 파일의 팝업 메뉴를 통해 복사, 재생 등의 기본적인 작업을 수행할 수도 있습니다.

어도비 브리지 CS5에서 미디어 파일을 직접 프리미어 프로 CS5의 프로젝트 패널로 드래그하여 프로젝트에 추가할 수도 있으며 프리미어 프로 CS5의 프로젝트 패널에서 특정 클립을 선택한 후, File〉Reveal in Bridge를 선택하거나 팝업 메뉴에서 Reveal in Bridge를 선택하면 해당 미디어 파일이 어도비 브리지를 통해 나타나므로 프리뷰를 비롯하여 파일에 대한 다양한 정보를 확인할 수 있습니다.

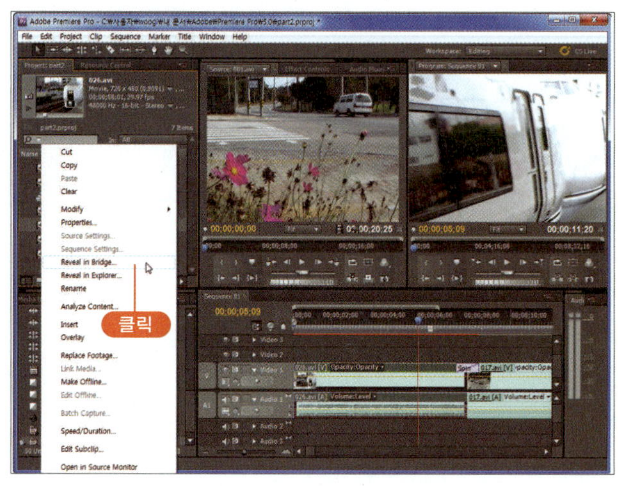

▶▶ 클립의 팝업 메뉴에서 Reveal in Bridge를 선택

▶▶ 해당 클립이 어도비 브리지를 통해 선택 상태로 나타납니다.

PREMIERE PRO CS5

P·A·R·T

03

다양한 편집 기능 정복하기

툴 패널의 여러 도구를 사용하여 다양한 방식으로 클립을 편집하고 조작하는 방법에 대해서 익혀 보도록 합니다. 아울러 편집에 도움을 주는 마커의 사용법과 여러 앵글에서 촬영한 각각의 클립을 등록하고 원하는 부분만을 간편하게 추출하여 하나의 클립으로 생성할 수 있는 멀티 카메라 에디팅에 대해서도 살펴보겠습니다.

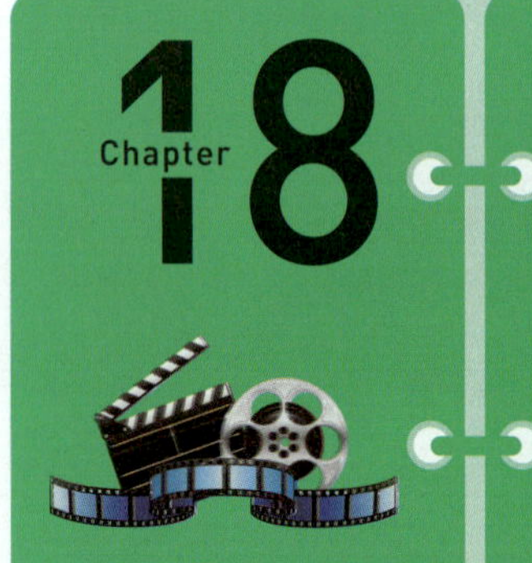

Chapter 18 여러 방법으로 클립 조작하기

타임라인 패널 우측의 툴 패널은 타임라인 패널에 등록된 클립의 선택과 편집, 그리고 타임라인 패널을 조작하는 사용하는 여러 툴들을 포함하고 있습니다. 툴 패널의 여러 툴들을 살펴보고 클립의 선택과 조작에 대한 방법을 예제와 함께 다루어보겠습니다.

1 툴 패널 살펴보기

툴 패널에는 11개 툴이 존재하지만 단축키와 병행해 사용할 수 있으므로 실제로 구현할 수 있는 방법은 이보다 많습니다.

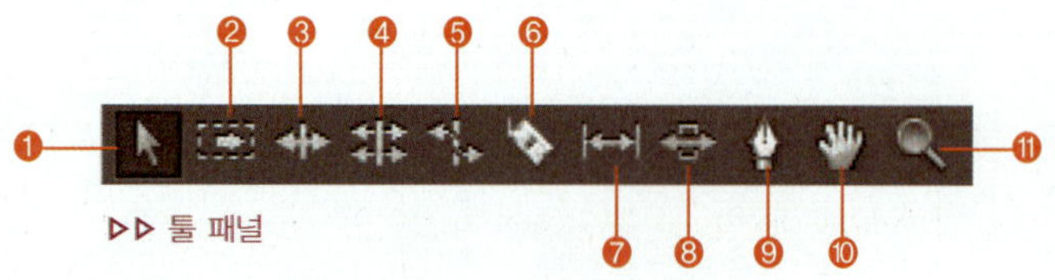

▷▷ 툴 패널

❶ Selection Tool(선택 툴) – 클립을 선택합니다.

❷ Track Select Tool(트랙 선택 툴) – 트랙의 모든 클립을 선택합니다.

❸ Ripple Edit Tool(리플 편집 툴) – 특정 클립의 인 점과 아웃 점을 조절하면 인접 클립의 길이는 변경되지 않은 채 밀려나거나 당겨지고 전체 클립의 길이도 달라집니다.

❹ Rolling Edit Tool(롤링 편집 툴) – 특정 클립의 인 점과 아웃 점을 조절하면 인접 클립의 인 점과 아웃 점이 함께 변경되며 전체 클립의 길이는 변경되지 않습니다.

❺ Rate Stretch Took(속도 조절 툴) – 클립의 재생 속도를 변경합니다.

❻ Razor Tool(면도날 툴) – 클립을 분할합니다.

❼ Slip Tool(슬립 툴) – 특정 클립의 인, 아웃 점을 동일한 길이로 변경하지만 인접 클립에는 영향을 미치지 않습니다.

❽ Slide Tool (슬라이드 툴) – 특정 클립의 인, 아웃 점을 동일한 길이로 변경하고 인접 클립의 인, 아웃 점도 함께 변경됩니다.

❾ Pen Tool(펜 툴) – 비디오 클립의 불투명도나 오디오 클립의 볼륨 값을 조절합니다.

⑩ Hand Tool(핸드 툴) – 클립의 다른 부분을 보기 위해 타임라인의 영역을 이동합니다.

⑪ Zoom Tool(줌 툴) – 타임룰러의 눈금 단위를 변경합니다.

2 | 클립의 선택, 이동과 그룹화하기

타임라인 패널에 등록된 클립은 단순히 마우스로 클릭하여 선택할 수 있지만 단축키나 여러 툴들을 사용함으로서 특별하고 다양한 형태로 선택할 수 있습니다. 클립의 다양한 선택 방법과 여러 클립을 하나의 그룹으로 묶는 방법에 대해 알아보겠습니다.

클립 선택하기

툴 패널의 선택 툴을 선택하고 트랙에 등록된 클립을 클릭하면 해당 클립이 선택되고 클립이 반전되어 나타나므로 선택 상태임을 알 수 있습니다. 선택된 클립은 드래그하여 이동할 수 있으며 Delete 키를 눌러 삭제할 수 있습니다. 클립의 선택을 해제하려면 타임라인 패널의 바탕 영역을 클릭해주면 됩니다.

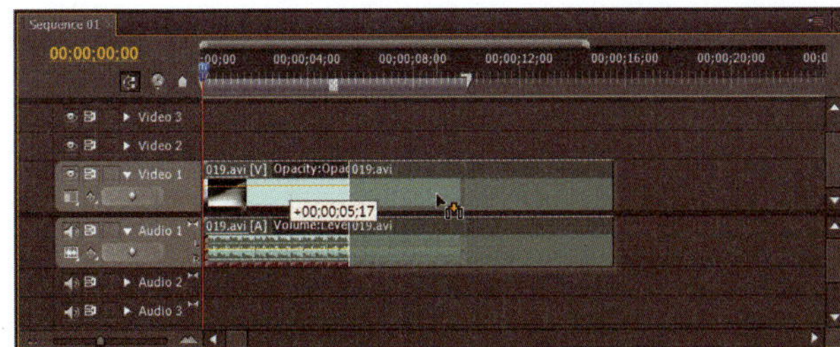

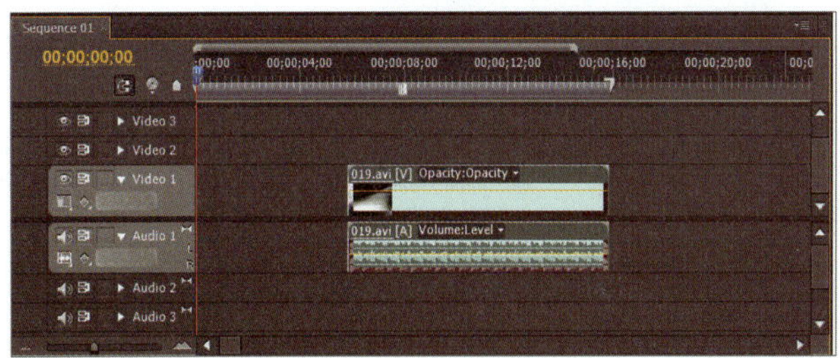

▷▷ 마우스로 클립을 드래그합니다.　　　　　　　　▷▷ 새로운 위치로 이동됩니다.

오버레이와 인서트

타임라인 패널의 트랙에 등록된 클립을 마우스로 드래그하여 다른 위치로 이동하는 경우에도 오버레이(Overlay)나 인서트(Insert) 방식 중 하나를 사용할 수 있습니다.

• 마우스로 클립을 드래그하면 오버레이 방식이 적용됩니다.

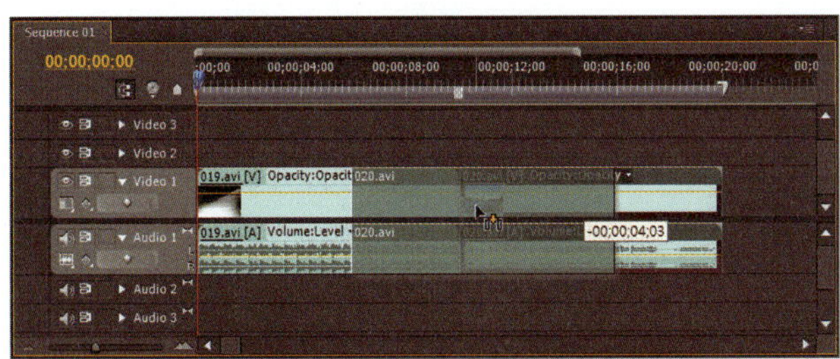

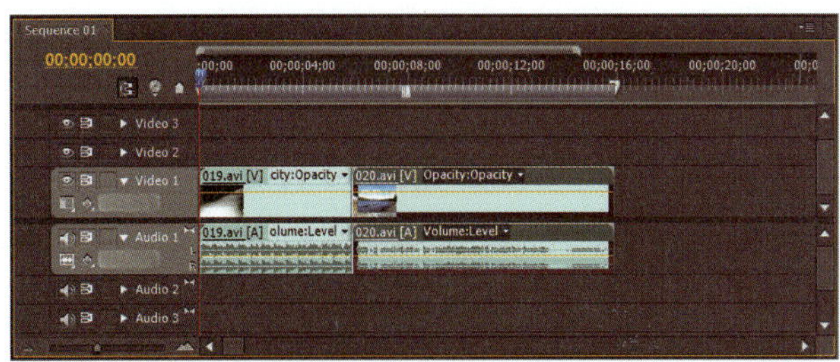

▷▷ 뒤 클립을 앞 클립 위로 드래그　　　　　　　　▷▷ 드래그된 뒤 클립이 앞 클립 위에 오버레이됩니다.

- **Ctrl** 키를 누른 상태에서 클립을 드래그하면 인서트 방식으로 삽입됩니다.

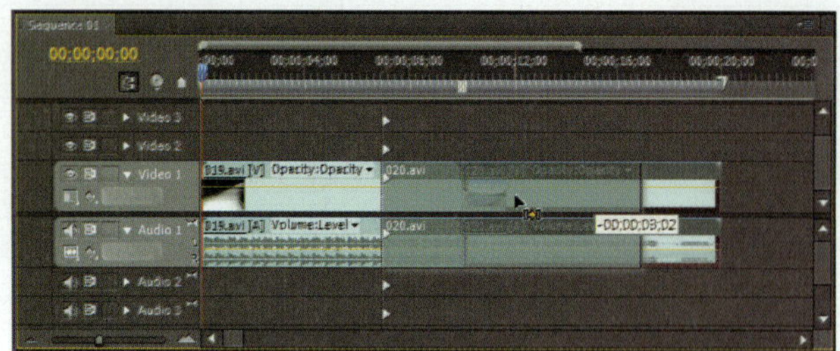

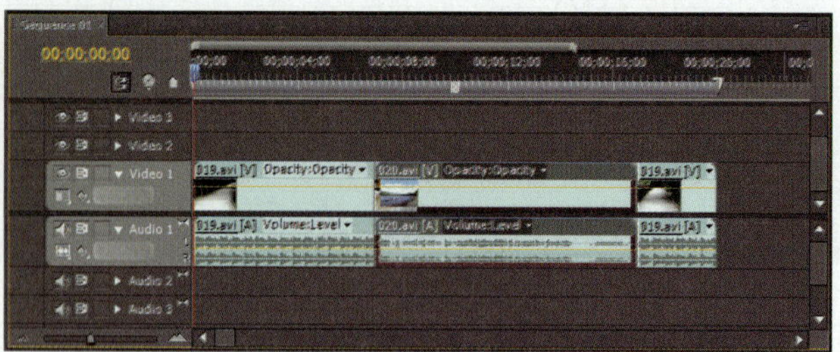

▶▶ **Ctrl** 키를 누른 상태에서 뒤 클립을 앞 클립 위로 드래그

▶▶ 드래그한 뒤 클립이 앞 클립 위에 인서트되고 뒷부분이 잘려집니다.

Tip 자석처럼 달라붙게 하는 Snap 버튼

타임룰러 좌측 상단에 있는 Snap 버튼은 기본적으로 선택 상태로 설정되어 있습니다. 이 버튼은 그 형태가 암시하듯이 자석과 같은 역할을 합니다. 즉, 클립을 드래그하여 이동시킬 때, 다른 클립의 경계선에 쉽게 달라붙도록 합니다. 하지만 프레임 단위의 정밀한 편집을 하는 경우에는 불편할 수 있으므로 이 버튼을 클릭하여 Snap 기능을 해제하고 직접 원하는 위치로 섬세하게 이동해주는 것이 좋습니다.

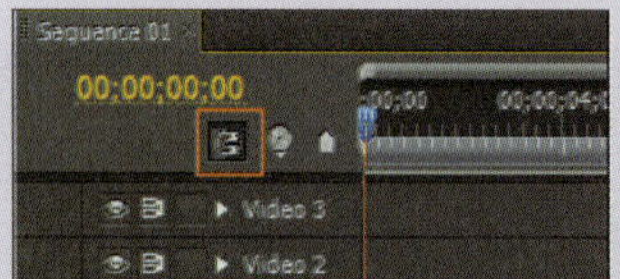

▶▶ Snap 버튼

Snap 버튼이 눌러져 있는 경우와 그렇지 않은 경우의 차이를 두 개의 클립을 이어 붙이면서 확인해 보기 바랍니다. Snap 버튼이 눌러져 있는 경우에는 클립을 다른 클립의 경계선으로 드래그하여 일단 두 개의 클립이 붙고 나면 쉽게 떨어지지 않으려는 것을 느낄 수 있을 것입니다. Snap 기능은 클립을 다른 클립에 이어 붙일 때뿐 아니라 클립을 에디트 라인 위치에 놓을 때와 작업 영역 바를 에디트 라인 위치에 놓을 때도 적용됩니다.

여러 클립 선택하기

타임라인의 트랙에 등록된 여러 클립을 한꺼번에 선택하려면 Selection 툴이나 Track Select 툴, 또는 드래그 등의 방법을 사용합니다.

Selection 툴을 선택하면 **Shift** 키를 누른 상태에서 클립을 클릭할 때마다 연속적으로 다른 클립을 함께 선택할 수 있습니다. 또는 클립의 바깥 영역을 클릭한 다음, 드래그하면 드래그 영역에 포함된 여러 클립을 한꺼번에 선택할 수 있습니다.

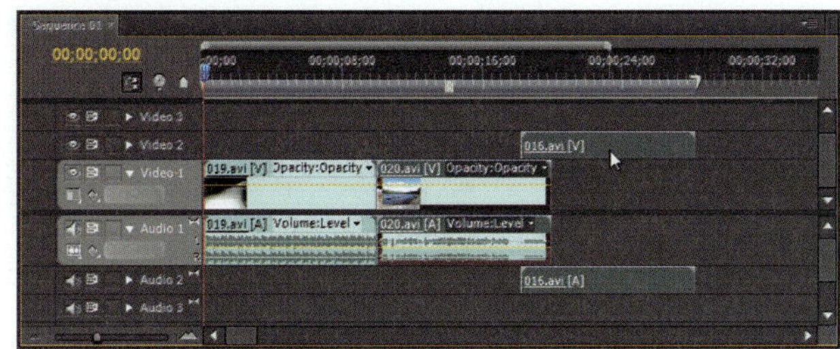

▷▷ Shift 키를 누른 채로 여러 클립을 선택

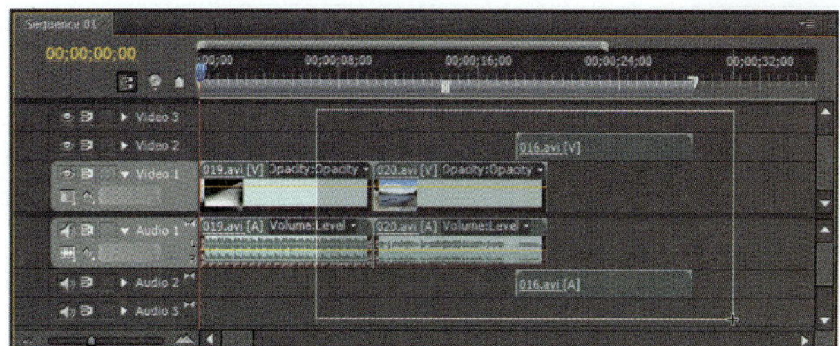

▷▷ 드래그하여 여러 클립을 선택

Track Select 툴은 동일 트랙의 모든 클립을 선택합니다. 이렇게 한꺼번에 선택된 클립은 동시에 이동하거나 삭제할 수 있습니다. 클립을 등록한 상태에서 Track Select 툴을 선택하고 Video 1 트랙의 첫 번째 클립 위에 마우스를 가져 가면 마우스 포인트가 우측 방향 화살표로 바뀌어 나타납니다. 이후 지점의 모든 클립이 선택될 것이라는 것을 의미합니다.

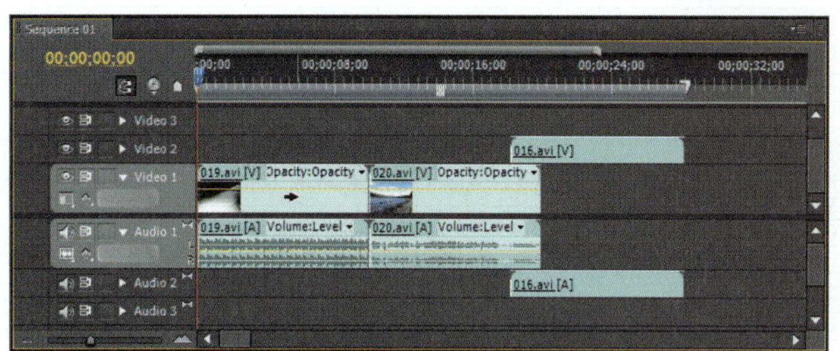

▷▷ 마우스 포인터가 우측 방향의 화살표로 나타납니다.

이 상태에서 클릭하면 클릭한 클립과 이후 지점에 있는 동일 트랙의 모든 클립이 한꺼번에 선택됩니다.

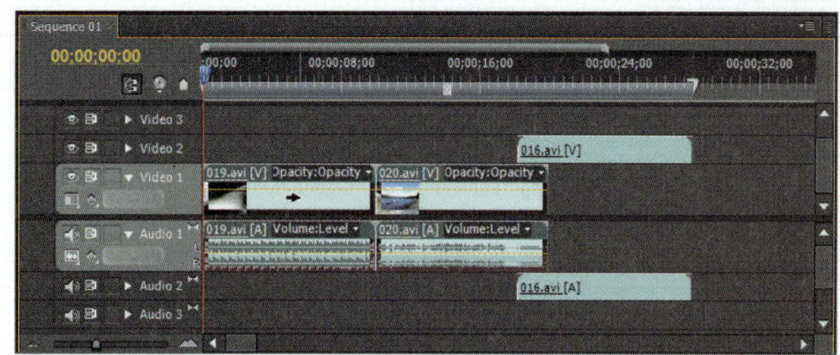

▷▷ 클릭한 클립을 포함하여 이후의 클립이 모두 선택됩니다.

잠깐만요!! **Audio 1 트랙의 클립도 함께 선택되는 이유는?**

Track Select 툴은 동일 트랙의 클립만 선택한다고 하였는데 Audio 1 트랙의 클립도 같이 선택되는 것은 해당 클립들이 비디오와 오디오가 하나로 묶여져 있는 무비 클립들이기 때문입니다. 즉, 서로 한 몸을 이루고 있는 클립들이기 때문에 어느 한쪽을 선택하면 다른 한쪽도 같이 선택됩니다. 개별적으로 선택하려면 이들의 연결 관계를 해제해야 하는데 이러한 방법은 이후에 다시 설명합니다.

Track Select 툴을 선택하고 **Shift** 키를 누른 상태에서 클립위에 마우스를 올려놓으면 마우스 포인터가 두 개의 우측 방향 화살표로 나타납니다.

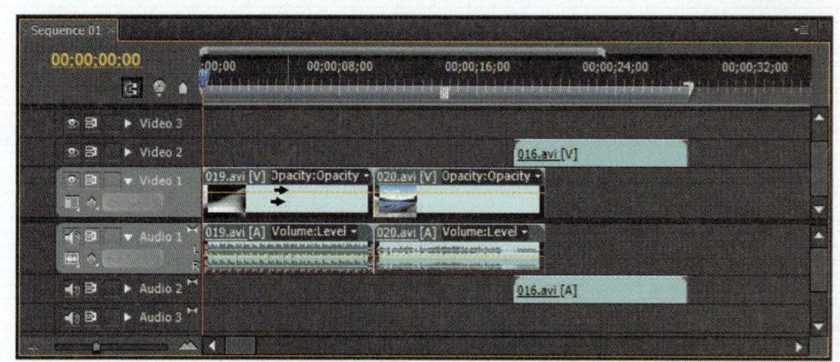

▷▷ Shift키를 누른 상태에서 나타나는 두 개의 화살표

이 상태에서 마우스 버튼을 클릭하면 클릭한 클립을 포함하여 이후 지점에 있는 모든 트랙의 모든 클립이 한꺼번에 선택됩니다. 즉, Track Select 툴을 선택하고 클립을 클릭하면 동일 트랙의 클릭한 지점 이후의 모든 클립이 선택되며 Shift 키를 누른 상태에서 클릭하면 모든 트랙의 클릭한 지점 이후의 모든 클립이 선택되는 것입니다.

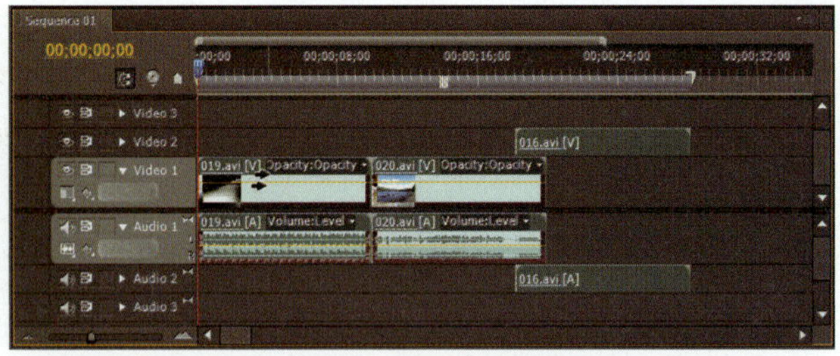

▶▶ 모든 트랙에 걸쳐 클릭한 클립과 이후의 클립이 모두 선택됩니다.

클립을 그룹으로 묶기

여러 클립을 그룹으로 묶으면 선택, 이동, 삭제 등의 작업을 한 번에 수행할 수 있습니다. 그룹으로 묶을 클립들을 선택하고 마우스 우측 버튼을 클릭하여 팝업 메뉴에서 Group을 선택합니다.

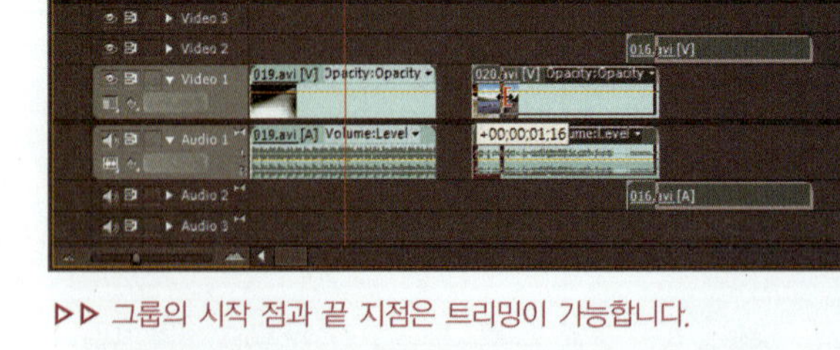

선택된 클립이 하나의 그룹으로 묶입니다. 드래그하여 이동시켜보면 그룹 내의 클립들이 동시에 움직이는 것을 볼 수 있습니다. 그룹으로 묶인 클립은 시작 지점과 끝 지점을 트리밍할 수 있으나 그룹 내부의 인 점과 아웃 점을 트리밍할 수는 없습니다.

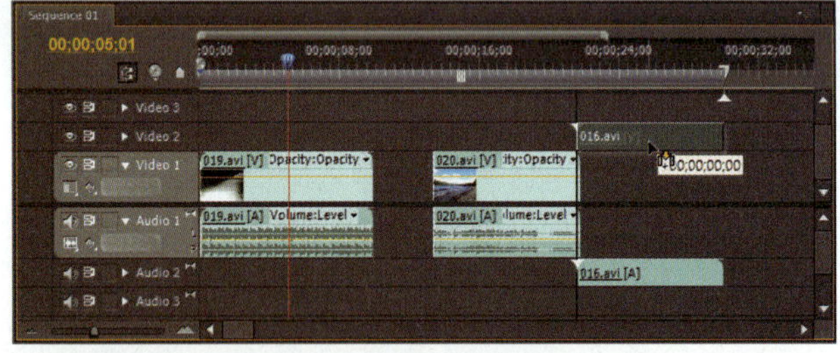

▶▶ 그룹의 시작 점과 끝 지점은 트리밍이 가능합니다.

그룹으로 묶인 클립 중에서 특정 클립만을 선택하려면 Alt 키를 누른 상태에서 원하는 클립을 클릭합니다. 또한, 그룹 내의 다른 클립을 추가로 선택하려면 Shift + Alt 키를 누른 상태에서 클립을 클릭합니다.

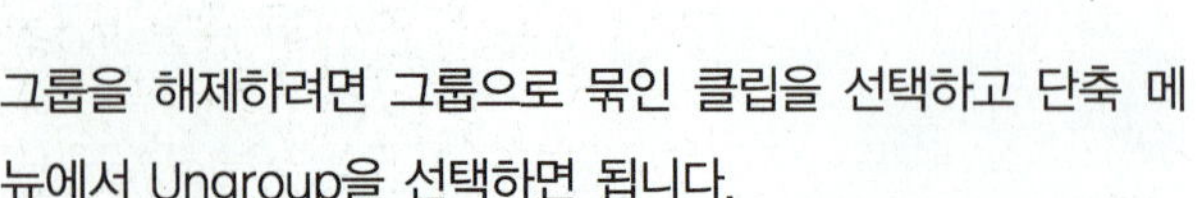

▶▶ Alt , Shift + Alt 키로 그룹 내의 특정 클립만을 선택할 수 있습니다.

그룹을 해제하려면 그룹으로 묶인 클립을 선택하고 단축 메뉴에서 Ungroup을 선택하면 됩니다.

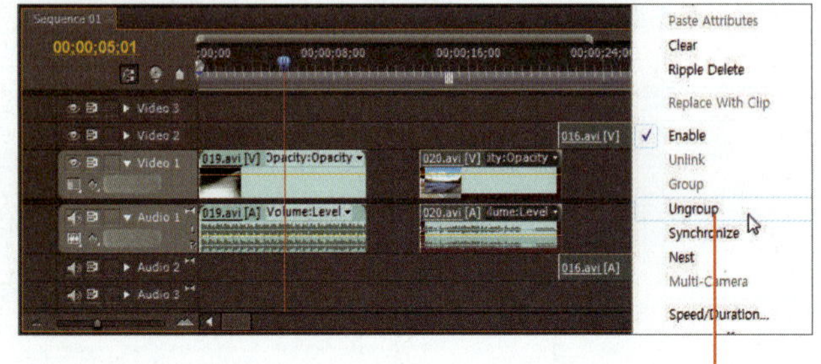

3 클립 분할하기

Razor 툴은 클립의 일부분을 자르는 역할을 합니다. 불필요한 클립을 잘라내거나 부분별로 각기 다른 효과를 적용하기 위해 클립을 분할할 때 사용합니다. 역할에 걸맞게 면도날 툴이라고 부르기도 합니다.

▷▷ Razor 툴을 선택합니다.

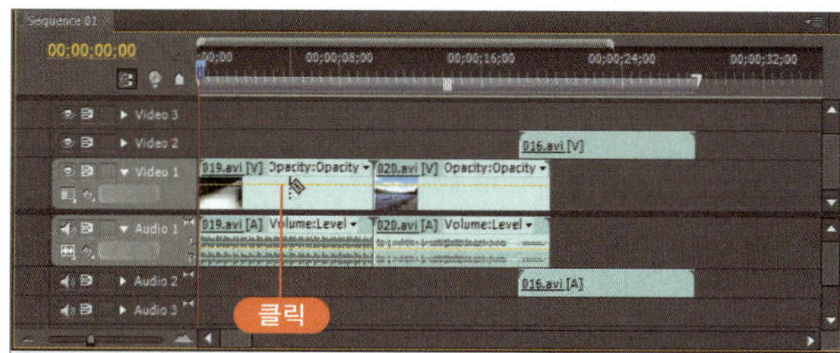

▷▷ 자를 부분을 클릭합니다.

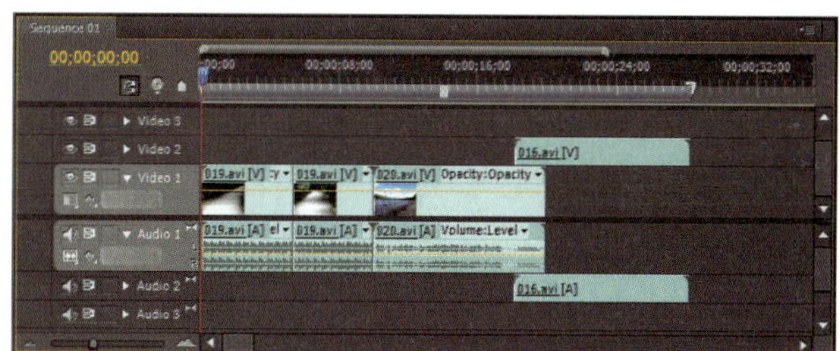

▷▷ 해당 부분이 잘라져 클립이 둘로 분할됩니다.

Razor 툴을 선택한 상태에서 Shift 키를 누르면 마우스 포인터가 두 개의 면도날로 바뀌어 나타나는데, 이 상태에서 클릭하면 동일 타임라인 선상의 모든 트랙에 놓인 클립을 한꺼번에 자를 수 있습니다.

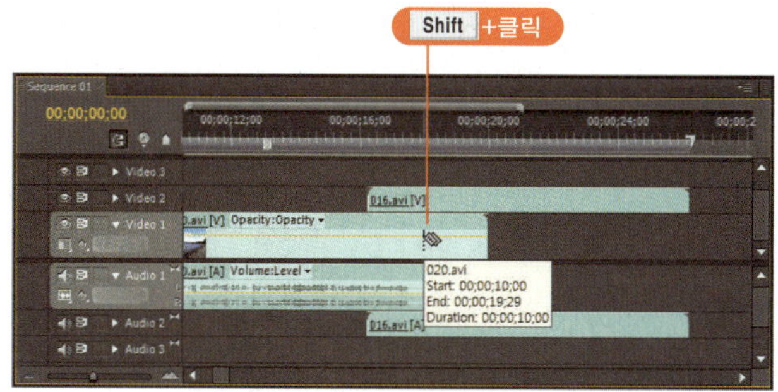

▷▷ Shift키를 누른 상태에서 자를 부분을 클릭합니다.

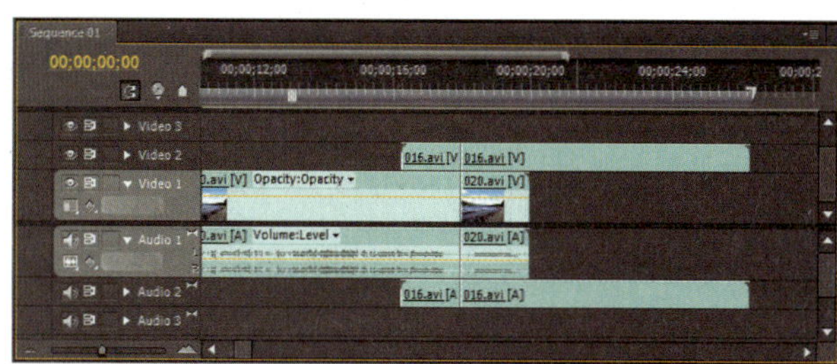

▷▷ 동일한 시간 지점에 대한 모든 트랙의 클립이 분할됩니다.

Tip 현재 시간 표시자의 위치를 자르기

Sequence〉Razor Tracks를 선택하면 현재 시간 표시자가 위치하고 있는 지점을 기준으로 선택되어 있는 트랙의 클립을 자를 수 있습니다. 클립의 재생 중에도 자를 수 있으며 단축키인 **Ctrl** + **K** 를 사용하는 것이 더욱 편리합니다. 툴을 사용하는 것이 아니므로 현재 선택되어 있는 툴이 무엇이든지 관계없이 자르기 작업을 수행할 수 있습니다.

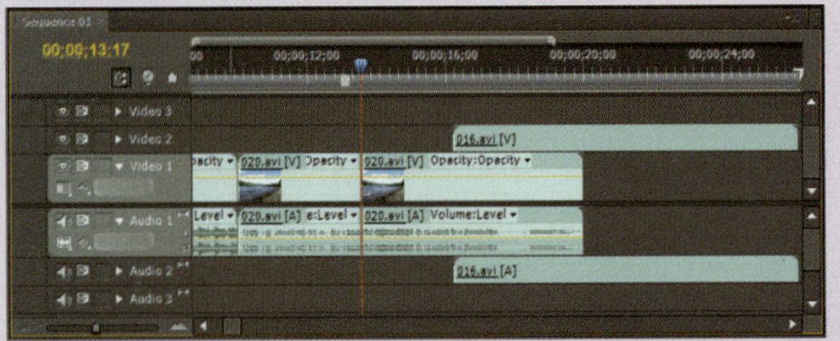

▷▷ 현재 시간 표시자 위치를 기준으로 클립을 자릅니다.

그림처럼 트랙 헤더를 클릭하여 다른 트랙도 선택 상태로 전환하고 **Ctrl** + **K** 를 누르면, 현재 시간 표시자가 위치하고 있는 지점을 기준으로 선택된 모든 트랙의 클립을 자를 수 있습니다. 또한 Sequence〉Razor All Tracks를 선택하거나 단축키인 **Ctrl** + **Shift** + **K** 를 누르면 트랙의 선택 상태와 관계없이 모든 트랙의 클립이 잘라집니다.

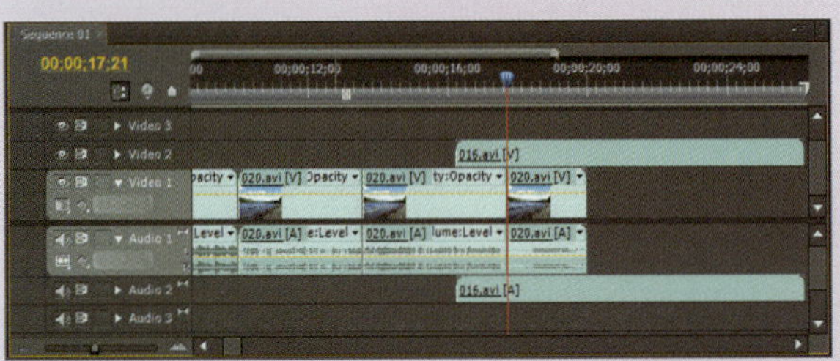

▷▷ 선택된 모든 트랙의 클립을 자릅니다.

4 무비 클립의 오디오만 바꾸기

일반적으로 비디오 클립의 경우, 비디오와 오디오가 함께 존재하며 서로 연결 관계를 가지고 있습니다. 이것을 서로 링크되어 있다고 말합니다. 따라서 비디오와 오디오를 함께 포함하고 있는 클립은 무비(Movie) 클립이라고 부르는 것이 원칙적이지만 편의상 비디오 클립이라고도 부릅니다.

비디오 클립을 타임라인 패널의 비디오 트랙에 등록하면 비디오 클립과 함께 포함된 오디오 클립도 자동으로 오디오 트랙에 등록됩니다. 또한 이러한 비디오 클립을 오디오 트랙에 등록해도 비디오 트랙에 함께 등록됩니다. 앞에서도 언급한 것처럼, 이것은 비디오와 오디오 클립이 하나로 연결되어 있기 때문입니다. 따라서 어느 한쪽을 드래그해도 함께 이동됩니다. 하지만 이들의 연결 관계, 즉 링크를 해제하면 비디오 클립과 오디오 클립이 각각 별개의 클립으로 간주되어 각각 다른 위치로 이동시키거나 삭제할 수 있습니다. 비디오 클립의 링크 관계를 해제하고 오디오 클립을 다른 것으로 교체해보겠습니다.

01 새 프로젝트를 시작하고 부록 DVD의 [Source] 폴더에서 "020.avi", "sound02.mp3" 등, 두 클립을 불러온 후, 프로젝트 패널에 등록된 "020.avi" 클립을 타임라인 패널의 Video 1A 트랙으로 드래그합니다.

02 툴 패널에서 선택 툴을 선택하고 타임 라인 패널에 등록된 클립을 마우스 우측 버튼으로 클릭하여 팝업 메뉴에서 Unlink를 선택합니다.

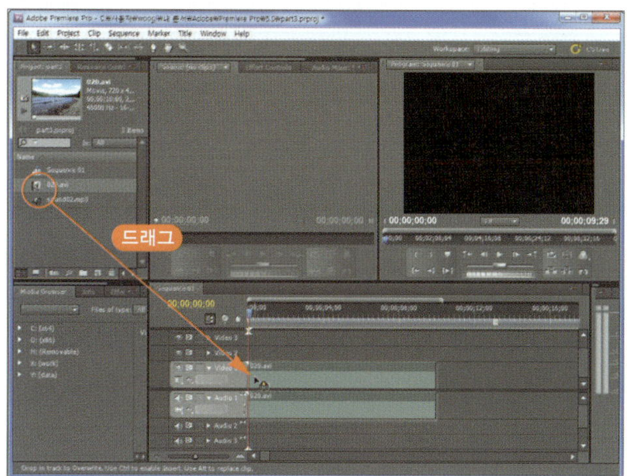

03 비디오 클립과 오디오 클립의 링크가 해제됩니다. 따라서 이제 두 클립은 서로 분리되어 개별적인 클립으로 간주됩니다. 타임라인 패널의 바탕 영역을 클릭하여 클립의 선택 상태를 해제한 후, 오디오 클립을 클릭하고 **Delete** 키를 누릅니다.

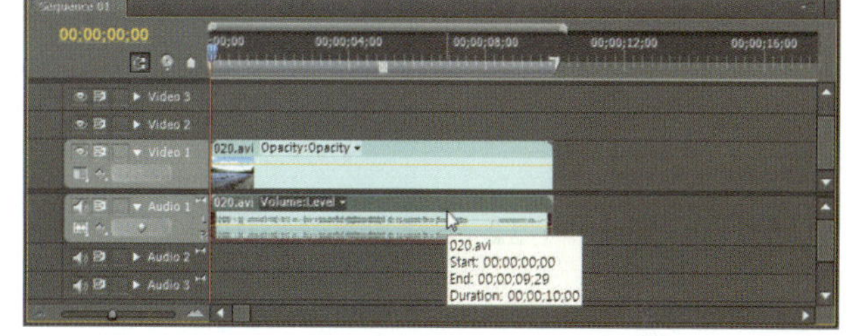

04 오디오 클립만 삭제되는 것을 볼 수 있습니다. 프로젝트 패널에 등록된 "sound02.mp3" 클립을 Audio 1 트랙으로 드래그하여 추가합니다. 이 클립은 오디오 클립이므로 오디오 트랙에 드래그하는 것입니다.

05 새로 등록한 오디오 클립의 지속 시간이 비디오 클립에 비해 길기 때문에 오디오 클립의 우측 끝 부분을 클릭하고 좌측으로 드래그하여 비디오 클립의 길이와 동일하게 맞추어 줍니다.

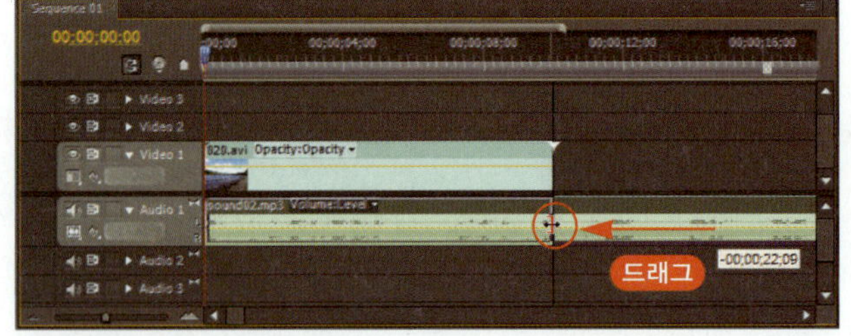

06 프리뷰해보면 비디오 클립이 새로 등록한 오디오 클립과 함께 재생되는 것을 확인할 수 있습니다.

07 새 오디오 클립과 비디오 클립을 링크하여 하나의 무비 클립으로 만들 수도 있습니다. **Shift** 키를 누른 상태에서 두 클립을 클릭하여 모두 선택하고 마우스 우측 버튼을 클릭하여 팝업 메뉴에서 Link를 선택합니다.

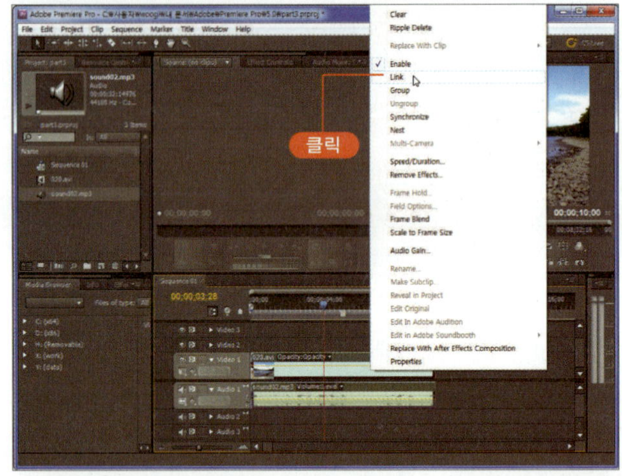

08 두 클립이 연결 관계를 갖는 하나의 클립이 됩니다. 드래그해보면 함께 이동되는 것을 볼 수 있습니다. 즉 이동, 삭제를 비롯한 모든 편집에 있어서 하나의 클립으로 간주됩니다.

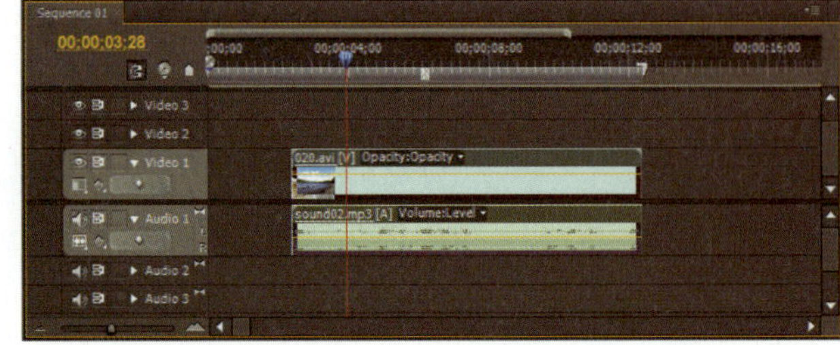

Tip Alt 키로 링크 상태의 한쪽 클립만 편집하기

Alt 키를 누른 상태에서 링크 관계에 있는 클립의 어느 한쪽을 클릭하면 마치 링크가 해제된 것처럼 편집할 수 있습니다.

타임라인 패널의 트랙에 앞 예제에서 사용했던 "020.avi" 클립을 등록하고 Alt 키를 누른 상태에서 비디오 클립을 드래그합니다. 오디오 클립과 링크된 클립임에도 불구하고 비디오 클립만 이동되는 것을 볼 수 있습니다.

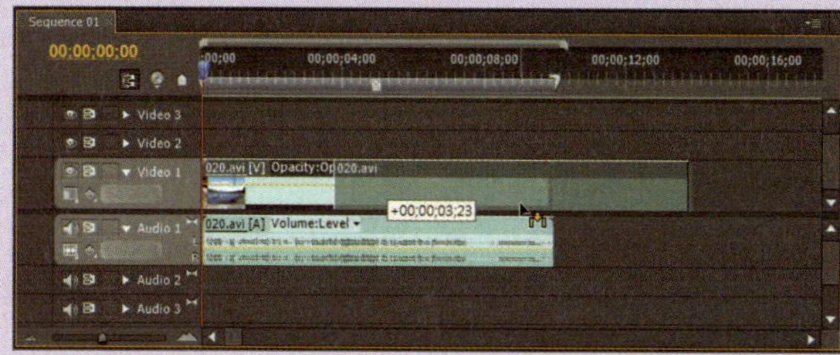

마우스 버튼을 놓으면 드래그했던 클립의 이동이 완료되고 링크되어 있는 오디오 클립과 떨어진 거리에 대한 타임코드가 표시됩니다.

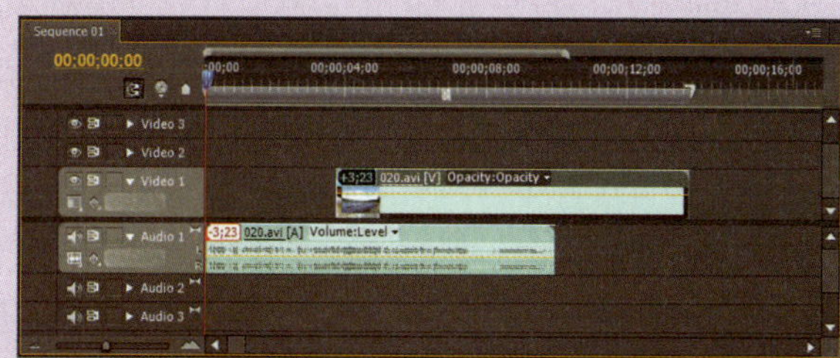

이렇게 Alt 키로 어느 한쪽의 클립을 편집할 수 있지만 이들의 링크가 해제된 것은 아닙니다. 타임라인 패널의 바탕 영역을 클릭한 다음, 다시 비디오 클립을 클릭해보면 두 클립이 한꺼번에 선택되어 여전히 링크되어 있는 클립임을 알 수 있습니다. Alt 키를 누른 상태에서 한쪽 클립만 선택하고 Delete 키를 누르면 해당 클립만 삭제됩니다.

Chapter 19 클립의 속도 변경과 타임 리맵핑

클립의 속도를 변경하면 보다 극적인 효과를 거둘 수 있습니다. Rate Stretch 툴과 Clip Speed / Duration 대화상자를 사용하여 속도를 변경할 수 있으며 타임 리맵핑 기능을 사용하여 특정 구간별로 속도를 자유롭게 변경할 수도 있습니다.

1 Rate Stretch 툴로 속도 조절하기

툴 패널의 Rate Stretch 툴은 속도 조절 툴이라고 부르며 클립의 경계선을 드래그하면 드래그한 만큼 지속 시간을 변경할 수 있습니다. 클립의 지속시간, 즉 길이가 변경되면 결국 재생 속도가 변경되는 결과를 낳게 됩니다.

01 새 프로젝트를 시작하고 부록 DVD의 [Source] 폴더에서 "018.avi"와 "026.avi" 파일을 불러옵니다.

02 프로젝트 패널에 추가된 "22.avi" 클립을 타임라인 패널의 Video 1 트랙의 시작 지점으로 드래그하여 등록하고 툴 패널에서 Rate Stretch 툴을 선택합니다. 클립의 길이가 너무 작게 나타난다면 줌 버튼을 통해 타임 룰러의 눈금 단위를 적절히 변경하도록 합니다.

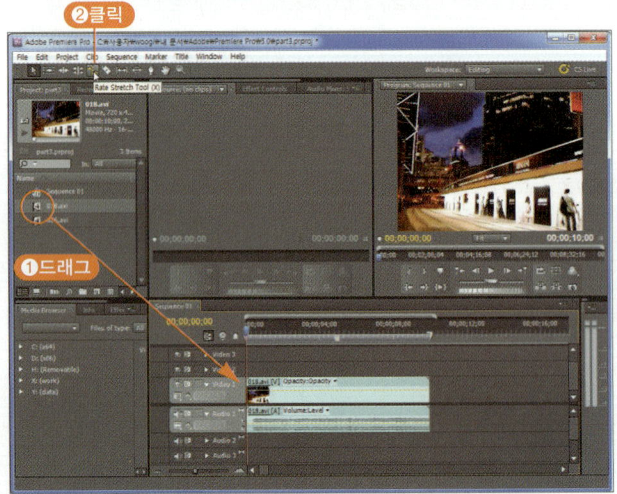

잠깐만요!! 클립이 제대로 선택되어 있는지 확인하세요.

클립을 불러오면 기본적으로 프로젝트 패널 목록에 선택된 상태로 나타납니다. 여러 클립을 한꺼번에 불러온 경우도 마찬가지입니다. 모두 선택 상태로 나타나므로 일단 원하는 클립의 아이콘 부분을 한 번 클릭하여 해당 클립만 선택 상태로 하고 타임라인 패널로 드래그해야 합니다.

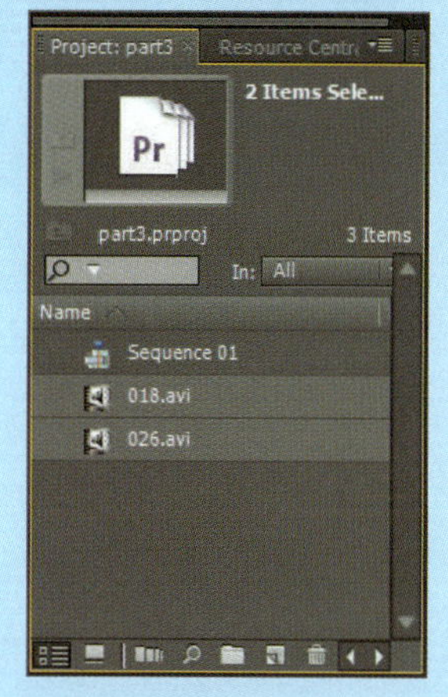

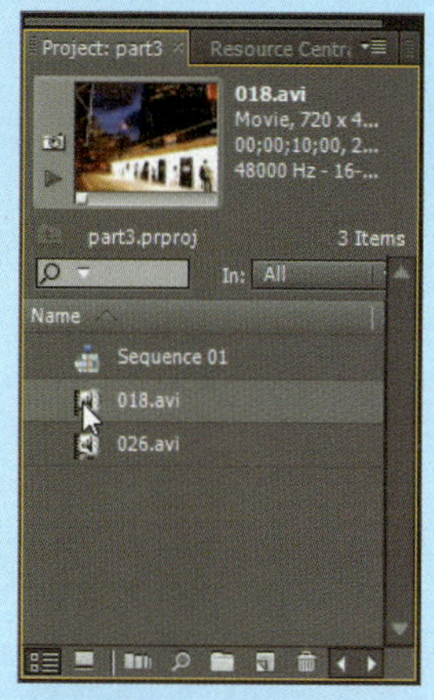

▶▶ 불러온 클립들이 모두 선택 상태로 나타납니다.

▶▶ 원하는 클립을 클릭하여 선택합니다.

03 현재 클립은 10초의 지속시간을 갖습니다. Rate Stretch 툴로 클립의 우측 끝 부분을 클릭하고 타임룰러의 20초 지점까지 드래그합니다. 프로그램 모니터의 좌측 타임코드에는 드래그한 길이에 대한 타임코드가 표시되는데 +00:00;10;00으로 표시되는 지점까지 드래그하면 우측의 전체 지속 시간 타임코드는 00:00;20;00으로 나타납니다. 즉, 클립의 재생시간이 두 배가 되도록 하는 것입니다.

04 마우스 버튼을 놓으면 클립의 지속 시간이 두 배로 늘어납니다. 프리뷰해보면 지속 시간이 두 배로 늘어났으므로 1/2배속으로 천천히 재생되는 것을 볼 수 있습니다.

▶▶ 클립의 길이를 20초로 늘려줍니다.

05 프로젝트 패널에서 "026.avi" 클립을 타임라인 패널에 등록되어 있는 클립 뒤로 드래그하여 추가합니다.

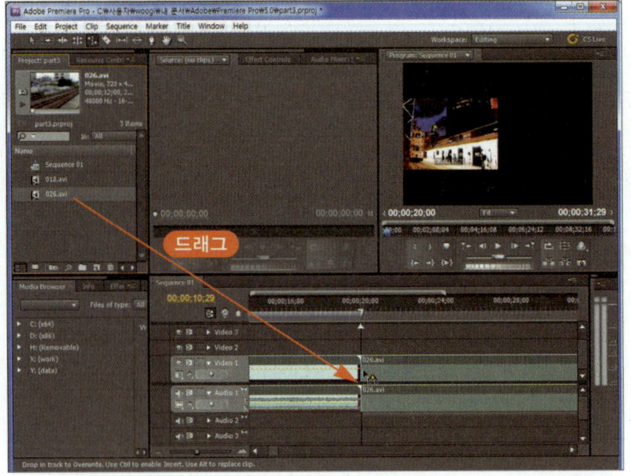

06 "026.avi" 클립은 12초의 재생시간을 갖고 있습니다. Rate Stretch 툴로 클립의 우측 끝 지점을 클릭하고 프로그램 모니터의 좌측 타임코드가 −00;00;06;00으로 표시되는 지점까지 좌측으로 드래그합니다. 이번에는 재생시간을 절반으로 줄여주는 것입니다.

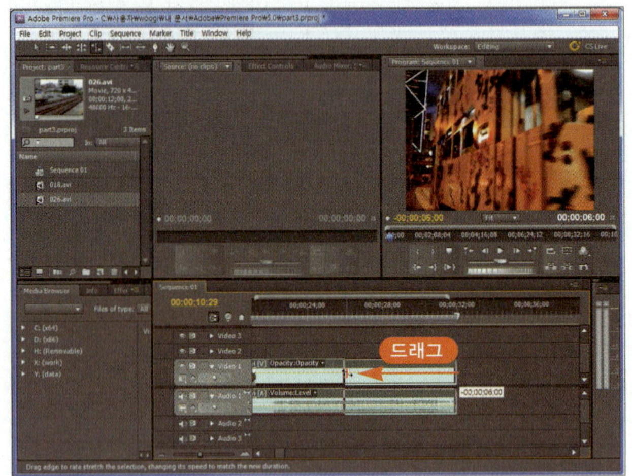

07 두 번째 클립은 지속 시간을 1/2로 줄여주었기 때문에 프리뷰해보면 2배속으로 빠르게 재생되는 것을 볼 수 있습니다.

Tip Clip Speed/Duration 대화상자

01 대화상자를 통해 클립의 재생 속도를 변경할 수도 있습니다. 변경하고자 하는 클립을 선택하고 마우스 우측 버튼을 클릭하여 Speed/Duration을 선택하거나 메인 메뉴에서 Clip>Speed /Duration을 선택합니다.

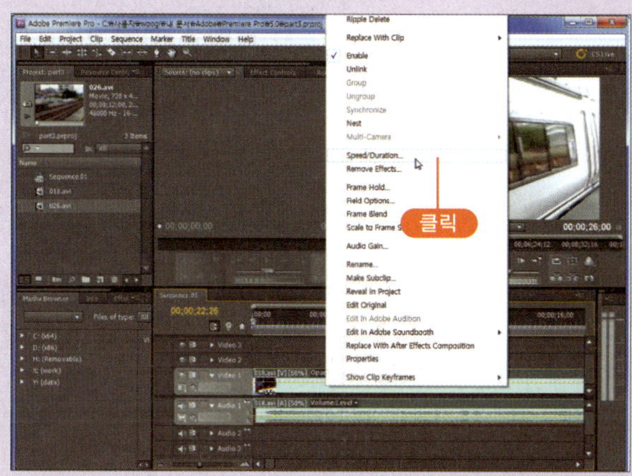

02 Clip Speed/Duration 대화상자가 나타나며 현재 클립의 속도가 Speed에 표시됩니다. Speed에 새로운 값을 지정하면 지정한 값에 의해 자동으로 Duration, 즉 지속시간도 변경됩니다. Reverse Speed 옵션을 체크하면 클립이 뒤부터 거꾸로 재생됩니다.

클립의 속도를 변경하면 오디오 클립의 속도도 함께 변경되므로 음 높이(Pitch:피치)도 바뀌게 됩니다. 즉, 클립의 속도가 빨라지면 피치가 올라가며 느려지면 피치도 내려갑니다. 카세트의 오디오 테이프를 빠르게 재생하면 음 높이가 올라가는 것과 같은 경우입니다. Maintain Audio Pitch 옵션을 체크하면 클립의 속도가 변경되더라도 오디오 클립의 음 높이는 그대로 유지됩니다.

2 타임 리맵핑으로 구간별 속도 조절하기

타임 리맵핑을 사용하면 클립의 구간별로 재생 속도를 자유롭게 변경할 수 있습니다. 예전에는 클립을 분할하고 각 클립별로 원하는 속도를 지정해주어야 했습니다.

01 앞에서 타임라인 패널에 등록했던 클립을 모두 삭제하고, 부록 DVD의 [Source] 폴더에서 "017.avi" 클립을 불러와 타임라인에 등록합니다.

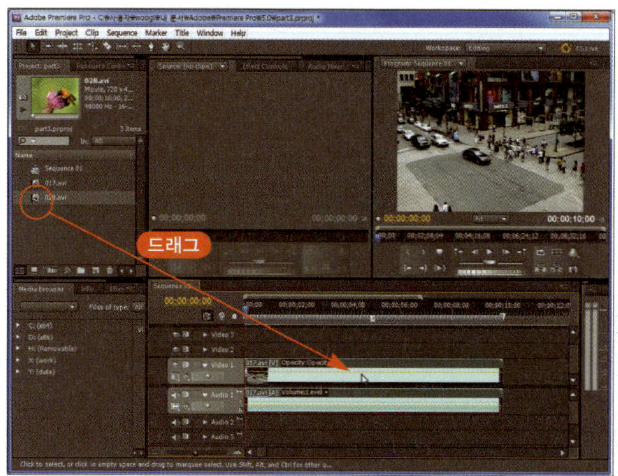

02 툴 패널에서 선택 툴을 선택하고 트랙 헤더에서 Video 1 트랙과 Video 2 트랙의 경계선을 위쪽으로 드래그하여 Video 1 트랙의 높이가 크게 나타나도록 한 후, Video 1 트랙에 등록된 클립에서 Opacity:Opacity 라고 표시된 키프레임 목록 버튼을 클릭하여 메뉴에서 Time Remapping〉Speed를 선택합니다.

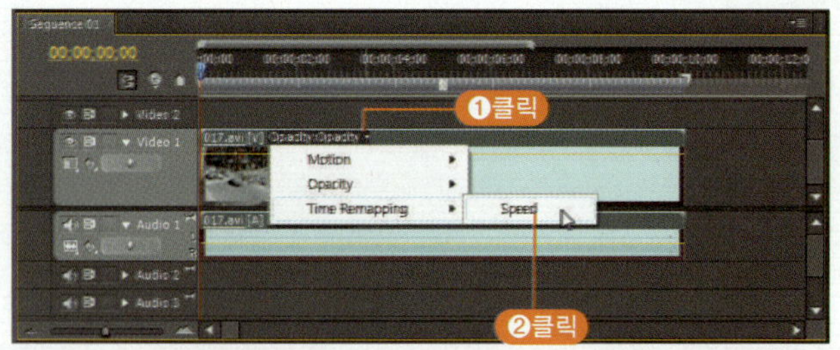

Tip 키프레임이란?

키프레임(Keyframe)은 어떠한 변화를 위해 별도로 값을 지정하는 프레임을 의미합니다. 특정 프레임을 키프레임으로 설정하고 원하는 값을 지정해놓으면 시간의 흐름에 따라 변화되는 결과를 얻을 수 있습니다.

03 클립 중앙의 노란선이 스피드를 조절할 수 있는 Speed 라인으로 바뀌게 됩니다. 클립을 선택하고 현재 시간 표시자를 2초 지점에 둔 후, Video 1 트랙 헤더에서 Add/Remove Keyframe 버튼을 클릭합니다.

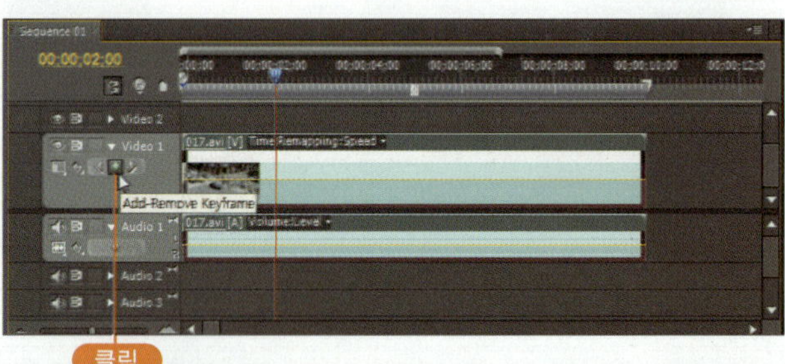

잠깐만요!! 이때 반드시 클립이 선택된 상태이어야 합니다. 클립이 선택되지 않은 상태에서는 Add/Remove Keyframe 버튼을 클릭할 수 없습니다.

04 클립의 윗부분을 보면 현재 시간 표시자가 위치해있는 지점에 Speed 키프레임이 생성됩니다. 키프레임 우측 지점 아무 곳에서나 Speed 라인을 아래로 드래그하여 스피드 값이 50%라고 표시되는 지점에서 마우스 버튼을 놓습니다.

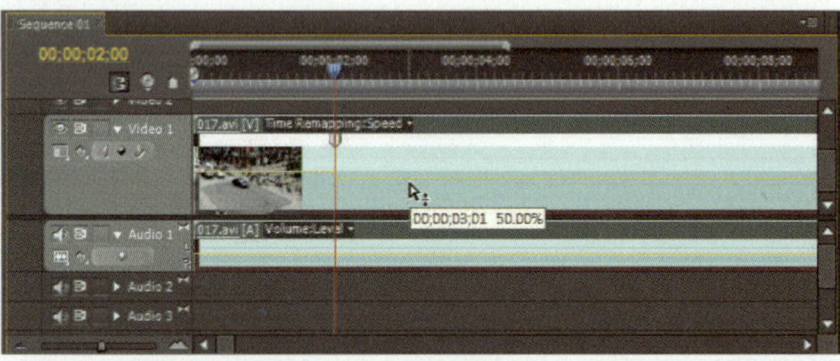

05 클립 위쪽의 키프레임을 4초 지점으로 드래그합니다. 이로서 2초 지점까지 100%의 정상 속도로 재생되던 클립은 4초 지점으로 가면서 점차 느리게 재생되면서 4초 지점부터는 50%의 속도로 재생됩니다. 키프레임은 두 개의 조절점으로 분리되며 조절점을 드래그하면 속도가 변화되는 시작점과 변화를 마치는 끝 지점의 위치를 변경할 수 있습니다.

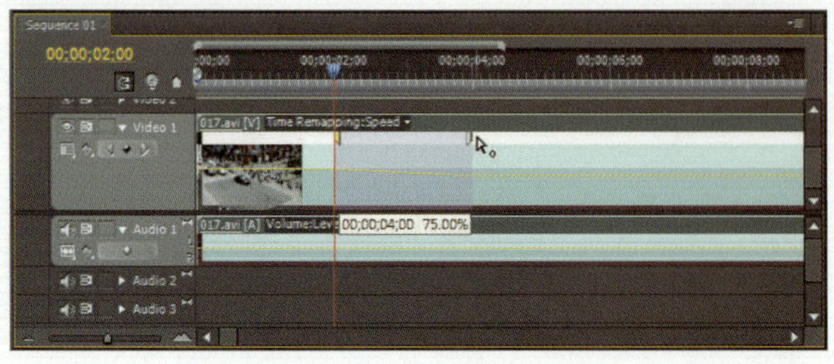

06 현재 시간 표시자를 5초 지점에 두고 Video 1 트랙 헤더에서 Add/Remove Keyframe 버튼을 클릭합니다.

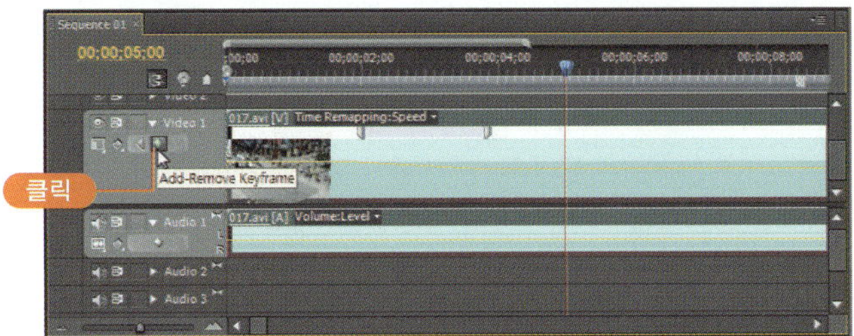

07 새로 추가된 키프레임 우측 아무 지점에서나 Speed 라인을 위쪽으로 드래그하여 스피드 값이 200%로 표시되는 지점에서 마우스 버튼을 놓습니다.

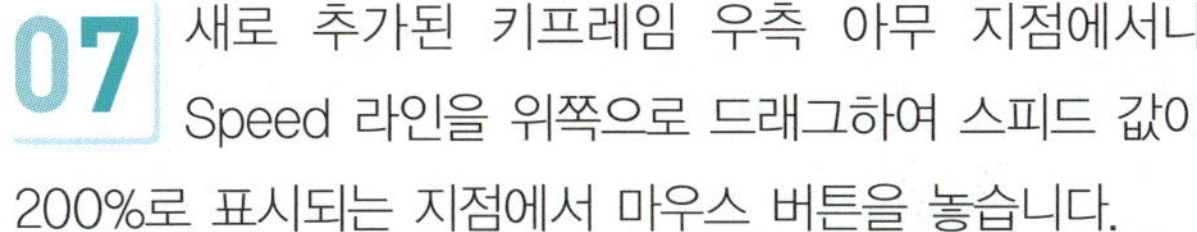
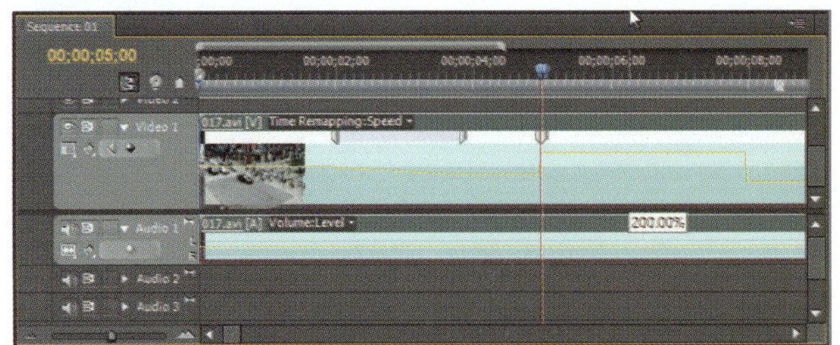

08 변화되는 구간을 조절하기 위해 키프레임을 6초 지점으로 드래그합니다. 이로서 5초까지 50%의 속도로 재생되던 클립은 점차 빠른 속도로 변화하면서 6초 지점부터는 200%, 즉 두 배의 속도로 재생됩니다.

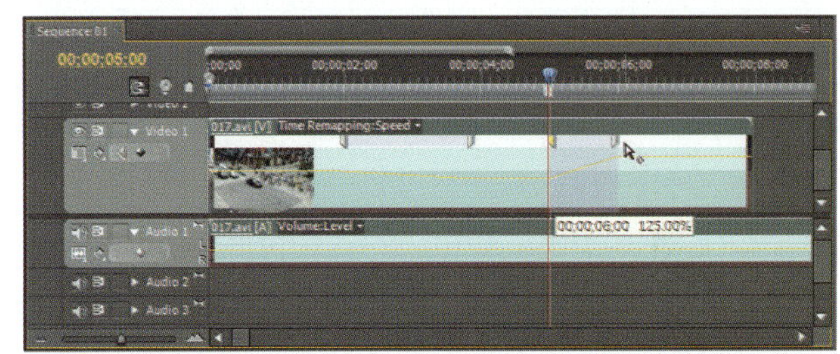

09 키프레임의 두 조절점 중 하나를 클릭하면 중앙에 키프레임 핸들이라고 부르는 작은 원이 나타납니다. 두 핸들 중 하나를 클릭하고 드래그하면 Speed 라인의 경사도를 변경할 수 있습니다. 즉, 두 조절점 사이에서 클립의 스피드가 완만하게 변화되도록 할 것인지, 급격하게 변화되도록 할 것인지를 조절합니다.

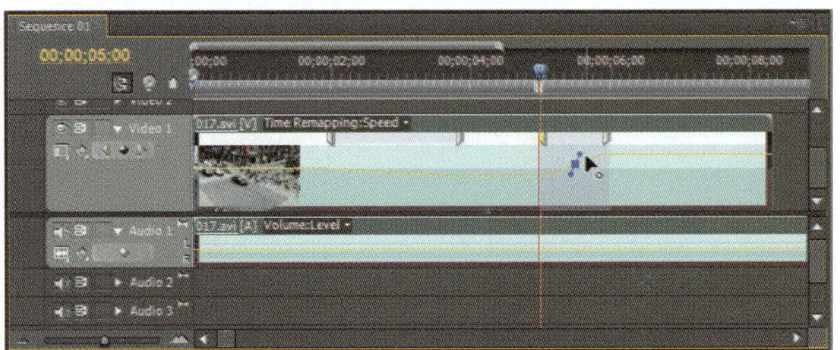

> **Tip** 이펙트 컨트롤 패널에서 키프레임 설정하기
>
> 클립이 선택된 상태에서 Effect Controls 패널을 열고 Time Remapping〉Speed 순으로 좌측의 확장 버튼을 클릭하면 타임라인에서 보았던 스피드 라인과 키프레임 등을 볼 수 있습니다. 물론 타임라인에서와 동일하게 키프레임을 생성하거나 핸들을 조절할 수도 있습니다. 이펙트 컨트롤 패널에서의 키프레임 조작에 대해서는 이펙트를 다룰 때 더욱 자세하게 설명합니다.
>
> 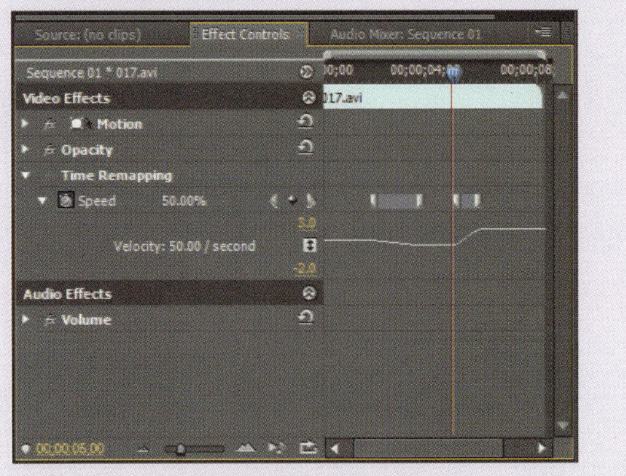

Chapter 20
다양한 방법으로 인 점과 아웃 점 변경하기

트림 윈도우에서 인접한 두 클립의 인 점과 아웃 점을 동시에 변경하는 법을 다룬 적이 있었는데 실제로는 툴 패널의 Rolling Edit 툴, Ripple Edit 툴, Slip 툴, Slide 툴 등을 사용하여 다양한 방식으로 인 점과 아웃 점을 동시에 변경하는 방법이 많이 사용됩니다.

1 Rolling Edit 툴과 Ripple Edit 툴

Rolling Edit 툴과 Ripple Edit 툴을 사용하여 인 점과 아웃 점을 동시에 변경해보겠습니다. Rolling Edit 툴을 사용한 편집 방식을 롤링 편집, Ripple Edit 툴을 사용한 편집 방식을 리플 편집이라고 부릅니다.

롤링 편집이란 타임라인 패널의 트랙에 여러 클립들이 나열되어 있을 때 클립의 경계선을 드래그하면 인접한 다른 클립들의 인 점이나 아웃 점이 함께 변경되는 편집 방식입니다.

예를 들어, 두 클립의 경계선을 좌측으로 드래그하면 앞 클립의 아웃 점과 뒤 클립의 인 점이 함께 좌측으로 이동되며 결과적으로 드래그한 만큼 앞 클립의 길이는 줄게 되며 뒤 클립의 길이는 늘어나게 됩니다. 따라서 롤링 편집의 경우, 트랙에 존재하는 전체 클립의 길이는 변함이 없습니다.

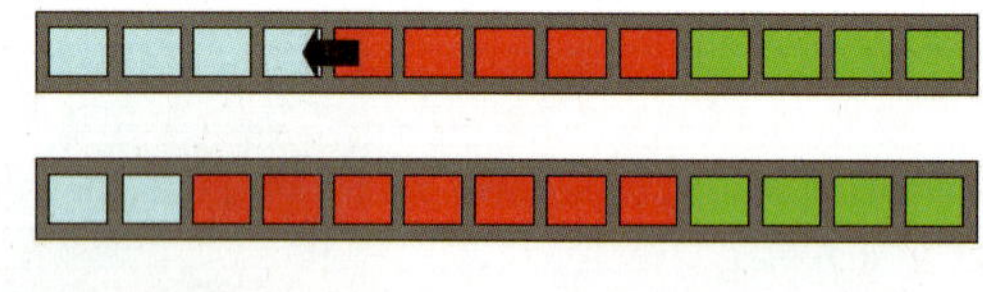

▷▷ **롤링 편집** – 인 점을 변경하면 앞 클립의 아웃 점도 함께 변경됩니다.

리플 편집은 클립의 경계선을 드래그하면 현재 편집 중인 클립의 인 점과 아웃 점은 변경되지만 인접한 다른 클립들의 길이는 그대로 유지됨으로써 전체 클립의 길이도 달라지게 됩니다. 편집 중인 클립의 길이가 변경되어도 인접한 클립은 밀려나거나 당겨짐으로써 클립간의 공백은 발생하지 않습니다.

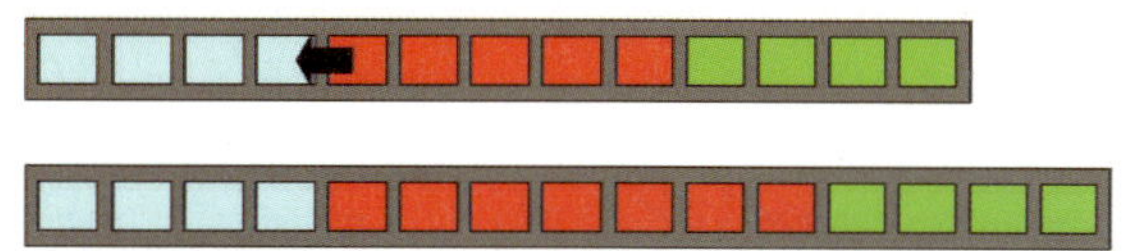

▷▷ 리플 편집 – 인 점을 변경하면 자신의 길이만 변경되
고 인접 클립은 밀려나거나 당겨집니다.

01 새 프로젝트를 시작하고 부록 DVD의 [Source] 폴더에서 "019.avi", "020.avi", "021.avi" 등 세 개의 클립을 선택하여 불러옵니다.

02 프로젝트 패널에 불러온 클립들이 자동으로 모두 선택 상태로 되어 있으므로 일단 "019.avi" 클립을 클릭하여 해당 클립 하나만 선택하고 소스 모니터로 드래그합니다.

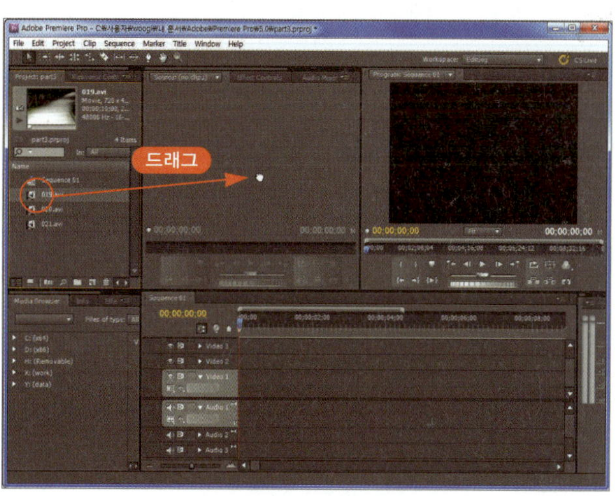

03 소스 모니터에 클립이 나타납니다. 소스 모니터의 현재 시간 표시자를 2초 위치에 두고 Set In Point 버튼을 클릭하여 인 점을 설정합니다. 해당 지점의 시간은 좌측 타임코드에 표시됩니다.

04 현재 시간 표시자를 8초 지점에 두고 Set In Out 버튼을 클릭하여 아웃 점을 설정합니다.

05 소스 모니터의 클립을 타임라인 패널 Video 1 트랙의 시작 지점으로 드래그하여 등록합니다.

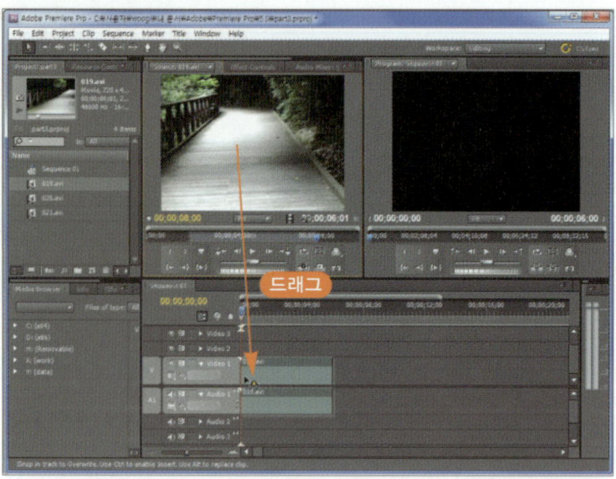

06 소스 모니터에 인 점과 아웃 점을 설정하였으므로 해당 구간만 타임라인에 등록되어 나타납니다. 물론 프로그램 모니터에서도 해당 영역이 나타납니다.

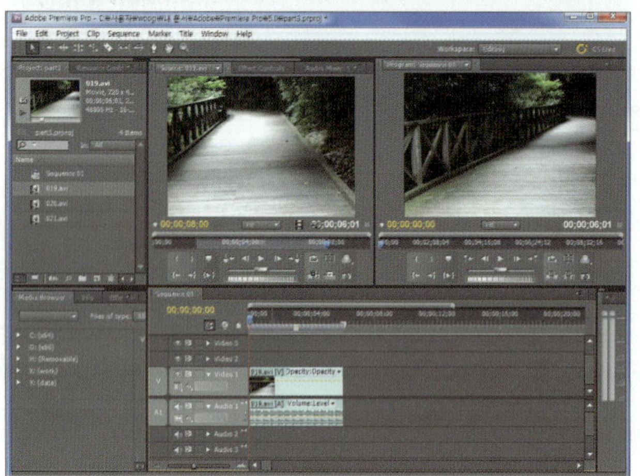

07 이러한 방식으로 "020.avi", "021.avi" 클립도 소스 모니터를 통하여 시작 지점으로부터 2초 지점을 인 점으로, 8초 지점을 아웃 점으로 설정한 후, 각각 타임라인 패널의 Video 1 트랙에 순서대로 등록합니다. 프로그램 모니터의 우측 하단에 나타나는 타임코드가 전체 클립의 지속시간이 18초 3프레임으로 나타나는 것을 볼 수 있습니다.

08 정밀한 편집을 위하여 타임라인 패널의 타임룰러 눈금 단위가 작게 나타나도록 하고 프로그램 모니터의 크기를 키워 클립이 크게 나타나도록 합니다.

09 툴 패널에서 Rolling Edit 툴을 선택하고 타임라인 패널에 등록된 첫 번째 클립과 두 번째 클립의 경계에 마우스를 올려놓습니다. 마우스 포인터가 롤링 에디트 포인터로 바뀌어 나타납니다.

10 롤링 에디트 포인터가 나타난 상태에서 클릭한 후, 프로그램 모니터의 좌측 타임코드가 −00;00;01;00으로 나타나는 지점까지 천천히 드래그합니다. 즉, 앞쪽으로 1초 드래그하는 것입니다. 프로그램 뷰의 좌측에는 좌측 클립의 아웃 점에 대한 프레임을, 우측에는 우측 클립의 인 점에 대한 프레임을 보여줍니다. 물론 드래그하고 있는 상태에서는 계속 해당 지점에 대한 프레임이 바뀌어 나타나게 될 것입니다.

11 마우스 버튼을 놓으면 드래그한 만큼 우측 클립의 인 점이 좌측으로 이동됩니다. 이로 인하여 클립의 길이가 늘어났지만, 동시에 좌측 클립의 아웃 점은 좌측으로 이동되어 좌측 클립의 길이는 줄어든 것을 볼 수 있습니다. 따라서 전체 클립의 길이는 변함이 없다는 것을 프로그램 모니터의 우측 타임코드를 통해 확인할 수 있습니다. 이러한 편집이 롤링 편집입니다.

12 **Ctrl** + **Z** 키를 눌러 롤링 편집을 취소하여 클립이 처음 등록된 상태로 돌아갑니다. 이번에는 툴 패널에서 Ripple Edit 툴을 선택합니다.

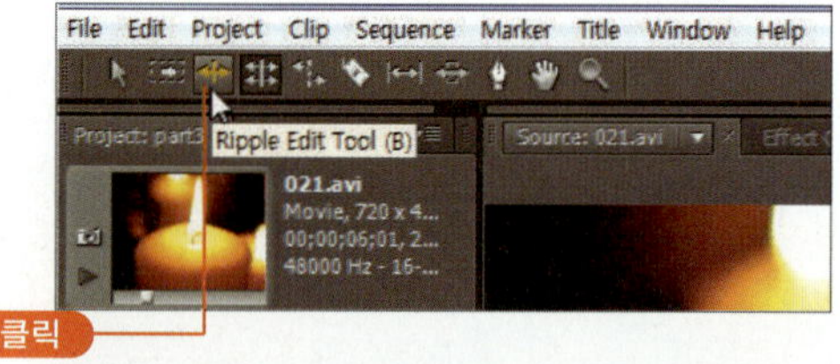

13 앞의 롤링 편집 때처럼 첫 번째 클립과 두 번째 클립의 경계에 마우스를 올려놓습니다. 이번에는 마우스 포인터가 리플 에디트 포인터로 나타납니다. 아까와는 다른 모습을 하고 있습니다. 이 때 마우스 포인터가 처럼 나타나도록 경계선에서 약간 좌측으로 마우스를 위치시킵니다.

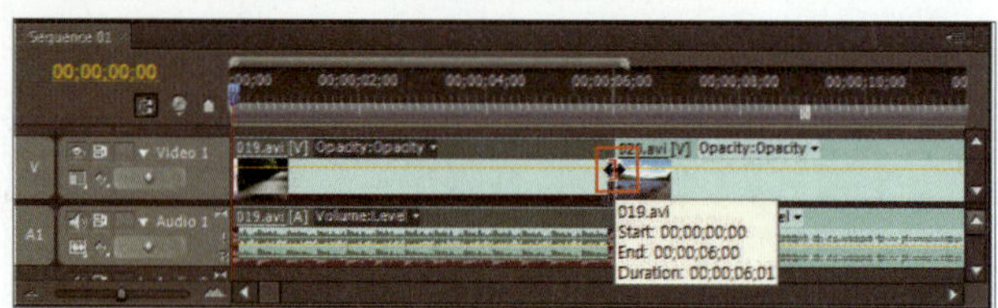

14 두 클립의 경계선을 클릭하고 역시 좌측으로 1초 드래그합니다. 롤링 편집 때와 마찬가지로 좌측 클립의 아웃 점과 우측 클립의 인 점이 실시간으로 나타납니다. 또한 드래그하여 이동된 거리도 표시됩니다.

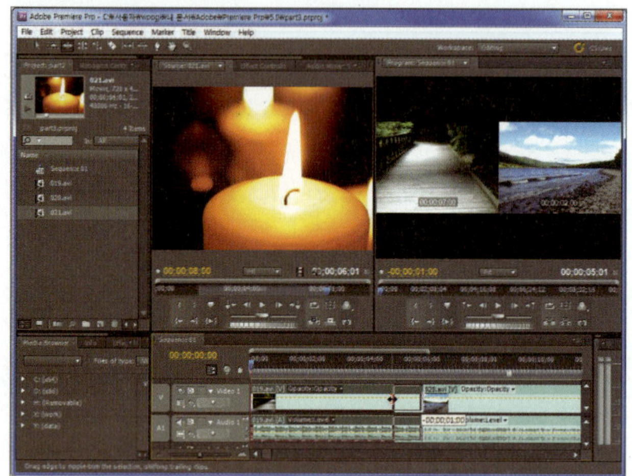

15 마우스 버튼을 놓습니다. 우측의 클립은 길이의 변화가 없이 좌측 클립의 아웃 점만 좌측으로 이동되어 그만큼 좌측 클립의 길이가 줄어듭니다. 따라서 결과적으로 전체 클립의 길이도 17초 03프레임으로 줄어든 것을 프로그램 모니터의 타임코드를 통해 확인할 수 있습니다.

 **Tip** 두 가지 형태의 리플 에디트 포인터

리플 에디트 툴을 선택하고 두 클립의 경계에 마우스 포인터를 놓았을 때 나타나는 리플 에디트 포인터는 포인터의 위치에 따라 두 가지 형태로 나타납니다.

경계선에서 약간 좌측 위치로 포인터를 두면 좌측이 열린 사각형이 나타나며 좌측 클립이 편집의 기준 클립이 됩니다. 따라서 좌측 클립의 아웃 점이 변경됨에 따라 좌측 클립의 길이가 줄어들거나 늘어나며 이에 따라 우측 클립이 당겨지거나 밀려납니다.

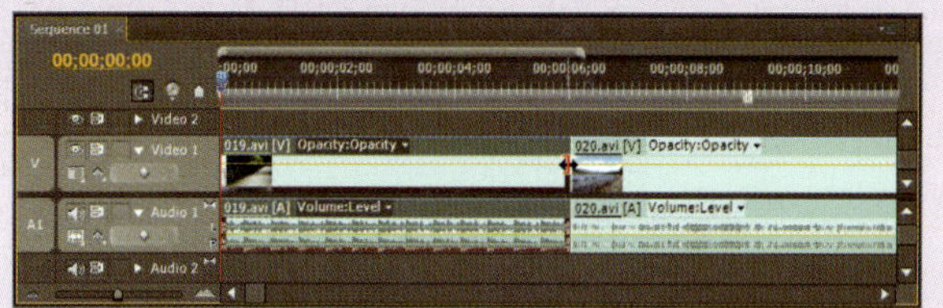

우측 위치로 포인터를 두면 우측이 열린 사각형이 나타나며 우측 클립이 편집의 기준 클립이 됩니다. 따라서 우측 클립의 인 점이 변경됨에 따라 우측 클립의 길이가 줄어들거나 늘어나며 이에 따라 클립의 위치가 좌측, 또는 우측으로 이동됩니다.

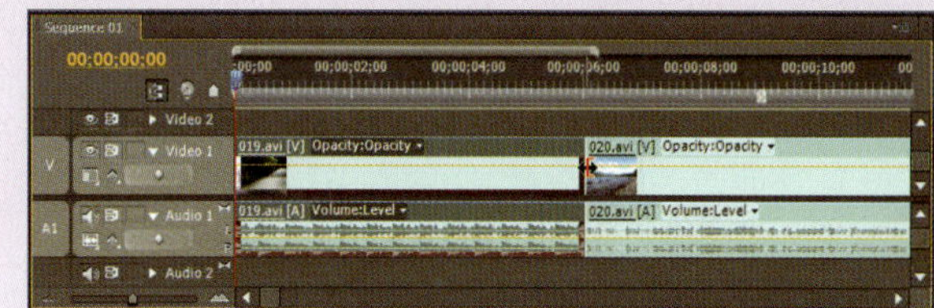

각각의 경우에 대해 클립의 경계선을 직접 드래그해보면서 리플 편집을 이해해 보기 바랍니다. Info 패널을 열어놓고 Duration(길이)과 Start(시작점), End(끝점), Cursor(현재 시간 표시자의 현 위치)에 대한 정보를 보면 클립의 변화를 확인할 수 있습니다.

 **잠깐만요!! 롤링 편집과 리플 편집에서 주의할 점**

롤링 편집이나 리플 편집은 예제와 같이 소스 클립의 특정 지점이 인/아웃 점으로 설정되어 있어야 합니다. 그렇지 않은 경우 클립의 시작 지점이 인 점이므로 인 점을 좌측으로 변경할 수 없으며 끝 지점이 아웃 점이므로 아웃 점을 우측으로 변경할 수 없기 때문입니다.

2 슬립 툴로 인/아웃 점 변경하기

Slip 툴은 클립의 인 점과 아웃점 사이의 길이를 그대로 유지하면 인/아웃 점의 위치를 변경시키되 인접한 클립에 영향을 미치지 않게 합니다. 인/아웃 점을 별도로 수정하여 설정할 필요 없이 타임라인에 등록된 상태에서 즉각적으로 수정할 수 있는 편리한 툴입니다.

01 앞의 예제에서 등록하여 인 점과 아웃 점을 설정해 두었던 클립들을 그대로 사용해보겠습니다. Ctrl + Z 키를 눌러 클립을 타임라인 패널에 등록된 초기 상태로 되돌리고 툴 패널에서 슬립 툴(Slip Tool)을 선택합니다.

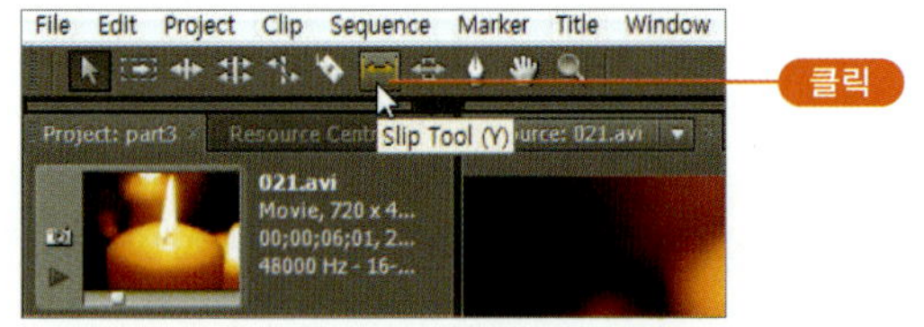

02 인/아웃 점이 설정된 Video 1 트랙 중앙의 "020.avi" 클립을 클릭하고 프로그램 모니터의 좌측 하단 타임코드가 −00:00:00:20으로 표시되는 지점까지 좌측으로 천천히 드래그합니다. 즉, 좌측으로 20프레임 이동시키는 것입니다. 이때 프로그램 모니터에는 4개의 클립이 표시되며 위의 좌측 클립은 현재 클립의 인 점을, 우측 클립은 아웃 점을, 아래의 좌측 클립은 앞 클립의 아웃 점을, 우측 클립은 뒤 클립의 인 점을 가리킵니다.

03 슬립 툴은 이렇게 인접 클립에 영향을 미치지 않고 대상 클립의 인, 아웃 점 간격을 유지하면서 함께 변경되도록 합니다. 이번에는 프로그램 모니터의 좌측 하단 타임코드가 +00:00:01:00을 가리키는 지점까지 우측으로 드래그합니다. 즉, 클립의 인 점과 아웃 점을 동시에 1초 우측으로 이동시키는 것입니다.

슬립 툴과 슬라이드 툴 사용 시 클립의 이동 범위

슬립 툴과 다음에 설명하는 슬라이드 툴은 모두 클립의 인 점과 아웃 점의 간격을 유지하면서 동시에 그 위치를 바꾸는 기능을 하는 것으로 이때 클립의 인 점과 아웃 점 바깥 영역을 초과하여 클립을 이동할 수는 없습니다. 즉, 앞에서 "020.avi" 클립의 인 점과 아웃 점이 각각 시작 지점과 끝 지점에서 2초 지점에 설정되어 있으므로 2초를 넘어서는 부분으로는 인 점과 아웃 점이 이동될 수 없으므로 클립의 이동 범위도 타임라인에 처음 등록된 상태에서 2초를 넘을 수 없다는 말입니다.

3 슬라이드 툴로 인/아웃 점 변경하기

Slide 툴은 클립의 인 점과 아웃 점을 동일 간격으로 유지하면서 이동시킬 수 있다는 점에서 Slip 툴과 같지만 편집한 클립의 인 점과 아웃 점이 변경됨에 때라 앞에 위치한 클립의 아웃 점과 뒤에 위치한 클립의 인 점이 함께 변경된다는 차이를 가지고 있습니다. 즉, 인접한 클립의 인/아웃 점을 손쉽게 변경시킬 수 있는 툴입니다.

01 앞의 예제에서 계속합니다. 선택 툴을 선택하고 Shift 키를 누른 상태에서 타임라인 패널의 트랙에 놓인 세 개의 클립을 모두 클릭하여 선택한 다음, Delete 키를 누릅니다.

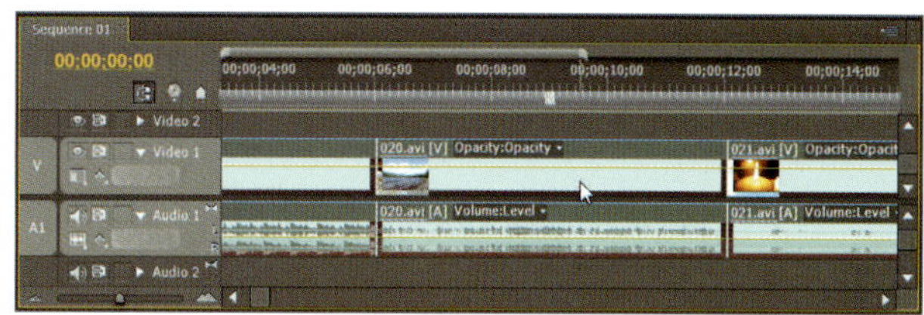

02 타임라인 패널의 클립이 모두 삭제됩니다. 앞에서 했던 것처럼, 세 개의 클립을 이름 순서대로 소스 모니터에서 타임라인 패널로 등록합니다. 인 점과 아웃 점이 설정된 클립들을 다시 차례로 등록하는 것입니다.

03 툴 패널에서 슬라이드 툴(Slide Tool)을 선택하고 트랙의 중앙에 배치된 "020.avi" 클립을 좌측으로 드래그하여 20프레임 이동시킵니다. 슬립 툴을 사용할 때처럼 프로그램 모니터에는 4개의 클립이 표시되며 위의 좌측 클립은 현재 클립의 인 점을, 우측 클립은 아웃 점을, 아래의 좌측 클립은 앞 클립의 아웃 점을, 우측 클립은 뒤 클립의 인 점을 가리킵니다.

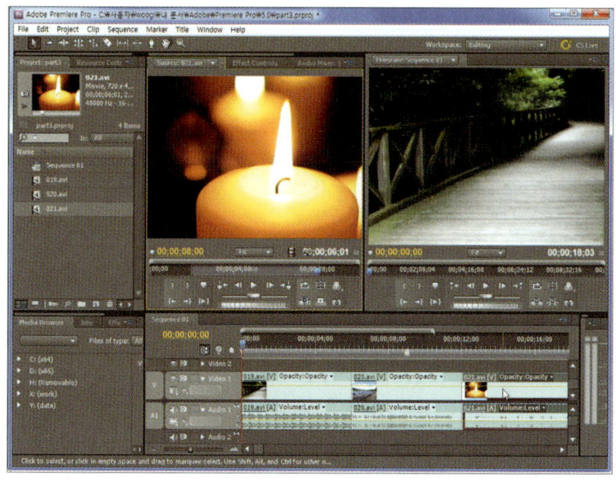

04 마우스 버튼을 놓으면 드래그한 20 프레임만큼 현재 클립의 인 점과 아웃 점이 동일 간격으로 이동됨과 동시에 앞쪽 클립의 아웃 점도 20프레임 변경됩니다.

05 다시 중앙의 클립을 클릭하고 이번에는 우측으로 1초만큼 드래그한 후 마우스 버튼을 놓습니다. 역시 현재 클립의 인 점과 아웃 점이 동일 간격을 유지하면서 드래그한 거리만큼 이동됨과 동시에 뒤쪽 클립의 인 점도 그만큼 함께 변경됩니다.

Tip 슬립 툴과 슬라이드 툴의 차이점

● **슬립 툴**

클립의 인/아웃 점 간격이 유지된 채, 좌측으로 드래그하면 인/아웃 점이 함께 앞쪽으로 이동되고 우측으로 드래그하면 뒤쪽으로 이동됩니다. 이때, 인접 클립의 인/아웃 점은 영향을 받지 않으므로 전체 클립의 길이는 변함이 없습니다.

● **슬라이드 툴**

슬립 툴과 마찬가지로 클립의 인/아웃 점이 동일 간격을 유지하면서 드래그하는 쪽이 이동하지만 이동 방향에 따라 인접 클립의 인 점이나 아웃 점도 함께 이동됩니다. 즉, 좌측으로 드래그하면 앞 클립의 아웃 점이, 우측으로 드래그하면 뒤 클립의 인 점이 변경됩니다. 드래그한 거리만큼 인접 클립의 인 점이나 아웃 점이 변경되므로 전체 클립의 길이가 달라지게 됩니다.

Chapter 21 클립의 불투명도와 볼륨 값 조절하기

타임라인에 등록된 클립의 불투명도 핸들을 조절하면 간편하게 비디오 클립의 불투명도나 오디오 클립의 볼륨 값을 조절할 수 있습니다. 불투명도 핸들의 사용법과 타임라인 패널에 등록된 클립을 편리하게 볼 수 있는 Hand 툴과 Zoom 툴에 대해서 알아보겠습니다.

1 클립의 불투명도 핸들 조절하기

타임라인 패널의 트랙에 등록된 비디오 클립의 불투명도 값을 낮추면 클립이 투명하게 되어 현재 클립은 희미하게 나타나고 이 영역을 통해 하위 트랙에 등록된 다른 클립이 나타나게 됩니다. 가장 기초적인 영상 합성 방식입니다.

비디오 클립의 불투명도 값 조절하기

타임라인 패널의 트랙에 클립을 등록하면 클립 중앙에 노란색의 선이 나타납니다. 이것은 Opacity Handles, 즉 불투명도 핸들이라고 하는 것으로 아래로 드래그하면 클립의 불투명도 값이 작아져 점차 투명해집니다. 드래그할 때, 현재 불투명도 값이 표시되며 프로그램 모니터를 통해 클립이 희미해지는 것을 볼 수 있습니다.

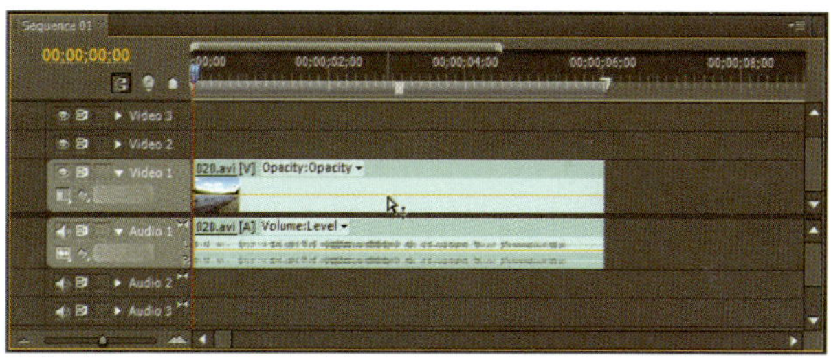

▷▷ 불투명도 핸들을 아래로 드래그합니다.

▷▷ 불투명도 100% – 기본값

▷▷ 불투명도 40%

하나의 트랙에 클립이 등록되어 있는 경우에 클립의 불투명도 값을 낮추면 해당 클립이 희미하게 나타나지만 하위 트랙에 다른 클립이 존재하는 경우에는 이렇게 투명해진 영역을 통해 하위 트랙의 클립이 나타나므로 합성되는 결과를 얻을 수 있습니다.

다음 그림은 Video 1, Video 2 트랙에 각각 다른 클립을 등록해 놓은 상태입니다. 하지만 Video 2 트랙의 클립에는 불투명도 핸들이 나타나 있지 않습니다. 이것은 기본적으로 Video 1 트랙과 Audio 1 트랙을 제외한 나머지 트랙은 축소 형태로 나타나기 때문입니다. 따라서 Video 2 트랙 헤더에서 삼각형 모양의 확장 버튼(Collapse-Expand Track)을 클릭합니다.

트랙이 확장 형태로 전환되고 Video 2 트랙에 놓인 클립의 중앙에도 불투명도 핸들이 나타나는 것을 볼 수 있습니다. 핸들을 아래쪽으로 드래그하여 불투명도 값을 대략 50 정도로 조절합니다.

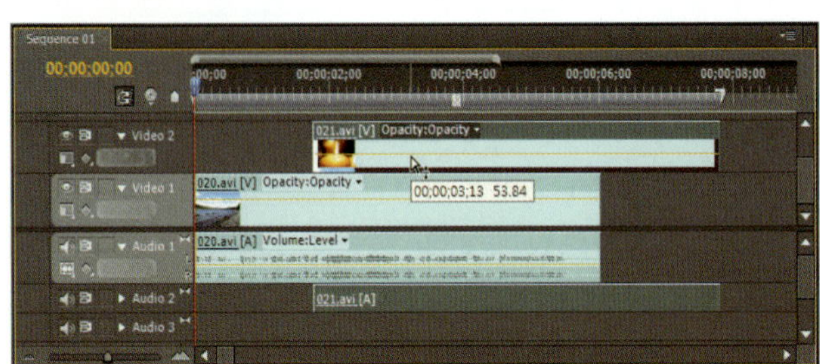

현재 시간 표시자를 두 클립이 겹쳐 있는 부분에 두고 프로그램 모니터를 보면 Video 2 트랙의 클립이 투명해진 만큼 하위 트랙인 Video 1 트랙의 클립이 나타나는 것을 볼 수 있습니다. 하위 트랙의 클립은 불투명도 값이 100으로서 기본 값 상태입니다.

> **Tip** 현재 클립의 불투명도 값 보기
>
> 소스 모니터와 그룹을 이루고 있는 이펙트 컨트롤 패널을 열고 Opacity 좌측의 삼각형 버튼을 클릭하면 현재 선택된 클립의 Opacity 값, 즉 불투명도 값을 볼 수 있습니다. 이 값을 드래그하거나 클릭한 다음 직접 원하는 값을 입력할 수 있으므로 보다 정확하게 불투명도 값을 지정할 수 있습니다. 이펙트 컨트롤 패널을 통한 여러 속성값의 설정은 이펙트나 트랜지션, 모션 등을 학습할 때 상세하게 다루게 됩니다.
>
> 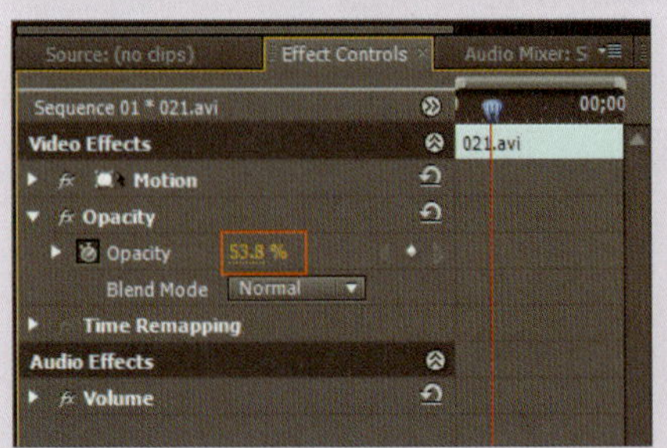
>
> ▷▷ 이펙트 컨트롤 패널에 나타나는 Opacity 값

오디오 클립의 볼륨 값 조절하기

오디오 클립의 볼륨도 비디오 클립의 불투명도 조절과 마찬가지 방법으로 간단히 조절할 수 있습니다. 트랙에 등록된 오디오 클립 위에는 노란색의 레벨(Level) 핸들이 나타나며 위로 드래그할수록 볼륨 값이 커지며, 아래로 드래그할수록 볼륨 값이 낮아집니다. 기본값은 0.00dB입니다.

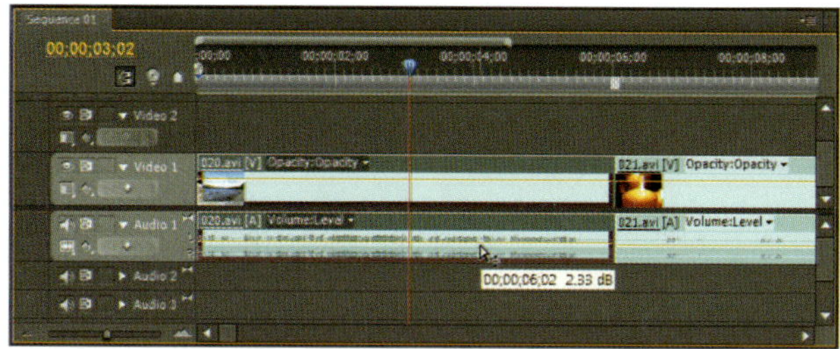

오디오 트랙의 헤더에서 Show Keyframes 버튼을 클릭하고 메뉴에서 Show Track Volume를 선택하면 트랙 단위로 모든 클립의 볼륨을 함께 조절할 수 있습니다. 레벨 핸들을 조절하면 현재 클립뿐 아니라 트랙에 등록된 모든 클립의 볼륨이 동일하게 조절되는 것을 볼 수 있습니다. 아울러 이후로 등록되는 오디오 클립까지도 설정된 볼륨 값이 동일하게 적용됩니다.

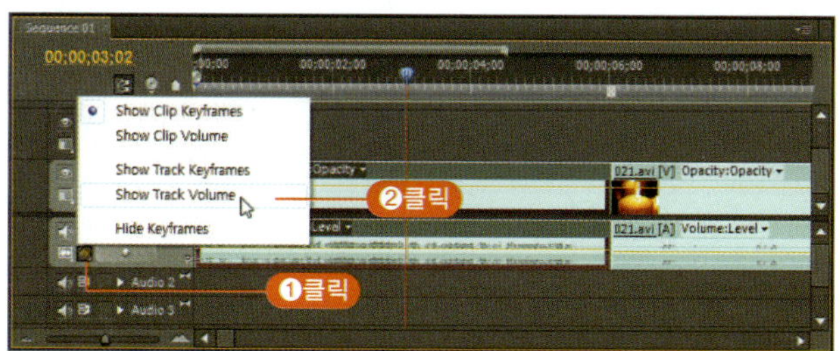

▷▷ Show Track Volume을 선택

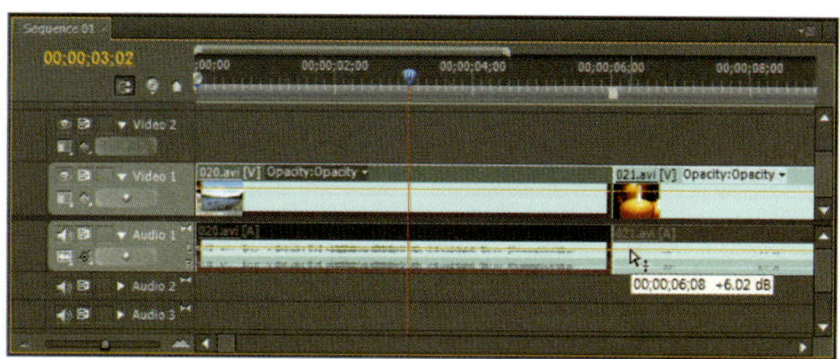

▷▷ 트랙에 등록된 모든 클립에 동일한 오디오 레벨이 적용됩니다.

> **Tip 현재 클립의 볼륨값 보기**
>
> 이펙트 컨트롤 패널에서 Volume 좌측에 있는 삼각형 모양의 확장 버튼을 클릭하면 현재 선택된 오디오 클립의 볼륨 값이 Level에 표시되며 값을 드래그하거나 클릭함으로써 새로운 값을 지정할 수 있습니다. 단, 여기에는 트랙 단위로 변경한 Level 값은 표시되지 않으며 각각의 클립에 설정한 Level 값만 표시됩니다.
>
> 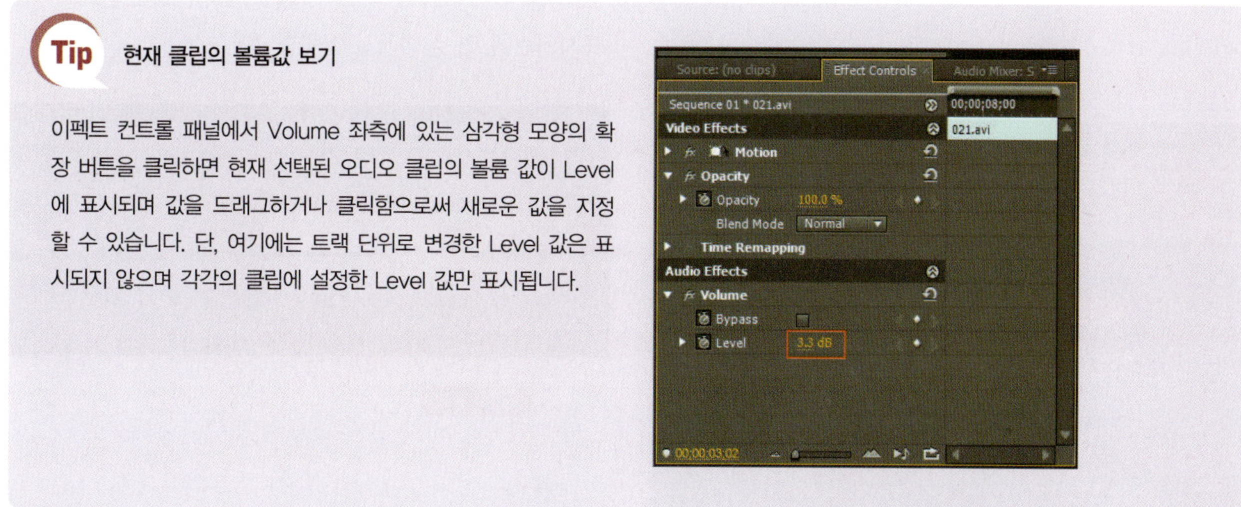

2   Fade In과 Fade Out 효과 만들기

부록 ◉ [Example\FadeIn_Out.wmv]

클립의 각 지점별로 각기 다른 불투명도 값을 지정함으로써 점차 밝게 나타나는 효과인 Fade In 효과와 점차 희미해지면서 사라지는 Fade Out 효과를 만들어보겠습니다.

01 새 프로젝트를 시작하고 부록 DVD의 [Source] 폴더에서 "15.avi", "16.avi" 클립을 임포트한 후, "15.avi" 클립을 타임라인 패널의 Video 1 트랙에 등록합니다.

02 타임라인의 눈금 단위를 작게 하여 클립의 길이가 충분히 나타나도록 하고 **Ctrl** 키를 누른 상태에서 Video 1 트랙에 등록된 클립의 시작 지점의 불투명도 핸들 위에 마우스를 가져갑니다. 마우스 포인터가 +로 표시되는데 이 상태에서 클릭합니다.

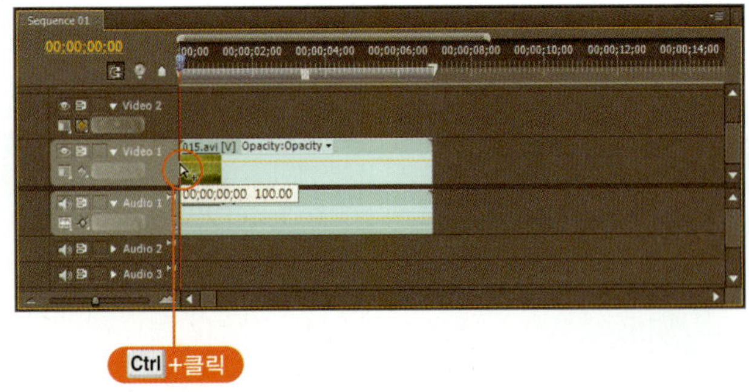

03 노란색의 마름모꼴로 키프레임이 생성됩니다.

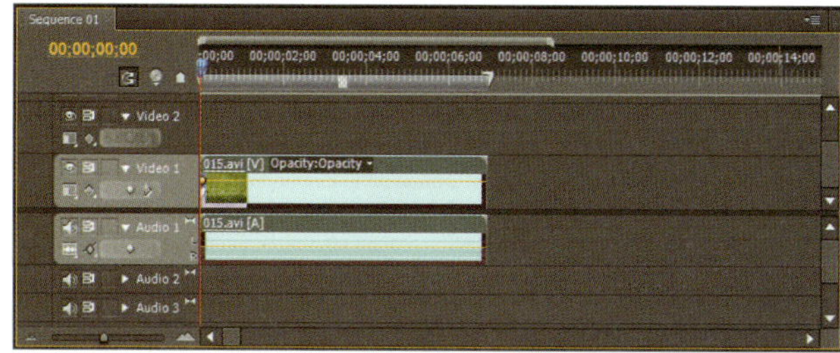

04 계속해서 1초 지점, 끝에서 앞쪽으로 1초 지점, 끝 지점에도 **Ctrl** 키를 누른 상태에서 클릭하여 각각 키프레임을 생성합니다.

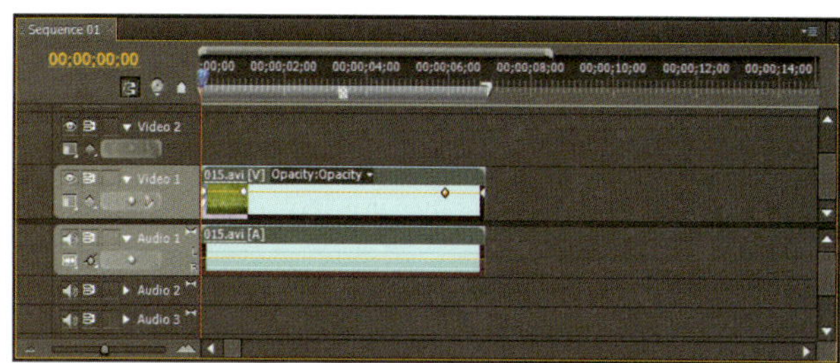

05 클립에 시작 지점과 끝 지점에 생성된 키프레임을 각각 아래로 드래그하여 해당 지점의 불투명도 값을 '0'으로 조절합니다.

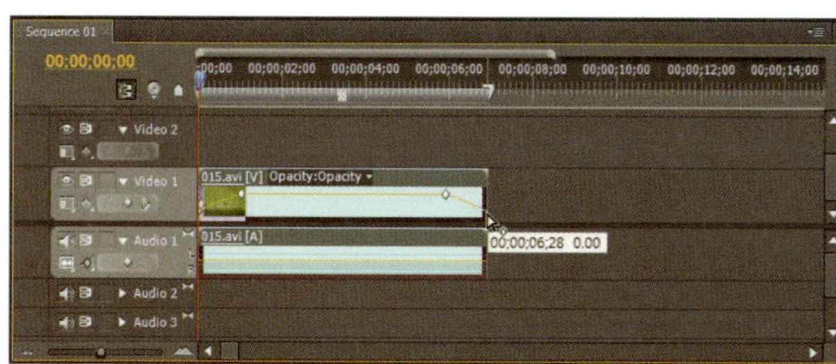

잠깐만요!! 키프레임 이동하기

잘못 클릭하여 원치 않는 지점에 키프레임이 만들어졌다면 해당 키프레임을 드래그하여 원하는 지점으로 이동시켜 줄 수 있습니다.

06 프리뷰해보면 시작 지점에서 1초 지점까지는 클립이 점차 밝게 나타나면서 재생되며 끝에서 앞쪽으로 1초 지점부터 끝 지점까지는 점차 어두워지면서 재생되는 것을 볼 수 있습니다. Fade In과 Fade Out 효과가 만들어진 것입니다.

07 오디오 클립에도 비디오 클립과 같은 네 군데 지점에 키프레임을 만들고 시작 지점과 끝 지점의 키프레임을 아래로 드래그하여 볼륨의 레벨 값을 최저값으로 조절합니다. 소리가 점점 커지면서 시작되었다가 점점 작아지면서 재생을 마치게 하려는 것입니다. 비디오 클립과 마찬가지로 **Ctrl** 키를 누른 상태에서 클릭하면 키프레임을 만들 수 있습니다.

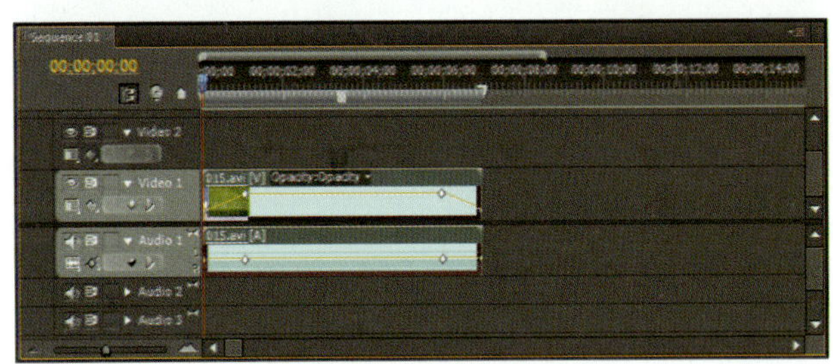

08 타임라인 패널에 등록된 클립이 선택된 상태에서 **Ctrl** + **C** 를 누르거나 팝업 메뉴를 열고 Copy를 선택합니다.

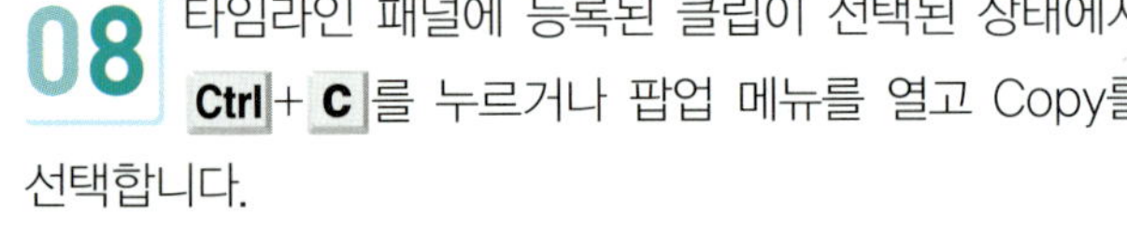
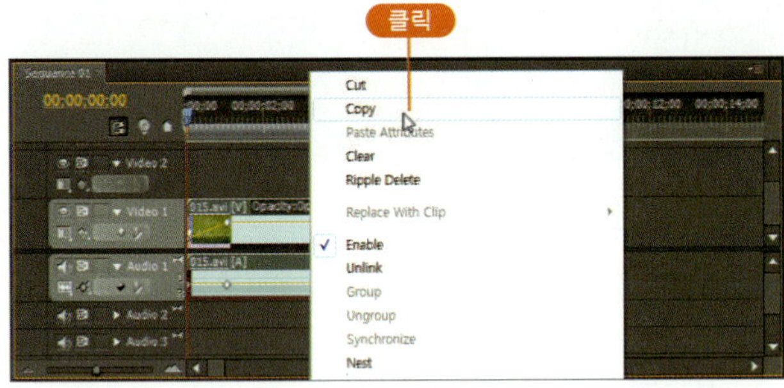

09 프로젝트 패널에서 "16.avi" 클립을 타임라인 패널의 Video 2 트랙에 등록하되 Video 1 트랙에 등록된 클립의 끝 지점과 1초 정도 겹쳐지도록 합니다. 예제의 경우, 5초 26 프레임 정도의 지점에 등록하면 됩니다.

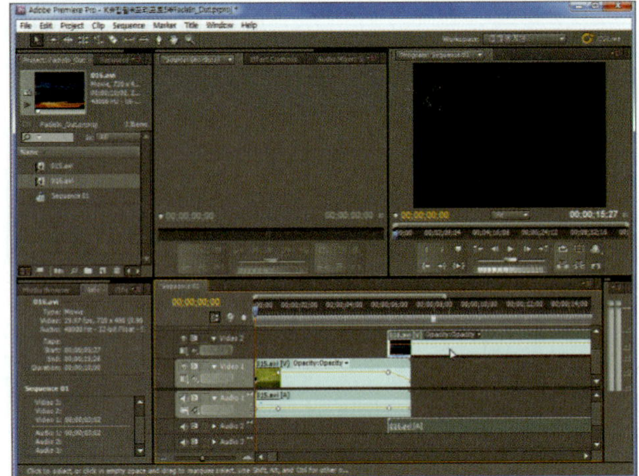

10 Video 2 트랙에 등록된 클립을 선택하고 팝업 메뉴를 열어 Paste Attribute를 선택합니다.

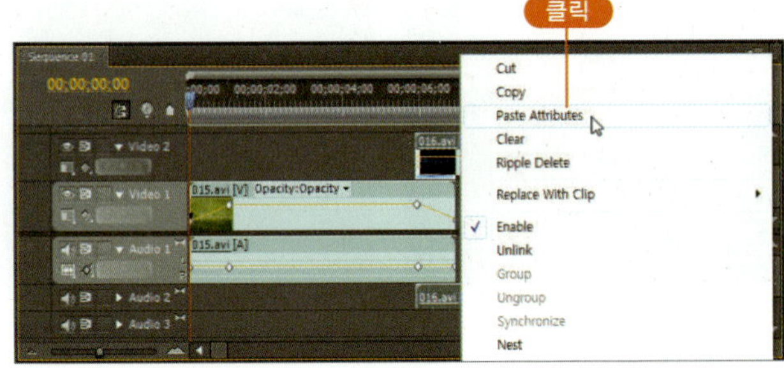

11 Video 2 트랙의 헤더에서 확장 버튼을 클릭하여 클립의 불투명도 핸들을 보면 Video 1 트랙의 클립과 동일한 위치에 키프레임이 생성되어 있음은 물론, 각 키프레임의 불투명도 값도 동일하게 설정되어 있는 것을 볼 수 있습니다. 이것은 Paste Attribute가 복사한 클립의 속성만을 붙여넣기 때문입니다.

12 Video 2 트랙에 등록된 클립은 Video 1 트랙에 등록된 클립과 길이가 다르므로 클립의 중간에 Fade Out 효과가 적용되어 버렸습니다. 뒤쪽의 두 키프레임을 드래그하여 각각 끝에서 앞쪽으로 1초 지점과 끝 지점으로 이동시켜 줍니다. 오디오 클립에 대해서도 동일하게 작업합니다.

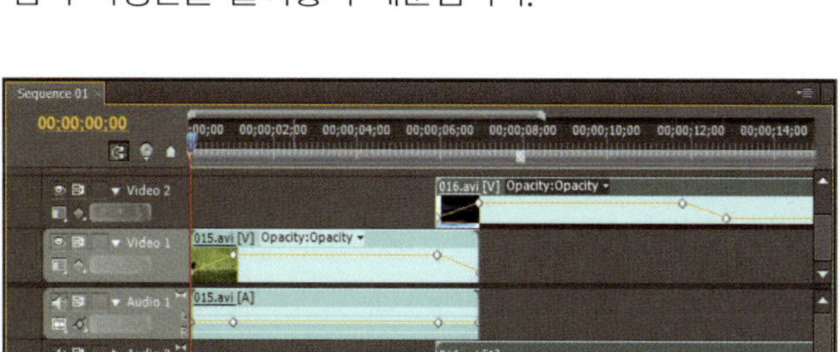
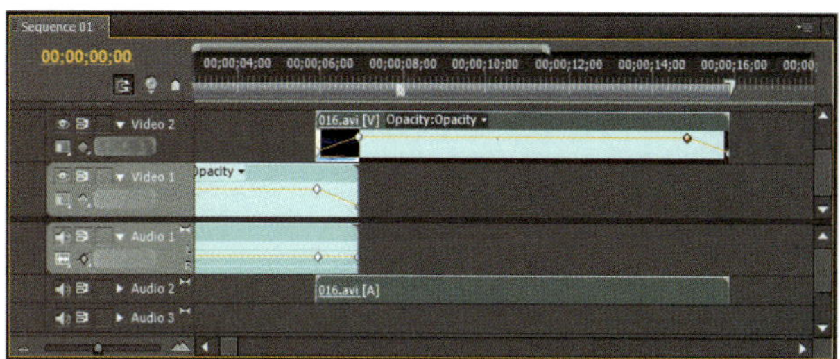

13 작업 결과를 프리뷰하여 확인합니다. 두 클립이 겹쳐진 부분을 보면 앞 클립이 Fade Out되면서 다음 클립이 Fade In되는 것을 볼 수 있습니다. 이러한 효과는 추후에 다루게 될 트랜지션으로 구현할 수도 있습니다.

> **Tip** Pen 툴과 키프레임의 속도 변경
>
> 툴 패널에 있는 펜 툴로 불투명도 값이나 레벨 값을 조절할 수도 있습니다. 여러 키프레임을 선택하는 경우에만 선택 툴을 사용할 때와 차이점을 갖습니다.
>
> ▷▷ 펜 툴
>
> 즉, 선택 툴의 경우에는 클립에 생성되어 있는 여러 개의 키프레임을 한꺼번에 선택할 때, **Shift** 키를 누른 상태에서 선택하고자 하는 키프레임을 하나씩 클릭합니다. 선택된 키프레임은 노란색으로 나타납니다.
>
> 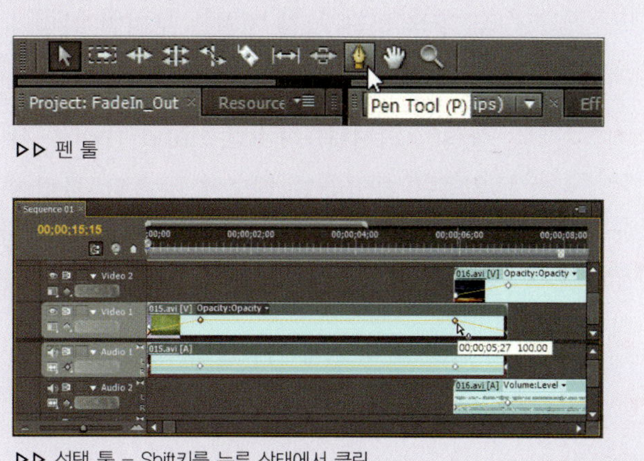
>
> ▷▷ 선택 툴 – Shift키를 누른 상태에서 클릭

펜 툴을 사용하면 Shift 키를 사용할 수 있을 뿐 아니라 키프레임 주위를 드래그해서 선택할 수도 있습니다. 선택 툴 상태에서 키프레임 주위를 드래그하면 키프레임이 선택되는 것이 아니라 클립 자체가 드래그됩니다.

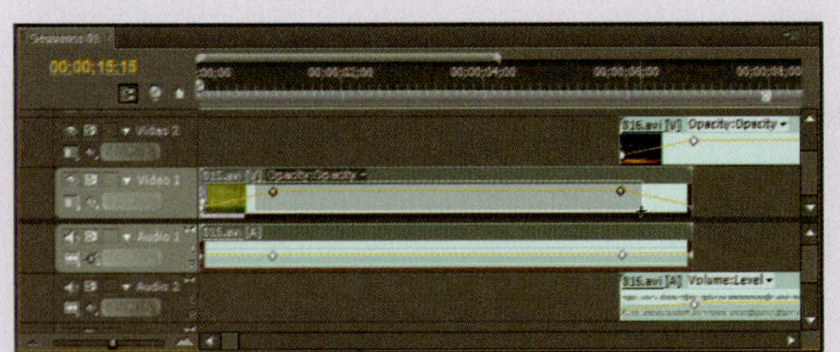

▷▷ 펜 툴 – 키프레임이 포함되도록 드래그

선택 툴이나 펜 툴 모두, Ctrl 키를 누른 상태에서 생성되어 있는 키프레임을 클릭하면 키프레임 양쪽에 속도 조절을 위한 핸들이 나타나며 이것을 드래그하면 불투명도 핸들의 라인 형태가 변경됩니다. 따라서 불투명도가 완만하게, 또는 급격히 변화되도록 조절할 수 있습니다.

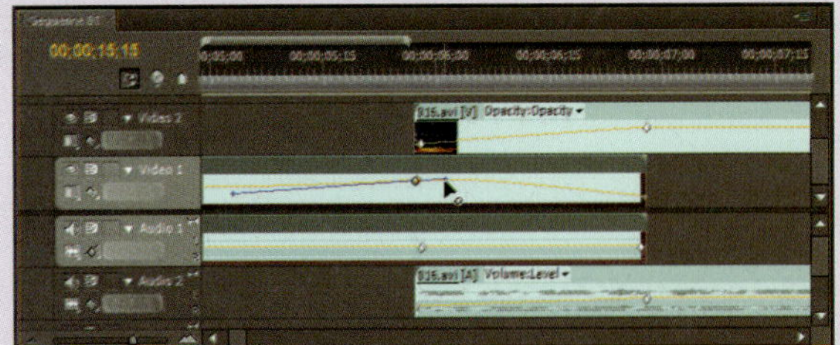

▷▷ 완만하게 변화하는 불투명도

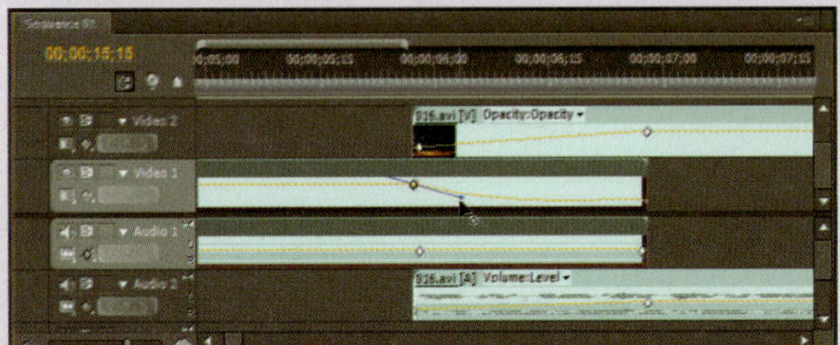

▷▷ 급격하게 변화하는 불투명도

<h2>3   Hand Tool과 Zoom Tool 사용하기</h2>

프레임 단위의 정밀한 편집을 하거나 긴 지속시간을 갖는 클립을 등록하여 작업하는 경우 다른 시간 지점을 보려면 타임라인 패널 하단에 있는 스크롤바를 드래그하여야 합니다. 하지만 Hand Tool을 사용하면 타임라인 패널에 등록된 클립이든, 바탕 영역이든 관계없이 타임라인 패널의 내부를 드래그함으로써 다른 시간 영역으로 빠르게 이동할 수 있습니다.

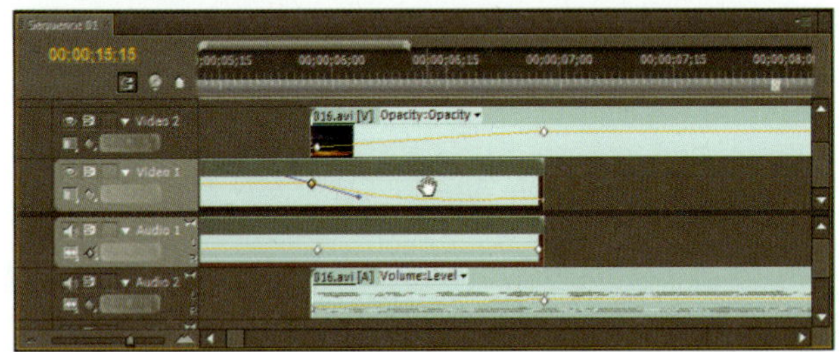

▷▷ 핸드 툴을 선택하고 타임라인 패널 내부를 드래그

Zoom Tool은 클립을 확대하거나 축소하는 툴이 아니라 타임룰러의 눈금 단위를 크게, 또는 작게 변경하는 툴입니다. Zoom Tool을 선택하고 타임 라인 패널 내부로 마우스를 가져가면 마우스 포인터가 + 표시의 돋보기 모양으로 바뀌며 클릭할 때마다 타임룰러의 눈금 단위가 작아져 정밀한 편집에 유리합니다.

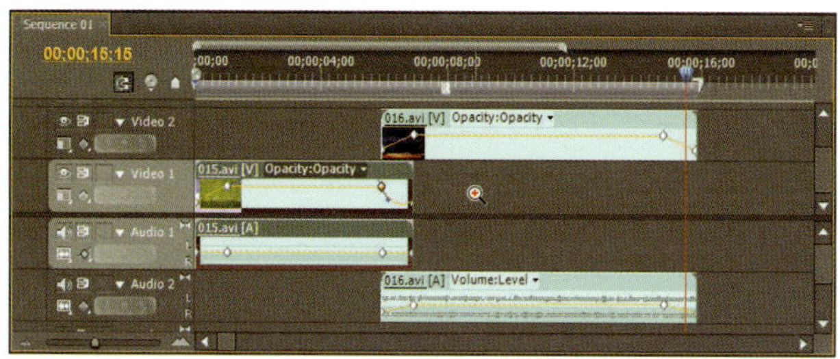

▷▷ 줌 툴을 선택하고 타임라인 패널 내부를 클릭

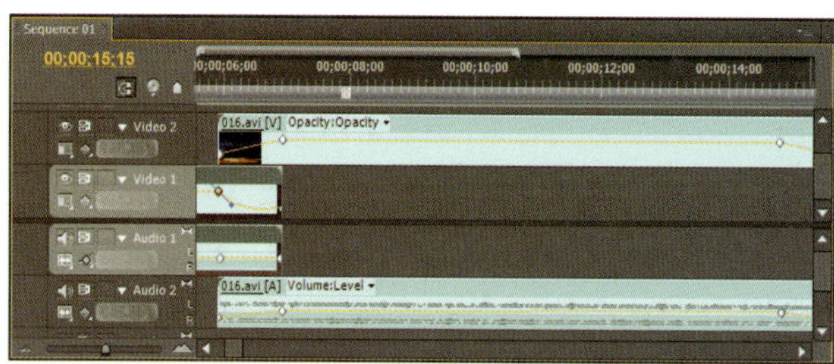

▷▷ 타임룰러의 눈금 단위가 작게 변경됨

Zoom Tool을 선택하고 **Alt** 키를 누른 상태에서 타임라인 패널 내부로 마우스를 가져가면 마우스 포인터가 − 표시의 돋보기 모양으로 바뀌며 클릭할 때마다 타임룰러의 눈금 단위가 커지므로 지속 시간이 큰 클립의 작업에 유리합니다.

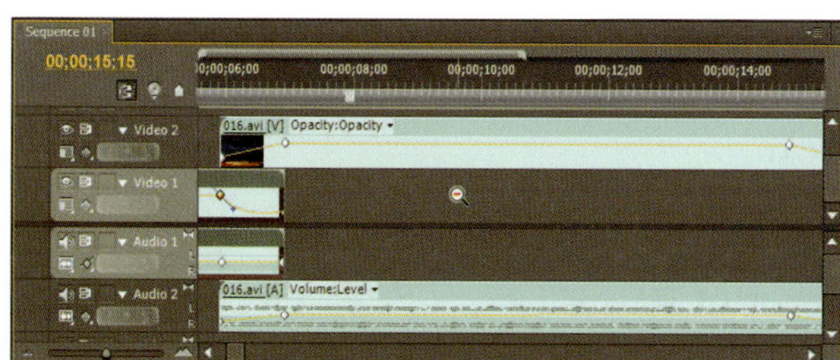

▷▷ **Alt** 키를 누르고 타임라인 패널 내부를 클릭

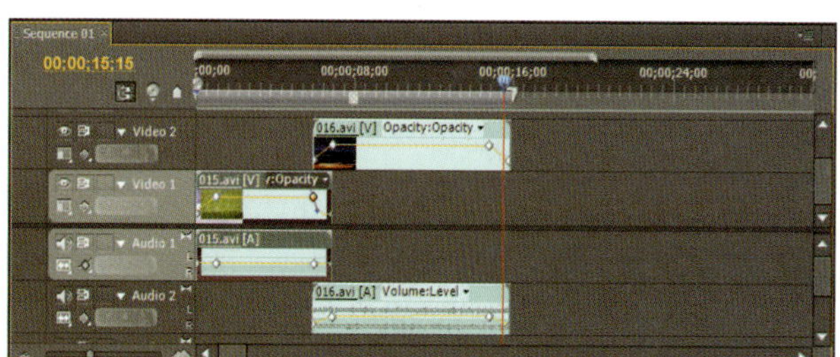

▷▷ 타임룰러의 눈금 단위가 크게 변경됨

Chapter 22

트랙과 시퀀스 추가와 시퀀스 네스팅하기

다양한 합성과 복잡한 효과를 구현하거나 여러 종류의 클립을 식별하기 좋게 배열하는 경우, 많은 트랙을 사용합니다. 따라서 필요한 만큼 트랙을 추가해 사용해야 합니다. 트랙과 시퀀스를 추가하고 하나의 시퀀스를 클립처럼 다룰 수 있는 시퀀스 네스팅에 대해 알아보겠습니다. 시퀀스 네스팅은 공동 작업이나 복잡한 합성 작업으로 독특한 효과를 구현할 때 유용합니다.

---

1 트랙 추가하기

프리미어 프로 CS5의 타임라인 패널은 기본적으로 3개의 비디오 트랙과 4개의 오디오 트랙을 가지고 있습니다. 보다 많은 트랙이 필요하면 트랙을 추가해주어야 합니다.

01 타임라인 패널에 트랙을 추가하려면 메인 메뉴에서 Sequence〉Add Tracks를 선택하거나 타임라인 패널의 헤더에서 마우스 우측 버튼을 클릭하여 팝업 메뉴가 나타나면 Add Tracks를 선택합니다.

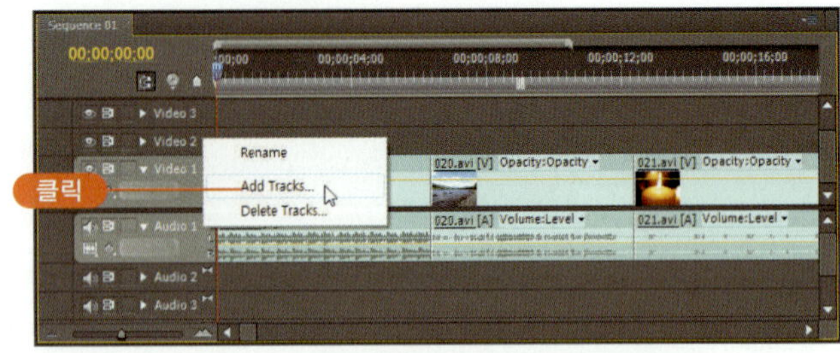

▷▷ 트랙 헤더 팝업메뉴에서 Add Tracks를 선택

02 어느 방법을 사용하든 Add Track 대화상자가 나타납니다. Add 옵션에는 추가할 트랙의 개수를 입력하고 Placement 옵션에는 트랙이 추가될 위치를 선택한 후, OK 버튼을 클릭 합니다.

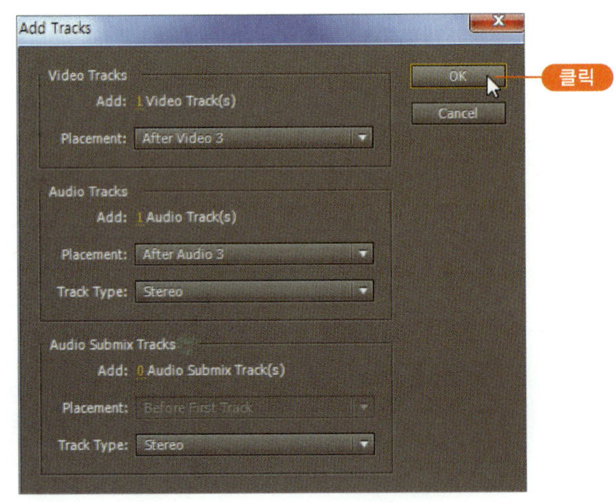

03 지정한 옵션의 트랙이 추가됩니다. 추가된 트랙이 보이지 않는다면 타임라인 패널의 높이를 키워주도록 합니다.

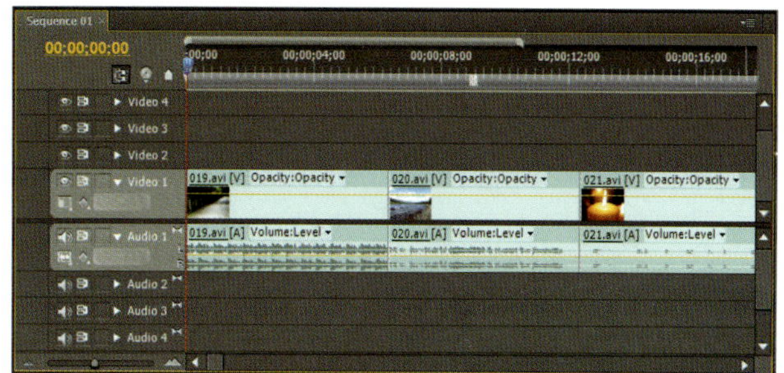

Tip Add Tracks 대화상자의 Placement 옵션

Add Tracks 대화상자의 Placement 옵션은 트랙이 추가될 위치를 지정하는 것으로 세 가지 옵션이 있습니다. 비디오 트랙의 경우에는 위쪽 트랙이 뒤(After)가 되며 오디오 트랙의 경우에는 아래쪽 트랙이 뒤가 됩니다.

- **Before First Track** – 첫 번째 트랙 앞에 추가됩니다.
- **After Target Track** – 현재 선택되어 있는 트랙의 뒤에 추가됩니다.
- **After Last Track** – 가장 뒤 트랙의 앞에 추가됩니다.

현재 선택되어 있는 트랙이란 트랙 헤더의 색상이 밝은 회색으로 표시되고 있는 트랙을 가리킵니다. 클릭하여 선택/해제를 전환할 수 있습니다.

트랙이 추가되면 트랙의 위치에 따라 일련 숫자로 트랙의 이름이 재정렬되므로 혼동하지 말아야 합니다. 예를 들어, Before First Track 옵션을 선택한 경우 첫 번째 트랙인 Video 1 트랙의 아래에 트랙이 추가되지만 이 트랙의 이름은 Video 4가 아니라 Video 1이 되어버립니다. 나중에 추가된 트랙이지만 가장 첫 번째 위치에 존재하게 되기 때문입니다. 그리고 이미 존재하던 Video 1 트랙은 Video 2 트랙으로 바뀌게 되며 그 위쪽 트랙 역시 모두 트랙 번호가 하나씩 증가됩니다.

이러한 변화는 다음 그림을 통해 확인할 수 있습니다. 클립이 등록되어 있지 않은 시퀀스의 경우, 차이를 알아볼 수 없으므로 Video 1 트랙에 클립을 등록하고 결과를 보겠습니다.

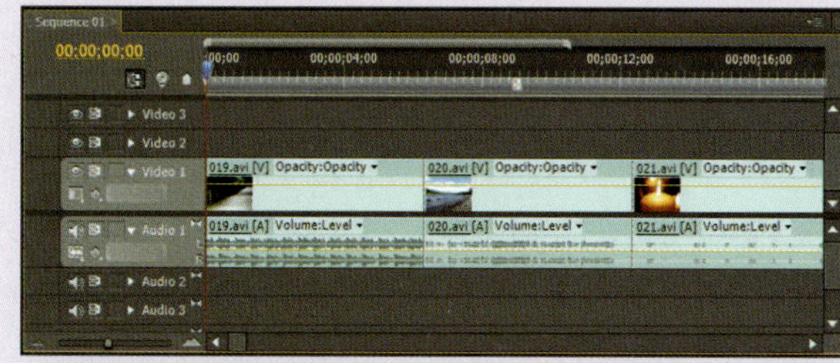

▷▷ 트랙을 추가하기 전의 타임라인

▷▷ Before First Track 옵션으로 트랙이 추가된 타임라인

본래 클립이 등록되어 있던 트랙이 Video 1 트랙이었지만 Before First Track 옵션으로 인해 추가된 새 트랙이 Video 1 트랙이 되고 나머지 트랙들의 이름도 그 위치에 따라 모두 변경되는 것을 볼 수 있습니다.

04 트랙을 삭제하려면 메인 메뉴에서 Sequence〉 Delete Tracks를 선택하거나 타임라인 패널의 트랙 헤더에서 팝업 메뉴를 열고 Delete Tracks를 선택합니다.

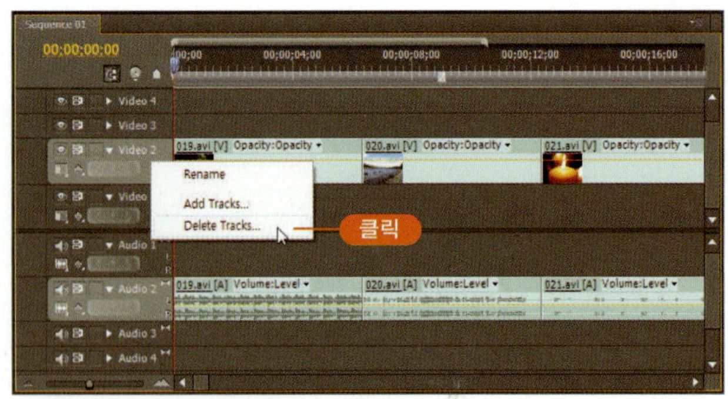

▶▶ 팝업 메뉴에서 Delete Tracks를 선택

05 Delete Track 대화상자가 나타납니다. 비디오 트랙을 삭제하려면 Delete Video Track을, 오디오 트랙을 삭제하려면 Delete Audio Track을 클릭하여 체크표시가 나타나도록 하고 메뉴를 열어 삭제하고자 하는 트랙을 선택합니다. All Empty Tracks는 클립이 등록되어 있지 않은 모든 트랙을 모두 삭제합니다.

06 OK 버튼을 클릭하면 지정한 옵션에 의해 해당 트랙이 삭제됩니다. 클립이 등록된 트랙이 삭제될 경우 클립도 함께 삭제됩니다.

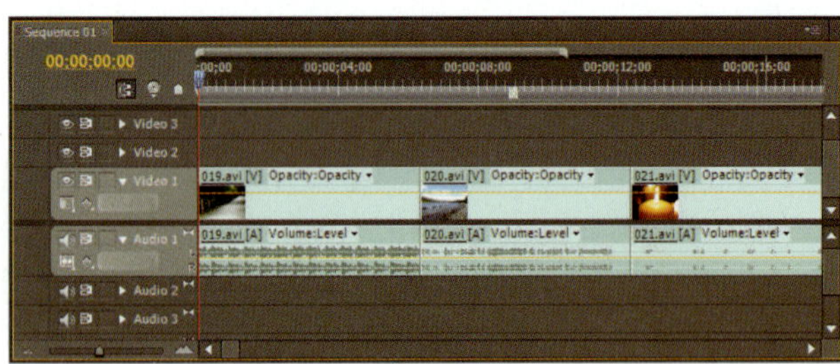

> **Tip** 하나의 트랙만 빠르게 추가하려면?
>
> 한꺼번에 여러 개의 트랙을 추가하려면 앞에서의 방법을 사용하지만 당장 새로운 클립을 등록하기 위한 하나의 트랙만을 추가하고자 한다면 굳이 Add Tracks 대화상자를 열 필요 없이 프로젝트 패널이나 소스 모니터의 클립을 타임라인 패널에 존재하는 가장 위 트랙의 바탕 영역으로 드래그합니다.

마우스 버튼을 놓으면 새로운 트랙이 추가됨과 동시에 드래그한 클립이 추가된 트랙에 자동으로 등록되는 것을 볼 수 있습니다. 이러한 방식으로 트랙을 추가하는 경우는 앞으로 예제를 통해 다루게 됩니다.

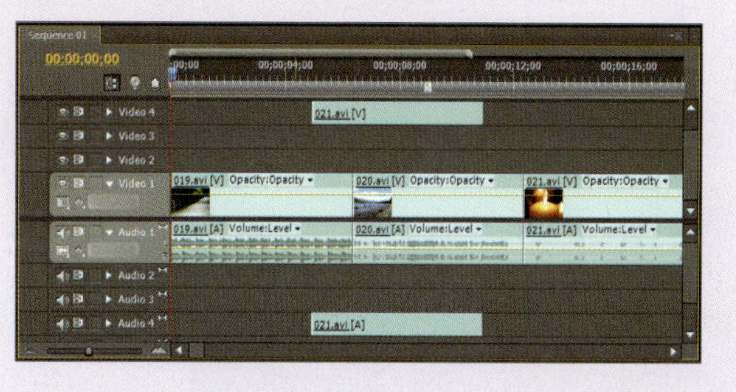

2 시퀀스 추가하고 네스팅하기

여러 개의 트랙으로 이루어진 하나의 타임라인은 시퀀스(Sequence)라고 부르며 타임라인 패널에는 여러 개의 시퀀스를 포함할 수 있습니다. 각각의 타임라인에 등록된 클립들에 서로 다른 효과를 적용하며 비교해볼 수 있으며 시퀀스의 중첩이 가능하므로 여러 명이 작업한 각각의 시퀀스를 하나의 프로젝트에 포함시켜 보다 빠른 시간 내에 프로젝트를 완성시킬 수도 있습니다.

01 기본적으로 타임라인 패널에는 하나의 시퀀스만 존재합니다. 새로운 시퀀스를 추가하려면 File〉New〉Sequence를 선택합니다.

02 프로젝트를 처음 시작할 때 나타났던 New Sequence 대화상자가 다시 나타납니다. 우측의 Tracks 탭을 클릭합니다.

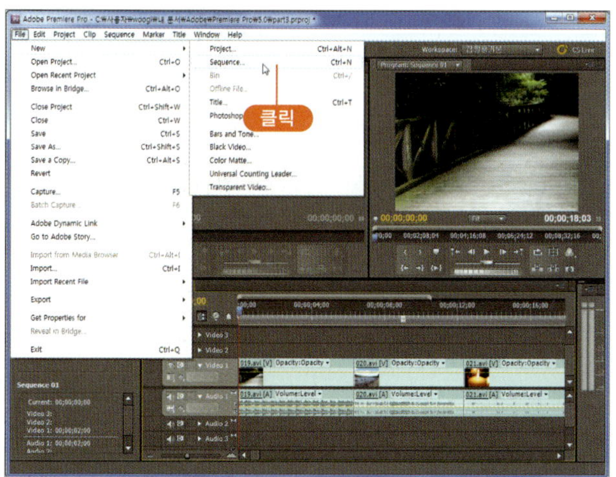

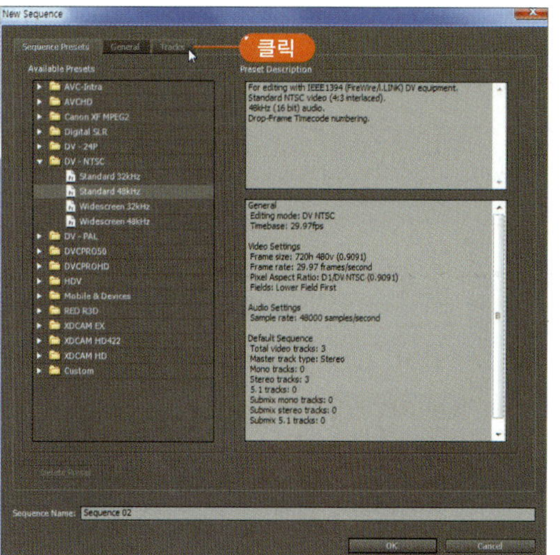

03 새 시퀀스에 포함될 트랙 수를 지정할 수 있습니다. 기본값 그대로 두고 OK 버튼을 클릭합니다.

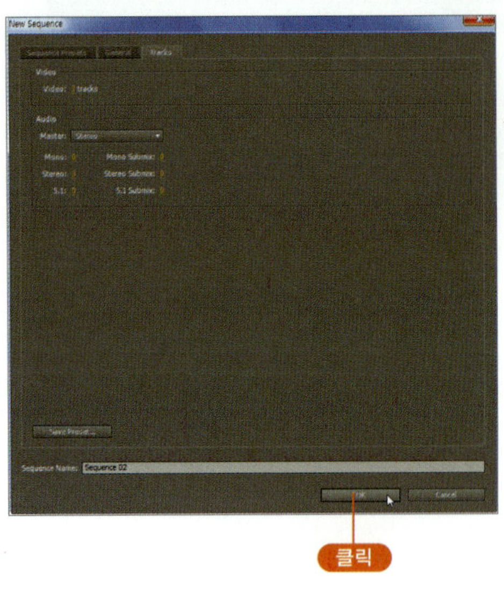

04 타임라인 패널의 목록과 프로젝트 패널의 상단에 시퀀스가 추가되어 나타납니다. 시퀀스는 타임라인 패널에 탭의 형태로 존재합니다.

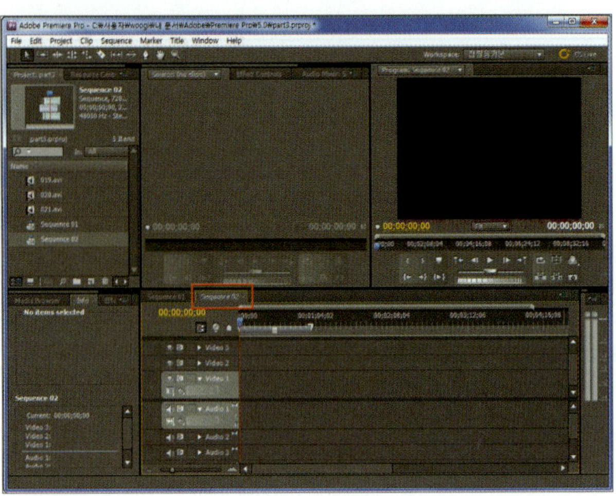

Tip 시퀀스를 추가하는 여러 방법

시퀀스는 다음 중 하나의 방법으로 추가할 수도 있습니다.

● **프로젝트 패널의 팝업 메뉴에서 New Item>Sequence를 선택합니다.**

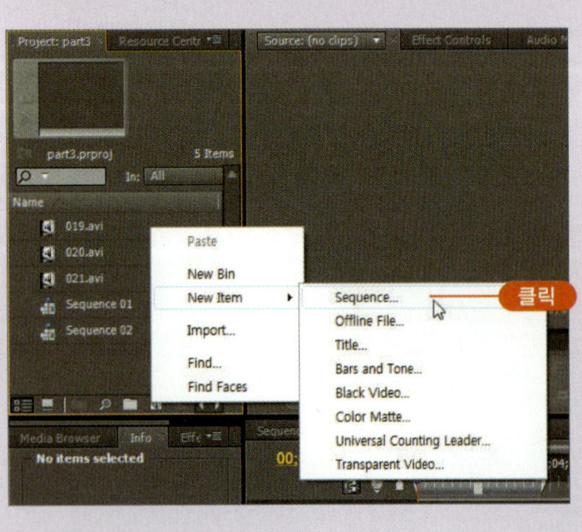

● **프로젝트 패널의 New Item 버튼을 클릭하고 Sequence를 선택합니다.**

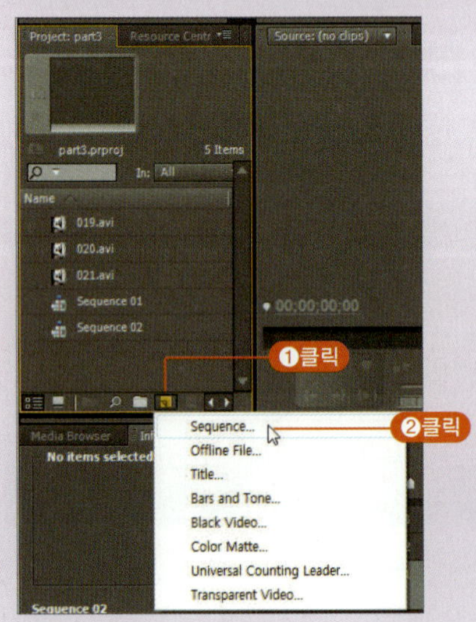

05 시퀀스도 클립처럼 이름을 변경할 수 있습니다. 프로젝트 패널의 목록에서 Sequence 01을 클릭하여 편집 모드로 전환하고 "영상앨범"이라고 입력한 후, `Enter` 키를 누릅니다.

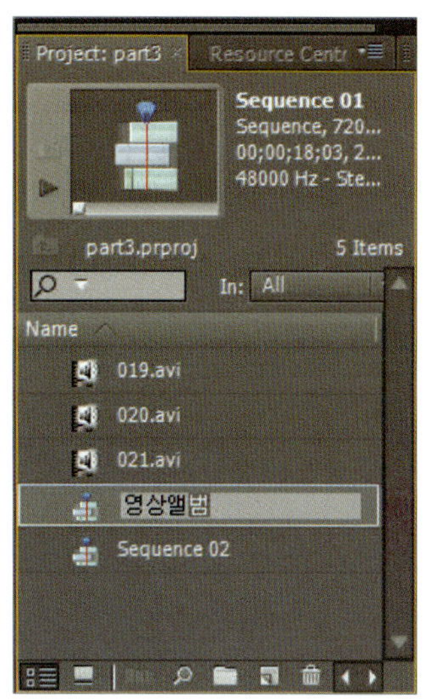

06 마찬가지 방법으로 Sequence 02의 이름을 "사진들"로 변경한 후, 프로젝트 패널의 바탕 영역을 더블 클릭하여 부록 DVD의 [Source] 폴더에서 몇 개의 무비 클립과 이미지 클립을 불러옵니다.

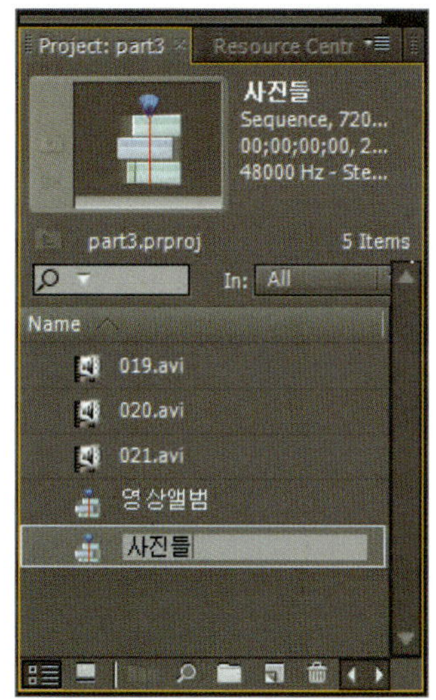

▶▶ 시퀀스 이름을 변경

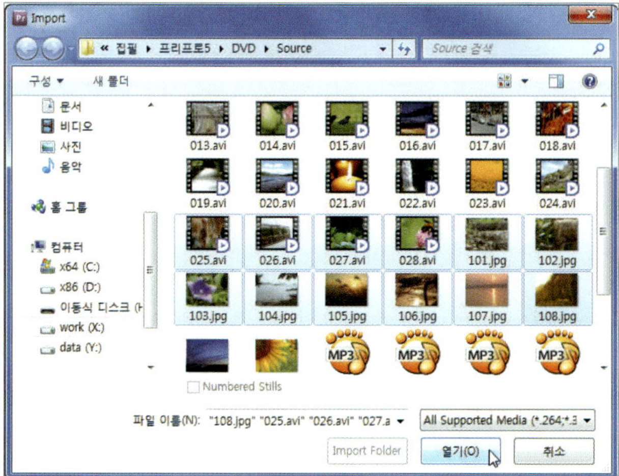

▶▶ 클립 임포트

07 프로젝트 패널에서 "영상앨범" 시퀀스를 더블 클릭하거나 타임라인 패널에서 "영상앨범" 시퀀스 탭을 클릭하여 "영상앨범" 시퀀스를 활성화시키고 불러온 무비 클립들을 트랙에 임의로 등록합니다.

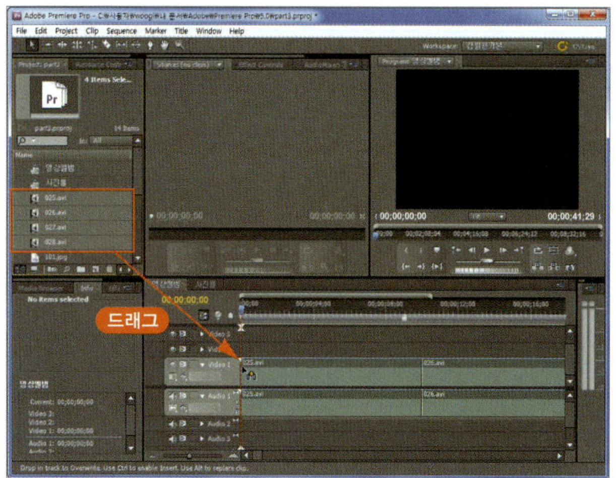

> **잠깐만요!!** 시퀀스의 이름 부분을 클릭하거나 더블 클릭하면 이름 편집 상태로 전환됩니다. 시퀀스 이름 좌측의 아이콘 부분을 더블 클릭해야 합니다.

08 마찬가지 방법으로 "사진들" 시퀀스를 활성화시키고 앞에서 불러온 이미지 클립들을 트랙에 등록합니다.

09 하나의 시퀀스를 다른 시퀀스를 포함할 수도 있는데 이것을 네스팅(Nesting)이라고 합니다. "사진들" 시퀀스가 활성화된 상태에서 프로젝트 패널의 "영상앨범" 시퀀스를 "사진들" 시퀀스의 트랙으로 드래그합니다.

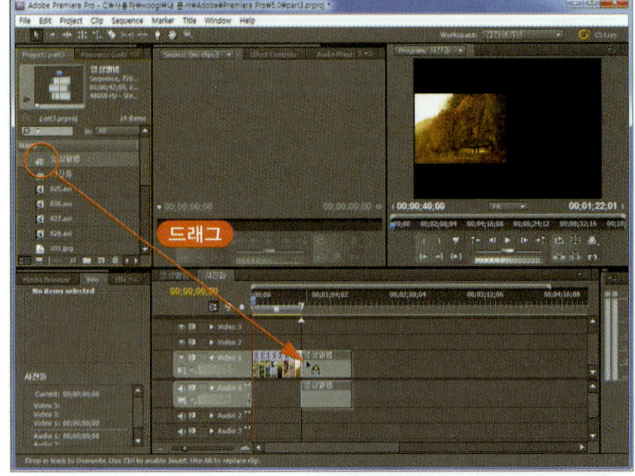

10 "사진들" 시퀀스의 트랙에 "영상앨범" 시퀀스가 등록되며 시퀀스에 포함된 클립들이 그대로 나타나는 것을 볼 수 있습니다. 시퀀스도 일반 클립처럼 드래그하여 이동시킬 수 있으며 시작 지점과 끝 지점을 트리밍할 수 있습니다.

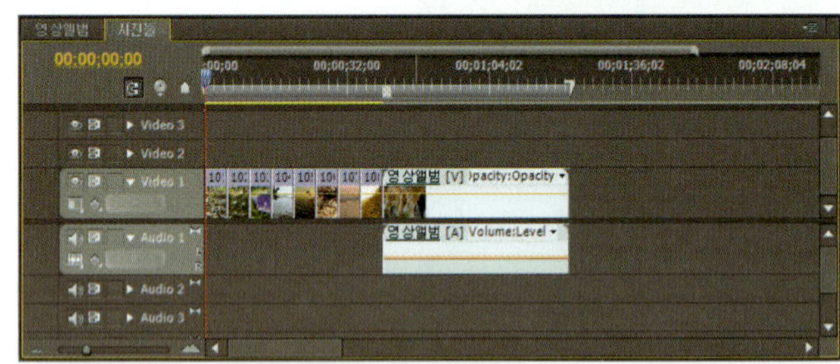

11 시퀀스도 소스 모니터에 등록하여 프리뷰하거나 인 점/아웃 점 등을 설정할 수 있습니다. 일반적인 클립처럼 시퀀스도 프로젝트 패널에서 소스 모니터로 드래그하여 등록할 수 있지만 클립과 달리 더블 클릭으로 소스 모니터에 등록할 수는 없으며 Ctrl 키를 누른 상태에서 더블 클릭해야 합니다.

> **잠깐만요!!** 타임라인의 트랙에 네스팅되어 있는 시퀀스도 Ctrl 키를 누른 상태에서 더블 클릭하면 소스 모니터에 등록할 수 있습니다.

▷▷ Ctrl+더블 클릭으로 소스 모니터에 등록

잠깐만요!! **시퀀스의 네스팅을 왜 하는가?**

여기에서는 시퀀스를 네스팅하는 방법만 알아보고 있으며 실제 예제는 추후에 다루게 됩니다. 네스팅은 대형 프로젝트를 작업할 때, 여러 사람이 시퀀스별로 작업하여 합치거나 특별한 효과를 구현하는 데 사용합니다.

12 또한 네스팅되어 있는 시퀀스를 더블 클릭하면 해당 시퀀스가 활성화되어 타임라인 패널에 나타나게 됩니다.

▶▶ "영상앨범" 시퀀스를 더블 클릭

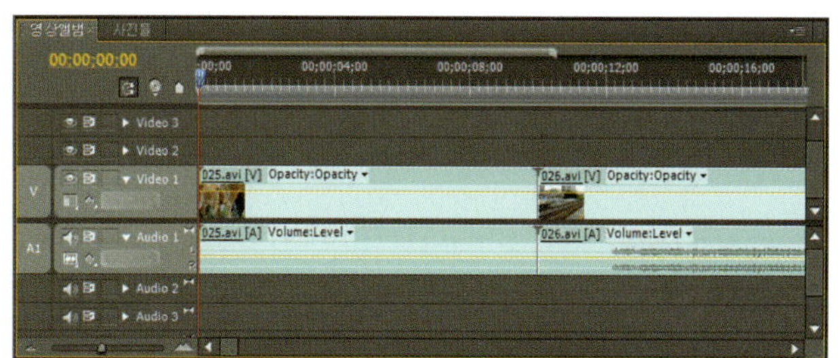

▶▶ 해당 시퀀스가 활성화됩니다.

Tip 시퀀스 분리하기

타임라인 패널에 그룹화되어 있는 시퀀스도 다른 패널처럼 탭 부분을 타임라인 패널의 바깥쪽으로 드래그하여 독립된 패널로 분리할 수 있으며, **Ctrl**+드래그하여 플로팅 윈도우로 분리할 수 있습니다. 또한, 분리된 상태의 패널이나 플로팅 윈도우의 탭 부분을 다시 원래의 타임라인 패널 안으로 드래그하여 하나의 타임라인 패널에 그룹화할 수 있습니다.

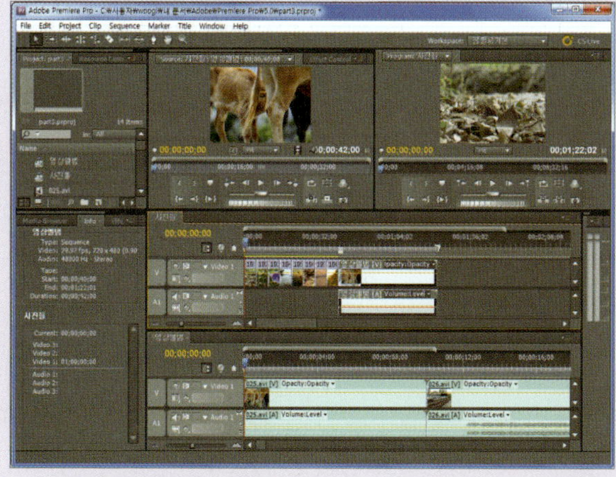

▶▶ 독립된 패널로 분리된 시퀀스

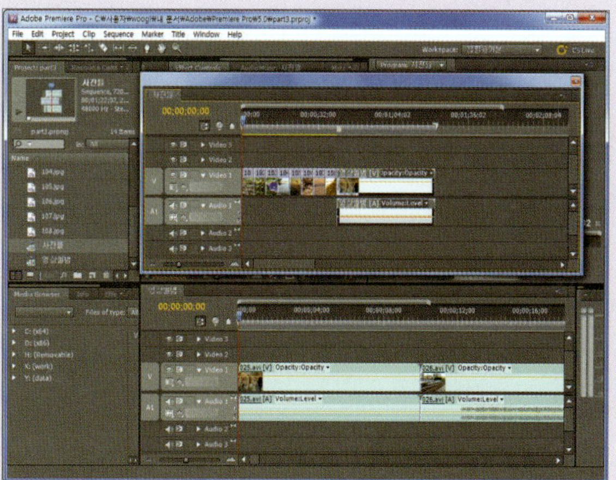

▶▶ 플로팅 윈도우로 분리된 시퀀스

13 타임라인 패널에서 현재 열려있는 시퀀스 탭 우측에는 x 로 표시되는 Close 버튼을 클릭하면 시퀀스를 감출 수 있습니다.

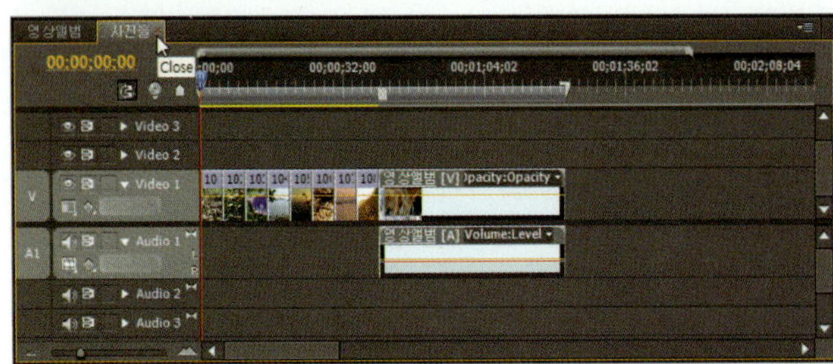

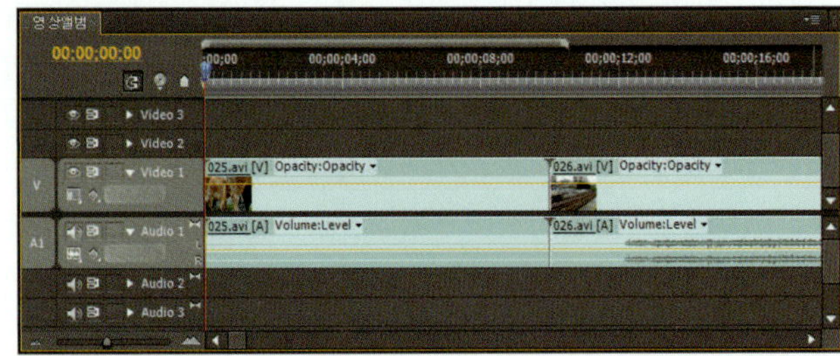

▷▷ 시퀀스 탭의 Close 버튼을 클릭합니다.

▷▷ 해당 시퀀스가 사라집니다.

14 이것은 시퀀스가 프로젝트에서 삭제된 것이 아니라 단지 감춰진 것에 불과합니다. 프로젝트 패널의 목록을 보면 여전히 해당 시퀀스가 존재하는 것을 볼 수 있습니다. 프로젝트 패널에 나타나 있는 시퀀스를 더블 클릭하면 숨겨진 시퀀스를 다시 타임라인 패널에 나타나게 됩니다.

Chapter 23

특정 지점에 표식을!
마커 사용하기

마커는 편집에 참고가 될 수 있도록 편집자가 특정 지점에 표시해두는 일종의 표식을 의미합니다. 책갈 피처럼 특정 지점을 빨리 찾아가거나 편집에 사용되는 일정 기준점을 삼고자 할 때 사용합니다. 클립의 표식인 클립 마커와 타임라인의 표식인 시퀀스 마커를 생성하고 이동하거나 삭제하는 방법 등을 알아 보겠습니다.

1 클립 마커 만들기

마커는 편집자가 클립이나 타임라인에 표시해 놓은 일종의 표식입니다. 이렇게 표시해 놓은 마커 지 점은 언제든 빠르게 찾아갈 수 있으며 마커 지점을 기준으로 특정 웹 문서를 링크하는 등, 다양한 용 도로 사용됩니다.

클립 마커는 클립에 표시하는 마커로서 숫자로 표시되는 숫자 마커와 숫자 표시가 없는 비숫자 마커 가 있습니다. 클립 마커는 소스 모니터에서 만들 수도 있으며 타임라인 패널에 등록된 마커는 이동 하거나 삭제할 수 있습니다.

01 프로젝트 패널에 클립을 불러온 후, 더블 클릭하 거나 소스 모니터로 드래그하여 클립을 소스 모 니터에 등록합니다.

02 마커를 만들 지점에 현재 시간 표시자를 두고 Marker〉Set Clip Marker〉Other Numbered를 선택합니다.

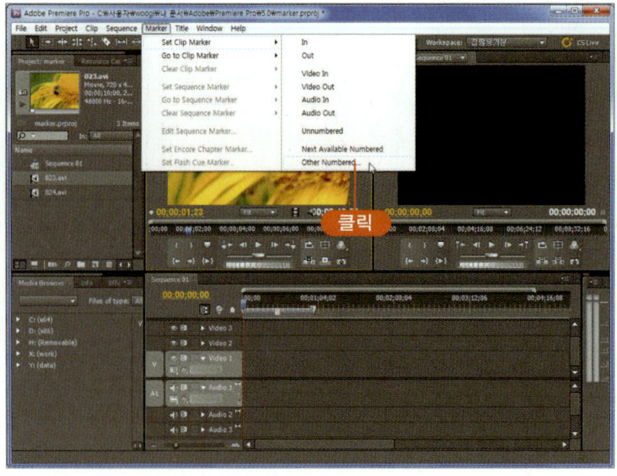

> **Tip** 단축 메뉴로 클립 마커 지정하기
>
> 소스 모니터 위에서 마우스 우측 버튼을 클릭할 때 나타나는 팝업 메뉴에서 Set Clip Marker〉Other Numbered를 선택해도 됩니다.
>
> 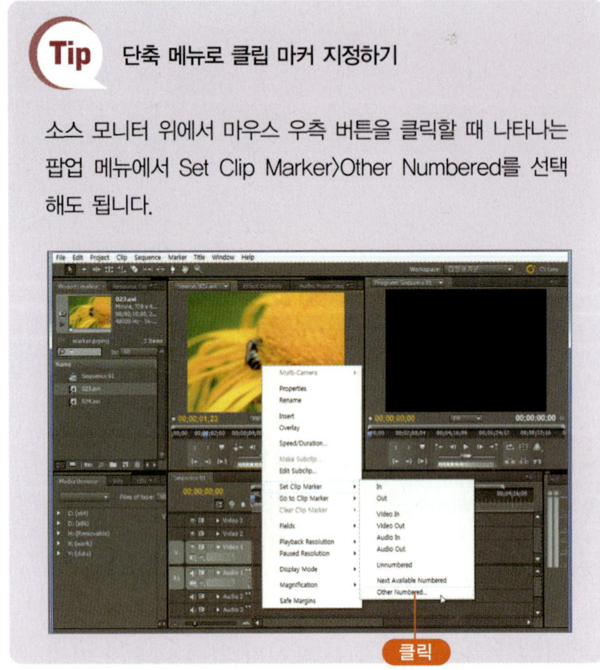

03 숫자 마커 설정을 위한 Set Numbered Marker 대화상자가 나타납니다. 숫자로 표시되는 마커는 0부터 시작되며 임의로 지정할 수도 있지만 기본값인 '0'인 상태로 두고 OK 버튼을 클릭합니다.

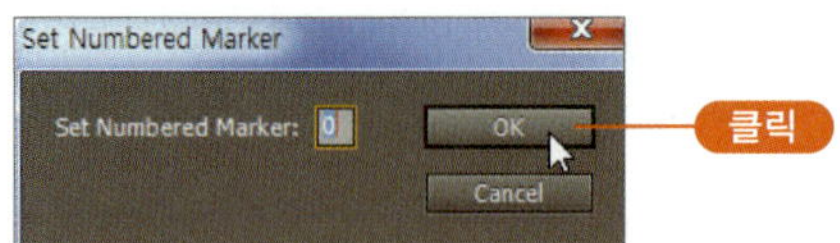

04 0번 마커가 소스 모니터의 타임룰러 위에 생성됩니다. 현재 시간 표시자와 겹쳐 있어 보이지 않을 것이므로 현재 시간 표시자를 이동시켜봅니다. 생성된 마커는 드래그하여 위치를 이동시킬 수 있습니다.

05 소스 모니터의 현재 시간 표시자를 다른 지점에 위치시키고 팝업 메뉴에서 Set Clip Marker〉Other Numbered를 선택합니다.

06 다시 숫자 마커 설정 대화상자가 나타나는데 앞에서 마커 숫자를 0으로 지정하였으므로 이번에는 마커 숫자가 1로 나타납니다. OK 버튼을 클릭합니다.

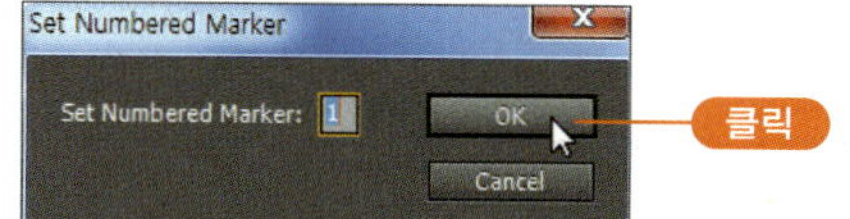

07 두 번째로 지정한 마커가 타임룰러 위에 생성됩니다. 이후 시간 지점에 또 하나의 숫자 마커를 만들어 주고 소스 모니터의 클립을 타임라인 패널의 트랙으로 드래그하여 등록합니다. 클립의 각 마커 지점에 마커 숫자가 표시되는 것을 볼 수 있습니다.

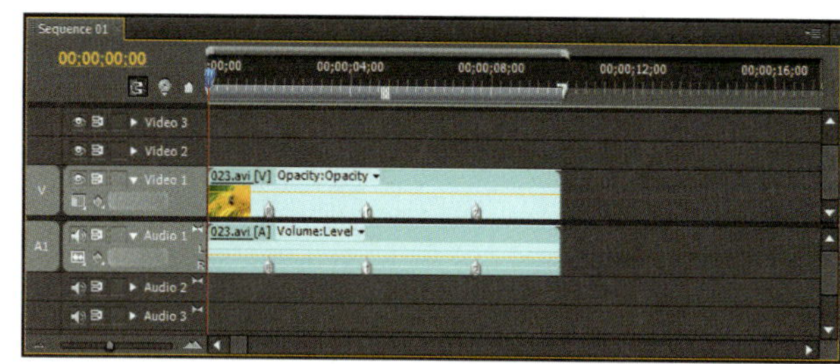

> **Tip** 비숫자 마커 만들기
>
> 비숫자 마커(Unnumbered Marker)의 클립 마커도 사용할 수 있습니다. 비숫자 마커는 Marker〉Set Clip Marker〉Unnumbered 메뉴를 사용하여 만들 수 있지만 소스 모니터의 마커 버튼(Set Unnumbered Marker)이나 키패드의 '*' 키를 사용하는 것이 편리합니다. 비숫자 마커가 생성된 클립을 타임라인 패널의 트랙에 등록하면 숫자 마커와 달리 숫자는 표시되지 않고 마커 표시만 나타납니다.

▶▶ 비숫자 마커 생성을 위한 마커 버튼

2 마커 이동하고 삭제하기

마커를 만드는 목적은 여러 가지가 있지만 마커로 만들어둔 지점으로 빠르게 이동하여 해당 지점을 살펴보고자 하는 것을 빼놓을 수 없습니다. 각 마커 지점으로 이동 방법과 마커 삭제에 대해서 알아보겠습니다.

소스 모니터에서 이동하기

소스 모니터에서 클립의 각 마커 지점으로 이동하려면 메인 메뉴의 Marker〉Go to Clip Marker나 소스 모니터의 단축 메뉴에서 Go to Clip Marker를 이용합니다. 하지만 버튼을 사용하는 것이 편리합니다.

즉, 현재 시간 표시자나 현재 마커 지점에서 이전 마커 지점으로 이동하려면 Go to Previous Marker 버튼을, 다음 마커 지점으로 이동하려면 Go to Next Marker 버튼을 사용합니다.

▷▷ 마커 이동을 위한 버튼들

타임라인 패널에서 이동하기

타임라인에 등록된 클립에 대해 각 클립 마커로 이동하는 경우에도 Marker〉Go to Clip Marker 메뉴를 사용할 수 있지만 단축키를 사용하는 것이 편리합니다. 즉, 이전 마커 지점으로 이동하려면 **Ctrl** + **Shift** + **→**(우측 방향키)를, 다음 마커 지점으로 이동하려면 **Ctrl** + **Shift** + **←**(좌측 방향키)를 사용합니다.

▷▷ 클립 마커로 이동하기 위한 메뉴

마커 삭제하기

클립 마커는 메인 메뉴의 Marker〉Clear Clip Marker나 소스 모니터 단축 메뉴의 Clear Clip Marker를 사용하여 삭제할 수 있습니다.

▷▷ 마커 삭제를 위한 Clear Clip Marker 메뉴

- **Current Marker** – 현재 선택된 마커를 삭제합니다.
- **All Markers** – 생성되어 있는 모든 마커를 삭제합니다.
- **In and Out** – 인 점과 아웃 점 영역을 삭제합니다.
- **In** – 인 점을 삭제합니다.
- **Out** – 아웃 점을 삭제합니다.
- **Numbered** – 숫자 마커를 삭제합니다. Clear Numbered Marker 대화상자가 나타나 현재 생성되어 있는 모든 숫자 마커를 보여줍니다. 삭제하고자 하는 마커를 선택하고 OK 버튼을 클릭하면 해당 마커가 삭제됩니다.

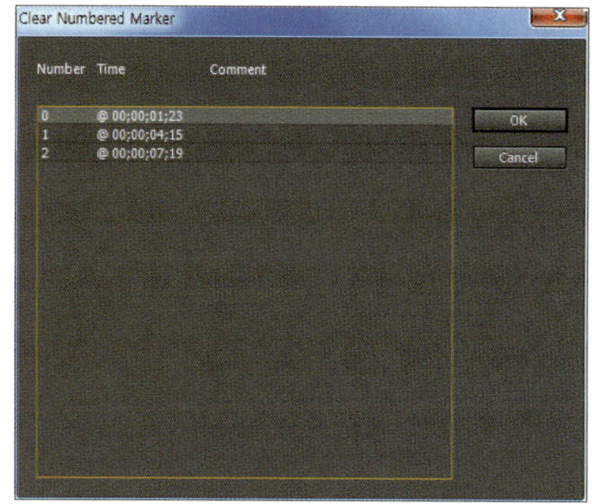

▶▶ Clear Numbered Marker 대화상자

3 시퀀스 마커 만들기

시퀀스 마커는 클립에 생성되는 것이 아니라 타임라인 패널의 타임룰러나 프로그램 모니터의 타임룰러에 생성되는 마커를 가리킵니다. 즉, 클립의 특정 지점에 표식을 하는 것이 아니라 타임룰러의 특정 시간 지점에 표식을 하는 것입니다. 여러 클립이 복합적으로 등록되어 있는 경우, 특정 지점으로 빠르게 찾아갈 수 있도록 하는 데 사용합니다.

시퀀스 마커는 타임라인 패널이나 프로그램 모니터가 선택된 상태에서 Marker〉Set Sequence Marker 메뉴, 또는 타임룰러 위에서 마우스 우측 버튼을 클릭하여 나타나는 팝업 메뉴에서 Set Sequence Marker를 선택하여 만들 수 있습니다.

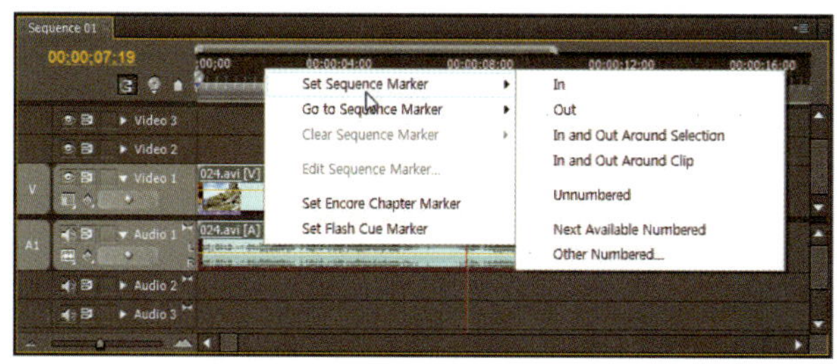

▶▶ 타임룰러의 Set Sequence Marker 메뉴

- **In** – 인 점을 만듭니다.
- **Out** – 아웃 점을 만듭니다.
- **In and Out Around Selection** – 현재 작업 영역을 인, 아웃 영역으로 만듭니다.

- Unnumbered – 시퀀스 비숫자 마커를 만듭니다.
- Next Available Numbered – 현재 시간 표시자가 위치하고 있는 지점에 시퀀스 숫자 마커를 만듭니다. 숫자는 자동으로 지정됩니다.
- Other Numbered – 마커의 숫자를 지정할 수 있는 숫자 마커 설정 대화상자를 엽니다.

시퀀스 마커는 현재 시간 표시자 위치에 생성되며 다음과 같이 타임룰러 상에 나타납니다. 물론 시퀀스 마커도 드래그하여 다른 지점으로 이동시킬 수 있습니다.

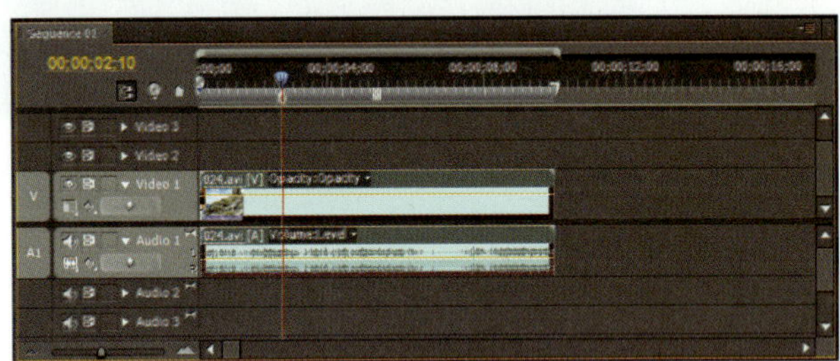

Chapter 24

멀티 카메라 에디팅으로 원하는 카메라의 영상만 사용하기

동일한 장면을 각각 다른 위치에서 여러 대의 카메라로 촬영한 경우, 각 카메라의 영상을 부분별로 취합하여 편집할 때 멀티 카메라 에디팅이 요긴하게 사용됩니다. 일일이 클립을 잘라 삽입할 필요 없이 몇 번의 클릭만으로 간단히 작업을 마칠 수 있기 때문입니다. 멀티 카메라 에디팅을 위해서는 각 클립의 시간 지점을 동기화시키는 싱크로나이즈가 먼저 이루어져야 합니다.

1 클립을 싱크로나이즈하기

클립의 특정 지점을 기준으로 여러 클립을 동일한 시간 지점에 맞추는 것을 싱크로나이즈 (Synchronize)라고 합니다. 간단히 '싱크' 라고도 부르며 우리말로 표현하자면 "동기를 맞춘다."라고 할 수 있을 것입니다. 마커를 생성하고, 생성된 마커를 기준으로 여러 클립을 싱크해보도록 하겠습니다. 이러한 작업의 결과는 다음에 다루게 될 멀티 카메라 편집에 사용합니다.

01 새 프로젝트를 시작하고 부록 DVD의 [Source] 폴더에서 "017.avi"~"020.avi" 등 네 개의 무비 클립을 불러옵니다.

02 프로젝트 패널에 불러온 클립들이 나타납니다. 클립이 모두 선택된 상태에서 소스 모니터로 드래그합니다.

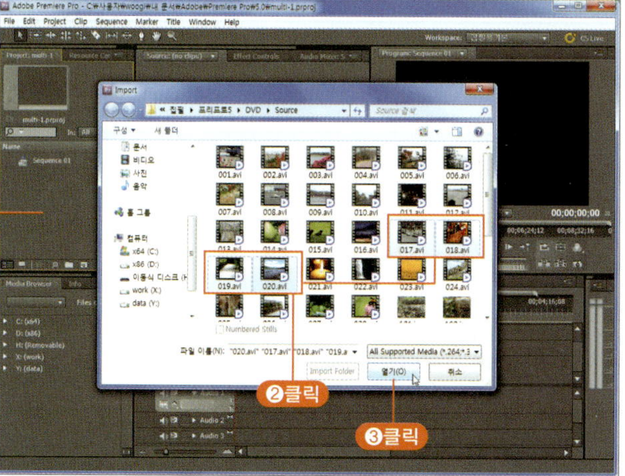

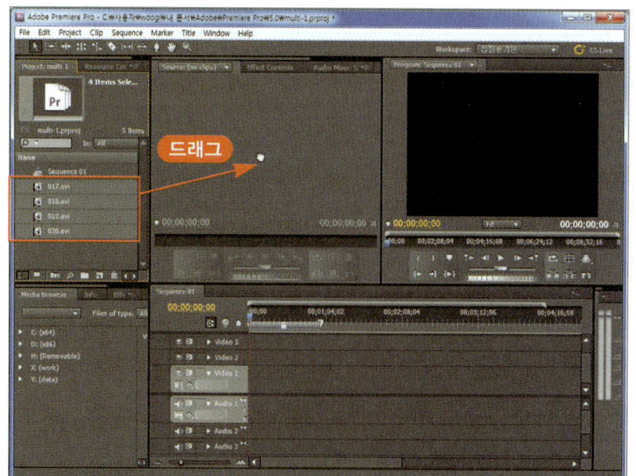

03 네 개의 클립이 소스 모니터에 등록됩니다. 클립을 하나씩 선택하여 특정 지점에 마커를 생성하도록 하겠습니다. 소스 모니터의 클립 선택 메뉴에서 "017.avi" 클립을 선택합니다.

04 소스 모니터에 등록된 모든 클립에 대해 모두 동일한 오디오의 특정 지점을 기준으로 마커를 만들어줄 것인데 단순히 재생만으로는 정확하게 해당 지점을 지정하기 어렵기 때문에 오디오 파형을 보고 지정해주도록 하겠습니다. 소스 모니터 우측 하단의 Output 버튼을 클릭하고 Audio Waveform을 선택합니다.

▶▶ Output 버튼 클릭

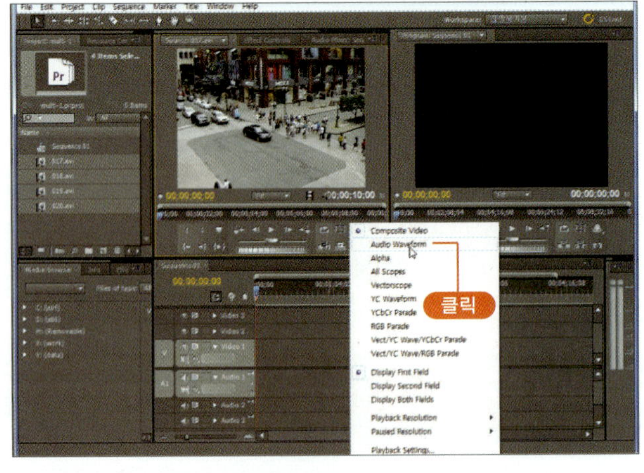

▶▶ Audio Waveform 선택

05 소스 뷰에 현재 클립의 오디오 파형이 나타납니다. 16 프레임 위치에 현재 시간 표시자를 위치시킵니다. 정확한 위치에 현재 시간 표시자를 두려면 방향키를 사용하는 것이 좋습니다.

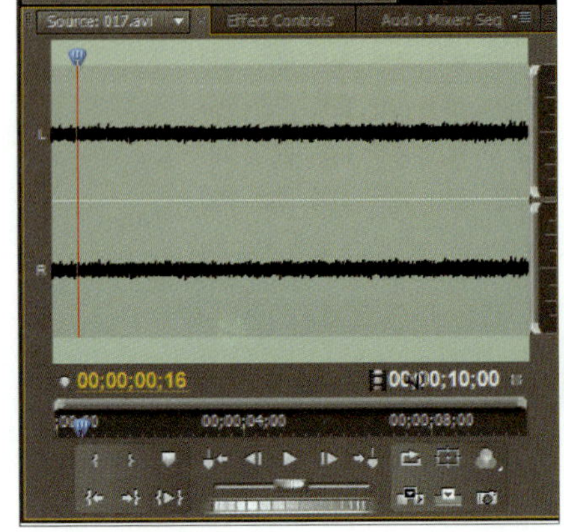

06 다시 영상이 나타나도록 Output 버튼을 클릭하고 Composite Video를 선택합니다.

07 마우스 우측 버튼을 클릭하여 소스 모니터의 팝업 메뉴를 열고 Set Clip Marker〉Next Available Numbered를 선택합니다.

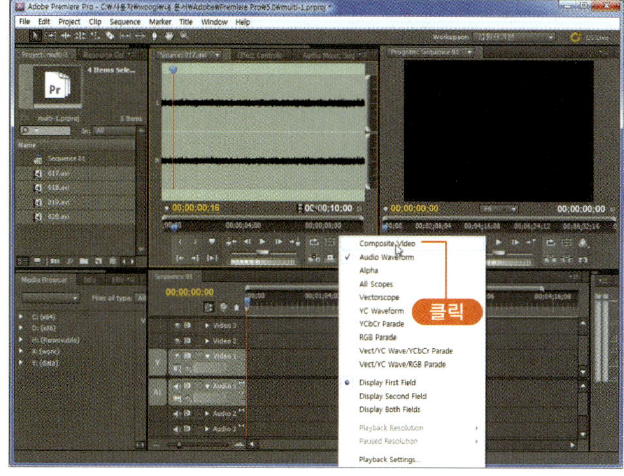

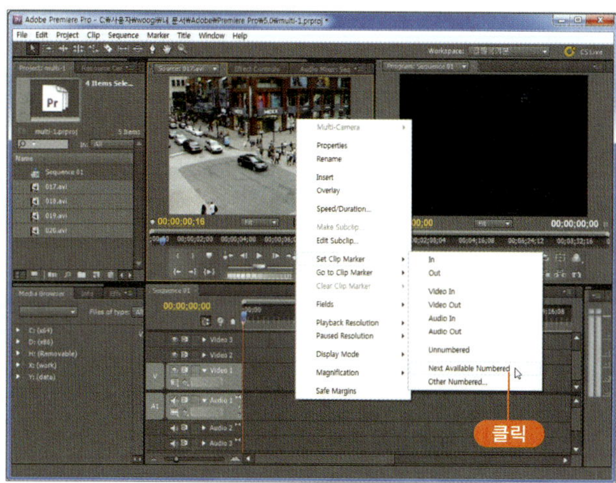

08 현재 지점에 0번 숫자 마커가 생성됩니다. 특별히 마커의 숫자를 지정할 필요가 없으므로 자동으로 숫자가 매겨지도록 한 것입니다. 소스 뷰의 클립을 타임라인 패널의 Video 1 트랙으로 드래그합니다.

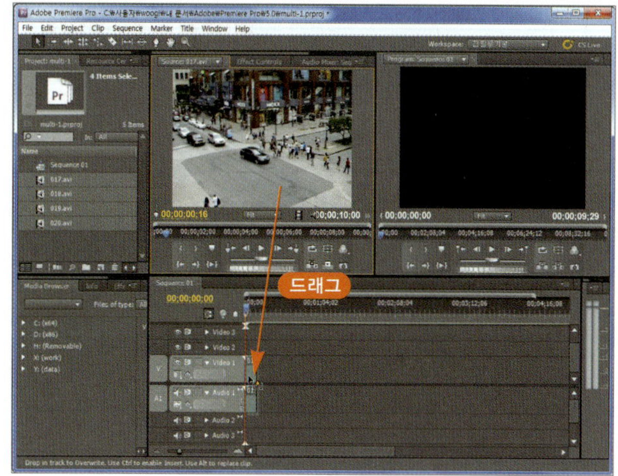

잠깐만요!! 마커를 생성하여 타임라인에 등록하는 이유는?

멀티 카메라 편집은 같은 시간에 일어난 장면을 여러 각도에서 각각 다른 여러 대의 캠코더로 촬영한 것을 원하는 장면만 편집하는 용도로 사용합니다. 촬영 각도가 다르므로 영상은 다르지만 오디오는 동일하므로 오디오 파형을 기준으로 각 영상의 시작 지점을 동일하게 맞추어야 하기 때문에 마커를 생성하고 타임라인에 등록하고 있습니다. 단, 예제에서 사용하는 네 개의 클립은 같은 장면을 다른 각도로 촬영한 것이 아니며 완전히 다른 클립이지만 멀티카메라 편집용 클립이라 가정하고 작업합니다.

09 소스 모니터의 클립 선택 메뉴에서 "018.avi"를 선택한 후, 앞에서 했던 것과 동일한 방법으로 Output 버튼을 클릭하고 Audio Waveform을 선택하여 오디오 파형이 나타나도록 한 다음 7 프레임 위치에 현재 시간 표시자를 둡니다.

10 다시 영상이 나타나도록 하고 마우스 우측 버튼을 클릭하여 팝업 메뉴에서 Set Clip Marker〉Next Available Numbered를 선택합니다.

11 숫자 마커가 생성됩니다. 소스 뷰의 클립을 타임라인 패널의 Video 2 트랙으로 드래그하여 등록합니다.

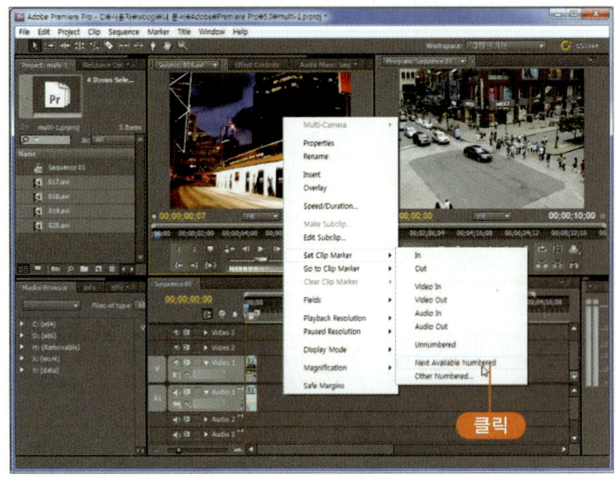

12 이러한 방법으로 "019.avi", "020.avi" 클립도 각각 11 프레임과 20 프레임에 마커를 생성하고 타임라인 패널의 Video 3 트랙과 Video 4 트랙에 그림과 같이 등록합니다.

트랙을 추가함과 동시에 클립 등록하기

이미 설명한 적이 있었습니다. 타임라인 패널에는 Video 3 트랙까지만 있으므로 네 번째 클립은 트랙의 가장 위쪽, 즉 타임라인 패널의 바탕 영역으로 드래그합니다. 자동으로 네 번째 트랙인 Video 4 트랙이 추가되면서 드래그한 클립이 등록됩니다.

▷▷ Video 3 트랙의 윗부분에 드래그합니다.

13 타임라인 패널의 눈금 단위가 미세하게 나타나도록 하면 트랙에 등록된 각 클립의 마커 위치를 자세히 볼 수 있습니다. 앞에서 설정한 대로 마커의 위치가 각각 다른 시간 지점에 있습니다. **Shift** 키를 누른 상태에서 4개의 클립을 차례로 클릭하여 모두 선택합니다.

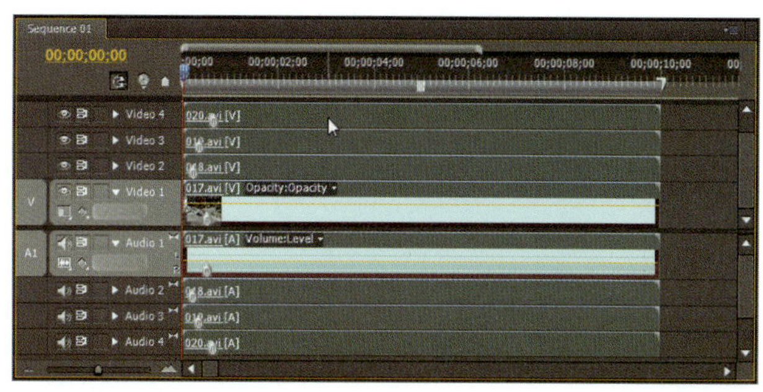

14 Clip〉Synchronize를 선택하거나 클립 위에서 마우스 우측 버튼을 클릭하여 단축 메뉴를 열고 Synchronize를 선택합니다.

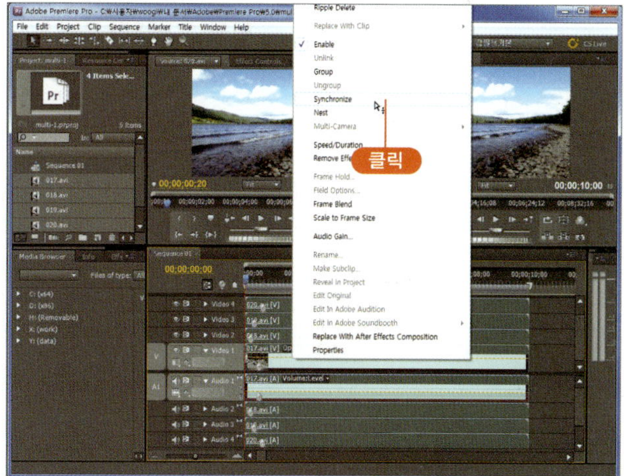

15 Synchronize Clips 대화상자가 나타납니다. 클립의 시작 지점, 끝 점, 타임코드 등을 기준으로 선택된 클립들을 싱크할 수 있는데 여기에서는 숫자 마커를 기준으로 하기 위하여 Numbered Clip Marker를 선택하고 OK 버튼을 클릭합니다.

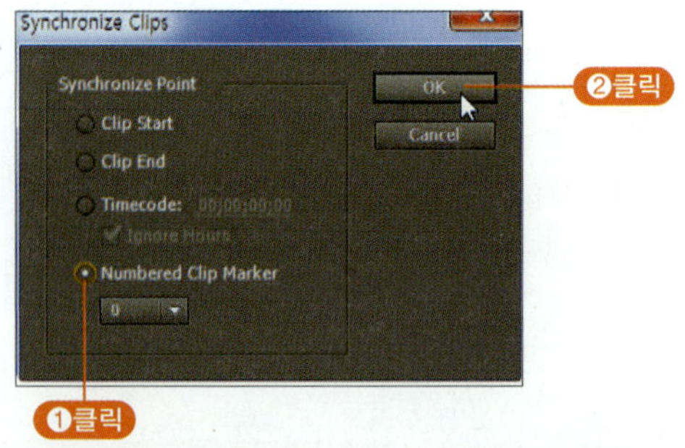

16 트랙에 선택된 모든 클립들이 마커를 기준으로 동일한 시간 지점에 맞추어집니다. 즉, 싱크로나이즈(동기화)가 이루어진 것입니다.

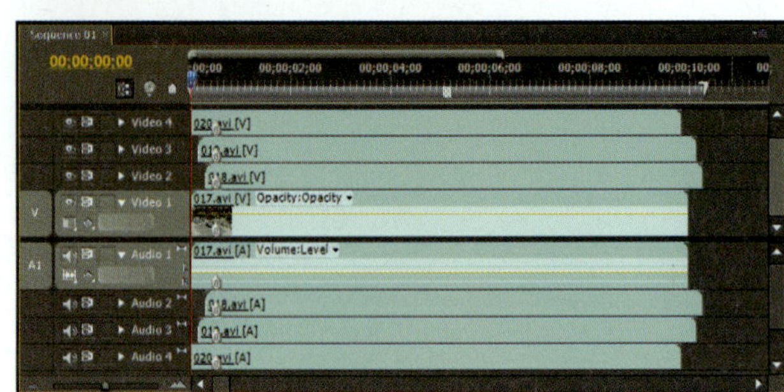

> **잠깐 만요!!** 앞에서도 얘기했지만 이 네 개의 클립은 동일한 장면을 다른 방향에서 촬영한 것이라고 가정하고 있습니다. 네 대의 카메라에서 촬영한 영상을 캡처할 때 캡처한 시작 지점이 조금씩 다를 수 있기 때문에 동일한 오디오를 기준으로 설정된 마커를 기준으로 동일 시간 지점에 모든 클립을 위치시키기 위한 작업입니다.

17 각 트랙에 놓인 클립의 뒷부분을 드래그하여 가장 짧은 클립과 동일한 지속시간을 갖도록 트리밍합니다.

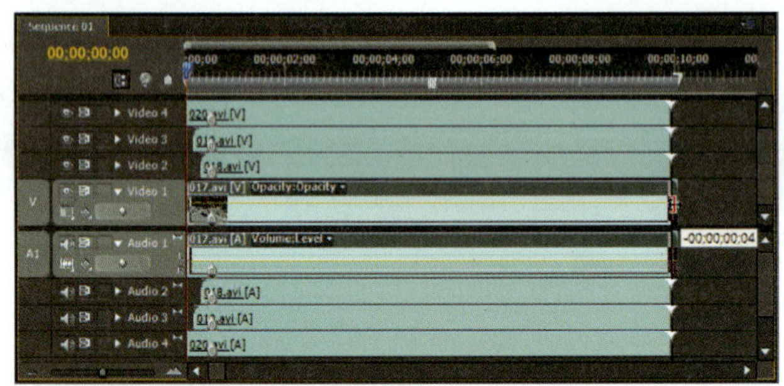

Tip 클립을 드래그하여 싱크하기

Synchronize Clip 대화상자를 사용하지 않고 마커를 기준으로 각 클립을 싱크할 수도 있습니다.

01 정밀한 편집을 위하여 타임라인의 눈금 단위가 작게 나타나도록 하고, 가장 좌측에 마커가 생성되어 있는 Video 1 트랙의 클립을 우측으로 천천히 드래그합니다. 클립이 다음 마커인 Video 4 트랙 클립의 마커에 도달하면 검정색 세로선과 함께 Video 4 트랙의 클립에 생성되어 있던 마커가 검정색으로 표시됩니다.

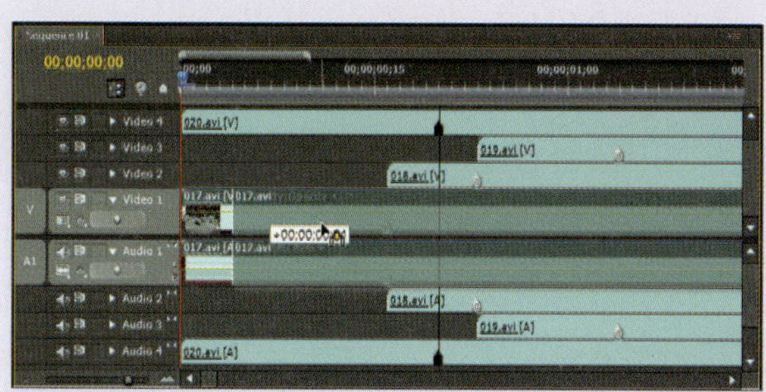

02 계속 클립을 드래그하여 가장 뒤에 마커가 생성된 Video 3 트랙의 마커가 검정색으로 나타나는 지점에서 마우스 버튼을 놓습니다.

03 Video 1 트랙의 클립과 Video 3 트랙의 클립이 마커를 기준으로 싱크됩니다.

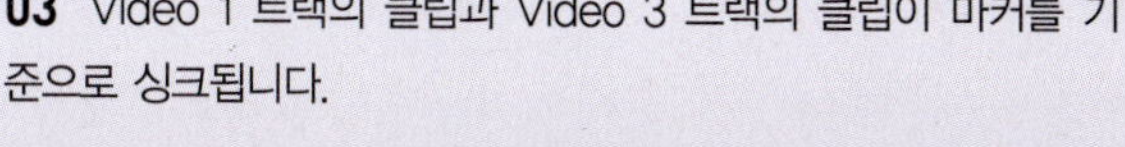

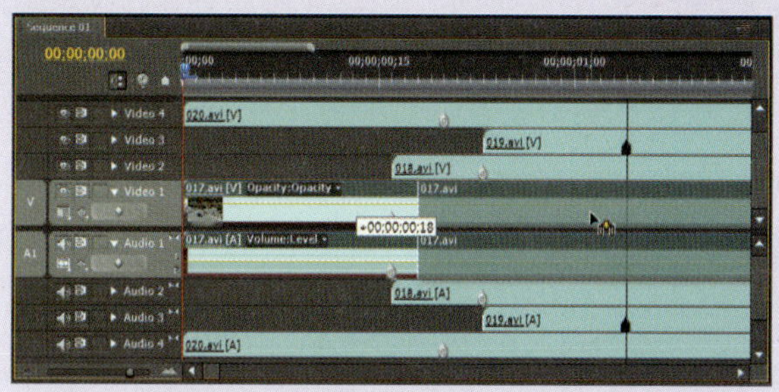

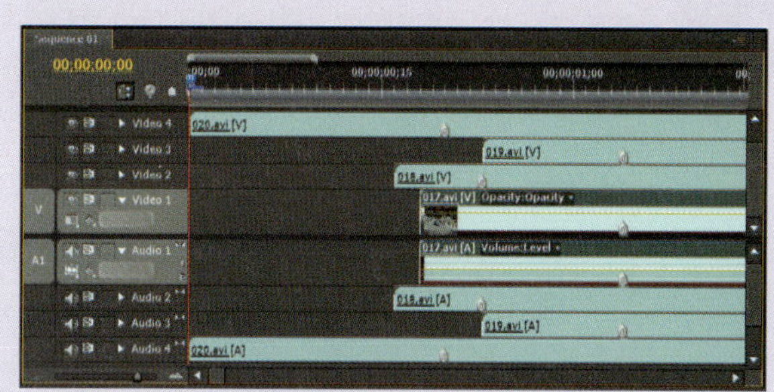

04 이어서 Video 4 트랙의 클립을 드래그하여 Video 3 트랙의 클립 마커가 검정색으로 바뀌는 지점까지 드래그합니다.

05 마우스 버튼을 놓으면 Video 3 트랙의 클립도 Video 4 트랙의 클립과 싱크됩니다. 마지막으로 Video 2 트랙의 클립도 다른 클립의 마커가 검정색으로 나타나는 지점까지 드래그합니다.

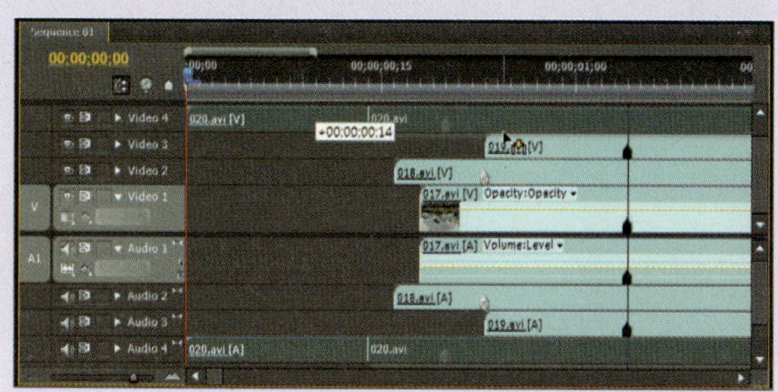

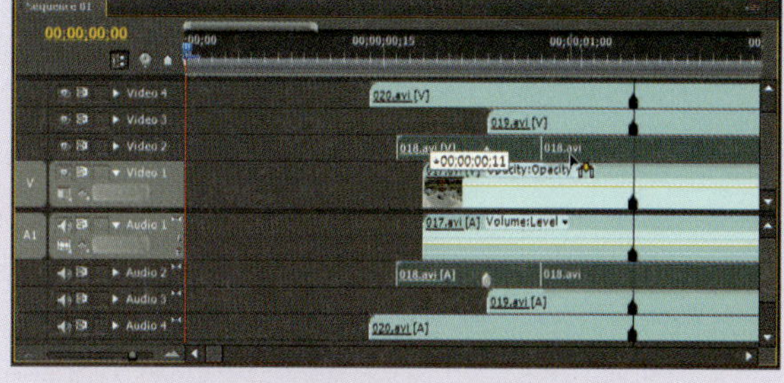

06 네 개의 클립이 모두 싱크됩니다. 하지만 각 클립의 시작 지점이 달라졌기 때문에 앞쪽에 나온 클립을 트리밍해주어야 합니다. Video 1, 3, 4 트랙에 등록된 클립의 시작 지점을 각각 드래그하여 시작 지점이 가장 뒤쪽에 있는 Video 2 트랙의 클립의 시작 지점과 동일하게 맞추어줍니다.

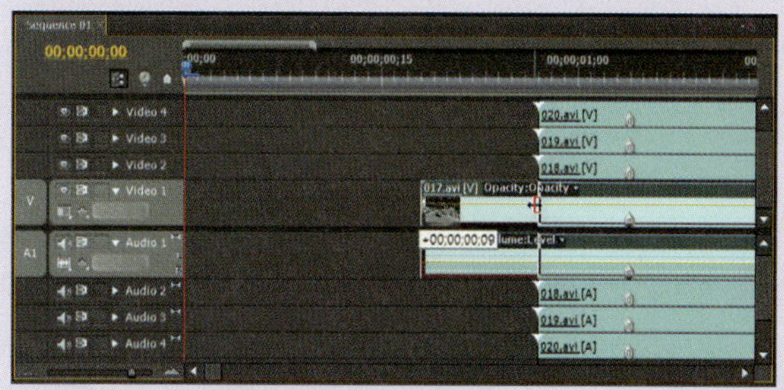

07 모든 클립을 선택하고 타임라인의 시작 지점으로 드래그한 다음, 클립의 선택 상태를 해제하고 각 클립의 뒷부분을 가장 짧은 클립에 맞춰 트리밍합니다. 이러한 방법은 다소 복잡하므로 여러 개의 클립보다 두 개의 클립을 싱크로나이즈할 때 사용하는 것이 편리합니다.

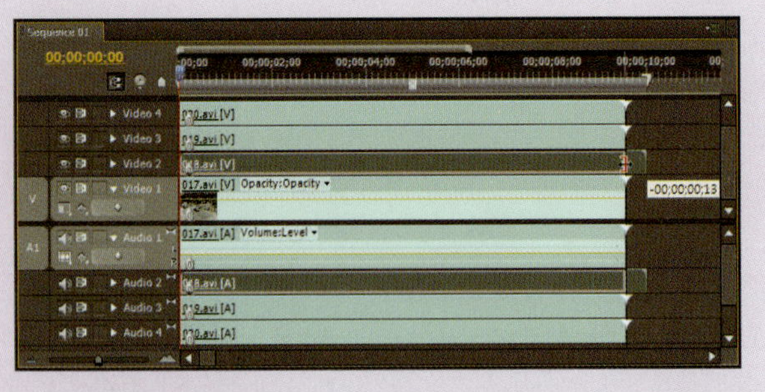

2 멀티 카메라로 원하는 부분만 편집하기

동일한 장면을 각각 다른 방향에서 녹화한 여러 클립을 각 카메라별로 원하는 부분만 편집하려면 상당히 번거로운 일이지만 멀티 카메라 편집을 사용하면 마우스 클릭만으로 간단히 마칠 수 있습니다.

앞의 예제에 이어 계속합니다. 멀티 카메라 편집을 위해서는 각 클립의 싱크로나이즈가 필수적이기 때문에 앞의 예제를 먼저 수행해야 합니다.

01 **Alt** 키를 누른 채로 Audio 2 트랙의 클립을 클릭한 다음, **Delete** 키를 눌러 해당 오디오 클립을 삭제합니다.

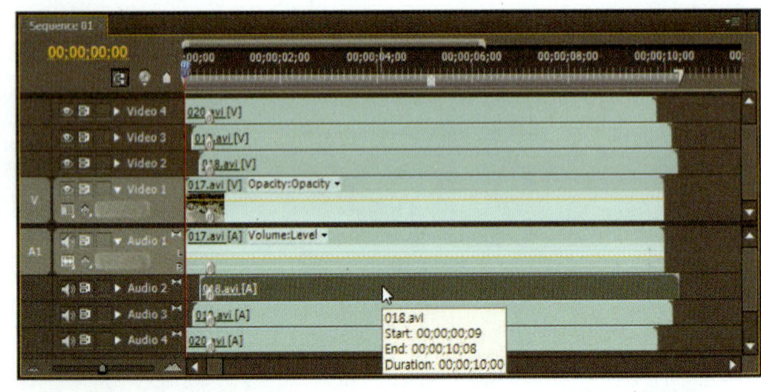

▶▶ **Alt** +클릭 후 **Delete** 키로 삭제

> **Tip** 왜 오디오 클립을 삭제해야 하는가?
>
> 촬영 각도만 다를 뿐, 동일한 장면을 찍은 영상이 4개의 트랙에 등록되어 있다면 이것들이 모두 한꺼번에 들리게 되므로 볼륨이 커서 소리가 찌그러지는 현상이 발생할 수 있으며 자칫 미세하게 싱크가 틀어진 경우, 어색하게 들릴 수 있습니다. 따라서 Audio 1 트랙의 클립을 제외한 나머지 오디오 클립을 삭제합니다. 오디오 클립은 모두 비디오 클립과 링크되어 있으므로 **Alt** 키를 누른 채로 클릭하여 오디오 클립만을 선택한 후 삭제해야 합니다.

02 Audio 3 트랙과 Audio 4 트랙의 클립도 각각 **Alt** 키를 누른 상태에서 클릭한 후, **Delete** 키를 눌러 삭제하고 새 시퀀스를 만들기 위해 프로젝트 패널의 New Item 버튼을 클릭한 다음 Sequence를 선택합니다.

03 New Sequence 대화상자가 나타납니다. 기본값 그대로 두고 OK 버튼을 클릭합니다.

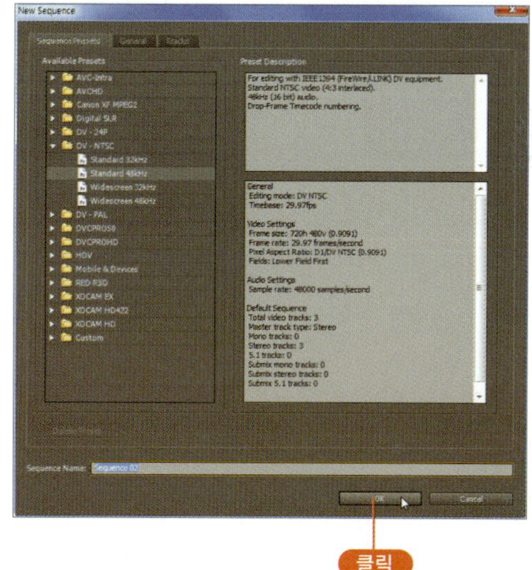

04 프로젝트 패널에서 Sequence 01을 새로 생성된 Sequence 02의 타임라인, Video 1 트랙으로 드래그합니다.

05 트랙에 등록된 Sequence 01을 마우스 우측 버튼으로 클릭하여 팝업 메뉴를 열고 Multi-Camera〉Enable을 선택합니다.

06 여기까지의 과정으로 멀티 카메라 편집을 위한 준비를 마쳤습니다. 본격적인 멀티 카메라 편집을 하려면 멀티 카메라 모니터를 열어야 합니다. Window〉Multi-Camera Monitor를 선택합니다.

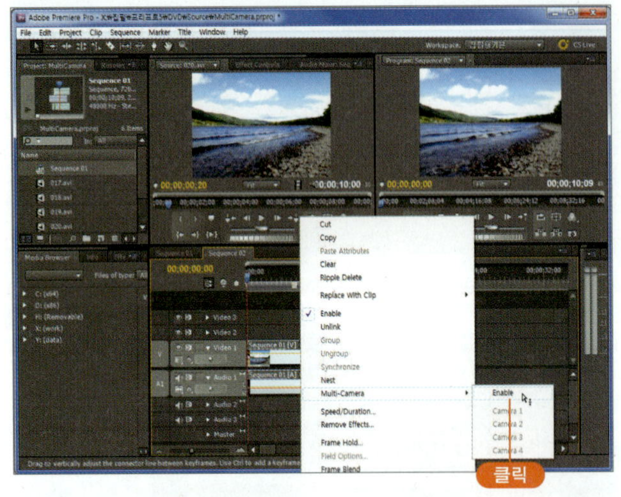

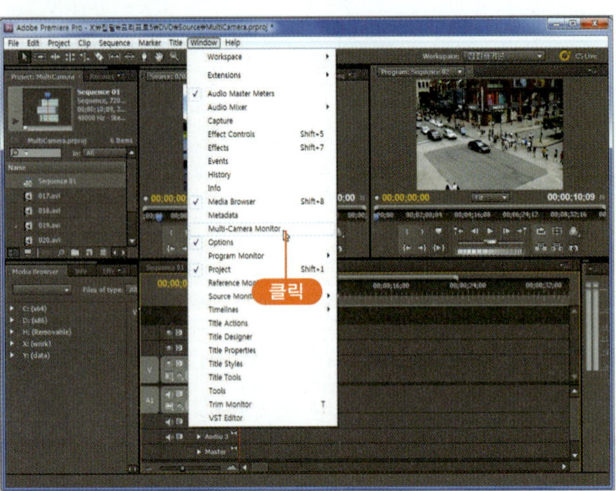

07 멀티 카메라 모니터가 플로팅 윈도우 형태로 나타납니다. 여러 개의 뷰가 나타나므로 윈도우의 가장자리를 드래그하여 크기를 적절히 키워주도록 합니다. 멀티 카메라 편집은 총 4개까지의 클립을 대상으로 할 수 있으며 좌측에 각 클립이, 우측에는 편집 결과에 대한 클립의 프리뷰 영역이 자리하고 있습니다. 다른 모니터에는 없거나 유심히 살펴봐야 할 컨트롤러는 다음과 같습니다.

▷▷ 멀티 카메라 모니터

• **Go to Previous Edit Point** – 멀티 카메라 편집 결과로 분할된 여러 클립 중에서 이전 클립과의 경계선으로 현재 표시자를 이동시킵니다.

- Go to Previous Next Point – 멀티 카메라 편집 결과로 분할된 여러 클립 중에서 다음 클립과의 경계선으로 현재 표시자를 이동시킵니다.
- Play Around – 현재 시간 표시자의 앞, 뒤쪽 일정 영역을 재생합니다. 기본적으로 2초로 지정되어 있으며 트림 윈도우를 다룰 때 보았던 것처럼 환경 설정 대화상자의 General 항목의 Preroll과 Postroll 옵션에서 시간을 변경할 수 있습니다.
- Record – 현재 선택된 클립을 기록합니다. 기록과 멈춤을 전환할 수 있는 토글 버튼입니다.

08 멀티 카메라 편집은 현재 시간 표시자를 직접 이동시켜 카메라를 전환하거나, 재생 도중에 전환하는 등의 두 가지 방식을 사용할 수 있습니다. 먼저 현재 시간 표시자를 원하는 지점에 놓고 카메라를 전환해가며 편집해보겠습니다. 기본적으로 멀티 카메라 모니터에는 1번 카메라가 선택되어 있습니다. 선택된 카메라는 주위에 노란색 테두리로 표시됩니다. 만일 다른 카메라가 선택되어 있다면 좌측 상단의 1번 카메라를 클릭합니다.

09 현재 시간 표시자를 드래그합니다. 해당 지점에 대한 프레임이 4개의 카메라 뷰에 동시에 나타나게 되므로 원하는 장면에 대하여 특정 카메라를 지정할 수 있습니다. 현재 시간 표시자를 1초 지점에 두고 2번 카메라를 클릭합니다. 이 지점부터는 4개의 클립 중에서 2번 카메라가 실제 결과로 남게 됩니다. 타임라인 패널을 보면 1초 지점에 클립이 분할되는 것을 볼 수 있습니다.

10 이번에는 현재 시간 표시자를 2초 지점에 두고 3번 카메라를 클릭합니다. 마찬가지로 타임라인 패널의 2초 지점에 클립이 분할됩니다. 2초 지점부터는 3번 카메라의 클립이 실제로 재생되는 클립이 됩니다.

11 계속해서 3초 지점에서 4번 카메라를, 5초 지점에서 다시 1번 카메라를 클릭하여 편집합니다. 클립을 처음부터 재생해보면 우측의 프리뷰 영역에 각 지점에 클릭해준 카메라의 클립이 순차적으로 나타나는 것을 볼 수 있습니다.

12 이번에는 직접 클립을 재생해가면서 실시간으로 편집해보겠습니다. 현재 시간 표시자를 시작 지점에 두고 재생 버튼을 클릭합니다.

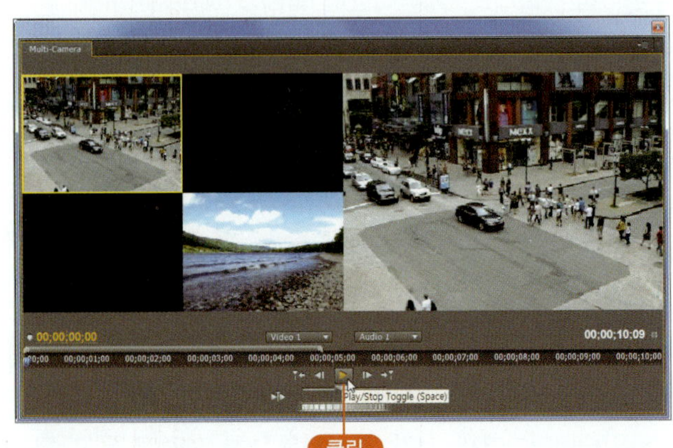

13 클립이 재생됩니다. 기본적으로 선택된 1번 카메라가 프리뷰 영역에 재생되고 있습니다. 적절히 원하는 시간 지점에서 2번 카메라를 클릭합니다. 클릭한 카메라 주위에 빨간색의 테두리가 나타나며 레코딩 버튼이 눌러져 있는 상태로 바뀝니다. 이것은 현재 클릭한 카메라의 클립이 레코딩되고 있는, 다시 말해 실제 출력 대상으로 기록되고 있음을 의미합니다.

14 다시 적절한 지점이 재생될 때 3번 카메라를 클릭합니다. 역시 빨간색 테두리가 나타나며 해당 카메라의 클립이 레코딩됩니다. 이러한 식으로 계속 특정 지점마다 레코딩하고자 하는 카메라를 클릭하여 편집할 수 있습니다. 현재 시간 표시자를 시작 지점에 두고 프리뷰로 결과를 확인합니다.

> **Tip** 이전 편집 결과를 무시하고 새로 레코딩하기
>
> 멀티 카메라 모니터를 통해 편집 결과를 프리뷰할 때, 각 시간 지점에 해당하는 카메라에는 주위에 노란색 테두리가 나타납니다. 이미 편집된 내용이 있어 프리뷰 시에, 첫 번째 카메라에서 다음 카메라로 전환되기 전에 클릭하여 새롭게 편집을 시작하게 되면 이전에 편집된 결과는 사라지고 현재 편집 중인 결과가 새로 적용됩니다. 따라서 프리뷰해보고 마음에 들지 않는다면 반복해서 다시 편집할 수 있습니다.

PREMIERE PRO CS5

다양한 포맷의 파일 생성하기

File〉Export〉Media를 선택하면 Export Settings 대화상자가 나타나 작업 결과를 다양한 포맷의 파일로 생성할 수 있으며 독립적으로 실행되는 Adobe Media Encoder의 대기열에 등록하여 일괄적으로 인코딩할 수도 있습니다. 다양한 포맷에 대한 옵션을 익힌 다음, 실제 예제를 통해 파일을 생성해보겠습니다.

Chapter 25

미디어 파일 생성을 위한 출력 설정 옵션들

작업한 결과는 MPEG나 WMV 등을 비롯한 다양한 포맷의 파일로 생성할 수 있으며 영상의 용도에 따라 세부 옵션을 설정할 수 있습니다. Export Settings 대화상자의 인터페이스와 다양한 옵션들을 살펴보겠습니다.

1 Export Settings 설정 대화상자

작업 결과를 다양한 포맷의 파일로 생성하려면 타임라인 패널이 선택되어 있는 상태에서 File〉Export〉Media를 선택합니다. 우리말로 출력 설정 대화상자라고 부를 수 있는 Export Settings 대화상자가 나타납니다.

▶▶ Export Settings 대화상자

선택되어 있는 패널에 따라 인코딩 대상이 달라집니다.

프로젝트 패널이 선택되어 있는 상태에서 File〉Export〉Media를 선택하면 현재 프로젝트 패널에 선택되어 있는 클립이 인코딩 대상이 됩니다. 따라서 작업 결과를 출력하려면 타임라인 패널이 선택된 상태에서 Export Settings 대화상자를 열어야 합니다.

좌측에는 Source 패널과 Output 패널이 자
리하고 있으며 우측에는 여러 옵션들이 자리
하고 있습니다. 좌측 패널과 우측 옵션 영역
사이에 있는 경계선을 드래그하면 양쪽 영역
에 대한 너비를 조절할 수 있으며 경계선 중
앙에 나타난 점선이나 삼각형 모양의 확장
버튼을 클릭하면 좌측 패널이 전체 화면으로
전환됩니다. 전체 화면 상태에서 다시 우측
의 점선이나 확장 버튼을 클릭하면 다시 원
래의 상태로 돌아올 수 있습니다.

▷▷ 전체 화면으로 전환된 패널

2 Source 패널과 Output 패널

소스 패널에서는 Crop 버튼을 사용하여 프
레임의 일정 영역을 잘라낼 수 있습니다.
Crop 버튼을 클릭하면 프레임의 모서리에
4개의 핸들이 나타나며 이것을 드래그함으
로서 원하는 영역을 지정할 수 있습니다. 사
각형 안쪽의 영역이 실제로 출력되는 부분
입니다.

▷▷ 일정 영역만을 크롭

Crop 버튼 우측의 4개의 숫자 부분은 차례대로 Left(좌측), Top(위쪽), Right(우측), Bottom(아
래쪽) 영역의 좌표값을 가리키는 것으로 각 숫자 부분을 드래그하여 해당 영역을 잘라낼 수도 있습
니다.

크롭 영역 내부를 클릭하고 드래그하면 크롭 영역을 이동시킬 수 있으며 상단 우측의 Crop
Proportions 드롭다운 메뉴를 열면 크롭 영역에 대한 종횡비를 선택할 수 있습니다.

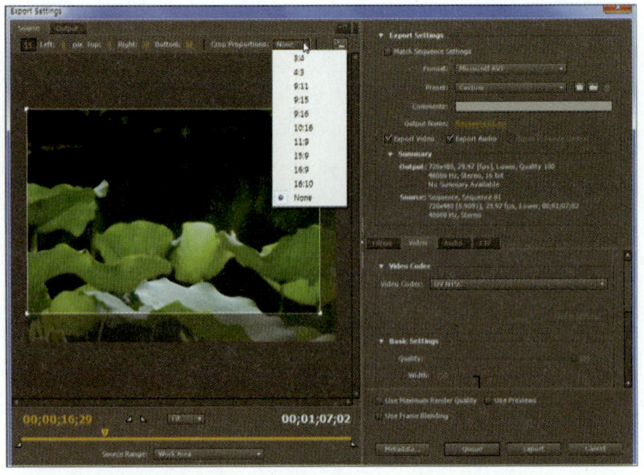

▶▶ Crop Proportions 메뉴

Output 패널(출력 패널)은 최종적으로 출력되는 영상을 보여줍니다. 소스 패널에서 크롭을 수행하고 패널 상단 우측에 있는 Switch to Output 버튼을 클릭합니다.

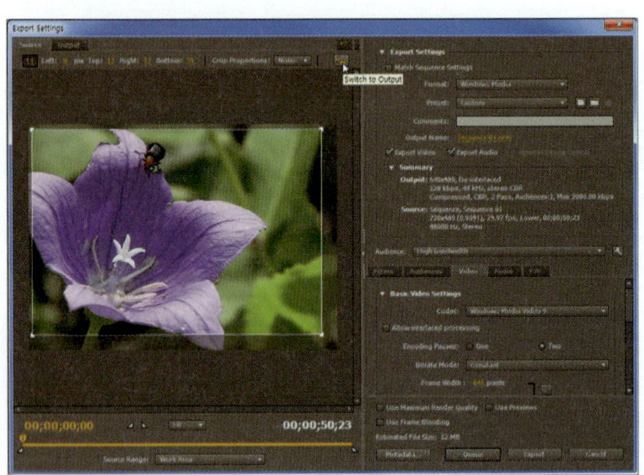

▶▶ 출력 영역 조절

크롭된 상태에서 Output 패널로 전환됩니다. Scale To Fit 옵션은 잘라낸 영역을 프레임 사이즈로 강제 확대합니다. 단, 우측의 옵션에서 지정된 프레임 비율은 그대로 유지됩니다.

소스 패널이나 Output 패널 모두, 패널 하단에는 타임라인이 존재하기 때문에 메인 화면으로 돌아가지 않아도 다른 시간 지점에 대한 프레임의 영상을 살펴볼 수 있습니다. Set In Point, Set Out Point 버튼

▶▶ 출력 패널

을 클릭하거나 타임라인 양쪽에 있는 포인터를 드래그하여 특정 영역만 출력할 수도 있습니다.

3 Export Settings 옵션

어도비 인코더 출력 설정 대화상자 우측 상단에 있는 Export Settings 옵션들을 살펴보도록 하겠습니다.

▷▷ Export Settings 옵션들

Match Sequence Settings

현재 프로젝트의 시퀀스 셋팅값으로 모든 옵션을 동일하게 지정합니다. 생성될 파일 이름을 제외하곤 사용자가 옵션을 변경할 수 없습니다.

Format

출력할 파일 형식을 선택합니다. 일반적인 AVI 파일을 비롯하여 비트맵, MP3, MPEG1, MPEG2, H.264, FLV, QuickTime, Windows Media 등의 다양한 포맷으로 출력할 수 있습니다. DVD나 Blu-ray가 붙은 포맷은 각각 그 용도에 따라 여러 옵션들이 미리 지정되어 있는 것을 의미합니다. 모든 포맷의 옵션들은 당연히 사용자가 변경할 수 있습니다.

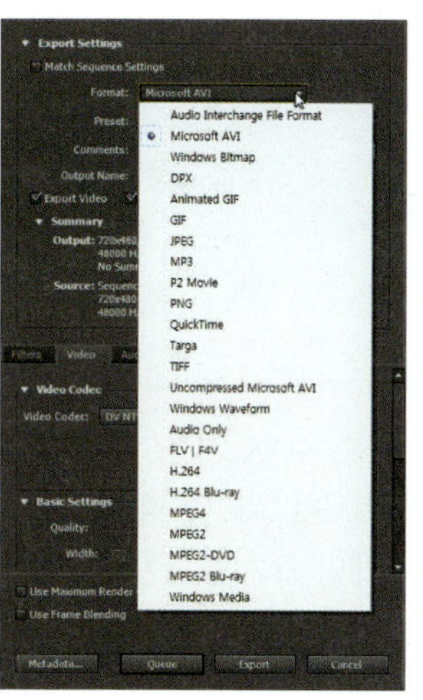

- **Audio Interchange File Format** – 매킨토시 환경의 표준 오디오 파일 포맷인 aif로 생성합니다. 윈도우 환경에서도 재생할 수 있습니다.
- **Microsoft AVI** – 일반적인 AVI 포맷의 동영상 파일로 생성합니다. 코덱은 하단의 Video 탭에서 지정할 수 있습니다.
- **Windows Bitmap** – 동영상의 각 프레임을 연속된 비트맵 파일로 생성합니다. File01.bmp, File02.bmp, File03.bmp……와 같은 형식으로 파일 이름 뒤에 일련번호가 붙게 됩니다.

- Animated GIF – 애니메이션 GIF 포맷의 파일을 생성합니다.
- GIF – 동영상의 각 프레임을 연속된 GIF파일로 생성합니다. 역시 일련번호가 파일 이름에 붙습니다.
- MP3 – MP3 포맷의 오디오 파일을 생성합니다.
- P2 Movie – Panasonic DVCPRO50 및 DVCPRO HD 캠코더에서 사용하는 MXF 포맷으로 생성합니다.
- PNG – 작은 용량으로 최상의 화질을 보여주는 PNG 포맷의 이미지 파일을 생성합니다.
- QuickTime – 퀵타임 플레이어를 선택한 경우에 나타나며 퀵타임 무비 포맷인 MOV 파일을 생성합니다.
- Targa – 동영상의 각 프레임을 연속된 타가 파일(.TGA)로 생성합니다. 파일 이름 뒤에 일련번호가 붙습니다.
- TIFF – 동영상의 각 프레임을 TIFF파일(.TIF)로 생성합니다. 파일 이름 뒤에 일련번호가 붙습니다.
- Uncompressed Microsoft AVI – Microsoft Video for Windows의 파일 즉, AVI 포맷으로 생성하되 무압축 포맷이므로 코덱을 선택할 수는 없습니다. 무손실 포맷이므로 화질은 가장 뛰어나지만 파일 용량이 너무 커서 사실상 자주 사용되지는 않습니다.
- Windows Waveform – 윈도우즈용 사운드 파일 포맷인 WAV 파일로 생성합니다.
- Audio Only – aac 확장자를 갖는 사운드 파일로 생성합니다.
- FLV | F4V – 어도비 플래시 무비 포맷으로 생성합니다.
- H.264 – H.264 코덱이 적용된 MP4 파일로 생성합니다.
- H.264 Blu-ray – 블루레이에 적합한 설정값으로 H.264 코덱이 적용된 M4V 파일을 생성합니다.
- MPEG4, MPEG2 – 각각 MPEG4, 또는 MPEG2 포맷의 파일로 생성합니다.
- MPEG2-DVD, MPEG2 Blu-ray – 각각 MPEG2 코덱이 적용된 DVD용, 블루레이용 파일을 생성합니다.
- Windows Media – 윈도우즈 미디어 포맷인 WMV 포맷의 파일로 생성합니다.

> **잠깐만요!!** 트라이얼 버전의 경우, MPEG 포맷을 비롯한 상당수 포맷에 대한 출력을 지원하지 않습니다. 따라서 해당 포맷은 메뉴에 나타나지 않습니다.

 Preset

자주 사용되는 설정값이 미리 지정되어 있는 목록입니다. 목적에 따라 적절한 전송률이나 프레임 크기에 대한 프리셋을 선택합니다. 프리셋으로 지정된 값이 마음에 들지 않는다면 하단의 탭을 통해 옵션들을 변경할 수 있습니다.

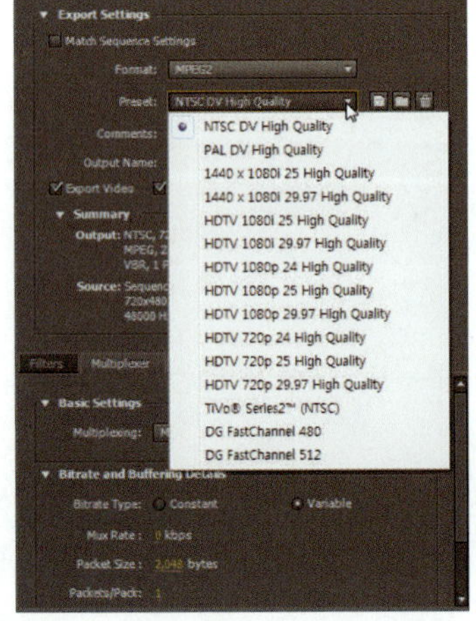

▶▶ MPEG2 포맷을 선택한 경우의 프리셋

Comments

선택한 프리셋에 대한 간략한 정보를 표시합니다.

Output Name

생성될 파일의 경로와 파일 이름을 표시합니다. 기본적으로 현재 시퀀스 이름이 지정되어 있으며 클릭하면 Save As 대화상자가 나타나 경로와 파일 이름을 변경할 수 있습니다.

Export Video / Export Audio

선택한 트랙만 출력합니다. 예를 들어, Export Video만 선택하면 소리가 없는 영상 파일이 만들어집니다.

Save Preset

직접 설정한 여러 옵션 값들을 프리셋으로 저장하여 프리셋 목록에 추가합니다. 기본적으로 제공되는 프리셋을 선택한 후, 사용자가 옵션을 변경하여 Preset에 Custom으로 나타날 때 Save Preset 버튼을 사용할 수 있습니다. 버튼을 클릭하여 대화상자가 나타나면 식별하기 좋은 프리셋 이름을 입력하고 OK 버튼을 클릭합니다.

Preset 목록에 저장한 프리셋이 추가됩니다. 따라서 다음에 작업할 때도 쉽게 현재의 설정값을 선택하여 적용할 수 있습니다.

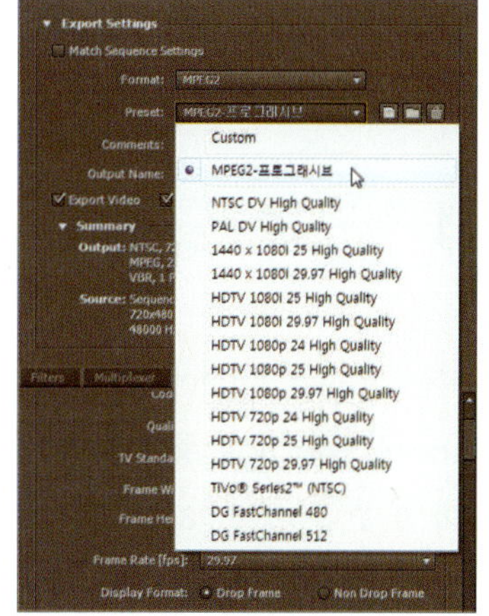

Load Preset

파일로 저장된 프리셋 파일(*.vpr)을 불러옵니다.

Delete Preset

현재 선택된 프리셋을 삭제합니다. 사용자가 추가한 프리셋만 삭제할 수 있으며 기본적으로 등록되어 있는 시스템 프리셋은 삭제할 수 없습니다.

Summary

Output에는 현재 설정되어 있는 여러 옵션에 대한 정보를, Source에는 시퀀스 설정값에 대한 여러 정보들을 보여줍니다.

4 Filters 탭

출력 설정 대화상자 하단에는 여러 탭이 자리하고 있습니다. 각 탭의 옵션은 앞에서 Export Settings에서 선택한 파일 포맷에 따라 다르게 나타납니다. 모든 옵션들을 살펴보되, 중복되는 옵션은 반복해서 설명하지 않습니다.

Filters 탭은 이미지를 부드럽게 하고 노이즈를 제거하는 Gaussian Blur 옵션 하나만 가지고 있습니다.

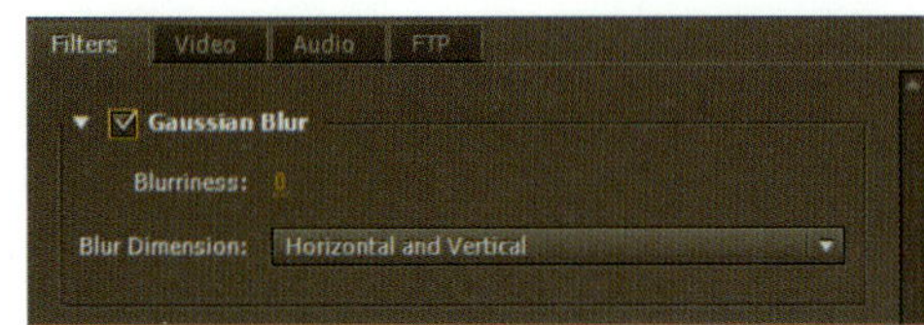

Blurriness

블러, 즉 흐림 효과의 강도를 조절합니다. 클릭하여 값을 입력하거나 드래그하여 값을 변경할 수 있습니다.

Blur Dimension

블러의 방향을 선택합니다. Horizontal and Vertical(가로와 세로), Horizontal(가로), Vertical(세로) 중에서 선택할 수 있습니다.

5 Video 탭

Video 탭에서는 Basic Video Settings 항목과 Advanced Settings 항목을 통해 영상의 코덱과 인코딩 방식, 해상도(프레임 사이즈), 비트 레이트 등 영상 출력과 관련된 여러 옵션들을 설정합니다. 선택한 포맷에 따라 옵션이 다르게 나타나므로 포맷별로 살펴보도록 하겠습니다.

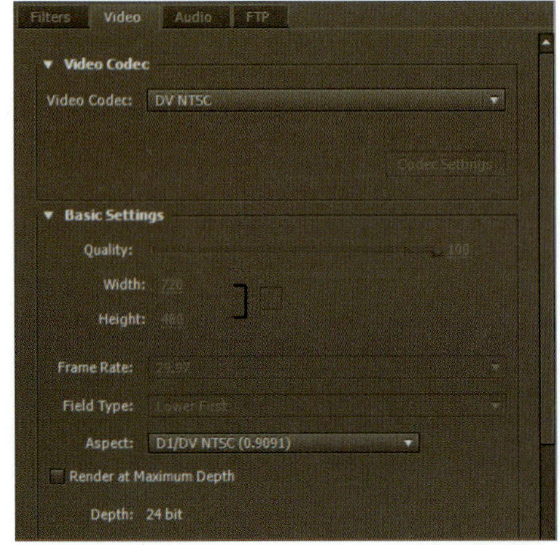

▶ Video Codec

기본적으로 선택한 Preset에 의한 코덱이 지정되어 나타납니다. 목록 버튼을 클릭하면 시스템에 설치되어 있는 코덱이 나타나 선택할 수 있습니다. 선택한 코덱에 따라 Codec Settings 버튼이 활성화되기도 하는데 이것을 클릭하여 코덱에 대한 옵션을 설정할 수 있습니다.

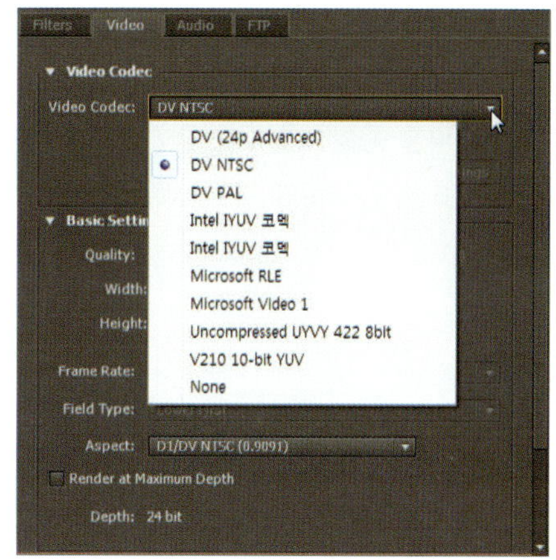

▶ Basic Settings

IIIII **Quality**

영상의 화질을 설정합니다.

IIIII **Width/Height**

가로/세로 크기를 지정합니다. 우측의 사각형 버튼을 클릭하면 같은 가로와 세로 크기 비율이 고정되므로, 어느 한쪽 값을 변경하면 다른 한쪽 값도 같은 비율로 변경됩니다.

▶ Basic Video Settings

IIIII **Quality**

영상의 화질을 설정합니다.

IIIII **TV Standard**

영상의 전송 방식을 NTSC와 PAL 중에서 선택합니다.

IIIII **Frame Width/Height [pixels]**

영상의 가로 크기와 세로 크기를 지정합니다.

IIIII **Frame Rate [fps]**

초당 프레임 수를 지정합니다.

IIIII **Field Order**

렌더링할 주사 방식을 선택합니다.

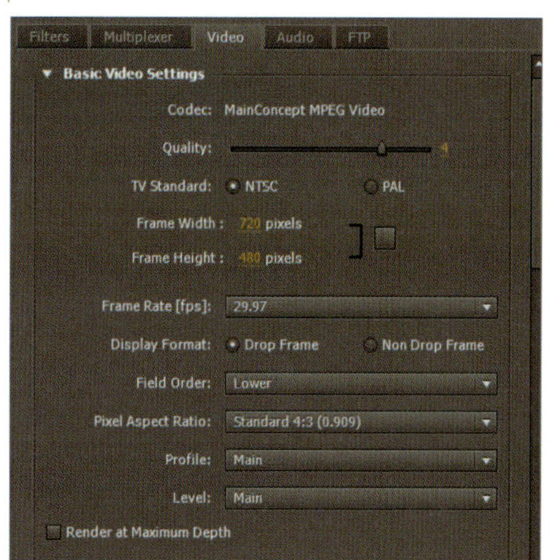

- **None(Progressive)** – 프로그레시브 방식으로 두 필드를 한 번에 주사하는 방식으로 렌더링합니다.
- **Upper** – Upper 필드부터 렌더링합니다.
- **Lower** – Lower 필드부터 렌더링합니다.

‖‖‖ Pixel Aspect Ratio

픽셀 종횡비를 선택합니다. 재생할 디스플레이 장치에 따라 적절한 종횡비를 선택하고 프레임의 가로, 세로 크기를 지정해야 합니다. 예를 들어, 0.9의 픽셀 종횡비를 갖는 DV 포맷의 클립을 4:3 비율을 갖는 NTSC 방식의 TV에서 정상적으로 나타나게 하려면 1.0의 픽셀 종횡비를 선택하고 가로, 세로 크기를 4:3 비율로 지정해주어야 합니다.

▶ Bitrate Settings

‖‖‖ Bitrate Encoding

비트 레이트 인코딩 방식을 선택합니다. CBR과 VBR 1 Pass, VBR 2 Pass 중에서 선택할 수 있습니다.

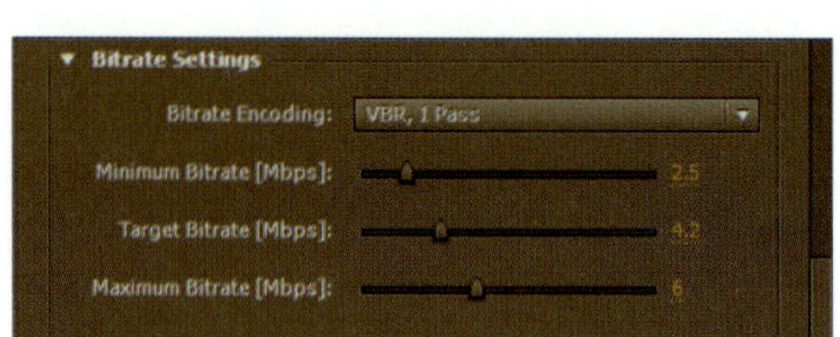

‖‖‖ Bitrate [Mbps]

CBR을 선택한 경우에 초당 전송률을 지정합니다.

‖‖‖ Minimum Bitrate [Mbps]

VBR을 선택한 경우에 최소 전송률을 지정합니다.

‖‖‖ Target Bitrate [Mbps]

VBR을 선택한 경우에 목표로 하는 기본 전송률을 지정합니다.

‖‖‖ Maxmum Bitrate [Mbps]

VBR을 선택한 경우에 최대 전송률을 지정합니다.

 **Tip** 압축 방식과 인코딩 방식

◉ **압축 방식**

인코딩 옵션에 자주 등장하는 용어인 VBR과 CBR는 압축 방식을 가리키는 것으로 다음과 같은 차이를 가지고 있습니다.

- VBR(Variable Bit Rate) – 가변 비트 레이트라는 의미로서 압축할 때 기준이 되는 프레임 앞, 뒤프레임의 변화에 따라 자동으로 비트 레이트가 변하도록 하는 방식으로 변화가 많은 소스일 경우 다소 용량이 커질 수 있지만 좋은 화질을 얻을 수 있습니다. DVD 비디오는 보통 VBR을 사용합니다.
- CBR(Constant Bit Rate) – 고정 비트 레이트라는 의미로서 지정된 비트 레이트 값으로 압축합니다. 전체적인 용량이나 영상의 움직임 등을 고려하여 비트 레이트 수를 임의로 지정할 수 있으므로 화질을 우선시할 것인지, 용량을 우선시할 것인지, 사용자의 의도에 따른 결과물을 얻을 수 있습니다.

◉ **인코딩 방식**

VBR 방식 뒤에 보면 1 Pass와 2 Pass 방식으로 구분되는 것을 볼 수 있습니다. 이것은 윈도우 미디어 포맷(WMV)에도 적용되는 것으로 1 Pass는 영상을 한 번에 인코딩하지만 2 Pass는 먼저 영상을 분석한 후, 그 결과에 따라 인코딩합니다. 따라서 2 Pass 방식은 1 Pass 방식에 비해 인코딩에 많은 시간이 소요되지만 그만큼 좋은 화질을 보여줍니다.

▶ GOP Settings

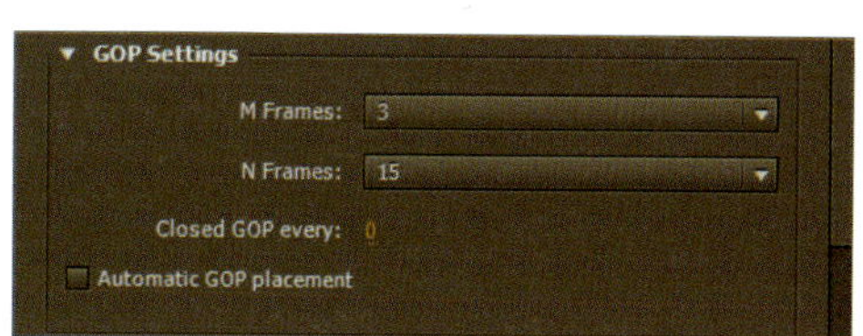

⠿ M Frames

I 프레임과 P 프레임 사이에 삽입될 B 프레임의 수를 지정
합니다.

⠿ N Frames

연속되는 I 프레임의 수를 지정합니다. N 프레임 값은 M 프
레임 값의 배수로 지정해야 합니다.

⠿ Closed GOP every

GOP의 주기를 지정합니다. 외부의 프레임을 참조할 수 없
습니다.

⠿ Automatic GOP placement

GOP가 자동적으로 배치되도록 합니다.

 **Tip** GOP와 I, B, P 프레임이란?

GOP는 Group of Picture의 약자로서 MPEG-1/2 인코딩의 기본 옵션으로서 키프레임에서 다음 키프레임까지의 프레임 모음을 의미합니다.

GOP의 프레임 타입은 I, P, B 등이 있습니다.

- **I 프레임** – 인트라 프레임(Intra Frame)의 약자로 키프레임을 의미합니다. JPEG와 같은 방식으로서 소스에서 직접 압축되어 온 이미지입니다. 가장 좋은 화질을 가지고 있으며 용량도 가장 큽니다.
- **P 프레임** – Predicted Frame의 약자로 이전에 나온 키프레임의 정보를 바탕으로 구성된 프레임으로서 화질과 용량은 모두 중간 정도입니다.
- **B 프레임** – Bidirectional Frame의 약자로, 전/후의 I/P 프레임의 정보를 바탕으로 구성된 프레임으로서 화질은 용량은 모두 최하급니다.

I, P, B 프레임의 구성 예는 다음과 같습니다.

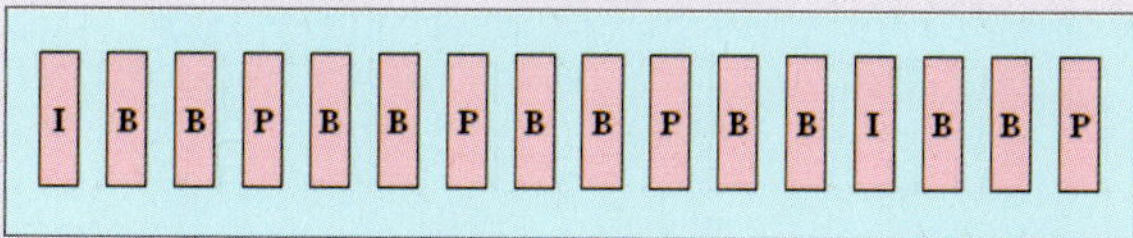

즉, I 프레임들 사이에 P 프레임들이 들어가며, 다시 I 프레임과 P 프레임들 사이에는 B 프레임이 들어갑니다. I 프레임에서 다음 I 프레임까지를 하나의 GOP로 묶으며 GOP 크기는 그룹으로 묶인 프레임들의 개수가 됩니다. 예의 경우, 다음 I 프레임이 나오기 전까지의 프레임 개수가 12개이므로 GOP 크기는 12입니다.

I, P, B 프레임의 구성에 따라 출력물의 화질과 용량이 달라지지만 기본값 그대로 사용해도 문제 없습니다.

▶ Basic Video Settings

ⅢⅢ Quality

화질을 설정합니다. 값이 높을수록 좋은 화질을 보여줍니다.
Video Codec에 따라 값이 고정되기도 합니다.

ⅢⅢ Aspect

픽셀의 종횡비를 선택합니다.

ⅢⅢ Render at Maximum Depth

옵션을 체크하면 24bit까지의 색상을 사용하여 렌더링합니다.
체크되지 않으면 8bit의 색상만을 사용합니다.

▶ Basic Video Settings

ⅢⅢ Allow interlaced processing

인터레이스 방식으로 인코딩합니다.

ⅢⅢ Encoding Passes

인코딩 방식을 1 Pass와 2 Pass 중에서 선택합니다.

ⅢⅢ Bitrate Mode

- Constant – 고정 전송률을 갖도록 합니다. MPEG에서
  CBR과 같은 의미입니다.
- Variable Constrained – 지정된 전송률의 일정 범위
  내에서 데이터에 따라 가변 전송률을 갖도록 합니다.
- Variable Unconstrained – 지정된 전송률에 제한을 받
  지 않고 데이터에 따라 가변 전송률을 갖도록 합니다.

Quick Time

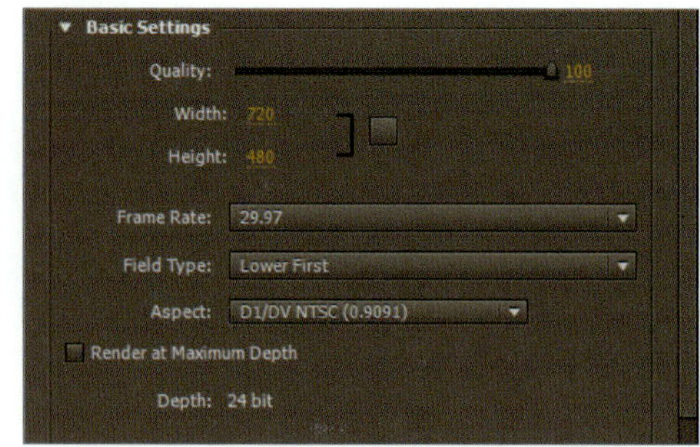

Windows Media

6 Audio 탭

오디오의 코덱이나 음질, 채널, 샘플링 비율
등을 설정합니다. 공통적으로 많이 등장하는
옵션에 대해서만 살펴봅니다.

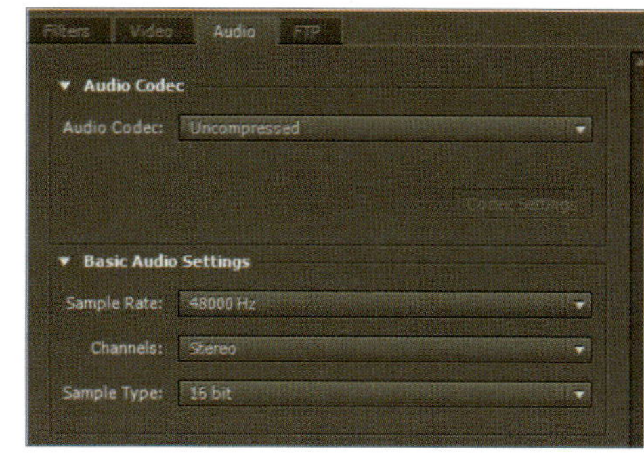

‖‖‖ Audio Codec

오디오의 코덱을 선택합니다. 포맷에 따라 옵션이 주어지지 않는 경우도 있습니다. 오디오 파일은 비디오 파일에 비해 용량이
적기 때문에 특별히 용량에 제약을 받는 상황이 아니라면 압축하지 않는 Uncompressed를 사용하는 것이 가장 좋은 음질을
들려주며 지속시간이 커서 부득이 어느 정도의 압축이 필요하다면 적절한 코덱을 사용합니다.

‖‖‖ Sample Rate

오디오의 샘플링 비율을 선택합니다. 높게 설정할수록 좋은 음질을 얻을 수 있지만 그만큼 파일의 용량이 커지게 됩니다.

‖‖‖ Channels

모노와 스테레오 등의 채널수를 선택합니다. 원본 소스가 모노라면 스테레오로 선택하여도 모노로 출력됩니다.

‖‖‖ Sample Type

샘플링할 때의 비트 수를 선택합니다.

7 FTP 탭

각 옵션을 사용하려면 먼저 FTP 체크 박스
를 클릭하여 체크 상태로 두어야 합니다.

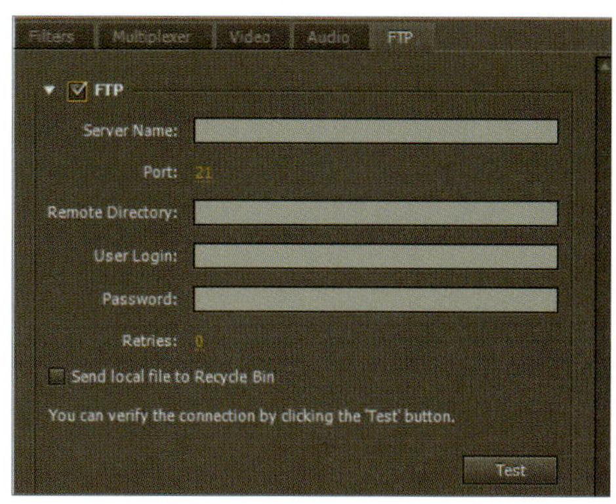

||||| Server Name

FTP 서버의 주소를 입력합니다.

||||| Port

FTP 서버의 포트 번호를 입력합니다. 일반적으로 21을 사용합니다.

||||| Remote Directory

FTP 서버 내, 영상이 업로드될 디렉토리를 입력합니다. 특별히 입력하지 않은 경우 FTP 서버의 루트에 업로드됩니다.

||||| User Login

FTP 서버에 접속할 ID를 입력합니다.

||||| Password

접속하는 ID의 암호를 입력합니다.

||||| Retries

접속에 실패할 경우, 재시도할 횟수를 입력합니다.

||||| Send local file to Recycle Bin

업로드한 파일을 내 컴퓨터의 휴지통으로 보냅니다.

Chapter 26

영상을 이미지나 오디오 파일로 출력하기

Export Settings 옵션을 살펴보느라 다소 지루했을 것입니다. 실제로 다양한 포맷으로 파일을 출력해 보도록 하겠습니다. 먼저, 영상을 사진과 같은 정지 이미지 파일로 출력하거나 정지 이미지를 동영상 파일로 출력하는 방법에 대해 알아봅니다. 아울러 동영상에 포함된 오디오만 별도의 오디오 파일로 생성하는 방법에 대해서도 다룰 것입니다.

1 영상을 이미지 파일로 출력하기

영상의 특정 프레임을 이미지 파일로 저장할 수 있으며 영상에 포함된 전체 프레임을 프레임별로 각 각 한꺼번에 이미지 파일로 저장할 수도 있습니다.

01 새 프로젝트를 시작하고 부록 DVD의 [Source] 폴더에서 "022.avi" 파일을 불러와 타임라인 패 널의 Video 1 트랙에 등록합니다.

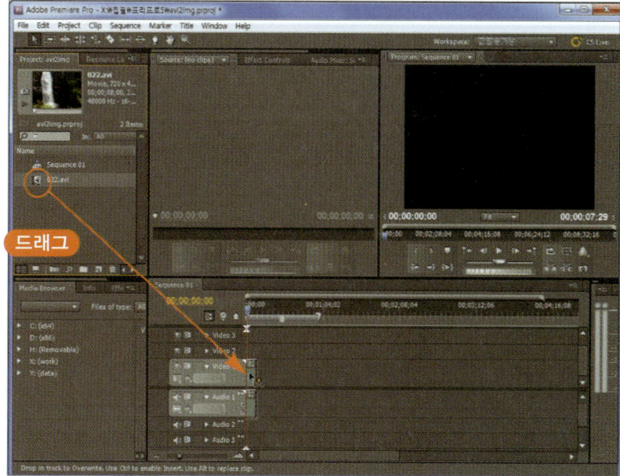

02 타임라인 패널이 선택된 상태에서 File〉Export〉Media를 선택합니다.

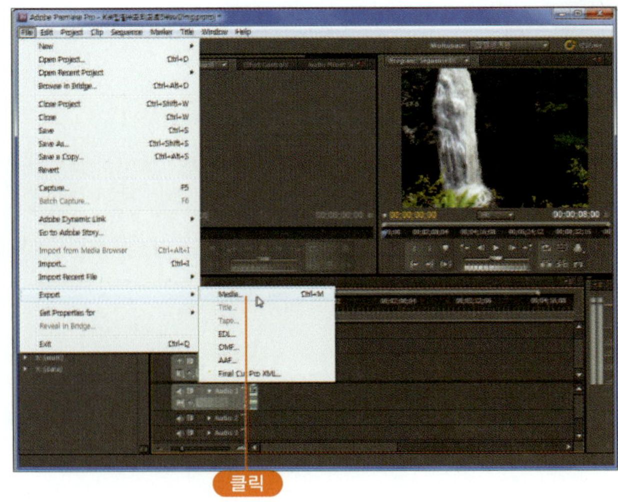

> **Tip** 파일 속성만 변경하여 인코딩하려면?
>
> 사실, 편집하지 않고 단순히 파일 포맷이나 기타 속성만 변경하여 인코딩하려면 굳이 타임라인 패널에 등록하지 않아도 됩니다. 프로젝트에 등록된 클립을 선택하여 프로젝트 패널이 선택된 상태에서 File〉Export〉Media를 선택하면 되기 때문입니다.
>
> 또, 오직 파일 포맷만 변경하는 단순 인코딩이 목적이라면 굳이 프리미어 프로를 사용할 필요조차 없습니다. Adobe Media Encoder에서 원하는 파일을 등록하고 곧바로 인코딩하면 되기 때문입니다.

03 Export Settings 대화상자가 나타납니다. 우측의 Export Settings 패널의 Format 메뉴를 열고 Windows Bitmap을 선택합니다.

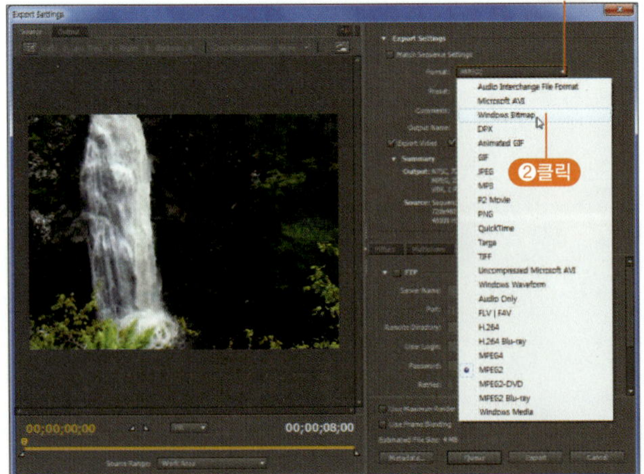

04 Preset 메뉴를 열고 NTSC Bitmap을 선택한 다음, 생성될 파일의 경로와 이름을 지정하기 위해 Output Name 우측에 표시된 파일 이름을 클릭합니다.

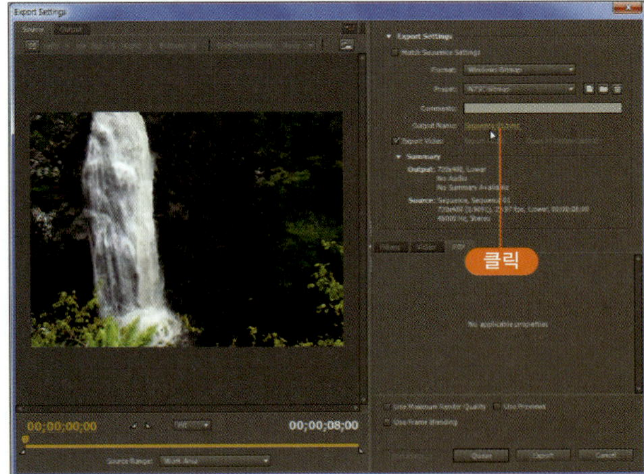

05 Save As 대화상자가 나타납니다. 파일이 저장될 폴더로 이동하고 적절한 파일 이름을 입력한 후, [저장] 버튼을 클릭합니다.

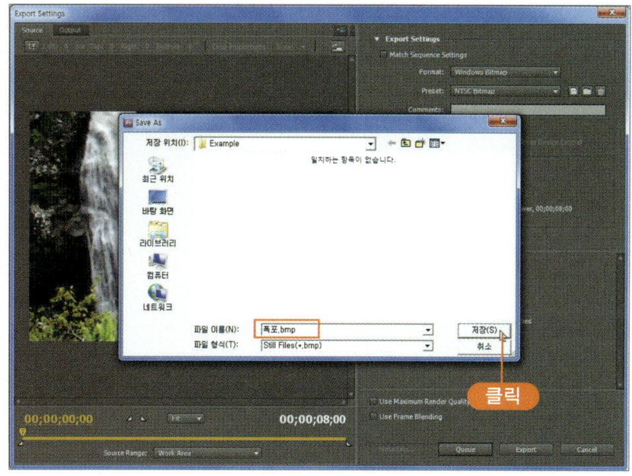

06 잔상이 남지 않는 깨끗한 이미지로 출력되도록 Video 탭의 Basic Settings에서 Field Type 메뉴를 열고 Progressive를 선택합니다.

07 이어서 Export As Sequence 옵션을 체크하고 Export 버튼을 클릭합니다. Export As Sequence 옵션이 체크되지 않으면 현재 시간 표시자가 위치해 있는 프레임에 대한 하나의 이미지만 생성됩니다.

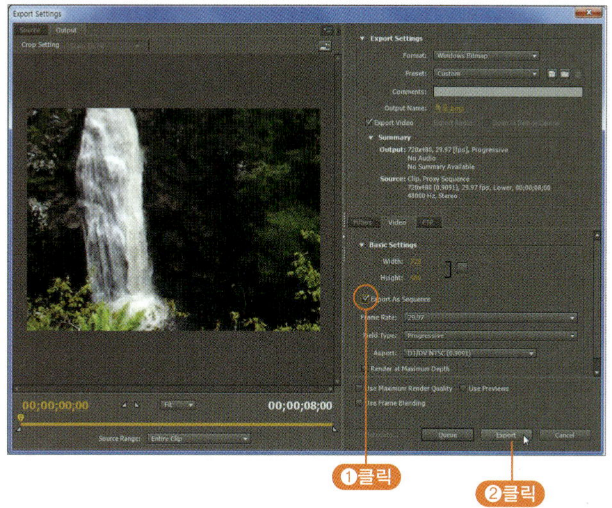

08 렌더링이 시작됩니다.

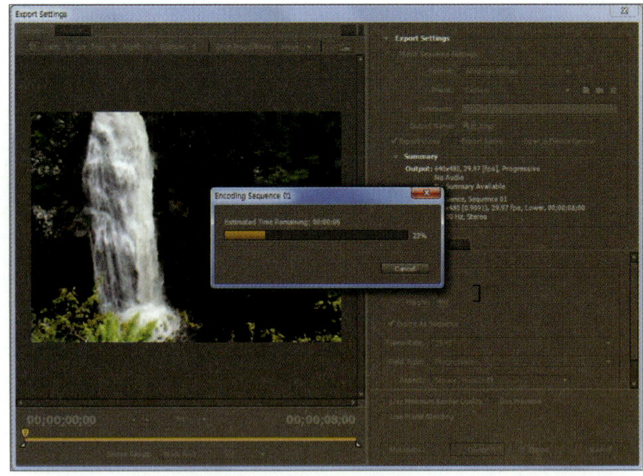

09 지정한 폴더를 열어보면 파일 이름 뒤에 000, 001, 002....와 같이 숫자가 붙어 있는 것을 볼 수 있습니다. 각 프레임마다 순서대로 일련번호가 붙어 저장되기 때문입니다.

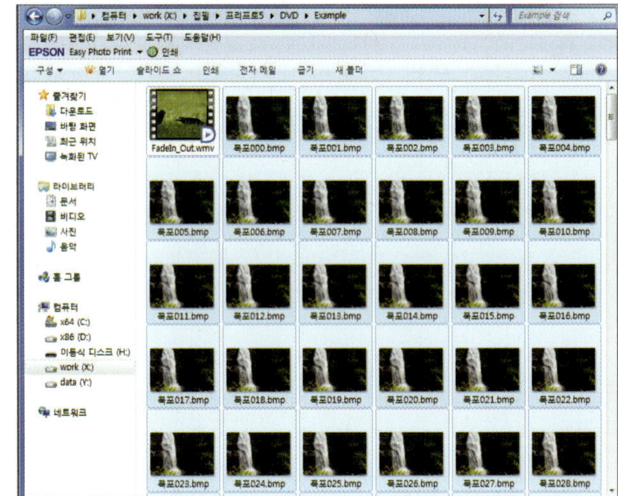

Tip 생성되는 비트맵 이미지 파일 개수

이 예제의 경우, 지정된 폴더에는 모두 240개의 비트맵 파일이 생성됩니다. 예제에 사용된 클립이 8초의 지속시간을 가지고 있으며 초당 30프레임(정확하게 말하면 29.97프레임)으로 생성되었기 때문입니다. 따라서 8(초)×30(프레임)=180개의 이미지 파일이 생성된 것입니다.

생성될 비트맵의 개수를 변경하려면 Export Settings 대화상자의 Video 탭에서 Frame Rate 값을 바꾸어줍니다. 이것은 초당 프레임 수를 지정하는 것이므로 만일 10을 선택하면 예제에 사용한 클립의 경우, 6(초)×10(프레임)=60개의 이미지 파일이 생성될 것입니다.

▷▷ Frame Rate 변경

 **Tip** 특정 프레임만 이미지 파일로 생성하려면

프리미어 프로 CS5에서 특정 프레임 하나만 이미지로 생성하는 경우라면 굳이 Export Settings 대화상자를 열 필요가 없습니다.

01 소스 모니터에 클립을 등록하고 이미지로 생성할 프레임에 현재 시간 표시자를 둔 다음, 새로 등장한 Export Frame 버튼을 클릭합니다.

02 Export Frame 대화상자가 나타납니다. Name에 생성될 파일 이름을 입력하고 Format 메뉴에서 이미지 타입을 선택한 다음, OK 버튼을 클릭합니다. Browse 버튼을 클릭하면 이미지가 저장될 폴더를 변경할 수 있습니다.

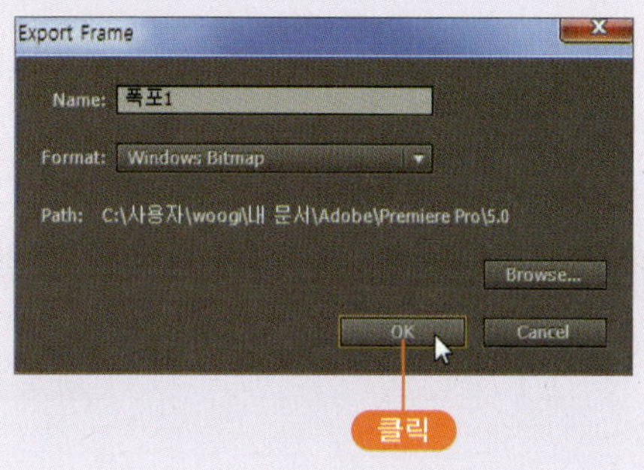

2 정지 이미지로 동영상 만들기

[부록 ◉ Example\PhotoMovie.wmv]

동영상의 프레임을 이미지로 저장할 수 있는 것과 반대로 이미지 파일을 동영상으로 만들 수도 있습니다. 여러 장의 이미지를 사용하고 각 이미지의 Speed를 적절히 조절하면 프레젠테이션이나 강의용 동영상으로 활용할 수 있으며 추후 다루게 될 모션을 적용하여 다양한 영상 앨범을 만들 수도 있습니다.

01 새 프로젝트를 시작하고 프로젝트 패널의 바탕 영역을 더블 클릭하여 Import 대화상자가 나타나면 부록 DVD [Source] 폴더 안에서 "101.jpg~108.jpg" 등 8개의 이미지 파일을 선택한 다음 [열기] 버튼을 클릭합니다.

02 프로젝트 패널에 모든 이미지 클립이 선택된 상태에서 타임라인 패널의 Video 1 트랙으로 드래그합니다.

03 타임라인 패널이 선택된 상태에서 File〉Export〉Media를 선택하여 Export Movie 대화상자가 나타나면 Format 메뉴를 열고 Windows Media를 선택합니다.

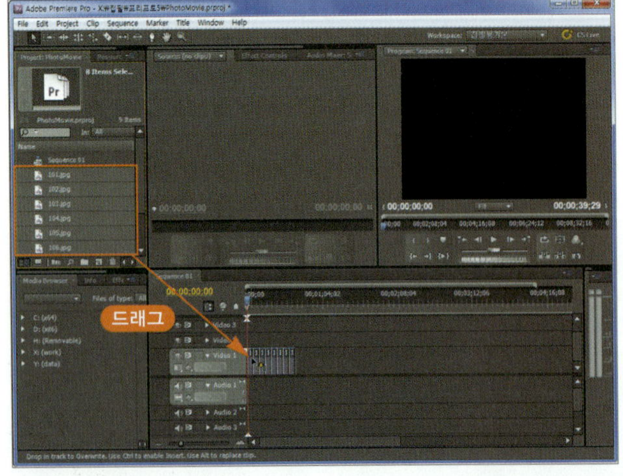

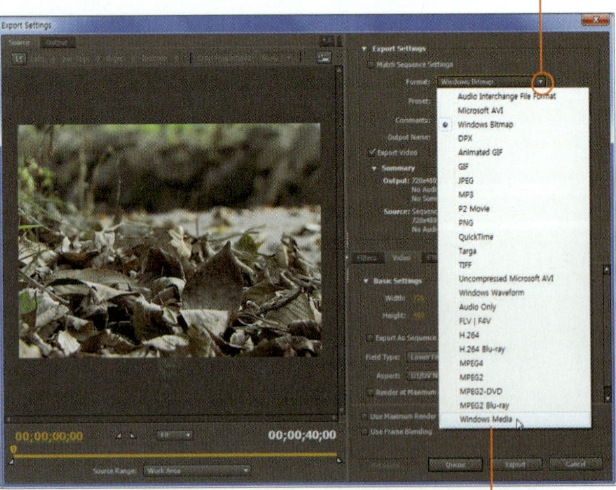

04 Output Name 우측의 경로 부분을 클릭하고 Save As 대화상자가 나타나면 생성될 파일이 저장될 폴더와 파일 이름을 지정하고 [저장] 버튼을 클릭합니다.

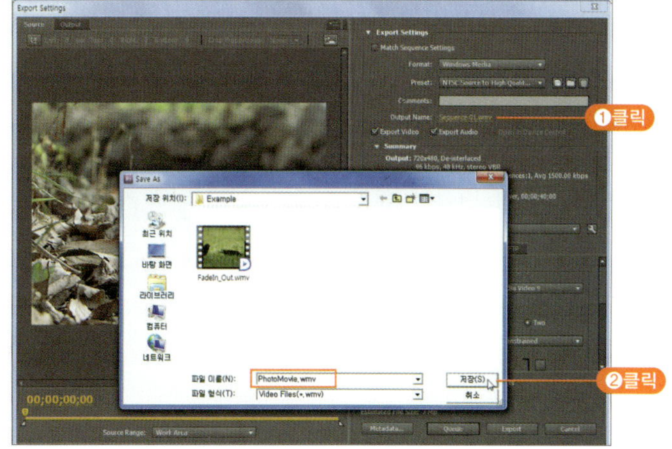

05 Video 탭에서 Encoding Passes를 One으로 선택하고 일반적인 이미지의 픽셀 종횡비로 변경하기 위해 Pixel Aspect Ratio를 Square Pixels (1.0)으로 선택합니다.

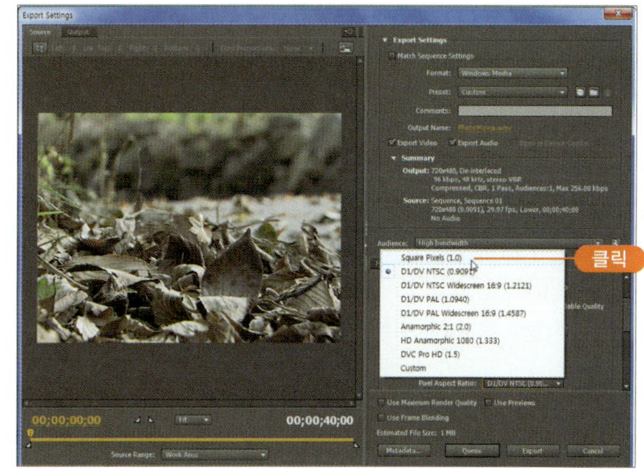

06 픽셀 종횡비를 변경하였기 때문에 원본 이미지와 동일한 프레임 종횡비인 4:3으로 맞춰주기 위해 Frame Width를 640으로 변경합니다. Height는 480인 상태 그대로 두면 됩니다.

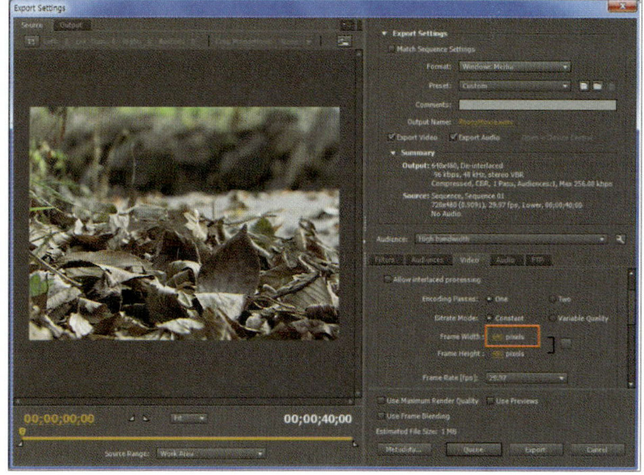

07 Bitrate Settings의 Maximum Bitrate 값을 '1,000'으로, Image Quality 값을 '90'으로 각각 설정합니다. 값이 높을수록 화질이 좋은 영상을 얻을 수 있지만 이에 따라 파일의 용량도 커지게 되므로 최종 사용목적에 따라 적절한 값을 지정해야 합니다. 설정을 마쳤다면 Export 버튼을 클릭합니다.

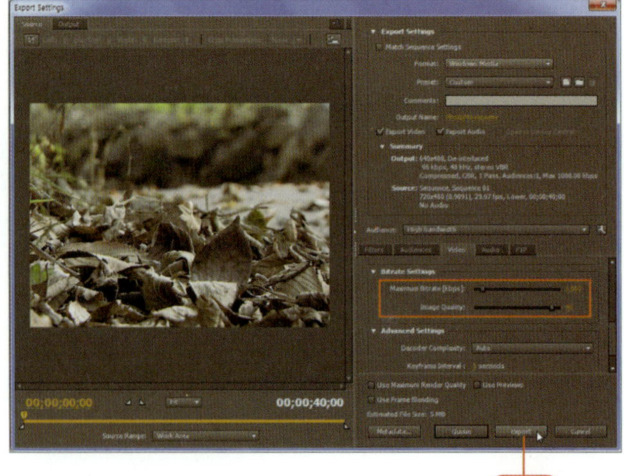

Tip 비트레이트 값을 설정할 때 고려해야 할 점

Preset 메뉴를 열면 특정 기기에 대한 다양한 비트 레이트 값을 선택할 수 있습니다. 비트 레이트(bit rate/sec)는 초당 전송률을 의미하는 것으로 값이 높을수록 보다 좋은 화질의 영상을 생성할 수 있지만 그만큼 파일의 용량도 커지게 되므로 인터넷 전송 환경이 좋지 못한 사용자, 즉 인터넷 속도가 느린 사용자의 경우 영상이 끊어져 재생되며 서버의 용량을 많이 차지하는 등의 문제도 고려해야 합니다. 따라서 화질과 전송률을 감안하여 적당한 값을 선택해야 하는데 국내 인터넷 환경에서는 일반적으로 256Kbps~512Kbps 정도의 전송률을 선택하는 것이 무난합니다. 물론 소수의 접속자를 대상으로 고화질 동영상을 서비스하거나 보존용 영상을 생성하는 경우에는 보다 높은 비트 레이트로 지정하는 것이 좋습니다.

---

08 렌더링이 완료되면 지정했던 폴더에 생성된 파일을 더블 클릭하여 재생합니다. 그림은 다음 팟플레이어로 재생되고 있는 모습입니다.

> **Tip** 인터넷 게시판에 WMV 동영상 등록하기
>
> 포털 사이트의 블로그나 카페에서는 동영상을 등록하면 자동으로 변환한 후 해당 게시판에 나타나지만, 일반적인 사이트의 게시판에서는 자신의 계정(서버)에 파일을 업로드한 다음, embed 태그를 사용해야 동영상이 나타나게 됩니다.
>
> 대부분의 게시판에서는 태그를 사용하고자 할 경우, 다음과 같이 별도로 HTML 사용을 위한 옵션이 존재합니다. HTML 사용 옵션을 체크하고 다음과 같이 태그를 입력합니다. 파일명은 영문으로 해주는 것이 좋습니다.
>
> 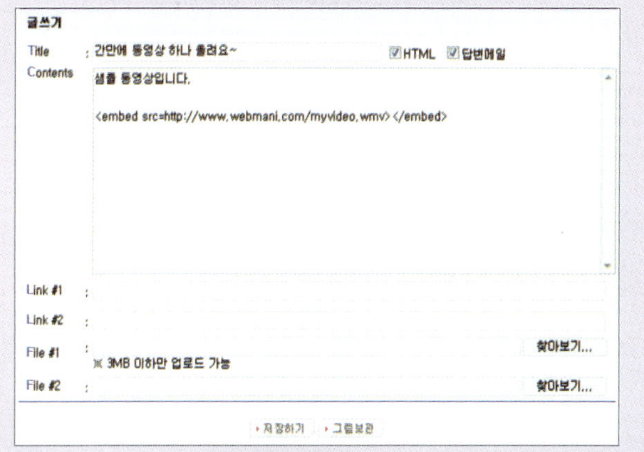
>
>
> <embed src=http://www.webmani.com/myvideo.wmv></embed>
> 즉, embed 태그를 사용하여 해당 동영상이 저장되어 있는 경로와 파일 이름을 지정해 주는 것입니다.

3 무비 클립의 오디오만 파일로 출력하기

Export Settings 대화상자에서 Export〉Audio 메뉴를 사용하면 비디오와 오디오를 포함하고 있는 무비 클립에서 오디오 부분만을 독립된 오디오 파일로 생성할 수 있습니다.

01 새 프로젝트를 시작하고 부록 DVD의 [Source] 폴더에서 "019.avi" 파일을 임포트한 다음, 프로젝트 패널에 나타난 클립을 타임라인 패널의 Video 1 트랙으로 드래그합니다.

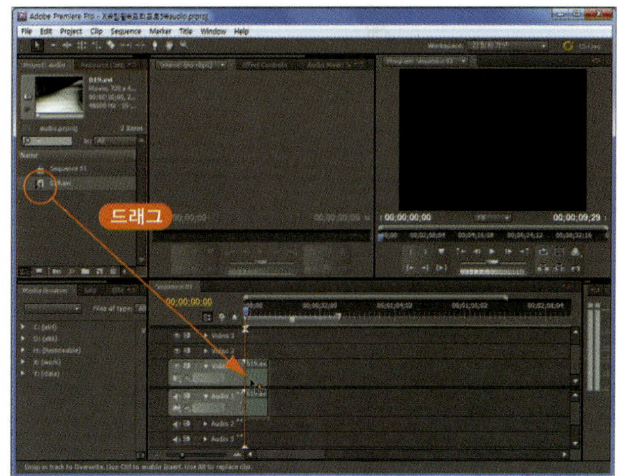

02 타임라인 패널이 선택된 상태에서 File〉Export〉Media를 선택하여 Export Audio 대화상자가 나타나면 Format 메뉴에서 Windows Waveform을 선택합니다.

03 Output Name의 경로명을 클릭하여 Save As 대화상자가 나타나면 파일이 생성될 경로와 파일명을 지정하고 OK 버튼을 클릭합니다.

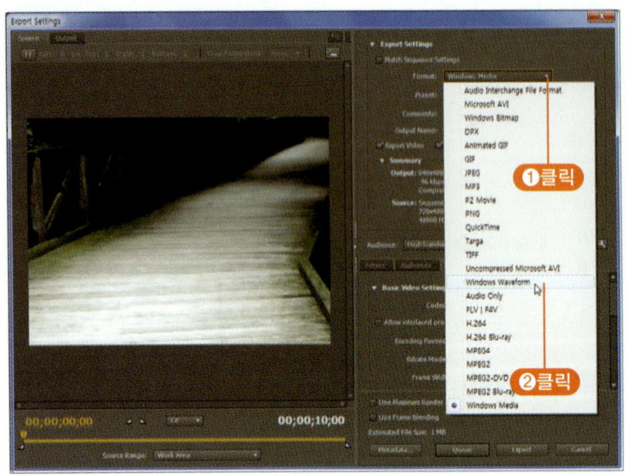

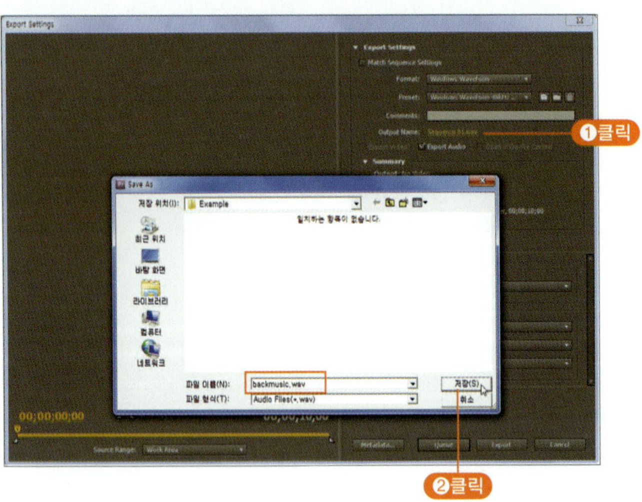

04 Audio 탭에서 생성될 오디오 파일의 샘플 레이트와 샘플 타입 등을 설정하고 Export 버튼을 클릭합니다. 렌더링이 시작되고 지정한 폴더에 오디오 파일이 생성됩니다.

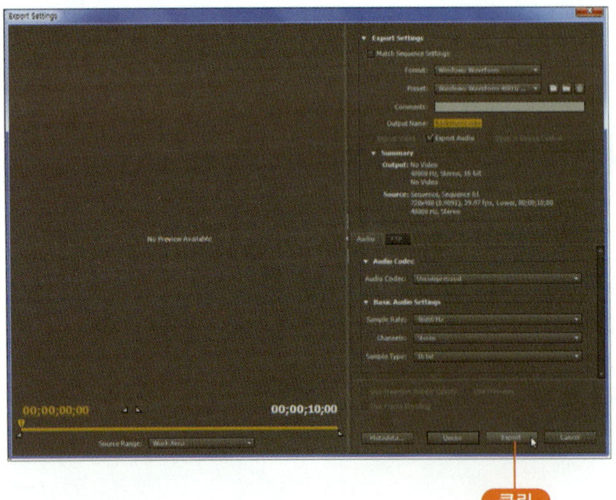

Tip MP3 파일 생성하기

Export Settings 대화상자의 Format 메뉴에서 MP3를 선택하면 mp3 파일로 생성할 수 있으며 Audio 탭의 Audio Bitrate 메뉴를 클릭하면 다양한 비트 레이트를 선택할 수 있습니다.

▷▷ Format에서 MP3를 선택   ▷▷ 비트 레이트 선택

Chapter 27

원하는 코덱 설치와
Adobe Media Encoder CS5 사용하기

프리미어 CS5에서 지원하지 않는 특정 코덱의 영상을 생성하려면 해당 코덱을 설치해주면 됩니다. 단, 프리미어 CS5가 64bit용 프로그램이므로 코덱도 64bit용으로 설치해주어야 합니다. 많이 사용하는 XviD 코덱을 설치하여 생성해보고 어도비 미디어 인코더의 사용법도 살펴보도록 하겠습니다.

1 XviD 코덱 설치하여 생성하기

XviD코덱은 DivX와 비슷한 화질과 인코딩 성능을 가지고 있으면서 Free로 제공되므로 많이 사용되고 있습니다. 코덱을 설치하고 이것을 사용하여 영상을 생성해보도록 하겠습니다.

01 프리미어 프로와 같은 영상 편집 프로그램에서 작업 결과를 원하는 코덱으로 생성하려면 인코딩용 코덱을 설치해야 합니다. 유명한 Z통합 코덱에서 XviD 코덱만 설치하여 사용해보도록 하겠습니다. 부록 DVD의 [Util] 폴더에서 "Zcodec64_20110111" 파일을 더블 클릭하고 보안 경고 창이 나타나면 [실행] 버튼을 클릭합니다.

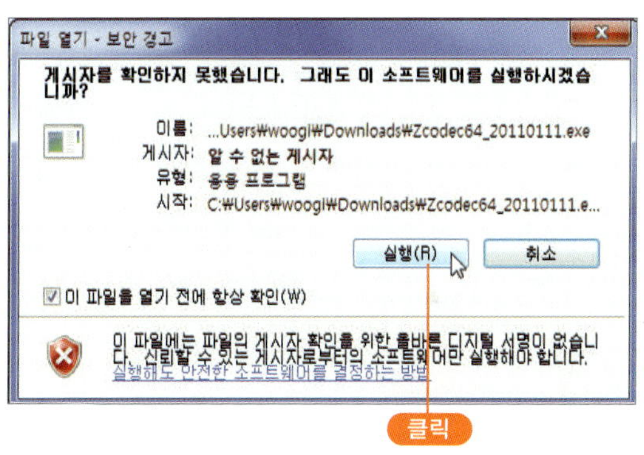

02 사용자 계정 컨트롤 창이 나타나면 [예] 버튼을 클릭합니다. Z통합 코덱 설치 초기 화면이 나타납니다. 코덱과 함께 설치되는 유틸리티가 설치되는 것이 싫다면 상단의 체크 박스를 모두 해제하고 [동의함] 버튼을 클릭합니다.

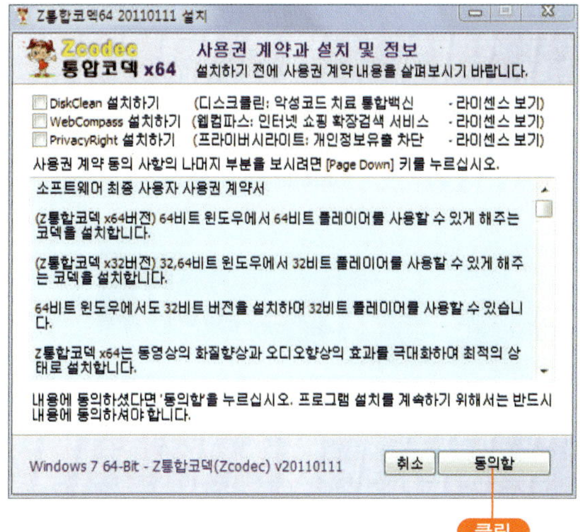

03 오디오 출력 설정 단계와 비디오 화질 설정이 나타나면 모두 기본값 그대로 두고 [계속] 버튼을 클릭합니다. 구성 요소 선택 단계로 진행됩니다. 다른 구성 요소 설치는 자유롭게 선택해도 좋지만 XviD 코덱을 사용하기 위해 비디오 코덱에 있는 XviD Codec와 XviD Encoder은 필히 선택한 다음 [계속] 버튼을 클릭합니다.

04 코덱이 설치될 폴더 선택을 위한 화면이 나타납니다. 기본값 그대로 두고 [설치] 버튼을 클릭합니다.

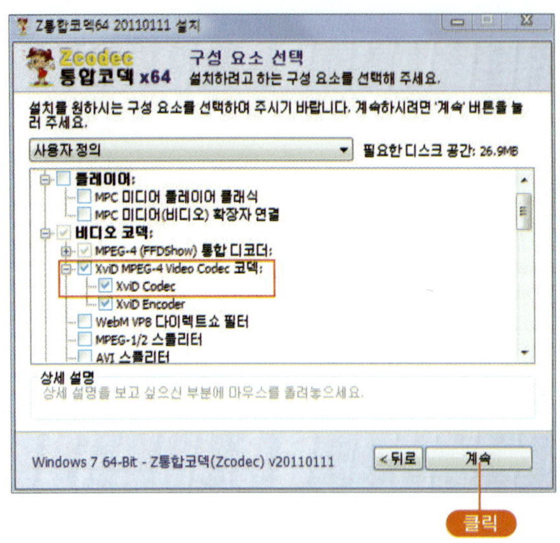

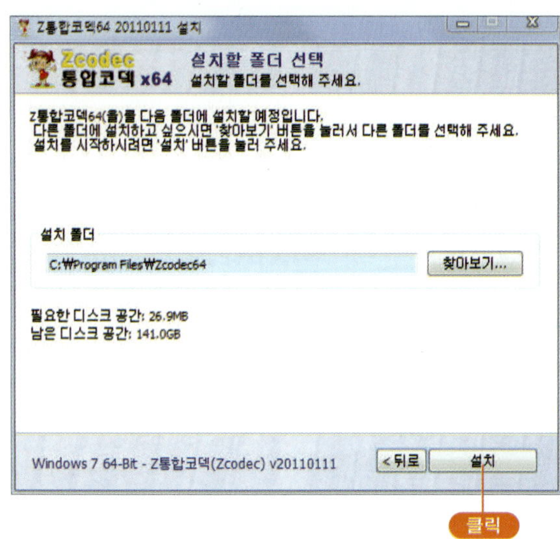

05 코덱이 설치되고 이후에 나타나는 화면이 [계속] 버튼을 클릭하면 마침내 설치 완료 화면이 나타납니다. [확인] 버튼을 클릭하여 설치를 마무리합니다.

06 설치된 코덱을 사용하여 인코딩할 수 있는지 확인해보겠습니다. 프리미어 프로 CS5를 실행하고 임의로 몇 개의 클립을 타임라인에 등록합니다. 이어서 File〉Export〉Media를 선택하여 Export Settings 대화상자를 열고 Format 메뉴에서 Microsoft AVI를 선택합니다.

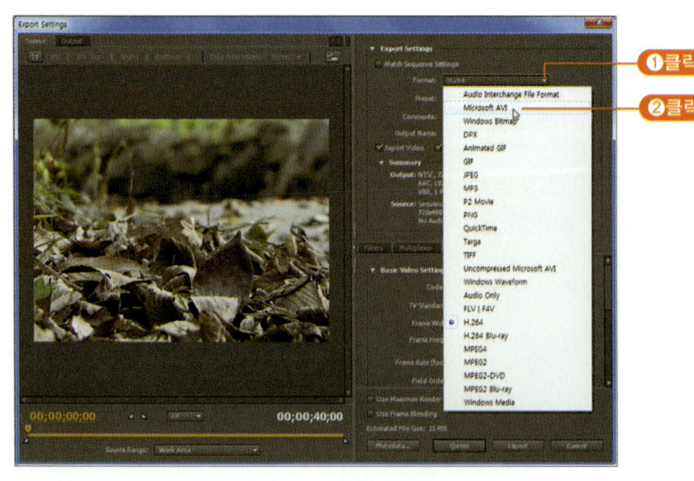

07 Output Name 우측의 파일 이름을 클릭하여 생성될 파일의 경로와 파일 이름을 적절히 지정한 다음 Video 탭의 Video Codec 메뉴를 클릭합니다. 새로 설치되어 나타나는 XviD MPEG-4 Codec을 선택합니다.

08 XviD 코덱이 선택되면 우측에 나타나는 Codec Settings 버튼을 클릭합니다.

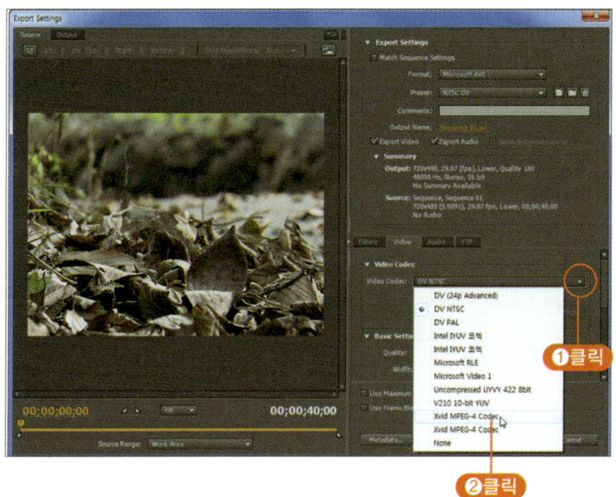

09 코덱 설정 창이 나타납니다. 상단에 있는 Profile Level 메뉴를 열어 적절한 설정값을 선택할 수도 있지만 직접 비트 레이트를 설정하기 위해 Target quantizer 버튼을 클릭합니다.

10 버튼이 Target bitrate로 바뀌어 나타납니다. 아래에 있는 슬라이더를 드래그하여 비트 레이트를 조절하고 [OK] 버튼을 클릭합니다. 생성될 영상의 크기에 따라 다르지만 480p의 영상이라면 대략 1000kbps 내외, 720p라면 2000kbps 정도로 설정하는 것이 좋습니다.

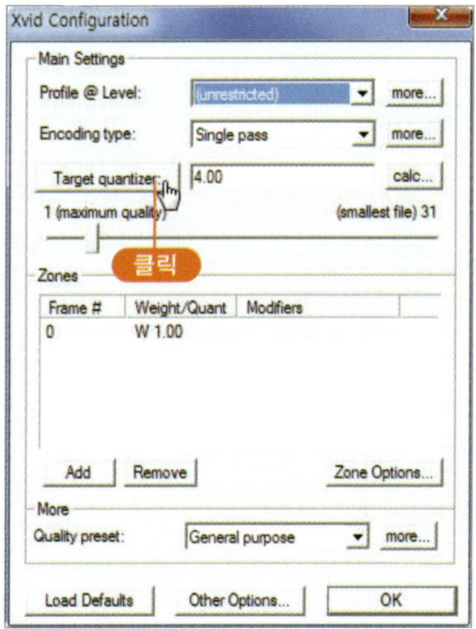

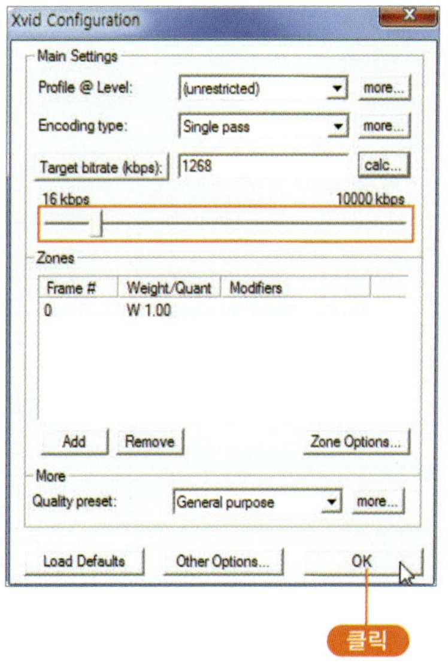

Tip 원하는 용량에 맞는 비트 레이트 값 자동으로 계산하기

현재 제작한 영상을 CD 한 장에 집어넣는다든지, 특정 용량에 맞추려면 비트 레이트를 어느 정도로 설정해야 할까 고민되는 경우가 있습니다. XviD 코덱 설정 창은 이것을 간단히 계산해주는 계산기가 내장되어 있어 편리합니다.

01 코덱 설정 창에서 calc 버튼을 클릭합니다.

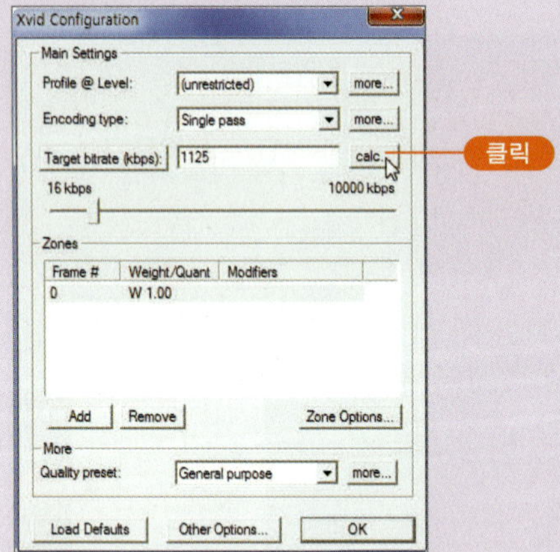

02 Video의 hours, minutes, seconds에 각각 영상의 시간을 입력하고 frame per seconds에는 초당 프레임 수를 선택합니다. 이어서 Target size에서 생성될 파일의 용량을 입력하거나 메뉴를 열어 선택하고 [확인] 버튼을 클릭합니다. CD 한 장에 들어갈 용량이라면 메뉴 첫 번째에 나타나는 "665600"을 선택하면 됩니다. 단위는 Kbyte입니다.

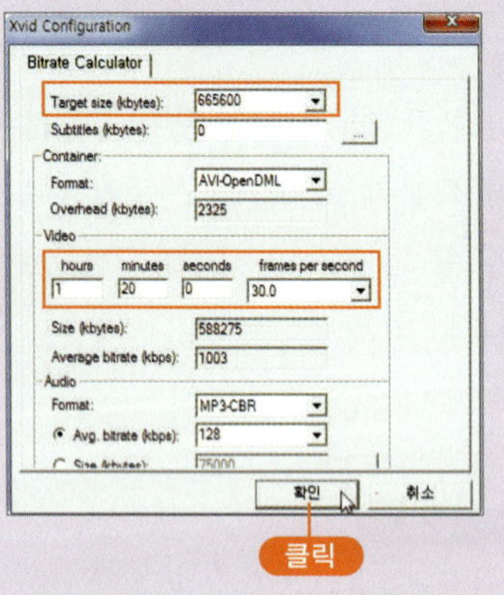

03 지정한 시간과 용량에 따른 비트레이트 값이 Target bitrate 값에 나타납니다.

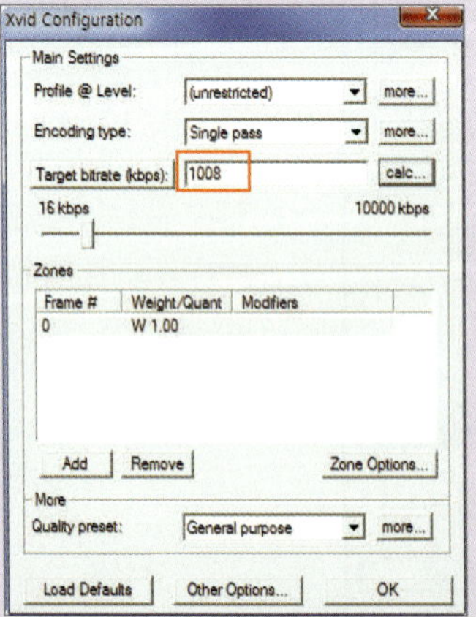

11 코덱 선택과 설정을 마쳤다면 Basic Settings의 속성을 통해 프레임의 크기나 필드 타입, 픽셀 종횡비 등을 지정하고 Export 버튼을 클릭하여 영상을 생성합니다.

12 지정한 폴더에서 생성된 파일을 더블 클릭하여 정상적으로 재생되는지 확인합니다. 다음 팟플레이어의 경우 팝업 메뉴를 열고 [재생 정보]를 선택하면 현재 재생 중인 영상에 사용된 코덱 정보를 볼 수 있습니다.

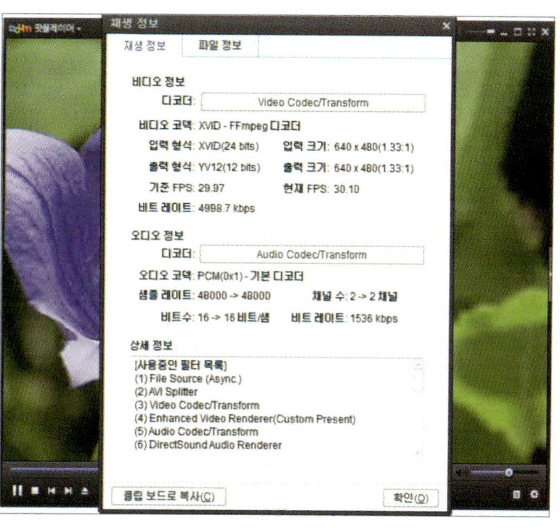

2   Adobe Media Encoder에서 인코딩하기

Adobe Media Encoder는 인코딩 프로그램의 일종입니다. 독립적으로 실행되며 원하는 파일을 개별적으로 등록하여 인코딩할 수 있음은 물론, 프리미어 프로의 Export Settings 대화상자를 통해 인코딩 목록으로 넘겨받을 수도 있습니다. 또한 옵션을 설정하기 위해 어도비 미디어 인코더에서 곧바로 프리미어 프로의 Export Settings 대화상자를 불러올 수도 있습니다.

01 프리미어 CS5의 Export Settings 대화상자에서 파일 생성을 위한 여러 옵션을 마친 후, Queue 버튼을 클릭합니다.

02 잠시 후, 어도비 미디어 인코더가 실행되면서 Export Settings 대화상자에서 설정한 옵션 그대로 작업 목록에 추가됩니다. 작업 목록에 추가되면 가만히 두어도 기본적으로 2분 후에 자동으로 인코딩이 시작되며 즉시 인코딩하려면 Start Queue 버튼을 클릭하면 됩니다.

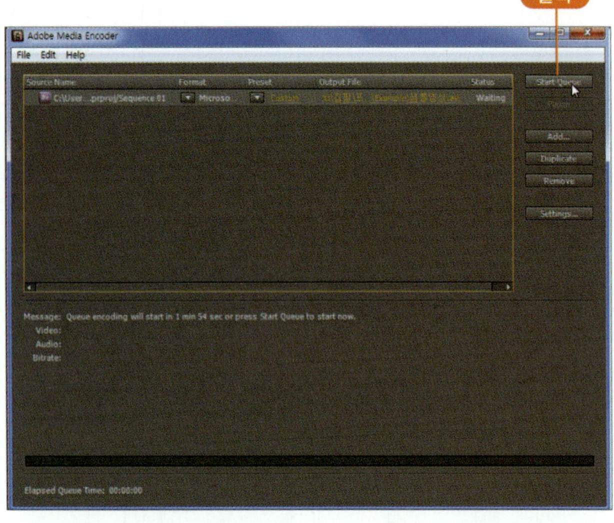

03 작업 목록의 Foramt 메뉴나 Preset 메뉴를 통해 다른 포맷이나 프리셋을 선택할 수 있으며 Preset 항목 우측이나 Settings 버튼을 클릭하면 다시 프리미어 프로 CS5의 Export Settings 대화상자가 나타나 세부 옵션을 재설정할 수도 있습니다.

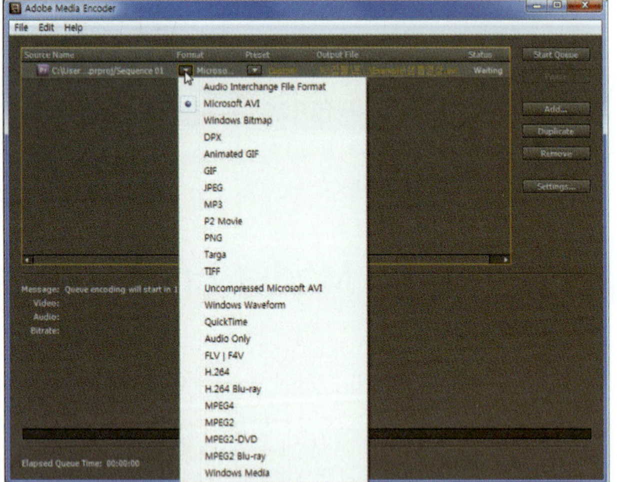

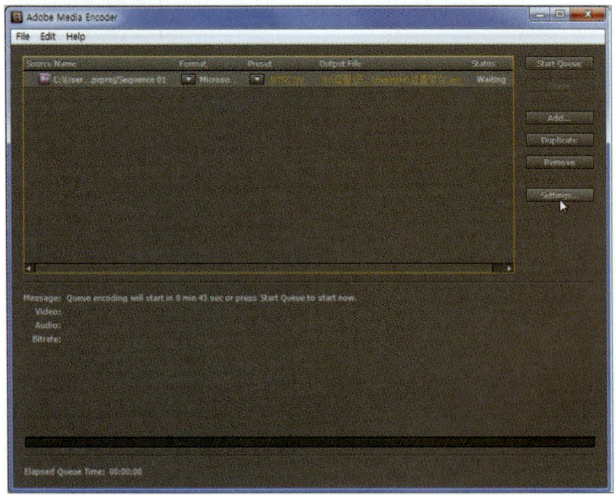

04 File〉Add 메뉴를 선택하거나 Add 버튼을 클릭하여 인코딩할 파일을 목록에 추가할 수 있으며 윈도우 탐색기에서 파일을 어도비 미디어 인코더 안으로 드래그하여 인코딩 목록에 추가할 수도 있습니다. 인코딩이 시작되면 아래에 인코딩 상황이 표시되며 우측에 프리뷰 화면이 나타납니다. 인코딩이 완료된 목록은 Status 항목에 녹색의 체크표시가 나타나게 됩니다. 목록 중 하나를 선택하고 Remove 버튼을 클릭하면 해당 목록이 삭제됩니다.

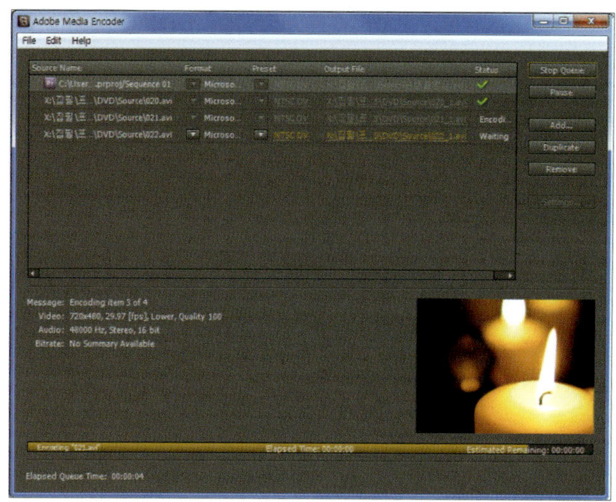

Tip 어도비 미디어 인코더의 언어 변경하기

어도비 미디어 인코더의 메뉴나 버튼 등이 한글로 나타날 경우 간단히 영문으로 바꿀 수 있습니다. 메뉴에서 [편집]〉환경 설정]을 선택하여 환경 설정 대화상자가 나타나면 우측의 [언어] 메뉴를 클릭하고 English를 선택합니다.

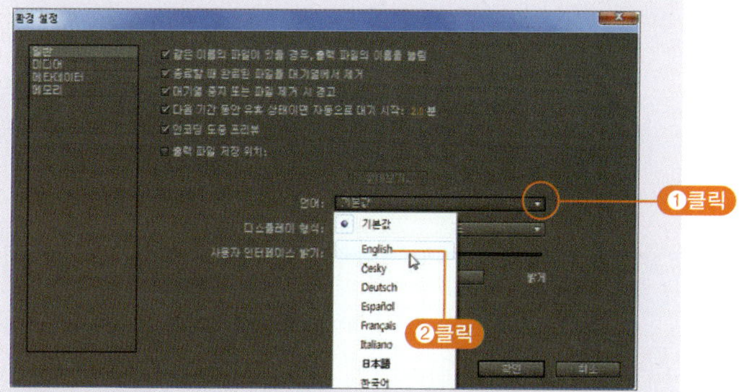

[확인] 버튼을 클릭한 다음, 어도비 미디어 인코더를 종료한 다음 다시 실행시키면 지정한 언어로 나타나게 됩니다. 어도비 미디어 인코더가 한글로 실행 중일 때는 인코딩 옵션을 바꾸기 위해 [설정] 버튼을 클릭한 경우, 프리미어 프로의 Export Settings 대화상자도 한글로 나타나게 됩니다.

▷▷ Export Settings 대화상자의 한글판 – [내보내기 설정] 대화상자

Chapter 28 · Adobe Encore CS5로 DVD 만들기

흔히 볼 수 있는 DVD 무비는 MPEG2 포맷을 소스로 사용합니다. 이것은 DV 포맷의 AVI 영상에 비해 화질은 크게 떨어지지 않으면서도 훨씬 작은 용량을 갖습니다. 프리미어 프로의 작업 결과를 MPEG2 포맷으로 생성한 후, Adobe Encore CS5를 통해 DVD로 제작하는 과정을 익혀보고 챕터별로 메뉴를 가지고 있는 인터랙티브 DVD 제작 과정도 살펴보도록 하겠습니다.

1 단순 DVD 제작하기

MPEG 파일을 생성한 후, Adobe Encore CS5를 통해 DVD로 레코딩해보겠습니다. DVD 플레이어에 완성된 DVD를 삽입하면 단순히 영상의 처음부터 순차적으로 재생되는 형태이므로 단순 DVD라 지칭하였습니다.

01 새 프로젝트를 시작하고 부록 DVD의 [Source] 폴더에서 몇 개의 무비 파일을 임의로 불러온 후, 이들을 모두 타임라인에 등록합니다. 예제에서는 001.avi~015.avi 등 15개의 클립을 등록하였습니다.

02 File〉Export〉Media를 선택하여 Export Settings 대화상자를 열고 Format 메뉴에서 MPEG2-DVD를 선택합니다.

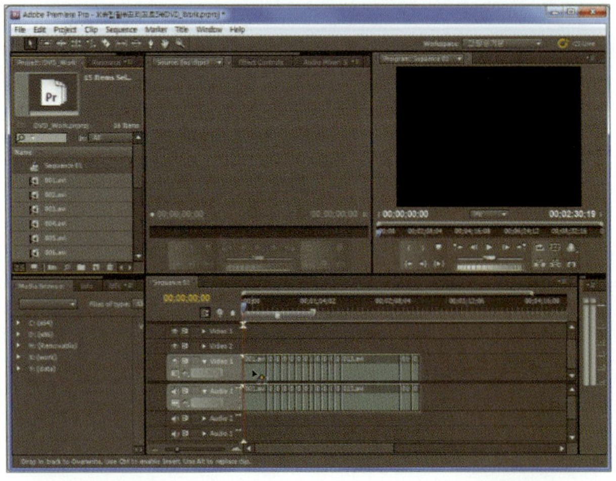

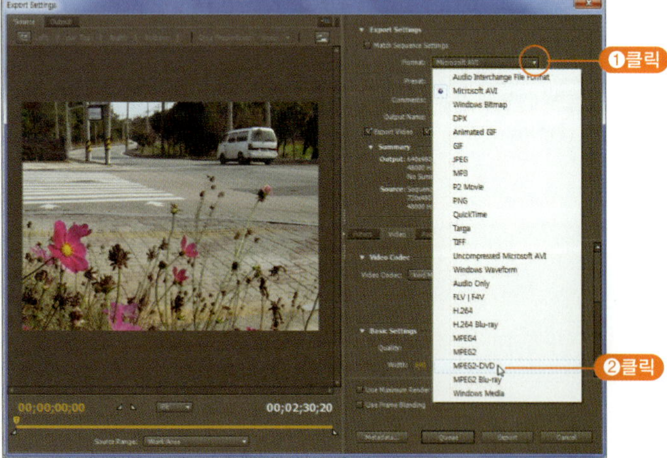

 체험판은 Format 메뉴에 MPEG 관련 포맷이 나타나지 않습니다. 또한 차후에 다루게 될 Adobe Encore CS5도 사용할 수 없습니다. 정식 버전의 경우에만 가능합니다.

03 DVD용 MPEG2 포맷의 각 옵션들이 나타납니다. 좀 더 나은 화질을 위해 Preset 메뉴를 열고 NTSC Progressive High Quality를 선택합니다. 프리셋 이름처럼 프로그레시브 영상으로 인코딩되므로 컴퓨터나 프로그레시브 영상을 지원하는 TV 등에서 고화질로 시청할 수 있도록 각 옵션들이 설정됩니다.

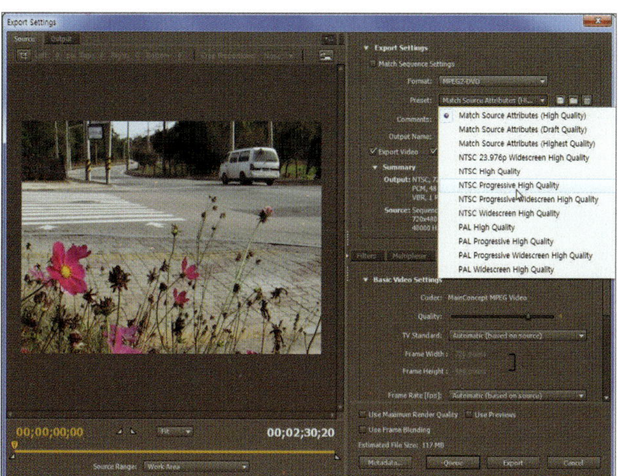

04 화질에 더 욕심을 내려면 하단의 Video 탭에서 Quality 옵션 값을 최대(5.0)로 변경합니다.

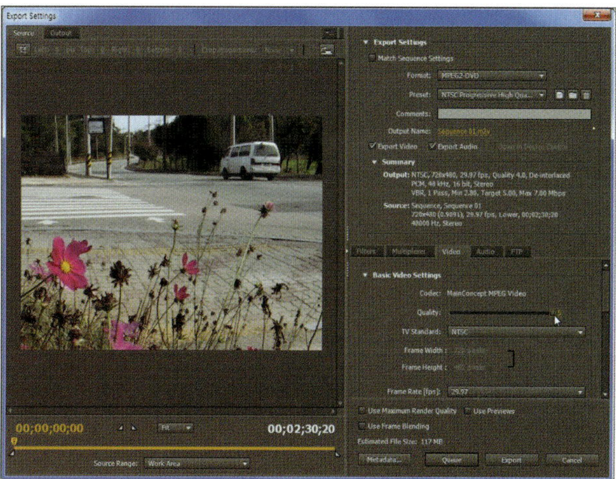

MPEG2는 DV AVI와 같이 720X480 사이즈를 가지며 최대 9Mbps/S의 비트 레이트(초당 전송률)까지 사용할 수 있으나 일반적으로 5~6Mbps/sec를 사용합니다.

05 Output Name 우측의 경로명을 클릭하고 Save As 대화상자가 나타나면 파일이 저장될 폴더로 이동하여 적절한 파일 이름을 입력한 후, [저장] 버튼을 클릭합니다.

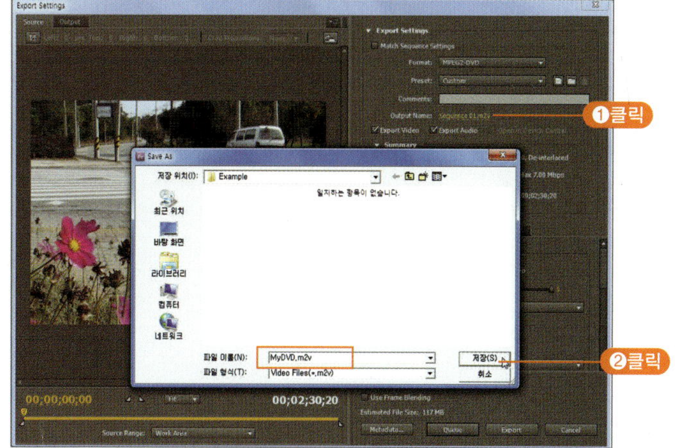

Tip DVD 용 MPEG 파일 생성 옵션

Save As 대화상자를 보면 파일의 형식에 확장자가 m2v로 지정되어 있습니다.

기본적으로 MPEG2–DVD 옵션을 선택하면 m2v와 wav 등의 확장자를 갖는 두 개의 파일이 생성됩니다. 이것은 Adobe Media 인코더가 DVD용 MPEG 파일을 엘리멘트리 스트림 타입으로 생성하기 때문입니다.

DVD용 MPEG 파일은 비디오와 오디오를 각각 하나의 파일로 분리하여 생성하는 엘리멘트리 스트림 타입(Elementary Stream Type)과 이들을 합쳐 하나의 파일로 생성하는 프로그램 스트립 타입(Program Stream Type) 등 두 가지 방식이 존재합니다.

Export Settings 대화상자에서 MPEG2–DVD 포맷을 선택하면 기본적으로 엘리멘트리 스트림 타입으로 파일을 생성하기 때문에 Filename 항목에 m2v 확장자가 지정되어 있으며 이 상태로 Export 버튼을 클릭하여 인코딩하면 m2v 파일과 wav 파일이 함께 생성됩니다. 즉, 비디오 스트림은 m2v로, 오디오 스트림은 wav로 각각 생성되는 것입니다. 이렇게 엘리멘트리 스트림 타입으로 생성된 파일은 대화형 DVD를 제작할 수 있는 DVD 오소링(Authoring) 프로그램에서 소스 파일로 사용됩니다.

하지만 단순히 하나의 MPEG2 포맷의 파일로 생성하려면 프로그램 스트림 타입을 선택해야 하며 Export Settings 대화상자의 Multiplexer 패널에서 Multiplexing 옵션을 DVD로 선택합니다.

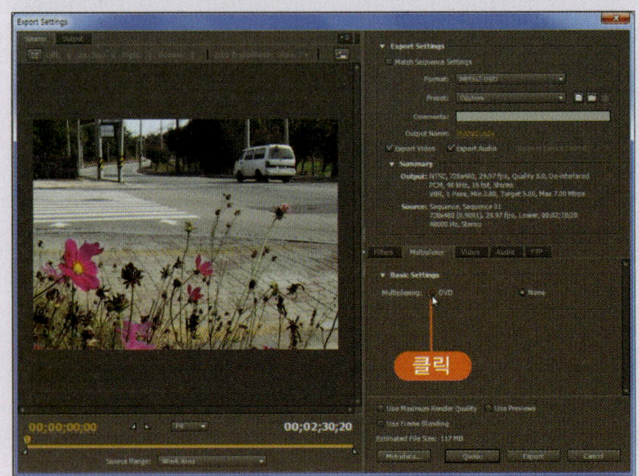

Output Name 우측의 파일명을 보면 확장자가 mpg로 변경되어 나타나는 것을 볼 수 있습니다. 이렇게 생성된 mpg 파일은 단독 재생은 물론, Adobe Encore CS5와 같은 DVD 오소링 프로그램에서 사용할 수 있습니다.

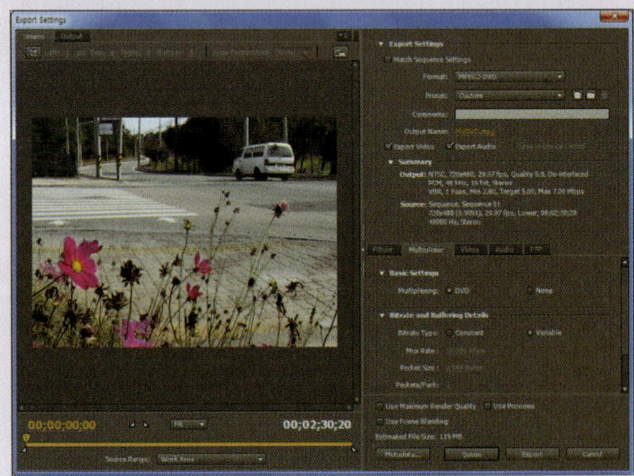

06 설정을 마쳤다면 인코딩을 위해 Export 버튼을 클릭합니다.

07 인코딩이 완료되면 DVD 제작을 위해 윈도우의 [시작] 메뉴를 클릭하고 [모든 프로그램]- [Adobe Encore CS5]를 선택합니다. 잠시 후, 어도비 앙코르 CS5의 초기 화면이 나타나면 New Project를 클릭합니다.

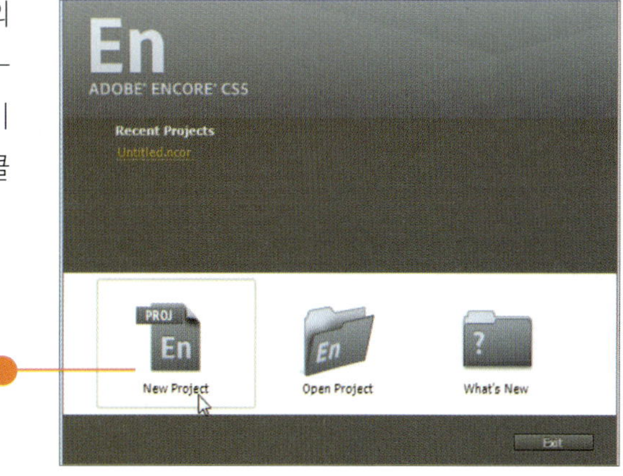

08 New Project 대화상자가 나타나면 Authoring Mode에 DVD가 선택되어 있는지 확인하고 OK 버튼을 클릭합니다.

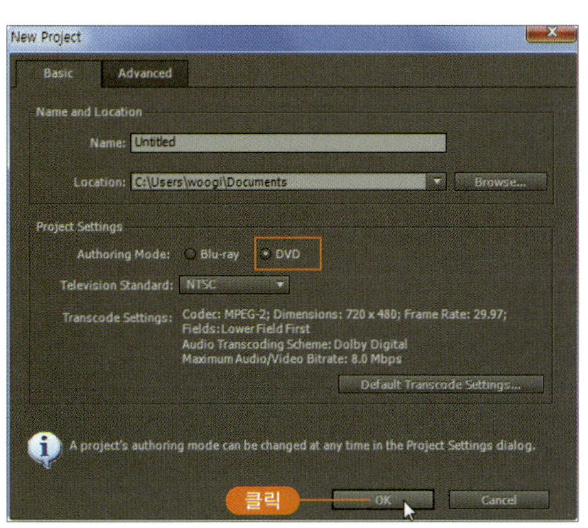

09 앙코르 CS5의 메인 화면이 나타납니다. 좌측 상단에 있는 Project 패널의 바탕 영역을 더블 클릭하거나 File>Import As>Asset를 선택합니다.

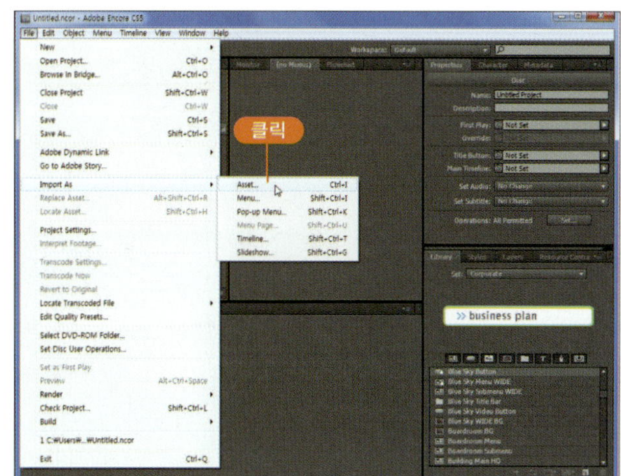

10 Import as Asset 대화상자가 나타납니다. 앞에서 생성된 두 개의 파일(m2v와 wav 파일)을 선택하고 [열기] 버튼을 클릭합니다.

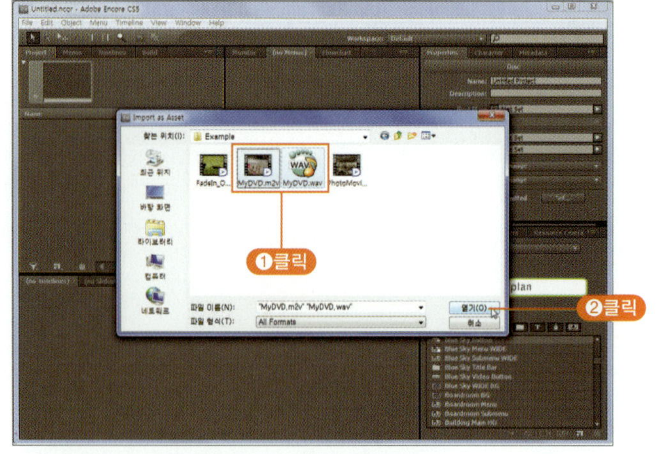

11 Project 패널에서 마우스 우측 버튼을 클릭하여 팝업 메뉴를 열고 New〉Timeline을 선택합니다.

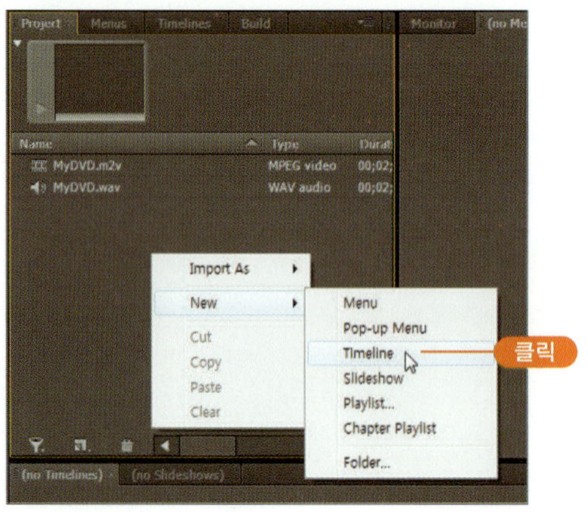

12 프로젝트 패널에 등록되어 있는 m2v 파일을 타임라인의 Video 트랙에, wav 파일을 Audio 1 트랙에 각각 드래그하여 등록합니다.

13 DVD 레코더에 공 DVD 미디어를 삽입하고 Build 패널에서 Refresh 버튼을 클릭합니다. 새로 삽입한 미디어를 인식시키려는 것입니다.

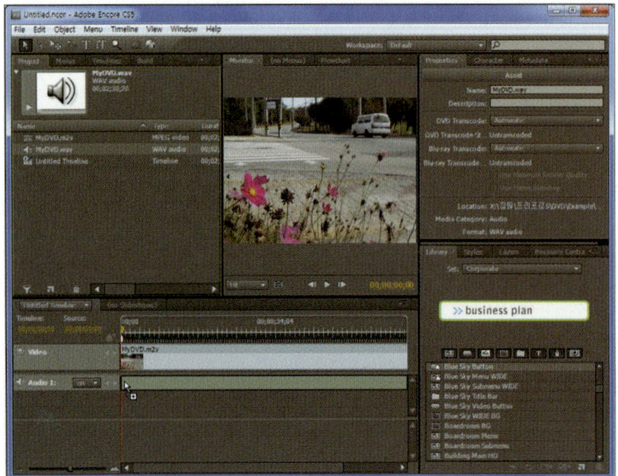

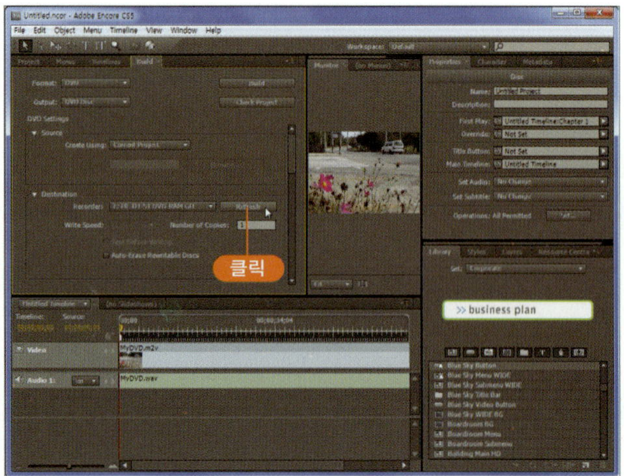

14 미디어가 인식되면 기록할 수 있는 최대 속도가 Write Speed 메뉴에 나타납니다. 메뉴를 열고 적절히 다른 속도를 선택할 수도 있습니다. 메뉴를 포함하지 않는 단순 DVD 제작이므로 곧바로 Build 버튼을 클릭합니다.

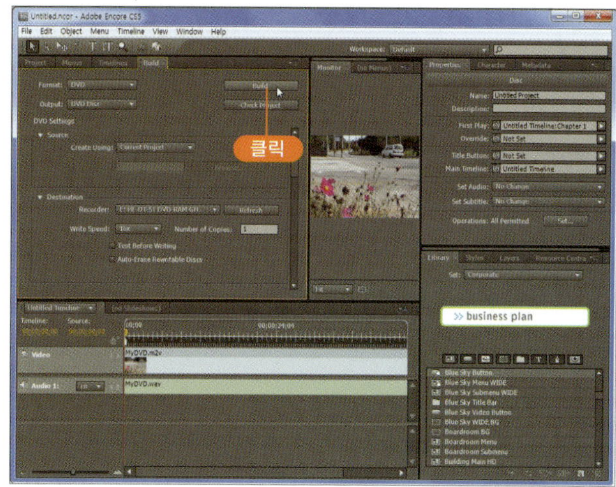

Tip 디스크 이름 설정하기

Build 패널의 아래에 Name에는 DVD를 시스템에 삽입했을 때 나타나는 이름을 입력할 수 있습니다.

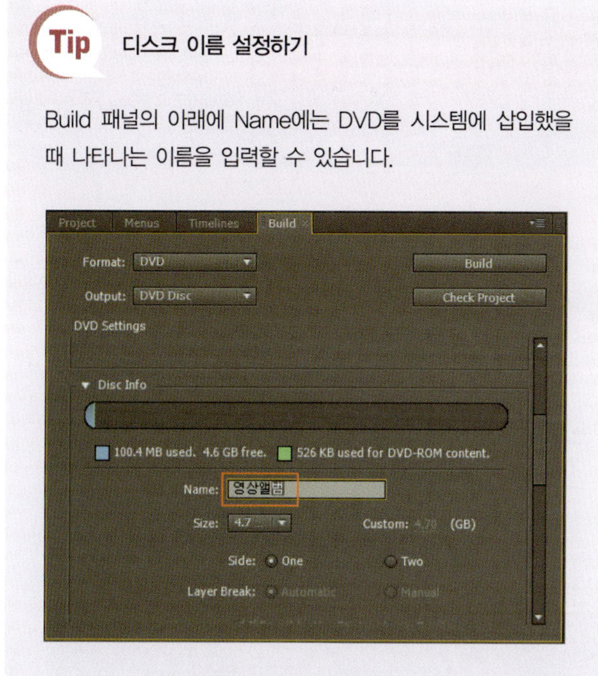

15 각 챕터별 메뉴 등을 구성하지 않았으므로 경고 창이 뜹니다. 무시하고 계속하기 위해 우측의 Ignore and Continue 버튼을 클릭합니다.

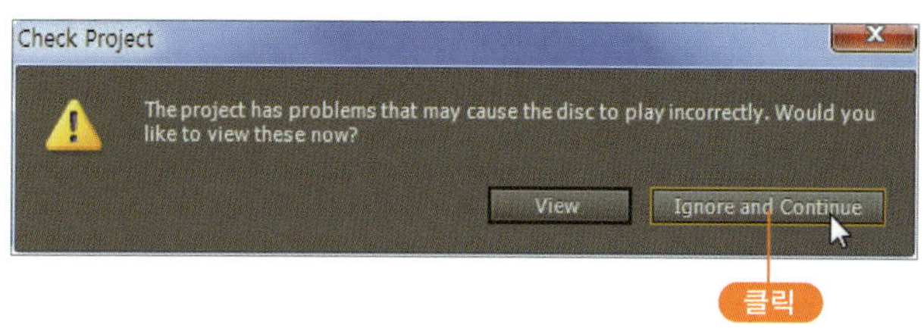

16 레코딩이 시작되고 진행 과정이 표시됩니다. 파일의 용량이나 레코딩 속도에 따라 소요시간에 차이가 있으므로 기다리도록 합니다.

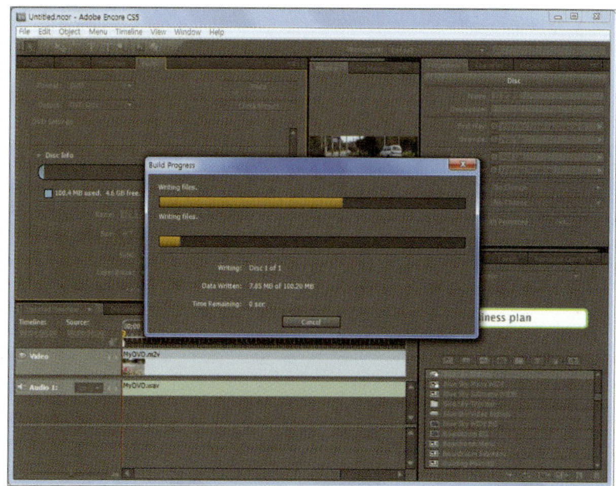

17 레코딩이 완료되었다는 메시지가 나타나면 OK 버튼을 클릭합니다. 레코더에서 DVD 미디어가 배출되면 다시 DVD 레코더에 삽입하여 DVD 재생 프로그램을 통해 재생하거나 DVD 플레이어를 통해 재생해보도록 합니다.

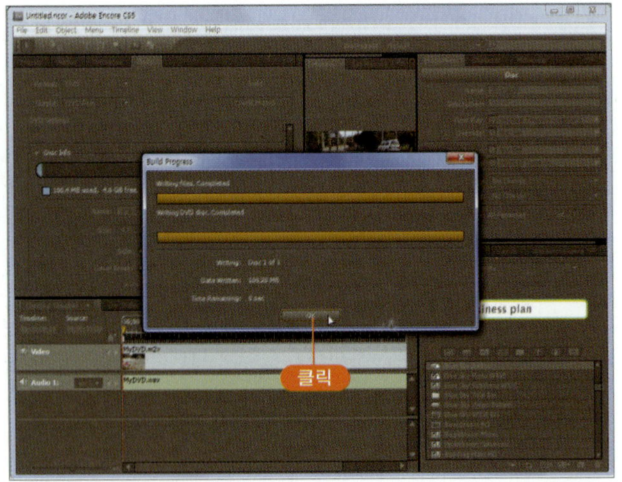

Tip Adobe Dynamic Link를 통해 앙코르로 내보내기

DVD 제작을 위해 예제의 방법은 다소 복잡한 과정을 거치게 됩니다. 파일 생성과 인코딩, 앙코르에서의 굽기 과정을 보여주기 위한 것일 뿐, 실제로는 이렇게 번거로운 방법을 사용하지 않고 타임라인 패널이 선택된 상태에서 File〉Adobe Dynamic Link〉Send to Encore를 선택하면 현재 시퀀스의 클립들이 Adobe Encore CS5로 그대로 넘어가게 되므로 보다 간편하게 DVD 작업을 마칠 수 있습니다. 이러한 예는 다음 과정에서 다루어 볼 것입니다.

▶▶ 시퀀스를 Encore로 내보내기

---

2 인터랙티브 DVD 만들기

인터랙티브(Interactive) DVD란, DVD의 초기 화면에 특정 지점으로 바로 갈 수 있는 여러 메뉴가 나타나 사용자가 원하는 지점부터 곧바로 재생할 수 있도록 하는 형태의 DVD를 가리키며 Adobe Encore CS5를 통해 만들 수 있습니다.

인터랙티브 DVD는 프리미어 프로의 타임라인에서 DVD 마커를 생성하고 Adobe Encore CS5에서 레이아웃 작업과 레코딩 등의 과정을 거쳐 완성됩니다.

01 앞의 예제에서 사용한 타임라인의 클립을 그대로 사용하겠습니다. 앞의 예제를 다루지 않았다면 부록 DVD의 [Source] 폴더에서 "001~015.avi" 등 15개의 클립을 불러와 타임라인에 등록한 다음 따라하도록 합니다. 클립이 등록된 타임라인의 시작 지점에 현재 시간 표시자를 두고 Set Encore Chapter Marker 버튼을 더블 클릭합니다.

02 Marker 설정 대화상자가 나타납니다. Name에 장면에 해당하는 마커 이름을 적절히 입력하고 OK 버튼을 클릭합니다.

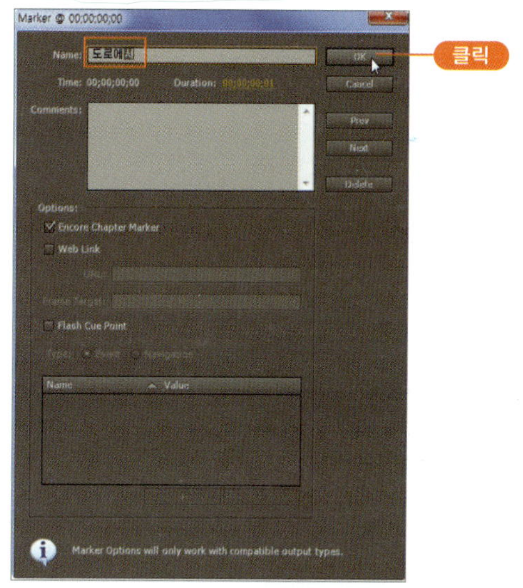

> **Tip** Encore Chapter Marker란?
>
> 챕터별로 구성되는 인터랙티브 DVD에서 각 챕터의 시작 지점을 표시해두는 것입니다. Set Encore Chapter Marker 버튼을 한 번 클릭하면 단순히 마커만 설정되며 더블 클릭하면 마커의 세부 설정을 위한 마커 대화상자를 열 수 있습니다.

03 시작 지점의 현재 시간 표시자를 다른 지점으로 이동시켜 보면 시작 지점의 타임룰러 위에 앙코르 챕터 마커가 생성되고 마우스를 올려놓았을 때 마커 이름이 표시되는 것을 볼 수 있습니다.

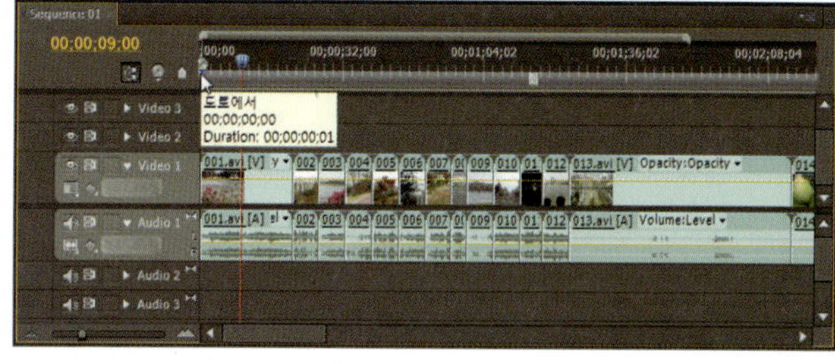

04 두 번째 메뉴로 지정할 20초 25 프레임 지점에 현재 시간 표시자를 두고 다시 Set Encore Chapter Marker 버튼을 더블 클릭합니다.

Tip 단축 메뉴로 마커를 생성할 수도 있습니다.

마커로 지정할 지점에 현재 시간 표시자를 두고 타임룰러 위에서 마우스 우측 버튼을 클릭하여 나타나는 팝업 메뉴에서 Set Encore Chapter Marker를 선택하여 앙코르 챕터 마커를 생성할 수도 있습니다. 이 경우에는 마커만 생성될 뿐, Encore Chapter Marker 설정 대화상자가 자동으로 열리지 않으므로 차후에 마커를 더블 클릭하여 대화상자를 열고 메뉴 이름을 입력해주어야 합니다.

05 역시 Encore Chapter Marker 설정 대화상자가 나타납니다. 두 번째 메뉴로 사용할 이름을 Name 에 입력하고 OK 버튼을 클릭합니다.

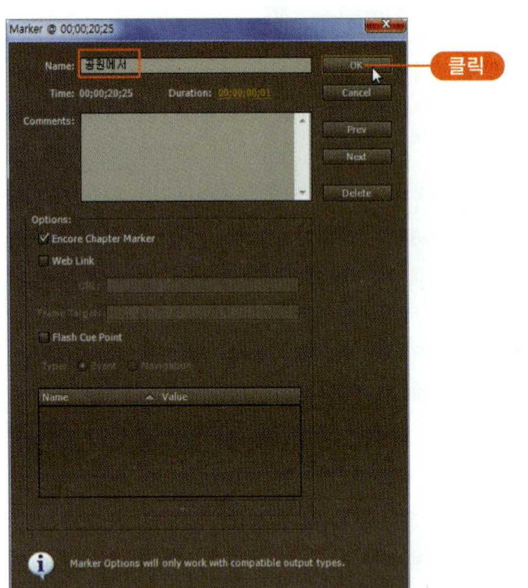

06 이러한 방식으로 적절히 원하는 지점에 마커를 설정하고 이름을 입력합니다. 예제에서는 앞에서 설정한 곳 이외에 각각 56초 25프레임, 1분 23초 20프레임, 2분 13초 22프레임 등에 3개의 Encore Chapter Marker를 추가로 설정하였습니다.

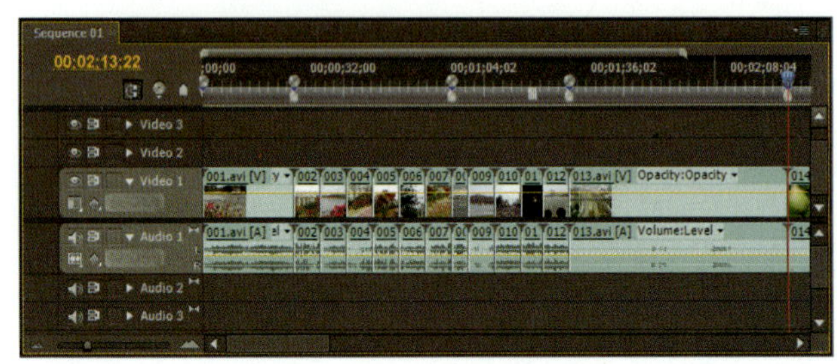

07 DVD 제작을 위해 타임라인 패널이 선택된 상태에서 File〉Adobe Dynamic Link〉Send to Encore를 선택합니다.

08 Adobe Encore CS5가 실행되고 New Project 대화상자가 나타납니다. Name에 프로젝트의 이름을 입력하고 OK 버튼을 클릭합니다.

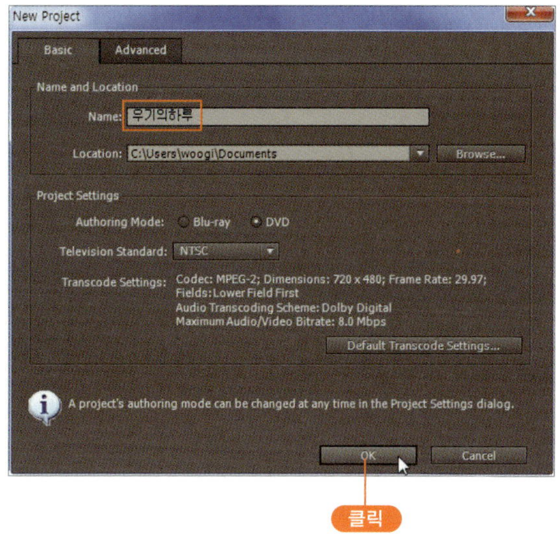

09 프리미어 프로에서 작업한 시퀀스가 그대로 어도비 앙코르로 넘어와 등록됩니다. 프리미어 프로에서 작업했던 챕터 마커도 그대로 표시되는 것을 볼 수 있습니다.

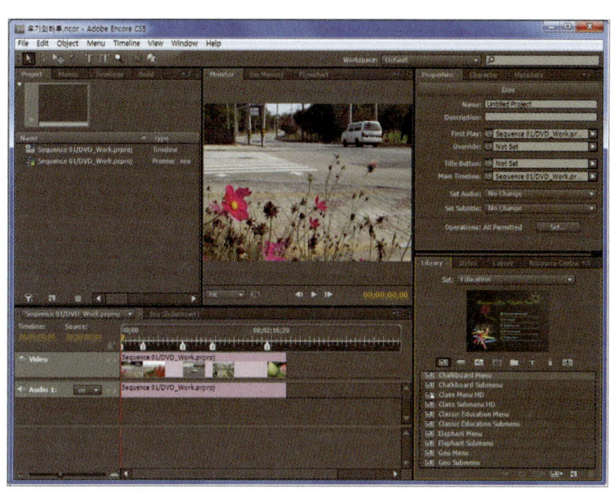

10 Library 패널에는 앙코르 CS5가 제공하는 여러 자원들이 등록되어 있습니다. 패널 상단의 Set 메뉴를 열고 Travel을 선택합니다.

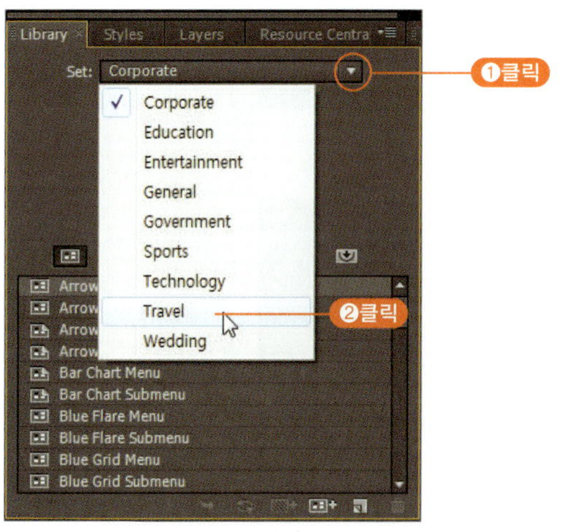

11 잠시 초기화 작업이 진행된 다음 Travel 자원들 목록이 아래에 나타납니다. 여러 형태의 자원들이 모두 나타나 있어 복잡해보이므로 그림과 같이 Toggle Display of menus 버튼을 클릭하여 메뉴 자원들만 목록에 나타나도록 합니다.

12 메뉴 목록에서 사용할 항목을 더블 클릭합니다. 예제에서는 Lakeside Submenu를 사용하겠습니다. 잠시 후 프로젝트 패널에 해당 메뉴가 등록되고 모니터 패널에 메뉴의 형태가 나타납니다.

13 모니터 패널의 main menu라고 표시된 텍스트를 클릭하여 선택합니다. 우측의 Properties 패널의 Basic 탭에 있는 Name 항목에도 동일하게 main Menu 라고 표시됩니다.

14 Properties 패널에서 Basic 탭의 Name 항목에 나타난 main menu라는 텍스트를 삭제하고 "메인메뉴"라고 입력한 후, Enter 키를 누릅니다. 친숙한 느낌이 들도록 한글로 바꾸어 주는 것입니다.

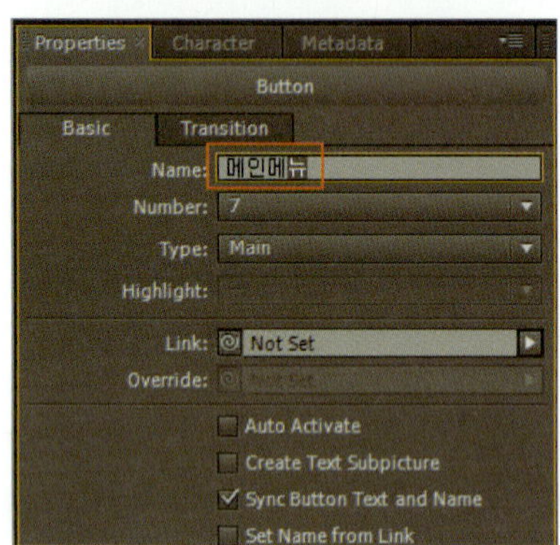

15 작업한 챕터는 모두 5개인데 메뉴에는 4개의 챕터만 나타나 있습니다. 메뉴에 나타난 CHAPTER 4를 클릭하여 선택하고 Ctrl + C 를 누른 다음, Ctrl + V 를 누릅니다. 동일한 메뉴가 추가되어 나타납니다.

16 새로 추가된 챕터 메뉴를 선택하고 Properties 패널에서 Basic 탭의 Name 항목에 챕터 이름을 Chapter 5로 변경하고 **Enter** 키를 누릅니다.

17 챕터 메뉴가 너무 크므로 메뉴를 선택했을 때 주위에 나타나는 조절점을 드래그하여 조금 작게 조절해주고 각 메뉴를 드래그하여 적절히 보기 좋게 배치합니다.

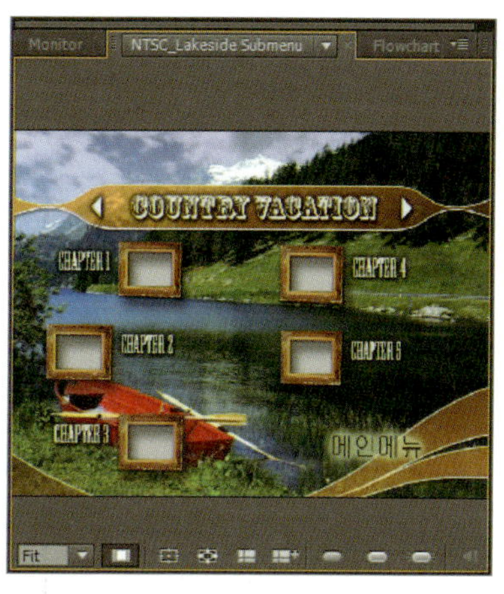

18 이제 각 메뉴에 해당하는 챕터 마커를 연결해주어야 합니다. 먼저 모니터 패널의 첫 번째 챕터 메뉴를 선택하고 Basic 탭의 Link 버튼을 타임라인의 첫 번째 마커로 드래그합니다.

19 모니터 패널을 보면 해당 챕터 메뉴에 대한 썸네일이 연결된 챕터 마커 지점의 프레임으로 바뀌어 나타납니다. 기본적으로 나타나는 Chaper 1이라는 이름도 바꾸어주도록 하겠습니다. Basic 탭에서 Set Name from Link 옵션의 체크 박스를 클릭합니다.

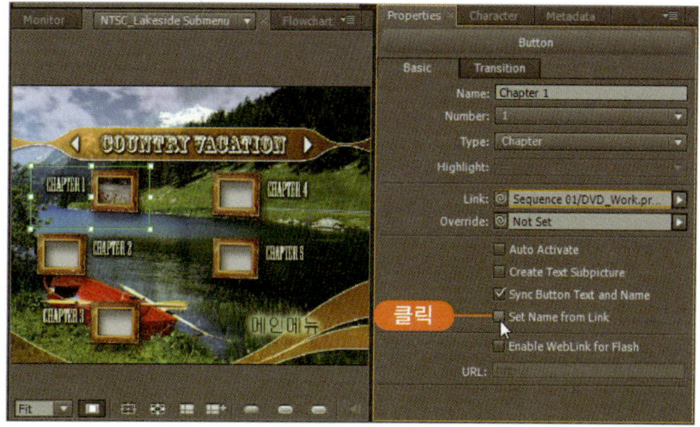

20 메뉴의 이름이 마커에서 지정했던 이름과 동일하게 바뀝니다. 따라서 일일이 Name 항목에서 이름을 변경해줄 필요가 없습니다.

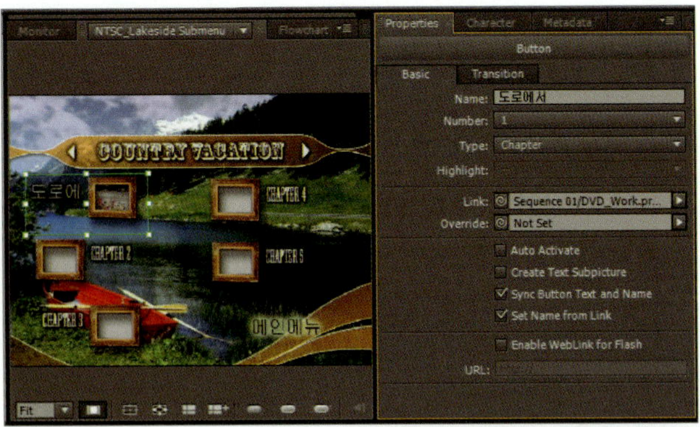

21 하지만 메뉴의 이름에 대한 폰트가 커서 다 표시되지 않습니다. 폰트의 종류와 크기를 변경해보겠습니다. 첫 번째 챕터 메뉴가 선택된 상태에서 Character 탭을 클릭한 다음, 가장 위에 있는 폰트 메뉴를 열고 적절히 다른 폰트를 선택합니다. 예제에서는 "굵은 안상수체"를 선택했습니다.

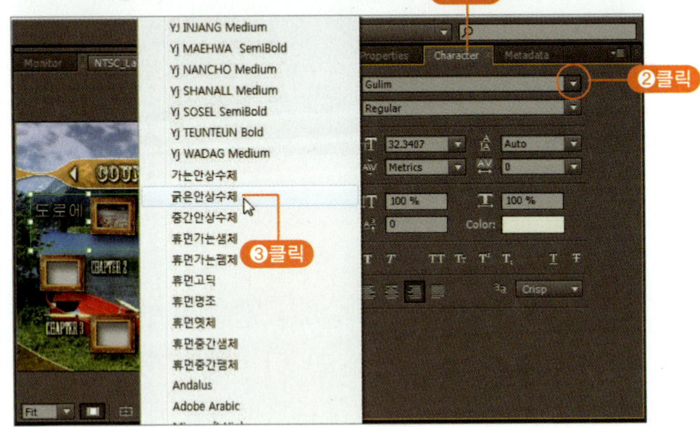

Tip 화면에 나타나지 않는 폰트 목록 보기

폰트 목록의 위 아래쪽을 클릭하면 폰트 목록이 스크롤되면서 다른 폰트들이 나타납니다. 물론 폰트는 PC에 설치된 것들만 나타나므로 폰트의 종류는 그림과 다소 다르게 보일 수 있습니다.

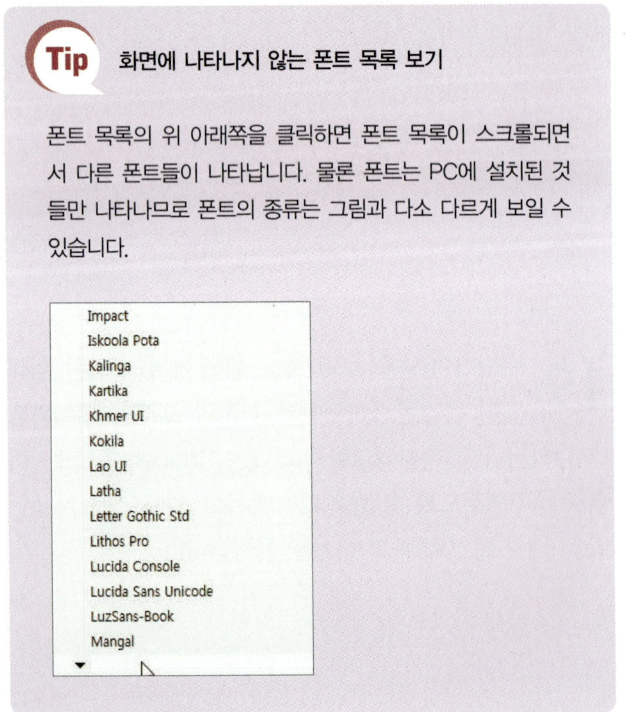

22 예제의 경우, 폰트를 변경하니 챕터 메뉴의 폰트 크기가 적절히 바뀌었습니다. 직접 원하는 크기로 변경하려면 그림과 같이 Set font size 메뉴를 열어 적절한 폰트를 선택하거나 직접 값을 입력해주면 됩니다.

23 이런 식으로 나머지 챕터 메뉴에 대해서도 타임 라인의 각 마커 지점과 링크시킨 다음, 이름도 변경합니다. 또한 앞에서 보았던 것처럼 폰트와 폰트 크기도 적절히 변경해주도록 합니다.

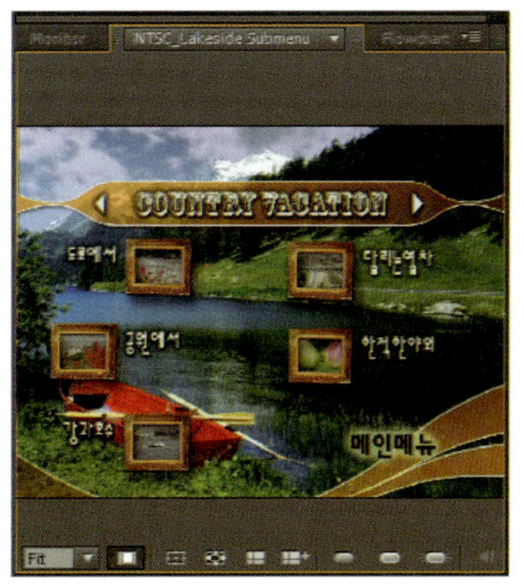

▷▷ 5개의 메뉴 작업을 모두 완료한 상태

24 지금까지의 작업 결과를 프리뷰하기 위해 모니터 패널 위에서 마우스 우측 버튼을 클릭하여 팝업 메뉴를 열고 Preview from Here를 선택합니다.

25 Project Preview 대화상자가 나타납니다. 아래에는 재생과 관련된 여러 컨트롤러들이 자리하고 있습니다. 재생하고자 하는 메뉴를 클릭하거나 숫자 키를 누릅니다.

26 해당 메뉴에서 가리키고 있는 지점부터 재생됩니다. 이러한 식으로 특정 지점부터 재생될 수 있는 기능을 갖는 DVD를 제작할 수 있습니다.

27 Remote Control Menu 버튼을 클릭하면 다시 메인 메뉴로 돌아갈 수 있으며 Exit here 버튼을 클릭하면 프리뷰 화면이 종료됩니다.

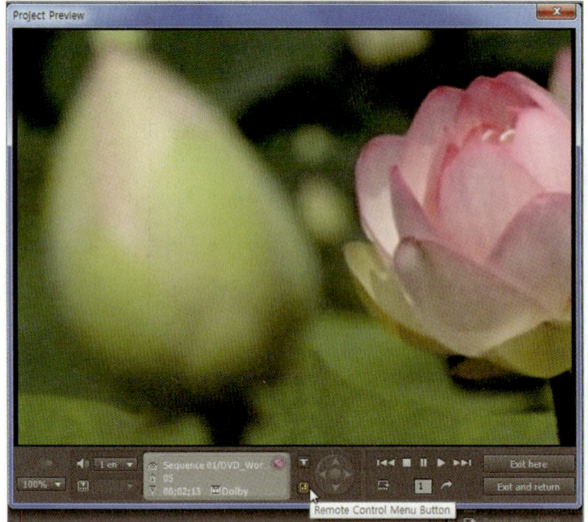

▷▷ Remote Control Menu 버튼

28 작업을 마쳤으므로 레코딩을 위해 File〉Build〉Disc를 선택하거나 직접 Build 패널을 엽니다. Build 패널의 Format에서는 레코딩할 미디어 종류를, DVD Settings에서는 레코딩 속도 등을 설정합니다. 레코더에 공 미디어를 삽입한 후, 몇 초 기다렸다가 Refresh 버튼을 클릭합니다.

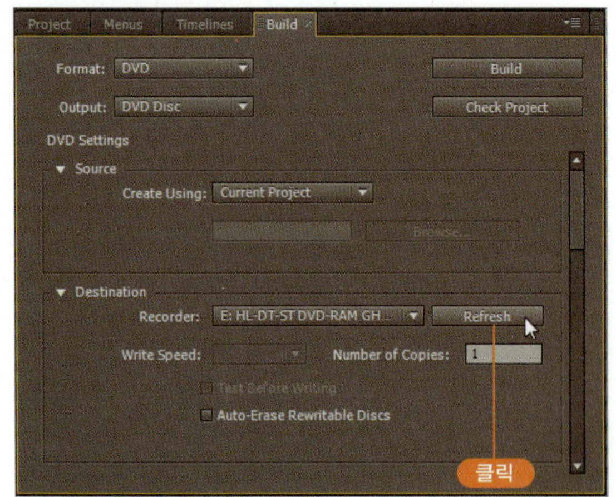

29 삽입된 미디어가 인식되면 Write Speed에 사용가능한 레코딩 배속이 표시됩니다. File〉Save를 선택하여 프로젝트를 저장한 후, Build 버튼을 클릭합니다.

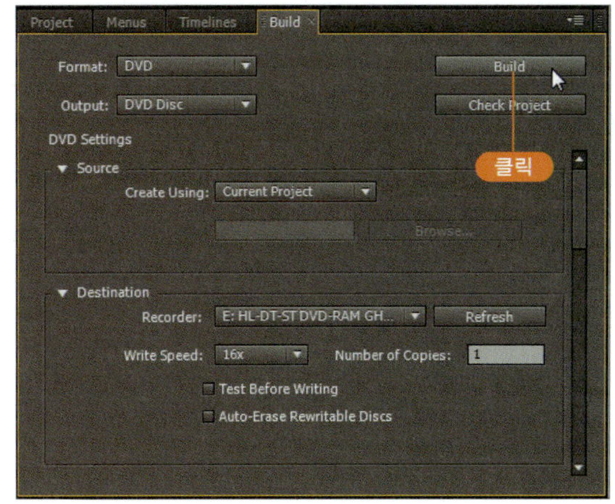

30 DVD 제작에 사용할 수 있는 구성 요소가 모두 포함되지 않은 경우, 경고 메시지가 나타나지만 Ignore and Continue 버튼을 클릭하여 진행합니다. Build Progress 대화상자를 통해 인코딩 및 레코딩 과정이 표시됩니다. 완료되었다는 메시지가 나타나면 OK 버튼을 클릭하고 작업한 DVD를 컴퓨터나 DVD 플레이어를 통해서도 재생해보도록 합니다.

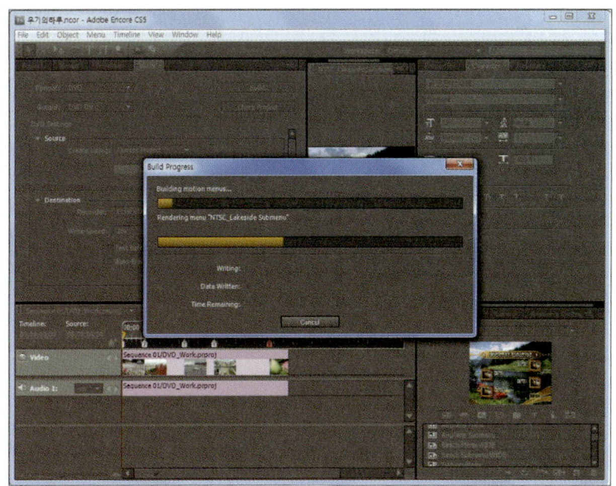

Chapter 29

캠코더로 출력하기

작업한 동영상은 다시 캠코더의 테이프에 저장하여 보관할 수 있습니다. 당장 다른 포맷으로 인코딩하거나 안정적으로 원본을 보관하는 데 유용합니다. 캡처할 때와 마찬가지로 시스템의 IEEE 1394 카드를 통해 디지털 캠코더와 연결되어 있어야 합니다.

01 캡처한 클립이나 부록 DVD의 [Source] 폴더에 있는 클립들을 불러와 타임라인 패널에 등록합니다. 저화질 AVI, WMV 등의 동영상도 캠코더로 출력할 수 있으나 용량이 크지 않고 화질이 떨어지므로 굳이 테이프에 보관할 필요가 없을 것입니다. 따라서 캠코더로 출력하고자 하는 대상은 일반적으로 DV 포맷의 AVI 동영상입니다.

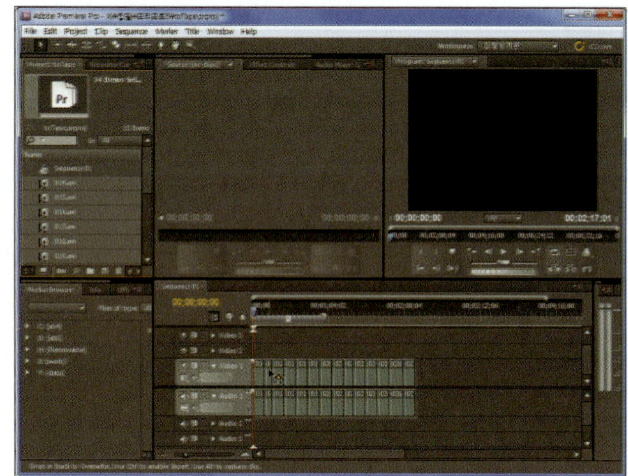

02 타임라인 패널이 선택된 상태에서 File〉Export〉Export to Tape을 선택합니다.

 **잠깐만요!! 메뉴가 활성화되지 않는다면**

출력하고자 하는 DV 장치와 정상적으로 연결되지 않았다면 File〉Export〉Export to Tape 메뉴가 활성화되지 않아 선택할 수 없습니다. 정상적으로 연결되어 있는지 확인하고 다시 시도해보기 바랍니다.

03 Export to Tape 대화상자가 나타납니다. 기본적으로 Active Recording Device 체크 박스가 선택되어 있습니다.

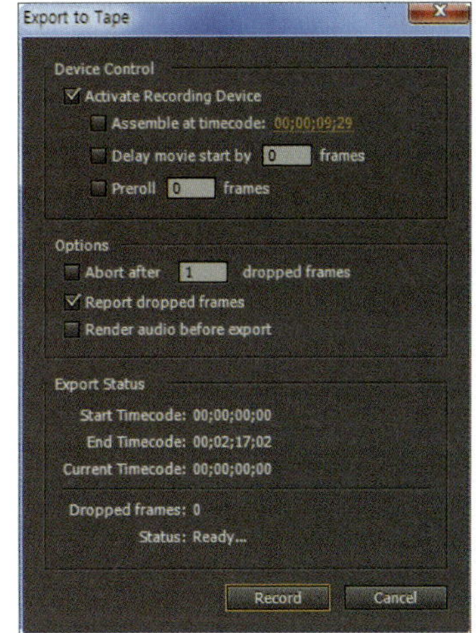

- Active Recording Device – 연결된 레코딩 장치를 활성화시켜 출력할 수 있도록 합니다.

- Assemble at timecode – 테이프의 타임코드를 지정합니다. 지정한 위치부터 녹화가 시작되며 옵션을 체크하지 않은 경우, 현재 테이프 위치부터 녹화됩니다.

- Delay movie start by... frames – 녹화 시작 전의 지연 프레임을 두어 연결된 장치와 정확히 동기를 맞출 수 있도록 합니다.

- Preroll.... frames – 녹화 시작점 이전의 여유 프레임을 지정합니다. 일반적으로 5초의 여유 시간을 지정합니다.

- Abort after... dropped frames – 입력한 프레임만큼 드롭 프레임이 발생하면 녹화가 중단되도록 합니다.

- Report dropped frames – 드롭 프레임의 수를 Dropped frames에 표시하도록 합니다.

- Render audio before export – 오디오 트랙을 렌더링한 다음, 녹화가 시작되도록 합니다.

- Start Timecode/End Timecode – 타임라인 패널의 작업 시작 지점의 타임코드와 끝 지점의 타임코드를 각각 표시합니다.

- Current Timecode – 녹화가 진행되고 있는 현재 지점의 타임코드를 표시합니다.

- Dropped frames – 드롭 프레임 수를 표시합니다.

- Status – 현재 진행 상태를 표시합니다. 장치와 정상적으로 연결되어 있으면 Ready...로, 녹화 진행 중에는 Recording... 으로, 녹화 도중 중단하면 Recording Stopped...로, 녹화가 완료되면 Recording Successful로 각각 표시됩니다.

04 Assemble at timecode 옵션을 체크하고 타임코드를 지정하면 지정한 타임코드 위치에 녹화할 수 있습니다. 테이프의 현재 위치에 다른 영상이 존재해 있는 경우, 타임라인 패널에 등록된 클립이 덮어씌우게 되므로 기존의 영상을 보호하려면 캠코더에서 수동으로 테이프의 위치를 변경해주거나 녹화될 지점의 타임코드를 지정해주어야 합니다. 원하는 위치를 지정했다면 Record 버튼을 클릭합니다.

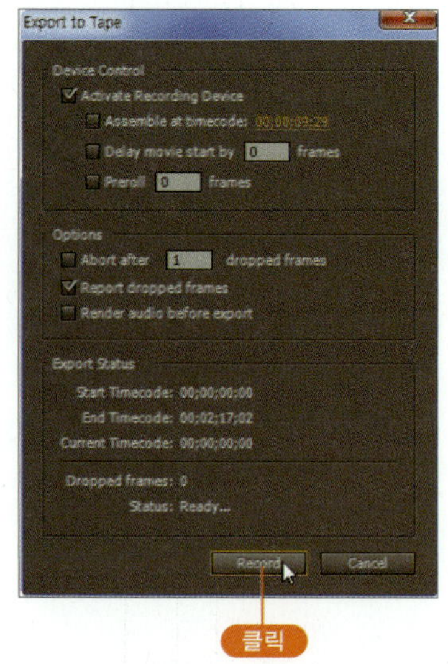

05 타임코드를 지정한 경우, 캠코더의 액정 화면에는 지정된 타임코드로 이동하고 있음을 표시해줍니다. 해당 지점을 찾으면 녹화가 시작되며 진행 프레임이 프로그램 모니터에 표시됩니다.

06 출력이 완료되면 다음과 같이 Status 부분에 Recording successful이라고 표시됩니다. Close 버튼을 클릭하여 대화상자를 닫습니다.

 **직접 녹화 지점을 찾아서 녹화하기**

녹화하고자 하는 지점의 타임코드를 잘 모르거나 타임코드가 부정확하게 생성되어 있는 경우, 자칫 기존의 데이터가 삭제될 수 있으므로 이러한 점이 마음에 걸린다면 Assemble at timecode 옵션을 체크하지 않고 직접 캠코더의 버튼을 조작하여 영상이 기록되어 있지 않은 지점으로 테이프의 위치를 이동시킨 후, Record 버튼을 클릭하도록 합니다.

PREMIERE PRO CS5

30 Chapter

이펙트의 적용 방법과 속성 살펴보기

이펙트란 클립에 적용할 수 있는 특수한 효과로서 포토샵의 필터와 같은 기능을 수행합니다. 이펙트는 크게 비디오 이펙트와 오디오 이펙트로 나뉘며 각 이펙트는 Effects 패널에 기능별로 Bin으로 나뉘어 수록되어 있습니다.

1 이펙트 패널 살펴보고 이펙트 적용하기

이펙트는 영상을 보정하거나 독특한 효과를 만드는 데 자주 사용됩니다. 하지만 남용할 경우 조잡한 결과를 초래할 수 있으며 화질의 손실도 수반되므로 꼭 필요한 경우에만 사용하는 것이 좋습니다.

이펙트 패널

이펙트는 이펙트(Effects) 패널에 존재합니다. 비디오 클립에 적용할 수 있는 비디오 이펙트는 Video Effects Bin에, 오디오 클립에 적용할 수 있는 오디오 이펙트는 Audio Effects Bin에 종류별로 하위 Bin을 통해 수록되어 있습니다. Bin 좌측에 있는 삼각형 모양의 [확장/축소] 버튼을 클릭하면 하위 Bin이 나타나며, 마찬가지로 [확장/축소] 버튼을 클릭하면 각 이펙트 아이템들이 나타나게 됩니다. 이펙트 패널에는 이펙트 Bin을 비롯하여 검색란과 이펙트 패널 메뉴와 장면 전환 효과에 사용되는 트랜지션이 수록되어 있는 트랜지션 Bin들로 구성되어 있습니다.

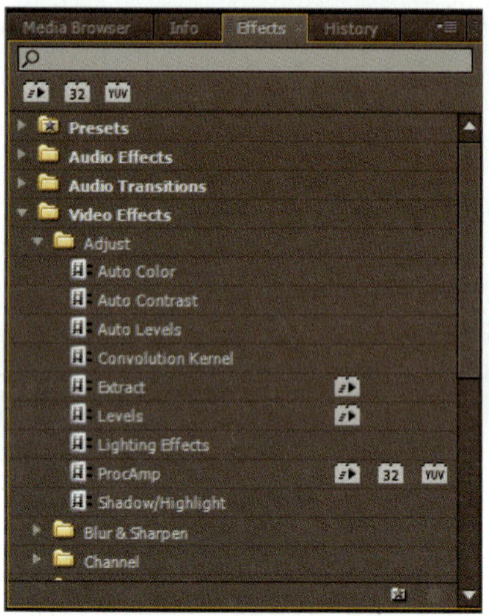

▶▶ 이펙트 패널

Tip GPU 가속을 지원하는 이펙트 및 트랜지션

다음에 열거하는 이펙트나 트랜지션은 머큐리 재생 엔진에서 GPU 가속을 지원합니다. 따라서 이를 사용할 수 있는 그래픽 카드가 장착된 경우 해당 이펙트를 적용한 경우에도 실시간 수준으로 매끄럽게 프리뷰할 수 있습니다.

◉ **이펙트**

Fast color corrector, Three-way color corrector, RGB color corrector, Luma corrector, RGB curves, Luma curve, Ultra Keyer, Gaussian blur, Proc amp, Color balance (RGB), Color pass, Color replace, Black &white, Crop, Extract, Gamma correction, Horizontal flip, Vertical flip, Brightness &contrast, Levels, Timecode, Tint, Alpha adjust, Feather edges, Noise, Video limiter, Track matte, Garbage matte (4, 8, 16), Basic 3D, Sharpen, Drop shadow

◉ **트랜지션**

Cross dissolve, Dip to black, Dip to white

이펙트 적용하기

이펙트는 타임라인 패널에 등록된 클립으로 드래그함으로써 적용하며 적용된 결과는 프로그램 모니터에 즉시 반영되어 나타납니다. 만일, Video Effects>Stylize의 Posterize 이펙트를 적용했다면 그림과 같이 클립의 색상 수가 줄어 거친 이미지 형태로 나타나게 될 것입니다.

또한, 이펙트가 적용된 클립의 상단에는 녹색 라인이 나타나 이펙트가 적용된 클립임을 표시해주며 작업 영역 바 아래에는 빨간색 라인이 나타나 이펙트의 적용으로 인해 렌더링이 필요한 구간이라는 것을 표시해줍니다.

이펙트 컨트롤 패널 다루기

클립에 적용된 이펙트는 속성을 변경하여 사용자가 원하는 효과를 만들 수 있습니다. 이펙트가 적용된 클립이 선택된 상태에서 Effect Controls 패널을 열면, Video Effects 항목에 클립에 적용된 이펙트 이름이 표시되며 좌측의 확장 버튼을 클릭함으로써 해당 이펙트의 속성을 열 수 있습니다. 현재 적용된 Posterize 이펙트는 Level이라는 속성 하나만 가지고 있으며 기본값이 '7'로 지정되어 있음을 알 수 있습니다.

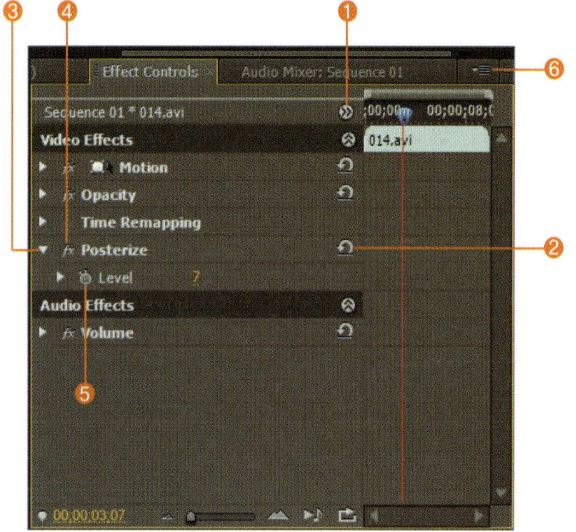

▶▶ 이펙트 컨트롤 패널

❶ **Show/Hide 타임라인 뷰 버튼** – 토글 형태의 버튼으로서 타임라인을 보이거나 감춥니다.

❷ **Reset 버튼** – 이펙트의 속성값을 이펙트가 적용된 초기 상태. 즉 기본값으로 되돌립니다. 속성값을 조절하다가 처음 상

태로 빠르게 되돌리고 싶을 때 사용합니다.

❸ **확장/축소 버튼** – 토글 형태의 버튼으로서 이펙트의 속성을 펼쳐 보이거나 감춥니다. 정식 명칭은 Show/Hide 버튼이지만 다른 곳에서 비슷한 용도로 사용하는 버튼처럼 확장/축소 버튼이라고 부르겠습니다.

❹ **On/Off 버튼** – 토글 형태의 버튼으로서 이펙트의 적용/해제 상태를 전환합니다. 이펙트를 완전히 삭제하지 않은 상태에서 이펙트 적용 전과 적용 후의 결과를 비교해볼 때 편리하게 사용할 수 있습니다.

❺ **애니메이션 버튼** – 현재 시간 표시자가 위치해 있는 지점에 키프레임을 생성합니다.

❻ **메뉴 버튼** – 이펙트 컨트롤 패널에서 사용할 수 있는 몇 개의 메뉴를 열 수 있습니다.

Tip 이펙트 컨트롤 패널의 타임라인에 현재 클립만 나타내기

이펙트 컨트롤 패널의 우측 상단에 있는 메뉴 버튼을 클릭하면 Pin to Clip 메뉴가 선택 상태로 나타납니다. 이것은 이펙트 컨트롤 패널의 타임라인에 현재 클립 구간만 나타나도록 합니다. 따라서 타임라인 패널에 다른 여러 클립이 등록되어 있는 상태라 하더라도 이펙트 컨트롤 패널의 타임라인에서는 현재 시간 표시자를 다른 클립 구간으로 이동시킬 수 없습니다.

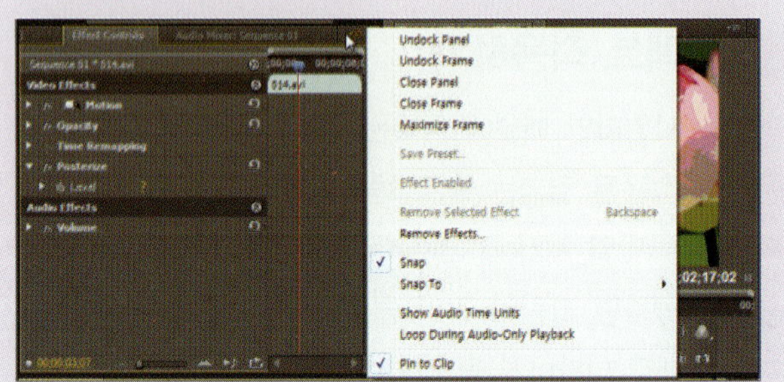

▷▷ 이펙트 컨트롤 패널의 Pin to Clip

이펙트 컨트롤 패널에서는 오직 이펙트가 적용된 현재 클립에 대해서만 작업하는 것이 대부분이므로 불필요하게 다른 클립 구간으로 이동할 수 있는 것을 방지해주는 것입니다. 물론 이 메뉴의 선택을 해제하면 다른 클립 구간으로 이동할 수 있습니다.

이펙트의 속성값은, 값이 표시되는 부분을 드래그하거나 클릭하여 직접 값을 입력함으로써 변경할 수 있습니다. 현재 Posterize 이펙트의 경우, 기본 값인 ‘7’보다 큰 값으로 변경해보면 원래의 색상과 가깝게 나타나는 것을 볼 수 있습니다. 적용한 이펙트를 완전히 삭제하려면 이펙트 이름을 클릭하여 선택하고 Delete 키나 Back Space 키를 누릅니다.

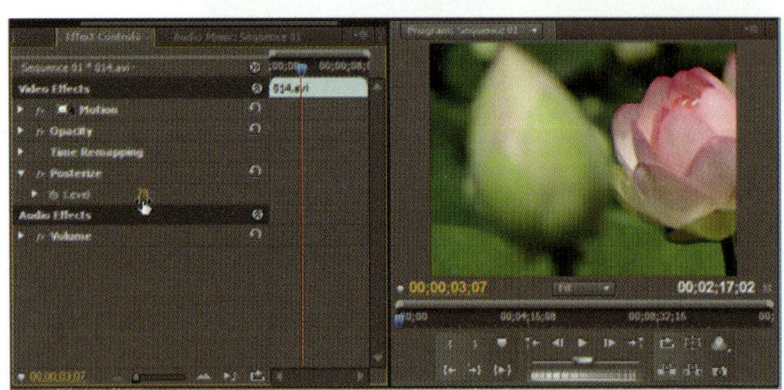

▷▷ 이펙트의 속성값 변경

별도의 설정 대화상자를 가지고 있는 이펙트도 있습니다. 다음 그림은 Lens Distortion 이펙트를 적용한 경우로서 이펙트 이름 우측에 있는 Setup 버튼을 클릭하면 해당 이펙트의 여러 속성을 설정할 수 있는 대화상자가 나타나게 됩니다.

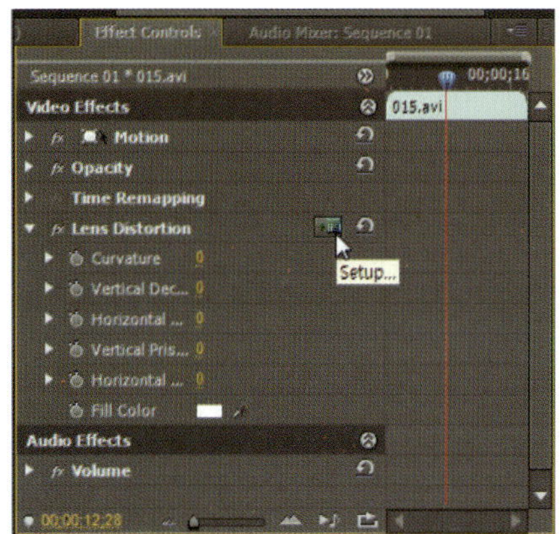

▷▷ Setup 버튼을 클릭

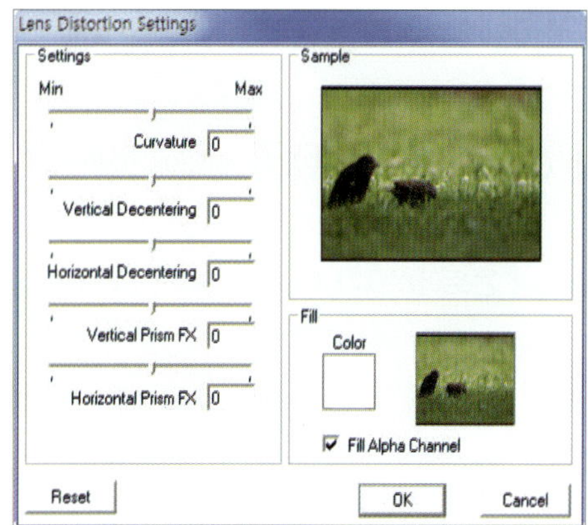

▷▷ Lens Distortion 설정 대화상자

Tip 프로그램 모니터에서 이펙트 속성 변경하기

일부 이펙트는 몇 가지 속성을 프로그램 모니터를 통해서도 설정 할 수 있습니다. Video Effects〉Distort〉Corner Pin 이펙트를 클 립에 적용하고 이펙트 컨트롤 패널에서 이펙트 이름 좌측을 보면 트랜스폼(Transform) 아이콘이라고 부르는 아이콘이 나타납니다.

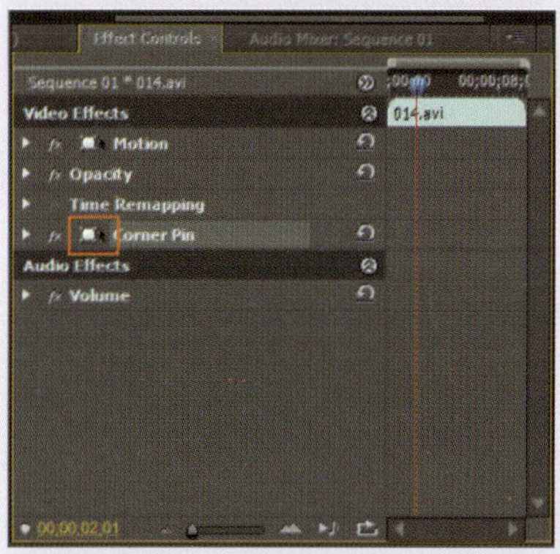

▷▷ 시퀀스를 Encore로 내보내기

이것은 프로그램 모니터에서 직접 값을 변경할 수 있는 속성을 포함하고 있다는 것을 의미합니다. 이펙트 컨트롤 패널에서 이펙 트 이름을 클릭하면 프로그램 모니터의 클립 주위에 4개의 조절 점이 나타납니다.

Corner Pin은 네 모서리의 위치에 대한 속성값을 변경하여 클립 의 형태를 변형하는 이펙트로서 프로그램 모니터의 클립 주위에 나타난 조절점을 드래그하면 곧바로 클립의 형태를 변경할 수 있 습니다. 이렇게 조절점을 드래그하여 변경된 속성값은 즉시 이펙 트 컨트롤 패널의 속성값에 반영되어 표시됩니다.

▷▷ 조절점을 드래그하여 형태 변형

여러 클립에 같은 이펙트를 한꺼번에 적용하기

이전 버전까지는 여러 클립에 대하여 한꺼번에 같은 이펙트를 적용할 수 없었기 때문에 시퀀스 네스팅을 통해 처리해야 했지만 프리미어 프로 CS5에서는 선택된 모든 클립에 한꺼번에 이펙트를 적용할 수 있어 편리합니다.

촬영된 클립의 밝기나 콘트라스트가 다소 약해서 이것을 보정하기 위해 Auto Levels 이펙트를 적용하는 경우를 보겠습니다. 모든 클립에 대해 한꺼번에 Auto Levels 이펙트를 적용하기 위해 먼저 타임라인에 등록된 클립을 모두 선택합니다.

이펙트 패널에서 Video Effects〉Adjust〉Auto Levels 이펙트를 타임라인에 선택된 클립 중 아무 곳으로나 드래그하여 이펙트를 적용합니다.

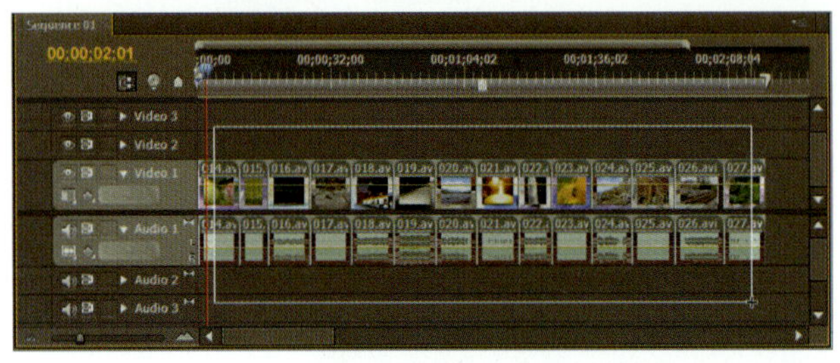

프리뷰해보면 좀 더 밝고 진하게 클립들이 나타나는 것을 볼 수 있습니다. 이펙트가 적용되었는지 확인하려면 일단 클립의 선택 상태를 해제하고 Effect Controls 패널을 연 후, 각 클립들을 하나씩 선택해보도록 합니다. 어느 클립을 선택하든 Effect Controls 패널에 Auto Levels 이펙트가 적용되어 있다는 것을 알 수 있습니다.

이펙트 복사하기

클립에 적용된 이펙트를 다른 클립에 복사하여 동일하게 적용할 수도 있습니다. 하나의 클립에 이펙트를 적용한 다음 이펙트가 적용된 클립 위에서 마우스 우측 버튼을 클릭하여 팝업 메뉴를 열고 Copy(**Ctrl** + **C**)를 선택합니다.

이펙트를 붙여 넣을 다른 클립 위에서 마우스 우측 버튼을 클릭하여 팝업 메뉴를 열고 Paste Attributes(**Ctrl** + **Alt** + **V**)를 선택합니다.

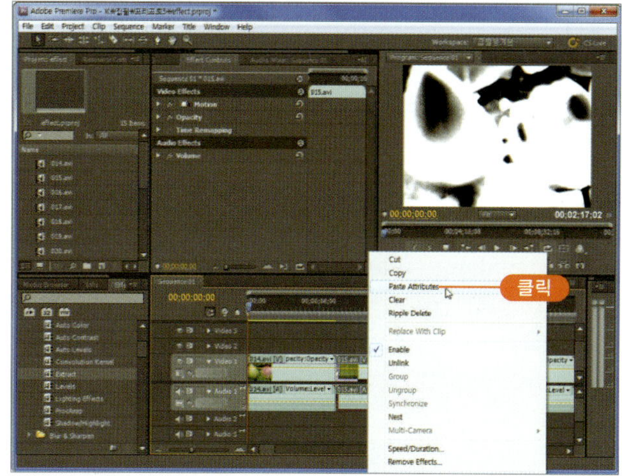

복사해두었던 클립의 이펙트만 새 클립에 붙여넣기됩니다. 이펙트는 이펙트 컨트롤에서 드래그하기만 하면 간단히 적용할 수 있는데 왜 굳이 복사한 다음 붙여 넣을까요? Paste Attributes를 사용하면 이펙트뿐 아니라 이펙트에 설정되어 있던 속성값까지 그대로 붙여 넣을 수 있기 때문입니다. 따라서 동일한 속성값을 가진 동일한 이펙트를 적용하려면 이러한 방법이 훨씬 편리합니다.

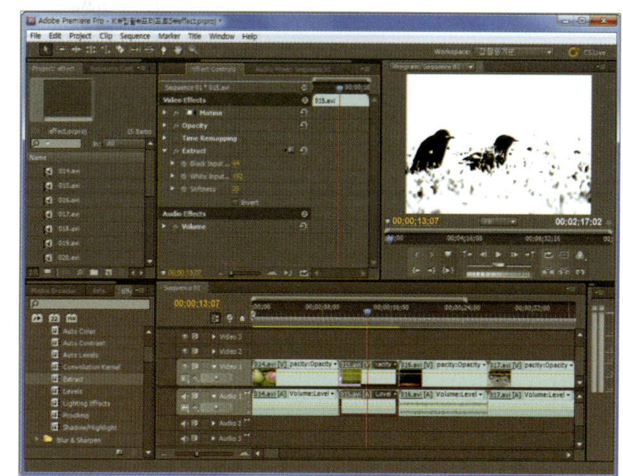

▷▷ 다른 클립에 붙여 넣은 이펙트

2 키프레임 추가하고 속성값 변경하기

클립에 이펙트를 적용하면 기본적으로 클립의 모든 구간에 동일한 속성값이 적용됩니다. 따라서 클립의 처음부터 끝까지 동일한 효과를 보여줍니다. 클립의 특정 지점에 키프레임을 생성하고 각 키프레임 지점에 다른 값을 설정하면 구간별로 다른 효과를 보여주기 때문에 변화되는 영상을 만들 수 있습니다. 키프레임(Keyframe)이란 값이 바뀜으로서 변화가 이루어지는 프레임을 의미하며 이펙트 컨트롤 패널에서 간단히 생성할 수 있습니다.

01 임의의 클립 하나를 타임라인의 트랙에 등록하고 이펙트 패널에서 Video Effects〉Distort〉Corner Pin 이펙트를 타임라인의 클립에 드래그하여 적용합니다.

02 타임라인의 클립이 선택된 상태에서 이펙트 컨트롤 패널을 열고 방금 적용한 이펙트 목록의 좌측에 있는 확장/축소 버튼을 클릭하여 이펙트 속성이 나타나면 Upper Left 좌측에 있는 애니메이션 버튼을 클릭합니다.

03 이펙트 컨트롤 패널 타임라인의 현재 지점에 마름모 형태의 아이콘이 나타납니다. 이것은 키프레임이 생성되었다는 것을 의미합니다.

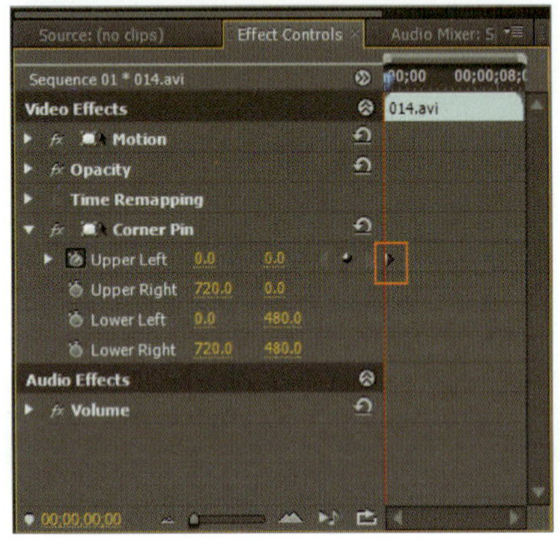

04 이펙트 컨트롤 패널의 현재 시간 표시자를 4초 지점으로 이동시키고 Upper Left 속성의 두 값을 모두 150으로 설정합니다. 역시 현재 시간 지점에 키프레임이 생성됩니다. 또한, 프로그램 모니터를 보면 클립의 좌측 부분이 아래로 젖혀져 나타나게 됩니다.

05 현재 시간 표시자를 클립의 마지막 프레임으로 이동시키고 Coner Pin 이펙트의 Reset 버튼을 클릭합니다.

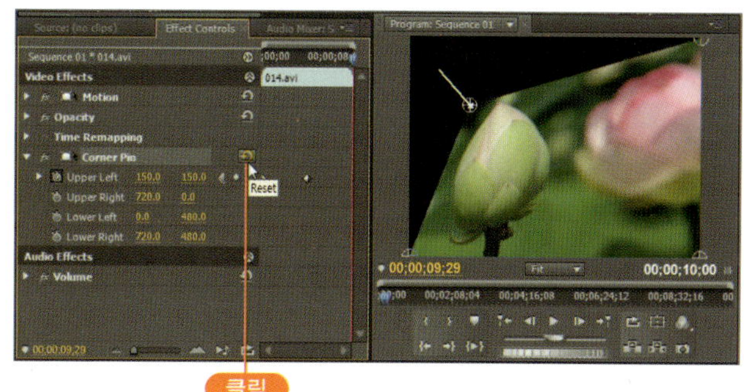

> **잠깐만요!!** 단축키를 사용하면 보다 편리하고 정확하게 원하는 지점으로 현재 시간 표시자를 이동시킬 수 있습니다. 기억하시나요? 클립의 첫 프레임으로 이동은 Home, 마지막 프레임으로는 End, 한 프레임씩 이동은 좌/우 방향키를 사용합니다.

06 끝 지점에도 키프레임이 생성되고 Upper Left의 속성값이 초기값으로 지정됩니다. 이렇게 각 키프레임 지점의 속성값이 각각 다르게 설정되었기 때문에 **Spacebar** 를 눌러 클립을 재생해보면 클립의 좌측 상단이 젖혀지면서 변화하다가 다시 원래의 상태로 되돌아가는 애니메이션이 나타나게 됩니다.

Tip 키프레임의 이동과 삭제

키프레임은 드래그하여 위치를 이동시킬 수 있으며 Add/Remove 키프레임 버튼 양쪽에 있는 삼각형 모양의 키프레임 내비게이터 버튼을 사용하면 각 키프레임 위치로 현재 시간 표시자를 빠르게 이동할 수 있습니다. 좌측 버튼은 현재 키프레임의 앞쪽에 있는 키프레임 지점으로, 우측 버튼을 현재 키프레임의 뒤쪽에 있는 키프레임 지점으로 현재 시간 표시자를 이동시켜줍니다.

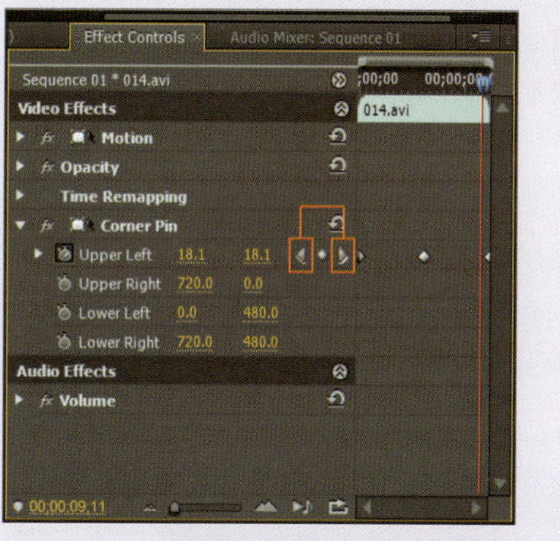

▷▷ 키프레임 내비게이터 버튼

311

Add/Remove 키프레임 버튼은 키프레임을 생성하거나 삭제합니다. 즉, 키프레임이 없는 지점에서 버튼을 클릭하면 키프레임을 생성하며, 키프레임이 생성되어 있는 지점에서 버튼을 클릭하면 생성되어 있는 키프레임을 삭제합니다.

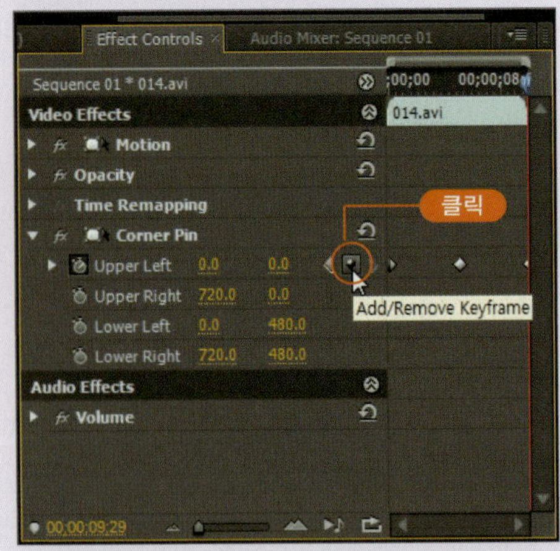

▷▷ Add/Remove 키프레임 버튼

키프레임을 선택하고 Delete 키를 눌러 키프레임을 삭제할 수도 있으며 키프레임 주위를 드래그하여 여러 키프레임을 선택하고 Delete 키를 누르면 선택된 모든 키프레임들을 한꺼번에 삭제할 수도 있습니다. 선택된 키프레임은 짙은 회색으로 표시되며 키프레임 이외의 영역을 클릭하여 선택 상태가 해제됩니다.

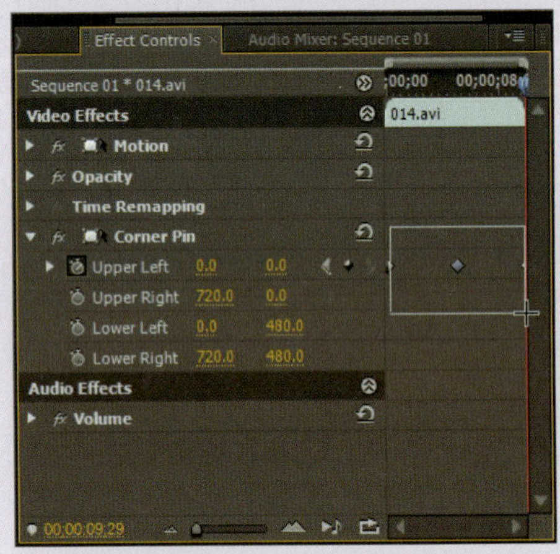

▷▷ 드래그하여 여러 키프레임을 선택

속성의 모든 키프레임을 한꺼번에 삭제하려면 속성 좌측에 있는 애니메이션 버튼을 클릭합니다.

모든 키프레임이 삭제될 것임을 알려주는 대화상자가 나타납니다. [OK] 버튼을 클릭하면 해당 속성에 설정된 모든 키프레임이 삭제됩니다.

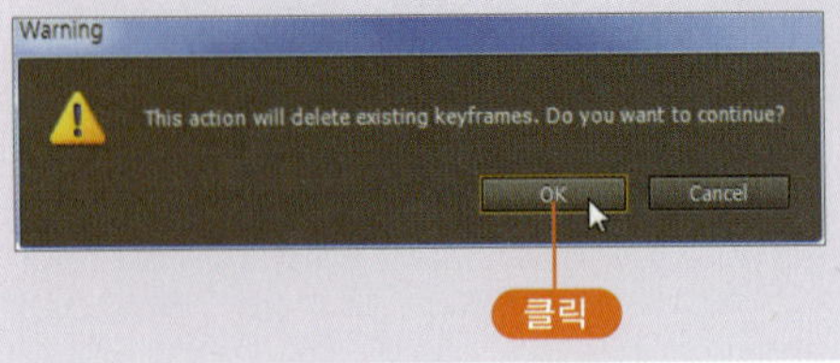

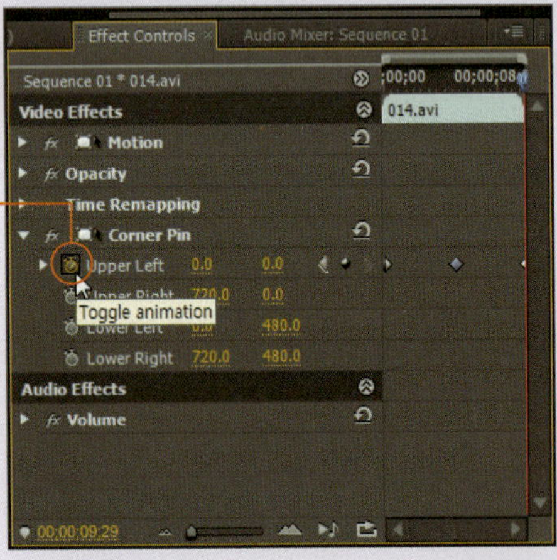

3 키프레임 보간법 변경하기

이펙트의 각 키프레임에는 다음 키프레임으로 진행되어 가면서 속성값이 변화될 때의 속도를 여러 방법으로 지정할 수 있는데 속도 변경에 대한 방법을 속도 보간법(Velocity Interpolation)이라고 합니다.

키프레임의 간격과 각 키프레임의 설정값 차이에 따라 변화의 속도는 달라지만 속도 보간법은 이러한 속도의 변화가 어떻게 일어나게 할 것인지를 결정합니다. 즉, 설정값이 다른 두 키프레임 사이를 재생할 때, 점점 빠르게 변화도록 하거나, 급격히 변화한 후 서서히 완만한 변화가 이루어지도록 하는 등의 변화에 대한 속도 유형을 지정할 수 있습니다.

키프레임 사이의 속도뿐 아니라 이동 경로에 대한 보간법인 공간 보간법(Spatial Interpolation)도 있지만 이것은 추후 모션을 다룰 때 설명합니다.

01 다음과 같이 클립 하나를 타임라인에 등록하고 이펙트 패널에서 Video Effects〉Distort〉Twirl 이펙트를 클립에 적용합니다.

02 이펙트 컨트롤 패널에서 Twirl 이펙트의 Angle 속성의 애니메이션 버튼을 클릭하고 현재 시간 표시자를 첫 번째, 중간, 끝 지점에 두고 Add/Remove 키프레임 버튼을 클릭하여 세 지점에 키프레임을 생성한 후, 키프레임 내비게이터 버튼을 클릭하여 현재 시간 표시자를 중간의 키프레임에 위치시킵니다.

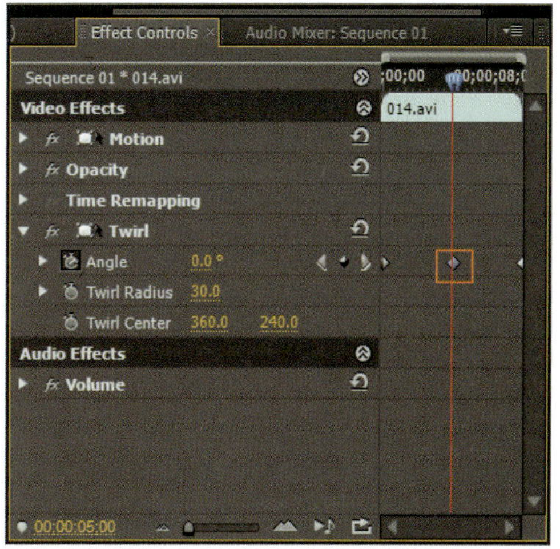

03 Angle 속성값을 드래그하여 90°로 설정하거나 직접 '90'을 입력하고 **Enter** 키를 누릅니다. 프로그램 모니터를 보면 클립의 중앙 부분이 소용돌이치는 것처럼 왜곡되어 나타납니다.

04 Angle 속성 좌측의 확장 버튼을 클릭합니다. 그림과 같이 두 개의 그래프가 나타납니다. 위쪽은 속성값의 변화를 보여주는 그래프이며 아래쪽은 타임라인의 각 키프레임 사이에 속도를 표시하는 그래프입니다. 속도 그래프에는 키프레임 지점의 속도를 변경할 수 있는 핸들이 있어 드래그하여 속도를 변경할 수 있습니다. 속도 그래프는 위쪽에 위치할수록 속도가 빨라지는데 속도가 빠르다는 것은 그만큼 다음 키프레임 지점의 값으로 빠르게 변화한다는 것을 의미합니다.

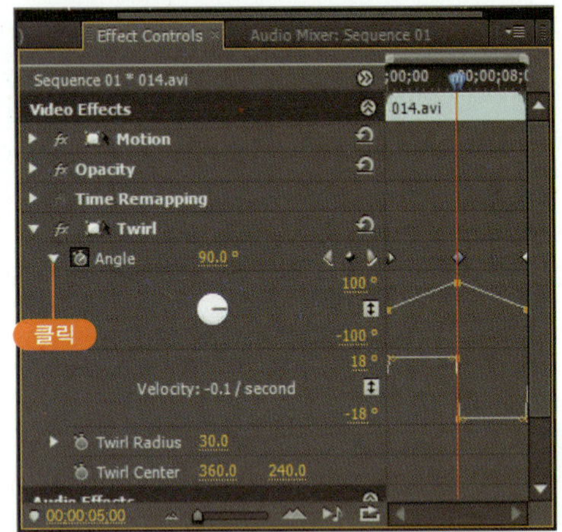

05 타임라인의 키프레임 위에서 마우스 우측 버튼을 클릭하면 다음과 같이 아래쪽에 보간법에 대한 여러 메뉴가 나타납니다. 기본적으로 Linear가 선택되어 있으며 선택한 보간법에 따라 속도의 변화 형태가 다르며 키프레임에 표시되는 아이콘 모양도 달라지게 됩니다.

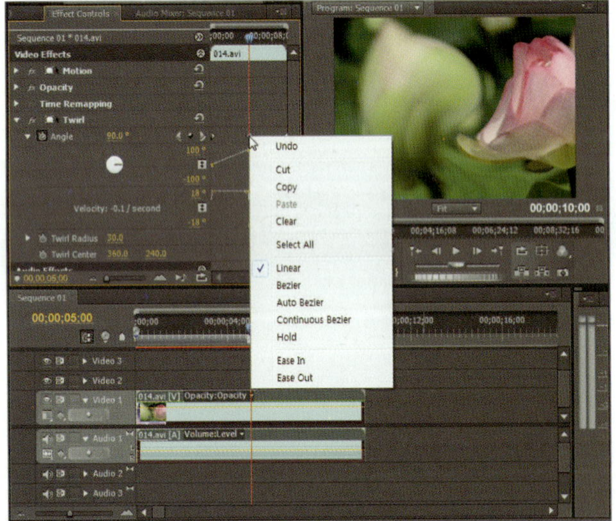

Tip 여러 가지 보간법

◉ Linear

키프레임 사이의 속도를 일정하게 유지합니다.

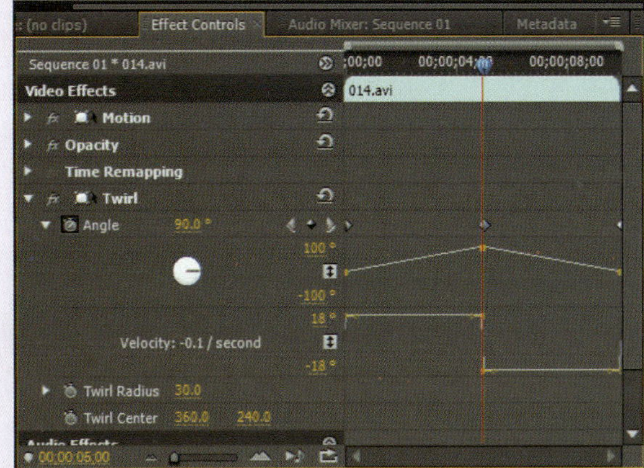

◉ Auto Bezier

키프레임 사이의 속도가 부드럽게 변화하도록 자동으로 조절합니다.

◉ Continuous Bezier

양쪽 핸들을 모두 조절하여 키프레임 사이의 속도를 부드럽게 조절할 수 있습니다.

◉ Bezier

키프레임의 핸들을 드래그하여 키프레임 사이의 속도를 부드럽게 조절할 수 있습니다.

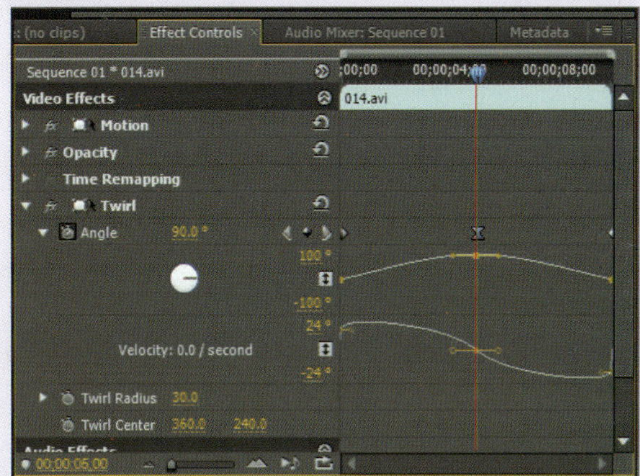

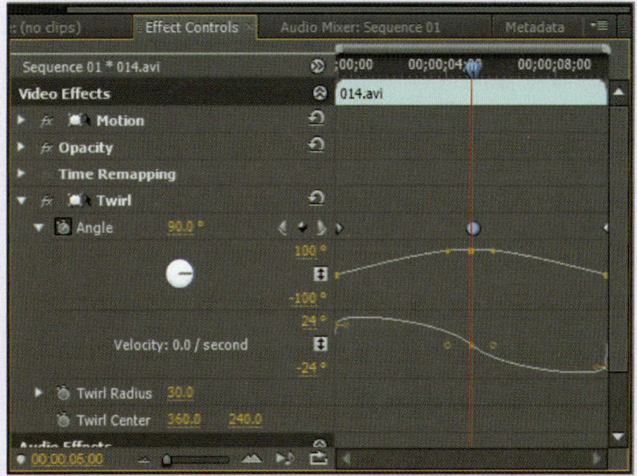

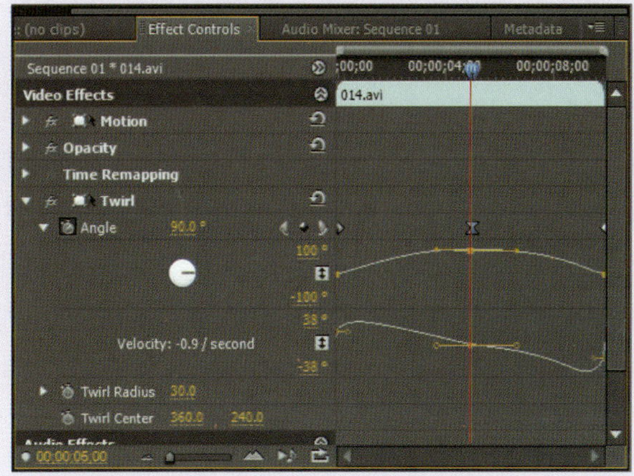

◉ **Hold**

다음 키프레임까지 값이 변하지 않고 정지 상태로 설정합니다.

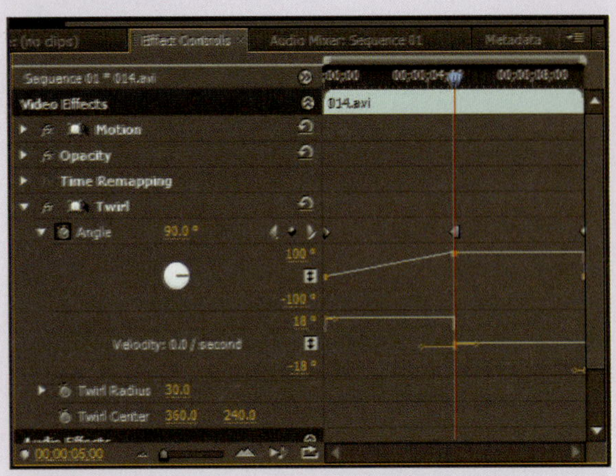

◉ **Ease In**

키프레임 지점으로 가까워질수록 속도를 느리게(감속) 합니다.

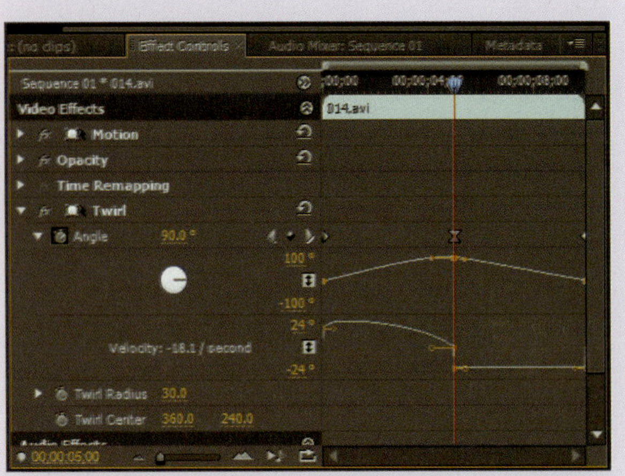

◉ **Ease Out**

키프레임 지점에서 멀어질수록 속도가 빨라지게(가속) 합니다.

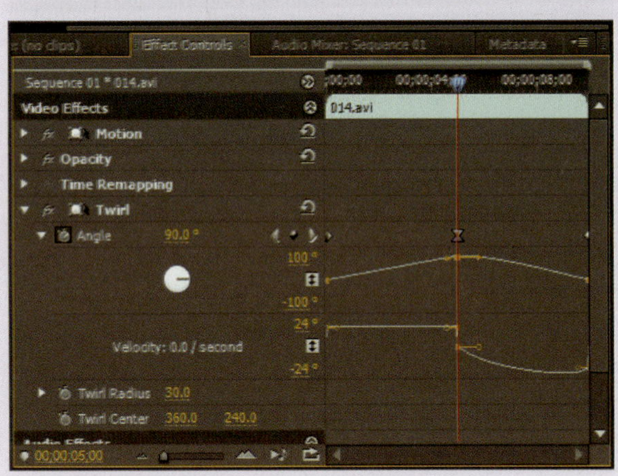

06 속도 그래프는 타임라인 패널에도 나타나며 이펙트 컨트롤 패널에서와 마찬가지로 핸들을 드래그하여 속도를 변경할 수 있습니다. 타임라인 패널의 클립 위에서 기본적으로 Opacity로 표시되어 있는 키프레임 목록 버튼을 클릭하고 가장 아래의 현재 클립에 적용된 이펙트 이름 위로 마우스를 가져가면 이펙트의 속성이 나타납니다. 키프레임을 생성한 속성을 선택합니다.

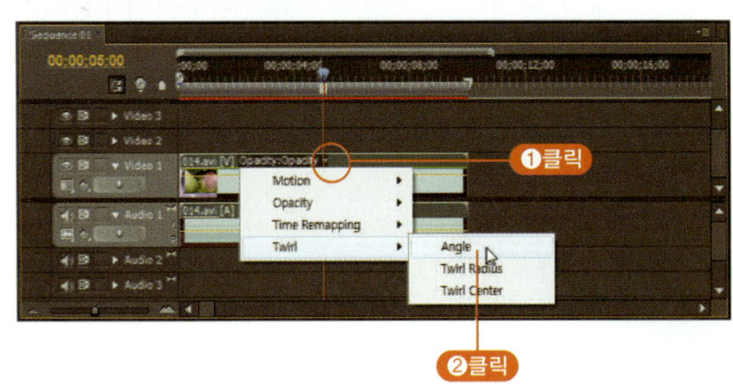

07 해당 속성에 대한 키프레임과 속도 그래프가 나타납니다. 키프레임을 클릭하면 핸들도 볼 수 있습니다. 트랙 헤더에서 Video 1 트랙과 Video 2 트랙의 경계선을 위쪽으로 드래그하면 트랙의 클립이 크게 표시되므로 속도 그래프를 더욱 자세하게 볼 수 있습니다. 키프레임 위에서 마우스 우측 버튼을 클릭하면 역시 속도 보간법 메뉴가 나타납니다.

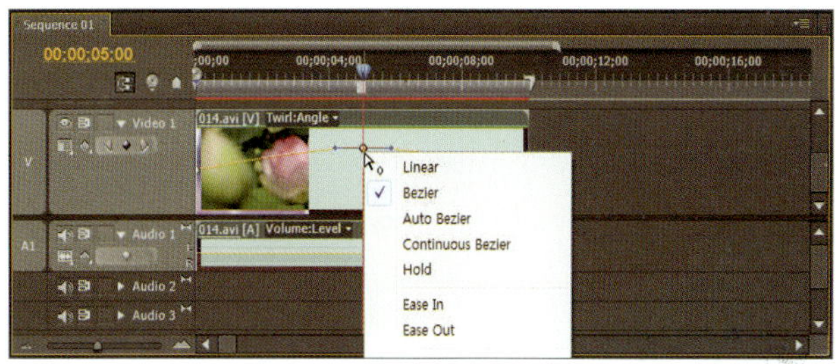

08 Linear이나 Hold를 제외한 보간법을 선택한 상태에서는 키프레임을 클릭했을 때 양쪽에 나타나는 핸들을 드래그하여 속도의 변화를 자유롭게 변경할 수 있습니다.

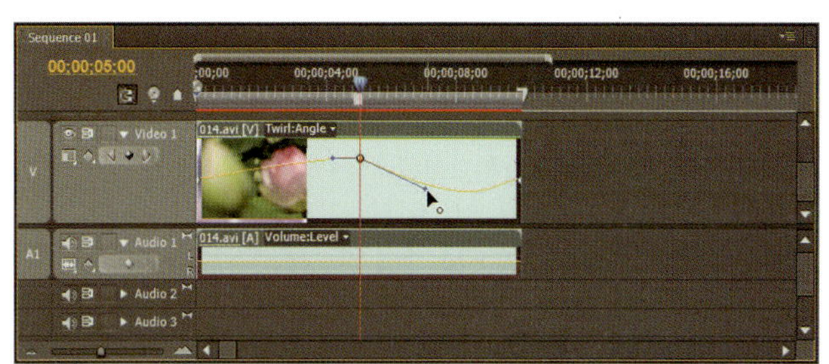

31
Chapter

이펙트 검색하고
커스텀 Bin/프리셋 만들기

프리미어 프로 CS5의 많은 이펙트와 트랜지션 아이템 중에서 원하는 아이템을 빠르게 찾는 방법을 알아보고 자주 사용하는 아이템이나 속성을 새로운 아이템으로 추가하여 손쉽게 재사용할 수록 하는 커스텀 Bin과 프리셋을 생성 방법에 대해 익혀보도록 하겠습니다.

---

1 이펙트의 검색과 Custom Bin 만들기

이펙트 패널의 검색 기능을 이용하면 이름의 일부만으로 원하는 이펙트나 트랜지션을 빠르게 찾을 수 있습니다. 또한 자주 사용하는 이펙트나 트랜지션은 사용자가 만든 Bin에 별도로 담아둘 수 있어 원하는 아이템을 찾는 데 소요되는 시간을 줄일 수 있습니다.

01 찾고자 하는 이펙트나 트랜지션이 있는데 전체 이름이 생각나지 않는다면 이름의 일부만을 패널 위쪽의 Rapid Search 검색란에 입력합니다. 'p'를 입력하면 이 문자가 포함된 모든 이펙트와 트랜지션이 목록에 나타납니다.

02 찾고자 하는 이펙트나 트랜지션의 이름 중에서 기억하고 있는 문자가 더 많을수록 검색 범위가 좁아져 더욱 빠르게 원하는 아이템을 찾을 수 있습니다. 'pai'까지 입력하니 Paint Bucket 이펙트와 Paint Splatter 트랜지션 아이템만 나타나는 것을 볼 수 있습니다.

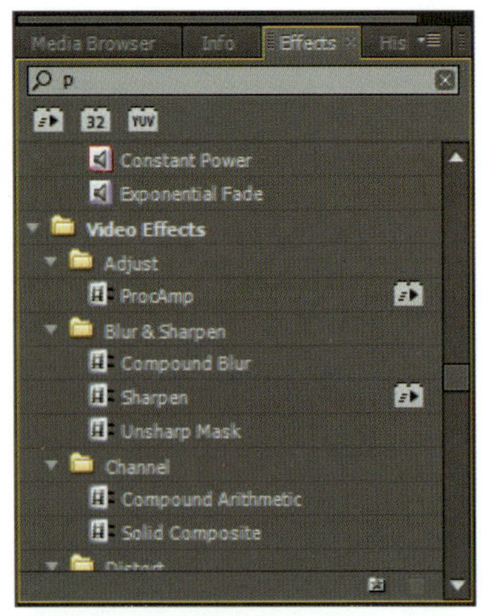

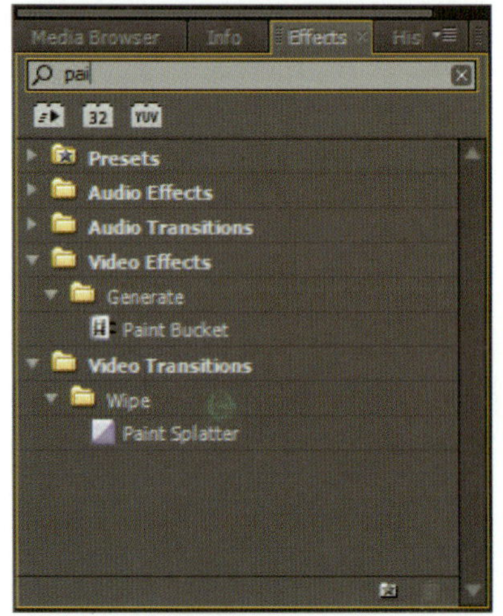

03 수많은 이펙트나 트랜지션 중에서 자주 사용하는 것들을 따로 모아 둔다면 빨리 찾을 수 있으므로 그만큼 작업 시간을 절약할 수 있습니다. 이펙트 패널 우측 상단에 있는 메뉴를 열고 New Custom Bin을 선택하거나 하단에 있는 New Custom Bin 버튼을 클릭합니다.

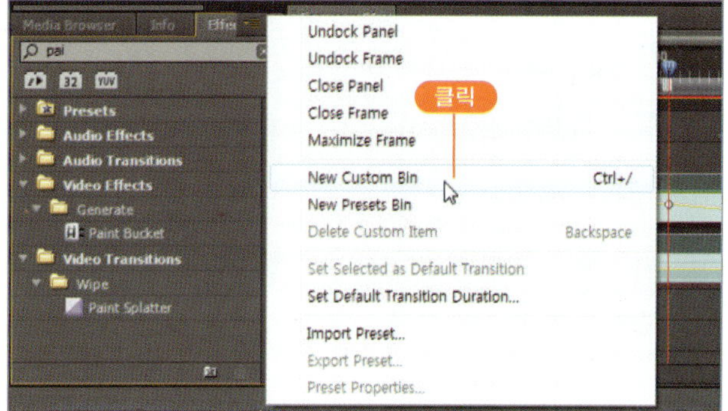

> **Tip** 팝업 메뉴 사용하기
>
> 이펙트 패널 내의 아무 곳에서나 마우스 우측 버튼을 클릭하여 팝업 메뉴에서 New Custom Bin을 선택해도 새로운 사용자 Bin을 만들 수 있습니다.
>
> 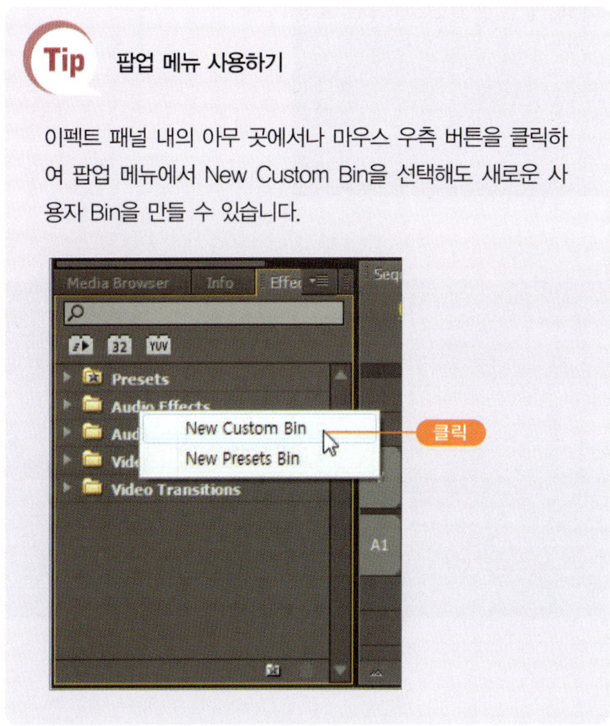
>

04 이펙트 패널에 Custom Bin 01이라는 새로운 Bin이 추가됩니다. Video Effects〉Transform을 열고 Camera View 이펙트를 새로 추가된 Custom Bin 01 위로 드래그합니다.

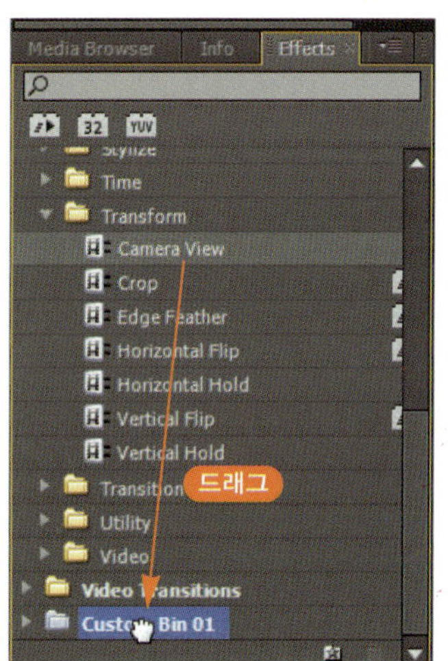

05 Custom Bin 01을 열어보면 드래그한 이펙트가 등록된 것을 볼 수 있습니다. 이런 식으로 사용 빈도가 높은 이펙트와 트랜지션 등을 별도의 사용자 Bin에 등록시켜 놓을 수 있습니다.

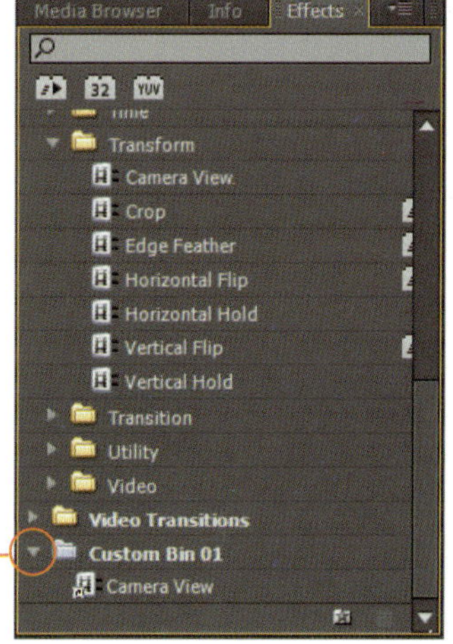

06 사용자가 추가한 Bin의 이름을 변경하려면 클릭하여 편집 모드로 변경하고 새로운 이름을 입력한 다음, **Enter** 키를 누릅니다.

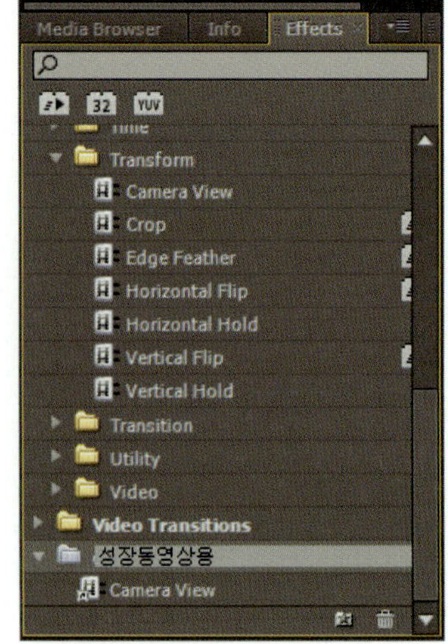

07 추가한 Bin이나 Bin 안의 아이템을 삭제하려면 먼저 이들을 선택한 다음, 이펙트 패널 메뉴에서 Delete Custom Item을 선택하거나 하단의 Delete Custom Items 버튼을 클릭합니다. 또는 팝업 메뉴를 열어 **Delete** 를 선택하거나 **Back Space** 키를 눌러도 됩니다.

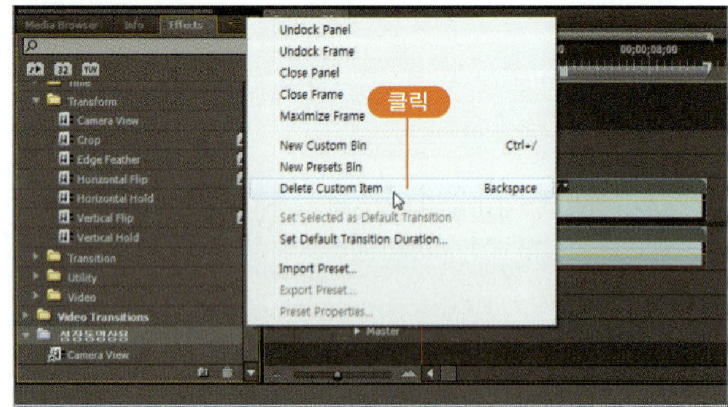

▷▷ Delete Custom Items을 선택합니다.

08 다음과 같이 삭제할 것인가를 묻는 대화상자가 나타나면 [OK] 버튼을 클릭합니다. Bin을 삭제한 경우 Bin에 포함된 아이템도 함께 삭제됩니다.

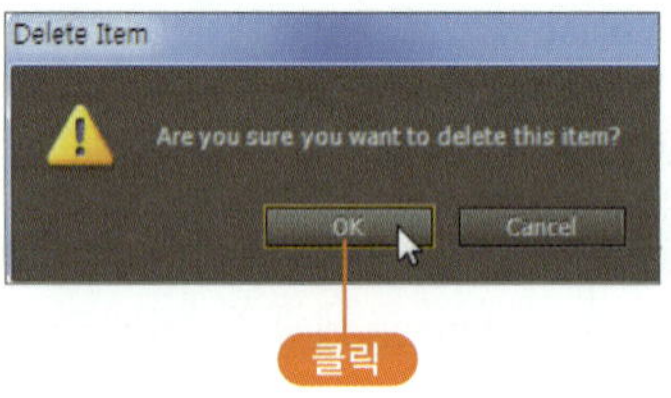

2 사용자 프리셋 만들기

사용자가 지정한 설정값은 프리셋으로 저장할 수 있으므로 차후, 특정 설정값이 적용된 이펙트를 편리하게 불러와 적용할 수 있습니다. 프리셋에는 이펙트의 설정값과 키프레임도 함께 저장됩니다.

01 새 프로젝트를 시작하고 부록 DVD의 [Source] 폴더에서 "020.avi" 클립을 불러온 후, 타임라인 패널의 Video 1 트랙에 등록합니다.

02 이펙트 패널에서 Video Effects〉Distort〉Coner Pin 이펙트를 타임라인의 트랙에 등록된 클립으로 드래그하여 적용합니다.

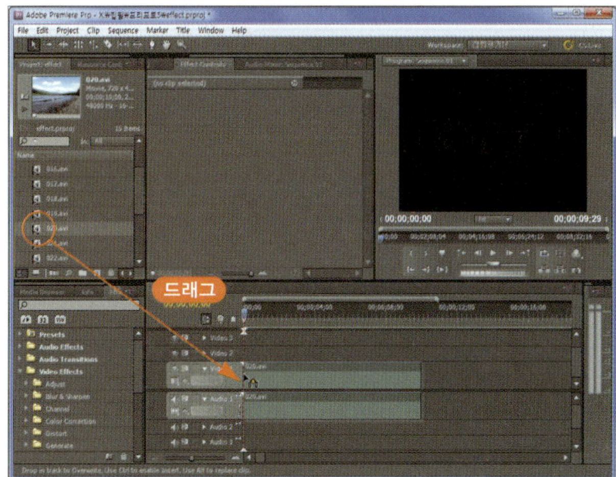

03 현재 시간 표시자가 클립의 시작 지점에 있는지 확인하고 타임라인의 클립이 선택된 상태에서 이펙트 컨트롤 패널의 이펙트 확장 버튼을 클릭하여 속성을 엽니다.

04 Upper Left와 Upper Right 속성 좌측에 있는 애니메이션 버튼을 모두 클릭하여 키프레임을 생성합니다.

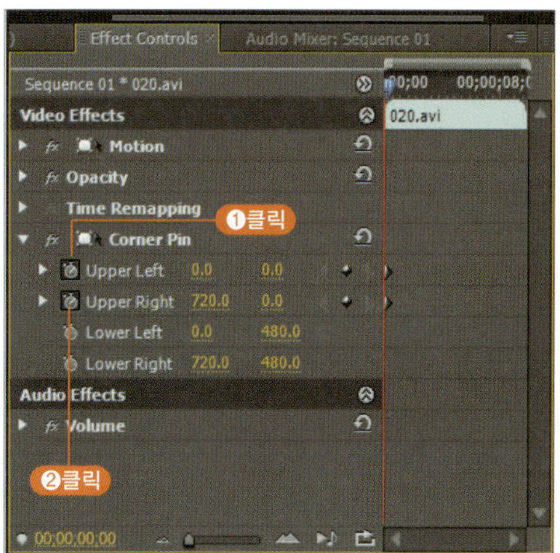

05 현재 시간 표시자를 2초 지점에 두고 이펙트 이름 부분을 클릭합니다. 프로그램 모니터의 클립 네 모서리에 조절점이 나타납니다.

06 위쪽 두 개의 조절점을 드래그하여 그림과 같이 클립을 변형시킵니다. 해당 지점의 위치가 변경되었으므로 Upper Left와 Upper Right 속성에 자동으로 키프레임이 생성됩니다.

07 현재 시간 표시자를 클립의 끝 지점에 두고 이펙트 컨트롤 패널의 Reset 버튼을 클릭합니다.

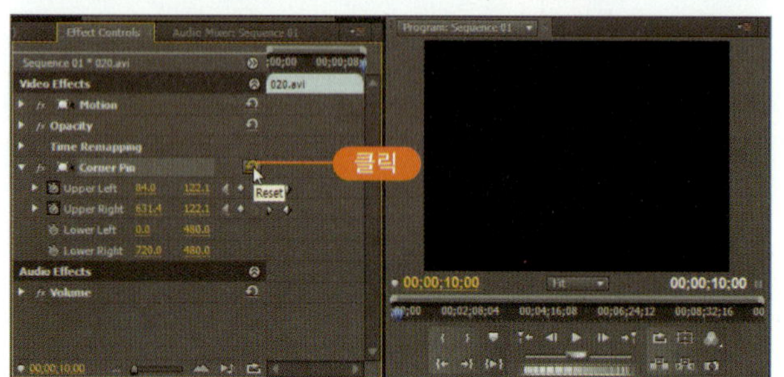

08 클립의 속성이 초기값으로 바뀌어 원래 형태로 나타나며 역시 현재 시간 지점인 클립의 끝 지점에도 키프레임이 생성됩니다.

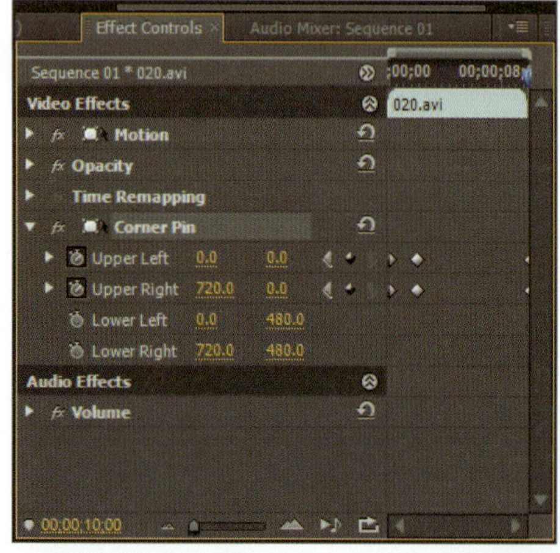

09 클립을 재생하여 작업 결과를 확인합니다. 다음과 같이 변화되는 영상을 볼 수 있습니다.

10 클립에 적용된 이펙트와 각 키프레임에 대한 속성값을 프리셋으로 등록해두면 같은 효과를 적용하고자 할 때 동일한 설정을 위한 수고를 하지 않아도 됩니다. 이펙트 패널의 아무 곳에서나 마우스 우측 버튼을 클릭하여 팝업 메뉴가 나타나면 New Presets Bin을 선택합니다.

11 이펙트 패널 상단의 Presets을 열어보면 "Preset Bin 01"이라는 새로운 Bin이 추가된 것을 볼 수 있습니다. 이것을 마우스로 클릭하여 편집 상태로 전환하고 적절히 이름을 입력한 다음 **Enter** 키를 누릅니다.

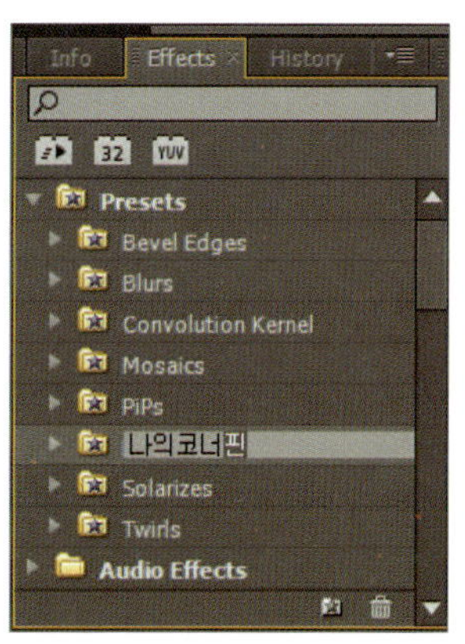

12 새로 만든 사용자 프리셋 Bin이 선택된 상태에서 이펙트 컨트롤 패널의 이펙트 이름을 마우스 우측 버튼으로 클릭하여 팝업 메뉴를 열고 Save Preset을 선택합니다.

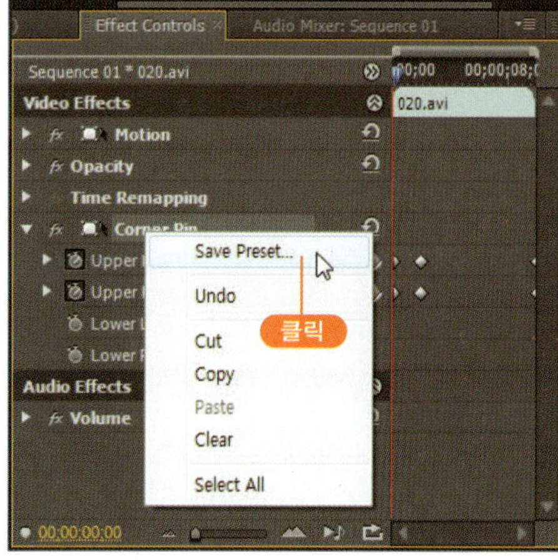

13 Save Preset 대화상자가 나타납니다. 적절히 알아보기 쉬운 이름을 입력한 다음, Type은 기본값인 Scale로 두고 OK 버튼을 클릭합니다. 물론 기본적으로 나타나는 이름을 사용해도 좋습니다.

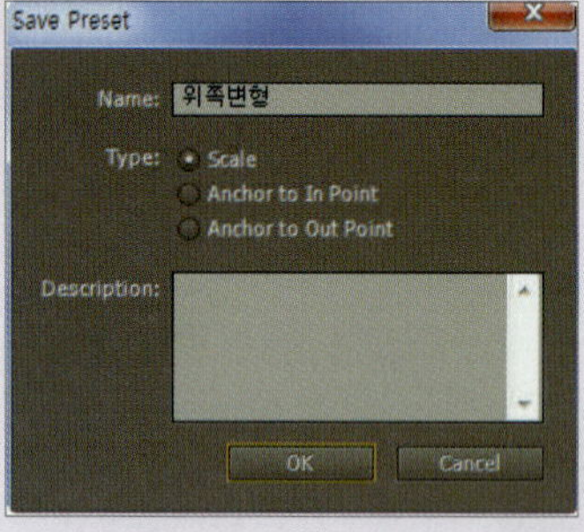

Tip Save Preset 대화상자 옵션들

◉ **Name**

프리셋의 이름을 입력합니다. 식별하기 쉬운 이름을 지정하는 것이 좋습니다.

◉ **Type**

키프레임을 사용한 경우, 차후 다른 클립에 키프레임이 적용되는 방식을 선택합니다.

- **Scale** – 적용되는 클립의 길이에 맞추어 키프레임이 적용됩니다. 즉, 프리셋을 저장할 때 사용한 클립과 대상 클립의 길이가 다른 경우, 각 키프레임은 클립의 전체 지속 시간 비율에 따라 생성됩니다. 예를 들어 10초짜리 클립의 시작 지점과 5초 지점에 키프레임을 생성하고 저장한 프리셋을, 20초짜리 클립에 적용하면 시작 지점과 10초 지점에 키프레임이 생성됩니다. 클립에 이미 존재하던 키프레임은 프리셋을 적용함으로써 모두 삭제됩니다.
- **Anchor to In Point** – 프리셋에 적용한 클립의 인 점을 기준으로 대상 클립의 동일 시간 지점에 키프레임이 생성됩니다.
- **Anchor to Out Point** – 프리셋에 적용한 클립의 아웃 점을 기준으로 대상 클립의 동일 시간 지점에 키프레임이 생성됩니다.

◉ **Description**

프리셋에 대한 간단한 설명을 입력합니다.

---

14 이펙트 패널에서 현재 선택되어 있는 프리셋 Bin의 확장 버튼을 클릭하면 저장한 프리셋 이펙트가 등록된 것을 볼 수 있습니다.

15 프리셋으로 등록한 이펙트를 다른 클립에 적용한 경우, 지정해 두었던 속성이 제대로 나타나는지 확인해보겠습니다. 타임라인에 등록된 클립을 삭제하고 부록 DVD의 [Source] 폴더에서 "021.avi" 클립을 불러와 타임라인 패널의 Video 1 트랙에 새로 등록한 다음 이펙트 패널에서 앞에서 등록한 Preset 이펙트를 타임라인의 클립에 적용합니다.

16 이펙트 컨트롤 패널의 목록에 Corner Pin 이펙트가 나타나며 지정했던 키프레임과 키프레임에 대한 속성값이 그대로 적용되어 나타나는 것을 볼 수 있습니다.

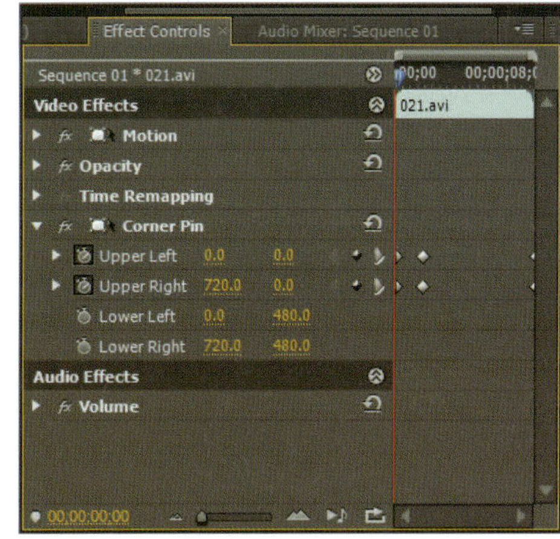

17 프리뷰로 클립을 재생하여 앞에서 설정했던 것과 동일한 결과가 나타나는지 확인합니다. Save Preset 대화상자의 Type 옵션에서 Scale을 선택해 저장한 프리셋이라면 클립의 길이는 다르더라도 동일한 시간 비율로 이펙트가 적용되어 애니메이션되는 결과가 나타납니다.

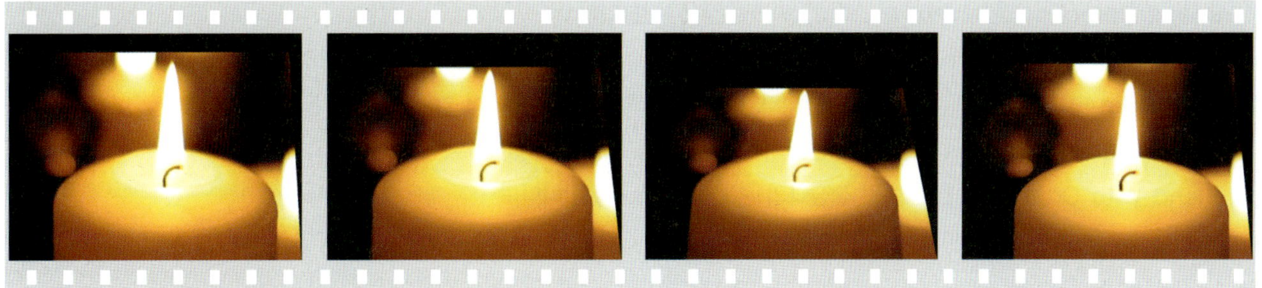

32 Chapter

비디오 이펙트 완전 정복-1

프리미어 프로 CS5의 여러 이펙트들의 속성을 상세히 살펴보도록 하겠습니다. 일부 이펙트에 대해서는 적용 예도 함께 다루어 볼 것입니다. 프리미어 프로는 버전업을 거듭해오면서 혼란스러운 일부 이펙트들을 과감히 제거하고 보다 깔끔하게 Bin별로 재분류되었습니다. 좀 더 상세한 예제와 함께 다루어야 할 일부 이펙트는 이번 Chapter에서 다루지 않습니다.

1   Adjust

 ### Auto Color

클립의 색상을 적절히 자동으로 조절해줍니다. 사용자가 속성을 조절하여 원하는 결과를 만들 수도 있습니다.

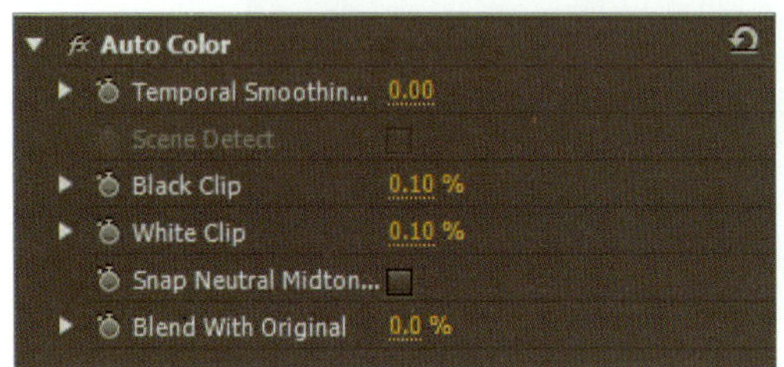

- **Temporal Smoothing** – 분석할 프레임의 범위를 지정합니다. 단위는 초(Second)입니다. 예를 들어, 값을 1로 설정하면 1초 전의 프레임을 분석하여 보정량을 결정합니다. 값을 0으로 설정하면 이전 프레임을 전혀 고려하지 않고 각 프레임을 개별적으로 분석하여 보정합니다.
- **Scene Detect** – 장면을 벗어나는 프레임의 색상을 무시합니다.
- **Black Clip** – 어두운 영역의 색상을 조절합니다. 값이 클수록 어두운 영역을 더 어둡게 표현합니다.
- **White Clip** – 밝은 영역의 색상을 조절합니다. 값이 클수록 밝은 영역을 더 밝게 표현합니다.
- **Snap Neutral Midtones** – 중간 색 영역의 밝기를 자동 조절합니다.
- **Blend With Original** – 원본 클립 색상과의 혼합 정도를 조절합니다.

▷▷ Before

▷▷ After

 ## Auto Contrast

클립의 콘트라스트, 즉 명암의 대비값을 적절한 값으로 자동
조절합니다.

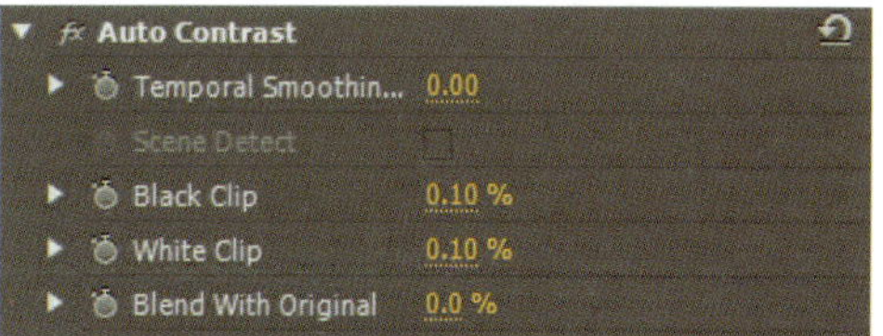

 ## Auto Levels

클립의 밝은 영역과 어두운 영역을 적절히 자동 조절합니다.
각 컬러 채널을 개별적으로 조절하므로 색조가 삭제되거나
추가될 수 있습니다.

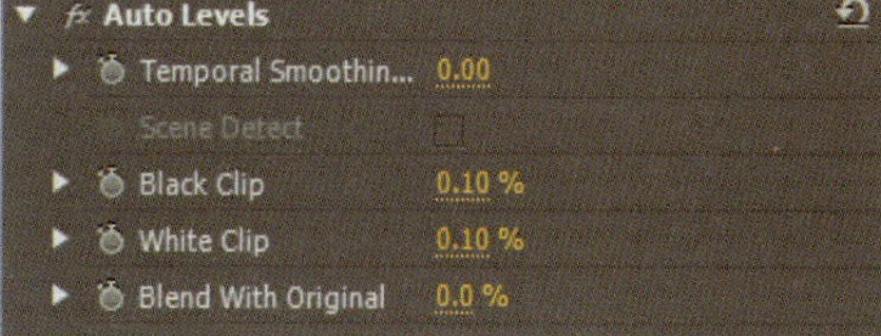

▷▷ Before

▷▷ After

 ## Convolution Kernel

컨벌루션(Convolution)이라고 부르는 수치 연산 방식을 사용하여 클립의 각 픽셀에 대한 밝기를 섬세하게 조절합니다. 각 속성은 −30~30 사이의 값을 지정할 수 있습니다.

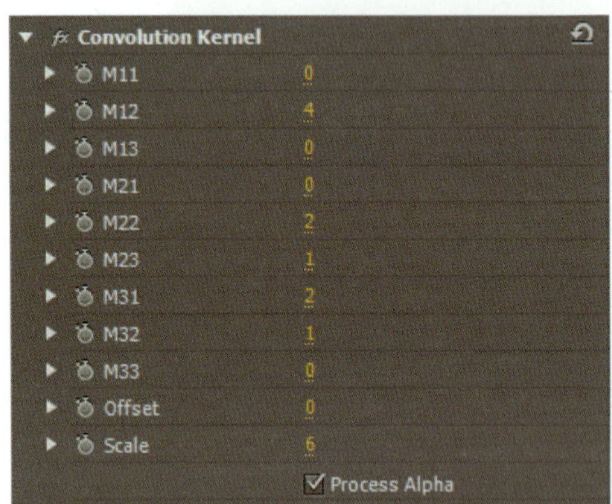

▷▷ Before

▷▷ After

Extract

클립의 색상을 제거하여 그레이스케일의 영상을 만듭니다.
흑백의 레벨과 영역을 지정할 수 있습니다.

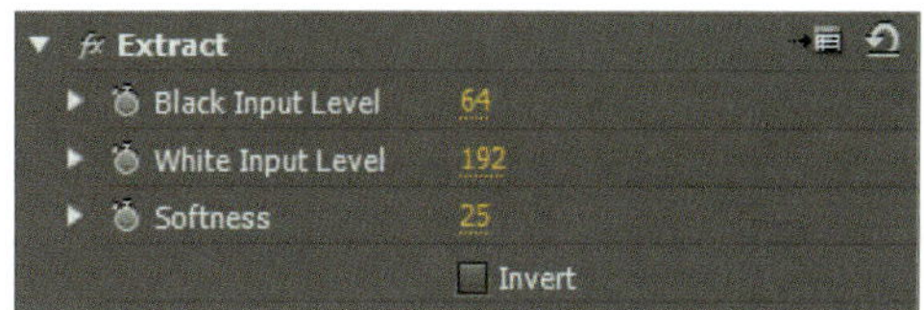

설정 대화상자에는 현재 프레임에 대한 막대그래프가 표시됩니다. 각 축은 밝기 값과 픽셀 수를 가리킵니다.

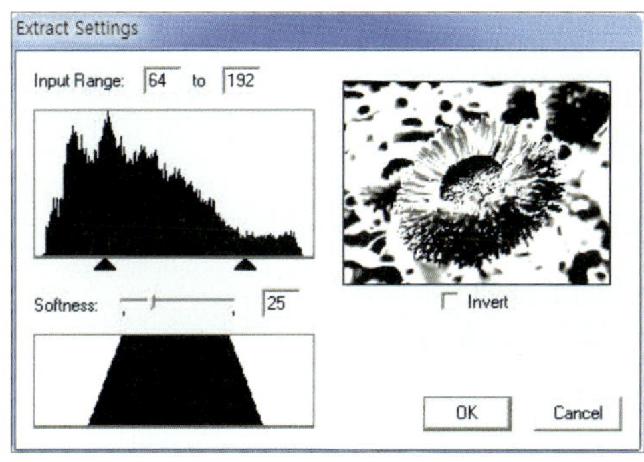

- **X축** – 밝기 값을 의미하며 좌측은 어두운 영역, 우측은 밝은 영역을 가리킵니다.
- **Y축** – 해당 영역에 대한 픽셀의 개수를 표시합니다.

막대그래프 아래에 있는 검정색 사각형을 드래그하면 흑백 영역을 조절할 수 있습니다. 이 두 삼각형 사이의 픽셀이 흰색으로 변환되는 영역이며 그 외의 부분이 검정색으로 변환되는 영역입니다.
Softness 슬라이더를 우측으로 드래그할수록 흰색으로 변환된 부분이 점점 더 회색(그레이)으로 변하게 됩니다. Invert 체크박스를 클릭하면 흑백 영역이 서로 반전됩니다.

▷▷ Before

▷▷ After

 # Levels

RGB 채널별로 클립의 밝기(Brightness)와 콘트라스트, 색상 등을 조절합니다.

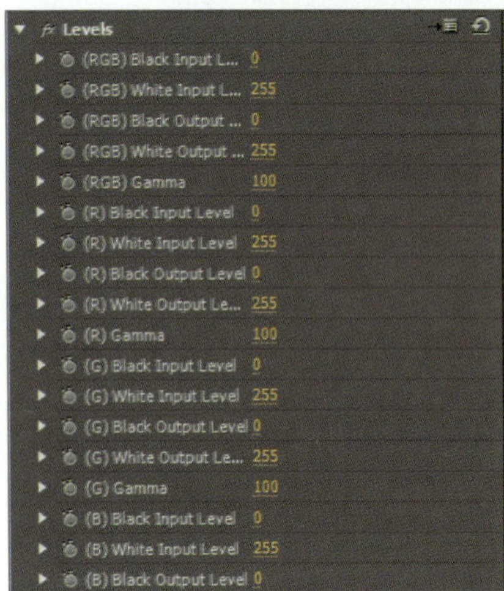

설정 대화상자의 막대그래프 하단에 나타나는 세 개의 삼각형을 드래그하면 Shadow(어두운 영역), Midtone(중간 영역), Highlight(밝은 영역)를 변경할 수 있습니다. 예를 들어, Midtone 삼각형을 좌측으로, 즉 Shadow 영역 쪽으로 드래그하면 중간 영역과 밝은 영역 사이가 넓어지므로 그림과 같이 전반적으로 밝아지는 영상을 얻을 수 있습니다.

Save 버튼을 클릭하면 LVL 확장명을 갖는 파일로 설정값을 저장할 수 있으며 저장된 파일은 Load 버튼으로 불러올 수 있습니다.

▷▷ Before

▷▷ After

Lighting Effects

최대 다섯 종류의 빛을 사용해 독특한 조명 효과를 클립에 적용합니다. 조명의 종류와 방향, 강도, 색, 중심, 조명 범위 등의 속성을 통해 다양하게 조절할 수 있습니다. 각 시간 지점에 키프레임을 생성하고 다른 속성값을 지정함으로써 조명이 이동하면서 비추는 효과를 만들 수 있으며 Bump Layer 속성 다른 클립이 등록된 트랙을 지정함으로써 해당 클립의 텍스처와 패턴을 배경으로 사용할 수도 있습니다.

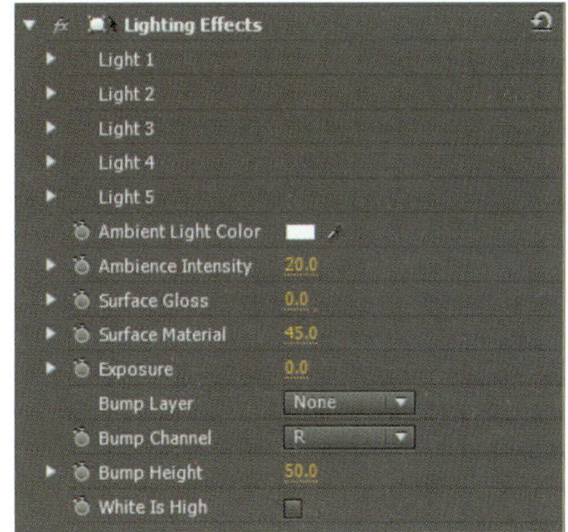

- Light 1~5 – 다섯 개의 조명을 사용할 수 있으며 각각 동일한 속성을 갖습니다.
- Light Type – 조명의 종류를 선택합니다.
- Light Color – 조명의 색상을 설정합니다. 색상 박스를 클릭하여 컬러 피커 창에서 원하는 색상을 선택하거나 스포이트를 클릭한 다음, 프로그램 모니터에서 클립의 특정 부분을 클릭하여 색상을 지정할 수 있습니다.

▷▷ Light Color 속성의 색상 박스를 클릭

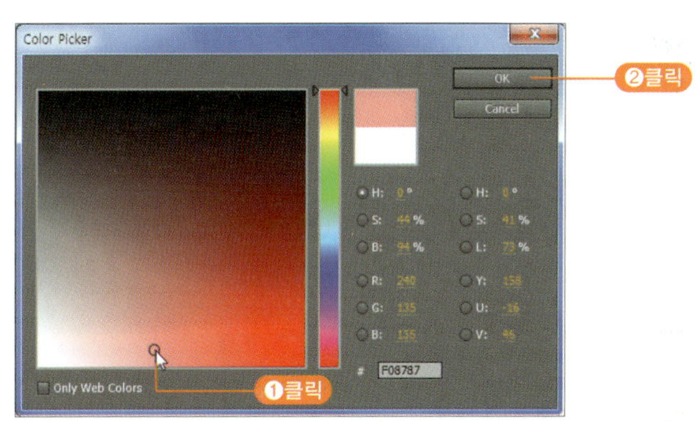

▷▷ 컬러 피커 창에서 원하는 색상과 OK 버튼을 차례로 클릭

▷▷ 변경된 라이트 컬러

▶▶ 스포이트를 클릭

▶▶ 클립 위에서 원하는 색상을 클릭

▶▶ 변경된 라이트 컬러

- **Major Radius** – 길이가 긴 쪽의 지름을 조절합니다.
- **Minor Radius** – 길이가 짧은 쪽의 지름을 조절합니다.
- **Angle** – 각도를 조절합니다.
- **Intensity** – 조명의 밝기 강도를 조절합니다.
- **Focus** – 조명의 포커스를 조절합니다. 값이 클수록 포커스가 정확히 맞게 되어 조명의 경계 영역이 뚜렷해집니다.
- **Ambient Light Color** – 조명이 비취는 곳 이외의 영역에 대한 색상을 설정합니다.
- **Ambient Intensity** – Ambient Light Color의 밝기를 조절합니다.
- **Exposure** – 클립 전체의 밝기를 조절합니다.
- **Bump Layer** – 텍스처나 패턴으로 사용할 클립이 등록된 트랙을 선택합니다.
- **Bump Channel** – Bump Layer로 지정한 클립에서 사용할 색상 채널을 선택합니다.
- **Bump Height** – Bump Layer로 지정한 클립의 강도를 조절합니다.

Lighting Effects와 같은 이펙트는 프로그램 모니터를 통해 여러 속성을 직접 변경할 수 있습니다. 즉, 이펙트 컨트롤 패널에서 이펙트 이름을 클릭하면 프로그램 모니터에 현재 설정된 조명의 윤곽선이 나타나며 다음과 같은 방법으로 속성을 변경할 수 있습니다. 물론 이렇게 변경한 속성값은 즉시 이펙트 컨트롤 패널의 각 속성값에 그대로 반영됩니다.

■ 크기 조절 – 핸들을 드래그합니다.

■ 회전 – 핸들에서 조금 바깥쪽에 마우스를 가져가 마우스 포인터가 구부러진 화살표로 나타날 때 드래그합니다.

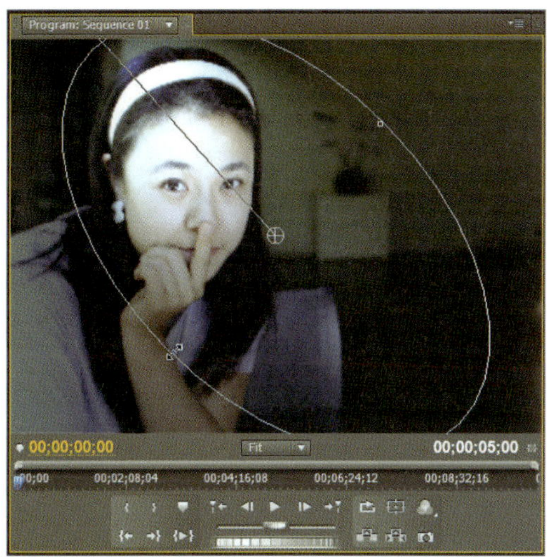

▷▷ 크기 조절

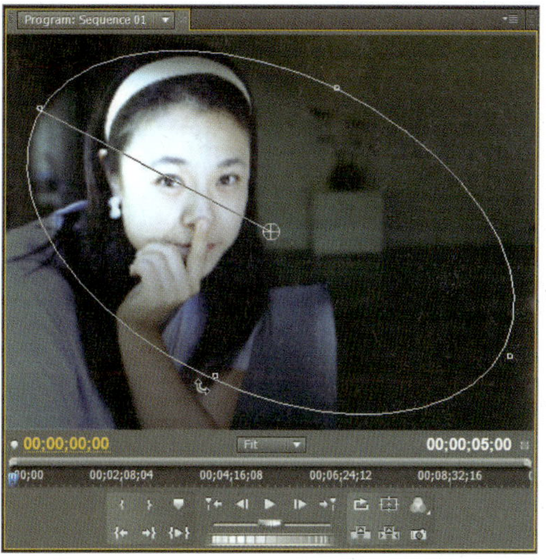

▷▷ 회전

■ 위치 이동 – 앵커 포인트(Anchor Point)라고 부르는 중앙의 원 위에 마우스를 가져가면 조명의 이름(Light 1~5)이 나타나는데 이것을 드래그하여 조명의 위치를 변경할 수 있습니다.

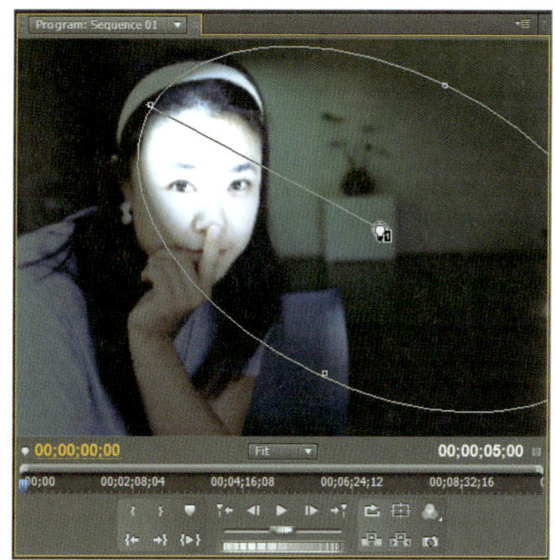

 ProcAmp

밝기(Brightness)와 대비(Contrast) 및 색조(Hue) 등을 조절합니다. Split Screen 옵션을 선택하면 프로그램 뷰가 두 개로 나뉘어 좌측은 이펙트가 적용된 상태를, 우측은 원본 클립의 상태를 각각 보여주므로 이펙트 적용 결과를 쉽게 비교해가면서 작업할 수 있습니다.

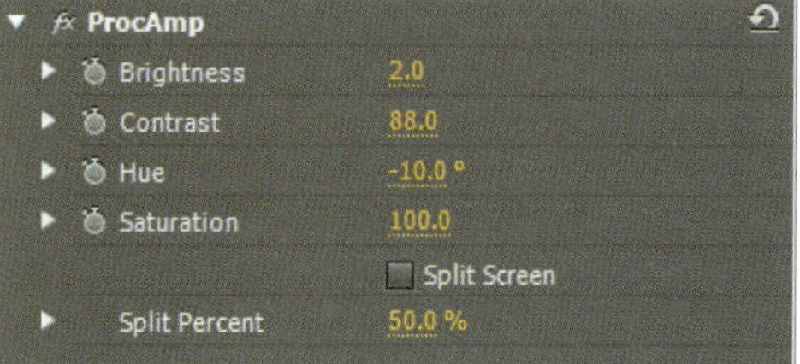

- Brightness – 밝기를 조절합니다.
- Contrast – 콘트라스트를 조절합니다.

- Hue – 색조를 조절합니다.

- Saturation – 색상의 강도를 조절합니다. 0으로 설정할 경우, 색상이 완전히 제거되어 그레이스케일 형태로 나타납니다.

- Split Screen – 프로그램 모니터에서 클립을 이펙트 적용 후와 적용 전의 두 형태로 분리하여 보여줍니다.

- Split Percent – 클립이 분리되는 지점을 변경합니다. 값이 작을수록 좌측 영역이 작아집니다.

▷▷ Before

▷▷ After

Shadow/Highlight

클립 주위의 픽셀을 기준으로 쉐도우나 하이라이트를 개별적으로 조절하거나 전체적인 컨트라스트를 조절합니다. 이펙트를 적용했을 때 기본값으로 Auto Amount가 선택되어 있는데 이것은 역광 보정에 적합한 상태로서 역광에 의해 발생하는 하이라이트나 쉐도우를 자동으로 분석, 보정합니다. Auto Amount 옵션을 해제하면 사용자가 별도로 설정할 수도 있습니다.

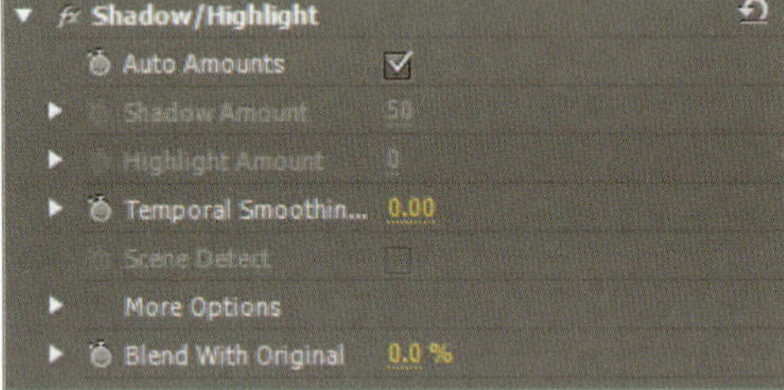

▷▷ Before

▷▷ After

2　Blur & Sharpen

 Antialias

픽셀의 경계선에 앤티 에일리어싱 처리를 하여 부드럽게 만들어 줍니다. 반면에 선명도는 다소 떨어지게 됩니다. 속성이 존재하지 않으므로 값을 변경할 수 없습니다.

▷▷ Before　　　　　▷▷ After

Tip　앤티 에일리어싱이란?

앤티 에일리어싱(Anti-Aliasing)이란 픽셀 경계 부분의 거친 모서리들을 부드럽게 해 주는 것을 말합니다.

 Camera Blur

카메라의 핀트가 맞지 않아 흐리게 보이는 것과 같은 효과를 만듭니다. 흐림 정도는 옵션이나 별도의 설정 대화상자를 통해 조절할 수 있습니다. 각 키프레임에 다른 값을 설정해서 프레임의 진행에 따라 점차 초점이 맞아가는 것처럼 만들 수 있습니다. 즉, 드라마나 영화에서 종종 볼 수 있듯이 의식을 잃은 환자가 의식을 회복하면서 흐릿한 사물이 점차 또렷하게 보이는 것 같은 영상을 만들 때 사용할 수 있습니다.

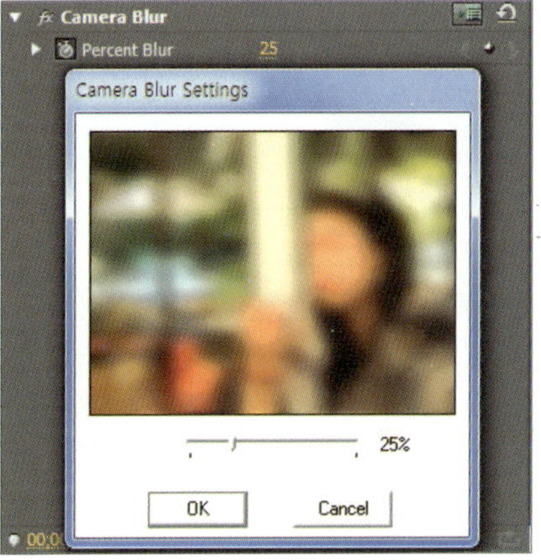

▷▷ 첫 번째 키프레임의 Percent Blur 설정

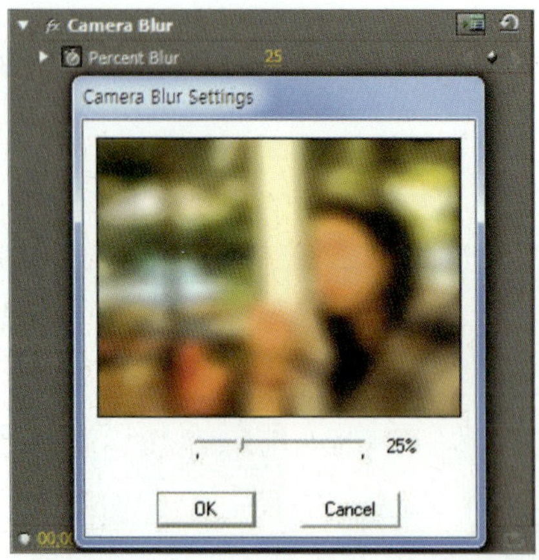

▷▷ 두 번째 키프레임의 Percent Blur 설정

Channel Blur

R, G, B 채널과 알파채널 등에 대하여 개별적으로 블러 효과
를 적용합니다. Blur Dimensions에서 효과의 방향을 수평이
나 수직 중에서 선택할 수 있으며 Repeat Edges Pixels 옵
션을 통해 경계 주위의 픽셀이 반복되어 경계가 어두워지거
나 투명하게 되는 것을 방지할 수 있습니다.

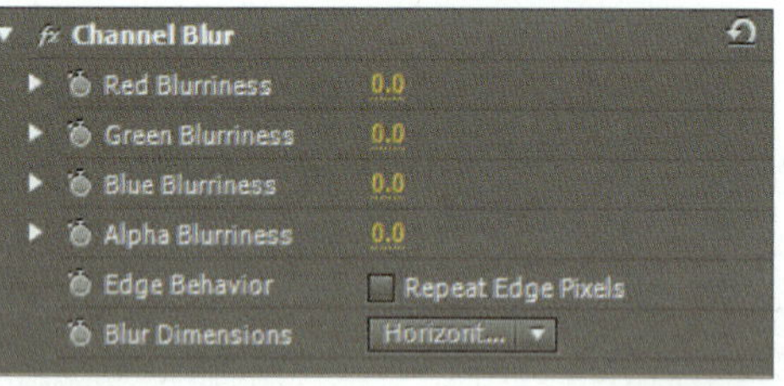

▷▷ Before

▷▷ After

 Compound Blur

인접한 픽셀의 색상을 뭉쳐서 독특한 느낌의 영상을 만들어
줍니다. Maximum Blur 값을 크게 설정할수록 단순화된 색
상의 블러를 만들 수 있습니다.

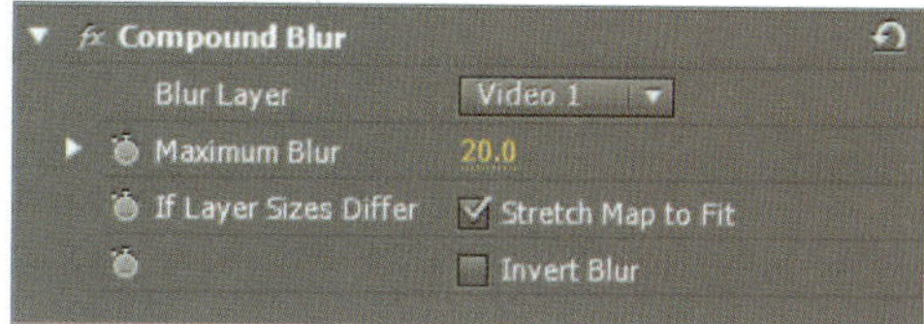

▷▷ Before

▷▷ After

 Directional Blur

특정 방향으로 퍼져나가는 블러 효과를 만듭니다. 두 키프레임에 각각 다른 Blur Length 값을 지정하면 클립의 재생에 따라
점차 잔상이 나타나는 효과를 만들 수 있습니다.

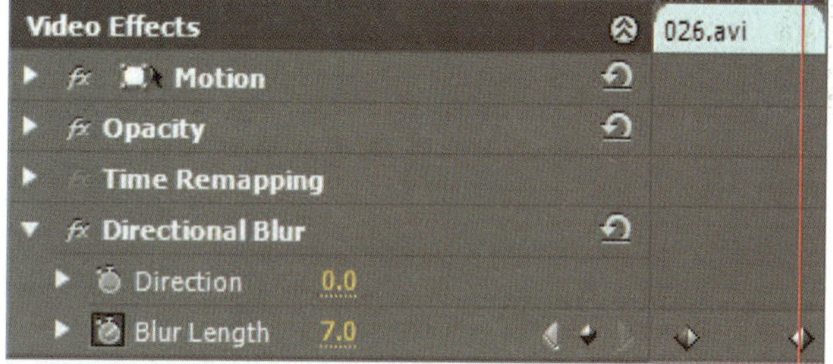

▷▷ 첫 번째 키프레임의 Blur Length 설정   ▷▷ 두 번째 키프레임의 Blur Length 설정

Fast Blur

간단하게 수평, 또는 수직 방향의 블러를 만듭니다.

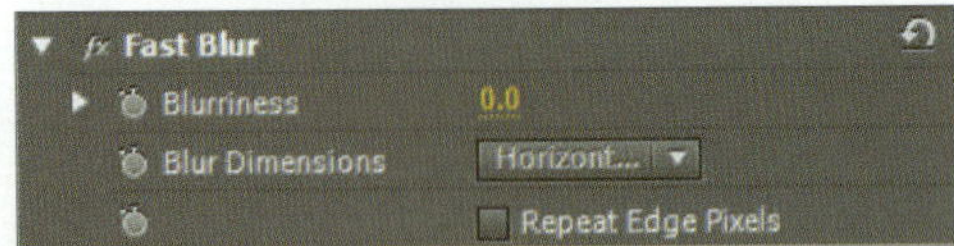

▷▷ Before

▷▷ After

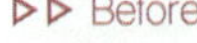
Gaussian Blur

높은 강도의 블러 효과를 만듭니다. 블러의 방향도 선택할 수 있습니다.

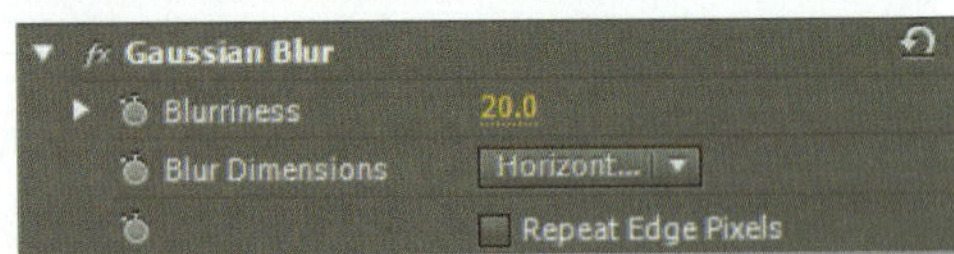

▷▷ Before

▷▷ After

 Ghosting

움직임에 따라 잔영이 나타나게 합니다. 움직임이 있는 영상 클립에 적용한 후, 재생해야 결과를 제대로 확인할 수 있습니다. 속성은 가지고 있지 않습니다.

▷▷ Before

▷▷ After

Sharpen

픽셀간의 색 대비를 증가시켜 날카롭고 뚜렷한 영상을 만듭니다. Sharpen Amount 속성으로 날카로움의 강도를 조절합니다.

▷▷ Before

▷▷ After

 ## Unsharp Mask

경계를 이루는 색상의 콘트라스트를 강하게 만듭니다.

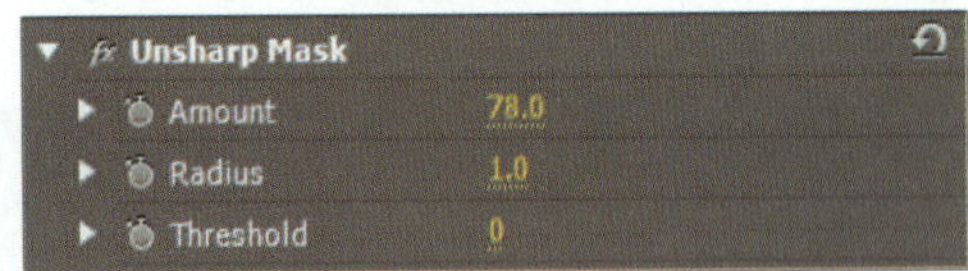

- **Amount** – 경계 부분에 영향을 받는 색의 범위를 지정합니다. 작은 값을 지정할수록 경계 부분의 픽셀만 콘트라스트가 조절되며, 높은 값을 지정할수록 경계 주위로 콘트라스트가 조절되는 픽셀이 많아집니다.
- **Radius** – 경계의 허용 범위를 지정합니다.
- **Threshold** – 인접 픽셀들에 적용되는 콘트라스트 범위를 지정합니다.

▷▷ Before

▷▷ After

3 Channel

 ## Arithmetic

R,G,B의 각 색상 채널값을 의미하는 Red Value, Green Value, Blue Value 속성값과 클립을 Operator 속성에서 선택한 방식으로 포토샵의 블렌딩 모드와 같은 연산을 수행하여 색상을 혼합합니다.

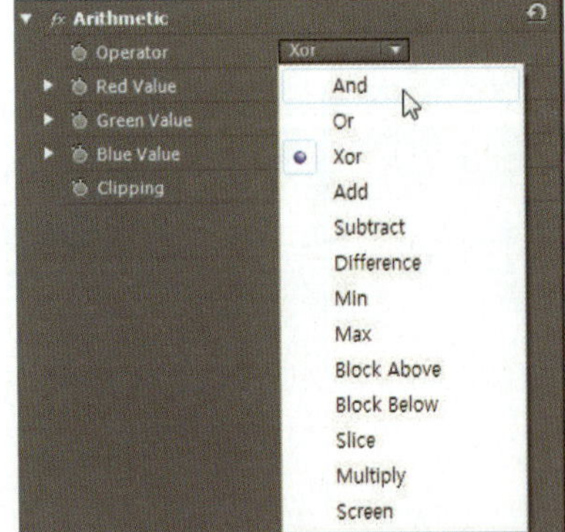

 ## Blend

두 트랙에 놓인 클립을 합성합니다. 모두 5개의 합성 모드를 사용할 수 있습니다. 타임라인 패널의 두 트랙에 각각 클립을 등록합니다.

Video 2 트랙에 놓인 클립에 Blend 이펙트를 적용한 후, 이펙트 컨트롤 패널에서 이펙트 속성을 열고 현재 트랙의 클립을 Video 1 트랙의 클립과 합성하기 위하여 Blend With Layer 메뉴에서 Video 1을 선택합니다.

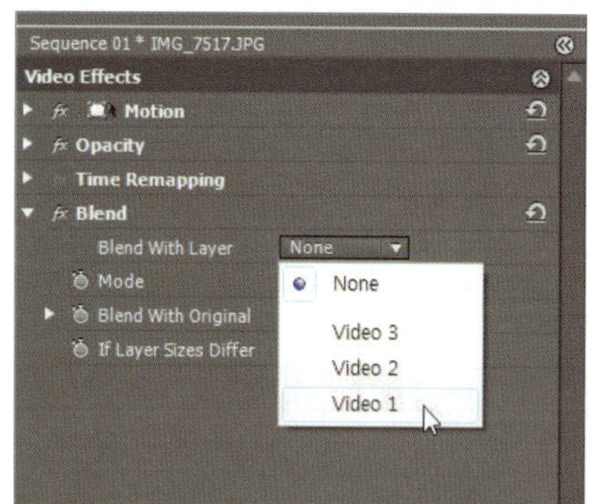

Blend With Original에서는 두 클립의 혼합 비율을 지정합니다. 기본값은 100%이지만 값을 적절히 줄여, 두 클립이 합성되어 나타나도록 합니다.

Mode 옵션에서는 두 클립의 합성 방식을 선택합니다. 각 모드별로 다음과 같은 합성 결과가 나타나게 됩니다. Blend With Original 값은 70%로 설정한 상태입니다.

▷▷ Video 2트랙의 클립

▷▷ Video 1 트랙의 클립

▷▷ Crossfade Mode

▷▷ Color Only Mode

▷▷ Tint Only Mode

▷▷ Darken Only Mode

▷▷ Lighten Only Mode

 # Calculations

클립의 특정 채널을 다른 클립의 특정 채널과 합성합니다. Input Channel에서 합성할 채널을, Second Source에서 합성할 클립이 놓인 트랙을, Second Layer Opacity에서 합성할 클립의 불투명도를, Blending Mode에서 하위 트랙 에 놓인 클립과의 합성 방식을 각각 지정합니다.

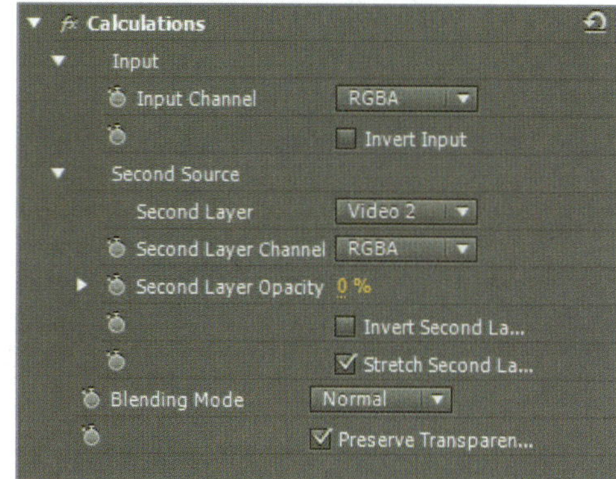

상위 트랙인 Video 2 트랙에 이펙트를 적용하고 Second Layer를 Video 1로, Second Layer Opacity 값을 50%로 설정 한 후, Blending Mode 선택에 따른 결과를 설명과 함께 살펴보겠습니다. 사용된 클립은 다음과 같습니다.

▷▷ Video 2 트랙의 클립

▷▷ Video 1 트랙의 클립

■ **Normal** – 오직 Second Layer Opacity 값의 조절만으로 두 클립을 합성합니다. Opacity 값이 높을수록 Second Layer로 지정한 트랙에 있는 클립이 짙게 나타납니다.

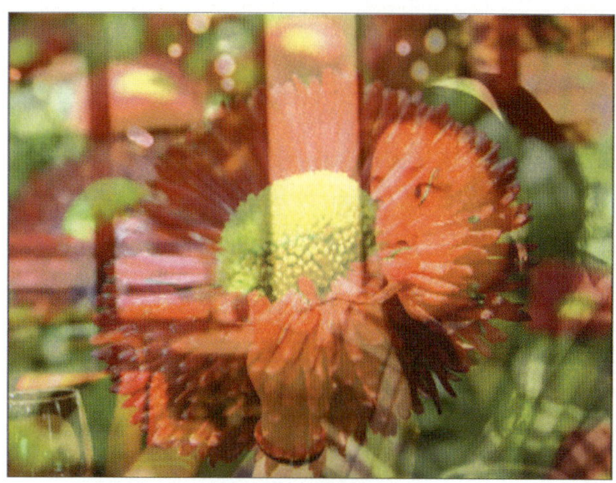

■ Darken – 두 클립의 밝은 부분은 버리고 어두운 부분만 합성합니다.

■ Multiply – 두 클립의 어두운 부분을 더욱 어둡게 합성합니다.

■ Color Burn – 하위 클립이 상위 클립의 색상을 반사시키는 것 같이 합성되면서 어둡게 나타냅니다.

■ Lighten – Darken과 반대로 두 클립의 어두운 부분은 버리고 밝은 부분만 합성합니다.

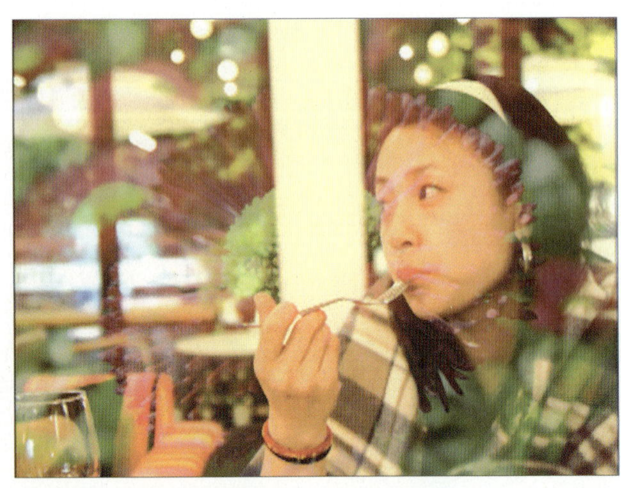

■ **Screen** – 두 클립의 밝은 정도를 합쳐서 더욱 밝게 나타나게 합니다.

■ **Color Dodge** – 강한 조명 아래에서 색상이 반사되는 것 같은 효과를 만듭니다.

■ **Overlay** – 가장 어두운 부분과 가장 밝은 부분은 그대로 유지한 상태에서 두 클립의 밝은 부분은 더욱 밝게, 어두운 부분은 더욱 어둡게 합성합니다.

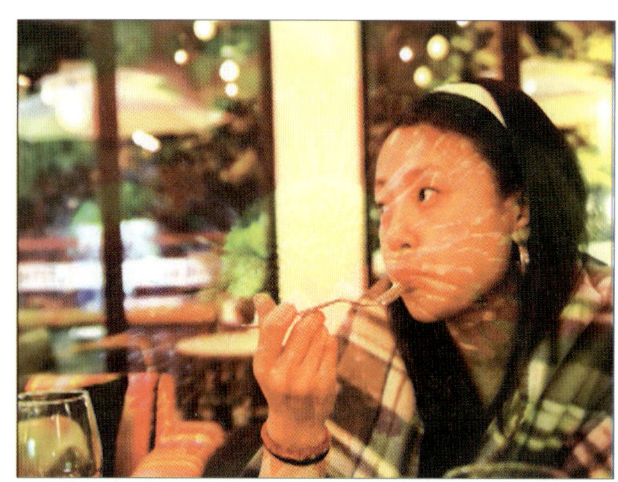

■ **Soft Light** – 회색보다 밝은 부분은 밝게, 회색보다 어두운 부분은 어둡게 합성합니다.

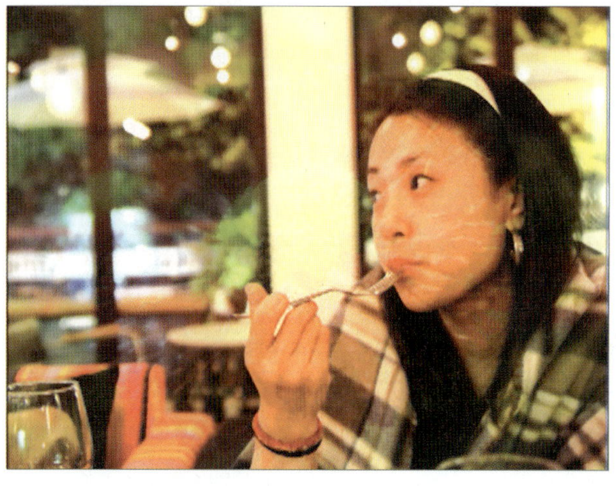

■ **Hard Light** – 강렬한 라이트를 비추는 것처럼 명암의 차이를 더욱 크게 합니다.

■ **Difference** – 두 클립의 보색 색상으로 합성합니다.

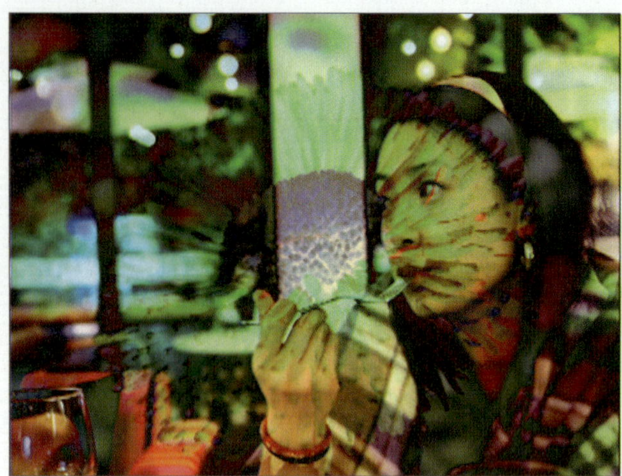

■ **Exclusion** – Difference보다 부드럽게 합성합니다.

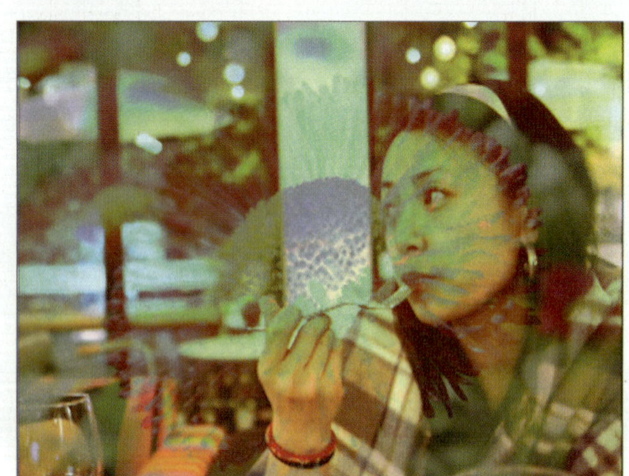

■ **Hue** – 대상 클립의 밝기와 콘트라스트에 현재 클립의 색상을 합성합니다.

■ **Saturation** – 현재 클립의 콘트라스트에 대상 클립의 밝기와 색상을 합성합니다.

■ **Color** – 대상 클립의 밝기에 현재 클립의 색상과 콘트라스트를 합성합니다.

■ **Luminosity** – 대상 클립의 색상과 콘트라스트에 현재 클립의 밝기를 합성합니다.

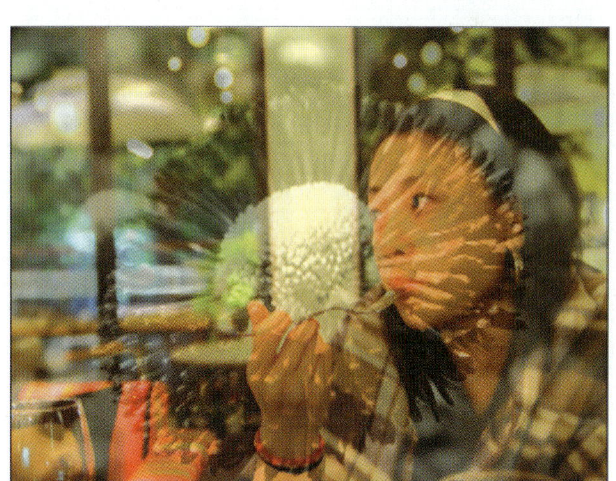

Compound Arithmetic

두 클립의 특정 채널을 합성합니다. 상위 트랙인 Video 2 트랙의 클립에 이펙트를 적용하고 이펙트 컨트롤 패널에서 Second Source Layer에 합성할 대상 트랙인 Video 1을, Blending With Original에서 합성 정도를 설정합니다. Operator에서는 합성 방식을 선택할 수 있습니다.

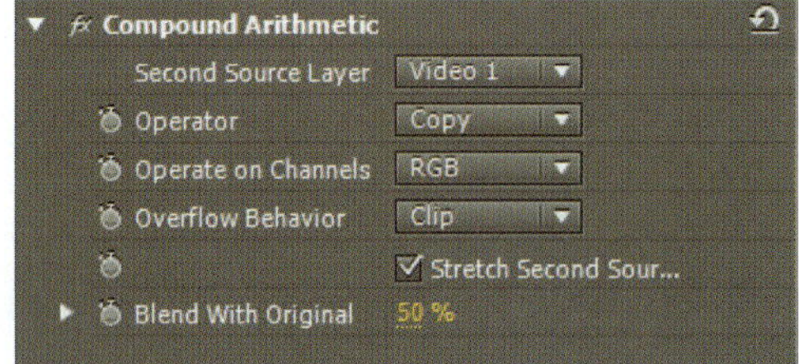

▷▷ Video2 트랙의 클립

▷▷ Video1 트랙의 클립

▷▷ Operator–Overlay, Blend With Original–20%로 합성 결과

 Invert

필름과 같이 반전된 영상을 만들어줍니다. Channel에서 반전시킬 색상 채널을, Blend With Original에서 원래 영상과의 합
성 정도를 설정합니다.

▷▷ Before

▷▷ After

 ## Set Matte

다른 클립의 특정 채널과 합성합니다. Video 1과 Video 2 등, 두 개의 트랙에 각각 클립을 등록하고 상위 트랙인 Video 2 트랙의 클립에 이펙트를 적용한 후, 이펙트의 Take Matte From Layer옵션에서 하위 트랙을 지정합니다.

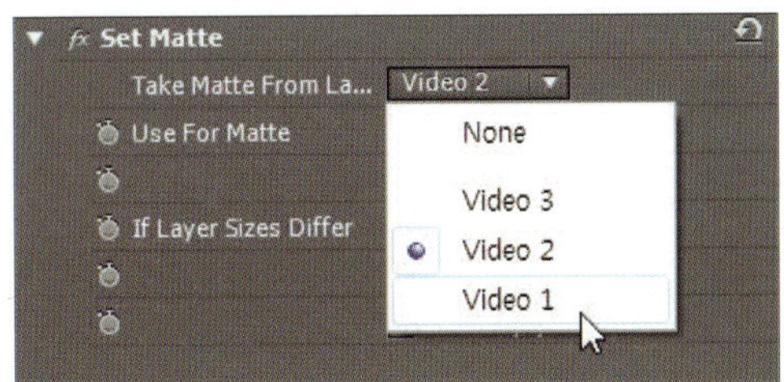

이어서 Use For Matte 옵션에서 합성할 채널이나 방식을 선택합니다. Green Channel을 선택해 보겠습니다.

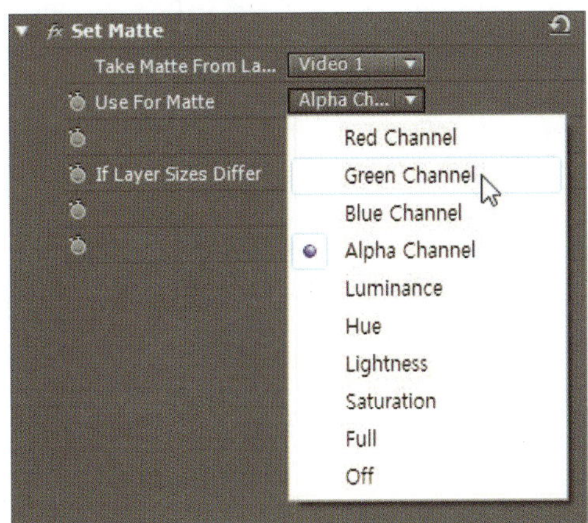

다음과 같은 클립이 등록되어 있는 경우, 결과는 그림과 같습니다.

▷▷ Video2 트랙의 클립

▷▷ Video1 트랙의 클립

▷▷ 합성 결과

 Solid Composite

영상의 색상을 Color에서 지정한 색상으로 합성합니다. Source Opacity는 소스클립의 불투명도를, Opacity는 지정한 색상의 불투명도를 조절합니다. Color 옵션에서는 색상 박스를 클릭하거나 스포이트로 클립의 특정 부분을 클릭하여 색상을 지정할 수 있습니다. 역시 Blending Mode에서는 합성 방식을 선택합니다.

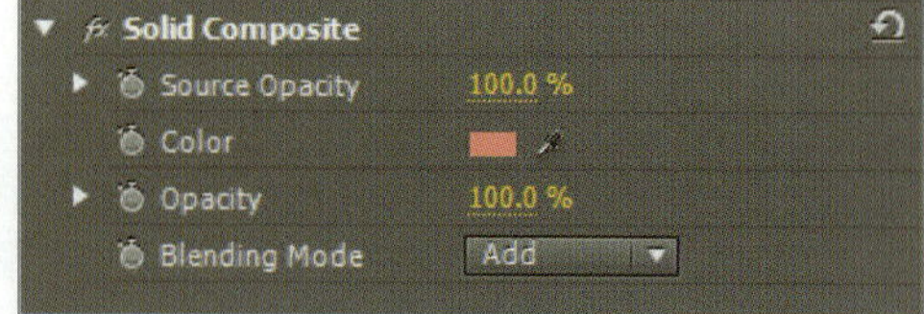

▷▷ Before

▷▷ After

4 Color Correction

Brightness & Contrast

Brightness로 클립의 밝기를, Contrast로 콘트라스트를 조절합니다. 값이 0.0이면 변화가 없는 상태입니다.

▷▷ Before

▷▷ After

 Broadcast Colors

방송 표준 색상으로 클립의 색상을 변경합니다. 컴퓨터에서는 빨강, 초록, 파랑을 조합해 색을 표현하지만 일반적인 비디오 기기에서는 다른 합성 신호를 사용해 색을 표현하므로 이들의 차이를 보정합니다. Maximum Signal Amplitude(IRE)는 신호의 최대 진폭을 지정하는데 송신 가능한 최대 진폭인 120까지 지정할 수 있습니다. 방송용 비디오에서는 채도가 높은 색의 사용을 피하고 순수한 검정색과 순수한 흰색은 사용하지 않는 것이 좋습니다. 일반적으로 사용되는 검정색의 값은 16이며 흰색의 값은 235입니다.

 Change Color

특정 지점의 색상을 바꿉니다. Color To Change에서 대상 색상을 지정한 후 Hue Transform으로 색상을, Lightness Transform으로 밝기를, Saturation Transform으로 채도를 각각 조절합니다. Matching Tolerance에서는 지정한 색상 범위를 조절합니다.

부록 DVD의 [Source] 폴더에서 "103.jpg" 클립을 불러와 타임라인 패널에 등록하고 Change Color 이펙트를 적용한 다음, 이펙트 컨트롤 패널에서 Change Color 이펙트의 Color To Change 속성에 있는 스포이트를 클릭합니다.

프로그램 모니터에서 뒷부분의 보라색 꽃 부분을 클릭합니다. 바꾸고자 하는 부분의 색상을 지정하는 것입니다.

Hue Transform 값을 60 정도로 변경합니다. 클릭했던 부분의 색상이 분홍색으로 바뀌어 나타납니다.

클릭했던 꽃의 색상이 부분적으로 다르기 때문에 꽃 전체의 색상이 변화되지 않았습니다. Matching Tolerance 값을 조금씩 높여가면서 색상 범위를 키워 분홍색 영역이 꽃 전체에 걸쳐 나타나도록 합니다.

▷▷ Before

▷▷ After

 # Change To Colorr

Change Color와 달리 From에서 지정한 색상을 To에서 지정한 색상으로 바꿉니다. 이번에는 부록 DVD의 [Source] 폴더에 있는 "110.jpg" 클립에 이펙트를 적용하고 해바라기의 색상을 빨간색 계열로 변경해보았습니다. Change 속성으로 색상의 범위를 선택하고 Softness 속성으로 부드러움을 조절하면 더욱 자연스러운 결과를 얻을 수 있습니다.

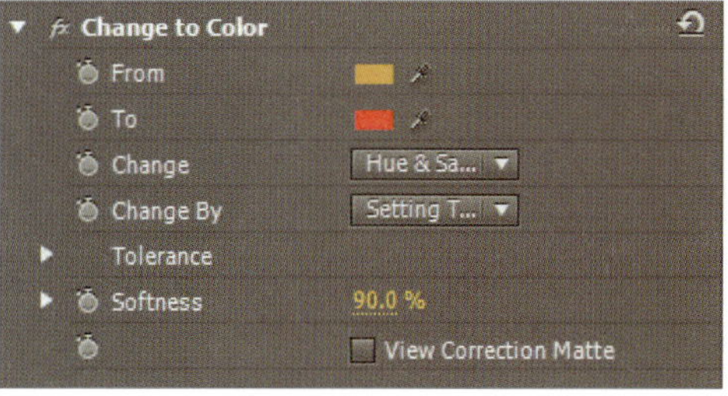

▷▷ Before

▷▷ After

 Channel Mixer

RGB 채널, 즉 빨강, 녹색, 청색 등, 각 컬러 채널을 배합하여 클립의 색상을 변화시킵니다. 정밀도가 높은 그레이스케일의 영상이나 고품질의 세피아 톤, 또는 독특한 색상의 영상을 만들 수 있습니다. Monochrome는 그레이스케일로 변화시킵니다.

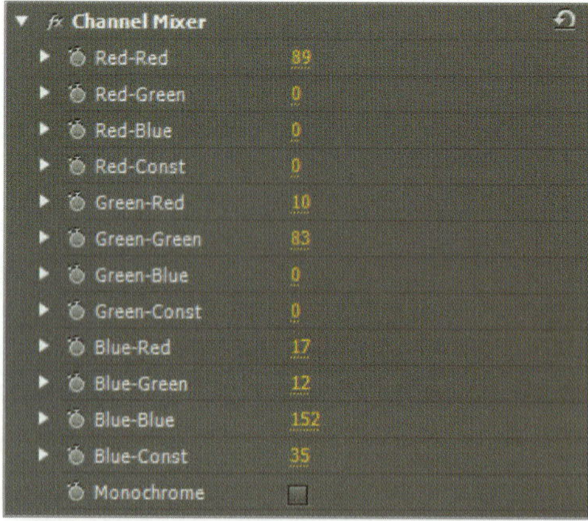

▷▷ Before

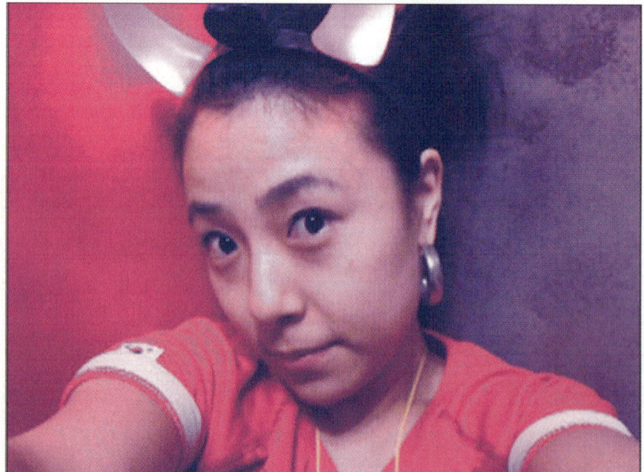

▷▷ After

 Color Balance

클립의 RGB(Red, Green, Blue) 값을 조절하여 색상을 변경합니다. 각 속성의 값이 0.0이면 이펙트가 적용되지 않은 상태처럼 변화가 없으며, 값이 −100이면 색상이 모두 제거되고 +100이면 색상의 강도가 높아집니다.

색상은 Shadow(어두운 영역), Midtone(중간 영역), Highlight(밝은 영역) 등, 각 영역별로 조절할 수 있으며 Preserve Luminosity는 휘도의 평균치를 유지한 채로 색상을 변경합니다.

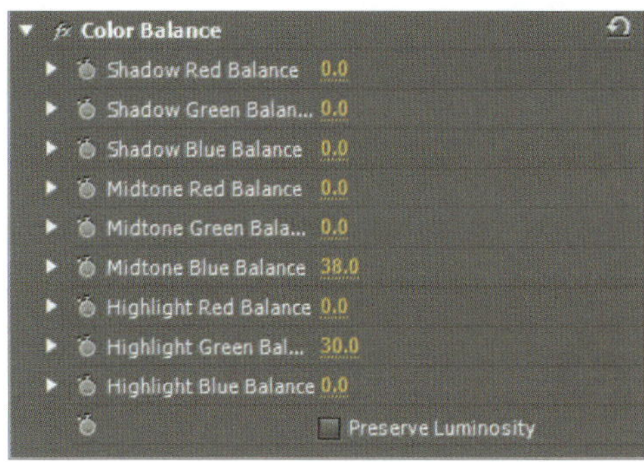

▷▷ Before

▷▷ After

 Color Balance (HLS)

영상의 Hue(색조), Lightness(밝기), Saturation(채도)을 조절합니다. Saturation 값이 −100이면 완전히 그레이스케일로 변합니다.

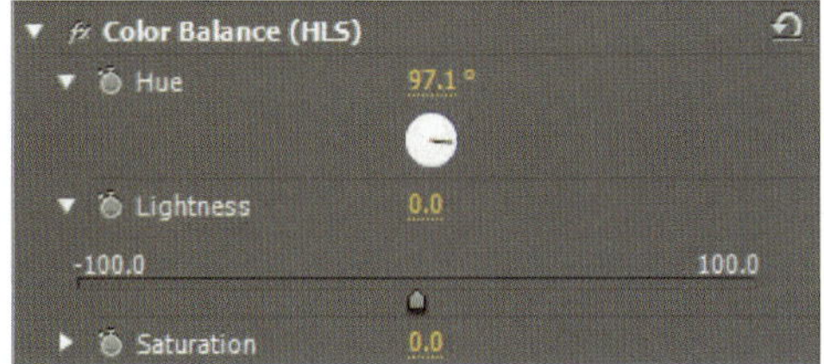

▷▷ Before

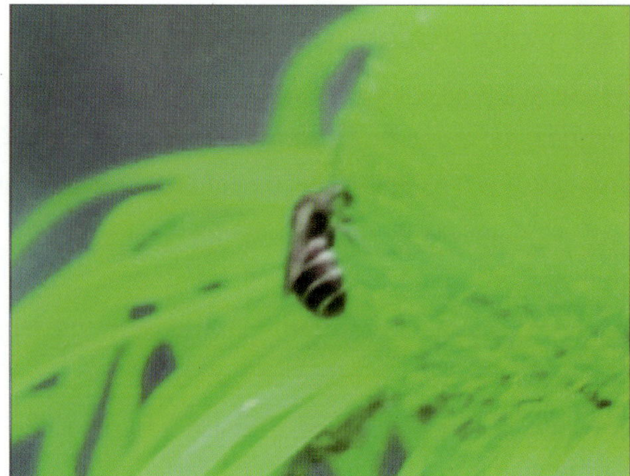

▷▷ After

Equalize

클립의 색상과 밝기를 균등하게 조절합니다. Equalize에서 세 가지 옵션을 선택할 수 있는데 RGB는 빨강, 초록, 파랑의 성분을 기준으로, Brightness는 각 픽셀의 밝기를 기준으로 균등하게 조절합니다. 또한 Photoshop Style은 픽셀의 밝기를 클립 전체에 걸쳐 균등하게 조절하는 것으로 포토샵의 Equalize와 동일한 역할을 수행합니다.

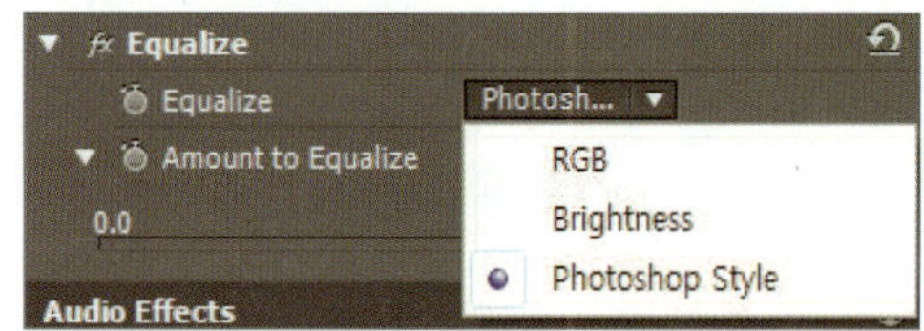

▷▷ Before

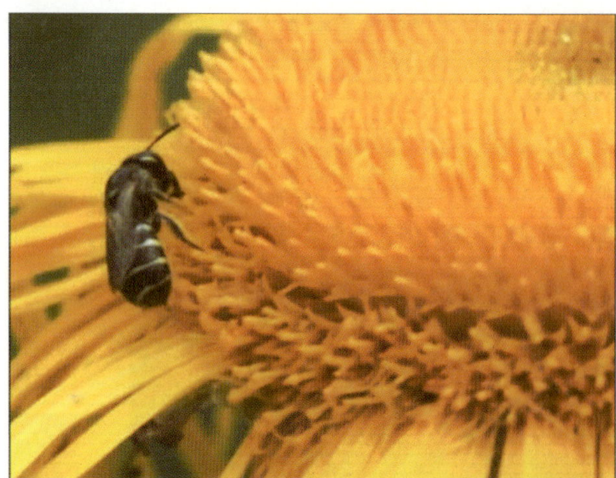

▷▷ After

Leave Color

선택한 색상을 제외한 모든 색상을 그레이스케일로 만듭니
다. Color To Leave에서 남겨둘 색상을 선택하며 Amount
to Decolor로 선택 색상 범위를, Tolerance에서 그레이스케
일 범위를 지정합니다.

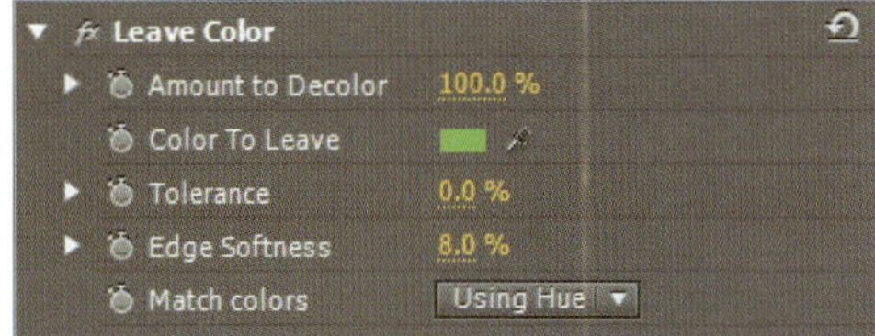

▷▷ Before

▷▷ After

Tint

어두운 영역과 밝은 영역의 색상을 지정하고 Amount Tint
값을 증가시켜 지정한 색상의 듀오 톤(Duo Tone)을 갖는 영
상을 만듭니다.

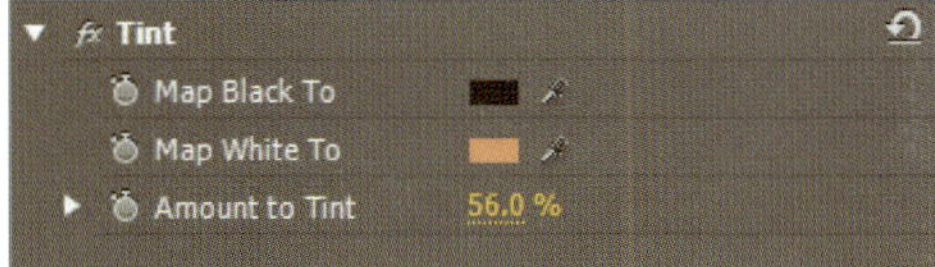

▷▷ Before

▷▷ After

 Video Limiter

비디오 클립의 밝기 범위를 설정합니다. Show Split View 옵션을 선택하면 프로그램 모니터의 클립에 이펙트 적용 전과 후의 결과가 분할되어 표시되며, Signal Min에서 밝기의 최소값을, Signal Max에서 최대값을 설정합니다. Tonal Range Definition 속성을 확장 형태로 열어보면 하위 속성을 통해 어두운 영역과 밝은 영역에 대한 색조 범위를 설정할 수 있습니다.

---

5   Distort

 Bend

클립을 수평이나 수직 방향으로 물결치듯이 일그러지게 합니다.

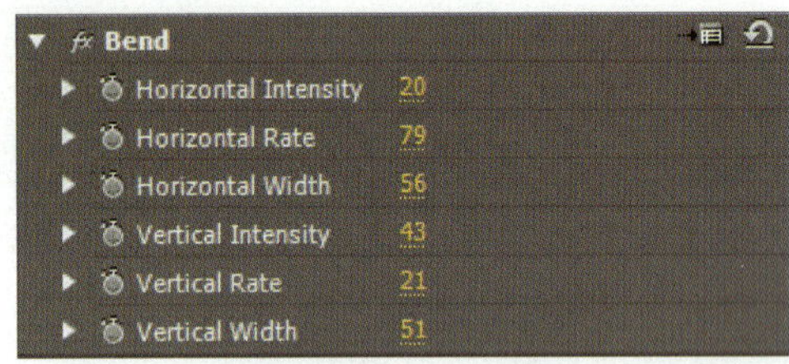

설정 대화상자를 통하여 수평(Horizontal)이나 수직(Vertical)쪽에 대한 구부러질 방향(Direction)과 파형의 종류(Wave)를 선택할 수 있습니다. 하단에 있는 슬라이더로 각 방향에 대한 강도(Intensity), 비율(Rate), 폭(Width) 등을 조절할 수 있습니다.

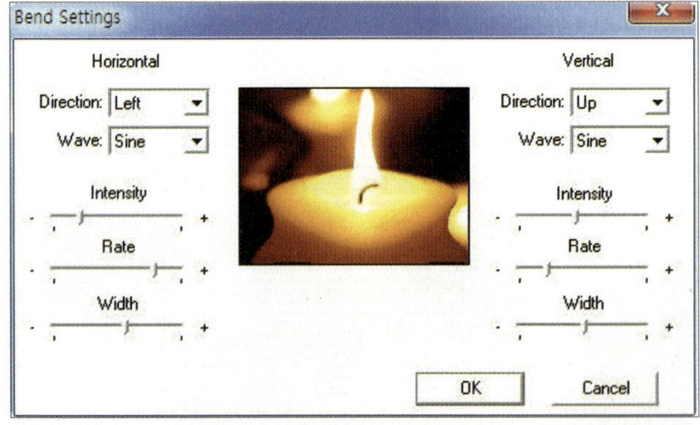

▷▷ Before

▷▷ After

Corner Pin

클립의 네 모서리 위치를 변경하여 변형시킵니다. 이펙트 컨트롤에서 이펙트 이름을 클릭하여 프로그램 모니터에서 클립 모서리에 핸들이 나타나도록 한 다음, 이것을 드래그하면 간편하게 클립을 변형시킬 수 있습니다.

키프레임을 생성하여 각 시간 지점별로 다른 형태를 지정함으로서 시간의 흐름에 따라 클립이 변형되어가는 효과를 만드는 데 주로 사용됩니다.

▷▷ 이펙트 이름 부분을 클릭한 후 핸들을 드래그

▷▷ Before

▷▷ After

 Lens Distortion

클립을 다양한 형태로 왜곡시킵니다. 구형 아날로그 TV에 사용된 볼록한 브라운관 형태도 쉽게 만들 수 있습니다. 영상의 왜곡으로 발생하는 여백 부분의 색상은 Fill 옵션의 Color 박스를 클릭하거나 스포이트를 사용하여 지정할 수 있습니다.

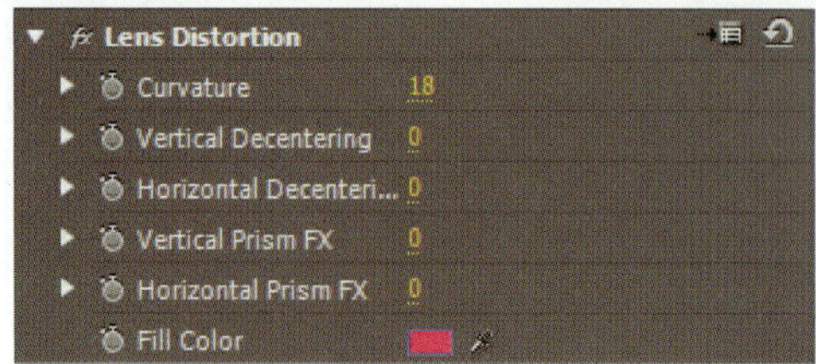

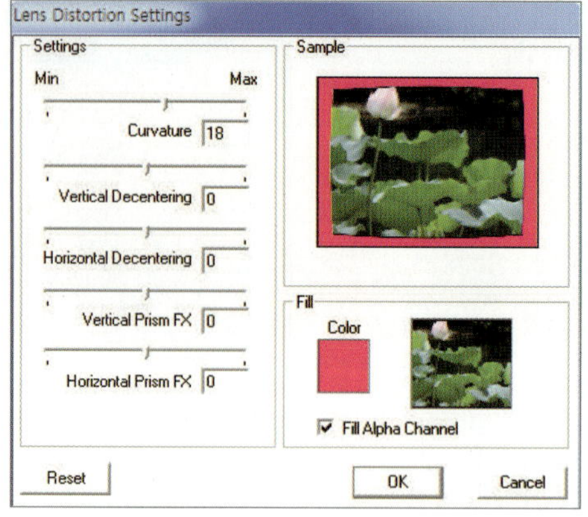

▷▷ 설정 대화상자

▷▷ Before

▷▷ After

 Magnify

클립의 특정 부분을 확대합니다. Center로 확대될 부분의 위치를, Magnification으로 확대 배율을, Size로 확대될 영역의 크기를 지정합니다. 이펙트 이름을 클릭하여 프로그램 모니터에 나타나는 확대 부분 도형의 중심점을 드래그함으로서 확대되는 영역의 위치를 이동시킬 수도 있습니다.

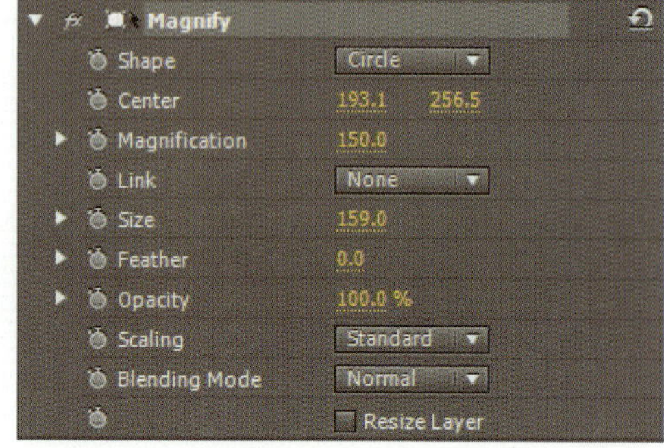

▷▷ Before

▷▷ After

 # Mirror

수평, 또는 수직으로 대칭되는 영상을 만듭니다. Reflection Center로 대칭의 기준점을, Reflection Angle로 대칭 각도를 설정합니다. Reflection Angle의 앞쪽은 회전수를, 뒤쪽은 각도 값을 지정합니다. 트랜스폼 아이콘을 클릭하여 프로그램 모니터에서 속성을 변경할 수도 있습니다.

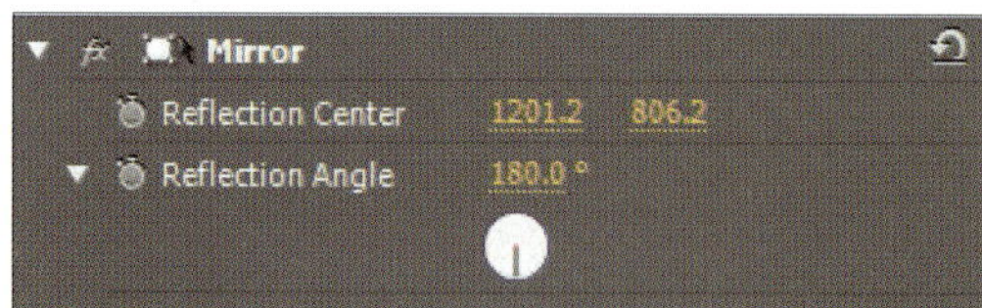

▷▷ Before

▷▷ After

 Offset

원본과 동일한 클립이 겹쳐져 나타나게 합니다. Shift Center To로 원본에 대해 겹쳐져 나타나는 클립의 거리를, Blend With Original로 겹쳐지는 클립의 합성 정도를 설정합니다. 트랜스폼 아이콘을 클릭하고 프로그램 모니터에서 조절 핸들을 드래그하여 겹쳐질 클립의 거리를 조절할 수 있습니다.

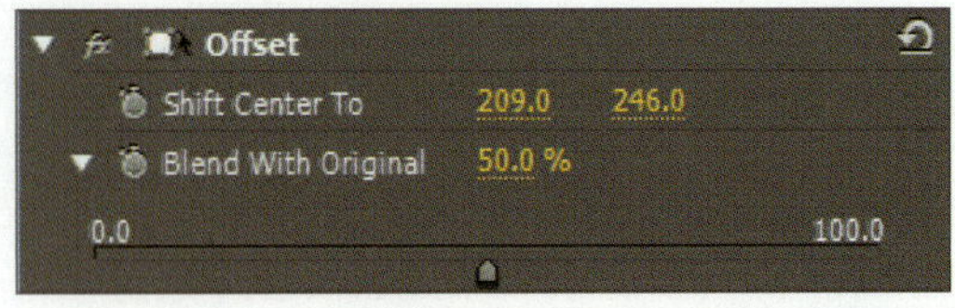

▷▷ Before

▷▷ After

 Spherize

특정 지점이 볼록하게 튀어나오는 영상을 만듭니다. Radius 로 볼록해질 영역의 범위를, Center of Spherize로 볼록해지는 중심 위치를 지정합니다. 이펙트 이름 좌측의 트랜스폼 아이콘을 클릭하고 핸들로 클립 위에서 직접 중심 위치를 지정할 수도 있습니다.

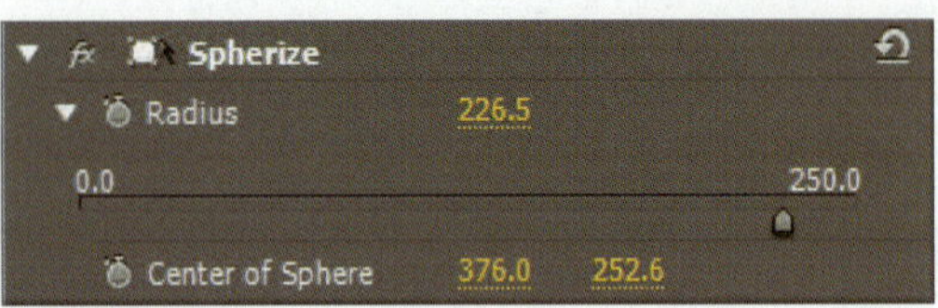

▷▷ Before

▷▷ After

Transform

클립의 크기와 비틀림, 폭, 회전, 넓이 등을 조절하여 다양하
게 변형합니다. 이펙트 이름을 클릭하면 프로그램 모니터에
서 앵커 포인트 조절 핸들과 포지션 조절점이 나타나 드래그
함으로서 속성을 변경할 수도 있습니다.

- **Anchor Point** – 확대, 축소할 때의 기준점을 X, Y 좌표로 지정합니다.
- **Position** – 클립의 중심 위치를 X, Y 좌표로 지정합니다.
- **Uniform Scale** – 체크하면 Scale Height만 활성화되면 클립의 높이를 변경하면 같은 비율로 너비도 자동으로 변경됩니다.
- **Scale Height** – 클립의 높이(세로 크기)를 변경합니다.
- **Scale Width** – 클립의 너비(가로 크기)를 변경합니다.
- **Skew** – 왜곡(비틀기)의 정도를 조절합니다.
- **Skew Axis** – 왜곡의 기준 축을 조절합니다.
- **Rotation** – 회전되는 각도를 조절합니다.
- **Opacity** – 불투명도를 조절합니다.

Use Composition's Shutter Angle과 Shutter Angle 속성은 애프터 이펙트(Adobe After Effects)에서만 사용할 수 있습니다.

▷▷ Before

▷▷ After

 Turbulent Displace

지정된 몇 가지 형태를 기본으로 다양하게 클립을 왜곡시킵니다. Displacement에서 왜곡 형태를, Pinning에서 왜곡될 범위를, Amount에서 왜곡 강도를 지정합니다. 프로그램 모니터에서 왜곡의 중심점을 드래그하여 조절할 수도 있습니다.

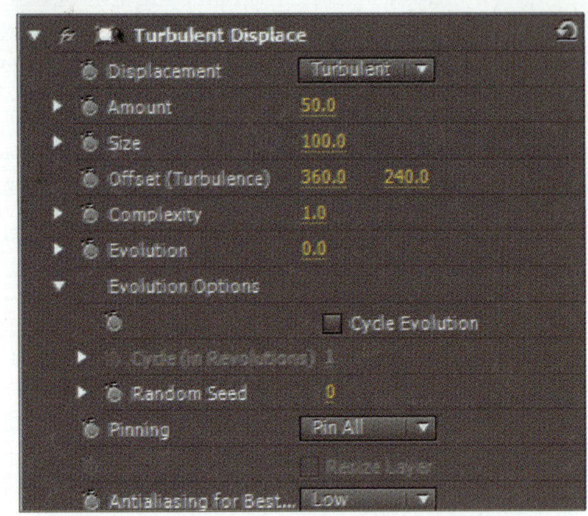

▷▷ Before

▷▷ After

 Twirl

클립을 회전시켜 소용돌이치는 것 같은 효과를 만듭니다. Angle에서 소용돌이의 각도를, Twirl Radius에서 크기를, Twirl Center에서 소용돌이의 중심점 위치를 지정합니다. 트랜스폼 아이콘을 클릭하여 프로그램 모니터에서 회전의 중심점을 조절할 수 있습니다.

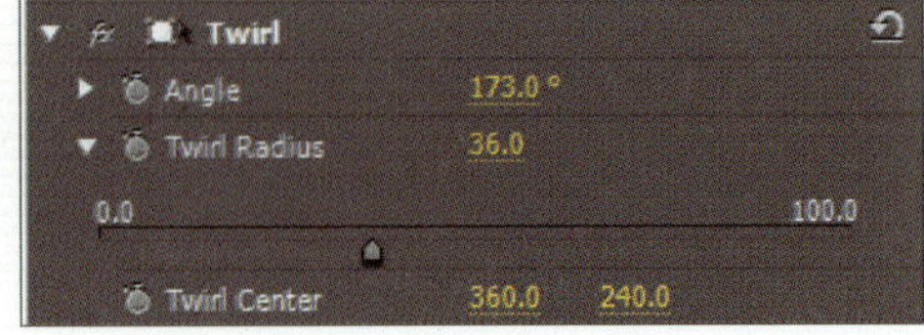

▷▷ Before

▷▷ After

Wave Warp

물결의 파형과 같은 효과를 만듭니다. Wave Type에서 파형의 종류를, Wave Speed에서 파형의 속도를 지정합니다.

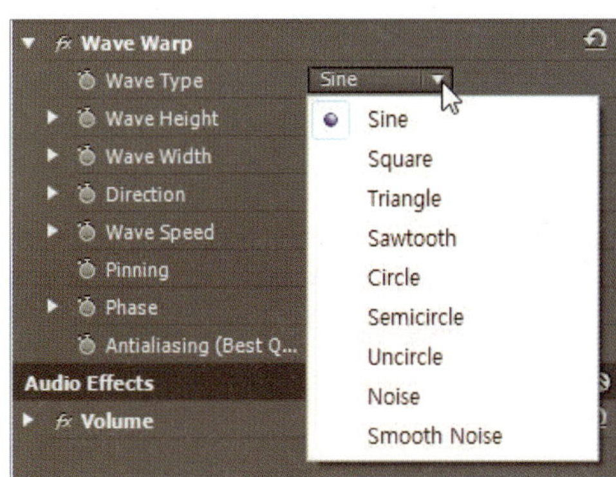

▷▷ Before

▷▷ After

33 Chapter

비디오 이펙트 완전 정복-2

지난 챕터에 이어서 나머지 비디오 이펙트들을 살펴봅니다. Keying 관련 이펙트들은 합성에 대해 다룰 때 예제와 함께 설명할 것이므로 이번 챕터에서는 다루지 않습니다.

1 Generate

 4-Color Gradient

영상에 네 색상의 그라디언트가 나타나게 합니다. 이펙트를 적용하면 기본적으로 Blending Mode가 None으로 지정되어 있어 그라디언트만 나타납니다. Blending Mode는 포토샵의 블렌딩 모드와 동일합니다. 메뉴를 열고 Normal을 선택합니다.

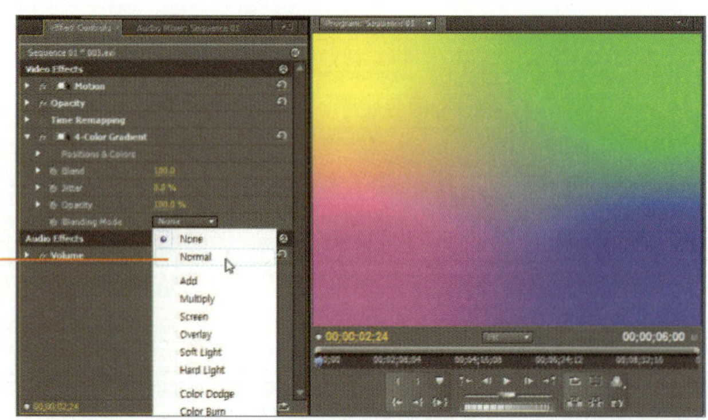

모드를 선택한 후에는 그라디언트의 불투명도, 즉 Opacity 값을 줄여 그라디언트와 영상을 합성합니다. Normal 모드를 제외한 다른 모드를 선택한 경우에는 Opacity 값이 100%인 상태에서도 합성된 결과를 볼 수 있습니다.

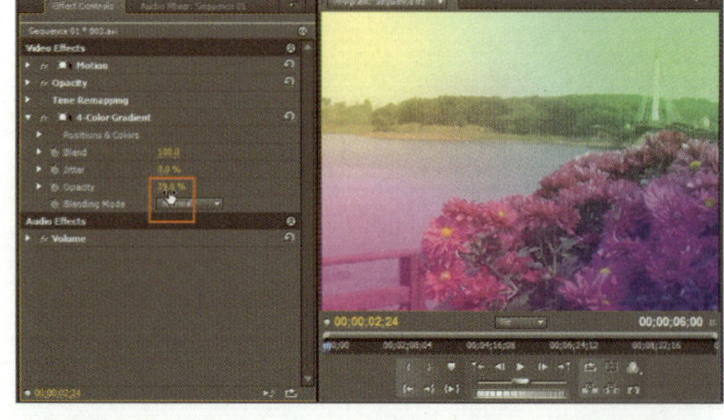

이펙트 이름을 클릭하면 프로그램 모니터에 4개의 조절점이 나타나 각 색상 영역의 범위를 조절할 수 있습니다.

Positions & Colors 속성을 확장 형태로 전환하면 색상 박스나 스포이트를 사용해 각 지점에 대한 색상을 변경할 수 있습니다.

▷▷ 조절점을 드래그하여 각 색상 영역을 조절합니다.

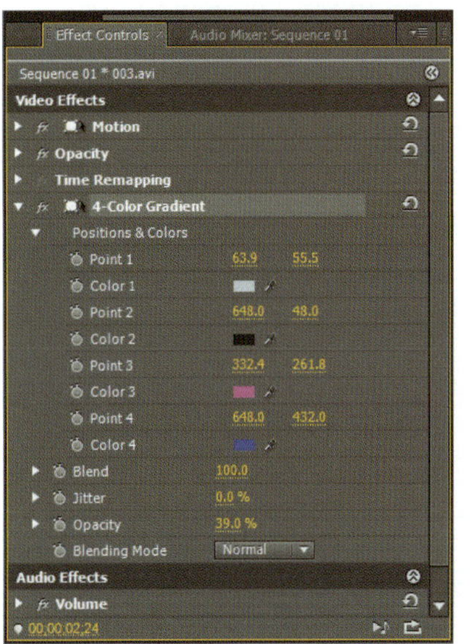

▷▷ Before

▷▷ After

 # Cell Pattern

작은 셀 모양의 패턴을 만들어 질감을 갖게 합니다. 이펙트를
적용하면 클립 전체 영역이 패턴으로 채워져 독특한 미디어
소스로 사용할 수도 있으며 이펙트 컨트롤 패널의 Opacity
값을 낮추고 하위 트랙에 다른 클립을 등록하여 합성하는 용
도로 사용할 수도 있습니다. Cell Pattern 목록에서 다양한
패턴을 선택할 수 있으며 이펙트 이름을 클릭하여 프로그램
모니터에 나타난 조절점으로 패턴의 중심점을 변경할 수도
있습니다.

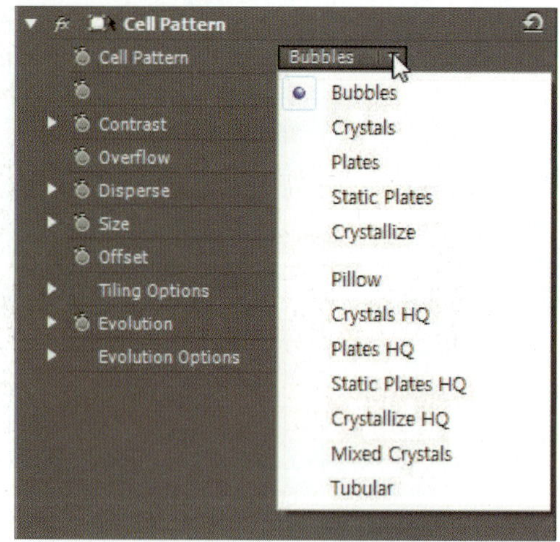

▷▷ Before

▷▷ After

 # Checkerboard

클립에 체크무늬를 만듭니다. 이펙트 적용 초기에는 체크무
늬만 나타나며 Blending Mode에서 적절한 모드를 선택하
여 영상과 합성합니다. Width에서 체크무늬의 크기를, Color
에서 체크무늬의 색상을, Opacity에서 체크무늬의 불투명도
를 조절할 수 있습니다. 이펙트 이름을 클릭하여 프로그램 모
니터에 나타난 조절점으로 체크무늬의 위치를 변경할 수도
있습니다.

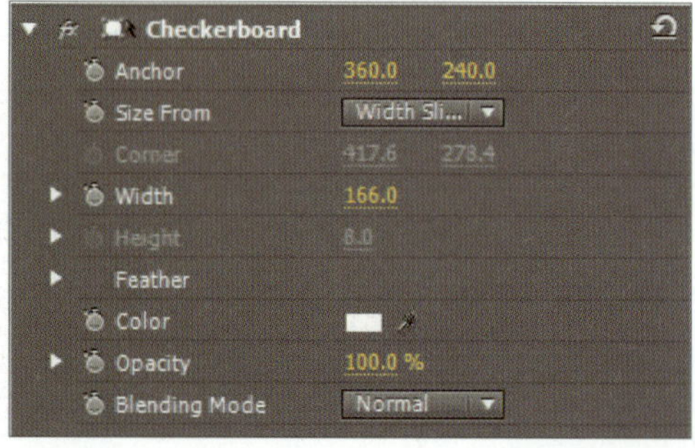

▷▷ Before

▷▷ After

Circle

클립에 원을 만듭니다. 이펙트 적용 초기에는 흰색의 원만 나타나며 Blending Mode에서 적절한 모드를 선택하여 합성합니다. Edge 옵션에서 Edge Radius를 선택하고 Edge Radius 값을 키우면 원을 링의 형태로 만들 수 있습니다. 이펙트 이름을 클릭하면 프로그램 모니터의 조절점으로 원의 위치를 변경할 수 있습니다.

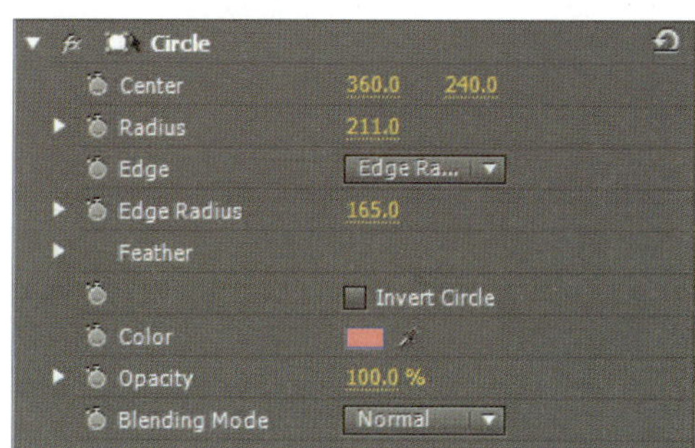

▷▷ Before

▷▷ After

 Eyedropper Fill

특정 지점의 색상으로 전체 영상의 색상을 바꿉니다. 이펙트를 적용하면 한 가지 색만 나타나므로 일단 Blend With Original 값을 100%로 변경하여 클립이 나타나도록 하고 Sample Point 값을 조절하거나 이펙트 이름을 클릭하여 핸들이 나타나도록 드래그하여 샘플 색상 영역을 지정합니다. 이어서 다시 Blend With Original 값을 조절하여 지정한 색과 클립을 합성합니다. Sample Radius에서 샘플 색상의 범위를 지정할 수 있습니다.

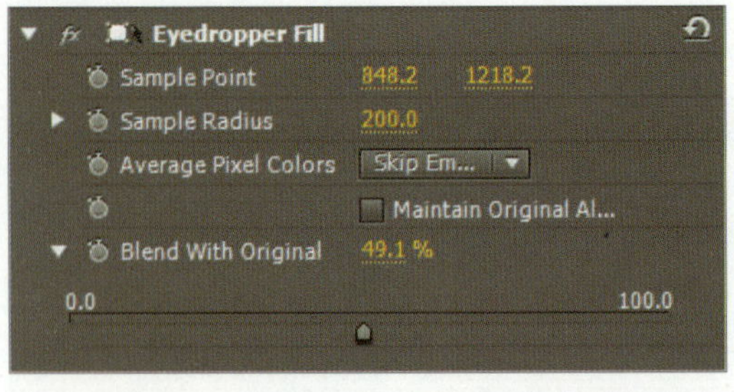

▷▷ Before

▷▷ After

 Grid

영상에 그리드를 만듭니다. 먼저 Blending Mode에서 합성 방식을 선택한 다음, Corner로 그리드의 간격을, Border로 그리드의 두께를, Color로 그리드의 색상을 조절합니다.

이펙트 이름을 클릭하면 프로그램 모니터에 두 개의 조절점이 나타나며 가로, 또는 세로로 드래그함으로써 그리드의 간격을 자유롭게 조절할 수 있습니다.

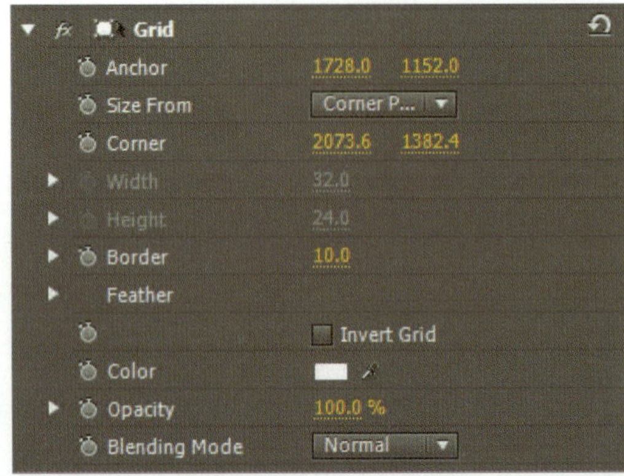

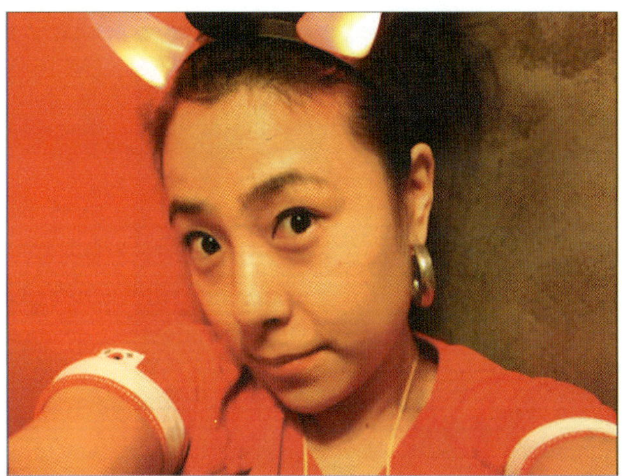

▷▷ Before

▷▷ After

Lens Flare

플래시가 터진 것처럼 특정 영역에 밝은 광원이 나타나도록 합니다. Flare Center에서 광원의 중심 위치를, Flare Brightness에서 광원의 세기를, Lens Type으로 광원의 종류를 선택합니다. 광원의 중심 위치를 이펙트 이름을 클릭하여 프로그램 모니터에서 직접 지정할 수도 있습니다.

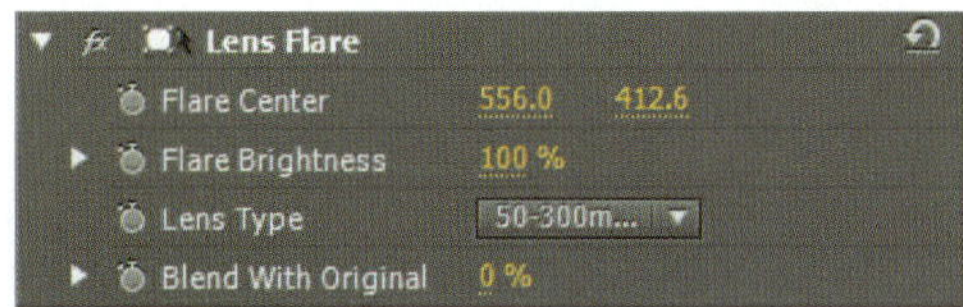

▷▷ Before

▷▷ After

 ## Lightning

두 지점 사이에 번개가 치는 것 같은 효과를 만듭니다.
Start point와 End point의 X, Y 좌표값을 변경하거나 이
펙트 이름을 클릭하여 클립 위에 나타나는 두 개의 조절점을
드래그하여 번개의 시작점과 끝 지점을 지정합니다.
Segments로 번개의 갈라지는 분기수를, Amplitude로 번
개의 구부러지는 강도를 설정합니다. 많은 속성을 가지고 있
지만 값을 변경하면 즉시 그 결과가 나타나므로 쉽게 조절할
수 있을 것입니다.

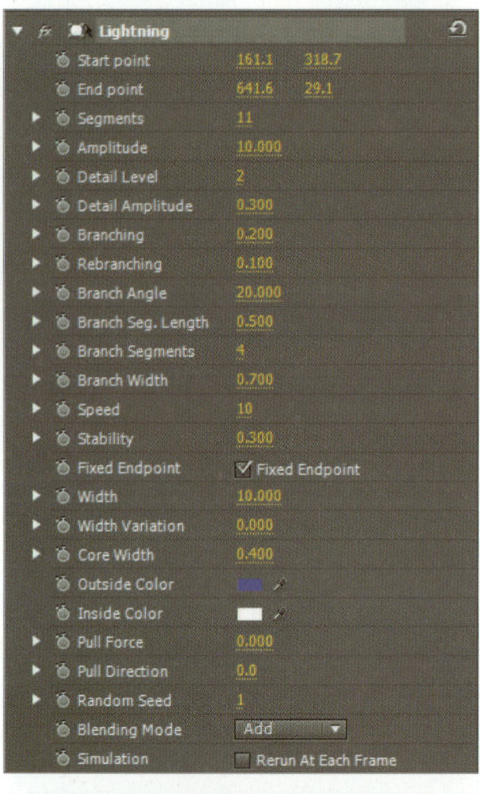

▷▷ Before

▷▷ After

 ## Paint Bucket

특정 지점에 대한 색상 영역을 단색으로 칠합니다. Fill Point 값을 변경하거나 직접 핸들을 드래그하여 색상 영역을 지정할 수
있으며 Fill Selector에서 영역의 선택 방식을, Stroke에서 색상이 채워지는 방식을, Opacity에서 선택한 색상의 불투명도를,
Blending Mode에서 지정한 색상과 클립의 합성 방식을 선택합니다. 선택한 영역의 색상 범위는 Tolerance에서 조절합니다.

이펙트 이름을 클릭하여 프로그램 모니터에 나타나는 조절점으로 칠하고자 하는 영역을 지정할 수도 있습니다.

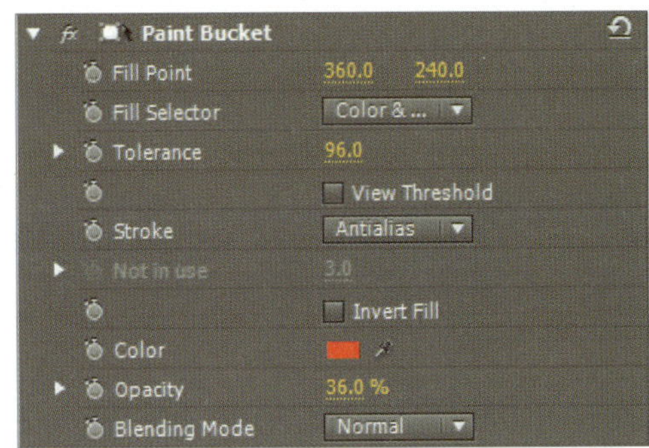

▷▷ Before

▷▷ After

Ramp

영상에 그라디언트 효과를 만듭니다. 두 지점의 색상을 Start Color와 End Color에서 각각 지정한 다음, Start of Ramp와 End of Ramp에서 그라디언트의 시작점과 끝점을 지정합니다. 이펙트 이름을 클릭하여 프로그램 모니터에 나타나는 두 개의 조절점을 드래그하여 시작점과 끝점을 조절할 수도 있습니다.

Blend With Original 값을 조절하면 영상과 합성할 수 있습니다. 선형이나 방사형 그라디언트를 만들 수 있습니다.

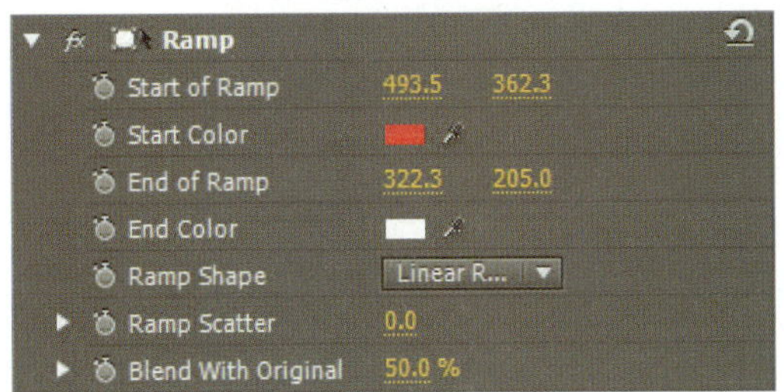

▶▶ Before

▶▶ After

 Write-on

클립이 재생되면서 브러시로 칠하는 듯한 브러시 애니메이션을 만듭니다. 이펙트를 적용하고 Brush Position의 Toggle Animation 버튼을 클릭하여 키프레임을 생성합니다.

이펙트 이름을 클릭한 후, 프로그램 모니터에 나타난 조절점을 브러시로 그리고자 하는 시작 지점에 위치시킵니다.

Brush Size의 값을 20 정도로 설정하여 브러시가 크게 나타나도록 하고 현재 시간 표시자를 다음 지점으로 이동시킵니다. 예제에서는 1초 10 프레임 지점에 두었습니다.

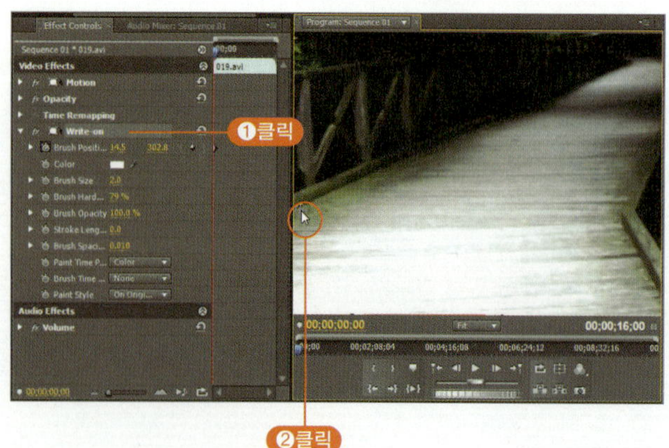

프로그램 모니터의 조절점을 브러시로 그려질 다음 위치로 드래그합니다. 브러시의 이동 경로가 표시됩니다.

이런 방법을 반복하여 여러 지점에 각각 다른 브러시 위치를 지정하여 시간의 흐름에 따라 지정된 경로로 브러시가 칠해지도록 합니다. 이동 경로에 따라 별이나 하트와 같은 다양한 브러시 애니메이션을 만들 수 있습니다.

2 Image Control

Black & White

클립의 모든 색을 그레이스케일로 변환합니다. 속성은 가지고 있지 않습니다.

▷▷ Before

▷▷ After

 ## Color Balance(RGB)

영상의 RGB 색상을 조절합니다.

 ## Color Pass

선택한 색상만을 그대로 남겨두고 나머지 부분은 그레이스케
일로 변환합니다.

설정 대화상자를 열면 두 개의 뷰가 나타나는데 Clip Sample에는 원본 클립을, Output Sample에는 설정값이 적용된 클립의 상태를 보여줍니다.

Clip Sample 뷰에서 특정 지점을 클릭하면 클릭한 부분의 색상을 제외한 나머지 색상이 흑백으로 변환되어 Output Sample 뷰에 나타납니다.

▷▷ 설정 대화상자

클릭한 지점의 색상이 고르지 못한 경우 Similarity 슬라이더로 색상 영역의 범위를 조절합니다. Reverse 옵션을 체크하면 컬러와 그레이스케일 영역이 서로 바뀌게 됩니다.

▷▷ Before

▷▷ After

 ## Color Replace

특정 색상을 다른 색상으로 바꿉니다. Target Color에서는 바꾸고자 하는 색상을, Replace Color에서는 바꿀 색상을 지정합니다.

설정 대화상자에서 Clip Sample 뷰 위로 마우스를 가져가 스포이트로 바꾸고자 하는 부분을 클릭합니다.

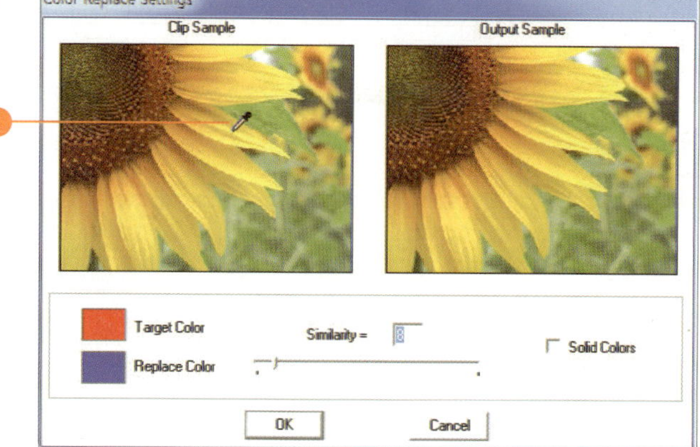

바꿀 색상을 지정하기 위해 Replace Color 색상 박스를 클릭합니다.

컬러 피커 창이 나타납니다. 원하는 색상을 지정하고 OK 버튼을 클릭합니다.

Similarity 슬라이더를 적절히 우측으로 드래그하여 선택한 색상 영역의 범위를 넓혀준 다음, OK 버튼을 클릭하여 설정 값을 적용합니다.

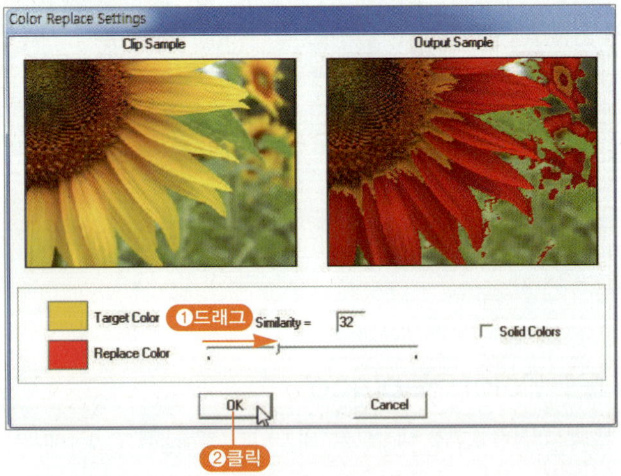

▷▷ Before

▷▷ After

 Gamma Correction

미드톤, 즉 중간 영역의 밝기를 조절하여 클립을 밝게, 또는
어둡게 조절합니다. 쉐도우 영역이나 밝은 영역은 변경되지
않습니다. 감마의 초기값은 10이며 1에서 28의 범위 내에서
조절할 수 있습니다.

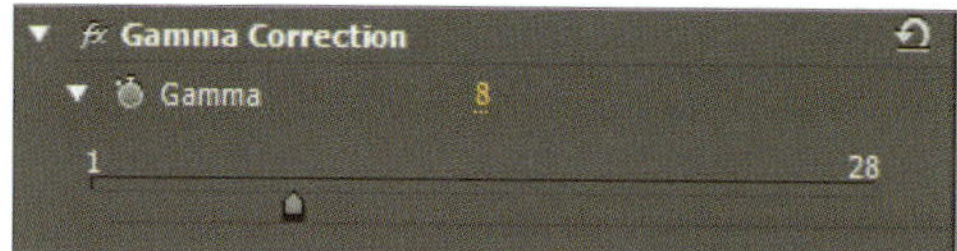

▷▷ Before

▷▷ After

3   Noise & Grain

 Dust & Scratches

클립의 노이즈나 스크래치를 제거합니다. Radius 값을 너무
높이면 선명치 못한 영상을 얻게 되므로 적절히 조절하도록
하는 것이 좋습니다.

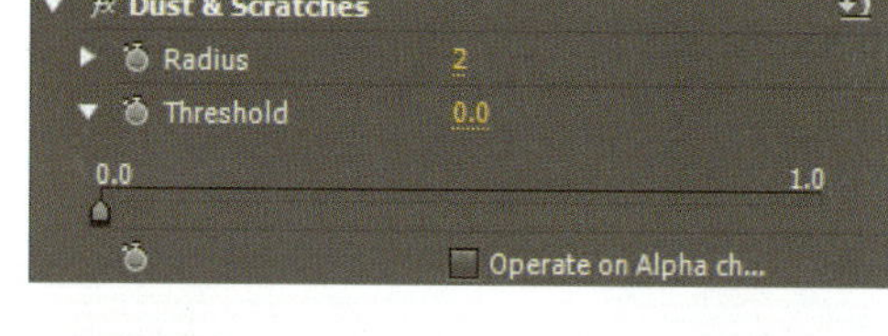

▷▷ Before

▷▷ After

 ## Median

지정한 반경 내의 픽셀의 RGB 평균값을 각 픽셀에 적용하여 노이즈를 제거합니다. Radius 값은 반경을 지정하는데, 1을 지정하면 인접하는 8개의 픽셀에 영향을 미치게 됩니다. Radius 값을 높이면 회화적인 효과를 얻을 수 있습니다.

▷▷ Before

▷▷ After

 ## Noise

노이즈를 첨가하여 특이한 분위기를 만듭니다. Amount of Noise로 노이즈의 양을 조절합니다.

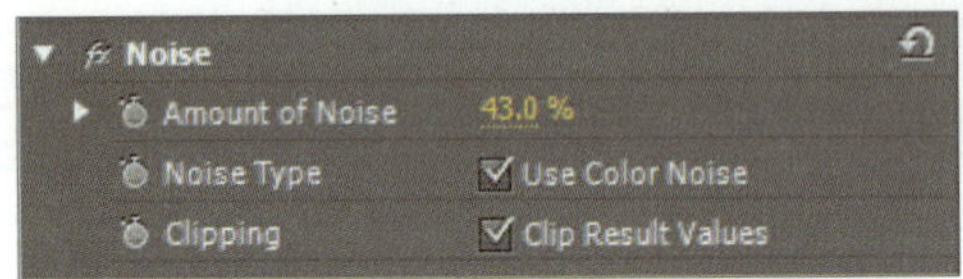

▷▷ Before

▷▷ After

Noise Alpha

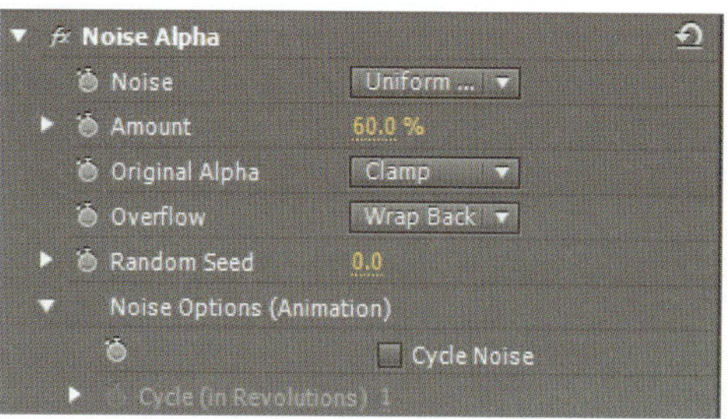

클립의 알파 채널에 노이즈 패턴을 만들어 독특한 분위기가
들도록 합니다. Noise 속성에서 Uniform Random을 선택
하면 같은 양의 검정색과 흰색으로 이루어진 노이즈를 만들
수 있으며 Squared Random을 선택하면 콘트라스트가 높
은 노이즈를 만들 수 있습니다. Amount 속성에서 노이즈의
양을 지정해주어야 노이즈가 나타납니다.

▷▷ Before

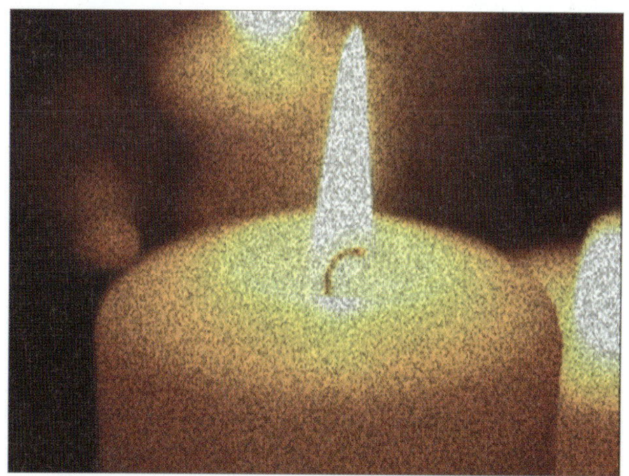

▷▷ After

Noise HLS

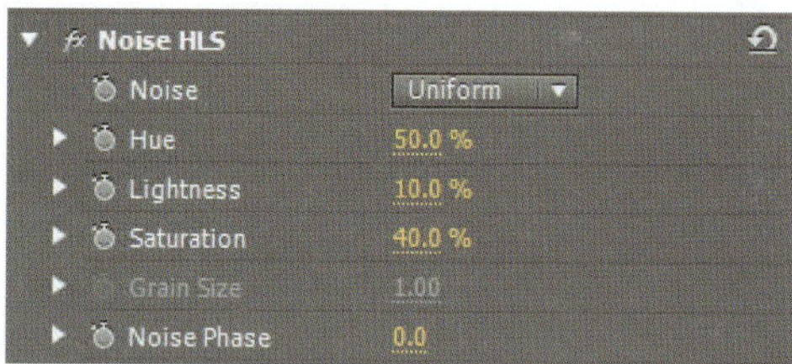

 노이즈의 색상(Hue), 밝기(Light), 채도(Saturation) 값까지
조절할 수 있습니다.

▷▷ Before

▷▷ After

 Noise HLS Auto

Noise HLS와 동일한 방식으로 노이즈를 만들지만 동영상에 적용한 경우 재생하면 노이즈가 애니메이션되는 것을 볼 수 있습니다. Noise Animation Speed로 노이즈의 애니메이션 속도를 조절합니다.

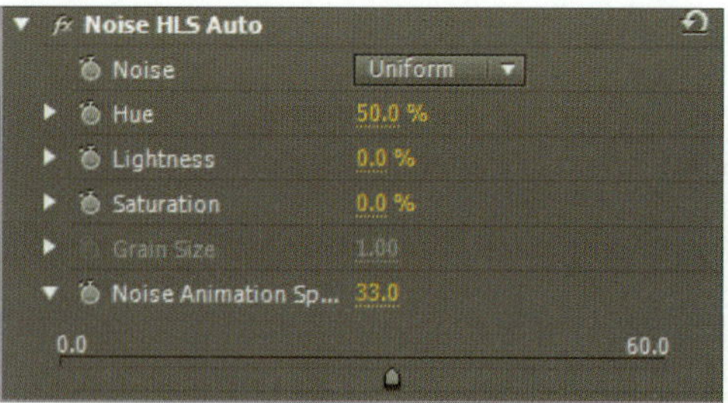

▷▷ Before

▷▷ After

4 Perspective

 Basic 3D

클립을 3차원적으로 나타나게 합니다. 수직, 또는 수평축을 기준으로 회전시키거나 가까이, 또는 멀리 이동시킬 수 있습니다.

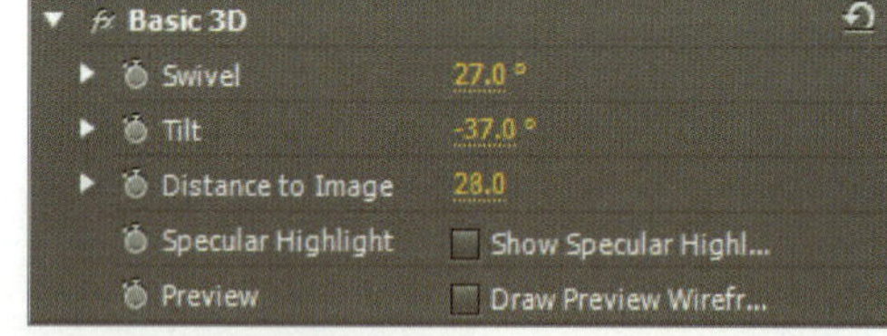

- **Swivel** – 세로축을 기준으로 수평 방향의 회전 강도를 조절합니다. 90도가 넘어가면 클립의 뒤편, 즉 뒤집어져 나타나게 됩니다.
- **Tilt** – 가로축을 기준으로 수직 방향의 회전 강도를 조절합니다.
- **Distance to Image** – 클립의 거리를 조절합니다. 값이 클수록 클립이 멀어지게 됩니다.
- **Show Specular Highlight** – 라이트와 같은 반사광이 나타나도록 합니다.
- **Draw Preview Wireframe** – 프리뷰 시에 클립의 주위에 외곽선(와이어 프레임)만 나타냅니다.

▷▷ Before

▷▷ After

 ## Bevel Alpha

클립의 알파 채널 영역을 입체적으로 만듭니다. Edge Thickness에서 입체적으로 나타나는 경계선의 두께를, Light Angle 에서 광원의 각도를, Light Color에서 광원의 색상을, Light Intensity에서 광원의 강도를 설정합니다. 프리미어 프로 CS5의 타이틀러 패널에서 만든 타이틀 클립처럼 알파채널을 포함하고 있는 클립에 적용했을 때 결과가 나타납니다.

▷▷ Before

▷▷ After

Tip 알파 채널(Alpha Channel)

채널(Channel)이란 이미지의 색상을 담고 있는 하나의 판으로서 RGB 이미지의 경우 Red, Green, Blue 등, 세 개의 채널을 가지고 있으며 각 채널의 값이 혼합됨으로써 1670만 컬러를 표현할 수 있습니다. 또한 그레이스케일 이미지는 Black 채널을 기본적으로 가지고 있습니다.

알파채널은 이들 기본 채널 외에 추가되는 채널을 가리키는데 이미지는 한 파일당, 16개의 채널을 가질 수 있으므로 RGB 이미지의 경우, 13개의 알파 채널을 가질 수 있으며 그레이스케일의 이미지는 15개의 알파 채널을 가질 수 있습니다. 알파 채널의 색상 깊이는 8비트이며 저장되는 정보는 그레이스케일 형식입니다. 타이틀러에서 작업한 타이틀 클립의 배경은 알파 채널로 저장됩니다.

 ## Bevel Edges

클립의 경계를 깎아 빛을 쪼인 것 같은 3차원 효과를 만듭니다. 베벨 알파 이펙트와 달리 경계는 항상 사각형으로 나타나면 모두 같은 두께를 갖게 됩니다. Angle 값을 음수나 양수로 지정함에 따라 경계가 볼록, 또는 오목하게 나타납니다.

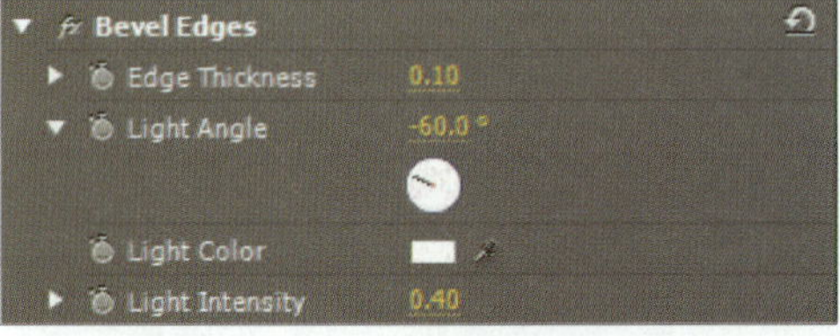

 ## Drop Shadow

알파 채널 영역의 주위에 그림자가 나타나도록 합니다. Shadow Color에서 그림자의 색상을, Opacity에서 그림자의 불투명도를, Direction에서 그림자의 방향을, Distance에서 그림자와 알파 채널 영역과의 거리를, Softness에서 그림자의 번짐 강도를 각각 설정합니다.

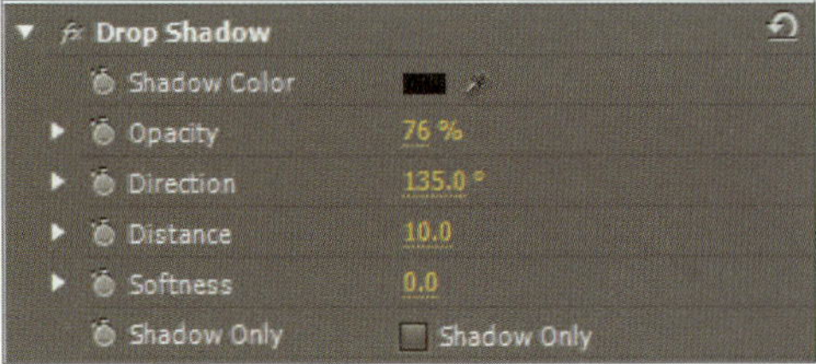

▷▷ Before

▷▷ After

 Radial Shadow

알파 채널을 가지고 있는 이미지 주위에 방사형의 그림자를 만듭니다. 이펙트 이름을 클릭하면 프로그램 모니터를 통해 광원의 중심점을 조절할 수 있습니다.

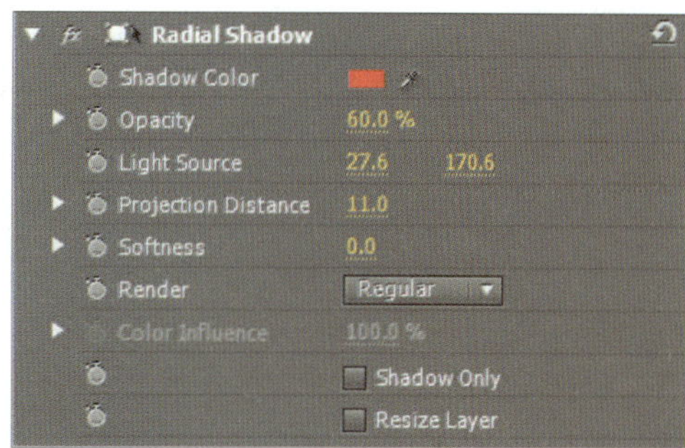

- Shadow Color – 그림자의 색상을 지정합니다.
- Opacity – 그림자의 불투명도를 조절합니다.
- Light Source – 광원의 위치를 조절합니다.
- Projection Distance – 원본과 그림자와의 거리를 조절합니다.

▷▷ Before

▷▷ After

5 Stylize

 ### Alpha Glow

알파 채널 영역의 가장자리로부터 특정 색상의 빛이 발산하듯 퍼져나갑니다. 시작 지점과 끝 지점의 색상을 다르게 지정할 수 있으며 Use End Color 옵션을 선택해야 끝 지점의 색상이 나타나게 됩니다. Fade Out 옵션은 시작 색상에서 끝 지점으로 색상이 부드럽게 변화되도록 합니다.

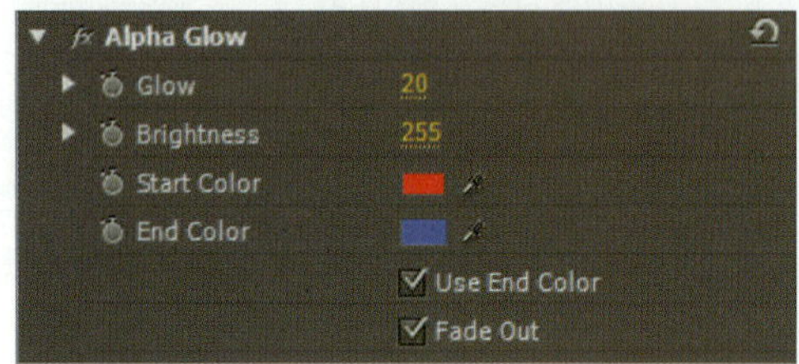

▷▷ Before

▷▷ After

 ### Brush Strokes

클립에 브러시로 칠한 것 같은 효과를 만듭니다. Stroke Angle로 브러시의 터치 방향을, Brush Size로 브러시의 두께를, Stroke Length로 브러시의 길이를, Stroke Density로 브러시의 조밀도를 각각 설정합니다.

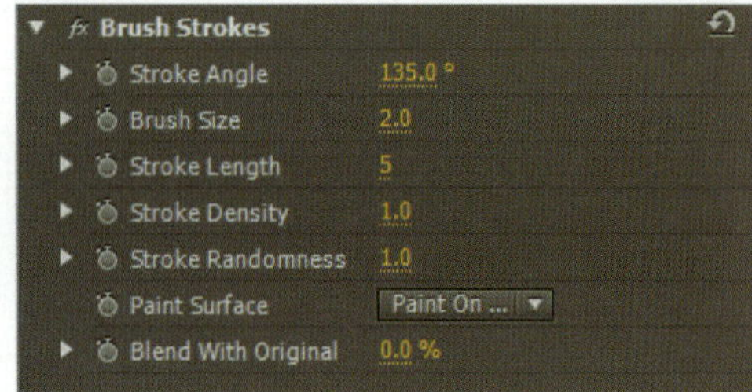

▶▶ Before

▶▶ After

 Color Emboss

색상의 경계 부분을 조금씩 어긋나게 하여 영상을 올록볼록하게 돋아나 보이게 합니다. Relief로 엠보싱의 강도를 조절합니다.

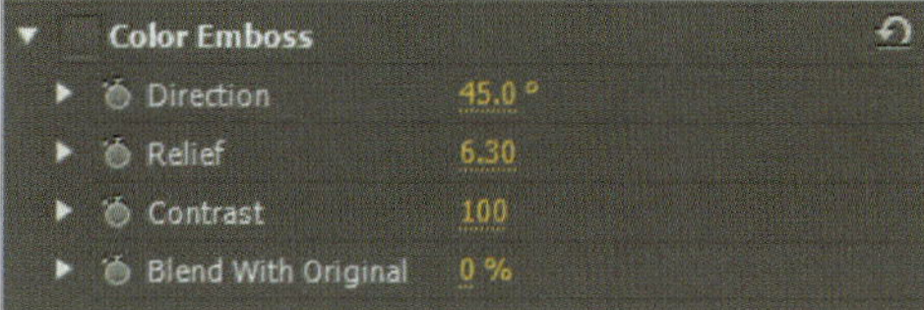

▶▶ Before

▶▶ After

 Emboss

그레이스케일의 올록볼록한 영상을 만듭니다.

▷▷ Before

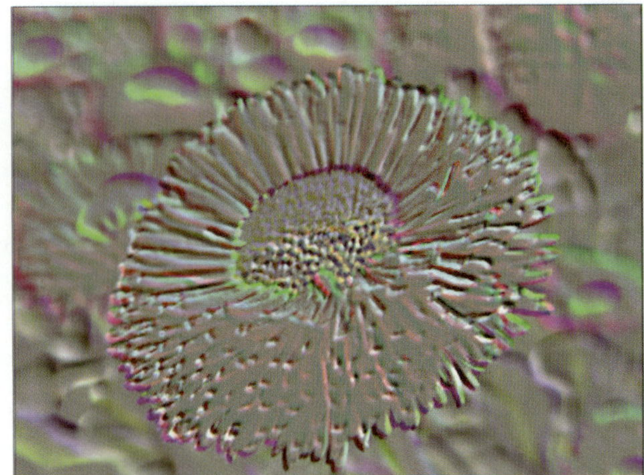

▷▷ After

 Find Edges

색상 차이가 있는 사물의 경계선만 나타나게 합니다. Invert
옵션을 선택하면 색상이 반전됩니다.

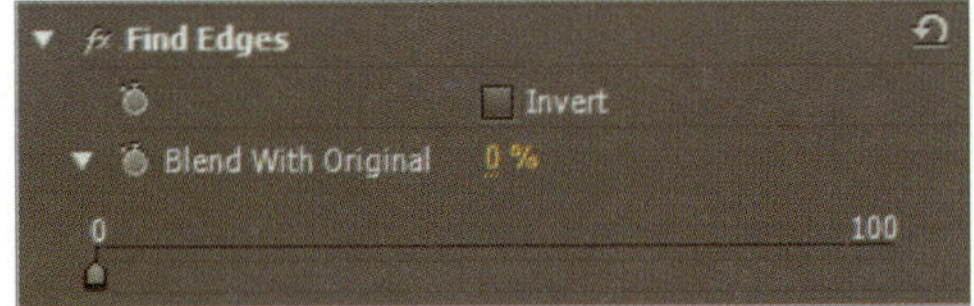

▷▷ Before

▷▷ After

 Mosaic

클립을 모자이크로 처리합니다. Horizontal Blocks에서 수
평 방향의, Vertical Blocks에서 수직 방향의 모자이크 개수
를 지정합니다.

▷▷ Before

▷▷ After

Posterize

클립의 각 채널에 대한 색상 수를 변경합니다. Level 속성에
서 색상의 정도를 지정합니다. 값이 적을수록 색상 수가 줄
어 이미지가 거칠게 표현됩니다.

▷▷ Before

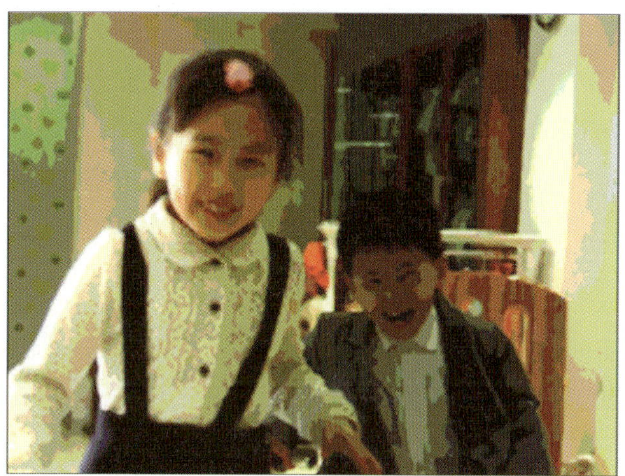

▷▷ After

Replicate

클립을 여러 개로 분할하여 멀티비전처럼 나타나게 합니다.
Count로 분할되는 개수를 지정합니다.

▷▷ Before

▷▷ After

Roughen Edges

영상의 외곽에 종이를 찢은 듯한 테두리를 만들어 액자처럼 나타나게 합니다. Edge Type에서 액자의 종류를 선택할 수 있으며 Border에서 액자의 두께를 설정합니다. 액자의 색상을 변경하려면 Edge Type에서 Roughen Color를 선택해야 합니다.

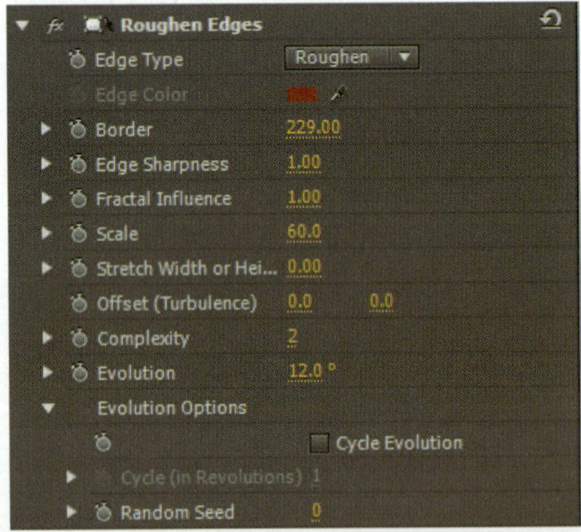

▷▷ Before

▷▷ After

 Solarize

사진 현상 도중 빛에 노출된 것 같은 독특한 효과를 만듭니다.

▷▷ Before

▷▷ After

Strobe Light

클립을 특정 색으로 물들게 합니다. 이펙트를 적용하면 흰색으로 나타나며 적절한 색상을 지정한 다음, Blend With Original에서 Strobe Color와의 혼합 비율을 설정합니다. Strobe Operator에서는 색상과 원본 클립과의 합성 방식을 선택할 수 있습니다.

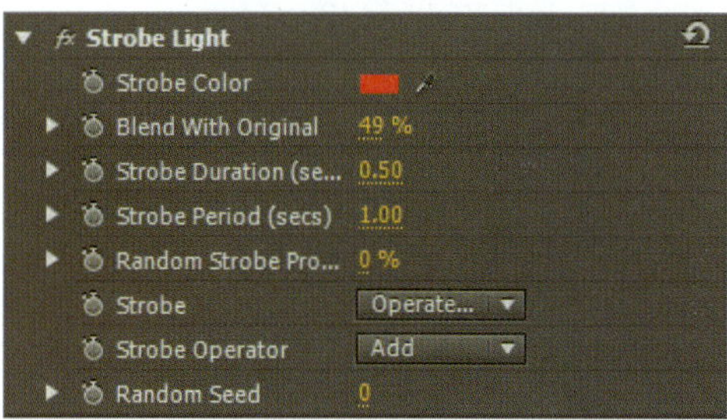

▷▷ Before

▷▷ After

 Texturize

클립에 별도로 지정한 클립의 질감(텍스처)이 나타나게 합니다. 이펙트를 적용하기 위해서는 두 개의 클립이 필요합니다. Video 2 트랙에 일반 클립을, Video 1 트랙에 텍스처로 사용할 동영상 클립을 등록하고 Video 2 트랙의 클립에 Texturize 이펙트를 적용합니다.

이펙트가 적용된 Video 2 트랙의 클립을 선택하고 이펙트 컨트롤 패널에서 이펙트의 Texture Layer 속성에 텍스처로 사용할 클립이 등록된 Video 1 트랙을 선택합니다.

선택한 트랙에 놓인 클립의 질감이 현재 클립에 적용됩니다. Texture Contrast로 텍스처의 강도를 조절할 수 있습니다.

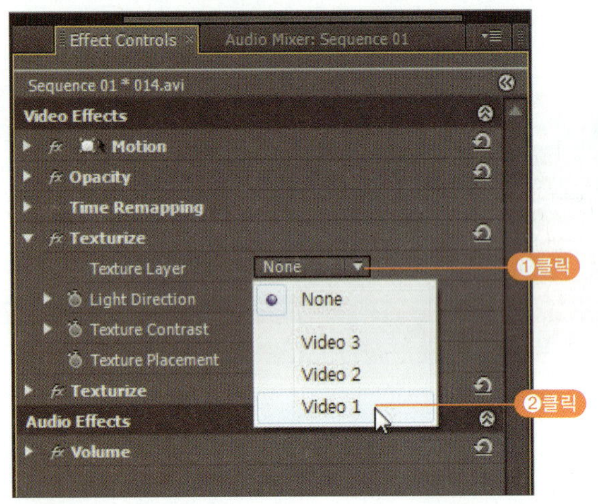

 Threshold

그레이스케일이나 컬러 클립을 콘트라스트가 높은 흑백 이미지로 변환합니다. Level로 흑백 영역을 조절하여 간단히 스케치한 것 같은 이미지를 만들 수도 있습니다.

▷▷ Before

▷▷ After

6 Time

 ## Echo

클립에 잔상을 만들어줍니다. 움직임이 심한 비디오 클립에 적용해야 효과를 볼 수 있으며 Number Of Echoes로 잔상의 개수를 지정합니다.

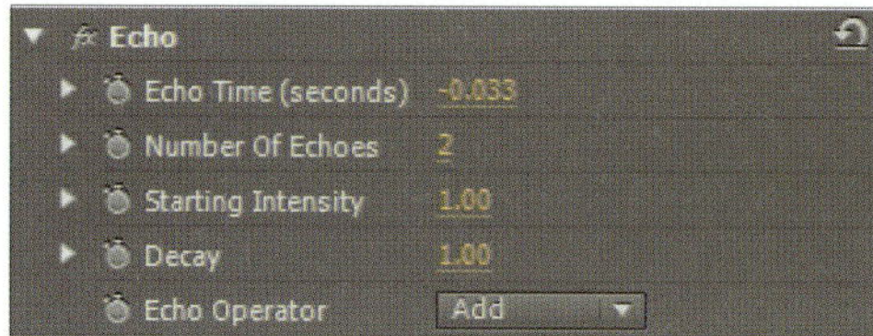

▷▷ Before

▷▷ After

 Posterize Time

클립의 초당 프레임을 변경합니다. 초당 30프레임의 동영상 클립의 프레임 수를 3~5 정도로 변경하면 슬로우 비디오와 같은
효과가 나타나 극적인 느낌을 줄 수 있습니다.

---

7   **Transform**

 Camera View

다양한 각도에서 촬영한 것처럼 클립의 형태를 바꿀 수 있습
니다. 줌, 회전, 틸팅 등의 효과를 적용할 수 있으며 키프레
임을 설정하면 변화되어가는 영상을 만들 수 있습니다. 영상
의 변형으로 발생하는 여백의 색상은 Fill Color에서 지정합
니다.

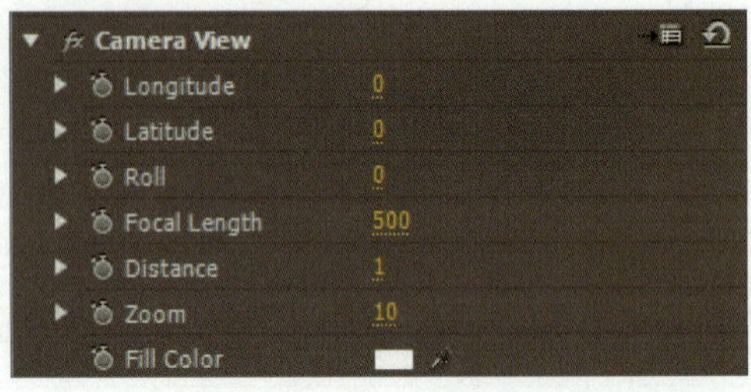

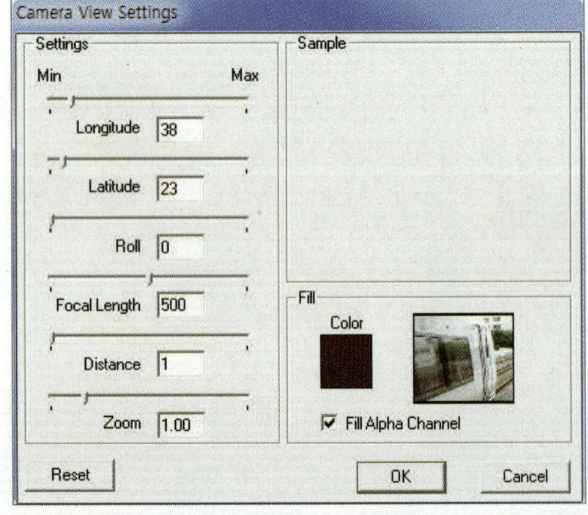

▶▶ 설정 대화상자

▷▷ Before

▷▷ After

 Crop

클립의 특정 영역만 나타나도록 잘라내는 기능을 합니다. 이
펙트 이름을 클릭하면 프로그램 모니터에 네 개의 조절점이
나타나며 이것을 드래그하여 나타날 영역의 크기를 조절합
니다. 조절점 내부의 선택 영역을 드래그하면 선택 영역의
위치를 이동시킬 수 있으며 **Shift** 키를 누른 채로 조절점
을 드래그하면 원본 클립의 종횡비를 유지하면서 크기를 조
절 할 수 있습니다. Zoom 옵션을 클릭하면 선택 영역만 전
체 영역으로 확대됩니다. 모든 속성과 Zoom 옵션에 키프레
임을 생성하고 두 지점에 각각 다른 설정값을 지정하면 카
메라의 포커스가 이동하면서 줌 인되는 것 같은 효과를 얻
을 수 있습니다.

▷▷ 첫 번째 키프레임-모든 속성을 기본값으로 지정

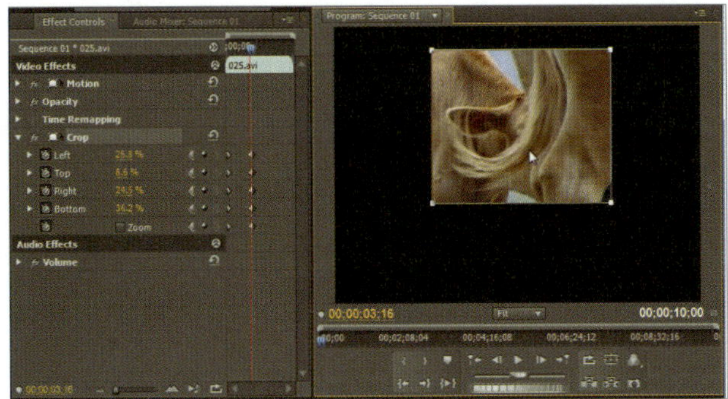

▷▷ 두 번째 키프레임-Zoom 옵션을 끄고 조절점으로 확대될 영역만 크롭

▷▷ Zoom 옵션을 체크하면 해당 영역을 확대됨

이렇게 설정하면 클립이 재생되면서 해당 영역이 확대되므로, 특정 영역만 줌 인되는 결과를 얻을 수 있습니다.

 Edge Feather

클립의 외곽에 부드러운 검정색의 테두리를 만듭니다.
Amount 속성으로 테두리의 두께를 조절합니다.

▷▷ Before

▷▷ After

 Horizontal Flip

클립의 좌우를 바꿉니다.

▷▷ Before

▷▷ After

Horizontal Hold

클립의 아래쪽을 고정한 상태로 클립을 좌측, 또는 우측으로
기울게 합니다. 텔레비전의 수평 동기가 맞지 않았을 때와
같은 효과를 만들 수 있습니다.

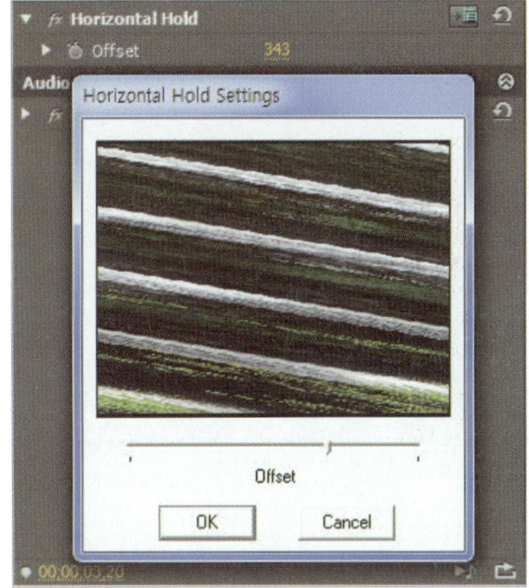

▷▷ Before

▷▷ After

Vertical Flip

클립의 상하를 바꿉니다.

▷▷ Before

▷▷ After

 Vertical Hold

영상을 빠른 속도로 위로 흐르게 합니다. 텔레비전의 수직 동기가 맞지 않은 것 같은 효과를 만들 수 있습니다.

---

8 Transition

 Block Dissolve

클립에 작은 블록이 나타나면서 점차 사라집니다. 장면 전환 효과에 사용되므로 두 지점에 키프레임을 생성해야 제대로 결과를 볼 수 있습니다. 완전한 장면 전환 효과가 나타나게 하려면 첫 번째 키프레임의 Transition Completion 값은 0으로, 두 번째 키프레임은 100으로 설정해야 합니다.

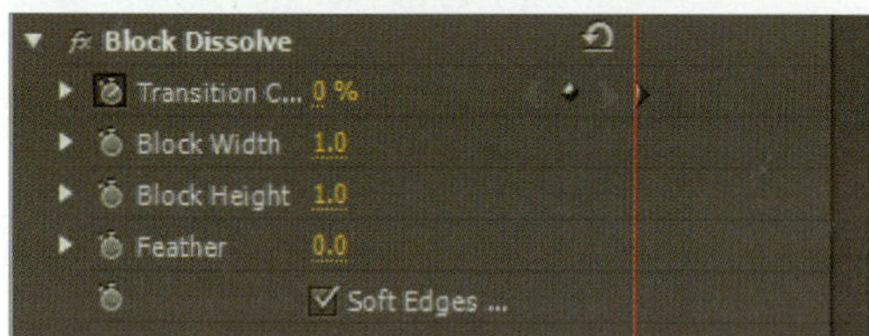

▶▶ 첫 번째 키프레임의 Transition Completion – 0%

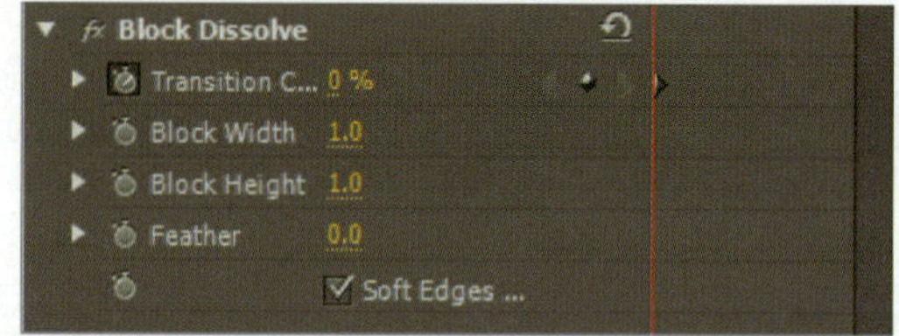

▶▶ 두 번째 키프레임의 Transition Completion – 100%

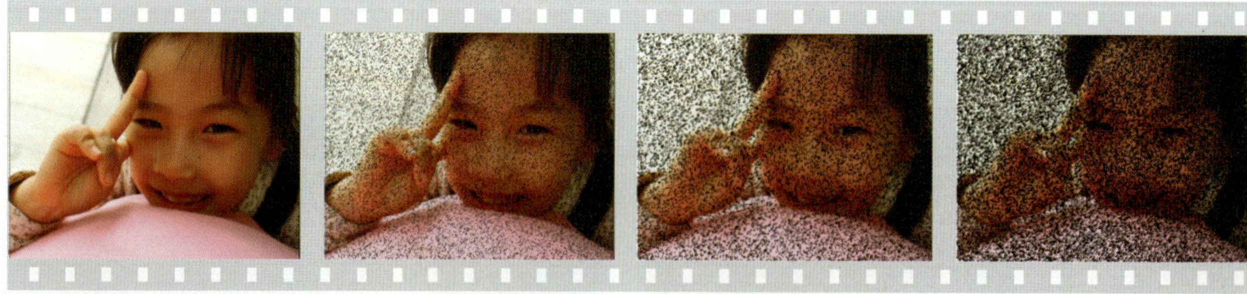

Gradient Wipe

현재 클립이 다른 트랙에 놓인 클립 영상으로 서서히 변해가
도록 합니다. 현재 클립을 상위 트랙에, 변화되어 나타날 클
립을 하위 트랙의 동일 시간 지점에 놓고 상위 트랙의 클립
에 이펙트를 적용한 다음, 이펙트의 Gradient Layer 속성에
서 하위 트랙을 지정합니다.

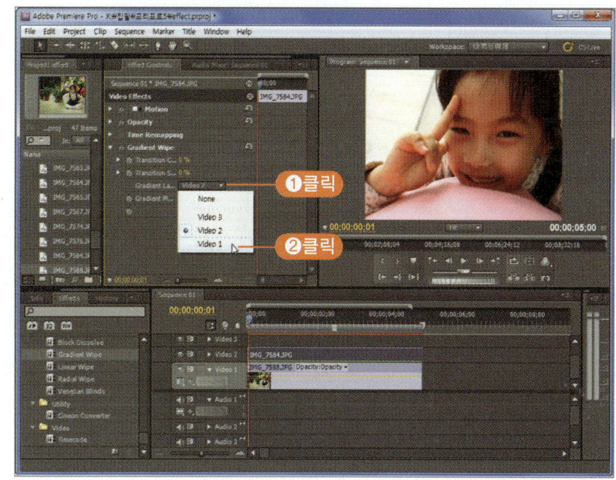

▶▶ 다른 클립이 등록된 트랙을 지정

이어서 Transition Completion 속성에 키프레임을 생성하
고 속성값을 0으로 지정합니다.

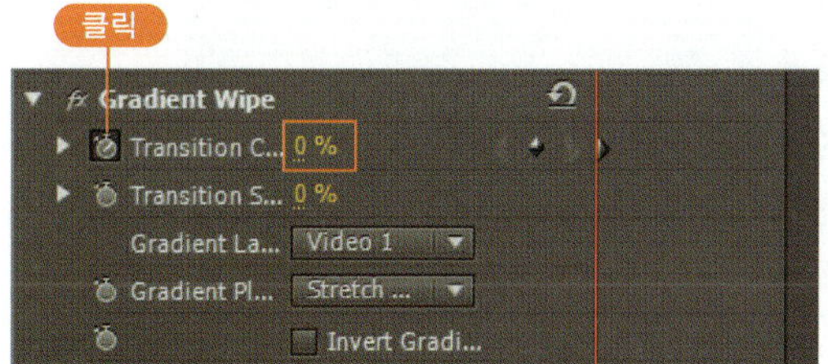

▶▶ 첫 번째 키프레임의 Transition Completion – 0%

다른 지점으로 현재 시간 표시자를 이동시키고 Transition
Completion 값을 100으로 지정합니다.

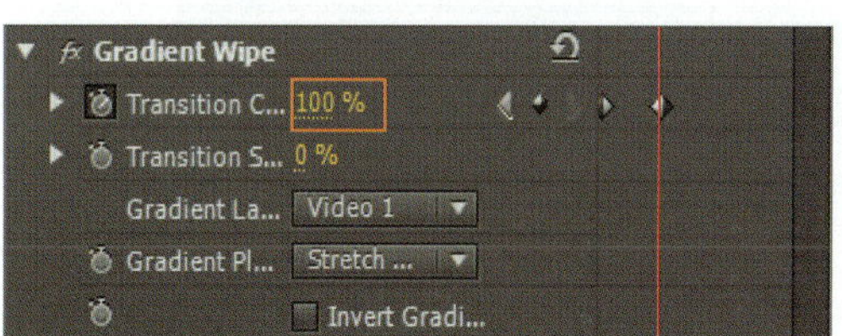

▶▶ 두 번째 키프레임의 Transition Completion – 100%

클립을 재생하면 Gradient Layer에서 지정한 클립의 어두운 부분부터 점차 나타나면서 전환됩니다.

Linear Wipe

현재 영상이 와이퍼로 닦아내듯 좌측부터 사라지면서 하위 트랙의 영상으로 전환됩니다.

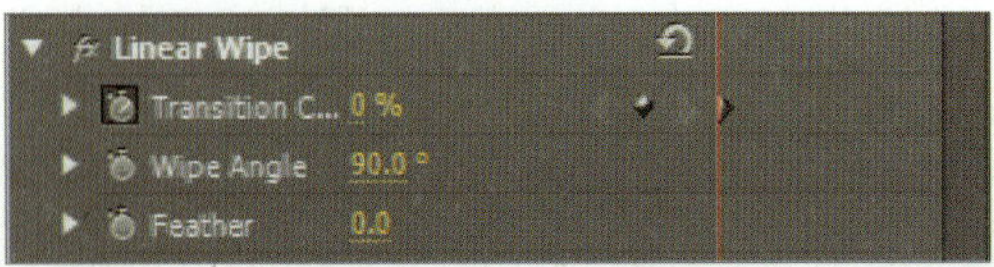
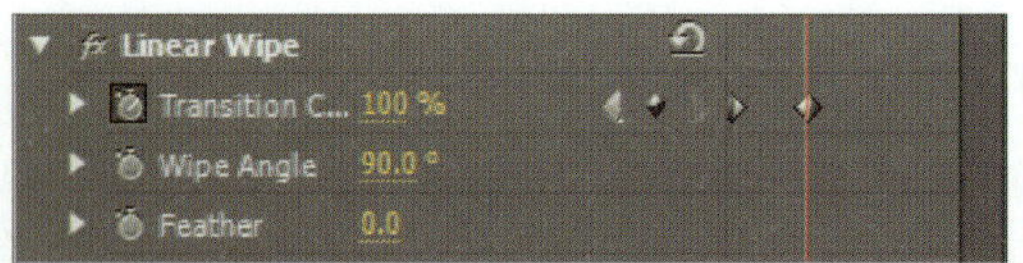

▶▶ 첫 번째 키프레임의 Transition Completion – 0%   ▶▶ 두 번째 키프레임의 Transition Completion – 100%

 Radial Wipe

현재 영상이 시계 방향으로 사라지면서 하위 트랙의 영상으로 전환됩니다.

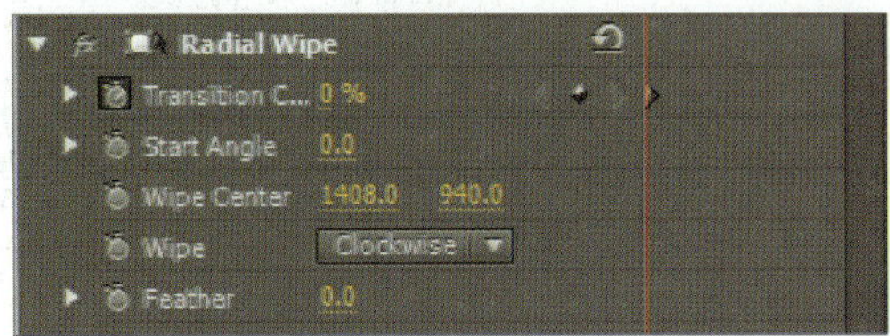
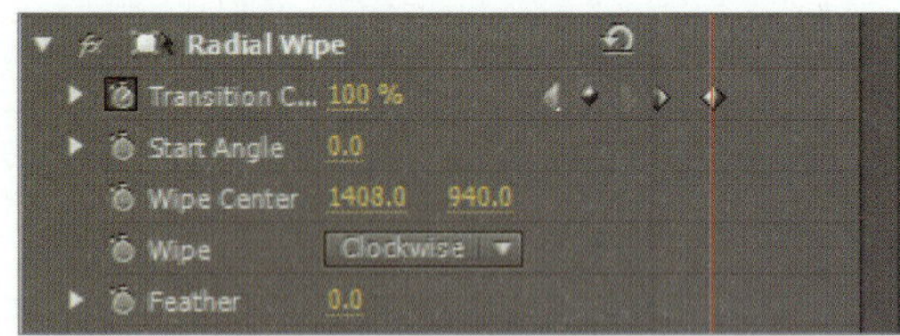

▶▶ 첫 번째 키프레임의 Transition Completion – 0%   ▶▶ 두 번째 키프레임의 Transition Completion – 100%

 Venetian Blinds

현재 영상 위에 수평 띠의 형태로 하위 트랙의 영상이 나타나면서 전환됩니다.

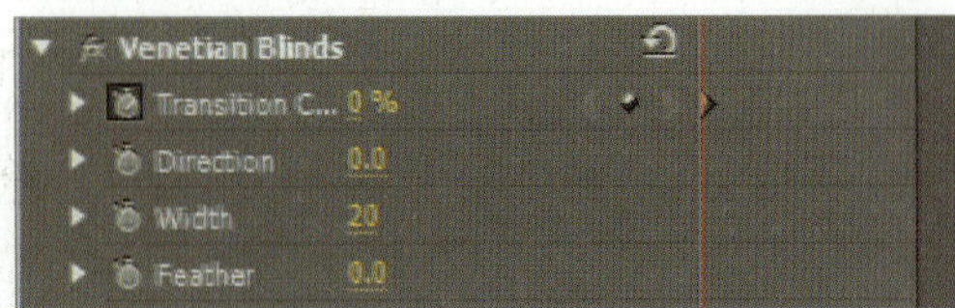
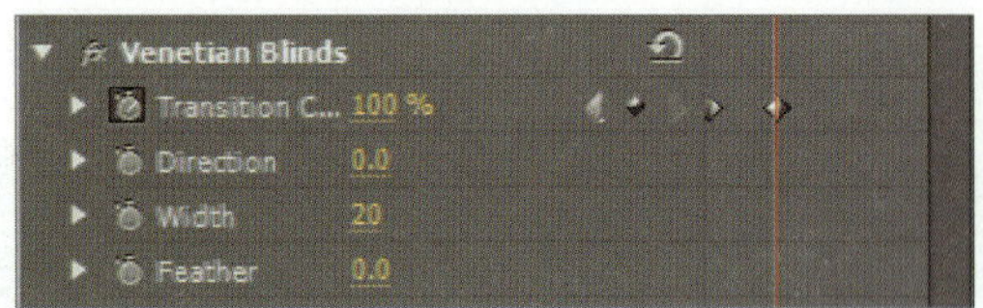

▶▶ 첫 번째 키프레임의 Transition Completion – 0%   ▶▶ 두 번째 키프레임의 Transition Completion – 100%

9   Utility

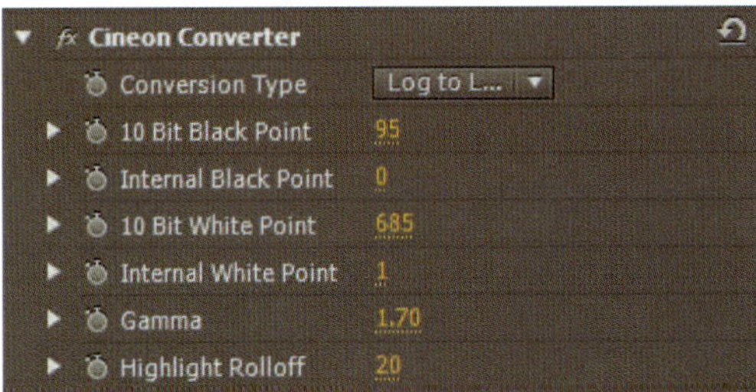 Cineon Converter

필름 카메라로 촬영한 사진과 비슷한 느낌을 갖게 합니다.

▷▷ Before

▷▷ After

10　Video

 ## Timecode

클립 위에 현재 재생 지점에 대한 타임코드가 나타나도록 합니다. 타임코드의 크기와 불투명도를 조절할 수 있으며 위치도 변경할 수 있습니다. 이펙트 이름을 클릭하여 프로그램 모니터에 나타나는 조절점으로 타임코드의 위치를 변경할 수도 있습니다.

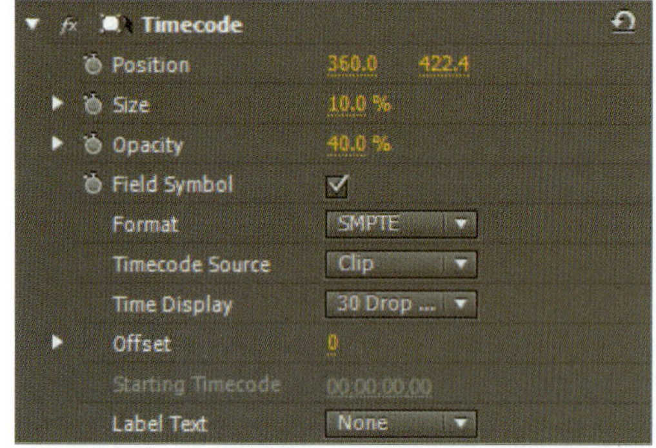

34 Chapter

오디오 이펙트 완전 정복

오디오 이펙트는 5.1 채널용, Stereo용, Mono용 등이 각 채널별 Bin에 수록되어 있습니다. 몇 개의 이펙트를 제외하면 대부분 동일한 이름을 가지고 있으며 기능 또한, 지원하는 채널만 다를 뿐 동일합니다. 오디오 이펙트는 타임라인 패널의 오디오 클립으로 드래그하여 적용하며 비디오 클립처럼 키프레임을 생성할 수도 있습니다. 부록 DVD의 [Source] 폴더에 있는 사운드 파일(*.mp3)을 불러와 직접 이펙트를 적용하고 속성값 설정의 차이를 들어보면서 확인해보기 바랍니다.

Balance

Stereo Bin에만 존재하는 이펙트로서 좌, 우 채널의 상대적인 볼륨값을 조절합니다. Balance 값이 음수(−)값을 가질수록 좌측 채널의 볼륨값이 커지며 상대적으로 우측 채널의 볼륨값이 작아집니다. 양수(+)값을 가지면 이와 반대로 각 채널의 볼륨값이 설정됩니다.

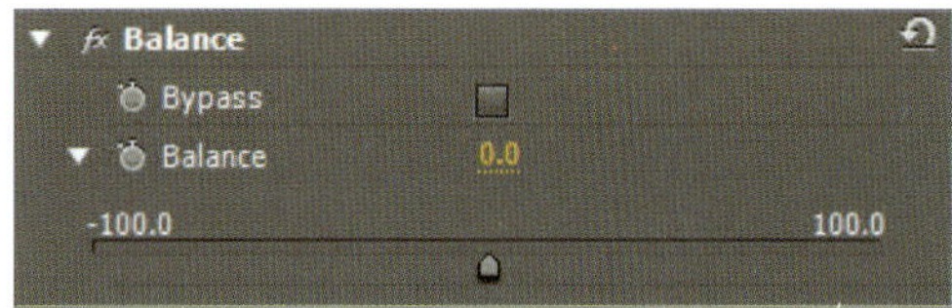

Tip Bypass 속성

모든 오디오 이펙트에 공통적으로 존재하는 Bypass 속성의 옵션을 선택하면 해당 이펙트가 적용되지 않은 상태가 됩니다. 이펙트의 On/Off 버튼과 동일한 역할을 수행하지만 키프레임을 설정할 수 있으므로 시간 지점에 따라 이펙트의 적용/해제 상태를 전환하여 적용할 수 있습니다.

Bandpass

지정 범위 외의 주파수를 제거합니다. Center에서 제거하는 주파수 범위의 중심값을 지정하며 Q에서 남기고자 하는 주파수 대역의 폭을 지정합니다. 값이 작으면 주파수 대역의 폭이 넓어지고 값이 크면 주파수 대역의 폭이 좁아집니다.

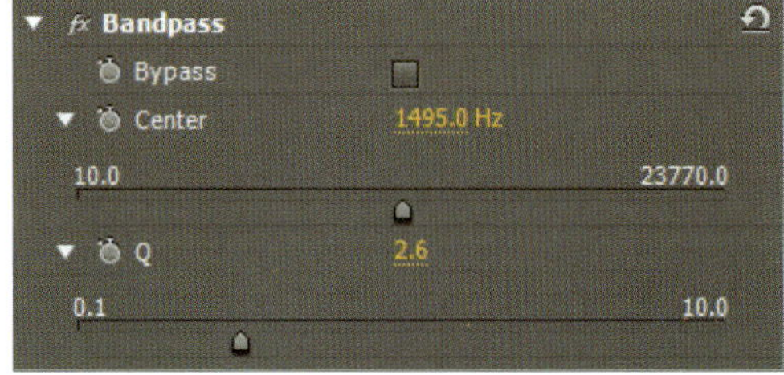

 Bass

200Hz 이하의 저음부를 증폭, 또는 감소시킵니다. Boost 값
을 크게 할수록 저음부가 증폭됩니다.

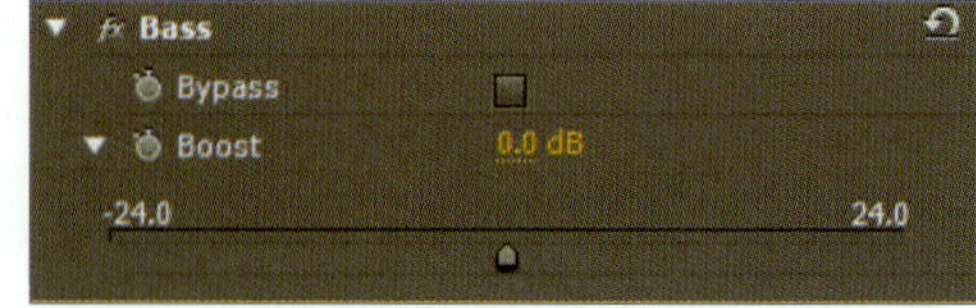

Channel Volume

스테레오나 5.1 패널의 클립, 또는 트랙의 볼륨을 개별적으로
조절합니다. 각 속성에 키프레임을 생성하고 두 키프레임 지
점에 각각 다른 값을 지정하면 소리가 한쪽 채널에서 다른
채널로 이동하는 것 같은 효과를 만들 수 있습니다.

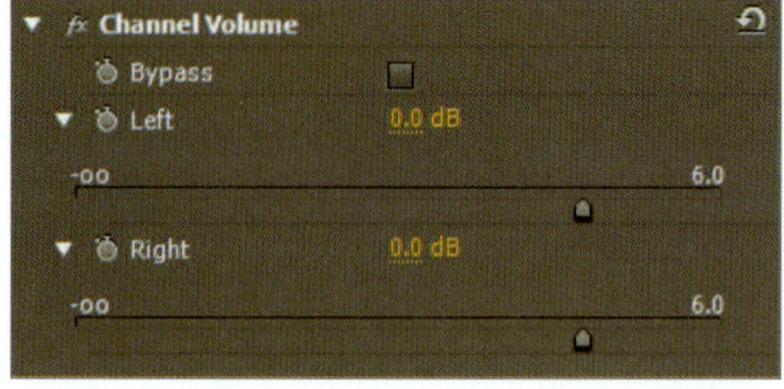

 Chorus

원본과 함께, 원본과 약간 다른 시간차를 갖는 사운드를 재생
함으로서 여러 사람이 동시에 연주하는 것 같은 코러스 효과
를 갖게 합니다.

Custom Setup 속성에서는 다음과 같은 옵션을 설정할 수
있습니다.

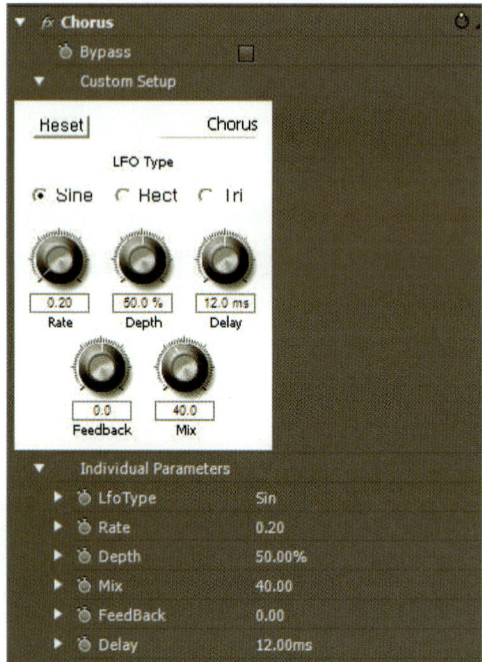

- Rate – 변조되는 주파수 대역을 설정합니다.
- Depth – 변조되는 주파수의 진폭을 설정합니다.
- Delay – 변조되는 주파수의 지연시간(딜레이)을 설정합
  니다.
- Feedback – 이펙트가 적용된 사운드가 다시 입력단으
  로 되돌아오는 사운드의 양을 설정합니다.
- Mix – 원본과 이펙트가 적용된 사운드의 혼합 비율을 설
  정합니다.

 DeClicker

오래된 LP판을 재생할 때 발생하는 "틱틱"거리는 잡음을 제거합니다. Threshold 속성에서 잡음이 제거될 정도를 설정하며 DePlop에서 필터링되는 저역대를 설정합니다. Audition 옵션을 선택하면 이펙트가 적용되어 필터링되는 부분만을 들어볼 수 있습니다.

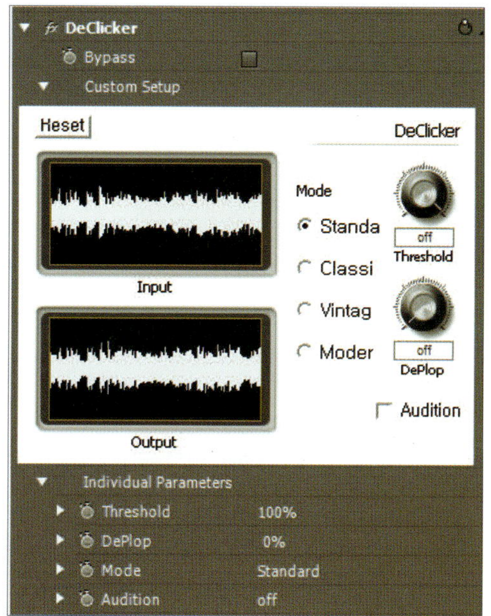

 DeCrackler

사운드에서 지직거리는 잡음을 제거합니다. Custom Setup의 윗부분 그래프에 감지된 잡음의 파형이 나타나므로 실시간으로 상황을 보면서 속성을 설정할 수 있습니다.

Threshold에서 이펙트가 적용되는 레벨을, Reduction에서 잡음이 제거되는 레벨을 설정할 수 있습니다.

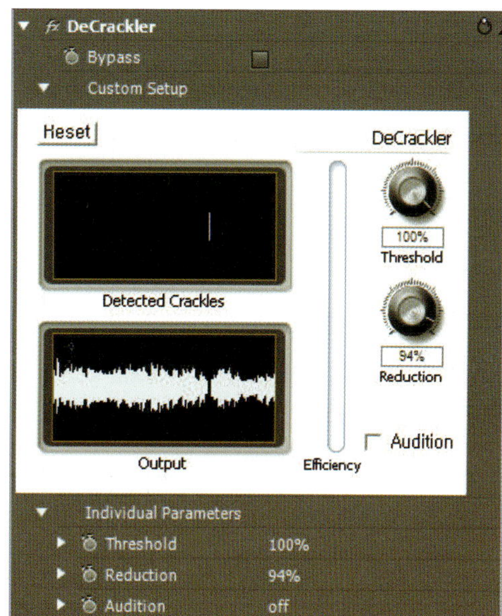

DeEsser

내레이터나 가수가 'S', 'T' 등의 문자를 발음했을 때 발생하기 쉬운 치찰음이나 그 외의 거슬리는 소리인 고주파의 찰과음을 제거합니다. Gain에서 찰과음의 제거 정도를 지정하며 Gender에서는 내레이터나 가수의 성별을 Male, Female로 지정해서 성별에 의한 톤의 차이를 적합하게 설정할 수 있습니다. 슬라이더를 좌측으로 드래그하면 Female, 우측으로 드래그하면 Male이 됩니다.

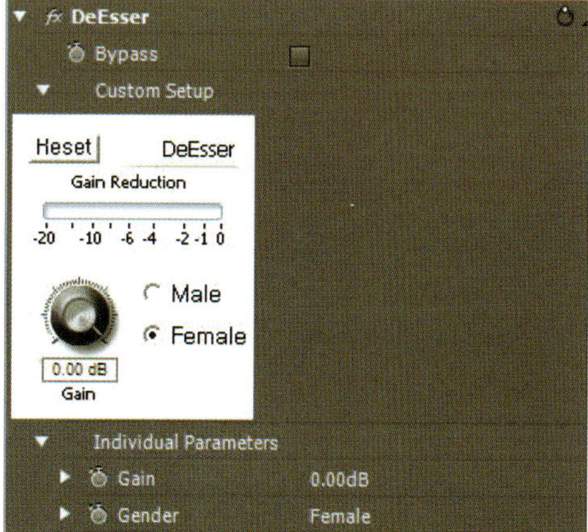

 **DeHummer**

50~60Hz 대역의 "붕~" 하는 전기잡음인 험(Humm)을 제거합니다.

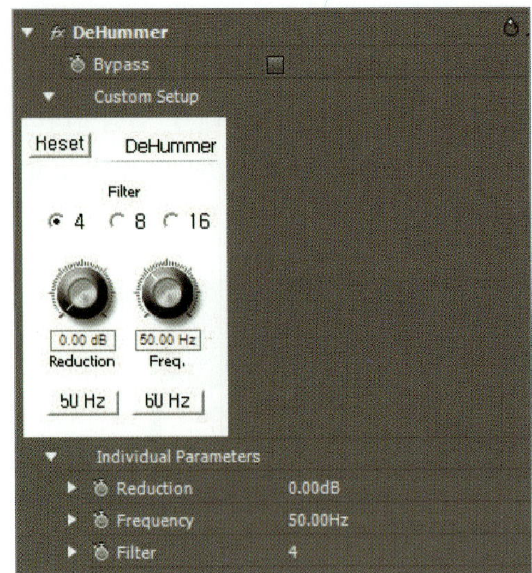

- **Reduction** – 험을 제거하는 양을 조절합니다. 너무 큰 값을 지정할 경우 저주파 대역에 포함되어 있는 필요한 소리도 제거될 수 있습니다.
- **Frequency** – 험의 중심 주파수를 지정합니다. 유럽과 일본에서는 50Hz, 미국과 캐나다, 한국에서는 60Hz로 지정하는 것이 일반적이며 상하 5Hz 범위 내에서 조절하도록 합니다.
- **Filter** – 험의 제거에 사용하는 주파수의 개수를 지정합니다. 험은 50Hz나 60Hz의 기본 주파수뿐 아니라 기본 주파수의 배수 주파수(100/110Hz, 150/160Hz 등)를 갖는 배음도 포함되어 있습니다. Frequency 값을 60Hz로, Filter 값을 4로 지정한 경우 60Hz의 주파수와 3개의 배음 주파수인 120Hz, 240Hz, 480Hz를 필터 처리합니다. 이것은 Filter 값을 4로 지정하였으므로 총 4개의 주파수에 대해 필터 처리하기 때문입니다.

 **Delay**

메아리가 울려 퍼지는 것과 같은 지연 효과를 만듭니다. Delay에는 메아리가 재생될 때까지의 시간을, Feedback에서 메아리에 작게 추가되어 가는 복수의 메아리에 대한 비율을, Mix에서는 메아리의 양을 설정합니다.

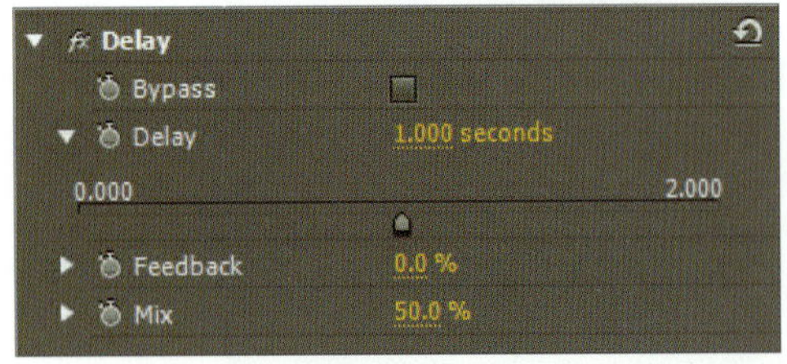

 **DeNoiser**

테이프의 노이즈를 자동으로 검출하여 제거합니다. 자기 테이프 등에서 아날로그 녹음을 한 경우의 노이즈를 제거할 수 있습니다. Reduction과 Offset 값을 조절하여 원음이 크게 손상되지 않는 상태에서 노이즈가 최소로 들리는 지점을 설정합니다.

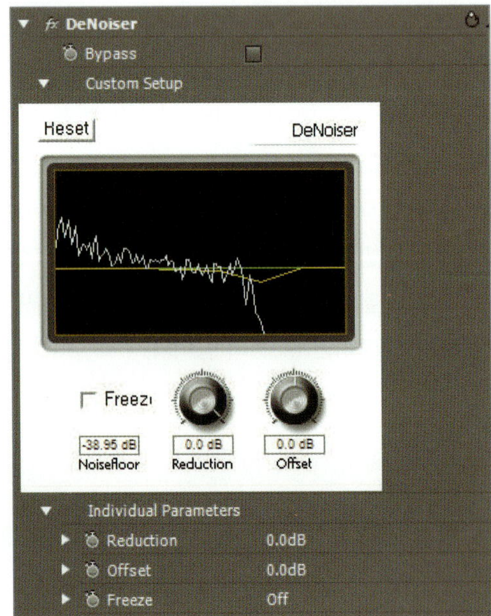

Dynamics

상당히 많은 옵션들을 가지고 있는 이펙트로서 부드러운 사운드를 시끄럽게 하거나 시끄러운 사운드를 부드럽게 변경합니다.

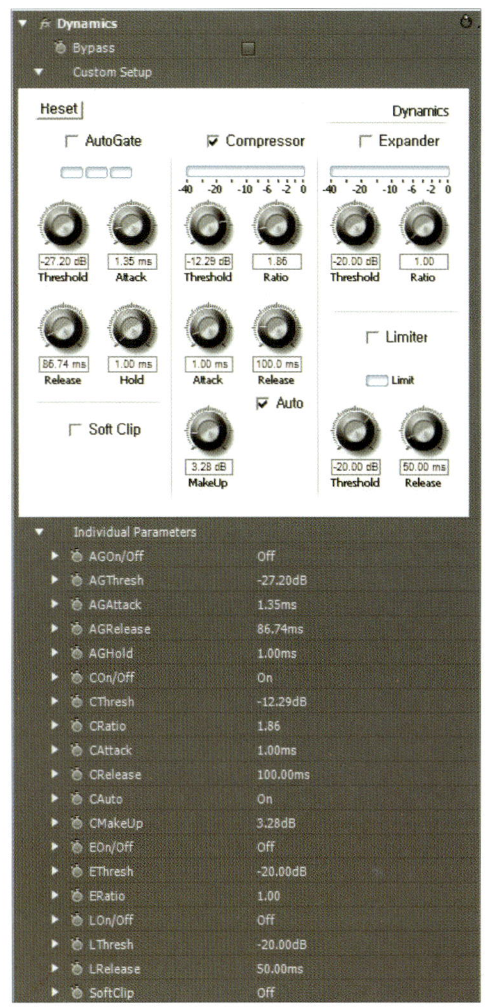

- AutoGate – 지정된 한계값에 미치지 못한 레벨의 신호를 제거합니다. 예를 들어, 내레이션의 백그라운드 신호처럼 녹음 중 불필요한 신호를 제거하는 등의 용도로 사용할 수 있습니다. 내레이션이 정지되었을 때 항상 게이트를 닫도록 설정하면 다른 음성이 제거됩니다. LED의 색상은 게이트 모드를 의미하는데 초록색이면 게이트가 열려 있는 것을, 황색은 Attack, 또는 Release를, 빨간색은 게이트가 닫혀 있는 것을 의미합니다.

  - Threshold – 입력 신호 레벨의 하한선을 –60dB에서 0dB 범위 내에서 지정합니다. 신호 레벨이 지정한 값에 미치지 못하면 게이트가 닫혀 입력 신호가 뮤트(Mute)되므로 들리지 않게 됩니다.
  - Attack – 신호 레벨이 한계 값을 초과했을 때 게이트가 열릴 때까지의 시간을 지정합니다.
  - Release – 신호 레벨이 한계 값보다 작아졌을 때 게이트를 닫힐 때까지의 시간을 50~500밀리 초의 단위로 지정합니다.
  - Hold – 신호 레벨이 한계값보다 낮아진 후, 게이트가 닫은 채로 유지되는 시간을 0.1~1000밀리 초의 단위로 지정합니다.

- Compressor – 작은 소리의 레벨은 키우고 큰 소리의 레벨은 낮추는 것으로 다이나믹 레인지의 밸런스를 취해 클립의 전체 지속시간에 걸쳐 레벨을 일정하게 합니다.
  - Threshold – 압축을 실행할 때의 신호 레벨 하한을 –60~0dB 범위 내에서 지정합니다. 한계 값에 미치지 못한 레벨은 처리 대상에서 제외됩니다.
  - Ratio – 압축 비율을 8:1 이내에서 지정합니다. 예를 들어, 5:1로 지정하면 입력 레벨이 5dB 증가한 경우, 출력은 1dB 증가하게 됩니다.
  - Attack – 신호 레벨이 한계 값을 초과한 시점에서 컴프레서가 응답하기까지의 시간을 0.1~100밀리 초 범위 내에서 지정합니다.
  - Release – 신호가 한계 값보다 낮아진 시점에서 원래의 레벨로 돌아올 때까지의 시간을 10~500 밀리 초 범위 내에서

지정합니다.

- Auto - 입력 신호에 근거하여 자동으로 Release 시간이 지정되도록 합니다.
- MakeUp - 압축에 의해 신호 레벨의 손실을 보정하는 컴프레서의 출력 레벨을 −6~0dB 범위 내에서 지정합니다.

- **Expander** - 지정된 한계 값에 미치지 못하는 모든 신호를 Ratio에서 설정한 비율로 축소합니다.
- Threshold - Expander를 실행할 때의 신호 레벨 상한값을 지정합니다. 한계 값을 넘는 레벨은 처리 대상에서 제외됩니다.
- Ratio - 신호의 확장 비율을 5:1 이내의 범위에서 지정합니다. 예를 들어, 5:1로 지정하면 레벨이 1dB 감소할 경우, 5dB로 확장되어 신호 축소 속도가 빨라집니다.
- Limiter - 신호의 피크(Peak)를 포함한 오디오 클립의 클리핑(Clipping)을 줄입니다. 두 개의 컨트롤을 가지고 있는데 Threshold에서는 신호의 상한 레벨을 −12~0dB 범위 내에서 지정하며 Release에서는 클리핑이 발생한 시점으로부터 통상 레벨로 돌아올 때까지의 시간을 10~500 밀리 초의 범위 내에서 지정합니다.
- SoftClip - Limiter처럼 클리핑을 줄일 수 있으나 한계 값을 사용하지 않습니다.

EQ

각 대역별로 오디오의 레벨(음량)을 설정합니다. 그림과 같이 그래프를 V자 형태로 설정하면 저음부와 고음부가 강조되어 박력있고 섬세한 음질을 얻을 수 있으나 대신 중역대의 레벨이 작기 때문에 보컬(Vocal)은 작게 들리게 됩니다. 따라서 음악의 종류나 선호도에 따라 적절히 설정하거나 각 음역대의 레벨이 부적합한 사운드를 보정하는 데 사용합니다.

각 대역의 체크 박스를 클릭한 다음, 직접 그래프 상의 핸들(점)을 상하로 드래그하여 해당 대역의 레벨을, 좌우로 드래그하여 해당 대역의 범위를 설정할 수도 있습니다. 위쪽의 다이얼은 주파수 대역을, 아래쪽의 다이얼은 해당 대역의 볼륨 값을 설정합니다.

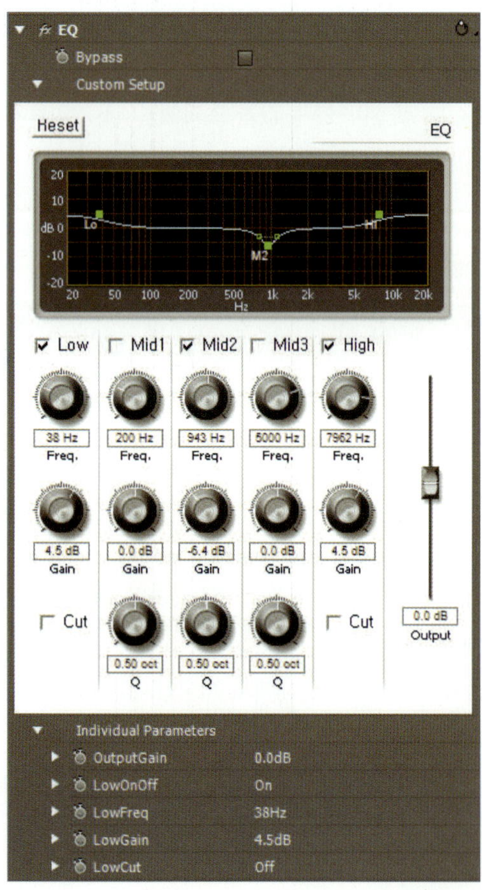

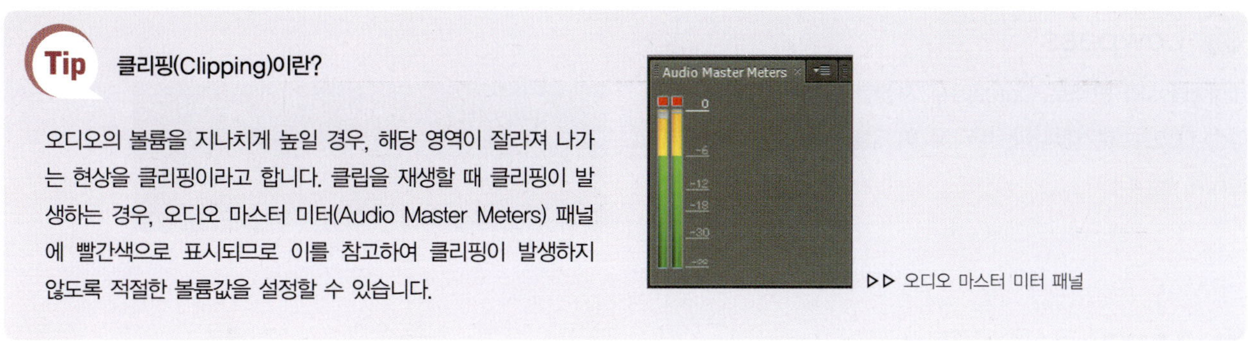

오디오의 볼륨을 지나치게 높일 경우, 해당 영역이 잘라져 나가는 현상을 클리핑이라고 합니다. 클립을 재생할 때 클리핑이 발생하는 경우, 오디오 마스터 미터(Audio Master Meters) 패널에 빨간색으로 표시되므로 이를 참고하여 클리핑이 발생하지 않도록 적절한 볼륨값을 설정할 수 있습니다.

▷▷ 오디오 마스터 미터 패널

Fill Left / Fill Right

Fill Left는 좌측 채널만을, Fill Right는 우측 채널만을 양쪽 채널에 똑같이 재생되게 합니다.

▷▷ Fill Left

▷▷ Fill Right

Flanger

일렉트릭 기타에서 많이 사용하는 "플랜저"라는 독특한 소리를 만들어냅니다. Rate에서 주파수의 변조 속도를, Depth에서 변조되는 주파수의 진폭, 즉, 효과의 깊이를 설정합니다.

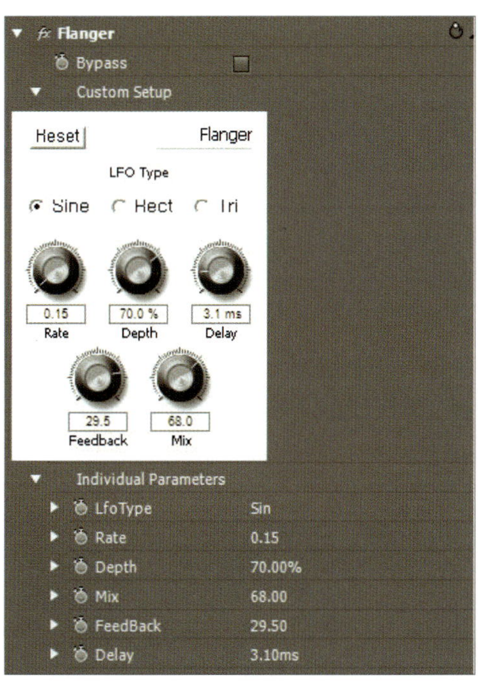

Highpass

Cutoff에서 지정된 주파수보다 낮은 주파수 대역을 제거합니다. 따라서 이 값을 높일수록 고음부만 들리게 됩니다.

Invert

모든 채널의 위상(Phase)을 반전시킵니다.

 Lowpass

Highpass와 반대로 Cutoff에서 지정한 주파수보다 높은 주파수 대역을 제거합니다. 따라서 이 값을 낮출수록 저음부만 들리게 됩니다.

 MultibandCompressor

음역대별로 나누어 다이나믹한 사운드의 강도를 조절합니다. 작은 소리의 컴프레서가 필요한 경우에는 Dynamics 이펙트의 컴프레서가 아닌 MultibandCompressor를 사용합니다.

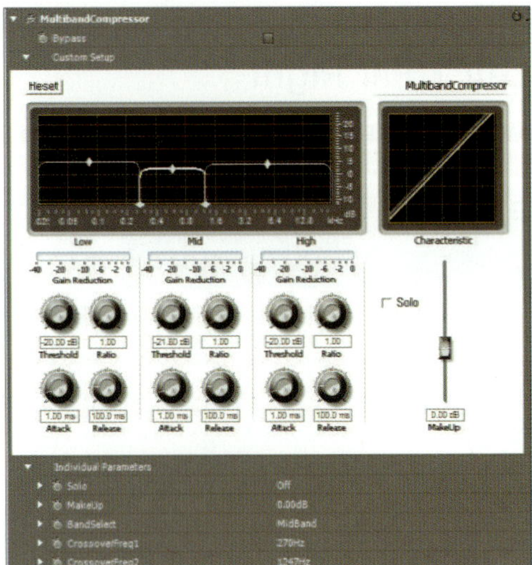

- Solo – 사용 중인 대역만을 재생합니다.
- MakeUp – 레벨을 데시벨(dB) 단위로 조절합니다.
- BandSelect – 그래픽 컨트롤로 대역 클릭하여 선택합니다.
- Crossover Frequency – 선택한 대역의 주파수 범위를 확대합니다.
- Output – 압축에 의해 발생한 게인의 증가와 감소를 보정하기 위해 출력 게인을 조절합니다.

- Threshold 1~Threshold 3 – 압축을 실행할 때의 입력 신호 레벨의 하한 한계값을 –60~0dB 범위 내에서 조절합니다.
- Ratio 1~Ratio 3 – 압축률을 8:1 범위 내에서 지정합니다.
- Attack 1~Attack 3 – 신호가 한계 값을 넘은 시점으로부터 컴프레서가 응답할 때까지의 시간을 0.1~100 미리 초의 범위 내에서 지정합니다.
- Release 1~Release 3 – 신호가 한계 값보다 낮아진 시점으로부터 원래의 레벨로 돌아올 때까지의 시간을 지정합니다.
- MakeUp 1~MakeUp 3 – 압축에 의해 게인의 손실을 보정하는 컴프레서의 출력 레벨을 –6~12dB의 범위 내에서 지정합니다.

 Multitap Delay

소리의 지연 효과입니다. 최대 4개까지의 메아리를 추가할 수 있습니다.

- Delay 1~Delay 4 – 원래의 오디오로부터 메아리가 시작하기까지의 시간을 지정합니다. 최대값은 2초입니다.
- Feedback 1~Feedback 4 – 메아리에 작게 추가되어 가는 복수의 메아리에 대한 비율을 지정합니다.
- Level 1~Level 4 – 메아리의 볼륨을 설정합니다.
- Mix – 원래의 오디오에 대한 메아리의 비율을 설정합니다.

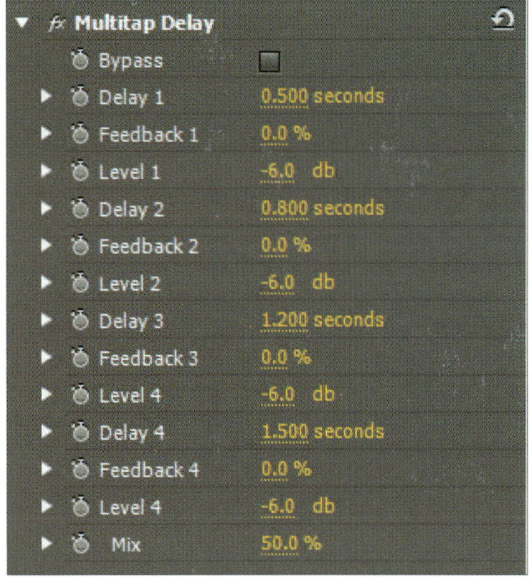

 Notch

지정된 주파수의 중심치에서 가까운 주파수를 제거합니다. 험(Hum)이나 특정 노이즈를 제거할 수 있습니다.

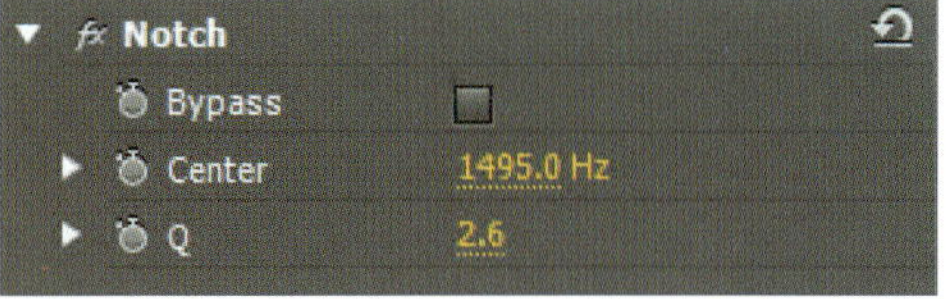

- Center – 제거하고자 하는 주파수의 중심치를 지정합니다. 험과 같은 전기잡음을 제거하려는 경우 60Hz를 지정합니다.
- Q – 처리 대상 주파수 범위를 지정합니다. 값이 작으면 대역폭이 좁아지고 값이 크면 대역폭이 넓어집니다.

Parametric EQ

지정된 주파수의 중심치에 가까운 주파수 대역의 레벨을 크게, 또는 작게 합니다.

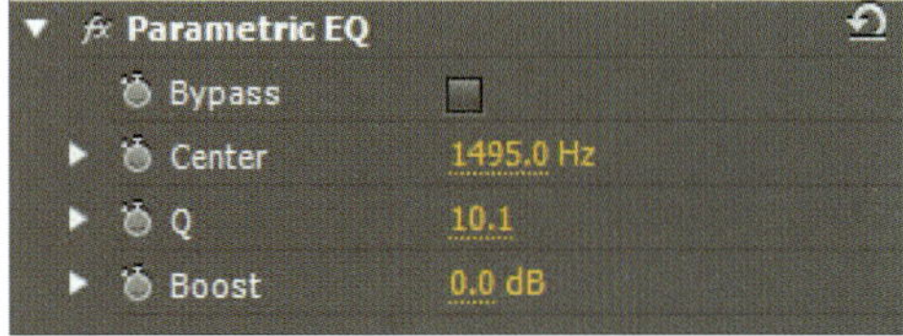

- Center – 제거하고자 하는 주파수의 중심치를 지정합니다.
- Q – 처리 대상 주파수 범위를 지정합니다. 값이 낮으면 대역폭이 좁아지고 값이 높으면 대역폭이 넓어집니다.
- Boost – 주파수 범위에 대한 레벨의 증가량, 또는 감소량을 –20~20dB 범위 내에서 지정합니다.

 Phaser

사운드를 왜곡시킵니다. Rate에선 왜곡의 레벨을, Depth에서 깊이를, Delay에서 지연시간 레벨을 설정하며 Feedback에서는 왜곡되는 사운드가 입력단으로 돌아오는 레벨을, Mix에서는 원본과 왜곡된 사운드의 혼합비율을 설정합니다.

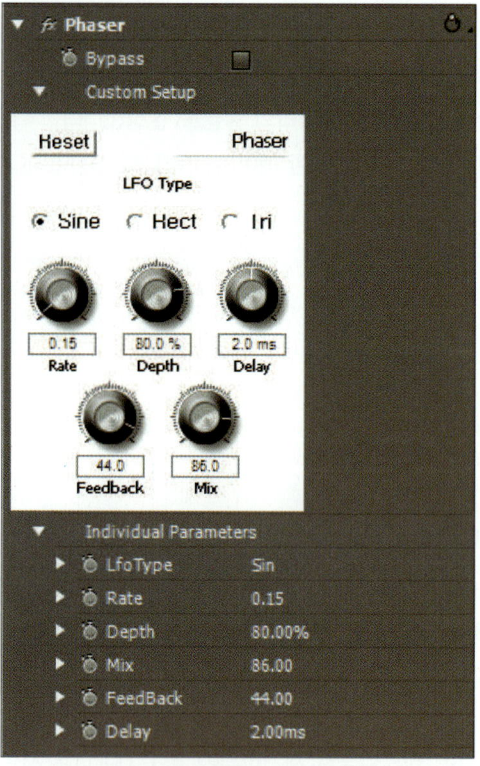

PitchShifter

입력 신호의 음정(피치:Pitch)을 변경합니다. 높은 음성을 낮게 하거나 낮은 음성을 높게 할 수 있어 남자 음성을 여자 음성과 비슷하게, 또는 그 반대로 만들 수도 있습니다.

- Pitch – 음정의 높이를 반음 단위로 지정합니다. –12~12까지의 범위 내에서 지정할 수 있습니다.
- Fine Tune – Pitch에서 지정한 음 높이를 더욱 미세하게 조절합니다.
- Formant Preserve – 인공적인 음성이 되지 않도록 합니다.

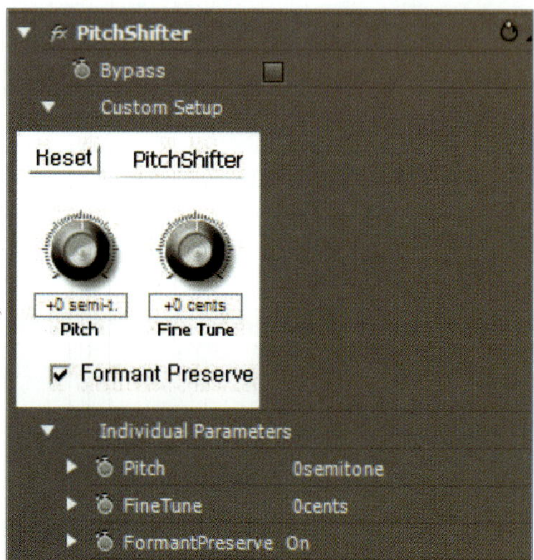

 Reverb

실내에서 발생하는 자연적인 잔향 효과를 적용합니다. 아래의 다이얼을 사용하거나 위에 있는 그래프의 핸들을 드래그하여 조절할 수 있습니다. 울림의 강도를 비롯하여 지연시간, 공간감 등 세부 속성을 조절할 수 있습니다.

Spectral NoiseReduction

스펙트럼을 통해 노이즈리덕션 작업을 할 수 있습니다. 스펙트럼 위에 마우스를 가져가면 해당 지점에 대한 주파수가 표시됩니다. Filter1, 2, 3 등의 세 단계로 잡음을 필터링할 수 있습니다.

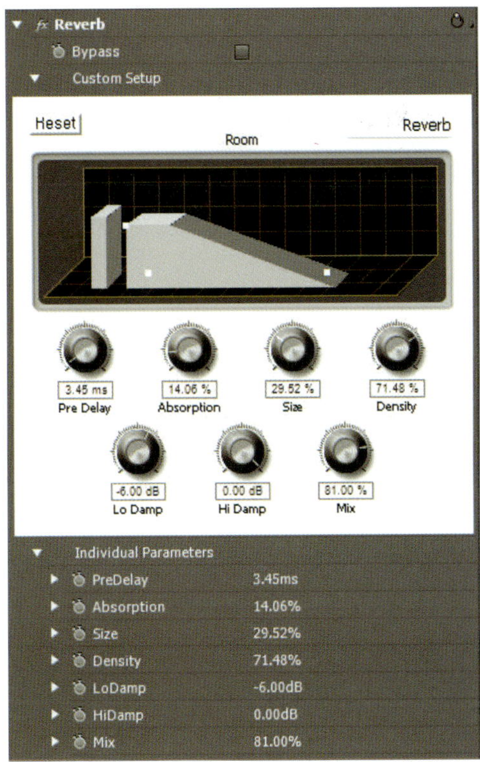

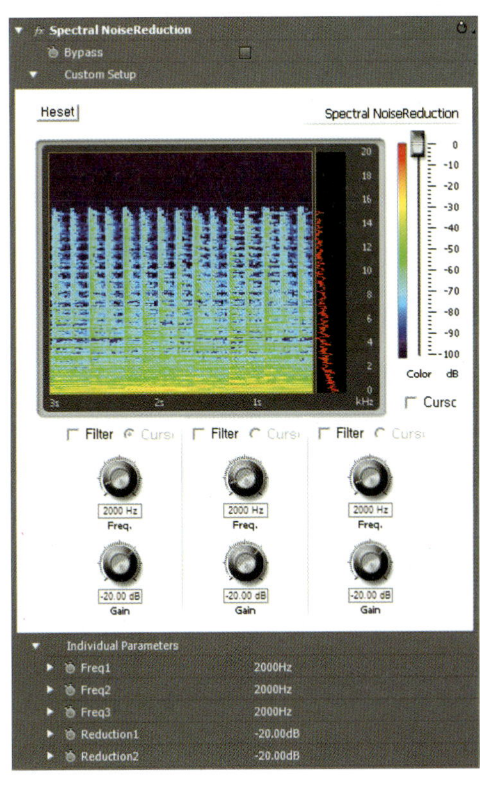

- **Pre Delay** – 잔향음이 시작할 때까지의 시간을 지정합니다. 소리가 반사하는 벽까지의 거리에 따라 달라집니다.
- **Absorption** – 벽이나 마루 등에 의한 흡음률을 퍼센트 단위로 지정합니다.
- **Size** – 방의 넓이를 퍼센트 단위로 지정합니다.
- **Density** – 잔향음이 소거되는 밀도를 지정합니다. 설정 가능 범위는 Size의 값에 따라 달라집니다.
- **LoDamp/HiDamp** – 각각 저주파 대역과 고주파 대역의 감쇠량을 dB 단위로 지정합니다.
- **Mix** – 원음과 잔향음과의 비율을 지정합니다.

 Swap Channels

스테레오 클립에만 적용할 수 있는 이펙트로서 스테레오 클립의 좌, 우 채널을 서로 바꿉니다.

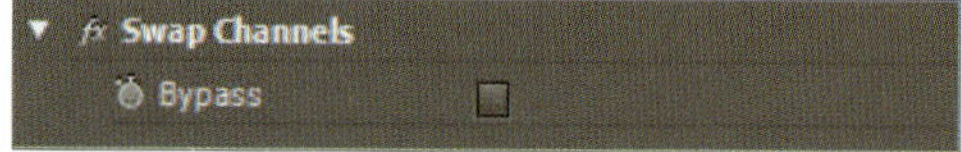

 Treble

4000Hz 이상의 고주파 대역의 레벨을 증가시키거나 감소시킵니다.

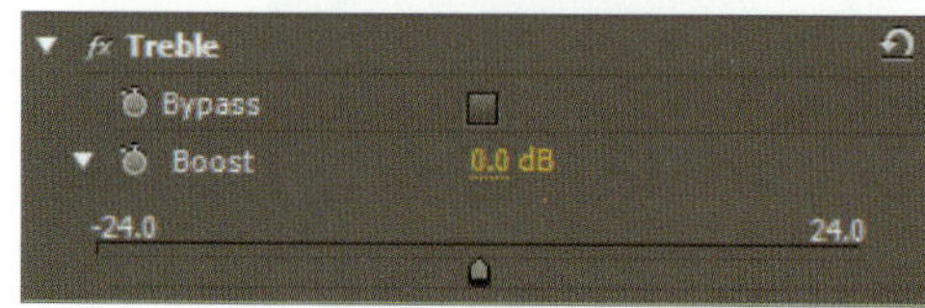

 Volume

오디오의 볼륨을 조절합니다. 기본적으로 적용되어 있는 이펙트로서 다른 이펙트와 달리 클리핑(Clipping)을 발생하지 않고 오디오의 볼륨을 크게 할 수 있다는 장점을 가지고 있습니다.

35
Chapter

장면 전환을 위한
트랜지션의 적용과 속성 다루기

트랜지션은 서로 다른 클립이 연속해서 재생될 때 두 클립이 교차되는 부분에 적용하는 효과로서, 클립이 바뀌면서 구현되는 효과이기 때문에 장면전환 효과라고도 부릅니다. 자연스럽게 새로운 장면으로 전환하거나 영상의 분위기를 바꾸어주는 역할을 위해 트랜지션을 사용하지만 남발할 경우 혼란스러운 느낌을 주므로 꼭 필요한 부분에만 사용하는 것이 좋습니다.

1 트랜지션 적용하기

트랜지션은 장면 전환 효과이기 때문에 기본적으로 타임라인에 두 개 이상의 클립이 서로 겹쳐지도록 배치하고, 겹쳐진 구간에 적용하지만 하나의 클립에 대해 클립의 시작 부분이나 끝 부분에 적용할 수도 있습니다.

더블 사이드 트랜지션

앞 클립의 끝 부분과 뒤 클립의 시작 부분이 일정 구간 겹쳐져 있을 때, 여기에 적용된 트랜지션을 더블 사이드 트랜지션이라고 부릅니다.

그림과 같이 하나의 클립이 등록되어 있는 상태에서 다른 클립을 이미 등록되어 있는 클립의 뒷부분과 1초 이상 일정 부분 겹쳐지도록 드래그합니다.

이펙트 패널에서 Video Transitions〉Page Peel에 있는 Page Turn 트랜지션을 타임라인 패널의 두 클립이 겹쳐져 있는 부분으로 드래그하여 트랜지션 아이콘이 나타나면 마우스 버튼을 놓습니다.

해당 지점에 트랜지션이 적용되어 옅은 보라색으로 표시되고 그 위에는 사선이 나타납니다.

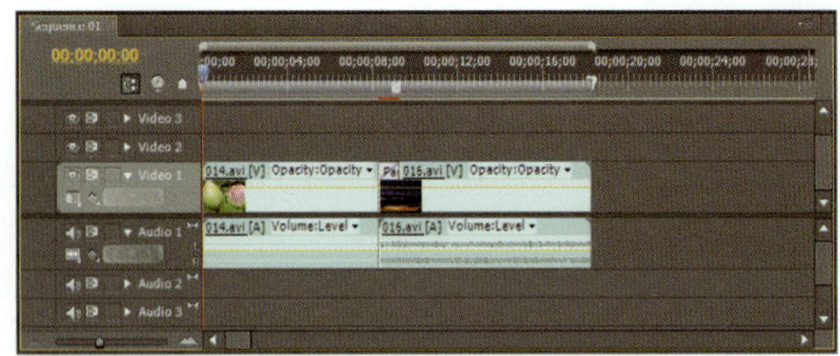

Space Bar를 눌러 적용된 트랜지션 효과를 프리뷰합니다. Page Turn은 첫 번째 영상이 페이지처럼 벗겨지면서 사라지고 두 번째 영상으로 전환되도록 하는 트랜지션입니다.

싱글 트랜지션

클립의 시작 부분이나 끝 부분에 적용한 트랜지션을 싱글 트랜지션이라고 부릅니다.

타임라인 패널의 트랙에 하나의 클립만을 등록하고 이펙트 패널에서 Video Transitions>Dissolve에 있는 Additive Dissolve 트랜지션을 타임라인 패널의 트랙에 등록된 클립의 시작 부분으로 드래그합니다.

해당 트랜지션이 적용됩니다. 역시 트랜지션이 적용된 부분의 색상이 보라색으로 바뀌고 사선도 나타나는 것을 볼 수 있습니다.

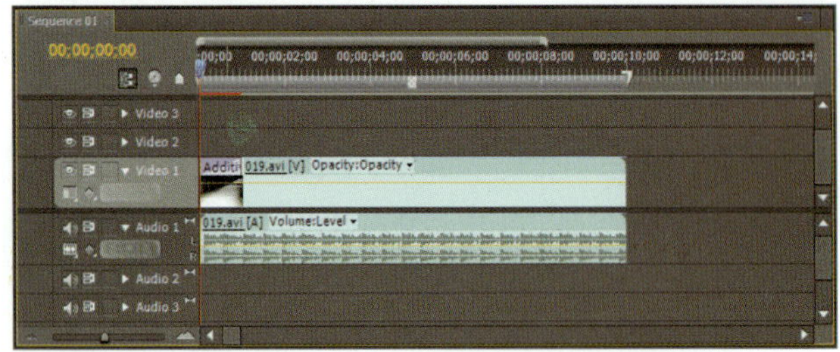

Dissolve 계열의 트랜지션은 두 클립이 겹치는 부분에 적용하여 자연스럽게 교차하면서 전환되도록 할 수도 있지만 한 클립의 앞, 또는 뒤쪽에 적용하여 Fade In/Fade Out 효과를 만드는데 도 종종 사용됩니다.

적용된 트랜지션 교체하거나 삭제하기

트랜지션은 이펙트와 달리 동일 지점에 하나만 적용할 수 있습니다. 이미 적용된 트랜지션이 마음에 들지 않는다면 다른 트랜지션을 적용하고자 하는 지점에 드래그합니다. 이전에 적용된 트랜지션은 자동으로 새로운 트랜지션으로 교체, 적용됩니다.

적용되어 있는 트랜지션을 클릭하여 선택하고(클립을 선택하지 않도록 주의) Delete 키나 Back Space 키를 누르면 해당 트랜지션이 삭제됩니다. 트랜지션 위에서 마우스 우측 버튼을 클릭하여 Clear 메뉴를 선택하여 트랜지션을 삭제할 수도 있습니다.

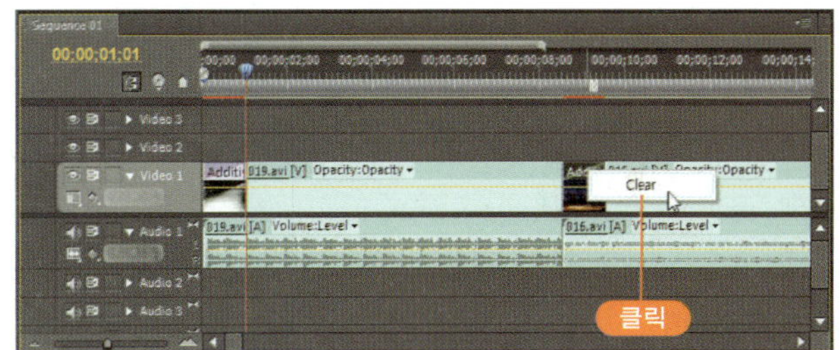

▷▷ 트랜지션 삭제

<table>
<tr><td>2</td><td></td></tr>
</table>

2   트랜지션의 속성 다루기

클립에 적용된 트랜지션의 각종 속성과 옵션은 이펙트처럼 이펙트 컨트롤 패널을 통해 설정합니다. 트랜지션 종류에 따라 약간의 차이는 있으나 대부분 공통된 속성과 옵션을 가지고 있습니다.

트랜지션의 속성을 보려면 클립에 적용되어 있는 트랜지션을 더블 클릭합니다. 이펙트 컨트롤 패널이 자동으로 열리면서 해당 트랜지션의 속성들이 나타납니다. 다음 그림은 Video Transitions〉Iris〉Iris Box 트랜지션을 적용한 경우입니다. 일단 각 부분을 살펴보고 하나씩 기능에 대해 익혀보도록 하겠습니다.

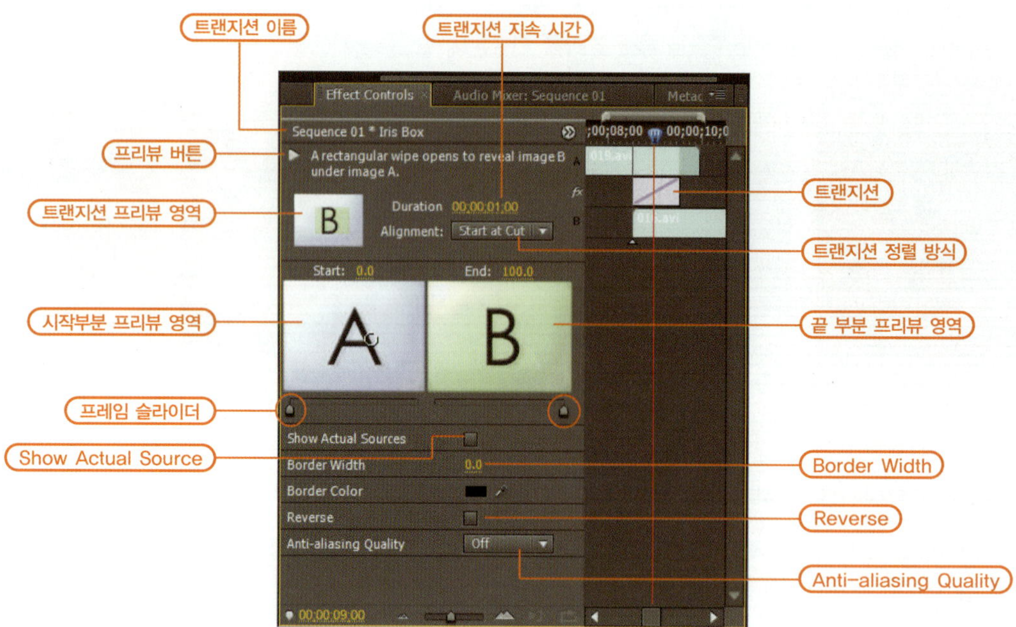

▶▶ 트랜지션의 속성들

- **트랜지션 이름** – 현재 적용되어 있는 트랜지션 아이템의 이름을 보여줍니다.
- **프리뷰 버튼** – 적용되어 있는 트랜지션을 프리뷰합니다.
- **트랜지션 프리뷰 영역** – 트랜지션이 프리뷰되는 모습을 보여줍니다.
- **트랜지션 지속시간** – 트랜지션이 적용되어 있는 지속시간을 설정합니다.
- **트랜지션 정렬 방식** – 트랜지션의 정렬 방식을 설정합니다.
- **시작 부분 프리뷰 영역** – 트랜지션이 시작하는 지점의 모습을 보여줍니다.
- **트랜지션 센터 포인트** – 트랜지션의 적용되는 중심 위치를 지정합니다.
- **끝 부분 프리뷰 영역** – 트랜지션이 끝나는 지점의 모습을 보여줍니다.
- **프레임 슬라이더** – 트랜지션의 시작 지점과 끝 지점을 설정합니다.
- Show Actual Sources – 클립의 실제 모습이 나타나도록 합니다.
- Border Width – 전환되는 영상의 주위에 나타나는 테두리 폭을 설정합니다.
- Reverse – 트랜지션의 재생 순서를 반대로 바꿉니다.
- Anti-aliasing Quality – 클립이 전환될 때 경계 부분의 부드러운 정도를 선택합니다.
- **트랜지션** – 적용되어 있는 트랜지션을 가리킵니다.

트랜지션의 지속 시간 변경하기

트랜지션 옵션의 Duration에는 현재 적용된 트랜지션의 길이
가 표시됩니다. 이것을 드래그하거나 클릭한 후 새로운 값을
입력함으로서 트랜지션의 지속시간을 변경할 수 있습니다.

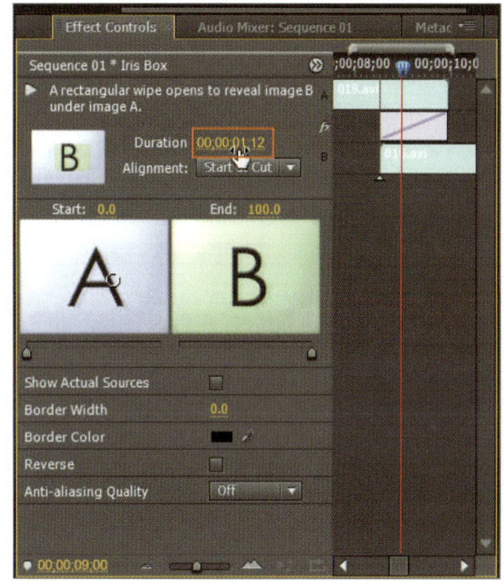

▷▷ 지속시간 변경

우측의 타임라인에 나타난 트랜지션의 경계선을 드래그하여
트랜지션의 길이를 변경할 수 있습니다. 이러한 두 방법을 사
용하면 두 클립의 겹쳐진 구간보다 더 길게 트랜지션의 지속
시간을 설정할 수 있습니다.

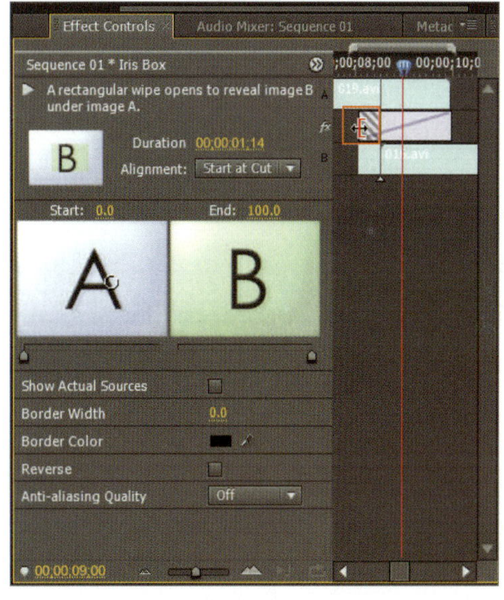

▷▷ 트랜지션의 경계를 드래그하여 변경

타임라인 패널에 표시된 트랜지션의 경계부분을 드래그하여
트랜지션의 지속시간을 변경할 수도 있습니다. 이 경우에도
클립의 겹쳐진 구간보다 길게 트랜지션의 길이를 설정할 수
있습니다.

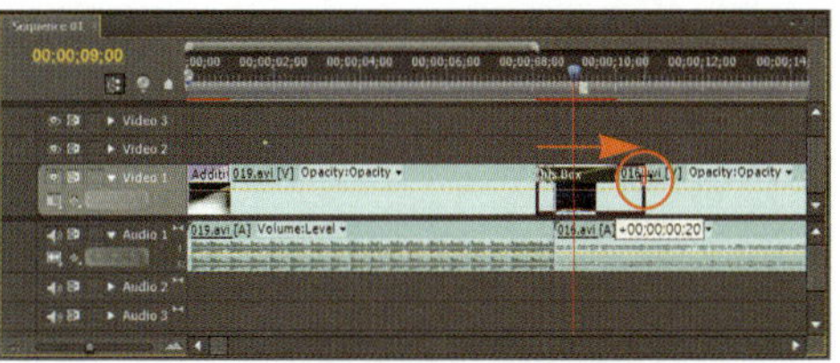

▷▷ 타임라인 패널의 트랜지션 경계를 드래그

Tip 트랜지션의 디폴트 지속 시간 변경하기

클립에 트랜지션을 적용하면 기본적으로 30프레임의 지속시간을 갖습니다. 이러한 기본지속 시간(디폴트 지속시간) 값을 변경하려면 Edit>Preferences>General을 선택하여 Preferences 대화상자를 엽니다.

우측의 옵션 중에서 Video Transition Default Duration 값이 30프레임으로 지정되어 있는 볼 수 있습니다. 앞에서 트랜지션이 기본적으로 1초의 길이로 적용되었던 것을 기억할 것입니다. 이 값을 변경하면 비디오 클립에 적용되는 트랜지션의 기본 지속 시간을 변경할 수 있으며 Audio Transition Default Duration 값을 변경하면 오디오 클립에 적용되는 트랜지션의 기본 지속 시간을 변경할 수 있습니다.

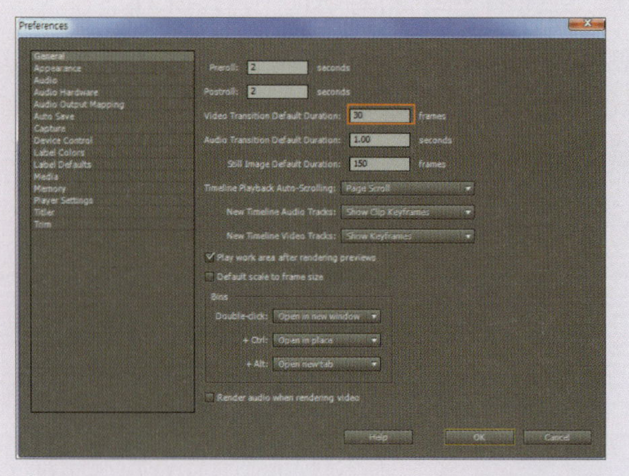

트랜지션의 적용 방향 선택하기

트랜지션의 적용방향을 선택할 수 있는 트랜지션도 있습니다. 이펙트 패널에서 Video Transitions>Page Peel의 Page Peel 트랜지션을 두 클립이 겹쳐져 있는 부분에 적용하면 다음과 같이 프리뷰 영역의 모서리에 네 개의 작은 버튼이 나타나는데 이것은 Edge Selector, 또는 "방향 선택 버튼"이라고 부르며 트랜지션의 적용 방향을 설정하는 데 사용합니다.

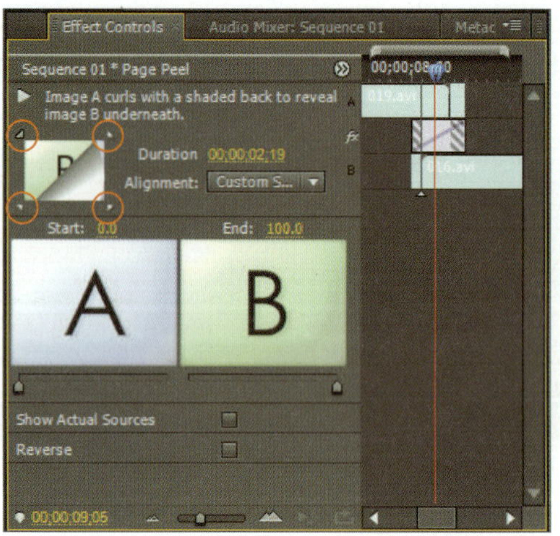

Page Peel 트랜지션의 경우, 기본적으로 좌측 상단의 버튼이 선택되어 있어 좌측 상단에서부터 페이지가 벗겨지는 것 같은 효과를 만들어줍니다. 우측 하단의 버튼을 클릭합니다.

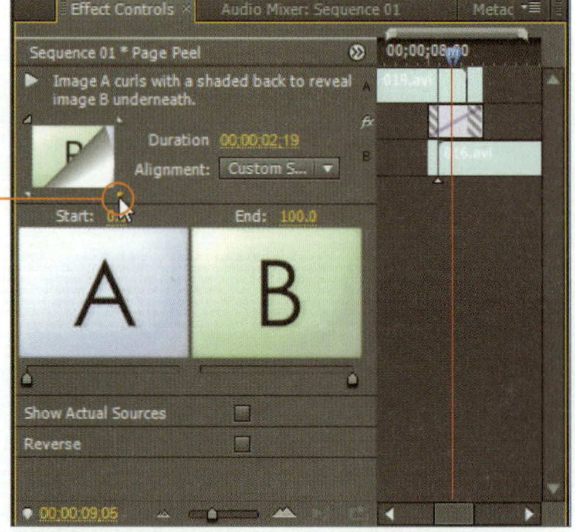

다음과 같이 좌측 하단에서부터 페이지가 벗겨지는 것처럼 장면이 전환되는 결과가 나타나게 됩니다.

 트랜지션의 정렬 방식 변경하기

트랜지션의 지속 시간이 표시되는 부분 아래, Alignment라고 표시된 부분에서는 트랜지션의 정렬 방식을 선택할 수 있습니다. 표현상, 정렬 방식이라고 말하지만 트랜지션이 적용되는 위치를 의미합니다. 우측의 메뉴를 클릭하면 다음과 같이 4개의 항목이 나타납니다.

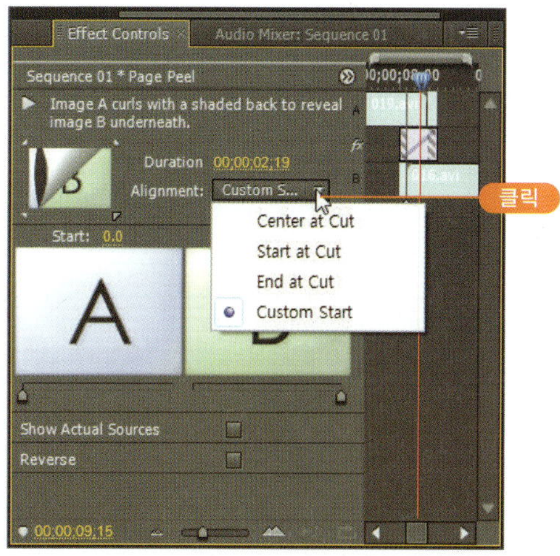

- **Center at Cut** – 기본값으로서 두 클립이 겹쳐진 부분의 중앙에 트랜지션이 위치합니다.
- **Start at Cut** – 뒤 클립의 시작 지점에 트랜지션이 위치합니다.
- **End at Cut** – 앞 클립의 끝 지점에 트랜지션이 위치합니다.
- **Custom Start** – 직접 선택할 수는 없으며 사용자가 타임라인에서 트랜지션을 드래그하여 위치를 변경했을 때 선택되어 표시됩니다.

 트랜지션의 시작 지점과 끝 지점 변경하기

시작 부분 프리뷰 영역(A로 표시되는 부분)은 앞쪽의 클립에서 트랜지션이 시작되는 지점의 상태를, 끝 부분 프리뷰 영역(B로 표시되는 부분)은 뒤 클립에서 트랜지션이 끝나는 지점의 상태를 보여줍니다.

두 영역 아래에는 모두 프레임 슬라이더가 존재하는데 이것을 드래그하면 트랜지션의 시작 지점과 끝 지점을 변경할 수 있습니다. 클립 위의 트랜지션 적용 지점을 변경하는 것이 아니라 트랜지션이 가지고 있는 전환 효과가 어느 부분부터 시작되게 할 것인지, 또는 어느 부분에서 끝나게 할 것인지를 지정하는 것입니다.

두 슬라이더를 다음 그림처럼 각각 가운데 쪽으로 조금씩 드래그해보면 위의 프리뷰 영역에 트랜지션의 시작 지점과 끝 지점이 나타나게 됩니다. 이것을 조절하여 트랜지션이 가지고 있는 전환 효과의 일부 구간만을 사용할 수 있습니다.

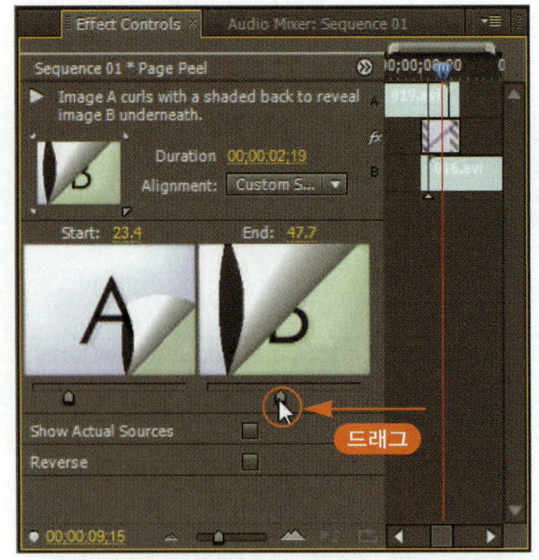

Shift 키를 누른 상태에서 한쪽 슬라이더를 클릭하면 다른 쪽 슬라이더도 동일한 위치로 이동하게 되며 이 상태에서 드래그하면 함께 움직입니다. 트랜지션의 시작 지점과 끝 지점의 위치를 동일하게 지정하면 장면 전환효과는 나타나지 않으며 이펙트처럼 특별한 효과를 보여주기 위해 사용됩니다.

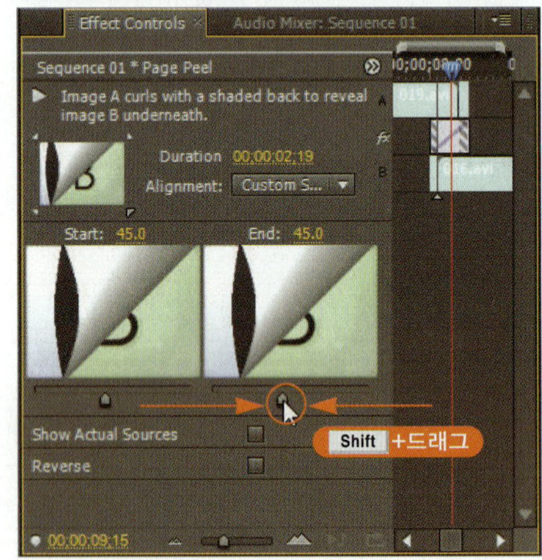

▷▷ Shift 키를 누른 채로 클릭 – 동일 위치로 이동

실제 클립 보기와 거꾸로 적용하기

Show Actual Source 옵션을 클릭하면 두 프리뷰 영역에 A, B가 아닌 실제 클립이 나타납니다. 보다 정확한 프리뷰를 위해 이 옵션은 항상 켜놓고 작업하는 것이 좋습니다.

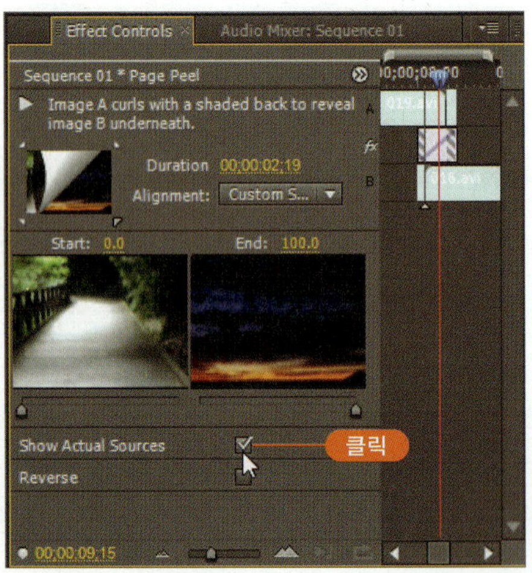

▷▷ 실제 클립 상태

Reverse 옵션은 트랜지션이 거꾸로 적용되도록 합니다. 단순히 트랜지션의 적용 방향이 바뀐 것과는 다르다는 것에 주의해야 합니다. 앞에서 보았던 방향 선택 버튼으로 방향을 바꾼 것과 혼동할 수 있지만 분명 다른 옵션입니다. 예를 들어, 방향 선택 버튼 중에서 우측 하단의 버튼을 클릭한 경우에는 우측 하단부터 페이지가 벗겨지면서 전환되지만 Reverse 옵션을 선택한 경우에는 우측 하단부터 벗겨진 페이지가 닫히면서 전환됩니다.

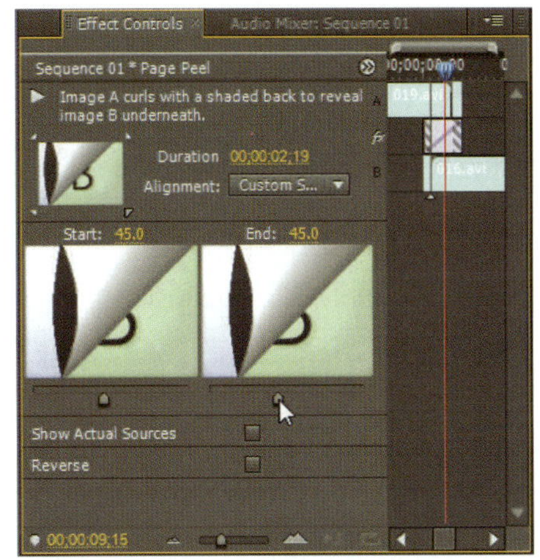

▷▷ 트랜지션을 거꾸로 적용

▷▷ 적용 방향–좌측 상단 Reverse 옵션–선택

▷▷ 적용 방향–우측 하단 Reverse 옵션–해제

Tip 디폴트 트랜지션(Default Transition)

디폴트 트랜지션이란 Automate to Sequence 기능으로 클립을 자동으로 타임라인에 등록하거나, 단축키를 사용할 때 기본적으로 적용되는 트랜지션을 의미합니다.
별도로 수정하지 않았다면 디폴트 트랜지션은 Dissolve Bin에 있는 Cross Dissolve로 지정되어 있습니다. 이 트랜지션은 다른 트랜지션과 다르게 주위에 빨간색으로 표시되어 있습니다. 이것은 디폴트 트랜지션으로 지정되어 있다는 의미입니다.

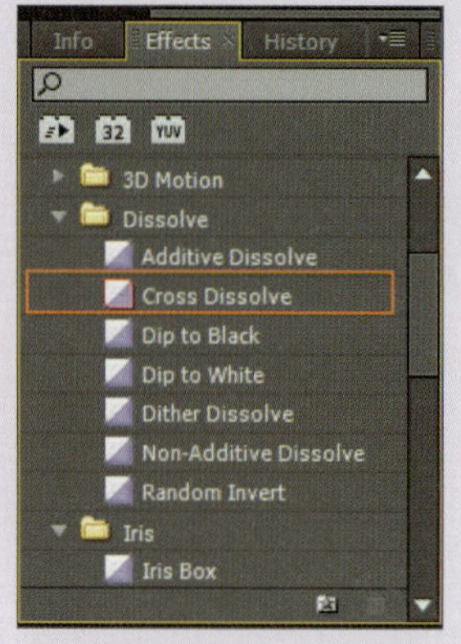

▷▷ 디폴트 트랜지션으로 지정되어 있는 트랜지션

다른 트랜지션을 디폴트 트랜지션으로 지정하려면 트랜지션을 마우스 우측 버튼을 클릭하여 팝업 메뉴를 열고 Set Selected as Default Transition을 선택합니다.

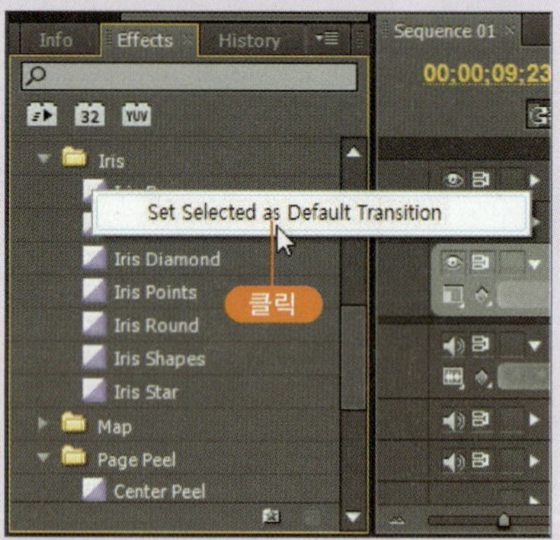

▷▷ 디폴트 트랜지션 설정

선택된 트랜지션이 디폴트 트랜지션으로 지정되고 트랜지션 아이콘 주위에 빨간색이 표시됩니다.

디폴트 트랜지션으로 지정된 트랜지션은 단축키를 사용하여 적용할 수 있습니다. 비디오 디폴트 트랜지션 적용을 위한 단축키는 **Ctrl** + **D** 이며, 오디오 디폴트 트랜지션 적용을 위한 단축키는 **Ctrl** + **Shift** + **D** 입니다. 디폴트 트랜지션을 적용하려면 클립의 겹쳐지는 부분이 있어야 하며 트랜지션이 적용될 트랙이 선택된 상태이어야 합니다.

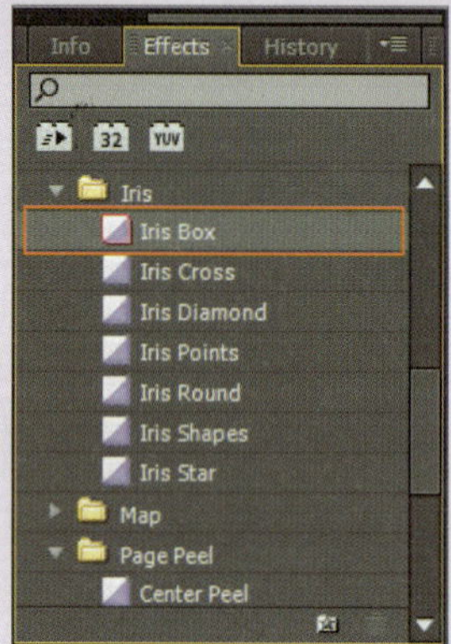

3 테두리 색상과 앤티 에일리어싱 적용하기

이번에는 3D Motion의 Doors 트랜지션을 적용하고 다른 옵션들을 살펴보도록 하겠습니다.

01 타임라인 패널에 임의 클립 두 개를 겹쳐서 배치하고 이펙트 패널에서 Video Transitions〉3D Motion의 Doors 트랜지션을 적용합니다.

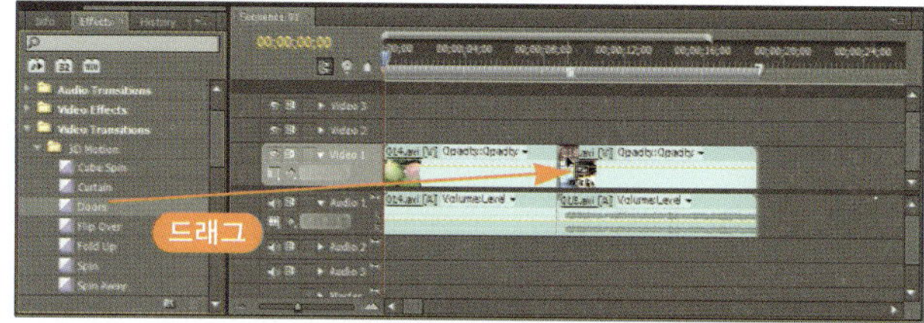

02 적용된 트랜지션을 더블 클릭하여 이펙트 패널에 트랜지션 속성들이 나타나도록 하고, 이 중에서 Show Actual Sources 옵션을 클릭하여 실제 클립 형태로 보이도록 한 후, Border Width 값을 2.0으로 변경합니다.

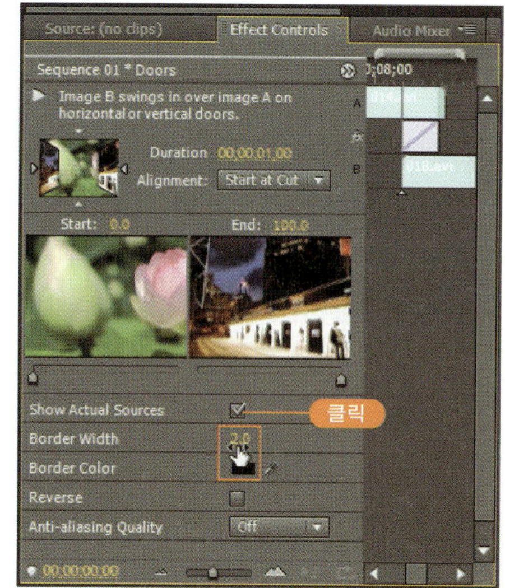

03 바로 아래에 있는 Border Color 박스를 클릭하여 Color Picker 창이 나타나면 노란색 계열의 색상을 클릭한 후 OK 버튼을 클릭합니다.

04 프리뷰 영역의 주위를 보면 앞에서 보았던 Page Peel 트랜지션과 달리 상하좌우에 방향 선택 버튼이 나타나고 있습니다. 진하게 표시된 방향이 현재 트랜지션의 적용 방향으로서 이 트랜지션은 상/하, 좌/우가 한 쌍으로 함께 선택됩니다. 위, 또는 아래에 있는 방향 선택 버튼을 클릭합니다.

05 프리뷰로 결과를 확인합니다. 장면이 전환될 때 앞 클립의 주위에 노란색의 경계선이 나타나는 것을 볼 수 있습니다. 이것은 Border Width에서 경계선의 두께를, Border Color에서 노란색을 각각 지정해주었기 때문입니다. 아울러 트랜지션의 적용 방향을 수직으로 선택했기 때문에 기본값인 수평 방향과는 다른 결과를 보이게 됩니다.

▶▶ 수직 방향으로 트랜지션 적용

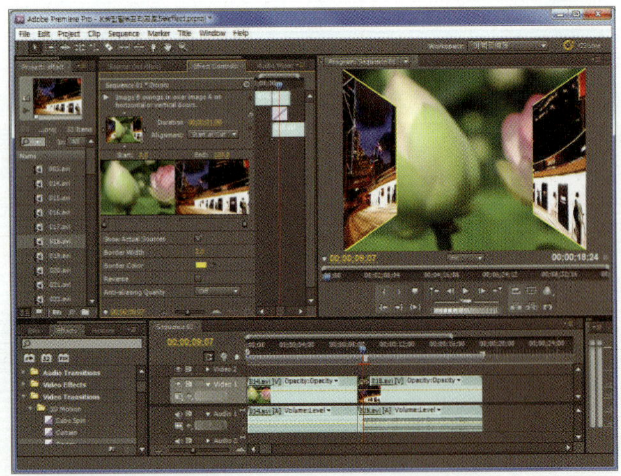

▶▶ 수평 방향으로 트랜지션 적용

06 트랜지션 옵션 중 가장 아래에 있는 Anti-alias-ing Quality는 앤티 에일리어싱의 강도를 설정합니다. 드롭다운 메뉴를 클릭하면 옵션들이 나타납니다.

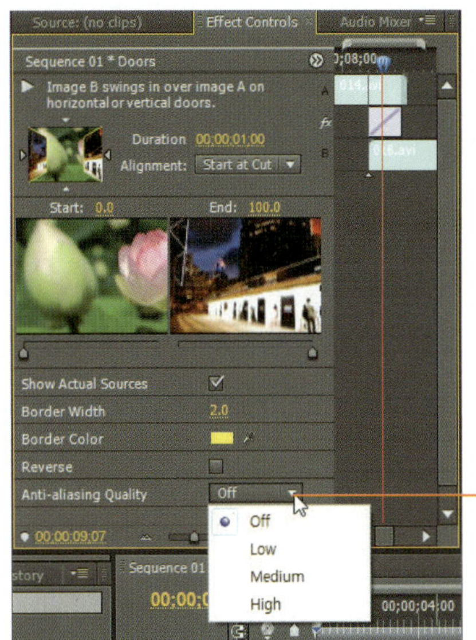

▶▶ Anti-aliasing Quality 옵션 메뉴

07 트랜지션에 앤티 에일리어싱이 적용되면 앞 클립의 경계선 픽셀이 뒤 클립의 인접 픽셀과 혼합됨으로서 부드럽게 전환되도록 합니다. 결과를 확실히 비교할 수 있도록 트랜지션의 테두리가 두껍게 나타나도록 설정하고 각 옵션을 차례로 적용해보았습니다.

▶▶ Off – 앤티 에일리어싱을 적용하지 않음

▶▶ Low – 약간의 앤티 에일리어싱 적용

▶▶ Medium – Low와 High의 중간 정도 앤티 에일리어싱 적용

▶▶ High – 높은 강도의 앤티 에일리어싱 적용

PREMIERE PRO CS5

3 6 Chapter

기본적인 타이틀 만들기

영상에 있어서 타이틀은 상당한 비중을 차지합니다. 영상의 내용을 설명해주는 보조자로서의 역할뿐 아니라 영상의 미적 요소를 더할 수도 있기 때문입니다. 프리미어 프로 CS5에서는 타이틀러 패널을 통해 고품질의 타이틀과 합성에 필요한 다양한 요소를 만들어낼 수 있습니다. 가장 기본적인 타이틀을 만들고 영상과 합성하는 방법부터 익혀보도록 하겠습니다.

1 타이틀러에서 타이틀 만들기

흔히 "자막"이라고도 부르는 타이틀은 타이틀러에서 만듭니다. 타이틀러에서는 다양한 형태의 타이틀을 만들 수 있으며 간단히 영상과 합성할 수 있습니다.

01 부록 DVD의 [Source] 폴더에 있는 "027.avi" 클립을 불러와 타임라인 패널의 Video 1 트랙에 등록하고 File〉New〉Title를 선택합니다.

02 New Title 대화상자가 나타납니다. Name 입력란에 적절한 타이틀의 이름을 입력하고 OK 버튼을 클릭합니다.

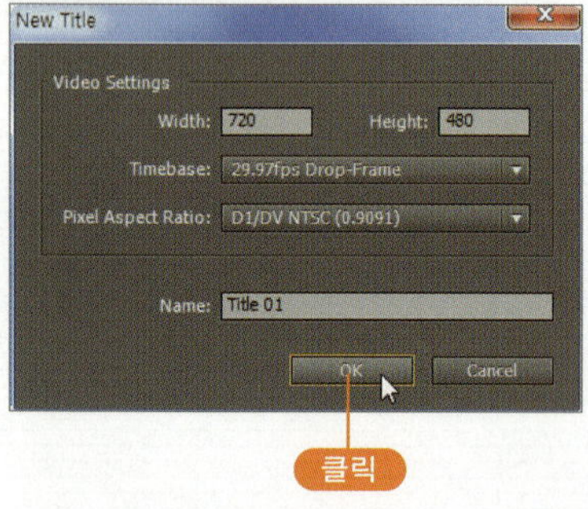

Tip 타이틀러 작업을 위한 타이틀러 패널 열기

타이틀러 패널은 File〉New〉Titler 메뉴를 선택하는 것 말고도 다음과 같은 방법 중 하나를 사용해 열 수 있습니다.

01 단축키인 **Ctrl** + **T** 를 누릅니다.

02 Title〉New Title〉Default Still을 선택합니다. Default Roll을 선택하면 롤링 타이틀을, Default Crawl을 선택하면 곧바로 크롤 타이틀 작성할 수 있습니다.

03 프로젝트 패널의 New Item 버튼을 클릭하고 Title을 선택합니다.

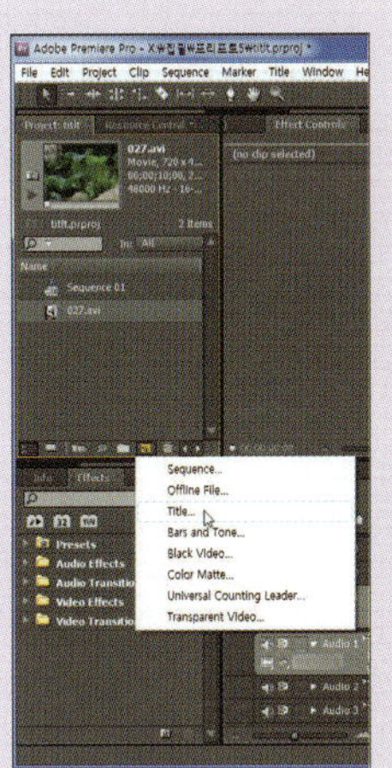

03 타이틀러 패널이 나타납니다. 기본적으로 현재 타임라인에 놓인 영상이 배경으로 나타나 타이틀과의 합성 결과를 미리 보면서 작업할 수 있습니다. 좌측의 툴 패널에서 T로 표시된 타입 툴이 선택되어 있는지 확인합니다. 다른 툴이 선택되어 있다면 타입 툴을 클릭하여 선택합니다.

Tip 배경 클립 나타내기

타임라인의 영상이 배경으로 나타나지 않는다면 Show Background Video 버튼이 선택 상태로 되어 있는지 확인합니다. 이 버튼이 선택되어 있지 않으면 타이틀 배경에 아무것도 나타나지 않습니다.

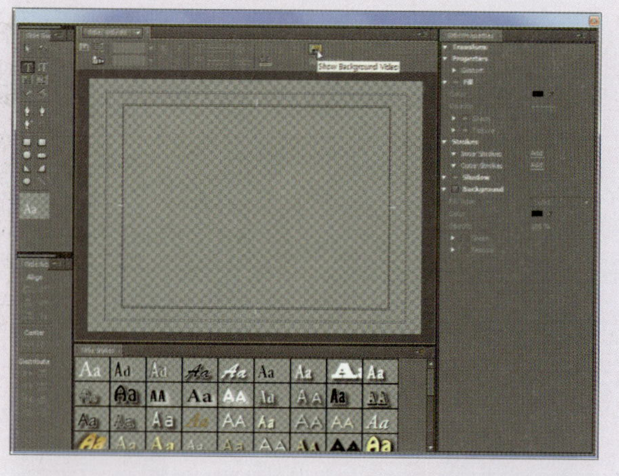

04 문자를 입력하고자 하는 위치를 클릭하면 클릭한 위치에 커서가 깜박거리면서 나타납니다.

05 우측의 타이틀 속성 패널에서 Properties 섹션의 Font Family 속성 드롭다운 메뉴를 클릭합니다. 시스템에 설치되어 있는 여러 폰트 목록이 나타납니다. 타이틀러에서는 일반 프로그램과 달리 영문 폰트가 선택된 상태에서는 키보드를 한글 모드로 전환해도 한글이 정상적으로 입력되지 않으므로 반드시 한글 폰트를 선택해야 합니다. 우측의 스크롤바를 드래그하여 'Gulim'으로 표시되는 '굴림' 폰트를 선택합니다.

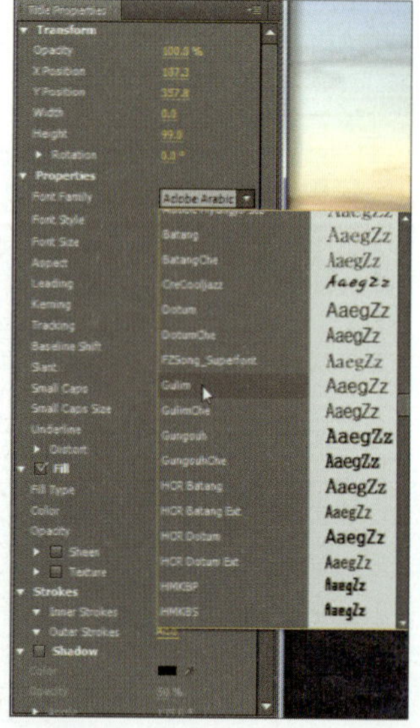

> **Tip** 폰트 선택하기
>
> 폰트는 물론 자신의 시스템에 설치되어 있는 것만 나타납니다. 또한 폰트 목록에서는 한글 폰트 목록도 영문으로 나타나므로 잘 구별해야 합니다. 윈도우와 함께 기본적으로 설치되는 굴림, 궁서 등의 폰트는 Gulim, Gungsuh 등과 같이 영문으로 나타납니다. 하지만 사용자가 추가로 설치한 일부 한글 폰트는 목록에 한글로 표시되는 것들도 있습니다.

06 키보드의 한/영 키를 눌러 한글 입력 모드로 전환하고 문자를 입력한 후, **Esc** 키를 누르거나 툴 패널의 가장 위에 있는 화살표 모양의 선택 툴을 클릭합니다.

07 문자 입력이 완료되고 입력한 문자가 선택 상태로 전환됩니다. 문자 주위에 나타난 작은 사각형 모양의 핸들을 드래그하면 크기를 조절할 수 있습니다. 위/아래의 핸들을 드래그하면 수직크기를, 좌/우측에 있는 핸들을 드래그하면 수평 크기를 조절할 수 있으며 모서리의 핸들을 드래그하면 수직, 수평적인 크기를 동시에 조절할 수 있습니다. 다음과 같이 모서리의 핸들을 드래그하여 문자 크기 적절히 조절하고 문자 내부를 드래그하여 아래쪽에 위치시킵니다. 문자를 잘못 입력하였다면 문자 내부를 더블 클릭합니다. 편집 모드로 전환되어 문자를 수정할 수 있습니다.

> **Tip 문자 크기 조절하기**
>
> **Shift** 키를 누른 상태에서 모서리의 핸들을 드래그하면 본래의 수직, 수평 크기 비율을 유지한 채 크기를 조절할 수 있습니다. 또, 우측의 속성 패널에서 Properties 섹션의 Font Size 속성에 표시된 현재의 값 위에 마우스를 가져가면 손가락 모양으로 마우스 포인터가 바뀌어 나타나는데 이때 좌, 우측으로 드래그함으로서 문자 크기를 조절할 수도 있으며 값이 나타난 부분을 클릭하여 편집 상태로 전환하고 직접 원하는 값을 입력한 다음 **Enter** 키를 누름으로서 변경할 수도 있습니다.

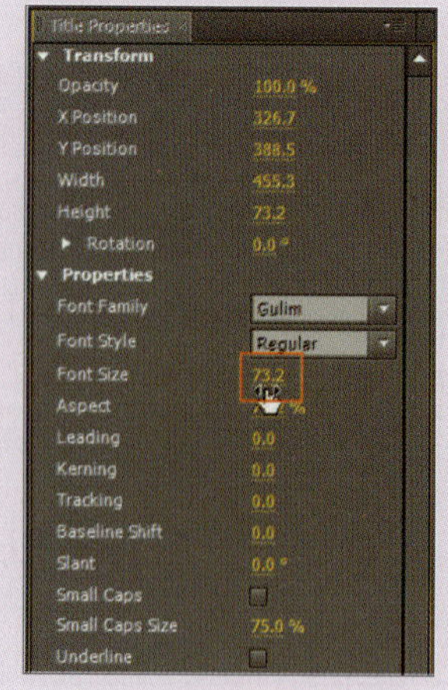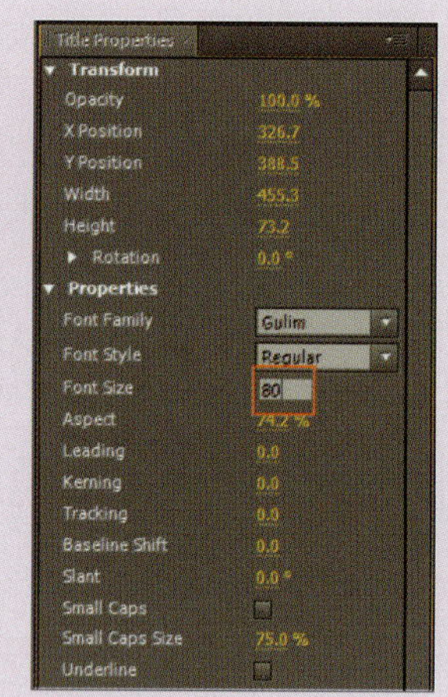

▷▷ 드래그로 값을 변경   ▷▷ 입력하여 값을 변경

2 문자의 속성 변경하고 클립과 합성하기

입력한 문자는 크기나 위치를 변경할 수 있음은 물론, 다양한 효과를 적용할 수도 있습니다. 색상을 변경하고 그림자를 적용하여 결과를 확인해보도록 하겠습니다.

01 입력된 문자를 선택하고 속성 패널에서 Fill 섹션의 Color 속성에 있는 색상 박스를 클릭합니다.

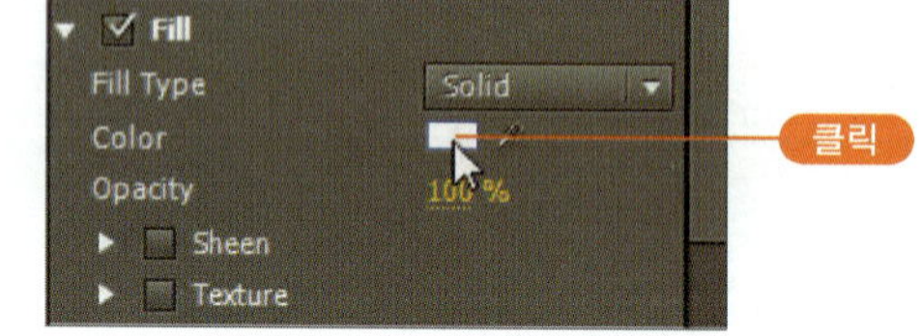

> **잠깐만요!!** 기본적으로 Fill 섹션의 속성들이 펼쳐져 있는 상태로 나타나지만 속성들이 보이지 않는다면 Fill 섹션 좌측의 확장 버튼을 클릭하여 속성들이 나타나도록 합니다.

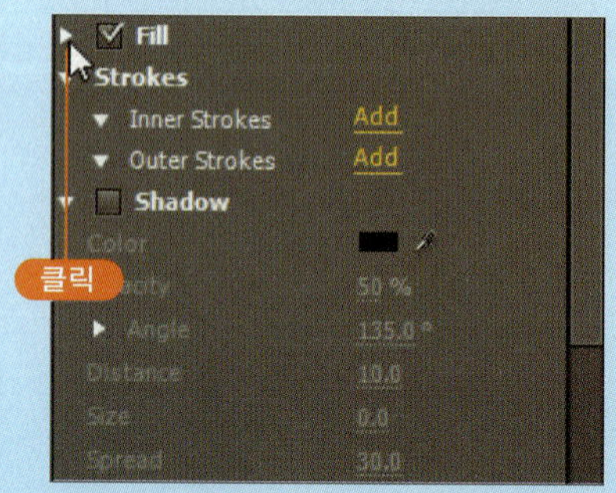

▷▷ Fill 섹션의 확장 버튼을 클릭

02 컬러 피커 창이 나타납니다. 파란색을 클릭하거나 R, G, B 값을 각각 0, 0, 255로 입력하여 파란색으로 지정하고 OK 버튼을 클릭합니다.

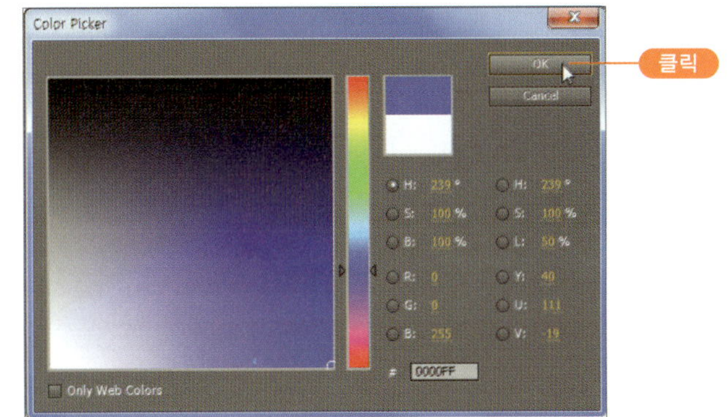

03 문자의 색상이 파란색으로 바뀌어 나타납니다. 문자에 그림자 효과를 적용하기 위하여 Shadow 섹션의 옵션을 선택하여 체크 상태로 나타나게 합니다. 기본적으로 불투명도 50%의 검정색 그림자가 적용되어 있습니다.

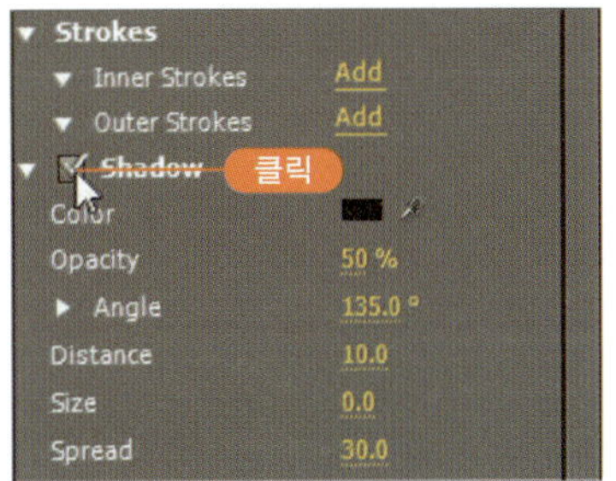

04 그림자에 대한 각 속성을 다음과 같이 변경합니다. 변경한 속성은 즉시 문자에 반영되어 나타납니다.

- Color(색상) : 흰색
- Opacity(불투명도) : 100%
- Angle(그림자의 각도) : −225˚
- Distance(문자와 그림자와의 거리) : 4.0
- Size(크기) : 10
- Speread : 0.0

05 타이틀러 패널 우측 상단의 [종료] 버튼을 클릭하여 타이틀러 패널을 닫고 프로젝트 패널을 보면 작업한 타이틀이 목록에 등록되어 있는 것을 볼 수 있습니다. 이것을 타임라인 패널의 Video 2 트랙으로 드래그합니다.

06 타이틀러 패널에서 작업한 타이틀은 알파 채널을 포함하고 있으며 배경 영역이 투명하게 처리되어 이 부분을 통하여 하위 트랙의 클립이 나타나게 됩니다. 타이틀 클립도 이미지 클립처럼 트랙에 등록되면 기본적으로 5초의 지속 시간을 가지며 끝 부분의 경계선을 드래그하여 지속시간을 변경할 수 있습니다.

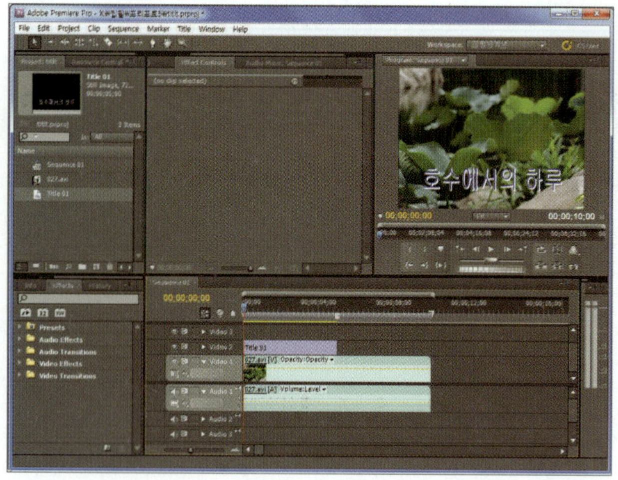

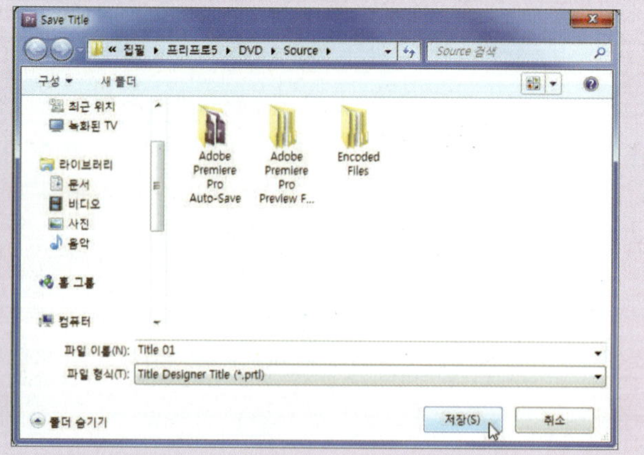

Tip 타이틀 클립을 수정과 독립 파일로 저장하기

프로젝트 패널의 목록에 나타난 타이틀 클립이나 타임라인에 등록된 타이틀 클립을 더블 클릭하면 해당 타이틀 클립이 다시 타이틀러 패널을 통해 나타나 수정할 수 있습니다.

타이틀 클립은 프로젝트에 포함되므로 프로젝트를 저장하면 타이틀 클립도 함께 저장됩니다. 하지만 타이틀 클립을 별도의 독립된 파일로 저장하려면 프로젝트 패널의 목록에 나타난 타이틀 클립을 선택하고 File〉Export〉Title을 선택합니다.

Save Title 대화상자가 나타납니다. 원하는 폴더로 이동하여 이름을 입력하고 [저장] 버튼을 클릭하면 prtl 확장자를 갖는 독립된 파일로 저장되며 일반적인 클립처럼 프로젝트로 불러와 사용할 수 있습니다.

37 Chapter

타이틀러 패널의 구성요소 살펴보기

타이틀러 패널에는 여러 부속 패널로 구성되어 있습니다. 타이틀러 패널의 전체적인 구성 요소와 메뉴, 그리고 메인 패널의 여러 툴에 대한 사용 예를 상세히 살펴보도록 하겠습니다. 아울러 탭 마커를 사용하여 문자의 정렬을 위한 기준점을 자유롭게 설정할 수 있는 방법에 대해서도 다루어봅니다.

1 타이틀러 패널의 구성 요소

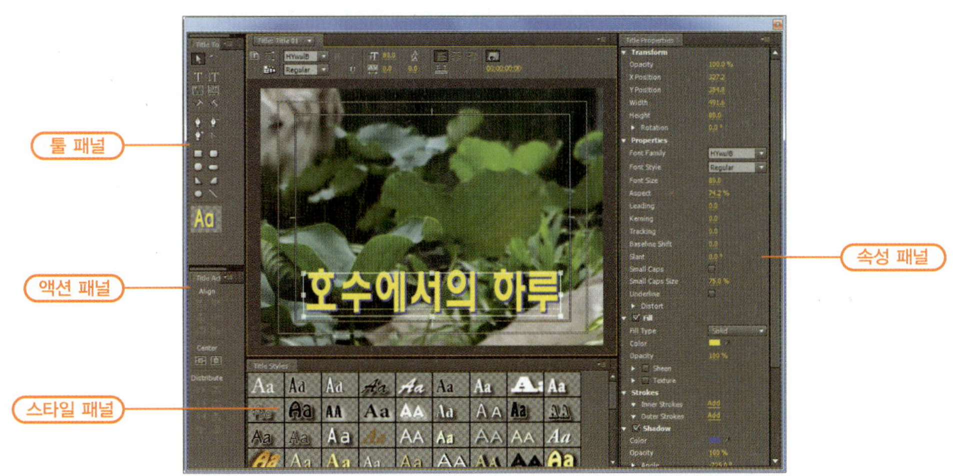

▷▷ 타이틀러 패널

메인 패널(Main Panel)

롤링/크롤 타이틀 옵션 및 폰트 설정, 정렬 버튼 및 드로잉 영역을 포함하고 있습니다.

툴 패널(Tool Panel)

문자를 입력하고 여러 형태의 도형을 그리거나 변형할 수 있는 도구들을 포함하고 있습니다.

액션 패널(Action Panel)

문자와 도형 등, 여러 오브젝트를 정렬하기 위한 도구들을 포함하고 있습니다.

속성 패널(Properties Panel)

여러 오브젝트에 대한 폰트, 크기, 색상, 그림자 등, 다양한 속성을 포함하고 있습니다.

스타일 패널(Style Panel)

미리 지정된 속성을 가지고 있는 문자의 스타일을 포함하고 있습니다. 사용자가 원하는 속성을 지정하여 스타일에 추가할 수 있습니다.

2 메인 패널

▶▶ 메인 패널

타이틀러 목록 메뉴

현재 타이틀러 패널에 작업 중인 타이틀 목록을 보여줍니다. 원하는 타이틀을 선택하면 드로잉 영역에 나타납니다.

새 타이틀(New Title Based on Current Title)

타이틀러 패널이 열려 있는 상태에서 새로운 타이틀을 만듭니다. 새 타이틀의 이름을 지정할 수 있는 New Title 대화상자가 나타나게 됩니다. 이렇게 새로 만드는 타이틀은 이미 작업했던 타이틀이 배경으로 나타나게 됩니다.

롤/크롤 옵션(Roll/Crawl Options)

롤링/크롤 타이틀의 옵션 설정을 위한 대화상자가 나타납
니다.

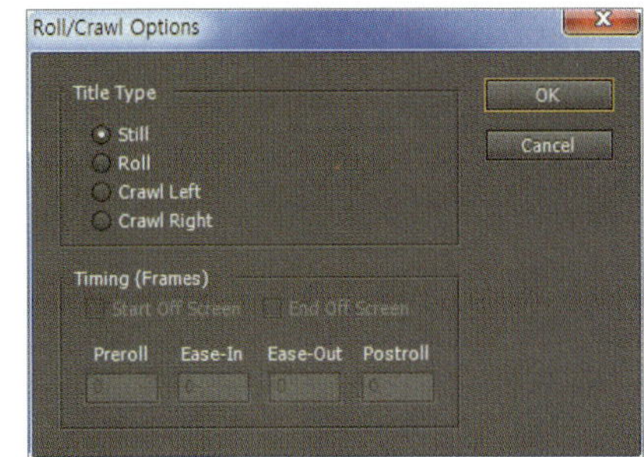

템플릿(Templates)

미리 만들어져 있는 다양한 디자인의 템플릿을 사용을 위한
템플릿 대화상자를 엽니다.

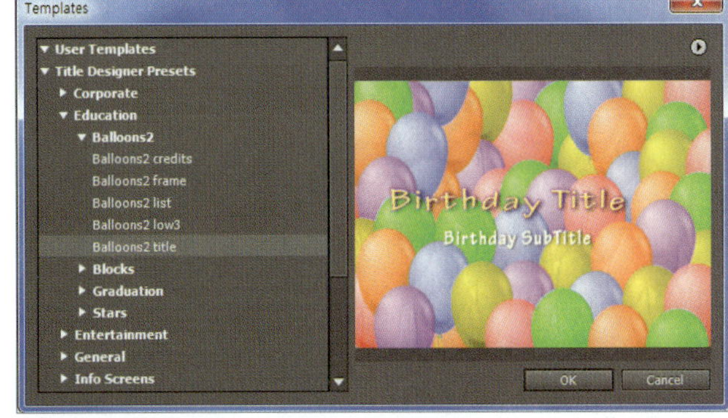

폰트 목록

드롭다운 메뉴를 통해 시스템에 설치되어 있는 모든 폰트의
이름과 폰트의 샘플을 보여줍니다.

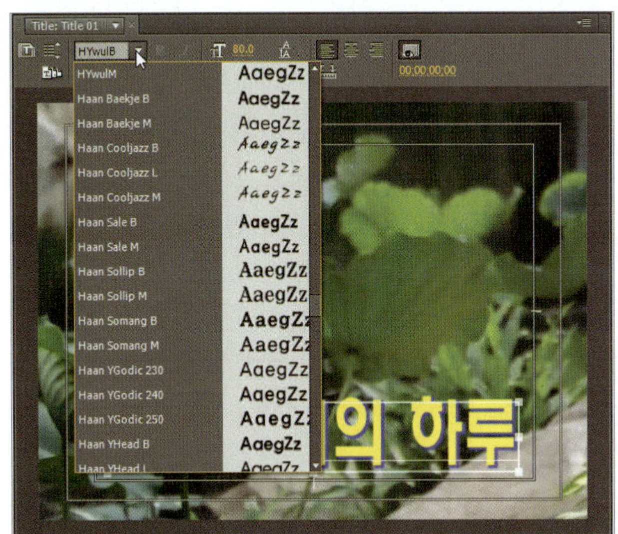

폰트 타입

선택한 폰트의 타입을 선택합니다. 폰트에 따라 제공하는 유
형이 다릅니다. 대부분의 한글 폰트는 일반적인 타입인
Regular만을 제공하지만 영문 폰트는 굵게 표현하는 Black,
기울여 표현하는 Italic 타입 등을 선택할 수 있습니다.

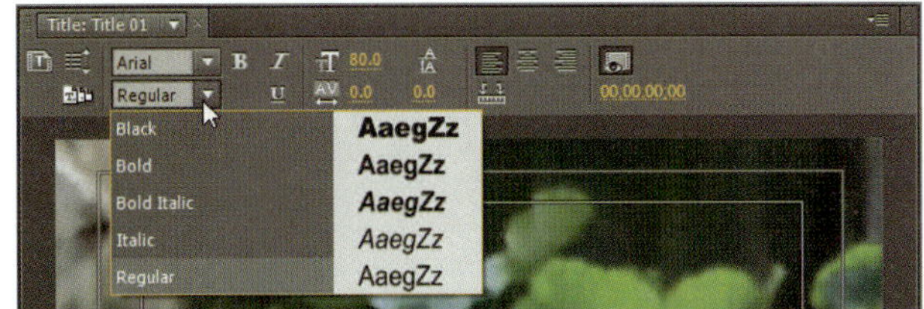

▣ B/I/U

각각 굵은체인 Bold체, 기울임체인 Italic체, 밑줄이 나타나도록 하는 Underline을 의미합니다. 선택한 폰트에 따라 일부 기능만 사용할 수 있습니다.

▣ 폰트 속성

자주 사용하는 폰트 속성을 툴 버튼 형태로 제공합니다. 폰트 크기와 자간(문자 사이의 간격), 행간(여러 행에 걸쳐 문자가 입력된 경우, 행 사이의 간격) 등을 조절합니다.

▣ 정렬 버튼

여러 행에 걸쳐 입력된 문자를 지정된 방향으로 정렬합니다.

• 좌측 정렬(Left)	• 중앙 정렬(Center)	• 우측 정렬(Right)
각 행의 문자들을 좌측을 기준으로 정렬합니다.	각 행의 문자들을 중앙을 기준으로 정렬합니다.	각 행의 문자들을 우측을 기준으로 정렬합니다.

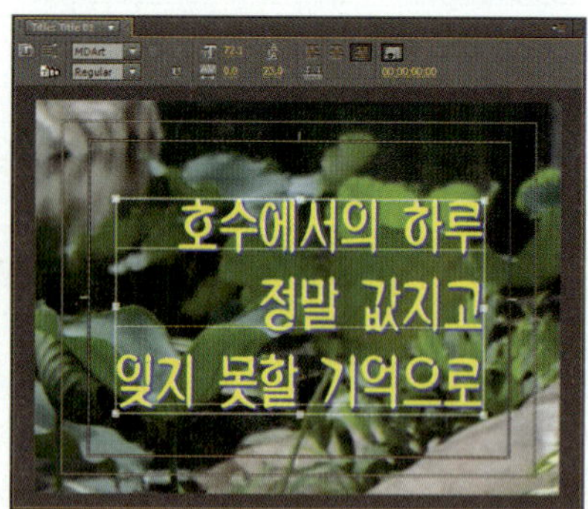

▣ Show Background Video

타임라인 패널에 등록된 클립이 배경으로 나타나게 합니다.

▣ 타임코드

타임라인 패널에 등록된 배경 클립의 타임코드를 표시해주면 원하는 지점으로 이동할 수도 있습니다.

▣ 드로잉 영역 (Drawing Area)

문자를 비롯하여 다양한 오브젝트를 생성하고 변형하기 위한 타이틀 작업 영역입니다.

타이틀러 패널 메뉴

타이틀러 내의 패널 목록을 선택하면 해당 패널이 닫혀져 사라진 경우, 다시 나타나도록 합니다. 이미 열려져 있는 패널이라면 선택한 패널이 활성화됩니다.

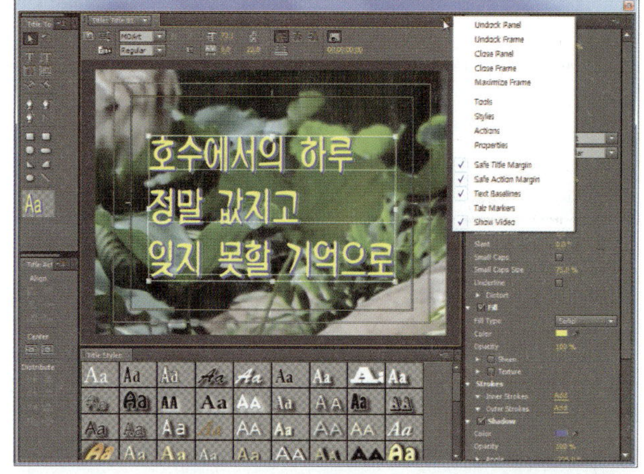

• Safe Title Margin/Safe Action Margin

드로잉 영역에 타이틀 안전 영역과 액션 안전 영역을 표시합니다. 안쪽 영역이 타이틀 안전 영역이며 바깥쪽 영역이 액션 안전 영역입니다.

• Tab Markers

에이리어 타입 툴로 문자를 입력할 때 **Tab** 키를 누른 경우에 이동하는 지점인 탭 마커가 나타나도록 합니다.

3 탭 마커 사용하기

탭 마커는 문자가 정렬되는 기준점을 의미합니다. 모두 세 개의 탭 마커를 생성할 수 있으며 탭 마커에 따라 각각 다른 정렬 방식이 적용됩니다. 문자가 수직으로 흘러가는 롤링 타이틀을 제작할 때 유용한 기능입니다.

01 타이틀러 메뉴에서 Tab Marker를 선택합니다. 앞으로 만들게 될 탭 마커가 드로잉 영역에 나타나도록 하는 것입니다.

02 툴 패널에서 에이리어 타입 툴(Area Type Tool)을 선택합니다.

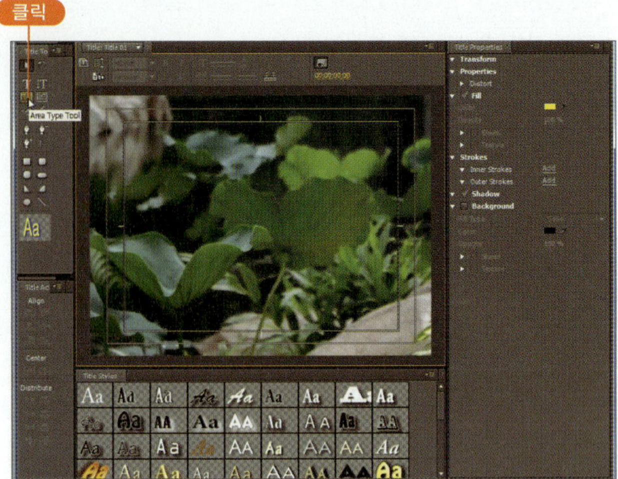

03 드로잉 영역의 좌측 상단에서 우측 하단까지 드래그하여 문자를 입력할 영역을 설정합니다.

04 탭 마커는 Tab Stops 창에서 만들 수 있습니다. 타이틀러의 메인 패널에서 Tap Stops를 클릭합니다.

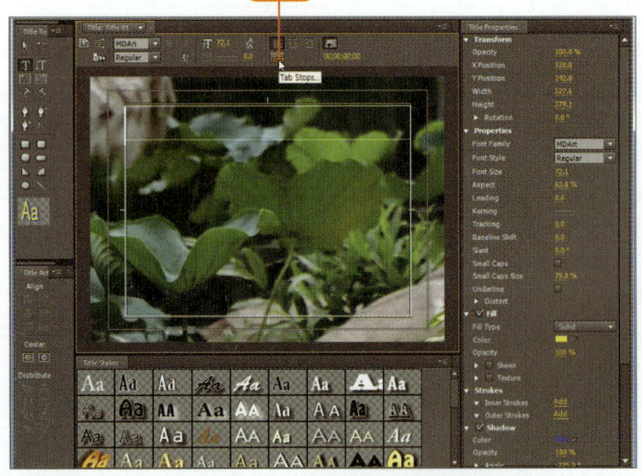

05 Tap Stops 창이 나타납니다. 위에 세 개의 버튼이 있으며 기본적으로 좌측에 있는 [좌측 정렬 탭 마커] 버튼이 선택되어 있습니다. 탭 룰러 위에서 좌측 정렬될 지점을 클릭하면 드로잉 영역에 노란색의 좌측 정렬 탭 마커가 나타납니다. 탭 마커의 위치가 마음에 들지 않는다면 Tap Stops 창의 탭 룰러 위에 있는 탭 마커를 드래그하여 위치를 변경할 수 있습니다.

06 이번에는 가운데 있는 [중앙 정렬 탭 마커] 버튼을 클릭한 후, 탭 룰러 위에서 중앙 정렬될 지점을 클릭하고, 우측에 있는 [우측 정렬 탭 마커] 버튼을 클릭한 후, 우측 정렬될 지점을 클릭합니다. 해당 탭 마커가 드로잉 영역에 나타납니다.

07 OK 버튼을 클릭하여 Tap Stops 창을 닫습니다. 처음 커서가 나타났던 지점을 클릭한 후, **Tab** 키를 누르면 .좌측 정렬 탭 마커로 커서가 이동합니다. 문자를 입력하면 탭 마커를 기준으로 문자가 시작됩니다. 즉, 탭 마커가 문자의 시작점이 됩니다.

08 **Enter** 키를 눌러 행을 바꾼 다음, **Tab** 키를 두 번 누릅니다. 중앙 정렬 탭 마커로 커서가 이동합니다. 문자를 입력하면 탭 마커를 기준으로 문자가 중앙 정렬되는 것을 볼 수 있습니다.

09 다시 **Enter** 키를 눌러 행을 바꾸고 이번에는 **Tab** 키를 세 번 눌러 우측 정렬 탭 마커에 커서가 오게 한 다음, 문자를 입력합니다. 문자의 끝 지점이 탭 마커를 기준으로 정렬되는 것을 볼 수 있습니다.

 **문자는 탭 마커 사이에 존재해야 합니다.**

중앙 정렬 탭 마커에 문자를 입력한 경우, 문자가 우측 정렬 탭 마커 지점을 넘어가면 제대로 정렬되지 않으며, 우측 정렬 탭 마커 지점에 문자를 입력한 경우, 문자가 중앙 정렬 탭 마커 지점을 넘어가면 역시 제대로 정렬되지 않습니다. 따라서 지정한 방식으로 정렬되게 하려면 문자의 수나 크기를 고려하여 입력해야 합니다.

10 탭 마커를 삭제하려면 다시 Tap Stops를 클릭하여 Tap Stops 창을 열고 탭 룰러에 나타난 탭 마커를 탭 룰러 위쪽으로 드래그합니다.

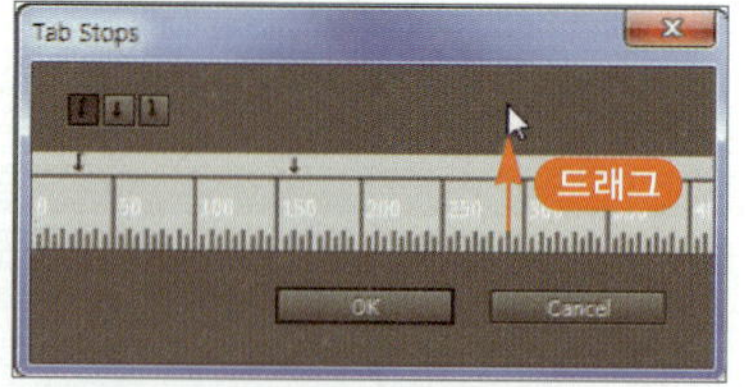

11 생성되어 있는 탭 마커 위에 마우스 포인터를 두고 잠시 기다리면 정렬 방식이 팝업 형태로 나타나 해당 탭 마커의 정렬 방식을 변경할 수 있습니다.

38
Chapter

툴 패널과 액션 패널, 팝업 메뉴 익히기

타이틀 작성에 사용되는 여러 툴들이 모여 있는 툴 패널과 다양한 정렬 도구를 포함하고 있는 액션 패널에 이어 그리고 팝업 메뉴에 대해 살펴보겠습니다. 타이틀러 패널에서는 문자뿐 아니라 다양한 도형과 배경으로 사용할 수 있는 클립도 만들 수 있습니다.

1 | 툴 패널

오브젝트를 선택하거나 문자를 비롯한 다양한 오브젝트를 그릴 수 있는 툴을 포함하고 있는 패널입니다.

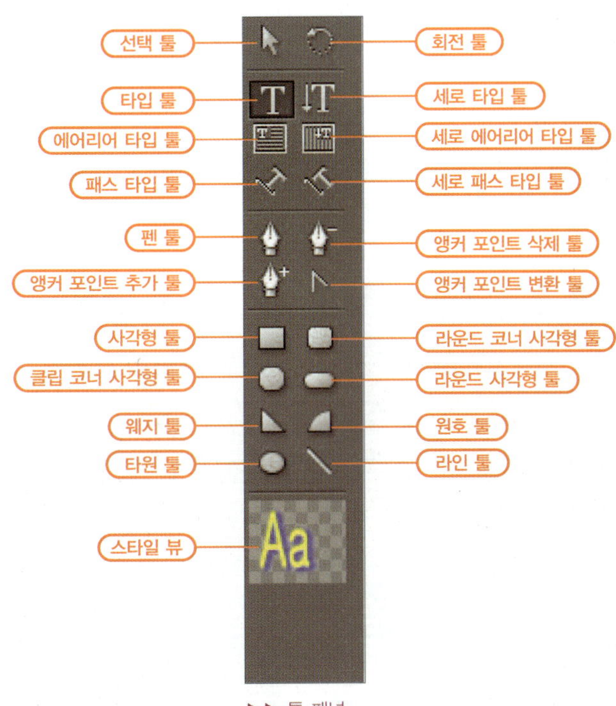

▷▷ 툴 패널

선택 툴(Selection Tool)

타이틀러 패널의 드로잉 영역에 존재하는 문자나 도형 등의 오브젝트를 선택합니다. **Shift** 키를 누른 채로 클릭하거나 오브젝트 주위를 감싸듯이 드래그함으로서 여러 오브젝트를 동시에 선택할 수 있습니다. 선택된 오브젝트의 주위에는 작은 사각형의 크기 조절 점(Resize Pointer)이 나타나며 드래그하여 오브젝트의 크기를 변경할 수 있습니다. 오브젝트 내부를 드래그하면 오브젝트를 이동시킬 수 있습니다.

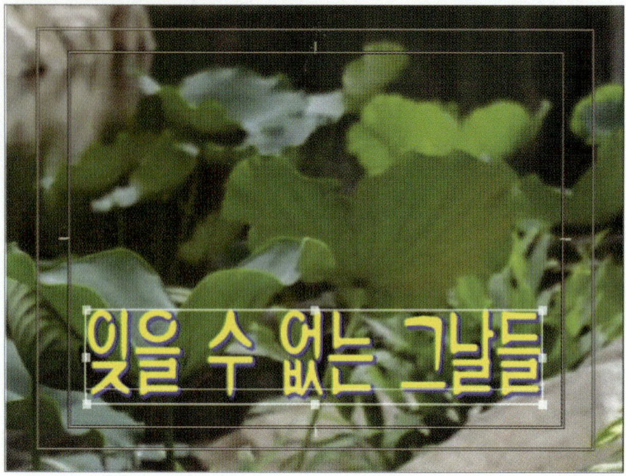

▷▷ 크기 조절점으로 크기 조절

회전 툴(Rotation tool)

선택된 오브젝트를 회전시킵니다. 선택 툴로 오브젝트의 모서리에 마우스 포인터가 구부러진 상태로 나타날 때에서 오브젝트를 회전시킬 수 있지만 회전 툴은 마우스 포인터의 위치와 관계없이 회전시킬 수 있습니다.

▷▷ 오브젝트 회전

타입 툴(Type Tool)

문자를 가로로 입력합니다. `Enter` 키를 누르면 다음 라인(행)에 문자를 입력할 수 있습니다.

세로 타입 툴(Vertical Type Tool)

문자를 세로로 입력합니다. `Enter` 키를 누르면 좌측 열에 문자를 입력할 수 있습니다.

에어리어 타입 툴(Area Type Tool)

선택한 구역 내에 가로로 문자를 입력합니다. 툴을 선택하고 입력하고자 하는 영역을 드래그한 다음, 문자를 입력합니다.

▷▷ 영역을 드래그

▷▷ 문자를 입력

세로 에어리어 타입 툴(Vertical Area Type Tool)

선택한 구역 내에 세로로 문자를 입력합니다. 에어리어 타입 툴과 마찬가지로 먼저 입력하고자 하는 영역을 드래그한 다음, 문자를 입력합니다.

▷▷ 영역을 드래그

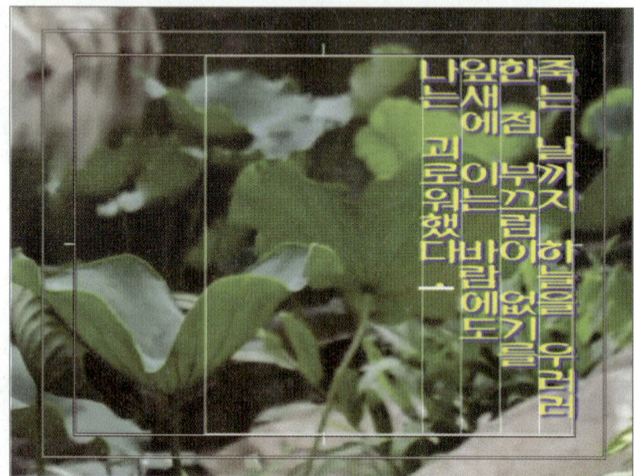

▷▷ 문자를 입력

패스 타입 툴(Path Type Tool)/세로 패스 타입 툴(Vertical Path Type Tool)

지정한 패스를 따라 문자가 입력되도록 합니다. 패스 타입 툴을 선택한 다음, 드로잉 영역 내에 문자가 진행될 방향으로 원하는 지점을 연속해서 클릭하여 작은 사각형의 앵커 포인터를 만듭니다.

▶▶ 앵커 포인터를 생성

폰트를 선택하고 문자를 입력하면 지정된 패스를 따라 문자가 나타납니다.

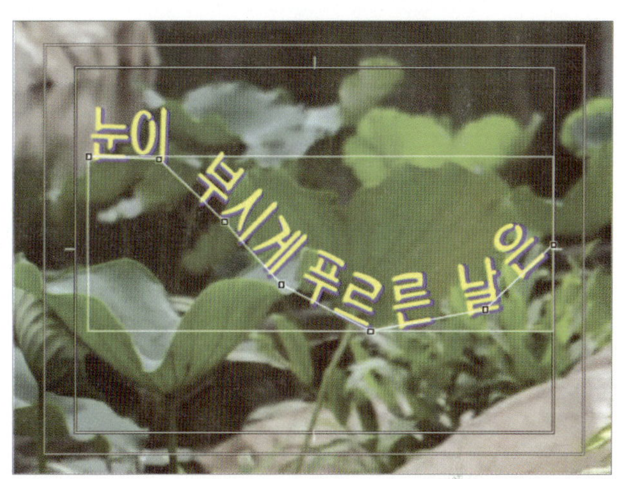

패스 타입 툴을 선택하여 패스를 만들고 문자를 입력하면 패스에 대해 문자가 직각 방향으로 나타나지만 세로 패스 타입 툴로 패스를 만들고 문자를 입력하면 그림과 같이 문자가 패스의 진행 방향을 따라 평행을 이루며 나타납니다.

Tip 패스 수정하기

지정된 패스는 앵커 포인터를 드래그하여 수정할 수 있습니다. 작업 중 다른 툴을 선택했다면 패스가 보이지 않습니다. 다시 패스 타입 툴이나 펜 툴을 선택하고 문자 위에 마우스 포인터를 두면 패스가 나타납니다.

Alt 키를 누른 상태에서 앵커 포인터를 드래그하면 패스를 곡선 형태로 만들 수 있습니다. 패스를 변경하면 문자의 간격이 달라져 어색해 보이므로 앵커 포인트를 드래그하여 문자의 간격을 다시 조절해주어야 합니다.

펜 툴(Pen Tool)

원하는 도형을 자유롭게 만들 수 있는 앵커 포인터를 생성합니다. 원하는 지점을 클릭하면 앵커 포인터가 생성되며 생성된 앵커 포인터를 드래그하면 포인터 위치를 변경할 수 있습니다. 또한 Alt 키를 누른 상태에서 앵커 포인터를 드래그하면 인접한 앵커 포인터와의 패스를 곡선으로 변형할 수 있습니다. 하나의 패스를 완성한 다음, 다시 새로운 패스를 만들기 위해서는 펜 툴을 다시 한 번 클릭합니다.

펜 툴을 사용하여 별 모양의 패스를 만들어 보았습니다. 폰트나 그림자, 외곽선 등, 문자의 속성은 최종적으로 설정된 상태로 나타나기 때문에 그림과 같이 그림자도 앞에서 사용했던 것과 동일하게 나타나는 것을 볼 수 있습니다.

우측의 Properties〉Graphic Type 속성에서 Filled Bezier를 선택하면 패스 내부를 칠할 수 있습니다.

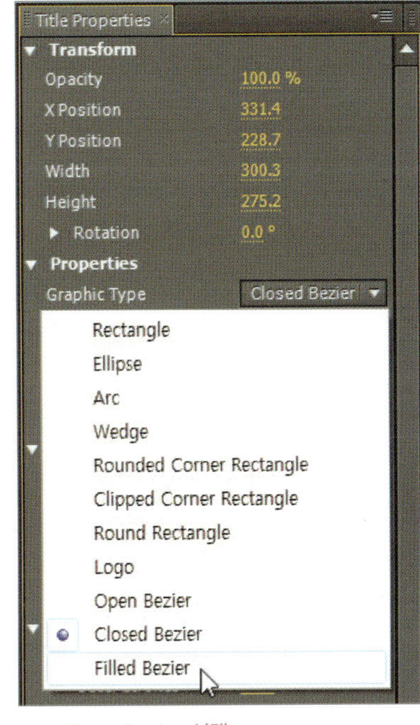

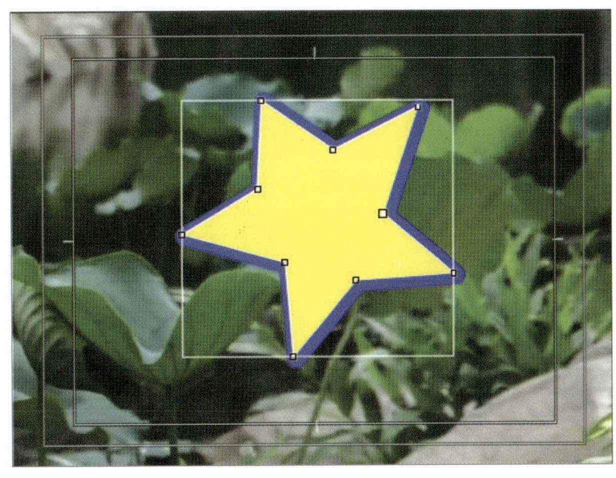

▷▷ Filled Bezier 선택

앵커 포인트 추가 툴(Add Anchor Point Tool)

도형을 더욱 세부적으로 표현하기 위해 패스에 새로운 앵커 포인트를 추가합니다. 추가된 앵커 포인트는 펜 툴로 드래그하여 위치를 변경할 수 있습니다.

▷▷ 앵커 포인트 추가

▷▷ 펜 툴로 드래그

앵커 포인트 삭제 툴(Delete Anchor Point Tool)

원하지 않는 앵커 포인트를 삭제합니다. 앵커 포인트가 삭제된 자리는 이전, 이후 앵커 포인트끼리 연결되어 패스의 형태가
달라집니다.

▶▶ 앵커 포인트 삭제

▶▶ 이전 앵커 포인터끼리 연결됨

앵커 포인트 변환 툴(Convert Anchor Point Tool)

펜 툴을 선택하고 Alt 키를 누른 것과 같은 기능을 갖는 툴
로서, 앵커 포인터를 드래그할 때 인접한 앵커 포인트와의
패스를 곡선으로 만들어 줍니다. 또, 곡선 패스를 이루고 있
는 앵커 포인터를 클릭하면 직선으로 변환해 줍니다. 펜 툴
이나 앵커 포인터 변환 툴을 선택하고 앵커 포인터를 더블
클릭하면 해당 앵커 포인터를 삭제할 수도 있습니다.

▶▶ 드래그하면 곡선 패스로 바뀜

> **Tip** 펜툴에서 선택 툴로 전환하기
>
> 현재 어느 툴이 선택되어 있든지 간에, Ctrl 키를 누르고 있는 동안은 즉시 선택 툴로 바뀌게 됩니다. 따라서 다른 툴로 특정 작업을 하
> 다가 위치나 크기를 변경하기 위하여 일일이 툴 패널에서 선택 툴을 선택해줄 필요가 없습니다. 누르고 있던 Ctrl 키를 떼면 현재 선택
> 되어 있는 툴로 돌아가게 됩니다.
>
> 펜 툴의 경우를 예로 들면, 펜 툴로 패스와 앵커 포인트 작업을 하다가 오브젝트 자체의 위치를 이동하려면 그냥 Ctrl 키만 누릅니다. 선택
> 툴로 바뀌고 오브젝트 선택된 상태로 나타나기 때문에 드래그하여 위치를 변경할 수 있습니다. Ctrl 키를 떼고 패스 작업을 계속합니다.

▷▷ 펜 툴 선택 상태 – 패스와 앵커 포인트 작업만 가능

▷▷ Ctrl키를 누르면 선택 툴로 바뀌어 이동, 크기 변경작업 가능

사각형 툴(Rectangle Tool)

사각형을 만듭니다. Shift 키를 누른 채로 드래그하면 정사각형을 만들 수 있습니다.

▷▷ Shift+드래그

> **Tip** 도형 드로잉에 사용되는 단축키
>
> - Shift +드래그 – 정사각형, 정원 등 종횡비가 동일한 도형을 그릴 수 있습니다
> - Alt +드래그 – 중심이 고정된 채로 도형을 그릴 수 있습니다. 즉, 단순히 드래그하면 한쪽 방향으로 커지는 도형이 그려지지만 Alt 키를 누른 채로 드래그하면 모든 방향으로 커지는 도형이 그려집니다.
> - Shift + Alt +드래그 – 중심이 고정된 채로 종횡비가 동일한 도형을 그릴 수 있습니다.

클립 코너 사각형 툴(Clipped Corner Rectangle Tool)

모서리가 깎인 사각형을 만듭니다. 사각형 툴과 마찬가지로 **Shift** 키를 누른 채로 드래그하여 정사각형을 만들 수 있으며 모서리의 각도는 속성 패널의 Properties〉Fillet Size 속성에서 조절할 수 있습니다.

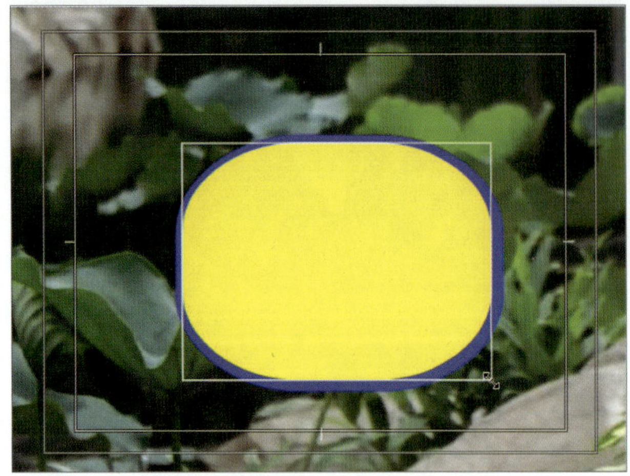
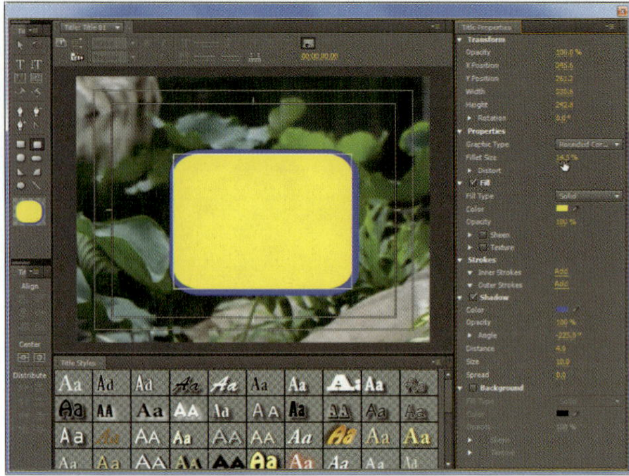

▷▷ 모서리 각도 변경

라운드 코너 사각형 툴(Rounded Corner Rectangle Tool)

모서리가 둥근 사각형을 그리는 툴입니다. **Shift** 키를 누른 채로 드래그하면 정사각형을 만들 수 있으며 모서리의 각도는 속성 패널의 Properties〉Fillet Size 속성에서 조절할 수 있습니다.

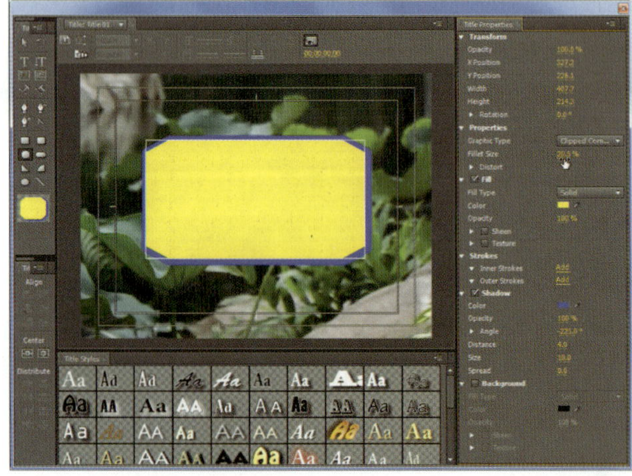

▷▷ 모서리 각도 변경

라운드 사각형 툴(Round Rectangle Tool)

모서리 뿐 아니라 전체적으로 둥근 형태의 사각형을 만듭니다. Shift 키를 누르면 사각형 툴임에도 불구하고 정원을 만들 수 있습니다.

▷▷ Shift+드래그

웨지 툴(Wedge Tool)

삼각형 형태의 도형을 만듭니다. Shift 키를 누른 채로 드래그하면 사각형을 정확하게 반으로 잘라놓은 것 같은 삼각형을 만들 수 있습니다.

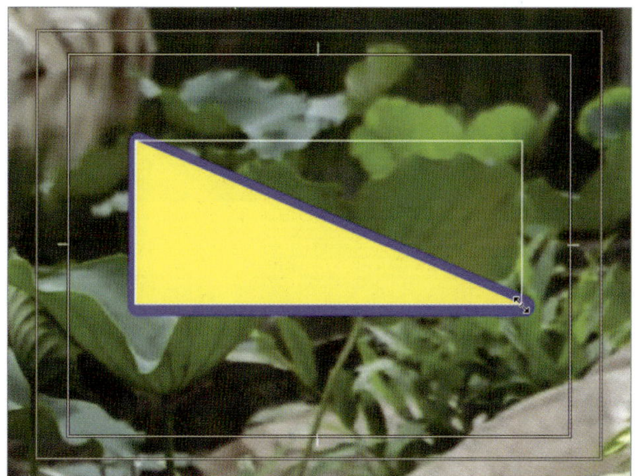

▷▷ Shift+드래그

원호 툴(Arc Tool)

원호를 그립니다. **Shift** 키를 누른 채로 드래그하면 가로와 세로 비율이 동일한 원호를 그릴 수 있습니다.

타원 툴(Ellipse Tool)

타원을 그립니다. **Shift** 키를 누른 채로 드래그하면 타원이 아닌 정원을 그릴 수 있습니다.

▶▶ Shift키 + 드래그

▶▶ Shift키 + 드래그

라인 툴(Line Tool)

직선을 긋는 툴입니다. **Shift** 키를 누른 채로 드래그하면 0도, 45, 90도 등 45 단위의 각도로만 그릴 수 있습니다.

 스타일 뷰(Style View)

현재 선택되어 있는 폰트와 속성을 보여줍니다.

Tip 오브젝트 다루기

● **오브젝트의 복사**

오브젝트의 팝업 메뉴에서 Copy(Ctrl + C)를 선택한 다음, Paste(Ctrl + V)를 선택하면 오브젝트를 복사할 수 있습니다. 하지만 선택 툴로 오브젝트를 선택하고 Alt 키를 누른 채로 오브젝트를 드래그해도 동일한 오브젝트를 복사할 수 있습니다.

▶▶ Alt키를 누르면 복사를 의미하는 마우스 포인터가 나타남

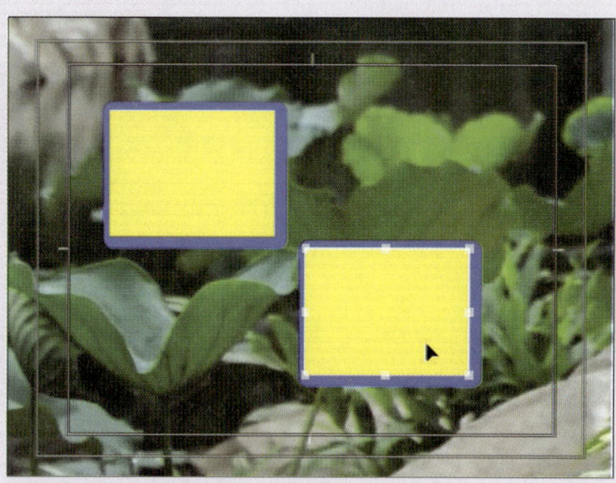

▶▶ 드래그하여 오브젝트를 복사

● **여러 오브젝트에 대한 선택과 작업**

오브젝트가 포함되도록 드래그하면 여러 오브젝트를 한꺼번에 선택할 수 있으며 Shift 키를 누른 상태에서 오브젝트를 클릭해도 여러 개의 오브젝트를 선택할 수 있습니다. 여러 오브젝트 선택된 경우, 선택된 오브젝트를 포함하는 외곽선과 조절점이 나타나며 조절점을 드래그하면 선택되어 있는 모든 오브젝트의 크기를 동시에 조절할 수 있습니다. 선택 영역 이외의 영역을 클릭하면 오브젝트들의 선택 상태를 해제할 수 있습니다.

▶▶ 선택된 오브젝트들에 대한 핸들을 드래그

▶▶ 여러 오브젝트의 크기가 동시에 변경됨

● **오브젝트의 삭제** – 오브젝트를 선택하고 Delete 키나 Back Space 키를 누릅니다.

2 | 액션 패널

여러 오브젝트를 일정한 방향으로 정렬하거나 기준점으로 분배하는 툴을 포함하고 있는 패널입니다.

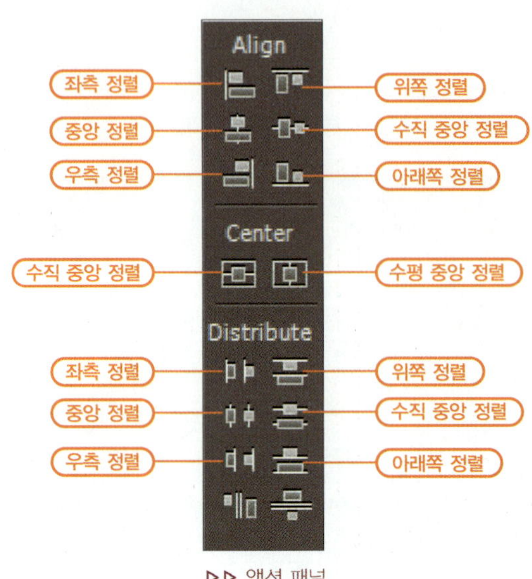

▷▷ 액션 패널

정렬하기(Align)

두 개 이상의 오브젝트가 선택되어 있는 경우, 지정된 방향
으로 선택된 오브젝트를 정렬합니다.

▷▷ 초기 상태

▶▶ 좌측 정렬(Horizontal Left)

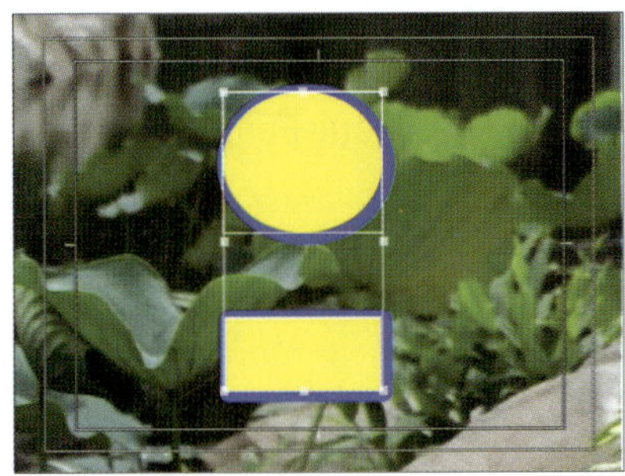

▶▶ 중앙 정렬(Horizontal Center)

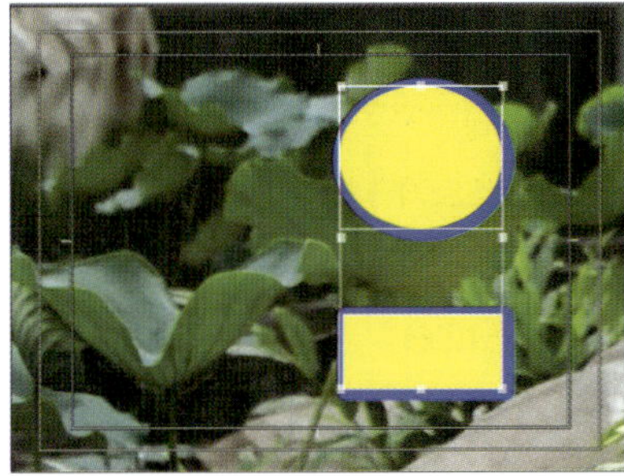

▶▶ 우측 정렬(Horizontal Right)

▶▶ 위쪽 정렬(Vertical Top)

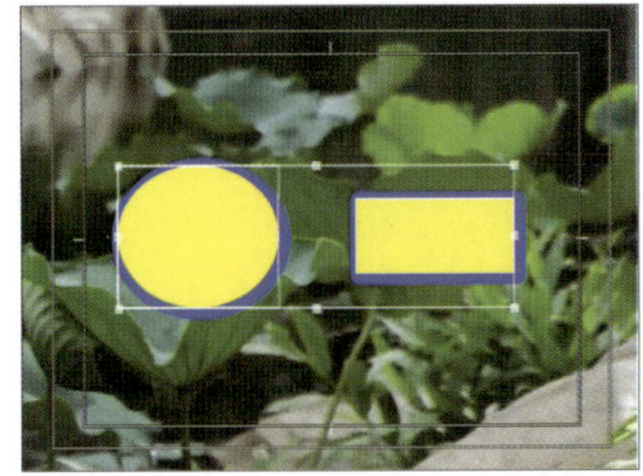

▶▶ 수직 중앙 정렬(Vertical Center)

▶▶ 아래쪽 중앙 정렬(Vertical Bottom)

중앙에 정렬하기(Center)

하나 이상의 오브젝트가 선택된 경우, 선택된 오브젝트를 지정된 방향으로 정렬합니다.

분배하기(Distribute)

세 개 이상의 오브젝트가 선택된 경우, 선택된 오브젝트들을 지정된 방식으로 분배하여 일정한 간격으로 정렬합니다.

3 타이틀러 패널의 팝업 메뉴

타이틀 패널의 드로잉 영역에서 마우스 우측 버튼을 클릭하면 팝업 메뉴가 나타나는데, 현재 선택된 오브젝트에 따라 사용할 수 있는 메뉴가 다릅니다. 자주 사용되는 몇 가지 메뉴를 살펴보겠습니다.

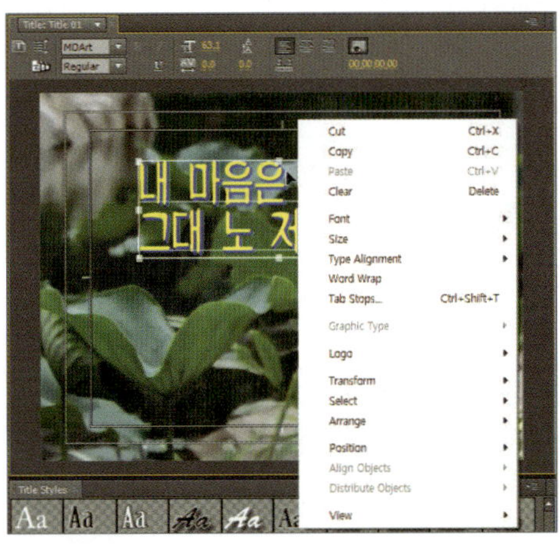

Font

문자를 선택했을 때만 활성화되는 메뉴로서 Properties〉Font Family의 드롭다운 버튼을 클릭했을 때처럼 시스템에 설치된 폰트 리스트가 나타납니다.

Size

문자의 크기를 지정합니다. 미리 지정된 값 중에서 선택하거나 Other를 선택하여 Font Size 대화상자에서 원하는 값을 입력하여 지정할 수 있습니다.

Type Alignment

메인 패널의 정렬 버튼과 동일한 기능을 수행합니다. 즉, 여러 행에 걸쳐 입력된 문자를 좌측, 중앙, 우측 정렬합니다.

Word Wrap

문자가 영역의 크기를 넘어 입력될 경우 자동으로 다음 행에 문자가 입력되도록 합니다. 이 옵션이 체크되어 있지 않은 경우 다음 행으로 입력하기 위해서는 행의 끝에서 **Enter** 키를 눌러야 합니다.

Tap Stop

탭 마커 지정을 위한 Tap Stop 창을 엽니다.

Graphic Type

도형을 선택한 경우 나타나는 메뉴로서 현재 오브젝트를 다른 형태로 변형시킵니다.

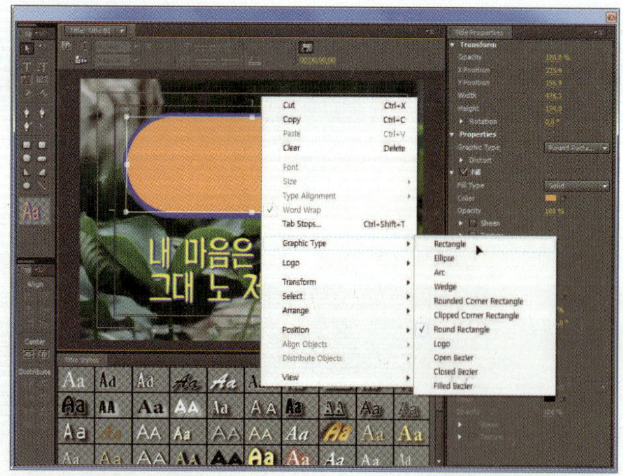

▶▶ 원하는 타입을 선택

▶▶ 선택한 도형 타입으로 바뀜

Logo

로고로 사용할 이미지 파일을 엽니다.

Transform

대화상자를 통해 Position(위치), Scale(크기), Rotation(회전), Opacity(불투명도) 값을 조절합니다. 우측의 속성 패널을 사용하는 것이 더 편리하므로 자주 쓰이지는 않습니다.

Select

여러 오브젝트가 동일한 위치에 겹쳐져 있는 경우에 특정 위치에 있는 오브젝트를 선택합니다.

- First Object Above – 가장 위에 있는 오브젝트를 선택합니다.
- Next Object Above – 현재 오브젝트보다 한 단계 위에 오브젝트를 선택합니다.
- First Object Below – 현재 오브젝트보다 한 단계 위에 아래에 있는 오브젝트를 선택합니다.
- Last Object Below – 가장 아래에 있는 오브젝트를 선택합니다.

Arrange

여러 개의 오브젝트가 동일한 위치에 겹쳐져 있을 때 오브젝트가 나타날 순서를 지정합니다. 기본적으로 나중에 생성된 오브젝트가 앞에 나타나게 되지만 이 메뉴를 통해 순서를 바꿀 수 있습니다.

- Bring to Front – 현재 선택된 오브젝트를 가장 앞으로 이동시킵니다.
- Bring to Forward – 현재 선택된 오브젝트를 한 단계 앞으로 이동시킵니다.
- Send to Back – 현재 선택된 오브젝트를 가장 뒤로 이동시킵니다.
- Send Backward – 현재 선택된 오브젝트를 한 단계 뒤로 이동시킵니다.

문자를 입력한 후, 동일 위치에 도형을 그렸다면 도형이 문자를 가리게 됩니다.

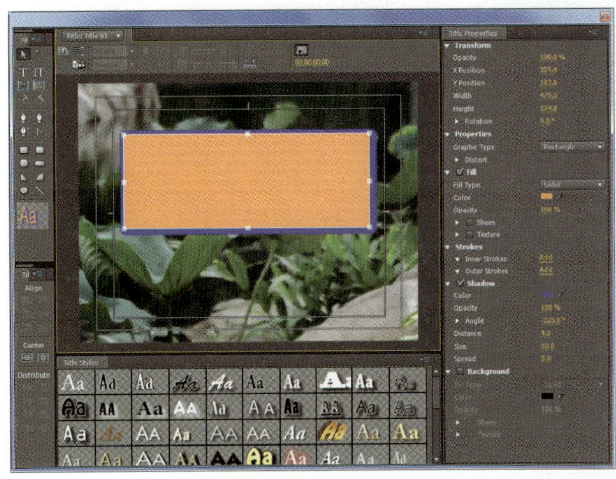

▷▷ 나중에 생성된 도형으로 인해 문자가 보이지 않음

도형을 뒤로 보내기 위해서는 도형을 선택하고 팝업 메뉴에서 Arrange〉Send to Back을 선택합니다.

도형이 뒤로 이동되므로 문자가 앞에 나타나게 됩니다.

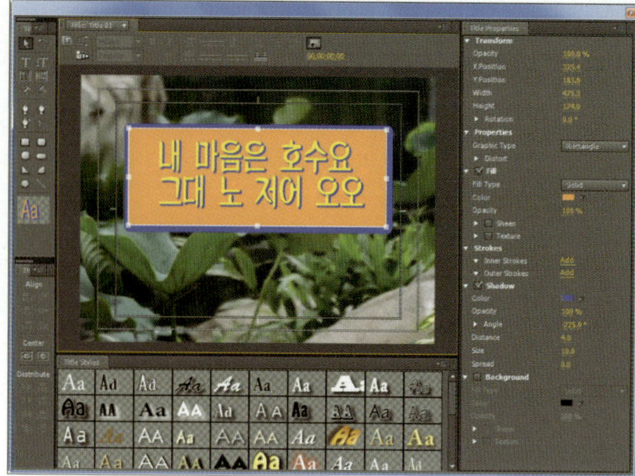

Position

현재 선택된 오브젝트의 위치를 이동시킵니다.

- Horizontal Center – 오브젝트를 수평 중앙으로 이동시킵니다.
- Vertical Center – 오브젝트를 수직 중앙으로 이동시킵니다.
- Lower Third – 드로잉 영역을 수직적으로 3등분했을 때 가장 하단의 지점으로 오브젝트를 이동시킵니다. 이 영역에 일반적으로 가장 많이 타이틀이 위치하는 지점이므로 편리하게 위치를 설정할 수 있습니다. 이렇게 이동된 타이틀의 수평적 위치는 자동적으로 중앙에 오게 됩니다.

Chapter 39
타이틀러 패널의 다양한 속성 익히기

타이틀러 패널에 입력된 개체들은 여러 섹션을 통하여 크기, 문자의 폰트와 관련된 속성, 색상, 그림자, 외곽선 등의 다양한 속성들을 자유롭게 설정할 수 있습니다. 따라서 타이틀러 패널을 잘 활용하면 별도의 그래픽 관련 프로그램을 사용하지 않아도 영상의 합성이나 배경에 사용할 수 있는 다양한 요소들을 간단히 만들 수 있습니다.

1 트랜스폼(Transform) 섹션

선택된 오브젝트의 형태에 대한 속성을 조절합니다.

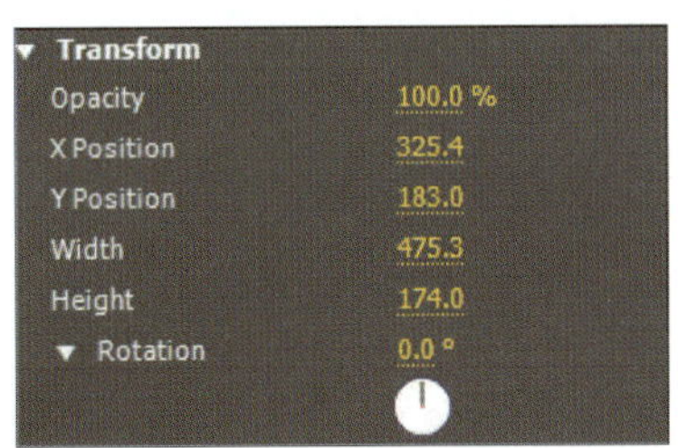

- Opacity – 오브젝트의 불투명도를 조절합니다.
- X Position – 오브젝트의 가로 위치를 조절합니다.
- Y Position – 오브젝트의 세로 위치를 조절합니다.
- Width – 오브젝트의 가로 크기를 조절합니다.
- Height – 오브젝트의 세로 크기를 조절합니다.
- Rotation – 오브젝트를 회전시킵니다.

2 속성(Properties) 섹션

오브젝트의 폰트 크기나 종횡비, 자간, 종류 등을 선택합니다.

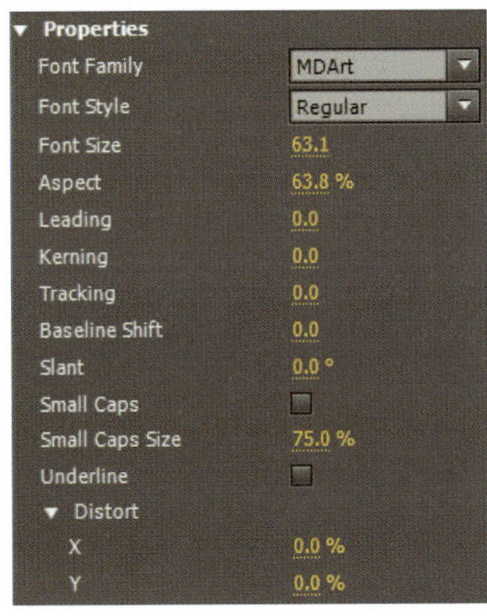

- Font Family – 폰트를 선택합니다.
- Font Style – 폰트의 굵기나 이탤릭체, 밑줄 등의 스타일을 선택합니다.
- Font Size – 문자의 크기를 조절합니다.
- Aspect – 문자의 종횡비를 조절합니다.
- Leading – 행 사이의 간격을 조절합니다.
- Kerning – 현재 커서 좌, 우에 놓인 문자 사이의 간격을 조절합니다.

- Tracking – 각 문자 사이의 간격, 즉 자간을 조절합니다.
- Baseline Shift – 선택된 문자의 기준선 위치를 변경합니다.
- Slant – 문자의 기울기를 조절합니다.
- Small Caps – 영문자의 경우, 소문자를 작은 크기의 대문자로 변경합니다.
- Small Caps Size – Small Caps 속성이 체크된 경우 대문자의 크기를 조절합니다.
- Underline – 밑줄을 그어줍니다.
- Distort X/Y – 오브젝트를 가로/세로로 왜곡시킵니다.

문자 오브젝트의 경우, 편집 상태에서 특정 문자만을 블록으로 설정하면 해당 영역의 문자에만 다른 속성을 적용시킬 수 있습니다.

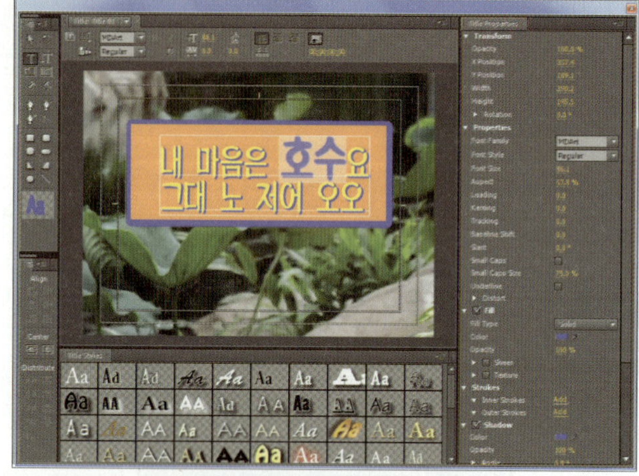

▷▷ 블록으로 설정한 문자만 폰트 크기와 색상을 변경한 경우

> **Tip** 도형이 선택된 경우의 속성들
>
> 도형이 선택된 경우에는 문자를 선택했을 때와 다른 속성들이 나타납니다. 또한 도형의 종류에 따라서도 나타나는 속성이 조금씩 다릅니다.
>
> 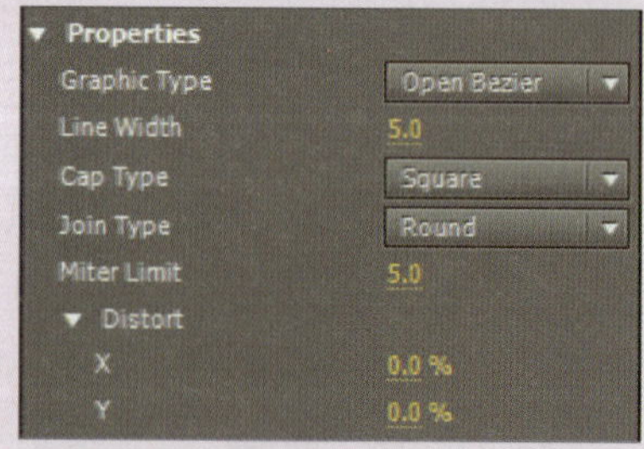
>
> ■ 열린 패스 도형이 선택된 경우
>
> 앵커 포인터의 시작점과 끝점이 만나지 않아 패스가 열려 있는 상태의 도형이 선택된 경우에는 선의 두께, Cap Type, Join Type, Miter Limit 등의 속성이 나타납니다.
>
> ◉ Line Width – 선의 두께를 지정합니다.
> ◉ Cap Type – 오브젝트의 시작 부분과 끝 부분의 형태를 선택합니다.

- Butt
  - 시작 지점과 끝 지점이 앵커 포인터와 동일한 지점에 오도록
  합니다.

- Round
  - 시작 지점과 끝 지점을 둥글게 합니다.

- Square
  - 시작 지점과 끝 지점을 사각형 형태로 나타나게 합니다. 형
  태는 Butt와 동일하지만 앵커 포인터 지점보다 더 길게 나타납
  니다.

◉ Join Type

패스의 방향이 변경되는 지점의 형태를 선택합니다.

- Miter – 깎은 것처럼 모나게 나타냅니다. Bevel과 비슷하지만 Miter Limit 속성에서 모난 정도를 조절할 수 있습니다.
- Round – 둥글게 나타냅니다.
- Bevel – Miter와 달리 패스가 변경되는 지점의 양쪽을 다 깎은 것처럼 나타냅니다.

◉ Miter Limit

Join Type에서 Miter를 선택한 경우, 깎임 정도를 조절합니다. 값을 작게 설정한 경우, Bevel과 유사한 형태로 나타나게 할 수 있습니다.

◉ Distort X/Y

도형의 형태를 왜곡시킵니다.

앵커 포인터의 시작점과 끝점이 만나 패스가 닫혀진 도형이 선택
된 경우에는 열린 패스 도형에서 볼 수 있었던 Cap Type 속성
이 나타나지 않습니다. 그 외의 속성은 동일합니다.

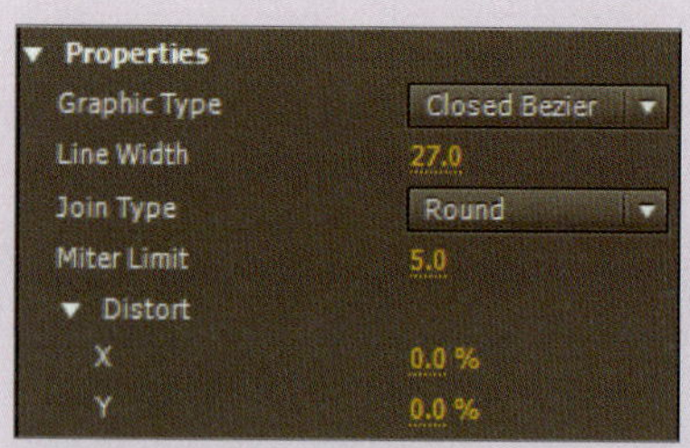

■ 닫힌 패스 도형이 선택된 경우

3　채우기(Fill) 섹션

오브젝트의 내부에 색상을 칠하는 방법에
대한 속성을 설정합니다. 먼저 Fill 섹션
을 클릭하여 체크표시가 나타나도록 해야
각 세부 속성을 지정할 수 있습니다.

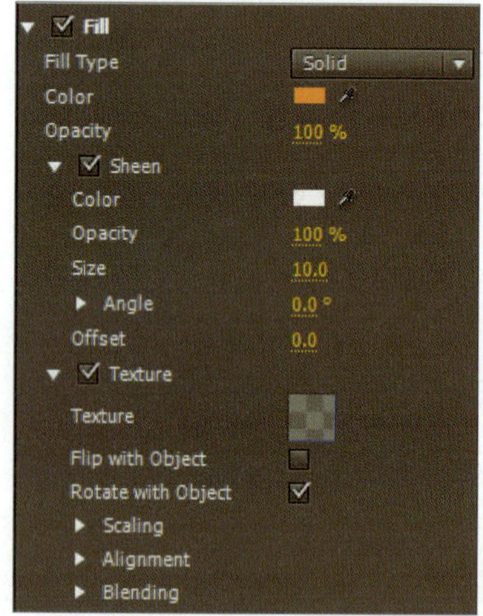

Fill Type

오브젝트를 어떠한 방식으로 칠할 것인지 선택합니다.

- Solid – Color에서 지정한 한 가지 색상으로 칠합니다.
- Linear Gradient – 두 가지 색상으로 점차 변화하는 선형 그라디언트 효과로 칠합니다.
- Radial Gradient – 두 가지 색상으로 점차 변화하는 원형 그라디언트 효과로 칠합니다.
- 4 Color Gradient – 4가지 색상을 사용하는 그라디언트 효과로 칠합니다.
- Bevel – 오브젝트 주위에 다른 색상을 지정하여 입체적으로 나타나도록 합니다.
- Eliminate – 오브젝트의 내부를 투명하게 처리합니다. 그림자도 제거합니다.
- Ghost – 오브젝트의 내부를 투명하게 처리하되, 그림자는 제거하지 않습니다.

Color

오브젝트를 칠할 색상을 선택합니다.

Opacity

오브젝트의 불투명도를 설정합니다.

Sheen

오브젝트의 내부에 빛이 비취는 것 같은 효과가 나타나도록
합니다.

- Color – 빛의 색상을 선택합니다.
- Opacity – 빛의 불투명도를 설정합니다.
- Size – 빛의 크기를 설정합니다.
- Angle – 빛의 각도를 설정합니다.
- Offset – 빛의 위치를 설정합니다.

Texture

별도로 지정한 이미지나 이미지의 질감을 적용합니다.

- Texture
– 텍스처로 사용할 이미지를 선택합니다. 우측에 있는 사각형의 텍스처 뷰어를 클릭하면 이미지 선택을 위한 대화상자가 나
  타납니다. 기본적으로 최근에 불러온 파일들이 저장된 폴더가 열리게 되며 프리미어 프로 CS5가 설치된 폴더 아래의
  Presets\Textures 폴더를 선택하면 프리미어 CS5와 함께 설치된 여러 이미지를 선택할 수 있습니다. 원하는 이미지를 선
  택하고 [열기] 버튼을 클릭하면 해당 이미지의 질감이 현재 선택된 도형에 적용되어 나타납니다.

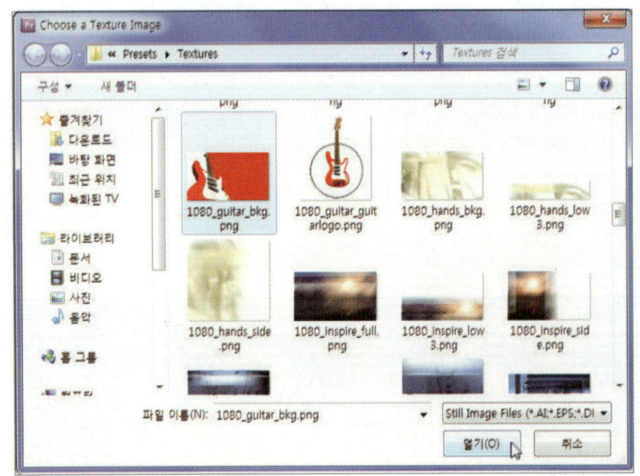

▷▷ 텍스처로 사용할 이미지를 선택

▷▷ 해당 이미지가 도형에 나타납니다.

• **Flip with Object** – 이미지를 뒤집으면 텍스처도 함께 뒤집어지도록 합니다. 이미지는 **Alt** 키를 누른 채로 조절점을 반대편 조절점 쪽으로 드래그하면 뒤집을 수 있습니다.

▷▷ Flip with Object 비선택 – 이미지만 뒤집어짐

▷▷ Flip with Object 선택 – 텍스처도 함께 뒤집어짐

• **Rotate with Object**

– 이미지를 회전시키면 텍스처도 함께 회전되도록 합니다.

▷▷ Rotate with Object 비선택 –이미지만 회전

▷▷ Rotate with Object 선택 – 텍스처도 함께 회전

- **Scaling** – 텍스처의 크기를 조절합니다.
    - Object X/Y – 텍스처의 크기를 X/Y축으로 조절합니다.
        〉 Texture – 텍스처의 원래 크기를 사용합니다.
        〉 Clipped Face – 오브젝트에 사용한 안쪽 테두리(Inner Stroke)의 크기를 제외한 영역에 맞추어집니다.
        〉 Face – 오브젝트에 사용한 테두리(Stroke)의 크기와 관계없이 오브젝트 전체 영역에 맞추어집니다.
        〉 Extended Character – 오브젝트에 사용한 바깥쪽 테두리(Outer Stroke)의 크기만큼 텍스처가 확장되어 나타납니다.
    - Horizontal/Vertical – 텍스터의 가로 크기와 세로 크기를 직접 지정합니다.
    - Tile X/Y – 오브젝트보다 작은 크기의 텍스처 이미지가 사용된 경우, 이미지가 반복되어 타일 형태로 나타나도록 합니다.

- **Alignment** – 텍스처의 위치와 정렬 방식을 지정합니다.
    - Object X/Y – 오브젝트의 상태에 따른 텍스처의 위치와 정렬 방식을 지정합니다.
        〉 Screen – 텍스처가 오브젝트가 아닌 타이틀러에 대해 적용됩니다. 텍스처가 고정되어 오브젝트와 함께 이동되지 않습니다.
        〉 Clipped Face – 오브젝트에 사용한 안쪽 테두리(Inner Stroke)를 제외한 영역에 맞추어 정렬됩니다.
        〉 Face – 오브젝트에 사용한 테두리(Stroke)의 크기와 관계없이 오브젝트 전체 영역에 맞추어 정렬됩니다.
        〉 Extended Character – 오브젝트에 사용한 바깥쪽 테두리(Outer Stroke)의 크기를 고려한 영역에 맞추어 정렬됩니다.
    - Rule X/Y – 텍스처의 정렬 방향을 선택합니다.
    - X/Y Offset – 텍스처의 위치를 조절합니다.

- **Blending** – 오브젝트와 텍스처의 혼합 방식을 설정합니다.
    - Mix – 오브젝트와 텍스처의 혼합 비율을 설정합니다. 값이 작을수록 오브젝트가 짙게 나타납니다.

- Alpha Scale – 텍스처의 알파 값을 조절합니다. 값이 작을수록 텍스처는 투명해집니다.
- Composite Rule – 텍스처와 합성하는 채널을 선택합니다.
- Invert Composite – 합성 채널 영역을 반전시킵니다.

4 그라디언트 효과 만들기

앞에서 보았던 속성을 이용해 실제로 그라디언트 효과를 만들어보겠습니다. 그라디언트(Gradient)란, 지평선에 가까운 색상이 높은 하늘로 갈수록 파랗게 변화하는 것처럼 색상이 점진적으로 변화하는 효과를 말합니다.

01 드로잉 영역에 도형을 그린 다음, Fill 섹션의 체크 박스를 클릭하고 Linear Gradient를 선택합니다.

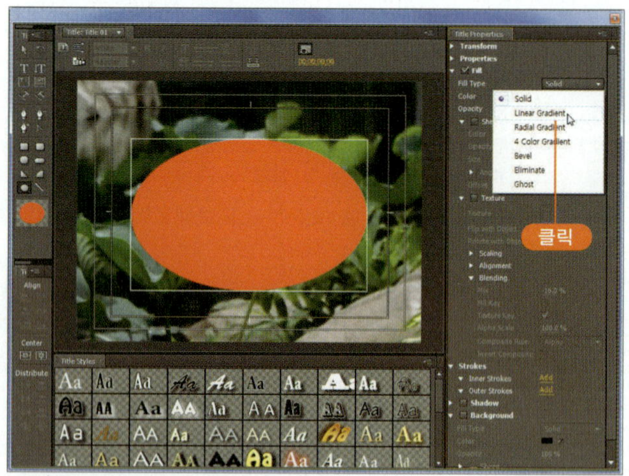

▶▶ Linear Gradient 선택

02 Linear Gradient는 두 지점의 색상이 직선 형태로 변화하도록 합니다. 먼저 기준점이 될 두 지점의 색상을 지정해야 합니다. 시작 지점의 색상을 지정하기 위하여 앞쪽의 색상 조절기를 클릭하고 Color Stop Color 속성의 색상 박스를 클릭하거나 색상 바의 앞부분을 클릭합니다.

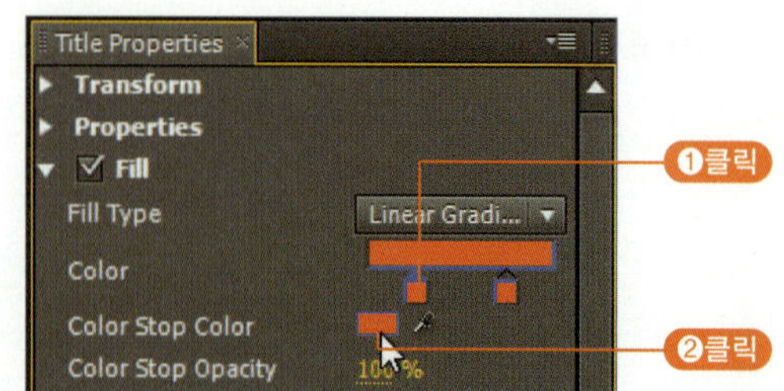

▶▶ 앞쪽의 색상 조절기와 색상 박스를 차례로 클릭

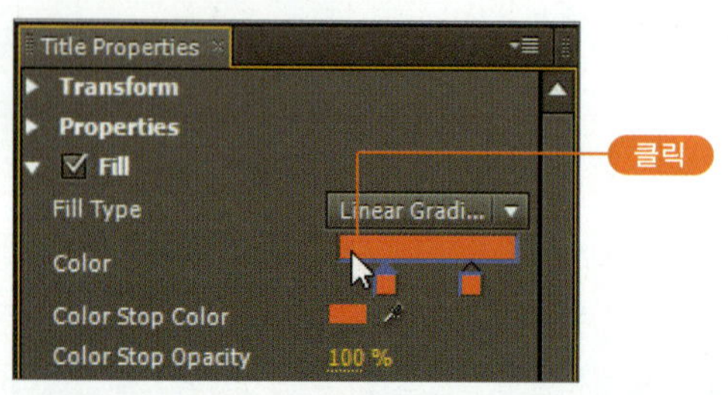

▶▶ 색상 바의 앞부분을 클릭

03 컬러 피커 창이 나타납니다. 노란색을 선택하고 OK 버튼을 클릭합니다.

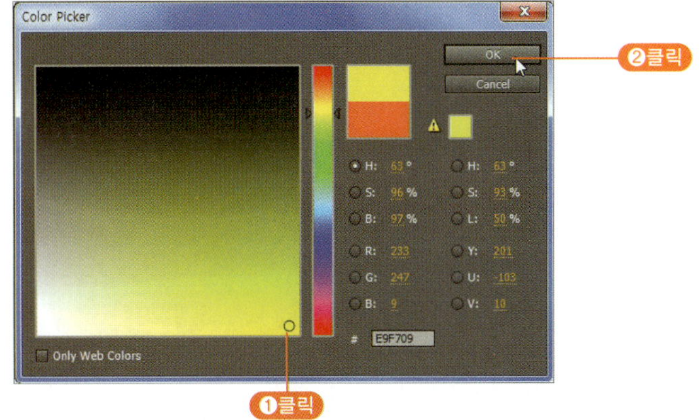

04 지정한 색상이 앞쪽 색상 조절기에 나타나며 색상 바도 지정한 색상부터 점차적으로 변화됩니다. 물론 도형에도 그라디언트 효과가 적용됩니다.

05 종료 지점의 색상을 지정하기 위하여 뒤쪽의 색상 조절기를 클릭하고 Color Stop Color 색상 박스를 클릭하거나 색상 바의 뒷부분을 클릭합니다. 앞의 경우와 같이 컬러 피커 창이 나타나면 파란색을 선택하고 OK 버튼을 클릭합니다. 이로서, 현재 선택된 도형에 대해 사용자가 지정한 두 색상이 점차 변화되어가는 그라디언트 효과가 적용되어 나타납니다. 색상 조절기를 드래그하면 지정된 색상의 적용 범위를 변경할 수 있습니다.

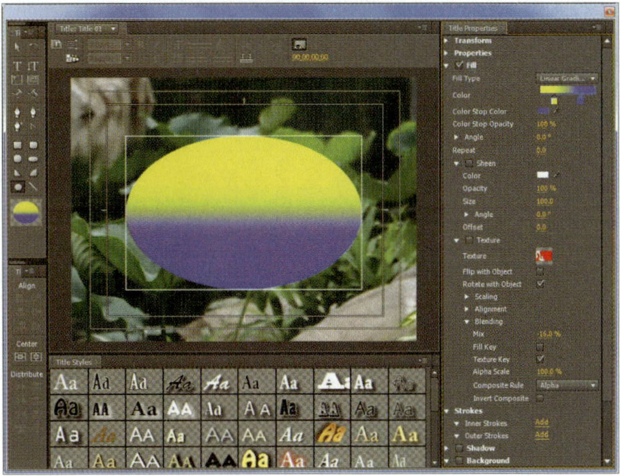

06 그라디언트의 방향을 변경하려면 Angle 속성값을 변경합니다. 0°는 위에서 아래 방향으로 색상이 변화되지만 90°로 변경하면 우측에서 좌측으로 색상이 변화되는 것을 볼 수 있습니다.

07 Repeat는 그라디언트의 반복 횟수를 지정합니다. 두 개의 색상 조절기를 각각 좌측과 우측 끝으로 드래그하여 그라디언트의 범위를 전체 영역으로 설정하고 Angle 값을 0°로, Repeat 값을 '5'로 각각 설정하면 다음과 같이 나타나게 됩니다.

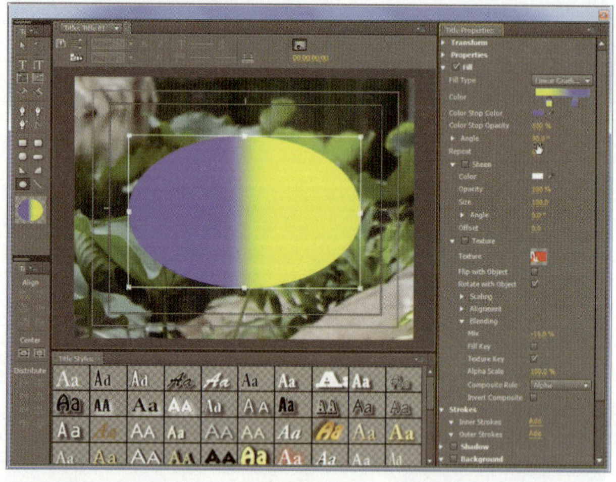

▷▷ Angle - 90°

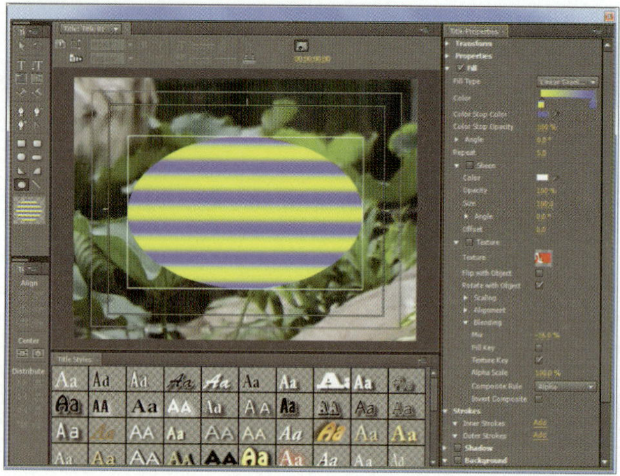

08 Fill Type 속성의 Radial Gradient는 두 지점의 색상이 방사형으로 변화되도록 하며 4 Color Gradient 타입은 4지점의 색상을 지정할 수 있어 더욱 다양한 그라디언트를 만들 수 있습니다.

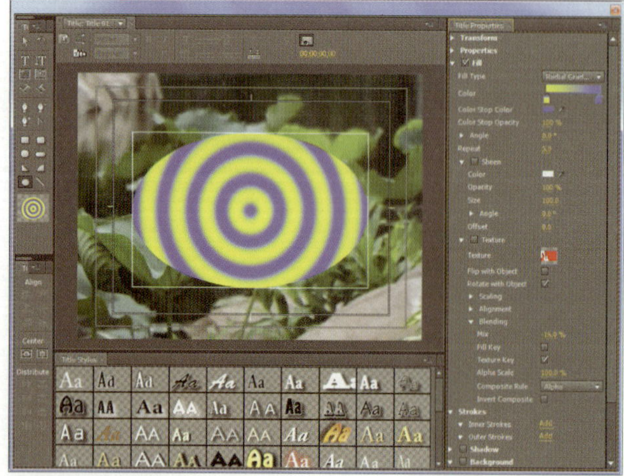

▷▷ Radial Gradient 타입 적용

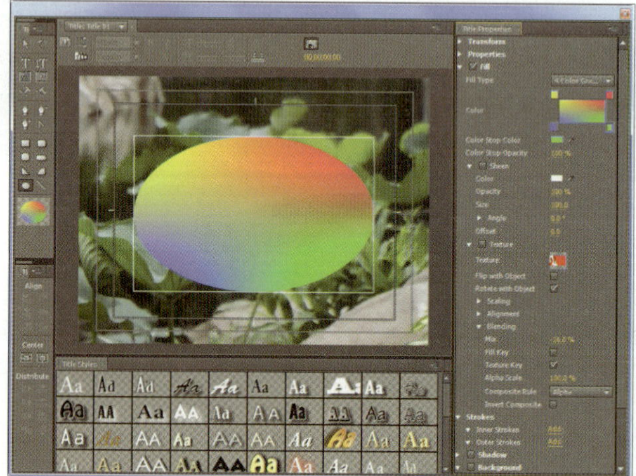

▷▷ 4 Color Gradient 적용

5 베벨 효과 적용하기

Bevel 효과는 오브젝트 주위에 다른 색상을 부여하고 각각 불투명도나 크기 등을 조절함으로써 입체감을 주는 데 사용합니다. Fill 섹션의 Fill Type에서 Bevel을 선택하면 다음과 같은 속성이 나타납니다.

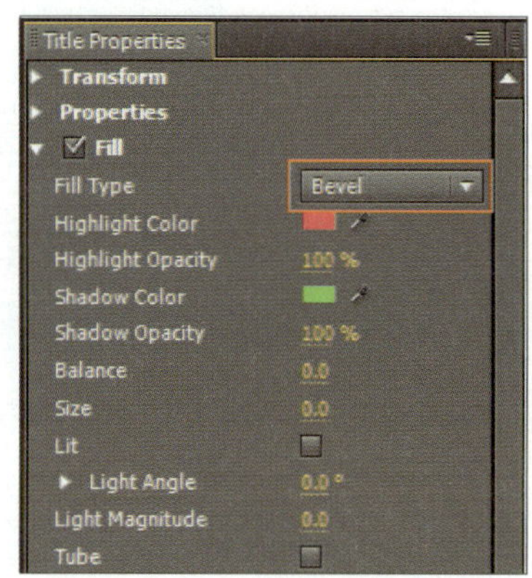

Highlight Color는 전면에 강조될 색상을, Shadow Color는 그림자 색상을 지정합니다. 각각 다른 색으로 지정하되 특별한 목적으로 사용하지 않는 한, 입체적인 효과를 위해 두 색상은 비슷한 계열의 색상으로 지정해주는 것이 좋습니다.

Size는 그림자의 크기를, Balance는 강조색과 그림자와의 혼합 정도를 설정합니다. Balance 값이 작을수록 두 색의 경계가 뚜렷해지며, 클수록 부드럽게 나타납니다.

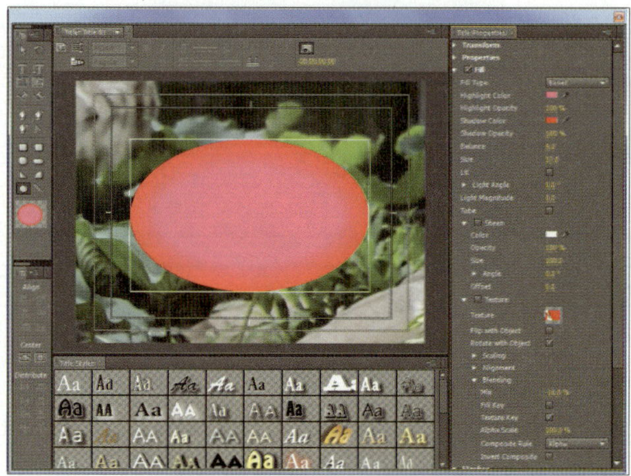

▶▶ 베벨 타입 적용

Lift 옵션은 위로 들어 올리는 느낌의 베벨을 만들며, Tube 옵션은 튜브 형태의 베벨을 만들어 줍니다.

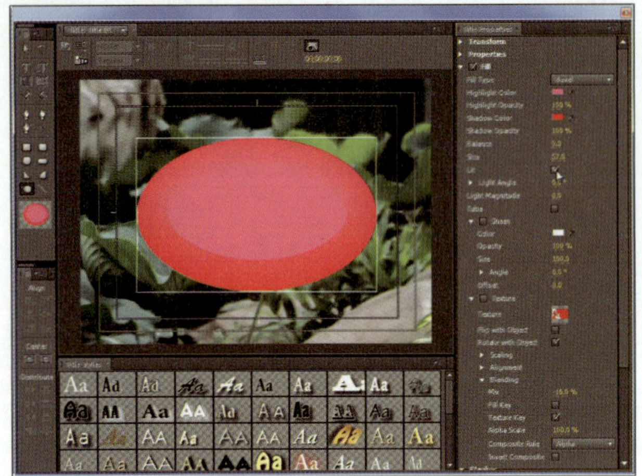

▷▷ Lift 옵션 선택

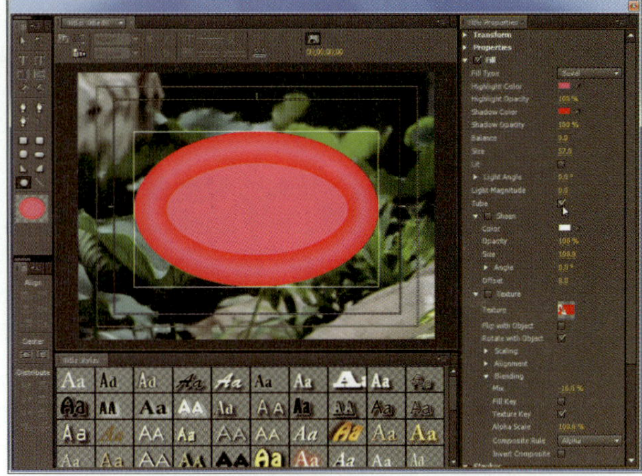

▷▷ Tube 옵션 선택

6　테두리(Strokes) 섹션

오브젝트의 안쪽과 바깥쪽에 테두리를 만듭니다. 안쪽 테두리를 만드는 Inner Strokes와 바깥쪽 테두리를 만드는 Outer Strokes 속성의 Add를 클릭해야 테두리가 생성되며 여러 개의 테두리를 중복해서 생성할 수 있습니다.

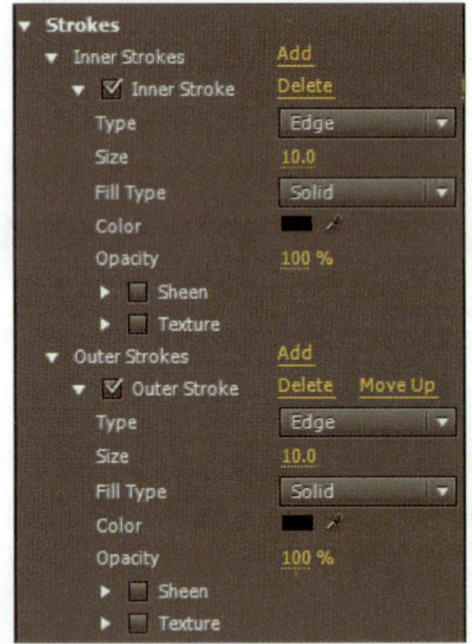

 Type

테두리의 종류를 선택합니다. Depth는 오브젝트의 좌측 후면에, Edge는 전체 둘레에 걸쳐 테두리가 나타나며 Drop Face는 우측 전면에 테두리가 나타납니다.

▶▶ Depth

▶▶ Edge

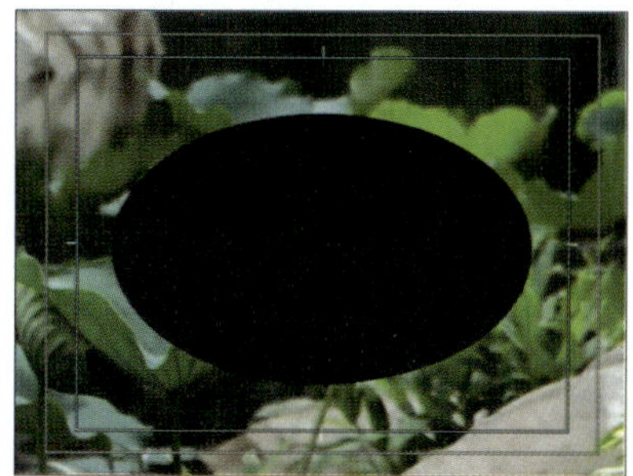

▶▶ Drop Face

Size

테두리의 두께를 설정합니다.

Opacity

테두리의 불투명도를 설정합니다.

Texture

테두리에 특정 이미지의 질감을 사용합니다.

Color

테두리의 색상을 설정합니다.

Sheen

테두리에 빛이 비추는 것 같은 효과가 나타나도록 합니다.

7 그림자(Shadow) 섹션

그림자와 관련된 속성들이 포함되어 있습니다. 옵션을 체크하고 확장 형태로 전환하면 다음과 같은 세부 속성들이 나타납니다. 색상과 불투명도, 그림자의 각도, 그림자의 거리, 크기, 번짐 정도 등을 조절할 수 있습니다.

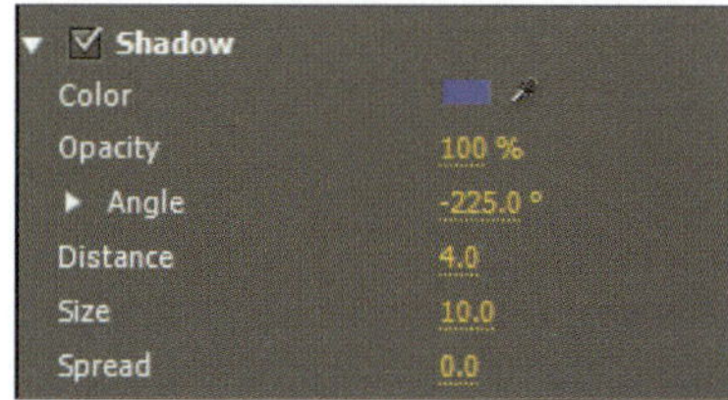

Color

그림자의 색상을 선택합니다.

Opacity

그림자의 불투명도를 설정합니다.

Angle

그림자가 나타나는 각도를 설정합니다.

▷▷ Angle 45°

▷▷ Angle −215°

Distance

오브젝트와 그림자 사이의 거리를 설정합니다.

▷▷ Distance 5.0

▷▷ Distance 30.0

Size

그림자의 두께를 설정합니다.

Spread

그림자의 가장자리에 대한 부드러운 정도를 설정합니다.

▷▷ Spread 0.0

▷▷ Distance 100.0

40 Chapter

스타일과 템플릿 사용하기

스타일 패널에는 지정된 속성을 가지고 있는 샘플이 담겨져 있으며 템플릿은 미리 디자인된 타이틀의 형태를 가리킵니다. 이들은, 타이틀 작업을 빠르게 마칠 수 있는 유용한 도구들이므로 잘 활용하여 효율적인 작업을 할 수 있도록 하는 것이 좋습니다.

1 스타일 사용하기

미리 설정해 놓은 속성값을 가지고 있는 스타일이 나열된 곳으로 스타일을 클릭하기만 하면 현재 선택된 오브젝트에 스타일이 가지고 있는 설정값을 빠르게 적용할 수 있습니다.

▶▶ 스타일 패널

기본적으로 나타나는 스타일들은 한글 폰트로 지정되어 있지 않으므로 한글로 입력한 문자에 스타일을 적용하면 문자가 깨져 나타나게 됩니다. 따라서 한글을 입력하고 여러 속성을 설정한 다음, 이것을 스타일에 추가해 놓으면 스타일 선택만으로 빠르게 원하는 속성값을 가진 한글 폰트를 사용할 수 있습니다.

01 타입 툴을 선택한 후, 자주 사용하는 한글 폰트를 선택하여 아무 문자나 입력하고 문자 크기나 외곽선, 그림자 등을 적절히 지정하여 원하는 스타일로 나타나도록 합니다.

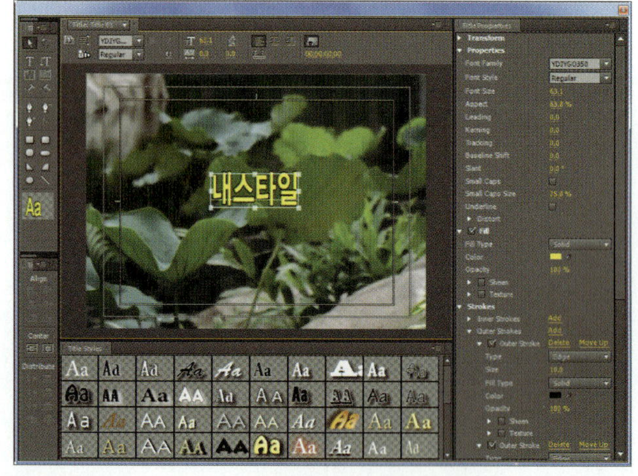

02 입력된 문자를 선택하고 스타일 패널의 메뉴에서 New Style을 선택합니다.

03 New Style 대화상자가 나타납니다. 지정한 스타일의 속성을 알아보기 쉽도록 적절한 이름을 입력하고 OK 버튼을 클릭합니다.

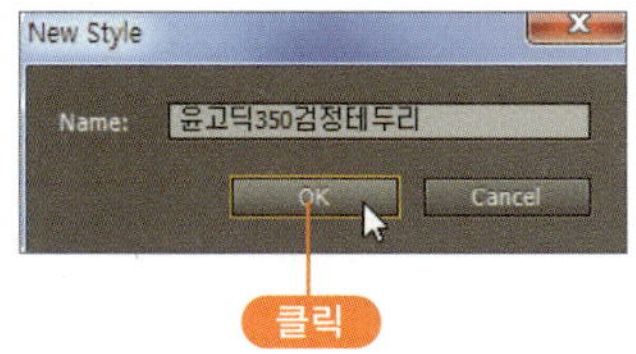

04 스타일 패널의 스타일 목록 가장 아래에 새로운 스타일이 추가되어 나타납니다.

05 앞에서 입력했던 문자를 삭제하고 타입 툴을 선택합니다. 임의의 지점을 클릭하여 커서가 나타나면 새로 추가한 스타일을 선택하고 문자를 입력합니다. 선택한 스타일에 지정된 속성을 갖는 문자가 나타나게 됩니다.

06 추가한 스타일을 자주 사용한다면 스타일 목록의 첫 번째에 나타나는 것이 편리할 것입니다. 우측 끝에 있는 스타일을 드래그하여 좌측 상단으로 드래그해 놓습니다.

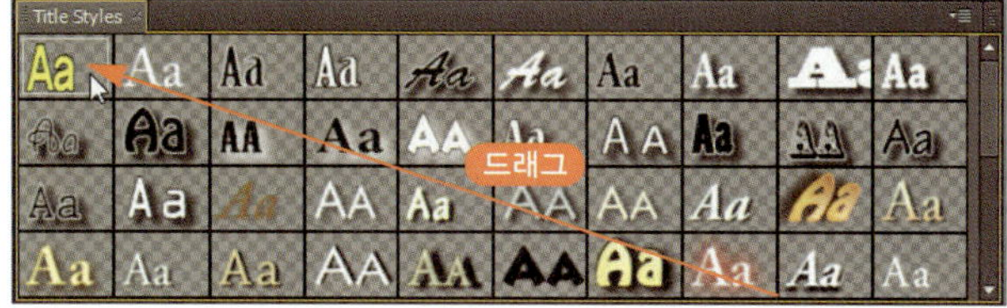

Tip 스타일 썸네일과 폰트 목록에 한글이 표시되도록 하기

한글 폰트 사용이 많은 국내 사용자들에게 스타일 패널의 스타일 썸네일이나 폰트 목록의 폰트 미리보기에서의 영문 폰트 표시는 불편합니다. 폰트 이름만으로 한글 폰트의 형태를 짐작하기 힘들기 때문입니다.

01 스타일 썸네일과 폰트 목록에 한글 폰트가 표시되게 하려면 프리미어의 메인 메뉴에서 Edit〉Preferences〉Titler를 선택하여 환경 설정 대화상자를 열고 다음과 같이 Style Swatches와 Font Browser에 한글을 입력한 후, OK 버튼을 클릭합니다.

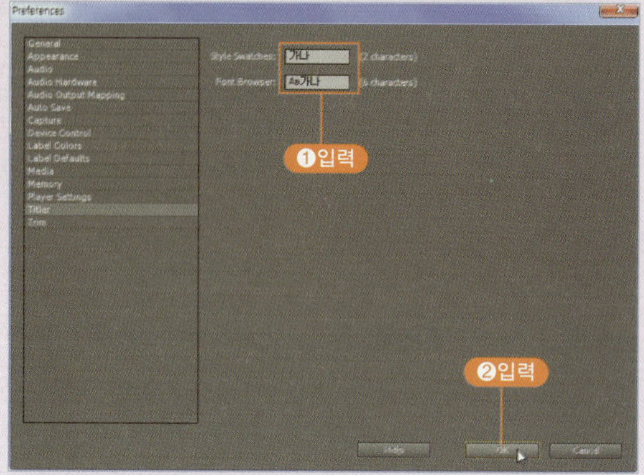

02 스타일 목록에서 한글 폰트가 지정된 스타일의 썸네일이 한글로 표시되는 것을 볼 수 있습니다. 하지만 영문 폰트가 적용된 스타일의 썸네일은 깨져보입니다. 이것이 보기 싫다면 앞에서 환경 설정 대화상자의 Style Swatches에서 다시 원래 상태인 'Aa'로 되돌립니다. 이 경우, 스타일 패널에서 한글 폰트도 다시 영문으로 나타납니다.

03 환경 설정 대화상자의 Font Browser에 한글을 입력했으므로 메인 패널이나 속성 패널의 폰트 브라우저를 통해서도 폰트 이름 우측에 한글 폰트가 제대로 표시됩니다. 따라서 한글 폰트의 상태를 쉽게 짐작할 수 있습니다.

2 템플릿 사용하기

프리미어 프로 CS5는 미리 디자인된 다수의 타이틀 템플릿을 포함하고 있으므로 사용자가 일일이 디자인하는 수고를 겪지 않아도 고급스러운 타이틀을 빠르게 완성할 수 있습니다.

01 메인 메뉴에서 Title〉Templates를 선택하거나 타이틀러 패널의 Templates 버튼을 클릭하면 다음과 같은 템플릿 창이 나타납니다. Title Designer Presets의 확장 버튼을 클릭하여 템플릿 목록을 열고 원하는 템플릿을 선택한 후, OK 버튼을 클릭합니다.

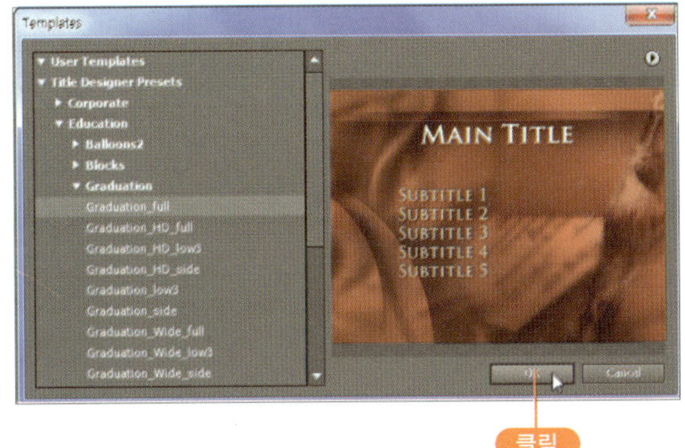

02 선택한 템플릿이 타이틀러 패널의 드로잉 영역에 적용되어 나타납니다. 원하는 부분만 수정하여 사용할 수 있습니다.

> **Tip 템플릿 변경하기**
>
> 사용하고 있는 템플릿이 마음에 들지 않는다면 다시 템플릿 창을 열고 다른 템플릿을 선택한 후, OK 버튼을 클릭합니다. 이전에 적용된 템플릿이 새로운 템플릿으로 바뀌어 적용됩니다.

03 직접 작업한 타이틀이나 템플릿을 적용한 후, 적절히 수정한 타이틀을 템플릿으로 저장할 수도 있습니다. 적절히 타이틀 작업을 마친 후, Templates 버튼을 클릭합니다.

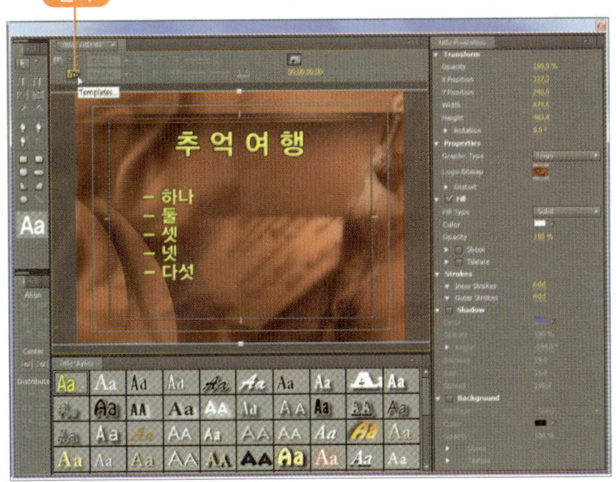

04 템플릿 창이 나타나면 메뉴 버튼을 클릭하여 Import Current Title as Template를 선택합니다.

05 Save As 대화상자가 나타납니다. 적절한 템플릿 이름을 입력하고 OK 버튼을 클릭합니다.

06 User Templates 목록에 저장한 템플릿이 추가됩니다. 따라서 언제든지 저장된 템플릿을 선택해 사용할 수 있습니다.

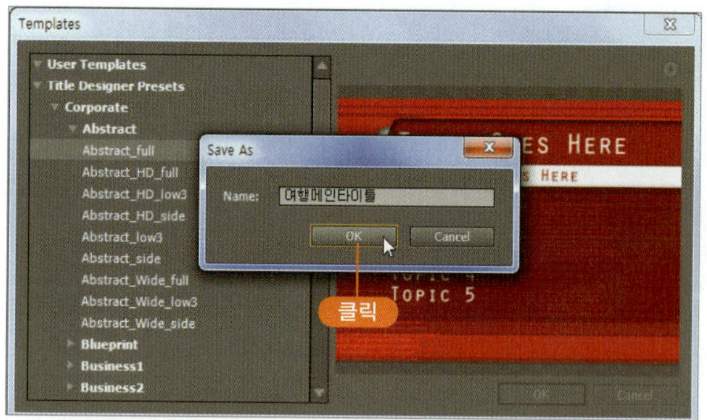

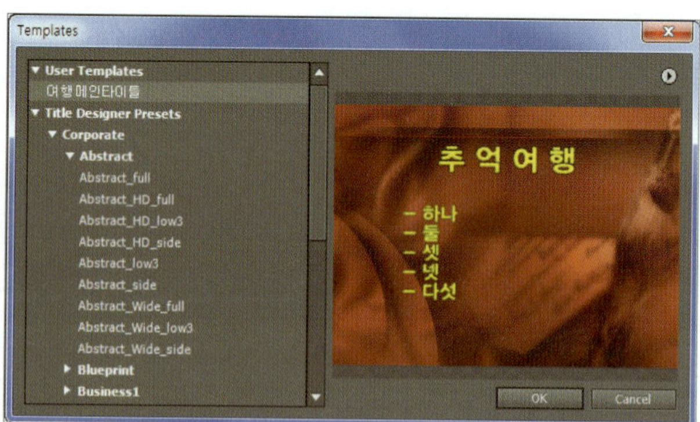

Tip 템플릿 창의 메뉴

- Import Current Title as Template – 현재 작업 중인 타이틀을 템플릿으로 등록합니다.
- Import File as Template – 저장되어 타이틀 파일(*.prtl)을 템플릿으로 등록합니다.
- Set Templates as Default Still – 타이틀러를 열 때 기본적으로 현재 선택한 템플릿이 적용되도록 합니다.
- Restore Default Templates – 기본 템플릿들을 초기 상태로 복구합니다.
- Rename Template – 사용자가 추가한 템플릿의 이름을 변경합니다.
- Delete Template – 사용자가 추가한 템플릿을 삭제합니다.

41 Chapter

롤링/크롤 타이틀 만들기

타이틀은 정적인 것뿐 아니라, 다양한 형태로 스크롤되는 것도 많이 사용됩니다. 프레임의 진행에 따라 세로, 또는 가로로 흐르는 타이틀은 한정된 영상 프레임 안에서 보다 많은 내용을 전달할 수 있으며 동적인 상태를 보여주므로 시청자의 시선을 끌 수 있다는 장점도 가지고 있습니다. 타이틀러 패널에서는 스크롤되는 타이틀도 간단히 만들 수 있습니다.

1 롤링 타이틀 만들기

[부록 ◉ Example\Rolling.wmv]

롤링 타이틀이란 영화의 시작이나 끝 부분에 제작진의 이름이 올라가는 것처럼 문자가 세로로 흘러가는 타이틀을 가리킵니다.

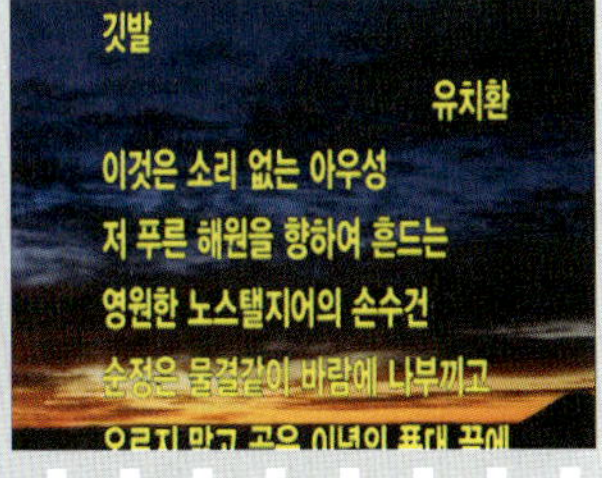
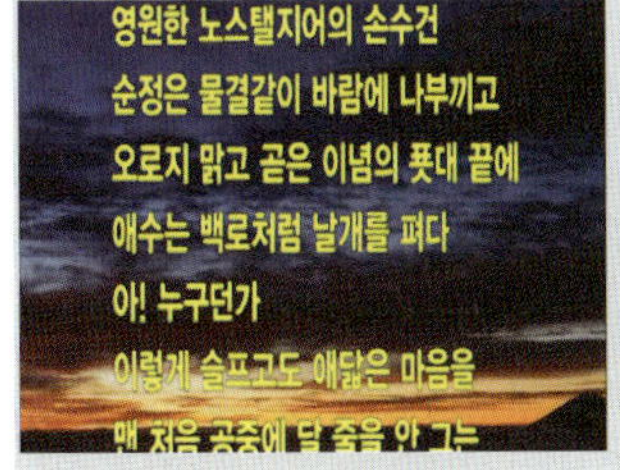
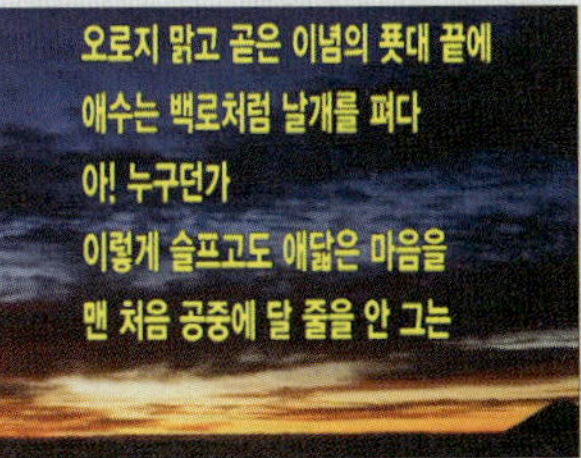

01 새 프로젝트를 시작하고 부록 DVD의 [Source] 폴더에서 "016.avi" 파일을 불러와 타임 패널의 Video 1 트랙에 등록합니다.

02 세로로 스크롤되는 롤링 타이틀을 만들기 위해 Title〉New Title〉Default Roll을 선택합니다.

03 New Title 대화상자가 나타납니다. 적절한 타이틀 이름을 입력하고 OK 버튼을 클릭합니다.

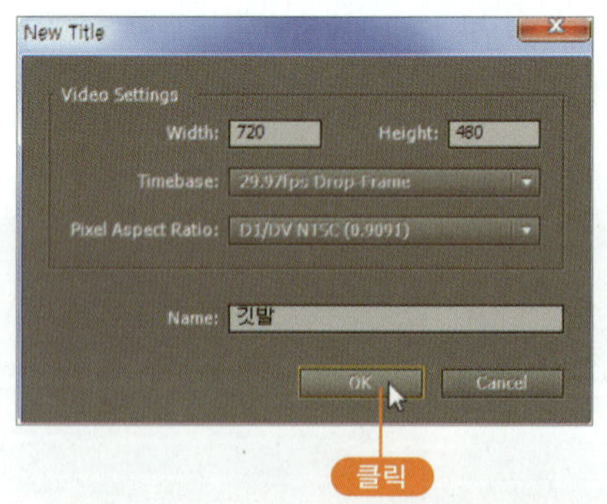

04 타이틀러 패널이 나타납니다. 타입 툴을 선택하고 문자를 입력할 위치를 클릭합니다. 커서가 나타나면 적절히 폰트의 종류 및 각종 속성들을 지정하고 문자를 입력합니다. 문자가 입력되지 않은 상태에서 속성의 적용 결과를 짐작하기 힘들다면 문자 입력을 완료한 다음, 적절히 속성을 변경해주어도 좋습니다. 예제에서는 유치환님의 '깃발' 이라는 시를 입력해보겠습니다.

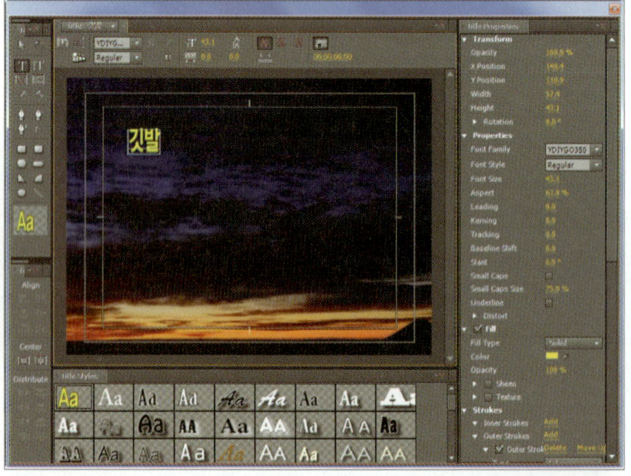

05 한 행의 문자 입력이 끝나면 **Enter** 키를 눌러 다음 행에 문자를 입력합니다. 시의 원문과 달리, 한 행에 너무 많은 문자가 입력되지 않도록 적절히 줄 바꿈을 해주었습니다. 드로잉 영역을 벗어나면 자동으로 스크롤바가 움직여 현재의 입력 위치를 보여 주게 됩니다.

06 툴 패널에서 선택 툴을 클릭하여 문자 입력을 마치고 속성 패널에서 Properties〉Leading 속성 값을 '30' 정도로 지정하여 행 사이의 간격을 늘려줍니다. 문자가 스크롤되면서 재생될 때 행 사이의 간격이 좁으면 알아보기 힘들기 때문입니다.

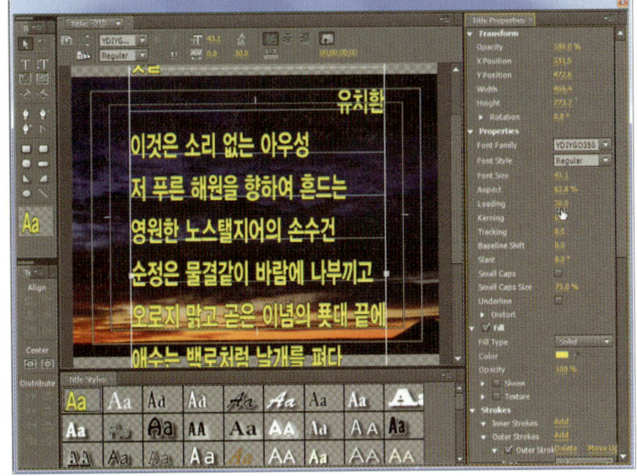

07 타이틀러 패널을 닫고 프로젝트 패널을 보면, 작업한 타이틀 클립이 등록되어 있는 것을 볼 수 있습니다. 이것을 타임라인 패널의 Video 2 트랙으로 드래그하고 Video 1 트랙의 클립과 동일한 길이로 맞추어 줍니다.

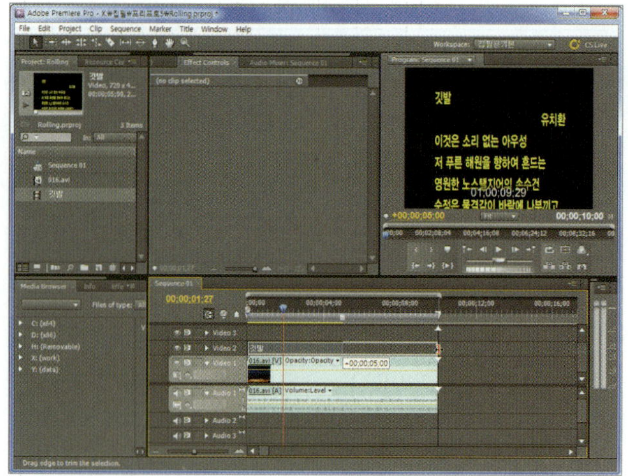

08 타이틀 클립이 트랙에 등록되면 자동으로 배경 영역이 투명하게 처리되어 하위 트랙의 클립과 합성됩니다. 프리뷰로 작업 결과를 확인합니다.

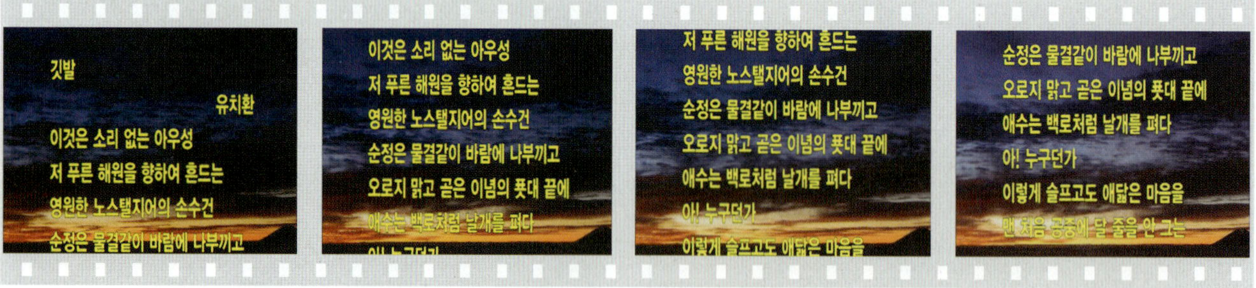

09 타이틀 클립의 지속시간을 변경하면 롤링되는 속도도 달라집니다. 즉, 타이틀 클립의 지속시간이 짧을수록 롤링속도가 빨라지며, 길수록 롤링 속도가 느려집니다. 다음과 같이 타이틀 클립의 시작 부분을 2초 지점으로 드래그합니다. 타이틀 클립의 지속시간이 짧아졌기 때문에 앞의 경우보다 좀 더 빠르게 문자가 롤링될 것입니다.

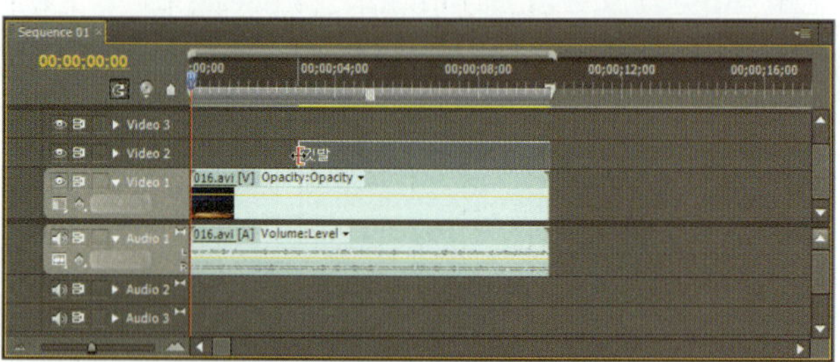

Tip **자연스럽게 나타나고 사라지는 롤링 타이틀**

현재의 롤링 타이틀은 전체 타이틀 영역이 한꺼번에 나타나고 한꺼번에 사라지므로 자연스럽게 보이지 않습니다. 롤링/크롤 타이틀 옵션을 설정하면 보다 자연스럽게 나타나고 사라지는 롤링 타이틀을 만들 수 있습니다.

01 프로젝트 패널의 타이틀 클립을 더블 클릭하여 타이틀러 패널을 열고 메인 패널에 있는 Roll/Crawl Options 버튼을 클릭합니다.

02 롤링 타이틀과 다음에 다루게 될 크롤 타이틀의 옵션을 설정할 수 있는 Roll/Crawl Options 대화상자가 나타납니다.

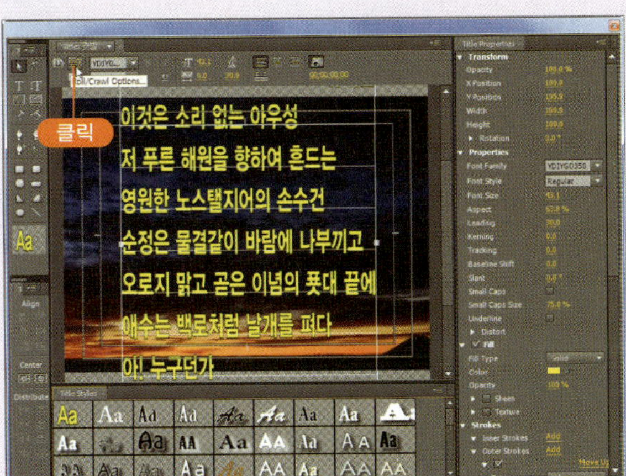

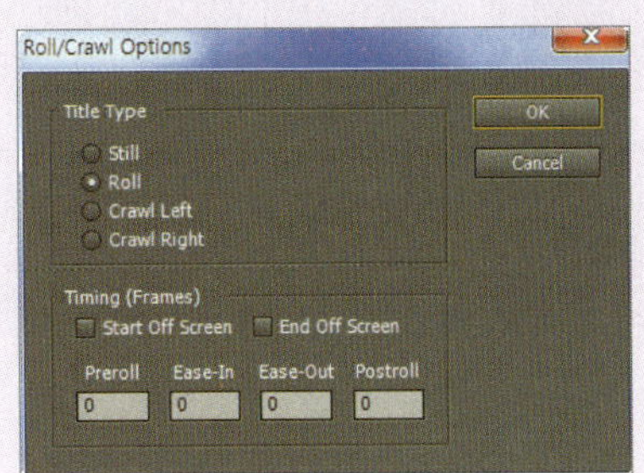

- **Title Type** – 타이틀의 타입을 선택합니다. 정지 형태의 타이틀이나 롤링 타이틀, 왼쪽이나 오른쪽부터 크롤되는 타이틀 등을 선택할 수 있습니다.

- **Start Off Screen** – 시작 시 작업 영역 내의 오브젝트가 한꺼번에 나타나지 않고 오브젝트의 첫 부분부터 점차 나타나도록 합니다. 이 옵션의 체크 유무에 따른 차이점은 다음과 같습니다.

- **End Off Screen** – 오브젝트가 작업 영역을 완전히 벗어날 때까지 스크롤이 계속되도록 합니다.

- **Pre-Roll** : 타이틀 클립의 시작 지점으로부터 지정한 프레임 수만큼 스크롤을 정지시킵니다. 즉, 30을 입력한 경우, 타이틀 클립의 시작 지점부터 30프레임까지는 타이틀이 스크롤되지 않고 정지 상태로 나타납니다.

- **Ease-In** : 지정한 프레임 수만큼 점차 가속되어 스크롤되다가 정상적인 속도로 재생됩니다.

- **Ease-Out** : 지정한 프레임 수만큼 점차 감속되어 스크롤되다가 정상적인 속도로 재생됩니다.

- **Post-Roll** : 타이틀 클립의 종료 지점으로부터 지정한 프레임 수만큼 스크롤을 정지시킵니다. 즉, 30을 입력한 경우, 타이틀 클립의 종료 지점부터 앞쪽으로 30프레임까지는 타이틀이 스크롤되지 않고 정지 상태로 나타납니다.

03 롤링 타이틀과 크롤 타이틀에서 가장 중요한 옵션인 Start Off Screen과 End Off Screen에 대해서 예를 통해 자세히 살펴보겠습니다. 앞에서 작성해보았듯이 롤링 타이틀 클립의 첫 부분에는 스크롤될 문자의 여러 행이 입력되어 있습니다.

04 Start Off Screen 옵션이 체크되어 있지 않다면 앞의 예제 결과에서 보듯이 타이틀 클립이 시작될 때, 드로잉 영역의 가장 위쪽에 입력된 문자들이 한꺼번에 나타나면서 스크롤을 시작합니다. 갑자기 여러 문자들이 나타나므로 자연스럽게 보이지 않습니다.

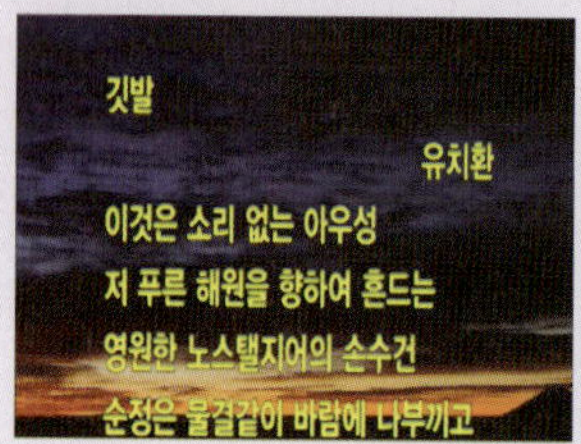

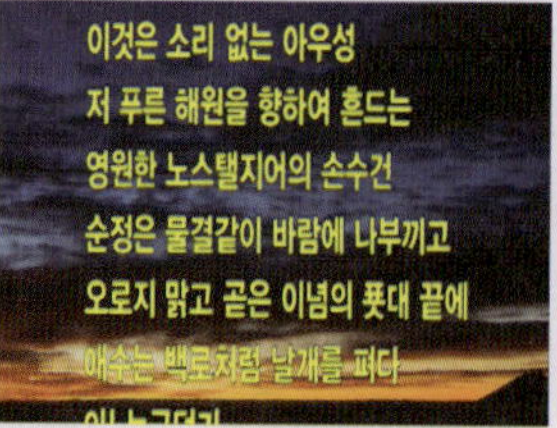

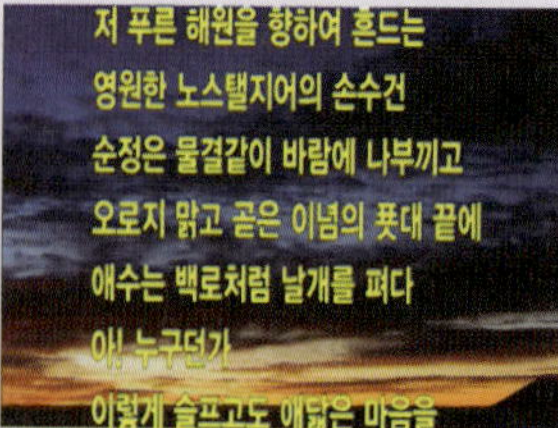

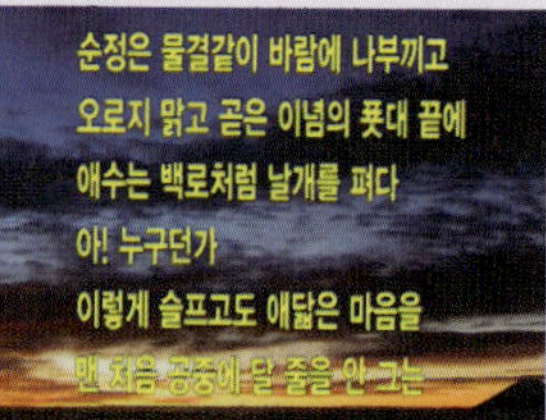

05 타이틀이 가장 위에 있는 행부터 나타나 스크롤게 하려면 드로잉 영역의 가장 하단에서부터 타이틀을 입력해주어야 할 것입니다. 하지만 Start Off Screen 옵션을 선택하면 첫 행의 문자가 작업 영역에 어느 곳에 입력되어있다 하더라도 자동으로 첫 행부터 나타나면서 스크롤됩니다.

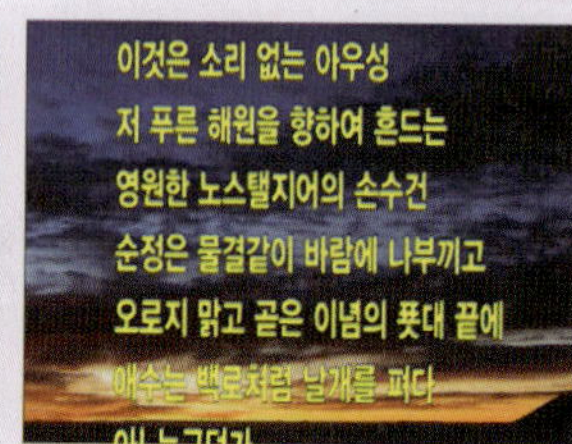

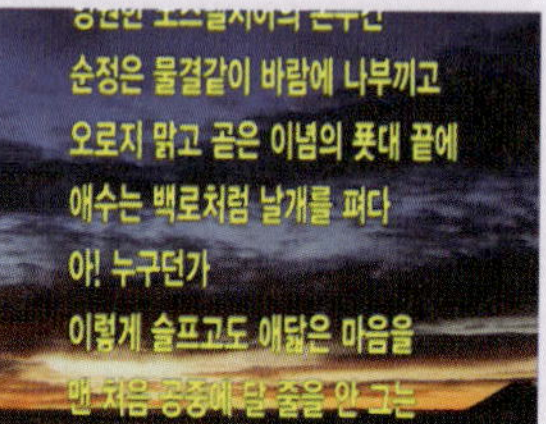

06 End Off Screen 옵션도 같은 역할을 합니다. 이 옵션을 선택하지 않은 경우에는 타이틀 클립이 재생을 마칠 때 문자의 끝 부분에 있는 여러 행이 한꺼번에 사라지지만 옵션을 선택하면 마지막 행의 스크롤이 끝나 사라진 후에 타이틀 클립의 재생이 종료됩니다.

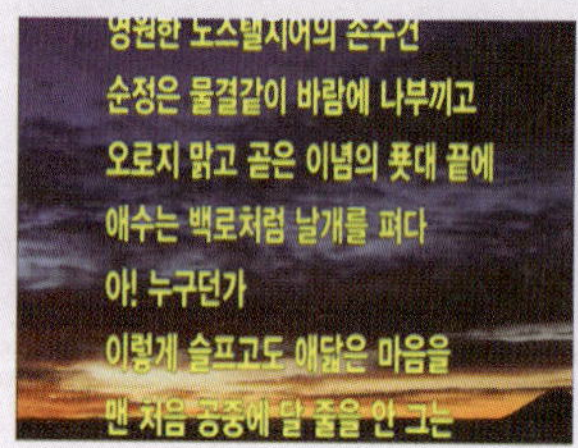

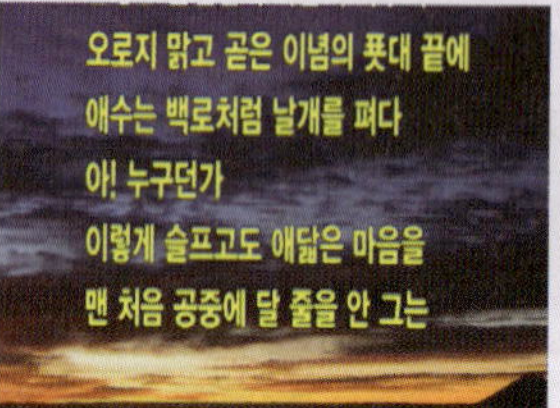

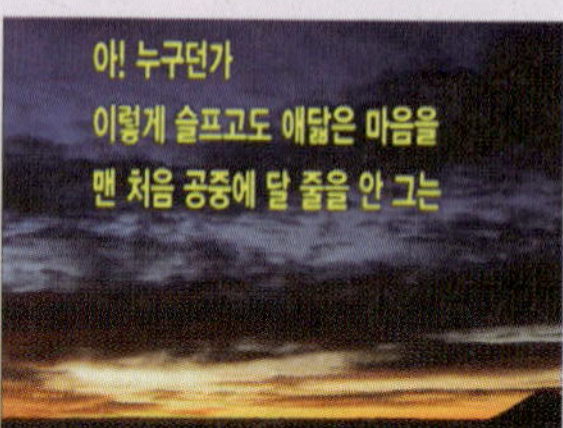

2 이번에는 가로로! 크롤 타이틀 만들기

[부록 ◉ Example\Crawl.wmv]

가로 방향으로 스크롤되는 타이틀은 크롤 타이틀이라고 부릅니다. TV 방송에서 화면 하단을 통해 프로그램 안내 자막을 보여줄 때에 주로 사용되는 방식으로서 앞에서 다루었던 롤링 타이틀처럼 타이틀러 패널을 사용하여 쉽게 만들 수 있습니다.

01 새 프로젝트를 시작하고 부록 DVD의 [Source] 폴더에서 "017.avi" 클립을 임포트한 다음, 프로젝트 패널에 등록된 클립을 타임라인 패널의 Video 1 트랙으로 드래그합니다.

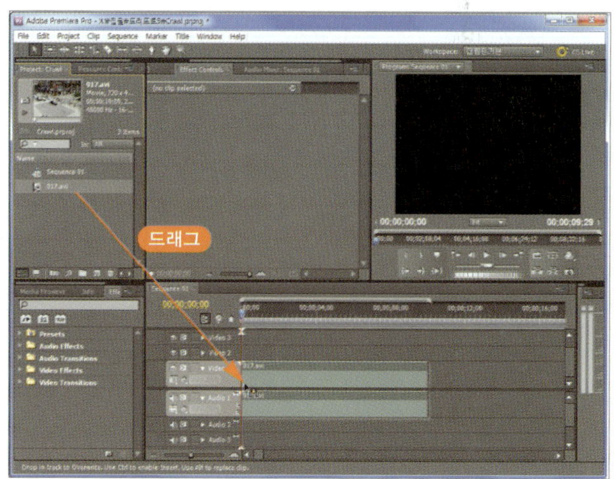

02 가로로 스크롤되는 크롤 타이틀을 만들기 위해 Title〉New Title〉Default Crawl을 선택합니다.

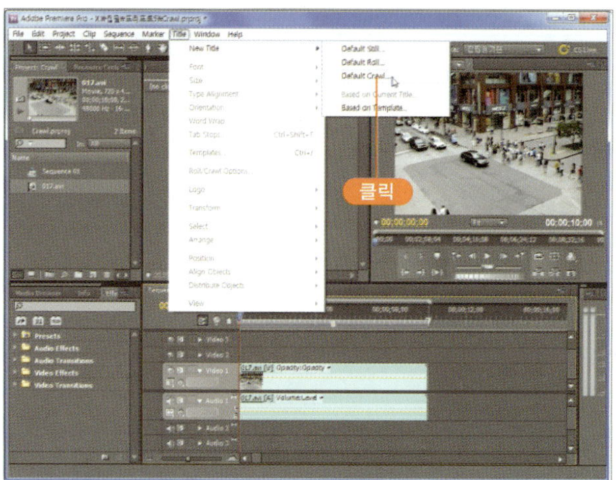

03 New Title 대화상자가 나타납니다. 적절한 이름을 입력하고 OK 버튼을 클릭합니다.

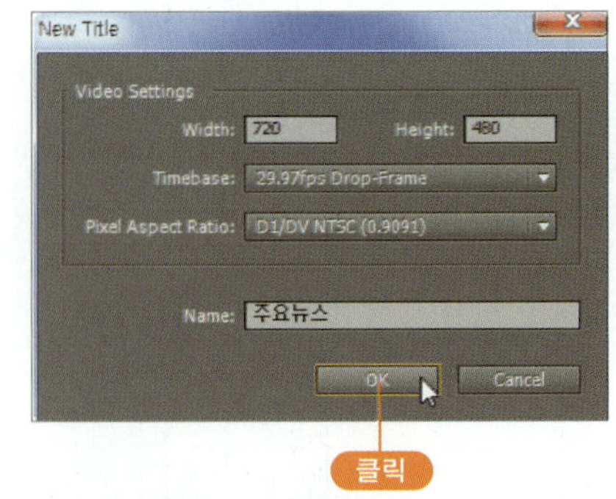

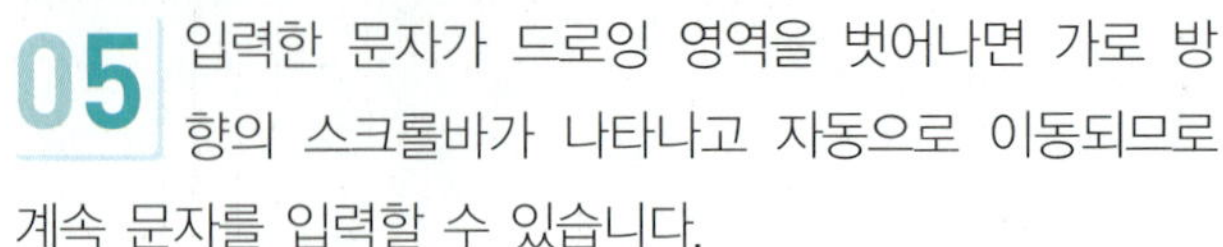

04 타입 툴을 선택하고 드로잉 영역 하단에 문자를 입력합니다. 물론 한글로 입력할 경우 한글 폰트를 선택하고 적절히 크기나 기타 효과도 적용합니다. 문자를 입력할 때는 롤링 타이틀과 달리 **Enter** 키를 누르지 않고 한 행에 모두 입력합니다.

05 입력한 문자가 드로잉 영역을 벗어나면 가로 방향의 스크롤바가 나타나고 자동으로 이동되므로 계속 문자를 입력할 수 있습니다.

06 문자의 입력을 마쳤다면 선택 툴을 클릭하고 적절히 문자의 속성을 변경하여 보기 좋게 만듭니다. 입력된 문자 위에서 팝업 메뉴를 열고 Position〉Lower Third를 선택하면 일반적으로 가장 안정적으로 보이는 위치로 문자를 이동시킬 수 있습니다.

07 Roll/Crawl Options 버튼을 클릭하여 대화상자가 나타나면 Start Off Screen과 End Off Screen 옵션을 체크하고 OK 버튼을 클릭합니다. 이것은 문자가 한쪽 끝에서 나타나면서 시작되고, 마지막 문자가 사라진 다음 클립의 재생이 마치도록 합니다.

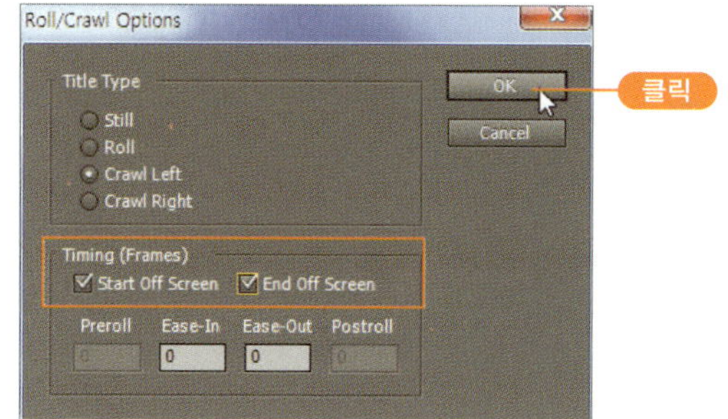

08 타이틀러 패널을 닫고 프로젝트 패널에 등록된 타이틀 클립을 타임라인 패널의 Video 2 트랙으로 드래그한 후 프리뷰하면서 타이틀 클립의 지속 시간을 적절히 조절합니다. 롤링 타이틀과 마찬가지로 타이틀 클립의 길이가 길면 천천히 스크롤되며 길이가 짧으면 빠르게 스크롤됩니다. 너무 빠르게 스크롤되면 문자를 알아보기 힘들므로 문자의 길이를 고려하여 적절한 지속 시간으로 갖도록 조절해주는 것이 좋습니다.

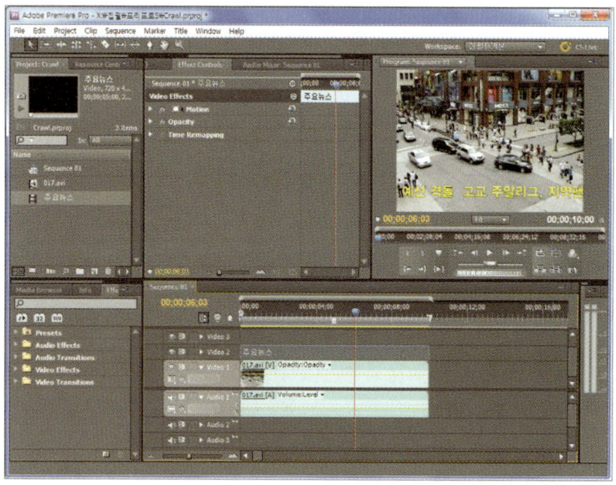

42 Chapter

클립의 크기와 움직임을 자유자재로! 모션 다루기

모션(Motion)은 프레임의 진행에 따라 클립의 위치가 이동되는, 일종의 애니메이션과 같은 효과를 의미합니다. 크기도 자유롭게 변경할 수 있으며 이펙트와 마찬가지로 키프레임을 생성하고 각 키프레임 위치에 각기 다른 속성 값을 설정할 수 있으므로 다양하게 변화되는 결과를 얻을 수 있습니다.

1 모션 적용하기

기초적인 예제를 통해 모션의 이해와 적용 방법을 익혀보도록 하겠습니다.

01 부록 DVD의 [Source] 폴더에서 "026.avi" 클립을 임포트하고 타임라인 패널의 Video 1 트랙으로 드래그합니다.

02 트랙에 놓인 클립이 선택된 상태에서 이펙트 컨트롤 패널을 열고 Motion 항목의 좌측에 있는 좌측의 확장 버튼을 클릭합니다.

03 그림과 같이 여러 모션 속성들이 나타납니다.

- Position – 클립의 위치를 설정합니다.
- Scale – 클립의 크기를 설정합니다.
- Scale Width – 클립의 가로 크기를 설정합니다. 기본 적으로 Uniform Scale 옵션이 선택되어 있어 비활성화 된 상태로 나타납니다.
- Uniform Scale – 클립의 크기를 조절할 때 가로와 세로, 어느 한쪽 크기를 변경하면 다른 쪽 크기도 같은 비율로 함께 변경됩니다. 이 옵션은 기본적으로 선택되어 있으며 옵션을 해제하면 Scale 속성이 Scale Height로 바뀌어 나타나고 Scale 속성은 Scale Width 속성으로 바뀌어 클립의 가로와 세로 크기를 변경할 수 있게 됩니다.

- Rotation – 클립의 회전 각도를 설정합니다.
- Anchor Point – 클립의 중심점인 앵커 포인트 위치를 설정합니다.
- Anti-Flicker Filter – 모션의 적용으로 깜박거리는 현상이 나타나는 경우, 적절한 값을 설정하여 깜박거리는 현상이 나타나지 않도록 합니다.

▷ ▷ Uniform Scale 옵션을 해제한 상태

04 Motion이라고 표시되어 있는 부분을 클릭하거나 프로그램 모니터에서 클립을 클릭하면 프로그램 모니터의 클립 주위에 모두 8개의 조절점이 나타나는 것을 볼 수 있습니다. 현재 시간 표시자를 클립의 시작 지점에 두고 Position과 Scale 속성의 애니메이션 버튼을 클릭하여 키프레임을 생성합니다.

05 프로그램 모니터에 나타난 클립 우측 하단의 조절점을 드래그하여 클립의 크기를 줄여 줍니다. Scale 속성값을 보면서 20 정도의 값이 되도록 크기를 조절합니다.

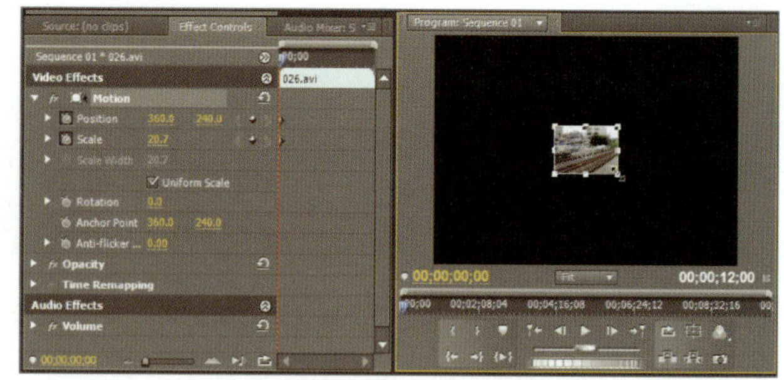

> **Tip** 종횡비를 유지한 채로 크기 조절하기
>
> Uniform 옵션이 체크되어 있다면 8개의 조절점 어느 것을 드래그해도 원본과 동일한 종횡비, 즉 가로:세로 비율이 유지된 채로 클립의 크기가 변경됩니다. Uniform 옵션이 해제되어 있다면, 조절점을 드래그하는 방향으로 자유롭게 가로, 또는 세로 크기를 변경할 수 있으며 종횡비가 유지된 채로 크기를 변경하려면 Shift 키를 누른 상태에서 네 모서리의 조절점을 드래그해야 합니다.

06 클립의 내부를 클릭하고 그림과 같이 좌측 상단으로 드래그하여 위치를 변경해 줍니다.

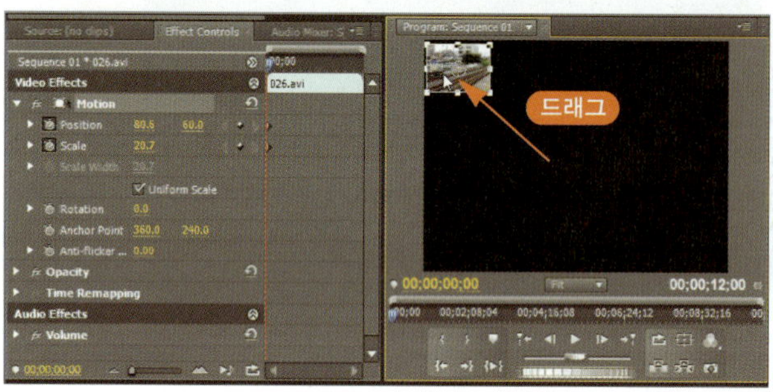

07 현재 시간 표시자를 클립의 끝 부분에 두고 이펙트 컨트롤 패널에서 모션의 Reset 버튼을 클릭합니다.

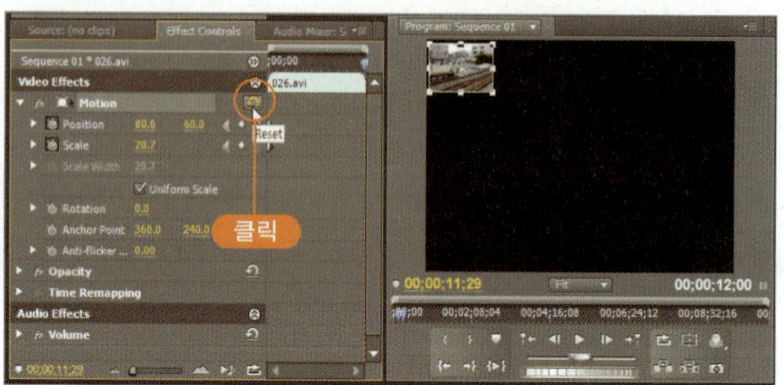

08 끝 지점에 키프레임이 생성되고 이펙트 컨트롤 패널의 Position 속성값과 Scale 속성값이 초기값으로 지정됩니다. 이에 따라 프로그램 모니터의 클립도 초기 상태로 바뀌어 나타나게 됩니다.

09 프리뷰하여 결과를 확인합니다. 좌측 상단에 조그맣게 나타나던 클립은 점차 커지면서 모션 패스를 따라 중앙으로 이동됩니다.

Tip 와이어 프레임 보기

Alt 키를 누른 상태에서 클립의 크기를 조절하거나 위치를 이동시키면 변경될 크기나 위치에 대한 외곽선이 나타나 그 결과를 미리 짐작할 수 있습니다. 이러한 외곽선은 와이어 프레임(Wire frame)이라고 부릅니다.

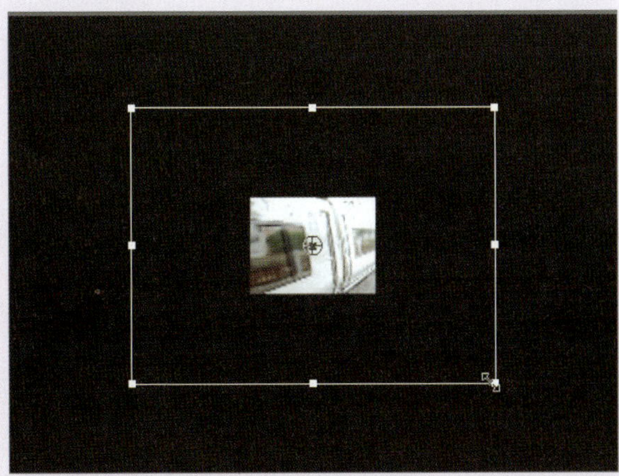

▷▷ 변경될 크기로 와이어 프레임이 먼저 나타납니다.　　▷▷ 마우스 버튼을 놓으면 드래그한 만큼 크기가 변경됩니다.

2 회전하면서 이동하는 클립 만들기

앞에서는 간단히 크기와 위치만을 변경하였으나 이번에는 배경 클립 위에서 회전하면서 나타났다가 사라지도록 모션을 설정해보겠습니다.

01 부록 DVD의 [Source] 폴더에서 "020.avi", "021.avi" 클립을 임포트하고, "020.avi" 클립은 타임라인 패널의 Video 1 트랙에, "021.avi" 클립은 Video 2 트랙에 각각 등록합니다.

02 Video 2 트랙의 클립을 선택하고 이펙트 컨트롤 패널에서 모션 속성을 엽니다. 현재 시간 표시자를 클립의 시작 지점에 두고 Scale 속성값을 직접 변경하거나 프로그램 모니터에 나타난 클립 주위의 조절점을 드래그하여 클립의 크기를 20% 정도로 줄여 줍니다.

03 프로그램 모니터에서 크기가 작게 조절된 클립을 좌측 상단으로 드래그하여 이동시키고 이펙트 컨트롤 패널에서 Motion의 Position, Scale, Rotation 속성 애니메이션 버튼을 클릭하여 키프레임을 생성합니다.

04 현재 시간 표시자를 5초 지점에 두고 클립이 중앙에 위치하도록 드래그합니다. 현재 클립이 720, 480의 크기를 가지고 있으므로 Position 값을 360, 240으로 설정하면 정확히 중앙에 위치하게 됩니다.

05 클립의 크기가 80%가 되도록 변경합니다. 역시 Scale 값을 직접 수정하거나 클립의 모서리를 드래그하여 변경하면 됩니다.

06 프로그램 모니터에서 클립의 외곽 부분에서 약간 떨어진 부분에 마우스를 가져갑니다. 마우스 포인터가 양쪽 화살표 모양으로 바뀌어 나타납니다.

07 마우스 버튼을 클릭하고 시계 방향으로 드래그하여 클립을 회전시킵니다. 클립을 180도 회전시키기 위해 Rotation 속성값이 180이 될 때까지 드래그하거나 직접 Rotation 값을 180으로 변경합니다.

08 현재 시간 표시자를 클립의 끝 부분으로 이동시키고 Position 값을 360, 0으로, Scale 값을 0으로, Rotation 값을 360으로 각각 변경합니다. 이 경우에는 프로그램 모니터에서 클립을 조절하는 것이 쉽지 않으므로 이펙트 컨트롤 패널에서 직접 속성값을 변경하는 것이 좋습니다.

잠깐만요!! Rotation 값이 360 이상으로 설정되면 "회전수×회전각도"로 표시됩니다. 따라서 360을 입력하면 [1× 0.0˚]으로 표시됩니다.

09 프리뷰를 통해 작업 결과를 확인합니다. 좌측 상단에 조그맣게 나타나던 클립은 회전하면서 점차 커지면서 중앙으로 이동하고 다시 상단으로 이동하면서 작아지다가 사라지게 됩니다.

3 　모션 키프레임 보간법 변경하기

모션도 일반적인 이펙트처럼 두 키프레임 지점의 속도를 여러 방법으로 변경할 수 있습니다. 특히 모션에는 시간적인 보간법 외에 움직임에 대한 공간적인 보간법도 변경할 수 있습니다.

1 　일반 속성의 속도(Velocity) 보간법 변경하기

01 모션의 Position 속성을 제외한 다른 속성에 생성된 키프레임 위에서 마우스 우측 버튼을 클릭하면 다른 이펙트처럼 여러 보간법이 나타납니다. 따라서 두 키프레임 지점의 속도를 원하는 형태로 선택할 수 있습니다.

02 물론 속성 확장 버튼을 클릭하면 값(Value) 그래프와 속도(Velocity) 그래프도 나타나게 됩니다. 각 보간법과 그래프에 대해서는 이펙트에 대해 학습할 때 설명하였습니다.

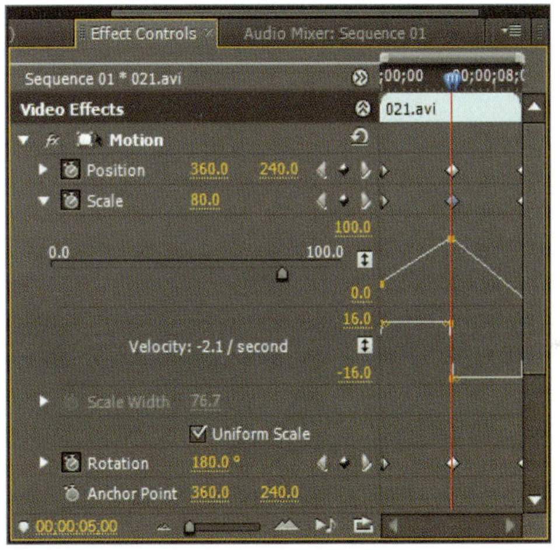

03 타임라인 패널의 트랙에서도 모션의 각 속성에 대한 키프레임과 Velocity 그래프를 볼 수 있으며 이펙트 컨트롤 패널에서와 동일하게 드래그함으로서 변경할 수 있습니다. 앞의 예제에서 Video 2 트랙의 클립에 모션 속성을 설정하였는데 Video 1 트랙을 제외한 나머지 트랙은 기본적으로 트랙이 축소 형태로 나타나므로 트랙 헤더에서 [확장/축소] 버튼을 클릭합니다.

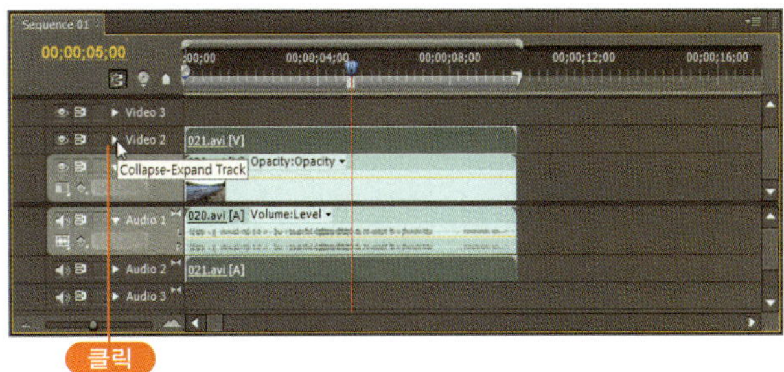

04 트랙이 확장 형태로 전환됩니다. Show Keyframe 버튼을 클릭하여 Show Keyframes가 선택되어 있는지 확인한 후, 클립 상단의 키프레임 목록 버튼을 클릭하고 Motion을 선택합니다. 여러 모션 메뉴 중에서 Scale을 선택합니다.

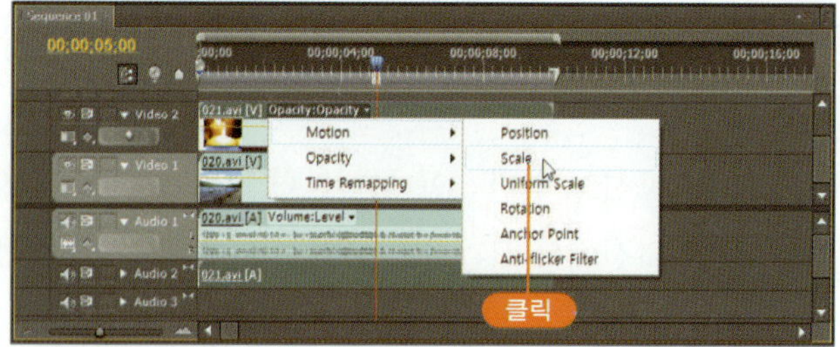

05 모션의 Scale 속성에 대한 키프레임이 나타납니다. 키프레임 위에서 마우스 우측 버튼을 클릭하면 역시 이펙트 컨트롤 패널에서와 마찬가지로 보간 메뉴가 나타납니다. Bezier을 선택합니다.

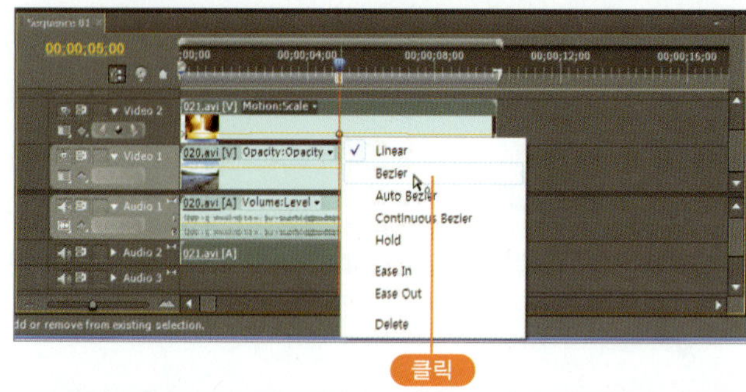

06 키프레임 주위에 핸들이 나타납니다. 드래그하여 현재 속성에 대한 속도를 조절할 수 있습니다. 트랙 헤더에서 트랙의 경계선을 드래그하여 현재 트랙의 높이를 크게 변경해주는 것이 작업하기 편합니다.

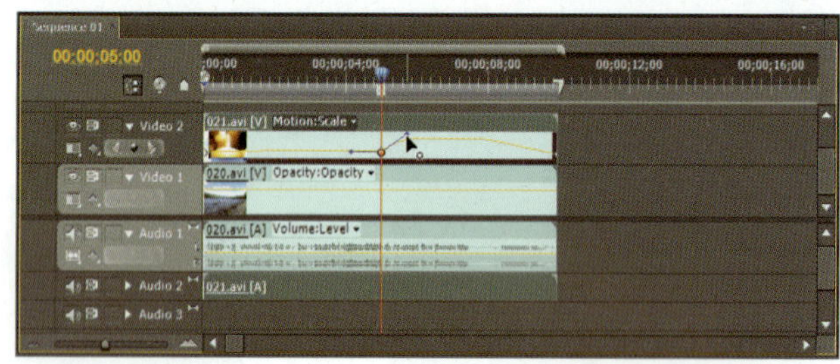

2 Position 속성의 보간법 변경하기

모션의 Position 속성에 생성된 키프레임 위에서 마우스 우측 버튼을 클릭하여 팝업 메뉴를 열면 가장 아래에 두 가지 분류의 보간법이 나타나는 것을 볼 수 있습니다.

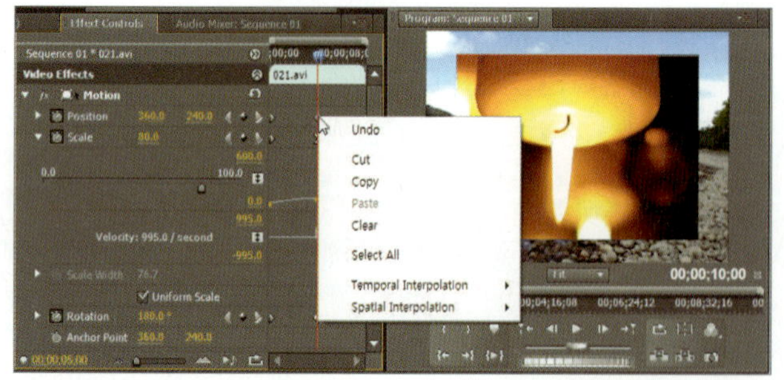

Temporal Interpolation

이미 보아왔던 것처럼 일반적인 이펙트에서 사용하는 시간적인 보간법, 즉 두 키프레임 사이의 속도에 대한 보간법입니다. 클립에 공이 떨어지는 것 같은 움직임을 갖게 하면, 기본적으로 동일한 속도로 이동하므로 사실적인 표현을 할 수 없습니다. 아래쪽에 도달할수록 가속이 붙어 빨라져야 하기 때문입니다. 이렇게 두 지점 사이를 이동할 때 다양하게 변화되는 속도를 적용할 수 있는 것이 Temporal Interpolation입니다.

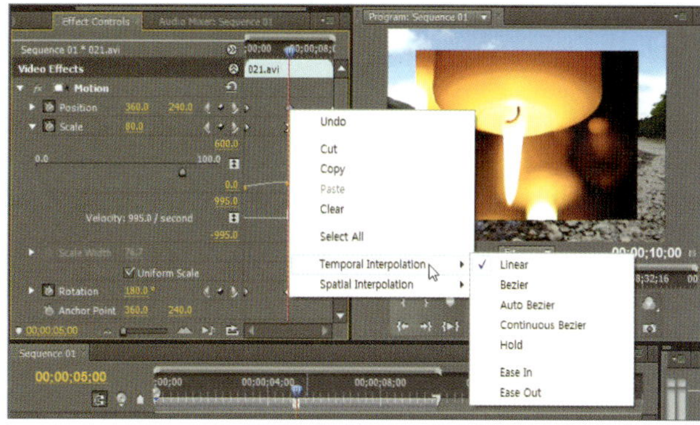

Linear

키프레임 사이의 속도를 일정하게 유지합니다.

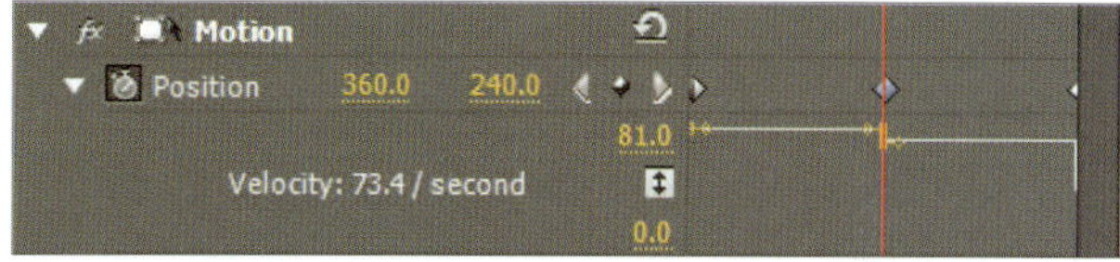

Bezier

키프레임의 핸들을 드래그하여 키프레임 사이의 속도를 부드럽게 조절할 수 있습니다.

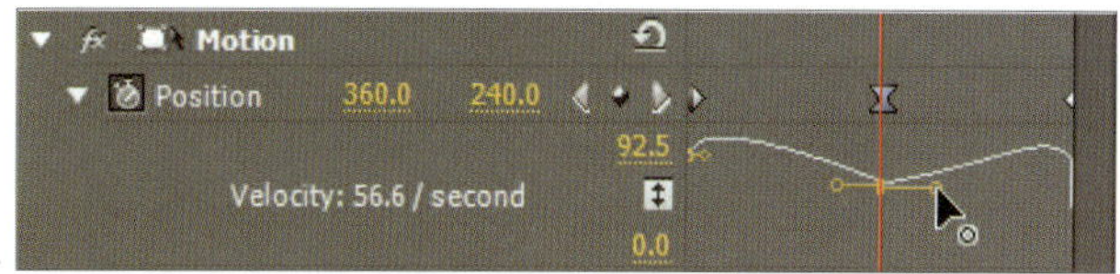

Auto Bezier

키프레임 사이의 속도가 부드럽게 변화하도록 자동으로 조절합니다.

Continuous Bezier

한쪽 핸들의 Velocity 값을 조절하면 다른 쪽 핸들도 같은 값으로 자동 조절됩니다. 따라서 이전 키프레임 쪽이나 다음 키프레임 쪽 모두 동일하게 변화되도록 합니다.

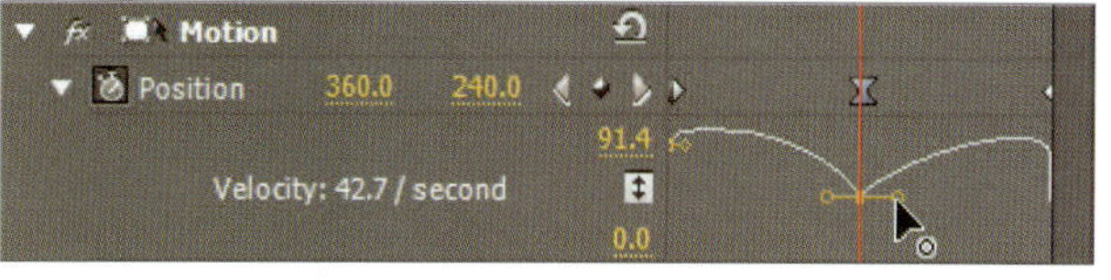

Hold

다음 키프레임까지 값이 변하지 않게 정지 상태로 설정합니다.

Ease In

키프레임 지점으로 가까워질수록 속도를 느리게(감속) 합니다.

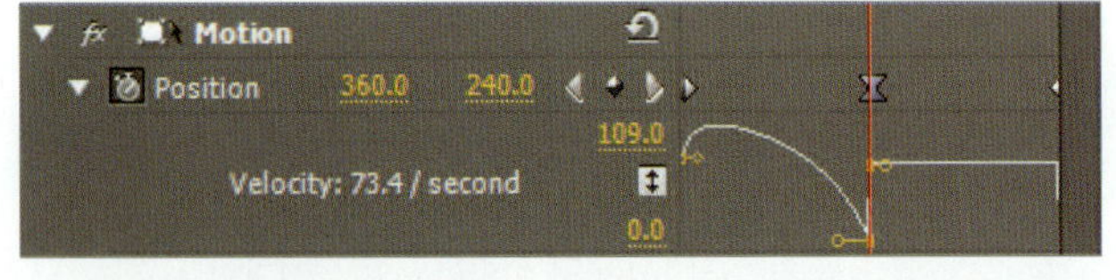

Ease Out

키프레임 지점에서 멀어질수록 속도가 빨라지게(가속) 합니다.

Spatial Interpolation

두 키프레임 사이의 모션 패스 형태에 대한 보간법입니다. 즉, 속도에 영향을 미치는 시간적인 보간이 아니라, 공간적인 보간으로서 움직임의 경로에 영향을 미치게 됩니다. 발로 찬 공이 반듯이 나아가는 것만은 아닙니다. 공의 어느 부분을 차느냐에 따라 휘어져 나가기 때문입니다. 이렇듯 특정 지점에서 다른 지점으로 이동할 때, 다양한 이동 경로를 적용할 수 있는 것이 Spatial Interpolation입니다.

Linear

키프레임 사이의 패스를 직선으로 만들어 곧게 이동되도록 합니다.

Bezier

한쪽 핸들을 드래그하여 곡선 형태의 부드러운 패스를 만들 수 있습니다.

Auto Bezier

자동으로 부드러운 패스를 만듭니다.

Continuous Bezier

한쪽 핸들을 드래그하여 값을 변경하면 다른 쪽 값도 자동으로 변경되어 부드러운 패스가 만들어지도록 합니다.

Tip 핸들을 드래그하여 Spatial Interpolation 변경하기

Spatial Interpolation은 이동 경로에 대한 공간적인 보간법이므로 직접 프로그램 모니터에 나타난 핸들을 드래그하여 원하는 형태로 패스를 변경할 수 있습니다.

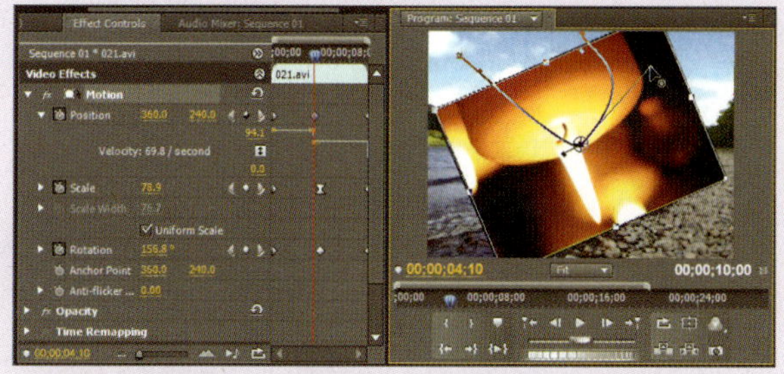

▶▶ 클립 위의 핸들을 드래그하여 패스의 형태를 변경합니다.

패스가 변경되면 속도도 자동으로 변경됩니다. 이것은 Velocity 그래프를 통해 확인할 수 있습니다. 즉, 직선에 가까운 모션 패스를 심하게 휘어지는 곡선 형태로 변경했다면 그만큼 이동하는 거리가 길어지게 되는데 이동 시간은 변함이 없고 이동 거리가 길어졌으므로 속도가 빨라지기 때문입니다.

43 Chapter

특정 부분만 합성하는 Keying 이펙트 정복하기

상위 트랙에 등록된 클립의 불투명도 값을 조절하면 하위 트랙에 등록된 클립과 합성할 수 있는데 이러한 기본적인 합성 방식 외에도 키잉(Keying) 이펙트를 사용하면 특정 영역이나 특정 색상 영역을 투명하게 처리할 수 있어 다양한 결과물을 얻을 수 있습니다.

1 불투명도 조절로 클립 합성하기

각각 다른 트랙의 동일 시간 지점에 두 개 이상의 클립을 등록한 경우, 가장 위쪽 트랙에 있는 클립만 나타납니다. 하위 트랙의 클립은 위 트랙의 클립으로 인해 가려지기 때문입니다. 하지만 위쪽 트랙 클립의 불투명도를 조절하면 아래 트랙의 클립과 합성되는 결과를 얻을 수 있습니다.

두 개의 클립을 각각 Video 1 트랙과 Video 2 트랙의 동일 시간 지점에 등록하고 이펙트 컨트롤 패널에서 상위 트랙인 Video 2 트랙에 등록된 클립의 불투명도 값(Opacity 값)을 50%로 설정하면 다음과 같은 결과가 나타나게 됩니다.

▷▷ Video 2 트랙의 클립

▷▷ Video 1 트랙의 클립

상위 트랙의 클립의 불투명도 값이 100%이면 완전히 불투명한 상태이므로 오직 상위 트랙의 클립만 보이게 되지만, 불투명도 값을 낮출수록 상위 트랙의 클립은 희미하게, 하위 트랙의 클립은 짙게 나타납니다. 가장 기본적인 합성의 예라고 할 수 있습니다.

또한 Opacity 속성 아래에 있는 Blend Mode 메뉴를 열면 다음과 같이 다양한 합성 방식을 선택할 수 있습니다. 각 합성 방식에 대해서는 Calculations 이펙트를 설명할 때 살펴본 적이 있습니다.

▷▷ Video 2 트랙에 등록된 클립의 Opacity를 50%로 설정

키잉(Keying) 이펙트를 사용하면 이펙트에 따라 상위 트랙에 등록된 클립의 특정 색상 영역이나 특정 영역을 통해 아래에 있는 클립과 합성할 수 있습니다. 합성을 위하여 사용되는 특정 색상이나 특정 영역을 키(Key)라고 부릅니다.

▷▷ 다양한 Blend Mode

이펙트 패널의 Video Effects>Keying 빈을 열어보면 모두 15개의 키잉 이펙트가 존재하고 있는 것을 볼 수 있습니다.

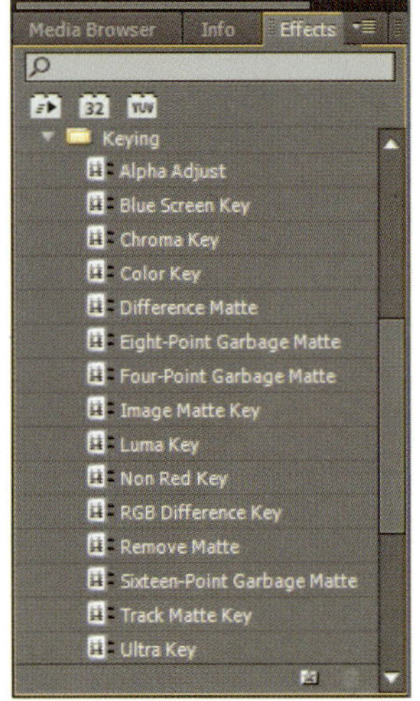

▷▷ 키잉(Keying) 이펙트

2　Alpha Adjust

프리미어 프로 CS5의 타이틀 패널에서 만든 타이틀은 자동으로 알파 채널을 포함하게 되는데 이러한 타이틀이나 포토샵 등에서 알파 채널을 포함하여 생성한 이미지를 다른 클립의 상위 트랙에 올려놓으면 기본적으로, 알파 채널 영역을 통하여 하위 트랙에 등록된 클립이 나타나게 됩니다. 하지만 알파 채널을 포함하고 있는 클립에 Alpha Adjust 이펙트를 적용하면 이러한 합성 결과는 물론, 알파 채널 영역에 대한 몇 가지 추가 설정이 가능합니다.

그림과 같이 상위 트랙에 타이틀 클립을, 하위 트랙에 일반 비디오 클립을 등록한 경우를 예로 살펴보겠습니다.

▶▶ Video 2 트랙의 클립

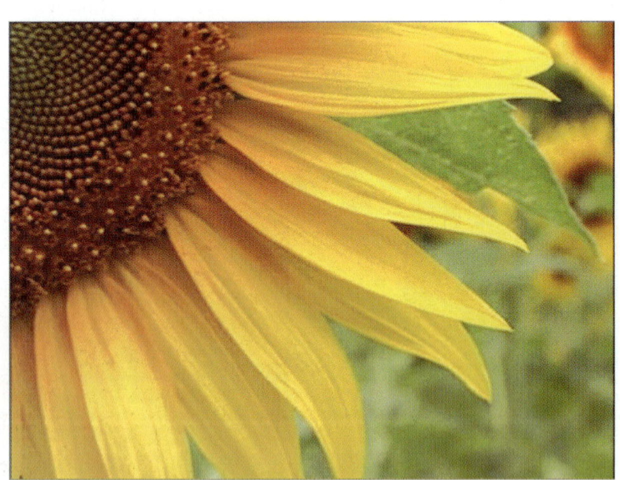
▶▶ Video 1 트랙의 클립

상위 트랙의 타이틀 클립에 Alpha Adjust 이펙트를 적용하고 이펙트 컨트롤 패널에서 이펙트 속성을 열면 다음과 같은 속성들이 나타납니다.

▶▶ Alpha Adjust 이펙트의 속성들

 ## Ignore Alpha

알파 채널 영역을 무시합니다. 따라서 타이틀 배경 영역에
하위 트랙의 클립이 보이지 않게 됩니다.

▷▷ Ignore Alpha – On

 ## Invert Alpha

알파 채널 영역과 그렇지 않은 영역이 반전됩니다. 따라서
배경 영역은 불투명하게, 타이틀 영역은 투명하게 바뀝니다.

▷▷ Invert Alpha – On

 ## Mask Only

불투명하게 처리되는 부분을 흰색으로 표시합니다. 타이틀
클립의 문자 색상이 흰색이 아닌 다른 색상으로 지정되어 있
어야 변화를 확인할 수 있습니다.

▷▷ Mask Only – On

3 Blue Screen Key

블루 스크린(Blue Screen)은 필름에서 푸른색을 쉽게 없앨 수 있는 광학적인 특성을 이용하여 두 장의 필름을 합성하는 것으로서 합성하고자 하는 대상을 푸른색 배경 위에서 찍고 푸른색 부분을 투명하게 만든 후, 다른 배경을 그 뒤에 합성해 넣는 방식입니다. 촬영 시에 푸른색 배경 위에서 찍는다 하여 블루 스크린이라 불리며 흔히 방송에서 뉴스나 일기예보와 광고 등에서 많이 사용하는 방식입니다.

그림과 같이 Video 1 트랙에는 일반적인 비디오 클립을, Video 2 트랙에는 푸른색 배경을 갖는 이미지 클립을 등록해보았습니다. 여기에 사용된 이미지는 부록 DVD의 [etc] 폴더에 있는 "blue_back.jpg"입니다.

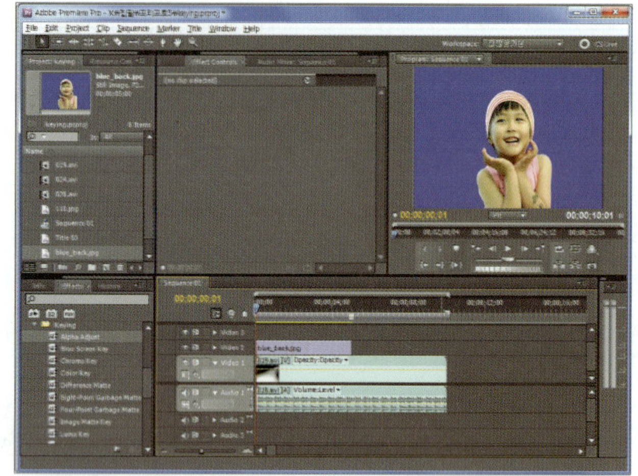

Video 2 트랙의 클립에 Blue Screen Key 이펙트를 적용하면 다음과 같이 이미지의 파란색 배경이 투명하게 처리되면서 이 부분을 통해 하위 트랙인 Video 1 트랙의 클립이 나타나게 됩니다.

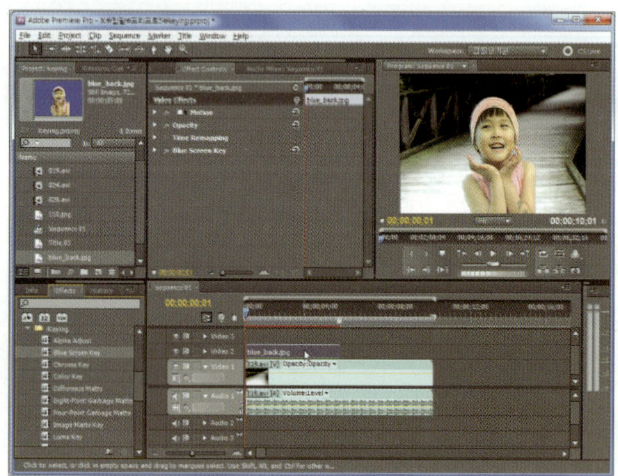

▶▶ Blue Screen Key 이펙트 적용

Threshold

투명하게 처리할 색상 영역을 조절합니다. 앞의 예는 이미지의 배경색이 순수한 파란색으로 이루어져 있으므로 깨끗한 결과를 보여주지만 그렇지 못한 경우, 적절히 값을 조절하여 색상 영역을 넓혀주어야 합니다.

Cutoff

불투명하게 처리할 색상 영역을 조절합니다.

Smoothing

투명 영역과 불투명 영역의 경계에 대한 부드러운 정도를 None, Low, High 중에서 선택합니다.

Mask Only

투명 영역을 검정색으로, 불투명 영역을 흰색으로 표시합니다.

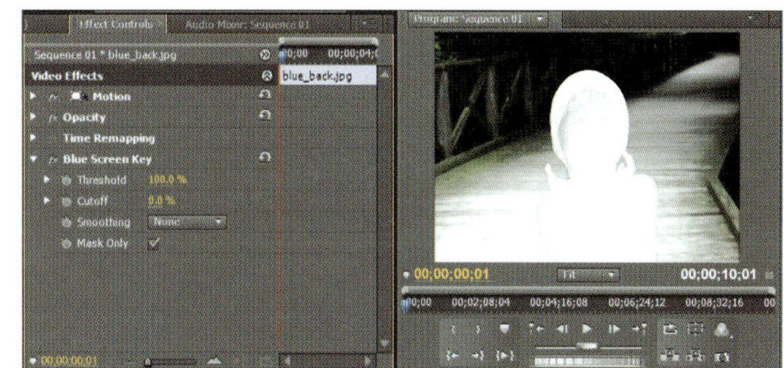

▶▶ Mask Only – On

4   Chroma Key

크로마 키 이펙트는 상위 트랙에 놓인 클립의 특정 색상을 제거하여 이 영역을 통해 하위 트랙에 놓인 클립이 나타나도록 합니다.

01 두 클립을 각각 다른 트랙에 등록합니다. 예에서는 부록 DVD의 [Source] 폴더에 있는 "103.jpg" 파일을 Video 2 트랙에, "104.jpg" 파일을 Video 1 트랙에 각각 등록했습니다.

▶▶ Video 2 트랙의 클립

▶▶ Video 1 트랙의 클립

02 상위 트랙의 클립에 Chroma Key 이펙트를 적용하고 이펙트가 적용된 클립이 선택된 상태에서 이펙트 컨트롤 패널의 이펙트 속성을 엽니다. Color 속성에서는 투명하게 처리할 색상을 지정할 수 있는데. 색상 박스를 클릭하여 컬러 피커에서 투명하게 할 색상을 지정하거나 우측에 있는 스포이트 툴을 클릭한 후, 다시 프로그램 뷰에서 투명하게 처리할 부분을 클릭합니다.

▷▷ 스포이트 툴로 투명하게 할 색상 영역을 클릭합니다.

03 해당 색상 영역을 통해 하위 트랙의 클립이 나타나야 하는데, 선택한 색상과 완전히 동일한 색상 영역이 극히 작기 때문에 투명하게 처리되는 영역도 역시 극히 일부분에 지나지 않습니다.

04 Chroma Key 이펙트의 Similarity 속성값을 키워줍니다. 좌측의 삼각형 버튼을 클릭하여 슬라이더가 나타나게 하여 값을 변경할 수도 있습니다. 값이 증가됨에 따라 색이 제거되는 영역, 즉 투명하게 처리되는 영역이 넓어져 그만큼 하위 트랙에 존재하는 클립의 많은 부분이 나타나게 됩니다.

Similarity

선택한 색상의 범위를 조절합니다. 즉, 값이 클수록 다른 색상을 더 포함하여 투명하게 처리합니다.

▷▷ Similarity – 15%

▷▷ Similarity – 35%

Blend

색상을 제거하는 클립과 하위 트랙의 클립과의 전체적인 합성 정도를 설정합니다.

▷▷ Blend – 0%

▷▷ Blend – 20%

Threshold

제거되는 색상 영역을 어둡게 합니다. 값일 클수록 어둡게 됩니다.

▷▷ Threshold – 10%

▷▷ Threshold – 50%

Cutoff

제거되는 영역의 명암을 조절합니다. 값을 크게 하면 명암 영역이 반전됩니다.

▶▶ Cutoff – 0%

▶▶ Cutoff – 100%

Smoothing

투명 영역과 불투명 영역의 경계에 대한 부드러운 정도를 None, Low, High 중에서 선택합니다.

Mask Only

클립의 알파 채널 영역만을 표시하거나 투명 영역은 검정색으로, 불투명 영역은 흰색으로 표시합니다. 투명으로 처리되어 제거되는 영역을 확인해볼 수도 있습니다.

▶▶ Mask Only – Off

▶▶ Mask Only – On

5 Color Key

지정한 색상과 유사한 모든 이미지 픽셀을 투명하게 처리합니다.

▷▷ 상위 트랙 클립-이펙트 적용

▷▷ 하위 트랙 클립

▷▷ Color Key 이펙트 적용

Key Color – 제거할 색상을 지정합니다.

Color Tolerance – 지정한 색상의 범위를 설정합니다.

▷▷ Color Tolerance – 30

▷▷ Color Tolerance – 100

Edge Thin

투명 영역과 불투명 영역의 경계에 대한 두께를 설정합니다.

▷▷ Edge Thin – 0

▷▷ Edge Thin – 85

Edge Feather

투명 영역과 불투명 영역 사이의 경계에 대한 부드러움을 조절합니다.

▷▷ Edge Feather – 0

▷▷ Edge Feather – 20

6 RGB Difference Key

크로마키의 축소판으로서 크로마키 타입처럼 투명하게 하려는 색상을 선택할 수 있지만 회색(Gray)을 지정할 수는 없습니다. 조명이 강해서 그늘이 없는 클립이나 미세하게 조정할 필요가 없는 클립에 사용합니다.

▷▷ 상위 트랙 클립-이펙트 적용

▷▷ 하위 트랙 클립

▷▷ RGB Difference Key 이펙트 적용

Drop Shadow

클립의 불투명 영역으로부터 4픽셀 우측 아래 방향으로 50% 회색, 50% 불투명의 그림자가 나타나도록 합니다. 타이틀 클립처럼 단순한 이미지 클립에 사용하는 것이 바람직합니다.

7   Luma Key

어두운 부분을 투명하게, 밝은 부분은 불투명하게 처리합니다. 밝고 어두운 영역을 대조적으로 표현하고자 할 때 사용합니다.

▷▷ 상위 트랙 클립-이펙트 적용

▷▷ 하위 트랙 클립

▷▷ Luma Key 이펙트 적용

Threshold에서 투명하게 처리할 어두운 영역의 범위를 설정하며 Cutoff에서는 Threshold에서 설정한 불투명 영역의 불투명도를 설정합니다. 이 두 값을 조절하면 투명하게 처리되는 영역을 반전시킬 수도 있습니다.

8 Non Red Key

Green, 또는 Blue 컬러 영역에 대한 투명도를 적절히 조절할 수 있습니다.

▷▷ 상위 트랙 클립–이펙트 적용

▷▷ 하위 트랙 클립

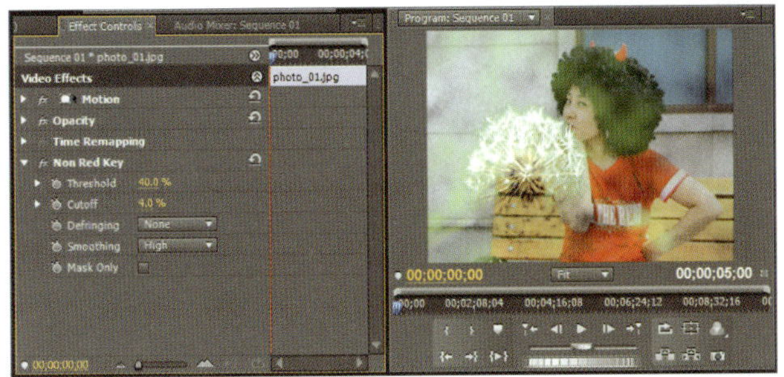

▷▷ Non Red Key 이펙트 적용

Threshold

클립의 투명 영역을 결정하는 파랑, 초록색의 레벨을 설정합니다.

Cutoff

Threshold로 설정한 불투명 영역에 대한 불투명도를 설정합니다.

Defringing

클립의 불투명 영역의 경계선에 남아있는 색상을 파랑, 또는 초록색 중에서 선택하여 제거합니다.

▶▶ Defringing – Green

▶▶ Defringing – Blue

Smoothing

투명 영역과 불투명 영역의 경계에 대한 부드러운 정도를 None, Low, High 중에서 선택합니다.

Mask Only

투명 영역을 검정색으로, 불투명 영역을 흰색으로 표시합니다.

9 Image Matte Key

별도로 지정한 이미지 영역을 통해 하위 클립이 나타나도록 합니다.

01 Video 2 트랙에는 "105.jpg" 클립을, Video 1 트랙에는 "109.jpg" 클립을 등록하고 상위 트랙의 클립에 Video Effects〉Keying〉Image Matte Key 이펙트를 드래그하여 적용합니다.

02 이펙트 컨트롤 패널을 열고 이펙트 목록 우측에 있는 Setup 버튼을 클릭합니다.

03 매트로 사용할 이미지를 선택하기 위한 Select a Matte Image 대화상자가 나타납니다. 부록 DVD 의 [etc] 폴더에서 "heart.tif" 파일을 선택하고 [열기] 버튼을 클릭합니다.

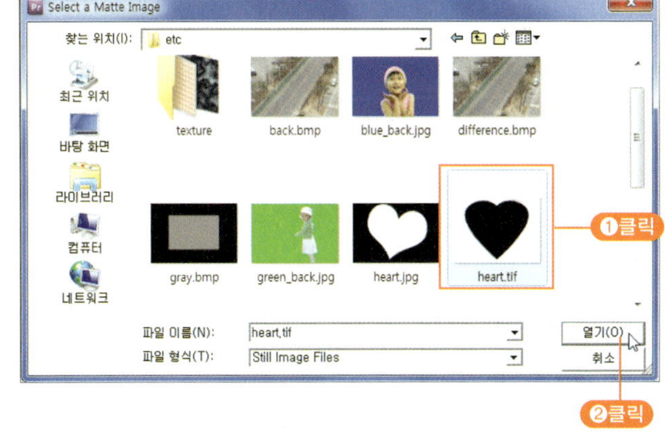

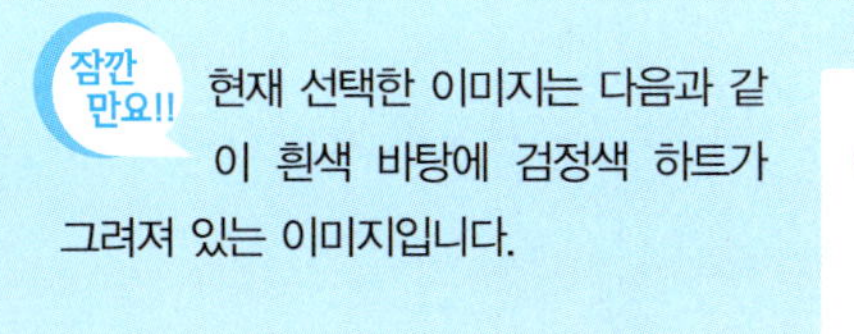

04 Image Matte Key 속성을 열고 Composite using 옵션 메뉴에서 Matte Luma를 선택합니다. 선택한 이미지는 알파 값을 가지고 있지 않으며 밝기 영역에 따라 투명하게 처리하고자 하기 때문입니다.

05 프로그램 모니터를 보면 하트 영역만 현재 클립이 나타나며 배경 부분은 투명하게 처리되어 하위 트랙의 클립이 나타나는 것을 볼 수 있습니다. 즉, 매트로 사용한 이미지의 흰색 영역은 불투명 영역으로 현재 클립이 그대로 나타나지만, 검정색 영역은 투명하게 처리되어 하위 트랙의 클립이 나타나게 됩니다.

06 Reverse 옵션은 투명 영역과 불투명 영역을 바꿉니다. 따라서 하트 영역에는 현재 클립이, 나머지 영역을 통해서는 하위 트랙의 클립이 나타나게 됩니다.

▷▷ Reverse – On

10　Track Matte Key

두 개의 클립을 합성하면서 또 다른 트랙에 있는 클립을 매트로 사용할 수 있는 키 타입입니다. 결과적으로 3개의 트랙에 있는 클립을 합성할 수 있는 방식입니다.

01 Video 1 트랙에는 배경으로 사용할 클립으로 [Source] 폴더의 "014.avi"를, Video 2 트랙에는 트랙 매트 이펙트를 적용할 클립으로 "109.jpg"를, Video 3 트랙에는 매트로 사용할 클립으로 부록 DVD의 [etc] 폴더에 있는 "premierepro.prtl" 클립을 각각 등록합니다. 현재 프로그램 모니터에는 타이틀 클립과 Video 2 트랙의 클립만 보입니다. Video 1 트랙의 클립은 Video 2 트랙의 클립으로 인하여 보이지 않기 때문입니다.

02 이펙트 패널에서 Video Effects>Keying의 Track Matte Key 이펙트를 Video 2 트랙에 놓인 클립으로 드래그합니다.

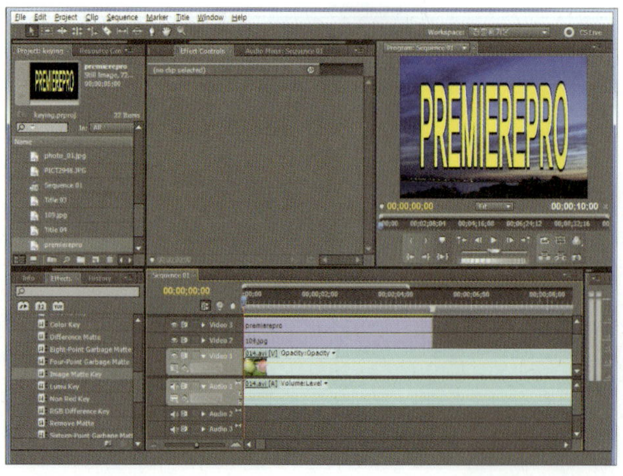

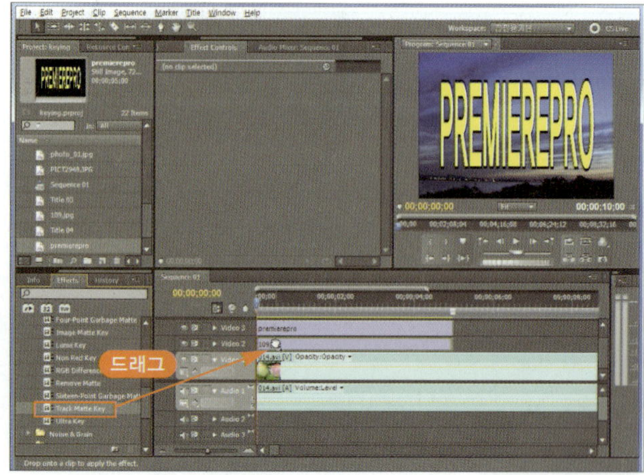

03 Video 2 트랙의 클립이 선택된 상태에서 이펙트 컨트롤 패널의 Track Matte Key 이펙트 속성을 열고 Matte 속성 메뉴에서 매트로 사용할 클립이 놓여 있는 트랙인 Video 3을 선택합니다.

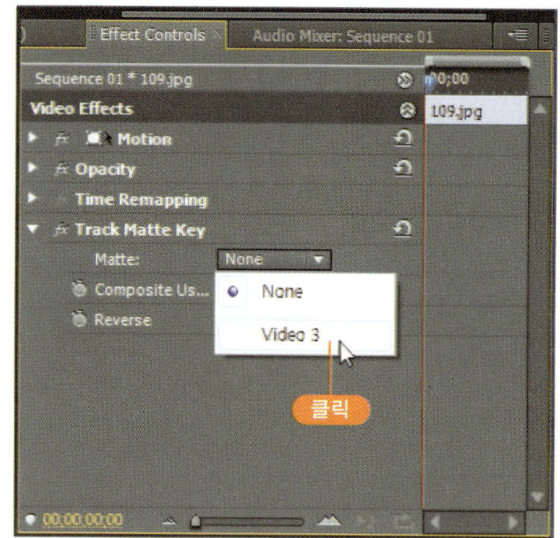

04 세 개의 클립이 합성되어 나타나는 것을 볼 수 있습니다. 즉, Video 2 트랙의 클립은 매트로 지정한 Video 3 트랙의 클립 영역만 나타나게 되며 나머지 영역은 배경 클립인 Video 1 트랙의 클립이 나타나게 됩니다.

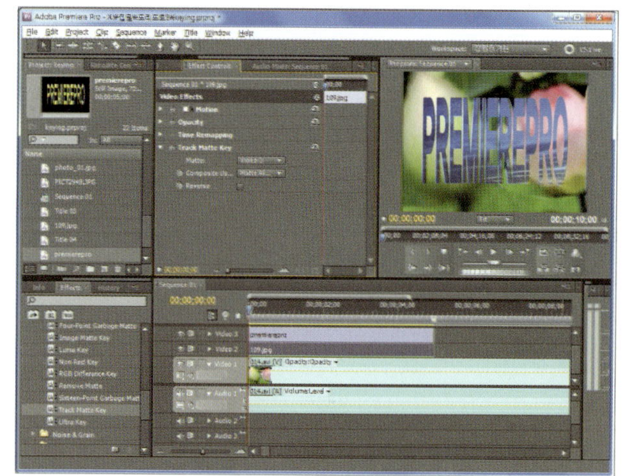

> **Tip** Matte Alpha와 Matte Luma
>
> 앞에서도 설명한 것처럼, Compositing Using 속성에서 Matte Alpha를 선택하면 매트로 사용하는 이미지의 알파 채널 영역을 통해 합성하며, Matte Luma를 선택하면 매트로 사용하는 이미지의 밝기 값을 통해 합성합니다.
>
> 앞 예제에서 Video 3 트랙의 타이틀 클립을 삭제하고 부록 DVD의 [etc] 폴더에 있는 "Premiere.bmp"를 등록해보기 바랍니다. 일반적인 이미지 클립은 알파 채널 영역이 없으므로 단순히 2번 트랙의 클립만 나타납니다.

Video 2 트랙의 클립을 선택하고 트랙 매트 키의 Composite Using 속성을 Matte Luma로 변경하면 매트로 사용하는 Video 3 트랙의 클립의 밝기 값에 따라 세 개의 클립이 합성되어 나타납니다.

11 Garbage Matte Key

Garbage Matte Key 이펙트는 상위 트랙에 놓인 클립의 영역을 조절하여 원하는 부분만 나타나도록 합니다. 물론 상위 트랙의 클립이 보이지 않는 영역으로는 하위 클립이 나타납니다.

Garbage Matte Key 이펙트는 클립의 영역을 조절할 수 있는 핸들의 수에 따라 Four-Point Garbage Matte Key, Eight-Point Garbage Matte Key, Sixteen-Point Garbage Matte Key 등, 세 가지의 이펙트가 있습니다. Sixteen-Point Garbage Matte Key는 16개의 핸들이 나타나므로 나타내고자 하는 부분을 가장 정밀하게 설정할 수 있습니다.

핸들은 이펙트 컨트롤 패널에서 이펙트 이름 부분을 클릭하면 프로그램 모니터에 나타나게 되며 드래그하여 위치를 조절할 수 있습니다. 물론, 이펙트 컨트롤 패널에서 각 핸들에 해당하는 속성값을 조절할 수도 있습니다.

또한, 각 핸들의 위치 속성은 키프레임을 생성할 수도 있으므로 클립의 재생에 따라 클립이 나타나는 영역이 바뀌어가는 애니메이션을 만들 수도 있습니다.

▷▷ 상위 트랙의 클립

▷▷ 하위 트랙의 클립

▷▷ Four-Point Garbage Matte Key

▷▷ Eight-Point Garbage Matte Key

▷▷ Sixteen-Point Garbage Matte Key

PREMIERE PRO CS5

44 Chapter

색상 보정 이펙트로 클립의 색상 보정하기

이펙트 패널의 Video Effects>Color Correction은 여러 가지 강력한 색상 보정 이펙트를 포함하고 있습니다. 일반적인 색상 관련 이펙트보다 다양한 속성과 편리한 인터페이스를 가지고 있는 색상 보정 이펙트의 사용법과 적용 예를 살펴보겠습니다.

1   색상 보정 이펙트 속성 살펴보기

색상 보정 이펙트는 클립의 밝기 보정과 같은 기본적인 작업을 비롯하여 화이트 밸런스(White Balance)가 잘못된 영상의 색상을 보정하거나 방송 표준 색상으로 보정할 때 사용하며 사용자의 목적에 따라 클립의 색상을 특정 색상으로 바꾸고자 할 때도 유용합니다. Color Correction Bin의 몇 가지 이펙트는 이펙트를 다룰 때 살펴본 적이 있었는데 여기에서는 색상 보정과 관련된 이펙트에 대해서 설명합니다.

▶▶ Color Correction Bin의 이펙트

 ## Fast Color Corrector

색상 및 채도 컨트롤을 사용하여 클립의 색상을 보정합니다. 쉐도우(shadow), 미드(mid), 하이라이트(highlight)의 명도 레벨 컨트롤도 가지고 있으며 간단한 색상 보정에 편리한 이펙트입니다.

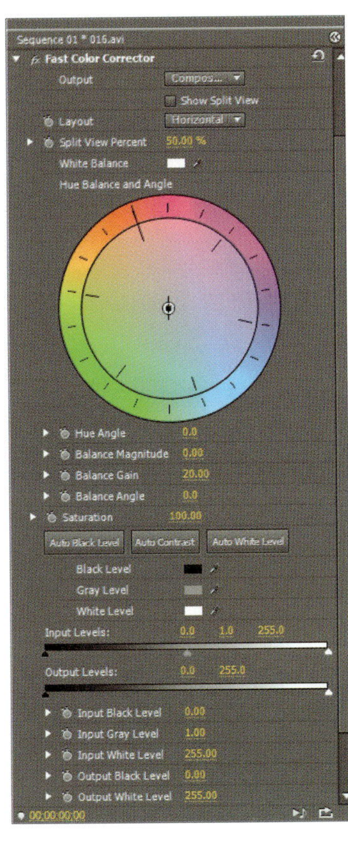

■ Output – 색 보정 결과를 다양한 형태로 보여줍니다.

• Composite – 보정된 결과를 색상 그대로 보여줍니다.

• Luma – 보정된 결과의 명암을 보여줍니다. 따라서 그레이스케일 형태로 나타납니다.

• Mask – 보정된 결과를 흰색의 마스크로 보여줍니다.

■ Show Split View – 프로그램 모니터를 분할하여 색 보정 전/후의 모습을 보여줍니다.

■ Layout – 스플릿 뷰어로 프로그램 모니터를 분할할 때, 수평으로 분할할 것인지(Horizontal), 수직으로 분할할 것인지(Vertical) 선택합니다.

▷▷ Horizontal

▷▷ Vertical

■ Split View Percent – 스플릿 뷰어로 프로그램 모니터를 분할할 때 색 보정 전과 후의 화면 비율을 설정합니다.

■ White Balance – 화이트밸런스를 맞출 때의 색상을 설정합니다. 즉, 흰색을 촬영한 결과가 흰색으로 나타나지 않은 경우, 흰색을 지정함으로써 촬영 당시의 화이트밸런스로 조정할 수 있습니다.

- **Hue Balance and Angle** – 컬러 휠(Wheel)이라 부르는 중앙의 원을 원하는 색상 영역으로 드래그하여 색상과 채도를 조절합니다.

- **Hue Angle** – 컬러 휠의 바깥쪽 원을 회전시켜 색상을 조절합니다. 안쪽 원과 바깥쪽의 색상이 일치할 때 원본과 동일한 색상을 보여줍니다.

- **Balance Magnitude** – 색 보정 밸런스의 크기를 조절합니다. 값이 클수록 크기 범위가 넓어집니다.

- **Balance Gain** – 밝은 픽셀이 어두운 픽셀보다 강하게 변화하도록 하여 밝기를 조절합니다.

- **Balance Angle** – Balance Gain으로 설정한 밝기에 의해 색상을 변경합니다.

- **Saturation** – 채도를 설정합니다. 값이 작을수록 색상이 제거되어 그레이스케일로 변화됩니다.

- **Auto Black/Contrast/White Level** – 각각 어두운 영역과 대비, 밝은 영역의 값을 자동으로 설정합니다.

- **Black/Gray/White Level** – 각각 어두운 영역과 중간 영역, 밝은 영역의 기준 색상을 지정합니다.

- **Input Levels** – 입력 레벨을 조절합니다. 왼쪽의 삼각형으로 어두운 영역의 레벨을, 오른쪽의 삼각형으로 밝은 영역의 레벨을 조절하며, 가운데 삼각형으로 감마값을 조절합니다. 왼쪽 삼각형을 중앙으로 드래그할수록 어두워지며 오른쪽 삼각형을 중앙으로 드래그할수록 밝아집니다. 또한 중앙의 삼각형을 좌측으로 드래그하면 콘트라스트가 높아지며 우측으로 드래그하면 콘트라스트가 낮아집니다.

- **Output Levels** – 출력 레벨을 조절합니다. 좌측과 우측의 삼각형을 드래그하여 어두운 영역과 밝은 영역의 범위를 조절합니다.

- **Input Black/Gray/White Level** – Input Levels의 각 영역에 대한 값을 직접 드래그하거나 입력하여 조절합니다.

- **Output Black/Gray/White Level** – Output의 각 영역에 대한 값을 직접 드래그하거나 입력하여 조절합니다.

Luma Corrector

클립의 하이라이트와 미드, 쉐도우 영역의 밝기와 콘트라스트를 조절합니다. 대부분의 속성은 Fast Color Corrector와 동일하며 Secondary Color Correction에서는 보정하는 색의 범위를 지정합니다. + 표시의 스포이트 툴로 색의 범위를 확대하며 – 표시의 스포이트 툴로 색의 범위로부터 제외합니다.

■ **Luma Curve** – 커브를 사용해 클립의 밝기와 콘트라스트를 조절합니다. 포토샵과 같은 그래픽 프로그램에서 흔히 볼 수 있는 커브와 동일한 방법으로 조절합니다.

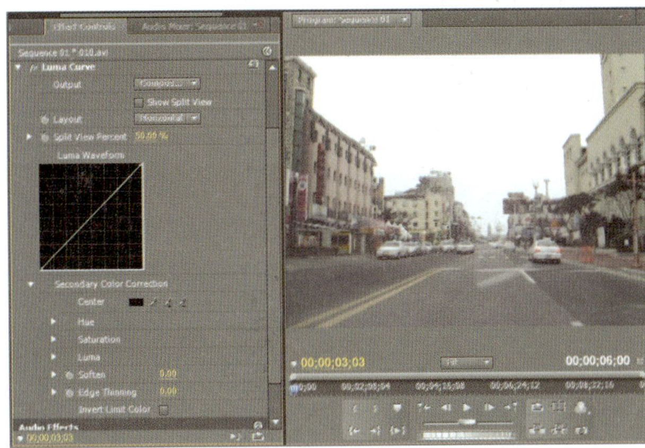

그래프의 X축은 밝기 영역을, Y축은 X축에 해당하는 밝기의 레벨을 의미합니다. 커브의 임의 지점을 클릭하면 포인트가 생성되며 이것을 드래그하여 원하는 밝기와 콘트라스트로 지정할 수 있습니다. 커브의 상태에 따라 다음과 같은 결과를 보여줍니다.

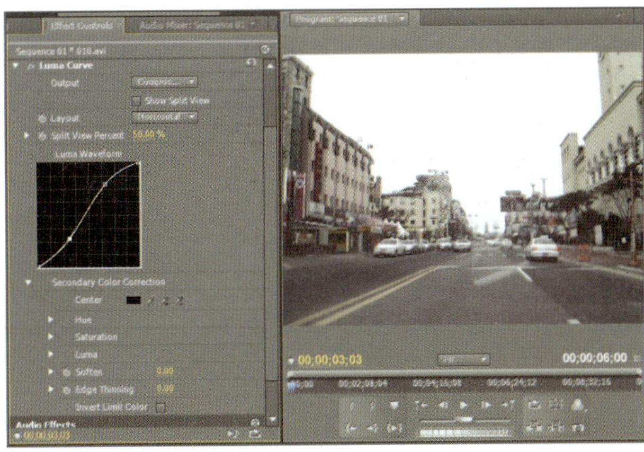

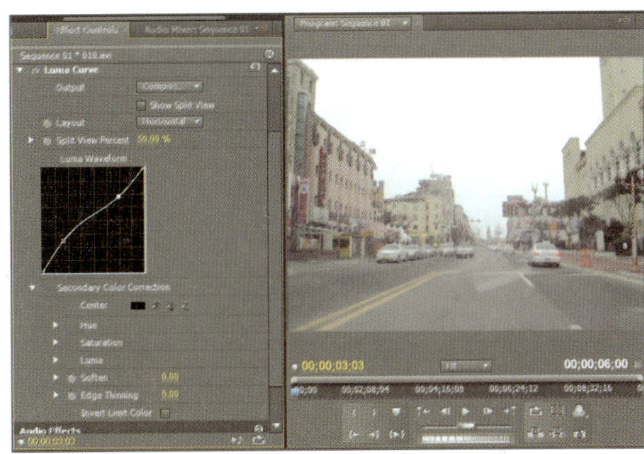

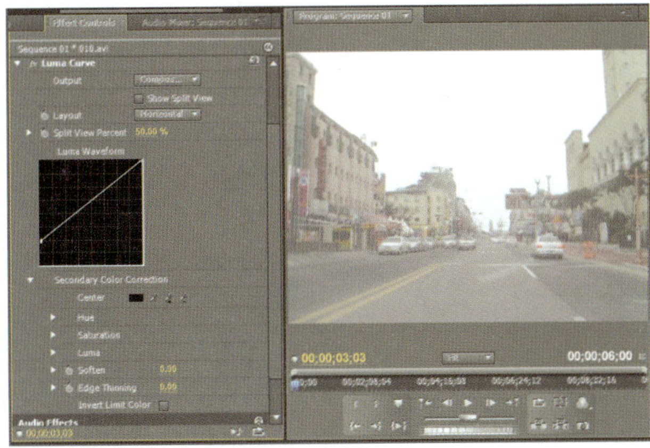

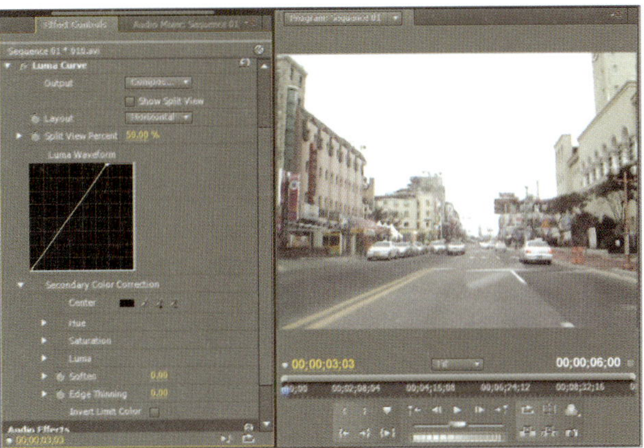

 RGB Color Corrector

각 컬러 채널별로 클립의 밝기와 계조를 조절합니다. 또한 조절 범위를 전체, 하이라이트, 미드, 쉐도우 중에서 선택할 수 있습니다.

 RGB Curve

각 컬러 채널의 커브를 사용하여 클립의 색상을 조절합니다. 커브마다 최대 16개의 포인트를 생성하여 조절할 수 있습니다.

 Three-Way Color Corrector

클립의 쉐도우, 미드, 하이라이트 영역에 대해 각각의 컬러 휠을 통해 개별적으로 색상과 채도, 밝기를 조절할 수 있습니다.

2   Fast Color Corrector 이펙트로 색상 보정하기

컬러 커렉션 이펙트 중 하나인 Fast Color Corrector 이펙트를 적용하여 색상을 보정하는 예를 살펴보겠습니다. 프로그램 모니터에서 적절한 Output 모드를 통해 정확한 색상 분포를 살펴보면서 작업하는 것이 중요합니다.

01 부록 DVD의 [Source] 폴더에 있는 "111.jpg" 클립을 타임라인 패널의 트랙에 등록하고 이펙트 패널에서 Video Effects〉Color Correction〉Fast Color Corrector 이펙트를 클립으로 드래그하여 이펙트를 적용합니다.

02 타임라인에 등록된 클립이 선택된 상태에서 이펙트 컨트롤 패널을 연 다음, Color Corrector 이펙트의 속성을 제대로 보기위해서 그림과 같이 모니터 윈도우의 크기를 최대한 키워줍니다. 그래도 이펙트 컨트롤 패널의 속성 이름이 모두 표시되지 않는다면 이펙트 컨트롤 패널의 Show/Hide Timeline view 버튼을 클릭하여 타임라인이 사라지도록 함으로서 이펙트 컨트롤 패널의 폭을 최대한 넓혀줍니다.

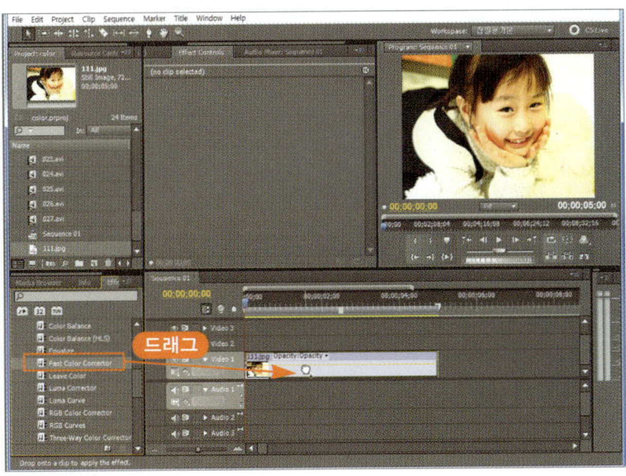

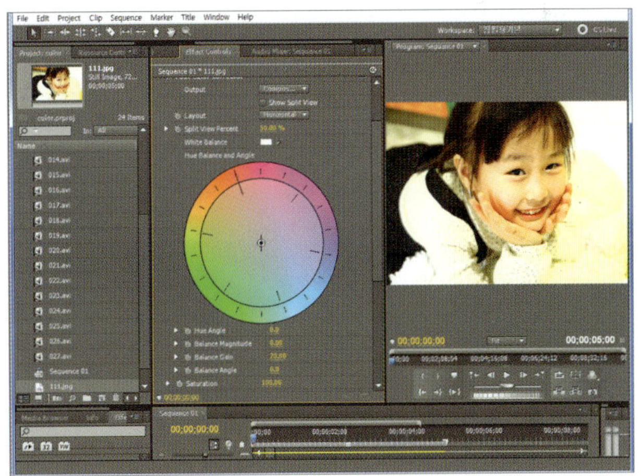

03 Window〉Reference Monitor 메뉴를 선택합니다.

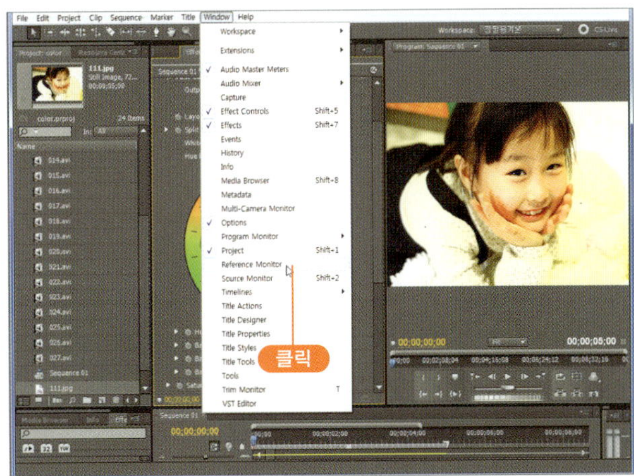

04 플로팅 윈도우 형태로 레퍼런스 모니터가 나타납니다. 이것이 이펙트 컨트롤 패널을 가리지 않도록 적절히 크기와 위치를 조절합니다. 레퍼런스 모니터(Reference Monitor)는 이름처럼 실제 클립의 형태를 보여주는 프로그램 모니터와 달리 색상 보정에 따른 결과를 다양한 형태로 보여주는 참조용 모니터입니다.

05 레퍼런스 모니터의 메뉴를 열어보면 기본적으로 Gang to Program Monitor가 선택되어 있다는 것을 알 수 있습니다. 또한, 프로그램 모니터의 메뉴에도 Gang to Reference Monitor가 기본적으로 선택되어 있습니다. 이것은 어느 한쪽 모니터에서 클립의 현재 시간 표시자를 이동시키면 다른 한쪽 모니터에서도 동일한 지점으로 이동되도록 연동되어 있는 상태입니다.

▷▷ 선택 상태인 Gang to Program Monitor 메뉴

> **Tip** Color Correction 워크 스페이스
>
> Window〉Workspace〉Color Correction을 선택하면 각 패널들의 위치와 크기가 색상 보정을 위한 작업 공간 형태로 변경되어 나타납니다. 물론 앞에서 설명한 레퍼런스 모니터도 함께 나타나므로 편리하게 색상 보정 작업을 수행할 수 있습니다.
>
> 
>
> ▷▷ Color Correction 워크 스페이스

06 레퍼런스 모니터 우측 하단에 있는 Output 버튼을 클릭하고 YC Waveform을 선택합니다.

07 YC Waveform은 밝기 분포를 보여줍니다. 수평 방향은 주사선의 폭을, 수직 방향은 밝기 값을 표시합니다. 이펙트 컨트롤 패널에서 이펙트의 Black Level 속성에 있는 스포이트 툴을 클릭합니다.

> **Tip** YC Waveform 모니터
>
> YC Waveform 모니터는 현재 클립의 밝기 분포를 보여줍니다. 좌측에 수직으로 NTSC 규격의 허용 영역인 IRE(Institute of Engineers)가 표시되며 밝기 값을 가리키는 그래프가 7.5~100 IRE 영역 내에 놓여 있을 때 색상 손실이 발생하지 않습니다. 즉, 가장 어두운 영역인 검은색이 7.5 IRE보다 작은 값이 되지 않아야 하며 가장 밝은 영역인 흰색이 100 IRE보다 큰 값이 되지 않아야 합니다.

08 스포이트 툴로 프로그램 모니터에 나타난 클립에서 가장 어두운 영역을 클릭합니다.

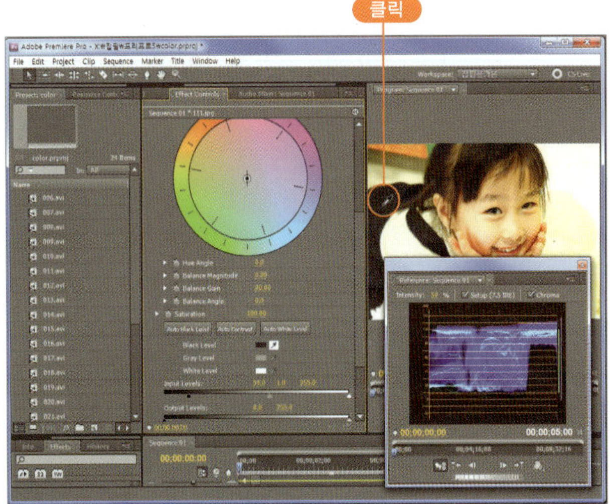

09 계속해서 이펙트의 Gray Level 속성 스포이트 툴로 클립의 중간 밝기 영역인 아이의 이마 부분을 클릭하고, White Level 속성의 스포이트 툴로는 가장 밝은 영역인 우측 상단 영역을 클릭합니다.

10 각 영역에 대한 밝기 설정으로 클립의 밝기와 콘트라스트가 변화됩니다. 아울러 웨이브 폼 모니터의 그래프도 이전에 비해 폭이 크게 변화되어 밝기 값이 증가했다는 것을 표시해줍니다.

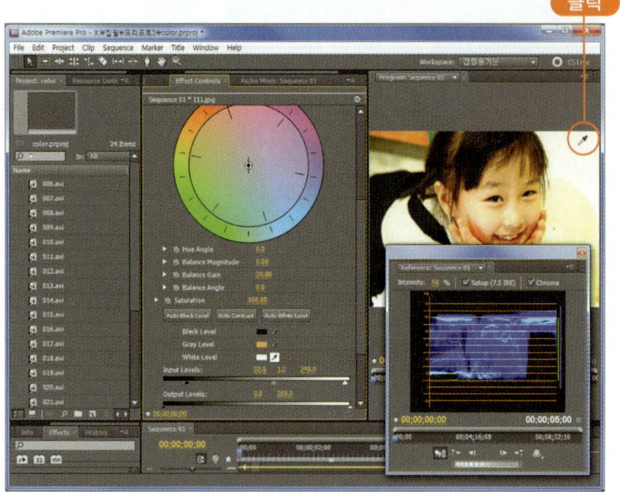

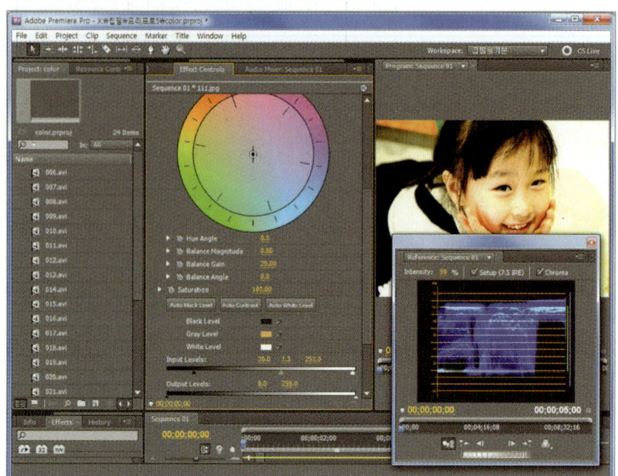

11 계속해서 Output Black Level 값을 약간 키워, 잘려 나간 어두운 영역이 나타나도록 합니다. 웨이브 폼 모니터를 보면 점선으로 표시되는 어두운 영역의 하한선(7.5 IRE) 위로 어두운 영역이 좀 더 확보되는 것을 볼 수 있습니다.

12 Output White Level 값도 웨이브 폼 모니터를 보면서 IRE 값이 100이 넘지 않도록 적절히 조절합니다. 100을 넘는 영역은 NTSC 영상에 있어서 잘려 나가기 때문입니다.

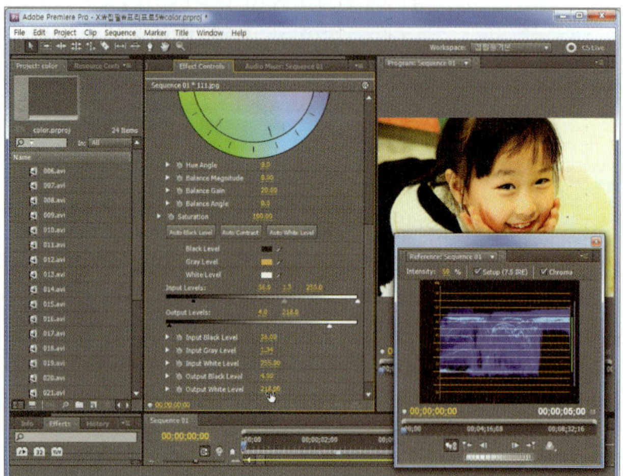

13 이어서 Input Gray Level 속성값을 드래그하여 레퍼런스 모니터에서 그래프의 중심이 수직 중앙 영역에 많이 분포하도록 조절합니다. 프로그램 모니터의 클립을 보면 어두운 영역과 밝은 영역이 고루 나타나는 것을 알 수 있습니다.

14 레퍼런스 모니터의 Output 버튼을 클릭하고 Vectorscope를 선택합니다.

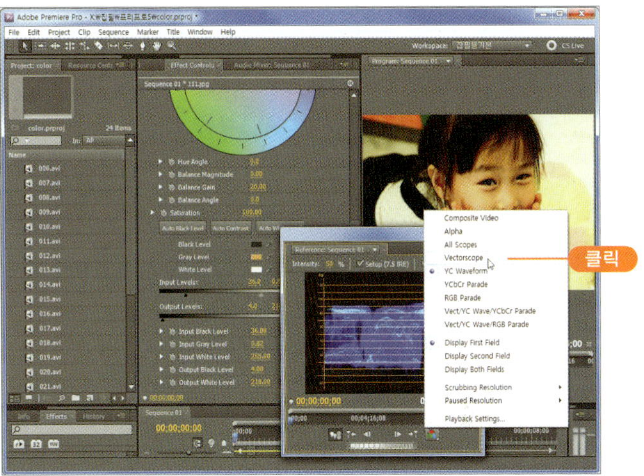

15 벡터스코프가 나타납니다. 벡터스코프의 그래프가 원의 중앙으로부터 멀리 퍼져있을수록 색상과 채도가 강하다는 것을 의미합니다. 그래프가 특정 방향으로 치우치지 않고 고르게 분포되어 있어야 무난한 색상을 보여주는 상태입니다. 현재 클립은 "R"과 "YL"의 경계 부분으로 그래프가 치우쳐 있어 빨간색과 노란색 계열이 다소 강하다는 것을 표시하고 있습니다.

16 이펙트 컨트롤 패널에서 Hue Balance and Angle 속성의 컬러 휠을 벡터스코프에서 표시되고 있는 반대 방향으로 드래그하여 벡터스코프의 그래프가 중심을 기준으로 골고루 분포되도록 합니다. 클립의 과다한 빨간색과 노란색이 어느 정도 줄어드는 것을 볼 수 있습니다.

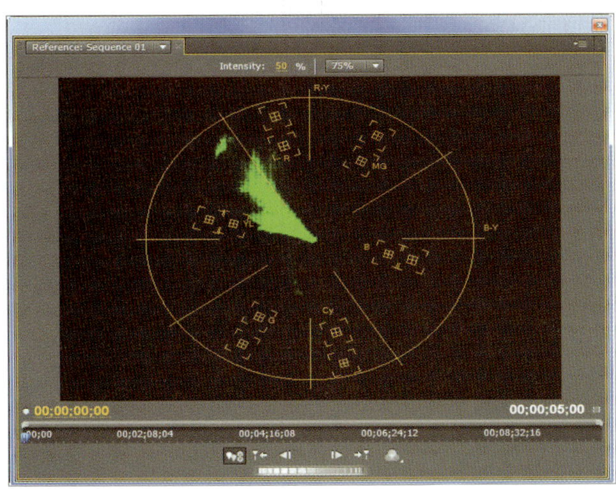

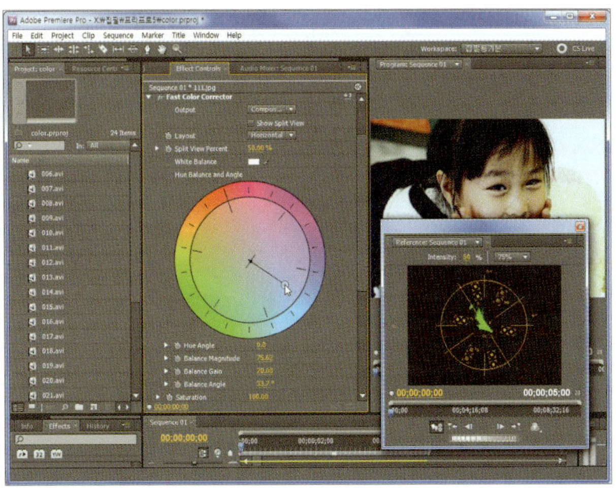

Tip 색상 보정을 위한 스코프

레퍼런스 모니터의 Output 버튼을 클릭하면 메뉴를 통해 다른 스코프를 선택할 수도 있습니다. 앞에서 보지 않았던 다른 스코프에 대해 살펴봅니다.

● **All Scopes** – Vectorscope, YC Waveform, YCbCr Parade, RGB Parade를 한꺼번에 나타냅니다.

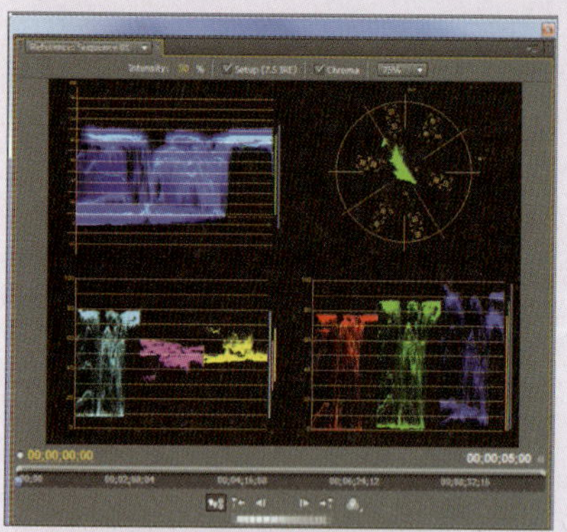

● **RGB Parade** – 컴퓨터 모니터의 기본 색상인 R(빨간색), G(녹색), B(파란색)을 개별 신호로 분리하여 표시합니다.

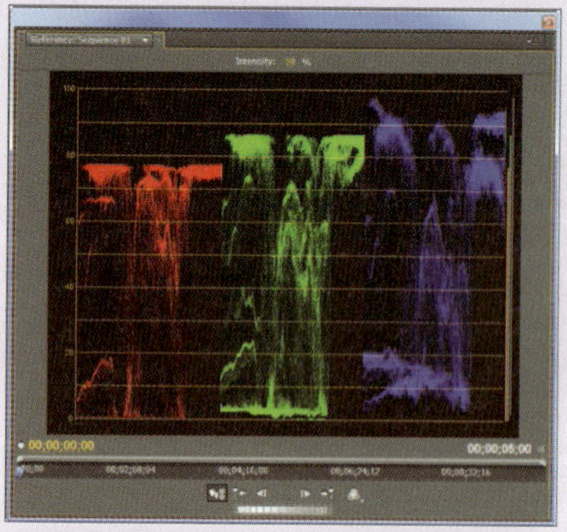

● **Vect/YC Wave/RGB Parade** – Vectorscope, YC Waveform, RGB Parade를 한꺼번에 나타냅니다.

● **YCbCr Parade** – IRE 단위로 Y(밝기), Cb(파란색 영역), Cr(빨간색 영역)을 표시합니다.

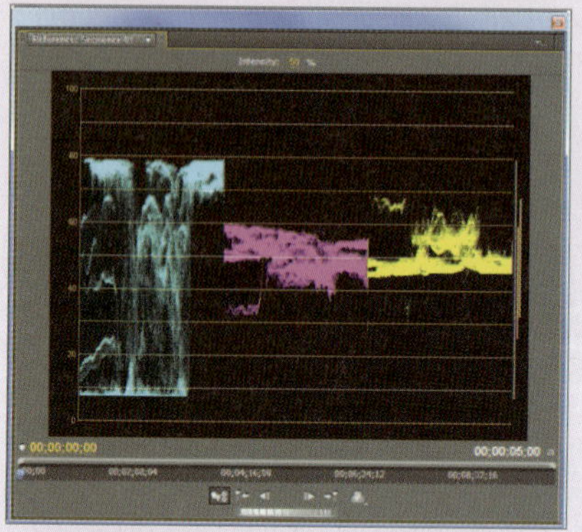

● **Vect/YC Wave/YCbCr Parade** – Vectorscope, YC Waveform, YCbCr Parade를 한꺼번에 나타냅니다.

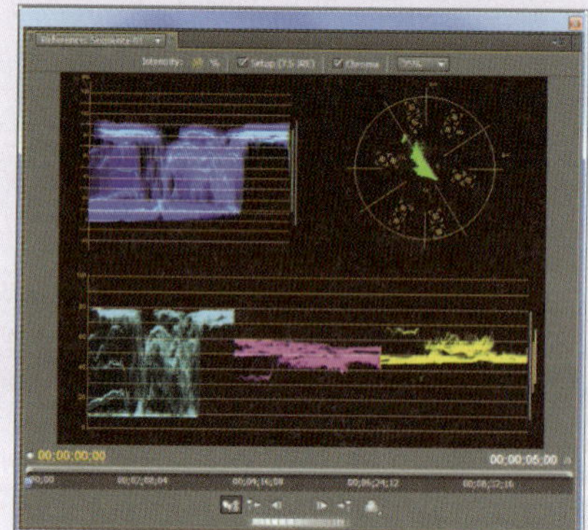

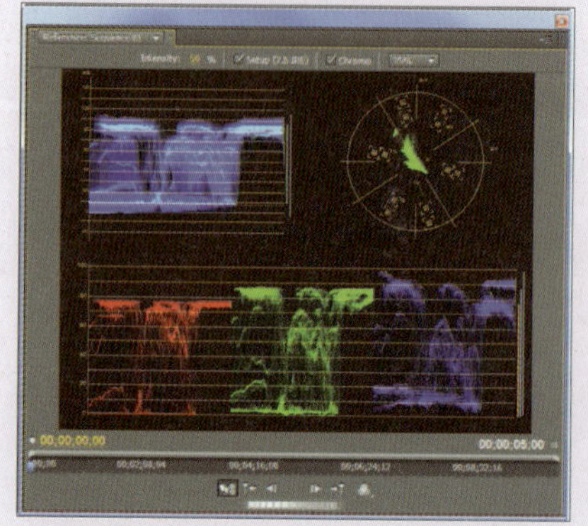

Chapter 45 · 다양한 방식으로 오디오 작업하기

오디오 믹서에서는 오디오에 대한 다양한 속성을 조절할 수 있으며 이펙트를 적용할 수도 있습니다. 또한 오디오 클립을 재생하면서 실시간으로 속성을 조절하는 오토메이션 기능도 사용할 수 있습니다. 오디오 클립의 볼륨을 조절하는 기본적인 부분부터 다양한 속성 조절 방법까지 상세히 살펴보겠습니다.

1 오디오 볼륨 조절하기

오디오 볼륨 조절에 대해서는 간단히 살펴본 적이 있었습니다. 이번에는 클립별, 트랙별로 볼륨을 조절하는 여러 방법에 대해서 자세히 알아봅니다.

클립 단위로 볼륨 조절하기

■ 타임라인에서 조절하기

오디오 트랙에 등록된 오디오 클립에 나타난 볼륨 라인을 드래그하면 볼륨을 조절할 수 있습니다. 드래그할 때마다 현재 볼륨값이 dB 단위로 표시됩니다.

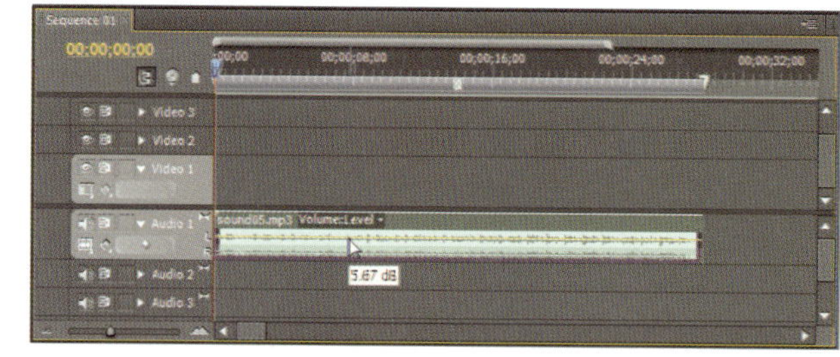

Ctrl 키를 누른 채로 볼륨 라인을 클릭하면 키프레임이 생성되며 생성된 키프레임을 Ctrl 키를 누른 채로 상/하 방향으로 드래그하면 해당 지점에 대한 볼륨값을 변경할 수 있습니다. 여러 지점에 키프레임을 생성하고 각각 다른 볼륨값을 지정하면 볼륨값이 변화되면서 재생되도록 할 수 있습니다.

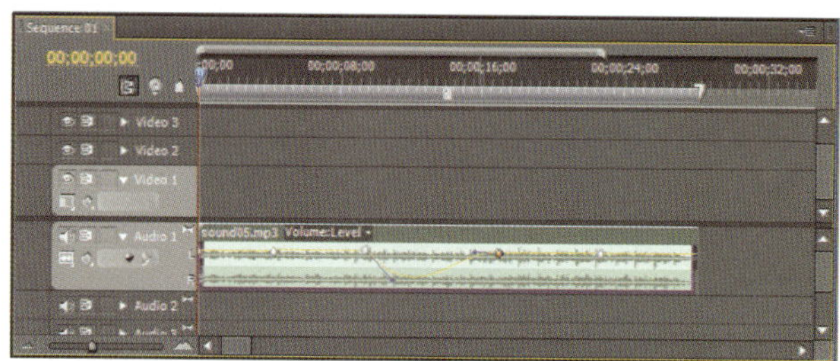

▷▷ 키프레임을 생성하고 볼륨값을 변경

■ 이펙트 컨트롤 패널에서 조절하기

타임라인에 등록된 클립이 선택된 상태에서 이펙트 컨트롤의 Volume 속성을 열고 Level 값을 조절하면 볼륨을 조절할 수 있습니다. 기본적으로 애니메이션 버튼이 선택되어 있으며 값을 변경하면 자동으로 현재 시간 지점에 키프레임이 생성됩니다. 물론 현재 시간 표시자를 다른 지점으로 이동시키고 값을 변경함으로써 볼륨값이 변화되는 결과를 만들 수 있습니다.

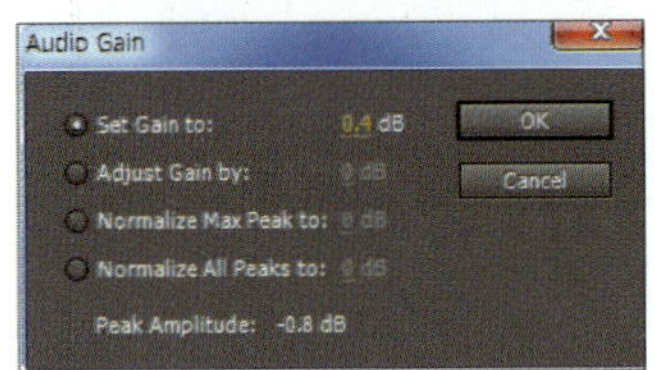

■ Clip Gain 대화상자에서 조절하기

타임라인에 등록된 오디오 클립이 선택된 상태에서 Clip>Audio Options>Audio Gain을 선택하거나 타임라인의 오디오 클립을 마우스 우측 버튼으로 클릭하여 팝업 메뉴에서 Audio Gain을 선택할 때 나타나는 Clip Gain 대화상자에서 Gain 값을 변경하여 볼륨을 조절할 수도 있습니다.

Gain 값은 −96dB ～ 96dB의 범위 내에서 지정할 수 있으며 지정된 게인 값으로 인해 볼륨 라인이 변화하지는 않습니다. Normalize 버튼은 너무 작거나 큰 오디오 클립의 볼륨 값을 적절히 조절해줍니다.

트랙 단위로 볼륨 조절하기

타임라인 패널에서 오디오 클립이 등록된 트랙의 헤더에 있는 Show Keyframes 버튼을 클릭하고 Show Track Volume을 선택합니다.

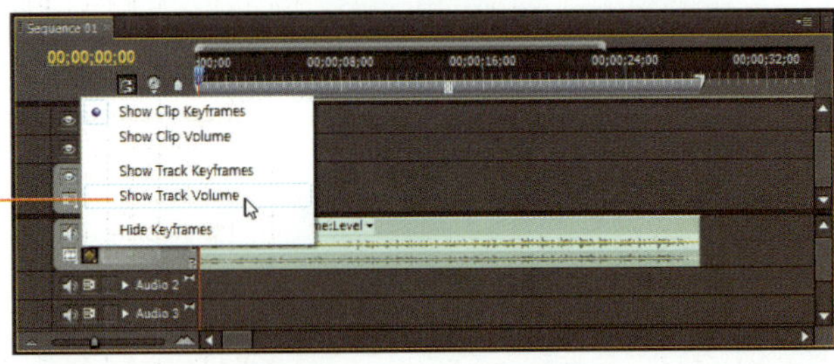

트랙 중앙에 볼륨 라인이 나타납니다. 이것은 트랙 전체의 볼륨 값을 조절할 수 있는 볼륨 라인이기 때문에 현재 등록되어 있는 클립뿐 아니라 트랙 전체에 걸쳐 나타나는 것을 볼 수 있습니다. 트랙 볼륨 라인도 클립 볼륨 조절 라인과 마찬가지로 드래그하여 볼륨 값을 조절할 수 있습니다.

트랙 볼륨 라인도 **Ctrl** 키를 누른 채로 볼륨 라인의 특정 지점을 클릭하면 키프레임이 생성되며, 드래그하여 값을 변경할 수 있습니다. 트랙 볼륨 라인의 키프레임은 클립이 아니라 트랙에 적용되므로 클립의 위치가 변경되더라도 키프레임의 위치는 변하지 않습니다.

▷▷ 트랙에 생성된 키프레임들

> **잠깐만요!!** Show Track Volume이 선택된 상태에서는 트랙 전체에 대한 볼륨이나 키프레임 작업만 가능하며 클립의 선택이나 이동 등의 일반적인 편집 작업은 불가능합니다.

2　오디오 믹서 살펴보기

오디오 믹서에서는 스튜디오의 믹싱 콘솔과 같이 각 트랙별로 오디오 클립을 재생하면서 볼륨과 팬 조절을 할 수 있음은 물론, 이펙트를 적용하거나 비디오 클립을 보면서 내레이션을 녹음하는 등의 다양한 오디오 관련 작업을 할 수 있습니다. 특히 오디오 클립을 재생하면서 실시간으로 볼륨이나 팬/밸런스를 조절할 수 있는 오토메이션 기능도 제공하고 있습니다.

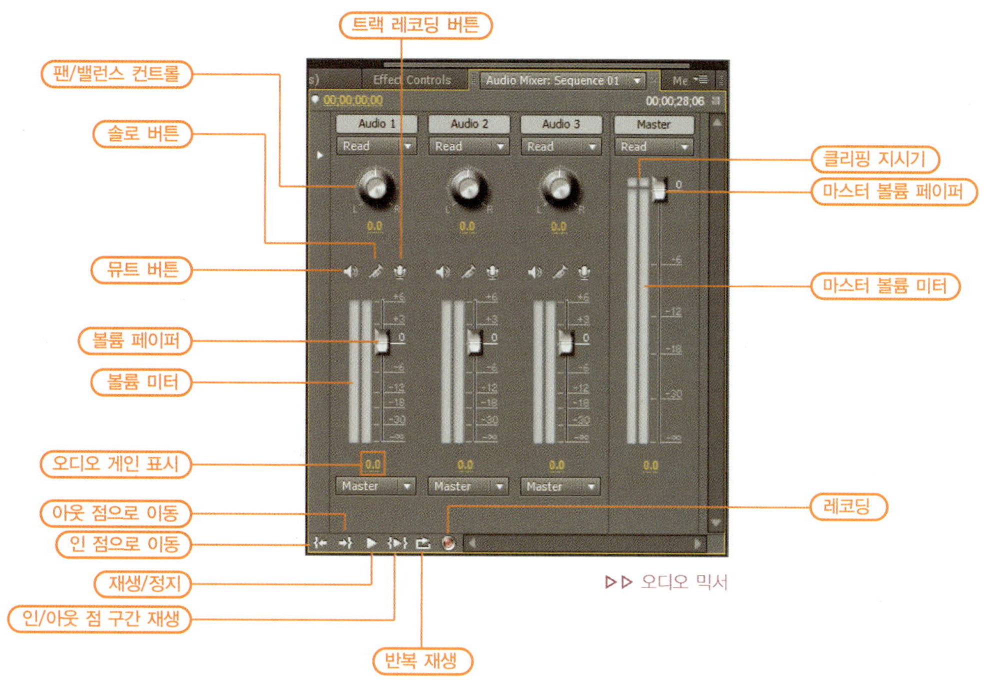

▷▷ 오디오 믹서

이 그림은 각 트랙을 총괄하는 마스터 트랙이 스테레오 채널인 경우의 오디오 믹서를 보여주고 있으며 모노 트랙이나 5.1 채널인 경우에는 다른 형태로 나타납니다.

File〉New〉Project를 선택하여 새로운 프로젝트를 시작하거나 시퀀스를 추가하기 위해 File〉New〉Sequence를 선택할 때 나타나는 New Sequence 대화상자의 Tracks 탭에 있는 Audio〉Master 메뉴에서 원하는 채널을 선택하면 해당 채널에 따른 오디오 믹서가 나타나게 됩니다.

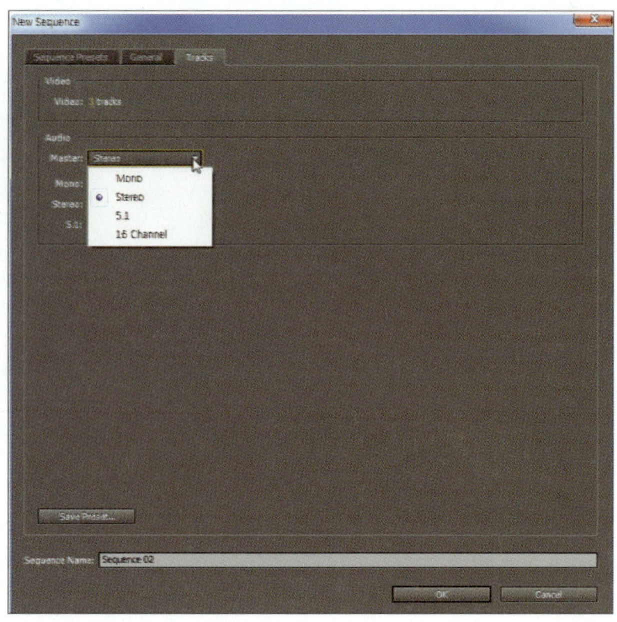

Tracks 탭에서는 마스터 트랙과 별도로, 개별 트랙에 대해서도 원하는 채널에 대한 개수를 설정할 수 있습니다. 마스터 트랙을 모노 채널과 5.1 채널로 설정했을 때의 오디오 믹서 형태는 다음과 같습니다.

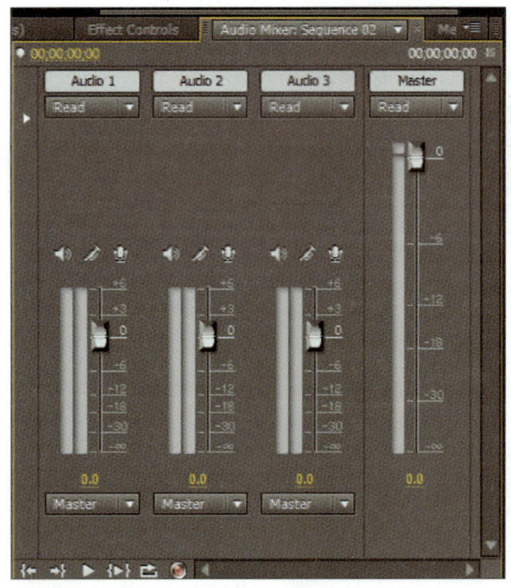

▶▶ 모노 채널 오디오 믹서

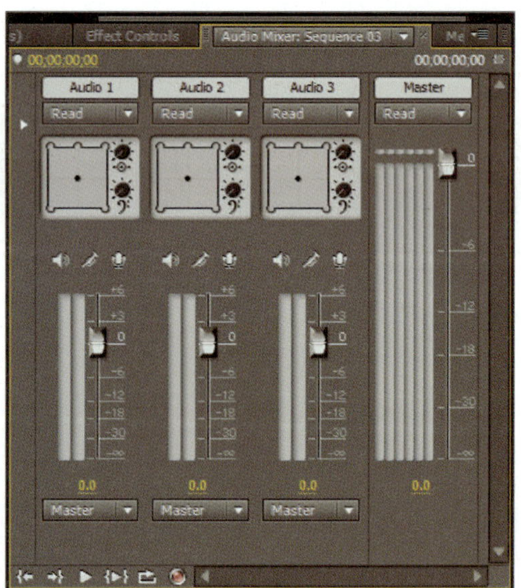

▶▶ 5.1 채널 오디오 믹서

Tip 5.1 채널 시스템

5.1 채널은 청취자의 앞쪽에 3개, 뒤쪽에 2개의 스피커와 서브 우퍼로 이루어진 입체 음향 시스템을 가리킵니다. 서브 우퍼를 제외한 5개의 스피커에서 각각 다른 소리를 내도록 함으로써 입체적인 느낌을 갖도록 하는데, 5.1 채널을 지원하는 사운드 카드가 장착되어 있어야 합니다. 서브 우퍼는 영화에서 충돌음이나 폭발음을 비롯하여 25Hz~120Hz대의 일반적인 저역대(LFE:Low Frequency Effects)를 효율적으로 재생합니다.

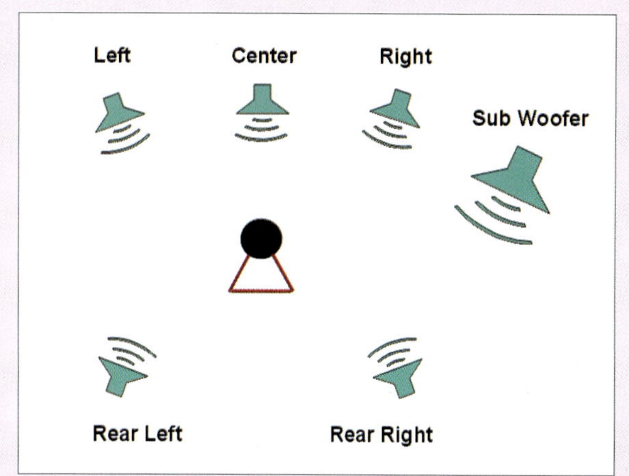

▶▶ 5.1 채널의 스피커 시스템

5.1 채널 사운드 소스를 제대로 감상하려면 이를 지원하는 사운드 카드와 스피커 시스템이 장착되어 있어야 함은 물론, 윈도우에서도 다음과 같은 설정이 필요합니다.

01 제어판을 열고 [하드웨어 및 소리]를 클릭합니다.

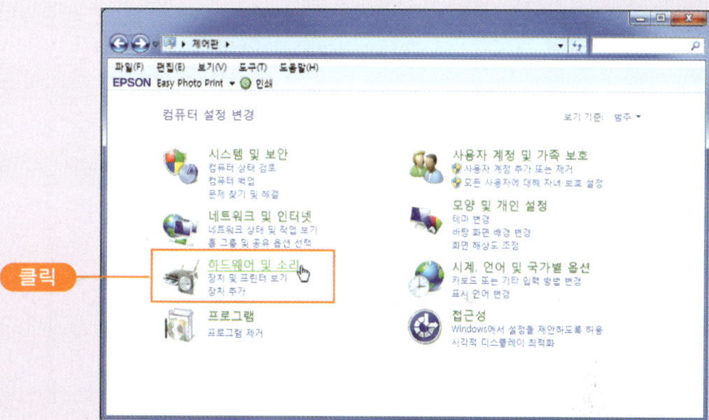

02 우측 [소리] 항목의 [오디오 장치 관리]를 클릭합니다.

03 [소리] 창이 나타나면 [스피커] 항목 위에서 마우스 우측
버튼을 클릭하여 [스피커 구성] 메뉴를 선택합니다.

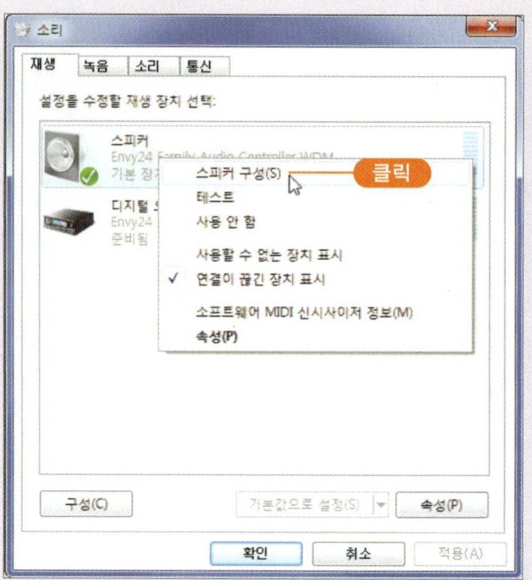

04 [스피커 설정] 창이 나타나면 [5.1 서라운드]를 선택하고
[다음] 버튼을 클릭합니다.

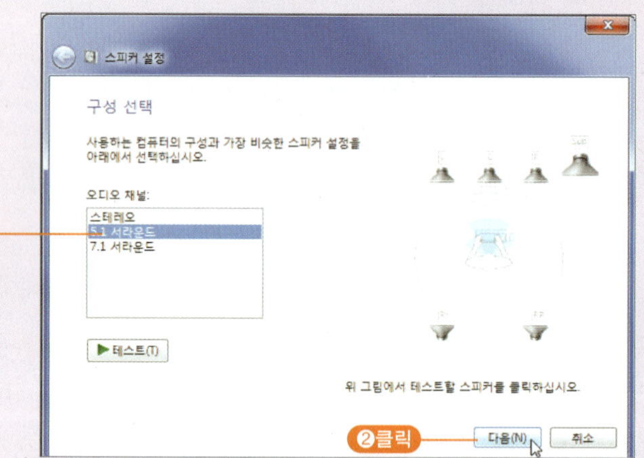

05 스피커 선택 단계로 진행됩니다. [다음] 버튼을 클릭하여
단계를 진행하고, 설정을 완료합니다. 스피커 그림을 클릭하
면 정상적으로 연결되어 있는지 소리를 통해 확인해볼 수 있
습니다.

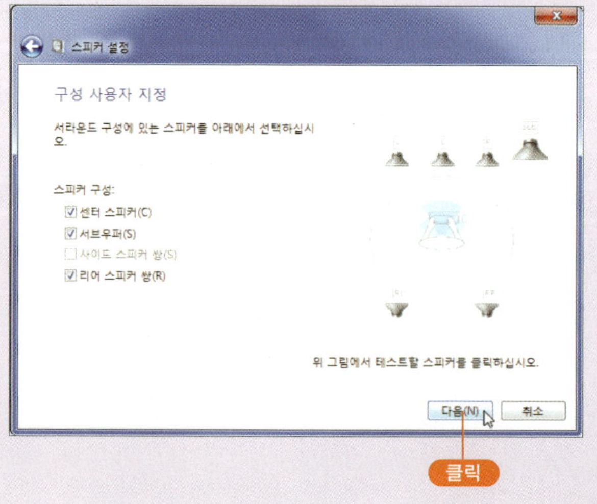

3 | 오디오 믹서의 여러 기능 사용하기

볼륨 조절하기

오디오의 볼륨은 각 트랙의 볼륨 페이더를 드래그하여 조절할 수 있습니다. 또한 전체 시퀀스의 볼륨은 마스터 트랙의 볼륨 페이더를 드래그하여 조절합니다. 아울러 각 트랙이나 마스터 트랙의 오디오 게인 표시 부분을 드래그하거나 클릭하여 변경할 수도 있습니다. 오디오 클립의 볼륨값이 너무 커서 클리핑 영역이 발생하면 클리핑 영역에 빨간색으로 표시됩니다.

팬/밸런스 조절하기

팬/밸런스 컨트롤은 각 채널별로 상대적인 음량의 크기를 조절합니다. 따라서 하나의 채널만 존재하는 모노를 제외하고 스테레오 채널과 5.1 채널의 트랙에 대해서 조절할 수 있습니다.

■ 스테레오 채널의 팬/밸런스 조절

팬/밸런스 컨트롤을 좌우로 드래그하거나 팬/밸런스 값을 드래그, 또는 직접 입력하여 조절합니다.

■ 5.1채널의 팬/밸런스 조절

5.1 채널의 팬 컨트롤은 중앙에 있는 포인트를 드래그하여 조절합니다. 팬 포인트가 가까이 있는 쪽의 채널 볼륨이 커지게 됩니다. 또한 센터와 서브 우퍼는 각각 볼륨 컨트롤을 통해 추가적으로 볼륨을 조절할 수 있습니다.

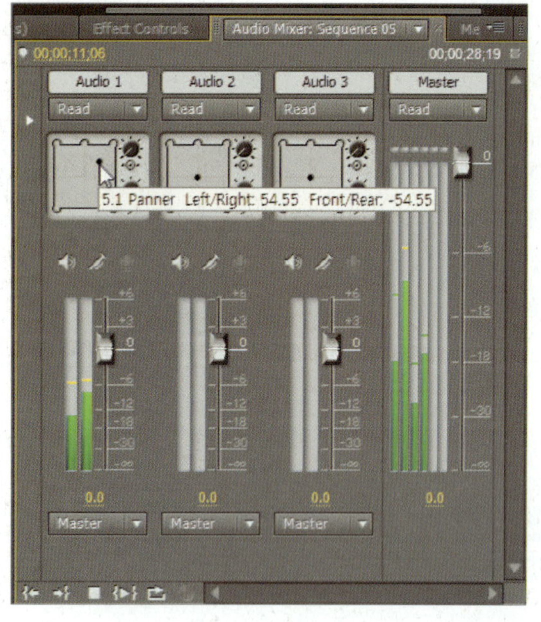

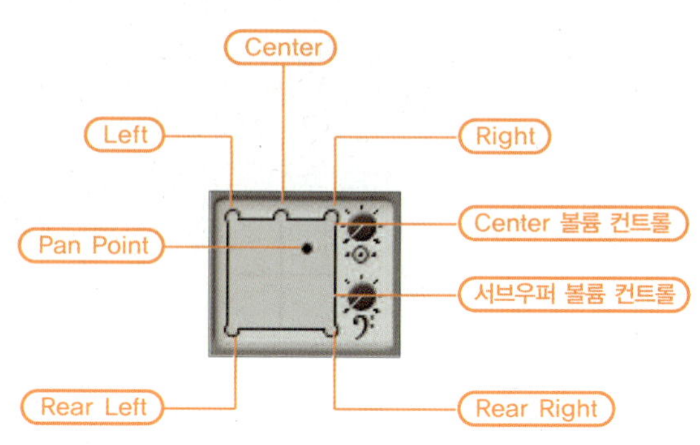

▷▷ 5.1 채널의 팬 컨트롤

이펙트 적용하기

오디오 이펙트는 일반적으로 이펙트 패널에서 오디오 이펙트를 타임라인 패널에 등록된 오디오 클립으로 드래그하여 적용하지만 오디오 믹서에서 오디오 이펙트를 적용할 수도 있습니다.

01 타임라인에 오디오 클립을 등록하고 오디오 믹서에서 이펙트 확장 버튼을 클릭합니다.

02 오디오 클립이 등록된 트랙의 이펙트 선택 버튼을 클릭합니다.

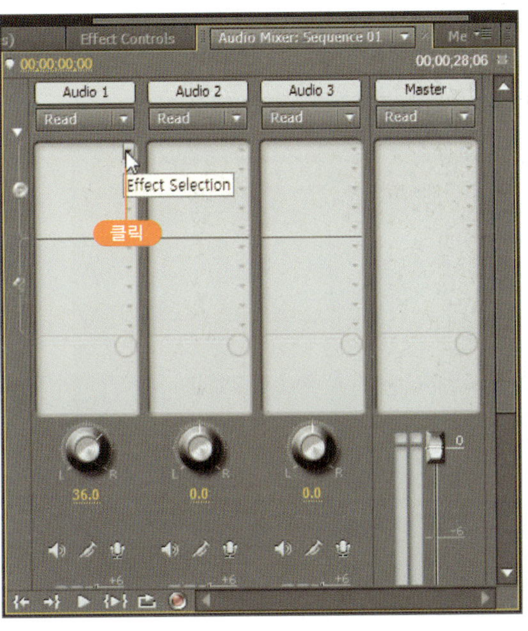

03 오디오 이펙트 목록이 나타납니다. Chorus 이펙트를 선택합니다.

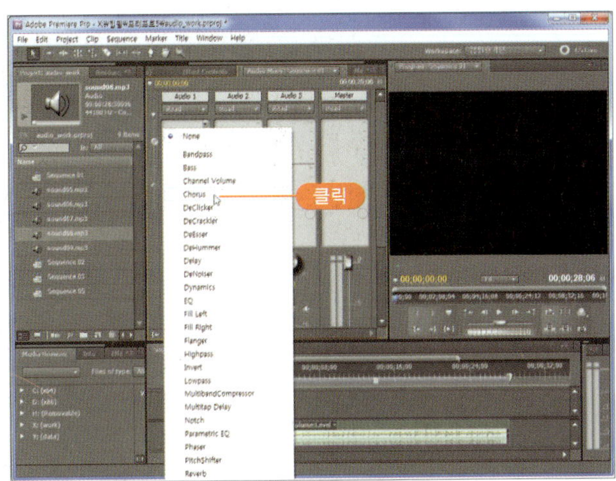

04 이펙트 목록에 Chorus 이펙트가 추가됩니다. 이펙트 목록 위에서 마우스 우측 버튼을 클릭하여 팝업 메뉴를 열고 Edit를 선택합니다.

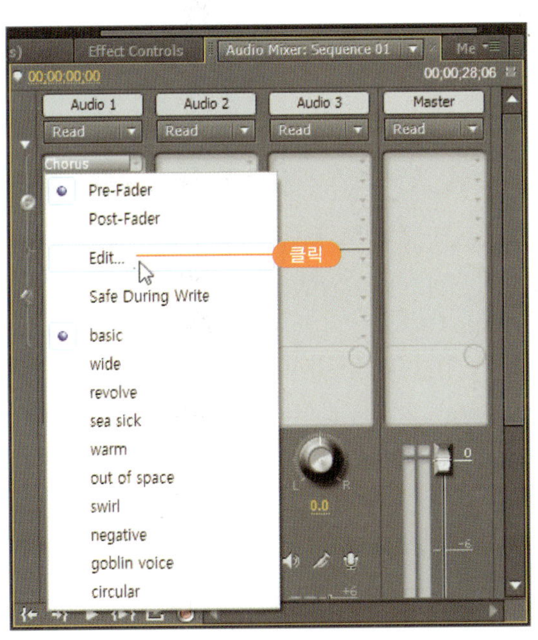

05 해당 이펙트의 속성 대화상자가 나타납니다. 이펙트를 곧바로 타임라인의 오디오 클립으로 드래그한 경우, 이펙트 컨트롤 패널에 나타나는 속성과 동일합니다. 오디오 믹서에서 선택한 이펙트는 이펙트 컨트롤 패널의 이펙트 목록에 나타나지는 않습니다.

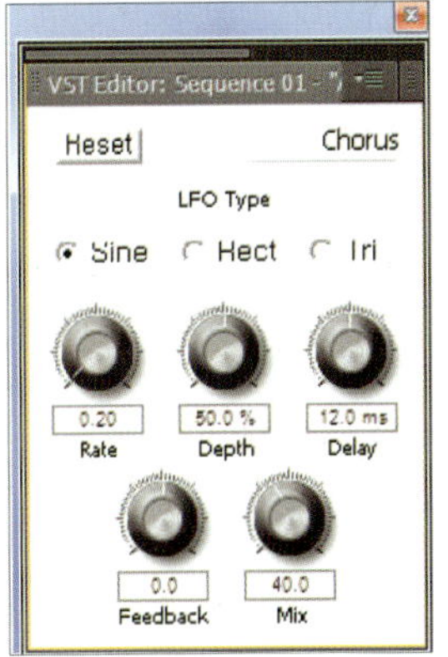

06 이펙트 아래에 있는 버튼을 클릭하여 선택한 이펙트의 속성을 볼 수도 있습니다. 속성 중 하나를 선택합니다.

07 선택한 속성이 표시됩니다. 컨트롤을 드래그하여 해당 속성값을 조절할 수 있습니다. 이러한 식으로 동일 트랙에 다른 오디오 이펙트도 추가로 적용할 수 있습니다.

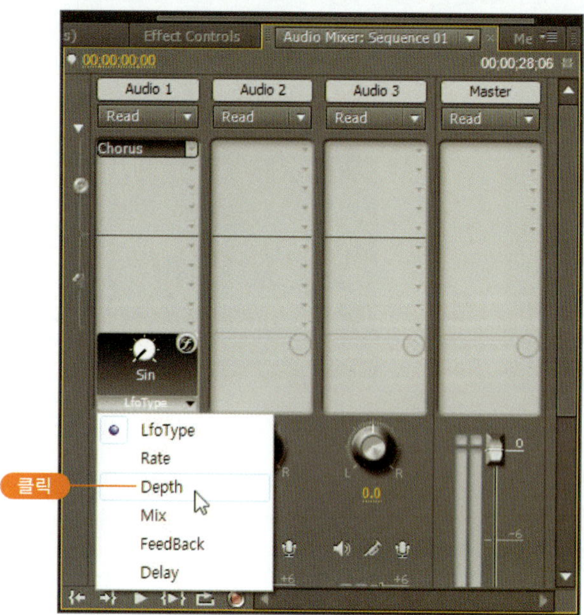

08 트랙에 적용된 이펙트를 삭제하려면 이펙트 이름 우측에 있는 목록 버튼을 클릭하고 이펙트 목록과 함께 가장 위에 나타나는 None을 선택합니다.

09 해당 이펙트가 삭제되고 목록에서 사라지게 됩니다.

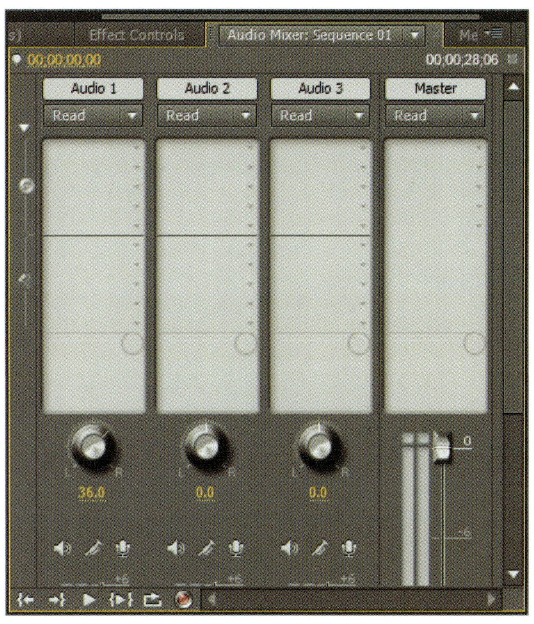

Tip 오디오 클립의 채널 분리하기

스테레오나 5.1 채널과 같은 다채널 오디오 클립의 각 채널을 분리하여 특정 채널만을 삭제할 수 있습니다. 잡음이 유입된 채널만 삭제하거나 특정 채널에 대해서만 작업하려는 경우에 유용합니다.

01 스테레오 채널의 오디오 클립을 예로 들어보겠습니다. 프로젝트 패널에서 오디오 클립 하나를 선택하고 Clip〉Audio Options〉Break to Mono를 선택합니다.

02 선택되어 있던 오디오 클립의 채널이 분리되어 두 개의 새로운 클립으로 프로젝트 패널에 나타납니다. 따라서 각 클립에 대하여 개별적으로 작업할 수 있습니다.

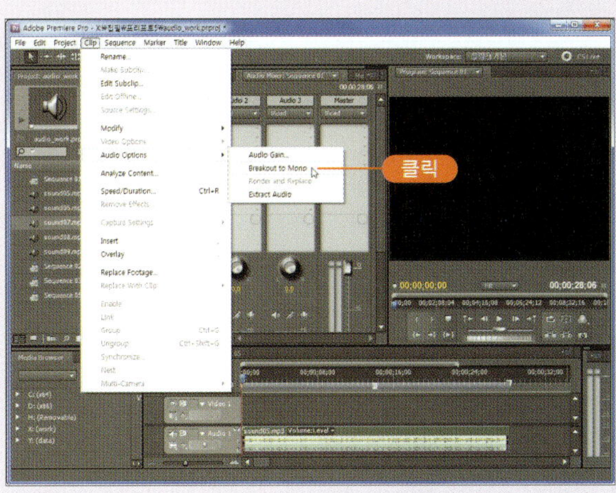

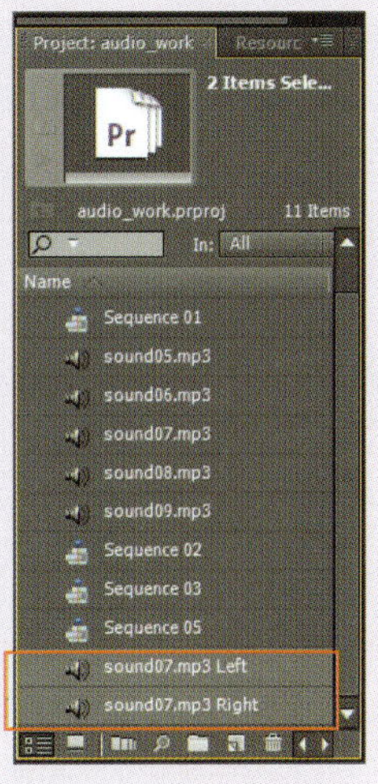

Chapter 46
오디오 믹싱을 위한 내레이션 녹음과 오토메이션

영상에 오디오를 믹싱할 때 내레이션과 오토메이션 등을 사용할 수 있습니다. 내레이션(Narration)은 영상에 대한 설명 등을 가리키며 오토메이션(Automation)은 트랙에 등록된 오디오 클립을 재생하여 소리를 들어가면서 실시간으로 볼륨이나 팬, 밸런스 등을 조절하는 기능입니다.

1 내레이션 녹음하기

다큐멘터리 영상 등에 많이 첨부되는 내레이션은 간단히 비디오 클립을 보면서 실시간으로 녹음하여 삽입할 수 있습니다. 즉, 오디오 믹서의 트랙 레코딩 버튼을 클릭하면 레코딩 입력 소스로 지정된 소리가 해당 트랙에 오디오 클립으로 등록됩니다.

01 마이크를 통해 음성을 녹음하려면 먼저 사운드 카드의 입력 소스가 마이크로 설정되어 있는지 확인해야 합니다. 제어판을 열고 [하드웨어 및 소리]를 클릭합니다.

02 관련 항목들이 나타나면 [소리]–[오디오 장치 관리]를 클릭합니다.

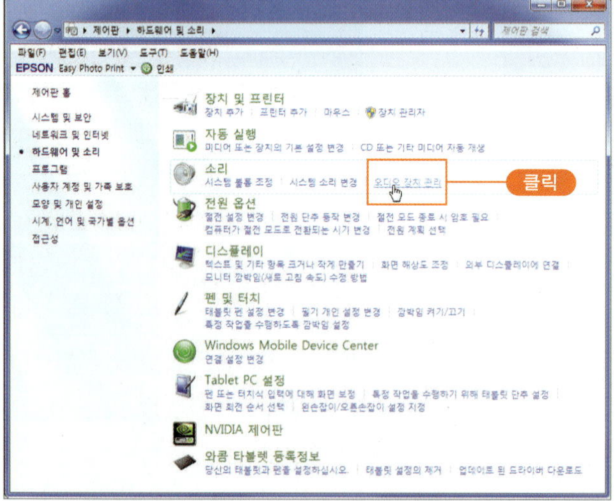

03 [소리] 창이 나타나면 [녹음] 탭을 클릭합니다. [Mic]가 기본 장치로 체크되어 있는지 확인합니다.

04 만일 Mic 항목이 나타나지 않는다면 [소리] 창 안에서 마우스 우측 버튼을 클릭하여 팝업 메뉴를 열고 [사용할 수 없는 장치 표시]를 선택한 다음, Mic 항목의 팝업 메뉴에서 [사용]을 선택합니다.

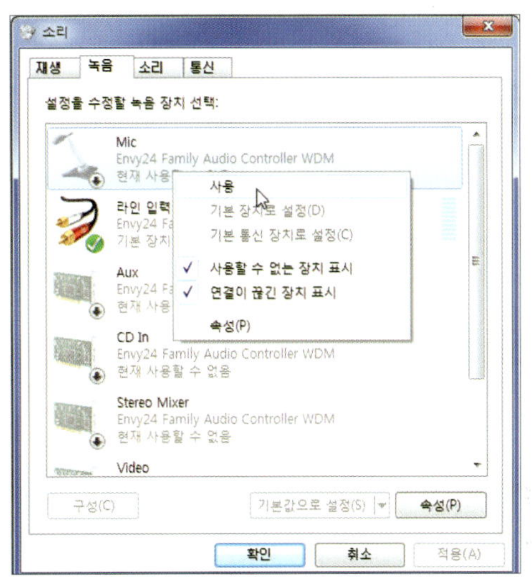

05 녹음되는 마이크 볼륨을 조절하려면 Mic 항목을 선택하고 [속성] 버튼을 클릭합니다.

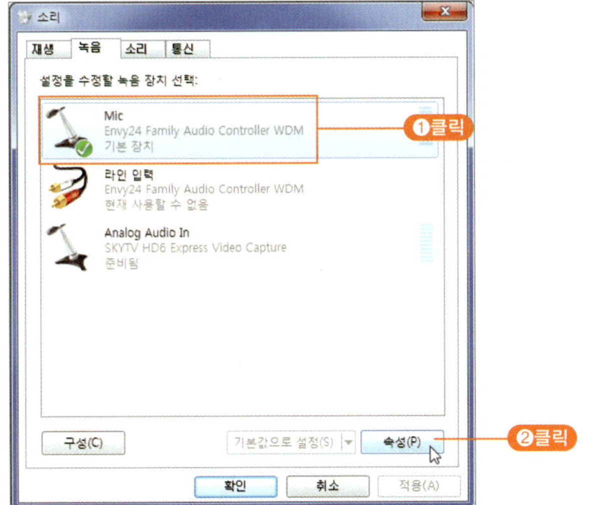

06 [Mic 속성] 창이 나타납니다. [수준] 탭을 열면 Mic 볼륨 조절바가 나타납니다. 프리미어나 다른 응용 프로그램을 통해 녹음할 때 마이크로 입력되는 소리의 볼륨을 조절할 수 있습니다.

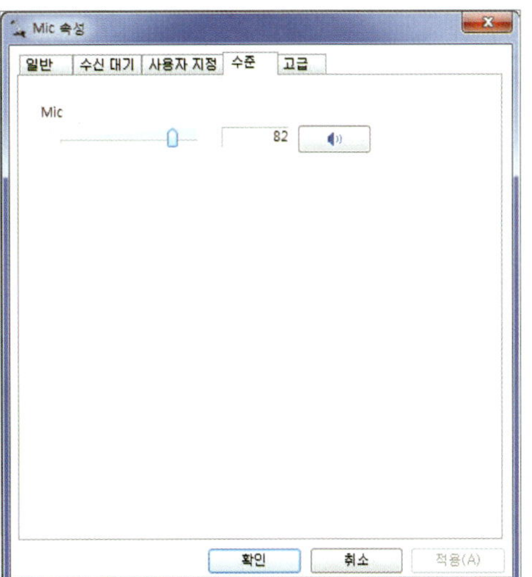

Tip 마이크로 입력된 소리를 들으려면?

녹음 레벨과는 별도로 마이크로 입력되는 소리를 PC와 연결된 스피커로 들으려면 다음과 같은 설정이 필요합니다.

01 앞에서 보았던 [소리] 창에서 [재생] 탭을 연 다음, 기본 장치인 [스피커]를 선택하고 [속성] 버튼을 클릭합니다.

02 [스피커 속성] 창이 나타납니다. [수준] 탭을 열면 Mic 항목의 버튼에 빨간색으로 무음 표시가 나타나 있는 것을 볼 수 있습니다. 버튼을 클릭하여 빨간색 표시가 사라지면 마이크로 들어오는 소리를 들을 수 있습니다. 이 때 볼륨이 너무 크면 '삐'하는 하울링이 발생할 수 있으므로 적절히 조절해야 합니다.

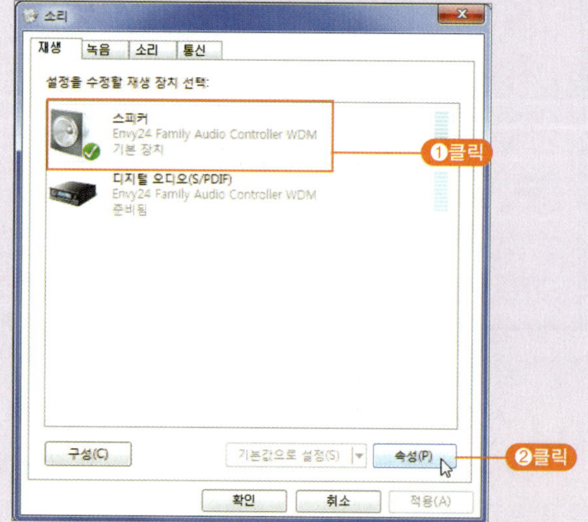

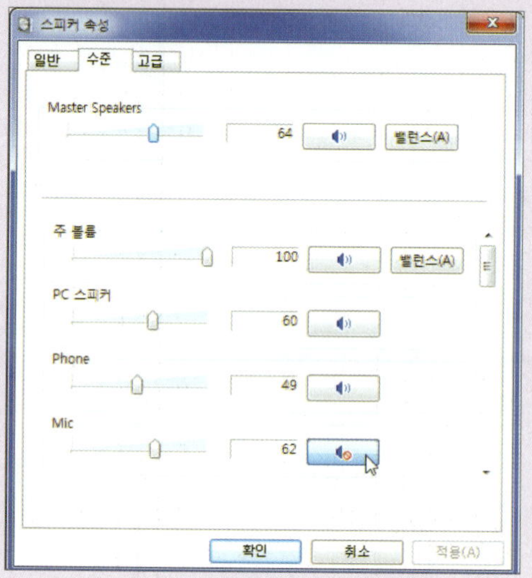

07 프리미어 프로 CS5를 실행하고 내레이션에 사용할 비디오 클립을 타임라인 패널의 트랙에 등록한 다음, 오디오 믹서를 열고 Audio 1 트랙을 제외한 다른 트랙의 [트랙 레코딩] 버튼을 클릭합니다. 현재, Audio1 트랙에는 무비 클립의 오디오가 등록되어 있기 때문입니다.

Tip 레코딩 버튼을 클릭했을 때 경고 메시지가 나타난다면?

01 그림과 같이 경고 메시지가 나타난다면 프리미어에서 사용할 오디오 입력 소스를 선택해주지 않았기 때문입니다. OK 버튼을 클릭합니다.

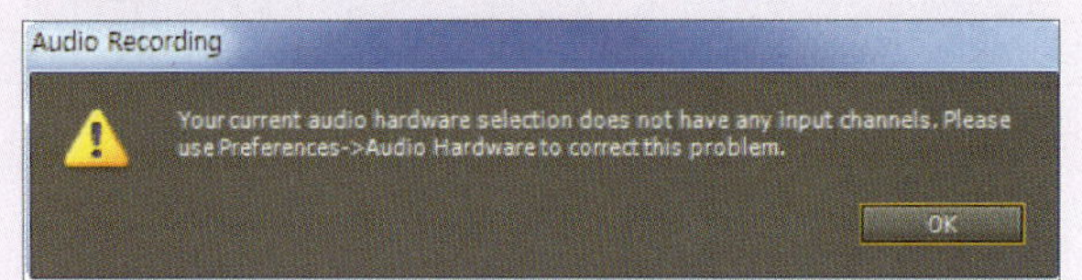

02 Edit〉Preferences〉Audio Hardware를 선택하고 ASIO Settings 버튼을 클릭합니다.

03 오디오 하드웨어 설정 창이 나타납니다. Input 탭을 열면 어떠한 입력 소스를 사용할 것인지 선택할 수 있습니다. 마이크 입력을 사용할 것이므로 Mic 옵션을 선택하고 OK 버튼을 클릭합니다.

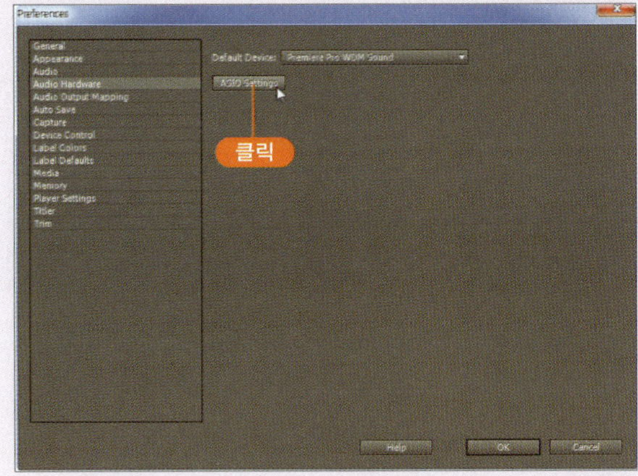

08 입력 소스의 신호가 표시되도록 오디오 믹서의 메뉴 버튼을 클릭하고 Meter Input(s) Only를 선택합니다.

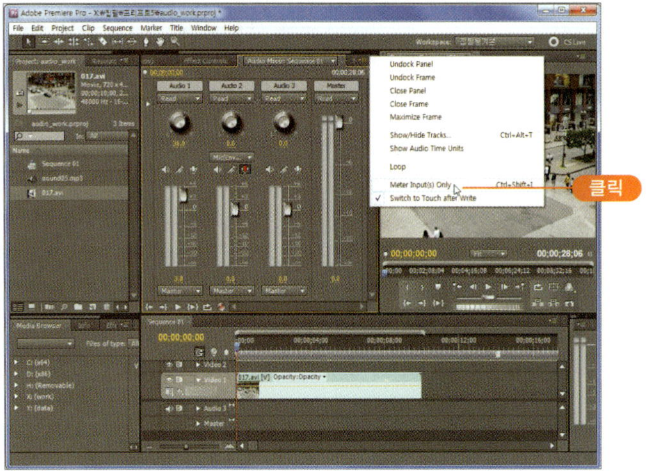

09 마이크에 말을 해보면 입력 신호가 트랙의 볼륨 미터를 통해 나타납니다. 볼륨이 너무 작게 나타나거나 너무 크게 나타난다면 앞의 6번 과정에서 보았던 [Mic 속성] 창에서 볼륨을 적절히 조절해주어야 합니다. 내레이션을 등록하려는 지점에 현재 시간 표시자를 두고 오디오 믹서의 하단에 있는 [Record] 버튼을 클릭합니다.

10 녹음을 시작하기 위해 [Play-Stop] 버튼을 클릭합니다.

11 마이크를 통해 원하는 내레이션을 녹음하고 녹음을 마치려면 다시 [Play-Stop] 버튼을 클릭합니다.

12 타임라인 패널을 보면 오디오 믹서에서 지정한 트랙에 새로운 오디오 클립이 등록되어 나타나는 것을 볼 수 있습니다.

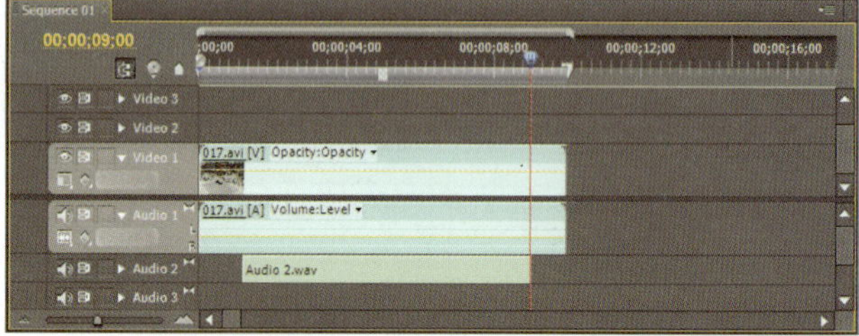

2 오토메이션으로 오디오의 볼륨을 실시간으로 조절하기

오토메이션이란 현재 트랙에 등록된 오디오 클립을 재생하여 직접 그 소리를 들어가면서 볼륨이나 팬/밸런스를 조절함에 따라 자동으로 그에 해당하는 값이 반영되고 키프레임까지 생성되는 기능입니다. 예를 들어 비디오 클립과는 별도로 배경 음악으로 사용하는 오디오 클립을 사용하고 있을 때, 비디오 클립에 포함된 오디오 클립을 들어가면서 현장음이 크게 들리도록 해야 하는 부분에서는 배경 오디오 클립의 볼륨을 줄이고 반대 상황에서는 크게 조절해야 하는 경우에 유용합니다.

오토메이션은 다음과 같은 다섯 가지 모드를 사용할 수 있습니다.

▷▷ 오토메이션 모드

■ **Off** – 오토메이션으로 인한 결과가 아닌, 원음 그대로 재생합니다.

■ **Read** – 오토메이션으로 인한 결과를 그대로 읽어들입니다.

■ **Latch** – 볼륨, 팬/밸런스 컨트롤을 드래그하여 값을 조절하는 동안, 새로운 값으로 수정합니다. 마우스 버튼을 놓으면 마지막으로 설정한 볼륨, 팬/밸런스 값을 그대로 유지합니다.

■ **Touch** – Latch와 반대로 볼륨, 팬/밸런스 값을 조절한 후, 마우스에서 손을 놓으면 초기 설정값으로 돌아가도록 합니다.

■ **Write** – Latch 및 Touch와 달리 컨트롤을 드래그하여 값을 변경하지 않아도 오디오 믹서의 재생 버튼을 클릭함과 동시에 현재 볼륨, 팬/밸런스 값에 의해 실시간으로 새로운 값을 기록하며, 정지 버튼을 클릭하여 완료합니다.

01 오디오 클립을 타임라인 패널의 오디오 트랙에 등록한 다음, 해당 트랙의 헤더에서 Show Keyframe 버튼을 클릭하여 메뉴를 열고 Show Track Keyframes를 선택합니다.

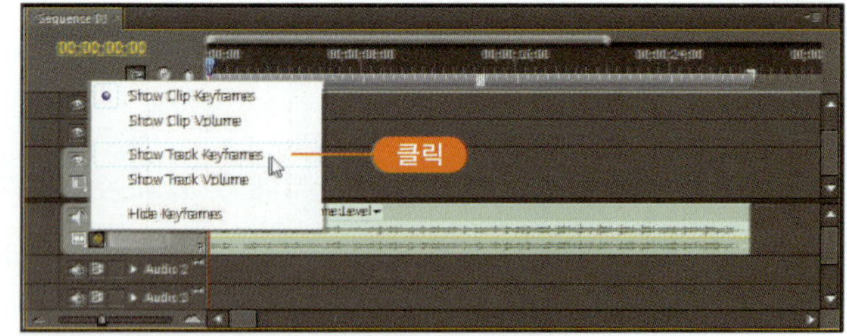

02 오디오 믹서에서 클립이 등록된 트랙의 오토메이션 모드를 열고 Write를 선택합니다.

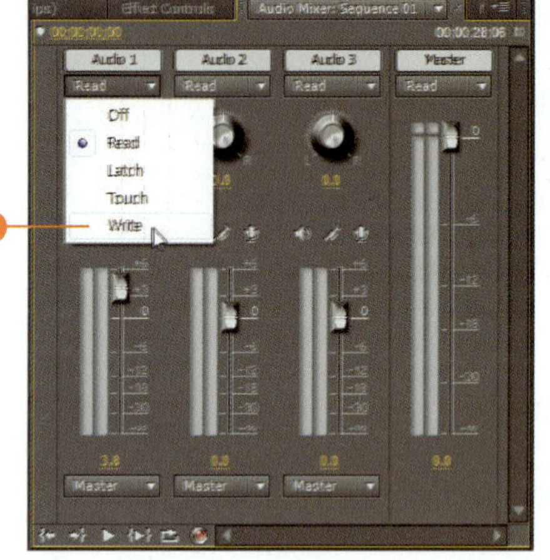

03 현재 시간 표시자를 트랙의 시작 지점에 두고 오디오 믹서의 [Play–Stop] 버튼을 클릭합니다.

04 클립이 재생되면서 클립의 볼륨에 따라 볼륨 미터가 표시됩니다. 재생되는 소리를 들으면서 오디오 믹서의 볼륨 페이더를 위, 아래로 드래그하여 각 지점에 대한 볼륨을 임의로 조절합니다.

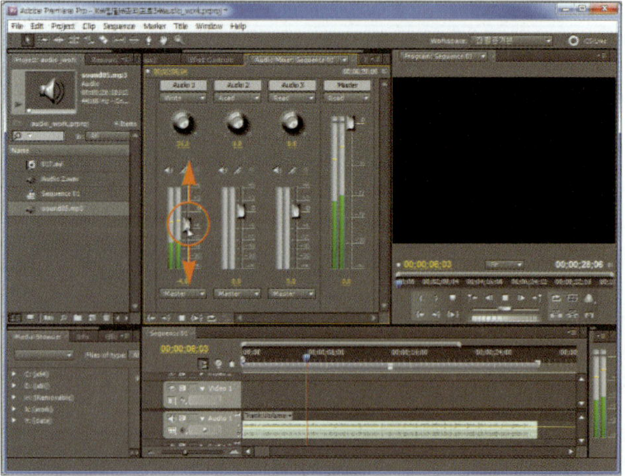

05 재생이 완료된 후, 오디오 클립을 보면 볼륨의 변화에 따라 각 지점에 키프레임이 생성되어 나타납니다. 볼륨 페이더뿐 아니라 팬/밸런스 컨트롤을 좌, 우측으로 드래그함으로써 소리가 좌측, 또는 우측으로 이동하는 듯한 결과를 만들 수도 있습니다.

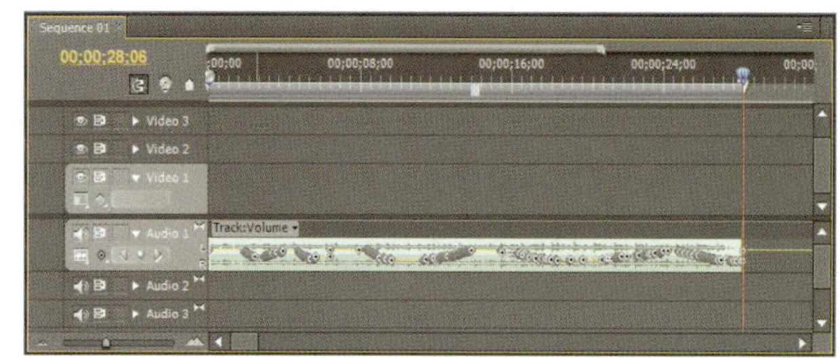

06 오토메이션으로 생성된 트랙의 각 속성을 확인하기 위하여 오디오 믹서에서 해당 트랙의 오토메이션 모드를 Read로 선택합니다.

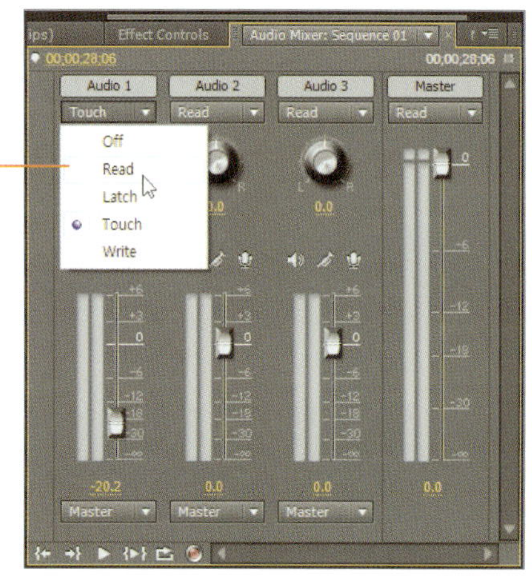

07 현재 시간 표시자를 트랙의 시작 지점에 두고 [Play-Stop] 버튼을 클릭합니다.

08 클립이 재생되면서 앞에서 지정한 대로 볼륨 페이더가 변화되는 것을 볼 수 있습니다. 팬/밸런스 컨트롤를 조절했다면 역시 조절했던 그대로 변화되는 것을 보게 될 것입니다.

Chapter 47

영상의 시작을 알리는 컬러바와 카운팅 리더 만들기

영상의 시작부분에 디스플레이 장치의 색상과 휘도 보정을 위한 컬러바와 영상이 시작될 것임을 알리기 위한 카운팅 리더를 삽입하는 방법을 알아보겠습니다. 카운팅 리더에는 이펙트를 적용하여 다른 클립과도 합성해볼 것입니다.

1 컬러바와 카운팅 리더 만들기

컬러바는 영상이 시작되기 전에 모니터 등의 디스플레이 장치의 색상 및 휘도(밝기) 보정을 위해 사용됩니다. 즉 각 기기마다 색상이나 휘도에 대한 특성이 다르기 때문에 컬러바를 통해 적절하게 조절할 수 있도록 시작 부분에 삽입해주는 것이 일반적입니다.

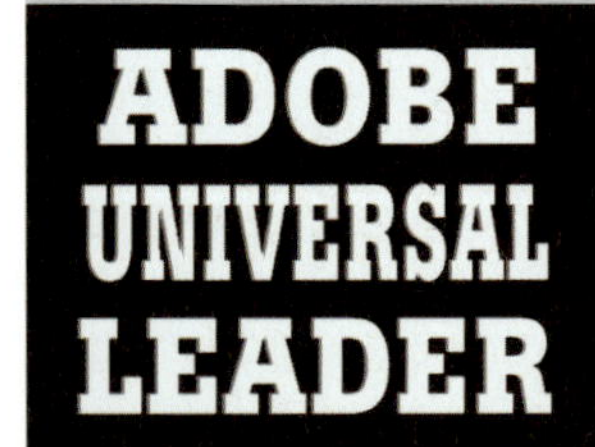

01 새 프로젝트를 시작하고 File〉New〉Bars and Tone을 선택합니다.

02 New Bars and Tone 대화상자가 나타납니다. 기본값을 그대로 두고 OK 버튼을 클릭합니다.

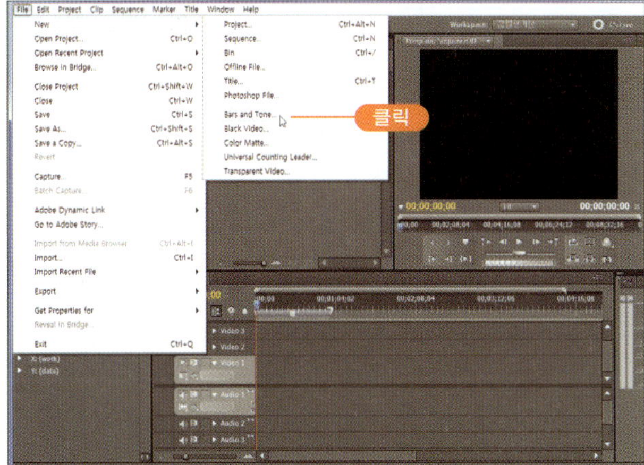

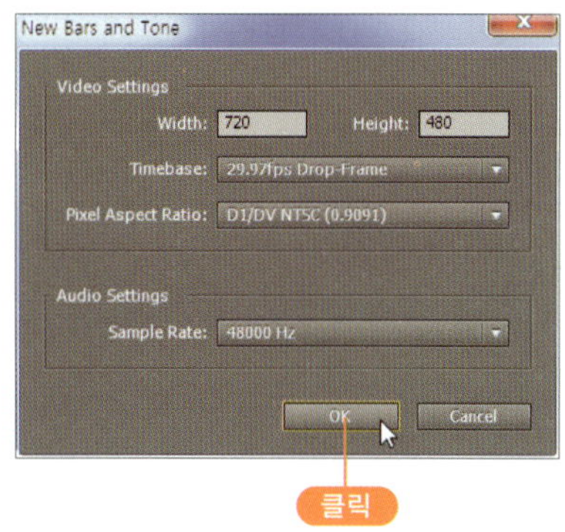

03 프로젝트 패널에 컬러바가 등록됩니다. 컬러바를 타임라인 패널의 Video 1 트랙으로 드래그하고 **Spacebar** 키를 눌러 재생해보면 1Khz 톤의 소리가 들리면서 프로그램 모니터에 컬러바가 재생됩니다.

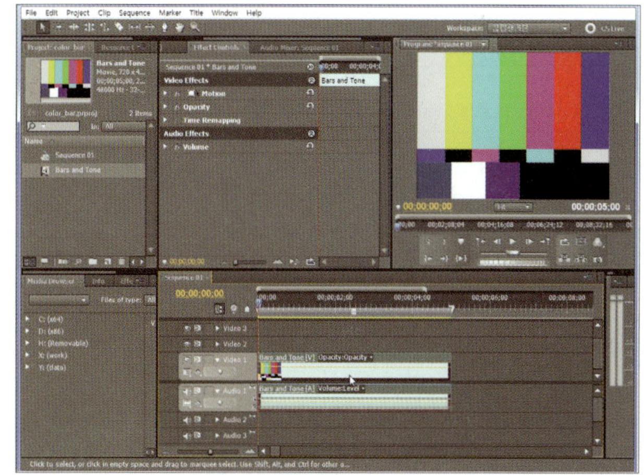

Tip **컬러바의 지속 시간 변경하기**

컬러바도 일반적인 이미지 클립처럼 기본적으로 5초의 지속 시간을 가지며 컬러바 우측 경계 부분을 마우스로 드래그하여 그 길이를 줄이거나 늘려줄 수 있습니다.

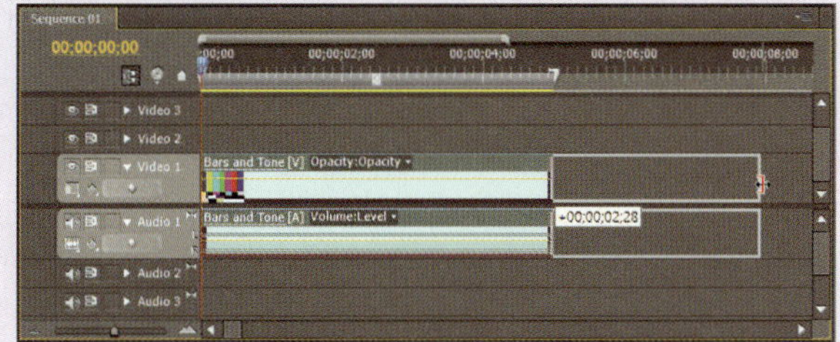

▶▶ 우측 경계 부분을 우측으로 드래그

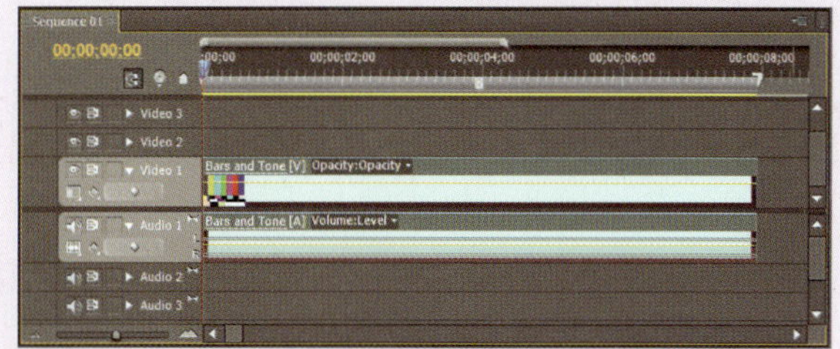

▶▶ 지속 시간이 늘어난 컬러바

04 이어서 카운팅 리더를 삽입하겠습니다. 카운팅 리더는 메인 영상이 시작될 것임을 알려주는 클립으로서 다양한 옵션을 적용할 수 있으므로 취향에 맞게 꾸밀 수 있습니다. File〉New〉Universal Counting Leader를 선택합니다.

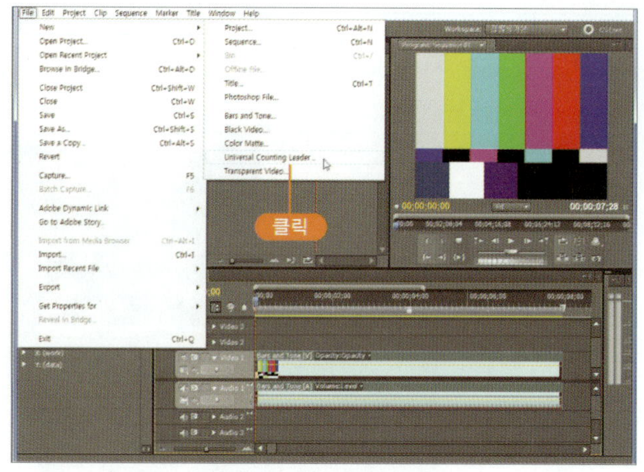

05 New Universal Counting Leader 대화상자가 나타납니다. 기본값으로 두고 OK 버튼을 클릭합니다.

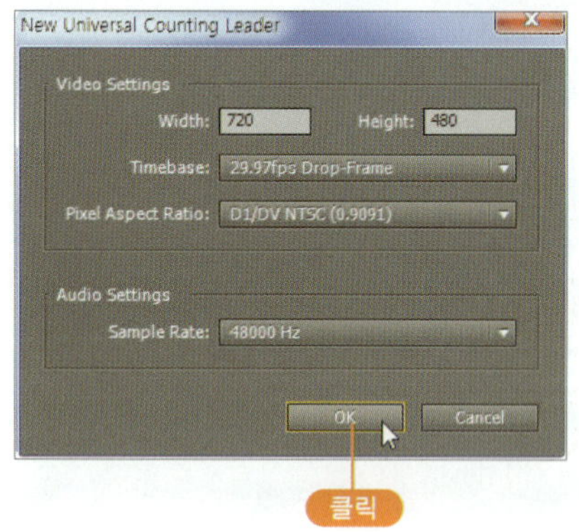

06 이어서 카운팅 리더의 여러 옵션 설정을 위한 Universal Counting Leader Setup 대화상자가 나타납니다. 일단 기본값 그대로 두고 OK 버튼을 클릭합니다.

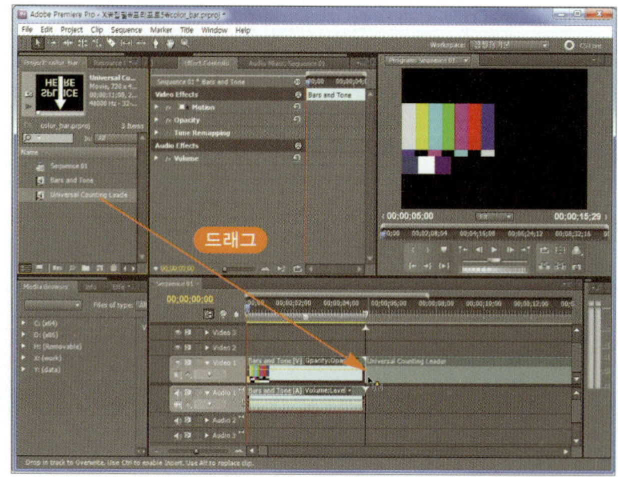

07 프로젝트 패널에 등록된 Universal Counting Leader 클립을 앞에서 등록해둔 컬러바 뒤로 드래그하여 등록합니다.

08 **Spacebar** 키를 눌러 카운팅 리더를 재생합니다. 숫자가 줄어들면서 본 영상이 시작될 것임을 알리는 용도로 사용될 수 있는 클립이라는 것을 확인할 수 있습니다.

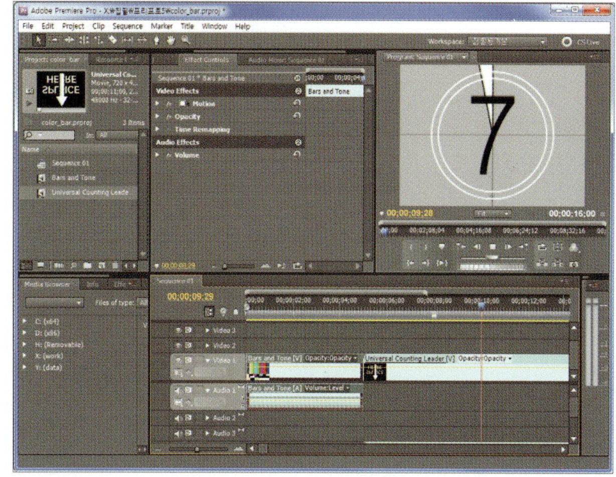

2 Universal Counting Leader Setup 대화상자의 옵션들

Universal Counting Leader Setup 대화상자는 비디오와 오디오 옵션으로 나뉘어져 있으며 비디오 옵션에서는 카운팅 리더의 각 부분에 대한 색상을, 오디오 옵션에서는 비프(Beep)음을 설정할 수 있습니다.

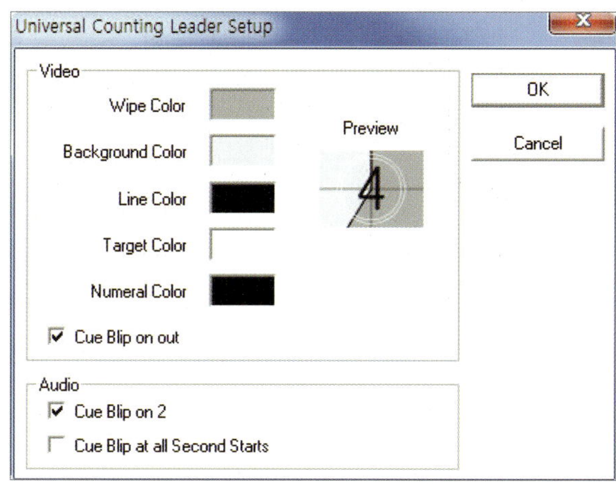

▷▷ Universal Counting Leader Setup 대화상자

프로젝트 패널이나 타임라인의 트랙에 등록된 Universal Counting Leader 클립을 더블 클릭하면 다시 Setup 대화상자가 나타나 옵션을 변경할 수 있습니다.

Video 옵션의 각 색상 버튼을 클릭하면 컬러 피커 창이 나타나 원하는 색상을 지정할 수 있습니다.

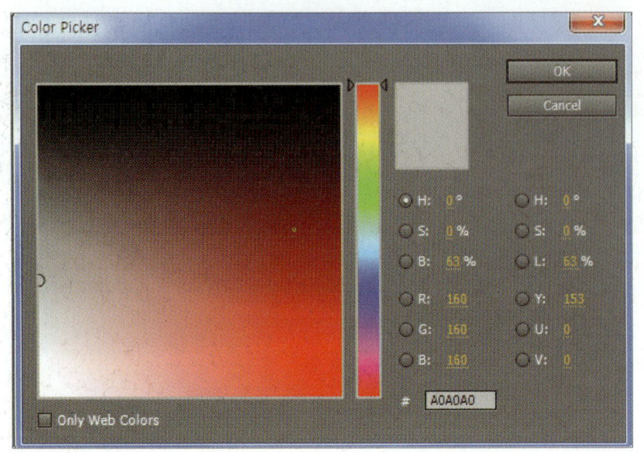

▷▷ 컬러 피커

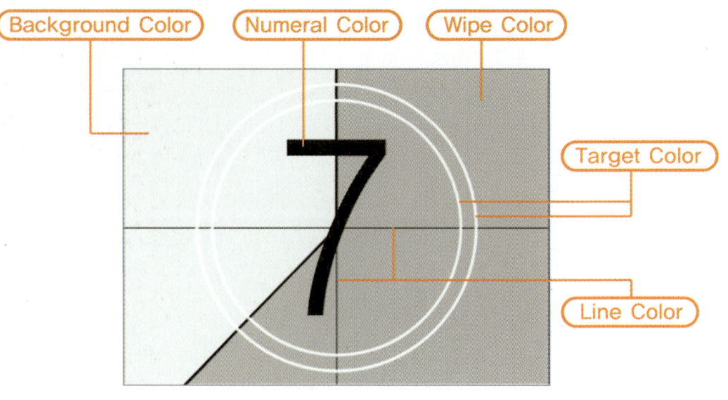

▷▷ 카운팅 리더의 각 부분 색상

■ **Wipe Color**

이전 화면을 지우고 나타나는 영역에 대한 색상을 지정합니다.

■ **Line Color**

카운팅 리더 중앙의 수직선과 수평선에 대한 색상을 지정합니다.

■ **Target Color**

카운팅 리더 중앙에 나타나는 두 개의 원에 대한 색상을 지정합니다.

■ **Numeral Color**

카운트를 표시하는 숫자에 대한 색상을 지정합니다.

■ **Background Color**

와이프 영역 뒤의 배경 색상을 지정합니다.

■ **Cue Blip on out**

카운터가 완료되었을 때 카운팅 리더 우측 상단에 작은 원이 나타나게 하여 본 영상 삽입에 대한 위치를 알 수 있도록 합니다.

▷▷ Cue Blip on out 옵션 체크한 경우 나타나는 원

■ **Cue Blip on 2**

카운터 숫자가 2가 되었을 때 비프음이 나도록 합니다.

■ **Cue Blip at all Second Starts**

카운트가 진행될 때마다 비프음이 나도록 합니다. 즉 카운트 숫자가 바뀔 때마다 비프음이 들리게 됩니다.

3 배경에 영상이 나타나는 카운팅 리더 만들기

[부록 ● Example\Counting.wmv]

기본적인 카운팅 리더가 밋밋하므로 옵션을 변경하고 Keying 이펙트를 적용하여 다른 클립과 합성되어 나타나는 카운팅 리더를 만들어 보겠습니다.

01 새 프로젝트를 시작하고 File〉New〉Universal Counting Leader를 선택하여 New Universal Counting Leader 대화상자가 나타나면 OK 버튼을 클릭하고 Universal Counting Leader Setup 대화상자가 나타나면 Numeral Color의 색상 박스를 클릭합니다.

02 컬러 피커 창이 나타나면 중앙의 색상바에서 연두색 부분을 클릭합니다.

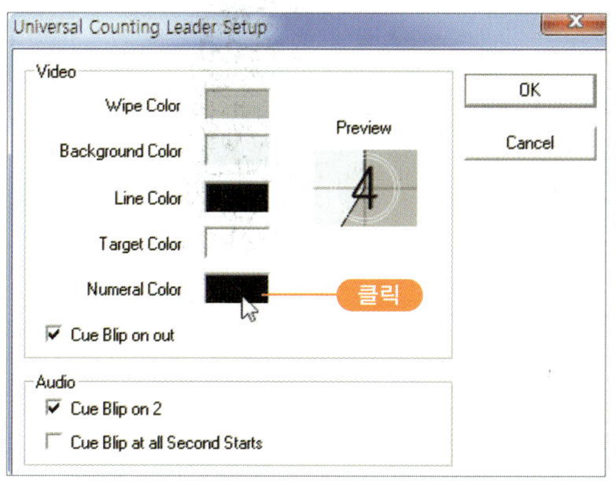

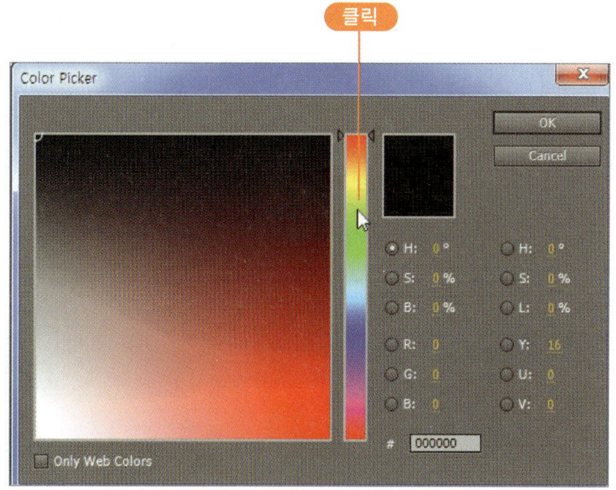

03 선택한 색상 영역이 나타나면 우측 하단의 연두색 부분과 OK 버튼을 차례로 클릭합니다.

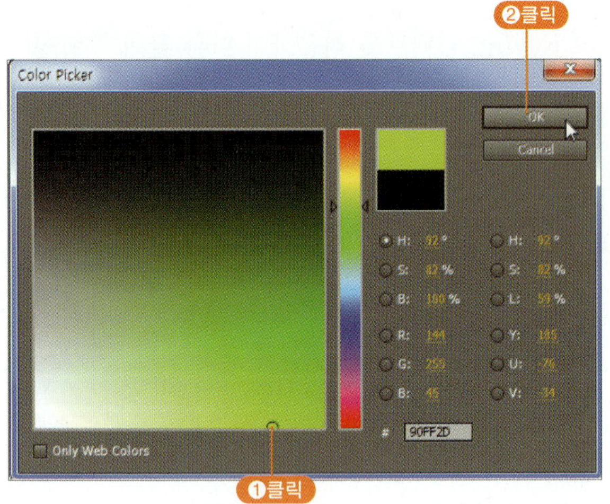

04 Universal Counting Leader Setup 대화상자의 Preview 영역을 보면 카운터 숫자가 노란색으로 변경된 것을 볼 수 있습니다. OK 버튼을 클릭하여 대화상자를 닫습니다.

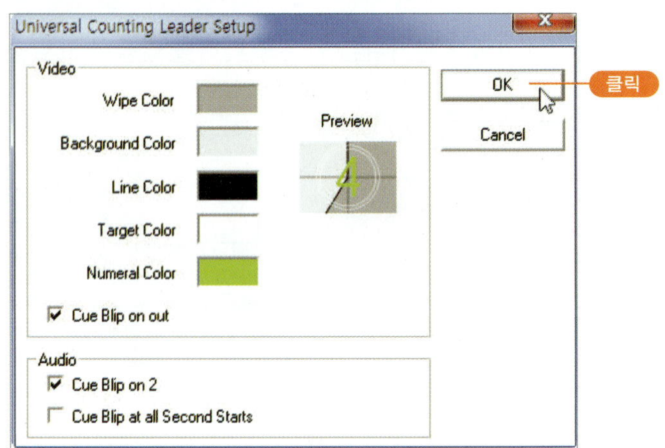

05 File〉Import를 선택하거나 프로젝트 패널의 바탕 영역을 더블 클릭하여 Import 대화상자가 나타나면 부록 DVD의 [Source] 폴더에서 "026.avi" 클립을 선택하고 [열기] 버튼을 클릭합니다.

06 프로젝트 패널에 등록된 "026.avi" 클립을 타임라인 패널의 Video 1 트랙에, Universal Counting Leader 클립을 Video 2 트랙에 각각 드래그합니다.

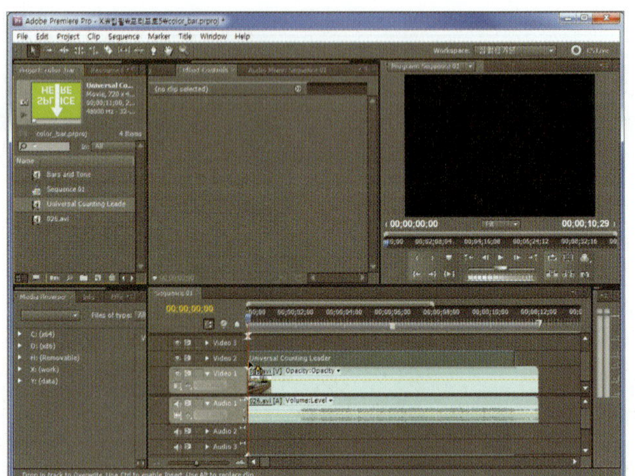

07 타임라인 패널의 Video 2트랙에 등록된 Universal Counting Leader 클립의 시작 부분에 마우스 포인터를 두고 프로그램 모니터에 "8" 이라는 카운터가 나타나는 지점까지 드래그합니다.

08 시작 지점이 잘라져 공백이 발생하였으므로 클립을 좌측으로 드래그하여 트랙의 시작 지점에 오도록 합니다. 아울러 Video 1 트랙의 클립도 뒷 부분을 드래그하여 커운팅 리더와 같은 길이를 갖도록 합니다.

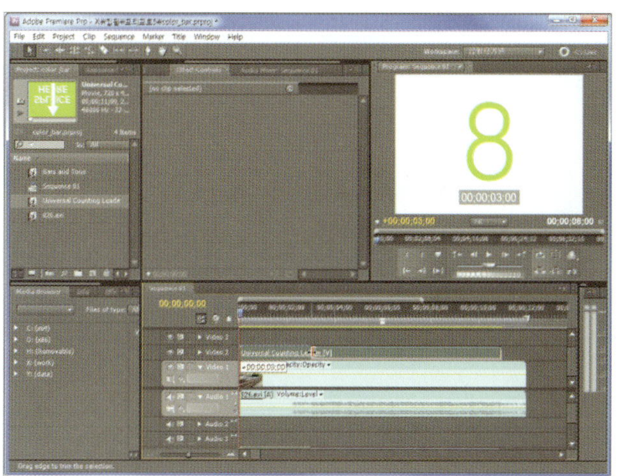

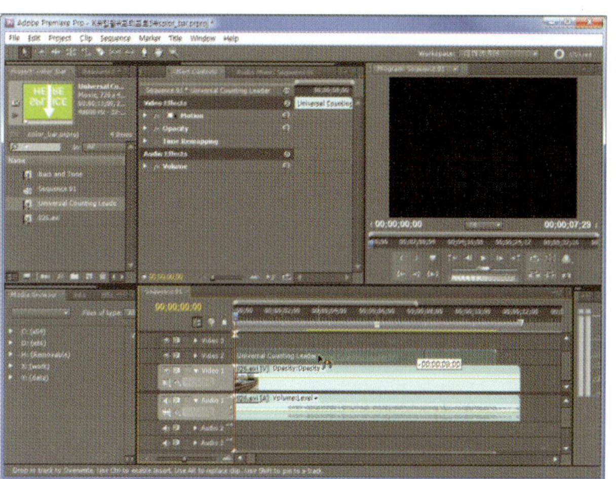

09 이펙트 패널에서 Video Effects>Keying>RGB Difference Key 이펙트를 타임라인 패널의 Video 2 트랙에 놓인 Universal Counting Leader 클립 위로 드래그합니다.

10 Video 2 트랙의 클립이 선택된 상태에서 Effect Controls 패널을 열면 Video Effects 항목 아래에 방금 적용한 RGB Difference Key 이펙트가 나타나는 것을 볼 수 있습니다. 속성을 열기 위해 좌측의 확장 버튼을 클릭합니다.

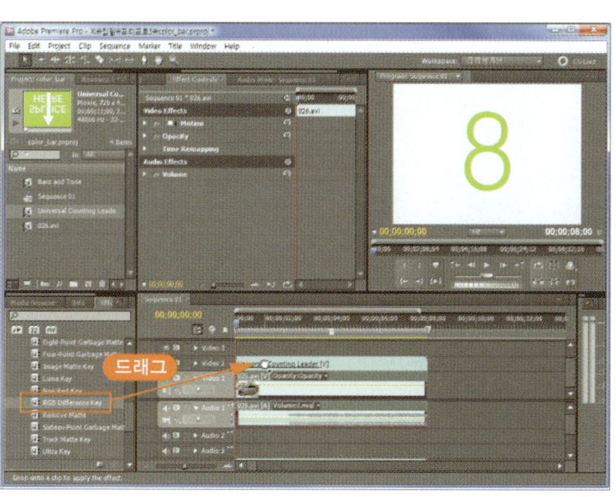

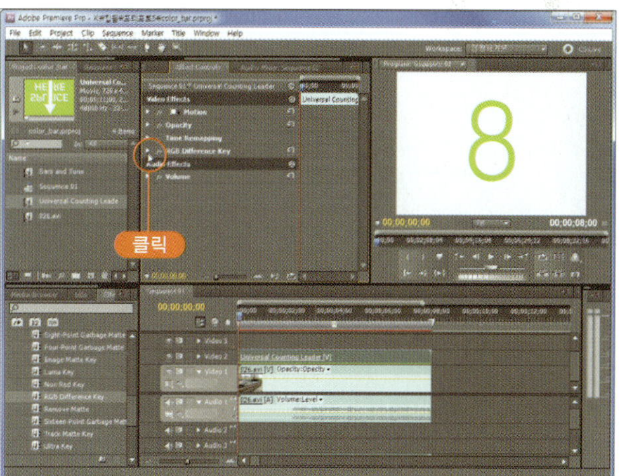

11 현재 시간 표시자를 드래그하여 카운팅 리더의 와이프 색상 영역이 나타나는 지점으로 이동시키고 RGB Difference Key 이펙트의 Color 속성에 있는 스포이트 툴을 클릭합니다.

12 프로그램 모니터에 나타난 카운팅 리더의 와이프 색상 영역을 클릭합니다.

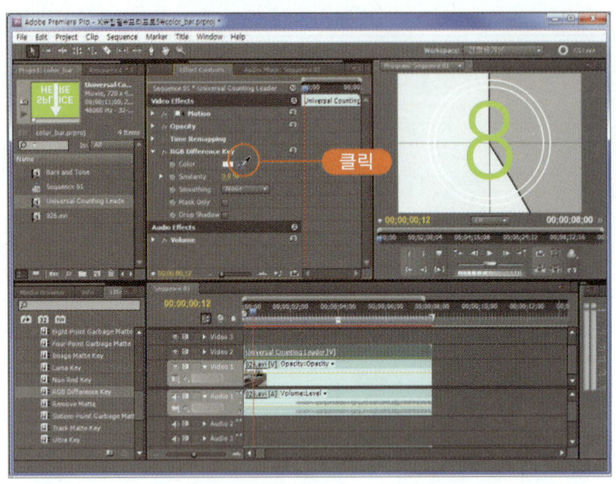

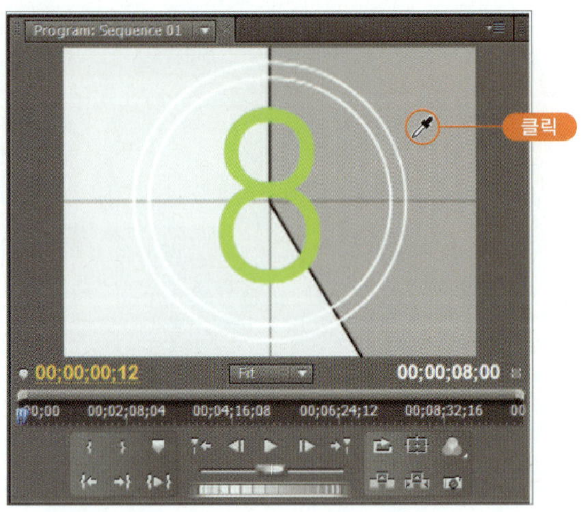

13 와이프 색상이 사라져 투명하게 처리되기 때문에 이 영역을 통해 아래 트랙의 클립이 보이게 됩니다.

14 Spacebar 키를 눌러 작업 결과를 프리뷰합니다. 보다 생동감있는 카운팅 리더가 만들어졌습니다. Universal Counting Leader Setup 대화상자에서 카운팅 리더의 다른 부분 색상도 적절히 변경하면 더욱 독특한 결과를 가져올 수 있을 것입니다.

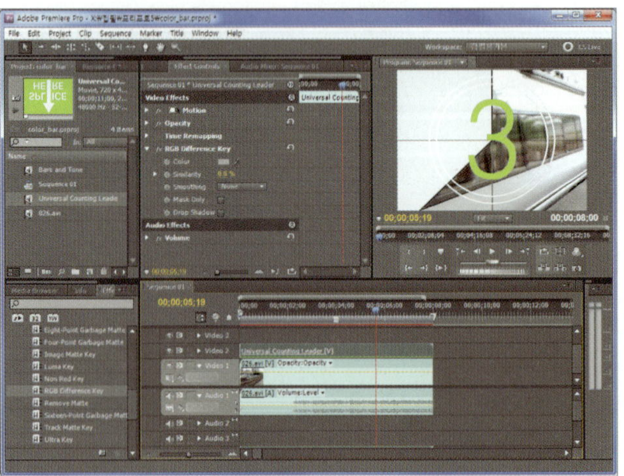

Chapter 48

여러 방법으로 페이드 효과 만들기

클립의 시작 부분과 끝 부분에 키프레임을 생성하고 불투명도 값을 조절하여 페이드 인과 페이드 아웃 효과를 만들어 본 적이 있습니다. 하지만 페이드 인/아웃은 다양한 방법을 사용하여 구현할 수 있습니다. 트랜지션을 적용하여 작업하는 방법과 원하는 색상으로 페이드 인/아웃되는 영상을 만들어보겠습니다.

1 간단하게 트랜지션으로 페이드 인/페이드 아웃하기

[부록 ● Example\Fade_Transition.wmv]

디폴트 트랜지션을 적용하면 쉽고 간단하게 페이드 인/아웃 효과를 만들 수 있습니다. 비디오 클립뿐 아니라 오디오 클립에도 간단히 적용할 수 있습니다.

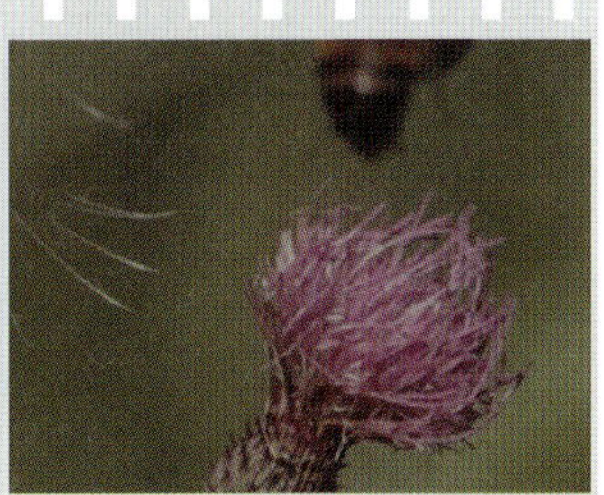

01 부록 DVD의 [Source] 폴더에서 "028.avi" 클립을 불러와 타임라인 패널의 Video 1 트랙에 등록합니다.

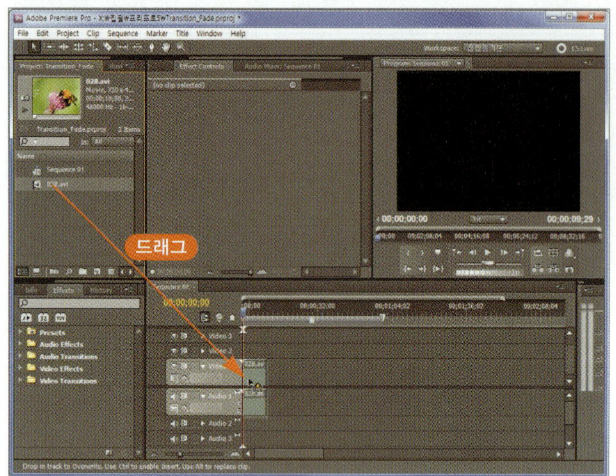

잠깐만요!! 클립의 지속시간이 짧아 잘 보이지 않는다면 타임라인 패널의 줌 슬라이드나 줌 인 툴을 사용하여 타임라인의 눈금을 미세하게 조절해주도록 합니다. 이미 여러 번 설명했던 사항이지만 아직도 기본적인 상태에서 작업하지 않을까 하는 노파심에서 한 번 더 언급합니다.

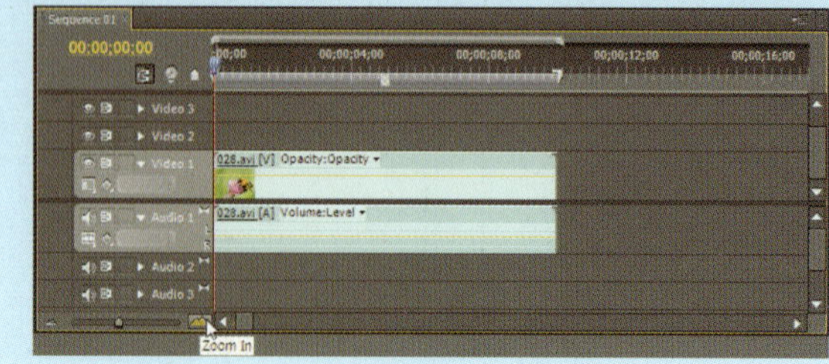

▷▷ 줌 인 버튼 등으로 타임 룰러의 단위를 변경

02 현재 시간 표시자를 시작 지점에 두고 Ctrl + D 키를 누릅니다. Video 1 트랙에 등록된 클립의 시작 지점에 비디오 디폴트 트랜지션이 적용됩니다.

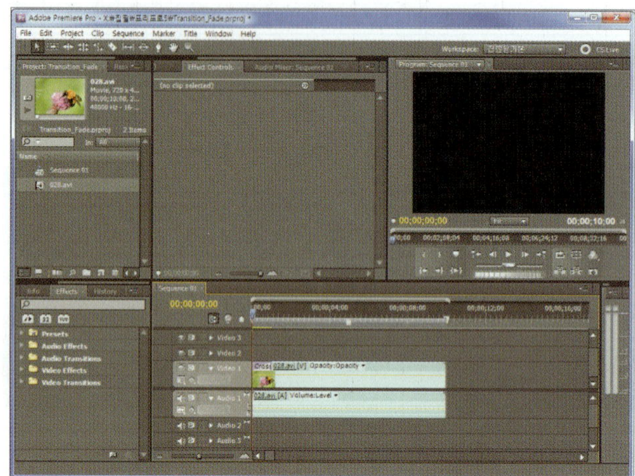

03 클립에 적용된 트랜지션을 클릭하면 이펙트 컨트롤 패널이 열리면서 현재 적용된 트랜지션의 설정 상태와 옵션들이 나타납니다. 디폴트 트랜지션인 Cross Dissolve 트랜지션이 적용되어 있다는 것을 확인할 수 있습니다.

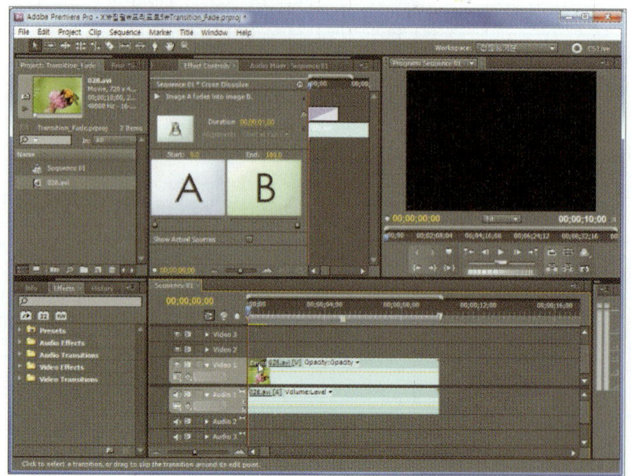

Tip 디폴트 트랜지션

프리미어 프로 CS5을 설치하고 특별히 변경하지 않았다면 비디오 트랜지션은 Cross Dissolve가, 오디오 트랜지션은 Constant Power가 디폴트 트랜지션으로 설정되어 있습니다. 디폴트 트랜지션은 아이콘 주위에 빨간색 테두리로 표시되어 있습니다. 물론 디폴트 트랜지션도 일반 트랜지션처럼 클립으로 직접 드래그하여 적용할 수도 있습니다.

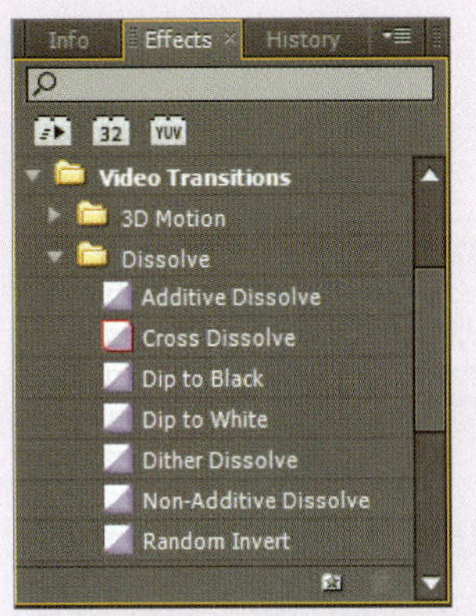

▷▷ 비디오 디폴트 트랜지션 – Cross Dissolve

04 이번에는 **Ctrl** + **Shift** + **D** 키를 누릅니다. Audio 1 트랙에 등록된 오디오 클립의 시작 지점에 오디오 디폴트 트랜지션이 적용됩니다. 오디오 디폴트 트랜지션을 다른 것으로 변경하였다면 직접 이펙트 패널에서 Audio Transitions〉Crossfade Bin에 있는 Constant Power 트랜지션을 오디오 클립의 시작 지점으로 드래그하면 됩니다.

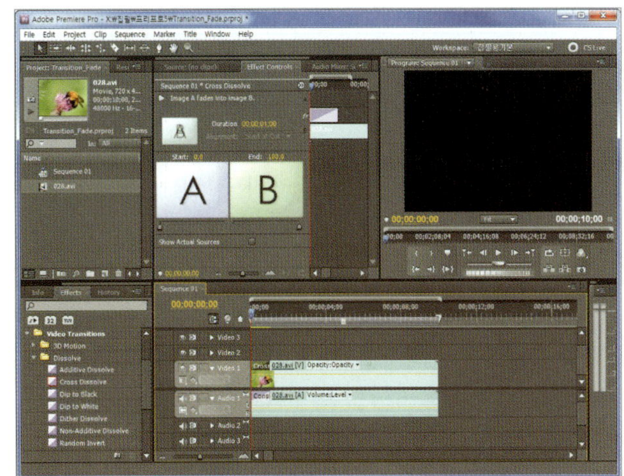

05 타임라인 패널이 선택된 상태에서 **End** 키를 눌러 현재 시간 표시자를 클립의 끝 지점으로 이동하고 **Ctrl** + **D** 키와 **Ctrl** + **Shift** + **D** 키를 차례로 눌러 비디오 디폴트 트랜지션과 오디오 디폴트 트랜지션을 각각 적용합니다.

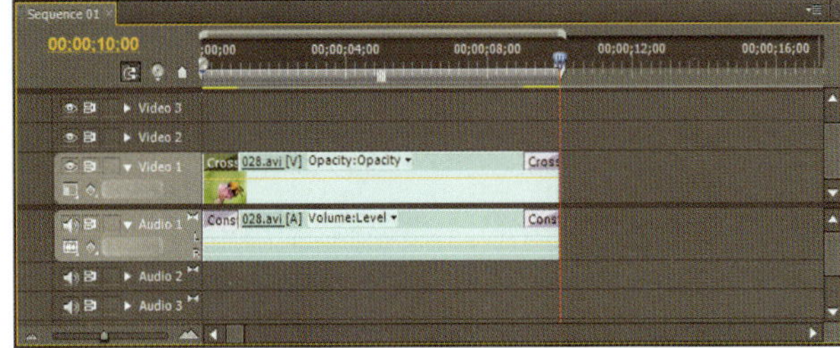

06 현재 시간 표시자를 드래그하여 클립을 재생해보면 비디오 클립과 오디오 클립에 모두 페이드 인과 페이드 아웃 효과가 나타나는 것을 볼 수 있습니다.

07 페이드 인, 페이드 아웃 효과가 적용되는 구간의 길이를 변경하려면 클립에 적용된 각 트랜지션의 끝 부분을 드래그하여 트랜지션의 길이를 변경합니다.

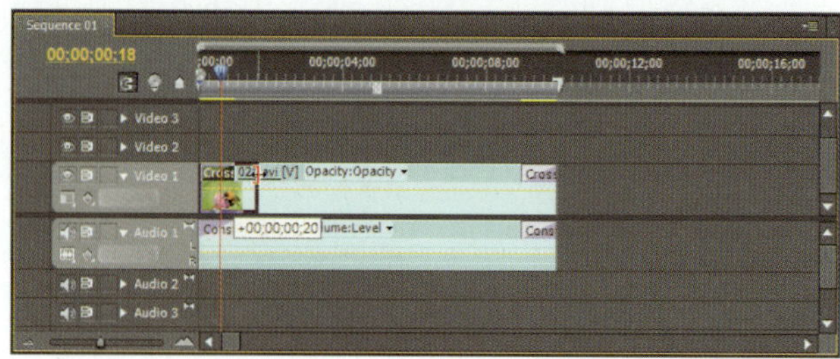

▷▷ 트랜지션의 끝 부분을 드래그

2 원하는 색상으로 페이드 인/페이드 아웃하기

[부록 ◉ Example\Fade_Color.wmv]

기본적으로 페이드 인 또는 페이드 아웃 효과를 적용하면 클립이 희미하게 나타나는 부분은 검정색으로 나타나는데, 원하는 색상을 지정함으로서 색다른 느낌을 갖게 할 수도 있습니다.

01 새 프로젝트를 시작하고 부록 DVD의 [Source] 폴더에서 "016.avi", "021.avi" 클립을 불러옵니다.

02 File〉New〉Color Matte를 선택합니다.

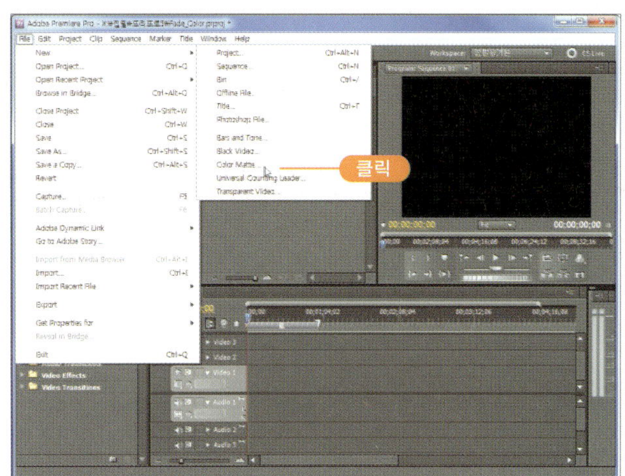

03 New Color Matte 대화상자가 나타나면 기본값 그대로 두고 OK 버튼을 클릭합니다.

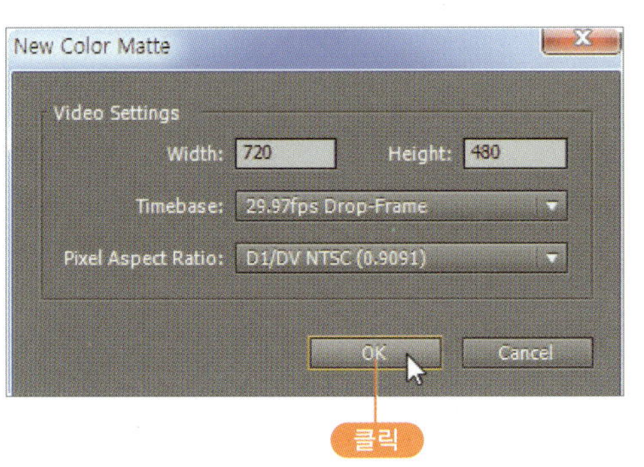

04 이어서 컬러 피커 창이 나타납니다. R, G, B 값을 모두 255로 입력하고 OK 버튼을 클릭합니다. 흰색을 지정한 것입니다.

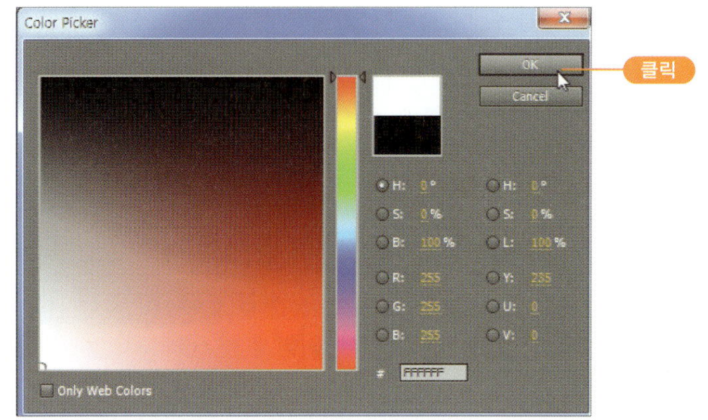

05 컬러 매트의 이름 입력을 위한 Choose Name 대화상자가 나타납니다. 쉽게 식별할 수 있도록 "흰색매트"라는 이름을 입력하고 OK 버튼을 클릭합니다.

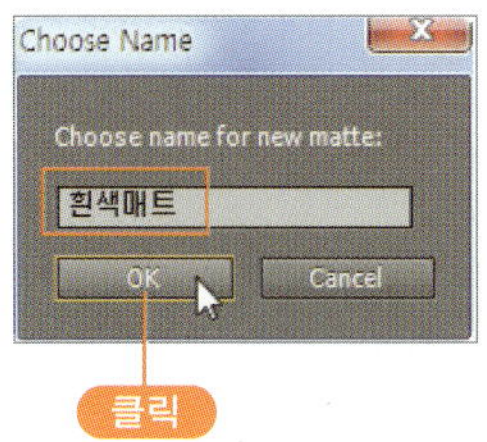

06 프로젝트 패널에 컬러 매트 클립이 등록됩니다. 먼저 두 개의 무비 클립을 이름 순으로 차례로 드래그하여 Video 2 트랙에 나란히 등록합니다.

07 Video 2 트랙의 헤더에서 트랙의 이름 좌측에 있는 삼각형 모양의 트랙 확장 버튼을 클릭합니다.

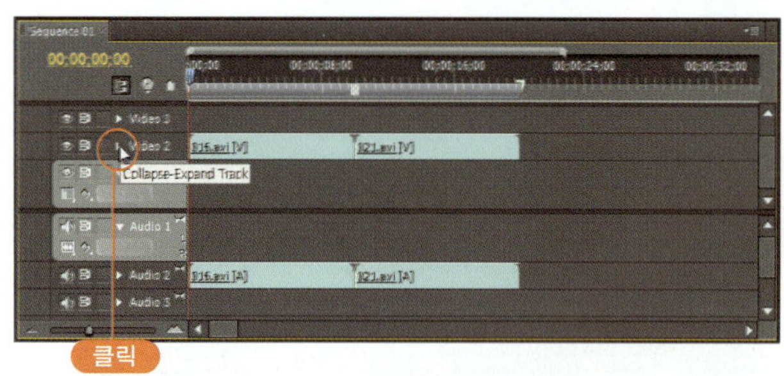

08 Video 2 트랙이 확장 형태로 전환됩니다. Show Keyframes 버튼을 클릭하고 Show Opacity Handles를 선택합니다.

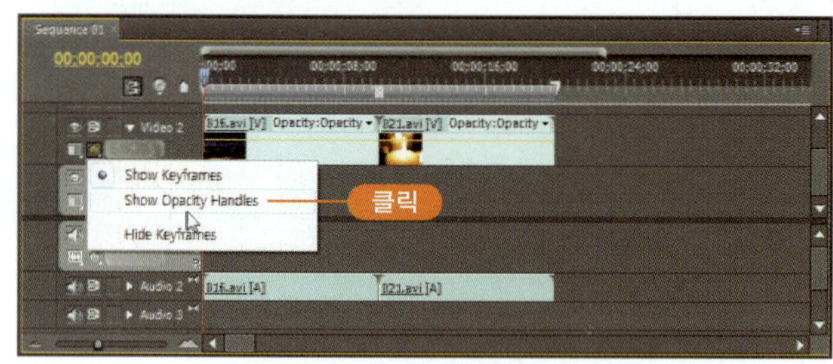

09 클립의 불투명도 라인이 나타납니다. Video 2 트랙의 첫 번째 클립 시작 지점과 1초 지점, 끝 지점으로부터 1초 지점, 끝 지점, 이렇게 네 군데 지점을 Ctrl 키를 누른 상태에서 클릭하여 키프레임을 생성합니다.

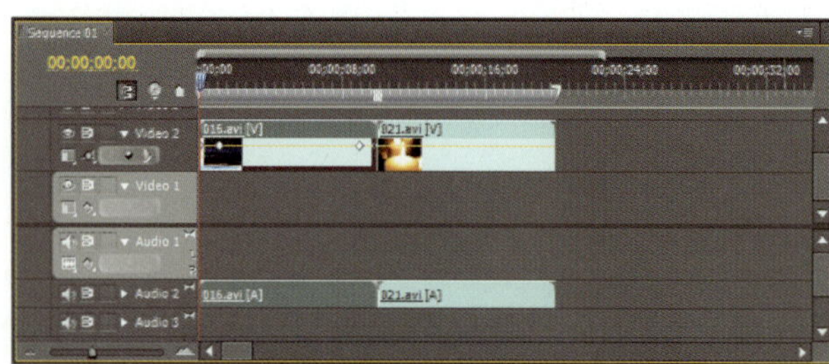

> **잠깐만요!!** 정확한 지점에 키프레임을 생성하지 못했다면 생성된 키프레임을 좌/우 방향으로 드래그하여 이동시켜주면 됩니다. 드래그할 때, 현재 키프레임에 대한 타임코드가 표시되므로 정확히 원하는 지점에 둘 수 있습니다.

10 클립의 시작 지점과 끝 지점의 키프레임을 아래로 드래그하여 불투명도 값이 0이 되도록 합니다.

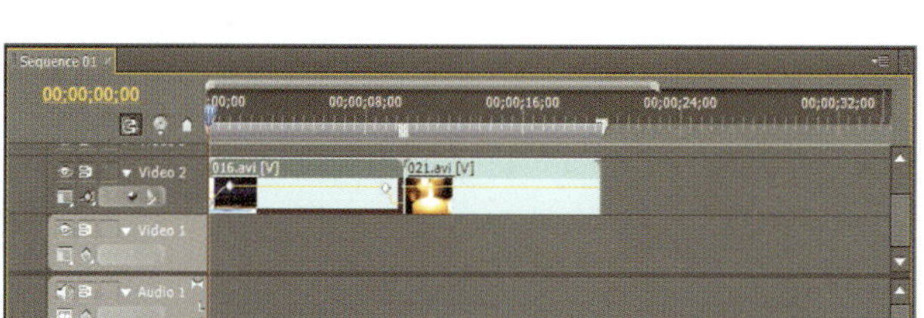

11 Video 2 트랙의 첫 번째 클립을 클릭하고 **Ctrl** + **C** 키를 누르거나 마우스 우측 버튼으로 클릭하여 팝업 메뉴에서 Copy를 선택합니다.

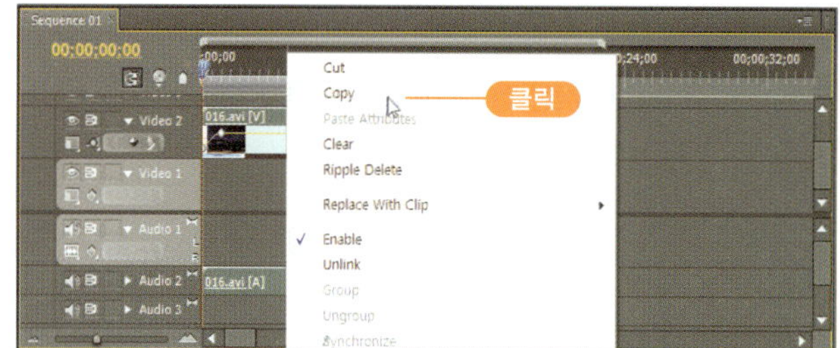

12 Video 2 트랙의 두 번째 클립을 선택하고 **Ctrl** + **Shift** + **V** 키를 누르거나 마우스 우측 버튼으로 클릭하여 팝업 메뉴를 열고 Paste Attributes를 선택합니다. 이것은 복사해둔 클립의 속성, 즉 불투명도 값만을 붙여넣기하려는 것입니다.

13 두 번째 클립의 불투명도 값이 첫 번째 클립과 동일하게 적용되어 나타납니다.

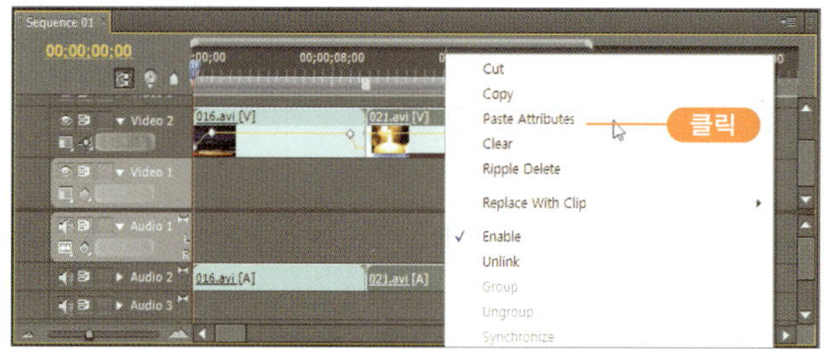

14 프로젝트 패널에 있는 컬러 매트 클립을 Video 1 트랙의 시작 부분으로 드래그합니다.

15 Video 1 트랙에 등록된 컬러 매트 클립의 우측 끝 부분을 드래그하여 Video 2 트랙에 등록된 전체 클립의 지속 시간과 동일하게 조정합니다.

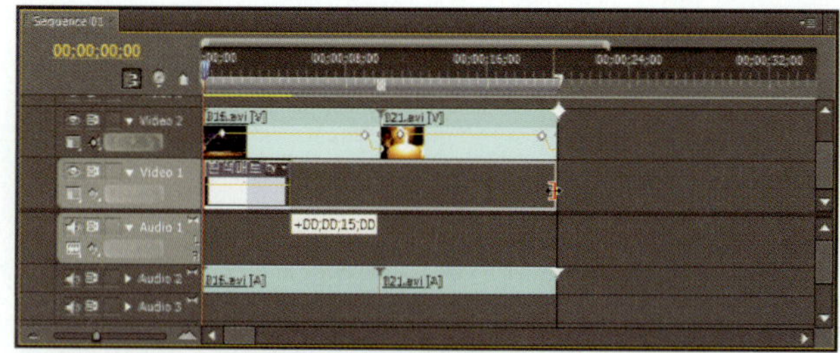

16 현재 시간 표시자를 드래그하거나 Spacebar 키를 눌러 작업 결과를 프리뷰합니다. 페이드인과 페이드 아웃으로 인하여 클립이 희미하게 나타나는 부분이 흰색으로 표시되는 것을 볼 수 있습니다. 흰색이 마음에 들지 않는다면 원하는 색상의 매트를 만들어 사용하면 됩니다.

Chapter 49

하나의 화면에
여러 클립을 부드럽게 합성하기

하나의 화면에 여러 클립을 나타나게 할 때 각 클립의 경계를 부드럽게 처리하면 자연스러운 결과를 얻을 수 있습니다. 타이틀러에서 만든 클립을 사용하여 두 개의 클립을 부드럽게 합성해본 다음, 포토샵에서 매트 이미지를 만들고 이것을 사용하여 세 개의 클립을 자연스럽게 합성해보도록 하겠습니다.

1 타이틀러에서 만든 클립으로 합성하기

[부록 ● Example\2Clip_Comp.wmv]

흔히 방송에서 하나의 화면에 각기 다른 영상이 나타나면서 각 영상의 경계가 부드럽게 처리되어 나타나는 것을 볼 수 있습니다. 타이틀러에서 만든 도형에 이펙트를 적용하면 두 개의 클립을 합성하는 데 사용할 수 있습니다.

01 새 프로젝트를 시작하고 부록 DVD의 [Source] 폴더에서 "014.avi", "020.avi" 클립을 임포트합니다.

02 프로젝트 패널에서 "014.avi" 클립을 타임라인 패널의 Video 1 트랙에, "020.avi" 클립을 Video 2 트랙에 각각 등록합니다.

03 Title〉New Title〉Default Still을 선택하여 New Title 대화상자가 나타나면 적절한 타이틀 이름을 입력하고 OK 버튼을 클릭합니다.

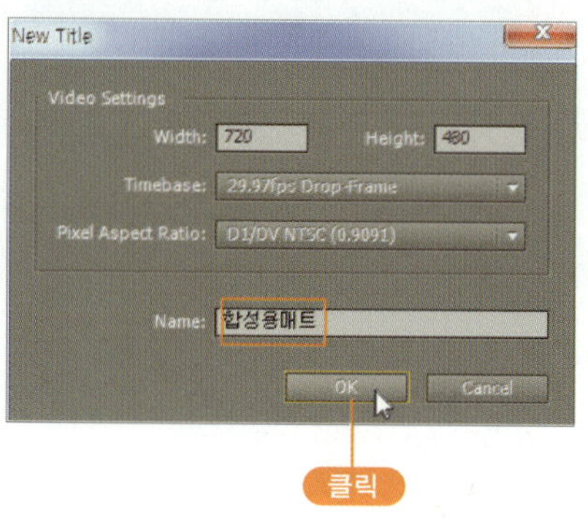

04 타이틀러 패널이 나타납니다. 사각형 툴을 선택하여 전체 영역에 걸쳐 사각형을 그려줍니다. 만일 사각형이 검정색이 아니라면 타이틀 속성 패널에서 Fill 속성을 열고 Fill Type은 Solid로, Color는 검정색으로 지정합니다.

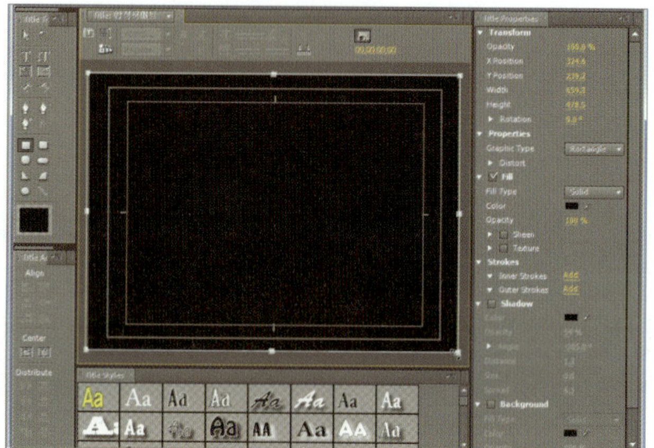

05 펜 툴을 선택하여 그림과 같이 우측 부분에 자유롭게 도형을 만든 후, 속성 패널에서 Graphics Type 메뉴를 열고 Filled Bezier를 선택합니다.

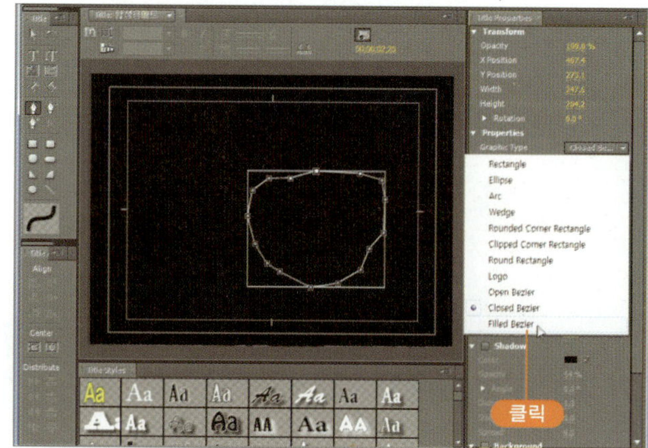

06 도형의 내부가 칠해집니다. 하지만 색상이 검정색이기 때문에 내부가 칠해져 있는 것을 확인할 수 없습니다. 도형의 색상을 흰색으로 변경하기 위하여 Fill 속성에서 Color 색상 박스를 클릭합니다.

07 컬러 피커 창이 나타납니다. R, G, B 값을 모두 255로 설정하고 OK 버튼을 클릭합니다.

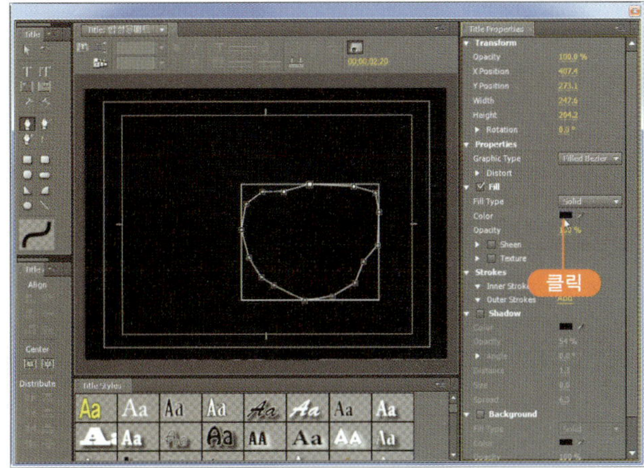

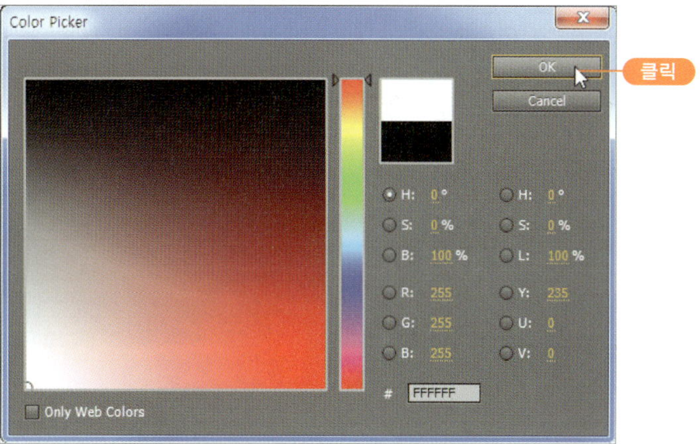

08 도형 내부가 흰색으로 채워집니다. 타이틀러 패널을 닫고 프로젝트 패널에 나타난 타이틀 클립을 Video 3 트랙으로 드래그합니다.

09 타이틀 클립의 길이를 다른 클립과 동일하게 조절하고 이펙트 패널에서 Video Effects〉Blur & Sharpen Bin에 있는 Gaussian Blur 이펙트를 Video 3 트랙의 타이틀 클립 위로 드래그합니다.

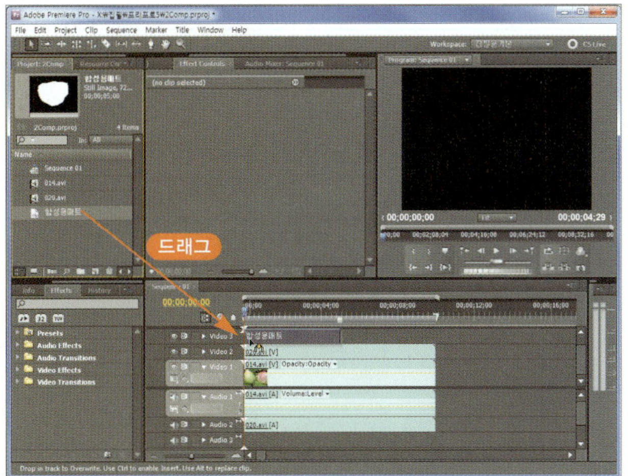

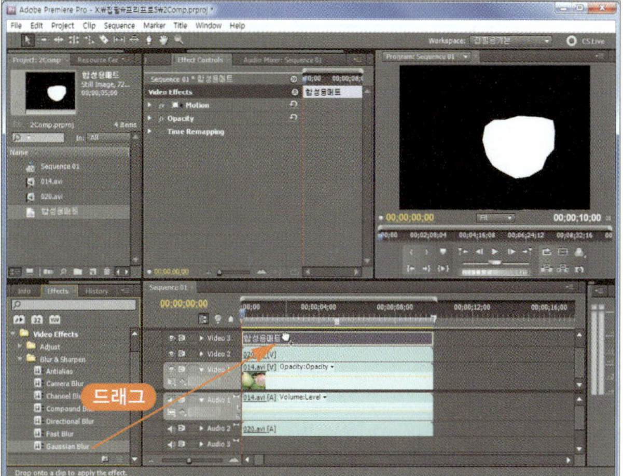

10 Video 3 트랙의 클립이 선택된 상태에서 이펙트 컨트롤 패널의 Gaussian Blur 이펙트 속성을 열고 Blurriness 값을 100 정도로 설정하여 타이틀 클립의 흰색 도형이 부드럽게 퍼지도록 합니다.

11 이펙트 패널에서 Video Effects〉Keying Bin에 있는 Track Matte Key 이펙트를 Video 2 트랙의 클립으로 드래그합니다.

12 Video 2 트랙의 클립이 선택된 상태에서 이펙트 컨트롤 패널을 열고 Track Matte Key 이펙트의 Matte 속성 메뉴에서 매트로 사용할 타이틀 클립이 등록되어 있는 트랙인 Video 3을 선택합니다.

13 이어서 매트 클립의 밝기를 기준으로 무비 클립이 합성되도록 Composite Using 속성 메뉴에서 Matte Luma를 선택합니다.

14 Video 3 트랙 매트 클립의 흰색 영역을 통해 Video 2 트랙의 클립이, 검정색 영역을 통해 Video 1 트랙의 클립이 나타나게 됩니다. 매트 클립에는 블러가 적용되어 있으므로 두 클립의 경계는 부드럽게 나타납니다.

2 포토샵에서 만든 매트로 세 개의 영상 합성하기

[부록 ● Example\3Clip_Comp.wmv]

이번에는 포토샵을 사용하여 매트 이미지를 만들고 세 개의 클립을 합성해보도록 하겠습니다. 앞에서도 다루었듯이 프리미어 프로의 타이틀러 패널에도 합성을 위한 이미지를 만들 수 있지만 포토샵을 사용하는 경우도 익혀두면 유용할 것입니다.

01 포토샵을 실행하고 File〉New를 선택하여 새 작업 창이 나타나면 Width는 720, Height는 480으로 지정합니다. 단위는 픽셀(Pixel)입니다. 아울러 Pixel Aspect Ratio에서 DV 클립과 동일하게 하고 D1/DV NTSC(0.91)을 선택하고 OK 버튼을 클릭합니다. 프리미어 프로 CS5에서 작업하고자 하는 소스 클립의 크기와 동일하게 지정해준 것입니다. 예제에서는 포토샵 CS5를 사용했지만 단순한 작업이므로 다른 버전을 사용해도 좋습니다.

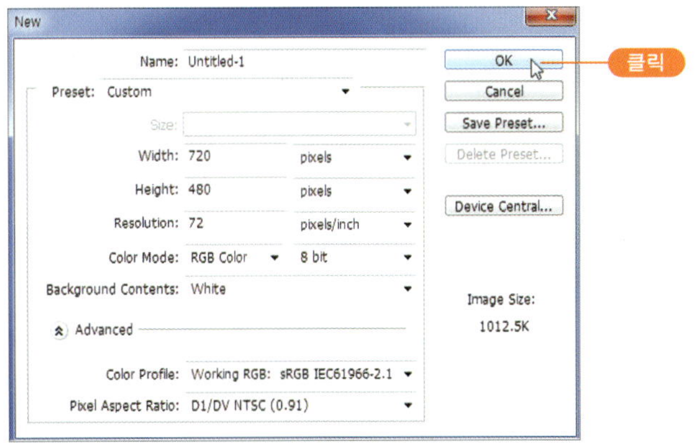

02 툴박스에서 전경색을 검정색으로 지정하고(디폴트 값), Paint Bucket Tool(페인트 통 툴)을 선택합니다.

03 작업 창 내부를 클릭합니다. 전체 영역이 검정색으로 칠해집니다.

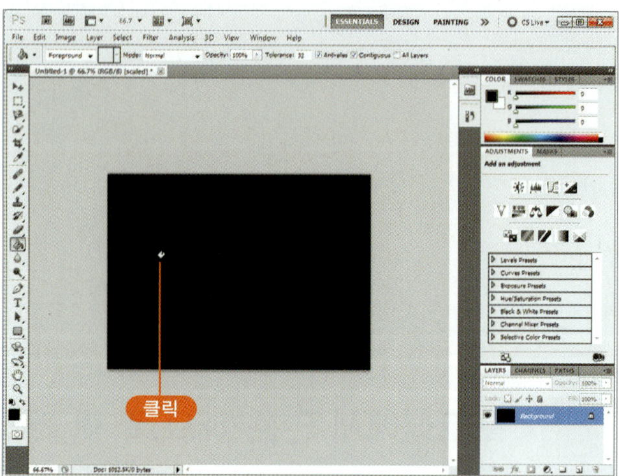

> **Tip** 이미지 비율과 작업창 크기 변경하기
>
> 이미지가 너무 작게 나타난다면 툴박스에서 돋보기 모양의 줌 툴(Zoom Tool)을 더블 클릭하여 이미지가 100% 크기로 나타나도록 합니다.

04 툴박스에서 Lasso Tool(올가미 툴)을 선택하고 상단의 옵션 바에서 Feather 값을 20 정도로 설정합니다.

05 작업창 내부를 드래그하여 다음과 같은 형태로 선택 영역을 만들어 줍니다. 드래그하면서 마지막 지점은 처음 클릭한 지점에 이어주어야 합니다.

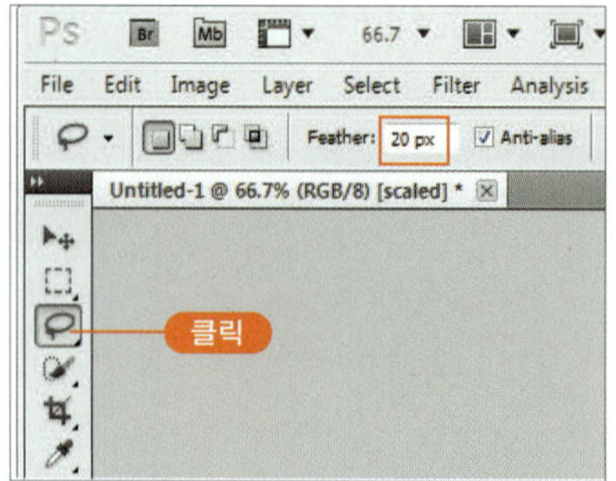

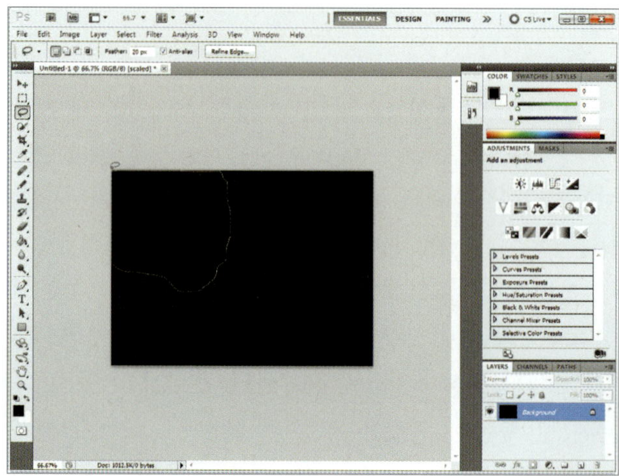

06 Delete 키를 누릅니다. 선택 영역이 삭제되고 현재 배경색으로 설정되어 있는 흰색으로 대체됩니다. Feather 값을 20으로 지정하였기 때문에 경계 부근이 부드럽게 처리됩니다.

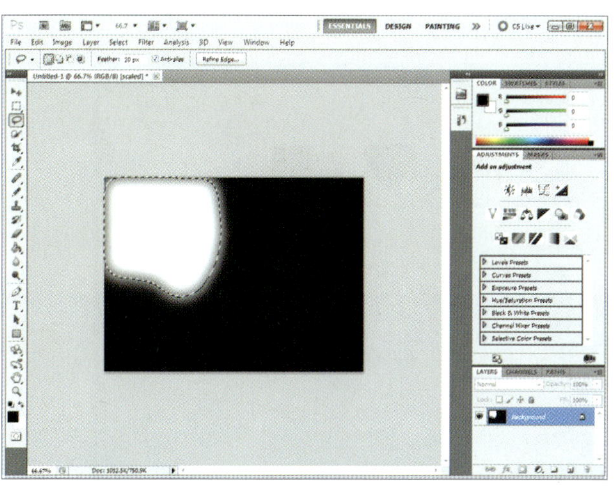

07 File>Save As를 선택하여 Save As 대화상자가 나타나면 파일 포맷(Format)을 TIFF로 선택합니다.

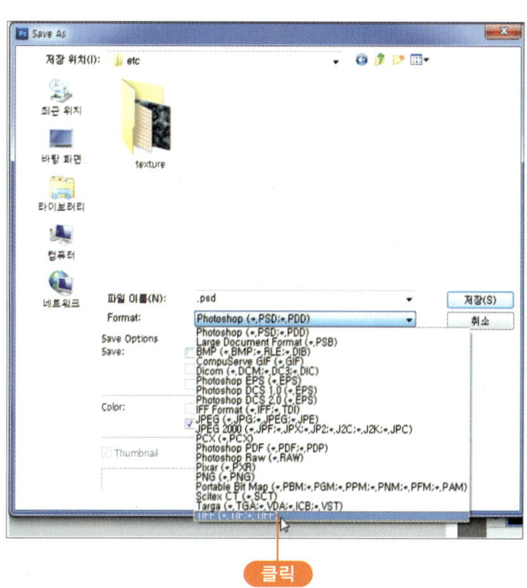

08 적절한 폴더로 이동하고 파일 이름에 "Matt-1"을 입력한 후, [저장] 버튼을 클릭합니다. 이어서 TIFF Options 대화상자가 나타나면 기본값으로 두고 OK 버튼을 클릭합니다.

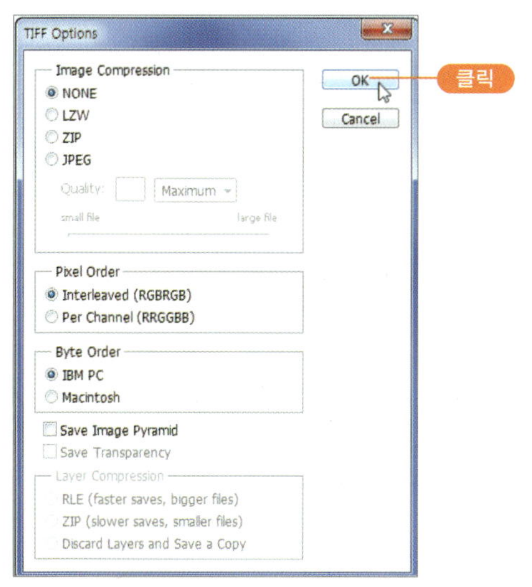

09 다시 File>New를 선택하고 앞에서 작업했던 것과 동일하게 720x480 크기의 새 작업창을 만든 후, 페인트 통 툴로 클릭하여 검정색으로 칠합니다. 이어서 올가미 툴로 다음과 같은 선택 영역을 만들어 줍니다. Feather 값은 앞에서 지정했던 대로 20입니다.

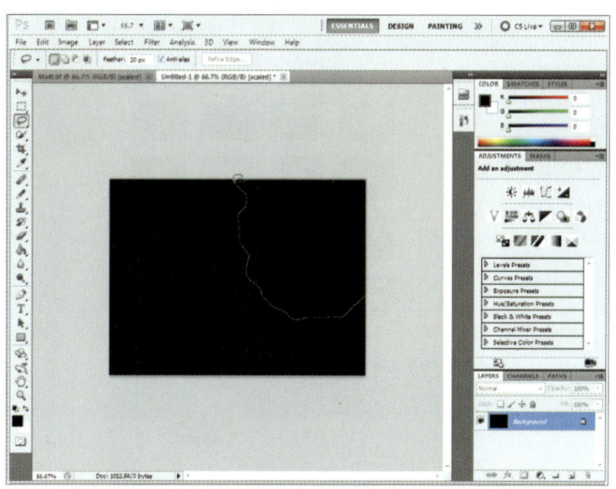

10 `Delete` 키를 누릅니다. 선택 영역이 삭제되어 배경색인 흰색으로 나타납니다.

11 File〉Save As를 선택합니다. 대화상자가 나타나면 파일 포맷을 TIFF로, 파일 이름을 "Matt-2"로 입력하고 [저장] 버튼을 클릭합니다. 앞에서와 마찬가지로 이후에 나타나는 옵션 대화상자에서는 기본값 그대로 두고 OK 버튼을 클릭합니다.

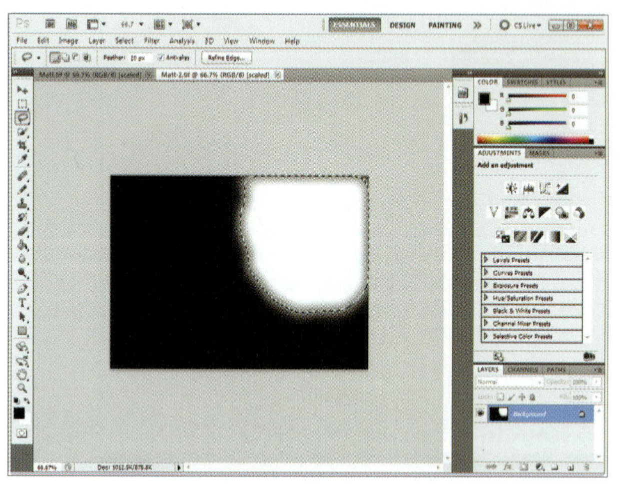

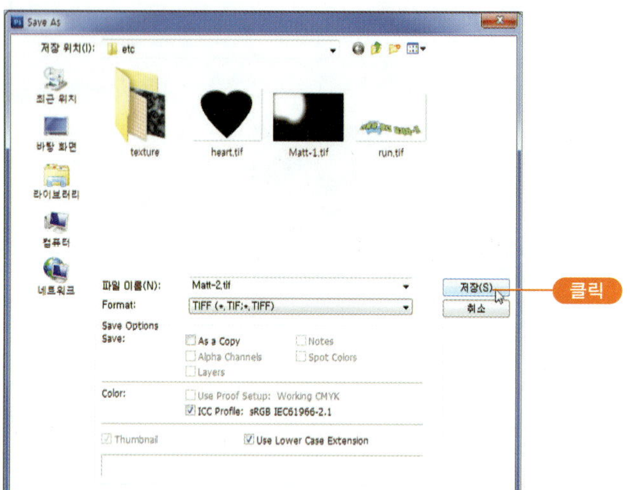

12 프리미어 프로 CS5를 실행합니다. 새 프로젝트를 시작하고 임의의 클립 세 개를 임포트합니다. 예제에서는 부록 DVD의 [Source] 폴더에 있는 "019~021.avi" 클립을 선택하였습니다.

13 프로젝트 패널에 등록된 세 개의 클립을 순서에 관계없이 각각 타임라인 패널의 Video 1, Video 2, Video 3 트랙에 등록합니다.

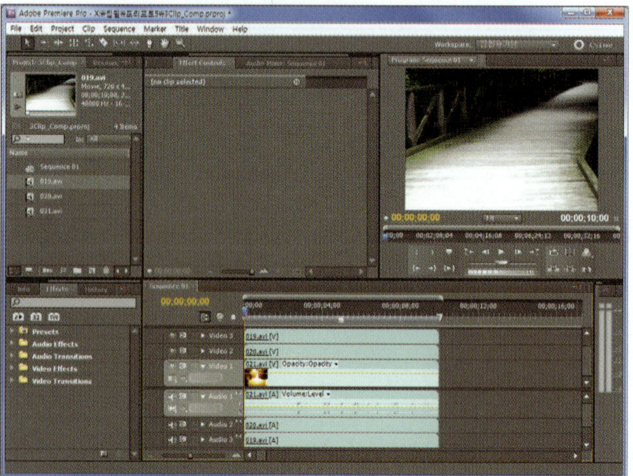

14 앞에서 저장해둔 매트 클립을 불러와 각각 Video 4 트랙과 Video 5 트랙에 등록합니다. 순서는 상관없습니다.

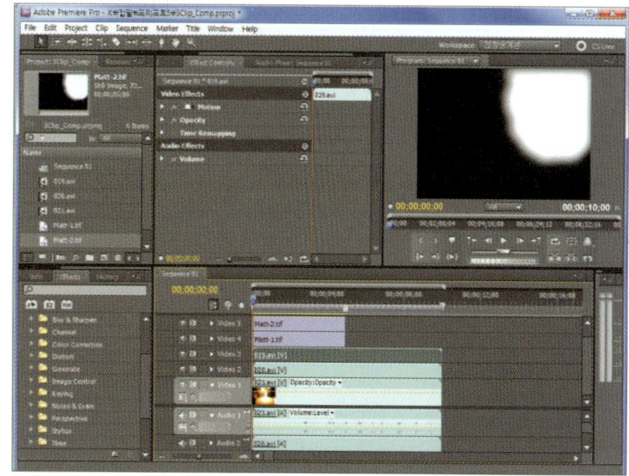

15 이펙트 패널에서 Video Effects〉Keying Bin에 있는 Track Matte Key 이펙트를 각각 Video 2 트랙의 클립과 Video 3 트랙의 클립으로 드래그하여 적용합니다.

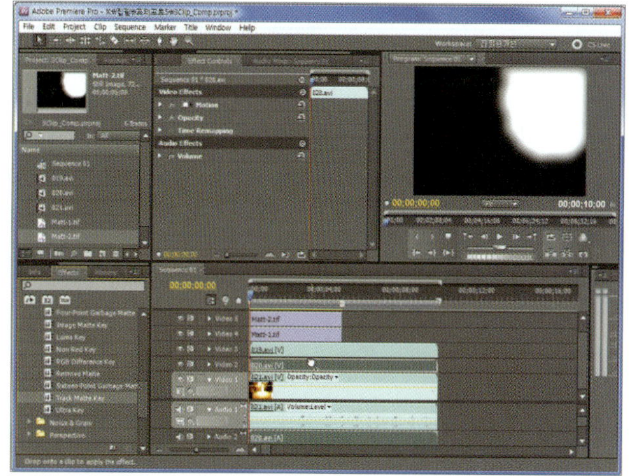

16 타임라인 패널에서 Video 3 트랙의 클립을 선택하고 이펙트 컨트롤 패널에서 Track Matte Key 이펙트의 Matte 속성을 Video 5로 지정합니다.

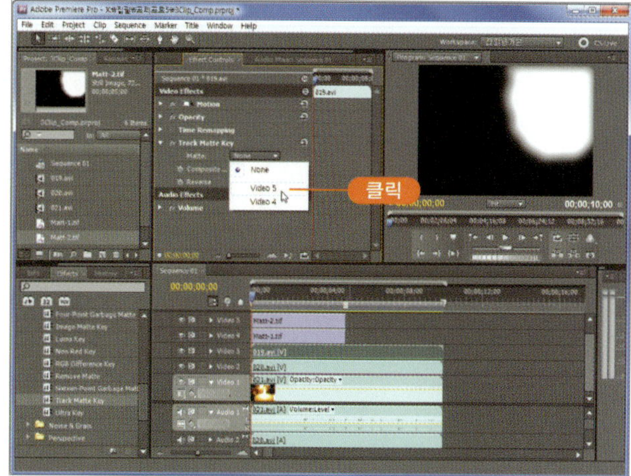

17 이어서 Composite Using 속성을 Matte Luma 로 지정합니다. 이번에는 타임라인 패널에서 Video 2 트랙의 클립을 선택하고 이펙트 컨트롤 패널에서 Track Matte Key 이펙트의 Matte 속성을 Video 4로 지정합니다.

18 마찬가지로 Composite Using 속성을 Matte Luma로 선택합니다. 프로그램 윈도우를 보면 세 개의 클립이 자연스럽게 합성되어 나타나는 것을 볼 수 있습니다. 두 매트 클립의 길이를 무비 클립과 동일하게 변경하여 완성합니다.

50 Chapter

원하는 영역만 다른 클립과 합성하기

원하는 특정 영역만을 다른 클립과 합성해보도록 하겠습니다. 여러 가지 방법이 있지만 타이틀러 패널에서 원하는 영역을 설정하고 Track Matte 이펙트를 적용하여 배경 클립 위에 지정된 영역만 나타나도록 할 것입니다.

[부록 ◉ Example\Zone_Comp.wmv]

01 새 프로젝트를 시작하고 부록 DVD의 [Source] 폴더에서 "015.avi", [Images] 폴더에서 "004.jpg" 클립을 불러온 후, "004.jpg" 클립을 Video 2 트랙에 등록합니다.

02 Title〉New Title〉Default Still을 선택하여 New Title 대화상자가 나타나면 기본값 그대로 두고 OK 버튼을 클릭합니다.

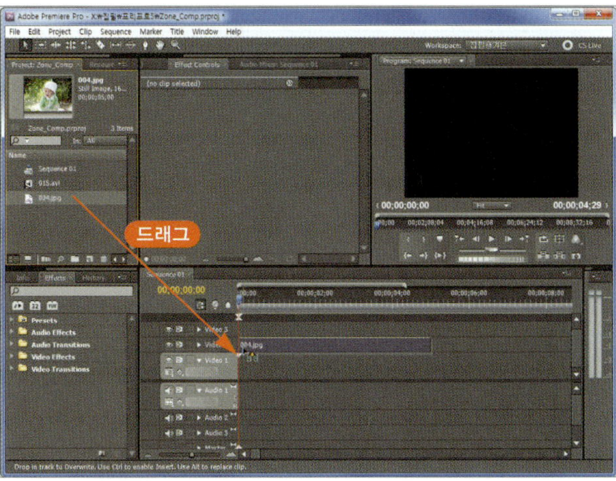

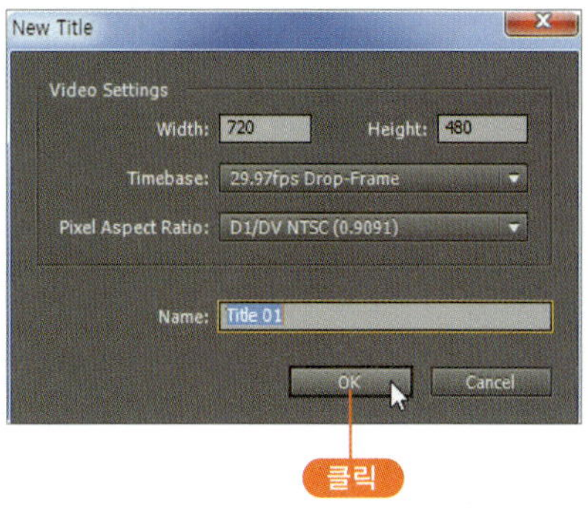

03 타이틀러 패널이 나타납니다. Show Background Video 버튼이 선택된 상태로 되어 있는지 확인합니다. 즉, 현재 타임라인의 트랙에 나타난 클립이 배경으로 나타나도록 합니다.

04 펜 툴을 선택하고 아이의 외곽선 부분을 클릭해 가면서 포인터를 생성합니다. 포인터를 많이 생성할수록 아이의 형태를 정밀하게 선택할 수 있습니다. 마지막에는 처음에 클릭했던 지점을 다시 클릭하여 닫힌 패스 형태로 만들어줍니다.

05 패스를 완성했다면 Properties〉Graphic Type 속성 메뉴를 열고 Filled Bezire을 선택하여 내부가 채워지는 도형 형태로 만들어줍니다. 채워지는 색상은 어느 것이든 관계없습니다.

06 타이틀러 패널을 닫고 프로젝트 패널에서 "015.avi" 클립을 타임라인 패널의 Video 1 트랙에, 타이틀 클립을 Video 3 트랙에 각각 등록한 다음, 모든 클립의 길이를 Video 1 트랙에 등록된 무비 클립과 동일하게 맞추어 줍니다.

07 이펙트 패널에서 Video Effects〉Keying의 Track Matte Key 이펙트를 타임라인 패널의 Video 2 트랙에 등록된 클립으로 드래그하여 적용합니다.

08 Video 2 트랙의 클립이 선택된 상태에서 이펙트 컨트롤 패널의 Opacity 속성을 열고 Blend Mode 메뉴에 Dissolve를 선택합니다.

09 이펙트 컨트롤 패널에 등록된 Track Matte Key 이펙트 속성을 열고 Matte 속성 메뉴에서 매트로 사용할 클립이 등록된 Video 3 트랙을 선택합니다.

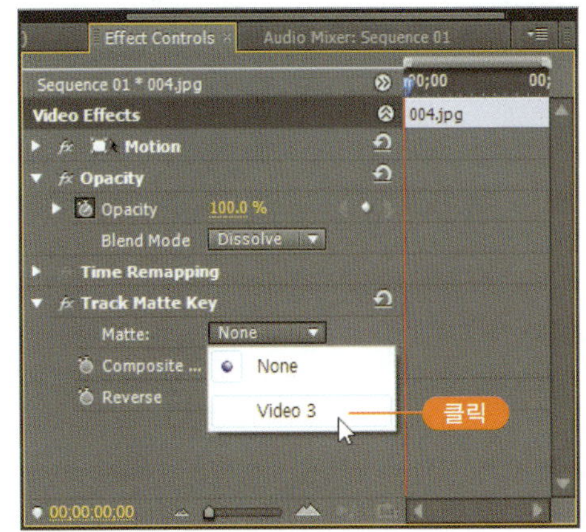

10 Video 2 트랙에 등록된 이미지 클립에서 아이 영역만 나타나고 이외의 영역은 Video 1 트랙에 등록된 배경 클립이 나타나게 됩니다. 프리뷰로 작업 결과를 확인합니다. Garbage Matte 이펙트로 간단하게 나타내고자 하는 영역만 지정할 수도 있지만 최대 16개 지점만 지정할 수 있을 뿐이어서 정확한 영역을 선택하기 곤란합니다. 하지만 타이틀러 패널의 펜 툴을 사용하면 얼마든지 포인터를 생성할 수 있으므로 원하는 영역을 정밀하게 지정해줄 수 있습니다.

51 Chapter

이동하는 액자 안에 나타나는 영상 만들기

액자에 담겨있는 영상이 이동되면서 점차 커졌다 사라지는 예제를 만들어보겠습니다. Clip 이펙트와 모션을 적용하고 각 키프레임에 각각 다른 색상을 지정하면 단순하면서도 역동적인 느낌을 주는 영상을 만들 수 있습니다.

[부록] ◉ Example\Move_Frame.wmv

01 새 프로젝트를 시작하고 부록 DVD의 [Source] 폴더에서 "003.avi"와 [Images] 폴더에서 "007.jpg" 클립을 임포트한 다음, "007.jpg" 클립을 Video 2 트랙에 등록합니다.

02 File>New>Color Matte를 선택하여 New Color Matte 대화상자가 나타나면 OK 버튼을 클릭한 후, Color Picker 창이 나타나면 노란색을 선택하고 OK 버튼을 클릭합니다.

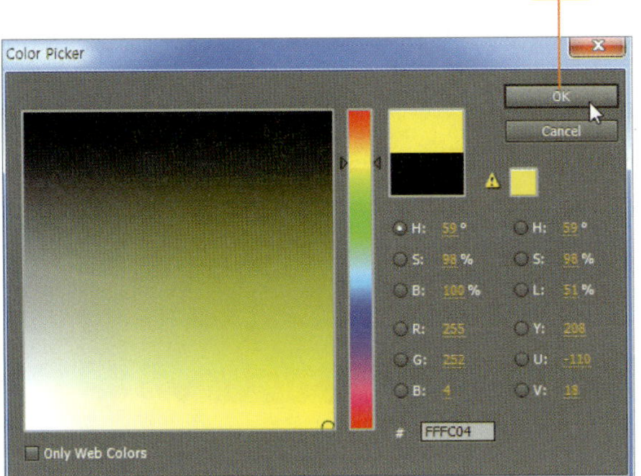

03 Choose Name 창이 나타나면 OK 버튼을 클릭하고 프로젝트 패널에 등록된 컬러 매트 클립을 Video 1 트랙에 등록합니다.

04 Video 2 트랙의 클립을 선택하고 이펙트 컨트롤 패널의 모션 속성을 열어 Scale 값을 '90'으로 변경합니다. Video 1 트랙의 매트 클립이 바깥쪽에 나타나 클립이 액자에 들어 있는 것처럼 보이게 됩니다.

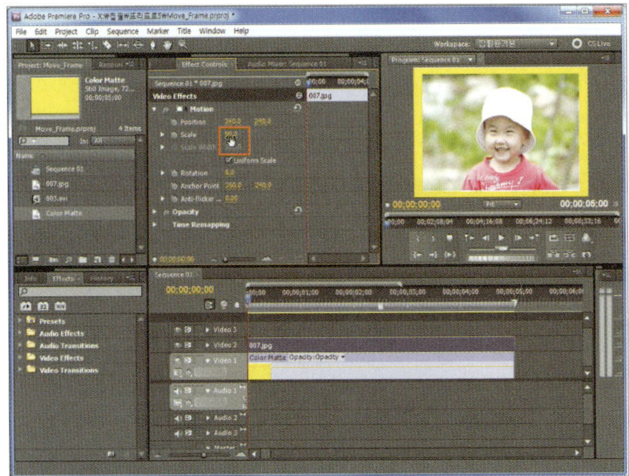

05 이펙트 패널에서 Video Effects>Adjust Bin에 있는 ProcAmp 이펙트를 Video 1 트랙의 클립에 적용하고 Video 1 트랙의 클립이 선택된 상태에서 이펙트 컨트롤 패널의 ProcAmp 이펙트의 속성을 열어 Hue 속성의 애니메이션 버튼을 클릭합니다. 현재 시간 표시자는 클립의 시작 지점에 있어야 합니다.

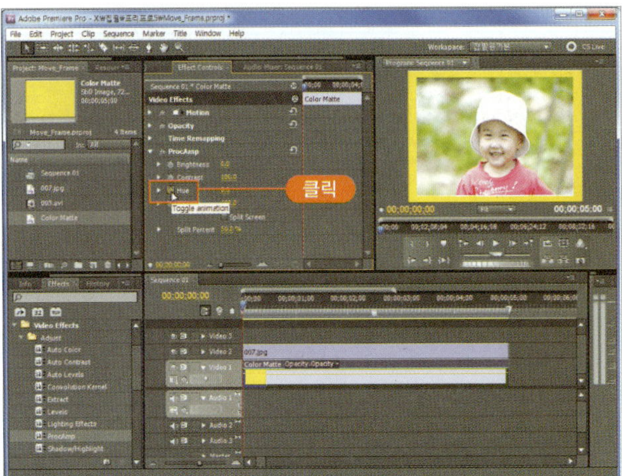

06 현재 시간 표시자를 클립의 끝 지점에 두고 Hue 값을 360°로 변경합니다. "360"을 입력하고 **Enter** 키를 누르면 1x0.0°로 표시됩니다. 이로서 클립이 재생되면서 액자로 나타나는 매트 클립의 색상이 계속적으로 변화됩니다.

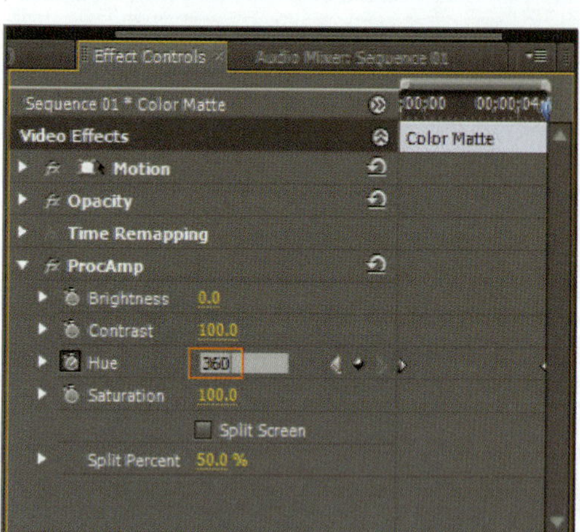

07 File〉New〉Sequence를 선택하여 New Sequence 대화상자가 나타나면 기본값(DV-NTSC)Standard 48Khz) 그대로 두고 OK 버튼을 클릭합니다.

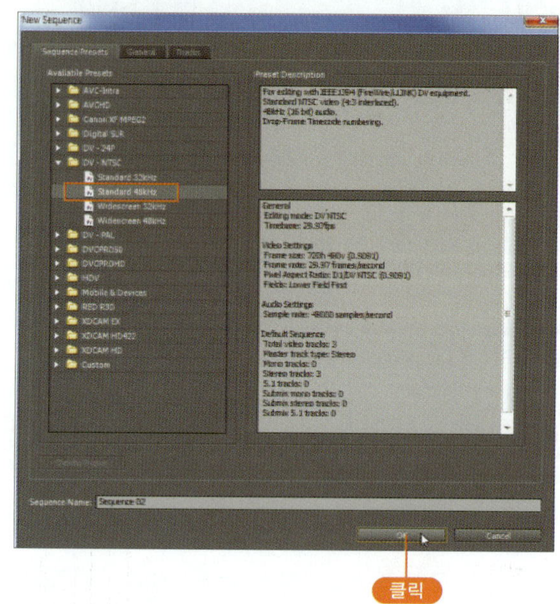

08 프로젝트 패널의 바탕 영역을 더블 클릭하여 Import 대화상자가 나타나면 부록 DVD의 [etc] 폴더에서 타이틀 클립인 "blue_matte.prtl" 파일을 선택하고 [열기] 버튼을 클릭합니다.

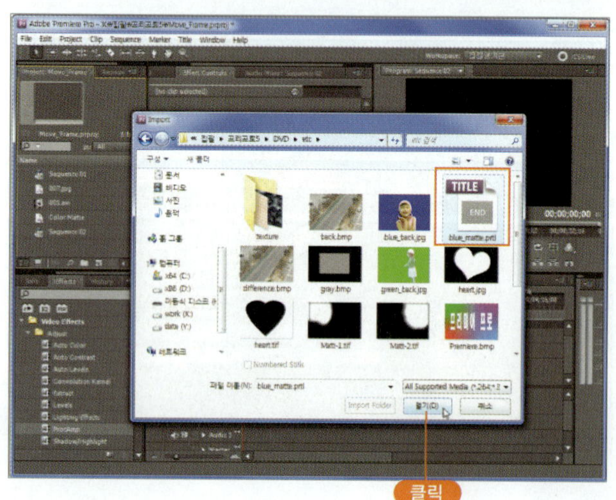

Tip · blue_matte.prtl 타이틀 클립은?

프로젝트 패널에 등록된 타이틀 클립을 더블 클릭하면 타이틀러 패널을 통해 해당 타이틀 클립의 속성을 확인할 수 있습니다. 이 타이틀 클립은 커다란 원을 만들고 타이틀 속성 패널에서 Fill Type을 Radial Gradient로 선택한 후, 두 지점의 색상을 파란색과 흰색으로 설정한 다음, 각 색상의 간격을 적절히 조절하여 부드럽게 변화하도록 한 것입니다.

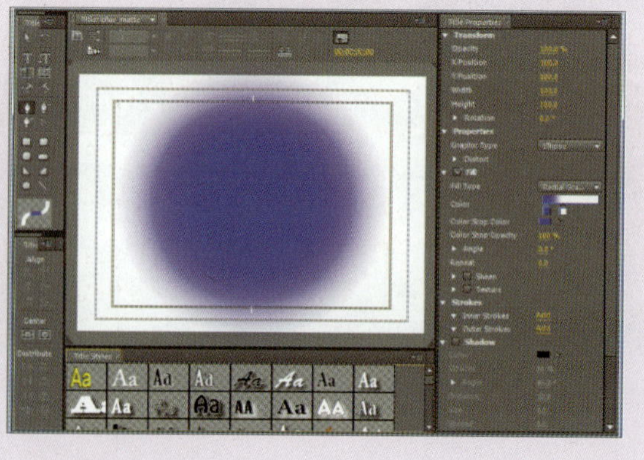

09 프로젝트 패널에 등록된 blue_matte 타이틀 클립을 새로 추가된 Sequence 02 타임라인 패널의 Video 2 트랙에, 이전에 등록해두었던 "003.avi" 클립은 Video 1 트랙에 각각 등록하고 "003.avi" 클립의 길이를 blue_matte 타이틀 클립의 길이와 동일하게 조절합니다.

10 프로젝트 패널에서 Sequence 01을 Sequence 02 타임라인의 Video 3 트랙으로 드래그하여 등록합니다.

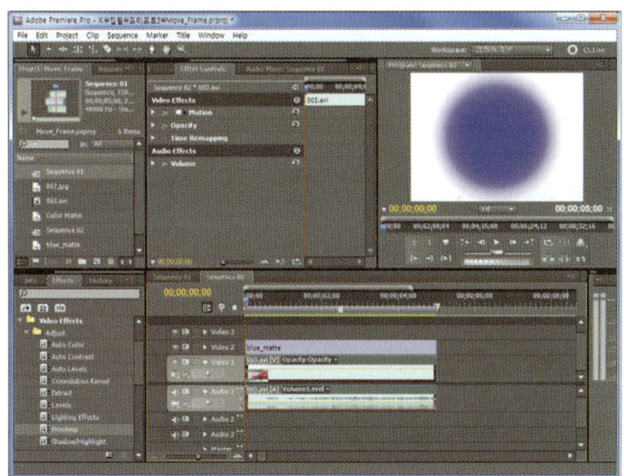

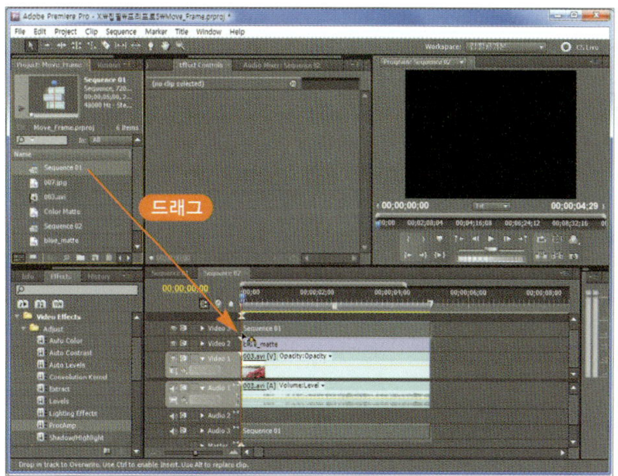

11 이펙트 패널에서 Video Effects〉Keying Bin에 있는 Blue Screen Key 이펙트를 Video 2 트랙의 타이틀 클립 위로 드래그합니다.

12 Sequence 02의 Video 3 트랙에 등록된 시퀀스 클립을 선택하고 이펙트 컨트롤 패널을 연 후, 프로그램 모니터의 View Zoom Level 메뉴에서 25%를 선택합니다.

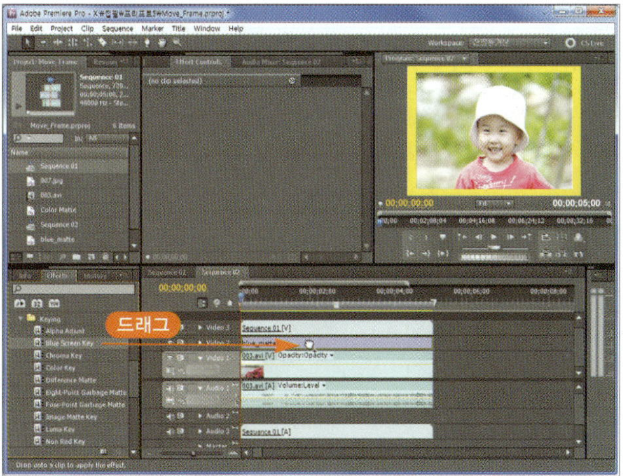

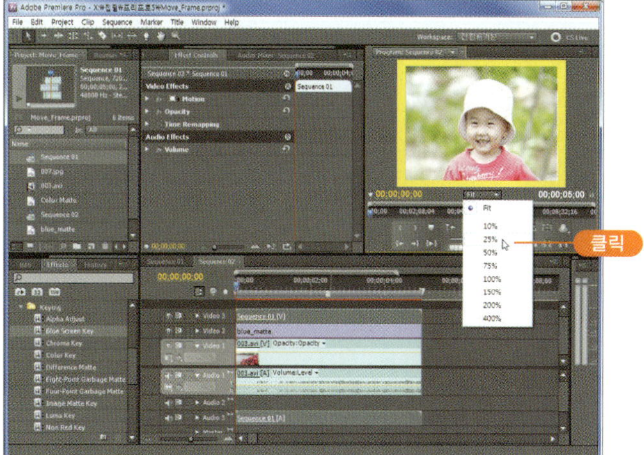

13 이펙트 컨트롤 패널에서 Motion 항목을 클릭합니다. 프로그램 모니터의 클립 주위에 조절점이 나타납니다.

14 현재 시간 표시자를 클립의 시작 지점에 둔 후, 이펙트 컨트롤 패널의 Motion 속성을 열고 Position 속성 좌측에 있는 Toggle Animation 버튼을 클릭하여 키프레임을 생성합니다.

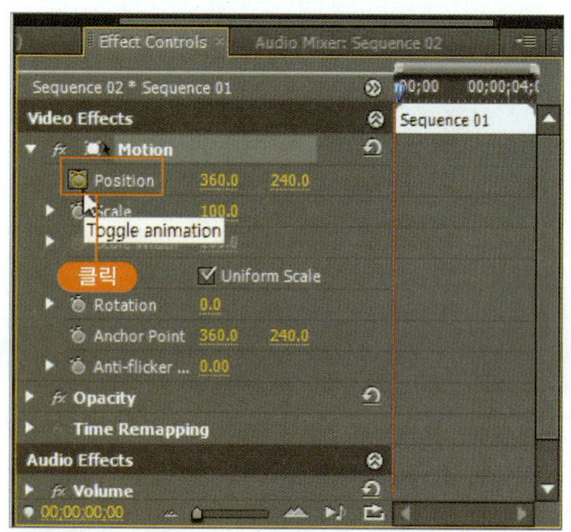

15 프로그램 모니터의 클립을 드래그하여 다음 그림과 같이 클립의 외곽선이 배경 클립의 좌측 모서리에 놓이는 위치에 둡니다.

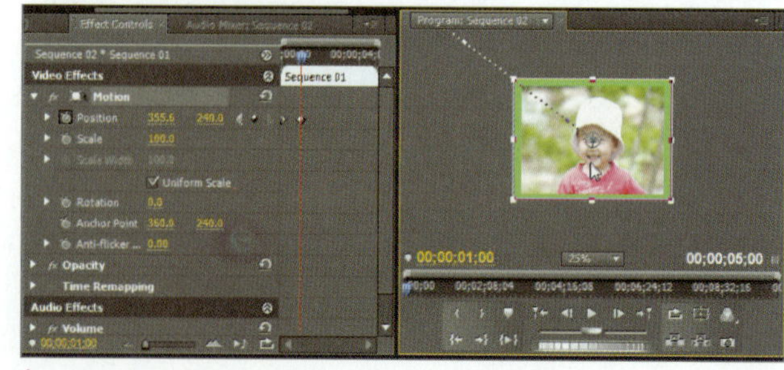

16 현재 시간 표시자를 1초 지점에 두고 클립을 프로그램 모니터의 중앙으로 드래그하여 이동시킵니다.

17 현재 시간 표시자를 4초 지점에 두고 `Alt` 키를 누른 채로 1초 지점에 생성된 키프레임을 5초 지점으로 드래그하여 키프레임을 복사합니다.

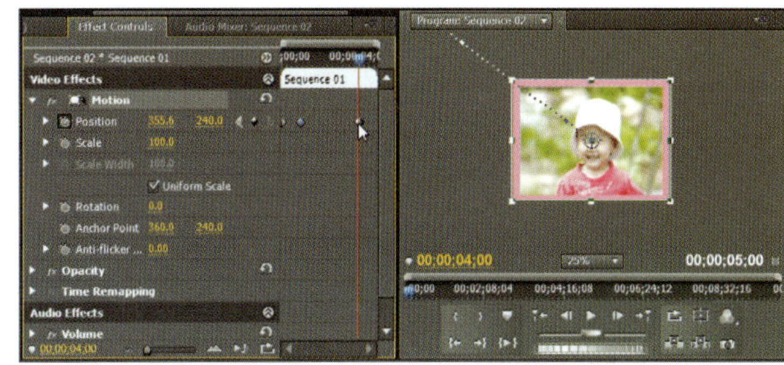

Tip 동일 속성값의 키프레임 복사하기

1초 지점에서 4초 지점까지는 동일한 속성이 유지되도록 하려는 것인데 앞의 방법처럼 `Alt` 키를 누른 채로 드래그하여 키프레임을 복사해도 되고, 4초 지점에 현재 시간 표시자를 두고 Add/Remove Keyframe 버튼을 클릭해도 됩니다.

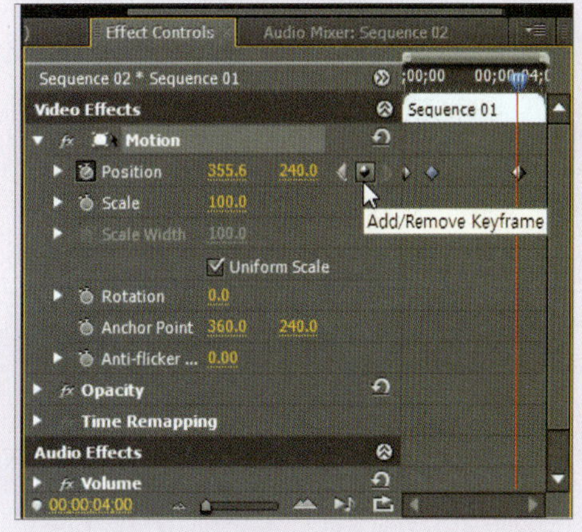

▷▷ Add/Remove Keyframe 버튼

---

18 현재 시간 표시자를 클립의 끝 프레임 위치에 두고 다음 그림과 같이 클립의 외곽선이 배경 클립의 우측 모서리에 놓이는 위치로 드래그합니다. 이로써 클립은 좌측 상단에서 중앙 지점을 지나 우측 상단으로 이동하는 애니메이션이 만들어집니다.

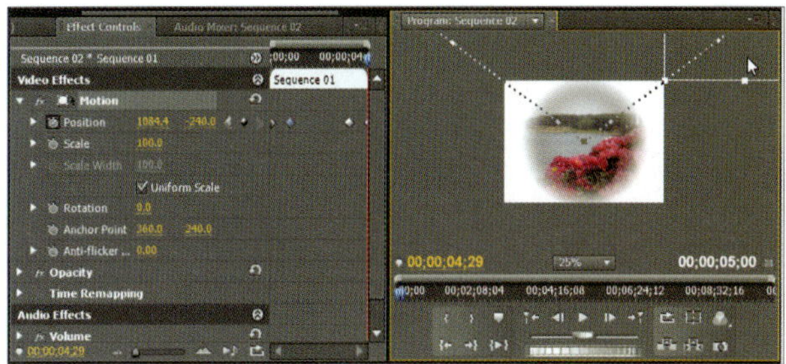

잠깐만요!! `End` 키를 눌러 현재 시간 표시자를 클립의 끝 지점에 오게 하면 프로그램 모니터에 클립이 보이지 않아 클립을 드래그할 수 없습니다. 따라서 `End` 키를 누른 다음 좌측 방향키를 한 번 눌러 현재 시간 표시자가 끝 지점에서 1 프레임 앞쪽으로 오게 합니다.

19 클립의 가로/세로가 같은 비율로 변화되도록 이펙트 컨트롤 패널에서 모션 속성의 Uniform Scale 옵션이 체크되어 있는지 확인하고 Position 속성에 있는 Go to Previous Keyframe 버튼을 여러 번 클릭하여 현재 시간 표시자를 클립의 시작 지점으로 이동시킵니다.

▶▶ Go to Previous Keyframe 버튼 클릭

▶▶ 클립의 시작 지점으로 이동된 현재 시간 표시자

20 Scale과 Rotation 속성 좌측에 있는 Toggle Animation 버튼을 클릭하여 키프레임을 생성하고 Scale 값을 0으로 설정합니다.

21 Position 속성의 Go to Next Keyframe 버튼을 클릭하여 현재 시간 표시자를 다음 키프레임 지점인 1초 지점으로 이동시키고 Scale 값을 원래의 값인 100으로, Rotation 값은 −10으로 설정합니다.

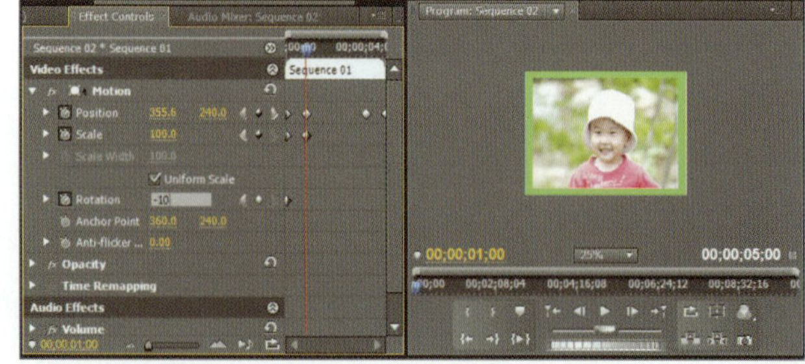

22 Shift 키를 누른 채로 1초 지점에 생성된 Scale 과 Rotation 속성의 키프레임을 클릭한 다음, Ctrl + C 키를 누르거나 단축 메뉴에서 Copy를 선택하여 선택된 두 키프레임을 복사합니다.

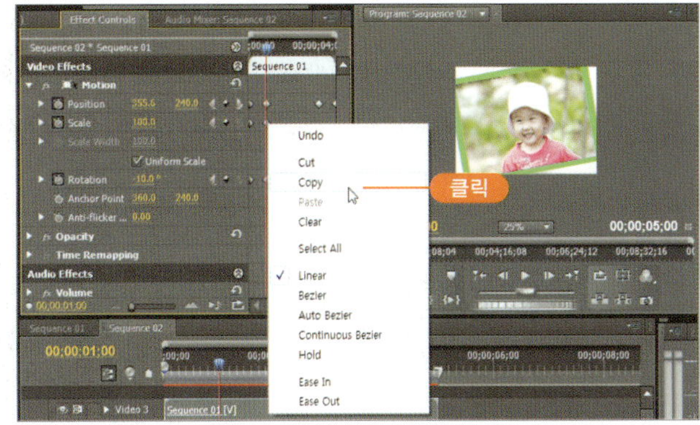

23 현재 시간 표시자를 직접 드래그하거나 Position 속성의 Go to Next Keyframe 버튼을 클릭하여 현재 시간 표시자가 4초 지점에 오게하고, Ctrl + V 키를 누릅니다. 복사해둔 두 키프레임이 5초 지점에 Paste되 어 나타납니다.

24 다시 Position 속성의 Go to Next Keyframe 버 튼을 클릭하여 현재 시간 표시자를 클립의 끝 프 레임에 두고, Scale 값과 Rotation 값을 모두 0으로 설정 합니다.

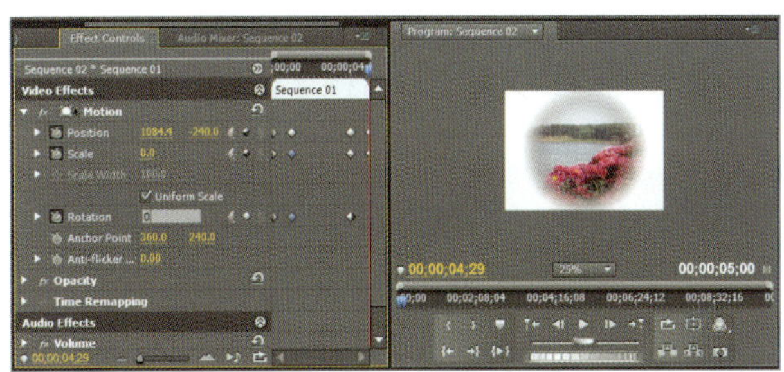

25 프로그램 모니터의 View Zoom Level 메뉴에서 Fit을 선택하여 클립이 뷰의 크기에 맞게 나타나 도록 하고 작업 결과를 프리뷰합니다. 모션 설정에 의해 액자 안의 클립이 애니메이션되면서 액자의 색상도 변화 되는 것을 볼 수 있습니다.

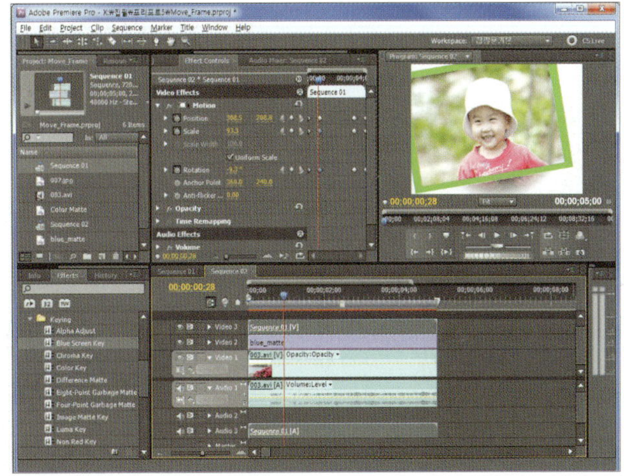

52 Chapter

세 가지 형태의 실전 타이틀 만들기

세련된 타이틀은 영상의 품격과 완성도를 높이게 됩니다. 단순히 문자만 나타나는 기본적인 타이틀의 수준을 넘어 다양한 배경과 함께 독특한 효과를 보여주는 세 가지 형태의 타이틀을 만들어보도록 하겠습니다.

1 한쪽부터 나타나는 곡선형 타이틀 만들기

[부록 ◉ Example\Path_Title.wmv]

프리미어 프로 CS5의 타이틀러에서는 웬만한 도형은 물론, 다양한 형태의 타이틀을 만들 수 있습니다. 자유자재로 휘어지는 곡선형 타이틀을 만들어보고 Crop 이펙트를 적용하여 한쪽에서부터 나타나도록 하겠습니다.

01 새 프로젝트를 시작하고 부록 DVD의 [Source] 폴더에서 "016.avi" 클립을 임포트한 후, 프로젝트 패널에 나타난 클립을 타임라인 패널의 Video 1 트랙으로 드래그합니다.

02 Title〉New Title〉Default Still을 선택하여 New Title 대화상자가 나타나면 OK 버튼을 클릭합니다. 타이틀러 패널이 나타나면 Show Background Video 옵션을 체크하여 현재 시간 표시자가 위치하고 있는 영상이 배경으로 나타나도록 한 후, 타이틀러 패널의 툴박스에서 패스 타입 툴(Path Type Tool)을 선택하고 작업 영역 안에서 문자가 시작될 지점인 중앙 좌측 지점을 클릭합니다.

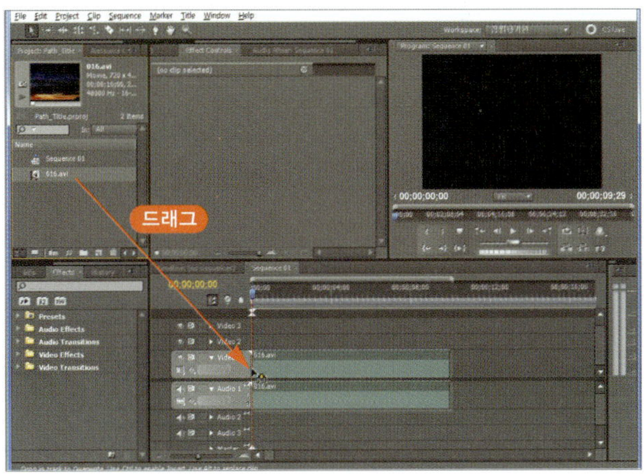

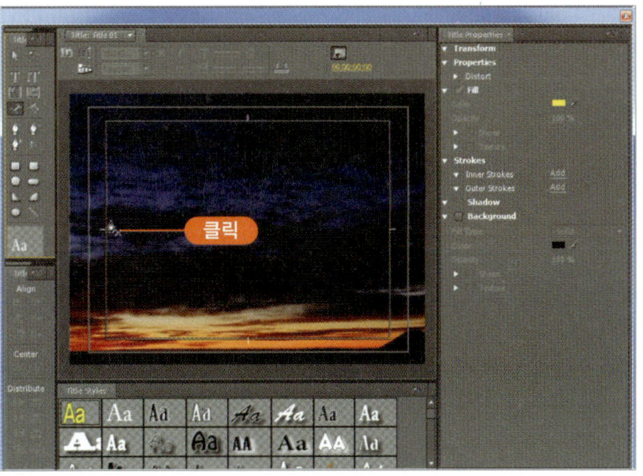

03 클릭한 지점에 패스 시작 포인터가 생성됩니다. 이어서 문자가 나타날 다음 지점을 클릭합니다. 두 번째 포인터가 생성됩니다.

04 계속해서 문자가 나타날 다음 지점을 연속해서 클릭하여 여러 개의 포인터를 생성해둡니다.

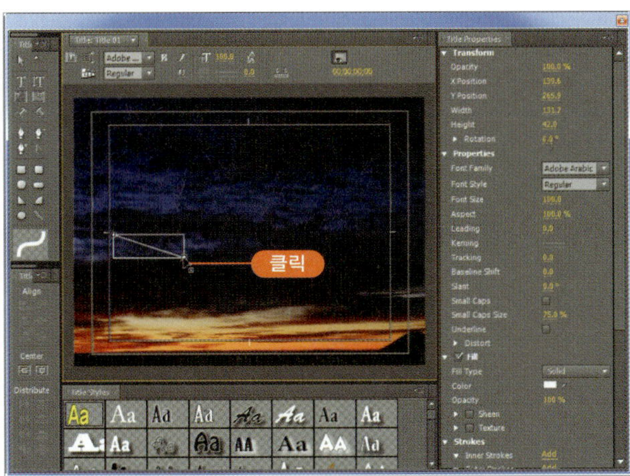

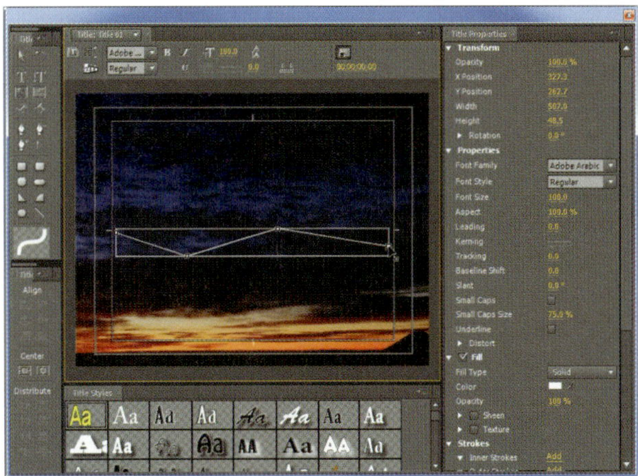

05 폰트 목록이나 타이틀 속성 패널의 Properties〉Font Family 목록에서 적절한 한글 폰트를 선택합니다. 스타일을 만들어두었다면 그것을 사용하도록 합니다. 타입 툴을 선택하고 첫 번째 포인터 지점을 클릭한 후 "노을에 물든 저녁에"라는 문자를 입력합니다. 지정된 패스를 따라 문자가 나타납니다.

06 속성 패널에서 Font Size 값을 조절하여 문자의 크기가 패스 안에 적절히 잘 나타나도록 하고 색상, 그림자, 외곽선 등도 원하는 것으로 설정합니다.

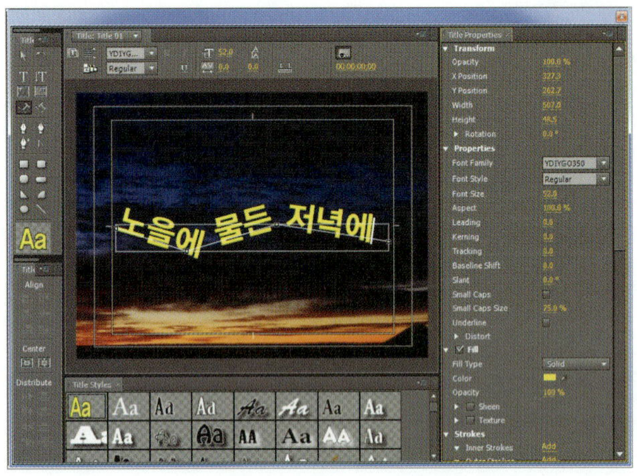

07 입력한 문자에 비해 패스가 너무 단순하게 느껴진다면 툴박스에서 패스 추가툴(Add Anchor Point Tool)을 선택하고 변화를 주고 싶은 지점을 클릭합니다.

08 클릭한 지점에 추가로 포인터가 생성됩니다. 툴박스에서 패스 변환툴(Convert Anchor Point Tool)을 선택하고 각 포인터를 드래그하여 패스를 부드러운 곡선 형태로 만들어줍니다. 패스의 수정으로 인해 폰트 크기가 부적절해 보인다면 다시 변경해주도록 합니다.

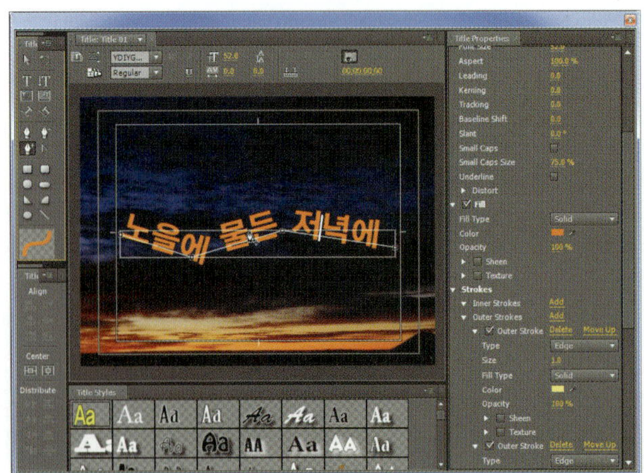

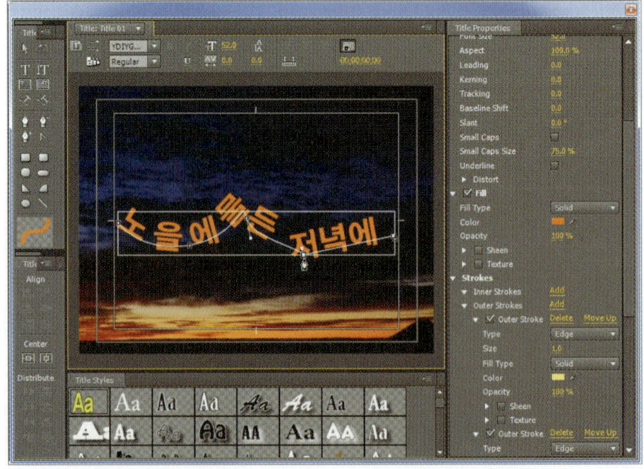

09 선택 툴로 타이틀 내부를 드래그하여 원하는 위치로 타이틀을 위치시킵니다. 모서리의 핸들을 드래그하여 타이틀의 크기를 변경하면 패스의 형태도 바뀌게 되므로 주의하도록 합니다.

10 타이틀러 패널을 닫고, 프로젝트 패널에 등록되어 나타난 타이틀 클립을 Video 2 트랙에 등록합니다.

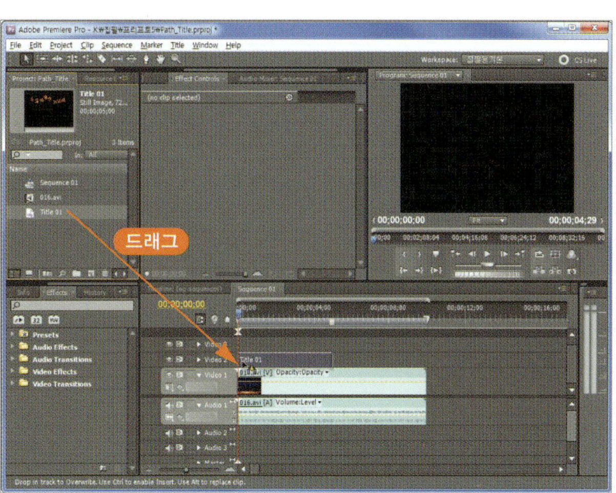

11 이펙트 패널에서 Video Effects〉Transform의 Crop 이펙트를 Video 2 트랙의 타이틀 클립으로 드래그하여 적용한 후, 현재 시간 표시자를 클립의 시작 지점에 두고 Video 2 트랙의 클립이 선택된 상태에서 이펙트 컨트롤 패널을 열어 Crop 이펙트의 Right 속성에 키프레임을 생성합니다.

12 프로그램 모니터에 타이틀 클립의 문자가 보이지 않는 지점까지 Right 속성값을 우측으로 드래그합니다.

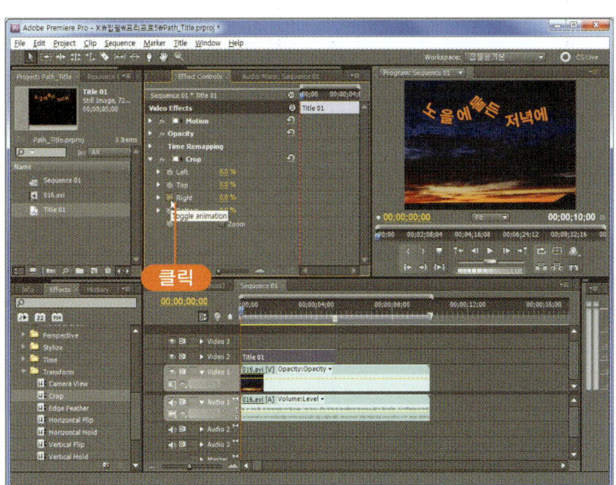

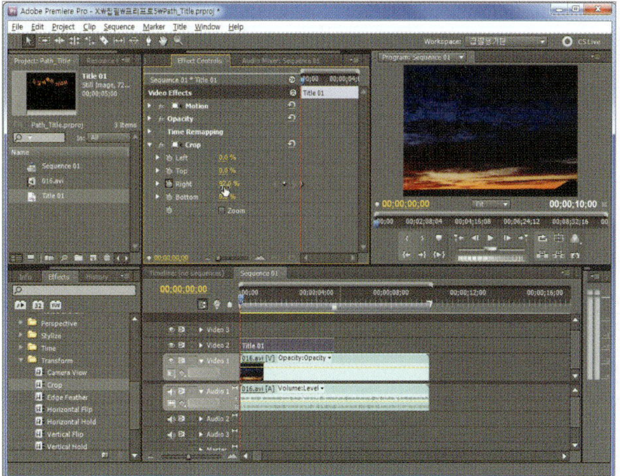

13 현재 시간 표시자를 3초 지점에 두고, Right 값을 좌측으로 드래그하여 타이틀 클립의 문자가 모두 나타나는 지점에서 마우스 버튼을 놓습니다.

14 프리뷰를 통해 작업 결과를 확인합니다. 클립의 시작 지점에서 3초 지점의 구간 사이에서 타이틀 클립의 문자가 좌측에서 부터 나타나게 됩니다.

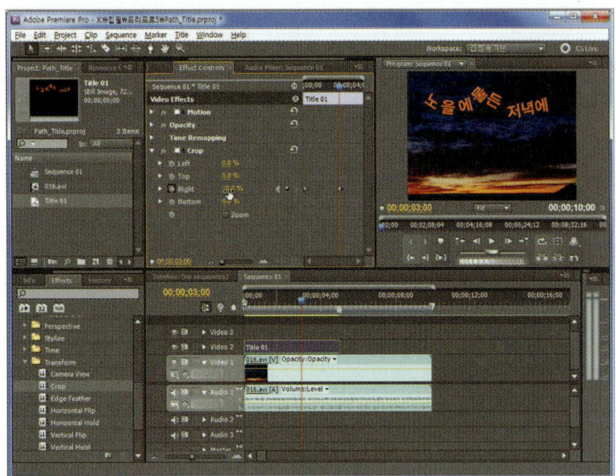

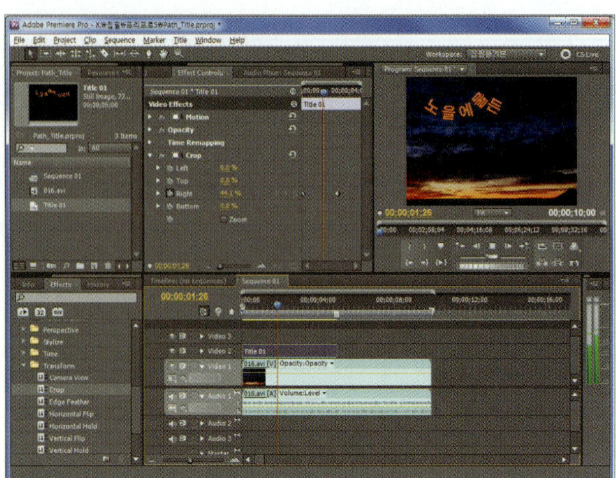

2 광선이 비취며 지나가는 타이틀 만들기

[부록 ◉ Example\Flare_Title.wmv]

Lens Flare 이펙트에 키프레임을 생성하여 타이틀에 좌측에서부터 우측으로 강한 광선이 비취는 것 같은 효과를 만들어보도록 하겠습니다. 방송용 자막에서도 흔히 볼 수 있는 영상입니다.

01 새 프로젝트를 시작하고 부록 DVD의 [Source] 폴더에 있는 "011.avi" 클립과 [etc] 폴더에 있는 "run.tif" 클립을 각각 불러와, 그림과 같이 "011.avi" 클립은 타임라인 패널의 Video 1 트랙에, "run.tif" 클립은 Video 2 트랙에 각각 등록합니다.

02 이펙트 패널에서 Video Effects〉Generate에 있는 Lens Flare 이펙트를 Video 2 트랙의 클립으로 드래그합니다.

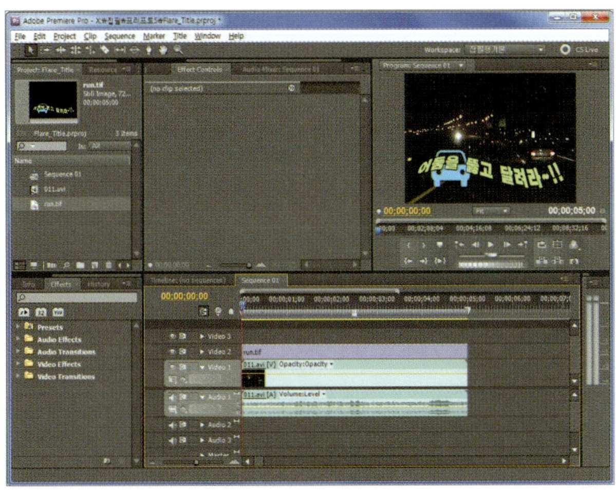

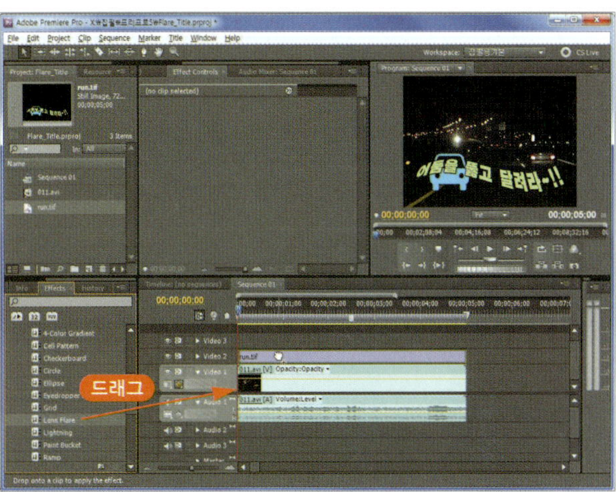

03 Video 2 트랙의 클립을 선택하고 이펙트 컨트롤 패널에서 Lens Flare 이펙트의 속성을 열어 Flare Brightness 값을 150%로 변경한 후, 이펙트 이름을 클릭합니다.

04 프로그램 모니터의 중앙에 나타난 조절점을 드래그하여 문자의 가장 좌측 부분으로 드래그합니다.

05 이펙트 컨트롤 패널에서 Lens Flare 이펙트의 Flare Center 속성에 키프레임을 생성하고 현재 시간 표시자를 클립의 끝 지점으로 이동시킵니다.

06 프로그램 모니터에서 조절점을 문자의 우측 끝 부분으로 드래그합니다. 속성이 변화되었으므로 당연히 현재 시간 지점에 키프레임이 생성됩니다.

07 프리뷰해보면 타이틀로 사용하는 이미지 클립의 좌측에서 우측으로 빛이 비추면서 진행되는 것을 볼 수 있습니다.

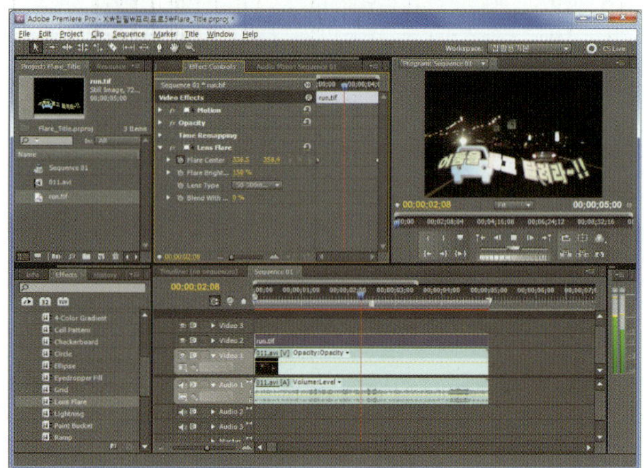

Tip 포토샵에서 투명한 배경으로 파일 만들기

앞의 예제에는 포토샵에서 작성한 이미지를 타이틀로 사용했습니다. 프리미어 프로에서의 합성 결과를 보면 배경이 투명하게 처리되어 나타나는 것을 볼 수 있습니다. 다른 클립과의 합성을 위하여 배경을 투명하게 하려면 다음과 같은 두 가지 사항을 따라야 합니다.

• 새 작업을 시작할 때 New 대화상자에서 Background Contents를 Transparent로 지정합니다.

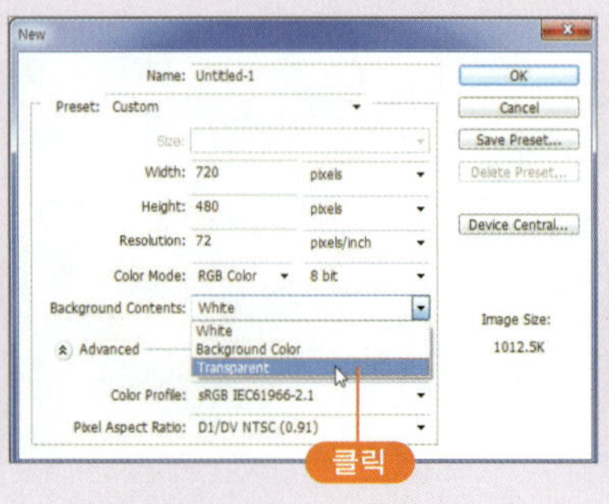

• 작업한 파일을 저장하기 위해 File〉Save As를 선택하면 Save As 대화상자가 나타납니다. Format에서 TIFF을 선택하고 [저장] 버튼을 클릭하면 TIFF Options 대화상자가 나타나는데 Save Transparency 옵션을 클릭하여 체크 상태로 하고 OK 버튼을 클릭합니다.

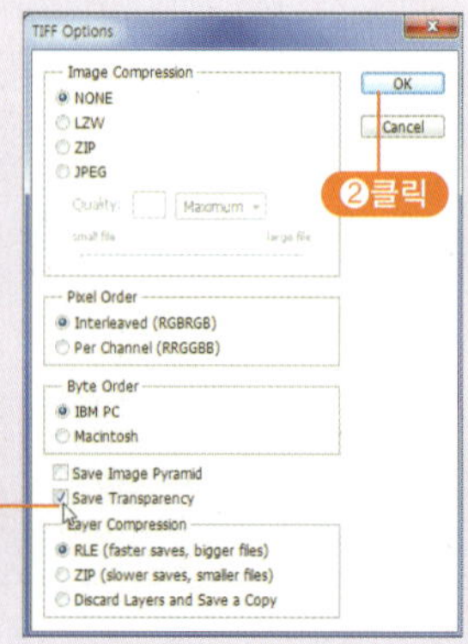

3 | 서서히 또렷해지면서 한 문자씩 나타나는 타이틀 만들기

[부록 ◉ Example\Blur_Title.wmv]

Garbage Matte와 Blur 이펙트를 사용하여 문자가 한쪽부터 흐릿한 상태로 지나가면서 나타나도록 하겠습니다. 문자 애니메이션에서 많이 사용되는 효과입니다.

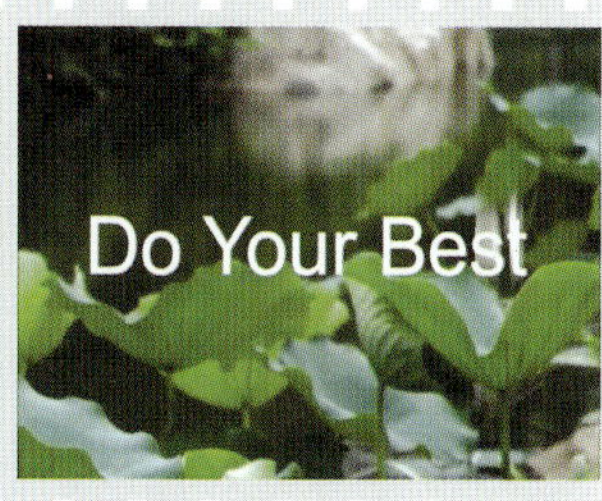

01 부록 DVD의 [Source] 폴더에서 "027.avi" 파일을 불러와 타임라인 패널의 Video 1 트랙에 등록합니다.

02 Title〉new Title〉Default Still을 선택하고 New Title 대화상자가 나타나면 OK 버튼을 클릭합니다.

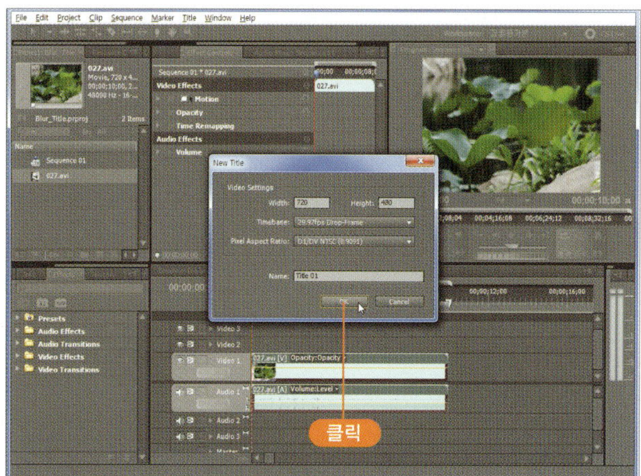

03 타이틀러 패널이 나타나면 그림과 같이 문자를 입력합니다. 폰트는 윈도우에 기본적으로 포함되어 있는 Arial로, 크기는 80으로 각각 지정하였습니다.

04 타이틀러 패널을 닫고 타이틀 클립을 Video 2 트랙에 등록한 후, 이펙트 패널에서 Keying〉Four-Point Garbage Matte 이펙트를 타임라인 패널의 타이틀 클립에 적용합니다.

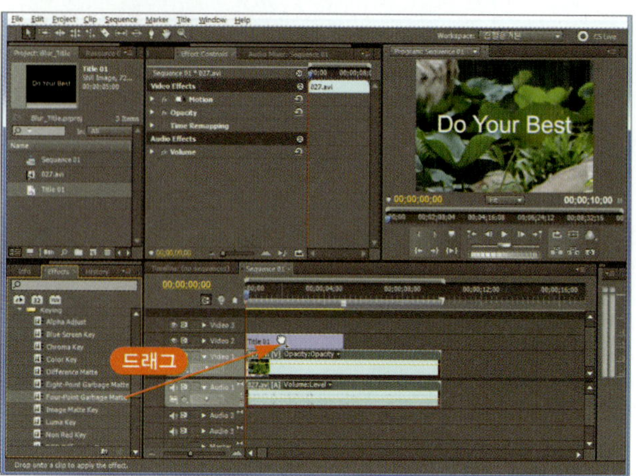

05 현재 시간 표시자를 클립의 시작 지점에 두고 Video 2 트랙에 등록된 클립이 선택된 상태에서 이펙트 컨트롤 패널에 나타난 Four-Point Garbage Matte 이펙트의 모든 속성에 키프레임을 생성합니다.

06 이펙트 컨트롤 패널의 Four-Point Garbage Matte 이펙트 이름을 클릭하여 프로그램 모니터에 조절점이 나타나도록 합니다.

07 네 개의 조절점을 드래그하여 그림과 같이 문자의 좌측 앞에 각 조절점들이 위치하도록 합니다. 즉, 현재 지점에서 문자가 보이지 않도록 합니다.

08 현재 시간 표시자를 3초 뒤 지점에 두고 우측 두 개의 조절점을 클립의 가장 우측 지점으로 드래그합니다.

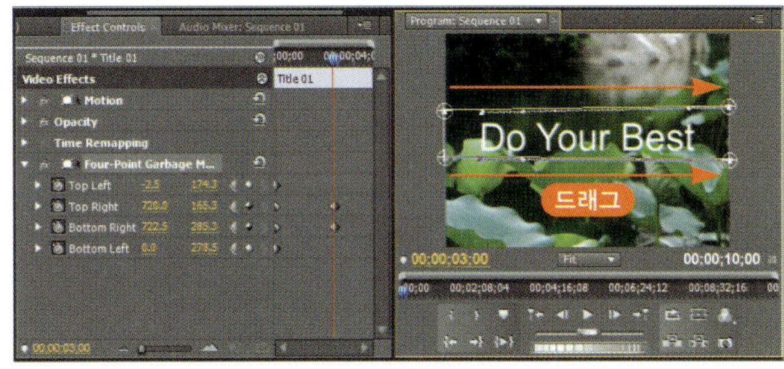

09 이어서 좌측 두 개의 조절점도 끝 문자의 우측으로 드래그하여 문자가 나타나지 않도록 합니다. 이때, 좌측 두 개의 조절점과 우측 두 개의 조절점 간격은 문자 하나의 크기와 비슷하게 유지하는 것이 좋습니다.

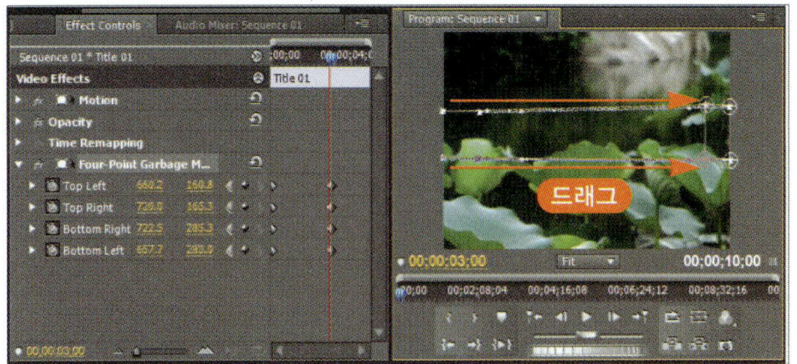

10 이펙트 패널에서 Blur&Sharpen〉Directional Blur 이펙트를 Video 2 트랙의 클립에 적용하고 클립이 선택된 상태에서 이펙트 컨트롤 패널을 열어 Directional Blur의 Blur Length 속성값을 40 정도로 설정합니다.

11 타임라인 패널에서 Video 2 트랙의 클립을 선택하고 **Ctrl**+**C** 키를 누르거나 마우스 우측 버튼을 클릭하여 단축 메뉴에서 Copy를 선택합니다.

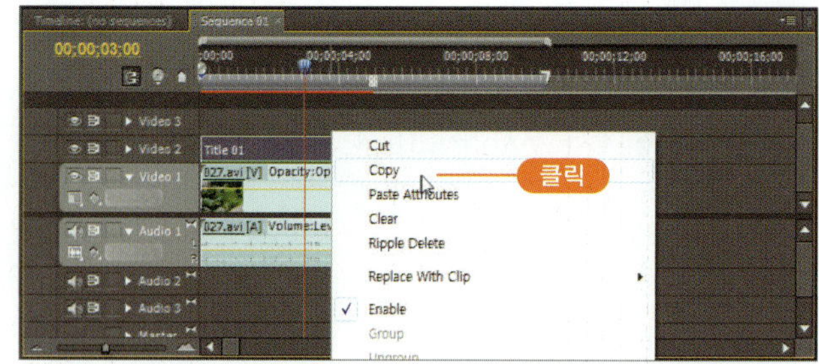

12 현재 시간 표시자를 클립의 뒷부분 이후 아무 지점에나 두고 **Ctrl**+**V** 키를 눌러 복사해둔 클립을 붙여넣기 합니다.

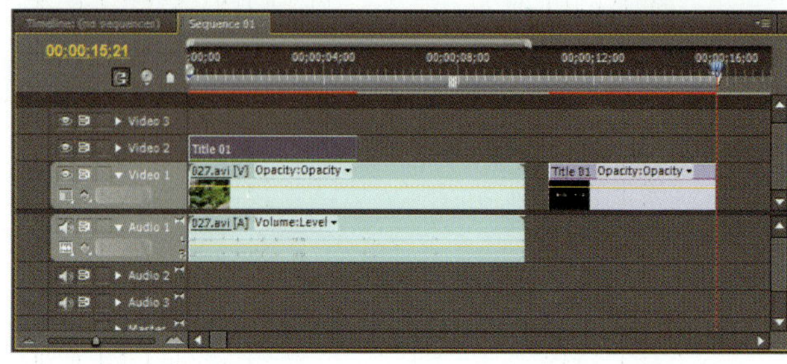

13 붙여넣기로 새로 추가된 클립을 Video 3 트랙의 시작 지점으로 드래그하여 위치시키고 Video 2 트랙의 클립을 선택합니다.

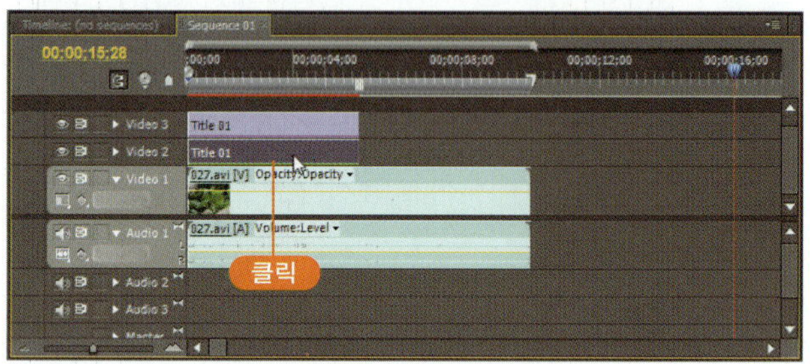

14 이펙트 컨트롤 패널에서 클립에 적용된 Directional Blur 이펙트를 선택하고 **Delete** 키를 눌러 이펙트를 삭제합니다.

15 이펙트 컨트롤 패널의 Four-Point Garbage Matte 이펙트를 클릭하여 프로그램 모니터에 조절점이 나타나도록 하고 3초 지점에 생성되어 있는 뒤 쪽 키프레임에 현재 시간 표시자를 위치시킵니다.

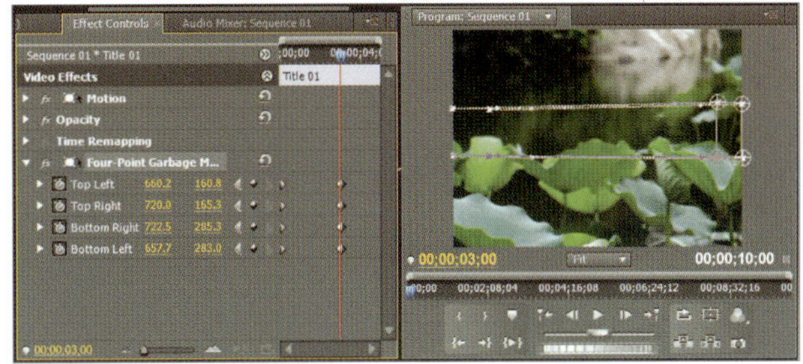

16 프로그램 모니터에서 좌측에 있는 두 개의 조절점을 문자의 좌측으로 드래그하여 문자의 모든 부분이 나타나도록 합니다.

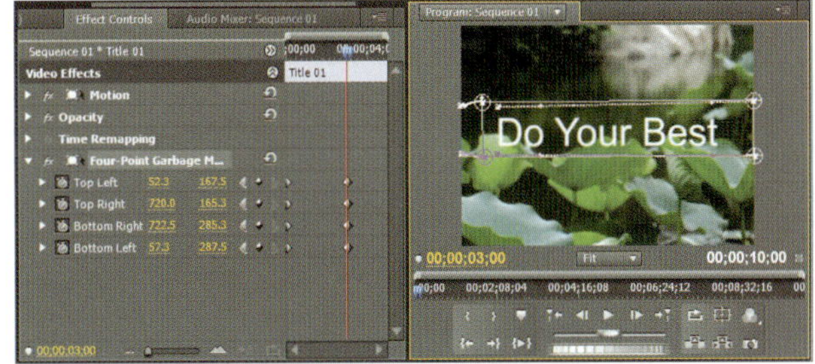

17 결과를 확인합니다. 두 클립은 동일한 위치로 모두 한 문자씩 좌측에서부터 나타나되 위쪽 클립에만 블러 이펙트가 적용되어 있기 때문에 원래의 타이틀 클립 위에서 블러가 적용된 클립이 한 자씩 나타나게 됩니다. 문자가 흐리게 나타나는 부분이 자연스럽지 못하다면 Video 3 클립에 적용된 Direction Blur 이펙트의 Blur Length 값을 적절히 줄여주도록 합니다.

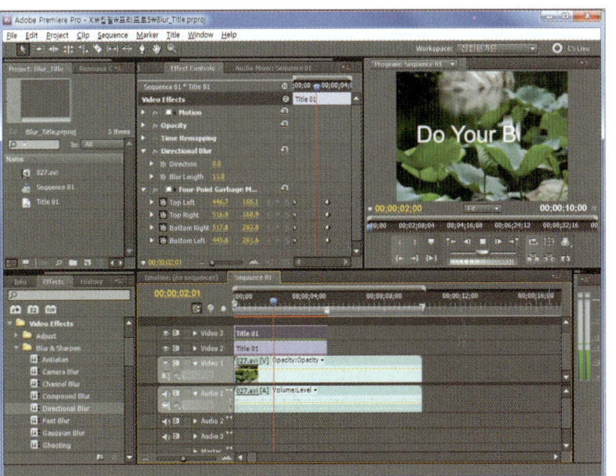

Chapter 53

고급 실전 롤링 타이틀 만들기

기본적인 롤링 타이틀을 응용한 3개의 예제를 다루어보겠습니다. 배경 영상과 타이틀 클립에 적절한 이펙트와 모션을 적용하면 더욱 세련되고 영상미가 넘치는 롤링 타이틀을 만들 수 있습니다.

1. 영상이 젖혀진 후 롤링되는 타이틀 만들기

[부록] ● Example\Pin_Title.wmv

TV 프로그램에서 엔딩 영상으로 많이 사용하는 것으로 화면을 한쪽으로 밀어놓고 타이틀이 스크롤 되는 영상을 만들어 보겠습니다. 응용하기에 따라 얼마든지 다양하게 변형할 수 있습니다.

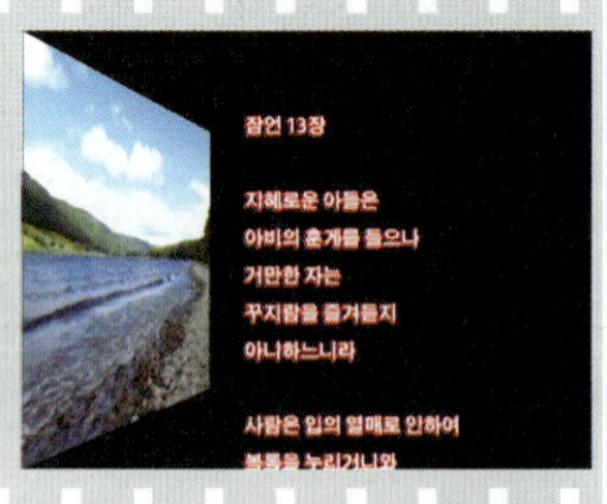
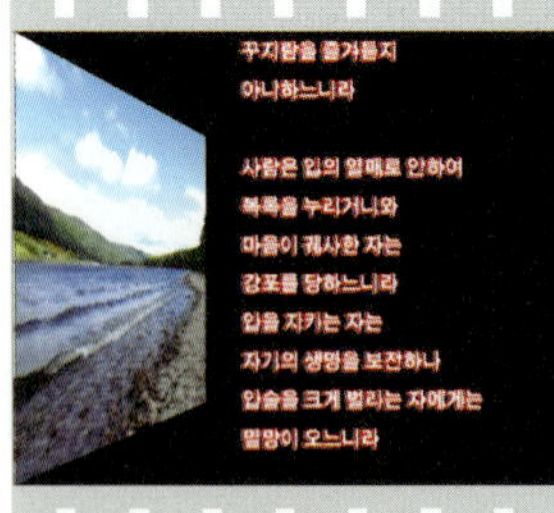

01 새 프로젝트를 시작하고 부록 DVD의 [Source] 폴더에서 "020.avi" 파일을, [etc] 폴더에서 "잠언13.prtl" 파일을 각각 불러옵니다. 무비 클립은 Video 1 트랙에, 타이틀 클립은 Video 2 트랙에 등록한 후, 타이틀 클립의 뒷부분을 10초 지점까지 드래그하여 무비 클립과 같은 지속시간을 갖도록 합니다. 타이틀 클립은 미리 제작해둔 롤링 타이틀로서 성경의 "잠언 13장" 말씀 중 일부입니다.

02 이펙트 패널에서 Video Effects〉Distort에 있는 Coner Pin 이펙트를 Video 1 트랙의 클립에 적용합니다.

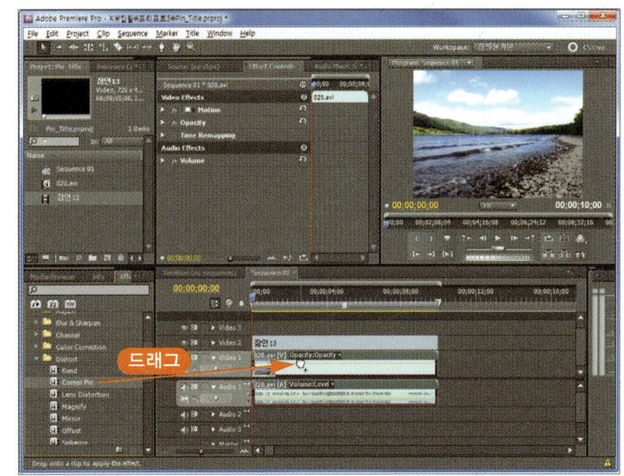

03 Video 1 트랙의 클립이 선택된 상태에서 이펙트 컨트롤 패널을 열고 Corner Pin 이펙트의 확장 버튼을 클릭하여 속성이 나타나도록 합니다.

04 현재 시간 표시자를 클립의 시작 지점에 두고 Upper Right와 Lower Right 속성 좌측의 애니메이션(Toggle Animation) 버튼을 클릭하여 키프레임을 생성합니다.

05 현재 시간 표시자를 2초 지점에 두고 이펙트 컨트롤 패널에서 Corner Pin 이펙트의 이름을 클릭합니다. 프로그램 모니터에 클립의 네 모서리에 조절점이 나타나는데 이 중에서 우측 상단의 조절점을 드래그하여 다음과 같은 형태로 만들어줍니다.

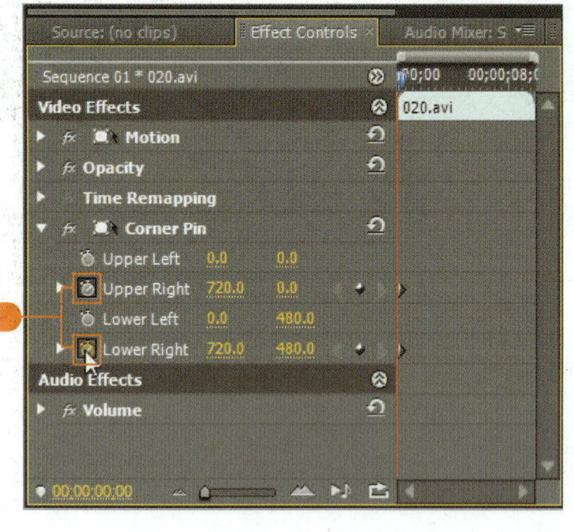

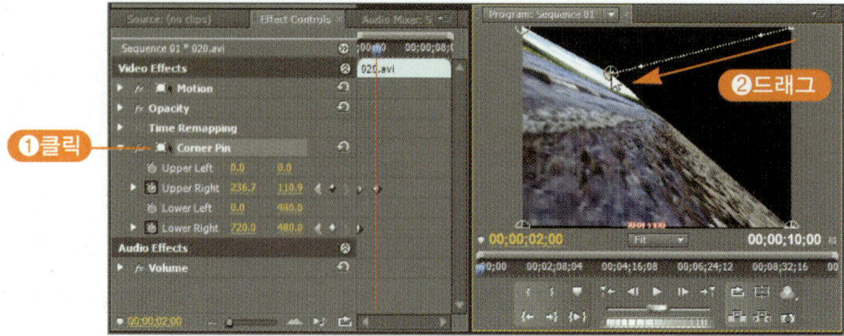

06 계속해서 우측 하단의 조절점은 그림처럼 드래그합니다.

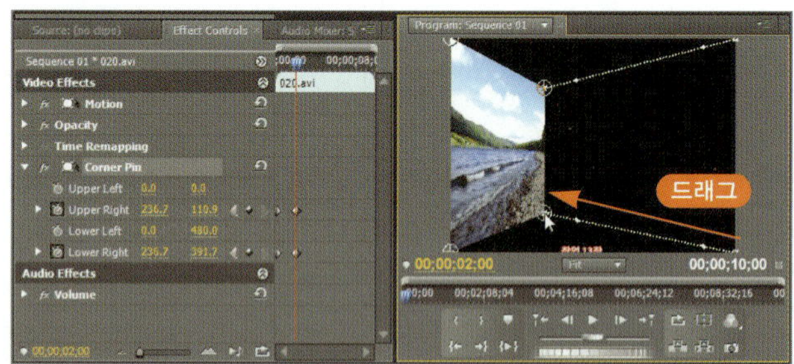

07 현재 시간 표시자를 8초 지점에 두고 Upper Right 속성의 키프레임 추가(Add/Remove Keyframe) 버튼을 클릭합니다.

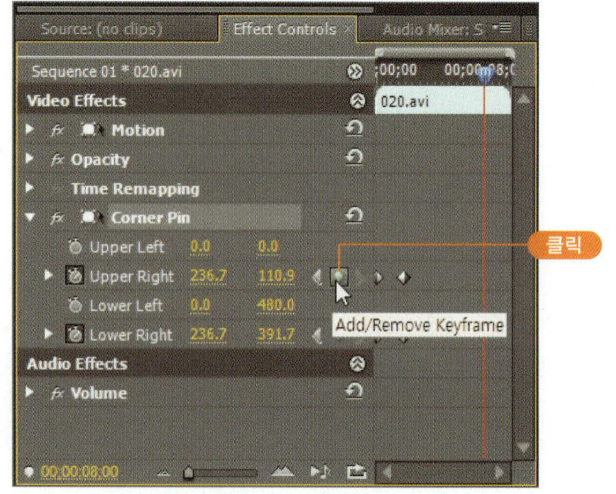

08 해당 지점에 이전 키프레임 지점과 동일한 속성 값을 갖는 키프레임이 생성됩니다. 즉, 2초 지점에서 8초 지점까지는 속성이 변화되지 않도록 하는 것입니다. Lower Right 속성에도 키프레임을 추가하기 위해 키프레임 추가 버튼을 클릭합니다.

09 현재 시간 표시자를 10초 지점에 두고 이펙트의 Reset 버튼을 클릭합니다. 이 지점에는 이펙트의 기본값을 적용하려는 것입니다.

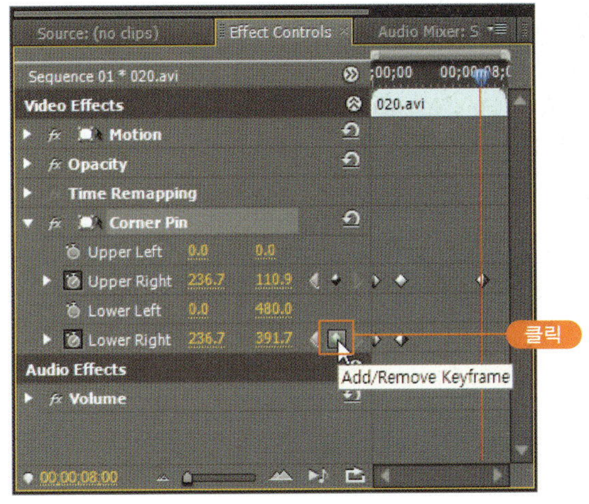

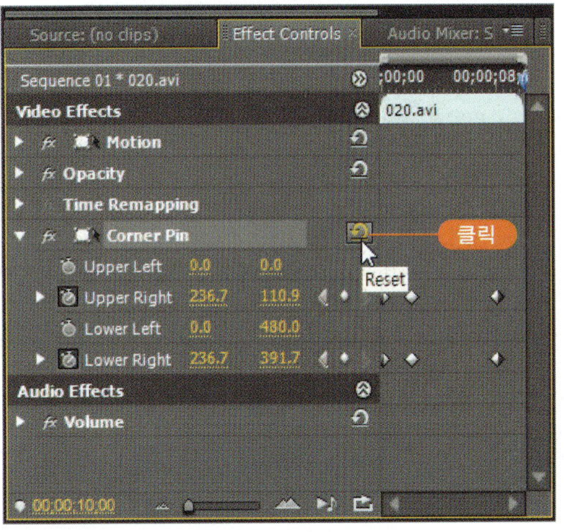

10 프리뷰를 통해 작업 결과를 확인합니다. 롤링 타이틀을 학습할 때 설명한 것처럼, 타이틀이 스크롤되는 속도가 너무 빠르거나 느리다면 타이틀 클립의 지속시간을 적절히 변경해주도록 합니다. 물론 배경으로 사용되는 무비 클립도 타이틀 클립의 길이에 맞게 적절한 길이를 가지고 있어야 할 것입니다.

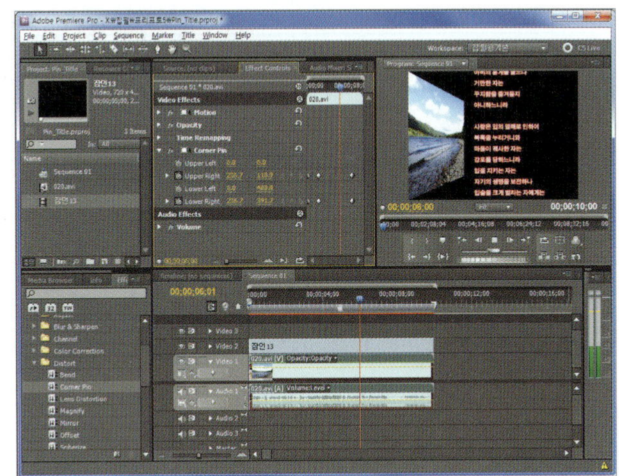

Tip 젖혀진 클립의 여백 색상 변경하기

Corner Pin 이펙트를 적용함으로 인하여 클립이 한쪽으로 젖혀질 때 발생하는 여백은 기본적으로 검정색으로 나타납니다. 하지만 하위 트랙에 원하는 색상의 컬러매트를 등록해주면 이 부분의 색상을 원하는 것으로 변경할 수 있습니다.

01 앞의 예제에서 타이틀 클립을 Video 3 트랙으로, 무비 클립을 Video 2 트랙으로 각각 드래그하여 옮겨줍니다.

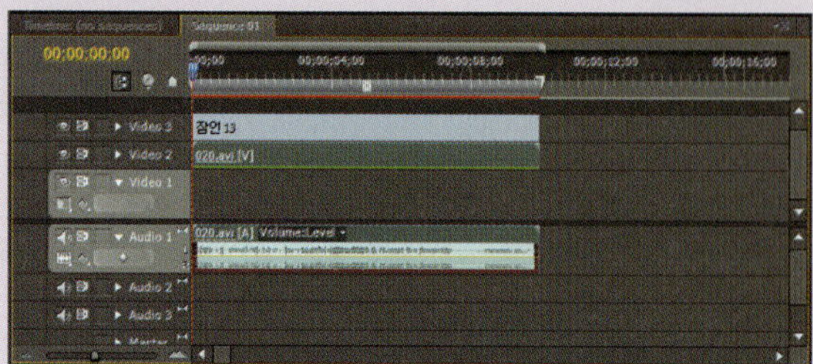

02 File〉New〉Color Matte를 선택하여 New Color Matte 대화상자가 나타나면 OK 버튼을 클릭한 뒤, 컬러 피커 창이 나타나면 원하는 색을 선택하고 OK 버튼을 클릭합니다.

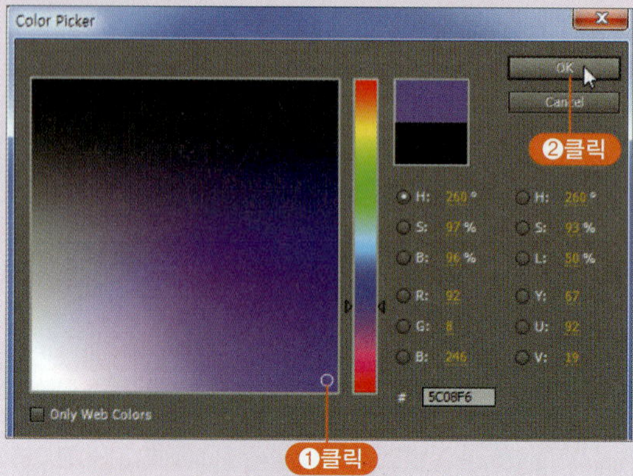

03 Choose Name 대화상자가 나타나면 OK 버튼을 입력하고 프로젝트 패널에 등록된 컬러 매트 클립을 Video 1 트랙으로 드래그합니다.

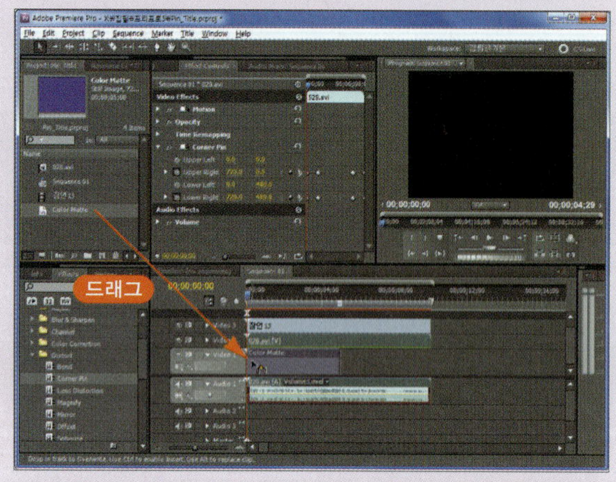

04 매트 클립의 길이를 무비 클립의 길이와 동일하게 변경하고 프리뷰해보면 이펙트가 적용된 상위 클립의 여백 부분이 컬러 매트 클립의 색상으로 나타나게 됩니다.

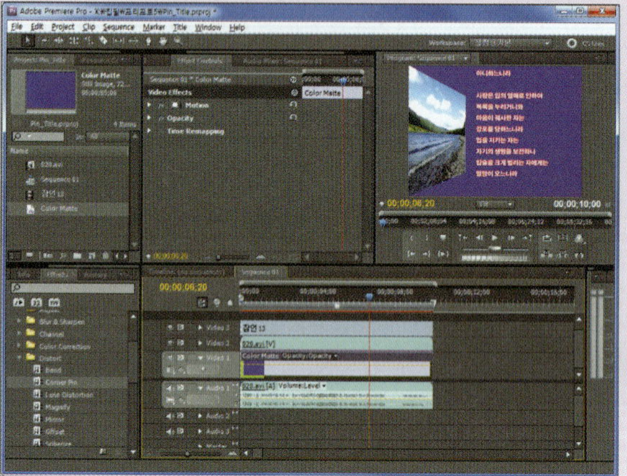

2 누워서 올라가는 롤링 타이틀 만들기

[부록 ◉ Example\Tilt_Rolling.wmv]

롤링 타이틀에 이펙트를 적용하여 타이틀이 누워서 올라가도록 하겠습니다. 영화 스타워즈에서 사용되었던 롤링 타이틀 형태입니다. 타이틀이 화면의 특정 영역에만 나타나는 부수적인 효과도 얻을 수 있습니다.

01 앞의 예제처럼 부록 DVD의 [Source] 폴더에서 "020.avi"를, [etc] 폴더에서 "잠언13.prtl"을 불러온 후, 무비 클립은 Video 1 트랙에, 타이틀 클립은 Video 2 트랙에 각각 등록합니다. 이어서 타이틀 클립의 길이를 무비 클립과 동일하게 맞추어줍니다.

02 이펙트 패널에서 Video Effects〉Perspective에 있는 Basic 3D 이펙트를 Video 2 트랙에 놓인 타이틀 클립으로 드래그합니다.

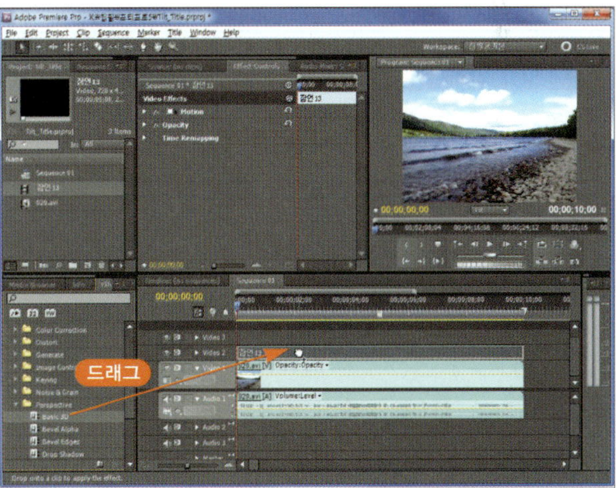

03 타이틀 클립의 문자가 잘 나타나는 지점으로 현재 시간 표시자를 이동시키고 이펙트 컨트롤 패널에서 Basic 3D의 Tilt 값을 −45° 정도로 변경합니다. 타이틀 클립이 누워있는 상태로 나타나게 됩니다.

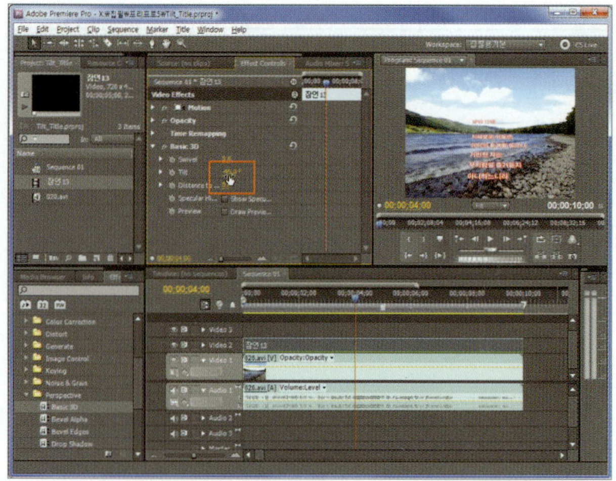

04 이펙트 컨트롤 패널에서 Motion을 클릭하고 프로그램 모니터에서 클립을 우측으로 드래그하여 타이틀 클립의 문자가 중앙에 오게 합니다.

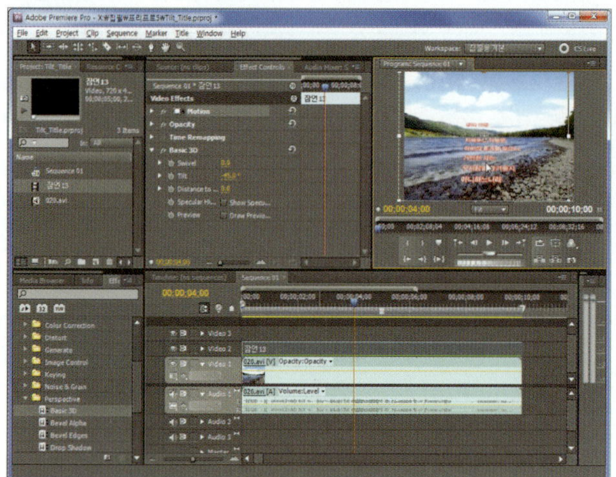

05 프리뷰로 작업 결과를 확인합니다.

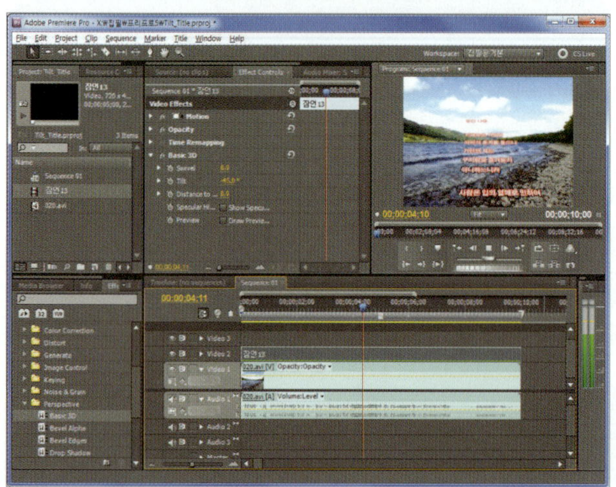

3   특정 구역 안에서만 나타나는 롤링 타이틀 만들기

[부록 ● Example\Garbage_Rolling.wmv]

화면의 일부 영역 안에서만 롤링되는 타이틀도 심심치 않게 사용되고 있습니다. Garbage Matte 이
펙트를 사용하면 간단히 이러한 결과물을 만들 수 있습니다.

01 앞의 예제처럼 부록 DVD의 [Source] 폴더에서
"020.avi"를, [etc] 폴더에서 "잠언13.prtl"을 불러
온 후, 무비 클립은 Video 1 트랙에, 타이틀 클립은
Video 2 트랙에 각각 등록합니다. 이어서 타이틀 클립의
길이를 무비 클립과 동일하게 맞추어 줍니다.

02 이펙트 패널에서 Video Effects〉Keying에 있는
Four-Point Garbage Matte 이펙트를 Video 2
트랙에 놓인 타이틀 클립으로 드래그합니다.

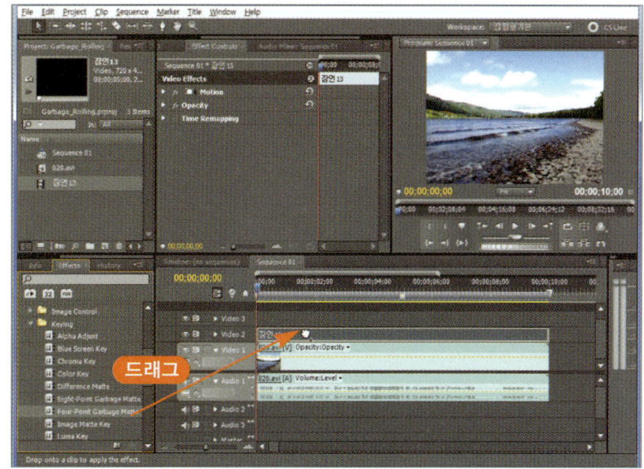

03 타이틀 클립의 문자가 잘 나타나는 지점으로 현재 시간 표시자를 이동시킨 후, 이펙트 컨트롤 패널에서 이펙트 이름을 클릭합니다. 프로그램 모니터에 4개의 조절점이 나타납니다.

04 4개의 조절점을 드래그하여 타이틀 클립의 문자가 가운데 영역에만 나타나도록 합니다. 즉, 위쪽 두 개의 조절점은 아래로, 아래쪽 두 개의 조절점은 위쪽으로 드래그합니다.

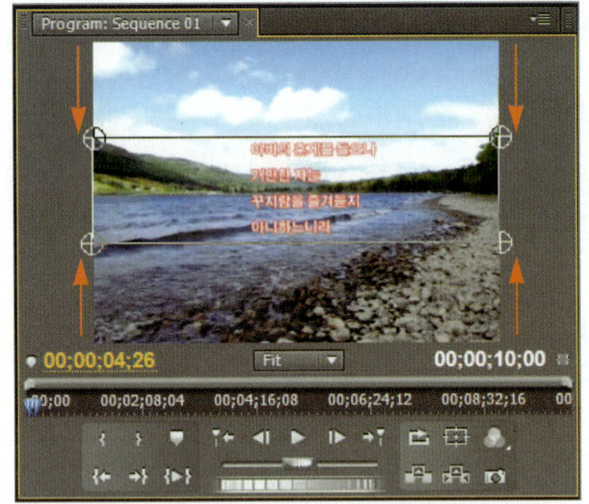

05 프리뷰로 작업 결과를 확인합니다. Garbage Matte 이펙트를 사용함으로써 아주 간단하게 특정 영역에서만 타이틀 클립이 나타나는 영상을 만들 수 있습니다.

Chapter 54

고급 실전 크롤 타이틀 만들기

크롤 타이틀도 조금만 응용하면 독특한 형태의 결과를 창출할 수 있습니다. 외곽선만 나타나면서 크롤 되는 타이틀을 만들어보고 타이틀 안에 영상이 나타나도록 해보겠습니다. 어렵지 않게 만들 수 있는 영상이지만 자주 사용되고 있습니다.

1 화면 가득히 외곽선만 나타나는 크롤 타이틀 만들기

[부록 ● Example\Stroke_Crawl.wmv]

타이틀러 패널에서 간단히 몇 가지 옵션만 바꿔주면 쉽게 외곽선만 나타나는 타이틀을 만들 수 있습니다. 폰트의 크기를 키우면 더욱 역동적인 느낌을 갖게 할 수 있습니다.

01 부록 DVD의 [Source] 폴더에서 "003.avi" 파일을 불러온 후, Title〉New Title〉Default Crawl을 선택하여 New Title 대화상자가 나타나면 OK 버튼을 클릭합니다.

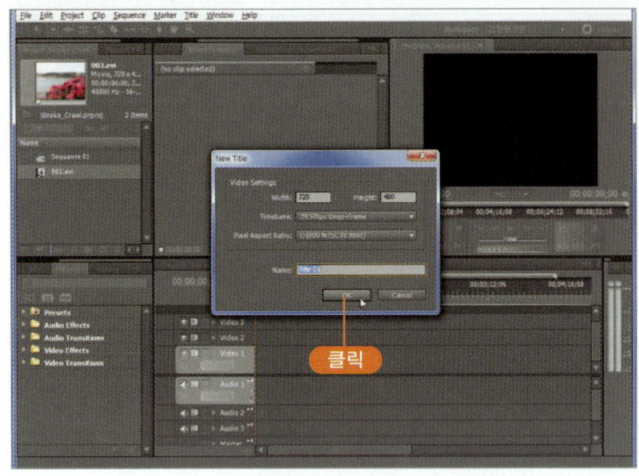

02 타이틀러 패널이 나타납니다. 적절히 문자를 입력합니다. 예제에서는 "호수음악회로 초대합니다!"라는 문자를 입력하였습니다.

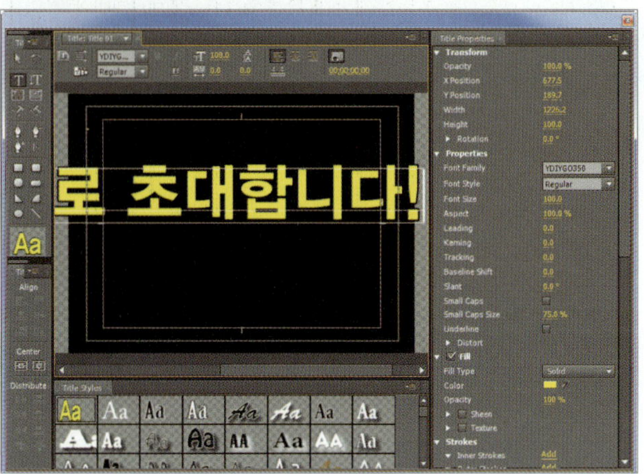

> **잠깐만요!!** 여기에 사용되는 폰트는 시스템에 설치된 폰트 중에서 가장 굵게 나타나는 것을 선택해 주는 것이 좋습니다. 굵은 폰트의 외곽선이 더욱 확실히 나타나기 때문입니다.

03 입력한 문자를 선택하고 문자 외곽에 나타난 핸들을 드래그하여 문자를 작업 영역에 가득차게 키워주고 중앙에 위치시킵니다. 타이틀 속성 패널의 Transform에서 Width, Height 속성값을 조절하여 문자의 높이와 너비를 키워주어도 좋습니다.

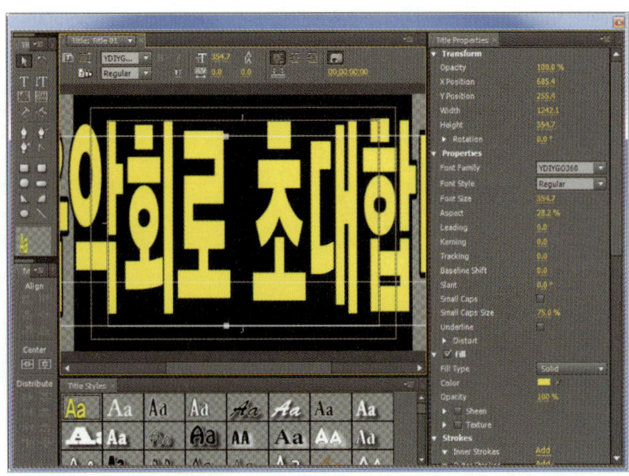

04 타이틀 속성 패널에서 Fill 속성을 열고 Opacity 값을 '0'으로 설정한 후, Strokes 속성을 열고 Outer Strokes 속성의 Add 버튼을 클릭합니다.

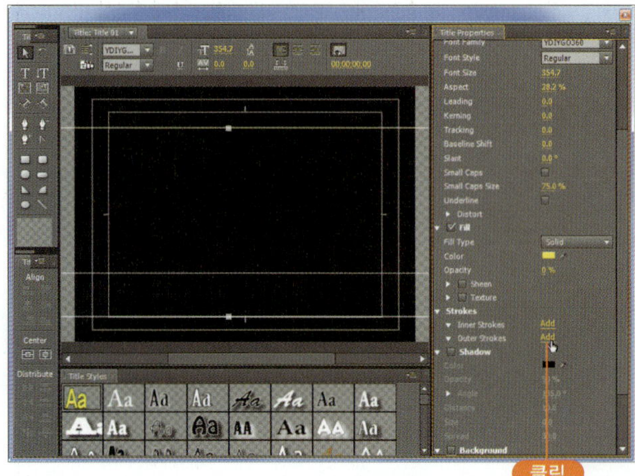

05 Outer Strokes 속성들이 나타납니다. 먼저 Color 속성의 색상 박스를 클릭하고 컬러 피커 창에서 노란색을 지정한 다음, OK 버튼을 클릭합니다.

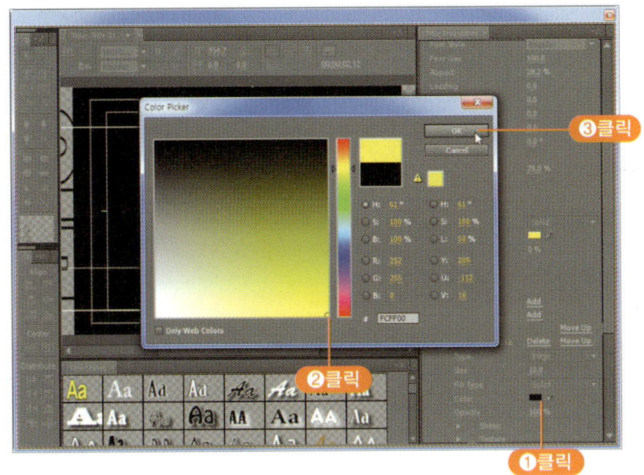

06 노란색의 외곽선이 나타납니다. Size 값을 '30' 정도로 조절하여 외곽선이 두껍게 나타나도록 합니다.

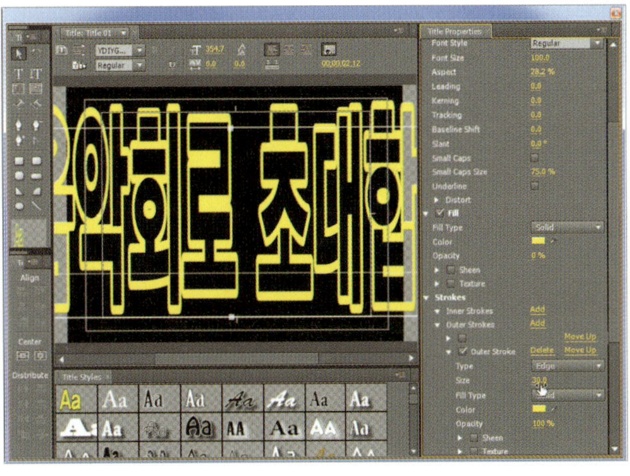

> **잠깐만요!!** 외곽선의 Size 값은 현재 선택된 폰트에 따라 적절히 설정하도록 합니다. 값이 너무 작으면 외곽선이 잘 보이지 않으며, 너무 크면 외곽선이 겹치는 부분이 발생하므로 문자를 알아보기 힘들 수 있기 때문입니다.

07 Roll/Crawl Options 버튼을 클릭하여 Roll/Crawl Options 옵션 대화상자를 열고, Start Off Screen과 End Off Screen 옵션을 체크한 후, OK 버튼을 클릭합니다.

08 타이틀러 패널을 닫고 프로젝트 패널에 등록된 타이틀 클립을 타임라인 패널의 Video 2 트랙에, 앞에서 불러왔던 무비 클립을 Video 1 트랙에 각각 등록 합니다.

09 프리뷰로 결과를 확인합니다. 외곽선만 나타나는 크롤 타이틀이 재생되는 것을 볼 수 있습니다. 크롤 타이틀도 클립의 길이를 변경함으로써 스크롤 속도를 조절할 수 있습니다.

2 문자 안으로 영상이 나타나는 크롤 타이틀 만들기

[부록 ◉ Example\Video_Crawl.wmv]

타이틀 클립의 문자 안에 하위 트랙에 놓인 무비 클립이 나타나게 하는 방법은 여러 가지가 있지만 Alpha Adjust 이펙트를 적용하고 Invert Only 옵션을 적용하는 것이 가장 간단합니다.

01 부록 DVD의 [Source] 폴더에서 "019.avi" 클립을 불러온 후, Title〉New Title〉Default Crawl을 선택하여 New Title 대화상자가 나타나면 OK 버튼을 클릭합니다.

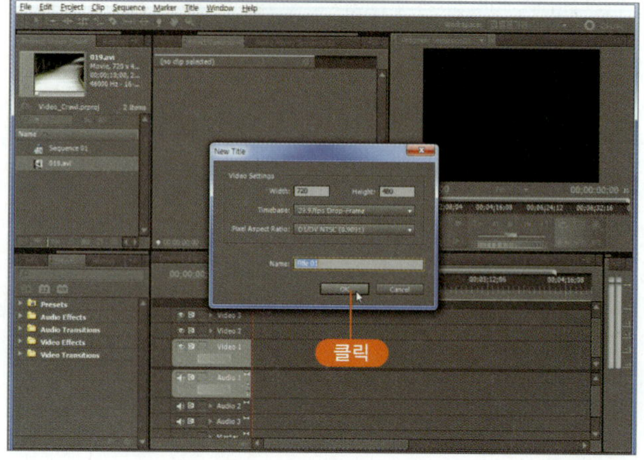

02 타이틀러 패널이 나타나면 적절히 문자를 입력합니다. 이번에는 "백세 건강을 위한 운동법"이라는 문자를 입력하였습니다. 이어서 선택 툴로 입력한 문자를 선택한 다음, Opacity 값을 100%로 설정하고 자신의 시스템에 설치된 폰트 중에서 가장 두껍게 나타나는 폰트를 선택합니다. 문자 내부로 영상이 나타나게 할 것이므로 가는 글꼴은 적합지 않습니다.

03 문자의 크기를 최대한 키워주고 그림자나 외곽선도 적용하지 않습니다. 또한 문자의 색상은 검정색으로 지정합니다. 다른 색을 사용할 경우 외곽선을 적용하지 않아도 테두리에 색상 찌꺼기가 남을 수 있습니다.

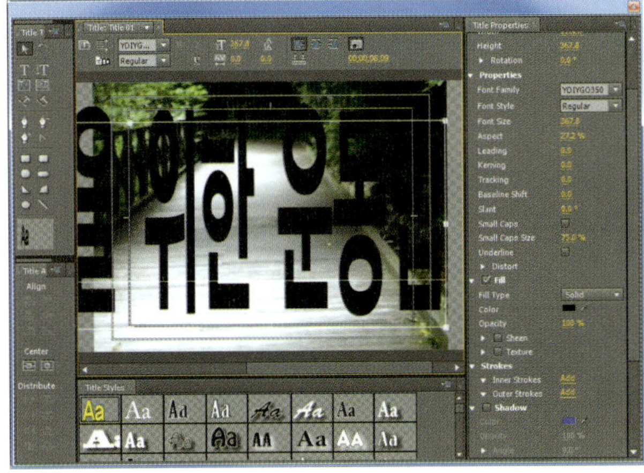

04 Roll/Crawl Options 버튼을 클릭하여 Roll/Crawl Options 대화상자를 열고, Start Off Screen과 End Off Screen 옵션을 체크한 후, OK 버튼을 클릭합니다.

05 타이틀러 패널을 닫고 프로젝트 패널에 등록된 타이틀 클립을 타임라인 패널의 Video 2 트랙에, 앞에서 불러왔던 무비 클립을 Video 1 트랙에 각각 등록합니다. 아울러 타이틀 클립의 길이를 무비 클립과 동일하게 조절합니다.

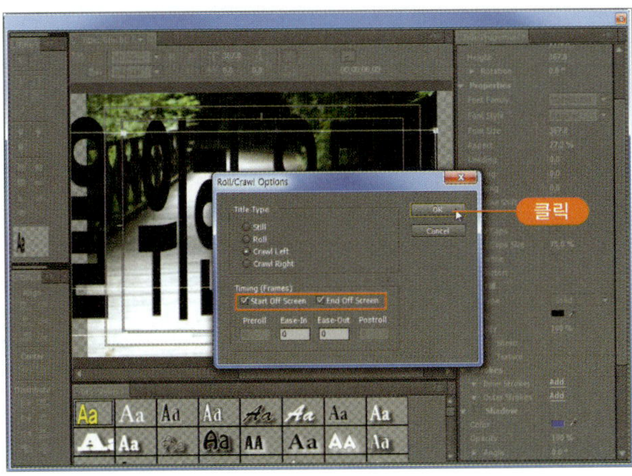

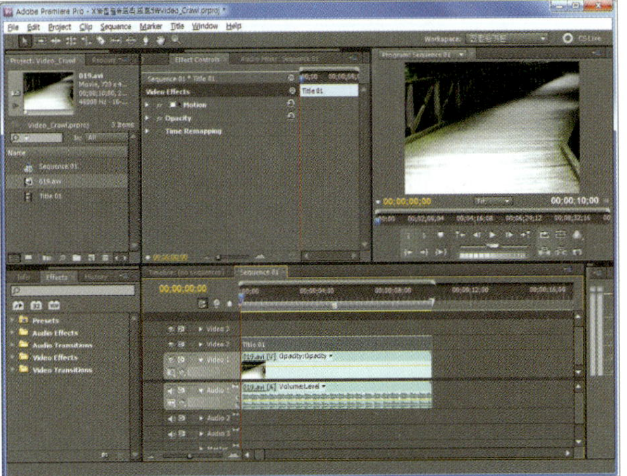

06 이펙트 패널에서 Video Effects〉Keying에 있는 Alpha Adjust 이펙트를 Video 2 트랙의 타이틀 클립으로 드래그하여 적용합니다.

07 타이틀 클립의 문자가 나타나는 지점으로 현재 시간 표시자를 이동한 후, Video 2 트랙의 타이틀 클립이 선택된 상태에서 이펙트 컨트롤 패널의 Alpha Adjust 이펙트 속성을 열고 Invert Alpha 옵션을 체크합니다.

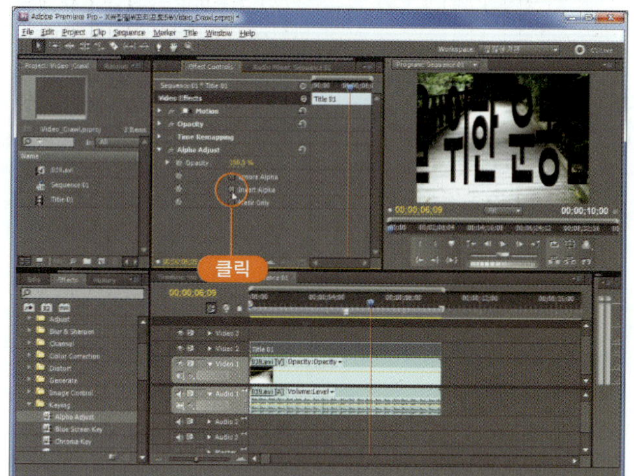

08 프리뷰로 결과를 확인합니다. 타이틀 클립의 문자 안으로 하위 트랙에 놓인 비디오 클립이 나타나는 것을 볼 수 있습니다.

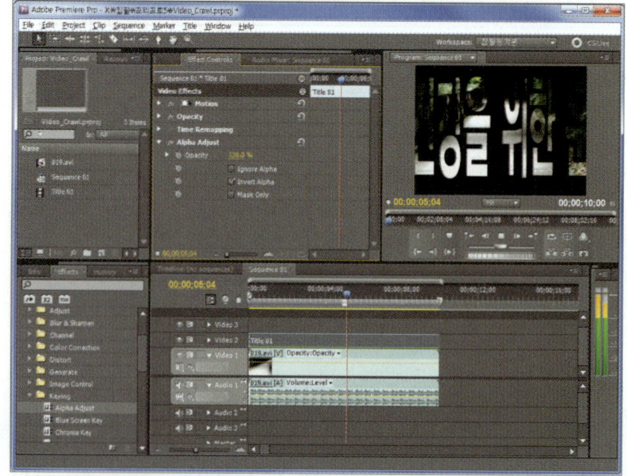

Chapter 55

방울처럼 둥둥 떠다니는 애니메이션 영상 만들기

하나의 영상을 배경으로 다른 영상이 원의 형태로 여기저기에서 나타나도록 하는 독특한 영상을 만들어봅니다. 시퀀스를 추가하고 각각 모션 설정을 다르게 적용함으로써 원하는 결과를 얻게 됩니다.

[부록] Example\Bubble.wmv

01 새 프로젝트를 시작하고 Title〉New Title〉Default Still을 선택하여 New Title 대화상자가 나타나면 OK 버튼을 클릭합니다. 이어서 타이틀러 패널이 나타나면 원 툴(Ellipse Tool)을 선택하고 Shift 키를 누른 채 드래그하여 중앙에 정원을 그립니다.

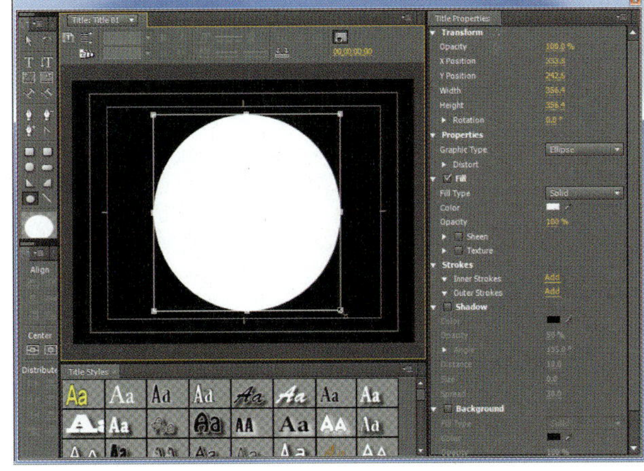

 잠깐만요!! Shift + Alt 키를 누른 상태에서 드래그하면 처음 클릭한 지점이 중심점이 되는 정원을 그릴 수 있습니다.

02 원이 선택된 상태에서 타이틀 속성 패널의 Fill〉Color 속성에 있는 색상 박스를 클릭하여 컬러 피커 창이 나타나면 정확한 파란색이 나타나도록 RGB 값을 각각 0, 0, 255로 설정하고 OK 버튼을 클릭합니다.

03 사각형 툴(Rectangle Tool)을 선택하고 드로잉 전체 영역에 걸쳐 큰 사각형을 그립니다.

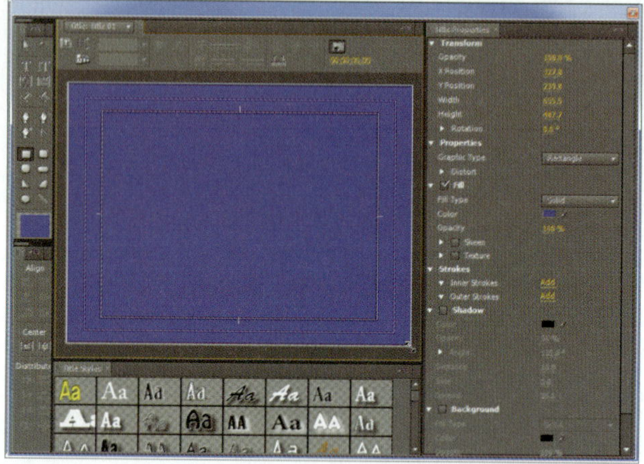

04 사각형이 선택된 상태에서 타이틀 속성 패널의 Fill〉Color 속성에 있는 색상 박스를 클릭하여 컬러 피커 창이 나타나면 검정색(RGB:0,0,0)을 지정하고 OK 버튼을 클릭합니다.

05 사각형 위에서 마우스 우측 버튼을 클릭하여 단축 메뉴를 열고 Arrange〉Send Backward를 선택합니다.

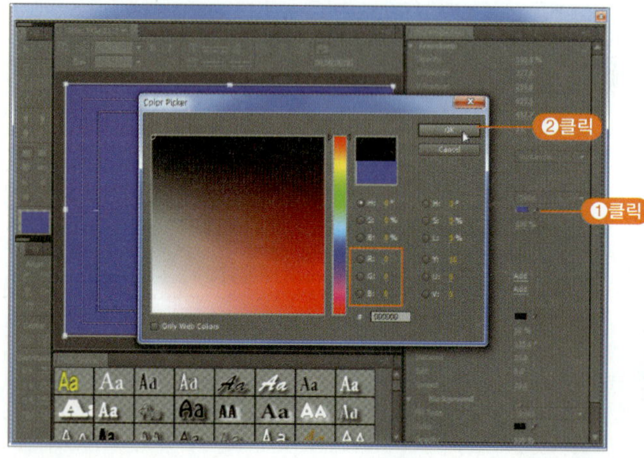

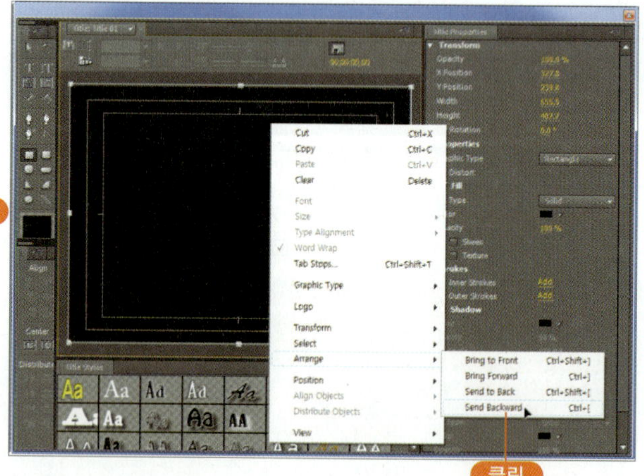

06 사각형이 뒤로 이동되고, 뒤에 있던 파란색 원이 앞에 나타납니다. 사각형을 먼저 그려주면 원을 그릴 때 잘 보이지 않기 때문에 사각형을 나중에 그리고 뒤로 이동시켜 준 것입니다.

07 부록 DVD의 [Images] 폴더에서 "008.jpg" 클립을 불러와 타임라인 패널의 Video 1 트랙에, 앞에서 만들어 둔 타이틀 클립은 Video 2 트랙에 각각 등록합니다.

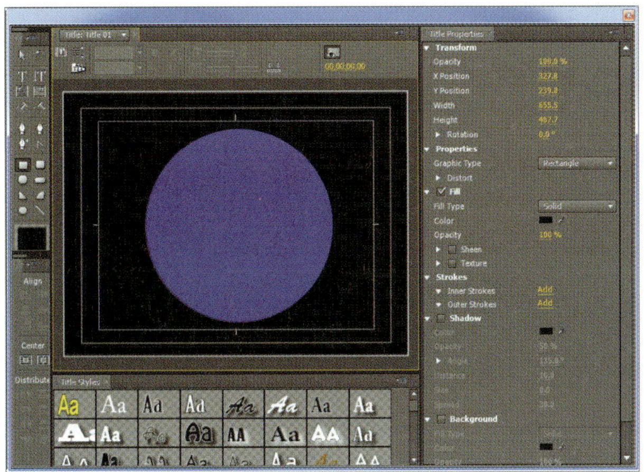

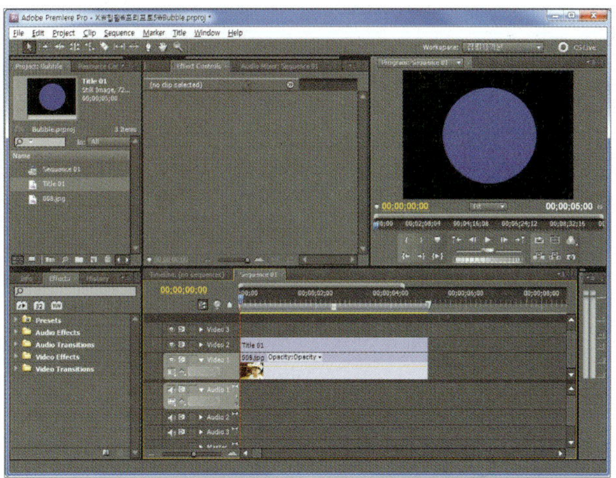

08 이펙트 패널에서 Video Effects>Keying에 있는 Blue Screen Key 이펙트를 Video 2 트랙의 타이틀 클립에 적용합니다. 타이틀 클립의 파란색 영역을 통하여 하위 트랙의 클립이 나타나게 됩니다.

09 Video 1 트랙의 클립을 선택한 후, 이펙트 컨트롤 패널에서 Motion 항목을 클릭합니다. 프로그램 모니터의 클립 주위에 조절점이 나타납니다.

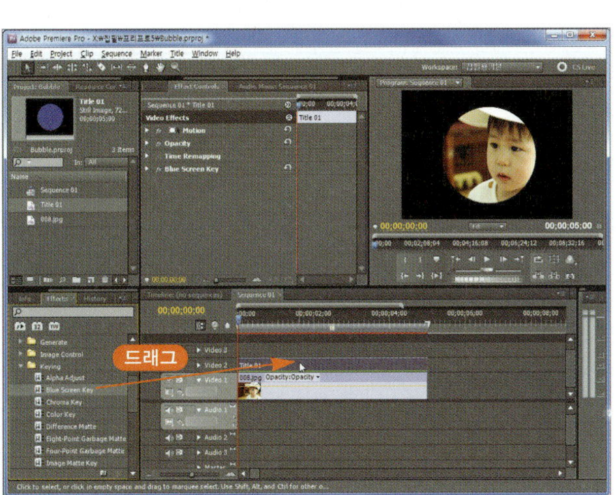

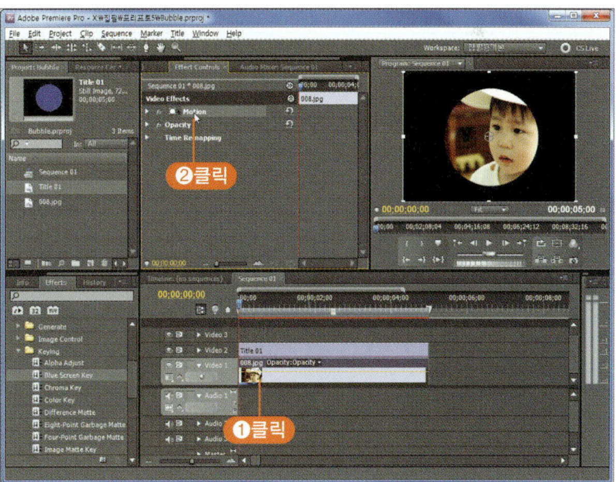

10 아이의 얼굴이 원의 중앙에 오도록 합니다. 클립 주위의 조절점을 드래그하여 클립의 크기를 변경하고 클립 내부를 드래그하여 클립의 위치를 변경하면 됩니다.

11 이펙트 패널에서 Video Effects>Distort의 Spherize 이펙트를 Video 1 트랙의 클립에 적용하고 Video 1 트랙의 클립이 선택된 상태에서 이펙트 컨트롤 패널을 열어 Spherize 이펙트의 Radius 속성값을 240 정도로 설정합니다. 아이의 얼굴 부분이 왜곡되어 구(球)의 형태를 갖게 됩니다. 평면적인 원의 형태는 밋밋하게 보이기 때문에 이러한 형태로 만든 것입니다.

12 이펙트 컨트롤 패널의 Spherize 이펙트를 클릭하여 프로그램 모니터에 나타나는 조절점을 원의 중앙에 위치시킵니다. 왜곡의 중심점을 설정하는 것입니다.

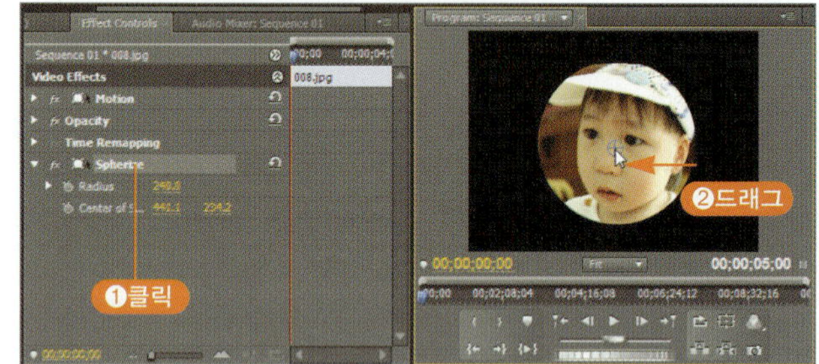

13 File>New>Sequence를 선택하여 New Sequence 대화상자가 나타나면 OK 버튼을 클릭합니다. Sequence 02라는 새로운 시퀀스가 타임라인 패널에 추가됩니다. 부록 DVD의 [Source] 폴더에서 "024.avi" 클립을 불러온 후, Sequence 02의 Video 1 트랙에 등록하고 프로젝트 패널의 Sequence 01은 Video 2 트랙에 등록합니다.

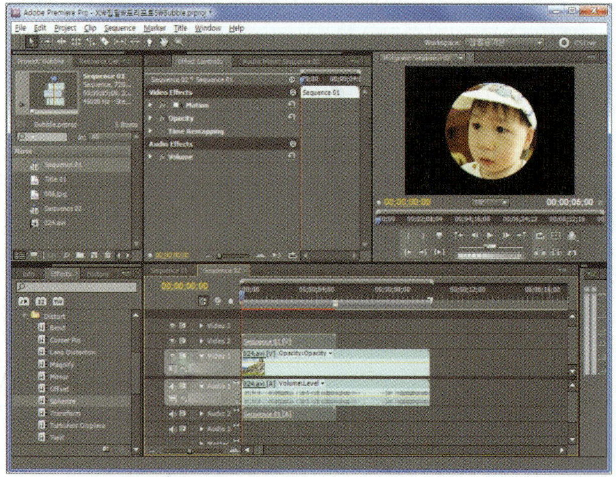

14 이펙트 패널에서 Video Effects〉Keying에 있는 Color Key 이펙트를 Video 2 트랙의 Sequence 01 클립으로 드래그하여 적용합니다.

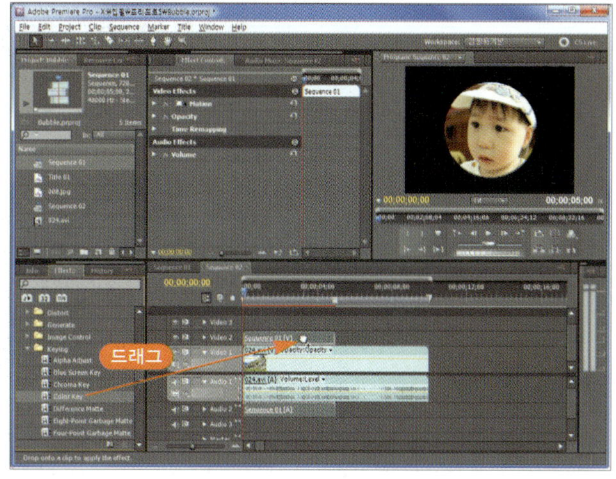

15 Video 2 트랙의 Sequence 01 클립이 선택된 상태에서 이펙트 컨트롤 패널을 열고 Color Key 이펙트의 Key Color 속성에 있는 스포이트 툴을 클릭한 후, 프로그램 모니터의 검정색 부분을 클릭합니다.

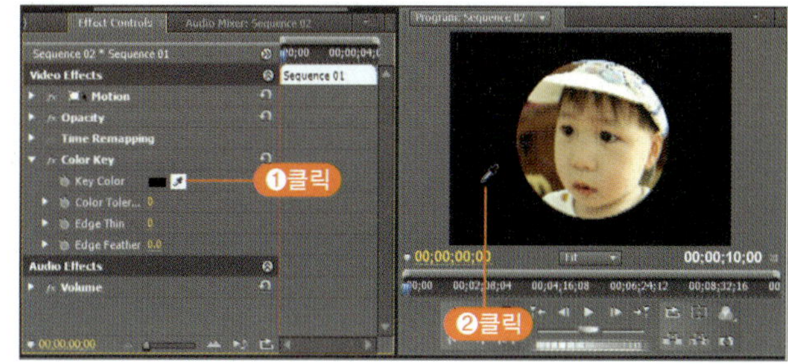

16 Color Key 이펙트의 Color Tolerance 값을 '2'로 설정하면 색상이 제거되고 이 영역을 통해 배경 클립이 나타나게 됩니다. 이어서 Edge Thin 값을 '2'로 설정하여 원의 테두리의 나타나는 색상 찌꺼기를 제거하고 Edge Feather 값을 '2.0'으로 설정하여 테두리를 약간 부드럽게 합니다.

17 현재 시간 표시자를 클립의 시작 지점에 두고 Video 2 트랙에 등록된 Sequence 01 클립을 선택한 후, Motion 속성을 열어 Position과 Scale 속성에 키프레임을 생성합니다.

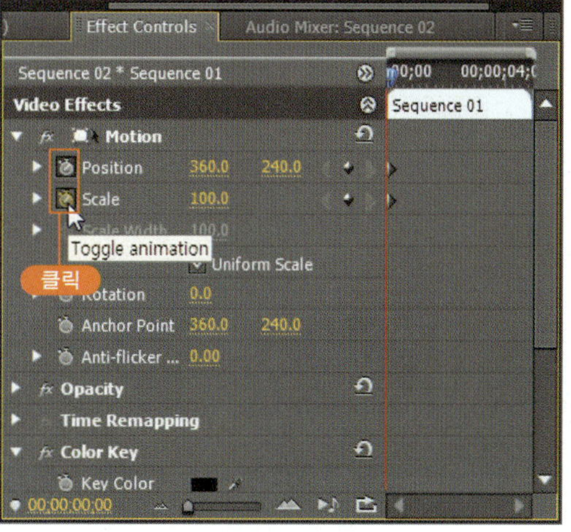

18 프로그램 모니터에서 클립을 드래그하여 클립을 적절한 위치로 이동시키고 크기도 변경합니다. 크기나 위치를 변경하고자 하는 클립이 상위 트랙에 등록되어 있어 프로그램 모니터를 통해 보이는 경우에는 Motion 이름 부분을 클릭할 필요 없이 곧바로 클립을 클릭하여 크기나 위치 등을 변경할 수 있습니다.

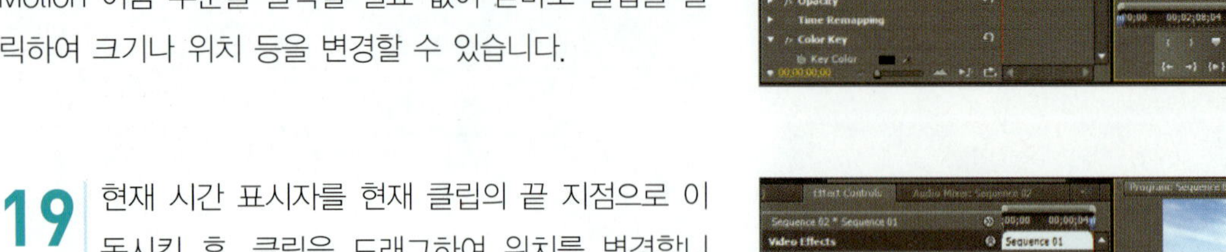

19 현재 시간 표시자를 현재 클립의 끝 지점으로 이동시킨 후, 클립을 드래그하여 위치를 변경합니다. 아울러 클립 주위에 나타난 핸들을 드래그하여 클립의 크기도 약간 변경해주도록 합니다.

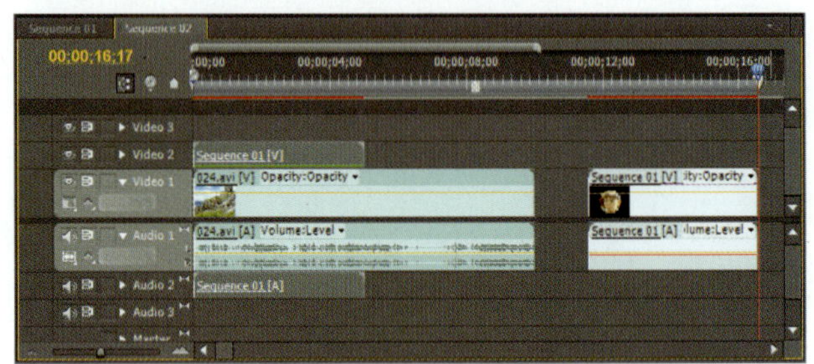

20 Video 2 트랙의 Sequence 01 클립을 선택하고 **Ctrl** + **C** 키를 눌러 클립을 복사한 후, 클립이 없는 지점에 현재 시간 표시자를 두고 **Ctrl** + **V** 키를 눌러 복사한 클립을 붙여 넣기합니다.

21 추가된 클립을 Video 3 트랙으로 드래그하여 이동시킵니다.

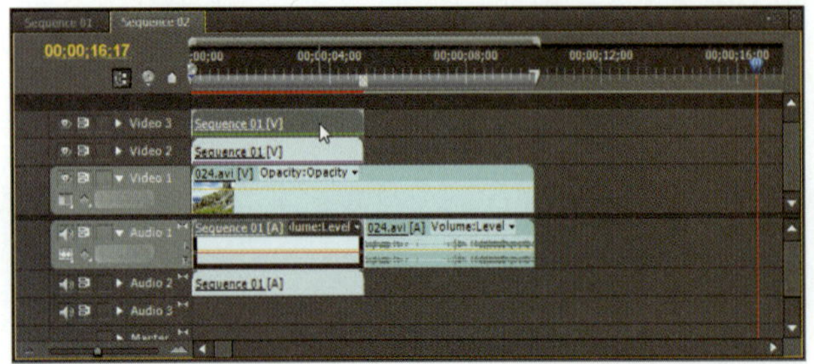

22 Video 3 트랙의 클립을 선택하고 이펙트 컨트롤 패널에서 모션 설정을 변경합니다. 키프레임의 위치나 각 키프레임의 Position, Scale 값을 자유롭게 변경하여 원 안에 담긴 클립이 무작위로 나타나 이동하는 것처럼 만듭니다. 두 키프레임 지점에 대해 모두 각각 원본과 다른 설정을 해주는 것이 자연스러운 결과를 보여줍니다.

23 Sequence〉Add Tracks를 선택하여 Add Tracks 대화상자가 나타나면 Video Tracks〉Add 항목에 3을 입력하고 OK 버튼을 클릭합니다.

24 3개의 비디오 트랙이 추가됩니다. 모든 비디오 트랙이 나타나도록 타임라인 패널의 크기 적절히 키워주고, 앞에서 했던 방식대로 복사했던 Video 2 트랙의 클립을 새로 추가된 모든 트랙에 붙여넣기합니다.

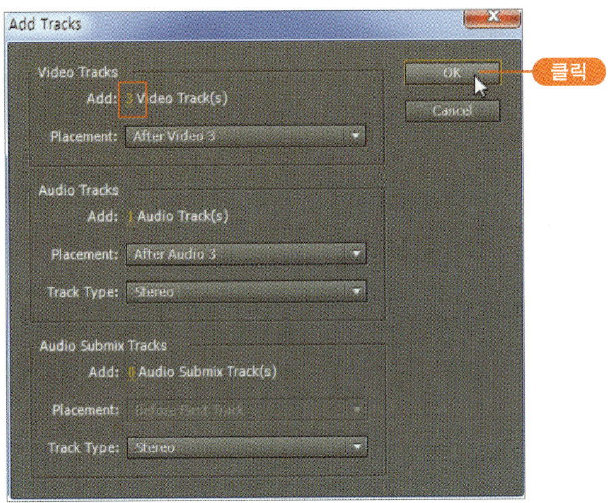

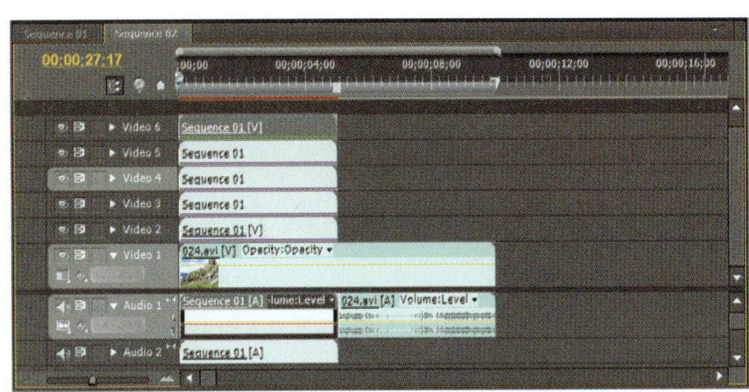

25 새로 추가된 Video 4, Video 5, Video 6 트랙의 클립에 대하여 모션 설정을 자유롭게 변경합니다. 최 상위 트랙을 제외한 나머지 트랙에 등록된 클립은 이펙트 컨트롤 패널에서 Motion 항목을 클릭하고 프로그램 모니터에 나타난 조절점이나 외곽선을 드래그하여 크기나 위치를 변경할 수 있습니다.

26 작업 결과를 확인합니다. 배경 클립 위에서 원 안에 담긴 여러 개의 클립이 무작위로 이동하게 됩니다. 물론 각 클립의 크기도 다양하게 변화되는 것을 볼 수 있습니다.

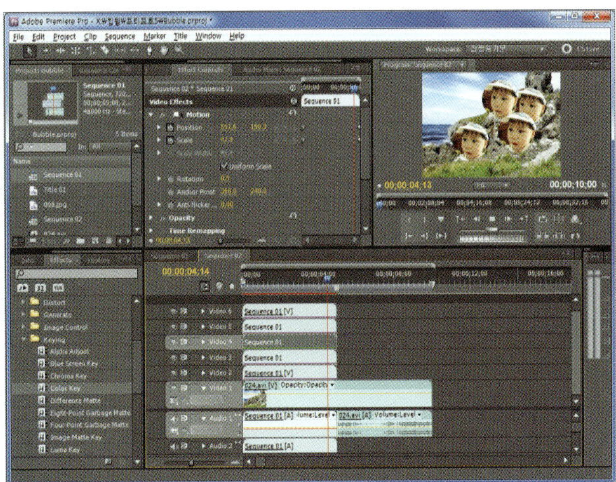

56 Chapter

다양한 실전 PIP 영상 만들기

하나의 클립 안에 다른 클립이 작게 나타나는 형태를 PIP(Picture In Picture)라고 합니다. PIP 영상을 만들어 모션을 적용해보고, 테두리와 다양한 움직임까지 적용하여 여러 개의 PIP 영상이 가로로 흘러 가는 예제도 만들어보도록 하겠습니다.

1 매트와 모션을 적용하여 흘러가는 PIP 영상 만들기

[부록 ● Example\PIP_1.wmv]

컬러 매트를 사용하여 영상의 테두리를 만들고 PIP 형태로 나타나도록 한 후, 간단한 모션 설정을 통해 PIP 영상이 이동되도록 하겠습니다.

01 새 프로젝트를 시작하고 부록 DVD의 [Source] 폴더에서 "023.avi"와 "028.avi" 클립을 불러와, "023.avi" 클립은 타임라인 패널의 Video 1 트랙에, "028.avi" 클립은 Video 3 트랙에 각각 등록합니다.

02 클립의 배경으로 사용할 컬러 매트 클립을 만들기 위해 File〉New〉Color Matte 메뉴를 선택합니다. New Color Matte 대화상자가 나타나면 OK 버튼을 클릭한 후, 컬러 피커 창에서 노란색 계열의 색상을 선택하고 OK 버튼을 클릭합니다.

03 Choose Name 대화상자가 나타나면 "노란매트"라고 입력하고 OK 버튼을 클릭합니다. 프로젝트 패널에 추가된 "노란매트" 클립을 타임라인 패널의 Video 2 트랙에 등록하고 Video 3 트랙에 등록된 클립의 길이와 동일하게 맞춰줍니다.

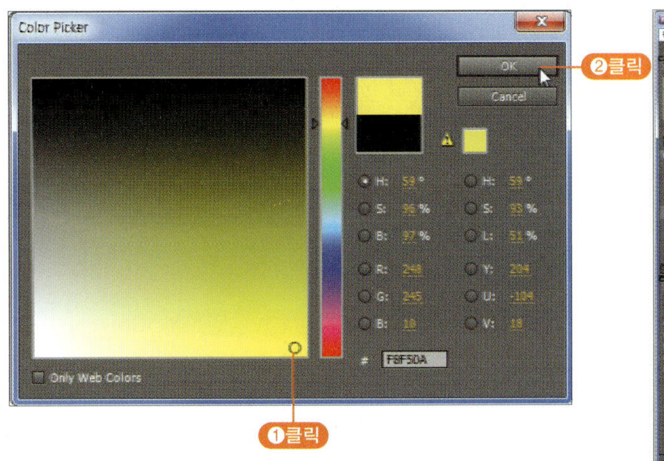

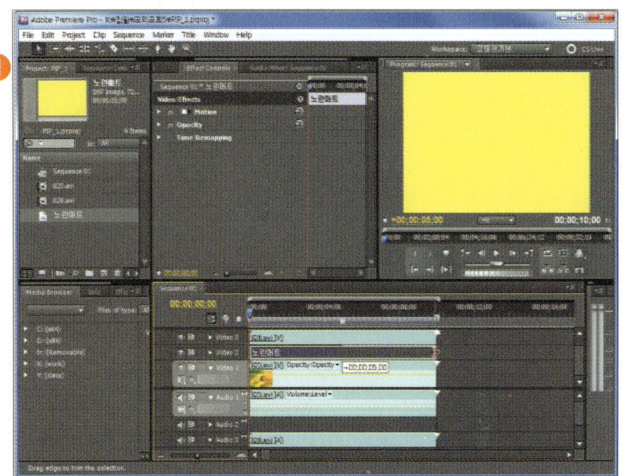

04 Video 3 트랙에 등록된 클립을 선택한 후, 이펙트 컨트롤 패널의 Motion 속성을 열고 Scale 값을 50으로 변경하여 클립의 크기를 줄여줍니다. 직접 프로그램 모니터에 나타난 조절점을 드래그하여 조절해도 좋습니다.

05 현재 시간 표시자를 클립의 시작 지점에 두고 모션의 Position 속성에 있는 Toggle Animation 버튼을 클릭하여 키프레임을 생성합니다.

06 클립을 프로그램 모니터의 뷰 영역 밖으로 이동
시킬 것이므로 프로그램 모니터의 View Zoom
Level 메뉴를 열어 25%를 선택합니다.

07 이펙트 컨트롤 패널에서 Motion을 클릭하여 클립
에 조절점과 외곽선이 나타나도록 하고 클립을
좌측으로 드래그하여 클립을 뷰 영역의 좌측 바깥으로 이
동시킵니다.

08 현재 시간 표시자를 클립의 끝 지점에 두고 클립
을 뷰 영역의 우측 바깥으로 드래그합니다.

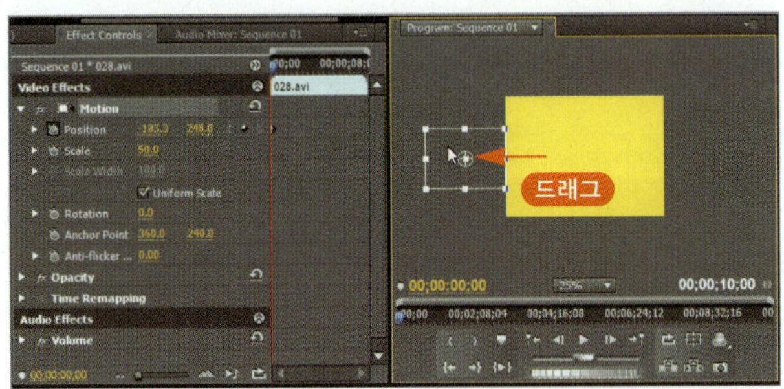

잠깐
만요!! 어색하게 보이지 않으려면 클립이 수평으로 정확히
이동되어야 합니다. 따라서 클립이 좌측에 있을 때,
우측에 있을 때의 수직 위치(Y값)가 동일해야 합니다. 좌측에
있을 때의 Position 속성의 우측 값을 기억해두었다가 우측에
있을 때도 동일한 값이 되도록 조절합니다. 드래그로 동일한
값을 설정하기 힘들다면 속성값을 클릭하여 직접 값을 입력해
주면 됩니다.

09 Motion 항목을 마우스 우측 버튼으로 클릭하고
Copy를 선택하여 현재 설정된 모션 설정값을 복
사합니다.

10 Video 2 트랙에 등록된 매트 클립을 선택한 후, Motion 항목 위에서 마우스 우측 버튼을 클릭하고 Paste를 선택하여 복사해 둔 모션 설정값을 붙여넣습니다.

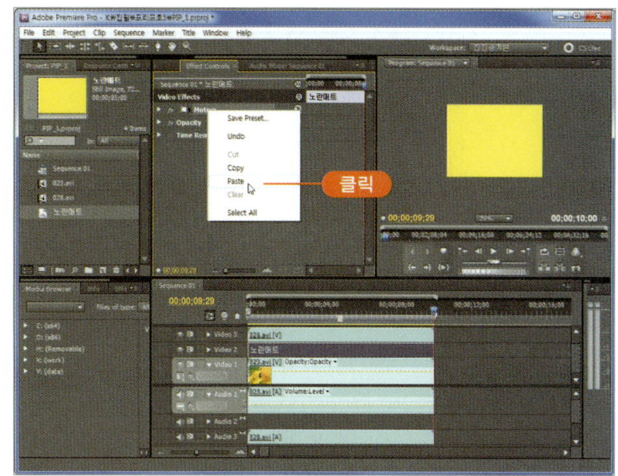

11 모션의 Position과 Scale 속성값과 키프레임이 매트 클립에도 그대로 적용됩니다. 하지만 매트는 클립의 테두리로 사용할 것이므로 현재 시간 표시자를 클립의 중앙 지점에 두어 클립이 잘 보이도록 하고 모션의 Scale 속성값을 조금 크게 변경하여 테두리가 나타나도록 합니다.

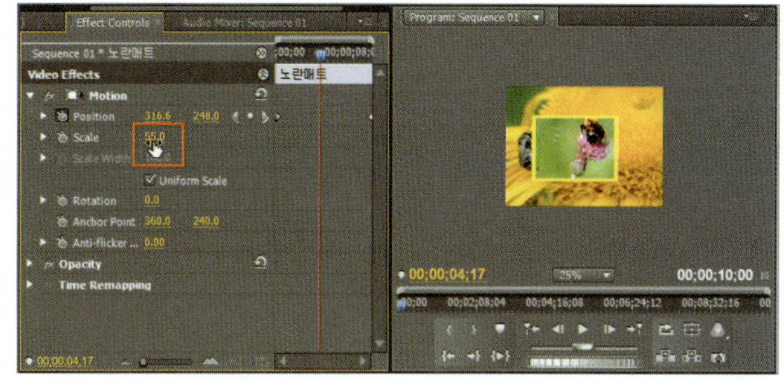

12 작업 결과를 확인합니다. PIP 클립은 물론 테두리로 사용한 매트 클립도 함께 이동되는 것을 볼 수 있습니다.

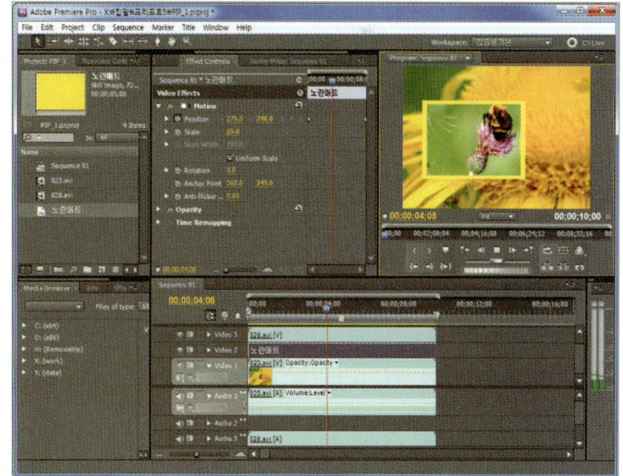

2 가로로 흘러가는 다중 PIP 영상 만들기

[부록 ◉ Example\PIP_2.wmv]

여러 무비 클립과 매트를 복사하면 여러 개의 PIP 영상이 순차적으로 나타나는 다중 PIP 영상을 만들 수 있습니다. 이번에는 여러 시퀀스를 만든 후, 각 시퀀스에 배치된 무비 클립과 매트 클립을 하나의 시퀀스에 모아 등록하고 모션을 설정해볼 것입니다.

01 부록 DVD의 [Source] 폴더에서 "002~007.avi" 등, 모두 6개의 무비 클립을 불러옵니다. 먼저 "002.avi" 클립을 타임라인 패널의 Video 2 트랙에 등록하고 노란색 매트 클립을 만들어 Video 1 트랙에 등록합니다, 아울러 매트 클립의 길이를 무비 클립과 동일하게 맞추어줍니다.

02 Video 2 트랙의 클립을 선택한 후, 이펙트 컨트롤 패널의 모션 속성에서 Scale 값을 '50'으로 변경하여 클립의 크기를 줄입니다. 직접 프로그램 모니터의 클립을 클릭하고 조절점을 드래그하여 조절해도 됩니다.

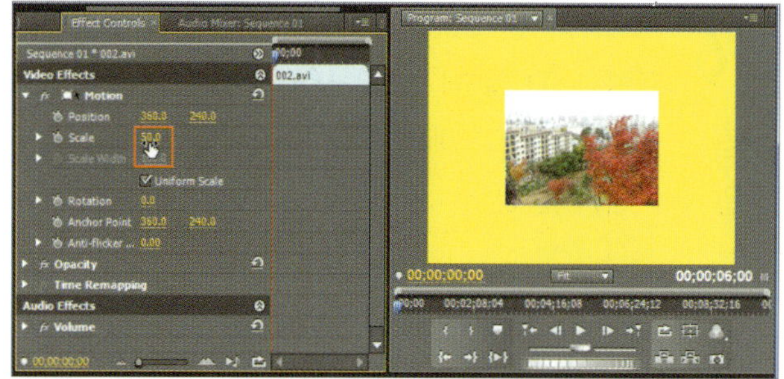

03 Video 1 트랙의 매트 클립을 선택한 후, 이펙트 컨트롤 패널의 모션 속성에서 Scale 값을 '55'로 변경하여 무비 클립의 테두리처럼 나타나게 합니다.

04 File〉New〉Sequence를 선택하여 New Sequence 대화상자가 나타나면 OK 버튼을 클릭하도록 합니다. 4개의 시퀀스를 추가하기 위해 이러한 과정을 4번 반복합니다.

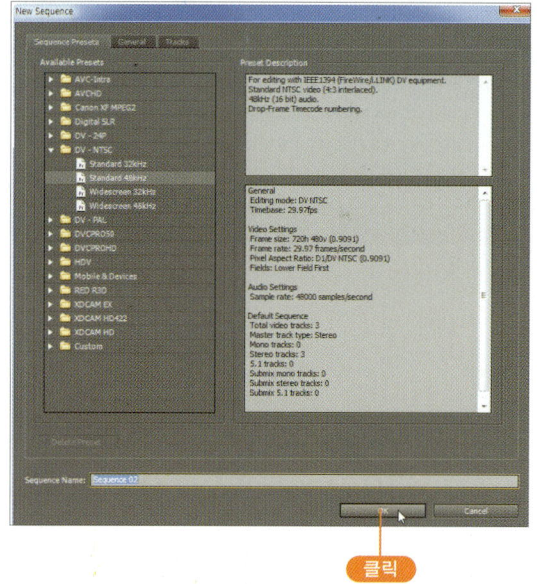

05 4개의 시퀀스가 추가되었으므로 타임라인 패널에는 총 5개의 시퀀스 탭이 나타나게 될 것입니다.

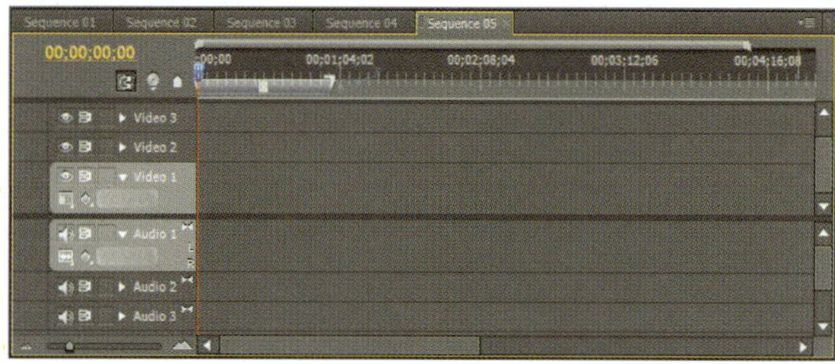

06 새로 추가된 Sequence 02 시퀀스의 Video 2 트랙에 "003.avi" 클립을, Video 1 트랙에 매트 클립을 각각 등록하고 매트 클립의 길이를 무비 클립과 동일하게 맞추어줍니다.

07 Sequence 03 시퀀스의 Video 2 트랙에 "004.avi" 클립을, Video 1 트랙에 매트 클립을 등록한 후, Sequence 04 시퀀스의 Video 2 트랙에는 "005.avi" 클립을, Video 1 트랙에 매트 클립을 등록합니다. 모든 매트 클립의 길이는 무비 클립과 동일하게 맞추어줍니다.

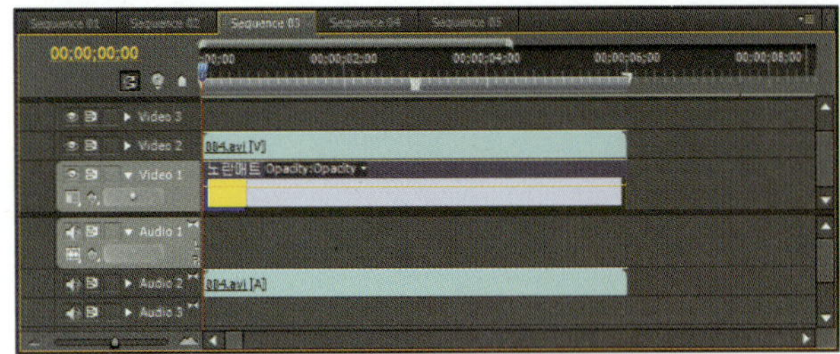

▷▷ Sequence 03

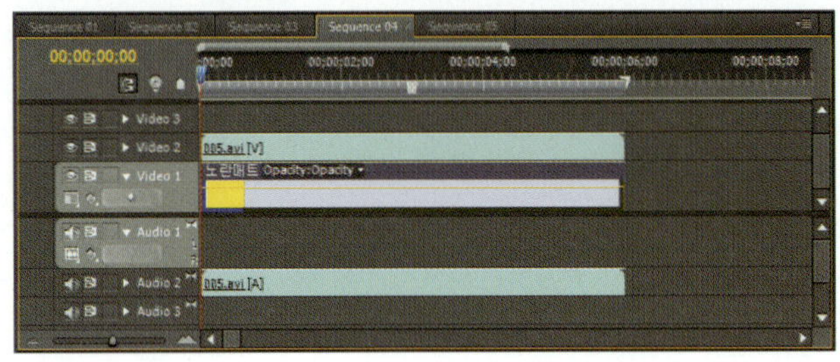

▷▷ Sequence 04

08 Sequence 01을 열고 Video 2 트랙의 클립을 선택한 후, 이펙트 컨트롤 패널에서 Motion 항목을 마우스 우측 버튼으로 클릭하여 단축 메뉴에서 Copy 를 선택합니다.

09 Sequence 02에서 Sequence 04까지, Video 2 트랙에 등록된 클립을 차례로 선택해가면서 Motion 항목을 마우스 우측 버튼으로 클릭하여 단축 메뉴에서 Paste를 선택합니다. 모션 속성을 붙여 넣는 것입니다.

10 마찬가지 방법으로 Sequence 01의 Video 1 트랙에 등록된 매트 클립을 선택하고 Motion 속성 값을 복사합니다.

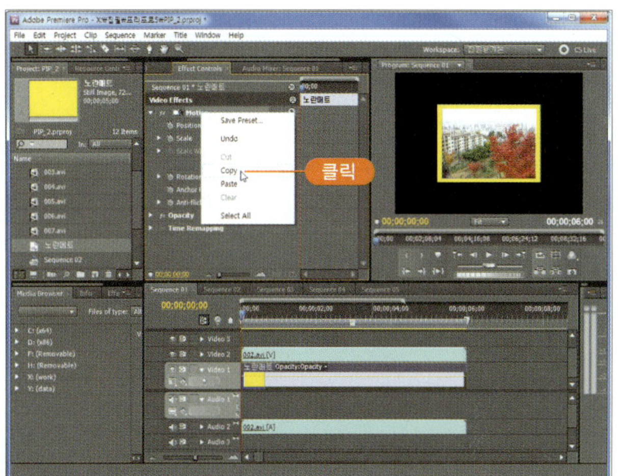

11 이어서 Sequence 02에서 Sequence 04까지 Video 1 트랙에 등록된 각 매트 클립을 차례로 선택해가면서 Motion 항목을 마우스 우측 버튼으로 클릭하여 단축 메뉴에서 Paste를 선택합니다. 역시 모션 속성 값을 붙여 넣는 것입니다.

12 프로젝트 패널에서 "006.avi", "007.avi" 클립을 Sequence 05 시퀀스의 Video 1 트랙에 나란히 등록하고, Sequence 01을 Video 2 트랙에, Sequence 02를 Video 3 트랙에, Sequence 03을 Video 4 트랙에, Sequence 04를 Video 5 트랙에 차례로 등록합니다.

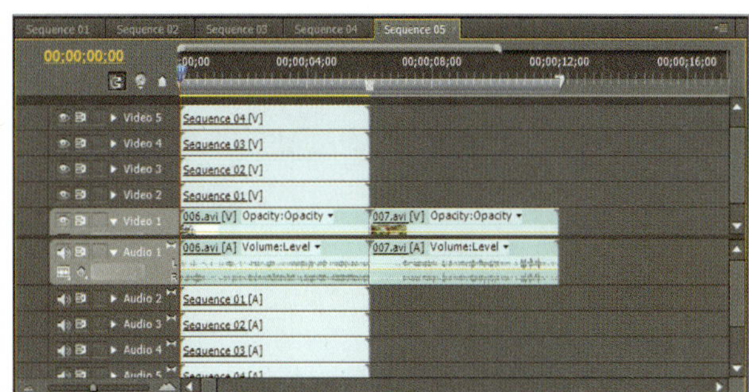

13 현재 시간 표시자를 시작 지점에 두고 Video 3, 4, 5 트랙의 헤더에서 눈동자 모양의 Toggle Track Output 버튼을 클릭하여 Video 2 트랙의 클립이 프로그램 모니터를 통해 나타나도록 합니다.

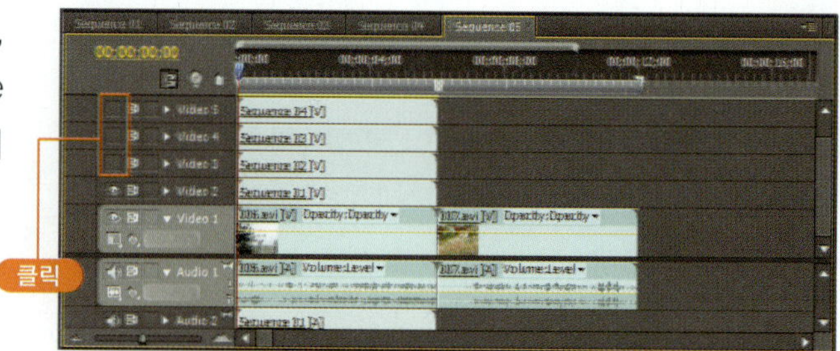

14 Video 2 트랙의 Sequence 01 클립을 선택한 후, 이펙트 컨트롤 패널의 Motion 항목을 클릭하고 프로그램 모니터에서 클립을 좌측으로 드래그하여 그림처럼 클립이 보이지 않도록 합니다.

15 Motion 속성을 열고 Position 속성에 키프레임을 생성한 후, 현재 시간 표시자를 현재 클립이 끝나는 지점으로 이동시킵니다.

16 프로그램 모니터에서 클립을 우측 바깥 영역으로 드래그하여 클립이 보이지 않도록 합니다.

17 Motion 항목을 마우스 우측 버튼으로 클릭하고 팝업 메뉴에서 Copy를 선택합니다.

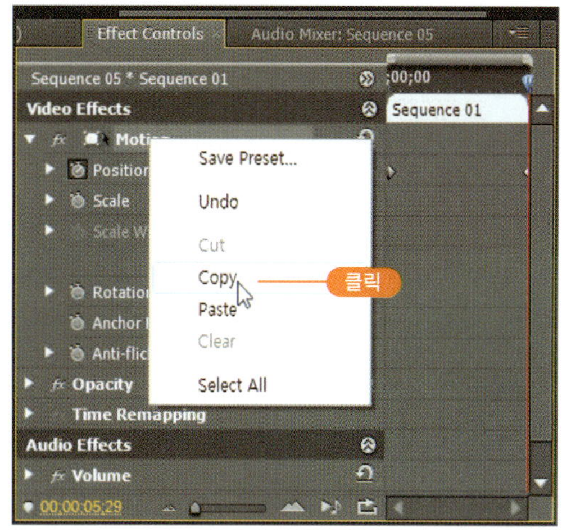

18 타임라인 패널에서 Video 3에서 Video 5 트랙에 놓인 클립을 차례로 선택해가면서 Motion 항목의 단축 메뉴를 열고 Paste를 선택하여 복사해둔 모션 속성을 붙여 넣습니다.

19 Video 3 트랙의 Toggle Track Output 버튼을 클릭하여 클립이 보이도록 하고 현재 시간 표시자를 3초 지점에 둔 후, 타임라인 패널에서 Video 3 트랙의 클립을 우측으로 드래그하여 그림과 같이 Video 2 트랙의 영상과 적절한 간격을 두고 나타나도록 합니다.

20 Info 패널의 Start 항목을 보면 Video 3 트랙의 현재 클립이 시작되는 지점이 표시됩니다. 예제의 경우에는 2초 16프레임으로 표시되고 있습니다. Video 4 트랙의 클립을 일단 Video 3 트랙과 동일한 위치에 두고, 앞에서 표시된 프레임 수인 2초 16프레임만큼 우측으로 드래그하여 이동시킵니다. 드래그할 때 이동된 거리가 표시되므로 정확한 위치로 이동시킬 수 있을 것입니다.

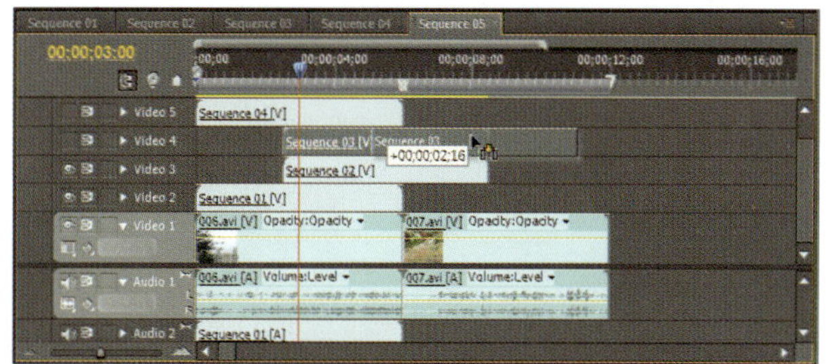

21 Video 5 트랙의 클립도 일단 Video 4 트랙의 클립과 동일한 위치에 둔 다음, 다시 Video 4 트랙의 클립보다 2초 16프레임 뒤로 이동시킵니다.

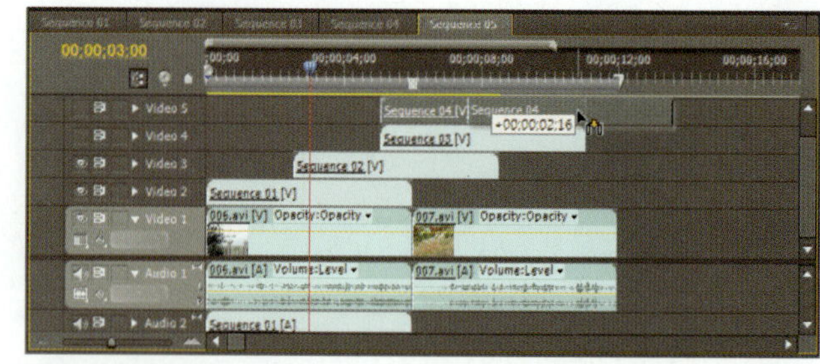

22 Video 4, Video 5 트랙의 Toggle Track Output 버튼을 다시 클릭하여 해당 트랙의 클립이 모두 나타나도록 합니다.

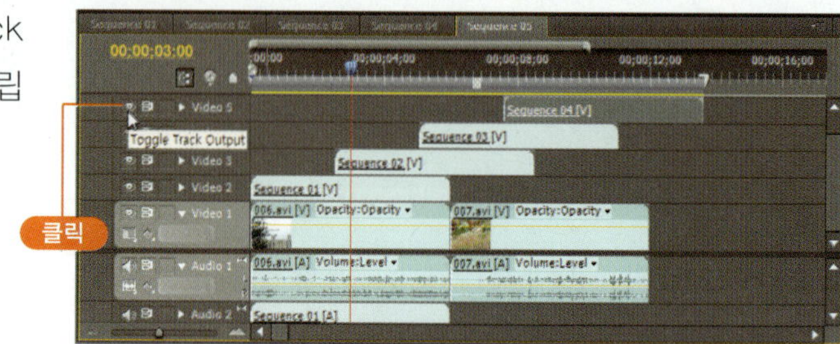

23 배경으로 사용되는 Video 1 트랙의 클립 길이가 상위 트랙의 클립 길이보다 짧으므로 다른 비디오 클립 하나를 더 불러와 Video 1 트랙의 클립 뒤에 등록하고 프리뷰로 작업 결과를 확인합니다. 테두리가 있는 PIP 영상이 좌측에서 순차적으로 나타나 이동하는 것을 볼 수 있습니다.

57 Chapter

드라마의 엔딩 영상 만들기

무비 클립이 특정 지점에서 재생을 정지하고 일부분부터 색상이 변화되는 영상을 만들어봅니다. 이펙트와 트랜지션을 병행하여 구현하는 것으로 방송 드라마의 엔딩 화면에서 종종 볼 수 있는 효과입니다.

[부록 ● Example\Ending.wmv]

01 부록 DVD의 [Source] 폴더에서 "029.avi" 클립을 불러와 타임라인 패널의 Video 1 트랙에 등록하고 현재 시간 표시자를 4초 지점으로 이동합니다.

02 타임라인 패널에 포커스가 놓인 상태에서 Sequence〉Razor Tracks를 선택합니다. 단축키인 Ctrl + K 를 눌러도 됩니다.

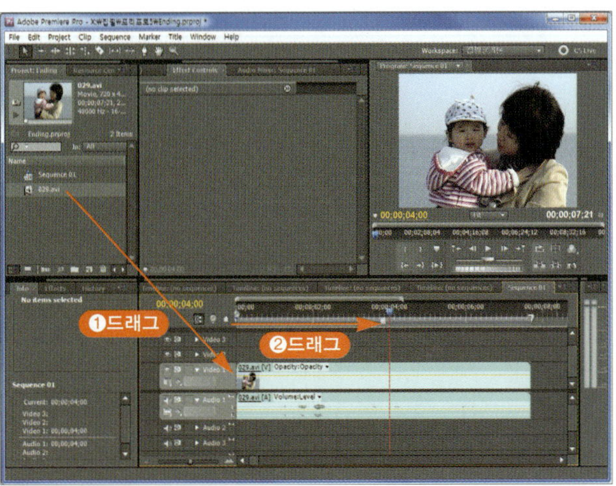

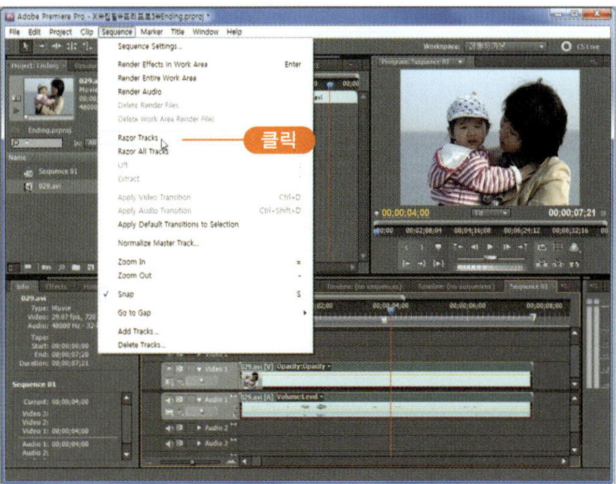

03 현재 시간 표시자의 현재 위치를 기준으로 클립이 분할됩니다. 이펙트 패널에서 Video Effects〉Transform에 있는 Crop 이펙트를 분할된 클립 중, 앞쪽의 클립으로 드래그하여 적용합니다.

04 현재 시간 표시자를 시작 지점에 두고 앞쪽의 클립을 선택합니다. 이펙트 컨트롤 패널에서 Crop 이펙트의 Zoom 옵션을 체크한 후, 모든 속성의 키프레임을 생성합니다.

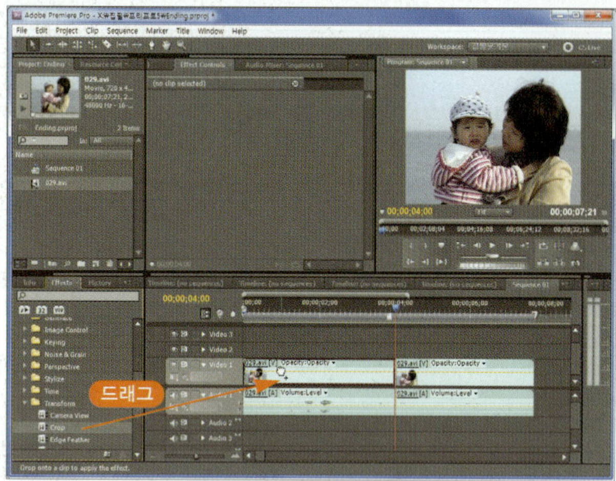

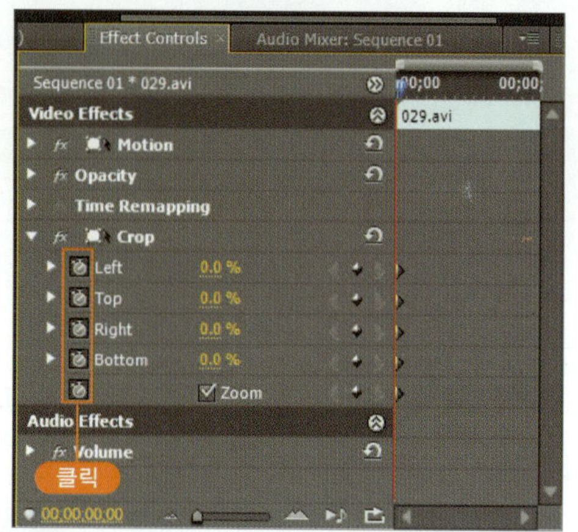

> **잠깐만요!!** 원활한 작업을 위해 예제에서는 View Zoom Level을 25%로 설정하고 작업하였습니다.

05 현재 시간 표시자를 3초 29프레임에 두고 이펙트 컨트롤 패널의 Crop 이펙트를 클릭한 후, 종횡비가 유지되도록 Shift 키를 누른 상태에서 프로그램 모니터에 나타난 조절점을 드래그하여 표시 영역을 축소합니다. 즉, 클립의 표시 영역을 확대시키려는 것입니다. 아울러 내부 영역을 드래그하여 표시 영역의 위치도 그림과 같이 아이의 얼굴쪽으로 이동시킵니다.

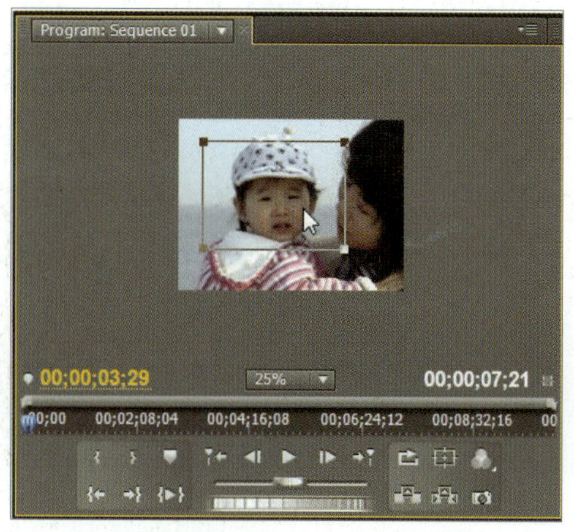

06 두 번째 클립을 선택하고 Delete 키를 눌러 삭제한 후, 현재 시간 표시자를 3초 10프레임 지점에 두고 Ctrl + K 키를 눌러 클립을 분할합니다.

07 툴 패널에서 속도 조절 툴(Rate Stretch Tool)을 선택하고 우측 클립의 뒷부분을 4초 길이만큼 늘려줍니다. 즉, 8초 지점까지 나타나게 합니다. 이 클립은 슬로우로 재생될 것입니다.

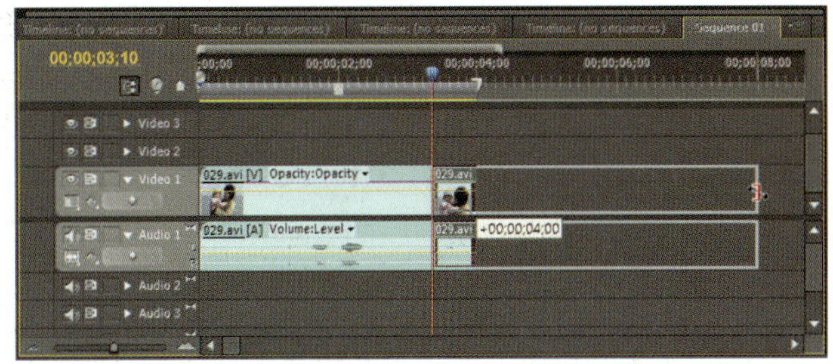

08 툴 패널에서 선택 툴을 선택한 다음, 우측 클립을 클릭하고 Ctrl + C 키를 눌러 복사합니다. 계속해서 임의의 지점에 붙여넣기한 후, Video 2 트랙의 동일 시간 지점으로 이동시켜 그림과 같은 형태로 배치합니다.

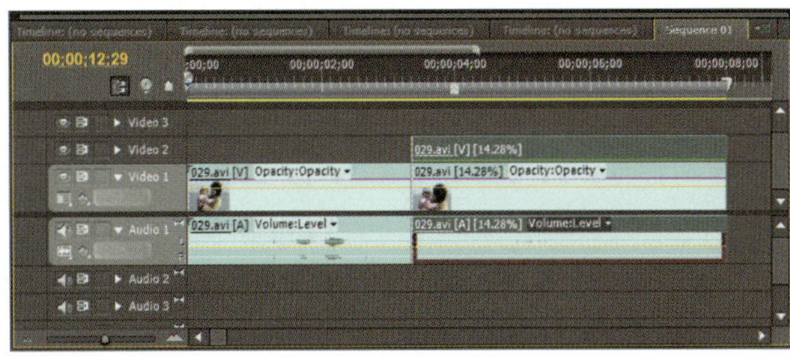

09 이펙트 패널에서 Video Effects>Utility의 Cineon Converter 이펙트를 Video 2 트랙의 클립에 적용합니다.

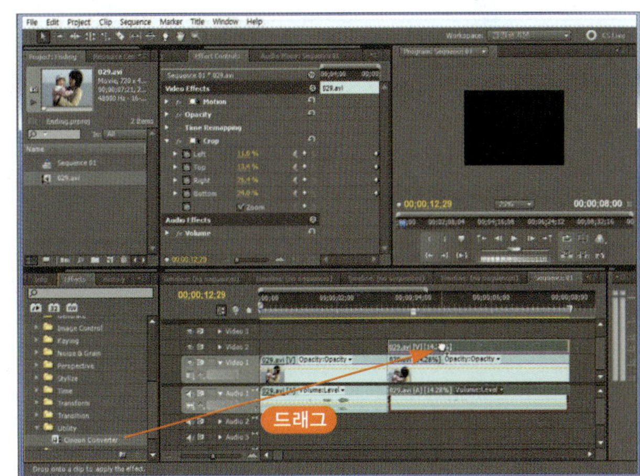

10 이펙트 패널에서 Video Transitions>Wipe의 Random Wipe를 Video 2 트랙의 클립 앞부분으로 드래그하여 적용합니다.

11 적용된 트랜지션의 우측 끝 지점을 우측으로 드래그하여 트랜지션의 적용 구간이 4초의 길이를 갖도록 늘려줍니다.

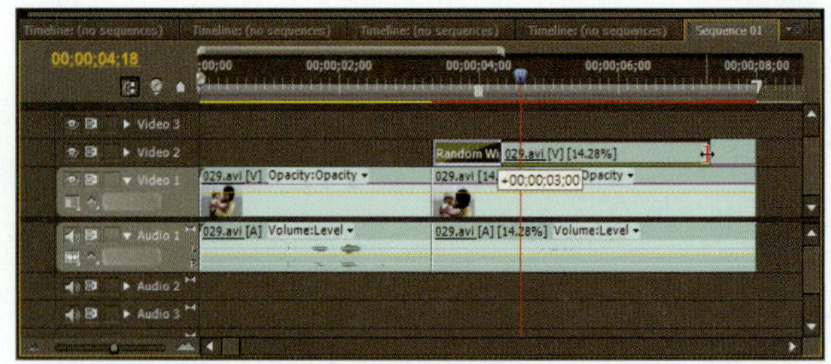

12 프리뷰로 작업 결과를 확인합니다. 특정 지점을 향해 점차 줌 인 되어가는 클립은 슬로우로 재생되면서 한쪽부터 색상이 변화하는 결과를 볼 수 있습니다. 뒷부분 클립을 완전히 정지시키거나 다른 적절한 트랜지션을 적용함으로써 여러 형태의 엔딩 영상을 만들어 보기 바랍니다.

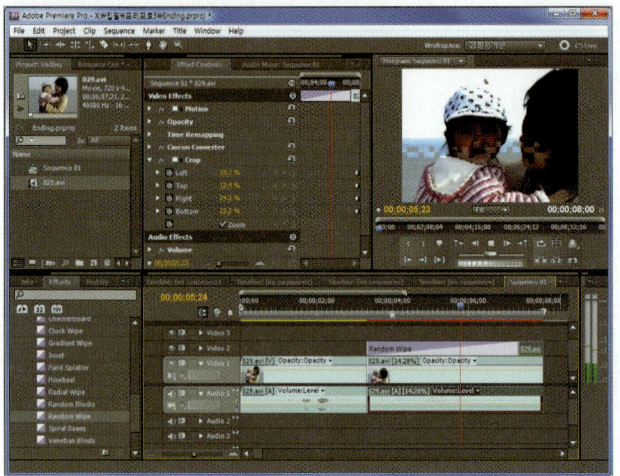

58 Chapter

성장 동영상처럼 사진으로 영상 앨범 만들기

여러 클립을 자동으로 타임라인 패널의 트랙에 등록한 후, 패닝, 틸팅, 줌 인/아웃되도록 하면 정지된 사진으로도 동적인 느낌을 갖는 영상 앨범을 만들 수 있습니다. 뮤직 비디오나 사진으로 영상 앨범을 만드는 웨딩 동영상, 아이 성장 동영상 등에서 자주 사용되고 있는 방법입니다.

[부록 ◉ Example\Album.wmv]

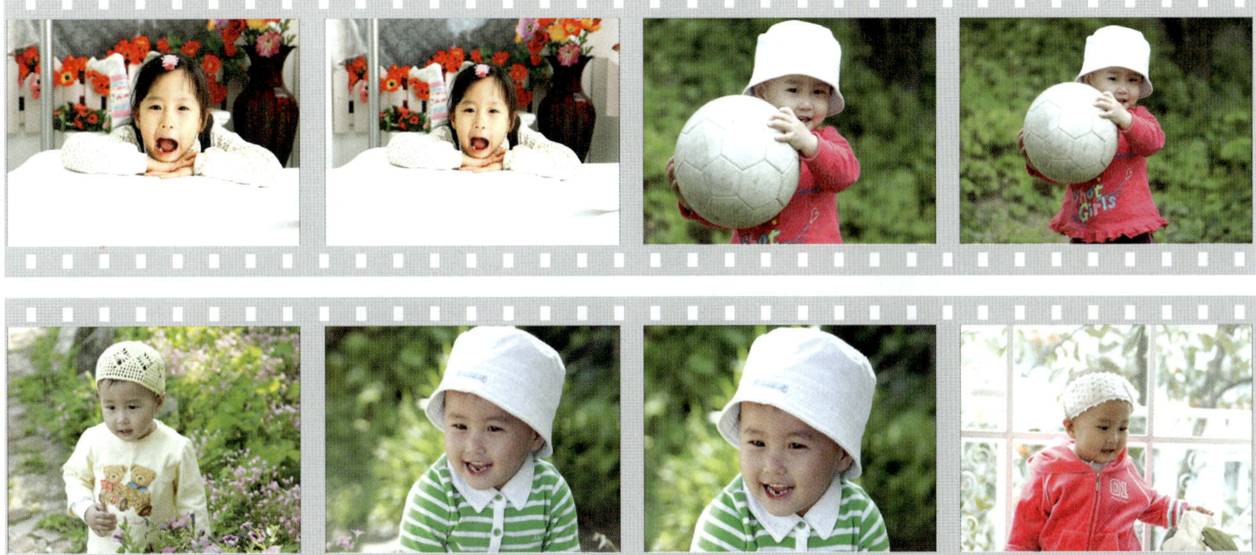

01 새 프로젝트를 시작합니다. 프로젝트 패널의 바탕 영역을 더블 클릭하여 Import 대화상자가 나타나면 부록 DVD의 [Images] 폴더에서 "001~005.jpg" 등 모두 5개의 이미지 클립을 선택하고 [열기] 버튼을 클릭합니다.

02 선택한 클립들이 프로젝트 패널에 등록됩니다. 프로젝트 패널의 Icon View 버튼을 클릭합니다.

03 프로젝트 패널이 아이콘 뷰 형태로 나타납니다. 모든 클립이 잘 나타나도록 프로젝트 패널의 크기를 적절히 조절하고 **Ctrl** 키를 누른 상태에서 클립의 이름순으로 5개의 클립을 모두 선택한 다음, Automate to Sequence 버튼을 클릭합니다.

04 Automate to Sequence 대화상자가 나타납니다. 선택한 순서로 타임라인에 배치되도록 Ordering 옵션 메뉴에서 Selection Order를 선택하고 OK 버튼을 클릭합니다.

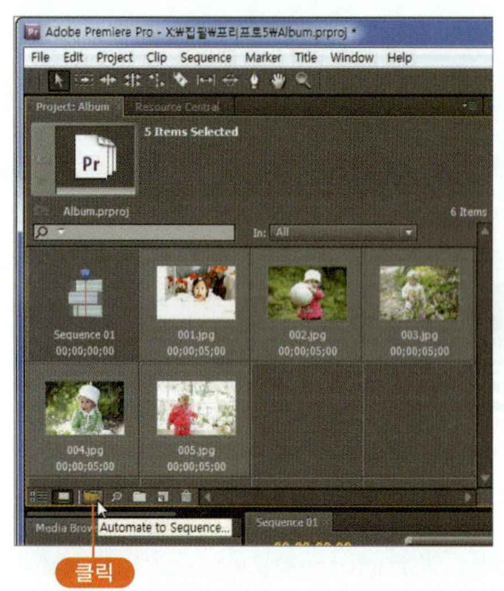

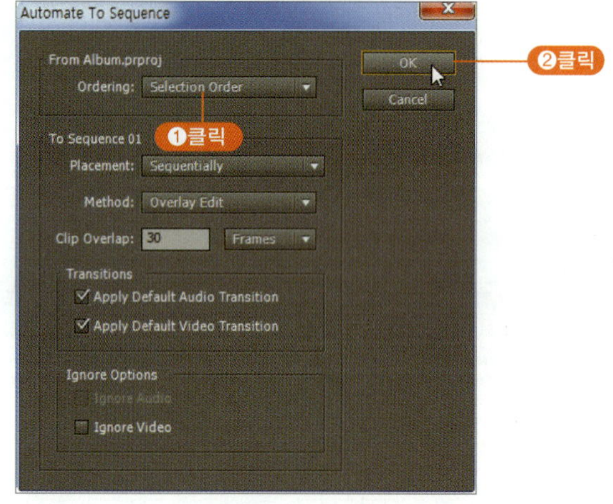

05 타임라인의 트랙에 모든 클립들이 자동으로 등록됩니다. 각 클립은 1초씩 겹쳐지며 디폴트 비디오 트랜지션인 Cross Dissolve 트랜지션이 적용됩니다.

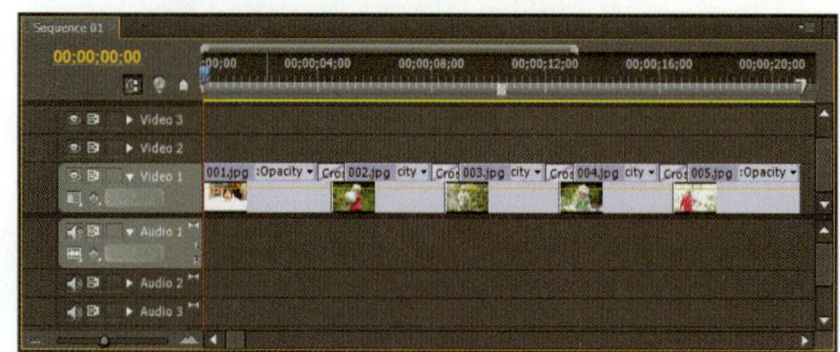

06 이 상태에서 프리뷰해보면 일부 사진의 경우, 전체 영역이 보이지 않고 특정 부분만 크게 나타납니다. 모니터 윈도우는 현재 프로젝트에서 지정된 프레임 크기를 보여주므로 이보다 큰 클립의 경우, 특정 부분만 보이기 때문입니다.

07 타임라인에 등록된 모든 클립을 선택하고 마우스 우측 버튼을 클릭하여 팝업 메뉴에서 Scale to Frame Size를 선택합니다.

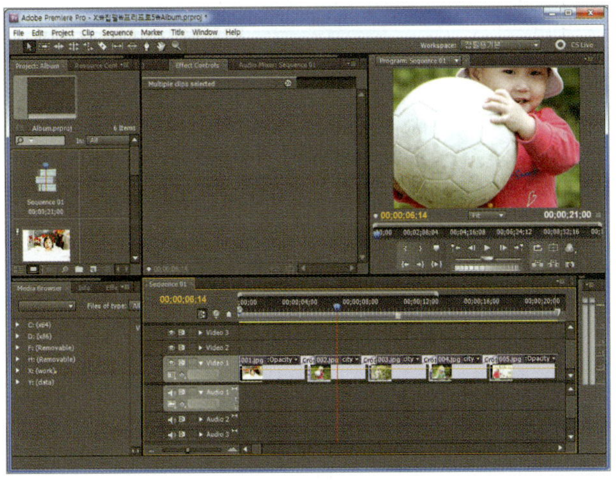

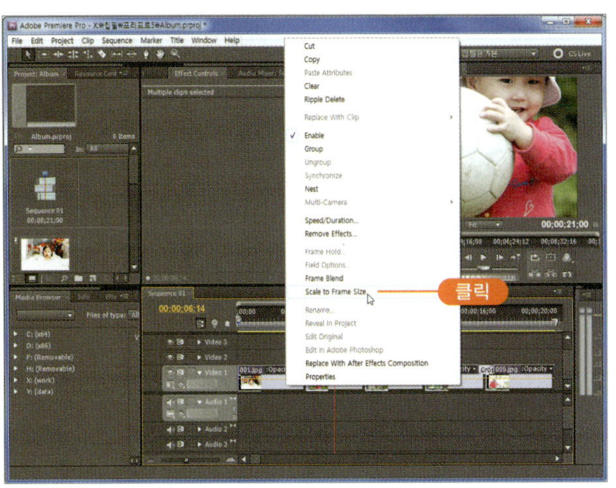

▷▷ 일부 영역만 나타납니다.

08 모니터 윈도우를 보면 이미지의 전체 영역이 나타납니다. 프로젝트에서 설정된 프레임 크기에 맞게 재조정되었기 때문입니다. 단, 프로젝트의 종횡비와 다른 클립이라면 그림처럼 검은색의 레터박스가 나타납니다.

09 레터박스를 제거하려면 모니터 윈도우에서 클립을 클릭하고 조절점을 드래그하여 모니터 윈도우에 꽉 차게 하면 됩니다. 단, 이번 예제의 경우 어차피 클립의 크기를 변경할 것이므로 미리 변경해줄 필요는 없습니다.

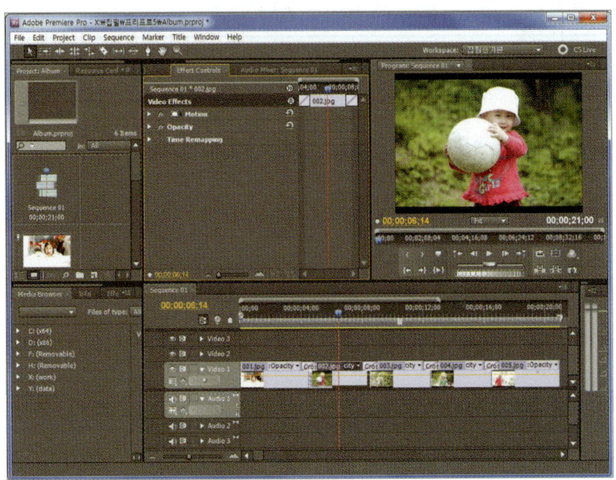

Tip 기본적으로 현재 프로젝트의 크기에 맞춰 나타나도록 하기

Edit〉Preferences〉General을 선택하여 환경 설정 대화상자의 General 항목을 열고 우측에 있는 Default scale to frame size 옵션을 체크한 후 OK 버튼을 클릭하면 프로젝트의 크기와 다른 클립이 등록된 경우, 기본적으로 프로젝트의 크기에 맞게 조절되어 나타납니다.

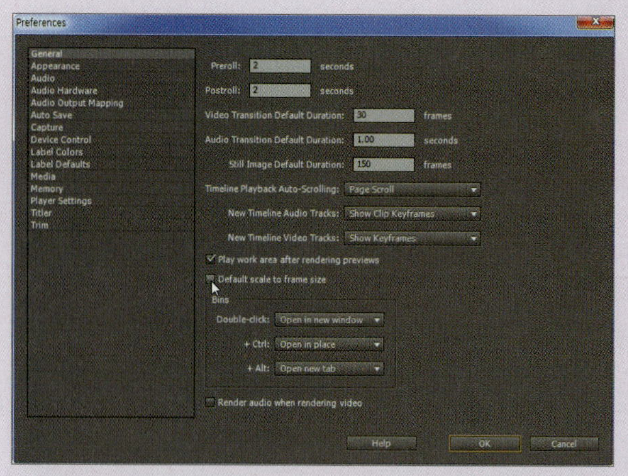

단, 이 옵션이 적용되기 이전에 프로젝트 패널에 등록된 클립은 앞에서 본 것처럼 별도로 팝업 메뉴에서 Scale to Frame Size를 선택해주어야 합니다. 옵션이 선택된 이후에 등록된 클립부터 적용되기 때문입니다.

10 트랜지션만 적용된 사진으로 영상 앨범을 만드는 경우 정적인 느낌이 강하므로 밋밋하게 보일 수밖에 없습니다. 따라서 사진의 크기나 위치가 변화되도록 함으로써 생생하고 동적인 느낌이 들도록 해야 합니다. 프로그램 모니터의 크기를 키우고 View Zoom Level 메뉴에서 50%를 선택합니다.

11 타임라인 패널에 등록된 첫 번째 클립을 클릭하고 이펙트 컨트롤 패널에서 Motion의 Position, Scale 속성에 키프레임을 생성합니다.

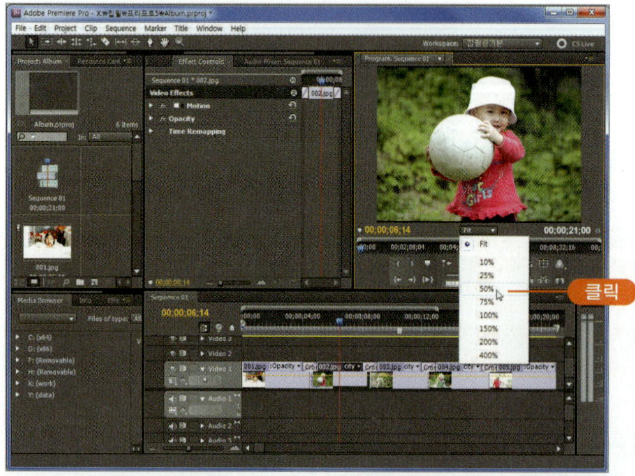

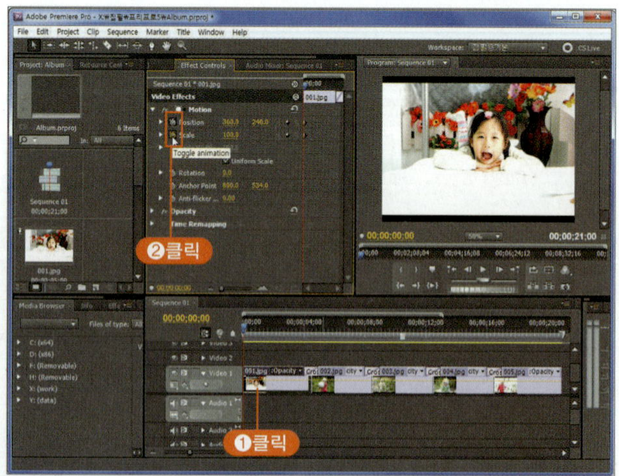

12 프로그램 모니터에서 클립을 클릭하고 크기 조절
점을 드래그하여 클립의 크기를 키워줍니다.

> **잠깐만요!!** Motion 속성에 Uniform Scale 옵션은 반드시 체크
> 되어 있어야 합니다. 그렇지 않을 경우, 이미지의 종
> 횡비가 변경되어 왜곡된 결과가 나타나기 때문입니다.

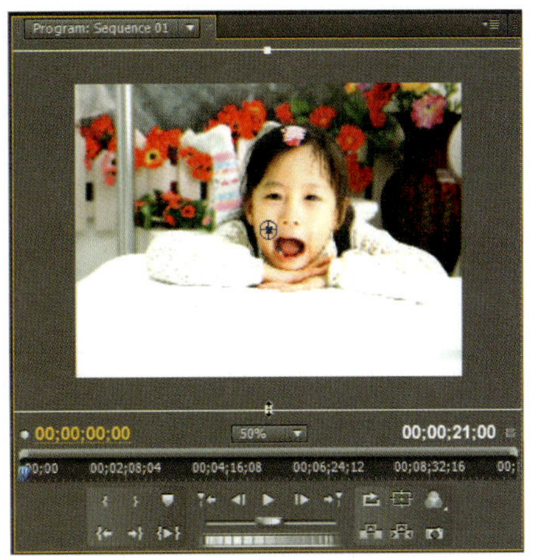

13 이펙트 컨트롤 패널이 활성화된 상태에서 **End**
키를 누른 뒤, 이어서 ← 방향키를 한 번 누릅니
다. **End** 키를 눌러 현재 시간 표시자가 현재 클립의 끝
지점으로 이동되면 자칫 다음 클립이 선택될 수 있기 때
문입니다. 이어서 프로그램 모니터의 클립에 나타난 조절
점을 안쪽으로 드래그하여 클립의 크기를 원래 크기와 비
슷하게 줄이고 아이의 얼굴이 중앙에 나타나도록 합니다.

> **잠깐만요!!** 클립의 크기를 변경할 때 클립의 경계선을 표시하는
> 외곽선이 프로그램 뷰의 프리뷰 영역 안에 들어가지
> 않도록 주의합니다. 레터박스가 나타나면 보기에 거슬리기 때
> 문입니다. 또한 트랜지션으로 인하여 클립이 잘 보이지 않는다
> 면 현재 시간 표시자를 좀 더 앞쪽에 두고 작업해도 좋습니다.

14 타임라인 패널에서 두 번째로 클립을 선택하고
현재 시간 표시자를 두 번째 클립의 시작 지점에
둡니다. 이어서 이펙트 컨트롤 패널의 Motion에서
Position, Scale 속성에 키프레임을 생성합니다.

15 프로그램 모니터에서 클립을 클릭하여 조절점이 나타나면 클립의 크기를 키우고 좌측으로 이동시 킵니다.

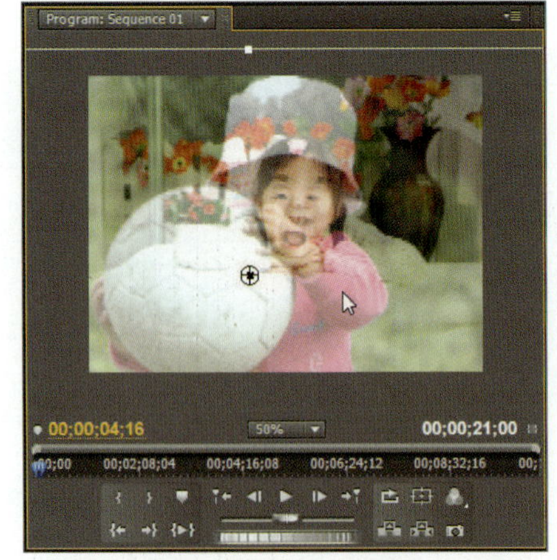

16 이펙트 컨트롤 패널이 선택된 상태에서 **End** 키와 ← 방향키를 차례로 누르고 프로그램 모니터의 클립을 우측으로 이동시키고 크기도 줄여줍니다.

> **잠깐만요!!** 예제와 동일하게 지정할 필요는 없습니다. 자유롭게 클립의 첫 번째 키프레임과 두 번째 키프레임에 각각 크기와 위치를 다르게 함으로써 움직임을 갖도록 하면 됩니다. 가급적이면 두 번째 키프레임에는 사람이 중앙에 오도록 하는 것이 좋습니다. 인물 사진의 경우, 프레임이 진행하면서 엉뚱 한 곳으로 진행하면 어색해 보이기 때문입니다.

17 나머지 클립에 대해서도 앞에서 했던 것과 같은 순서로 키프레임을 생성하고 시작 지점과 끝 지 점에 대해 각각 다른 크기나 다른 위치를 지정함으로써 애니메이션되는 결과가 나타나도록 작업합니다. 사진의 내용을 보아가면서 적절히 작업하면 됩니다.

Tip 회전 애니메이션 적용하기

클립에 회전되는 애니메이션까지 적용하려면 Motion의 Rotation 속성에 키프레임을 생성하고 두 지점에 다른 값을 설정하면 됩니다. 프로그램 모니터에서 직접 클립을 회전시키려면 클립의 조절점 바깥 부분에 마우스를 두어 마우스 포인터가 구부러진 화살표 형태로 나타나는 지점에서 클릭한 채로 드래그합니다.

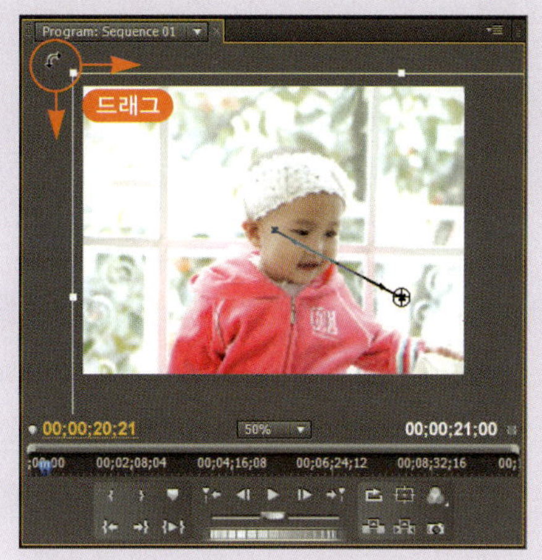

▷▷ 클립 회전 시키기

18 배경 음악을 위해 부록 DVD의 [Source] 폴더에서 임의의 mp3 파일을 불러와 Audio 1 트랙에 등록하고 작업 결과를 확인합니다. 아이의 성장 과정을 담는 성장 동영상을 비롯한 사진 앨범의 경우, 이러한 애니메이션 적용은 물론, 다양한 효과나 합성을 통해 완성도를 높일 수 있습니다.

Chapter 59

반사되어 떠오르는 타이틀로 기념일을 더욱 빛나게

생년월일을 비롯해 특정 기념일이 반사되면서 수면으로 떠오르는 듯한 영상을 만들어보겠습니다. 태양이 타오르는 것 같은 배경을 타이틀 클립으로 사용할 것입니다. 성장 동영상의 인트로에서 아이의 출생일을 나타낼 때 사용되기도 하는 효과입니다.

[부록] ● Example\rising.wmv

01 새 프로젝트를 시작하고 Title〉New Title〉Default Still을 선택합니다. New Title 대화상자에서 기본값으로 OK 버튼을 클릭하여 타이틀러가 나타나면 원 툴을 사용하여 그림과 같이 큰 원을 그립니다.

02 우측의 Fill Type 메뉴를 열고 Radial Gradient를 선택합니다.

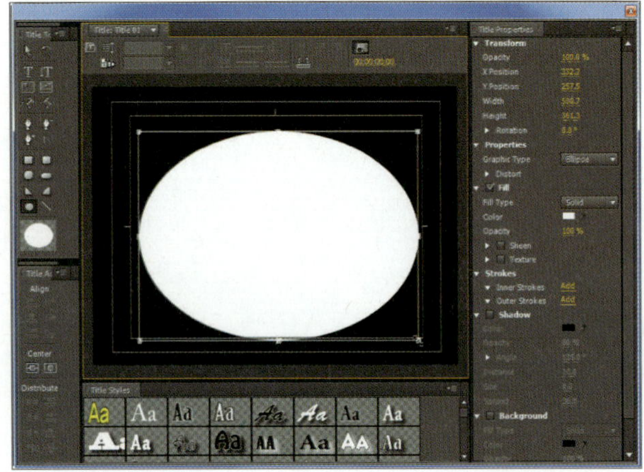

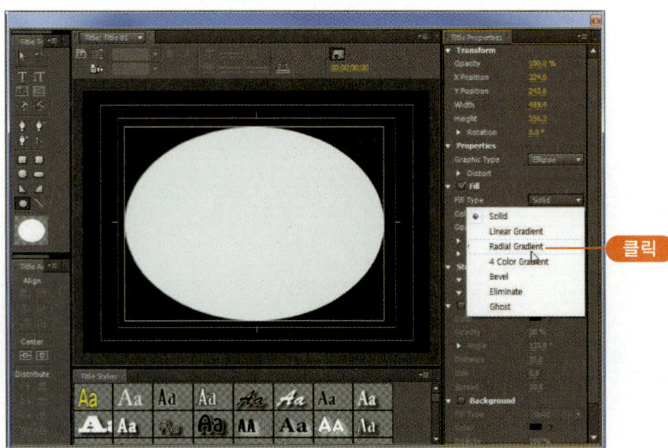

03 Color 속성에 나타나는 두 개의 색상 조절기를 각각 좌측과 우측끝으로 드래그하고 좌측 색상 조절기를 더블 클릭합니다.

04 컬러 피커 창이 나타나면 RGB 값을 모두 '255'로 설정하여 흰색이 나타나도록 하고 OK 버튼을 클릭합니다.

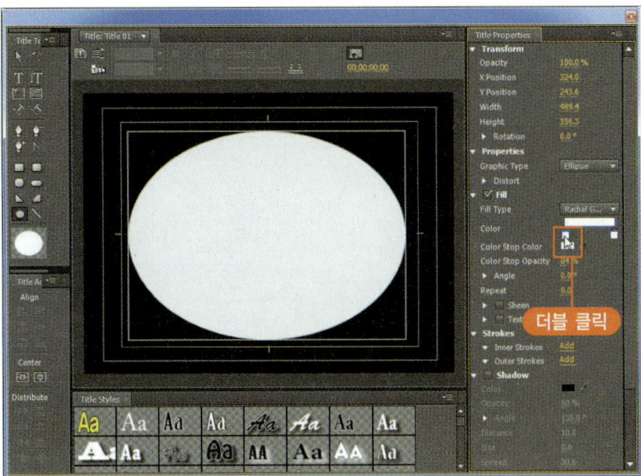

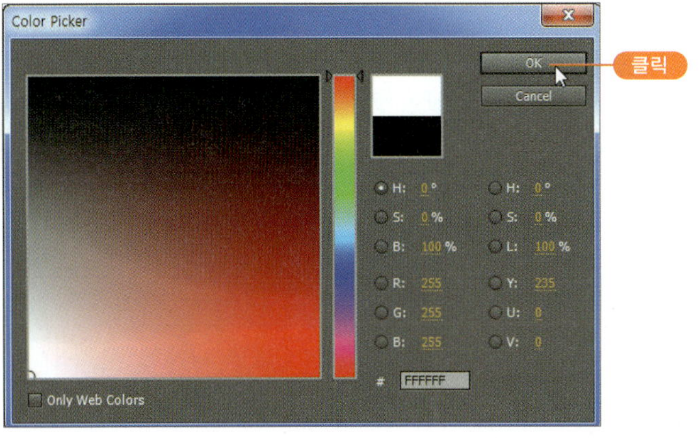

05 이번에는 우측의 색상 조절기를 더블 클릭하고 컬러 피커 창에서 RGB 값을 모두 '0'으로 설정하여 검정색이 나타나도록 하고 OK 버튼을 클릭합니다.

06 원 중심의 흰색이 바깥쪽으로 갈수록 점차 검정색으로 변화됩니다. 하지만 아직 자연스럽지 않습니다. 우측의 색상 조절기를 약간 좌측으로 드래그하고 Color Stop Opacity 값을 10% 정도로 변경합니다. 원의 흰색과 검정색 경계 부분이 더욱 자연스럽게 나타나게 됩니다.

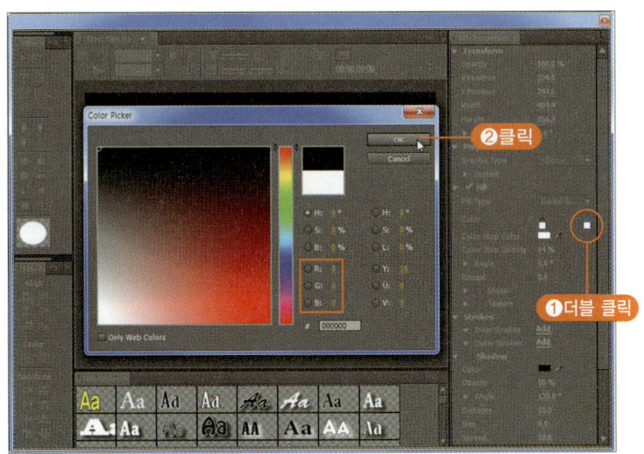

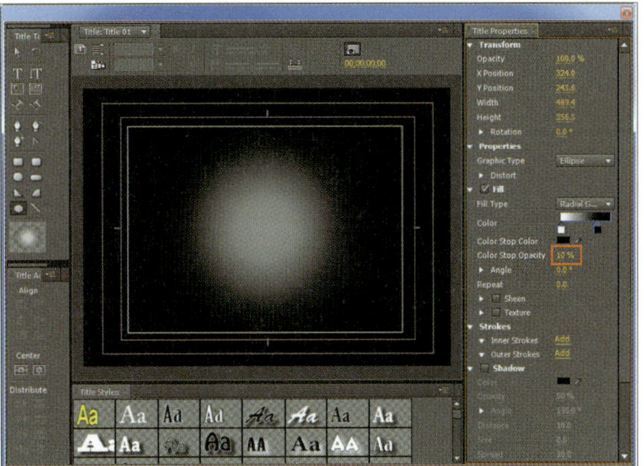

07 완성된 타이틀 클립을 Video 1 트랙에 등록하고 이펙트 컨트롤 패널에서 Motion의 Scale 속성에 키프레임을 생성합니다.

08 현재 시간 표시자를 10 프레임 위치에 두고 프로그램 모니터의 클립을 클릭하여 조절점이 나타나도록 한 다음, 조절점을 안쪽으로 약간 드래그합니다. 흰색 원이 조금 작게 나타나도록 하려는 것입니다.

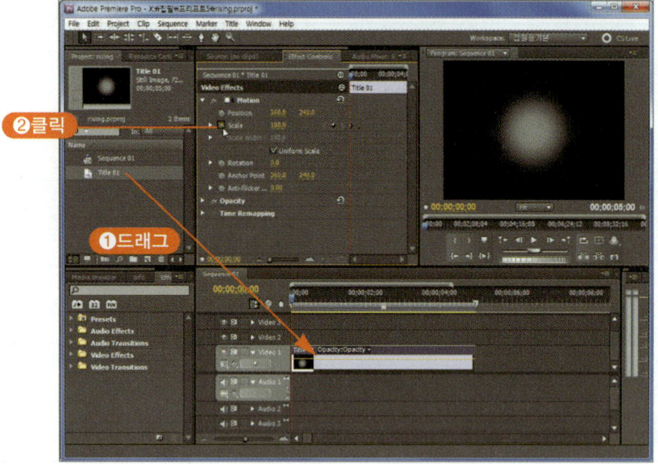

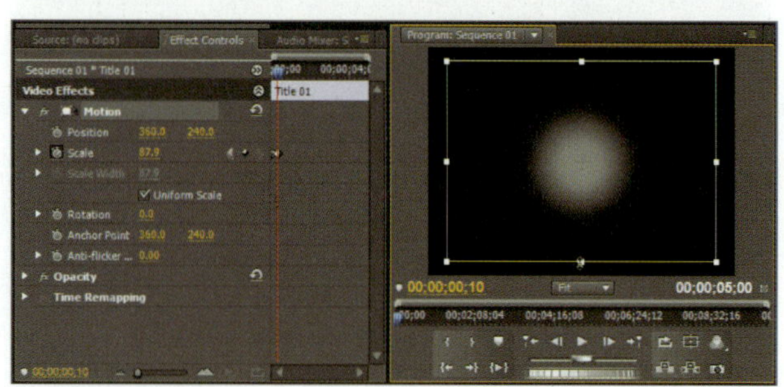

09 현재 시간 표시자를 10 프레임 뒤에 두고 프로그램 모니터의 조절점을 다시 원래의 위치로 드래그합니다. 이전 지점에 비해 흰색 원이 조금 크게 나타나도록 하는 것입니다.

10 계속해서 10 프레임 간격으로 클립의 4초 지점까지 클립의 확대/축소를 반복 지정해줍니다. 확대/축소 상태의 크기는 모두 조금씩 다르게 하는 것이 좋습니다. 흰색 원이 떠오르는 태양처럼 생동감 있게 보이도록 크기를 반복해서 변경해주는 것입니다.

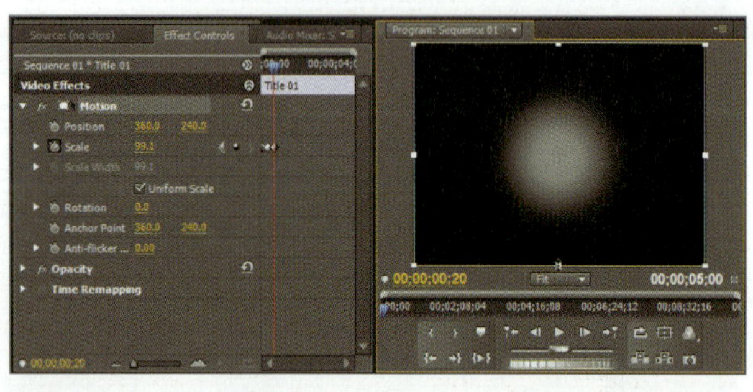

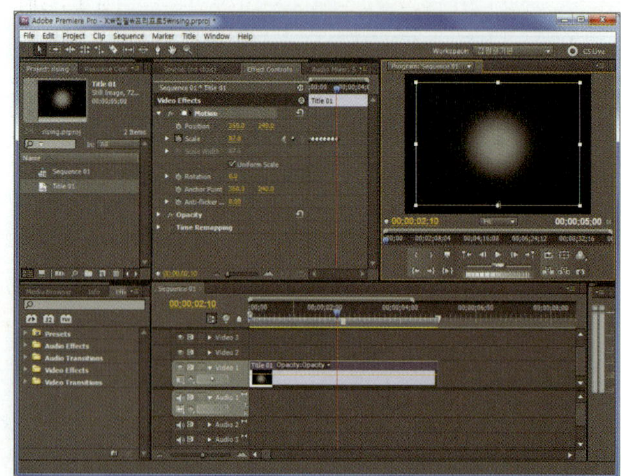

11 4초 29프레임 지점에는 그림처럼 곧바로 흰색 원이 크게 나타나도록 합니다. 태양이 활짝 떠오른 것처럼 보게 하려는 것입니다.

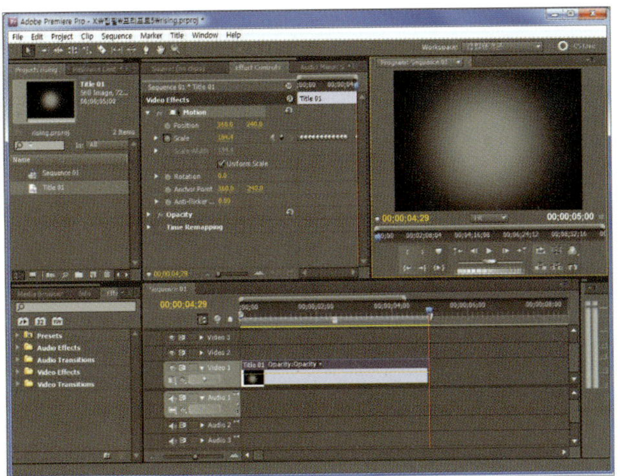

12 이펙트 패널에서 Video Effects〉Keying의 Four-Point Garbage Matte 이펙트를 타임라인의 Video 1 트랙의 클립에 적용합니다.

13 이펙트 컨트롤 패널에서 Four-Point Garbage Matte 이펙트 이름을 클릭하여 프로그램 모니터에 조절점이 나타나면 아래쪽 두 개의 조절점을 중간 부분으로 드래그합니다. 클립의 아랫부분은 가려놓음으로써 태양이 수면에 떠 있는 것처럼 보이게 하려는 것입니다.

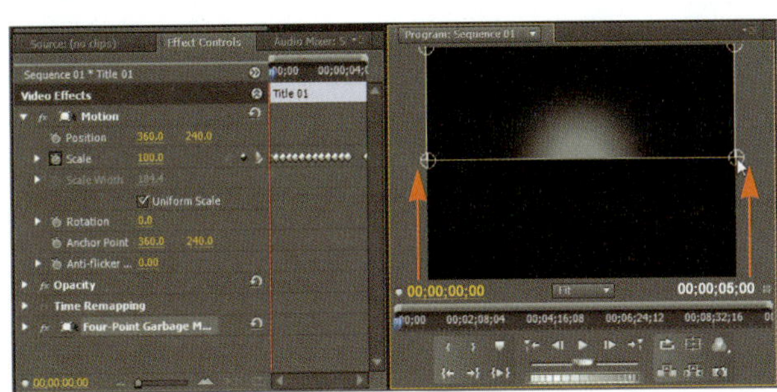

14 Title〉New Title〉Default Still을 선택하여 타이틀러 패널에서 타이틀을 만듭니다. 생년월일이나 기념일을 가리키는 숫자를 흰색으로 입력합니다.

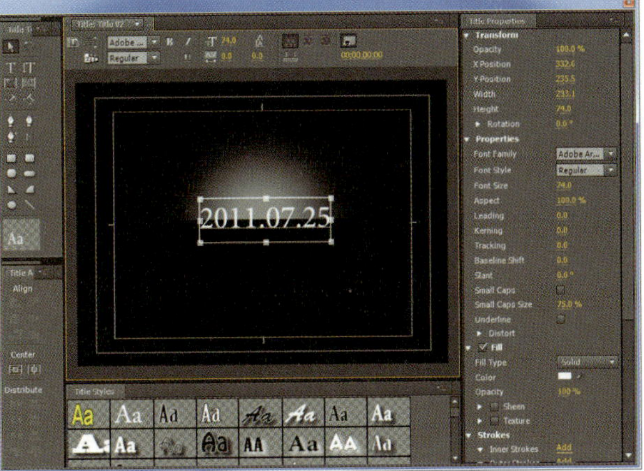

15 새로 만든 타이틀 클립을 Video 2 트랙에 등록합니다. 현재 시간 표시자를 시작 지점에 두고 이펙트 컨트롤 패널에서 Motion의 Position 속성에 키프레임을 생성합니다.

16 프로그램 모니터에서 클립을 드래그하여 그림처럼 타이틀 클립의 숫자가 검정색 영역의 윗부분에 놓이도록 합니다.

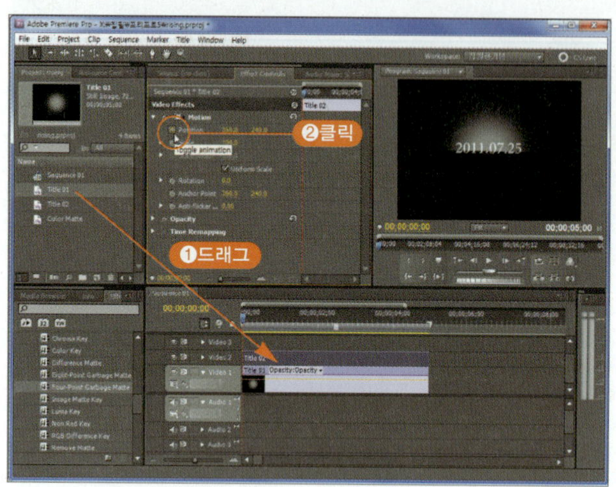

17 현재 시간 표시자를 4초 지점에 두고 클립을 드래그하여 타이틀 클립의 숫자가 검정색 위쪽에 놓이도록 합니다.

18 이펙트 패널에서 Video Effects〉Distort의 Mirror 이펙트를 Video 2 트랙의 클립에 적용하고 현재 시간 표시자를 시작 지점에 위치시킵니다.

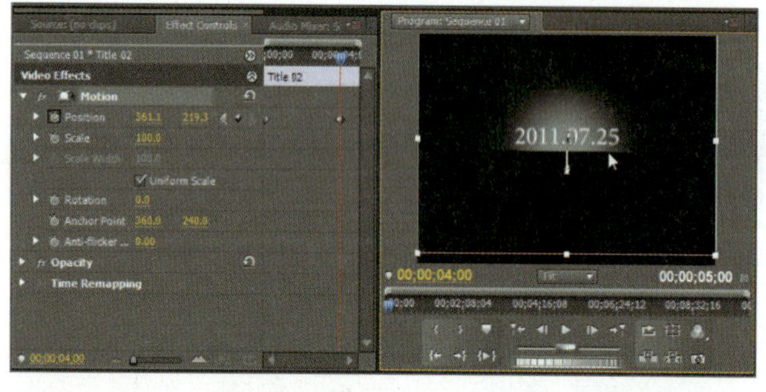

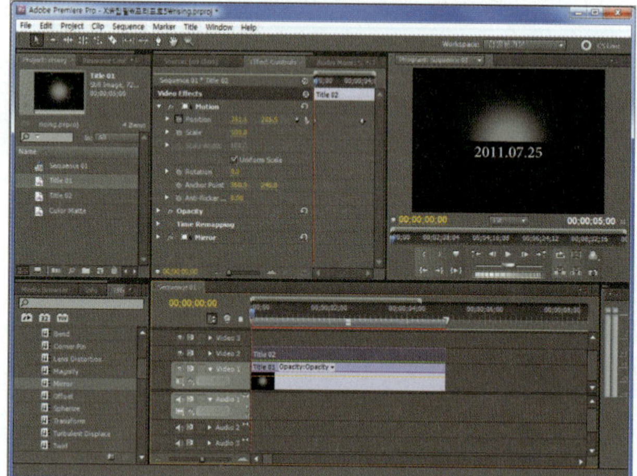

19 이펙트 컨트롤 패널에서 Mirror 이펙트 속성을 열고 Reflection Angle 값을 90으로 설정합니다. 숫자가 아래쪽으로 반사되어 나타납니다.

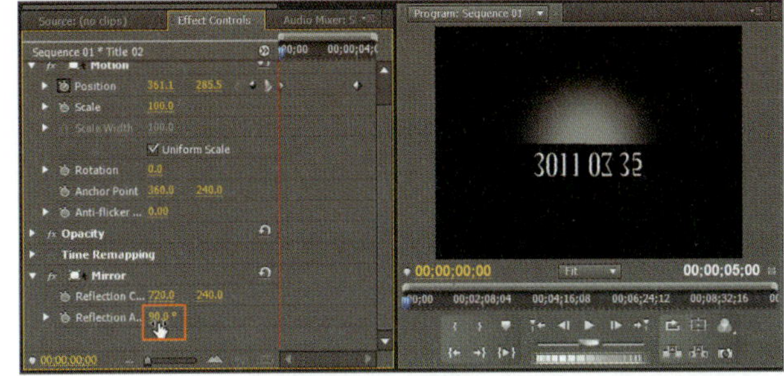

20 처음에는 클립이 보이지 않다가 반사된 숫자가 점점 멀어지면서 나타나게 할 것입니다. Mirror 이펙트의 Reflection Center 속성에 키프레임을 생성하고 우측 값을 줄여 클립의 숫자가 보이지 않도록 합니다. 예제에서는 '214'로 설정하였습니다.

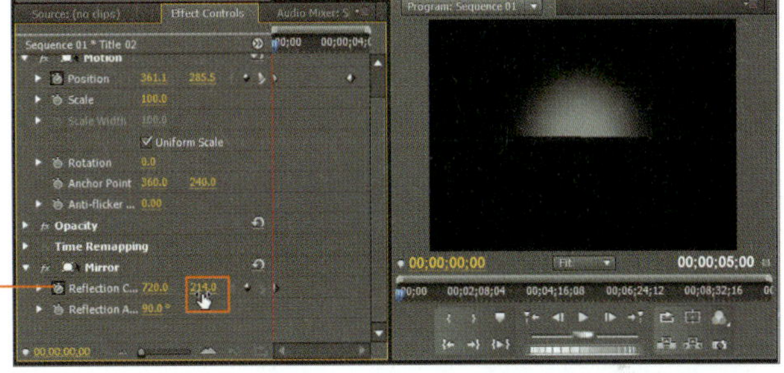

21 현재 시간 표시자를 4초 지점에 두고 Mirror 이펙트의 Reflection Center 속성 우측 값을 점차 키워가면서 클립의 숫자가 그림처럼 반사되어 나타나도록 합니다. 예제에서는 265로 설정하였습니다.

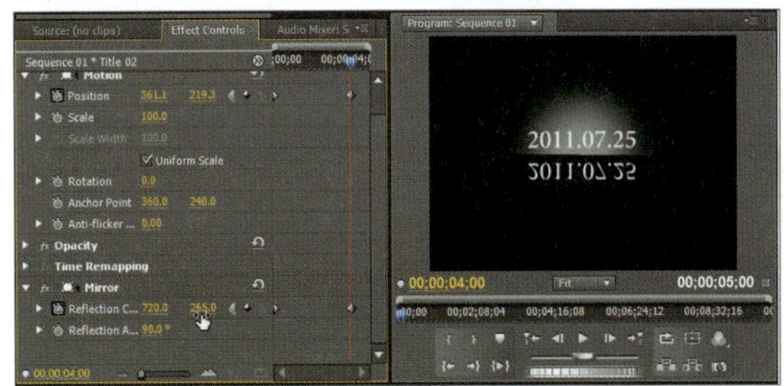

22 프리뷰로 결과를 확인합니다. 이글이글 떠오르는 태양 위로 기념일을 의미하는 숫자가 반사되면서 나타나게 될 것입니다.

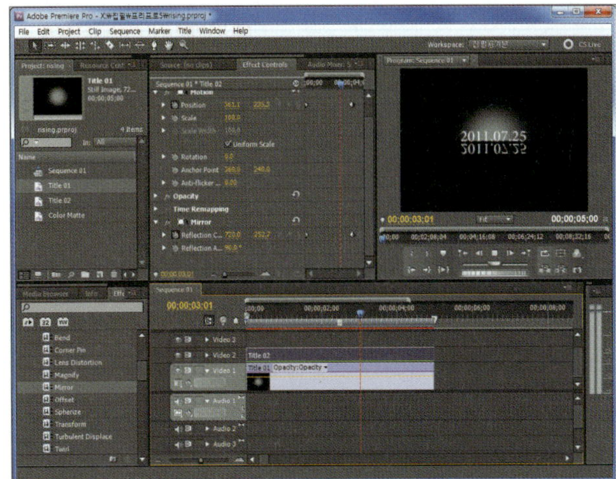

60 Chapter

TV 프로그램 '스타킹'처럼 얼굴만 크게 만들기

모 TV 프로그램에서 종종 MC의 얼굴 부분만 확대한 재미있는 영상을 볼 수 있습니다. 움직임에 따라 정밀하게 표현하려면 반복적인 노동이 필요하지만 아주 간단하게 구현할 수 있습니다. 적절히 상황에 맞는 자막을 첨가하면 재미를 배가할 수 있을 것입니다.

[부록] 〇 Example\Magnify.wmv

01 새 프로젝트를 시작하고 부록 DVD의 [Source] 폴더에서 "030.avi" 파일을 불러온 후, 타임라인 패널의 Video 1 트랙에 등록합니다.

02 이펙트 패널에서 Video Effects〉Distort의 Magnify 이펙트를 타임라인의 클립에 적용합니다.

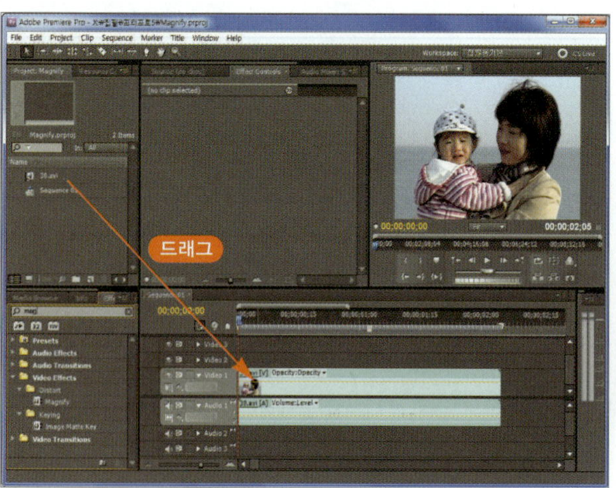

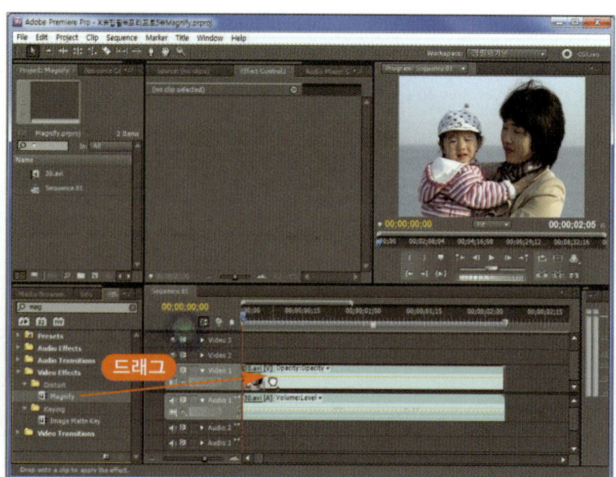

03 Video 1 트랙의 클립이 선택된 상태에서 이펙트 컨트롤 패널을 열고 Magnify 이펙트 이름을 클릭합니다.

04 프로그램 모니터에 나타나는 Magnify 이펙트의 조절점을 아이의 얼굴 중앙으로 드래그하여 아이 얼굴이 확대되어 나타나도록 합니다.

05 이펙트 컨트롤 패널에서 Magnify 이펙트의 속성을 열고 Size 속성값을 키워 아이 얼굴 전체 부분이 확대되어 나타나도록 합니다. 이때 확대 영역이 아이 얼굴 부분을 벗어나면 다시 조절점을 드래그하여 적절히 위치를 맞춰줍니다.

06 확대 영역과 일반 영역의 경계를 부드럽게 하면 더욱 자연스러운 결과를 얻을 수 있습니다. Feather 값을 '20' 정도로 설정합니다.

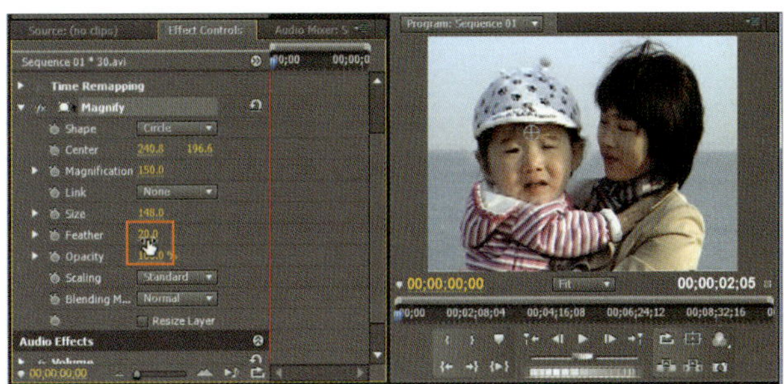

07 현재 시간 표시자를 클립의 시작 지점에 두고 Center 속성에 키프레임을 생성합니다.

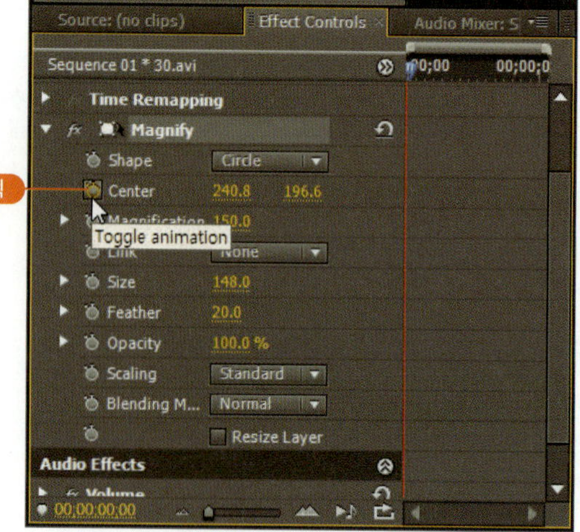

08 우측 방향키로 프레임을 이동해가면서 확대 영역이 아이 얼굴을 벗어나면 조절점을 드래그하여 재조정합니다.

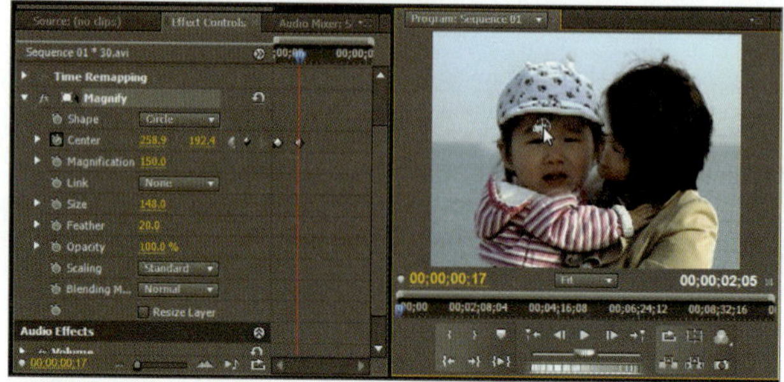

09 프리뷰로 결과를 확인합니다. 확대 영역의 이동이 심한 영상의 경우에는 그만큼 미세한 프레임 단위로 위치를 조정해주어야 하므로 상당한 노동이 될 수 있을 것입니다. Maginification 속성은 배율값을 의미합니다. 따라서 값을 키우면 지정 영역을 더욱 확대할 수 있습니다.

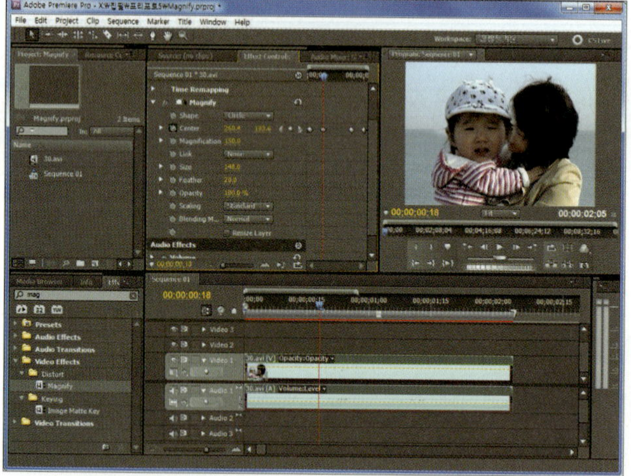

부록

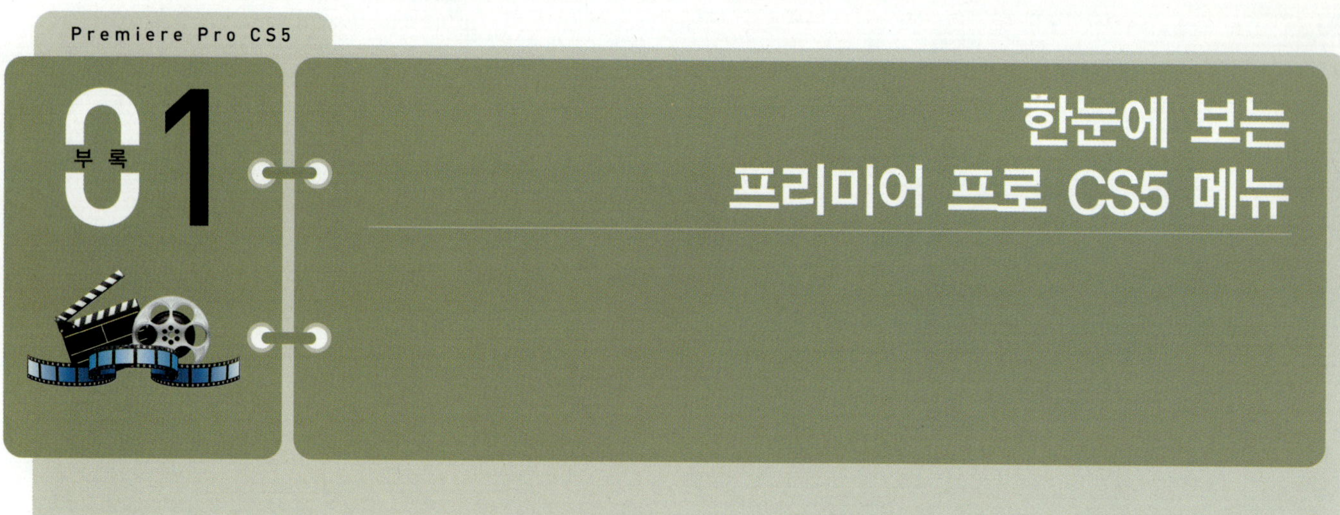

부록 01 한눈에 보는 프리미어 프로 CS5 메뉴

1 File 메뉴

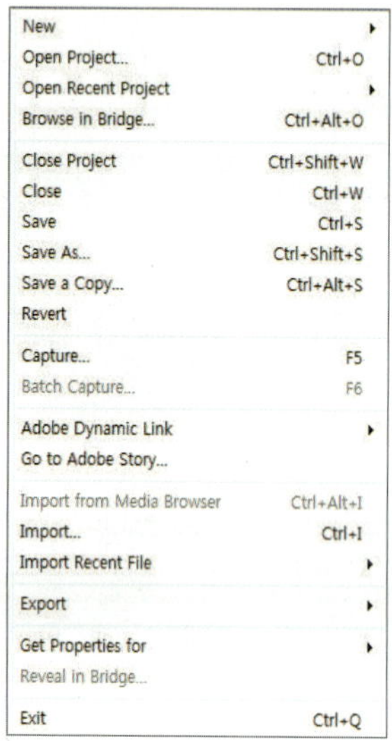

 **New**

새로운 프로젝트를 비롯하여 작업에 필요한 각종 요소들을
생성합니다.

- **Project** – 새로운 프로젝트를 엽니다. New Project 대화상자가 나타나 프리셋과 프로젝트의 위치, 프로젝트의 이름 등을 지정할 수 있습니다.
- **Sequence** – 새로운 시퀀스를 추가합니다. New Sequence 대화상자가 나타나며 시퀀스에 적용할 프리셋과 기본 트랙 개수 등을 지정할 수 있습니다.
- **Bin** – 프로젝트 패널이 선택된 상태에서 활성화되며 새로운 Bin을 추가합니다. 많은 클립을 프로젝트에 등록하여 작업하는 경우 클립을 성격이나 종류별로 각 Bin에 등록함으로써 보다 효율적으로 관리할 수 있습니다.
- **Offline File** – 프로젝트 패널이 선택된 상태에서 활성화되며 오프라인 파일을 생성합니다. 오프라인 파일이란 프로젝트 패널의 목록에는 등록되어 있으나 실제로 사용할 수 없는 파일을 가리킵니다. Offline File 대화상자가 나타나 새로운 오프라인 파일을 추가할 수 있으며 프로젝트 패널에 등록됩니다. 오프라인 파일도 편집이 가능하며 차후에 Link Media 메뉴를 통해 실제로 존재하는 파일과 연결할 수 있습니다.
- **Title** – 타이틀 작성을 위하여 타이틀 디자이너를 엽니다.
- **Photoshop File** – 포토샵의 PSD 포맷의 클립을 생성합니다. 투명한 배경을 가지며 이렇게 생성된 PSD 클립 위에서 마우스 우측 버튼을 클릭하여 Edit in Adobe Photoshop을 선택하면 포토샵을 통해 해당 파일을 열 수 있습니다. 포토샵에서 이미지나 문자 작업을 마친 후 저장하면 그대로 클립에 반영되므로 편리합니다. 포토샵의 다양한 드로잉 기능이나 타이틀 기능을 프리미어에서 사용하고자 할 때 유용합니다.
- **Bars and Tone** – 1Khz의 오디오를 포함하고 있는 컬러바 클립을 생성합니다.
- **Black Video** – 검정색의 정지 이미지 클립을 생성합니다.
- **Color Matte** – 컬러 피커 창을 통해 지정한 색상의 정지 이미지 클립을 생성합니다.

- **Universal Counting Leader** – 메인 영상 클립의 시작을 알리는 용도로 사용되는 카운팅 리더를 생성합니다. 설정 대화상자를 통해 각 영역의 색상을 지정할 수 있습니다.

 ## Open Project

Open Project 대화상자를 통하여 이전에 작업하여 저장된 프리미어 프로 프로젝트 파일을 엽니다.

 ## Open Resent Project

최근에 작업했던 프로젝트 목록을 5개까지 보여줌으로써 빠르게 불러올 수 있도록 합니다.

 ## Close

현재 프로젝트를 닫습니다.

 ## Save

작업 중인 현재 프로젝트를 저장합니다.

 ## Save As

이미 저장된 현재 프로젝트를 새로운 이름으로 저장합니다.

 ## Revert

현재 프로젝트를 최종적으로 저장되기 이전 단계로 복귀시킵니다.

 ## Capture

디지털 캠코더를 비롯하여 디지털 장치로부터 데이터를 전송받기 위한 캡처 패널을 엽니다.

Batch Capture

무비 캡처 윈도우에서 작성한 캡처 목록을 선택한 경우, 배치 캡처를 실행합니다.

 Adobe Dynamic Link

프리미어 프로 CS5에서 작업한 내용을 어도비 앙코르나 애프터 이펙트의 컴포지션으로 내보내거나 애프터 이펙트의 컴포지션을 프리미어 프로 CS5로 불러옵니다. 애프터 이펙트와의 연동 기능을 사용하려면 어도비 프로덕션 프리미엄 (Adobe Production Premium)이나 어도비 마스터 컬렉션 (Adobe Master Collection)을 통해 애프터 이펙트를 설치해야 합니다.

 Import

Import 대화상자를 열어 작업에 필요한 각종 소스 클립들을 불러옵니다.

 Import Resent File

최근에 불러온 파일들의 목록을 10개까지 보여줌으로써 보다 빠르게 파일을 선택할 수 있도록 합니다.

 Import Clip Notes Comments

*.xfdf 포맷의 클립노트 코멘트 파일을 불러옵니다.

 Export

편집한 결과를 다양한 포맷의 파일로 생성하거나 캠코더로 출력합니다.

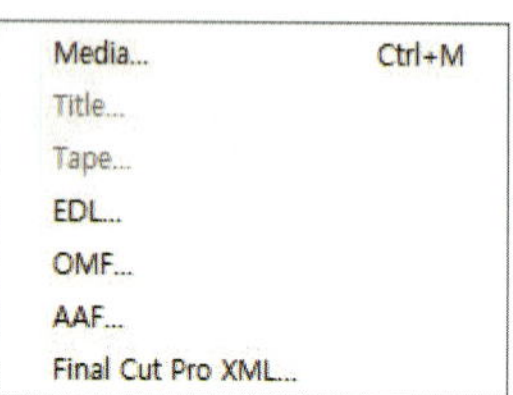

- **Media** – Export Settings 창을 통해 다양한 비디오와 오디오 포맷을 선택하고 옵션을 설정합니다. 설정된 값에 의해 렌더링하거나 어도비 미디어 인코더의 대기목록으로 보낼 수 있습니다.

- **Title** – 현재 선택된 타이틀 클립을 prtl 확장자를 갖는 타이틀 파일로 생성합니다.

- **Export to Tape** – 컴퓨터와 연결된 디지털 장치로 작업 결과를 출력합니다.

- **Export to EDL** – 작업 결과를 EDL(Edit Decision List) 파일로 생성합니다.

 Get Properties for

File을 선택하면 특정 파일의 정보를 보여주며, Selection을 선택하면 현재 프로젝트 패널이나 타임라인 패널에 선택된 클립에 대한 자세한 정보를 보여줍니다.

 Reveal in Bridge

프로젝트 패널에서 클립이 선택된 상태에서 활성화되며 해당 클립을 어도비 브리지(Adobe Bridge)를 실행하여 엽니다. 어도비 브리지에서 다른 미디어 파일을 프로젝트로 불러올 수 있습니다.

 Exit

프리미어 프로 CS5를 종료합니다. 프로젝트가 저장되지 않은 경우 저장할 것인지를 묻는 대화상자가 나타납니다.

2   Edit 메뉴

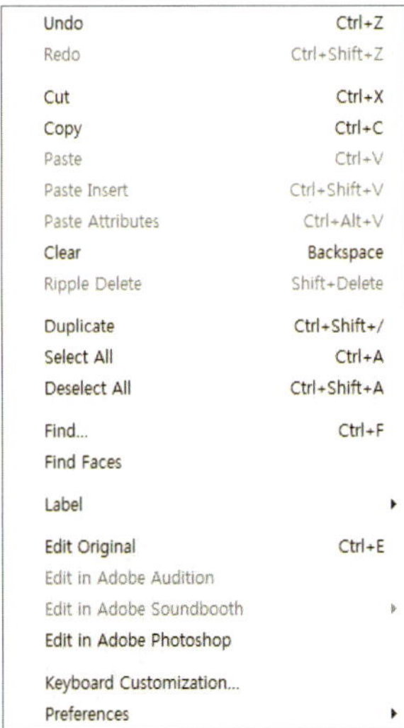

 Undo

가장 최근에 수행한 작업을 취소하여 바로 이전 단계로 되돌아갑니다. 여러 단계 이전 작업 상태로 되돌아가려면 History 패널을 사용해야 합니다.

 Redo

Undo로 취소한 작업을 다시 실행합니다.

 Cut

현재 선택된 클립을 잘라냅니다.

 Copy

현재 선택된 클립과 속성 등을 클립보드에 복사해둡니다.

 Paste

Cut이나 Copy로 클립보드에 복사해둔 클립을 붙여넣기합니다.

 Paste Insert

인서트 편집 방식으로 클립을 붙여넣기합니다.

 Paste Attribute

클립의 속성만을 붙여넣기합니다.

 Clear

현재 선택된 클립을 삭제합니다.

 Ripple Delete

리플을 삭제합니다.

 Duplicate

프로젝트 패널에서 선택된 클립의 복사본을 만듭니다.

 Select All

모든 클립을 선택합니다.

 Deselect All

모든 클립의 선택상태를 해제합니다.

 Find

프로젝트 패널이 선택된 상태에서 활성화되며 Find 대화상자를 통해 프로젝트 패널에 등록된 클립을 원하는 조건으로 검색합니다.

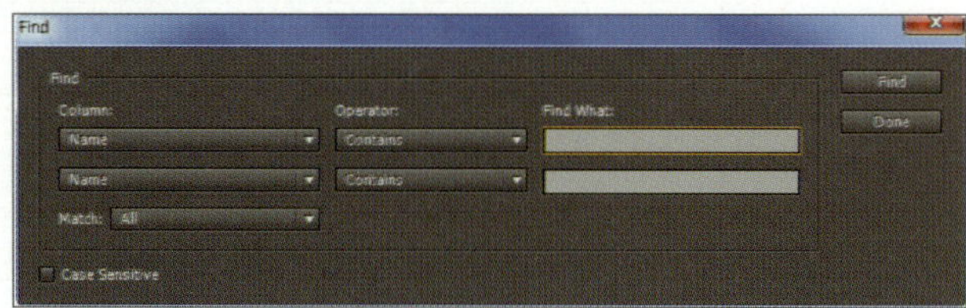

 Label

클립의 레이블 색상을 변경합니다.

 Edit Original

현재 선택된 클립을 제작한 프로그램을 통해 엽니다. 동일한 프로그램이 설치되어 있지 않은 경우, 윈도우에서 기본적으로 지정된 플레이어를 통해 재생합니다.

 Edit in Adobe Soundbooth

현재 선택된 오디오 클립의 복제본을 생성한 다음, 전문 오디오 편집 프로그램인 어도비 사운드부스를 통해 엽니다. 단일 오디오 클립뿐 아니라 오디오가 포함된 비디오 클립도 오디오만을 추출하여 어도비 사운드부스를 통해 나타나게 됩니다. 물론 어도비 사운드부스가 설치되어 있어야 합니다.

 Edit in Adobe Photoshop

현재 선택된 포토샵 포맷(PSD)의 파일을 포토샵을 통해 엽니다.

 Keyboard Customization

사용자가 임의로 단축키를 설정합니다.

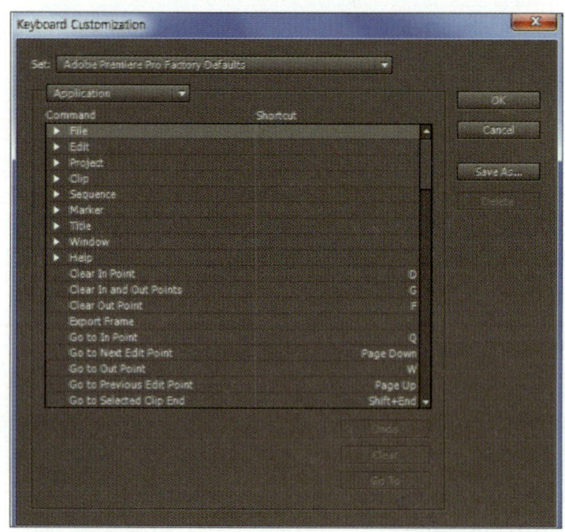

 Preferences

환경설정을 위한 Preferences 대화상자를 엽니다. 각 항목별 옵션에 대해서는 부록 2에 설명되어 있습니다.

3 Project 메뉴

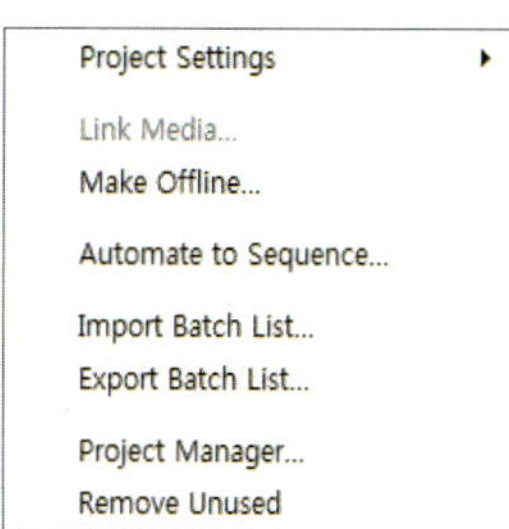

 Project Settings

각 항목별로 프로젝트 설정을 위한 Project Settings 대화상자를 엽니다.

 Link Media

오프라인 클립을 선택했을 때 활성화되는 메뉴로서 대화상자를 통해 오프라인 클립과 연결할 실제 파일을 선택합니다.

 Make Offline

프로젝트 패널에서 선택된 실제 클립을 오프라인 클립으로 바꿉니다. 편집을 마친 오프라인 클립은 Link Media를 선택해 다시 실제 클립으로 바꾸어줄 수 있습니다.

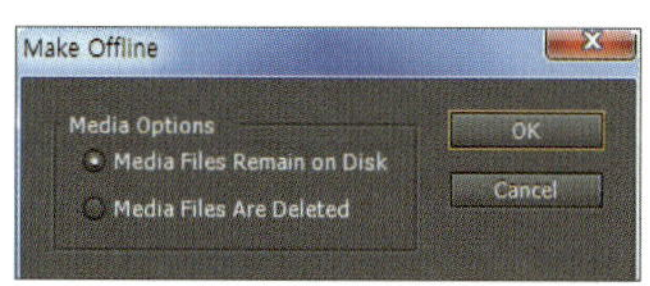

- **Media Files Remain on Disk** – 하드디스크 상에 존재하는 실제 파일은 삭제되지 않고 프로젝트 패널에 등록된 클립과 실제 파일과의 연결 관계만 해제합니다.
- **Media Files Are Deleted** – 실제 파일도 함께 삭제합니다.

 Automate to Sequence

프로젝트 패널에 선택된 클립들을 디폴트 트랜지션과 함께 자동으로 타임라인 패널의 트랙에 배치합니다.

 Import Batch List

파일로 저장된 배치 캡처 목록을 불러옵니다.

 Export Batch List

작성된 배치 캡처 목록을 파일로 저장합니다.

 Project Manager

프로젝트 매니저 대화상자를 통해 불필요한 클립을 제외하여 용량이 축소된 새로운 프로젝트로 저장하거나 프로젝트에서 사용된 모든 미디어 파일을 별도의 공간에 정리합니다.

 Remove Unused

프로젝트 패널에 등록되어 있으나 타임라인 패널에서 사용하지 않는 클립을 프로젝트 패널의 목록에서 제거합니다.

4   Clip 메뉴

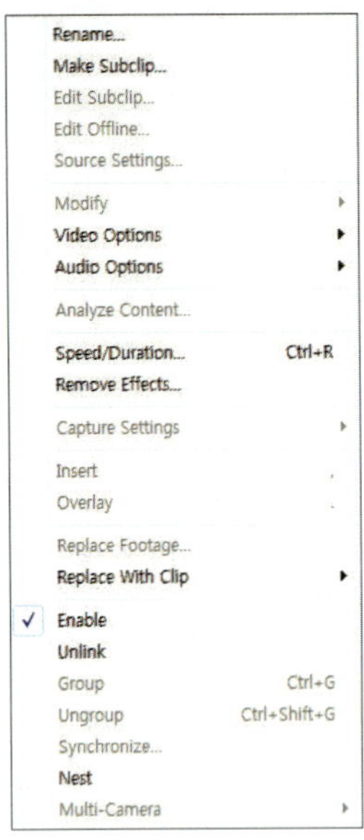

 Rename

프로젝트 패널에 선택된 클립의 이름을 변경합니다.

Make Subclip

소스 모니터에 인 점과 아웃 점이 변경된 클립이 선택된 상태에서 활성화되는 메뉴로서 인 점과 아웃 점이 변경된 클립을 서브클립으로 만들어 프로젝트 패널에 등록합니다.

Edit Subclip

현재 선택된 서브 클립의 인 점과 아웃 점을 변경합니다.

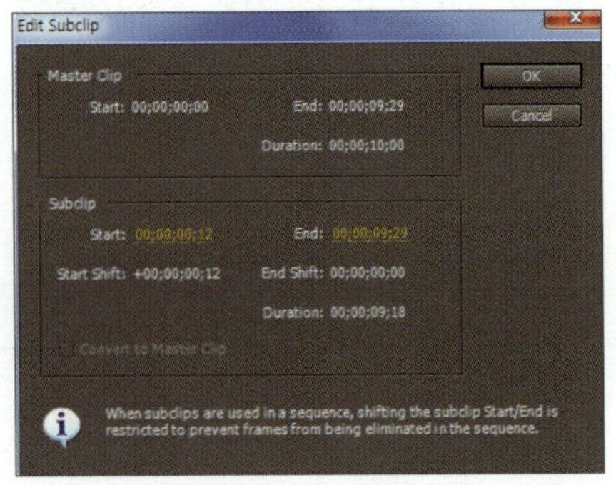

 Modify

Modify Clip 대화상자를 통해 프로젝트 패널에 선택된 클립의 여러 속성을 변경합니다. 오디오 채널이나 프레임 변경, 픽셀 종횡비나 타임코드 등을 변경할 수 있습니다. 대화상자의 Interpret Footage 탭에 있는 옵션은 다음과 같습니다.

- **Use Frame Rate from File** – 현재 선택된 클립의 프레임 비율을 표시합니다.

- **Assume this frae rate** – 변경할 프레임 비율을 입력합니다.

- **Remove 24p DV Pulldown** – 초당 24프레임의 클립을 29.97 NTSC 클립으로 변경합니다.

- **Duration** – 프레임 비율의 변경에 따른 지속시간이 표시됩니다.

- **Use Pixel Aspect Ratio from File** – 현재 선택된 클립의 종횡비를 사용합니다.

- **Conform to** – 클립의 종횡비를 변경합니다.

- **Ignore Alpha Channel** – 알파 채널이 포함된 클립의

경우, 알파 채널을 무시합니다.

- **Invert Alpha Channel** – 알파 채널이 포함된 클립의 경우, 알파 채널 영역을 반전합니다.

 ## Video Options

비디오 클립에 대한 다양한 옵션을 설정합니다.

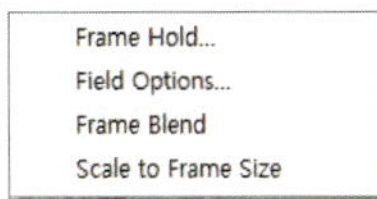

- **Frame Hold** – 옵션 대화상자를 통해 클립의 특정 지점을 정지 상태로 전환합니다. 드롭다운 메뉴를 열면 옵션이 미칠 지점을 선택할 수 있습니다.

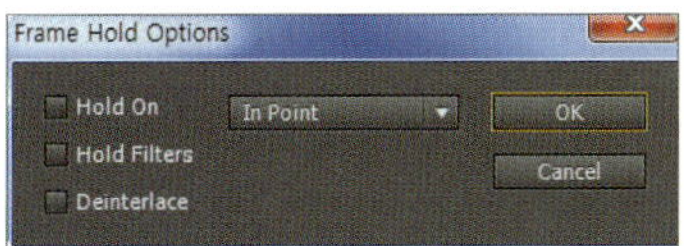

〉 **Hold On** – 선택한 지점의 프레임만을 클립의 전체 지속 시간에 걸쳐 나타나게 합니다. 따라서 마치 정지 이미지처럼 작용합니다.

〉 **Hold Filters** – 클립에 이펙트가 적용되어 있다면 이펙트까지 고정시킵니다.

〉 **Deinterlace** – 클립을 프로그레시브 모드로 전환합니다.

- **Field Options** – 옵션 대화상자를 통해 클립의 필드와 관련된 옵션을 설정합니다.

〉 **Reverse Field Dominance** – 필드 우선권을 반대로 적용합니다. 일반적으로 바꿀 필요는 없으나 특정 캡처 카드 통해 캡처한 영상이 비정상적으로 나타나는 경우 선택합

니다.

〉 **None** – 디폴트 값으로서 필드 우선권을 변경하지 않습니다.

〉 **Interlace Consecutive Frames** – 넌 인터레이스 방식(프로그레시브 방식)으로 처리된 클립을 인터레이스 방식으로 전환합니다.

〉 **Always Deinterlace** – 인터레이스 방식으로 처리된 클립을 프로그레시브 방식으로 전환합니다. 두 개의 필드 중에서 하나의 필드를 삭제한 다음, 프리미어 프로가 삭제된 필드를 적절하게 채워주는 방식입니다.

〉 **Flicker Removal** – 클립의 속성이나 속도를 변경한 경우, 깜박거리는 현상을 방지해줍니다.

- **Frame Blend** – 프레임 사이의 움직임을 자연스럽게 처리합니다.

 ## Audio Options

오디오 클립에 대한 다양한 옵션을 설정합니다.

- **Audio Gain** – 오디오의 게인, 즉 음량을 변경합니다.

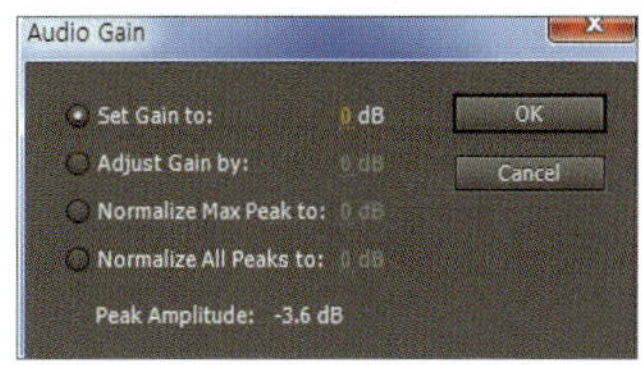

- **Breakout to Mono** – 스테레오 이상의 채널을 가지고 있는 오디오 클립을 각 채널별로 별도의 클립으로 생성하여 프로젝트 패널에 등록합니다.

- **Render and Replace** – 타임라인의 트랙에 등록된 오디오 클립을 선택했을 때 활성화되는 메뉴로 해당 오디오 클립을 렌더링하여 기존의 클립과 대체합니다.

- Extract Audio – 프로젝트 패널에 선택된 비디오 클립에서 오디오 클립만을 추출하여 프로젝트 패널에 등록합니다. 원본 클립의 이름 뒤에 'Extracted' 라는 이름이 붙게 됩니다.

 Speed/Duration

Clip Speed/Duration 대화상자를 통해 클립의 속도를 변경합니다.

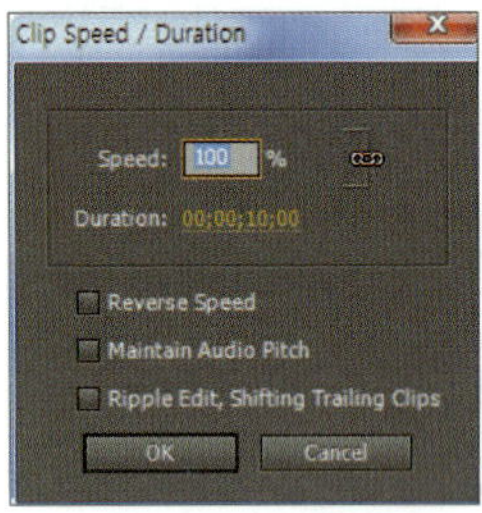

- Speed – 클립의 속도를 현재 속도에 대한 백분율로 입력합니다.
- Duration – 지속시간을 타임코드 형식으로 지정합니다.
- Reverse Speed – 클립을 거꾸로 재생합니다.
- Maintain Audio Patch – 클립의 속도가 변경되더라도 오디오의 피치, 즉 음 높이를 원래대로 유지하도록 합니다.

 Capture Settings

프로젝트 패널의 오프라인 클립을 선택한 경우에 활성화되는 메뉴로서 Clip Capture Settings 대화상자를 통해 캡처와 관련된 설정을 할 수 있습니다.

 Insert

Insert(삽입) 방식으로 클립을 등록합니다.

 Overlay

Overlay(오버레이) 방식으로 클립을 등록합니다.

 Replace Footage

프로젝트 패널에서 현재 선택되어 있는 클립을 저장되어 있는 다른 파일로 대체합니다.

 Replace With Clip

타임라인 패널에서 현재 선택되어 있는 클립을 다른 클립으로 대체합니다.

```
From Source Monitor
From Source Monitor, Match Frame
From Bin
```

- From Source Monitor – 소스 모니터의 클립으로 대체합니다.
- From Source Monitor, Match Frame – 소스 모니터의 클립으로 대체하되, 프레임은 그대로 유지합니다. 대체된 클립의 프레임 수가 적은 경우, 나머지 부분의 프레임은 존재하되, 실제 클립은 없는 영역이므로 검게 표시됩니다.
- From Bin – 현재 선택된 Bin의 클립으로 대체합니다.

 Enable

클립을 사용 가능, 또는 불가능 상태로 전환합니다. 기본적으로 클립을 선택하면 Enable에 체크표시가 되어 있으나 이것을 선택하여 해제 상태로 전환하면 프리뷰와 익스포트 대상에 포함되지 않습니다.

 Unlink/Link

비디오와 오디오를 함께 포함하고 있는 비디오 클립의 비디오와 오디오의 연결 관계를 해제하여 개별적인 클립으로 분리합니다. 이렇게 연결 관계가 해제된 두 클립을 선택하면 Link로 메뉴 이름이 바뀌어 나타나며 다시 두 클립을 연결합니다.

 Group

선택된 여러 클립들을 하나의 그룹으로 묶어줍니다.

 ## Ungroup

그룹으로 묶어진 클립을 다시 각각의 클립으로 분리합니다.

 ## Synchronize

서로 다른 시간 지점에 있는 클립의 위치를 동일하게(동기화: 싱크로나이즈) 맞춥니다. 타임라인 패널에 등록된 두 개 이상의 클립이 선택되어 있어야 메뉴가 활성화됩니다. Synchronize Clips 대화상자를 통해 동기화시킬 기준점을 선택할 수 있습니다.

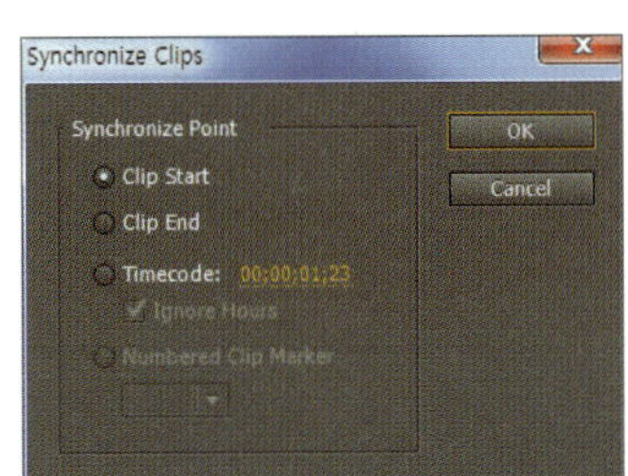

 ## Nest

현재 타임라인에 선택되어 있는 여러 클립을 새로운 시퀀스로 네스팅합니다. 네스팅된 시퀀스는 Nested Sequence 라는 이름이 붙으며 더블 클릭하면 타임라인에 해당 시퀀스 탭이 나타나게 됩니다.

 ## Multi-Camera

동일 시간에 동일 지점을 여러 대의 카메라로 촬영하여 생성된 각각의 클립을 마우스 클릭만으로 간단히 편집할 수 있도록 합니다. Multi-Camera〉Enable을 선택한 다음, 프로그램 모니터 메뉴에서 Multi-Camera Monitor를 선택하여 멀티 카메라 모니터를 열고 작업합니다.

---

5 Sequence 메뉴

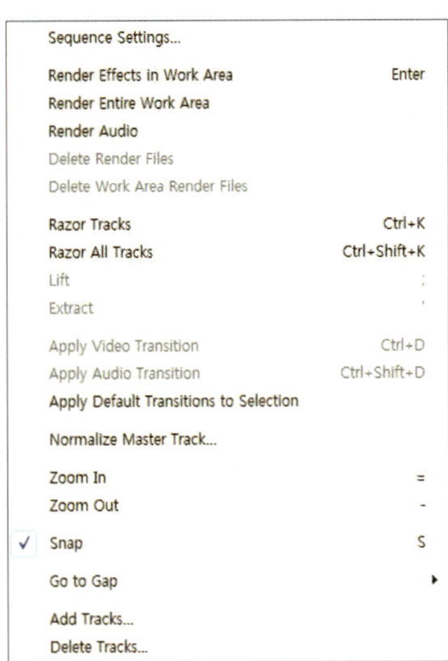

 ## Sequence Settings

Sequence Settings 대화상자를 통해 현재 시퀀스의 옵션을 변경합니다.

 ## Render Effects in Work Area

현재 작업 구역 바 내에 적용된 이펙트를 렌더링한 다음, 자동으로 재생합니다.

 ### Render Work Area

현재 작업 구역 바 내의 클립을 렌더링한 다음, 자동으로 재생합니다.

 ### Render Audio

오디오 클립만을 렌더링합니다.

 ### Delete Render Files

렌더링하여 저장된 임시 파일을 삭제합니다.

 ### Delete Work Area Render Files

작업 구역 바 내의 렌더링하여 저장된 임시 파일을 모두 삭제합니다.

 ### Razor at Current Time Indicator

현재 시간 지시자의 위치를 기준으로 클립을 분할합니다.

 ### Lift

리프트 편집을 수행합니다.

 ### Extract

익스트랙트 편집을 수행합니다.

 ### Apply Video Transition

디폴트 비디오 트랜지션을 적용합니다. 현재 시간 지시자가 디폴트 트랜지션의 길이 범위 내에서 비디오 클립의 앞 부분이나 끝 부분에 위치해 있어야 합니다.

 ### Apply Audio Transition

디폴트 오디오 트랜지션을 적용합니다. 현재 시간 지시자가 디폴트 트랜지션의 길이 범위 내에서 오디오 클립의 앞 부분이나 끝 부분에 위치해 있어야 합니다.

 ### Apply Default Transitions to Selection

현재 시간 지시자의 위치와 관계 없이 클립이 겹쳐 있는 구간에 디폴트 트랜지션을 적용합니다.

 ### Normalize Master Track

마스터 트랙의 오디오 레벨을 지정합니다. 전체 오디오 클립의 레벨에 영향을 미칩니다.

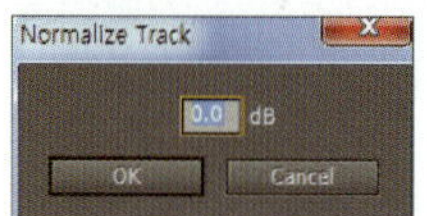

 ### Zoom In

타임라인 패널의 타임룰러 눈금 단위를 작게 변경하여 클립을 상세하게 나타나도록 합니다. 타임라인 패널의 Zoom In 버튼과 동일한 역할을 수행합니다.

 ### Zoom Out

타임라인 패널의 타임룰러 눈금 단위를 크게 변경하여 지속 시간이 긴 클립 전체를 한꺼번에 볼 수 있도록 합니다. 타임라인 패널의 Zoom Out 버튼과 동일한 역할을 수행합니다.

 ### Snap

타임라인 패널의 Snap 버튼과 동일한 역할을 수행합니다. 즉, 타임라인 패널의 트랙 위에서 클립을 이동시킬 때, 다른 클립이나 현재 시간 지시자에 가까이 가면 자석처럼 달라붙도록 합니다.

 Add Tracks

트랙 추가를 위한 Add Track 대화상자를 엽니다.

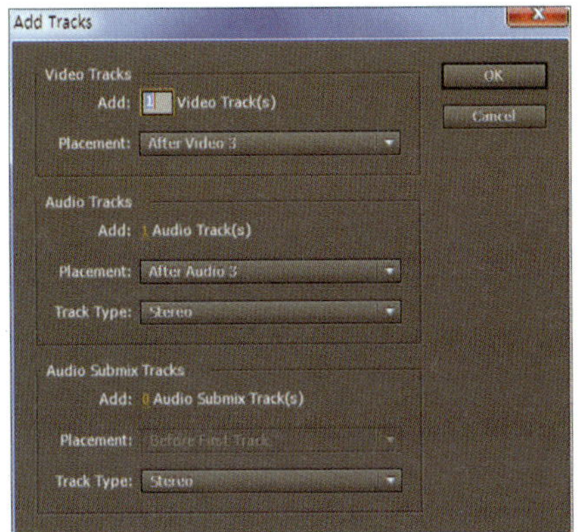

 Delete Tracks

트랙 삭제를 위한 Delete Tracks 대화상자를 엽니다.

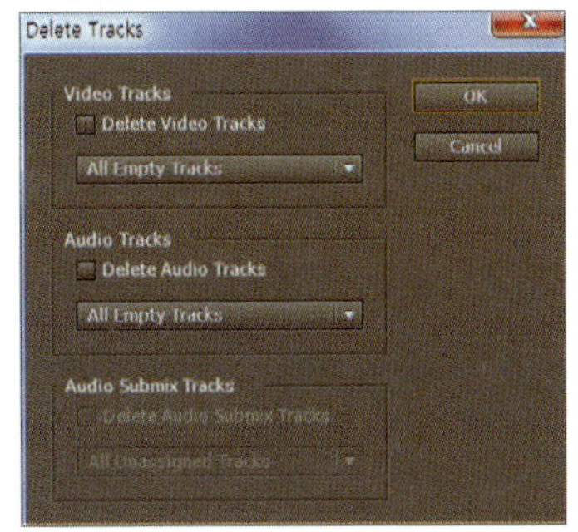

---

6 Marker 메뉴

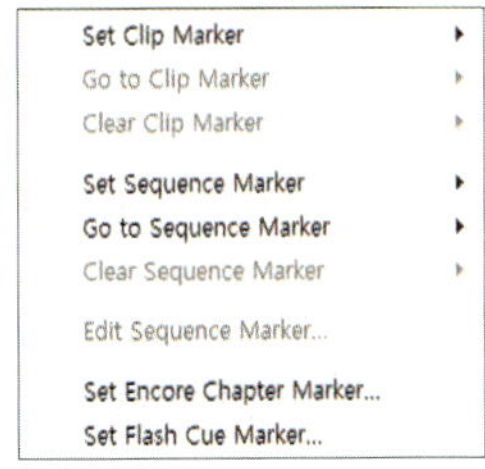

 Set Clip Marker

클립이 등록된 소스 모니터가 선택되어 있는 상태에서 모든
메뉴가 활성화되며 현재 시간 지시자의 위치하고 있는 지점
에 새로운 클립 마커를 만듭니다.

- In/Out – 소스 모니터에 등록된 클립의 현재 시간 지시
  자 위치에 마크 인 점과 아웃 점을 생성합니다.

- Video In/Out – 오디오의 인 점/아웃 점과 별도로 비디
  오의 인 점과 아웃 점을 생성합니다.

- Audio In/Out – 비디오의 인 점/아웃 점과 별도로 오디
  오의 인 점과 아웃 점을 생성합니다.

- Unnumbered – 번호없는 비숫자 클립 마커를 생성합
  니다.

- Next Available Numbered – 0~99까지의 번호가
  자동으로 붙는 숫자 마커를 생성합니다.

- Other Numbered – 사용자가 직접 번호를 지정하여
  숫자 마커를 생성합니다.

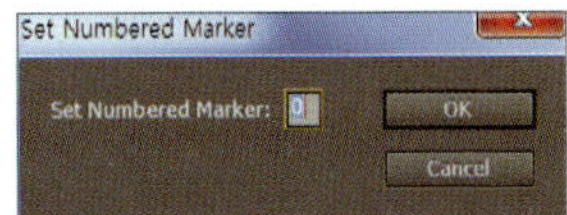

Go to Clip Marker

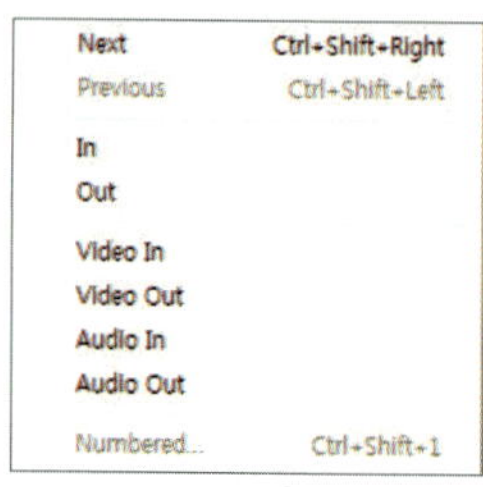

생성된 특정 클립 마커 지점으로 이동합니다.

- **Next** – 현재 시간 지시자를 다음 마커 지점으로 이동합니다.
- **Previous** – 현재 시간 지시자를 이전 마커 지점으로 이동합니다.
- **In/Out** – 소스 모니터에 등록된 클립의 마크 인 점/ 아웃 점으로 이동합니다.
- **Video In/Out** – 비디오의 인 점/아웃 점으로 이동합니다.
- **Audio In/Out** – 오디오의 인 점/아웃 점으로 이동합니다.
- **Numbered** – 대화상자를 통해 특정 번호가 붙은 숫자 마커를 선택해 이동합니다.

 Clear Clip Marker

생성된 특정 클립 마커를 삭제합니다.

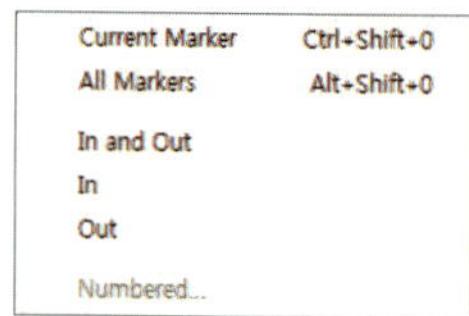

- **Current Marker** – 현재 시간 지시자의 위치에 생성되어 있는 클립 마커를 삭제합니다.
- **All Marker** – 생성된 모든 클립 마커를 삭제합니다.
- **In and Out** – 마크 인 점/아웃 점을 한꺼번에 삭제합니다.
- **In/Out** – 마크 인 점/아웃 점을 개별적으로 삭제합니다.

- **Numbered** – 대화상자를 통해 특정 번호가 붙은 숫자 마커를 선택해 삭제합니다.

 Set Sequence Marker

타임라인 패널이 선택되어 있어야 활성화되는 메뉴로서 타임라인 패널에 새로운 시퀀스 마커를 만듭니다.

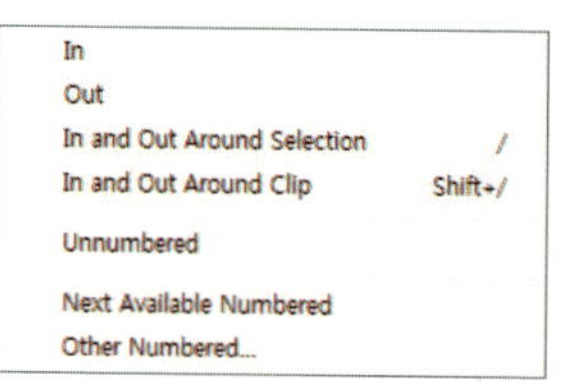

- **In/Out** – 시작 지점과 끝 지점을 가리키는 시퀀스 마크 인 점/아웃 점을 생성합니다.
- **In and Out Around Selection** – 타임라인 패널에 등록된 모든 클립의 시작 지점과 끝 지점에 마크 인 점/아웃 점을 생성합니다.
- **Unnumbered** – 타임라인 패널에 비숫자 마커를 생성합니다.
- **Next Available Numbered** – 타임라인 패널에 0~99까지의 번호가 자동으로 붙는 숫자 마커를 생성합니다.
- **Other Numbered** – 직접 원하는 숫자를 입력하여 숫자 마커를 생성합니다.

 Go to Sequence Marker

생성된 특정 시퀀스 마커 지점으로 이동합니다.

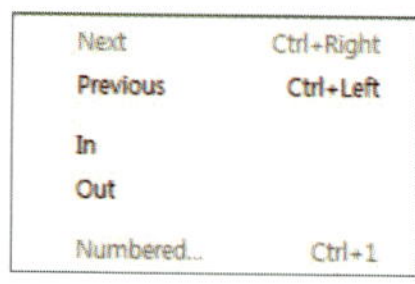

- **Next** – 이전 시퀀스 마커 지점으로 이동합니다.
- **Previous** – 다음 시퀀스 마커 지점으로 이동합니다.
- **In/Out** – 마크 인 점/아웃 점으로 이동합니다.

- Numbered – 직접 원하는 숫자 마커를 선택해 해당 마커 지점으로 이동합니다.

 Clear Sequence Marker

생성된 특정 시퀀스 마커를 삭제합니다.

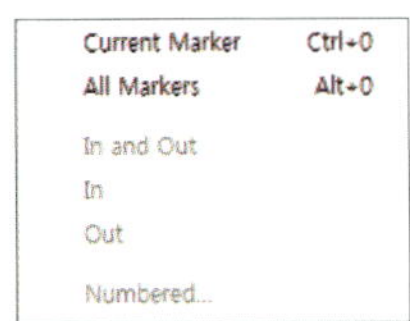

- Current Marker – 현재 시간 지시자 위치에 있는 시퀀스 마커를 삭제합니다.
- All Marker – 모든 시퀀스 마커를 삭제합니다.
- In and Out – 마크 인 점/아웃 점을 한꺼번에 삭제합니다.
- In/Out – 마크 인 점/아웃 점을 개별적으로 삭제합니다.
- Numbered – 대화상자를 통해 특정 번호가 붙은 시퀀스 숫자 마커를 선택해 삭제합니다.

 Edit Sequence Marker

현재 시퀀스 마커에 대한 여러 옵션을 마커 대화상자를 통해 편집합니다. 마커에 대한 주석과 챕터, 그리고 현재 챕터 지점이 재생될 때 나타날 URL 등을 지정할 수 있습니다.

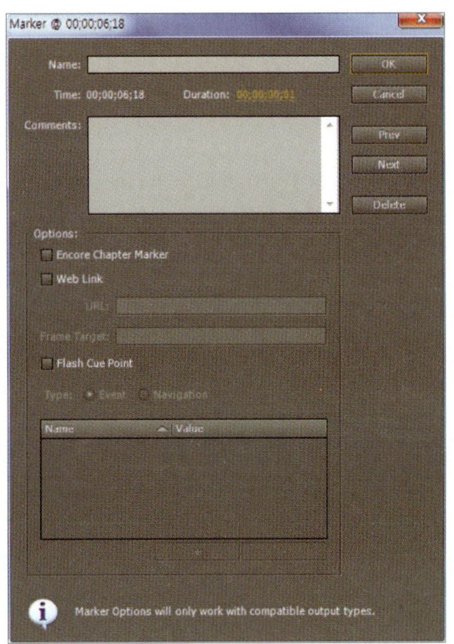

 Set Encore Chapter Marker

현재 지점에 앙코르 챕터 마커를 설정하거나 설정된 마커를 편집합니다.

 Set Flash Cue Marker

현재 지점에 플래시 큐 마커를 설정하거나 설정된 마커를 편집합니다.

7 Title 메뉴

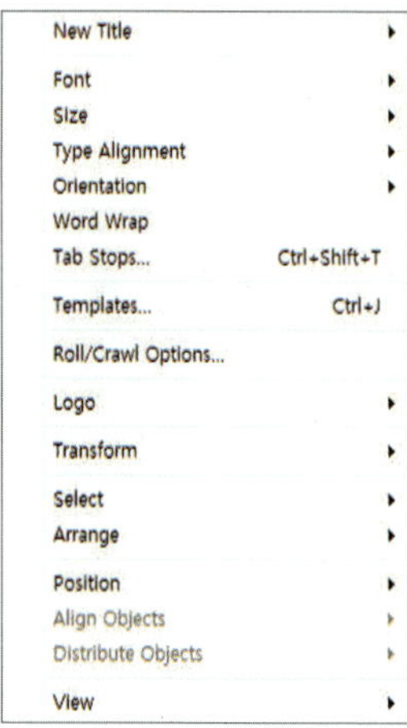

New Title

새 타이틀 클립을 만듭니다.

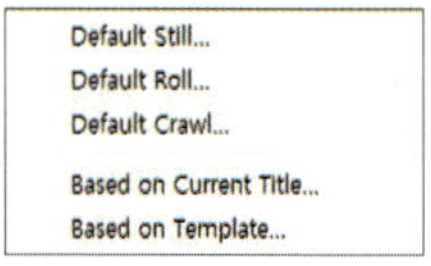

- **Default Still** – 정지된 타이틀을 만듭니다.
- **Default Roll** – 세로로 스크롤되는 롤링 타이틀을 만듭니다.
- **Default Crawl** – 가로로 스크롤되는 크롤 타이틀을 만듭니다.
- **Based on Current Title** – 현재 타이틀 위에 새로운 타이틀을 만듭니다.
- **Based on Template** – 현재 타이틀 위에 타이틀 템플릿을 사용하기 위해 템플릿 창을 엽니다.

Font

현재 선택된 문자의 폰트를 선택합니다.

Size

현재 선택된 문자의 폰트 크기를 선택합니다.

Type Alignment

현재 선택된 문자가 여러 행에 입력되어 있을 때의 정렬 방식을 Left(좌측정렬), Center(중앙정렬), Right(우측정렬) 중에서 선택합니다.

Orientation

문자의 진행 방향을 Horizontal(가로), Vertical(세로) 중에서 선택합니다.

Word Wrap

문자를 입력하다가 타이틀 안전 영역에 도달하면 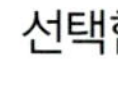 키를 누르지 않아도 자동으로 다음 행에 입력되도록 합니다.

 Tap Stops

문자의 정렬에 사용되는 탭 마커를 생성할 수 있는 Tap Stops 창을 엽니다.

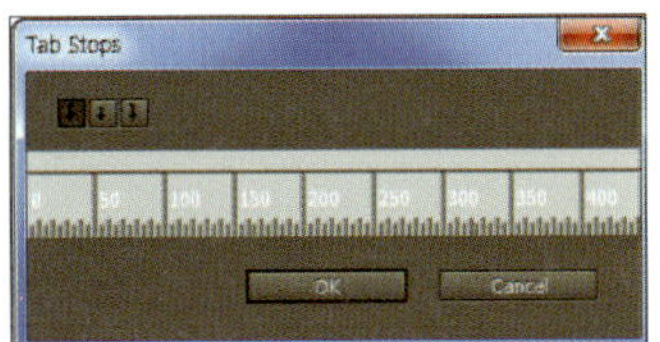

▷▷ Tap Stops 창

 Templates

타이틀 템플릿을 사용할 수 있는 템플릿 창을 엽니다.

 Roll/Crawl Options

롤/크롤 타이틀의 옵션 설정을 위한 대화상자를 엽니다.

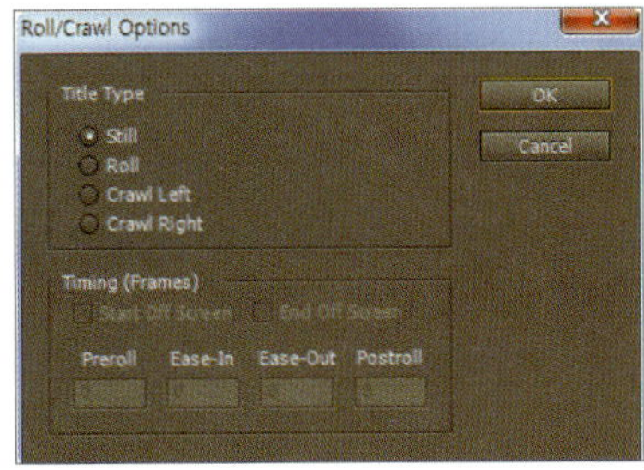

Logo

타이틀에 로고나 배경으로 사용할 이미지를 삽입합니다.

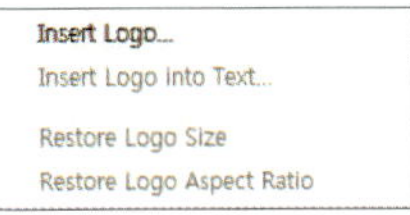

- **Insert Logo** – 로고나 배경의 형태로 이미지를 삽입합니다.
- **Insert Logo into Text** – 문자 편집 상태에서 활성화되는 메뉴로 문자 영역 안에 이미지를 삽입합니다.
- **Restore Logo Size** – 로고나 배경으로 삽입한 이미지의 크기를 변경한 경우, 원래의 상태로 되돌립니다.
- **Restore Logo Aspect Ratio** – 로고나 배경으로 삽입한 이미지의 종횡비를 변경한 경우, 원래의 상태로 되돌립니다.

 Transform

오브젝트를 여러 형태로 변경합니다.

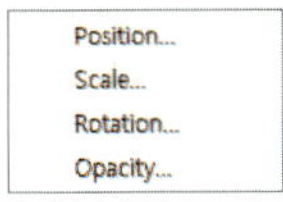

- **Position** – 오브젝트의 위치를 변경합니다. X Position은 가로 위치를, Y Position은 세로 위치를 지정합니다.

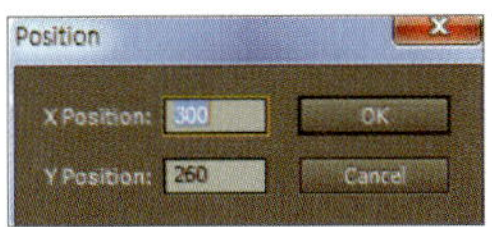

- **Scale** – 오브젝트의 크기를 변경합니다. Uniform에서는 가로와 세로 크기가 같은 비율로 변경되며 Non-Uniform에서는 Horizontal에서 가로 크기를, Vertical에서 세로 크기를 개별적으로 변경합니다.

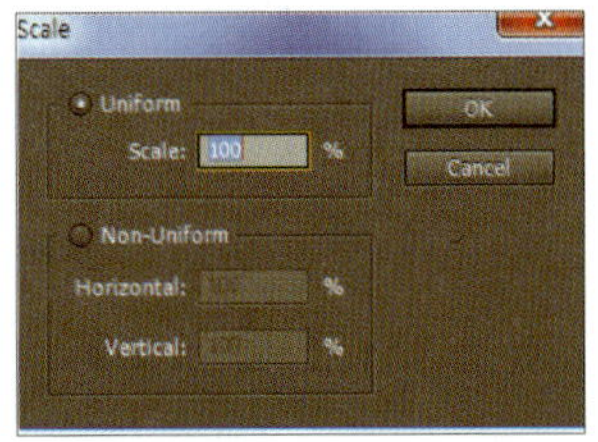

- Rotation – 오브젝트를 회전시킵니다.

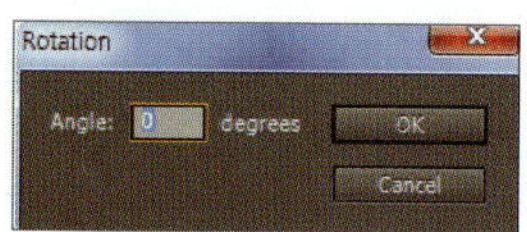

- Opacity – 오브젝트의 불투명도를 조절합니다. 값이 낮을수록 선택된 오브젝트가 투명하게 나타납니다.

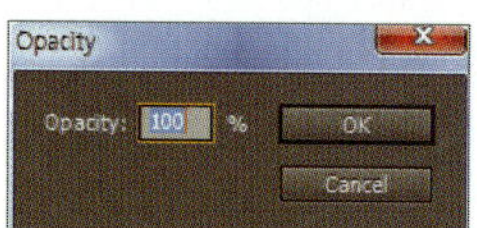

 Select

여러 오브젝트가 동일한 위치에 겹쳐져 있는 경우에 특정 위치에 있는 오브젝트를 선택합니다.

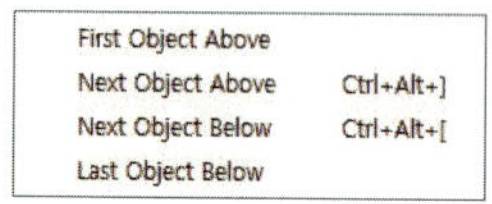

 Select

- First Object Above – 가장 위에 있는 오브젝트를 선택합니다.
- Next Object Above – 현재 오브젝트보다 한 단계 위에 있는 오브젝트를 선택합니다.
- First Object Below – 현재 오브젝트보다 한 단계 아래에 있는 오브젝트를 선택합니다.
- Last Object Below – 가장 아래에 있는 오브젝트를 선택합니다.

 Arrange

여러 개의 오브젝트가 동일한 위치에 겹쳐져 있을 때 오브젝트가 나타날 순서를 지정합니다. 기본적으로 나중에 생성된 오브젝트가 앞에 나타나게 되지만 이 메뉴를 통해 순서를 바꿀 수 있습니다.

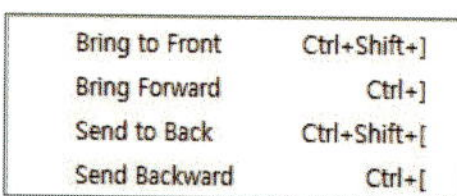

- Bring to Front – 현재 선택된 오브젝트를 가장 앞으로 이동시킵니다.
- Bring to Forward – 현재 선택된 오브젝트를 한 단계 앞으로 이동시킵니다.
- Send to Back – 현재 선택된 오브젝트를 가장 뒤로 이동시킵니다.
- Send Backward – 현재 선택된 오브젝트를 한 단계 뒤로 이동시킵니다.

 Position

오브젝트를 지정한 위치로 이동시킵니다.

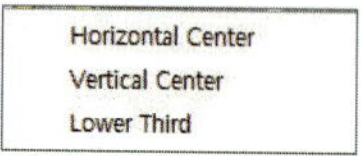

- Center Horizontally – 오브젝트를 수평 중앙으로 이동시킵니다.
- Center Vertically – 오브젝트를 수직 중앙으로 이동시킵니다.
- Lower Third – 드로잉 영역을 수직적으로 3등분했을 때 가장 하단의 지점으로 오브젝트를 이동시킵니다.

 Align Objects

두 개 이상의 오브젝트가 선택되어 있는 경우, 지정된 방향으로 선택된 오브젝트를 정렬합니다.

 Distribute Objects

세 개 이상의 오브젝트가 선택된 경우, 선택된 오브젝트들을
지정된 방식으로 분배하여 일정한 간격으로 정렬합니다.

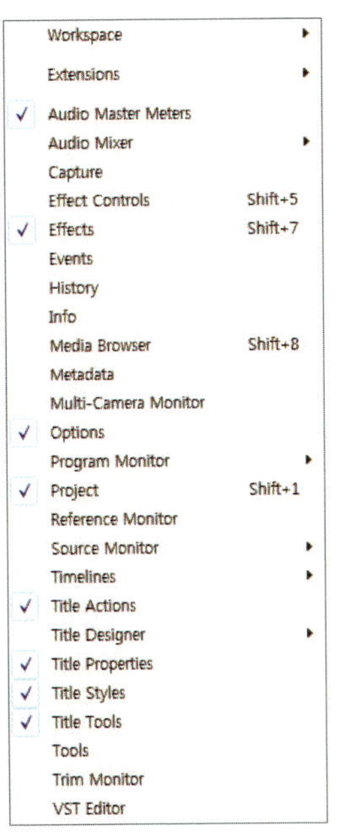

 View

타이틀러 패널에 여러 요소들을 표시합니다.

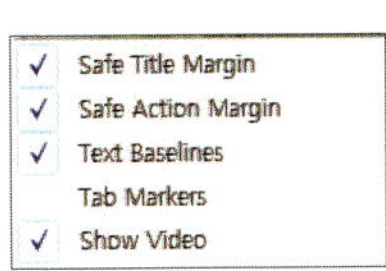

- **Safe Title Margin** – 드로잉 영역에 타이틀 안전 영역
  을 표시합니다.

- **Safe Action Margin** – 드로잉 영역에 액션 안전 영역
  을 표시합니다.

- **Text Baselines** – 문자가 선택되었을 때 문자의 기준
  선을 표시합니다.

- **Tab Markers** – 에이리어 타입 툴로 문자를 입력할 때
  탭 키를 눌렀을 때 이동하는 지점인 탭 마커가 나타나도
  록 합니다.

- **Show Video** – 현재 시간 지시자가 위치하고 있는 지
  점의 배경 클립이 나타나도록 합니다.

8 　Window 메뉴

작업 영역을 선택할 수 있는 Workspace 메뉴와 메인
화면을 구성하고 있는 각종 패널들에 대한 메뉴로 이루
어져 있습니다. 패널이 나타나 있는 상태에서 패널에
대한 메뉴를 선택하면 선택한 패널이 선택 상태로 활성
화되며 패널이 나타나 있지 않은 상태에서 패널에 대한
메뉴를 선택하면 해당 패널이 나타나게 됩니다.

9　Help 메뉴

 **Adobe Premiere Pro Help**

어도비 웹사이트의 헬프 페이지로 연결됩니다. 도움말을 비롯하여 각종 팁이나 pdf 포맷의 문서 파일도 다운로드할 수 있습니다.

 **Adobe Premiere Pro Support Center**

프리미어 프로 CS5에 대한 여러 정보와 팁들이 소개되어 있는 어도비 사이트의 해당 페이지로 연결됩니다.

 **Keyboard**

프리미어 프로 CS5의 단축키와 사용자 지정을 위한 도움말 페이지로 연결됩니다.

 **Registration/Deactive/Update**

프리미어 CS5 제품을 등록하거나 인증, 또는 인증 해제, 또는 제품을 업데이트합니다.

 **About Adobe Premiere Pro**

어도비 프리미어 프로 CS5의 로고와 간단한 정보, 제작진 정보 등이 나타납니다.

부록 02

환경 설정 대화상자 옵션들

Edit>Preferences를 선택했을 때 나타나는 Preferences 대화상자의 옵션을 정리합니다.

1 General

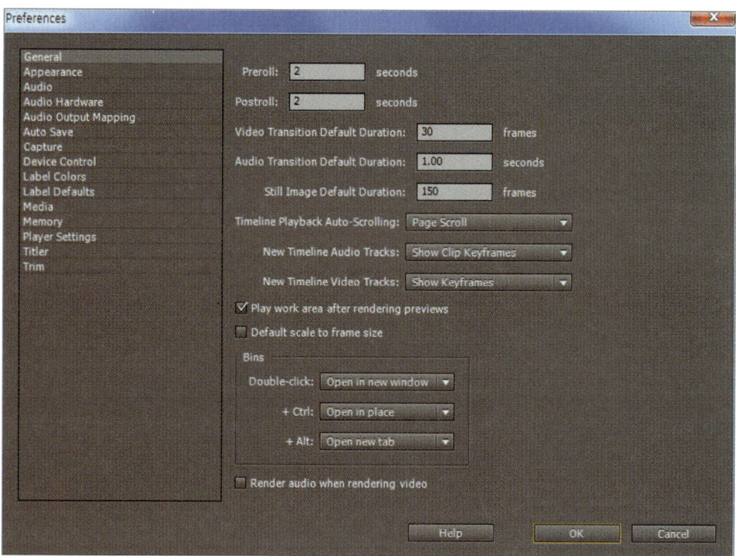

▶ **Preroll...seconds** – 소스 모니터, 프로그램 모니터, 트림 패널 등에서 Play In to Out으로 인 점과 아웃 점 사이를 재생할 때 인 점 이전에 재생될 여유 프레임을 초 단위로 입력합니다.

▶ **Postroll...seconds** – 소스 모니터, 프로그램 모니터, 트림 패널 등에서 Play In to Out으로 인 점과 아웃 점 사이를 재생할 때 아웃 점 이후에 재생될 여유 프레임을 초 단위로 입력합니다.

▶ **Video Transition Default Duration...frame** – 비디오 트랜지션의 기본 지속 시간을 프레임 단위로 설정합니다.

▶ **Audio Transition Default Duration...second** – 오디오 트랜지션의 기본 지속 시간을 초 단위로 설정합니다.

▶ **Still Image Default Duration...frames** – 정지 이미지 클립의 기본 지속 시간을 프레임 단위로 설정합니다.

▶ **Timeline Playback Auto-Scrolling** – 타임라인 패널에서 클립을 재생할 때, 현재 시간 지시자가 타임라인 패널 영역을 넘어가는 경우에 대한 스크롤 상태를 선택합니다.

- **No Scroll** – 현재 시간 지시자가 타임라인 패널 영역을 넘어가면 보이지 않다가 재생을 정지하면 정지된 위치에 현재 시간 지시자가 나타납니다.
- **Page Scroll** – 현재 시간 지시자가 타임라인 패널 영역을 넘어가면 다음 영역이 나타나면서 현재 시간 지시자는 좌측부터 이동합니다.
- **Smooth Scroll** – 현재 시간 지시자가 타임라인 패널 영역의 중앙에 도달하면 현재 시간 지시자는 고정되고 타임라인 패널의 영역만 자동으로 스크롤됩니다.

▶ **New Timeline Audio Track** – 새로운 오디오 트랙을 추가할 때 기본적으로 표시될 요소들을 선택합니다.

▶ **New Timeline Video Tracks** – 새로운 비디오 트랙을 추가할 때 기본적으로 표시될 요소들을 선택합니다.

▶ **Play work area after rendering previews** – `Enter` 키를 눌러 렌더링한 경우, 자동으로 작업 영역을 프리뷰를 시작합니다.

▶ **Default scale to frame size** – 현재 프로젝트 설정과 다른 크기의 클립이 타임라인 패널의 트랙에 등록되었을 때 무조건 프로젝트의 설정과 같은 크기로 변경합니다. 타임라인에 등록된 클립의 팝업 메뉴에서 Scale to Frame Size를 선택한 것과 동일한 결과를 가져오지만 이 옵션은 프로젝트에 등록된 모든 클립에 적용됩니다. 클립의 종횡비가 프로젝트의 종횡비가 다를 경우 레터박스가 발생합니다.

▷▷ 옵션 비선택

▷▷ 옵션 선택

▶ Bins – 프로젝트 패널의 Bin을 더블 클릭하거나 `Ctrl`+더블 클릭, `Alt`+더블 클릭했을 때 어떻게 나타나게 할 것인지를 각각 선택합니다. Bin이 새로운 윈도우로 나타나게 하거나 새로운 탭으로 나타나게 할 수 있습니다.

▶ Render audio when rendering video – 비디오를 렌더링하면 오디오도 함께 렌더링되도록 합니다.

2 Appearance

각 패널 바탕 영역에 대한 밝기를 조절합니다. 슬라이더를 좌측으로 드래그할수록 밝아지며 Default Brightness 버튼을 클릭하면 기본값으로 돌아옵니다.

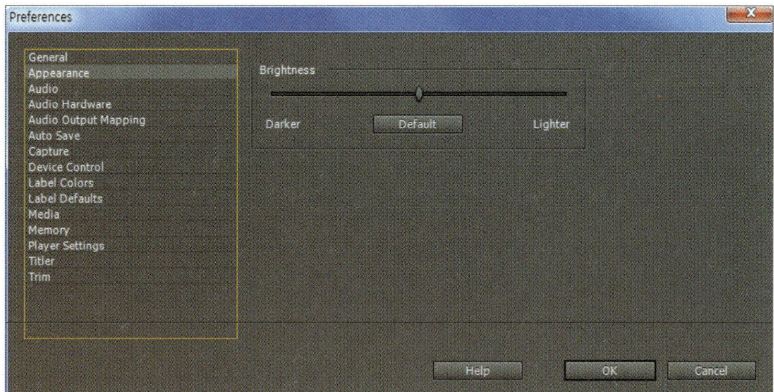

3 Audio

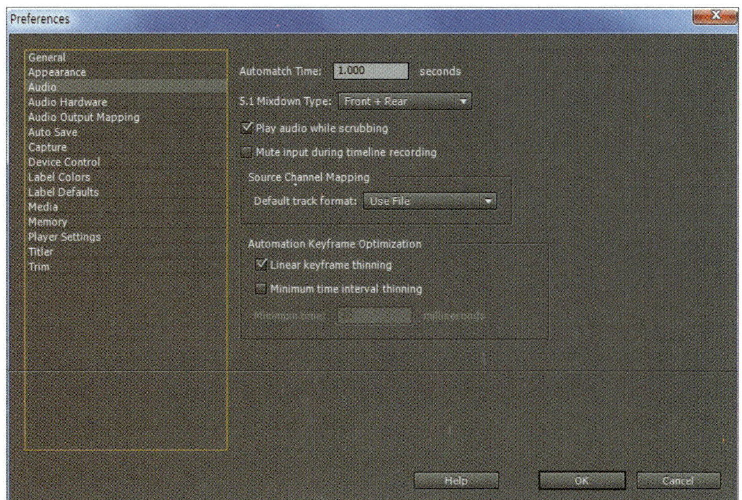

▶ **Automatch Time...seconds** – 오디믹서의 오토메이션 모드에서 터치모드로 볼륨이나 팬/밸런스 컨트롤의 조절을 중단한 경우, 각 속성값이 초기값으로 돌아올 때까지의 시간을 설정합니다.

▶ **5.1 Mixdown Type** – 5.1 채널 오디오 클립을 재생할 때, 특정 채널에서만 들릴 수 있도록 합니다. 5.1 채널의 클립을 일반적인 스테레오 시스템에서 정확히 표현할 수 있도록 믹스다운하는 기능입니다.

▶ **Play audio while scrubbing** – 현재 시간 지시자를 드래그(스크러빙)할 때 오디오 클립의 소리가 들리도록 합니다.

▶ **Mute input during timeline recording** – 내레이션을 녹음하는 등, 타임라인에 녹음할 때 오디오 클립의 소리가 들리지 않도록 합니다. 내레이션을 녹음하는 경우라면 다른 클립의 소리를 참고해야 하므로 이 옵션을 선택하지 않는 것이 좋습니다.

▶ **Source Channel Mapping** – 트랙의 오디오 클립에 대한 채널 맵핑 방식을 선택합니다, 기본적으로 Use File이 선택되어 있어 파일이 가지고 있는 채널을 그대로 사용하지만 Mono, Stereo, 5.1 채널 등으로 지정할 수 있습니다.

▶ **Linear keyframe Optimization** – 오토메이션을 통하여 생성된 각 키프레임 사이의 변화가 부드럽게 조절됩니다.

▶ **Minimum time interval thinning** – 오토메이션을 통하여 생성되는 각 키프레임의 최소 간격을 설정합니다. 작은 값을 지정할수록 오토메이션이 민감하게 반응하여 작은 시간 간격으로 키프레임이 생성됩니다.

4 | Audio Hardware

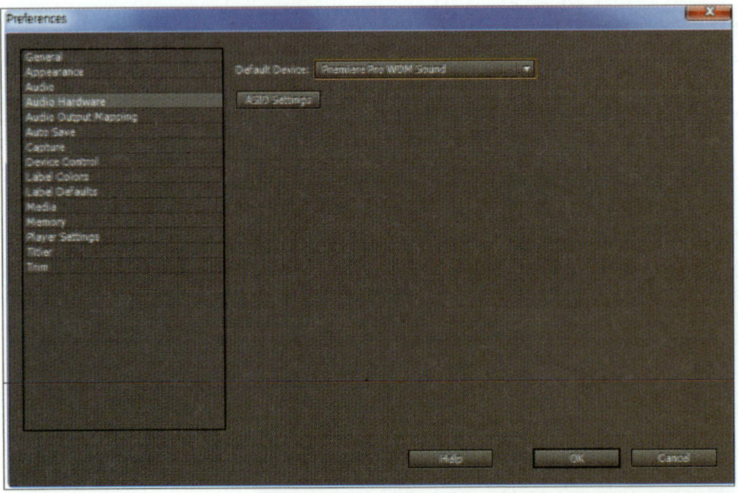

▶ **Default Device** – 기본 오디오 장치를 선택합니다.

▶ **ASIO Settings** – 오디오 장치의 입출력에 대한 설정을 할 수 있습니다. 여러 개의 오디오 장치를 사용하는 경우, 사용하고자 하는 장치를 선택할 수도 있습니다.

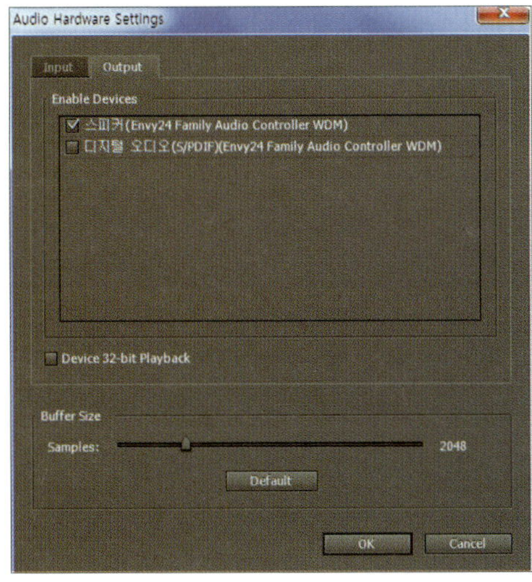

Tip ASIO란?

ASIO는 Audio Stream Input Output의 약자로서 오디오 드라이버의 규격입니다. 이것은 큐베이스 SX, 큐베이스 VST, 그리고 WaveLab 등을 개발한 독일의 스테인버그(Steinberg)에서 개발한 오디오 드라이버로서 오디오의 지연 시간(Latency)을 획기적으로 줄여줍니다. 따라서 정확한 타이밍의 재생과 녹음이 가능하므로 오디오 레코딩 작업에서 주로 사용되고 있으며 최근의 사운드 카드는 대부분 ASIO를 지원하고 있으나 그렇지 못한 일부 제품도 있으므로 새로 구입하는 경우, 반드시 지원 유무를 확인해보아야 합니다.

5 Audio Output Mapping

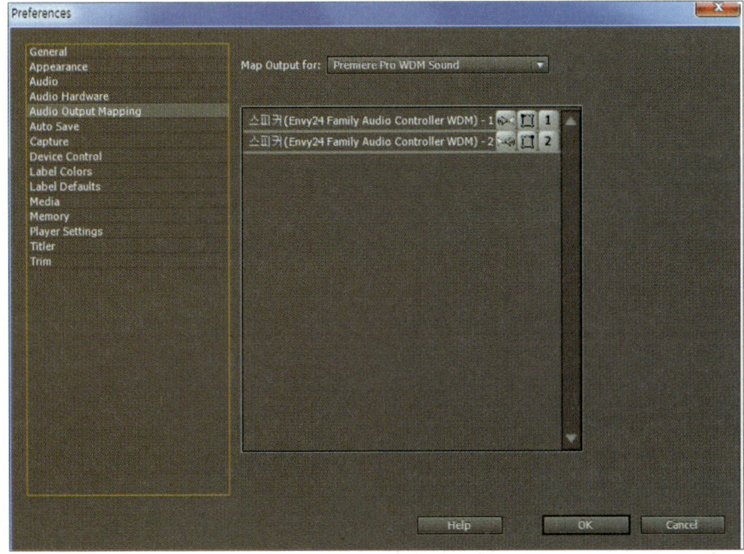

Map Output for 메뉴에서 선택한 장치에 따른 출력 채널을 보여주며 채널을 할당할 수도 있습니다. 장치 이름 우측에 나타나는 채널을 드래그하면 다른 장치로 해당 채널이 할당됩니다. 5.1 채널의 경우, 작은 점이 표시되어 특정 채널의 위치를 표시해줍니다.

6 | Auto Save

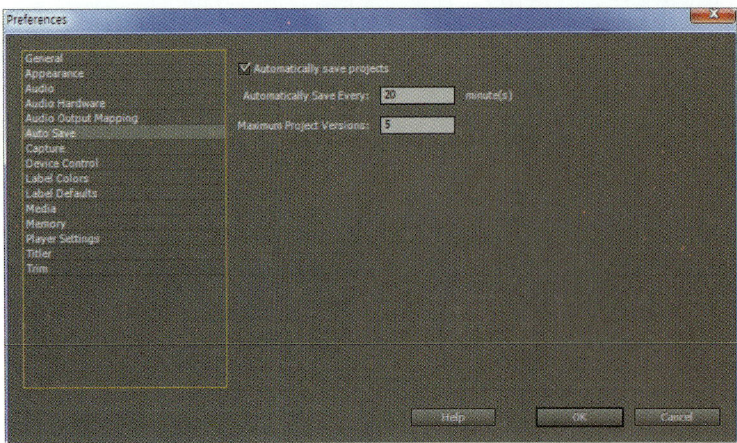

▶ **Automatically Save projects** – 프로젝트가 일정 시간 간격으로 저장되도록 합니다.

▶ **Automatically Save Every** – 프로젝트가 자동으로 저장될 시간 간격을 지정합니다.

▶ **Maximum Project Versions** – 자동으로 저장되는 프로젝트 파일이 몇 단계까지 저장될 것인지를 지정합니다. 예를 들어, 프로젝트가 20분마다 자동으로 저장되는 경우, Maximum Project Versions 옵션 값이 5로 지정되어 있다면 20분마다 현재까지의 작업 내용에 따라 프로젝트 – 1, 2, 3, 4, 5까지 각각 다른 내용의 프로젝트로 저장되며 다시 20분 후에는 처음에 저장된 프로젝트 1이 새로운 프로젝트로 저장됩니다.

7 | Capture

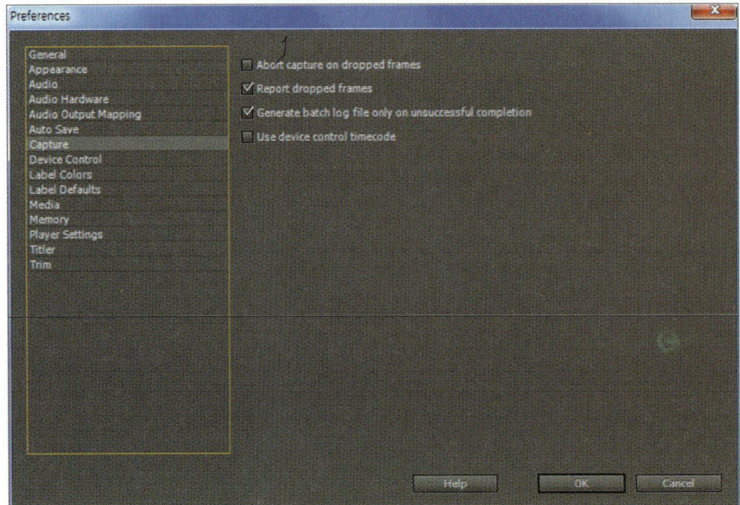

▶ Abort capture on dropped frames – 캡처 시, 드롭프레임이 발생하면 캡처를 중지합니다.

▶ Report dropped frames – 캡처 시에 발생한 드롭 프레임 수를 캡처 패널 상단에 표시합니다.

▶ Generate batch logfile only on unsuccessful completion – 캡처를 실패한 경우 배치 로그파일을 생성합니다.

▶ Use device control timecode – 연결된 장치의 타임코드를 컨트롤할 수 있도록 합니다.

8 Device Control

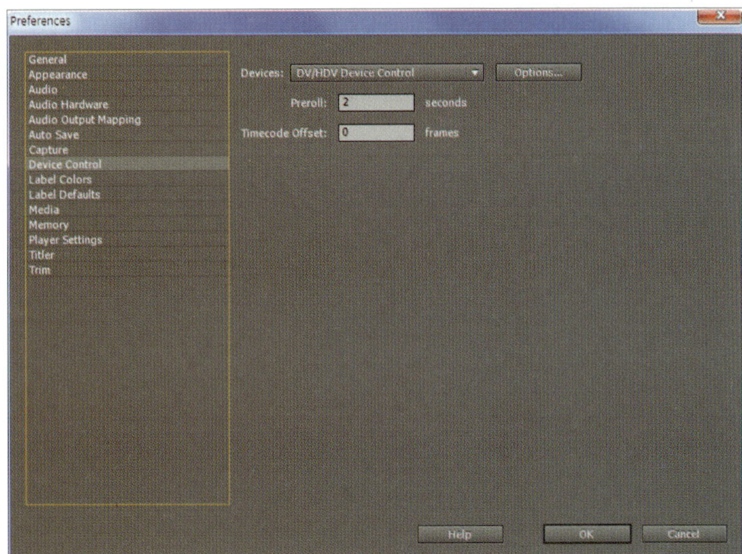

▶ Device – 캡처에 사용할 장치를 선택합니다.

▶ Preroll – 캡처가 시작되기 전의 여유 시간을 설정합니다. 2초로 설정한 경우, 캡처가 시작되기 2초 전의 위치에 장치의 헤드가 위치하게 됩니다.

9 Label Color

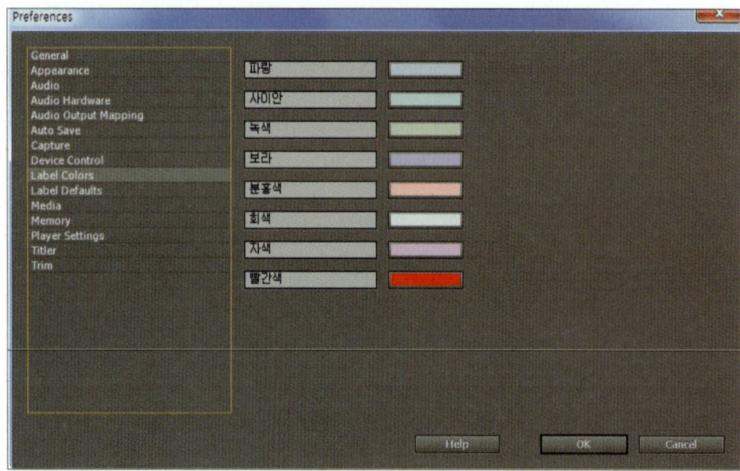

클립의 종류에 따라 표시할 색상을 지정합니다. 여기에서 지정한 색상을 Label Default에서 각 클립의 종류에 따라 선택할 수 있습니다.

10 Label Default

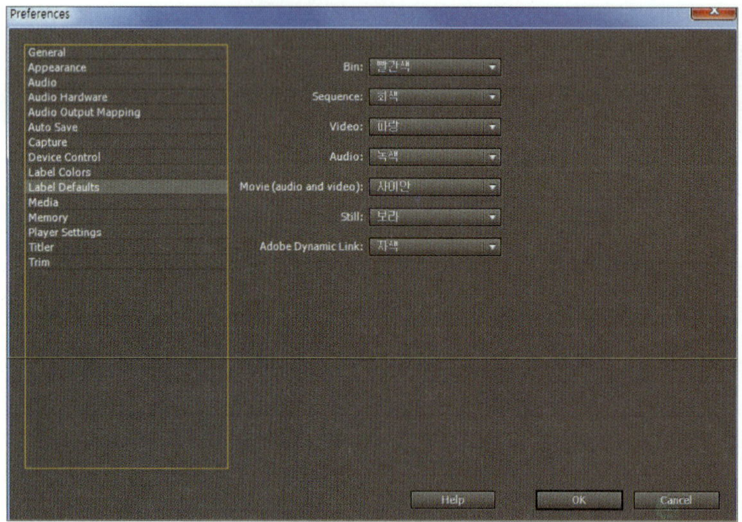

클립의 종류에 따라 기본적으로 프로젝트 패널이나 타임라인 패널에 표시될 색상을 선택합니다. Label Color에서 지정한 색상 중에서 하나를 선택할 수 있습니다.

11   Media

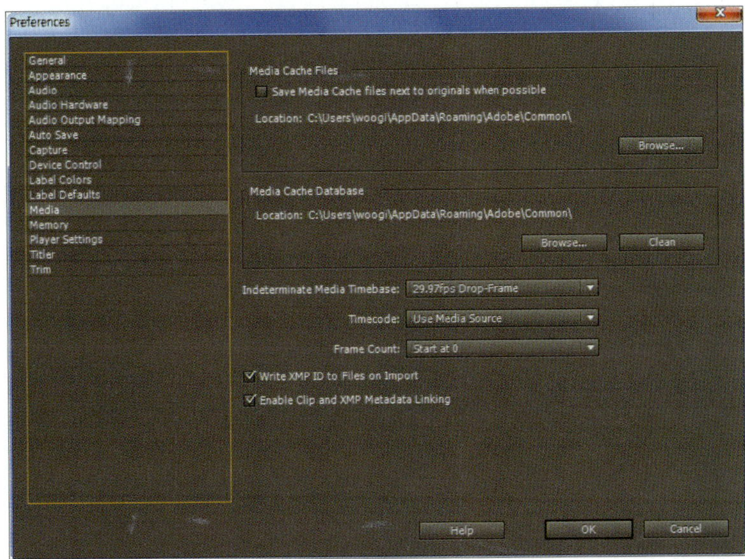

Browse 버튼을 클릭하면 프리미어 프로 CS5로 불러온 각종 미디어 파일에 대한 임시 파일이 저장되는 폴더를 지정할 수 있습니다. Clean 버튼을 클릭하면 파일을 모두 삭제할 수 있습니다.

12   Memory

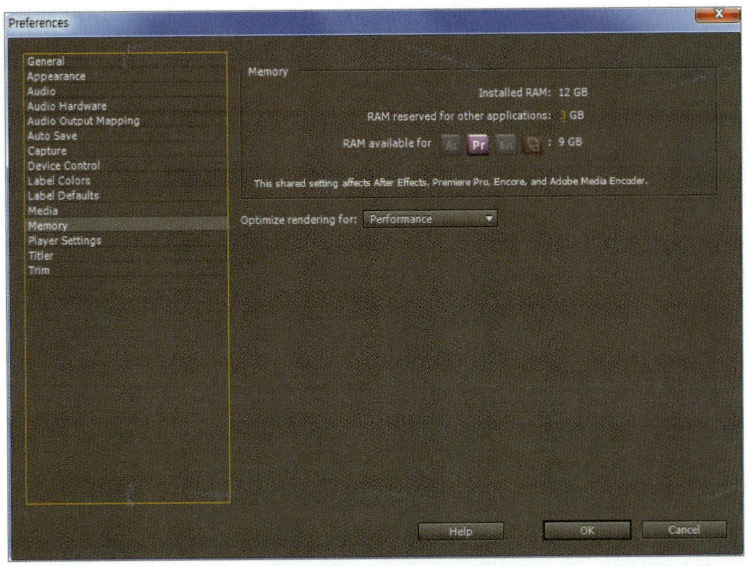

Installed RAM에는 현재 시스템에 설치된 총 메모리 크기를 보여줍니다. 기본적으로 나타나는 RAM reserved for other applications 값을 크게 변경하면 프리미어를 비롯한 어도비 CS5 시리즈에 할당될 메모리 크기가 그만큼 작아집니다. 다른 프로그램과 프리미어를 동시에 실행하여 사용하는 경우가 많다면 값을 키우는 것이 좋지만 그렇지 않은 경우라면 기본값 그대로 두는 것이 좋습니다.

13 Play Settings

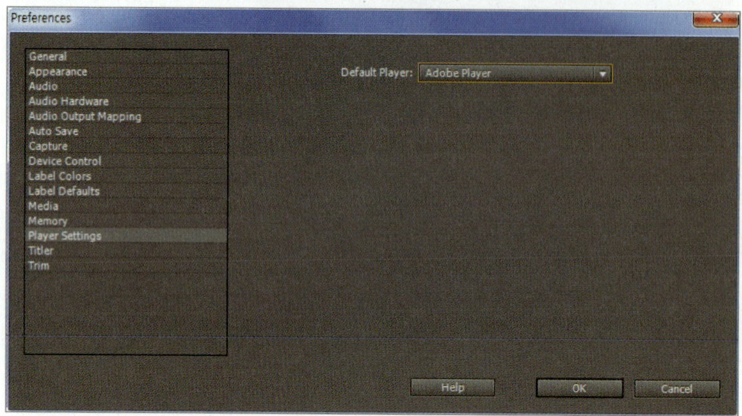

기본적으로 사용될 플레이어를 선택합니다.

14 Titler

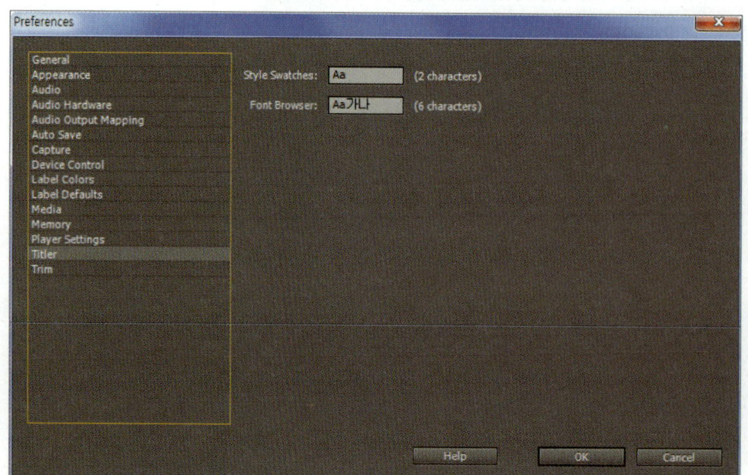

타이틀러 패널에서 폰트 목록과 함께 나타나는 폰트 샘플이나 스타일 패널에 나타날 문자 형태를 지
정합니다.

15 | Trim

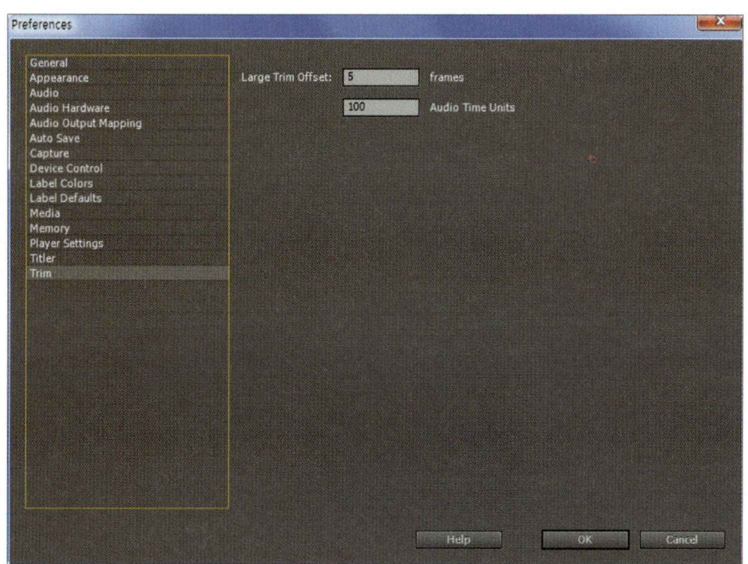

트림 패널에서 다중 프레임 버튼을 클릭할 때 이동되는 프레임 수와 오디오 단위를 지정합니다.

INDEX

Premiere Pro CS5
date scene take
60 7
PREMIERE PRO CS5

PREMIERE PRO CS5